Zukunftsfeld Dienstleistungsarbeit

Ralf Reichwald • Martin Frenz • Sibylle Hermann
Agnes Schipanski (Hrsg.)

Zukunftsfeld Dienstleistungsarbeit

Professionalisierung – Wertschätzung – Interaktion

Herausgeber
Prof. Dr. Dr. h.c. Ralf Reichwald
Center for Leading Innovation &
Cooperation (CLIC) der HHL Leipzig
Graduate School of Management
Leipzig, Deutschland
reichwald@hhl.de

Dr. Martin Frenz
Institut für Arbeitswissenschaft
der RWTH Aachen
Aachen, Deutschland
m.frenz@iaw.rwth-aachen.de

Sibylle Hermann
Fraunhofer-Institut für Arbeitswirtschaft
und Organisation (IAO)
Stuttgart, Deutschland
sibylle.hermann@iao.fraunhofer.de

Dr. Agnes Schipanski
Center for Leading Innovation &
Cooperation (CLIC) der HHL Leipzig
Graduate School of Management
Leipzig, Deutschland
agnes.schipanski@hhl.de

ISBN 978-3-8349-3434-5   ISBN 978-3-8349-3852-7 (eBook)
DOI 10.1007/978-3-8349-3852-7

Die Deutsche Nationalbibliothek verzeichnet diese Publikation in der Deutschen Nationalbibliografie; detaillierte bibliografische Daten sind im Internet über http://dnb.d-nb.de abrufbar.

Springer Gabler
© Gabler Verlag | Springer Fachmedien Wiesbaden 2012
Das Werk einschließlich aller seiner Teile ist urheberrechtlich geschützt. Jede Verwertung, die nicht ausdrücklich vom Urheberrechtsgesetz zugelassen ist, bedarf der vorherigen Zustimmung des Verlags. Das gilt insbesondere für Vervielfältigungen, Bearbeitungen, Übersetzungen, Mikroverfilmungen und die Einspeicherung und Verarbeitung in elektronischen Systemen.

Die Wiedergabe von Gebrauchsnamen, Handelsnamen, Warenbezeichnungen usw. in diesem Werk berechtigt auch ohne besondere Kennzeichnung nicht zu der Annahme, dass solche Namen im Sinne der Warenzeichen- und Markenschutz-Gesetzgebung als frei zu betrachten wären und daher von jedermann benutzt werden dürften.

Lektorat: Barbara Roscher, Jutta Hinrichsen
Einbandentwurf: KünkelLopka GmbH, Heidelberg

Gedruckt auf säurefreiem und chlorfrei gebleichtem Papier

Springer Gabler ist eine Marke von Springer DE. Springer DE ist Teil der Fachverlagsgruppe Springer Science+Business Media.
www.springer-gabler.de

Vorwort

Dienstleistungen tragen in Deutschland erheblich zur Wertschöpfung und Schaffung von Arbeitsplätzen bei. Die Generierung von innovativen Dienstleistungen stellt somit eine wesentliche Aufgabe für den Wirtschaftsstandort Deutschland dar. Es besteht daher die Notwendigkeit, sich dem internationalen Wettbewerb um innovative Dienstleistungen zu stellen.

Die Bundesregierung hat mit der Hightech-Strategie 2020 die Zukunftsfelder für die Dienstleistungsforschung definiert (www.hightech-strategie.de). Sie sind richtungweisend für Praxis und Wissenschaft.

Der Förderschwerpunkt „Dienstleistungsqualität durch professionelle Arbeit" widmet sich den beiden Themenfeldern „Beruflichkeit und Professionalisierung" sowie „Wertschätzung und Produzentenstolz" von Dienstleistungsarbeit. Dazu wurden Fokusgruppen eingerichtet, in denen die Ergebnisse der Forschungsverbünde und Einzelprojekte nach Themenclustern gebündelt wurden. Zur Fortentwicklung und Verstetigung der Arbeit in den Förderschwerpunkten wurde das Metaprojekt „ServProf – Service Professionalität lernen und leben" eingerichtet. Es hat u. a. die Aufgabe, eine umfassende Öffentlichkeitsarbeit zu leisten und die Ergebnisse in eine breite Fachwelt zu transferieren. Dies ist das Ziel des vorliegenden Buches.

Der Band gliedert sich inhaltlich nach der Struktur des Förderschwerpunktes: Nach einem einführenden Beitrag, der die Zielsetzung und Instrumente des Förderprogramms darlegt, widmet sich Kapitel I den übergreifenden Fragestellungen und Themen des Förderschwerpunktes. Kapitel II befasst sich mit dem Themenschwerpunkt der Fokusgruppe „Beruflichkeit und Professionalisierung", wobei im Teil 2.1 Querschnittthemen und in Teil 2.2 Einzelbeiträge zu den Projektdomänen vorgestellt werden. Kapitel III präsentiert die Ergebnisse der theoretischen und empirischen Arbeiten der Verbünde und Einzelprojekte der Fokusgruppe „Wertschätzung und Produzentenstolz". Insofern spiegelt der Band auch die Aufbaustruktur des Förderschwerpunktes wieder, die in der Einleitung dieses Bandes (vgl. Beitrag Bootz/Zühlke-Robinet) ausführlich beschrieben wird. Metaprojekt, Fokusgruppen, Verbund- und Einzelprojekte bilden die Strukturelemente. Eine wesentliche Aufgabe des Metaprojekts besteht darin, die Themen und Arbeiten des Förderschwerpunktes auch „von außen" zu beleuchten. Deshalb kommen in diesem Band auch Autoren zu Wort, die nicht in die Projekte involviert sind. Hierfür konnten prominente Vertreter aus Wissenschaft und Praxis gewonnen werden, die den vorliegenden Band außerordentlich bereichern.

Alle Projekte des Förderschwerpunktes „Dienstleitungsqualität durch professionelle Arbeit" wurden in ihren konzeptionellen und wissenschaftlichen Aufgaben intensiv begleitet, was den Arbeiten des Metaprojekts, der Fokusgruppen, der Verbünde und Einzelprojekte sehr zugute kam. Allen voran möchten wir die engagierte und stets inspirierende Projektbegleitung durch Frau Prof. Dr. Ingeborg Bootz und Herrn Klaus Zühlke-Robinet, Projektträger im DLR „Arbeitsgestaltung und Dienstleistungen", Berlin und Bonn, würdigen und uns dafür bedanken.

Gleichermaßen sind wir den Mitgliedern des Expertenbeirats für die konstruktive Begleitung der Arbeiten des Metaprojekts zu Dank verpflichtet: Prof. Dr. Kathrin Kraus, Institut Weiterbildung und Beratung, Pädagogische Hochschule Nordwestschweiz, Aarau; Prof. Dr. Dieter Spath, Fraunhofer-Institut für Arbeitswirtschaft und Organisation (IAO), Stuttgart; Prof. Dr. Wolfgang Glatthaar, vorm. Präsident der Universität Witten/Herdecke; Prof. Dr. Hans Koller, Professor für Betriebswirtschaftslehre, insbesondere Industriebetriebslehre und Technologiemanagement, Helmut-Schmidt-Universität Hamburg; Prof. Dr. Dieter Sauer, Institut für Sozialwissenschaftliche Forschung e.V. (ISF), München; Prof. Dr. Christopher M. Schlick, Institut für Arbeitswissenschaft (IAW), RWTH Aachen; Prof. Dr. Wolfgang Scholl, Institut für Organisations- und Sozialpsychologie, Humboldt-Universität Berlin; Dr. Franziska Schreyer, Institut für Arbeitsmarkt- und Berufsforschung (IAB), Nürnberg; Dr. Hans-Joachim Schulz, Bereich Innovation und Gute Arbeit, Ver.di, Berlin; Gertrud Seidenspinner, Konzernentwicklung und Umwelt, Flughafen München GmbH; Prof. Dr. Barbara Sieben, Institut für Management, Freie Universität Berlin; Dr. Günter Walden, Bundesinstitut für Berufsbildung (BIBB), Bonn.

Ein besonderes Interesse der Projektbegleitung des Förderschwerpunktes galt auch der Förderung des wissenschaftlichen Nachwuchses durch Doktorandenkolloquien. Die Beiträge von Simon Heinen und Raymond Djaloeis (Kapitel II dieses Bandes) sind Ergebnisse dieser Begleitung unter der Leitung von Prof. Dr. Andrea Fischbach, Deutsche Hochschule der Polizei, Münster; Prof. Dr. Manuela Niethammer, Technische Universität Dresden sowie Prof. Dr. Matthias Gouthier, European Business School (EBS), Wiesbaden.

Allen Autoren dieses Buches möchten wir für die vielfältige und stets konstruktive Zusammenarbeit mit den Herausgebern danken, ebenso danken wir den Akteuren der textlichen und graphischen Gestaltung des Buches, die namentlich nicht in Erscheinung treten. Ein besonderer Dank gilt Frau Anne Wagner, Handelshochschule Leipzig, für die intensive Unterstützung bei allen Koordinationsarbeiten des Herausgebergremiums. Nicht zuletzt gilt unser besonderer Dank Frau Barbara Roscher, Springer Gabler, für die ausgezeichnete fachliche Beratung und Betreuung bei der Herausgabe dieses Bandes.

Ralf Reichwald
Martin Frenz
Sibylle Hermann
Agnes Schipanski

Inhaltsverzeichnis

Vorwort 5

1 „Dienstleistungsfacharbeit" – Einleitung zum Herausgeberband 11
  Ingeborg Bootz, Klaus Zühlke-Robinet

Teil 1 – Dienstleistungsarbeit im Wandel 17

2 Professionalisierung von Dienstleistungsarbeit und Innovationsfähigkeit
  in der Dienstleistungswirtschaft 19
  Ralf Reichwald, Agnes Schipanski, Angelika Pößl

3 Zukunftsfeld Dienstleistung: analysieren, bewerten, gestalten 45
  Werner Duell, Evelyne Fischer, Sarina Keiser

4 Kompetenzentwicklung und Beruflichkeit –
  auf dem Weg zur Professionalisierung der Dienstleistungsarbeit 81
  Martin Baethge

5 Innovation & Professionalisierung: Strategien (nicht nur) für Dienstleister 103
  Stefan Thallmaier, Hagen Habicht, Kathrin Möslein

Teil 2 – Beruflichkeit und Professionalisierung: Querschnittthemen 127

6 Dienstleistungen im Umbruch – Herausforderung für die Qualifizierung 129
  Andrea Baukrowitz

7 Biografische (Re-)Konstruktionen eines Bauzeichners auf dem Weg
  in die moderne Beruflichkeit 147
  Tim Unger

8 Wandel der Dienstleistungsarbeit 165
  Manuela Niethammer

9 Qualifikationen und Kompetenzen in ausgewählten Bereichen
  der Dienstleistungsfacharbeit 175
  Simon Heinen, Martin Frenz, Raymond Djaloeis, Christopher M. Schlick

10 Bedarfe, Perspektiven und Herausforderungen in der beruflichen
   Aus- und Weiterbildung 193
   Martin Diart

11 Aktueller Stand, Perspektiven und Herausforderungen
der betrieblichen Personalentwicklung 205
Gereon Stock, Stefan Hilger

Teil 2 – Beruflichkeit und Professionalisierung: Projektdomänen 215

12 Hochwertige Dienstleistungen für die Job-Maschine Wellness? 217
Peter Kalkowski, Gerd Paul

13 Professionalisierung und Qualifizierung von Bildungsdienstleistern 239
Martin Diart, Alexander Spitzner, Volker Tremel

14 Strategien der Professionalisierung in der Energieberatung
für die mittlere Qualifikationsebene 263
*Raymond Djaloeis, Martin Frenz, Simon Heinen, Markus Leyendecker, Klaus Marfels,
Nikolaus Möllenhoff, Richard Schieferdecker, Christopher M. Schlick*

15 Studien der Qualifikationsforschung in der Domäne der Gebäudeenergieberatung 281
Simon Heinen

16 Kompetenzdiagnose in der Energieberatung 303
Raymond Djaloeis

17 Globalisierung 2.0 – Qualifikation und Fachkräfteentwicklung in der IT-Branche 319
Andreas Boes, Andrea Baukrowitz, Tobias Kämpf, Kira Marrs

18 Professionalisierung von Dienstleistungsarbeit in Schlüsselbranchen
des Verkehrssektors 347
Gereon Stock, Stefan Hilger, Erdmuthe Hemmann-Kuhne, Kai Beutler

19 Professionalisierung der Kindertagespflege 371
Stefan Heeg

20 Dienstleistungsarbeit im technischen Umweltschutz 389
Ivonne Kinne, Silke Dorethe Götte, Brigitte Albrecht, Olaf Müller, Manuela Niethammer

21 Altenpflege zwischen professioneller Kompetenzentwicklung
und struktureller Deprofessionalisierung 417
Kerstin Blass

Inhaltsverzeichnis

Teil 3 – Wertschätzung und Produzentenstolz 439

22 Die unsichtbaren Leistungen von Beschäftigten und Kunden 441
    Anna Hoffmann, Nick Kratzer, Margit Weihrich

23 Zwischen Sichtbarkeit und Transparenz: Facetten der Wertschätzung
    von Dienstleistungsarbeit 457
    Hermann Kocyba

24 Mitarbeiterstolz im Dienstleistungsbereich 471
    Tobias Krämer, Miriam Rhein

25 Gute Dienstleistung – eine Kunst 485
    Jost Wagner, Claudia Munz, Elisa Hartmann

26 Mit Wertschätzungskultur zu mehr Stolz und Leistungsfähigkeit bei Pflegenden 505
    Barbara Hinding, Selda Akca, Marion Spanowski, Michael Kastner

27 Emotionsarbeit, Wertschätzung und Stolz in Einzelhandel und Pflege 525
    Andrea Fischbach, Catharina Decker, Philipp W. Lichtenthaler

28 Wertschätzung von Altenpflege im Spiegel der öffentlichen Wahrnehmung 541
    Rüdiger Klatt, Kurt-Georg Ciesinger

29 Interaktive Arbeit als Kern von Pflege 559
    Thomas Birken, Wolfgang Dunkel, Isabel Herms

30 „Denn sie wissen nicht, was wir tun" 575
    Klaus Müller, Susanne Hellweg

31 Wertschätzung in der Pflege und für die Pflege systematisch fördern –
    das Projekt PflegeWert 587
    *Michael Isfort, Paul Fuchs-Frohnhofen, Ellen Wappenschmidt-Krommus, Malte Duisberg,
    Andrea Neuhaus, Ruth Rottländer, Arno Brauckmann, Claudia Bessin*

32 Ansätze einer „Dienstleistungskultur" 609
    Elisa Hartmann

33 Wie aus Krisen Chancen werden: Systemisch-wertschätzende Organisations-
    und Personalentwicklung (SWOP) 627
    Karin Esch, Tim Krüger

1 „Dienstleistungsfacharbeit" - Einleitung zum Herausgeberband

Ingeborg Bootz, Klaus Zühlke-Robinet

„Dienstleistungsqualität durch professionelle Arbeit" – so lautet der im Herbst 2008 begonnene Förderschwerpunkt im Rahmen des Forschungsprogramms „Innovationen mit Dienstleistungen" des Bundesministeriums für Bildung und Forschung (BMBF). Das Forschungsprogramm konstatiert, dass Dienstleistungen als der größte Bereich der Wertschöpfung zum Treiber und zur Plattform für Innovationen werden müssen. Das Programm adressiert quer über alle Branchen die dienstleistungsrelevanten Fragestellungen und Herausforderungen bezüglich der Wertschöpfung, der Professionalisierung von Dienstleistungsarbeit und der Dienstleistungsqualität. Im Förderprogramm wird weiter angenommen, dass in weiten Bereichen von Dienstleistungstätigkeiten ein Mangel an attraktiven und professionalisierten Arbeitsformen besteht. Dies gilt in erster Linie für den nichtakademisch ausgebildeten Bereich innerhalb der Dienstleistungsarbeit. „Konstitutive Elemente von Facharbeit wie Qualifikation, Kompetenz/Professionalität und Engagement, als Erfolgsfaktoren des deutschen Innovationssystems müssen auch für gezielte Dienstleistungsinnovationen erschlossen werden." (BMBF 2006, S. 13) [2]. In der dem Förderschwerpunkt zu Grunde liegenden Förderrichtlinie des BMBF wurde die These aufgestellt, dass Qualifikation, Beruflichkeit, Engagement, Wertschätzung und Stolz der im Bereich der Dienstleistungen Tätigen zentrale Aspekte einer professionalisierten Dienstleistungsarbeit sind (vgl. Zühlke-Robinet/Bootz 2009) [9].

Die mittlere betriebliche Tätigkeitsebene hat in mehrfacher Hinsicht eine wichtige Bedeutung. Sie stellt das größte Beschäftigungssegment in der Wirtschaft, sorgt für eine schnelle betriebliche Anpassungs- und Reaktionsfähigkeit etwa an veränderte Kunden- und Nutzeranforderungen und schafft im Zusammenspiel mit Meistern, Technikern und Ingenieuren eine innovationsförderliche Unternehmenskultur. Schließlich hängt die hohe Produktivität der deutschen Wirtschaft sehr stark mit der ausgeprägten professionellen Handlungskompetenz der Beschäftigten zusammen (vgl. Bosch 2010) [4].

Was für den produzierenden Sektor traditionell gilt, gehört für Dienstleistungstätigkeiten noch nicht zum Common Sense. Das mag auch daran liegen, dass etliche Dienstleistungstätigkeiten entweder als „einfache" Dienstleistungen charakterisiert oder als eine akademische Tätigkeit definiert werden. Eine angemessene Beachtung und Betrachtung der mittleren Tätigkeitsebene könnte dafür sorgen, dass sich Unternehmen eine gute Fachkräftebasis schaffen und erhalten, Beschäftige an Unternehmen gebunden werden und wertgeschätzte Arbeit sich positiv auf die Motivation der Beschäftigten auswirken dürfte, mit Kunden sicher umgehen zu können und gute Arbeit leisten zu wollen.

Mit den in diesem Förderschwerpunkt geförderten Forschungsvorhaben und ihren Ergebnissen wird ein Beitrag zur Entwicklung und Förderung qualifizierter und wertgeschätzter

Arbeit im Dienstleistungsbereich als Voraussetzung für Dienstleistungsqualität geleistet. Damit knüpft dieser Herausgeberband an eine laufende Debatte zu Fragen qualifizierter Arbeit (vgl. Bahl et al. 2011; Bosch 2010; Meyer 2000; Voss-Dahm et al. 2011) [1], [4], [6], [8] an und bereichert Diskussionen, die sich mit Kunden in der Dienstleistungsbeziehung und Anerkennung (vgl. Jacobsen/Voswinkel 2005) [5] oder Dienstleistungsarbeit in der Interaktion (vgl. Böhle/Glaser 2006) [3] befassen. Die Ergebnisse und Erkenntnisse aus den Einzel- und Verbundvorhaben sowie aus dem Metavorhaben greifen damit auch in eine Debatte zur Gestaltung der Professionalisierungsstrukturen in Unternehmen und in der Gesellschaft ein. Insofern verfolgt der Förderschwerpunkt neben der Erarbeitung von „harten" Ergebnissen auch das Ziel, Denkanstöße dafür zu geben, dass gute Dienstleistungsarbeit nicht zum „Nulltarif" zu haben ist und gute Dienstleistungsqualität Professionalität voraussetzt. Die hier sich präsentierenden Vorhaben bringen ihre Ergebnisse und Erkenntnisse in einen laufenden wissenschaftlichen Diskurs ein. Sie verdeutlichen ebenfalls, wie Unternehmen in der Lage sind, durch eine Beteiligung in Verbundforschungsvorhaben Herausforderungen im Bereich der Professionalisierung der Beschäftigten erfolgreich meistern zu können.

Zur Bearbeitung der inhaltlichen Themenfelder des Förderschwerpunktes „Dienstleistungsqualität durch professionelle Arbeit" wurden 14 Verbundprojekte mit insgesamt 55 Teilvorhaben sowie 2 Einzelvorhaben in einem mehrstufigen Bewertungsverfahren für eine Förderung ausgewählt. Damit waren gute Voraussetzungen gegeben, um die mit diesem Förderschwerpunkt verbundenen Erkenntniserwartungen des Fördergebers zu erfüllen. Darüber hinaus stellt das Programm „Innovationen mit Dienstleistungen" Instrumente zur Verfügung, die die Forschungs- und Entwicklungsarbeiten in den einzelnen Projekten unterstützen und schließlich die Qualität der Ergebnisse bezogen auf den gesamten Förderschwerpunkt positiv beeinflussen sollten. Zu diesen Instrumenten zählen Fokusgruppen und Metaprojekte. So wurden die Einzel- und Verbundvorhaben jeweils zwei Fokusgruppen zugeordnet: „Beruflichkeit und Professionalisierung" und „Wertschätzung und Produzentenstolz". Diese beiden Themen decken wichtige inhaltliche Aspekte der Bekanntmachung ab und enthalten zentrale Fragestellungen, auf die Antworten zu erwarten sind.

Fokusgruppen sind ein neues Instrument der Programmdurchführung und bündeln thematisch nahestehende Verbund- und Einzelvorhaben. Mit dem Instrument sollen vor allem der Erfahrungsaustausch zwischen den Vorhaben gefördert, der Ergebnistransfer in die Fachöffentlichkeit beschleunigt und darüber hinaus projektübergreifend vergleichbare Erkenntnisse erarbeitet werden. **Abbildung 1.1** gibt einen Überblick über die zwei Fokusgruppen im Förderschwerpunkt „Dienstleistungsqualität durch professionelle Arbeit".

"Dienstleistungsfacharbeit" – Einleitung zum Herausgeberband

Abbildung 1.1   Übersicht über den Förderschwerpunkt

Quelle: Reichwald et al. 2010, S. 5 [7]

Ein weiteres Instrument der Unterstützung und Steuerung eines Förderschwerpunktes durch den Förderer ist das „Metaprojekt". Es soll zur Fortentwicklung und Verstetigung der Arbeit in den Förderschwerpunkten beitragen und aus einer konzeptionell-empirischen Perspektive die themenbezogene Forschungslandschaft analysieren und die Ergebnisse den Fokusgruppen zur Verfügung stellen. Ebenso wird mit dem Metaprojekt eine umfassende Öffentlichkeitsarbeit angezielt. In Zusammenarbeit mit den Fokusgruppen hat das Metaprojekt gleichfalls die wissenschaftliche Aufgabe, eine Erkenntnisverdichtung durch synergetische Verknüpfung von Einzelerkenntnissen aus den Fokusgruppen zu leisten und dazu beizutragen, anschlussfähige Forschungsthemen zu generieren. Weiterhin gehört es zu den Aufgaben des Metaprojekts, Diskurse zwischen Wissenschaft, Praxis und Politik anzustoßen und generell eine Wissensgenierung in Themenbereichen des Förderschwerpunktes zu unterstützen. Das Metaprojekt dieses Förderschwerpunktes hat den Titel „Service Professionalität lernen und leben" und wird über vier Jahre von zwei wissenschaftlichen Einrichtungen durchgeführt.

Der Aufbau der Publikation spiegelt die Struktur des Förderschwerpunkts wieder und ist in drei Themenblöcke gegliedert. Deshalb wird der Band durch Beiträge des Metaprojekts eröffnet und setzt sich mit Beiträgen aus Projekten geordnet nach Fokusgruppen fort. In Kapitel I des Bandes präsentiert das Metaprojekt „Servprof" seine Ergebnisse aus der Begleitung, Beobachtung und Würdigung der Arbeiten in den Einzel- und Verbundvorhaben und der Fokusgruppen und stellt diese in den Kontext relevanter Diskurse zu Professionalisierung, Innovation und Wertschätzung.

Die Themen der Autorinnen und Autoren widerspiegeln den Anspruch, auf die Förderthematik bezogene, inhaltlich übergreifende Diskurse aufzunehmen und zu bereichern. Dabei können sie sich auf eine Fülle von verdichteten Einzelerkenntnissen aus den Projekten stützen. Unterstrichen wird diese Sichtweise des Metaprojektes durch den Beitrag von Martin Baethge in diesem Band. Ausgehend von den Entwicklungstendenzen der Dienstleistungsbeschäftigung werden über die Darstellung der Handlungsstruktur und Kompetenzprofile des Typus interaktiver Arbeit weiterführende Aussagen zum professionellen Profil von Dienstleistungsbeschäftigten getroffen.

Inhalt und Struktur der Darstellung von Projektergebnissen in Kapitel II widerspiegeln gleichfalls die Arbeitsweise in dieser Fokusgruppe. Im Kontext des Themenfeldes war jedes Verbund- und Einzelvorhaben mit speziellen Zielstellungen sowie Forschungs- und Entwicklungsaufgaben gestartet. Die mit dem Förderschwerpunkt aufgeworfenen Fragen wurden aus jeweils eigenen Perspektiven und Bedingungen heraus beantwortet – bezogen auf einen ausgewählten Dienstleistungsbereich bzw. eine Dienstleistungsbranche. So enthalten die jeweiligen Einzelbeiträge der Vorhaben wichtige und interessante branchen- bzw. bereichsspezifische Ergebnisse, die für den Transfer sowie für eine praktische Verwertung bedeutsam sind. Darüber hinaus gibt es ein großes Interesse an übergreifenden Erkenntnissen und Erfahrungen, das heißt an Antworten auf die mit dem Förderschwerpunkt aufgeworfenen Fragen, die sich auf Dienstleistungen insgesamt beziehen. Letztlich gestatten solche übergreifenden Erkenntnisse auch Einschätzungen über aktuelle und künftige Entwicklungstrends sowie Aussagen zu hemmenden und förderlichen Faktoren und ebenso Handlungsempfehlungen für den wichtigen in der Arbeitswelt fest integrierten Bereich für Wertschöpfung.

Die Mitglieder der Fokusgruppe hatten es sich zur Aufgabe gemacht, begleitend zu den eigenen Projektarbeiten sehr früh Möglichkeiten aufzusuchen und Verfahren zu erproben, die eine Verdichtung von Ergebnissen bzw. ein Auffinden von Synergien unterstützen. Zunächst stellte sich die Frage nach zentralen inhaltlichen Schwerpunkten im Themenfeld „Beruflichkeit und Professionalisierung", nach so genannten „Leitfragen", die für das Themenfeld bedeutsam sind. Gleichzeitig sollten sie mit den Forschungs- und Entwicklungszielen in den einzelnen Projekten so weit übereinstimmen, dass die konkreten Projektarbeiten Ergebnisse liefern, die Basis für eine Verdichtung sein können.

In regelmäßigen Treffen der Fokusgruppenmitglieder wurden solche „Leitfragen" bzw. inhaltlichen Schwerpunkte identifiziert. Sie folgen einer inneren Logik und spannen einen Bogen vom

- Umbruch bestehender und Entwicklung neuer Dienstleistungen über den
- Wandel der Dienstleistungsarbeit mit Konsequenzen für die Kompetenz- und Qualifikationsentwicklung weiter zum
- Stand, Perspektiven und Herausforderungen in der beruflichen Aus- und Weiterbildung sowie zum
- Stand, Perspektiven und Herausforderungen der betrieblichen Personalentwicklung.

Diese Schwerpunkte wurden inhaltlich in gemeinsamer Diskussion weiter untersetzt mit Aspekten oder Teilfragen, um einen gemeinsamen Fokus für die Bearbeitung zu schärfen.

Die Darstellungen der Projektverbünde in Kapitel II folgen in ihrer Struktur den oben genannten Schwerpunkten. Der Leser wird also eine vergleichbare Gliederung in den Einzelbeiträgen wiederfinden, was möglicherweise zu einem eigenen Vergleich der speziellen Erkenntnisse motiviert. Einen solchen Vergleich sowie eine Verdichtung von projektbezogenen Einzelerkenntnissen bieten Autoren im Rahmen des Kapitels an.

In Kapitel III werden Beiträge aus der Fokusgruppe „Wertschätzung und Produzentenstolz" vorgestellt. Zu Wort kommen die Mitglieder dieser Fokusgruppe, die über drei Jahre hinweg zu den damit verbundenen Fragen kontinuierlich zusammengearbeitet haben. Ähnlich wie in der anderen Fokusgruppe wurden übergreifende und verbindende Themen identifiziert und im Laufe der Förderperiode gemeinsam bearbeitet. Hierzu gehörten

- Ursachen und Rahmenbedingungen mangelnder Wertschätzung von Dienstleistungsarbeit,
- verschiedene Formen des Stolzes auf Dienstleistungsarbeit,
- die Frage, was Dienstleistungen mit Kunst zu tun haben,
- Zusammenhänge von wirtschaftlicher Wertschöpfung und Wertschätzung,
- Produzentenstolz und Leistungsfähigkeit der Beschäftigten,
- Führungskultur,
- Professionalität und Qualität,
- Sichtbarkeit von „unsichtbarer" Dienstleistungsarbeit und
- Fragen rund um ein Leitbild „Dienstleistungsfacharbeit".

Außerdem wurden Konzepte für betriebliche Strategien erarbeitet, wie etwa mit einer entsprechenden Organisations- und Personalentwicklung Wertschätzung und Stolz dauerhaft gefördert werden können.

Das Buch wendet sich insbesondere an drei Zielgruppen: erstens an Wissenschaftlerinnen und Wissenschaftler der Wirtschafts- und Sozialwissenschaften, die an Themen wie Dienstleistungen, Innovation, Professionalisierung, Beruflichkeit und Wertschätzung interessiert sind, zweitens an Praktikerinnen und Praktiker aus Unternehmen aller Wirtschaftszweige, die mit Fragen der Professionalisierung befasst sind und Verantwortung für betriebliche Prozesse tragen, drittens an Vertreterinnen und Vertreter der Politik, Verbände, Sozialpartner und intermediäre Organisationen, die Interesse an der Verstetigung der Ergebnisse haben.

Der Projektträger im Deutschen Zentrum für Luft- und Raumfahrt (PT-DLR) dankt den Herausgeberinnen und Herausgebern für die geleistete Arbeit an dieser Publikation. Mit der Vorlage dieser Publikation stellen die Beteiligten des Förderschwerpunktes ihre Beiträge der Fachöffentlichkeit vor. Es ist zu wünschen, dass die Beiträge dieses Buches von der Forschung aufgenommen werden und Unternehmen Anregungen für die Gestaltung von Professionalisierungsprozessen erhalten.

Literatur

[1] Bahl, A./Dietzen, A./Dorsch-Schweizer, M. (2011): Vielfalt statt Konkurrenz und Verdrängung. Ausdifferenzierung der betrieblichen Berufsbildung als Strategie zur Fachkräftesicherung, in: Berufsbildung in Wissenschaft und Praxis, 3, S. 34-38.
[2] BMBF (2006): Innovationen mit Dienstleistungen, Berlin/Bonn.
[3] Böhle, F./Glaser, J. (Hrsg.) (2006): Arbeit in der Interaktion – Interaktion in der Arbeit. Arbeitsorganisation und Interaktionsarbeit in der Dienstleistung, 1. Aufl., Wiesbaden.
[4] Bosch, G. (2010): Echte oder „gefühlte" Akademikerlücke? Anmerkungen zur Entwicklung der Berufs- und Hochschulausbildung in Deutschland, in: IG Metall/Sozialforschungsstelle der TU Dortmund (Hg.): Akademisierung von Betrieben: Facharbeiter/innen ein Auslaufmodell? Workshop-Reihe: Akademisierung von Betrieben und Gesellschaft: beruflich-betriebliche Bildung vor dem Aus?, S. 29-46.
[5] Jacobsen, H./Voswinkel, S. (Hrsg.) (2005): Der Kunde in der Dienstleistungsbeziehung. Beiträge zur Soziologie der Dienstleistung, 1. Aufl., Wiesbaden.
[6] Meyer, R. (2000): Qualifizierung für moderne Beruflichkeit – Soziale Organisation der Arbeit von Facharbeiterberufen bis zu Managertätigkeiten, Münster/New York.
[7] Reichwald, R./Möslein, K. M./Kölling, M. (Hrsg.) (2010): Professionalisierung im Dienstleistungsbereich. CLIC Executive Briefing, 18, Leipzig.
[8] Voss-Dahm, D./Mühge, G./Schmierl, K./Struck, O. (Hrsg.) (2011): Qualifizierte Facharbeit im Spannungsfeld von Flexibilität und Stabilität, 1. Aufl., Wiesbaden.
[9] Zühlke-Robinet, K./Bootz, I. (2009): „Dienstleistungsfacharbeit" als Leitbild für Dienstleistungsarbeit – der BMBF-Förderschwerpunkt „Dienstleistungsqualität durch professionelle Arbeit" im Überblick, in: Brötz, R./Schapfel-Kaiser, F. (Hrsg.): Anforderungen an kaufmännisch-betriebswirtschaftliche Berufe aus berufspädagogischer und soziologischer Sicht, 1. Aufl., Bielefeld, S. 171-187.

Prof. Dr. Ingeborg Bootz, Projektträger im Deutschen Zentrum für Luft- und Raumfahrt e.V. (DLR)

Klaus Zühlke-Robinet, Dipl.-Volkswirt, Dipl.-Politologe, Projektträger im Deutschen Zentrum für Luft- und Raumfahrt e.V. (DLR)

Teil 1
Dienstleistungsarbeit im Wandel

2 Professionalisierung von Dienstleistungsarbeit und Innovationsfähigkeit in der Dienstleistungswirtschaft

Ralf Reichwald, Agnes Schipanski, Angelika Pößl

2.1	Zur Problemstellung	21
2.2	Was sind die Begründungsfaktoren für die hohe Ausprägung von Professionalität und Wertschätzung der Industriearbeit?	22
2.3	Welche Trends prägen den Wandel von der Industriearbeit zur Dienstleistungsarbeit und bestimmen die Innovationsfähigkeit der Unternehmen?	23
2.4	Was sind die prägenden Merkmale für die Dienstleistungsarbeit als interaktive Arbeit und als Kommunikationsprozess?	26
2.5	Welche Bedeutung haben neue Formen des Wissensaustauschs und neue Formen der Arbeitsteilung für die Innovationsfähigkeit von Unternehmen?	28
2.6	Welche Konsequenzen ergeben sich daraus für die Qualifizierung und Kompetenzentwicklung der im Dienstleistungsbereich tätigen Menschen?	29
2.7	Welche Konsequenzen ergeben sich daraus für Beruflichkeit und Berufsbildung?	32
2.8	Welche Konsequenzen ergeben sich daraus für die Qualität der Dienstleitungen?	33
2.9	Professionalisierung der Dienstleistungsarbeit – auch ein Beitrag zur Erhöhung der Wertschätzung	35
2.10	Professionalisierung und Innovationsfähigkeit – ein Beitrag zum Standortwettbewerb in der Dienstleistungswirtschaft	36
Literatur		41

Prof. Dr. rer. pol. Prof. h.c. Dr. h.c. Ralf Reichwald, Handelshochschule Leipzig, Center for Leading Innovation & Cooperation

Dr. Agnes Schipanski, Handelshochschule Leipzig, Center for Leading Innovation & Cooperation

Dipl.-Kffr. (Int.) Angelika Pößl, Handelshochschule Leipzig, Center for Leading Innovation & Cooperation

2.1 Zur Problemstellung

Qualifikation und Kompetenzentwicklung, Beruflichkeit und Berufsbildung der im Dienstleistungsbereich Beschäftigten sind wesentliche Anknüpfungspunkte einer Professionalisierung der Dienstleistungsarbeit, die sich auf die Innovationsfähigkeit, die Qualität der Dienstleistungen, aber auch auf die Wertschätzung der Dienstleistungsarbeit auswirken. Allerdings sind in der Dienstleistungswirtschaft noch erhebliche Defizite der Professionalisierung festzustellen, insbesondere in den mittleren Dienstleistungsberufen. Um an die Professionalität der Industriearbeit und die Innovationskultur im industriellen Produktionsbereich anschließen zu können, müssen auch im Dienstleistungsbereich nachhaltig wirkende Konzepte der Professionalisierung in zahlreichen Berufsfeldern der Dienstleistungswirtschaft entwickelt werden. Dieser Aufgabe widmet sich eine Gruppe von Forschungsprojekten, die unter dem Förderschwerpunkt des Bundesministeriums für Bildung und Forschung (BMBF) **„Dienstleistungsqualität durch professionelle Arbeit"** zusammengefasst sind.

Die Frage, wie Professionalisierung von Dienstleistungen vorangetrieben werden kann, stellt sich insbesondere in mittleren Dienstleistungsberufen. So waren im Jahr 2008 nach Angaben des Statistischen Bundesamtes (2009) knapp 60% der im Tertiärsektor[1] Beschäftigten dem mittleren Qualifikationsniveau zuzuordnen (vgl. Statistisches Bundesamt 2009, S. 542) [41]. Nach der International Standard Classification of Education[2] umfasst dieses alle Personen, welche die Fachhochschulreife, eine allgemeine Hochschulreife, eine abgeschlossene Berufsausbildung, den Vorbereitungsdienst für den mittleren Dienst in einer öffentlichen Verwaltung, einen Berufsfachabschluss oder einen Abschluss der einjährigen Schule des Gesundheitswesens als höchsten Bildungsabschluss aufweisen. Angesichts dieser 2/3 Mehrheit gilt es ein Leitbild „Dienstleistungsfacharbeit" zu entwickeln, um Handlungsempfehlungen für Professionalisierungsmaßnahmen abzuleiten. Wertschätzung und Anerkennung der im Dienstleistungssektor Tätigen motiviert die Arbeitskräfte auf Kundenbedürfnisse einzugehen und entlastet sie auf psychologischer Ebene. Des Weiteren befähigt Professionalisierung Beschäftigte mobil und flexibel auf dem Arbeitsmarkt zu agieren.

Im Vergleich hierzu steht als Referenz der industrielle Produktionsbereich. Kennzeichnend sind eine ausgeprägte Facharbeiterqualifikation, starke Berufsbilder und Karrieren und als Konsequenz eine ausgeprägte Facharbeiterkultur, hohe Wertschätzung der Facharbeiter und der damit verbundene Produzentenstolz, es ist der „Stolz der Produzenten" auf den eigenen Beitrag zur Wertschöpfung. Diese Charakteristika der Industriearbeit sind wichtige Bestandteile einer Innovationskultur, die es im Dienstleistungsbereich zu entwickeln gilt.

---

[1] Mit Bezug auf die Drei-Sektoren-Hypothese von Jean Fourastié umfasst der tertiäre Sektor v. a. Dienstleistungs- und Verwaltungsbranchen, Handel und freie Berufe (vgl. Schäfers/Zapf 1998, S. 66) [37].

[2] Die International Standard Classification of Education (ISCED) wurde von der UNESCO vor etwa 40 Jahren zur Bewertung und Präsentation bildungsbezogener Statistiken entwickelt und seitdem mehrfach weiterentwickelt. Die hier verwendete Definition bezieht sich auf die Fassung von 1997 (vgl. UNESCO 1997) [43].

Dienstleistungsunternehmen sind – das ist der allgemeine Standpunkt – im Vergleich zu Industrieunternehmen in Deutschland weniger innovativ (vgl. OECD 2005, S. 12f.) [27].

Daraus ergeben sich die grundlegenden (übergreifenden) Fragen für den Förderschwerpunkt:

1. Was sind die Begründungsfaktoren für die hohe Ausprägung von Professionalität und Wertschätzung der Industriearbeit?
2. Welche Trends prägen den Wandel von der Industriearbeit zur Dienstleistungsarbeit und bestimmen die Innovationsfähigkeit der Unternehmen?
3. Was sind die prägenden Merkmale für die Dienstleistungsarbeit als interaktive Arbeit und als Kommunikationsprozess?
4. Welche Bedeutung haben neue Formen des Wissensaustauschs und neue Formen der Arbeitsteilung für die Innovationsfähigkeit von Unternehmen?
5. Welche Konsequenzen ergeben sich daraus für die Qualifizierung und Kompetenzentwicklung der im Dienstleistungsbereich tätigen Menschen?
6. Welche Konsequenzen ergeben sich daraus für Beruflichkeit und Berufsbildung?
7. Welche Konsequenzen ergeben sich daraus für die Qualität der Dienstleitungen?
8. Welche Konsequenzen ergeben sich daraus für die Wertschätzung der Dienstleistungsarbeit?

Aus der Bearbeitung dieser Fragestellungen mit dem Fokus auf die Themen des Förderschwerpunktes sollen Schlussfolgerungen über die Zusammenhänge von Professionalisierung der Dienstleistungsarbeit und Innovationsfähigkeit abgeleitet werden. Dabei wird auf Ergebnisse des Förderschwerpunktes, insbesondere mit dem Fokus „Aussenblick" (Literaturanalyse, Experteninterviews und relevante Forschung im internationalen Umfeld) Bezug genommen.

2.2 Was sind die Begründungsfaktoren für die hohe Ausprägung von Professionalität und Wertschätzung der Industriearbeit?

Die primäre Erklärung liefert die traditionelle Ausrichtung der Industrieorganisation, der Industriearbeit und der industriellen Produktion am tayloristischen Industriemodell, das über Jahrzehnte den „Tugendpfad erfolgreicher Unternehmensführung" bestimmte (vgl. Möller/Paulus 2010, S. 13ff.) [25]. Diese Industrieorganisation ist ausgerichtet an der Produktion von Sachgütern (siehe **Abbildung 2.1**). Die „Ausrichtung am Objekt" hat die Qualifikationsprogramme, die Ausbildung zum Facharbeiter, die Berufsbildung, die Struktur der Arbeitswelt, die Innovationskultur und weitgehend auch den „Produzentenstolz", der sich aus dem Produkt ableitet, geprägt (vgl. Picot et al. 2008, S. 7ff.) [31].

Abbildung 2.1 Begründungsfaktoren für die hohe Ausprägung von Professionalität und Wertschätzung der Industriearbeit

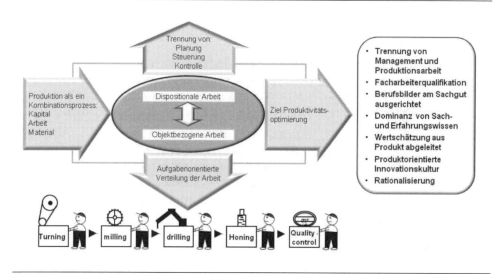

Quelle: Picot et al. 2008, S. 193 [31]

Industrieorganisation und Wertschöpfung waren über viele Jahrzehnte ausgerichtet an der Effizienz industrieller Wertschöpfungsprozesse, an der optimalen Kombination von materiellen Produktionsfaktoren mit Arbeit und an Produktivität als primäre unternehmerische Zielgröße. Dieses klassische Produktionsmodell hat die Industriearbeit des 20. Jahrhunderts maßgeblich geprägt. Mit dem stärker werdenden Trend zur Dienstleistungswirtschaft tritt es in den Hintergrund.

2.3 Welche Trends prägen den Wandel von der Industriearbeit zur Dienstleistungsarbeit und bestimmen die Innovationsfähigkeit der Unternehmen?

Wertschöpfungsprozesse sind sowohl auf nationaler als auch auf internationaler Ebene zunehmend von einer stärker werdenden Dienstleistungsorientierung der Arbeit geprägt. Da Erstellung und Empfang der Dienstleistung zeitgleich stattfinden, ist die Dienstleistung im Vergleich zu industriell gefertigten Produkten nicht lager- oder transportfähig. Zudem müssen Dienstleistungen in dem Moment konsumiert werden, in dem sie produziert werden („uno-actu"-Prinzip, vgl. Corsten/Gössinger 2007, S. 22) [10]. Aufgrund dieser Merkmale müssen Dienstleistungen immer wieder neu und individuell erbracht werden. Ein weiteres Merkmal ist die Immaterialität bzw. Nichtsichtbarkeit der Dienstleistung, welche auch im Förderschwerpunkt eine entscheidende Rolle spielt.

An die genannten Kernmerkmale von Dienstleistungen anknüpfend lassen sich vor allem drei Trends herausstellen, welche den Wandel von der Industrie- zur Dienstleistungsarbeit prägen:

Erstens ist der Trend zur Dezentralisierung und Modularisierung der Unternehmensorganisation, zur Auflösung der Unternehmensgrenzen zu nennen. Die Wertschöpfung erfolgt zunehmend in Unternehmensnetzwerken (vgl. Picot et al. 2003) [32]. Diese Entwicklung wird durch die neuen Informations- und Kommunikationstechnologien vorangetrieben.

Zweitens gibt es einen Trend zur Integration von Dienstleistungen und Sachleistungen in Prozessen der sog. Hybriden Wertschöpfung (siehe **Abbildung 2.2**). Wertschöpfung wird immer weniger durch die Fertigung reiner Produkte realisiert. Unternehmen verschiedener Branchen praktizieren die Strategie des „Lösungsanbieters" d. h. Wertschöpfung besteht aus Sachleistungen und produktbegleitenden Dienstleistungen. Dadurch erfolgt eine individuelle Anpassung der Leistungserstellung an Kundenbedürfnisse.

Abbildung 2.2 Entwicklung des Unternehmens vom Produzenten zum Problemlöser

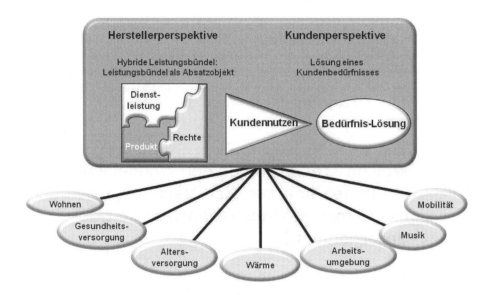

© Reichwald/Schipanski/Pößl

Drittens gibt es den Trend zur interaktiven Wertschöpfung. Der Kunde als Wertschöpfungspartner stellt ein wesentliches Charakteristikum der Dienstleistung und auch der Hybriden Wertschöpfung dar. Durch bedarfsgerechte Integration des Kunden in Wertschöpfungsprozesse, unterstützt durch neue Informations- und Kommunikationstechnologien, können individuelle Dienstleistungen erbracht werden, die passgenau auf die jeweiligen Bedürfnisse des Kunden abgestimmt sind. Insbesondere in elektronischen Märkten stellt der Kunde einen zentralen Partner in den Wertschöpfungsprozessen dar. Durch das Internet kann er sowohl in die Produktion, die Distribution, aber auch die Entwicklung der zu erbringenden Leistung in einer frühen Phase integriert werden (siehe **Abbildung 2.3**). Diese mögliche Öffnung des Wertschöpfungsprozesses zum Marktpartner hat besondere Konsequenzen für die Innovationsfähigkeit von Unternehmen, was später noch aufzuzeigen ist.

Abbildung 2.3 Formen interaktiver Wertschöpfung: Open Innovation und Mass Customization

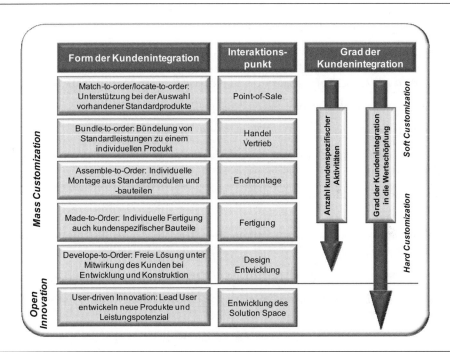

Quelle: Reichwald/Piller 2009 [36]

Aus den angeführten Trends ergeben sich Fragen für die Dienstleistungsforschung – vor allem auch Fragen nach der Professionalität und Innovationsfähigkeit der nationalen und internationalen Dienstleistungswirtschaft, denn die Dienstleistungswirtschaft befindet sich in einem dynamischen Standortwettbewerb.

2.4 Was sind die prägenden Merkmale für die Dienstleistungsarbeit als interaktive Arbeit und als Kommunikationsprozess?

Dienstleistungsunternehmen bestehen meist aus geographisch verteilten, organisationalen Einheiten, um nah am Kunden agieren zu können. Die Unternehmenseinheiten und die Interaktion mit dem Kunden sind zu koordinieren (vgl. Corsten/Gössinger 2007, S. 346ff.) [10]. Die gelungene Interaktion der organisationalen Einheiten mit dem Kunden stellt einen zentralen Faktor für den Unternehmenserfolg dar (vgl. Reichwald/Piller 2009, S. 79) [36]. So stellt beispielsweise die Balance zwischen institutionalisierter Standardisierung und individueller Bedürfnisbefriedigung des Kunden, die gewisse Handlungsspielräume für die Mitarbeitenden erfordert, eine Herausforderung für die Standardisierung von Prozessen in Hotelbetrieben an verschieden Orten dar (vgl. Pößl/Reinhardt 2010, S. 35) [30].

Aus der betriebswirtschaftlichen und sozialwissenschaftlichen Debatte über die interaktive Arbeit und deren Folgen für die Arbeitswelt können als Ergebnis für unseren Förderschwerpunkt folgende Merkmale abgeleitet werden:

Interaktive Arbeit …

- ist **Arbeit in Wertschöpfungspartnerschaften** (vgl. Kölling/Möslein 2007, S. 195ff.) [21],
- ist **Austausch von Wissen** (vgl. Scholl 2006) [39],
- bedarf **eigener Marktformen** (vgl. Picot et al. 2003) [32],
- verlangt andere **Kompetenzen** im Wissenstransfer als Industriearbeit (vgl. Habicht/Möslein 2011) [18],
- hat eine andere **Qualitätsdefinition** als Industriearbeit (vgl. Harte/Dale 1995, S. 37ff.) [19],
- hat eine andere **Produktivitätsdefinition** als Industriearbeit (vgl. Reichwald/Möslein 1995, S. 324ff.) [34],
- schafft neue Formen der **gesellschaftlichen Arbeitsteilung** (z. B. von Hippel 2005) [44],
- verlangt neue **Merkmale** in herkömmlichen und neuen Berufen (vgl. Dewe et al. 2001) [11],
- schafft neue Möglichkeiten der **Wissensgenerierung** (vgl. Möslein et al. 2011, S. 4) [26].

Abgeleitet aus den angeführten Merkmalen folgt interaktive Arbeit, Böhle spricht von „Interaktionsarbeit", (vgl. Böhle/Glaser 2006, S. 11ff.) [7] einer anderen Arbeitslogik als objektbezogene Arbeit. Insbesondere werden im Rahmen interaktiver Arbeit keine Massenprodukte hergestellt, sondern individualisierte Produkte und Dienstleistungen in Wertschöpfungspartnerschaften. Zur Bereitstellung der individualisierten Produkte und Dienstleistungen werden von den Wertschöpfungspartnern andere Kompetenzen im Wissenstransfer und in Bezug auf soziale Beziehungen benötigt, als dies bei objektbezogener Arbeit der Fall ist. Interaktive Arbeit folgt einer anderen Qualitäts- und Produktivitätsdefinition. Die Qualitätsdefinition knüpft an zentrale Konzepte wie die Kundenzufriedenheit, das Kundenerlebnis und das Interaktionsniveau an. Die Produktivitätsdefinition umfasst Merkmale wie Transparenz, Wissenstransfer und Lerneffekte für die Wertschöpfungspartner. Schließlich konstituiert interaktive Arbeit ein anderes Verhältnis von Arbeitswelt und Umwelt, und sie schafft Raum für neue Formen der gesellschaftlichen Arbeitsteilung. Eric von Hippel nennt dies „Demokratisierung von Innovationen" (vgl. von Hippel 2005) [44].

Interaktive Arbeit ist gleichzeitig geprägt durch Kommunikation im Arbeitsprozess. Die Kommunikation kann dabei unter mehreren Aspekten gesehen werden. Im vorliegenden Ansatz wird Kommunikation auf Humanebene (interaktive Kommunikation) fokussiert, welche im vorliegenden Beitrag soziale und zeitliche Dimensionen aufweist (vgl. Merten 1977, S. 161ff.) [23]. Betrachtet man Dienstleistungsarbeit als Kommunikationsprozess mit internen und externen Akteuren, so finden vor allem die nachfolgenden Aspekte höchste Relevanz:

- Interaktionsarbeit ist ein Kommunikationsprozess, welcher als Handlungsprozess verstanden wird und bei welchem die beteiligten Akteure mit Hilfe von Symbolen (Kommunikationsschemata) Absichten oder Situationen verändern (in Anlehnung an Zerfaß 2010, S. 151) [46].

- Der Kommunikationsprozess besteht aus einer Mitteilungshandlung von Seiten des Kommunikators und einer Verstehenshandlung von Seiten des Rezipienten. Dabei kann die Mitteilungshandlung unter Einsatz verschiedener Medien (Kommunikationsmittel bzw. -kanäle) erfolgen (vgl. Zerfaß 2010, S. 151ff.) [46].

  - Dabei erfolgt die Kommunikation reflexiv in *sozialer* und *zeitlicher* Hinsicht (vgl. Merten 1977, S. 161) [23]: *sozial*: Kommunikation als Interaktionsprozess (Reflexivität des Wahrnehmens, Erwartens und Handelns im Sinne einer wechselseitigen Verkopplung der Akteure (vgl. Merten, 1977; S. 161) [23]),

- *zeitlich*: Kommunikation als Prozess der Nutzung, Reproduzierung und Modifizierung von Strukturen (Regeln und Ressourcen, z. B. Kommunikationskompetenz) (in Anlehnung an Zerfaß 2010, S. 151) [46].

2.5 Welche Bedeutung haben neue Formen des Wissensaustauschs und neue Formen der Arbeitsteilung für die Innovationsfähigkeit von Unternehmen?

Die Dienstleistungswirtschaft umfasst sehr heterogene Bereiche von den Pflegediensten über IT-Services, den klassischen personenbezogenen Dienstleistungen bis hin zu den industrienahen Dienstleistungen, die mit dem Begriff der hybriden Wertschöpfung umschrieben werden können. Für die Dienstleistungswirtschaft gilt generell, dass sie immer den Kunden als Wertschöpfungspartner einbezieht.

Im vorliegenden Förderschwerpunktband wird die Dienstleistungsarbeit u. a. auf die Bereiche der Pflege, der IT-Branche, der Energiewirtschaft, des Verkehrssektors, des technischen Umweltschutzes und der Kindertagespflege fokussiert.

Es zeigt sich, dass in den Wachstumsbereichen der Dienstleistungswirtschaft, insbesondere in den Bereichen IT-Dienstleistungen und industrienahe Dienstleistungen, die *Dienstleistungsarbeit als interaktive Arbeit* durch den Austausch von Wissen geprägt ist.

Dabei ist der Austausch von Wissen die zentrale Ressource für Innovationen. Dies gilt besonders für wissensintensive Dienstleistungen. Heute tritt die Verfügbarkeit von Wissen in das Zentrum der Organisation von Wertschöpfungsprozessen in allen Bereichen. Wissen ist die zentrale Ressource für alle Phasen der Wertschöpfung, von der Ideenentwicklung bis hin zur Umsetzung. Grundlage des Innovationsmodells ist der Wissenstransfer, die Interaktion und Kommunikation von Beteiligten am Innovationsprozess. Im Zentrum der arbeitsteiligen Leistungserstellung in vielen Bereichen der Dienstleistungswirtschaft steht der Wissensaustausch zwischen Wertschöpfungspartnern: Mit Kunden, mit Partnern im Unternehmen und in Unternehmensnetzwerken.

Ein weiterer Aspekt kommt hinzu: Interaktive Arbeit als Wissensaustausch zwischen Wissensträgern produziert stets neues Wissen. Damit wird mit interaktiver Arbeit dem Konzept des organisationalen Lernens Rechnung getragen (vgl. auch Lehner 2000, S. 190ff.) [22][3]. Dieses besagt nach von der Oelsnitz und Hahmann (2003, S. 79) [29], dass das Lernen in und von Organisationen aus der Verknüpfung von individuellem und institutionellem Wissen zu subjektiv neuartigem Organisationswissen resultiert. Damit entsteht ein Mehrwert durch die Verbesserung der Innovationsfähigkeit von Unternehmen, denn das organisatorische Lernen wird als die wesentliche Voraussetzung für Innovationen betrachtet (vgl. Lehner 2000, S. 199) [22]. „Innovation will be the by-product of a learning organization. A learning organization is a [sic] innovative organization." (Šebestová/Rylková 2011, S. 955) [40].

---

[3] Lehner (2000) [22] gibt einen umfassenden Überblick zu den Konzepten der lernenden Organisation.

Im Rahmen des intraorganisationalen Lernens kann an die drei Lernebenen von von der Oelsnitz und Hahmann (2003, S. 79) [29] angeschlossen und folgende Charakterisierung vorgenommen werden:

- Individuelle Ebene (Person/Mitarbeiter),
- Mikrosoziale Ebene (Gruppe/Team),
- Makrosoziale Ebene (Gesamtsystem/Organisation).

Im Rahmen des Lernens von Organisationen ist der Ort des Lernens entscheidend, welcher ebenfalls unter das Konzept des organisationalen Lernens fällt. So spielt im Rahmen der Dienstleistungsarbeit vor allem das marktbezogene Lernen eine besondere Rolle, um die Kundenbedürfnisse zu kennen und auf diese einzugehen. Dabei zielt das marktbezogene Lernen vor allem auf die Kenntnisgewinnung in Bezug auf den Zusammenhang zwischen marktlichen Bedingungen, marktgerichteten Unternehmensaktivitäten und dem daraus resultierenden Unternehmenserfolg (vgl. von der Oelsnitz/Hahmann 2003, S. 82) [29], denn nur so kann der Grad der Kundennähe zielgerichtet bestimmt werden.

Aus diesen Überlegungen abgeleitet ist ein funktionierender Informationsaustausch von zentraler Bedeutung – insbesondere in Bezug auf die Lernfähigkeit des Mitarbeiters. Durch wechselseitigen Informationsaustausch können Lernprozesse realisiert werden. Ein entscheidender Faktor für den Lernerfolg ist eine wechselseitige Vertrauensbeziehung zwischen den Wertschöpfungspartnern. Zur Unterstützung dieser Vertrauensbeziehung bedarf es vertrauens- und kooperationsfördernder Maßnahmen wie Erfahrungsaustausch, Teamarbeit etc. (vgl. Reichwald et al. 2004; von der Oelsnitz/Graf 2006) [33], [28], die beispielsweise bei Pflegeberufen von besonderer Bedeutung sind, weil deren Arbeitsbedingungen einem regen Wandel unterliegen.

2.6 Welche Konsequenzen ergeben sich daraus für die Qualifizierung und Kompetenzentwicklung der im Dienstleistungsbereich tätigen Menschen?

Qualifizierung und Kompetenzentwicklung sind wesentliche Elemente des Förderschwerpunktes „Dienstleistungsqualität durch professionelle Arbeit". Nach Baethge (2011) [2] verlangt der Wechsel von der herkömmlichen Arbeit zur interaktiven Arbeit einen Wechsel von Qualifikationskonzepten zu Kompetenzkategorien. Diese umfassen die kognitiven Fähigkeiten und Verhaltensdispositionen, die immer wieder in neuen Interaktionssituationen aktiviert werden müssen (vgl. Baethge 2011, S. 20) [2].

Entsprechend dieser Erläuterungen sind Kompetenzen im Dienstleistungsbereich in Anlehnung an Baethge (2011, S. 20) [2]:

- *Berufsspezifische* Kompetenzen: die Fähigkeit Wissen, Fertigkeiten und Erfahrungen erfolgreich zur Bewältigung von Arbeitsaufgaben einzusetzen (fachliche Kompetenz);
- *Berufsübergreifende*, aber arbeitsbezogene Kompetenzen: die Fähigkeit zu methodischem Arbeiten und Selbstorganisation, Kommunikationsfähigkeit, Teamfähigkeit, Verständnis von Organisationen und Arbeitsmärkten, Selbstwirksamkeitsüberzeugungen und berufliche Identitätsbildung;
- *Allgemeine* (gesellschaftsbezogene) Kompetenzen und ihre Weiterentwicklung.

Berufsspezifische Kompetenzentwicklung umfasst die Befähigung des Mitarbeiters, eine Aufgabe fachlich bearbeiten zu können. Er muss fachlich in der Lage sein, die vom Kunden geforderte Leistung zu erstellen. Unternehmensinterne und -externe Weiterbildungsmaßnahmen sind bei der Erweiterung und Entwicklung der fachlichen Kompetenz der Mitarbeiter ein wesentliches Instrument. Ein Beispiel für die wesentliche Rolle von fachlichen Weiterbildungsmaßnahmen sind Schulungen für Energiefachkräfte beispielsweise in Bezug auf die Berechnung verschiedener umweltbelastender Faktoren wie auch Schulungen in anderen technischen Berufen (vgl. Erpenbeck/von Rosenstiel 2003, S. XIIIff.) [16].

Berufsübergreifende Kompetenzentwicklung ist insbesondere im Kontext von Dienstleistungsarbeit als Interaktionsarbeit zu sehen. Bei der gemeinsamen Leistungserstellung mit dem Kunden spielen meist zwischenmenschliche Aspekte eine zentrale Rolle (vgl. Callaghan/Thompson 2002) [8]. Hier bildet der Aspekt von Interaktionsarbeit als Kommunikationsprozess eine entscheidende Verständnisbrücke. Kommunikationsfähigkeit bildet eine Voraussetzung für Interaktionskompetenz, denn Kommunikation bedeutet Interaktion (vgl. auch Merten 1977) [23]! In Anlehnung und Erweiterung an die Erläuterungen zur aktiven Kommunikationskompetenz von Zerfaß (2010, S. 190f.) [46] soll hier zwischen Interaktionskompetenz und Kooperationskompetenz unterschieden werden. (vgl. **Abbildung 2.4**)

- **Interaktionskompetenz** ist (1) die Kompetenz der Interaktionspartner, Laute, Gesten und inhaltliche Aspekte der Aussagen korrekt zu erfassen und anzuwenden.
- **Interaktionskompetenz** ist (2) die Kompetenz einen situationsgerechten Kommunikationsprozess zu initiieren und Einfluss auszuüben.

Kooperationskompetenz setzt die Bereitschaft zur Kommunikation voraus. Dabei beinhaltet die Kooperationskompetenz in Anlehnung an Zerfaß (2010, S. 191) [46] die Fähigkeit, eine gemeinsame Kommunikationspraxis herzustellen. „Sie umfasst im Nahbereich das Eingehen auf den Partner und dessen Sprachhorizont, im Fernbereich die bewusste Rückkopplung (massen)medialer Kommunikationsprozesse an persönliche Interaktionen." (Zerfaß 2010, S. 191) [46].[4] Somit bilden die Interaktionskompetenz und die Kooperationskompetenz die Grundpfeiler der Dienstleistungsarbeit als interaktive Arbeit. **Abbildung 2.4** veranschaulicht die Zusammenhänge.

---

[4] Mit dieser Kompetenz kann die von Habicht/Möslein (2011, S. 94) [18] angeführte Boundary Spanning Kompetenz in Verbindung gebracht werden.

Abbildung 2.4 Berufsübergreifende Kompetenzen

Quelle: eigene Darstellung in Anlehnung an Zerfaß 2010 [46] und Baethge 2011 [2]

Als Beispiel für berufsübergreifende Kompetenzen kann der Umgang der medizinischen Fachkraft mit dem Patienten sowie die Abstimmung mit weiteren, eventuell fachfremden Fachkräften angeführt werden.

Darüber hinaus sind, wie auch bei den berufsspezifischen Kompetenzen, unternehmensinterne und -externe Weiterbildungsmaßnahmen bei der Erweiterung und Entwicklung, beispielsweise der Interaktionskompetenz der Mitarbeiter, ein wesentliches Instrument im Rahmen der Dienstleistungsarbeit. Dabei umfassen die Methoden der berufsübergreifenden und allgemeinen Kompetenzentwicklung u. a. verschiedene, je nach Dienstleistungsart zugeschnittene Weiterbildungsmaßnahmen – meist Trainings von externen Anbietern, die oft mit einer Leistungsbeurteilung der Mitarbeitenden vor und/oder nach dem Training verbunden sind. In Bezug auf Mitarbeiter untereinander können in diesem Bereich personalentwickelnde Maßnahmen genannt werden – als Beginn einer Teamarbeit aber auch intervenierend vor allem bei Spannungen und Konflikten – die zur Erhöhung von Konfliktfähigkeit und Teamfähigkeit dienen können. Dorothea Voss-Dahm, Institut Arbeit und Qualifikation Duisburg, kommentiert diesen Zusammenhang in einem Interview: *„Innovative Unternehmen brauchen ein möglichst hohes Niveau aus einem Mix aus fachlicher und personaler Kompetenz also Wissen und Fertigkeiten sowie Sozialkompetenz und Selbstständigkeit."* (Voss-Dahm 2011, S. 1) [45].

In diesem Zitat wird die Heterogenität des erforderlichen Kompetenzprofils der im Dienstleistungsbereich Beschäftigten hervorgehoben. Allein fachliche Kompetenz ist zur Leistungserbringung nicht ausreichend, vielmehr ist interaktive Arbeit auch durch eine soziale Komponente, welche vor allem in der Interaktionskompetenz ihren Ausdruck findet, charakterisiert.

Abschließend soll eine Möglichkeit der Kompetenzanalyse und der Festlegung des Kompetenzbedarfs im Unternehmen angeführt werden.

Inwieweit die aufgezeigten berufsspezifischen, berufsübergreifenden und allgemeinen Kompetenzen im Unternehmen bereits vorhanden sind oder durch Weiterbildungsmaßnahmen vermittelt werden müssen, kann durch sogenannte *Kompetenzdiagnostiktools* (vgl. Scheelen 2011, S. 43) [38] eruiert werden. Sie zeigen Kompetenzlücken auf und dienen zugleich dazu, den besten Bewerber für eine freie Stelle zu ermitteln (vgl. Scheelen 2011, S. 43) [38].

2.7 Welche Konsequenzen ergeben sich daraus für Beruflichkeit und Berufsbildung?

Im Rahmen des Förderschwerpunktes „Dienstleistungsqualität durch professionelle Arbeit" spielen die beiden Themenkomplexe Beruflichkeit und Berufsbildung eine zentrale Rolle. Die Überlegung, dass berufsübergreifende Kompetenzen bei dem Wandel von der Industrie- zur Dienstleistungsarbeit an Bedeutung gewinnen, könnte ein Abrücken von der beruflich fundierten Kompetenzentwicklung nahelegen (vgl. Baethge 2002, S. 37) [3]. Einige Berufsbildungsforscher argumentieren jedoch, dass trotz eines Wandels von der Industrie- zur Dienstleistungsarbeit und der damit einhergehenden Entwicklungen ein Festhalten an beruflichen Ausbildungskonzepten eher zu befürworten ist (vgl. Bahl et al. 2011, S. 36ff.) [4]. Agnes Dietzen, Bundesinstitut für Berufsbildung, Bonn, kommentiert diesen Sachverhalt in einem Interview wie folgt: „*Über das Erlernen eines Berufes werden ein Qualifikationsbündel und vor allem eine Berufsfähigkeit erworben, von der wir wissen, dass sie von den Unternehmen als tragfähige und enorm wichtige Grundlage für die weitere betriebliche Kompetenzentwicklung gesehen wird.*"(Dietzen 2011, S. 1f.) [12]. Ein Festhalten an einer beruflich fundierten Vermittlung der für interaktive Arbeit erforderlichen Kompetenzen erscheint insbesondere aufgrund der Eigenschaften von Dienstleistungen sinnvoll. Da der Kunde als externer Faktor in den Leistungserstellungsprozess zu integrieren ist, sind, wie bereits erläutert, insbesondere prozessbezogene Kompetenzen von hoher Bedeutung. Dies setzt einen hohen Anteil an Erfahrungswissen voraus, welches insbesondere in der beruflichen Aus- und Weiterbildung fest verankert ist (vgl. Dietzen 2010) [13] und die Entwicklung einer beruflichen Identität ermöglicht. Es stellt sich die Frage, wie in den bisher etablierten beruflichen Rahmenbedingungen Inhalte, Methoden und Konzepte, die Mitarbeiter zur Dienstleistungsarbeit und Innovation befähigen, realisiert werden können. Die Frage ist auf drei Ebenen zu untersuchen (siehe **Abbildung 2.5**):

Abbildung 2.5 Ebenen einer potenziellen Berufsbildung

© Reichwald/Schipanski/Pößl

Institutionen der Aus- und Weiterbildung wie etwa Berufsschulen, Berufsverbände oder privatwirtschaftliche Institutionen müssen innovative Konzepte zur berufsübergreifenden Kompetenzentwicklung wie berufliche Aus- und Weiterbildungsprogramme zu Dienstleistungsmanagement und -organisation aufgreifen. Ziel ist eine dienstleistungsgerechte Qualifizierung und Kompetenzentwicklung der Beschäftigten sicherzustellen. Des Weiteren müssen Dienstleistungsunternehmen berufliche Strukturen und Prozesse etablieren, die die Entwicklung berufsübergreifender Kompetenzen ermöglichen. Dazu müssen sinnvolle Personalentwicklungsprogramme in Dienstleistungsunternehmen sicherstellen, dass eine interaktive Vernetzung über Berufsgruppen hinweg stattfindet, um auf der Mitarbeiterebene eine bedarfsgerechte Kompetenzentwicklung gewährleisten zu können.

2.8 Welche Konsequenzen ergeben sich daraus für die Qualität der Dienstleitungen?

In der Literatur wurden bereits zahlreiche Modelle diskutiert (vgl. Haller 1999, S. 67ff.) [20]. Das Verständnis von Dienstleistungsqualität im Förderschwerpunkt richtet sich wie in den vergangenen Kapiteln verdeutlicht, im Wesentlichen an zwei Merkmalen der Dienstleistungsarbeit aus:

- Dienstleistungsarbeit als interaktive Arbeit und als
- Offen-prozesshafte Kooperation.

Damit werden der interaktive Charakter von Dienstleistungsarbeit und die damit verbundenen Kommunikations- und Kooperationsbeziehungen zwischen Dienstleistern und Kunden hervorgehoben (vgl. Duell et al. 2011b, S. 23) [15]. Fritz Böhle, Universität Augsburg, kommentiert diesen Zusammenhang wie folgt: *„Die Dienstleistungsqualität hängt in hohem*

Maße davon ab, ob ich in der Lage bin, die Individualität und Subjektivität des Kunden und damit seine Unberechenbarkeit aufzugreifen. Der Dienstleistungsmitarbeiter muss situativ vorgehen und mit dem Kunden erarbeiten, was erwartet werden kann. Des Weiteren muss man immer beachten, wie der emotionale Zustand des Kunden ist, da dies die Wahrnehmung der Dienstleistungsqualität beeinflusst." (Böhle 2011, S. 1) [6].

Dienstleistungsqualität hängt erheblich von der erfolgreichen Interaktion mit dem Kunden ab (vgl. Chakrapani 1998, S. 3ff.) [9].

Im Gegensatz zu Sachleistungen ist Dienstleistungsqualität schwerer erfassbar (vgl. Chakrapani 1998, S. 34f.) [9]. Deshalb bezieht die Professionalisierung von Dienstleistungen drei Ebenen in den Qualitätsbegriff ein: Das *Markt- und Leistungsergebnis*, der Prozess der *interaktiven Leistungsgenerierung* und die *Arbeitssituation* bzw. das Leistungsumfeld. Im Zentrum stehen die Wertschöpfungspartner, der Kunde und der Dienstleister. Für die jeweiligen Ebenen der Dienstleistungsqualität ergeben sich verschiedene Gestaltungsdimensionen und Qualitätskriterien. Für das *Markt- und Leistungsergebnis* sind insbesondere das Leistungsprogramm, das Preis- und Vertragsmodell sowie die Marktpartner zentrale Anknüpfungspunkte, deren Qualität sich nach dem Kundennutzen, der Zahlungsbereitschaft und der Kundenzufriedenheit definiert. Für den *Interaktionsprozess* sind vor allem der Prozessablauf und der Grad der Kundenintegration wesentliche Gestaltungsparameter deren Qualität an entsprechende Transparenz, fortschreitenden Kompetenzaufbau und Wissensaustausch geknüpft ist. Für die *Arbeitssituation* sind im Wesentlichen die Arbeitsumgebung, der Wissenszugang, der Handlungsspielraum und die Offenheit der Lösung entscheidend. Die Qualität dieser Dimensionen misst sich an der Qualität der Arbeit, der beruflichen Identität und der Arbeitszufriedenheit (siehe **Abbildung 2.6**).

Die Ebenen der Qualität der Dienstleistung sind dabei eng miteinander verknüpft, so dass die Ausprägung einer Gestaltungsdimension auf einer Ebene Wechselwirkungen mit Qualitätskriterien auf einer anderen Ebene verursachen kann. So kann beispielsweise der Grad der Kundenintegration ebenfalls positiv auf den Kundennutzen wirken.

Die Betrachtung der Qualität von Dienstleistungen auf den vorgestellten Ebenen zeigt dabei verschiedene Ansatzmöglichkeiten zur Qualitätssteigerung für Dienstleistungsunternehmen auf. Auf jeder dieser Ebenen können durch Variation oder Neuausrichtung der Gestaltungsdimensionen und Qualitätskriterien auch Ansatzpunkte für Innovation des Dienstleistungsangebots ermittelt werden. Das vorgestellte Modell zeigt somit auch Anknüpfungspunkte für Verbesserung der Innovationsfähigkeit von Unternehmen auf.

Abbildung 2.6 Ebenen der Qualität von Dienstleistungen

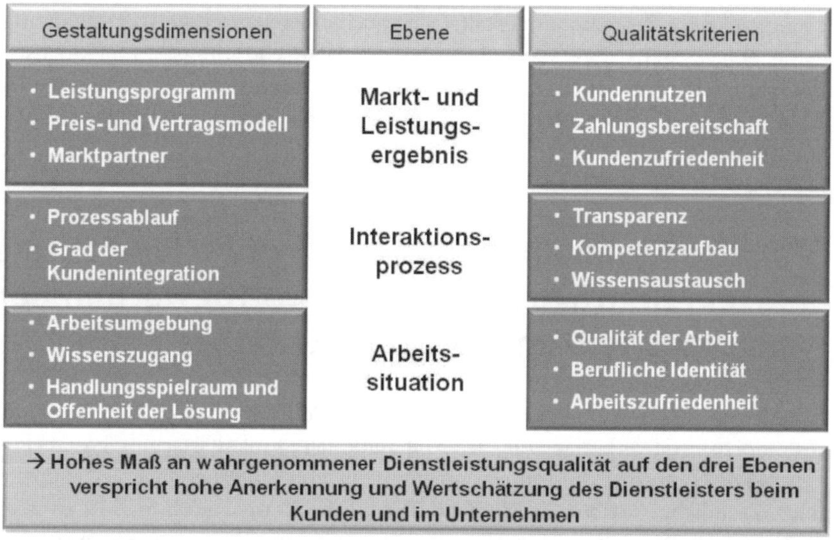

Gestaltungsdimensionen	Ebene	Qualitätskriterien
• Leistungsprogramm • Preis- und Vertragsmodell • Marktpartner	Markt- und Leistungsergebnis	• Kundennutzen • Zahlungsbereitschaft • Kundenzufriedenheit
• Prozessablauf • Grad der Kundenintegration	Interaktionsprozess	• Transparenz • Kompetenzaufbau • Wissensaustausch
• Arbeitsumgebung • Wissenszugang • Handlungsspielraum und Offenheit der Lösung	Arbeitssituation	• Qualität der Arbeit • Berufliche Identität • Arbeitszufriedenheit

→ Hohes Maß an wahrgenommener Dienstleistungsqualität auf den drei Ebenen verspricht hohe Anerkennung und Wertschätzung des Dienstleisters beim Kunden und im Unternehmen

© Reichwald / Schipanski / Pößl

2.9 Professionalisierung der Dienstleistungsarbeit – auch ein Beitrag zur Erhöhung der Wertschätzung

Professionalisierung der Dienstleistungsarbeit im Sinne von Qualifizierung und Kompetenzentwicklung, Beruflichkeit und Berufsbildung sowie Steigerung von Transparenz und Qualität der Dienstleistungsarbeit bilden auch die Voraussetzung für hohe Wertschätzung der Dienstleistungsarbeit.

Wertschätzung und Stolz der im Dienstleistungsbereich tätigen Menschen ist eines der aktuellen und höchst diffizilen Problemstellungen in der Dienstleistungswirtschaft. Hierbei spielen unternehmenskulturelle Fragen ebenso hinein wie gesellschaftliche und ökonomische Aspekte. In jedem Fall ist mangelnde Wertschätzung von Dienstleistungsarbeit der Grund für Demotivation und mangelnder Identifikation von Menschen im Unternehmen (vgl. Fischer 2010, S. 247) [17]. Renate Meyer, Universität Trier, kommentiert diesen Zusammenhang wie folgt: *"Es gibt unterschiedliche Möglichkeiten, Wertschätzung auszudrücken, und eine angemessene Entlohnung ist sicherlich ein Teil davon. Wertschätzung zeigt sich jedoch auch darin, Mitarbeitern Autonomiespielräume zur Verfügung zu stellen. Daher steigt die Wertschätzung, wenn man tarifliche oder betriebliche Regelungen über die Gestaltung von Berufen trifft, die den einzelnen ein Stück weit entlasten."* (Meyer 2011, S. 1f.) [24].

Neben der Entlohnung, der Eröffnung von Autonomiespielräumen und tariflichen oder betrieblichen Regelungen spielt auch der Kunde eine zentrale Rolle für die Wertschätzung im Dienstleistungskontext. Je höher die Kompetenz der Wertschöpfungspartner zur Interaktion ausgeprägt ist, desto höher gestaltet sich auch die gegenseitige Wertschätzung. Wird daher eine hohe gegenseitige Wertschätzung der Wertschöpfungspartner angestrebt, ist auch die Kompetenzentwicklung ein wesentlicher Ansatzpunkt. Zur adäquaten Vermittlung der benötigten Kompetenzen ist die Etablierung geeigneter Vermittlungswege, wie in Punkt 2.7 dargelegt, notwendig.

2.10 Professionalisierung und Innovationsfähigkeit - ein Beitrag zum Standortwettbewerb in der Dienstleistungswirtschaft

Innovative Dienstleistungen stellen einen zentralen Wettbewerbsfaktor für den internationalen Standortwettbewerb dar, für den die nationale Volkswirtschaft gestärkt werden muss. Für Deutschland ist die Innovationsfähigkeit von Unternehmen der Dienstleistung daher ein wesentlicher Treiber für Wohlstand und Wirtschaftswachstum. Mit zunehmender Globalisierung des Wettbewerbs in allen Märkten wird die Dienstleistungswirtschaft zum Schlüsselfaktor. Im internationalen Wettbewerb auf den Industriegütermärkten haben sich diejenigen Unternehmen als Champions erwiesen, die innovative Dienstleistungen mit Innovationen im Sachgüterbereich bündeln (vgl. Reichwald et al. 2009) [35]. Die Hightech Strategie 2020 für Deutschland zielt auf diesen Innovations- und Standortwettbewerb ab und fördert Innovationen mit Dienstleistung in den spezifischen Anwendungsfeldern: Gesundheit, Energie, Sicherheit, Kommunikation und Mobilität (vgl. BMBF 2010) [5]. Aus der Sicht eines Förderschwerpunktes im Programm dieser Hightech-Strategie, stellt sich daher die Aufgabe, Zusammenhänge aufzuzeigen, welche die Stärkung der Innovationsfähigkeit der Dienstleistungswirtschaft praktisch werden lassen. **Abbildung 2.7** zeigt die Themenfelder des Förderschwerpunkts.

Betrachtet man die Themen des Förderschwerpunktes und die relevanten Forschungsfragen, die hier behandelt werden, so fällt es schwer, für die komplexen Zusammenhänge in diesen Themenfeldern einen geeigneten theoretischen Bezugsrahmen zu finden, in dessen Rahmen die komplexen Zusammenhänge aller Themen transparent abgebildet werden können. Wir finden solche umfassenden Theorieansätze weder in den Wirtschafts- noch in den Sozialwissenschaften.

Das liegt darin begründet, dass die Innovationsforschung eher in den technischen und wirtschaftswissenschaftlichen Disziplinen angesiedelt ist, während die Themenfelder der Professionalisierung mit den empirischen Bereichen Kompetenzentwicklung, Qualifizierung, Berufsbildung und Beruflichkeit eher in der sozialwissenschaftlichen Forschung beheimatet sind. Erst die neueren Entwicklungen der Innovationsforschung, die mit Begriffen wie „Interaktive Wertschöpfung", „Open Innovation" oder „Open Collective Work" beschrieben werden, sind disziplinübergreifende Forschungsfelder mit dem Ausblick, dass hier disziplinübergreifende Theorieansätze entstehen.

Abbildung 2.7 Themenfelder des Förderschwerpunkts

© Reichwald/Schipanski/Pößl

Da es bis heute noch kein disziplinübergreifendes Theoriekonzept für die großen Zusammenhänge des Förderschwerpunktes gibt, legen die einzelnen Projekte und Verbünde für die jeweils beleuchteten Einzelzusammenhänge meist theoretische Bezugsrahmen aus der jeweiligen Disziplin zugrunde, wie die Einzelbeiträge in diesem Buch belegen.

Dennoch soll in diesem Beitrag aus der Sicht des gesamten Förderschwerpunktes der Versuch unternommen werden, zusammenfassend Beziehungen und Empfehlungen abzuleiten, die weitreichender sind. Dies kann jedoch nicht mit dem Anspruch empirisch abgeleiteter Aussagen erfolgen, sondern eher in der Form von Thesen, die nach den Themenfeldern gruppiert werden. Dabei gibt es Erkenntnisse, die aus den Forschungsergebnissen des Förderschwerpunktes (Blick von Innen) und andere, die aus Publikationen anderer Forschungsarbeiten (Blick von Außen) abgeleitet sind. Viele Fragen bleiben jedoch offen und bilden Anregungen für die weitere Dienstleistungsforschung.

Professionalisierung der Dienstleistungsarbeit als Interaktionsarbeit

Professionalisierung der Dienstleistungsarbeit bildet den zentralen Ansatz für die Verbesserung der Innovationsfähigkeit von Unternehmen der Dienstleistungswirtschaft. Im Rahmen der zunehmenden Bündelung von Dienstleistungen mit Sachgütern in Prozessen der interaktiven Wertschöpfung kommt der Professionalisierung von Dienstleistungsarbeit eine Schlüsselstellung zu (vgl. Tidd/Bessant 2009; Amberg et al. 2011) [42], [1]. Interaktive Wertschöpfung stellt neue Anforderungen an Unternehmen und Mitarbeiter:

- Qualifikation und Kompetenzen der Mitarbeiter zur Interaktion mit Kunden und anderen externen Wertschöpfungspartnern,
- Offenheit gegenüber neuen Lösungen,
- Interaktionsorientierte Anreize im Unternehmen und für Kunden,
- Eine innovationsförderliche Wissensbasis und Austausch mit internen und externen Wissensträgern (Open Innovation),
- Die Bereitstellung von Werkzeugen der Interaktion,
- Interaktionsförderliche Organisations- und Arbeitsprozesse.

Interaktionsarbeit schafft aber auch **prekäre Arbeitsbeziehungen**. Es zeigen sich Widersprüchlichkeiten zwischen institutionellen Settings und Anforderungen an die Arbeitsorganisation. Im Kern geht es um die Zusammenführung von Kundenzufriedenheit, Dienstleistungsqualität und Arbeitseffizienz. Dies verlangt auch **Professionalisierung in der Führung und im Umgang mit Interaktionspartnern.**

- Gefragt sind geeignete Governancestrukturen, die den erforderlichen Handelsspielraum für die Träger der Interaktionsarbeit einerseits und eine effiziente Koordination andererseits gewährleisten.
- Gefragt sind Anreizstrukturen, die den Wissensaustausch zwischen den Partnern in Interaktionsprozessen fördern, und das Spannungsfeld von Loyalität und Ausbeutung beherrschbar machen.
- Offene Fragen wirft der Umgang mit Unsicherheiten auf, z. B. die Unvorhersehbarkeit von Ergebnissen in langfristigen Wertschöpfungspartnerschaften.
- Zu klären sind die Rollen der Kunden in Wertschöpfungspartnerschaften von Dienstleistungen.

Professionalisierung, Qualifikation und Kompetenzentwicklung

Professionalisierung der Dienstleistungswirtschaft bedeutet auch Standortwettbewerb im Dienstleistungsbereich. Der Standortwettbewerb ist ein „globaler Wettbewerb". Der überwiegende Teil von Dienstleistungen ist standortunabhängig und die Wertschöpfung findet dort statt, wo Mitarbeiterkompetenz und Standortattraktivität zusammenkommen. Primäre Einflussfaktoren für die Kompetenzentwicklung sind:

- Lernförderliche Anreizsysteme im Unternehmen,
- Informelles und erfahrungsbasiertes Lernen im Arbeitsprozess,

- Konzepte und Methoden der Kompetenzentwicklung für die Vernetzung von Marktpartnern,
- Qualifikation und Kompetenzentwicklung „on the job",
- Freier Zugang zu externen und internen Wissensquellen,
- Institutionen der Kompetenzentwicklung als Netzwerkpartner.

Standortattraktivität für Kompetenzträger ist besonders hoch, wo die Standortfaktoren hoch ausgeprägt sind:

- Positive Rahmenbedingungen für das Innovations- und Gründungsklima im regionalen Umfeld für eine hohe Standortattraktivität,
- Positive Einstellung und Verhalten von Trägern der Gesellschaft im regionalen Umfeld zur Dienstleistungswirtschaft,
- Leistungsfähige Dienstleistungsnetzwerke z. B. im Gesundheitswesen, im Energie-Mobilitäts- , Kommunikations- und Transportsektor,
- Forschungs- und Bildungseinrichtungen im lokalen Umfeld,
- Hohe Lebensqualität der Region,
- Öffentliche Dienstleistungen für die Bürgerbeteiligung (Open Government).

Professionalisierung, neue Dienstleistungsberufe und Beruflichkeit

Professionalisierung treibt Innovationen, wenn sie nicht als Ergebnis sondern als Prozess verstanden wird. Wenn jedoch Professionalisierung Innovationen treiben soll, dann ist Professionalisierung im betriebswirtschaftlichen Sinne nicht statisch aufzufassen, sondern prozessbezogen. Dieses Verständnis von „Professionalisierung" findet im Förderschwerpunkt breite Akzeptanz. Professionalisierung mit dem Fokus „Beruflichkeit" (von und in Dienstleistungen) meint weniger die Herausbildung von Professionen (im Sinne der Schließung und Abgrenzung von anderen Professionen) sondern (Weiter-) Entwicklungen im Sinne einer Professionalitätsentwicklung, des Herausbildens neuer Berufe und Berufsfelder aus bereits bestehenden Berufen (vgl. Duell et al. 2011a, S. 12) [14].

Ein Beispielfeld bilden IT-basierte Dienstleistungen, wo Produkt- und Prozessinnovationen eng verquickt sind und neue Berufe und Berufsbilder hervorgebracht haben. Beispiele bilden die Web-Designer, Mediateure, Akteure im Bereich der sog. Social Software sowie Service Berater im lokalen Telecom-Service. Einen entscheidenden Einfluss nehmen intermediäre Organisationen und überorganisationale Netzwerke (Berufs-/Branchenverbände, Gewerkschaften, IHK etc.) auf die Professionalisierung von Dienstleistungsberufen.

Professionalisierung, Produktivität und Qualität von Dienstleistungen

Interaktive Arbeit folgt einer anderen Arbeitslogik als objektbezogene Industriearbeit. Die Professionalisierung der Dienstleistungswirtschaft benötigt eine andere Definition von

Produktivität und Qualität der Arbeit und Leistung. Produktivitäts- und Qualitätsdefinition von Dienstleistungen knüpfen an die Konzepte der interaktiven Wertschöpfung, des Kundenwertes und des Kundennutzens an. Für diesen Bereich besteht ein erhebliches Defizit in den Methoden und theoriebasierten Modellen und Konzepten. Offene Forschungsfragen und Themen sind z. B.

- Methoden für die Entwicklung und Pilotierung neuer Dienstleistungen,
- Methoden und Werkzeuge zur Integration externer Partner in Innovationsprozesse,
- Werkzeuge und Methoden zur Messung/Bewertung und Steigerung von Produktivität,
- Werkzeuge und Methoden zur Messung/Bewertung der Qualität von Dienstleistungsarbeit,
- Bewertungsmodelle und Produktivitätsmodelle für die „Internetökonomie" (z. B. Free Services),
- Modelle der Typisierung von Dienstleistungsfeldern zur spezifischen Forschung und Gestaltung.

Der Pflege-Sektor bedarf besonderer Aufmerksamkeit im Bereich der Qualitäts- und Produktivitätsmodelle. Der Bedarf wird massiv steigen und damit das Erfordernis der Messung von Professionalität und Effizienz.

Professionalität, Sichtbarkeit und Wertschätzung

Aus der mangelnden „Sichtbarkeit" von Dienstleistungen ergeben sich Folgen für die Wertschätzung und darüber hinaus für die Innovationsfähigkeit. Ein Beispielfeld bilden IT-basierte Dienstleistungen. Die im IT-Sektor vielfach entwickelte Sichtbarkeit und Transparenz von neuen Dienstleistungen bringt auch hohe gesellschaftliche Wertschätzung gegenüber den neuen Berufen hervor. Beispiele bilden die Web-Designer, Intermediäre, Entwickler von Software oder Service Berater in den Kundenzentren der Kommunikationsdienstleister.

Transparenz und Sichtbarkeit von Dienstleistungen bringen aber auch Risiken für die Standardisierung und Automatisierung sowohl in Bezug auf sach- als auch personenbezogene Dienstleistungen. Es wird erwartet, dass etwa 30% der Arbeitsplätze im Dienstleistungsbereich durch Automatisierung wegfallen werden.

Professionalität und Innovationsfähigkeit von Dienstleistungsunternehmen

Professionalisierung der Interaktionsarbeit und Professionalität in der Wertschöpfung von Dienstleistungen sind die Treiber für Innovation und Wachstum der Dienstleistungswirtschaft. Dabei sind die betrachteten Themenfelder der Kompetenzentwicklung und Beruflichkeit, der Produktivitäts- und Qualitätsentwicklung zentrale Aspekte für die Innovationsfähigkeit von Dienstleistungsunternehmen. Referenzbeispiele bilden IT-Dienstleistungen und Dienstleistungen im Internet. Die wesentlichen Erfolgsfaktoren für die Innovationsfähigkeit bilden:

- Innovationskultur im Sinne von Offenheit für neue Ideen von Wertschöpfungspartnern, nach innen: „positives Innovationsklima", nach außen: „Open Innovation",
- Innovationsbereitschaft und Interaktionskompetenz der Mitarbeiter,
- Offenheit gegenüber externen Lösungen in der Entwicklung,
- Innovationsfreundliche Anreize im Unternehmen und für Kunden,
- Wissensbasis und Zugang zu externen Wissensträgern,
- Innovationsmanagement und die Bereitstellung von Werkzeugen des Innovationsmanagements.

Mit der Öffnung des Innovationsprozesses zu Marktpartnern („Open Innovation") sind Innovationstreiber, aber auch Innovationsbarrieren verbunden: Letzteres vor allem durch die mit der Öffnung verbundenen Unsicherheiten. Auch hier bleiben viele Forschungsfragen offen, die eng mit dem Management von Unisicherheiten verbunden sind. Beispiele bilden: Datenunsicherheiten bei der Nutzung und Teilnahme in Social Networks, Reputation und Vertrauen in Dienstleistungsnetzwerken, zentrale Fragen von Ethik und Social Behaviour in Online-Netzwerken.

Literatur

[1] Amberg, M./Bodendorf, F./Möslein, K. M. (2011): Wertschöpfungsorientierte Wirtschaftsinformatik, 1. Aufl., Berlin.
[2] Baethge, M. (2011): Kompetenzentwicklung und Professionalisierung im Dienstleistungssektor, in: Reichwald, R./Möslein, K. M./Kölling, M. (Hrsg.): Professionalisierung im Dienstleistungsbereich. CLIC Executive Briefing, 18, Leipzig, S. 17-21.
[3] Baethge, M. (2002): Das berufliche Bildungswesen in Deutschland am Beginn des 21. Jahrhunderts, 1. Aufl., Göttingen.
[4] Bahl, A./Dietzen, A./Dorsch-Schweizer, M. (2011): Vielfalt statt Konkurrenz und Verdrängung. Ausdifferenzierung der betrieblichen Berufsbildung als Strategie zur Fachkräftesicherung, BiBB Berufsbildung in Wissenschaft und Praxis, Vol. 11, 3, S. 34-38.
[5] BMBF (2010): Ideen. Innovation. Wachstum. Hightech-Strategie 2020 für Deutschland, 1. Aufl., Berlin, Bonn 2010.
[6] Böhle, F. (2011): Experteninterview durchgeführt am 1. April 2011, 11.30 Uhr, Berlin [Transkript].
[7] Böhle, F./Glaser, J. (2006): Interaktion als Arbeit – Ausgangspunkt, in: Böhle, F./Glaser, J. (Hrsg.): Arbeit in der Interaktion – Interaktion als Arbeit, 1. Aufl., Wiesbaden, S. 11-16.
[8] Callaghan, G./Thompson, P. (2002): We recruit attitude: The selection and shaping of routine call centre labour, in: Journal of Management Studies, Vol. 39, 2, S. 233-254.
[9] Chakrapani, C.(1998): How to measure service quality & customer satisfaction, 1. Aufl., Chicago.
[10] Corsten, H./Gössinger, R. (2007): Dienstleistungsmanagement, 5. Aufl., München.
[11] Dewe, B./Ferchhoff, W./Scherr, A./Stüwe, G. (2001): Professionelles soziales Handeln, 3. Aufl., Weinheim.
[12] Dietzen, A. (2011): Experteninterview durchgeführt am 24. März 2011, 14.00 Uhr, per Telefon [Transkript].
[13] Dietzen, A. (2010): Wissensgesellschaft und beruflich-betrieblicher Bildungstyp, in: Euler, D./Walwei, U./Weiß, R. (Hrsg.): Berufsforschung für eine moderne Berufsbildung – Stand und Perspektiven, 1. Aufl., Stuttgart, S. 101-125.

[14] Duell, W./Fischer, E./Keiser, S. (2011a): Innovation. Was leistet Professionalisierung/Wertschätzung für die Innovation von Dienstleistungsprozessen? in: Reichwald, R./Möslein, K. M./Kölling, M. (Hrsg.): Professionalisierung im Dienstleistungsbereich. CLIC Executive Briefing, 18, Leipzig, S. 12-16.
[15] Duell, W./Fischer, E./Keiser, S. (2011b): Dienstleistungsqualität. Welches sind (neue) Charakteristika von Dienstleistungsarbeit? Welche Anforderungen ergeben sich daraus an Professionalisierung, um Dienstleistungsqualität zu sichern? in: Reichwald, R./Möslein, K. M./Kölling, M. (Hrsg.): Professionalisierung im Dienstleistungsbereich. CLIC Executive Briefing, 18, Leipzig, S. 23-30.
[16] Erpenbeck, J./von Rosenstiel, L. (2003): Einführung, in: Erpenbeck, J./von Rosenstiel, L. (Hrsg.): Handbuch Kompetenzmessung. Erkennen, verstehen und bewerten von Kompetenzen in der betrieblichen, pädagogischen und psychologischen Praxis, 1.Aufl., Stuttgart, S. IX-XXXVII.
[17] Fischer, U. L. (2010): Der Bäcker backt, der Maler malt, der Pfleger ... – Soziologische Überlegungen zum Zusammenhang von Professionalität und Wertschätzung in der Kranken- und Altenpflege, Arbeit, Vol. 19, 4, S. 239-252.
[18] Habicht, H./Möslein, K. M. (2011): Open Innovation Maturity: Ein Reifegradmodell zum Controlling von Open Innovation, in: Controlling, Zeitschrift für Erfolgsorientierte Unternehmenssteuerung, Vol. 23, 2, S. 91-97.
[19] Harte, H. G./Dale, B. G. (1995): Improving quality in professional service organizations: a review of the key issues, in: Managing Service Quality, Vol. 5, 3, S. 34-44.
[20] Haller, S. (1999): Beurteilung von Dienstleistungsqualität, 2. Aufl., Wiesbaden.
[21] Kölling, M./Möslein, K. M. (2007): Interaktive hybride Wertschöpfung als Innovationsstrategie, in: Streich, D./Wahl, D. (Hrsg.): Innovationsfähigkeit in einer modernen Arbeitswelt, 1. Aufl., Frankfurt, S. 195-202.
[22] Lehner, F. (2000): Organisational Memory. Konzepte und Systeme für das organisatorische Lernen und das Wissensmanagement, 1. Aufl., München/Wien.
[23] Merten, K. (1977): Kommunikation. Eine Begriffs- und Prozessanalyse, 1. Aufl., Opladen.
[24] Meyer, R. (2011): Experteninterview durchgeführt am 5. April 2011, 14.00 Uhr, per Telefon [Transkript].
[25] Möller, J./Paulus, W. (2010): Perspektiven einer modernen Berufsforschung, in: Euler, D./Walwei, U./Weiß, R. (Hrsg.): Berufsforschung für eine moderne Berufsbildung – Stand und Perspektiven, 1. Aufl, Stuttgart, S. 11-35.
[26] Möslein, K. M./Reichwald, R./Kölling, M. (2011): Open Innovation in der Dienstleistungsgestaltung, WSI-Mitteilungen, 9, S. 1-8.
[27] OECD (2005): Promoting innovation in services, Paris.
[28] Oelsnitz, D., von der/Graf, A. (2006): Inhalt und Aufbau interorganisationaler Kooperationskompetenz: Eine Konstruktbestimmung, in: Schreyögg, G./Graf, A. (Hrsg.): Management von Kompetenz, 1. Aufl., Wiesbaden, S. 83-120.
[29] Oelsnitz, D., von der/Hahmann, M. (2003): Wissensmanagement. Strategie und Lernen in wissensbasierten Unternehmen, 1. Aufl., Stuttgart.
[30] Pößl, A./Reinhardt, N. (2010): Professionalisierung: Die Rolle der Standardisierung, in: Service Today, 4, S. 35-36.
[31] Picot, A./Reichwald, R./Wigand, T. (2008): Information, Organization and Management, 1. Aufl., Berlin.
[32] Picot, A./Reichwald, R./Wigand, T. (2003): Die grenzenlose Unternehmung, 5. Aufl., Wiesbaden.
[33] Reichwald, R./Möslein, K. M./Siebert, J. (2004): Leadership Excellence: Führungssysteme auf dem Prüfstand, in: Personalführung, Vol. 28, 3, S. 50-56.
[34] Reichwald, R./Möslein, K. M. (1995): Wertschöpfung und Produktivität von Dienstleistungen? Innovationsstrategien für die Standortsicherung, in: Bullinger, H.-J. (Hrsg.): Dienstleistungen der Zukunft: Märkte, Unternehmen und Infrastrukturen im Wandel, Wiesbaden, 1. Aufl., S. 324-376.
[35] Reichwald, R./Krcmar, H./Nippa, M. (2009): Hybride Wertschöpfung. Konzepte, Methoden und Kompetenzen für die Preis- und Vertragsgestaltung, 1. Aufl., Lohmar bei Köln.
[36] Reichwald, R./Piller, F. T. (2009): Interaktive Wertschöpfung – Open Innovation, Individualisierung und neue Formen der Arbeitsteilung, 2. Aufl., Wiesbaden.

[37] Schäfers, B./Zapf, W. (1998): Handwörterbuch zur Gesellschaft Deutschlands, 1. Aufl., Opladen.
[38] Scheelen, F. M. (2011): Mitarbeiterkompetenzen als Grundpfeiler der lernenden Organisation, in: Wissensmanagement, Vol. 5, S. 42-43.
[39] Scholl, W. (2006): Innovation und Information, 1. Aufl., Göttingen.
[40] Šebestová, J./Rylková, Ž. (2011): Competencies and Innovation within Learning Organization, in: Economics and Management, Vol. 16, S. 954-960.
[41] Statistisches Bundesamt (2009): Fachserie 18 Volkswirtschaftliche Gesamtrechnungen, Reihe 1.4 Inlandsproduktberechnung – Detaillierte Jahresergebnisse – 2009, Wiesbaden.
[42] Tidd, J./Bessant, J. (2009): Managing Innovation. Integrating technological, market and organizational change, 4. Aufl., Cichester West Sussex.
[43] UNESCO (1997): ISCED 1997 International Standard Classification of Education, Paris.
[44] von Hippel, E. (2005): Democratizing innovation, 1. Aufl., Cambridge.
[45] Voss-Dahm, D. (2011): Experteninterview durchgeführt am 17. März 2011, 13.00 Uhr IAQ Duisburg, [Transkript].
[46] Zerfaß, A. (2010): Unternehmensführung und Öffentlichkeitsarbeit. Grundlegung einer Theorie der Unternehmenskommunikation und Public Relations, 3. Aufl., Wiesbaden.

3 Zukunftsfeld Dienstleistung: analysieren, bewerten, gestalten

Werner Duell, Evelyne Fischer, Sarina Keiser

3.1	Fragestellungen	47
3.2	Der „Konzeptionelle Arbeitsraum" – Ein Instrument zur Analyse, Bewertung und Gestaltung von Dienstleistungsarbeit	48
3.2.1	Theoretischer Hintergrund und Methode	48
3.2.2	Der „Konzeptionelle Arbeitsraum" in der Praxis	54
3.2.3	Ausblick und weitere Anwendung	72
Literatur		78

Dipl.-Psych. Werner Duell, AOC Berlin (AOC-Gruppe)

Dr. Evelyn Fischer, Pro Competence (AOC-Gruppe)

Dr. Sarina Keiser, BTC (AOC-Gruppe)

3.1 Fragestellungen

Der Dienstleistungssektor ist ein Wachstumsfeld der Zukunft, dessen Potenzial die gesellschaftliche und wirtschaftliche Entwicklung in Deutschland wesentlich prägt. Obgleich rund 70 % der Erwerbstätigen heute im Dienstleistungsbereich beschäftigt sind, sind viele Fragen der Förderung von Innovation und Wertschöpfung, Professionalisierung und Wertschätzung in der Dienstleistungsarbeit nach wie vor offen (vgl. Reichwald et al. 2010) [30].

Im Rahmen des BMBF-Forschungsprogramms „Innovationen mit Dienstleistungen" wurden im Förderschwerpunkt „Dienstleistungsqualität durch professionelle Arbeit" 14 Verbundprojekte mit insgesamt 55 Teilvorhaben sowie 2 Einzelvorhaben aus unterschiedlichen Branchen und Dienstleistungsfeldern mit verschiedenen Fragestellungen zu den zwei Themenfeldern Professionalisierung und Beruflichkeit sowie Anerkennung, Stolz und Wertschätzung von Dienstleistungsarbeit gefördert (vgl. Bootz/Zühlke-Robinet in diesem Band).

Das Metavorhaben „ServProf – Service Professionalität lernen und leben" bearbeitet in diesem Förderschwerpunkt übergreifende Fragestellungen in drei Arbeitsschwerpunkten: einem „Blick nach Innen" auf die geförderten Vorhaben und thematischen Fokusgruppen, einem „Blick nach Außen" in die nationale und internationale Forschungslandschaft sowie die Generierung einer Forschungslandkarte für den Förderschwerpunkt.

Durch einen „Blick nach Innen", die im Rahmen des Förderschwerpunktes arbeitenden thematischen Fokusgruppen und deren Vorhaben werden die Fragestellungen, Erfahrungen und Erkenntnisse der Projekte im „internen" Kontext analysiert und bearbeitet, d. h. synergetisch weiterentwickelt und fokussiert. Ziel ist neben dem Sammeln von Erfahrungen und Erkenntnissen aus den geförderten Vorhaben das Generieren von integriertem Wissen sowie das Aufdecken von „weißen Flecken" in der Forschungslandschaft zur Dienstleistungsarbeit.

Dabei stößt die Erforschung dieser Problematik auf verschiedene Hindernisse. Der Dienstleistungssektor ist ein sehr heterogener Bereich. So beziehen sich auch die Fragestellungen der geförderten Vorhaben im Förderschwerpunkt „Dienstleistungsqualität durch professionelle Arbeit" nicht nur auf unterschiedliche Branchen sondern auch auf verschiedene Inhalte wie z. B. Kompetenzen, Strukturen, Werte, Rahmenbedingungen. Darüber hinaus sind unterschiedliche Akteure und Akteursebenen angesprochen (z. B. Dienstleistende, Führungskräfte, Unternehmen, gesellschaftliche Interessenvertreter etc.). Deshalb ist für die Entwicklung übergreifender Erkenntnisse und die Ableitung daraus resultierender, grundlegender Handlungsempfehlungen für künftige Innovationen in der Dienstleistungsentwicklung ein Modell-Rahmen sinnvoll, der eine konzeptgeleitete Analyse und Bewertung der Vielzahl von Aspekten ermöglicht. Als Modell-Rahmen hierfür wurde der „Konzeptionelle Arbeitsraum" gewählt, der in einem ähnlichen Forschungs- und Gestaltungsrahmen entwickelt und erprobt wurde.[5]

---

[5] Dieses Projekt war Teil des Projektverbundes »Neue Lernformen zur Mitarbeiterentwicklung – Weiterbildner lernen selbst organisiertes Lernen« im Rahmen des BMBF- und ESF-geförderten Forschungs- und Entwicklungsprogramms „Lernkultur Kompetenzentwicklung" 2000-2005 (vgl. dazu Keiser 2004) [22].

3.2 Der „Konzeptionelle Arbeitsraum" – Ein Instrument zur Analyse, Bewertung und Gestaltung von Dienstleistungsarbeit

Der Modell-Rahmen des „Konzeptionellen Arbeitsraums" ist ein theoriegeleitetes Konstrukt, mit dem Forschungs- und Gestaltungsvorhaben im Wesentlichen unabhängig von Gegenstand, Inhalt und Ziel in drei Dimensionen abgebildet werden:

- unterschiedliche Wahrnehmungsperspektiven auf einen Gegenstand,
- unterschiedliche Ebenen handlungsleitender Parameter sowie die
- zeitliche Perspektive von Entwicklung.

Abbildung 3.1 Modell des „Konzeptionellen Arbeitsraums"

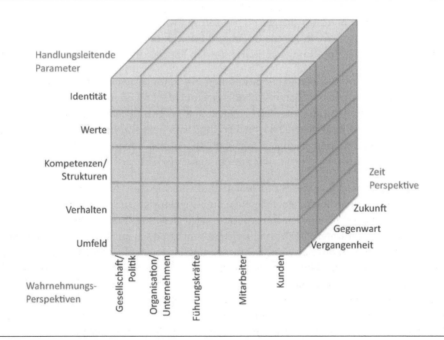

3.2.1 Theoretischer Hintergrund und Methode

Den theoretischen Hintergrund für die eine Achse des Modells, den Handlungsleitenden Parametern, bildet die Lerntheorie Batesons (vgl. Bateson 1981) [2] und ihre Weiterentwicklung durch Dilts (vgl. Dilts 2003) [11] und die Systemische Schule.

Bateson definiert Lernen mittels seiner „logischen Kategorien von Lernen und Kommunikation" in Anlehnung an die Naturwissenschaft als „eine Veränderung irgendeiner Art" (Bateson 1981, S. 362ff.) [2].

Die einfachste Art des Lernens sei die (starre) Reaktion des Organismus auf Reize seiner Umwelt, welche bei Wiederholung der Einwirkung genau dieselbe Wirkung erzielen würden. Dies nennt Bateson das Lernen NULL und beschreibt es als „unmittelbare Grundlage all jener (einfachen und komplexen) Akte, die nicht der Berichtigung durch Versuch und Irrtum unterworfen sind" (Bateson 1981, S. 371) [2], also keine kognitiven Veränderungen mit sich bringen.

Die nächste Stufe Lernen I (Proto-Lernen) ist immer stochastisch und basiert auf den Erfahrungen von Versuch und Irrtum auf der jeweiligen Ebene darunter. Lernen I kann also beschrieben werden als das Lernen über den Kontext des Lernen Null.

Lernen II als weitere Stufe wird auch als „Lernen zu lernen" oder auch „Lerntransfer" bezeichnet und führt zu einer Gewohnheitsbildung. Als Beispiel nennt Bateson die Leistungssteigerung des mechanischen Lernens (beim wiederholten Erlernen von Silbenreihen). Der Proband lernt Silbenreihen zu lernen. Bateson versteht es als Deutero-Lernen über das Proto-Lernen.

Darüber steht die Stufe des Lernens III. In der Logik von Bateson heißt sie die Veränderung des (Gewohnheits-)Lernens II. Im Lernen II werden „die Prämissen dessen, was gemeinhin ‚Charakter' genannt wird – die Definition des ‚Selbst'" (Bateson 1981, S. 392) [2] entwickelt. Sie „bewahren das Individuum davor, die abstrakten, philosophischen, ästhetischen und ethischen Aspekte vieler Lebensabschnitte überprüfen zu müssen" (Bateson 1981, S. 329) [2]. Lernen II, so Bateson, führe so zu Charakterbildung und Individualität. Lernen III stellt die Reorganisation von Lernen II dar. Das Individuum macht sich die Funktionsweise des Selbst bewusst und erlangt Einsicht in die Arbeitsweise des Geistes.

Zur höchsten Stufe IV schreibt Bateson (1981, S. 379) [2] „Lernen IV wäre Veränderung im Lernen III, kommt aber vermutlich bei keinem ausgewachsenen lebenden Organismus auf dieser Erde vor". Es geschähe vielmehr in phylogenetisch-ontogenetischer Wechselwirkung.

Dilts (2003, S. 67f.) [11] hat, aufbauend auf den Lernebenen Batesons, logische Ebenen des Wahrnehmens und Handelns heraus gearbeitet und differenziert.

Das NLP-Modell der logischen Ebenen greift die Bateson'schen Lernkategorien auf und begreift sie als „Ebenen der Veränderung". Es liefert Informationen über den besten Ansatzpunkt, an dem eine Veränderungsarbeit ansetzen kann.

Die logischen Ebenen sind hierarchisch gegliederte Ebenen des Denkens und Handelns, die sich wechselseitig beeinflussen: Umwelt, Verhalten, Fähigkeiten, Werte/Glaubenssätze, Identität. In der Umwelt- und Verhaltensebene liegt der Fokus der Betrachtung auf den Bedingungen und spezifischen Aktionen des Verhaltens. Wer ist beteiligt? Was geschieht? Wie wird kommuniziert? Auf der Fähigkeitsebene werden „Verhaltensweisen als generalisiertes Potenzial von möglichen Denk,- Fühl- und Verhaltensstrategien" (Schmidt-Tanger, 2005, S. 35) [31] betrachtet. Im Vordergrund stehen hier Fragen nach Fähigkeiten, Ressourcen und Potenzialen. Geleitet werden der konkrete Einsatz von Fähigkeiten und das Verhalten von übergeordneten Werten und Einstellungen, die im Verständnis der Identität einer Person oder auch einer Organisation kumulieren.

Die Funktion jeder Ebene ist es, die Information auf der darunterliegenden Ebene zu organisieren. Veränderungen auf einer höheren Ebene haben notwendigerweise auch Veränderungen auf darunter liegenden Ebenen zur Folge. Eine Änderung auf einer der unteren Ebenen kann, muss aber nicht, die darüber liegenden Ebenen beeinflussen.

„Ich verändere meine Umgebung oder wirke auf sie ein mit Hilfe meines Verhaltens. Um mein Verhalten zu verändern, muss ich auf der Ebene darüber sein; der der Fähigkeiten. Ich kann mein Verhalten nicht wirklich verstehen oder es verändern, ehe ich nicht über ihm bin. Die Ebene der Fähigkeiten könnte man mit dem Puppenspieler vergleichen, der eine Marionette führt. Um eine Fähigkeit zu verändern, muss ich auf der nächst höheren Ebene sein; auf der Ebene der Glaubenssätze. Und um einen Glaubenssatz zu verändern, um aus dem Einflussbereich meiner Glaubenssätze herauszukommen, so dass ich sie mir wirklich anschauen und sie verändern kann, muss ich anfangen, aus meiner reinen Identität heraus zu operieren" (Schmidt-Tanger 2005, S. 35) [31].

Wie in diesem Zitat zum Ausdruck gebracht, begann die Anwendung der Bateson-Kategorien auf menschliche Kommunikation in einem Sprechen mit sich selbst. Indem Dilts die Zeitperspektive einbezieht, gewinnt er eine neue Dynamik, die Entwicklung. Mit dem Blick in die Vergangenheit entsteht Klarheit über das Gewordensein des gegenwärtig Erfahrenen; mit dem Blick in die Zukunft werden Planspiele und Prognosehandeln möglich.

Die Weiterentwicklung der Ideen Batesons und Dilts' innerhalb des systemischen Denkens und Arbeitens führt zu einer räumlichen Betrachtungsweise. Dabei bilden die logischen Ebenen eine Dimension des Raumes ab, hinzu treten die Zeitperspektive und die Wahrnehmungsperspektive.

3.2.1.1   Die Handlungsleitenden Parameter

Batesons Lernkategorien und Dilts' Logische Ebenen aufgreifend verstehen wir Handlungsleitende Parameter wie folgt:

Identität

Identität betrifft das Selbst-Bild, das Menschen und Organisationen von sich haben. Bei Menschen sind es die Vorstellungen, die sie von sich als ganze Person in ihrem Verhalten, in ihren Fähigkeiten und in ihren Überzeugungen haben. Es sind die tiefsten, zentralen Werte und Aufgaben nach denen Menschen handeln. Bei Organisationen sind es die Visionen, Leitbilder und Missions, nach denen sie handeln und aufgebaut sind. Im Vordergrund stehen Fragen nach:

- Wer sind wir als Organisation? Wer oder was wollen wir als Organisation sein – für uns selbst und unsere Mitarbeiter wie für unsere Kunden?
- Wer oder was sollen unsere Mitarbeiter sein? Welche (unterschiedlichen) Identitäten/Rollen wollen/brauchen wir?
- Welches berufliche Rollenverständnis, welches „Berufsethos", welche Professionalität sollen die Mitarbeiter haben?
- Erfordert die Beantwortung dieser Fragen ein Handeln der Organisation? Wenn ja, was könnten erste Schritte sein?

Werte

Es sind Werte und Glaubenssätze (Beliefs), die unserem Handeln, bewusst oder unbewusst, zugrunde liegen. Menschen setzen Fähigkeiten, die sie besitzen, nur dann ein, wenn entsprechende Werte und Glaubenssätze vorhanden sind, die den Einsatz dieser Fähigkeiten erlauben. Dies gilt auch analog für Organisationen. Darüber hinaus bilden Werte und Glaubenssätze auch die Vergleichsbasis bzw. „Maßstäbe", an denen Menschen ihr eigenes wie auch das Handeln anderer als auch Folgen des Handelns bewerten.

Werte werden erfragt durch:

- Wofür? Was ist wichtig?
- Welche Werte, Einstellungen und Leitsätze begründen das Handeln einer Person oder einer Organisation?
- Sind diese Werte für alle Beteiligten gleich?

Strukturelle Voraussetzungen/Fähigkeiten, Kompetenzen

Auf der Fähigkeitsebene werden „Verhaltensweisen als generalisiertes Potenzial von möglichen Denk-, Fühl- und Verhaltensstrategien" (Schmidt-Tanger 2005, S. 35) [31] betrachtet. Im Vordergrund stehen hier Fragen nach Fähigkeiten, Ressourcen und Potenzialen. Das konkret erlebbare und beobachtbare Verhalten konstituiert sich vor dem Hintergrund von Rollenverständnissen, Einstellungen und Fähigkeiten. Klarheit über die Fähigkeiten (von Personen oder auch Organisationen) zu gewinnen, gibt dem Handeln Richtung und Struktur.

Unter Kompetenz verstehen wir in Anlehnung an Frei et al. (1996, S. 14) [14] „die Möglichkeit eines Individuums, in Abhängigkeit von seinen Lebensbedingungen seine kognitiven, sozialen und verhaltensmäßigen Fähigkeiten so zu organisieren und einzusetzen, dass es seine Wünsche, Ziele und Interessen verwirklichen kann".

In diesem Sinne verstanden bedeutet Kompetenz nicht einfach ein bestimmtes Wissen oder Fähigkeiten und Fertigkeiten, die ein Mensch hat oder eben nicht hat. Andere Aspekte wie Ziele, Bedürfnisse, Werte und Einstellungen beeinflussen die Art und Weise, wie ein Mensch seine persönlichen Ressourcen zur Lösung von Problemen und im Umgang mit den Herausforderungen des Lebens einsetzt und ständig weiter entwickelt. Kompetenzentwicklung basiert auf einem spezifischen Zusammenspiel von äußeren Situationen, Anforderungen und Rahmenbedingungen und Selbstorganisation, Selbstverantwortung des Individuums.

Organisationen sind in dem Sinne kompetent, wenn sie entsprechend geeignete Strukturen entwickeln (z. B. Personalentwicklung und Organisationsentwicklung), in denen Menschen ihre Kompetenzen einsetzen und weiter entwickeln können, um so die Organisation selbst kompetent zu machen.

In diesem Sinne bestimmen Fähigkeiten, Kompetenzen und organisationale Strukturen entscheidend das WIE, die Art und Weise des Handelns und Verhaltens.

Die Fragen dazu sind:

- Auf welche Fähigkeiten und Kompetenzen legen die Organisationen Wert?
- Welche Fähigkeiten/Kompetenzen sind für die Realisierung der Ansprüche grundlegend/erforderlich?
- Wer sollte über welche Fähigkeiten/Kompetenzen verfügen?

Verhalten/Umsetzung

Die Ebene des Verhaltens bezieht sich auf das konkrete Handeln von Menschen und Organisationen, das für die jeweilige Zielsetzung erforderlich ist bzw. gewünscht wird. Fröhlich (vgl. Fröhlich 1994) [16] bezeichnet die Gesamtheit aller beobachtbaren, feststellbaren oder messbaren Aktivitäten als Verhalten. Nach der soziologische Theorie der „sozialen Deutungsmuster" von Oevermann (vgl. Oevermann 1997) [28] ist das einzelne Subjekt im Angesicht der gegenübertretenden sozialen Wirklichkeit dazu gezwungen, sein Verhalten vor sich und anderen zu rechtfertigen, denn die anderen unterstellen dem Subjekt in der Regel, dass es wisse, was es tue. Innerhalb der menschlichen Interaktionsordnung besteht für den Einzelnen „Entscheidungszwang und Begründungsverpflichtung".

Fragen dazu sind:

- Wie soll etwas gemacht werden?
- Welches Verhalten wird gefordert bzw. gewünscht?
- Wie wird (mit wem) kommuniziert?

Unmittelbares Umfeld/mittelbares Umfeld

In der Umfeldebene liegt der Fokus der Betrachtung auf den Bedingungen, unter denen ein bestimmtes Verhalten gefordert wird. Dies kann sich auf das unmittelbare und/oder mittelbare Umfeld beziehen. Das sind ganz allgemein die Arbeitsbedingungen, unter denen Menschen arbeiten, aber auch gesellschaftliche Bedingungen, wie Tarife, Ausbildungsmöglichkeiten usw. Für Organisationen besteht die Umwelt im Markt als auch in gesellschaftlichen Rahmenbedingungen, wie sie in Gesetzen und Vorgaben vorgeschrieben sind. Fragen sind:

- Wer ist beteiligt? Was geschieht?
- Wo, wann hat sich für wen was in der Organisation verändert?
- Wo, wann wird sich für wen was in der Organisation verändern?
- Was ist förderlich bzw. hinderlich für ein bestimmtes Verhalten?

3.2.1.2 Die Akteursperspektiven

Die Wahrnehmungsperspektiven sind im ursprünglichen Modell, das auf individuelle Lernprozesse abzielte, als Reflexionsebenen des eigenen Ich ausgebildet.

Für die Betrachtung von Teams oder Organisationen und die Anwendung auf Veränderungs- und Gestaltungsprojekte adaptieren wir die Methode des „Konzeptionellen Arbeitsraums", indem wir die Wahrnehmungsperspektiven entsprechend den jeweilgen Akteursebenen modifizieren. In unserem Projektzusammenhang zur Professionalisierung und Wertschätzung von Dienstleistungen sind das die folgenden: Politik/Gesellschaft, Unternehmen/Organisation, Führungskräfte, Mitarbeiter, Kunden, Bildungseinrichtungen.

In den Wahrnehmungsperspektiven werden Prozesse, Ereignisse, Dinge (die Ebenen der handlungsleitenden Parameter) aus Sicht unterschiedlicher beteiligter Akteure oder Handlungsfelder (z. B. Gesellschaft, Mitarbeiter, Kunden) betrachtet. Die Wahrnehmungsperspektiven ergeben sich aus den Beteiligten im jeweiligen Forschungs- und Gestaltungskontext. Für die Nutzung des „Konzeptionellen Arbeitsraumes" z. B. in Change-Projekten bieten sich die Wahrnehmungsperspektiven folgender Beteiligter an: Gesellschaft/Politik, Organisation/Unternehmen, Führung, Mitarbeiter, Kunden, Lieferanten und Wettbewerbspartner.

3.2.1.3 Die Zeitperspektive

Die Zeitperspektive ist im systemischen Herangehen besetzt durch die Positionen: Vergangenheit, Gegenwart und Zukunft.

Über die Zeitperspektive wird die Kontinuität von Veränderungsprozessen deutlich. Die Beachtung der Zeitperspektive hilft, Ziele unterschiedlicher Reichweite zu formulieren, angemessene Schritte im Veränderungsprozess zielorientiert, konkret und realistisch zu bestimmen sowie dabei die Ressourcen und das Bewahrenswerte der Vergangenheit bewusst zu nutzen. Veränderungen laufen so weniger Gefahr, „vom Himmel zu fallen" bzw. als „von außen aufgedrückt" wahrgenommen zu werden. Gefragt wird dabei eben nicht nur „Was soll wann erreicht sein?", sondern zugleich „Was war bisher gut, ist uns wichtig und soll beibehalten werden?"

In der Verknüpfung von Wahrnehmungsperspektiven und Zeitperspektive entsteht ein kommuniziertes Bewusstsein über die Ziele, Ressourcen und Aktivitäten der Organisation.

3.2.2 Der „Konzeptionelle Arbeitsraum" in der Praxis

3.2.2.1 Screening von Dienstleistungsarbeit als Forschungsfeld

Nutzt man den „Konzeptionellen Arbeitsraum" als Screening-Modell, so ermöglicht dies eine tief greifende, sehr differenzierte Exploration des Untersuchungsfeldes sowie eine gleichwertige, umfassende und unvoreingenommene Erhebung, Analyse und Einordnung der Ergebnisse aus den Projektvorhaben.

So wurden alle Projektanträge[6] mit der „Brille" des Modell-Rahmens analysiert und mit ihren Zielen, Fragestellungen und methodischem Vorgehen im „Konzeptionellen Arbeitsraum" zunächst zweidimensional verortet und beschrieben (nach handlungsleitenden Parametern und beachteten Wahrnehmungsperspektiven). Die Ergebnisse wurden nachfolgend in qualitativen leitfadengestützten Interviews mit Vertretern aller Projektverbünde validiert. Mit fortschreitender Projektarbeit wurden über Workshops und dokumentierte Projektergebnisse weitere Daten aus den Forschungsvorhaben erhoben und wiederum im Modell-Rahmen verortet. Dabei ist nicht wichtig, dass jedes Projekt jedes (Handlungs-)Feld im „Konzeptionellen Arbeitsraum" abdeckt. Die Frage ist, inwieweit die für den Forschungs- und Gestaltungsgegenstand relevanten Felder insgesamt betrachtet werden. Tabelle 3.1 gibt einen Überblick, wie viele der 15 geförderten Vorhaben die jeweiligen Wahrnehmungsperspektiven des „Konzeptionellen Arbeitsraumes" mit inhaltlichen Fragestellungen zu den handlungsleitenden Parametern bearbeiten.

Am häufigsten untersucht und gestaltend bearbeitet werden Fragestellungen, die mit den Akteuren Unternehmen/Organisation und Mitarbeiter/Dienstleistende verbunden sind. Insbesondere sind das organisationale Strukturen und Werte sowie Rahmenbedingungen. Bei den Mitarbeitern steht die Kompetenzentwicklung absolut im Fokus (**Tabelle 3.1**). Das ist durchaus logisch, da in diesen Handlungsfeldern am schnellsten und unmittelbarsten Effekte in der Gestaltung von Dienstleistungsarbeit erzielt werden können.

Einen weiteren Schwerpunkt bilden Fragestellungen zu den leitenden Werten in unterschiedlichen Dienstleistungsbranchen und Berufsfeldern. Als fördernde oder hemmende Einflussfaktoren für Professionalisierung und Wertschätzung werden unterschiedliche Aspekte des Umfeldes (Rahmenbedingungen) in Bezug auf Organisationen wie auch auf Mitarbeiter/Dienstleistende untersucht. Einflussfelder von Gesellschaft und Politik werden insbesondere in gesellschaftlichen Werten und dem Image von Dienstleistungsarbeit gesehen sowie in strukturellen Aspekten (z. B. Tarifregelungen, Gesetze, Anerkennung von Ausbildungsabschlüssen etc.).

---

[6] Eine Übersicht der geförderten Projekte (außer Metavorhaben) im Rahmen des Förderschwerpunktes findet sich geordnet nach thematischem Schwerpunkt bzw. Fokusgruppe in Tabelle 3.2 und Tabelle 3.3.

Tabelle 3.1 Übersicht der Forschungs- und Gestaltungsfelder nach dem „Konzeptionellen Arbeitsraum" – Ein Instrument zur Analyse, Bewertung und Gestaltung von Dienstleistungsarbeit

Handlungsleitende Parameter	Wahrnehmungsperspektiven					
	Gesellschaft, Politik	Unternehmen, Organisationen	Führungskräfte	Dienstleistende, Mitarbeiter	Kunden	Bildungseinrichtungen
Identität	2	6	4	12	3	--
	13	9	11	3	12	15
Werte	13	12	3	11	10	--
	2	3	12	4	5	15
Strukturelle Voraussetzungen	12	15	11	15	5	13
	3	–	4	–	10	2
Verhalten/ Umsetzung	4	9	6	10	5	2
	11	6	9	5	10	13
Unmittelbares Umfeld	2	14	1	12	3	1
	13	1	14	3	12	14
Mittelbares Umfeld	3	8	1	9	3	1
	12	7	14	6	12	14

Die Kundenperspektive wird vor allem in Bezug auf Werte und Erwartungen untersucht. In Bezug auf Bildungseinrichtungen, die wesentliche Institutionen im Prozess der Professionalisierung sind, werden vor allem Fragen der strukturellen Voraussetzungen, der Kompetenzen und Kompetenzentwicklung bearbeitet.

Die Interviews zur Validierung unserer Analyseergebnisse verdeutlichten, dass Aspekte von Organisation und Führung insbesondere im Rahmen von Personal- und Organisationsentwicklungsmaßnahmen untersucht werden. Dabei wurden jedoch Fragen der Führung häufig nicht als spezifische Wahrnehmungsperspektive gesehen, sondern unter der organisationalen Perspektive subsumiert. Hier wurde durch die Interviews insofern eine Intervention gesetzt, als dass einige Projekte der Wahrnehmungsperspektive von Führung im weiteren Projektverlauf größere Aufmerksamkeit schenkten. Das war insbesondere im Themenfeld Wertschätzung von Dienstleistungsarbeit der Fall. Hier spielt die persönliche Wertschätzung durch die Kollegen und Führungskräfte z. T. eine größere Rolle als die Wertschätzung durch Kunden.

Von großem Interesse sind die Aspekte, die von den Forschungsvorhaben, bezogen auf den „Konzeptionellen Arbeitsraum", nicht berücksichtigt werden (sogenannte „weiße Flecken"), weil sie Rückschlüsse auf mögliche zukünftige Forschungsfelder erlauben. So werden zum Beispiel Bildungseinrichtungen als Perspektive für den Zusammenhang von Professionalisierung bzw. Wertschätzung und Identität bzw. Werte nicht betrachtet. Von Bedeutung ist jedoch, inwieweit Bildungseinrichtungen auch Fragen der Identität und Werte von Dienstleistenden in ihre Ausbildungsprogramme einschließen sollten (neben Kompetenzentwicklung und Wissensvermittlung). Vor dem Konzept „Dienstleistung als interaktive Arbeit" (vgl. Böhle/Glaser 2006) [7] stellt sich zudem die Frage, inwieweit auch das Selbstverständnis der Kunden und die Kundenperspektive stärker berücksichtigt werden sollten. Interessant ist weiterhin im Kontext von Professionalisierung und Wertschätzung im Dienstleistungsbereich, welches Selbstverständnis Führungskräfte haben sollten, welche Werte ihr Handeln bestimmen sollten, welche Kompetenzen erforderlich und welche Verhaltensweisen zielführend sind. Und wenn von einem Zielbild des interaktiv agierenden Dienstleistungsfacharbeiters ausgegangen wird, erfordert dies auch einen stärkeren gesellschaftlichen Diskurs über gesellschaftliche Werte und strukturelle Voraussetzungen.

Nutzt man den „Konzeptionellen Arbeitsraum" zum Screening eines Forschungs- und Gestaltungsgegenstandes; so können Handlungsfelder oder Forschungs- und Gestaltungsprojekte gezielt „gesteuert" bzw. ausgewählt werden.

3.2.2.2   Zusammenhangsanalysen im Forschungsfeld Dienstleistungsarbeit

Mit dem heuristischen Modell des „Konzeptionellen Arbeitsraumes" werden die Forschungsergebnisse und -erkenntnisse der einzelnen Projekte fortlaufend (anhand von Ergebnisberichten, Veröffentlichungen oder auch in Workshops und anderen Veranstaltungen der Projekte) entsprechend den thematischen Schwerpunkten des Förderprogramms (Professionalisierung, Wertschätzung und Anerkennung, Dienstleistungsqualität, Wertschöpfung und Innovation) erfasst und abgebildet (vgl. Reichwald et al. 2010) [30]. Gleichzeitig werden damit auch Impulse im laufenden Forschungs- und Gestaltungsprozess gesetzt, in dem diese Ergebnisse in die Projekte zurück gespiegelt werden.

Über das Screening hinaus können über die inhaltliche Untersetzung der Felder des „Konzeptionellen Arbeitsraumes" Zusammenhangsanalysen im Forschungsfeld Dienstleistungsarbeit durchgeführt werden.

Leitfragen hierzu waren unter anderem:

1. Wie hängen Professionalisierung bzw. Wertschätzung einerseits und (Berufs-)Identität andererseits zusammen?

2. Welche und wessen Werte werden angesprochen im Rahmen von Professionalisierung bzw. Wertschätzung?

3. Was sind wesentliche strukturelle Voraussetzungen für Professionalisierung bzw. Wertschätzung?

4. Wie kann Professionalisierung bzw. Wertschätzung von der Personengebundenheit (Kompetenzen) in eine übergreifende Unternehmenskultur überführt werden?
5. Wie zeigt sich Professionalisierung bzw. Wertschätzung in der gelebten Praxis, bei wem?

Im Folgenden sollen dazu einige übergreifende Ergebnisse aus dem Förderschwerpunkt „Dienstleistungsqualität durch professionelle Arbeit" dargestellt werden. Die Ergebnisse sind in Workshops mit Vertretern aus den geförderten Projekten erarbeitet worden sowie aus Veranstaltungen, Arbeitspapieren und Veröffentlichungen der Projekte generiert.

Bei der Darstellung der Zusammenhänge sind jeweils beispielhaft die Projekte (in Klammer) benannt, die die jeweiligen Aspekte besonders herausstellen und speziell bearbeiten (vgl. auch **Tabelle 3.2** und **Tabelle 3.3**).

Zusammenhang von (Berufs-)Identität und Professionalisierung bzw. Wertschätzung in der Dienstleistungsarbeit

Wird unter Professionalisierung die Aneignung von Kompetenzen und der Aufbau von Wissensmonopolen verstanden, mit denen Berufsgruppen und Experten ihre Marktposition sowohl gegen andere Berufsgruppen abzuschirmen als auch gegenüber der Nachfrageseite von Arbeitskraft zu stärken versuchen, besteht ein enger Zusammenhang zur (Berufs-) Identität. Professionalisierung, verstanden als Abgrenzung gegen andere Berufsgruppen, bestimmt den Status und die gesellschaftliche Stellung von Personen. Das aber macht die besondere Identität der Person aus, als was sie sich sieht und wie sie von der Gesellschaft wahrgenommen wird. *Professionalisierung und Professionalität braucht also (berufliche) Identität.* Obgleich hier in erster Linie die Wahrnehmungsperspektive des Handelnden, also des Dienstleistenden betrachtet wird, sind theoretisch durchaus auch andere Wahrnehmungsperspektiven denkbar, etwa die von Führungskräften oder Organisationen, wenn sie Maßnahmen und Prozesse (z. B. im Rahmen von Organisations- oder Personalentwicklung) einleiten, die auf eine Professionalisierung und Identitätsbildung der Mitarbeiter abzielen.

Auch zwischen Wertschätzung, Anerkennung und Stolz einerseits und Identität andererseits bestehen Zusammenhänge insofern, dass alles menschliche Streben darauf zielt, von anderen Wertschätzung, Anerkennung und Zuwendung zu erhalten (vgl. Bauer 2006) [3] bzw. dass Menschen sich selbst im Spiegel ihrer Sicht durch andere erfahren (vgl. Voswinkel/Korzekwa 2005) [37]. Anerkennung und Wertschätzung eines Leistungsbeitrags im Rahmen kooperativer Arbeitsprozesse bilden eine wichtige Quelle der Identifikation mit der eigenen Arbeit. Stolz (auf eigene Leistungen, auf die eigene Person, auf die Zugehörigkeit zu einer Berufsgruppe, einem Team, einem Unternehmen usw. als ein identitätsrelevantes Phänomen (vgl. Tyler 1999) [35] kann ausgelöst werden durch die soziale Identität und umgekehrt beeinflusst Stolz auch die soziale Identität. *Wertschätzung, Anerkennung und Stolz fördern (berufliche) Identität.*

Aus den Forschungsergebnissen wird deutlich, dass sich die Frage der (beruflichen) Identität im Dienstleistungssektor zum Teil deutlich anders stellt als in der Produktionswirtschaft, weil viele Dienstleistungstätigkeiten weniger mit einem dafür erlernten Beruf zusammenfallen.

Die Mehrzahl der Projekte betrachtet Zusammenhänge von Professionalisierung bzw. Wertschätzung und Identität in erster Linie für die Perspektive der Mitarbeiter bzw. Dienstleistenden. In Bezug auf Professionalisierung werden insbesondere Aspekte von Leitbild, Selbstverständnis, Rolle und Fachlichkeit als Dienstleister hinterfragt bzw. untersucht.

Die Ergebnisse verdeutlichen, (Berufs-)Identität in der Dienstleistung ist stark an die ausgeübte Tätigkeit gebunden bzw. Instanz im arbeitsteiligen Prozess (Projekte GlobePro, ProVes). Darüber hinaus ist Identität stark geprägt durch die subjektiven Berufsbiografien der Dienstleistenden, die z. T. in ganz anderen Tätigkeitsfeldern als dem erlernten Beruf beschäftigt sind, z. B. Reinigungsbranche (PRIDE), Call Center und Forderungsmanagement (KunDien), Energieberatung (ESysPro). In Bezug auf Wertschätzung und Identität ist ausschlaggebend, dass Mitarbeiter sich der Bedeutung und dem Nutzen der eigenen Tätigkeit bewusst sind bzw. werden und diese auch kommunizieren zu können (ProWert, PflegeWert). Wertschätzung heißt auch Werte schätzen (BIK). Darüber hinaus sind hier auch persönliche Motive von Einfluss auf die berufliche Identitätsbildung.

Die Perspektive der Gesellschaft/ Politik wird nur von einigen Projekten thematisiert, vor allem unter branchenspezifischen Aspekten der Gestaltung von Berufsbildern (ProVes, DITUS) und als übergreifendes Leitbild zur Dienstleistungs-Facharbeit (PRIDE: vgl. Bienzeisler/Hermann 2010; KunDien) [4]. Im Zusammenhang von Wertschätzung und Identitätsbildung wird von einigen Projekten auf das gesellschaftliche Image bzw. die historisch traditionelle Verankerung der Dienstleistungsfelder verwiesen (alle Pflegeprojekte[7], DITUS).

In Bezug auf Dienstleistungsunternehmen, die Perspektive der Organisation, werden unterschiedliche Aspekte der Veränderung des organisationalen Selbstverständnisses sowie des Professionsverständnisses untersucht, z. B.:

- vom Angebots- zum Nachfragemarkt (BDL),

- von der klassischen Entsorgungswirtschaft zur Wert- und Rohstoffwirtschaft (DITUS),

- Veränderung des Leitbildes in Richtung Gleichstellung von Dienstleistungen und Sachgütern über den Weg der lernenden Organisation (PRIDE).

---

[7] Der Pflegebereich als Dienstleistungssektor (insbesondere die Altenpflege) war Forschungs- und Gestaltungsgegenstand in mehreren Projekten: PflegeWert, ProWert, Berufliche Altenpflege, BiS und PiA. Zwischen diesen Projekten erfolgte ein regelmäßiger Austausch, dessen Ergebnisse u. a. in der Broschüre „Wertschätzung, Stolz und Professionalisierung in der Dienstleistungsarbeit Pflege" (vgl. Fuchs-Frohnhofen et al. 2010) [17] dargestellt sind.

Berufliche Identitäten sind soziale Identitäten und damit stark beeinflusst durch die Unternehmenskultur und die Wertschätzung im Team durch Kollegen und Führungskräfte. Unternehmenskultur und regionales Unternehmensimage können dabei eine gewisse Kompensation zu einem eher negativen gesellschaftlichen Image bewirken (Pflegeprojekte, DITUS).

Im Rahmen des Konzepts „Dienstleistung als interaktive Arbeit" wird auch der Zusammenhang von Kundenerwartungen und Identität angesprochen. Dabei wird der Kunde als „Ko-Produzent" der Dienstleistung gesehen und damit der Dienstleister nicht mehr als „der Experte" und der Kunde nicht als „König" (PiA: vgl. Dunkel 2011; Wellness: vgl. Paul 2011) [13], [29].

Identitäts-Konflikte ergeben sich zum Teil, wenn sich in der Dienstleistungspraxis Differenzen ergeben zwischen den erlernten Elementen der Berufsausbildung und den Anforderungen der Berufspraxis seitens der Kunden und Unternehmen (DITUS, PKDi).

Der Einfluss von Wertschätzung, Anerkennung und Stolz auf die (berufliche) Identitätsbildung ist über die Wahrnehmungsperspektiven hinweg als Interaktion und reziprok zu betrachten. Schätzt der Dienstleister (z. B. Reinigungskraft) den Kunden nicht, so ist ihm die Wertschätzung seitens des Kunden nicht so wichtig wie z. B. die Wertschätzung durch Kollegen oder die Führungskraft (PiA).

In der beruflichen Aus- und Weiterbildung spielen Aspekte der Identitätsbildung derzeit eine noch untergeordnete Rolle. Wenn von einem Bild des interaktiv agierenden Dienstleistungsfacharbeiters ausgegangen wird, erfordert dies auch einen stärkeren gesellschaftlichen Diskurs über berufliche Identität sowie eine stärkere Einbindung von Identitätsbildung in Ausbildungsprogramme und Weiterbildung.

Zusammenhang von Werten und Professionalisierung bzw. Wertschätzung in der Dienstleistungsarbeit

Im Zusammenhang mit Professionalisierung und Wertschätzung wird von einigen Projekten auch die Ebene der Werte als handlungsleitend explizit in den Fokus genommen. Werte werden dabei neben der formalen Qualifikation, informellen Kenntnissen und Fähigkeiten und persönlichen Dispositionen als Bestandteil der Handlungsprofile aufgefasst (PKDi).

Diese Werte kulminieren *nach innen* in einem „berufsethischen Kodex" (ProVes, ProWert) oder berufsständischen Normen (code of ethics) sowie einer berufsethischen Selbstverpflichtung (Wellness). *Nach außen* zeichnen sich diese Werte als ein bestimmtes Professionsethos aus.

Dieser Aspekt von Werten wird in den Projekten angesprochen, wenn von sozialer Bedeutsamkeit und gesellschaftlichem Ansehen und der Verpflichtung auf zentrale gesellschaftliche Werte die Rede ist. Hier wird auf die Werthaltigkeit der auszuübenden Tätigkeiten in der Gesellschaft abgestellt.

In einem dritten Zusammenhang werden Werte betrachtet, wenn der Fokus auf Wertschätzung, Anerkennung und Stolz liegt (PRIDE, BIS, ProWert, PKDi und GlobePro). Hier werden Werte anders als oben nicht als verhaltenssteuernde Basis verstanden, sondern es steht die Anerkennung und positive „Wertung" von Arbeitsleistungen im Vordergrund (vgl. Kocyba 2009) [24].

Theoretisch wird davon ausgegangen, dass beim Zusammenhang von Werten und Wertschätzung vor allem die gesellschaftlichen Werte in den Blick genommen werden. Was von den Gesellschaftsmitgliedern als wertvoll erkannt wird, sollte Wertschätzung erfahren (ProWert). Betroffen davon sind dann entsprechende Leistungen bzw. Fähigkeiten. Auch PRIDE bezieht soziale Wertschätzung auf Leistungsbeiträge. GlobPro fügt dem noch den Gedanken internationaler Anerkennung von Berufen hinzu. Das Projekt BiS unterstützt die gesellschaftliche Wertschätzung als Stolz hervorbringend.

Insgesamt wird der Zusammenhang von Professionalisierung und Wertschätzung sowie Werten von nahezu allen Projekten empirisch thematisiert.

Werte in ihrem Einfluss auf Professionalisierung und Wertschätzung werden dabei v. a. auf den Ebenen der Unternehmen, der Mitarbeiter und der Gesellschaft angesprochen. Diese Bereiche repräsentieren sowohl in den theoretischen Annahmen der Projekte als auch in der Empirie die wesentlichen „mentalen Modelle" (bei uns Wahrnehmungsperspektiven) mit Wirkungen auf Professionalisierung und Wertschätzung.

Deutlich wird, dass Werte eng mit Identitäten zusammenhängen. Das Selbstverständnis und damit die Identität von Organisationen, Mitarbeitern und Kunden speist sich aus ihren Werten und Grundeinstellungen. Daraus folgen analoge theoretisch erwartete und empirisch gefundene Einflüsse auf Professionalisierung und Wertschätzung.

Auf Unternehmensebene zeigen sich Professionalisierung beeinflussende Werte in Form von Leitbildern, Unternehmenskultur und Werteprofilen. Diese Perspektive wird von der Hälfte der Projekte näher beleuchtet. Inhaltliche Fragestellungen beziehen sich auf die Entwicklung und Inhalte von Leitbildern, Unternehmenskultur, Unternehmensqualität, Servicequalität, Qualität der Arbeitsbedingungen, Werteprofile sowie Kundenzufriedenheit. Professionalisierung ist mit Werteentwicklung verbunden. So erfordern die Globalisierungsprozesse im IT-Bereich einen Wechsel im Selbstverständnis und im Handeln der IT-Mitarbeiter. Erforderlich wird ein Wandel von technischer Exzellenz des Einzelnen hin zu anwendungsfeldbezogener Gestaltungsorientierung des IT-Mitarbeiters als Dienstleister (GlobePro).

Auf der Mitarbeiterebene wirken Werte, grundlegende Verständnisse der Mitarbeiter (vgl. KunDien; Munz et al. 2011) [26] und individuelle Werteprofile (BIK) auf die Qualität der Dienstleistung (ProWert), beeinflussen die Work-Life-Balance (DL-Qualität), Motive und Interessen (PKDi) sowie die Gestaltung der Kundenbeziehung und Kundenbindung (PRIDE, ESysPro, BDL). Wie bei dem Zusammenhang von Professionalisierung und Identität, wird der Zusammenhang von Professionalisierung und Werten überwiegend auf der Mitarbeiterperspektive betrachtet.

Werte haben dann professionalisierende Wirkung, wenn sie „gelebt" werden. Dies erfordert Möglichkeiten zur Aneignung gesellschaftlich bzw. organisational erwünschter Werte sowie deren Kommunikation und Vermittlung. Dabei stehen Führungskräfte, aber auch (Weiter-)Bildungseinrichtungen in besonderer Verantwortung, hier herrscht Handlungsbedarf.

Analog zum Zusammenhang von Professionalisierung und Identität stellt sich die Frage der Kenntnis und des wechselseitigen Verständnisses der Werthaltungen von Kunde und Dienstleister. Daraus ergibt sich die Frage, wie Kommunikations- und Interaktionsbeziehungen so gestaltet werden können, dass handlungsleitende Werte mit einbezogen werden (ESysPro, BDL).

Die gesellschaftliche und politische Diskussion und Willensbildung wirkt über Dienstleistungsleitbilder sowie Vorstellungen und Beschlüsse zur Verberuflichung von Dienstleistungstätigkeiten auf Professionalisierungs- und Wertschätzungsprozesse ein. Dabei geht es um die Aufwertung von Facharbeit und Facharbeiterqualifikation (DITUS, Pflegebereich). Aber auch grundlegende Paradigmenwechsel in gesellschaftlichen Anschauungen und unternehmerischen Ausrichtungen (z. B. weg von der Entsorgungswirtschaft – hin zur Rohstoffwirtschaft, DITUS) führen zu neuen Werthaltungen. Dies sind allerdings langfristige Prozesse, die wiederum durch strukturelle Maßnahmen komplementiert werden müssen.

Übergreifend über die drei Perspektiven Gesellschaft, Unternehmen und Mitarbeiter werden Deutungs- und Bewertungsmuster der sozialen Wertschätzung von Tätigkeiten und Berufsbildern untersucht und teilweise gestaltet. Zentraler Aspekt für wahrnehmbare Wertschätzung ist die Entwicklung einer Wertekultur auf gesellschaftlicher, organisationaler und individueller Ebene. Kongruente Werte unterstützen die Professionalisierung. Inhaltlich sind drei Aspekte zu erkennen: Wertschätzung in der Interaktion (Führungskraft – Mitarbeiter, Mitarbeiter – Mitarbeiter, Kunde – Mitarbeiter), die Wertschätzungskultur im Unternehmen, die Wertschätzung des Berufes/der Tätigkeit innerhalb der Gesellschaft.

Eine „gelebte" Wertekultur äußert sich in den strukturellen Bedingungen und kommunikativen Beziehungen von Gesellschaft, Organisationen und Dienstleistungstätigkeiten. Dazu gehört auch der Umgang mit Wertekonflikten, wie sie zwischen Organisation und Mitarbeitern, Mitarbeitern und Kunden sowie auch intrapersonell auftreten können (BiK, BDL, DITUS, Wellness).

Zusammenhang von individuellen Kompetenzen und organisationalen Strukturen einerseits und Professionalisierung bzw. Wertschätzung andererseits

Strukturelle Voraussetzungen und Kompetenzen werden als die zentralen und wesentlichen Bedingungen für eine erfolgreiche Professionalisierung angesehen, egal von welchem Verständnis von Professionalisierung ausgegangen wird. Strukturelle Voraussetzungen beziehen sich auf:

- organisationale Aspekte wie z. B. Organisations- und Personalentwicklung, Gestaltung von Arbeitsaufgaben, Lernkonzepte usw.,
- gesellschaftliche Rahmenbedingungen wie z. B. Ausbildungsverordnungen zur Berufs- und Weiterbildung, Arbeitsmarktmaßnahmen, gesetzliche Bestimmungen etc. und
- Bedingungen, die durch Verbände, Gewerkschaften usw. hergestellt werden wie z. B. Lohngestaltung, Netzwerkaufbau.

Unter Kompetenz wird überwiegend die individuelle Kompetenz verstanden, die mehr ist als die Summe von Fähigkeiten, Kenntnissen und Fertigkeiten. Kompetenzen berücksichtigen, anders als Können, Fertigkeiten oder Fähigkeiten, auch Faktoren des Selbstorganisationspotenzials eines Individuums. Insbesondere im Handeln werden Kompetenzen erschlossen, die sowohl außerhalb der eigentlichen Erwerbstätigkeit als auch im betrieblichen Arbeitsprozess angewandt und entwickelt werden.

Besonders wichtig ist in diesem Zusammenhang der Begriff der Kompetenzentwicklung, der die Schaffung einer komplexen Handlungskompetenz, eingeschlossen einer Veränderung von Normen und Werten, betont und über eine primär an der Wissensvermittlung orientierte Qualifikation hinaus geht (ProVes). Einerseits wird der Kompetenzbegriff generalisiert mit dem Begriff Handlungskompetenz oder Expertisenentwicklung, andererseits wird differenziert in bestimmte Kompetenzbereiche wie z. B. Fachkompetenz, Methodenkompetenz, Sozialkompetenz, strukturelle Kompetenz, Interaktionskompetenz oder extrafunktionalen Kompetenzen wie Empathie, Stressresistenz, Kommunikationsfähigkeit usw. (Berufliche Altenpflege, BiS).

Allen Ansätzen gemeinsam ist, dass versucht wird, Kompetenzen inhaltlich zu fassen aber gleichzeitig über den eigentlichen Inhalt weitergehende Aspekte der Selbstregulation einer Persönlichkeit mit einzubeziehen. Kompetenzen sind also mehr als beobachtbare Performanzen – sie sind ein Potenzial, auf das eine Person in Handlungen zurückgreifen kann (aber nicht unbedingt muss) und auf das allenfalls geschlossen werden kann. Dieses Potenzial ist die Grundvoraussetzung für eine Professionalisierung.

Alle Erklärungsansätze zur Kompetenz gehen von den Wahrnehmungsperspektiven der Handelnden (also Dienstleistende und Führungskräfte) aus. Gesellschaft, Verbände und Organisationen haben eher dafür zu sorgen, Rahmenbedingungen zu schaffen, die für eine Kompetenzentwicklung der Individuen förderlich sind. Inwieweit Gesellschaft, Verbände und Organisationen ihrerseits „kompetent" sein können oder werden können, wird nicht thematisiert.

Der Zusammenhang von Wertschätzung und Kompetenzen wird überwiegend darin gesehen, dass sich Wertschätzung (insbesondere die im Arbeitsprozess geäußerte) vor allem auf die gezeigten Fähigkeiten und Kompetenzen bezieht, die in den Leistungen Ausdruck finden. Soziale Wertschätzung bezeichnet die positive Bewertung einer Person durch andere Personen, Institutionen oder der Gesellschaft insgesamt. Dafür ist grundlegend, dass Kompetenzen wahrgenommen und kommuniziert werden können (vgl. Ciesinger/Klatt 2010; Ciesinger et al. 2011) [9], [10].

Auf den Zusammenhang von strukturellen Voraussetzungen und Wertschätzung verweist das Projekt PflegeWert (vgl. Fuchs-Frohnhofen et al. 2010) [17] und untersucht fünf Dimensionen in ihrem Einfluss auf die Verbesserung von Wertschätzung in der Pflegearbeit:

1. Erleben von Wertschätzung aus einer fachlich guten und transparenten Arbeit,
2. Wertschätzung als Bestandteil der Organisationskultur und
3. Erleben von Wertschätzung aus einer guten Kommunikationsbeziehung mit den Kund/innen und ihren Angehörigen,
4. Wertschätzung durch Team und Vorgesetzte,
5. Wertschätzung durch Gesellschaft und Umwelt.

Wobei diese strukturellen Zusammenhänge zum großen Teil wiederum durch personenbezogene Kompetenzen getragen und qualitativ gestaltet werden.

Wie im Kontext des Förderschwerpunktes „Dienstleistungsqualität durch professionelle Arbeit" zu erwarten ist, bildet der Zusammenhang von Professionalisierung und Kompetenzen sowie strukturellen Voraussetzungen den empirischen Schwerpunkt in allen Projekten. Fast alle Projekte betrachten den Zusammenhang von Professionalisierung und Kompetenzen bzw. strukturellen Voraussetzungen für die Perspektiven Unternehmen/Organisation und Mitarbeiter/Dienstleister.

Einen weiteren Schwerpunkt bildet die Perspektive der Bildungseinrichtungen, innerhalb derer für die unterschiedlichen Dienstleistungsfelder modulare Weiterbildungskonzepte zur Kompetenzentwicklung erarbeitet und erprobt wurden (DITUS, ESysPro, PRIDE). Auffällig ist, dass viele Projekte diesen Zusammenhang aus fast allen Perspektiven betrachten, also auch ein starker Fokus auf gesellschaftlich-politische strukturelle Voraussetzungen gelegt wird, wie auch auf die Rolle der Führungskräfte und Kunden.

Im Ergebnis kann zusammengefasst werden: *Professionalisierung ist individuelle Kompetenzentwicklung in Strukturen und Prozessen von Arbeit und Bildung.* Kompetenzentwicklung von Dienstleistenden hat explizit oder auch implizit in allen Gestaltungsprojekten stattgefunden. Dabei wird übereinstimmend betont, dass Professionalisierung einer fundierten (Berufs-)Aus- und Weiterbildung mit einer starken Arbeitsprozessorientierung bedarf. Die duale Berufsausbildung bildet dafür eine solide Grundlage und sollte weiter ausgebaut werden (insbes. IT-Branche, GlobePro, Ver- und Entsorgungswirtschaft, DITUS). Eine starke Arbeitsprozessorientierung kann dabei nur durch ein enges Zusammenwirken von Bildungsanbietern, Unternehmen, Kunden und Mitarbeitern erreicht werden (ProVes, BDL, DITUS).

Zugleich wird auch betont, dass Beruflichkeit und Professionalisierung auch im Dienstleistungsbereich mehr ist als Berufsausbildung und (Ausbildungs-)Beruf. Hier kommt vor allem die Verantwortung der Unternehmen zum Tragen durch Organisations- und Personalentwicklung sowie bewusste Arbeitsgestaltung die Professionalität der Mitarbeiter kontinuierlich zu fördern. Für die Perspektive Unternehmen/Organisation äußert sich Professionalisierung sowohl in Standards professionellen Handelns als auch zugleich im Erkennen und Nutzen von Handlungsspielräumen (GlobePro, PRIDE, PiA, KunDien).

Auch Wertschätzung und Anerkennung stützen Professionalisierung. In den Ergebnissen zeigt sich: *Wertschätzung ist überwiegend Aufgabe der und in den Unternehmen.* Schon das Benennen von Wertschätzung als Thema war bzw. ist eine Intervention und verändert die Unternehmenskultur. In den beteiligten Unternehmen wurde eine Vielzahl organisationaler Strukturen, Ansätze und Instrumente entwickelt und erprobt, die die Gestaltung einer wertschätzenden Unternehmenskultur und -kommunikation stützen (z. B. wertorientierter Führung und wertschätzende Interaktion (ProWert, PflegeWert), ein Einarbeitungskonzept für neue Mitarbeiter (KunDien), Feedbacksysteme (BiS), Training der Kompetenzkommunikation (BiS, Pflegeprojekte, KunDien) und Emotionsarbeit und -training (BiS[8], PiA).

Kommunikation ist der Schlüssel für das Erleben von Wertschätzung und Anerkennung. Dafür braucht es einerseits strukturelle Voraussetzungen, wie oben benannt. Andererseits sind hier auch personenbezogene individuelle Kompetenzen erforderlich, da Wertschätzung und Anerkennung vor allem in Interaktion erfolgt. Dabei ist nicht nur das verbale und nonverbale Ausdrücken von Wertschätzung und Anerkennung seitens der Führungskräfte, Kollegen und Kunden von Bedeutung. Wobei den Führungskräften in praxi eine sehr zentrale Rolle zukommt in der Vermittlung von Wertschätzung und Anerkennung.

In fast allen Projekten wurde deutlich, dass für das Erleben von Wertschätzung, Anerkennung und Stolz gleichermaßen wichtig sind, dass die Dienstleistenden, d. h. die Mitarbeiter selbst sich ihrer eigenen Kompetenzen und Fähigen, ihres eigenen Anteils am Erfolg bewusst werden und dieses auch reflektieren und kommunizieren können. Offenbar fällt es einem Teil der Dienstleistenden insbesondere der mittleren Qualifikationsebene schwer, eigene Kompetenzen zu erkennen und adäquat zu kommunizieren (z. B. in der Altenpflege, Call Center).

Professionalisierung zeigt sich bezogen auf Mitarbeiter/Dienstleistende gerade in den spezifischen Kompetenzen. Hier wurden in den Projekten unterschiedlich differenzierte Kompetenzmodelle für unterschiedliche Dienstleistungsfelder erarbeitet und untersetzt. Das professionssoziologische Modell vom Projekt BiS z. B. beinhaltet drei Kompetenzbereiche: Fachqualifikation, Interaktionskompetenz und Strukturkompetenz. Im Projekt ESysPro (vgl. Frenz/Marfels 2011) [15] werden z. B. ganz spezifische Kompetenzen betrachtet wie z. B. Beratungsgespräche vorbereiten, durchführen und reflektieren, Fallverstehen in der Sprache des Klienten, Erkennen von Kundenbedürfnissen, Umgehen mit Zielkonflikten usw.

---

[8] Im Projekt BiS wurden insbesondere für die Dienstleistungsbereiche Pflege und Einzelhandel praktikable Konzepte und Instrumente entwickelt um strukturelle Voraussetzungen für Kompetenzentwicklung und damit Dienstleistungsentwicklung förderlich zu gestalten, z. B. wertschätzungsfördernde Unternehmenskultur, Entwicklung neuer Dienstleistungen und Karrierepfade in der Altenpflege und Kunden-Feedback-Tools (vgl. Ciesinger et al. 2011) [10].

Hinderlich für Professionalisierung sind zum Teil gesellschaftliche strukturelle Voraussetzungen, wie z. B. eine länderspezifische Anerkennungspraxis von Ausbildungszertifikaten (z. B. im Wellness-Bereich) oder auch eine „Zersplitterung" von Berufsverbänden und anderen institutionellen Interessenvertretungen (z. B. im Pflegebereich).

Die Kundenperspektive wurde insbesondere vom Projekt PiA im Rahmen des Konzepts von Dienstleistungsarbeit als interaktive Arbeit mit in den Blick genommen. Dienstleistungsarbeit wird als Kooperationsbeziehung verstanden, in der systematische Probleme anfallen, für deren Bearbeitung Kunden und Dienstleister aufeinander angewiesen sind. Der Kunde wird als eigenständig handelnder Partner in der Dienstleistungsbeziehung betrachtet, der sowohl Einfluss auf die Professionalisierung als auch Wertschätzung der Dienstleistungsarbeit hat (vgl. Dunkel et al. 2010) [12].

Zusammenhang von Verhalten und Professionalisierung bzw. Wertschätzung

Neben dem berufspolitischen Verständnis von Professionalisierung betrachten einige Projekte auch das alltagssprachliche Verständnis von Professionalität als professionelles Handeln im Sinne der fachgerechten Ausführung einer beruflichen Handlung. Das Projekt Wellness z. B. bezieht sich hier auf Oevermann (vgl. Oevermann 1997) [28], der professionelles Handeln als wissenschaftlich begründetes Problemlösen in der Praxis beschreibt. Der normative Fokus ist hier die gleichberechtigte Interaktion zwischen Therapeuten und Klienten. Beide gehen im Interesse an der Problemlösung ein „Arbeitsbündnis" ein. Professionalisierung vollzieht sich für danach sowohl in der Aneignung der erfahrungswissenschaftlichen Wissensbasis als auch in der Handlungspraxis. Erst die doppelte Professionalisierung, durch die wissenschaftliche Disziplin und die Praxis ermöglicht es professionellen Akteuren, sich in ihre Klienten hineinzuversetzen und in der Interaktion gemeinsam mit ihnen Entscheidungen und Entwicklungen zu planen und umzusetzen (Wellness).

Die überwiegende Mehrheit der Projekte, bei denen Professionalisierung im Vordergrund stand, fokussiert in ihren Erklärungsansätzen auf das berufliche Handeln und Verhalten der dienstleistenden Mitarbeiter. Betrachtet man Dienstleistung als interaktive Arbeit müsste zwangsläufig auch das Verhalten der Kunden mit in den Fokus rücken. Das Verhalten von Organisationen ist insofern von Bedeutung, als es wesentlich die Rahmenbedingungen des Handelns von Dienstleistenden und Kunden bestimmt (z. B. Einstellungspraktiken, Formen und Tools zur Arbeitsplatzgestaltung, Qualifizierungsmaßnahmen oder Art und Weise der Kundeninteraktion). Auch das Verhalten der Führungskräfte als wesentliche Schnittstelle bzw. Vermittler zwischen Organisation und Dienstleister kann ein wichtiger Faktor für Professionalisierung sein. Und letztlich ist das konkret gezeigte Verhalten der (dienstleistenden) Mitarbeiter entscheidend. Es kann nicht mit den Fähigkeiten gleichgesetzt werden, da es sich in Abhängigkeit von den jeweiligen situativen Bedingungen unterschiedlich realisieren kann.

In den theoretischen Erklärungsansätzen der Projekte, deren Focus Wertschätzung, Anerkennung und (Produzenten-)Stolz im Dienstleistungsbereich war, wird der Zusammenhang von Verhalten und Wertschätzung eng verbunden mit dem Aspekt der Sichtbarkeit und des Sichtbarmachens von Leistungen. Insofern Verhalten nach Fröhlich (vgl. Fröhlich 1994) [16] die Gesamtheit aller beobachtbaren, feststellbaren oder messbaren Aktivitäten meint, ist diese Ebene der handlungsleitenden Parameter dem Prozess der Steigerung von Wertschätzung, Anerkennung und Stolz immanent. „Menschen erfahren sich selbst im Spiegel ihrer Sicht durch andere. Durch andere erleben sie ihre Evaluation, als Anerkennung, Ignorierung oder Missachtung" (Voswinkel 2005, S. 17) [37] (PRIDE).

Als Schlüsselbegriff für den wertschätzenden Prozess sehen Anderson et al. (Anderson et al. 2004, S. 28ff.) [1] die *„Gesprächspartnerschaften"*, indem versucht wird, in den Worten und Taten des anderen Wertvolles zu finden. Dazu gehört *„positives Zuhören"* (aufmerksam und respektvoll sein), intensive Neugier zeigen („Haltung des Nicht-Wissens"), dem anderen Raum und Zeit zu geben, sich auszudrücken und „Wir-Erzählungen" fördern und Beschuldigungspraktiken überwinden (ProWert).

Einige dieser Projekte beziehen sich in ihren Erklärungsansätzen auf Gouthier (vgl. Gouthier 2006a; 2006b) [19], [20], der drei Ebenen der Anerkennung unterschiedet: Makroebene, Mesoebene, Mikroebene. Anerkennung meint danach nicht nur die in konkreten Situationen bekundete Wertschätzung durch Dritte in Interaktionen, beispielsweise durch Kollegen, Kunden und Vorgesetze, sondern auch die Bewertung des jeweiligen Tuns in institutionalisierten Settings, in Unternehmen, Netzwerken oder auch auf Märkten. Im gesellschaftlichen und berufspolitischen Kontext kann dies z. B. durch unterschiedliche Anerkennungspraktiken in Bezug auf Zertifikate und Abschlüsse gegeben sein (Wellness, PRIDE, BiS).

Die theoretischen Konstrukte von Wertschätzung und Anerkennung wie die dazu gehörigen „Interaktionen" werden als eine Voraussetzung der Entwicklung von (Produzenten-)Stolz gesehen, neben der Fähigkeit des Individuums in einem kognitiven Bewertungsprozess den (eigenen) Erfolg wahrzunehmen (vgl. Verbeke et al. 2004) [36].

Produzentenstolz im Dienstleistungsbereich kann sich prinzipiell aus einer guten Interaktionsarbeit in Verbindung mit positiver Rückmeldung des Kunden ergeben (vgl. Stauss 1998; Gabriel et al. 2005) [34], [18]. Neben dem Kunden, wird von den Projekten ebenfalls die Bedeutung der anderen Wahrnehmungsperspektiven für die Entstehung von Stolz hinterfragt und untersucht.

Im Vergleich zur Ebene der Kompetenzen als handlungsleitende Parameter stehen Zusammenhänge von Verhalten und Professionalisierung bzw. Wertschätzung deutlich weniger im Fokus empirischer Betrachtungen. Werden entsprechende Zusammenhänge zwischen Verhalten und Professionalisierung bzw. Wertschätzung untersucht, so geschieht das in erster Linie für die Perspektive der Mitarbeiter. Professionalisierung äußert sich hier in Professionalität und das heißt: adäquates Verhalten bezogen auf Kunden und Unternehmen in konkreten Situationen zeigen. Hier werden zum einen konkrete Praktiken und Verhaltensvorstellungen in Kundeninteraktionen angesprochen (z. B. souveränes Auftreten, Interesse am Kunden, Freundlichkeit, loyales Verhalten gegenüber Kunden und Unternehmen). Zum anderen steht die Frage, wie eigene Handlungsspielräume in der Dienstleistungsarbeit erkannt, genutzt und erweitert werden können. In Bezug auf Wertschätzung und Anerkennung werden ebenfalls konkrete Verhaltensvorstellungen herausgestellt wie z. B. klares, transparentes und selbstbewusstes Auftreten, offene Kommunikation und Zuhören, Zusammenstehen und wechselseitige Wertschätzung und konstruktive Kritik.

Für die Perspektive der Führungskräfte wird verändertes Führungshandeln ebenso thematisiert wie eine neue Aufgabenzuschneidung für die mittlere Führungsebene (ProVes, Pflegeprojekte). Auch hier werden z. B. konkrete Praktiken wertschätzender Führung betrachtet.

In der Perspektive von Organisation/Unternehmen werden Themen bearbeitet wie Maßnahmen der Arbeitsgestaltung, Leistungssteuerung, Anerkennungskommunikation, praxistaugliche Tools zur Förderung von Wertschätzung, Maßnahmen zur Beeinflussung von Fluktuation und Krankenquoten, konkrete Trainings und Qualifizierungsmaßnahmen, Umgang mit Fehlern und Innovation, Best Practices. Hier sind z. T. konkrete Maßnahmen der Professionalisierung durchgeführt worden (z. B. neue Vorgehen bei der Einarbeitung neuer Mitarbeiter, KunDien, PRIDE). Für den Aspekt der Wertschätzung ist es wichtig, dass Anerkennung im Unternehmen auch formalisiert bzw. symbolisch erkennbar und manifestiert ist (PRIDE).

Bezogen auf die Kundenperspektive wird v. a. die Art und Weise des Kundendialogs thematisiert. Für den Aspekt der Wertschätzung ist insbesondere das Kundenfeedback von Bedeutung. In Bezug auf Professionalisierung ist die Art und Weise der Gestaltung der Dienstleister-Kunden-Interaktion von Bedeutung (z. B. Dienstleistung als Kunst, KunDien). Wenn Dienstleistung als „interaktive Arbeit" gesehen wird (vgl. Dunkel 2011) [13], dann müsste auf der Verhaltensebene auch die Kundenperspektive, das konkrete Verhalten der Kunden deutlich stärker einbezogen werden.

Bildungseinrichtungen sollen im Rahmen von Professionalisierung auf der Verhaltensebene neue Trainings und Weiterbildungsmodule entwickeln, erproben und durchführen (BiS, PiA, KunDien).

Bezüglich der gesellschaftlichen Perspektive thematisieren insbesondere die Projekte aus dem Pflegebereich die Bedeutung öffentlicher und politischer Diskurse über Wertschätzung und Professionalisierung vor allem der Altenpflege im Kontext unterschiedlicher Verbände und Interessenvertreter (vgl. Blass 2010) [5].

Insgesamt ist auffällig, dass den zum Teil ausführlichen theoretischen Überlegungen zum Verhalten relativ wenige empirische Erkenntnisse gegenüberstehen. Wegen des möglichen Auseinanderfallens von Kompetenzen und konkretem Handlungsvollzug im Verhalten sind hier weitere Untersuchungen angebracht.

Zusammenhang von Umfeld und Professionalisierung bzw. Wertschätzung

Beim Umfeld als untere Ebenen der Handlungsleitenden Parameter liegt der Fokus der Betrachtung auf den (Rahmen-)Bedingungen unter denen die jeweiligen Wahrnehmungsperspektiven agieren. Während das „unmittelbare Umfeld" die für eine Wahrnehmungsposition direkt wahrnehmbaren Rahmenbedingungen umfasst (z. B. die konkreten Arbeitsbedingungen der Dienstleistenden im Unternehmen oder im Kundenkontakt), sind dem „mittelbaren Umfeld" weiterreichende Rahmenbedingungen zugeordnet, die wiederum den Rahmen des unmittelbaren Umfeldes bilden. Dabei handelt es sich um komplexe Phänomene wie z. B. der demographische Wandel und verlängerte Lebensarbeitszeit, Entwicklungen des Marktes, zunehmende Globalisierung und internationale Arbeitsteilung oder berufspolitische und berufspraktische Traditionen (z. B. „typische" Frauenberufe) und gesetzliche Regelungen.

Das Umfeld beeinflusst sowohl die Anforderungen an Professionalisierung als auch die Möglichkeit deren Umsetzung und Realisierung. In diesem Kontext zeichnet sich Professionalisierung unter anderem dadurch aus, dass sie (zumindest mittelfristig) ein existenzsicherndes Einkommen ermöglicht sowie eine „echte" erwerbsbiographische Perspektive eröffnet (z. B. Kindertagesmütter/-väter, PKDi).

Umfeldbedingungen werden zum einen natürlich quasi „objektiv" durch Kompetenzen und Strukturen bestimmt und geprägt. Aus ihnen resultieren die spezifische Arbeitsteilung und die Arbeitsaufgaben ebenso wie konkrete Handlungsbedingungen bei Ausübung der Dienstleistungsarbeit. Das Umfeld umfasst die wahrgenommenen Arbeitsbedingungen in Raum und Zeit so, wie der Dienstleister sie vorfindet bzw. selbst gestaltet.

Darin kommt der andere Aspekt des Umfeldes zum Ausdruck: Es wird wahrgenommen. Umfeldbedingungen, seien sie exzellent, durchschnittlich oder auch sehr ungünstig wirken nicht „objektiv", sondern werden vom Dienstleistenden (bzw. der jeweiligen Wahrnehmungsperspektive) gefiltert. Oder auch: Gleiche Umfeldbedingungen werden mit verschiedenen „Brillen" gesehen. Die Farbe der „Brillen" wird dabei bestimmt von den jeweiligen Kompetenzen, Werten und Selbstverständnissen.

Hier setzt auch der Zusammenhang zwischen Umfeld und Wertschätzung an. *Wertschätzung und Anerkennung müssen nicht nur gezeigt, sondern auch wahrgenommen werden (können)*, um ihre Wirkung zu entfalten. Eine Differenzierung zwischen mittelbarem und unmittelbarem Umfeld in Bezug auf Wertschätzung und Anerkennung könnte zurückgeführt werden auf Schumann et al. (vgl. Schumann et al. 1982) [32], die in ihrer Studie zur Werftenindustrie unterscheiden zwischen einer Analyse *ökonomischer Verwertungsprozesse* und einer in der Sprache von Identitäts- und Anerkennungskonflikten artikulierten *„Subjektperspektive"*. Wertschätzung und Anerkennung werden zum zentralen Vermittlungsglied zwischen gesellschaftlichen Verhältnissen und der Subjektivität der Individuen (vgl. Voswinkel/Korzekwa 2005) [37]. Anerkennung findet nicht neben der Ökonomie statt, sondern gerade auch innerhalb des ökonomischen Prozesses (PRIDE). In jedem Falle muss Wertschätzung und Anerkennung wahrgenommen werden und die „Quelle" der Wertschätzung muss für den Empfänger von Wert bzw. wichtig sein (PiA).

Der Zusammenhang von Umfeld und Professionalisierung bzw. Wertschätzung wird von den Projekten insbesondere für die Wahrnehmungsperspektiven der Dienstleister und der Unternehmen betrachtet. Inhaltliche Aspekte für die Perspektive der Mitarbeiter sind z. B. Arbeitsbedingungen wie psychische und physische Belastungen, Aufgaben- und Anforderungsstrukturen, Anerkennungspraxen in den Unternehmen, steigende Qualifikationsanforderungen, die Unternehmenskultur und Kundenfeedback. Für die Unternehmensperspektive werden Fragestellungen betrachtet wie: Wandel vom Angebot- zum Nachfragemarkt (BDL), Paradigmenwechsel im Umgang mit Abfall in der Ver- und Entsorgungswirtschaft (DITUS), Verhältnis zwischen Standardisierung und Individualisierung in der Dienstleistungsentwicklung (PiA, GlobePro), regionale Entwicklungsstärken und -hemmnisse (PflegeWert), Integration von Produktion und Dienstleistung (PRIDE), die Differenzierung von Berufsfeldern (Wellness), die Anerkennungspraxis von Zertifikaten und Qualifikationsnachweisen (Wellness, ESysPro), steigende Qualifikationsanforderungen durch Globalisierung und neue Formen internationaler Arbeitsteilung (GlobePro, vgl. Boes et al. 2011) [6].

Gesellschaftliche Rahmenbedingungen wie z. B. die demographische Entwicklung und die Genderproblematik wurden von den Projekten weniger differenziert betrachtet, sind jedoch in einigen Dienstleistungsbereichen sehr prägend (z. B. Altenpflege, Reinigungsbranche, Call Center, Einzelhandel).

Die Kundenperspektive wurde insbesondere vom Projekt PiA untersucht. Hier wurde der Fokus zum einen auf veränderte Anforderungen im Umfeld der Kunden gelegt, z. B. durch die Zunahme von Self Service (Bedienung von Automaten und Internet). Zum anderen wird der Kunde in der Betrachtung von Dienstleistungsarbeit als interaktive Arbeit zum Teil des Umfeldes bzw. der Arbeitsbedingungen des Dienstleisters.

Umfeld und Wahrnehmungsperspektiven stehen im „Konzeptionellen Arbeitsraum" insofern zueinander in Beziehung, dass sich hier vielfältige Verflechtungen und Zusammenhänge ergeben. So prägen z. B. gesellschaftliche Strukturen (z. B. gesetzliche Regelungen) und das unmittelbare Umfeld der Gesellschaft (z. B. Globalisierung) das unmittelbare und mittelbare Umfeld von Organisationen. Das „unmittelbare Umfeld" der Perspektive Organisation (z. B. Tarifvereinbarungen oder Marktsituation) kann zum „mittelbaren Umfeld" der Dienstleistenden oder auch der Kunden werden usw.

3.2.2.3 Forschungspolitische Konsequenzen

Da der „Konzeptionelle Arbeitsraum" von seiner Konzeption her eine Methode ist, mit der die verschiedenen angesprochenen Dimensionen (handlungsleitender Parameter, unterschiedliche Wahrnehmungsperspektiven, Zeit) betrachtet und in Beziehung gesetzt werden können, eignet er sich ganz besonders zur Identifizierung von Lücken oder sogenannten weißen Flecken in Forschungsanträgen und Projektbeschreibungen. Mit ihm kann aufgezeigt werden, auf welche Schwerpunkte sich Anträge und Beschreibungen stützen und vor allem, welche Parameter, Perspektiven und zeitliche Dimensionen nicht berücksichtigt werden. Das ist nicht im Sinne einer Kritik zu verstehen – denn Forschungsvorhaben und Projekte können sich ja ganz gezielt auf bestimmte Parameter und Perspektiven konzentrieren – sondern als Vergleich der Vorhaben mit einem umfassenden Möglichkeitsraum für Forschungen oder Projekte. Aus den identifizierten Lücken oder weißen Feldern lassen sich dann zusätzliche bzw. erweiterte Forschungsfragen oder Projektmöglichkeiten ableiten. Es lassen sich also aus Screening und Zusammenhangsanalysen (wie sie oben beschrieben worden sind) in einem dritten Schritt die entsprechenden Konsequenzen hinsichtlich zukünftiger Forschungen bzw. Projekte ziehen. Das soll im Folgenden am Beispiel des Meta-Projektes aus der Analyse der beteiligten Projekte (aus dem Innenblick, d. h. aus den Projekten des Förderschwerpunktes) verdeutlicht werden. Die von uns gezogenen Konsequenzen sollen als Empfehlungen des Meta-Projekts an die Zukunft der Dienstleistungs-Forschung verstanden werden:

1. Im Dienstleistungs-Bereich lassen sich zwei Prozesse beobachten: (1) eine qualifikatorische Aufwertung und (2) zugleich eine qualifikatorische Abwertung von Dienstleistungs-Berufen. Reichte bislang für viele Dienstleistungs-Berufe eine mittlere Qualifikation, wird heute vielfach ein akademischer Abschluss verlangt und gleichzeitig reicht bei Tätigkeiten, bei denen bislang ein akademischer Abschluss verlangt worden ist, heute mehr und mehr eine Zusatzqualifikationen zu einer mittleren Ausbildung aus. Es geht um die Frage, was macht die mittlere Qualifikations-Ebene aus, wie kann man sie erschließen, um auf Innovationspotenziale und -fähigkeiten zu kommen. Es sollten daher Zusammenhänge von Innovationsfähigkeit und mittlerer Qualifikations-Ebene differenzierter untersucht werden. Dazu braucht es eine klarere und konkretere Bestimmung, was die mittlere Qualifikations-Ebene ausmacht.

2. In allen Projekten ist deutlich geworden, dass eine Professionalisierung in stärkerem Maße Aspekte der Identitätsbildung erfordert und Werte in Aus- und Weiterbildung einbezogen werden sollten. Das erfordert eine engere Verbindung von beruflicher Tätigkeit und Aus- und Weiterbildung. Es geht nicht darum, Identität oder Dienstleistungs-Mentalität zu lehren, es geht um neue Formen der Verbindung von beruflicher Tätigkeit und Aus- und Weiterbildung, also auch die Erforschung von neuen Herangehensweisen dazu, wie Unternehmen einbezogen werden können, wie Weiterbildung in neuen Formen und Wegen die Dienstleistungs-Mentalität und Identität berücksichtigen und entwickeln helfen kann.

3. Die intermediären Organisationen und überorganisationalen Netzwerke (Berufs-/Branchenverbände, Gewerkschaften, IHK, Facebook etc.) werden an Bedeutung zunehmen. Ziel müsste es sein, auf gesellschaftlich politischer Ebene Entwicklungen zu begünstigen, wie diese Netzwerke genutzt und vor Missbrauch geschützt werden können. Für die Professionalisierung der Dienstleistungs-Arbeit sollten daher die spezifischen Rollen und Wirkungsmöglichkeiten von intermediären Organisationen und überorganisationalen Netzwerken intensiver untersucht und beeinflusst werden.

4. In dem von uns untersuchten Forschungsvorhaben ist nur eine Auswahl von Dienstleistungs-Bereichen erfasst worden. Unabhängig, ob es sich um innovative oder wenig innovative Branchen handelt, ob es Branchen sind, in denen der Kunde nah oder fern ist, einbezogen wird oder keine direkte Interaktion besteht, sollten ergänzend zu bisherigen Projekten weitere Forschungen in bislang unbearbeiteten oder wenig untersuchten Branchen (z. B. Sicherheitsdienste, öffentlicher Dienst, Kultur) durchgeführt werden. Eng damit verbunden ist die nächste Konsequenz:

5. Der Dienstleistungs-Bereich ist wenig strukturiert. Die Unterscheidung von personennah bzw. personenfern differenziert zu wenig – insbesondere wenn Dienstleistungsaufgaben aus dem Produktionsbereich berücksichtigt werden sollten. Insofern erscheinen Forschungen zu neuen Clustern und Typologisierungsmöglichkeiten des Dienstleistungs-Bereiches sinnvoll. Das betrifft industrienahe Dienstleistungen und soziale Dienstleistungen, einige sind sehr stark von Förderung und Unterstützung abhängig, andere sind innovativ und eng verbunden mit Produktentwicklung. Die Frage lautet: Wie kann man dieses breite und teilweise diffuse Feld der Dienstleistungen besser typologisieren?

6. Dabei sollten die verschiedenen Sichtweisen von Akteuren (und verschiedener Akteure, insbesondere der Kunde) stärker und differenzierter berücksichtigt werden. Zu fragen und zu differenzieren ist, was sind Erwartungen, Interessen, Einflussmöglichkeiten von Kunden, Auftraggebern und weiteren (zum Teil verdeckten) Akteuren um die Vielfältigkeit und Mehrperspektivität im Dienstleistungs-System zu berücksichtigen.

7. Die Begrifflichkeiten, die in den Ausschreibungen zur Dienstleistungs-Forschung zentral sind, sind teilweise sehr ungenau. So ist z. B. die Wertschöpfungskette, insbesondere, wenn mehr und mehr Kunden mit in den Dienstleistungs-Prozess einbezogen werden, noch ungeklärt. Zu fragen ist also, was das Spezifische der Begrifflichkeiten für den Dienstleistungs-Bereich ist? Man muss deutlich machen, wo Unterschiede zum Produktionsbereich bestehen, aber auch, wo sich Unterschiede ergeben, wenn man in der Typologisierung fortschreitet. Es kann ja sein, dass Innovation und Wertschöpfung nicht für alle Dienstleistungs-Bereiche beschrieben werden können. Worauf muss dann bei Differenzierungen zu achten sein? Daher sollten Innovation, Qualität und Wertschöpfung genauer auf ihre dienstleistungsspezifischen Aspekte hin untersucht werden.

8. Aktuell dominiert in den Forschungen ein Fokus auf Kompetenzentwicklung. Zu fragen ist, wie äußert sich Kompetenz in konkreten Situationen. Dienstleistung ist ja sehr situativ und nicht eine Situation ist gleich der anderen. Dienstleistung ist zudem sehr individuell. Im Pflegebereich zeigt sich eine andere Problematik. Dort beschreiben Mitarbeiter sehr genau, was sie machen und ihre konkreten Tätigkeiten (also ihr Verhalten) aber es ist schwierig, daraus auf die jeweiligen Kompetenzen zu schließen, was insbesondere wichtig ist, um die Wertschöpfung einschätzen zu können. Um die Wirksamkeit von Professionalisierung und Wertschätzung beurteilen zu können, sollte daher stärker der Verhaltensaspekt als Realisierung von Kompetenzen in actu untersucht werden.

9. In vielen Dienstleistungsberufen sind widersprüchliche Anforderungen an Unternehmen und Mitarbeiter zu beobachten, die insbesondere hinsichtlich Professionalisierung und Wertschätzung näher untersucht werden sollten. So bestehen Widersprüchlichkeiten zwischen Flexibilitätsanforderungen, denen sich viele Dienstleistungsunternehmen ausgesetzt sehen und der Forderung nach Aufbau einer stabilen Unternehmenskultur. Als Beispiel dieser widersprüchlichen Anforderungen sei genannt, dass viele Dienstleistungsunternehmen (insbesondere im Pflegebereich) mit wenig fest angestellten Mitarbeitern und mit vielen Leiharbeitern arbeiten. Ebenfalls sind Widersprüche zwi-

schen Loyalitätsanforderungen einerseits und dem Abbau von loyalitätsstiftenden Maßnahmen, wie z. B. gemeinsame Feiern, Aufgabe sozialer Einrichtungen usw., andererseits zu beobachten. Wie gehen Mitarbeiter mit diesen Widersprüchen um? Welche Auswirkungen haben diese Widersprüche auf Identität und Werte und damit auf das professionelle Handeln?

3.2.3 Ausblick und weitere Anwendung

Der „Konzeptionelle Arbeitsraum" bietet kein „vorgeschriebenes", empfohlenes oder „alt"-bewährtes Vorgehen. Diese Heuristik bietet einen Möglichkeitsraum bzw. viele Möglichkeitsräume, in denen man sich gedanklich und gestalterisch bewegen kann, je nach aktuellen Erfordernissen, Bedarfen, Zielen und Möglichkeiten. Er hilft zugleich dabei, nichts „Wesentliches" zu vergessen. Und er eröffnet auch in „fest gefahrenen" Situationen zahlreiche Interventionsmöglichkeiten aus einer neuen Perspektive oder auf einer anderen Ebene handlungsleitender Parameter. Insofern kann der „Konzeptionelle Arbeitsraum" gut für eine iterative Entwicklung einer prozessorientierten Personal- und Organisationsentwicklung genutzt werden, in der immer wieder neu anschlussfähige Maßnahmen vereinbart werden (können).

In seinem Modellcharakter ist er grundlegend geeignet zur Gestaltung koproduktiver Praxen (vgl. Weber 2009) [38]. Je nachdem, welche Akteure in den jeweiligen Praxiskontexten handeln, kann der „Konzeptionelle Arbeitsraum" genutzt werden:

- als Reflexions- und Gestaltungsinstrument für Lernende innerhalb des selbst organisierten Lernens,

- als Entwicklungsinstrument für Veränderungsprozesse in lernenden Organisationen,

- als systemisches Beratungsdesign für Lern- und Organisationsberater,

- als Forschungs- und Gestaltungsdesign im Rahmen eines (selbstorganisativen) Forschungs- und Programmmanagements und

- als konzeptionelles „Navigations- und Orientierungssystem".

Bildhaft gesprochen, kann man gedanklich und reflektierend durch den „Konzeptionellen Arbeitsraum" zielorientiert laufen und dabei Veränderungs- und Entwicklungsprozesse anstoßen und gestalten, indem man immer wieder neu einen anschlussfähigen Interventionspunkt im System findet.

In diesem Sinne stellt der „Konzeptionelle Arbeitsraum" ein prototypisches Vorgehen im Change Management dar.

Der durch die drei Achsen gebildete Raum des „Konzeptionellen Arbeitsraumes" kann auch als Kraftfeld von Veränderungsprozessen im Sinne von Kurt Lewin (vgl. Lewin 1969) [25] verstanden werden. Veränderungsmaßnahmen stellen die betroffenen Mitglieder einer Organisation vor neue Bedingungen. Es liegt auf der Hand, dass es Argumente, Strömungen, Bewegungen für und gegen die Veränderungsmaßnahme gibt. Sie steht damit in einem energetischen Kraftfeld von unterstützenden und bremsenden Kräften.

Unterstützende Kräfte sind Kräfte mit der Tendenz, die gegenwärtige Situation zu verändern. Sie sind zukunftsgerichtet, wollen weg von negativen und hin zu positiven Wertigkeiten. Beispiele sind Marktanforderungen, Ziele, Bedürfnisse usw.

Bremsende Kräfte sind beharrende, vergangenheitsorientierte Kräfte, die keine verändernde und damit gerichtete Tendenz haben. Sie stehen den unterstützenden Kräften entgegen, sind Barrieren, die das Erreichen eines erwünschten Zustandes erschweren oder verhindern. Beispiele sind unzureichende Kenntnisse, Fähigkeiten, Unsicherheiten, schlechte Erfahrungen usw.

Die Kräfte können von der eigenen Person, anderen Personen oder sachlichen Anforderungen ausgehen. Die Unterscheidung in der Zuordnung hat direkten Einfluss auf die Entwicklung einer Veränderungsmaßnahme. So besteht z. B. bei Sachzwängen eventuell die Möglichkeit, die Macht jener zu schwächen, die für die Sachzwänge verantwortlich sind.

Der Spannungszustand des Kraftfeldes – d. h. ob es sich in einem Zustand hoher Spannung oder geringerer Spannung befindet – hängt von der Stärke der einwirkenden Kräfte, ihrer Richtung und ihrem Verhältnis zueinander ab.

Die handlungsleitenden Parameter innerhalb dieses Kraftfeldes geben einen Hinweis auf die Reichweite von Veränderungs- und Entwicklungsphasen. So lassen sich:

- evolutionäre,
- generative und
- abhelfende Veränderungen unterscheiden (vgl. NIK e. V. 2009) [27].

Evolutionäre Veränderungen beinhalten in jedem Fall Veränderungen auf der Identitätsebene einer Person oder auch einer Organisation. Sie gehen einher mit einem Wandel des Selbstverständnisses bzw. der Vision und Mission. Dies bedeutet nicht unbedingt, dass der Prozess auf der Identitätsebene starten muss, er muss diese in seinem Verlauf jedoch jedenfalls erreichen und auf dieser Ebene zu (Weiter-) Entwicklungen führen.

Generative Veränderungen erzeugen neue Strukturen, erweitertes Können, Wissen sowie Motivation als Antrieb, Richtung und Erlaubnis. Sie finden wesentlich auf der Ebene der Fähigkeiten und der Werte statt. Generative Veränderungen zeigen sich dabei – wie evolutionäre Veränderungen auch – ebenso im Verhalten und auf der Umweltebene. Ihre Reichweite und damit ihre Nachhaltigkeit und Reproduzierbarkeit wird jedoch durch ihre Verankerung in den Fähigkeiten (einer Person beim individuellen Lernen wie auch einer Institution bei lernenden Organisationen) bestimmt.

Als *abhelfende Veränderungen* dagegen werden Veränderungen bezeichnet, die lediglich auf den Ebenen des Verhaltens und der Umwelt lokalisiert sind. Sie bewegen sich im Rahmen von Reaktionen und Aktionen. Ihre Limitierung liegt in der nicht vorhandenen Verankerung in höheren handlungsleitenden Parametern. Dadurch wirken sie häufig lediglich temporär bzw. individualisiert. In diesem Sinne müssen aus systemischer Sicht viele klassische Organisationsberatungsansätze als abhelfende Veränderungen eingestuft werden insoweit als Unternehmen in erster Linie Expertenwissen einkaufen. Erst in der Verortung des Expertenwissens im System der Organisation, verbunden mit Prozesswissen bei den Akteuren können generative oder auch evolutionäre Entwicklungen stattfinden.

Im Umkehrschluss heißt dies ausdrücklich nicht, dass Lern- und Veränderungsprozesse, die sich auf der Verhaltens- und Umweltebene zeigen oder auch dort beginnen, zwangsläufig abhelfend bleiben müssen. Diese beiden Ebenen stellen in den meisten Veränderungsprozessen die Erscheinungsebene dar, entscheidend bleibt ihre Kongruenz mit Strukturen und Prozessen, Leitlinien und Kulturen und letztlich dem Selbstverständnis.

Die Betrachtung der unterschiedlichen Wahrnehmungsperspektiven in Verbindung mit den handlungsleitenden Parametern macht Potenziale und Hemmnisse im Veränderungsprozess (im Sinne des Lewin'schen Kraftfeldes) deutlich. In der Kommunikation der unterschiedlichen Perspektiven wird erkennbar, wo Veränderungsbereitschaft und Veränderungsvermögen hoch sind, wo und warum Widerstand besteht und was daher „unbedingt" bewahrt werden sollte als Stabilität stiftende Faktoren im Wandel. Zudem gibt es eine Vielzahl von Change Management Prozessen, die sehr ungleiche Organisationsverständnisse und Menschenbilder haben und dementsprechend agieren die Verantwortlichen sehr unterschiedlich (vgl. Inversini 2008, S. 56) [21]. Das heißt, dass im Change-Prozess auf unterschiedliche Ebenen einzugehen ist, dass z. B. das Selbstbild der Betroffenen, in Abhängigkeit von den situativen Anforderungen, denen sich Organisationen ausgesetzt sehen, zu berücksichtigen ist. Damit geht die Methode des „Konzeptionellen Arbeitsraums" über die Anforderung von Inversini (vgl. Inversini 2008, S. 57) [21] zur Identifizierung von Erfolgskontingenzen – Berücksichtigung der Besonderheiten der betrieblichen Situation und Berücksichtigung der Selbstregulationsfähigkeit der Organisation – hinaus.

Nach Lewin (vgl. Lewin 1969) [25] lassen sich Veränderungen eines sozialen Systems in den drei Schritten: „unfreeze", „move" und „freeze" beschreiben.

Der erste Schritt „unfreeze" hat zum Ziel, bei den Betroffenen eine Veränderungsbereitschaft zu erzeugen. Dieser Schritt beinhaltet auch eine Analyse des Veränderungsbedarfs (vgl. Büssing 1995) [8]. Die Anregung von Lernprozessen zielt darauf, in einer Organisation einen sich selbst verstärkenden Prozess der Aufnahme, Verarbeitung und Speicherung von neuartigen Informationen in Gang zu setzen.

Nach Senge (vgl. Senge 1996) [33] liegt der Hauptweg zur lernenden Organisation in der Überwindung derjenigen „mentalen Modelle" (gemeinsame Vorstellungen über grundlegende Zusammenhänge bezüglich der Wirkungsweise der Organisation), die traditionelle Organisationen im Laufe ihrer bisherigen Entwicklung hervorgebracht haben.

Mit dem „Konzeptionellen Arbeitsraum" sollen nun jene „mentalen Modelle" (wir sprechen von Wahrnehmungsperspektiven) der Akteure je nach aktuellen Erfordernissen, Bedarfen, Zielen und Möglichkeiten (den handlungsleitenden Parametern) des Change Prozesses analysiert und neue Perspektiven aufgezeigt werden.

Das entscheidende Kriterium, das den Übergang von der „unfreeze"- zur „move"-Phase (vgl. Lewin 1969) [25] signalisiert, ist, wenn die Veränderung von der Mehrheit der Betroffenen wirklich gewollt wird.

Mit dem „Konzeptionellen Arbeitsraum" gilt es nun nach den Konsequenzen für die Entwicklung von Visionen, Leitbildern, Aufbau- und Ablauforganisation, Schnittstellengestaltung, Arbeitsaufgaben, Regeln, Führung etc. zu fragen.

Der letzte Schritt des sozialen Veränderungsprozesses besteht in der Stabilisierung („freeze") der neuen Situation, indem wieder ein „Gleichgewicht" hergestellt wird. Die Stabilisierung der Situation ist schon deshalb notwendig, damit die Veränderung in den betrieblichen Alltag integriert werden kann.

Der „Konzeptionelle Arbeitsraum" dient jetzt dazu, den Abschluss des Change Prozesses zu bewerten. Der Prozess ist dann abgeschlossen, wenn alle Wahrnehmungsperspektiven akzeptieren können, was erarbeitet worden ist. Anders gesagt: Der Prozess ist dann abgeschlossen, wenn die jeweiligen Ziele des Change Prozesses über alle Ebenen der handlungsleitenden Parameter konsistent sind.

Indem Organisationen den „Konzeptionellen Arbeitsraum" als Reflexions- und Gestaltungsmodell zur Entwicklung eines neuen Gleichgewichtes nutzen, lernen Mitarbeiter die Organisation hinsichtlich ihrer Ziele, Strukturen und Prozesse, aber auch Verhaltensweisen und Werte einzuschätzen. Sie entdecken Gestaltungsmöglichkeiten zur eigenen Entwicklung und jene der Organisation.

Tabelle 3.2 Übersicht der Projekte im Förderschwerpunkt „Dienstleistungsqualität durch professionelle Arbeit" Fokusgruppe 1

Fokusgruppe 1: Professionalisierung und Beruflichkeit in der Dienstleistungsarbeit		
Projektkürzel	**Koordinierende Institution**	**Projekttitel** *Dienstleistungsbranche*
BDL	Zentralstelle für die Weiterbildung im Handwerk (ZWH) Düsseldorf	Professionalisierungsstrategien und Qualifizierungskonzepte für Bildungsdienstleister *Berufliche Weiterbildung*
DITUS	TU Dresden Berufliche Fachrichtung Chemietechnik, Umweltschutz und Umwelttechnik	Dienstleistung im technischen Umweltschutz *Abfall- und Kreislaufwirtschaft, Abwasserreinigung*
Berufliche Altenpflege	Institut für Sozialforschung und Sozialwirtschaft e. V. Iso, Saarbrücken	Berufliche Anerkennung und Professionalisierung in der stationären und ambulanten Altenpflege (Studie) *Altenpflege*
ESysPro	Rheinisch-Westfälische Technische Hochschule (RWTH) Aachen Lehrstuhl und Institut für Arbeitswissenschaft	Energieberatung systematisch professionalisieren *Handwerk, Ingenieurdienstleistungen*
GlobPro	Institut für sozialwissenschaftliche Forschung (ISF) München	Global erfolgreich durch professionelle Dienstleistungsarbeit *IT-Branche, Telekommunikationsdienstleistungen, Logistik und Engineering*
PKDi	Universität Bielefeld, Fakultät für Soziologie	Professionalisierung der Kindertagespflege als Dienstleistung *Kindertagespflege*
ProVes	PROSPEKTIV GmbH Dortmund	Professionalisierung von Dienstleistungsarbeit in Schlüsselbranchen des Verkehrssektors *Personennahverkehr, Schienengüterverkehr*
Wellness	SOFI – Soziologisches Forschungsinstitut an der Georg-August-Universität Göttingen	Professionalisierungstendenzen in Berufen des Wellness-Sektors (Einzelvorhaben) *Wellnesssektor*

Tabelle 3.3 Übersicht der Projekte im Förderschwerpunkt „Dienstleistungsqualität durch professionelle Arbeit" Fokusgruppe 2

Fokusgruppe 2: Wertschätzung, Anerkennung und Stolz in der Dienstleistungsarbeit		
Projektkürzel	**Koordinierende Institution**	**Projekttitel** *Dienstleistungsbranche*
BiK	Institut Arbeit und Qualifikation an der Universität Duisburg-Essen (IAQ)	Benchmarking in Kindertageseinrichtungen – Strategien für eine wertschätzungs-orientierte Personal- und Organisationsentwicklung *Institutionelle Kinderbetreuung*
BiS	TU Dortmund Wirtschafts- und Sozialwissenschaftliche Fakultät	Berufe im Schatten. Ursachen und Rahmenbedingungen für soziale und individuelle Wertschätzung von Dienstleistungsberufen *Einzelhandel, Pflege/Gesundheit*
KunDien	Verein für Ausbildungsforschung und Berufsentwicklung (VAB) München	Dienstleistung als Kunst – Wege zu innovativer und professioneller Dienstleistungsarbeit *Forderungsmanagement, Wohnungswirtschaft, Software-Beratung*
PflegeWert	MA&T Sell & Partner GmbH Würselen/Aachener Kreuz	Optimierung und Innovation in der Altenpflege durch systematisierte Wertschätzung *Stationäre Altenpflege*
PiA	Institut für sozialwissenschaftliche Forschung (ISF) München	Professionalisierung interaktiver Arbeit *Hotelgewerbe, Altenpflege, Öffentliche Verkehrsdienstleistung*
PRIDE	Fraunhofer-Institut für Arbeitswissenschaft und Organisation (IAO) Stuttgart	Wertschöpfungstransparenz und Wertschätzung als Innovationsressource für den Dienstleistungsbereich *Call Center; Gebäudereinigung; Finanzdienstleistung; Maschinenbau (Service-Bereich)*
ProWert	TU Dortmund Lehrstuhl für Organisationspsychologie	Gesundheit und Leistungsfähigkeit durch Wertschätzung *Gesundheitswesen/Pflege*

Literatur

[1] Anderson, H./Cooperrider, D./Gergen, K. J./Gergen, M./McNamee, S./Whitney, D. (2004): Die Wertschätzende Organisation, in: Deissler, K. G./Gergen, K. J. (Hrsg.): Die Wertschätzende Organisation, 1. Aufl., Bielefeld, S. 19-58.
[2] Bateson, G. (1981): Ökologie des Geistes, 3. Aufl., Frankfurt am Main.
[3] Bauer, J. (2006): Prinzip Menschlichkeit,1. Aufl., Hamburg.
[4] Bienzeisler, B./Hermann, S. (2010): Zurück in die Zukunft mit „Dienstleistungsfacharbeit"?, in: WISO Diskurs, Juni/2010, Bonn, S. 55-66.
[5] Blass, K. (2010): Professionalisierungsaspekte der beruflichen Altenpflege, in: Fuchs-Frohnhofen, P./Blass, K./Dunkel, W./Hinding, H./Keiser, S./Klatt, R./Zühlke-Robinet,K. (Hrsg.): Wertschätzung, Stolz und Professionalisierung in der Dienstleistungsarbeit „Pflege", 1. Aufl., Marburg, S. 35-30.
[6] Boes, A./Baukrowitz, A./Kämpf, T./Marrs, K. (2011): Eine global vernetzte Ökonomie braucht die Menschen. Strategische Herausforderungen für Arbeit und Qualifikation. Vortrag auf dem Expertenforum des Projekts GlobePro am 25. 3.11 in München, GlobeProPrint2, München.
[7] Böhle, F./Glaser, J. (2006): Arbeit in der Interaktion – Interaktion als Arbeit. Arbeitsorganisation und Interaktionsarbeit in der Dienstleistung, 1. Aufl., Wiesbaden.
[8] Büssing, A. (1995): Organisationsdiagnose, in: Schuler, H. (Hrsg.): Organisationspsychologie, 4. Aufl., Bern, S. 445-479.
[9] Ciesinger, K.-G./Klatt, R. (2010): Kompetenzkommunikation – die Fähigkeit, die eigene Kompetenz in Interaktionen darzustellen, in: Fuchs-Frohnhofen, P./Blass, K./Dunkel, W./Hinding, B./Keiser, S./Klatt, R./Zühlke-Robinet, K. (Hrsg.): Wertschätzung, Stolz und Professionalisierung in der Dienstleistungsarbeit „Pflege", 1. Aufl., Marburg, S. 29-31.
[10] Ciesinger, K.-G./Fischbach, A./Klatt, R./Neuendorff, H. (Hrsg.) (2011): Berufe im Schatten: Wertschätzung von Dienstleistungsberufen. Entwicklung neuer Modelle und Konzepte einer praxisorientierten Unterstützung, 1. Aufl., Berlin.
[11] Dilts, R. (2003): Modeling mit NLP, 2. Aufl., Paderborn.
[12] Dunkel, W./Grabner, D. (2010): Interaktive Arbeit als Kern der Pflege, in: Fuchs-Frohnhofen, P./Blass, K./Dunkel, W./Hinding, B./Keiser, S./Klatt, R./Zühlke-Robinet, K.: Wertschätzung, Stolz und Professionalisierung in der Dienstleistungsarbeit „Pflege", 1. Aufl., Marburg, S. 22-25.
[13] Dunkel, W. (2011): Arbeit in sozialen Dienstleistungsorganisationen: Die Interaktion mit dem Klienten, in: Evers, A./Heinze, R. G./Olk, T. (Hrsg.): Handbuch Soziale Dienste, 1. Aufl., Wiesbaden, S. 187-205.
[14] Frei, F./Hugentobler, M./Alioth, A./Duell, W./Ruch, L. (1996): Die kompetente Organisation – die europäische Alternative, 2. Auflage mit einer Methodik zum Business Reengineering, Zürich.
[15] Frenz, M./Marfels, K. (2011): Professionalisierung der Dienstleistungen in der Energieberatung – Strategien auf individueller und organisatorischer Ebene, in: Gatermann, I./Fleck, M. (Hrsg.): Mit Dienstleistungen die Zukunft gestalten – Impulse aus Forschung und Praxis; 8. Dienstleistungstagung des BMBF, Frankfurt am Main, S. 131-139.
[16] Fröhlich, W. D. (1994): dtv-Wörterbuch zur Psychologie, 20. Aufl., München.
[17] Fuchs-Frohnhofen, P./Isfort, M./Wappenschmidt-Krommus, E./Duisberg, M./Neuhaus, A./Rottländer, R./Brauckmann, A. (2010): Wertschätzung und Stolz fördern Wertschöpfung, in: Fuchs-Frohnhofen, P. /Blass, K./Dunkel, W./Hinding, H./Keiser, S./Klatt, R./Zühlke-Robinet, K. (Hrsg.): Wertschätzung, Stolz und Professionalisierung in der Dienstleistungsarbeit „Pflege", 1. Aufl., Marburg, S. 14-21.
[18] Gabriel, H./Ganz, W./Gouthier, M. H. J./Zühlke-Robinet, K./Dunkel, W./Voswinkel, S./Rieder, K. (2005): Produzentenstolz als Innovationsressource im Dienstleistungsbereich –Anregungen an die Forschungsförderung des BMBF, Positionspapier, Berlin.
[19] Gouthier, M. H. J. (2006a): Effekte des Stolzes von Mitarbeitern im Kundenkontakt, in: Kleinaltenkamp, M. (Hrsg.): Innovatives Dienstleistungsmarketing in Theorie und Praxis, 1. Aufl., Wiesbaden, S. 57-77.

[20] Gouthier, M. H. J. (2006b): Produzentenstolz von Dienstleistern als positive Arbeitsemotion, in: Ringlstetter, M./Kaiser, S./Müller-Seitz, G. (Hrsg.): Positives Management. Zentrale Konzepte und Ideen des Positive Organizational Scholarship, 1. Aufl., Wiesbaden, S. 91-113.
[21] Inversini, S. (2008): Ein Kontingenzmodell des Change Management, in: Organisationsentwicklung, 1, S. 55-67.
[22] Keiser, S. (2004): Teilprojekt IMT Akademie für Technik und Wirtschaft Dresden. Kompetenzentwicklung in fremd- und selbst organisierten Lernarrangements, in: ABWF (Hrsg.): Kompetenzorientierte Lerngestaltung. Ein Konzept zur Personalentwicklung und Professionalisierung in Weiterbildungseinrichtungen, Handreichung für die Praxis, 1. Aufl., Berlin. S. 54-94.
[23] Keiser, S./Fischer, E./Duell, W. (2010): Pflege – das Dienstleistungsfeld der Zukunft?, in: Fuchs-Frohnhofen, P./Blass, K./Dunkel, W./Hinding, B./Keiser, S./Klatt, R.; Zühlke-Robinet, K. : Wertschätzung, Stolz und Professionalisierung in der Dienstleistungsarbeit „Pflege", 1. Aufl., Marburg, S. 40-45.
[24] Kocyba, H. (2009): Kommt gute Arbeit unter die Räder? Zum „Mehrwert der Wertedebatte", in: EXPRESS, Vol. 12, S. 1-3.
[25] Lewin, K./Graumann, C. F. (1981): Werkausgabe. Bd.3: Topologie und Vektorpsychologie, 1. Aufl., Bern, Stuttgart.
[26] Munz, C./Hartmann, E./Wagner, J. (2011): Dienstleistung – die Kunst Kunden zu verstehen, in: Præview, 1, S. 16-17.
[27] NIK e. V. (2005): Studienmaterial der Weiterbildung „Systemische Supervision und Organisationsberatung", Bremen.
[28] Oevermann, U. (1997): Theoretische Skizze einer revidierten Theorie professionellen Handelns, in: Combe, A./Helsper, A. (Hrsg.): Pädagogische Professionalität – Untersuchungen zum Typus pädagogischen Handelns, 2. Aufl., Frankfurt, S. 70-182.
[29] Paul, G. (2011): Personenzentrierte Arbeit als Emotionsarbeit – das Beispiel Wellness, in: Protokolle der Abschlusstagung Dienstleistungsqualität durch professionelle Arbeit, Leipzig.
[30] Reichwald, R./Möslein, K. M./Kölling, M. (Hrsg.) (2010): Professionalisierung im Dienstleistungsbereich, 1.Aufl., Leipzig.
[31] Schmidt-Tanger, M. (2005): Veränderungscoaching – Kompetent Verändern, 1. Aufl., Paderborn.
[32] Schumann, M./Einemann, E./Siebel-Rebell, C./Wittemann, K. P. (1982): Rationalisierung, Krise, Arbeiter. Eine empirische Untersuchung der Industrialisierung auf der Werft, 1. Aufl., Frankfurt am Main.
[33] Senge, P. (1996): Die fünfte Diszplin: Kunst und Praxis der lernenden Organisation, 2. Aufl., Stuttgart.
[34] Stauss, B. (1998): Beschwerdemanagement, in: Meyer, A. (Hrsg.): Handbuch Dienstleistungs-Marketing, Band 2, 2. Aufl., Stuttgart, S. 1255-1271.
[35] Tyler, T. (1999): Why people cooperate with organizations: An identity-based perspective, in: Research in Organizational Behavior, Vol. 21, S. 201-246.
[36] Verbeke, W./Belschak, F./Bagozzi, R. P. (2004): The Adaptive Consequences of Pride in Personal Selling, in: Journal of the Academy of Marketing Science, Vol. 32, 4, S. 386-402.
[37] Voswinkel, S./Korzekwa, A. (2005): Welche Kundenorientierung? Anerkennung in der Dienstleitungsarbeit, 1. Aufl., Berlin.
[38] Weber, S. M. (2009): Großgruppenverfahren als Methode transformativer Organisationsforschung, in: Kühl, S./Strodtholz, P./Taffertshofer, A. (Hrsg.): Handbuch Methoden der Organisationsforschung, 1. Aufl., Wiesbaden, S. 145-179.

4 Kompetenzentwicklung und Beruflichkeit – auf dem Weg zur Professionalisierung der Dienstleistungsarbeit

Martin Baethge

4.1	Heterogenität und Entwicklungstendenzen der Dienstleistungsbeschäftigung	83
4.2	Dienstleistungsarbeit als interaktive Arbeit: ihre Handlungsstruktur und -bedingungen	88
4.3	Kompetenzprofil und Qualifikationsstruktur	94
4.4	Professionalität und Professionalisierung	98
Literatur		100

Prof. Dr. Martin Baethge, Soziologisches Forschungsinstitut (SOFI) an der Georg-August-Universität Göttingen

Ein besonderer Reiz dieser Abschlusstagung des Projektverbundes „ServProf" über „Dienstleistungsqualität durch professionelle Arbeit" liegt vielleicht darin, dass in den Vorträgen wie in den Projektpräsentationen unterschiedliche wissenschaftliche Disziplinen mit ihren Sichtweisen auf den Gegenstandbereich zu Wort kommen und damit einen differenzierten Blick auf einen Teil von handlungsrelevanten Perspektiven ermöglichen, die den komplexen Wirkungszusammenhang der Hervorbringung von Dienstleistungsqualität ausmachen. Die Ausführungen des vorhergehenden Beitrags von Reichwald gingen, seiner betriebswirtschaftlichen Disziplin entsprechend, konsequent vom betrieblichen Wertschöpfungsprozess aus. Demgegenüber ist mein Beitrag auf den Arbeits-, den Dienstleistungserstellungsprozess fokussiert und fragt danach, welche Kompetenzen die konkrete Tätigkeit erfordert und wie diese im Arbeitsprozess dauerhaft so wirksam werden können, dass eine gute Qualität von Dienstleistung für die Adressaten dabei herauskommt.[9]

Zu einem Zeitpunkt, an dem zwischen drei Viertel und vier Fünftel der Erwerbstätigen mit Arbeiten befasst sind, die nach der Berufsklassifikation der Dienstleistungsbeschäftigung zuzurechnen sind, wäre es vermessen, in einem kurzem Beitrag über *die* Dienstleistungsarbeit handeln zu wollen. Deswegen steht am Anfang der Versuch einer Systematisierung der Heterogenität der Dienstleistungstätigkeiten, bevor der Frage nachgegangen wird, ob es in der Vielfalt der Dienstleistungsarbeiten jenseits der ökonomischen Wertschöpfungsfunktion etwas gibt, das man, wenn schon nicht als gemeinsames Merkmal aller Dienstleistungstätigkeiten, so doch als dominierendes Prinzip bezeichnen kann, das für eine von Dienstleistungstätigkeiten geprägten Arbeitswelt ein ähnliches Leitbild abgeben kann, wie es die stark technisch fundierte Produktionsfacharbeit für die industrielle Arbeitswelt war.

4.1 Heterogenität und Entwicklungstendenzen der Dienstleistungsbeschäftigung

Seit langem existiert Übereinstimmung in Sozialwissenschaften und Ökonomie über die Unmöglichkeit, eine funktional und institutionell ähnlich einheitliche Definition eines Arbeitsregimes für den Dienstleistungssektor zu formulieren, wie es ein Jahrhundert lang für die industrielle Produktionsarbeit mit ihrer klar definierbaren Produktivität, ihrem Technik- und Rationalisierungsbezug sowie ihrem Konzept von Facharbeit möglich war (vgl. Baethge/Wilkens 2001) [9]. Das Fehlen eines ähnlich kompakten Arbeits- und Beschäftigungsmodells im Dienstleistungssektor wurzelt in dessen funktionaler und institutioneller Heterogenität; auf sie ist auch zurückzuführen, dass das Industriearbeits-Paradigma bis heute die Vorstellungen von Erwerbsarbeit in Deutschland dominieren konnte.

Dass viele Merkmale des industrialistischen Arbeitsmodells für einen Großteil von Dienstleistungstätigkeiten nicht zutreffen und dementsprechend auch eine Übertragung der dem Modell inhärenten Vorstellungen von Berufsarbeit auf den Dienstleistungssektor problema-

---

[9] Der vorliegende Beitrag greift auf Daten und einzelne Argumente des Artikels Baethge 2011a, [7] zurück.

tisch ist, wird einsichtig, wenn man sich die große funktionale und institutionelle Heterogenität des Dienstleistungssektors vor Augen hält. Sie wird in der folgenden Typologie deutlich, die die Dienstleistungsberufe nach den ökonomischen Funktionen, die mit ihnen wahrgenommen werden, gliedert. Unterschieden werden fünf große Funktionscluster von Dienstleistungen[10]:

1. Personenbezogene/soziale Dienstleistungen beinhalten alle pflegerischen, erzieherischen und Gesundheitsdienstberufe sowie Hotel- und Gaststätten- und Reinigungsberufe (Berufskennziffern[11] 42, 45, 47-50, 52-54).

2. Unternehmens- bzw. produktionsbezogene Dienstleistungen sind solche, die als Leistungen zur Aufrechterhaltung von unmittelbaren Herstellungsprozessen in oder außerhalb eines Betriebes erbracht werden wie Forschung und Entwicklung, Datenverarbeitung und andere technische Dienste, Marketing (Berufskennziffern 19, 21, 22, 23, 26 31, 34, 35, 38, 41, 46).

3. Marktvermittelnde/distributive Dienstleistungen umfassen alle Tätigkeiten, die zur Aufrechterhaltung des Waren- und Geldaustauschs beitragen, wie kaufmännische Berufe im Handel, Kreditgewerbe sowie Verkehrs- und Kommunikationsdienste (Berufskennziffern 27, 28-30, 32, 33).

4. Verwaltungs- und Organisationsdienstleistungen umfassen – im Unterschied zum Typ III – die Berufstätigkeiten, die die internen Abläufe von Unternehmen und anderen Organisationen aufrechterhalten sollen (Berufskennziffern 24, 36, 37, 39, 40, 51).

5. Staatliche Ordnungs- und Sicherheitsdienstleistungen umfassen die Berufstätigkeiten, die die öffentliche Ordnung und Sicherheit nach innen und außen gewährleisten sollen (Berufskennziffern 25, 43, 44).

---

[10] Wie jeder typologischen Klassifizierung haftet auch dieser unvermeidlicher weise etwas Willkürliches bzw. Unvollkommenes an, wenn man den Anspruch erhebt, dass jede Berufstätigkeit zwingend nur einer einzigen Kategorie zugehören soll. Ein solcher Anspruch aber verkennt den Sinn von Klassifikationen als Ordnungsschemata, bei denen es darum geht, in der Vielfalt von Tätigkeiten strukturelle Gemeinsamkeiten zu erkennen, die der einzelnen Tätigkeit übergeordnet sind und – im besten Fall – etwas zu den Bedingungen der Ausübung und Entwicklung der Arbeit auszusagen gestatten. Das Problem ist am Beispiel der Reinigungsberufe schnell einsichtig zu machen. Sie lassen sich in der hier vorgeschlagenen Typologie entweder den personenbezogenen/sozialen Diensten oder den unternehmensbezogenen Dienstleistungen zuordnen. Hier sind sie wegen des Ausgangspunktes der Tätigkeiten in den privaten Haushalten den personenbezogenen Dienstleistungen (Typ 1) zugeordnet.

[11] Die Berufskennziffern beziehen sich auf die Klassifikation bei Tiemann et al. 2008, S. 23 f., [31].

Abbildung 4.1 Größenordnung der fünf Dienstleistungscluster und Zusammensetzung nach Berufen

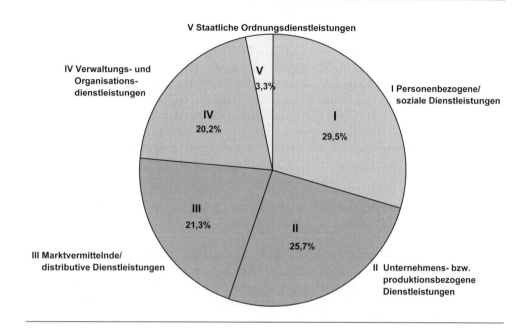

Quelle: in Anlehnung an Tiemann et al. 2008, S. 23 f. [31]

Die hier vorgeschlagene Typologie erfasst jene ca. 75% bis 80% von Erwerbstätigen, die heute in Diensleistungstätigkeiten arbeiten. Bezogen auf die Zahl der Erwerbstätigen sind die einzelnen Cluster-Typen unterschiedlich groß.[12]

Mit fast drei Zehnteln der Erwerbstätigen des Dienstleistungssektors sind die personenbezogenen/sozialen Dienstleistungen das größte Cluster (**Abbildung 4.1**). Ihnen folgen mit über einem Viertel der Beschäftigten die unternehmensbezogenen Dienste, während die distributiven und die Verwaltungs- und Organisationsdienstleistungen jeweils etwa ein Fünftel der Dienstleistungsbeschäftigen repräsentieren. Bei der vergleichsweise geringen Größe (3.3%) des fünften Clusters der staatlichen Ordnungs- und Sicherungsdienste ist im Auge zu behalten, dass es nur einen spezifischen Ausschnitt aus den Beschäftigen des öf-

---

[12] Die zugrunde liegenden Zahlen entstammen der repräsentativen Erwerbstätigenbefragung von BIBB/BAuA 2005/2006 und stellen die hochgerechneten Zahlen für die Berufe/Berufsfelder dar, allerdings nur bezogen auf „Kernerwerbstätige", die „regelmäßig mindestens zehn Stunden pro Woche gegen Bezahlung arbeiten" (Hall 2007, S. 156) [22]. Es fehlen damit die geringfügig Beschäftigten, die weniger als zehn Stunden pro Woche arbeiten und die im Dienstleistungssektor eine beträchtliche Zahl abgeben. Dieses könnte insbesondere für die Frage der Qualifikationsstruktur insofern relevant sein, als Zahl und Anteil der Geringqualifizierten zu gering berechnet sein kann.

fentlichen Dienstes umfasst, die große Mehrheit der öffentlich Bediensteten in den Clustern I und IV mit erfasst werden.

In einer Entwicklungsperspektive bis zum Jahr 2025 zeigt sich, dass der mit Abstand stärkste Zuwachs bei den personenbezogenen/sozialen Dienstleistungen prognostiziert wird (vgl. Autorengruppe Bildungsberichterstattung 2010, S. 163; Helmrich/Zika 2010) [2], [24], bei denen insbesondere die Gesundheits- und Sozialberufe ihren Anteil an der Gesamterwerbstätigkeit von 2005 11,2% auf 13,5% steigern werden; ebenfalls erhebliche Steigerungen erfahren die Berufe des Hotel- und Gaststättengewerbes und Reinigung (von 10,4% auf 12,6%). Dem gegenüber werden die distributiven Tätigkeiten leicht, die Berufe in Büro und Verwaltung stark (von 17,4% auf 15,8%) in ihrem Anteil an den Gesamtbeschäftigten zurückgehen; bei ihnen darf man größere technisch induzierte Rationalisierungsreserven als in den personenbezogenen Dienstleistungen, die technischer Rationalisierung weniger stark zugänglich sind, annehmen.

Man kann die Entwicklungsprojektion für die Dienstleistungstätigkeiten dahingehend resümieren, dass die Bereiche expandieren werden, in denen das Tätigkeitsprofil von der unmittelbaren Kommunikation mit Kunden, Klienten oder Patienten geprägt ist, freilich auf der Grundlage spezifischer fachlicher Kompetenzen. Nimmt man nur die drei Segmente, in denen die persönliche Kommunikation für den größten Teil der Beschäftigten konstitutiv ist (Gesundheits- und Sozialberufe, Körperpflege; Hotel- und Gaststättengewerbe; Lehrberufe – vgl. **Abbildung 4.2**), dann werden diese Berufsgruppen einen Anteil von 30% der Gesamterwerbstätigen ausmachen. Wenn man zusätzlich in Rechnung stellt, dass auch bei den marktvermittelnden (Cluster III) und den unternehmens- und produktionsbezogenen Dienstleistungen (Cluster II) sowie bei einem Großteil der künstlerischen Medien und geisteswissenschaftlichen Berufe der persönliche Kontakt ein integraler Bestandteil der Tätigkeit ist, dann gewinnt der Tätigkeitsinhalt Kommunikation eine herausragende Bedeutung für die Erwerbstätigkeit in einer – wie immer gearteten – nachindustriellen Gesellschaft. Für die weitere Argumentation ist das im Auge zu behalten.

Kompetenzentwicklung und Beruflichkeit

Abbildung 4.2 Erwerbstätige 2005 bis 2025 nach Berufshauptfeldern (in %, absolute Werte in Tsd. in Klammern)

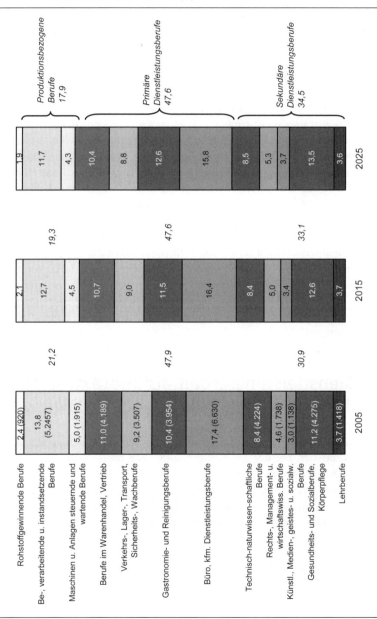

Quelle: Statistische Ämter des Bundes und der Länder, Mikrozensus 2005; Berechnungen: Helmrich/Zika 2010 [24]

Bis hier ist die inhaltlich-funktionale Heterogenität von Dienstleistungstätigkeiten skizziert worden.

Die Ausführung von Berufstätigkeiten aber ist nicht allein durch die Funktion bestimmt, die sie wahrnehmen soll. Sie wird ebenfalls durch den institutionellen Rahmen geprägt, in dem sie stattfindet. Der Dienstleistungssektor weist ein sehr viel breiteres Spektrum institutioneller settings auf als die industrielle Produktion, die überwiegend in privatwirtschaftlichen Unternehmen durchgeführt wird. Neben diese treten im Dienstleistungssektor staatliche und halbstaatliche Organisationen sowie freie Träger und non-profit-Einrichtungen, deren institutioneller Zweck nicht gewinnorientierte Wertschöpfung ist; auch der Anteil selbständiger Arbeit ist größer. Welchen Einfluss der institutionelle Rahmen von Dienstleistungstätigkeiten auf Arbeitsorganisation und Arbeitsbedingungen hat, ist bislang nicht hinreichend untersucht. Im Rahmen der Privatisierung bis dato öffentlicher Dienste im Gesundheitswesen, in Erziehung und Pflege bis hin zu Verwaltungs- und Hoheitsfunktionen (Sicherung) wird die Frage seit Jahrzehnten in der politischen Öffentlichkeit hoch kontrovers diskutiert. Am einen Pol dieser Diskussion stehen Befürchtungen, dass Privatisierung die Qualität und Arbeitsbedingungen in den bisher öffentlich erbrachten Dienstleistungen verschlechtern, am anderen Pol Hoffnungen oder Versprechungen auf Produktivitäts- und Qualitätssteigerungen durch leichter durchzusetzende Innovation und eine flexiblere Arbeitsgestaltung. Ohne valide wissenschaftliche Forschung dazu, wann und unter welchen Bedingungen welche institutionellen settings welche Effekte zeitigen, werden die beiden Fronten sich weiterhin gegenüberstehen. Auf jeden Fall aber darf man bei der Betrachtung von Arbeit im Dienstleistungssektor ihre institutionelle Einbindung nicht aus dem Auge verlieren.

4.2 Dienstleistungsarbeit als interaktive Arbeit: ihre Handlungsstruktur und -bedingungen

Es ist einigermaßen vermessen, bei dem Grad an funktionaler Heterogenität auch nur die Frage zu stellen, ob sich bei der Fülle und Vielfalt der Dienstleistungstätigkeiten etwas Gemeinsames finden lässt, das, wenn sich schon nicht für alle so doch für einen Großteil von Dienstleistungen, einen Tätigkeitskern abgibt, auf den bezogen sich eine Art Leitbild für Arbeit entwickelt, das überindividuelle Verbindlichkeit beanspruchen und Interessenauseinandersetzungen um Arbeitsbedingungen, die zugleich immer auch Bedingungen für die Qualität von Dienstleistungen sind, als Bezugspunkt dienen könnte. Man muss dabei nicht an ein ähnlich kompaktes Arbeits- und Sozialmodell denken, wie es der Produktionstyp Facharbeit für die Industriearbeit gewesen ist. Aber ohne jede Leitvorstellung(en) von Arbeit bestünde die Gefahr, dass die Heterogenität der Dienstleistungen in zahllose Einzelaktivitäten bei der Gestaltung von Arbeit und Arbeitsbedingungen zerfiele, deren Unkontrolliertheit und Unkoordinierbarkeit angesichts fortschreitender Interdependenz zwischen den gesellschaftlichen Teilbereichen zum Problem werden könnte.[13]

Die Beantwortung der Frage nach einem gemeinsamen Kern der Dienstleistungstätigkeiten lässt sich vorerst als Heuristik begreifen, die weiter auszuarbeiten ist. Sie geht von dem bereits angesprochenen quantitativ bedeutsamsten Merkmal aus, das jenseits aller fachinhaltlicher Differenzierungen für die Mehrheit von Dienstleistungstätigkeiten integrale Bedeutung hat: die unmittelbare persönliche Kommunikation. Mit Hilfe eines idealtypischen Zugriffs, der von allen branchen- und situationsspezifischen Besonderheiten absieht, soll an den personenbezogenen sozialen Dienstleistungen, in denen sich die Charakteristika direkter persönlicher Kommunikation am eindeutigsten herausarbeiten lassen, der berufübergreifende Kern von Dienstleistungsarbeit demonstriert werden.

Neuer Arbeitstypus: Dienstleistungstätigkeit als interaktive Arbeit

Wie man als das Gemeinsame von inhaltlich unterschiedlichen Industrietätigkeiten die technisierte Auseinandersetzung mit Gegenständen verstehen kann, so lässt sich *Interaktivität* als Gemeinsames von Dienstleistungstätigkeiten im Sinne eines neuen, in der Erwerbsstruktur dominanten Arbeitstypus begreifen, der eine ähnliche, einheitsstiftende Bedeutung für die Dienstleistungsökonomie gewinnen kann, wie es die technische Auseinandersetzung mit Gegenständen für die Industrieökonomie hatte und hat.[14]

Wo immer sie auch ausgeübt werden: Fast überall sind Dienstleistungstätigkeiten *interaktive Arbeit*. Das heißt eine Arbeit, die unmittelbar bedürfnisbezogen auf ein konkretes Gegenüber gerichtet ist, dessen Wille die Richtschnur für das Arbeitshandeln abgibt (bzw. abgeben sollte), selbst wenn der Wille oder das Bedürfnis nicht in präzisen Anweisungen artikuliert werden kann. Das Bedürfnis des Gegenüber – handele es sich um einen Kunden im Warenaustausch, um einen Klienten im Beratungs- oder Betreuungsgeschäft oder einen Patienten im Pflege- und Gesundheitswesen – zu präzisieren und gemeinsam Wege zu seiner Befriedigung zu erarbeiten, macht den Kern der Interaktivität von Dienstleistungsarbeit aus. Das Gegenüber ist nicht nur Adressat, sondern zugleich Mitproduzent der Tätigkeit (vgl. schon früh Badura/Gross 1976; Gross 1983) [4], [21]; hierin liegt ein fundamentaler Unterschied zur Industriearbeit, in der Interaktion bzw. Kommunikation Mittel zum Zweck war (und ist), während sie hier wesentlicher Inhalt ist. Man sollte beide Modi der Interaktion bei Arbeitsprozessen analytisch unterscheiden, auch wenn sie in der Realität oft – vor allem bei Dienstleistungsarbeit – in engem Bezug zueinander stehen: Interaktion

---

[13] Ein Beispiel für die Interdependenzen bieten jüngste Beispiele für partikularistische Interessenvertretung von Dienstleistungsberufsgruppen. Die Streiks für bessere Arbeitsbedingungen und Einkommen von Fluglotsen und einer Gruppe von Lokomotivführern- so berechtigt sie aus einer jeweiligen Interessenperspektive auch sein mögen – beeinträchtigt das Leben von Kunden wie auch die Arbeitsausführung von anderen Beschäftigtengruppen beträchtlich. Es lassen sich mühelos andere, vielleicht auch instruktivere Beispiele finden. Das Hauptproblem aber bleiben latente Interdependenzen.

[14] In einer säkularen Perspektive der Entwicklung von Arbeit entspricht dieser Typus am ehesten dem Tätigkeitstypus „Umgang mit Personen" bei Kohn (1977) [27].

als *Kooperation* mit Arbeitskollegen und Vorgesetzten zur Produktherstellung und Interaktion als *Kommunikation* mit Kunden oder Klienten als Form der unmittelbaren Bearbeitung von Bedürfnissen.

Man sollte sich davor hüten, die Kategorie der interaktiven Arbeit zu idealisieren und sie unter der Hand zum Realtypus einer Arbeit hochzustilisieren, der den Alltag von Dienstleistungstätigkeiten bestimmt. Die Gefahr der Idealisierung liegt überall dort nahe, wo nur die arbeitsprozessliche Seite von Interaktionsarbeit betrachtet und die Seite ihrer institutionellen Einbettung ausgeklammert wird (vgl. z. B. Dunkel/Weihrich 2010) [19]. Im vorliegenden Text dient die Kategorie nur der Bezeichnung des hervorstechenden und konstitutiven Merkmals für alle Dienstleistungstätigkeiten, die in unmittelbaren Kontakt mit Kunden/Klienten/Patienten durchgeführt werden. Als analytische Kategorie könnte sie ihre Fruchtbarkeit gerade dadurch gewinnen, dass in ihrer Konfrontation mit der Realität von Dienstleistungsarbeitsverhältnissen sichtbar wird, wieweit letztere aufgrund ihrer institutionellen Einbettung von einer symmetrischen Interaktivität zwischen Kunden und Dienstleister entfernt sind.

Der Typ interaktive Arbeit findet sich am stärksten ausgeprägt in allen personenbezogenen sozialen und Gesundheitsdienstleistungen, weiter in allen Beratungs- und Kommunikationsdienstleistungen von Banken und Versicherungen bis zur Arbeitsverwaltung und zu Call-Centern (vgl. Baethge 2011) [6]. Er betrifft damit die Arbeitssituation der Mehrheit der Beschäftigten in den drei ersten Dienstleistungstypen der Klassifikation (vgl. **Abbildung 4.1**) sowie Gruppen der staatlichen Ordnungs- und Sicherheitsdienste.

Die Handlungsstruktur interaktiver Arbeit lässt sich idealtypisch entlang der arbeitssoziologischen Kategorien *Zielperspektive, Arbeitsinhalt, Leistungstyp, individuelle Handlungsregulation im Arbeitsprozess, externe Steuerung der Handlungssituation* beschreiben:

- Die *Zielperspektive* individueller Bedürfnisbefriedigung von Kunden/Klienten/Patienten ist in der Regel in organisationell definierten Kontexten zu realisieren, muss gleichwohl oft unter der Bedingung von Unbestimmtheit in Bezug auf das konkrete Bedürfnis des Interaktionspartners erreicht werden.

- Den dominanten *Arbeitsinhalt* als thematisch zentrierte Kommunikation zu definieren, besagt, dass es nicht abstrakt um Kommunikation geht, sondern diese immer auf ein Thema bezogen ist und von Berufs-(Themen)feld zu Berufsfeld wechselt. Weil die Kommunikation immer auf Inhalte und Interessen von Kunden und Klienten bezogen ist, wurzeln die erforderlichen skills der Dienstleister auch in berufsfachlichen Kompetenzen, erschöpfen sich nicht in Kommunikationstechniken.

- *Leistungstyp bzw. Leistungsprofil* dieses Arbeitstypus besteht größten Teil aus situationenbezogenen Interpretations- und Entscheidungsleistungen, die gegebenenfalls mit praktischen, auch technischen Interventionen verknüpft sein können – z. B. in der Pflege, bei Gesundheitsdiensten, in der Erziehung. Interpretations- und Entscheidungshandeln zeigen unmittelbar in der Situation Wirkung, müssen dem Adressaten/Koproduzenten der Dienstleistung vermittelt, unter Umständen revidiert werden.

Die Rekursivität des Arbeitshandelns setzt hohe Anforderungen an Antizipationsfähigkeit und kommunikative Sensibilität voraus.

- In Bezug auf die *individuelle Handlungsregulation* verlangt ein solches Leistungsprofil dem Dienstleister ein hohes Maß an Selbstorganisation, Selbstreflexion und Selbstkontrolle im konkreten Arbeitsprozess ab. Zu Selbstkontrolle und Selbstreflexion gehört nicht zuletzt die Kontrolle der eigenen Gefühle und Stimmungen (vgl. Böhle/Glaser 2006) [11].[15] Diese Art der Selbstregulation ist nicht allein als individuelles Postulat zu begreifen. Ohne institutionelle Hilfestellungen stehen die Dienstleister in der Gefahr permanenter Selbstüberforderung und Verunsicherung, die sich beide fast unausweichlich negativ auf die Dienstleistungsqualität auswirken – sei es in Form von Überinvolvement oder Ungeduld und Bevormundung des Gegenüber, sei es in Form von Resignation.

- Bezogen auf die *Steuerung der Arbeitssituation* bei interaktiver Arbeit durch das betriebliche Management ist immer wieder betont worden, dass ihrer Standardisierbarkeit bei den Angeboten und der Rationalisierbarkeit der Arbeitsabläufe Grenzen gesetzt seien (vgl. Böhle/Glaser 2006; Oberbeck 2001) [11], [29]. Dies heißt weder Verzicht auf Standards noch auf Technisierung. Nur stehen beide unter anderen Bedingungen als in der industriellen Produktion und sind vorsichtig von den Zielen her zu handhaben. Auf die mit Missachtung von Standardisierungsgrenzen möglicherweise einhergehende ökonomische Dysfunktionalität hat Oberbeck mit dem Beispiel hoher Stornoraten bei Versicherungsverträgen im Kreditgewerbe hingewiesen (vgl. Oberbeck 2001) [29].

Mit dem Hinweis auf betriebliche Steuerungsformen interaktiver Dienstleistungsarbeit ist die bisher in der arbeitsprozesslichen Argumentation noch ausgesparte Seite, die systemische Einbindung der Arbeit, angesprochen. Wie alle Erwerbsarbeit aber ist auch der Typus interaktive Arbeit in die institutionellen Ordnungen eingebunden, in denen sich die Wirtschaft einer Gesellschaft bewegt, ob sie beispielsweise mehr privat organisiert ist und auf Wettbewerbsmärkten operiert oder sich mehr in politisch definierten, idealiter am Gemeinwohl orientierten Institutionen oder irgendwo dazwischen bewegt (vgl. Abschnitt 4.1). Auch wenn es richtig ist, dass interaktive Arbeit „durch die betriebliche Herrschaft nur begrenzt organisierbar ist" (Dunkel/Weihrich 2010, S. 177) [19], heißt das nicht, dass die institutionellen Steuerungsparameter und -formen die Gestaltung der Arbeit nicht beeinflussen. Ob man an fiskalische Zwänge bei der Bestimmung von Gruppengrößen in Kindertagesstätten, Betreuungsrelationen in der Pflege oder an einzelbetriebliche Kostenkalküle bei technischer Rationalisierung oder Pensumsvorgaben von Dienstleistungsprozessen denkt: Die Qualität der Arbeit und mit ihr die der Dienstleistung ist tangiert, ohne dass man vorab immer genau sagen könnte, in welcher Richtung.

Die Doppelperspektive von Arbeitsprozess (Interaktivität) und systemischer Einbindung generiert ein permanentes Spannungsverhältnis, das auf die alltägliche Arbeitsgestaltung

---

[15] Mangelnde Selbstkontrolle kann zu beträchtlichen Störungen und Abbrüchen der Kommunikation führen: Ein falsches Wort im Kindergarten, eine Unaufmerksamkeit in der Pflege, eine unangemessene Belehrungsattitude im Kundengespräch – die Folgen kann sich jeder schnell ausmalen.

einwirkt. Dass Interaktivität nur begrenzt technisierbar, rationalisierbar und standardisierbar ist und deswegen für die economies of scale Barrieren in der Marktverfassung eines nicht anonymen Marktes liegen, hindert nicht, dass von den Dienstleistungsunternehmen – übrigens privaten wie öffentlichen – Anstrengungen unternommen werden, die arbeitsprozesslich gesetzten Begrenzungen in allen Dimensionen (Technisierung, Standardisierung, Rationalisierung) zu durchbrechen. Hieraus resultieren nicht allein Arbeitskonflikte, sondern auch Auseinandersetzungen über die Qualität von Dienstleistungen, in denen oft institutionelle Interessen mit professionellen Verhaltensstandards kollidieren (siehe Abschnitt 4.4).

Um einem Missverständnis vorzubeugen: Grenzen von Technisierbarkeit und Standardisierung heißt nicht, dass Technik und Standardisierung in einem konstitutiven Gegensatz zum Ziel von Dienstleistungen stünden. Es gibt in der jüngeren Dienstleistungsgeschichte eine Fülle von Beispielen, wo beide Strategien (Technisierung und Standardisierung) ineinandergreifen und hoch positive und produktive Effekte auf Dienstleistungsqualität und -versorgung hervorgebracht haben: von der Einführung des bargeldlosen Zahlungsverkehrs über elektronische Informationsverarbeitung und -vermittlung bis hin zu Hochtechnologie in der medizinischen Diagnose und Therapie. Allerdings gibt es für die gleichen Tätigkeitsbereiche auch genügend Beispiele für Ambivalenzen der Technisierung und Standardisierung, die zeigen, dass Technikeinsatz in Dienstleistungsfeldern, vor allem bei personenbezogenen Dienstleistungen, komplizierter als in der industriellen Produktion ist. Ist für letztere Technik oft das Ziel im Sinne der Herstellung neuer technischer Produkte, so bleibt sie für Dienstleistungen Mittel der individuellen Bedürfnisbefriedigung. Je weiter entfernt von der unmittelbaren Bedürfnisbefriedigung Technik angesiedelt ist, desto weniger kompliziert ihre Anwendung. Umgekehrt gilt auch: Je unmittelbarer Technik den Dienstleistungsprozess beeinflusst, umso intensiver ist ihre Wirkung auf den Interaktionsprozess, der zur Bedürfnisbefriedigung führt, in ihren Anwendungsvoraussetzungen und -folgen zu reflektieren und in Gestaltungskonzepten von Dienstleistungsarbeit zu berücksichtigen. Blinde High-Tech-Euphorie kann schnell zu problematischen Effekten für Dienstleistungsqualität und Unternehmenserfolg führen (vgl. Oberbeck 2001; Horstmann 2001) [29], [25].

Die Auseinandersetzung um Rationalisierung, Technisierung und Standardisierung ist kein akademischer Schulen-Streit, sie hat einen harten praktischen Kern. Er bezieht sich auf Formen der Arbeitsteilung, auf Leistungs- und Pensumsdefinitionen für Dienstleistungsarbeit, auf Normierung der Arbeit, auf Leitbilder für Dienstleistungsqualität, auf Handlungsspielräume in der Arbeit und mögliche Konflikte zwischen Dienstleistungstätigen und Unternehmensmanagement. All diese Aspekte betreffen nicht allein die Arbeitssituation und die Qualität der Arbeit für die Beschäftigten, sie prägen immer zugleich auch die Qualität der Dienstleistung für Kunden und Klienten. Darin unterscheidet sich Dienstleistungsarbeit grundlegend von industrieller Herstellungsarbeit, in der ein solch enger Zusammenhang von Qualität der Arbeit und Qualität des Produkts nicht existiert.

Für das Spannungsverhältnis zwischen arbeitsprozesslichen Anforderungen und institutionellen Systemvorgaben und seinen problematischen Wirkungen bei interaktiver Arbeit existieren genügend empirische Evidenzen, die auch die Problemaspekte des institutionellen settings sichtbar machen. Neben den bereits erwähnten Spannungszonen beim Technikeinsatz und bei Personalbemessungsvorgaben gibt es andere, unter denen die vielleicht gewichtigsten die Spannungszonen sind, die sich aus stark bürokratisch-hierarchisierten Organisationsformen und aus rigiden Leistungssteuerungs- und -kontrollformen ergeben.

Für den ersten Fall, bürokratisch-hierarchisierte Organisation, steht das Klinikwesen mit seiner Zentrierung auf das Chefarzt-Prinzip und engen Kompetenzdefinitionen für jede Status- und Beschäftigtengruppe als instruktives Beispiel. So sehr klare Kompetenzabgrenzungen unter dem Gesichtspunkt eindeutig zuschreibbarer Verantwortlichkeiten ihren Sinn haben mögen, in der Prozessdurchführung sind sie vielfach mit Ambivalenz und Dysfunktionalität verbunden: Ob man an Einschüchterung und Demotivation beim untergeordneten medizinischen Personal oder die mangelnde Nutzung des Wissens der Pflegekräfte über das Befinden der Patienten denkt – es sind Einschränkungen der medizinischen Versorgungsqualität, die jeder erfahren hat, der einmal längere Klinikaufenthalte wahrnehmen musste.

Für den zweiten Fall, rigide Leistungssteuerungs- und -kontrollformen, haben Breisig et al. (2010) [14] mit ihrer Studie über die Vertriebssteuerung in Banken ein instruktives Beispiel geliefert. Sie zeigen, wie die Beziehungsgestaltung mit dem Kunden durch intensive, bis ins Detail gehende Steuerung mittels Zielvorgaben und exzessivem Controlling, hoher Produkt- und Prozessstandardisierung, klare Tendenz zur Zentralisierung von Entscheidungen, Vorgaben und Kontrollen bestimmt ist und zur Spezialisierung von Aufgabenzuschnitten und der Verengung der Mitarbeiterqualifikation führen (S. 294) [14]. Die Schlussforderung der Autoren, dass das Humankapital der Banken durch diese Formen der Vertriebssteuerung „mutwillig auf Spiel gesetzt (werde)" (Breisig et al. 2010, S. 307) [14], beleuchtet die eine Seite, die der Motivation und Qualifikation der Angestellten (Dienstleister). Die andere, die Kundenseite, lässt sich mit der Frage beleuchten, was aus den individuellen Bedürfnissen der Kunden bei derartigen Steuerungsformen wird.[16]

Die Beispiele für konstitutive Spannungen bzw. Widersprüche ließen sich beliebig fortsetzen. Hier soll nur noch auf ein zunehmend wichtiger werdendes Problem hingewiesen werden: Da die überwiegende Mehrheit der Beschäftigungsverhältnisse bei den personenbezogenen Dienstleistungen von Frauen wahrgenommen wird, entsteht vor dem Hintergrund der familialen Arbeitsteilungsstereotype oft ein Konflikt zwischen den Arbeitszeitanforderungen der Dienstleistungsorganisationen und privaten Zeiterfordernissen. Die für viele personenbezogene Dienstleistungen konstitutive Entgrenzung von Arbeitszeit in Form von Schicht- und Nachtarbeit wie auch von unvorhersehbarer Verfügbarkeit über vertraglich vereinbarte Zeit hinaus kollidiert leicht mit familialen Verpflichtungen.

---

[16] Darüber hinausgehend drängt sich die Frage auf, ob nicht ein Teil der weltweiten Bankenkrise auch auf die Radikalisierung des „Verkauf um jeden Preis-"Konzepts in der Vertriebssteuerung zurückzuführen ist. In den letzten Jahren hat die Politik auf die Situation im Finanzdienstleistungssektor reagiert und erste Kundenschutzrechte in Gestalt von obligatorischen und berufungspflichtigen Beratungsprotokollen gesetzlich fixiert.

4.3 Kompetenzprofil und Qualifikationsstruktur

Man kann das Kompetenzprofil interaktiver Arbeit als Idealtypus am klarsten an dem Tätigkeitsbereich der personenbezogenen Dienste im Gesundheits- und Pflegebereich, der die Merkmale interaktiver Arbeit am umfassendsten umgreift, erörtern. Für sie liegt eine international vergleichende Studie aus acht europäischen Ländern vor, in der mit Hilfe einer vierstufigen Skala anhand von 17 authentischen Prüfungsaufgaben aus der praktischen Alltagsarbeit als Kompetenzprofil der Fachkräfte auf der mittleren Ebene (d. h. unterhalb des Hochschulniveaus) in „Social and Health Care" ermittelt wurde.

Die Studie basiert auf einem Expertenrating (85 Experten) für die wichtigsten Kompetenzanforderungen nach Wichtigkeit und Komplexität (Baethge/Arends 2009, S. 85ff.) [8]. Die Befunde der vierstufigen Skala mit 17 Kompetenz-Items sind in **Abbildung 4.3** zu fünf Kernkompetenzen[17] zusammengefasst, für die die aggregierten Ländermittelwerte ausgewiesen werden.

Abbildung 4.3 Kompetenzprofil bei Social and Health Care Berufen (internationale Untersuchung)*

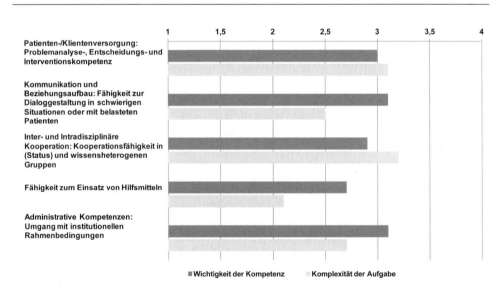

* Mittelwerte Länder

Quelle: in Anlehnung an Baethge/Arends 2009, S. 85ff. [8]

---

[17] Die Kernkompetenzen sind als Kompositindex aus mehreren Einzelitems, die jeweils konkrete authentische Arbeitsaufgaben abbilden, konstruiert.

Das Kompetenzprofil bei den Social and Health Care Berufen[18] veranschaulicht in seinen Beschreibungskategorien eindrucksvoll den engen Zusammenhang zwischen Wissens- und Kommunikationskompetenzen, der bei den Beschäftigten der entsprechenden Berufsbereiche zur Erfüllung ihrer Aufgaben gegeben sein muss: Im Zentrum der Kompetenzen stehen zum einen – auf der Wissensebene – Problemanalyse- und Entscheidungsfindungsfähigkeit sowie hohes fachliches Wissen (für inter- und intradisziplinäre Kooperation) und institutionelles Regelwissen. Bei den komplexen und mehrdimensionalen Wissenskompetenzen ist entscheidend, dass die Fachkräfte situationsspezifisch mit ihnen umgehen können und wissen, wie sie in Zweifelsfällen ihr eigenes Wissen ergänzen können. Die Wissenskompetenzen mischen sich – zum anderen – auf der Kommunikationsebene mit einer hohen kommunikativen Sensibilität und Reflexivität für wechselnde schwierige Situationen, die in wenigstens drei Kommunikationsarenen zur Anwendung kommen; in der Kommunikation mit Patienten, mit Kollegen und mit Vorgesetzten und Ämtern bzw. anderen Dienstleistern.[19] Aufschlussreich erscheint nicht zuletzt, dass technischen Kompetenzen („Fähigkeit zum Einsatz von Hilfsmitteln") von den internationalen Experten die relativ geringste Wichtigkeit und eine sogar unterdurchschnittliche Komplexität zugewiesen wird (vgl. **Abbildung 4.3**).

Die im Durchschnitt der ratings bei den Kompetenzdimensionen weit überdurchschnittlichen Werte zeigen an, dass es sich mehrheitlich um länderübergreifende Kompetenzentwicklungen handelt, die mehr mit den Tätigkeitsbereichen als mit ländertypischen Regulationen der Tätigkeiten zu tun haben (vgl. Baethge/Arends 2009) [8].

Weitet man den Betrachtungshorizont auf weitere Dienstleistungsfelder aus, werden die Ergebnisse für die Gesundheits- und Pflegeberufe in der Tendenz, das heißt in den zentralen Kompetenzdimensionen des analytischen Wissens und der Kommunikationskompetenz, bestätigt. Für Deutschland zeigt die Studie von Hall (2007) [22] die Bedeutung beider Wissensfelder sowohl für die primären als auch – und noch entschieden stärker – für die sekundären Dienstleistungen.[20]

Analytisches Wissen wird hier in seiner Komplexität in dem Nebeneinander von Aufgabenvielfalt, der Lösung unvorhergesehener Probleme und schwierigen Entscheidungssitua-

---

[18] Die Berufsfeldbezeichnung ist nicht einfach ins Deutsche zu übersetzen, reflektiert eine neue Berufsausbildungssystematik in den skandinavischen Ländern (vor allem in Dänemark), die für Gesundheitsdienst-, Pflege- und weitere Sozialberufe eine einheitliche Grundbildung vorsieht, in Deutschland die Ausbildungsbereiche der Kranken- und Altenpflege sowie stationäre Pflege im Kinder- und Jugendbereich umfassen würde.
[19] Zu diesen Kompetenzen kann man auch die Ressourcen zählen, die in neuen organisationspsychologischen Ansätzen mit „psychological capital" bezeichnet werden und zu denen Selbstwirksamkeitsüberzeugungen, Optimismus, Zähigkeit bei Verfolgung von Zielen und Hoffnung gezählt werden (vgl. Avey et al. 2010) [3].
[20] Im hier angesprochenen Zusammenhang muss die begriffliche Problematik des Unterschieds von primären und sekundären Dienstleistungen nicht aufgegriffen werden (vgl. Abschnitt 4.1 dieses Artikels). Es genügt hier der Hinweis, dass in den sekundären Dienstleistungen der Großteil der hochqualifizierten Beschäftigten, in den primären Dienstleistungen vor allem Beschäftigte auf mittlerem Fachkräfteniveau tätig sind.

tionen sowie in der Vermittlung schwieriger Sachverhalte an Dritte und der Reflexion auf eigene Wissenslücken und deren Schließung gesehen. Damit sind Qualifikationsanforderungsinhalte genannt, die bei einem sehr breiten Spektrum von Dienstleistungstätigkeiten das Alltagshandeln prägen, wobei Unterschiede in ihrer Gewichtung nach dem Niveau, auf dem die Tätigkeiten angesiedelt sind, durchaus signifikant sind (vgl. Hall 2007, S. 180) [22].

Abbildung 4.4 Anforderungen an Methodenkompetenzen

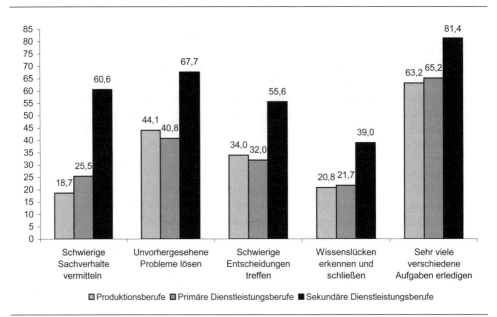

Quelle: in Anlehnung an Hall 2007, S. 180 [22]

Kommunikation stellt – wie gezeigt – in vielen Dienstleistungsberufen den funktionalen Kern der Arbeit dar. Dementsprechend wird die Fähigkeit zur sozialen Kommunikation gleichsam zur fächerübergreifenden Basiskompetenz. Fächerübergreifend heißt allerdings nicht, dass sich die Kommunikation mit Kunden und Klienten nicht auf je spezifische Inhalte richtete und fachliche Kompetenzen für die Bewältigung von Interaktionssituationen keine Rolle spielten. Dies hat man in Auge zu behalten, wenn man die sehr hohen Bewertungen (in der Regel zwischen 50% und 70% der Nennungen) betrachtet, die Anforderungen „Kontakt zu Kunden, Klienten oder Patienten", „Andere überzeugen und Kompromisse aushandeln" oder „Besondere Verantwortung für andere Menschen" bei den Beschäftigten in den primären und sekundären Dienstleistungsberufen erhalten (vgl. Hall 2007, S. 180) [22].[21]

---

[21] Lediglich das Item „Besondere Verantwortung für andere Menschen" wird von Beschäftigten der primären Dienstleistungsfelder nur mit 33% genannt.

Kompetenzentwicklung und Beruflichkeit

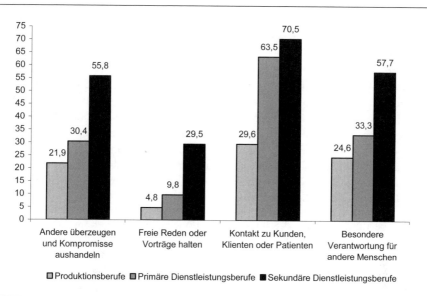

Abbildung 4.5 Anforderungen an Sozialkompetenzen nach Berufssektoren

Quelle: in Anlehnung an BIBB/BAuA Erwerbstätigenbefragung 2006; Hall 2007, S. 180 [22]

Abbildung 4.4 und **Abbildung 4.5** zeigen auch die Differenzen sowohl zwischen den im Durchschnitt auf unterschiedlichem Qualifikationsniveau liegenden primären und sekundären Dienstleistungen als auch zwischen Produktions- und Dienstleistungsberufen. Durchgängig sind die höchsten Ausprägungen bei beiden Kompetenzclustern – analytische Methoden und kommunikative Kompetenz – bei den sekundären Dienstleistungsberufen zu finden. Die primären Dienstleistungsberufe liegen bei den Methodenkompetenzen eher nahe an den Produktionsberufen, bei den Anforderungen an kommunikative Kompetenzen aber deutlich über ihnen, am stärksten bei den Anforderungen an Kundenkontakten.

Die referierten empirischen Befunde könnten den Eindruck erwecken, dass die personenbezogenen sozialen Dienstleistungen nur aus qualifizierten und hochqualifizierten Tätigkeiten bestünden. Dieser Eindruck würde die Realität verkennen. Die Einbindung in arbeitsteilige Organisationen führt dazu, dass auch bei diesem Dienstleistungstyp ein unübersehbarer Anteil von gering qualifizierten Beschäftigten (16%) zu verzeichnen ist (vgl. Baethge 2011a, S. 37) [7]. Besonders häufig anzutreffen sind Geringqualifizierte in Hotel- und Gaststättenberufen, aber auch in Pflegediensten; in diesen Bereichen arbeiten sie auch oft in Niedriglohn-Positionen (vgl. Bosch/Weinkopf 2011, S. 441) [13].

4.4 Professionalität und Professionalisierung

Die Betrachtung des Typus *interaktive Arbeit* und die mit ihm verbundenen Qualifikationsanforderungen und Kompetenzen lassen sich – wiederum idealtypisch – zu einen professionellen/beruflichen Profil verdichten: Auf der Ebene des Arbeitsprozesses ist dieses vor allem durch eigenständiges Interpretations- und Problemlösungsverhalten, durch Selbstverantwortlichkeit für situative Entscheidungen und Selbstreflexion auf die Konsequenzen des eigenen Tuns für Kunden/Klienten charakterisiert (vgl. dazu auch Dewe/Otto 2011a, S. 1150) [18]. Auf der Ebene der Kompetenzen und Verhaltensdispositionen, die für solches Tun erforderlich sind, stehen hohe bis mittlere Fachkompetenzen, Bereitschaft und Fähigkeit zu Verantwortungsübernahme und Selbstkontrolle, kommunikative Sensibilität und Orientierung an allgemeinen, organisationsübergreifenden Werten beruflichen Handels (Berufsethos), die gegebenenfalls auch die Bereitschaft zu Widerstand gegenüber organisationellen Parametern und Zielvorgaben einschließt.

Ein solches berufliches Profil, dessen Kern eine hohe Selbständigkeit im Arbeitshandeln ist, lässt sich ohne eine berufliche Identität der Dienstleister kaum vorstellen. Berufliche Identität meint dabei eine relativ dauerhafte, situationsübergreifende Motivation zur und innere Verbundenheit mit der spezifischen Tätigkeit und Arbeitsrolle, die aufgrund von Außenwahrnehmung und -anerkennung auch Teil sozialer Identität ist. Aus der beruflichen Sozialisationsforschung ist bekannt, dass ein solches Berufs- oder Professionsverständnis nicht vom Katheder in Ausbildung oder Studiums nachhaltig vermittelt werden kann, sondern in der Praxis selbst im Sinne einer „Sozialisation durch den Beruf" angeeignet wird (Heinz 1985, S. 42) [23].

Damit kommt der Praxis in den Arbeitsorganisationen selbst entscheidende Bedeutung für Herausbildung und Aufrechterhaltung von Beruflichkeit und beruflicher Identität zu. Wenn dem beruflichen Handeln der Dienstleister in den Arbeitskontexten nicht die soziale Anerkennung zuteil wird, die für die Ausfüllung ihrer Arbeitsrolle notwendig ist, entstehen leicht Risiken beruflichen Fehlverhaltens und von Einbußen an Dienstleistungsqualität. Soziale Anerkennung in Arbeitsorganisationen bezieht sich nicht nur und vorrangig auf das materielle Entgelt, sie muss sich manifestieren in der alltäglichen organisationellen Wertschätzung der Kompetenz der Mitarbeiter in Form von klaren Verantwortungszuweisungen, die Dienstleistungstätigen Handlungs- und Entscheidungsspielräume eröffnen, von Selbstorganisation in Gruppen und einer eigenen Position gegenüber Vorgesetzten, von Weiterbildungs- und beruflichen Entfaltungsmöglichkeiten.

Zur Beantwortung der Frage, wie Beruflichkeit in ihrer doppelten Perspektive als individuelle Verhaltens- und soziale Anerkennungsform sichergestellt werden kann, lassen sich aus der Berufssoziologie vor allem zwei Konzepte anführen, die im letzten Jahrhundert als Professionalisierungspfade weitreichende praktische Wirkungen gezeigt haben: das im deutschsprachigen Raum bevorzugte *Berufskonzept*, das für die mittlere Fachkräfteebene am *Berufs- und Sozialtyp des Facharbeiters* modelliert worden ist (vgl. Kurtz 2001) [28] und das im angloamerikanischen Raum entwickelte *Professionskonzept*, das schwerpunktmäßig an Hochqualifizierten- und Akademikertätigkeiten orientiert ist (vgl. Kurtz 2001, S. 12f.) [28].

Der Verberuflichungspfad „Facharbeiter", der unter der Hand in Deutschland zum normativen Modell für Berufsarbeit auf der mittleren Ebene überhaupt geworden ist (vgl. Baethge 2001, S. 23f.) [5], zeichnet sich aus durch eine stark arbeitsintegrierte duale Berufsausbildung, klare Funktionszuweisungen und Statusattribute in der betrieblichen Arbeit, Produzentenstolz als Kern beruflicher Identität, relativ hohe soziale Wertschätzung und eigene gewerkschaftliche Interessenvertretung, die bis heute integraler Bestandteil des korporatistischen deutschen Politikmodells ist (vgl. Baethge 2001, S. 31f.) [5].

In der neueren Dienstleistungsdebatte ist mehrfach gefordert worden, sich an dem Modell Facharbeiter für eine verbesserte Professionalisierung von Dienstleistungstätigkeiten zu orientieren und insbesondere den „Produzentenstolz" als Kern beruflicher Identität in den Dienstleistungssektor zu transferieren.

Eine solche Forderung könnte mehr Probleme schaffen als lösen, weil sie die spezifischen Konstitutionsbedingungen für die berufliche Identität des Typus Facharbeiter in kollektiven Herstellungsprozessen und allgemeiner Wahrnehmbarkeit der Produkte ausblendet. Nicht dass Berufsstolz nicht auch für Dienstleistungsarbeit ein zentrales Moment der individuellen und sozialen Identität und wichtige Grundlage für die Qualität der Arbeit bildete, aber Berufsstolz muss in interaktiver Dienstleistungsarbeit anders in einer Weise definiert werden, die dem individualisierten Charakter der Tätigkeit und ihrer nach außen oft nicht breit wahrnehmbaren Ergebnisse Rechnung trägt. Berufliche Identität bei Dienstleistungstätigkeiten wurzelt mehr in den individuellen Kompetenzen und inneren Verhaltensdispositionen als in außen sichtbaren Effekten und Attributen. Die Schwierigkeiten der Sichtbarmachung von Arbeit und Arbeitsresultaten kann leicht zu verzerrter oder gar ausbleibender öffentlicher Wertschätzung und Anerkennung führen (vgl. Fischer 2012, S. 242ff.) [20], die sich in Restriktionen für berufliche Perspektiven niederschlagen können.

Das Verberuflichungs- bzw. Professionalisierungsmodell des industriellen Facharbeiters scheint von seinen Konstitutionsbedingungen her für eine Übertragung auf den Typus *interaktive Dienstleistungsarbeit* wenig geeignet. Sowohl die arbeitsprozesslichen Anforderungen – hohe Selbständigkeit bei Wahrnehmung von Interaktionssituationen und Entscheidungsfindung sowie Selbstkontrolle und Orientierung des Arbeitshandelns an organisationsübergreifenden Werten von Dienstleistungsqualität – als auch ihr Kompetenzprofil – hohe Wissens-, Kommunikations- und Arbeitsgestaltungskompetenz – verleiht interaktiver Dienstleistungsarbeit eher Affinität zum klassischen Professionskonzept.

In Anlehnung an Parsons (1939) [30] basiert das klassische strukturell-funktionalistische Professionskonzept auf hohem, exklusivem Fachwissen, Selbständigentätigkeit in der Arbeitsdurchführung, Orientierung des beruflichen Handelns an einem verbindlichen, dem Gemeinwohl verpflichteten Berufsethos, Selbstkontrolle der Berufsausübung durch Gruppenorganisation (Kammern). Modell für dieses Konzept standen die freien akademischen Professionen der Ärzte, Rechtsanwälte u. a. So sehr die zentralen Merkmale dieses Professionskonzepts eine Nähe zu dem Typus interaktive Arbeit signalisieren, so wenig scheint es geeignet, die „Professionalisierungsbedürftigkeit" (Dewe/Otto 2011, S. 1135) [17] interaktiver Dienstleistungsarbeit lösen zu können.

Ein Teil der Gründe dafür ist in der wissenschaftlichen Debatte über das Konzept formuliert worden: Gegen die Intention Parsons, der – wie Knöbl (2001, S. 121) [26] ausführt – in den modernen Professionen durchaus einen in Kompetenz und Orientierung an universalistischen Werten begründeten Gegenpol zum kapitalistischen Profitdenken sah, verengten sich die Professionen zu Standesmonopolen für Selbständige, zeitigten Erstarrungs-, Beherrschungs- und Abschottungstendenzen gegenüber neuen Berufsgruppen (z. B. im Fall der Ärzte gegenüber den paramedizinischen Berufen); das Prinzip Selbstkontrolle ist immer weniger tragfähig und beruflich exklusive Organisationen sind immer weniger demokratie- und markttheoretisch zu legitimieren (vgl. auch Dewe/Otto 2011, S. 1138f.) [17].

Selbst wenn sich die aufgeführten Kritikpunkte durch neue Regulationsformen entkräften ließen, bliebe das Argument stichhaltig, dass wir es bei den klassischen Professionen mit einer Organisationsform für Selbständige zu tun haben, während die überwiegende Mehrheit der Dienstleistungsbeschäftigten in abhängiger, organisationsgebundener Arbeit tätig ist. Als abhängig Beschäftigte brauchen sie unabdingbar berufliche Organisationsformen, die professionelle Standards in Betrieben über Instrumente von Tarif- und Rahmentarifverträgen durchsetzen und ihre Einhaltung verbindlich kontrollieren können. Berufsverbände können das nicht leisten. Es bleiben in der deutschen Situation also vor allem die Dienstleistungsgewerkschaften. Aber auch sie können die Entwicklung und Sicherung professioneller Standards in der Arbeit nur leisten, wenn sie ihre Politik nicht allein in der Arbeitskraftperspektive, die alle abhängig Beschäftigten verbindet, auf Arbeitsbedingungen richten, sondern die spezifischen Bedürfnisse der unterschiedlichen Berufsgruppen ernst nehmen und einem umfassenden Professionalisierungskonzept, das auch die Verbindung von professionellem Zuschnitt der Dienstleistungsarbeit und Dienstleistungsqualität für Kunden/Klienten vor der Öffentlichkeit sichtbar machen kann, folgen.

Literatur

[1] Autorengruppe Bildungsberichterstattung (2008): Bildung in Deutschland 2008, Bielefeld.
[2] Autorengruppe Bildungsberichterstattung (2010): Bildung in Deutschland 2008, Bielefeld.
[3] Avey, J. B./Luthans, F./Smith, R. M./Palmer, N. F. (2010): Impact of Positive Psychological Capital on Employee Well-Being Over Time, in: Journal of Occupational Health Psychology 2010, Vol. 15, 1, S. 17-28.
[4] Badura, B./Gross, P. (1976): Sozialpolitische Perspektiven, 1. Aufl., München.
[5] Baethge, M. (2001): Abschied vom Industrialismus, in: Baethge, M./Wilkens, I. (Hrsg.): Die große Hoffnung für das 21. Jahrhundert?, 1. Aufl., Opladen, S. 23-44.
[6] Baethge, M. (2011): Beschäftigung und Arbeit in der nachindustriellen Gesellschaft., in: Otto, H-U./Thiersch, H. (Hrsg.): Handbuch Soziale Arbeit, 4. völlig neu bearbeitete Aufl., München, S. 143-161.
[7] Baethge, M. (2011a): Heterogenität und Einheit der Dienstleistungsberufe: Arbeitsstrukturen, Kompetenzprofile und Professionalisierung im Dienstleistungssektor, in: Dewe, B./Schwarz, M. P. (Hrsg.): Berufe, Betrieb, Organisation. Perspektiven der Betriebspädagogik und beruflichen Weiterbildung, 1. Aufl., Bad Heilbrunn. S. 26-48.
[8] Baethge, M./Arends, L. (2009): Feasibility Study VET-LSA. A comparative analysis of occupational profiles and VET programmes in 8 European countries – international report.

[9] Baethge, M./Wilkens, I. (2001): „Goldenes Zeitalter" – „Tertiäre Krise": Perspektiven von Dienstleistungsbeschäftigung zum Beginn des 21. Jahrhunderts, in: Baethge, M./Wilkens, I. (Hrsg.): Die große Hoffnung für das 21. Jahrhundert?, 1. Aufl., Opladen.
[10] Böhle, F. (2011): Interaktionsarbeit als wichtige Arbeitstätigkeit im Dienstleistungssektor, in: WSI-Mitteilungen 9/2011 (im Erscheinen).
[11] Böhle, F./Glaser, J. (2006): Arbeit in der Interaktion – Interaktion als Arbeit. Arbeitsorganisation und Interaktionsarbeit in der Dienstleistung, 1. Aufl., Wiesbaden.
[12] Böhle, F./Voß, G./Wachtler, G. (2010): Handbuch Arbeitssoziologie, 1. Aufl., Wiesbaden.
[13] Bosch, G./Weinkopf, C. (2011): Arbeitsverhältnisse im Dienstleistungssektor., in: WSI-Mitteilungen 9/2011, S. 439-446.
[14] Breisig, Th./König, S./Rehling, M./Ebeling, M. (2010): „Sie müssen es nicht verstehen. Sie müssen es nur verkaufen!", Vertriebssteuerung in Banken, 1. Auf., Berlin.
[15] Daheim, H. (1992): Zum Stand der Professionssoziologie., in: Dewe, B./Ferchhoff, W./Radtke, E. O. (Hrsg.): Erziehen als Profession, 1. Aufl., Opladen, S. 21-35.
[16] Daheim, H. (2001): Berufliche Arbeit im Übergang von der Industrie- zur Dienstleistungsgesellschaft, in: Kurtz, T. (Hrsg.) Aspekte des Berufs in der Moderne, 1. Aufl., Opladen, S. 21-38.
[17] Dewe, B./Otto, H.-U. (2011): Profession., in: Otto, H.-U./Thiersch, H. (Hrsg.): Handbuch für Soziale Arbeit, 4. Aufl., München, S. 1131-1142.
[18] Dewe, B./Otto, H.-U. (2011a): Professionalität, in: Otto, H.-U./Thiersch, H. (Hrsg.): Handbuch für Soziale Arbeit, 4. Aufl., München, S. 1143-1153.
[19] Dunkel, W./Weihrich, M. (2010): Arbeit als Interaktion., in: Böhle, F./Voß, G./Wachtler, G. (Hrsg.): Handbuch Arbeitssoziologie, 1. Aufl., Wiesbaden, S. 177-200.
[20] Fischer, U. L. (2010): „Der Bäcker backt, der Maler malt, der Pfleger ..." – Soziologische Überlegungen zum Zusammenhang von Professionalität und Wertschätzung in der Kranken- und Altenpflege, in: Arbeit, 4, S. 239-252.
[21] Gross, P. (1983): Die Verheißung der Dienstleistungsgesellschaft. Soziale Befreiung oder Sozialherrschaft?, 1. Aufl., Opladen.
[22] Hall, A. (2007): Tätigkeiten, berufliche Anforderungen und Qualifikationsniveau in Dienstleistungsberufen, in: Walden, G. (Hrsg.): Qualifizierungsentwicklung im Dienstleistungsbereich, 1. Aufl., Bonn, S. 153-208.
[23] Heinz, W. R. (1995): Arbeit, Beruf und Lebenslauf, 1. Aufl., Weinheim/München.
[24] Helmrich, R./Zika, G. (2010): BIBB/IAB-Qualifikations- und Berufshauptfeldprojektionen, Frankfurt am Main.
[25] Horstmann, M. (2001): Zukunftsperspektiven qualitativ anspruchsvoller Beratungsdienste – am Beispiel der Versicherungswirtschaft., in: Baethge, M./Wilkens, I. (Hrsg.): Die große Hoffnung für das 21. Jahrhundert?, 1. Aufl., Opladen, S. 225-242.
[26] Knöbl, W. (2001): Spielräume der Modernisierung, 1. Aufl., Weilerswist.
[27] Kohn, M. (1977): Reassessment 2nd edition of „Class and Conformity", Chicago.
[28] Kurtz, T. (2001): Das Thema Beruf in der Soziologie. Eine Einleitung., in: Kurtz, T. (Hrsg.): Aspekte des Berufs in der Moderne, 1. Aufl., Opladen, S. 7-20.
[29] Oberbeck, H. (2001): Zum Verhältnis von Dienstleistungsqualität und Dienstleistungsbeschäftigung, in: Baethge, M./Wilkens, I. (Hrsg.): Die große Hoffnung für das 21. Jahrhundert?, 1. Aufl., Opladen, S. 71-84.
[30] Parsons, T. (1939): The Professions and Social Structure, in: Social Forces, 17, S. 457-467.
[31] Tiemann, M./Schade, H.J./Helmrich, R./Hall, A./Braun, U./Bott, P. (2008): Berufsfeld-Definitionen des BIBB, Bonn.
[32] Walden, G.(2007): Qualifikationsentwicklung im Dienstleistungsbereich, 1. Aufl., Bonn.

5 Innovation & Professionalisierung: Strategien (nicht nur) für Dienstleister[22]

Stefan Thallmaier, Hagen Habicht, Kathrin M. Möslein

5.1	Grundlagen	105
5.1.1	Innovationsmanagement klassischer Prägung	105
5.1.2	Aktuelle Herausforderungen des Innovationsmanagements	106
5.1.3	„Open Innovation" als Ankerpunkt der Professionalisierung	107
5.2	Professionalisierung durch reifegradbasierte Kompetenzentwicklung	108
5.2.1	Kompetenzfelder	109
5.2.2	Reifegrade	112
5.3	Professionalisierung durch kompetenten Medieneinsatz	114
5.3.1	Open Innovation und Online-Kommunikation	115
5.3.2	Die Rolle der Medien in offenen Innovationsprozessen	116
5.3.3	Mediensynchronizität als Kriterium für den Medieneinsatz	120
5.4	Diskussion und Ausblick	123
Literatur		125

Dipl.-Kfm. Stefan Thallmaier, Handelshochschule Leipzig, Center for Leading Innovation & Cooperation

Dr. Hagen Habicht, Handelshochschule Leipzig, Center for Leading Innovation & Cooperation

Prof. Dr. Kathrin M. Möslein, Friedrich-Alexander-Universität Erlangen-Nürnberg, Lehrstuhl für Wirtschaftsinformatik, insb. Innovation und Wertschöpfung, und Center for Leading Innovation & Cooperation

---

[22] Der vorliegende Beitrag baut auf folgenden früheren Publikationen auf: Habicht und Möslein (2011a), Habicht und Möslein (2011b), Habicht et al. (2011) sowie Möslein und Neyer (2009) [11], [12], [13], [18]. Er bündelt Erkenntnisse und Erfahrungen aus Verbundforschungsprojekten, welche vom Bundesministerium für Bildung und Forschung (BMBF) und dem europäischen Sozialfonds (ESF) gefördert werden. Dies sind insbesondere die Projekte ServProf (FKZ:01FB08044). Er wird von den Autoren unter einer Creative Commons Lizenz publiziert: Namensnennung – Keine kommerzielle Nutzung (CC- BY-NC 3.0). Die vollständigen Bedingungen dieser Lizenz finden sich unter http://creativecommons.org.

5.1 Grundlagen

5.1.1 Innovationsmanagement klassischer Prägung

Innovation gilt als Schlüssel für nachhaltigen Unternehmenserfolg. Dabei ist die Entwicklung einer Idee bis hin zu marktreifen Innovationen eine herausfordernde Aufgabe, die durchgängig von hoher Unsicherheit und Komplexität geprägt ist. Um dieser Herausforderung erfolgreich zu begegnen, bedarf es eines geeigneten Innovationsmanagements. Die Unternehmenspraxis nutzt üblicherweise Prozessmodelle als ein zentrales Instrument des Innovationsmanagements, um die notwendigen Schritte von der Suche nach Ideen bis zur erfolgreichen Umsetzung in eine marktfähige Innovation systematisch zu strukturieren und gezielt zu professionalisieren. Sowohl die Literatur als auch die Praxis des Innovationsmanagements kennen dabei eine Vielzahl unterschiedlicher Prozessmodelle, die sich jedoch in ihrer Grundstruktur sehr ähnlich sind. Das weithin anerkannte Prozessmodell nach Bessant und Tidd (2007) [1] besteht aus den vier Phasen Ideensuche, Ideenauswahl, Implementierung und Evaluierung. Innovationsprozesse in Unternehmen können – auch wenn sie in der konkreten Ausgestaltung teilweise andere Phasen aufweisen – stets auf diesen elementaren vierstufigen Innovationsprozess zurückgeführt werden. Entsprechend verfügen Organisationen mit einem professionellen Innovationsmanagement über Werkzeuge, Managementinstrumente und Kompetenzen für jede Grundphase des Innovationsprozesses. Sie liegen in modernen Industrieunternehmen typischerweise im Zuständigkeits- und Verantwortungsbereich der Forschungs- und Entwicklungsabteilungen, die für die Umsetzung dieses Prozesses zuständig sind. Dabei wird im Regelfall davon ausgegangen, dass die Aufgabe des Innovierens ausschließlich Personen übertragen werden kann, die aufgrund ihrer beruflichen Ausbildung, ihrer erworbenen Qualifikationen sowie den spezifischen Kompetenzen geeignetes Expertenwissen in einer organisatorischen Einheit bündeln. Diese Form des Innovationsmanagements wird in der Literatur unter dem Paradigma der „Closed Innovation" subsumiert. Im Fokus stehen die Entwicklung und der Schutz eigenen Wissens sowie die Abschottung gegenüber außenstehenden Akteuren und Institutionen. Diese klassische Form des Innovationsmanagements ist in zahlreichen Unternehmen wohl etabliert und hat über die Jahre eine intensive Weiterentwicklung und eine umfassende Professionalisierung erfahren (u. a. durch die Herausbildung spezifischer Berufsbilder wie Marktforscher, Entwickler, Designer etc.). So haben Unternehmen lange Zeit ihr Innovationsgeschehen weitestgehend im Bereich F&E gebündelt, dort hochrangige Experten beschäftigt, diese mit anspruchsvollen Innovationsaufgaben betraut, das geistige Eigentum in höchstem Maße geschützt und zugleich nur wenig am externen Innovationsgeschehen partizipiert. Mit der Industrialisierung und der Professionalisierung betrieblicher Funktionalbereiche hat sich zunehmend ein internes Expertentum, eine grundsätzliche Präferenz interner Lösungen, ein ausgeprägtes „not-invented-here"-Verhalten gegenüber externen Impulsen sowie eine deutliche Abschottung, insbesondere im Bereich der Forschung und Entwicklung, herausgebildet und wechselseitig verstärkt.

5.1.2 Aktuelle Herausforderungen des Innovationsmanagements

Aktuelle Entwicklungen stellen das Innovationsmanagement und seine Professionalisierung jedoch vor neue Herausforderungen. Dies ist zum einen der Trend zur Dienstleistungsgesellschaft und mit ihm die Herausbildung neuer Dienstleistungsunternehmen sowie die „Servitization" traditioneller Industrieunternehmen. Zum anderen ist dies die Öffnung von Innovationsprozessen über die Grenzen von Abteilungen und Unternehmen hinweg. Beide Trends begründen gemeinsam einen besonderen Bedarf nach Professionalisierung für das Innovationsmanagement in Dienstleistungsunternehmen: Denn Dienstleistungsunternehmen und Dienstleistungsbereiche in Unternehmen verfügen traditionell vielfach über keine eigene F&E-Abteilung und damit über keine Historie der „Closed Innovation". Dies macht sie in besonderer Weise offen für neue Ansätze des Innovationsmanagements sowie seiner Professionalisierung.

Neue Ansätze zur Gestaltung von Innovationsprozessen zeigen heute klar, dass erfolgreiches unternehmerisches Innovieren nicht ausschließlich die Aufgabe von unternehmensinternen Experten sein kann. Ganz im Gegenteil, die teilweise Öffnung der Innovationsprozesse und die damit verbundene aktive Integration von externen Akteuren, die bislang keinen unmittelbaren Bezug zu diesem Prozess hatten, verspricht zusätzliches Erfolgspotenzial. Die Wissenschaft spricht in diesem Zusammenhang von „Open Innovation" und kontrastiert dieses Paradigma klar mit der „Closed Innovation". Während allerdings der geschlossene Innovationsprozess bereits auf eine langjährige Entwicklung zurückblicken kann, steht die neue Form des offenen Innovierens bei vielen Organisationen noch ganz am Anfang der Professionalisierung. Mit der Möglichkeit, in immer weiteren Bereichen Ideen, Konzepte und Innovationen mediengestützt, global verteilt, kollektiv über das Internet zu suchen und zu finden, zu entwickeln und auszutauschen, zu bewerten und zu selektieren sowie letztlich sogar umzusetzen und zu vermarkten, zeigt sich auch die Notwendigkeit diese Potenziale nicht nur zu nutzen, sondern ihre Nutzung auch zu professionalisieren.

Insbesondere die Interaktion unter großzahliger, räumlich sowie zeitlich verteilter Mitwirkung avanciert dabei zu einem der kritischen Erfolgsfaktoren des offenen Innovierens (vgl. Möslein/Neyer 2009) [18]. Dabei ist zu beobachten, dass mit Öffnung der Innovationsprozesse die Online-Interaktion gegenüber der Face-to-Face- bzw. Offline-Interaktion zunehmend Aufmerksamkeit gewinnt. Dies zeigen die mittlerweile zahlreichen offenen Innovationsinitiativen aus Wirtschaft, Wissenschaft und Politik. Die fortwährende Entwicklung neuer medialer Angebote und die zunehmende Gestaltungsvielfalt im und mit dem Internet beschleunigen diesen Trend. Das Potenzial, das die Vernetzung von Personen und Informationen birgt, liegt dabei auf der Hand. Lokales Wissen sowie personen- oder organisationsspezifische Kompetenzen, welche bisher weit außerhalb eigener Zugriffsbereiche zu finden waren, können nun leichter in den Innovationsprozess mit einfließen und die Innovationsfähigkeit in puncto Geschwindigkeit, Quantität und Qualität erhöhen (vgl. Reichwald/Piller 2009) [24]. Dabei stellt Döring fest, dass sich der sozialwissenschaftliche Diskurs mit Online-Interaktion seit Einführung des Internets in mehreren Phasen fortentwickelt hat: Während in den Anfängen des Internets vielfach ein „Computer-Pessimismus" aufgrund der Entmenschlichung von

Kommunikation zu beobachten war, wird die Diskussion heutzutage durch Fragestellungen nach Professionalisierung und Kommerzialisierung geprägt (vgl. Döring 2003, S. 504) [8].

Was also verbirgt sich hinter der Professionalisierung zeitgemäßer Innovationsprozesse? Der vorliegende Beitrag geht dieser Fragestellung nach und diskutiert Strategieansätze, die speziell an einem heute für Dienstleistungsunternehmen geltenden Kontext ansetzen, sich jedoch – und dies sei explizit betont – nicht nur für diese eignen. Der Beitrag greift zunächst „Open Innovation" als Ankerpunkt für die Professionalisierung auf. Er präsentiert sodann zwei Strategieansätze der Professionalisierung des Innovationsgeschehens: Professionalisierung durch reifegradbasierte Kompetenzentwicklung (vgl. Abschnitt 5.2) sowie – als prioritäre Fokussierung – eine Professionalisierung durch kompetenten Medieneinsatz (vgl. Abschnitt 5.3). Die abschließende Diskussion in Abschnitt 4 verdeutlicht die Notwendigkeit, diese beiden Strategieebenen integriert zu denken und integrativ umzusetzen.

5.1.3 „Open Innovation" als Ankerpunkt der Professionalisierung

Im Kern beschreibt das Paradigma „Open Innovation" Innovationsprozesse, die nicht an den Grenzen von Organisationen oder deren Innovationsabteilungen enden, sondern Akteure unabhängig von ihrer institutionellen Zugehörigkeit als Ideengeber, Konzeptentwickler oder auch Innovationsumsetzer in die Gestaltung von Innovationen aktiv einbinden. Aus der Unternehmensperspektive stellt Open Innovation einen Weg zur Integration interner und externer Akteure in einen Innovationsprozess dar: „Valuable ideas can come from inside or outside the company and can go to market from inside or outside the company as well. This approach places external ideas and external paths to market on the same level of importance as that reserved for internal ideas and paths to market during the Closed Innovation era" (Chesbrough 2003, S. 43) [2]. Während im ursprünglichen Open Innovation-Verständnis die äußere Grenze der Organisation als Demarkationslinie zur Unterscheidung von Innovatoren-Typen angesehen wird (vgl. von Hippel 1986; Chesbrough 2003) [26], [2] wird in aktuellen Konzepten bereits von drei Innovatoren-Typen gesprochen. Dies sind Kerninnovatoren (Mitarbeiter von Forschungs- und Entwicklungsabteilungen, die Innovatoren qua Arbeitsvertrag sind), periphere interne Innovatoren (alle anderen Mitarbeiter eines Unternehmens, wie z. B. im Außendienst, im Marketing, der Beschaffung oder der Personalentwicklung) sowie externe Innovatoren, zu denen neben den in der Innovationsforschung als zentral angesehenen Kunden auch jede andere externe Gruppe gehören kann (vgl. Neyer et al. 2009) [20]. Je nachdem, welche dieser Gruppen adressiert werden sollen, sind teilweise unterschiedliche Integrationsmechanismen erforderlich. Dass alle drei aufgezeigten Akteurs-Gruppen heute jedoch weithin nicht in einen gemeinsamen Innovationsprozess eingebunden sind und auch nicht durch geeignet abgestimmte Werkzeuge, Kompetenzen, Managementinstrumente und Plattformen unterstützt werden, bildet ein zentrales Hemmnis für die gesamte Innovationsfähigkeit einer Organisation und begründet den Bedarf für weitere Schritte der Professionalisierung.

Aus informationsökonomischer Sicht besteht das zentrale Ziel von Open Innovation in der Integration von möglichst umfassenden Bedürfnis- und Lösungsinformationen in den Innovationsprozess. Dazu können Unternehmen eine Reihe verschiedener Werkzeuge einsetzen, die an unterschiedlichen Phasen des Innovationsprozesses greifen (vgl. Reichwald/Piller 2009, S. 44ff.) [24]. Unternehmen treten hierbei als proaktive Akteure auf, die auf Basis strategischer Entscheidungen die Art und Weise der Wissensexploration, -integration und -exploitation gestalten. Obwohl die Vorteile von Open Innovation weithin bekannt und gut erforscht sind, sind nur vergleichsweise wenige Unternehmen dazu in der Lage, Open Innovation durchweg erfolgreich einzuführen und zu nutzen (vgl. Chesbrough 2003) [2]. Neben erheblichen Defiziten bei der Messung und Beurteilung von Innovationsaktivitäten, wird die Bedeutung von unterstützenden Kompetenzentwicklungsmaßnahmen in Wissenschaft und Praxis kaum erkannt.

In der Literatur werden verschiedene Kompetenzen als Erfolgsfaktoren von Open Innovation diskutiert. Dazu gehören insbesondere die Absorptive Capacity (vgl. Cohen/Levinthal 1990; Tsai 2001; Jansen et al. 2005) [4], [25], [14] Kompetenzen der internen und externen Exploration, Vorhaltung und Verwertung von Wissen (vgl. Lichtenthaler/Lichtenthaler 2009) [16], die auf den Innovationsprozess bezogene Öffnungsfähigkeit, Aneignungsfähigkeit und Integrationsfähigkeit (vgl. Piller/Ihl 2009) [22] sowie auf Individuen bezogene Fähigkeiten Social Brokerage und Boundary Spanning zu betreiben (vgl. Cranefield/Yoong 2007; Fleming/Waguespack 2007) [5], [10]. Bislang fehlen jedoch Studien zur systematischen Kompetenzentwicklung genauso wie empirische Arbeiten, in denen eine ganzheitliche Erfassung verschiedener Open Innovation-Kompetenzen im Rahmen unternehmenspraktischer Realisierung stattfindet.

5.2 Professionalisierung durch reifegradbasierte Kompetenzentwicklung

Geht man davon aus, dass die Professionalisierung von unternehmerischen Innovationsprozessen einen wesentlichen Beitrag zum Innovationserfolg von Organisationen leisten kann, so stellt sich unmittelbar die Frage, wie sich dieser Zusammenhang gestaltet und wie sich dieser konkretisieren sowie systematisch erfassen lässt. Besonders relevant ist die Antwort auf diese Fragestellung für das Management von Innovationsprozessen, die nicht an den Grenzen von Organisationseinheiten und Organisationen Halt machen. Denn erst ein Verständnis von Zusammenhängen sowie Wirkungsmechanismen der Professionalisierung von offenen Innovationsprozessen erlaubt letztlich eine Leistungssteigerung des übergreifenden Innovationsgeschehens (z. B. in puncto Qualität, Geschwindigkeit oder Effizienz). Professionalisierung wird dabei als ein Prozess des Aufbaus einer Wissensbasis interpretiert, die Experten- und Erfahrungswissen synergetisch vereint. Diesem Verständnis liegt die Annahme zugrunde, dass sich Professionalisierung als Steigerung des organisationalen sowie individuellen Handlungs- und Kompetenzniveaus beschreiben lässt und dass sich das Ergebnis dieses Prozesses als Herausbildung eines professionellen Erscheinungs- und Handlungsbildes charakterisiert, welches durch die Stakeholder einer Organisation (d. h. aller beteiligten Akteure) aufgrund qualitativ hochwertiger Leistungserfahrungen und dem professionellen Agieren sowie Reagieren wahrgenommen wird (vgl. Kalkowski/Paul 2011) [15]. Der vorliegende Beitrag fokussiert diese Professionalisierungsdimension und erläutert im ersten Schritt, wie Kompetenzen anhand des reifegradbasierten Modells von Habicht et al. (2011) [13] systematisch differenziert sowie stufenweise auf höhere Niveaus weiterentwickelt werden können.

5.2.1 Kompetenzfelder

Um Open Innovation erfolgreich in Organisationen einzuführen und einen entsprechenden Prozess der Professionalisierung zu etablieren, werden eine Reihe von heterogenen Kompetenzen benötigt. Um diesen Entwicklungsprozess besser verstehen zu können, stellt dieser Beitrag zunächst die Kompetenzen im Detail vor und integriert sie anschließend in einem Kompetenzentwicklungsmodell: dem Modell der *Open Innovation Maturity*. Die relevanten Kompetenzen beziehen sich auf die makrosoziale Ebene der Organisation, die mikrosoziale Ebene der Gruppen und Teams (siehe Beitrag von Reichwald et al. in diesem Band) und die individuelle Ebene der Mitarbeiter. Nur eine ausbalancierte Entwicklung auf diesen drei Ebenen verspricht nachhaltigen Erfolg. Das Modell der *Open Innovation Maturity*, wie es **Abbildung 5.1** zeigt, stellt dabei eine Systematik in Form eines Reifegradmodells dar, mit dessen Hilfe Unternehmen gezielt Kompetenzen aufbauen können, die für Open Innovation-Projekte erfolgswirksam sind. Es zeigt in erster Linie die weitreichenden Wirkungen der Transformation eines Unternehmens vom sog. „Closed Innovator" zum „Open Innovator". Strategien, Prozesse und die Kompetenzen der beteiligten Akteure sind davon berührt. Das Modell der *Open Innovation Maturity* ist zugleich ein Prozessmodell, mit dessen Hilfe aufgezeigt werden kann, auf welchem Reifegrad sich ein Unternehmen aktuell befindet – und zwar in Abhängigkeit von den Kompetenzen, die es in der Vergangenheit bereits aufgebaut hat. Die Messung und Weiterentwicklung der *Open Innovation Maturity* in der betrieblichen Praxis setzt das Identifizieren für den Einzelfall geeigneter strategiebezogener Indikatoren voraus.

Abbildung 5.1 Das Modell der Open Innovation Maturity

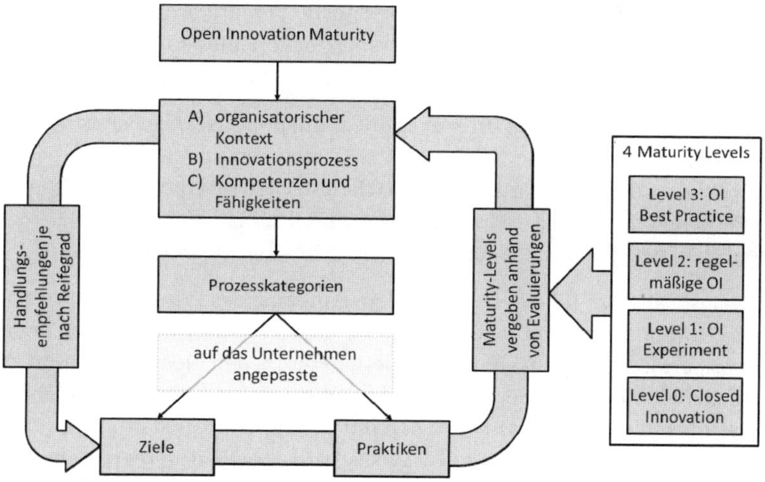

Quelle: in Anlehnung an Habicht et al. 2011, S. 47 [13]

Die Nutzung offener Innovationsprozesse als Kompetenz zu betrachten, ist relativ neu. Bislang publizierte Managementmodelle beschränken sich häufig auf einzelne Facetten des Phänomens, so z. B. prozessbezogene Managementkompetenzen (vgl. Piller/Ihl 2009), Gruppenprozesse (vgl. Tsai 2001) [25] oder individuelle Fähigkeiten (vgl. Möslein 2009) [17]. Diese Ansätze werden im Reifegradmodell der *Open Innovation Maturity* integriert und rund um den organisatorischen Kontext (vgl. Chiesa et al. 1996) [3] zu einem ganzheitlichen Model erweitert. Das Modell der *Open Innovation Maturity* umfasst die drei Prozessgebiete *organisatorischer Kontext*, *Innovationsprozess* sowie individuelle *Kompetenzen und Fähigkeiten* mit jeweils vier Reifegradstufen. Im Folgenden werden zunächst die im Modell der *Open Innovation Maturity* integrierten Kompetenzen anhand ihrer primären Gestaltungsparameter im Unternehmen erläutert. Anschließend werden die vier Reifegradstufen für die Beherrschung von Open Innovation skizziert.

- **Kompetenzen zur Gestaltung des organisatorischen Kontexts:** Die Ausrichtung eines Unternehmens auf Open Innovation setzt eine geeignete Gestaltung des *organisatorischen Kontexts* für Innovationsaktivitäten voraus. Dazu gehören insbesondere die Verankerung in einem handlungsleitenden Zielsystem (Strategie und Kultur) sowie die Bereitstellung von Ressourcen und Legitimation (Strukturen und Ressourcen) (vgl. Chiesa et al. 1996) [3].

    - *Strategie und Kultur:* Die Formulierung und Durchsetzung einer Innovationsstrategie fungiert als explizite Handlungsanleitung. In ihr lassen sich sowohl inhaltliche Ziele als auch Wege zu deren Erreichung formulieren. Dazu gehört die Verankerung von Open Innovation in der Unternehmensstrategie sowie der Marktorientierung in der Innovationsstrategie. Eine innovationsfreundliche Unternehmenskultur sowie die Verankerung der Innovationsorientierung in den Unternehmenswerten stellen hingegen einen weichen Handlungsrahmen dar.
    - *Strukturen und Ressourcen*: Innerhalb der betrieblichen Hierarchie schafft der Aufbau von Strukturen Legitimation sowie persönliche Verantwortung für Open Innovation. Die Bereitstellung notwendiger Ressourcen verleiht den Verantwortlichen die nötige Handlungsmacht und unterstreicht das Commitment der Führung.

- **Kompetenzen zur Gestaltung offener Innovationsprozesse:** Die Beherrschung des *Innovationsprozesses* ist eine ebenso zentrale Voraussetzung, für die in erster Linie Innovationsmanager Verantwortung tragen. Der Einsatz von Open Innovation verlangt von Unternehmen spezifische Kompetenzen der Öffnung, der Aneignung, der Integration von Wissen (vgl. Piller/Ihl 2009) [22], sowie des Technologieeinsatzes.

    - *Öffnungskompetenz:* Innovieren dient dem Aufbau eines Wissensvorsprungs. Dennoch erfordert Open Innovation die Weitergabe von Informationen an andere Innovationspartner. Öffnungskompetenz besteht darin, den Open Innovation Prozess nicht zu behindern und dennoch nur die nötigen Informationen zu offenbaren. Je später die Einbindung Externer in den Innovationsprozess stattfindet, umso mehr Information muss über das Innovationsziel preisgegeben werden und umso wichtiger wird diese Kompetenz.

- *Aneignungskompetenz*: Open Innovation verzichtet auf den kostenintensiven Wissensaneignungsprozess durch Definieren, Aushandeln und Durchsetzen von Verfügungsrechten. Unternehmen benötigen daher eine Aneignungskompetenz, die sie befähigt ohne Verfügungsrechte (1) koproduziertes Wissen aufzunehmen und (2) gegenüber Außenstehenden und Trittbrettfahrern zu schützen (vgl. Piller/Ihl 2009) [22]. Ersteres geschieht durch Bereitstellung von Kooperationsanreizen. Für letzteres bieten sich organisatorische Maßnahmen (Verträge, Verhaltensregeln, Geheimhaltungsanreize) sowie strategische Maßnahmen (Lead-time, Standards oder Marken) oder komplexe Designs an.
- *Integrationskompetenz*: Ko-produziertes Wissen ist schließlich vom Unternehmen in zwei Schritten zu integrieren. Einerseits sind die Ideen vieler Beteiligter in eine Lösung zu transformieren. Andererseits sind diese externen Lösungen in den Produktentwicklungsprozess einzupassen. Heterogene Inputs lassen sich bei geringer Komplexität durch Software großteils automatisiert integrieren (vgl. Piller/Ihl 2009) [22]. Komplexe Integrationsaufgaben lassen sich an die externen Innovatoren auslagern oder durch interne Mitarbeiter zu einer Lösung verdichten. Für die Integration externer Lösungen in die betriebliche Wertschöpfung sind hingegen Lern-Routinen erforderlich (vgl. Tsai 2001) [25]. Mit ihnen lässt sich die Kombination existierenden und neuen Wissens unterstützen und dessen kommerzielle Nutzung fördern.
- *Technologiekompetenz*: Schließlich ist Open Innovation in der Regel an den Einsatz von IT gebunden. Durch die Einbindung von Web 2.0 Technologien lässt sich die räumliche und zeitliche Beschränkung persönlicher Kommunikation im Innovationsprozess effektiv überwinden. Aus Sicht des Innovationsmanagements erfordert Open Innovation daher zusätzlich die Technologiekompetenz, Innovationsprozesse zielführend mit Informations- und Kommunikationstechnologien zu unterstützen.

- **Entwicklung individueller Kompetenzen und Fähigkeiten der Innovatoren:** Neben den aus klassischen Innovationsmodellen bekannten individuellen Faktoren der Innovationsfähigkeit, wie Kreativität und Fachwissen, erfordert Open Innovation zusätzliche **Fähigkeiten**, die sich aus dem spezifischen Innovationsumfeld ergeben (vgl. Möslein 2009) [17]. Dies sind technische, Führungs- sowie Netzwerker- und Boundary Spanning **Kompetenzen**.

  - *Technische Kompetenz*: Open Innovation erfordert von ihren Anwendern technische Kompetenzen. Jedem stehen zahllose Online-Tools wie Suchmaschinen, Datenbanken und Werkzeuge zum Erstellen von Wikis, Podcasts oder Webseiten, CAD-Programme und Toolkits zum Innovieren zur Verfügung. Damit ist eine Performance möglich, die mit der von F&E-Abteilungen vergleichbar ist (vgl. O'Hern/Rindfleisch 2008) [21]. Dies ist jedoch an den Aufbau entsprechender Fähigkeiten gekoppelt.
  - *Führungskompetenz*: Die Offenheit des Teilnehmerkreises und fehlende Hierarchien machen Selbstorganisation zum zentralen Koordinationsmechanismus. Interaktionen finden zudem meist nicht anonym statt. Kollaboration unter diesen Bedingungen erfordert Kompetenzen der persönlichen Führung.

- *Netzwerker- und Boundary Spanning Kompetenzen*: Netzwerken bezeichnet die Fähigkeit, für das Innovationsziel wichtige Wissensträger zu identifizieren und gezielt miteinander zu vernetzen. Netzwerker sind für Open Innovation insbesondere deshalb wichtig, weil sie den anfänglichen Nachteil fehlender persönlicher Beziehungen zwischen sich unbekannten Innovatoren wettmachen. Oft übersehen wird die Heterogenität der Beteiligten. Ein zentraler Faktor der Zusammenarbeit in Communities ist die Fähigkeit zum Boundary Spanning, d. h. verschiedene Sprachen und Denkmuster zu gemeinsamen zusammenzuführen (vgl. Fleming/Waguespack 2007) [10]. Erst Boundary Spanning ermöglicht die Übertragung und Integration von Wissen aus analogen Märkten sowie über analoge und komplementäre Technologien auf andere Innovationsfelder.

5.2.2 Reifegrade

Das Modell der *Open Innovation Maturity* beschreibt ein Reifegradmodell, mit dessen Unterstützung Organisationen den Aufbau notwendiger Kompetenzen steuern und die Einführung sowie Umsetzung offener Innovationsprozesse professionell gestalten können. Damit stellt es ein wesentliches Instrument dar, um zum einen den systemischen Wandel von Closed zu Open Innovation zu unterstützen und zum anderen die Professionalisierung des offenen Innovationssystems zu gewährleisten. Dabei ist es von entscheidender Bedeutung, dass der Fortschritt in gleichem Maße über die drei Prozessgebiete *organisationaler Kontext*, *Innovationsprozess* sowie *Kompetenzen und Fähigkeiten* hinweg sichergestellt wird, damit das System nicht aus der Balance gerät. Welche Reifegrade sind nun bei der kontinuierlichen Einführung von Open Innovation und der Professionalisierung des Innovationsgeschehens zu unterscheiden? In einer empirischen Analyse über 14 Unternehmen wurden vier grundlegende Reifegrade ermittelt.

- *Reifegradstufe 0 – Closed Innovation*: Unternehmen auf diesem Level besitzen noch keine Erfahrungen mit Open Innovation. Kontrollaspekte dominieren die Wissensbildung, nicht selten gepaart mit einer „not invented here" Einstellung. Typische Aneignungsmechanismen sind Geheimhaltung und Verfügungsrechte. Von den untersuchten Unternehmen besaßen neun keinerlei Erfahrungen mit Open Innovation.

- *Reifegradstufe 1 – Experimentelle Durchführung von Open Innovation*: Durch ein Pilotprojekt werden experimentelle Erfahrungen gesammelt. Einfaches Monitoring von Inputs und Ergebnissen schafft die Basis zur Bewertung von Open Innovation Projekten, die kompatibel zu vorhandenen Kennzahlensystemen ist. Der Fokus sollte darauf liegen, Risiken transparent zu machen und eine Legitimationsgrundlage für Open Innovation zu schaffen. Nach Projektabschluss stoßen verfügbar gemachte Erfahrungen Lernprozesse an und ermöglichen die Formulierung Open Innovation-spezifischer Entwicklungsziele.

Tabelle 5.1 Reifegrade und Prozesskategorien für offene Innovationsprozesse

	organisationaler Kontext	Innovationsprozess	Kompetenzen und Fähigkeiten
Reifegradstufe 0	– OI ist nicht in Strategie verankert – eine innovationsfreundliche Kultur kann vorhanden sein – OI-Strukturen existieren nicht – OI sind keine Ressourcen gewidmet	– es existiert kein OI-Prozess – entsprechende Öffnungs-, Aneignungskompetenzen bestehen nicht	– für OI notwendige individuelle Kompetenzen können bestehen, werden jedoch nicht genutzt
Reifegradstufe 1	– Formulierung eines konkreten Innovationsziels – Festlegung und Kommunikation von Verantwortlichkeiten – Bereitstellung von Ressourcen – Bewertung von OI anhand weniger Input- und Outputgrößen.	– ein OI-Prozess ist definiert	– Erprobung von Methoden zur Entwicklung individueller Fähigkeiten und Kompetenzen in den Bereichen Technik, Leadership und Boundary Spanning
Reifegradstufe 2	– eine übergreifende OI-Strategie existiert – ein Wandel der Unternehmenskultur ist initiiert – Verantwortlichkeiten sind strukturell institutionalisiert – die Bereitstellung von Ressourcen folgt einem standardisierten Prozess – Bewertung der Projekte anhand etablierter Input-, Output- sowie Kompetenzentwicklungsindikatoren	– Entwicklung und Einsatz verschiedener Werkzeuge, Technologien und Methoden für OI – Entwicklung von Ansätzen zur Erhebung und Förderung der Öffnungs-, Aneignungs- und Integrationskompetenz	– systematische Förderung individueller Kompetenzen und Fähigkeiten in den Bereichen Technik, Leadership und Boundary Spanning
Reifegradstufe 3	– OI-Strategie ist in der Unternehmensstrategie verankert – die Unternehmenskultur ist günstig für OI – OI-Verantwortliche bilden ein aktives Netzwerk – ein System zur kontinuierlichen Verbesserung ist implementiert	– konsolidierte, systematische Verwendung von Werkzeugen, Technologien und Methoden – systematische Entwicklung der Öffnungs-, Aneignungs- und Integrationskompetenz	– konsolidierte und institutionalisierte Kompetenzentwicklung für Mitarbeiter

Quelle: in Anlehnung an Habicht et al. 2011, S. 49 [13]

- *Reifegradstufe 2 – Durchführung von Open Innovation in verschiedenen Formen oder Bereichen*: Open Innovation etabliert sich als ergänzendes Innovationssystem zur Closed Innovation. Das Unternehmen operiert mit Open Innovation in mehreren Kontexten (in verschiedenen Abteilungen, an unterschiedlichen Innovationsaufgaben, mit verschiedenen Werkzeugen). Die Aufgabe des Controllings besteht nun darin, Vergleichbarkeit zwischen den Projekten herzustellen und Ansätze zur Erhebung und Entwicklung relevanter Kompetenzen zu entwickeln. Das Controlling unterstützt so die gezielte Ausrichtung des organisatorischen und individuellen Lernens im Hinblick auf Open Innovation.

- *Reifegradstufe 3 – strategische Planung und systematische Durchführung von Open Innovation*: Open Innovation ist ein fester Bestandteil der Innovationsaktivitäten des Unternehmens. Das Controlling unterstützt die Konsolidierung aller Open Innovation-Aktivitäten. Best Practices und kontinuierliche Verbesserungsprozesse werden etabliert. Es besteht ein ganzheitliches Beurteilungsmodell, das alle acht Prozesskategorien der *Open Innovation-Maturity* unterstützt.

Insgesamt betrachtet ist die *Open Innovation Maturity* ein ganzheitliches Konzept, das individuelle, prozessbezogene und organisatorische Kompetenzen verbindet. Das Modell ist damit in der Lage, den für die zielgerichtete Entwicklung offener Innovationsfähigkeit notwendigen Professionalisierungsprozess auf allen Stufen systematisch zu unterstützen.

5.3 Professionalisierung durch kompetenten Medieneinsatz

Aufbauend auf dem Grundverständnis des reifegradbasierten Kompetenzentwicklungsmodells (bzw. Modells der *Open Innovation Maturity*, siehe **Abbildung 5.1**) beschränkt sich der im Folgenden dargestellte Strategieansatz der Professionalisierung auf die Facette des Technologieeinsatzes. Der Hauptfokus liegt auf den technischen Kompetenzen, die in dem Modell von Habicht et al. (2011) [13] von Innovationsmanagern zur Gestaltung des Innovationsprozesses sowie von den Innovatoren zur kompetenten Nutzung benötigt werden.

Offene Innovationsprozesse in modernen Dienstleistungsunternehmen fordern von allen beteiligten Akteuren zunehmend technische Kompetenzen und Fähigkeiten. Jedem stehen zahllose Online-Tools wie Suchmaschinen, Datenbanken und Werkzeuge zum Erstellen von Wikis, Podcasts oder Webseiten, CAD-Programme und Toolkits zum Innovieren zur Verfügung. In diesem Mediendschungel stellt sich insbesondere die Frage nach dem kompetenten Medieneinsatz, der Akteure in Innovationsprozessen adäquat unterstützt. Die Fähigkeit, das richtige Medium oder den richtigen Medienmix auszuwählen sowie anforderungsgerecht einzusetzen, ist dabei gleichermaßen relevant für die Gestaltung des Innovationsprozesses (Managementebene) wie auch für die Teilnehmer von offenen Innovationsprozessen (individuelle Ebene). Die Vielfalt und der rasche Zuwachs verfügbarer Kommunikationsmedien und Interaktionswerkzeuge tragen dazu bei, dass die Mitwirkung an Innovationsprozessen permanente Einsatzentscheidungen der Medienwahl impliziert und diese wiederkehrenden Entscheidungsprozesse komplexer und fehleranfälliger werden. Der Ausbau und die Stärkung der technischen Fähigkeiten im Sinne eines kompetenten Medieneinsatzes bilden damit eine entscheidende Grundlage der Professionalisierung des Innovationsgeschehens.

Das vorliegende Kapitel beleuchtet diesen Aspekt aus kommunikationstheoretischer Perspektive und zeigt auf, welches Verständnis die Literatur zu dieser Fragestellung entwickelt hat. Der Beitrag bezieht sich dabei insbesondere auf die Erkenntnisse der Forschung zur Computer-vermittelten Kommunikation, kurz CvK. Ausgehend von der in der Praxis zu beobachtenden dichotomischen Differenzierung nach Online und Offline Kommunikation, zeigt dieses Kapitel im ersten Teil mit dem medienökologischen Rahmenmodell von Döring einen Überblick über die theoretischen Erkenntnisse in diesem Forschungsfeld. Anschließend wird das theoretische Modell der Mediensynchronizität näher erläutert und seine Relevanz für Fragen der Professionalisierung offener Innovationsprozesse dargelegt. Dabei handelt es sich um einen Ansatz, der explizit die Charakteristika der Neuen Medien berücksichtigt sowie den Anforderungen der Kommunikation in Gruppen gerecht wird. Damit bildet die Mediensynchronizität eine abstrakte Dimension ab, die als Gestaltungsparameter für die Auswahl und den kompetenten Einsatz von Medien dienen kann.

5.3.1 Open Innovation und Online-Kommunikation

Im Zuge der Einführung von offenen Innovationsprozessen ist zu beobachten, dass die Online-Interaktion, d. h. internet- bzw. computerbasiert, gegenüber der Offline-Interaktion, d. h. Face-to-Face, vielfach in den Vordergrund tritt. Die Potenziale der Neuen Medien und des Web 2.0 spielen dabei eine entscheidende Rolle und führen zur verstärkten Nutzung sogenannter Innovationsplattformen, die in aller Regel je nach Zielgruppe über spezifische Intra- oder Internetadressen zugänglich gemacht werden. Dem Begriff der Plattform wird gerade in diesem Forschungsbereich eine stark technisch-bezogene Konnotation zugeschrieben. Der Diskurs um offene Innovation greift als eingängiges Beispiel gerne das Unternehmen InnoCentive auf, welches mit seiner Plattform unter der Internetadresse www.innocentive.com zu finden ist. Das Unternehmen versteht sich selbst als Pionier der Open Innovation und unterstützt als Intermediär Organisationen bei der Lösungssuche, indem es Akteure aus unterschiedlichsten Wissensdomänen zur Teilnahme am Innovationsprozess motiviert. Innovationsplattformen können in diesem Zusammenhang verstanden werden als ein internetbasierter Ort, der als zentraler Dreh- und Angelpunkt der Innovationsinitiative dient. Im Sinne von Open Innovation erfüllen sie dabei nicht nur reine Informationsfunktionen, wie z. B. über den Fortschritt bestimmter Innovationsaktivitäten zu berichten, sondern ermöglichen insbesondere einen interaktiven und offenen Austausch der beteiligten Akteure, vielfach unabhängig ihrer institutionellen Zugehörigkeit und ihrer geografischen Herkunft. Damit geht diese Form der Innovationsplattformen deutlich über den Zweck von einfachen Informationswebseiten in Intra- oder Internetumgebungen hinaus und integriert mit ihrem angebotenen Funktionsumfang Social Software-Komponenten, wie sie aus sozialen Netzwerken wie Facebook oder Twitter bekannt sind. Interaktion ist in diesem Zusammenhang ein vielfach diskutierter Terminus, der sich – trotz der zahlreichen

Begriffsbestimmungen in den unterschiedlichen Disziplinen – in seinem Grundverständnis auf folgende grundlegenden Charakteristika zurückführen lässt: Es besteht ein Kontakt von mindestens zwei Personen, die Aktion und Reaktion aufeinanderfolgen lassen und die sich dabei wechselseitig aneinander orientieren. Interaktion ist dabei nicht abhängig von physischer Gegenwart der Beteiligten, sondern kann auch IT-gestützt stattfinden (vgl. Müller 2007) [19].

Im Zuge der Auswahl und Ausgestaltung geeigneter Innovationswerkzeuge und Plattformen sowie der notwendigen Entwicklung entsprechender Anwendungskompetenzen für die erfolgreiche Nutzung derselben stellt sich für das Innovationsmanagement sowie für die beteiligten Akteure u. a. folgende Frage: *Welche Medien sind für welche Interaktionen in offenen Innovationsprozessen am besten geeignet, um den Wissensaustausch effektiv zu gestalten und den gemeinsamen Innovationserfolg zu steigern*? Im Kern adressiert diese Frage das Problem der geeigneten Medienwahl sowie des adäquaten Medieneinsatzes, der in den Organisationswissenschaften bereits seit Längerem diskutiert wird. Nachfolgend werden zentrale theoretische Modelle der Medienwahl präsentiert und deren Aussagen diskutiert.

5.3.2 Die Rolle der Medien in offenen Innovationsprozessen

Das *medienökologische Rahmenmodell*, welches in seiner ursprünglichen Form von Döring (2003) [8] entwickelt wurde, basiert auf einer intensiven Auseinandersetzung sowie einer systematischen Synthese und Integration wissenschaftlich relevanter Theorien der Online-Kommunikation. Durch die Wahl einer ökologischen Perspektive umfasst das Modell die gesamte Umgebung, in der soziale Kommunikation und Interaktion über Medien stattfinden. Dabei versteht Döring unter der Umgebung „sämtliche physikalischen, medialen (virtuellen) und kulturellen Gegebenheiten", mit denen alle am Informationsaustausch beteiligten Akteure aktiv oder passiv in Berührung geraten (vgl. Döring 2003, S. 190) [8].

Das Modell verdeutlicht, dass medial initiierte Aspekte eine zentrale Rolle einnehmen, da sie die gesamte Situation mitgestalten. Mit diesem Vorverständnis wird klar, warum die Autorin diese Art der Betrachtung als medienökologisches Rahmenmodell versteht. Im Zentrum des Modells steht dabei eine generische **Nutzungssituation**, welche jeden sozialen Interaktionsprozess erfasst, der einen bestimmten Zweck verfolgt. Die Nutzungssituation im vorliegenden Beitrag stellt der offene Innovationsprozess dar. Döring führt in ihrem Modell fünf Dimensionen an, die einen medienunterstützen Kommunikationsprozess charakterisieren.

- Die *Medienwahl* steht dabei am Anfang der Betrachtung und erfasst die Fragestellung, welches Medium von den beteiligten Akteuren zum Informationsaustausch gewählt wird. Diese Wahl vollzieht sich stets entlang vieler Fragen wie Selbst- und Fremdbestimmtheit der Wahl, Angemessenheit des Mediums oder der sozialen Aushandlung dieses Prozesses. Auch Mediensubstitution (Benutzen Personen mit Internetzugang häufiger die E-Mail als das Telefonat?) und Medienwechsel sind relevante Phänomene.

Abbildung 5.2 Medienökologisches Rahmenmodell

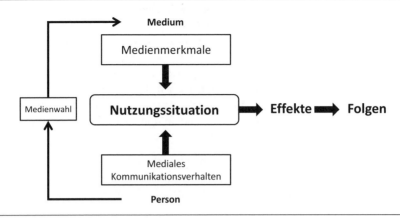

Quelle: Döring 2003, S. 190 [8]

- Die spezifischen Merkmale, welche dem gewählten Medium zuzuschreiben sind, bieten dem Nutzer Optionen aber auch Restriktionen im Hinblick auf Kommunikations- und Interaktionsverhalten an (*Medienmerkmale*). Diese Merkmale lassen sich grob anhand der beiden Blöcke computervermittelte und nicht-computervermittelte Kommunikation unterscheiden, müssen jedoch jeweils differenziert betrachtet werden. So mag sich eine Chat-Situation fundamental von einem Face-to-Face-Gespräch abheben, allerdings ist der Unterschied zur E-Mail ebenfalls wichtig und grundlegend.

- Im Folgenden entscheiden die beteiligten Individuen durch ihre sozialen Interaktionsprozesse, wie sie mit den medienspezifischen Optionen und Restriktionen umgehen. Dieses Verhalten erfasst das Rahmenmodell mit der Komponente des *medialen Kommunikationsverhaltens* und wird sowohl durch die Beschäftigung der Person mit dem Medium als auch durch soziale Kommunikation definiert. Das Verhalten kann dabei interpersonal-kommunikativer (z. B. Videochat), produktiver (z. B. Wiki-Eintrag) oder rezeptiver (z. B. Online-Videoportal) Natur sein.

- Daran anschließend unterscheidet Döring zwei Formen der Wirkung, die sich aus dem Zusammenspiel der vorherigen Komponenten, d. h. *Medienwahl, Medienmerkmale* und *medialem Kommunikationsverhalten*, ergeben. Im ersten Schritt geht die Autorin von kurzfristigen sozialen *Effekten* aus, die zunächst direkt aus der Nutzungssituation resultieren. Diese Effekte können sich psychisch, physisch oder sozial ausprägen und sind in ihrem spezifischen Auftreten meist nur als Unterschied zu anderen Medien wahrnehmbar. Ob die Effekte vor- oder nachteilig sind, hängt von einer Reihe von Faktoren ab. So kann beispielsweise die Digitalisierung in einem Verwaltungsvorgang einerseits zu einer großen Entlastung führen, da alle Prozesse schneller und automatisierter ablaufen. Andererseits kann diese Beschleunigung und Kontrollabgabe auch als negativ wahrgenommen werden, wenn die Kompetenz fehlt das Medium zu beherrschen.

■ Der zweite Schritt der Wirkungsanalyse befasst sich mit den langfristigen *Folgen* der vorgenannten Komponenten. Diese beziehen sich vor allem auf identitäts-, beziehungs-, und gruppenbildende Prozesse und resultieren in einer eher positiven oder negativen Einstellung gegenüber dem jeweiligen Medium. Wer in *Medienwahl* und *Kommunikationsverhalten* sehr kompetent handelt, verfügt über größere Partizipationsmöglichkeiten als Personen ohne diese Kompetenzen. Die Beherrschung des sozialen Netzwerks Facebook kann beispielsweise ein gewichtiger Faktor zur digitalen Selbstdarstellung, ähnlich einer persönlichen Homepage, sein. Jedoch sind diese Folgen immer auch personen- und situationsspezifisch. So kann die eben erwähnte Selbstdarstellung auf Facebook sowohl als professionell und angenehm und ebenso als großspurig oder unprofessionell wahrgenommen werden.

Entlang den Kerndimensionen des medienökologischen Rahmenmodells erfasst Döring (2003) die elf wichtigsten Theorien der computervermittelten Kommunikation in einer sehr eingängigen Übersicht und erfasst deren Kernaussage (vgl. **Tabelle 5.2**).

Besondere Relevanz für Kommunikations- und Interaktionsprozesse in organisationalen Kontexten genießt die Theorie der Medienreichhaltigkeit, die insbesondere die rationale und aufgabenangemessene Medienwahl fokussiert und dazu die Eigenschaften eines Mediums heranzieht (vgl. Daft/Lengel 1984) [6]. Die Medienreichhaltigkeitstheorie, die in ihrem Grundverständnis Medien aufgrund ihrer spezifischen Eigenschaften in „arm" und „reich" einteilt, postuliert, dass sich je nach Beschaffenheit der Aufgabe ein bestimmtes Medium für die Kommunikation als besonders geeignet erweisen wird. Beispielsweise stellt Face-to-Face eine „reiche" Kommunikationsform dar und lässt erwarten, dass sich diese Form im Vergleich zu armen Kommunikationsformen bei sehr komplexen, d. h. unbestimmten und mehrdeutigen Aufgaben, als geeigneter erweist. Die Kommunikation per E-Mail wird hingegen als „arme" Form verstanden und daher als besser geeignet für strukturierte Aufgaben mit eindeutigen Informationen. Reichwald et al. (2000, S. 57) [23] verdeutlichen diesen Zusammenhang im sog. „Media Richness-Modell" in Anlehnung an Daft und Lengel (1984) [6]. Ausgerichtet an der zu bewältigenden Komplexität der Kommunikationsaufgabe gibt es demnach auch Medien, die entweder zu einer *Overcomplification* oder *Oversimplification* der Situation führen können. Die Anwendung und empirische Überprüfung dieser Theorie führte jedoch zu uneinheitlichen und teils widersprüchlichen Ergebnissen, sodass bis heute ihre allgemeine Gültigkeit nicht umfänglich bestätigt werden konnte. Die Autoren Dennis et al. (2008) [7] überdenken den Ansatz der Medienreichhaltigkeit, insbesondere für die Anwendung mit den sog. „neuen Medien", in mehreren Facetten und führen mit dem Konstrukt der Mediensynchronizität eine neue Dimension ein, um das Verständnis zum adäquaten Medieneinsatz auf einen neue Stufe zu heben.

Tabelle 5.2 Kernaussagen der elf wichtigsten Theorien der computervermittelten Kommunikation

Theoretisches Modell	Kernaussage
Medienwahl	
1. Rationale Medienwahl	CvK-Einsatz ist für einfache Kommunikationsaufgaben geeignet, für komplexere nicht. Aufgabenangemessen eingesetzt ist CvK eine Bereicherung.
2. Normative Medienwahl	CvK-Einsatz wird durch soziale Normen und Umfeld beeinflusst und erfolgt deshalb oft irrational und dysfunktional.
3. Interpersonale Medienwahl	CvK-Einsatz wird durch die Medienpräferenzen der Beteiligten mitbeeinflusst, wobei Kommunikationspartner sich wechselseitig abstimmen müssen.
Medienmerkmale	
1. Kanalreduktion	CvK ist wegen fehlender Sinneskanäle im Vergleich zur Face-to-Face Kommunikation defizitär und unpersönlich.
2. Herausfiltern sozialer Hinweisreize	CvK führt wegen ihrer Anonymität zu Enthemmung und steigert sowohl prosoziales, als auch antisoziales Verhalten.
3. Digitalisierung	CvK verändert durch die Möglichkeiten digitaler Datenverarbeitung die Produktion, Verbreitung und Rezeption der Botschaften, was ambivalente Folgen für die Nutzer hat.
Mediales Kommunikationsverhalten	
1. Soziale Informationsverarbeitung	Nutzer können nonverbale Botschaften und soziale Hintergrundinformationen bei der CvK verbalisieren, so dass kein Informationsdefizit auftritt.
2. Simulation und Imagination	Nutzer können die Freiheitsgrade der textbasierten Selbstdarstellung und Personalwahrnehmung bei der CvK ausschöpfen und damit veränderte soziale Wirklichkeiten erschaffen.
3. Soziale Identität und Deindividuation	Nutzer können ihre saliente personale oder soziale Identität unter Anonymitätsbedingungen bei der CvK verstärkt erleben und ausdrücken
4. Netzkultur	Nutzer erschaffen im Internet eigene Kulturräume mit spezifischen Werten, Normen, Konventionen usw., die ihr Verhalten bei der CvK beeinflussen.
5. Internet-Sprache	Nutzer stimmen ihren Sprachgebrauch auf Adressaten, Ziele und technische Bedingungen ab, so dass spezifische Sprachvariationen bei der CvK entstehen, die wiederum soziale Prozesse im Netz beeinflussen.

Quelle: Döring 2003, S. 187 [8]

5.3.3 Mediensynchronizität als Kriterium für den Medieneinsatz

Im Zuge der Entwicklung und Durchsetzung der sogenannten „Neuen Medien" bzw. der zahlreichen Online-Interaktionsformen erarbeiteten Dennis et al. (2008) [7] ein erweitertes theoretisches Verständnis für den effektiven Einsatz von Medien zum Zwecke der Wissenskommunikation und -vermittlung in Gruppen. Ihr wichtigster Kritikpunkt ist die starre Fokussierung auf die Aufgabe als zentrale Variable, die alleine die Auswahl eines geeigneten Mediums bestimmen soll. Die Autoren stellen daher mit Blick auf die Mediensynchronizität ein Modell vor, welches diese potenziellen Schwächen auszugleichen versucht. Dabei folgern die Autoren zusammenfassend, dass zur Leistungssteigerung für gemeinschaftliche Aufgaben stets eine Kombination von Kommunikationsmedien unterschiedlich hoher Synchronizitätsgrade erforderlich ist. Damit stellen sie nicht das Medium oder die Aufgabe, sondern die aus den sozialen Eigenschaften eines Mediums ableitbare Mediensynchronizität als kritisches Erfolgskonstrukt in den Mittelpunkt der Betrachtung. Mediensynchronizität definiert sich dabei als das Ausmaß, in welchem die Eigenschaften eines Kommunikationsmediums Gruppen von Individuen in die Lage versetzen, Synchronizität zu erreichen (vgl. Dennis et al. 2008, S. 581) [7]. Ein wesentliches Merkmal dieses Ansatzes ist, dass nicht die Aufgabe, wie z. B. Ideengenerierung oder Konzeptentwicklung, die Anforderung an die Medienbeschaffenheit stellt, sondern die Art des zu Grunde liegenden Kommunikationsprozesses. „Indem Dennis und Valacich am Kommunikationsprozess ansetzen, mithin *kommunikationsorientiert* argumentieren, führen sie theoriegeleitet in ein bislang in der Forschung kaum oder nur widerwillig aufgegriffenes Desiderat ein: das Problem von Synchronizität/Asynchronizität von Medien und/oder computerunterstützten (kooperativen) Settings" (Filk 2006, S. 64) [9]. Zur genaueren Erläuterung des Konstrukts Mediensynchronizität bedarf es zunächst einer Beschreibung der beiden grundlegenden Kommunikationsprozesse der *Informationsübermittlung* und *Informationsverdichtung*, die Dennis et al. (2008) [7] in ihrem Modell unterscheiden.

- Der Kommunikationsprozess der *Informationsübermittlung (Conveyance)* beinhaltet die Übermittlung von neuen Informationen in oft großem Umfang. Diese Informationen können vielfältig und heterogen sein und sollen es dem Empfänger ermöglichen, ein eigenes geistiges Verständnis zu entwickeln oder ein bestehendes mentales Bild zu revidieren.

- Der Kommunikationsprozess der *Informationsverdichtung (Convergence)* beschreibt die Diskussion über die zuvor übertragenen Informationen auf Basis der individuellen Interpretation jedes Teilnehmers. Die Interpretationen der an diesem Prozess Beteiligten werden dabei zusammengeführt, verdichtet und strukturiert, was je nach Unterschiedlichkeit der Interpretation eine mehr oder minder große kognitive Leistung darstellt. Ziel dieses Prozesses ist es, ein homogenes sowie gemeinsam gültiges Verständnis der Situation herzustellen. Wesentlich dabei ist die gegenseitige Bestätigung der Kommunikationspartner, dass ein gemeinsames Verständnis erreicht wurde.

Auf Basis des Modells von Dennis et al. (2008) [7] und seinen theoretischen Aussagen veranschaulicht **Abbildung 5.3** den Zusammenhang zwischen dem Grad der Mediensynchronizität und der Art des zugrunde liegenden Kommunikationsprozesses. Für den Prozess der Informationsübermittlung (Conveyance) sind Medien geeignet, die einen geringen Grad an Synchronizität aufweisen. Ein gutes Beispiel hierfür ist die E-Mail. Für den Kommunikationsprozess der Verdichtung sind hingegen Medien mit einem hohen Synchronizitätsgrad adäquat. Dabei muss es sich nicht zwangsweise um ein Face-to-Face-Treffen (z. B. Meeting oder Workshop) handeln. Auch die Option, per Online-Videokonferenz zu kommunizieren, erfüllt die Anforderung eines hohen Synchronizitätsgrades. Das Modell der Mediensynchronizität listet neben diesem Zusammenhang die verfügbaren Medien entsprechend ihres Synchronizitätsgrades auf und nennt konkrete Beispiele aus der heutigen Kommunikationspraxis.

Abbildung 5.3 Das Modell der Mediensynchronizität

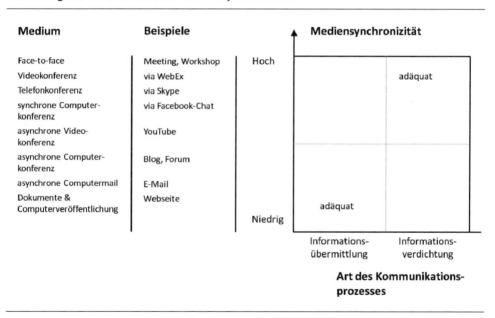

Quelle: eigene Darstellung in Anlehnung an Dennis et al. (2008) [7]

Das Konstrukt der Mediensynchronizität wird dabei gebildet aus den folgenden fünf konkreten Medienmerkmalen:

- **Übertragungsgeschwindigkeit**: Kommunikationsmedien unterscheiden sich fundamental in der Geschwindigkeit, welche der Informationsübermittlung zugrunde liegt. Dabei ist diese Größe für das Verständnis, die Interpretation und das Feedback von enormer Bedeutung. Während die Interaktion bei Face-to-Face oder Videokonferenz eine extrem hohe Geschwindigkeit aufweist, so kann bei der Kommunikation über Internetforen oder Blogs beobachtet werden, dass Aktion und Reaktion zeitlich weit auseinander liegen können.

- **Parallelität**: Bei Kommunikationsprozessen entstehen immer wieder parallele Kommunikationsstränge. Während die Parallelität bei Face-to-Face-Begegnungen durch das dichotome Paar „Reden und Zuhören" eher gering ist, kann diese bei Webseiten mit Kommentar- oder Forumsfunktionen theoretisch unendlich hoch werden. Jeder Besucher der Webseite wäre in der Lage nahezu gleichzeitig eine bestimmte Information zu übermitteln. Somit wird die Kommunikation ihrer zeitlichen und räumlichen Grenzen enthoben.

- **Symbolvielfalt**: Die Interaktion zwischen Menschen beruht stets auf einer Menge von Symbolen, welche durch die verfügbaren Medien bestimmt wird. So kann Zustimmung in einem persönlichen Gespräch, verglichen mit einer E-Mail, gänzlich anders übermittelt werden. Jedes Interaktionsmedium verfügt hierbei über einen bestimmten Satz an Symbolen, der abgerufen werden kann. Dieser Satz prägt dabei maßgeblich die Genauigkeit und Verständlichkeit der Übermittlung.

- **Überarbeitbarkeit**: Das Überdenken von Äußerungen bevor diese den Sender erreichen kann sehr wichtig sein. Gerade sensible oder sehr schwer verständliche Informationen benötigen oft mehrere Bearbeitungsschritte, bis diese an Andere weitergegeben und von ihnen verstanden werden können. Die Entschlüsselung der Informationen wird durch die Überarbeitbarkeit somit deutlich erleichtert. In persönlichen Kommunikationsprozessen lassen sich gesagte Worte nicht überarbeiten, während bei einer Diskussion per Mail nahezu beliebig viele Verarbeitungsschritte möglich sind.

- **Reproduzierbarkeit**: Oftmals erfordern umfangreiche, komplexe Sachverhalte mehrere Prozessierungsschritte bis alle relevanten Informationen aufgenommen wurden. Die Wahl des Mediums hat hierbei einen großen Einfluss. Für eine anspruchsvolle Gruppenaufgabe kann in diesem Sinne ein Workshop kontraproduktiv wirken, wenn es nicht möglich ist, relevante Informationen und die dahinterliegenden Kommunikationsprozesse zu reproduzieren. In diesem Fall könnte die Arbeit mit einem Wiki die bessere Alternative darstellen, da jede Information vollständig und beliebig nachzuvollziehen ist. Dies begünstigt zudem die Fundierung der Erkenntnisse, da Standpunkte auch überdacht werden können.

Die Theorie der Mediensynchronizität unterscheidet sich von den entsprechenden Vorgängertheorien (insbesondere der Medienreichhaltigkeit) in folgenden Punkten:

- Die **Analyseebene** des Modells fokussiert nicht – wie bisher in vielen Theorien üblich – die Aufgabe und ihre Beschaffenheit, sondern die Art des Kommunikationsprozesses als zentrale Dimension. Damit nutzt der Ansatz eine tiefer greifende Analyseebene und ermöglicht auf diese Weise eine differenzierte Betrachtung von Interaktionsprozessen. Dabei gehen die Autoren davon aus, dass jede Aufgabe, die auf ein gemeinsames Verständnis aller beteiligter Akteure abzielt, immer aus den zwei grundlegend Kommunikationsprozessen Informationsübermittlung und Informationsverdichtung besteht.

- Der theoretische Ansatz charakterisiert, in Hinsicht der **Medienmerkmale**, die betrachteten Medien vor allem auf die **physischen Attribute**, welche bestimmen wie Informationen übertragen und verarbeitet werden können. Im Gegensatz dazu verwenden andere Modelle häufig sozial abgeleitete Medienmerkmale wie z. B. Personalisierungsmöglichkeiten.

- Das Herunterbrechen der Analyse auf die **Merkmalsebene** von Medien ist ein weiterer Unterschied zu den klassischen Vorgängertheorien. Somit besitzen Medien per se keine bestimmte Merkmalsmenge, sondern vielmehr definiert die Merkmalsmenge das Medium. Dies ist in der digitalen, wandelbaren Welt von Vorteil, da viele Medien wie z. B. Instant Messaging einen enormen Wandel (text-only bis zu Audio/Video-Unterstützung) vollzogen haben.

Dennis et al. (2008) [7] geben weiterhin die individuelle Art und Weise der Nutzung von Medien als zentrales Kriterium an. Dies hat großen Einfluss auf die tatsächliche Kommunikationsleistung des Einzelnen und der Gruppe. Die Autoren folgern, dass die Eignung eines Mediums durch den Kommunikationsprozess bestimmt wird. Da die Interaktion zur Lösung von Aufgaben immer eine Abfolge von Kommunikationsprozessen darstellt, kann auch die Medienwahl in den meisten Fällen nur mehrstufig sein. Die Kommunikationsleistung ist damit in großem Maße von der passenden Zusammenstellung mehrerer Medien, d. h. einem adäquaten **Medienmix** abhängig. Eine Professionalisierung des unternehmerischen Innovationsgeschehens verlangt vor diesem Hintergrund eine Professionalisierung des Medieneinsatzes im Innovationsprozess und setzt so wiederum eine Kompetenzentwicklung auf individueller sowie mikro- und makrosozialer Ebene im Hinblick auf Medienkompetenz voraus.

5.4 Diskussion und Ausblick

Das Innovationsmanagement in Dienstleistungsunternehmen zeigt spezifische Professionalisierungsbedarfe, aber auch Möglichkeiten. Dienstleister, zumeist nicht von der Historie einer „Closed Innovation" geprägt und mit den damit verbundenen klassischen Innovationsprozessen ausgestattet, stehen vor der Herausforderung, zeitgemäße Innovationsprozesse zu implementieren und zu professionalisieren. Hierfür bildet das Paradigma offener Innovation mit Augenmaß eine sinnvolle Richtschnur und zugleich einen Ankerpunkt für adäquate Strategien der Professionalisierung. Der vorliegende Beitrag hat Strategieansätze der Professionalisierung des betrieblichen Innovationsgeschehens präsentiert, die speziell an einem heute für Dienstleistungsunternehmen geltenden Kontext ansetzen, sich jedoch – und dies sei explizit betont – nicht nur für diesen eignen. Im Ergebnis richtet sich der Fokus auf eine Steigerung des Handlungs- und Kompetenzniveaus auf mehreren Ebenen. Dazu zählen neben der makrosozialen Ebene der Organisation, auch die individuelle Ebene der Mitarbeiter sowie die mikrosoziale Ebene der Gruppe bzw. der Teams.

Der Beitrag greift dabei zunächst „Open Innovation" als Ankerpunkt für die Professionalisierung auf. Er präsentiert sodann einen Strategieansatz der Professionalisierung des Innovationsgeschehens durch reifegradbasierte Kompetenzentwicklung auf Basis des Modells der *Open Innovation Maturity*. Mit Hilfe dieses reifegradbasierten Kompetenzentwicklungsmodells kann ein Unternehmen den Entwicklungspfad der Professionalisierung systematisch strukturieren. Dem Modell folgend werden im ersten Schritt drei essentielle Prozesskategorien identifiziert und in ihren Ausmaßen tiefer greifend konkretisiert. Im zweiten Schritt skizziert das Modell die potenziellen Reifegrade, die eine Organisation bei der Etablierung offener Innovationsprozesse erreichen kann. Dabei muss zur Erreichung des höher gelegenen Reifegrades eine ausbalancierte Steigerung des Handlungs- und Kompetenzniveaus in alle drei grundlegenden Prozesskategorien erfolgen. Um diesen Professionalisierungsprozess systematisch zu initiieren und anzutreiben, sind geeignete Gestaltungsparameter sowie Maßnahmen für das Innovationsmanagement abzuleiten.

In einem nächsten Schritt fokussiert der vorliegende Beitrag die im reifegradbasierten Modell der Kompetenzentwicklung angesprochenen technischen Kompetenzen, die Organisationen wie auch Akteure in offenen Innovationsprozessen erwerben müssen. Dabei gewinnen diese Kompetenzen kompetenter Medienwahl und Mediennutzung im Kontext der zunehmenden Medienvielfalt und verstärkt mediengestützter Innovationsprozesse rasch an Bedeutung. Vor dem Hintergrund des wissenschaftlichen und theoretischen Diskurses zur Computer-vermittelten Kommunikation wurde mit dem abstrakten Konstrukt der Mediensynchronizität eine für die Professionalisierung entscheidende Dimension vorgestellt. Vor dem Hintergrund des Modells der Mediensynchronizität wird erläutert, welch entscheidenden Beitrag kompetente Medienwahl und Mediennutzung für die Professionalisierung offener Innovationsprozesse leisten können. Dabei ist zu betonen, dass eine Professionalisierung mit der Kompetenz zur Gestaltung des jeweils für die Kommunikationssituation adäquaten Medienmixes einhergeht. Zentral ist im Modell die Unterscheidung von Phasen der *Informationsübermittlung (Conveyance)* und *Informationsverdichtung (Convergence)*, welche jeden Innovationsprozess charakterisieren. Bislang fehlen einfache Operationalisierungen, die als Handreichung für Individuen und Teams die jeweils treffende Medienwahl empfehlen könnten. Für Organisationen, die mit der Gestaltung von Innovationsplattformen und Innovationswerkzeugen betraut sind, liefert das Modell jedoch schon in seiner jetzigen Form wichtige Wegleitung. Es hilft Organisationen insbesondere den Weg in die heute häufig betretene „Einweg-Falle" zu vermeiden und sinnvolle Medienmix-Lösungen zu gestalten. Denn wo immer Organisationen bei der Gestaltung des Innovationsgeschehens heute einem reinen Online-Paradigma folgen und die Prozesse rein webbasiert denken oder sich von einer reinen Offline-Dominanz leiten lassen und Innovationsprozesse nur im Einklang mit Gebäudearchitekturen konzipieren, dort steckt die Professionalisierung des Innovationsgeschehens noch in den Kinderschuhen. Die Strategieansätze der reifegradbasierten Kompetenzentwicklung und des kompetenten Medieneinsatzes gehen auf dem Weg zu einer Professionalisierung des unternehmerischen Innovationsmanagements letztlich Hand in Hand.

Literatur

[1] Bessant, J./Tidd, J. (2007): Innovation and entrepreneurship, 1. Aufl., Haddington.
[2] Chesbrough, H. (2003): Open Innovation: The New Imperative for Creating and Profiting from Technology, 1. Aufl., Boston.
[3] Chiesa, V./Coughian, P./Voss, C. A. (1996): Development of a Technical Innovation Audit, in: Journal of Product Innovation Management, Vol. 13, 2, S. 105-136.
[4] Cohen, W./Levinthal, D. A. (1990): Absorptive Capacity: A New Perspective on Learning and Innovation, in: Administrative Science Quarterly, Vol. 35, S. 128-152.
[5] Cranefield, J./Yoong, P. (2007): The role of the translator/interpreter in knowledge transfer environments, in: Knowledge & Process Management, Vol. 14, 2, S. 95-103.
[6] Daft, R. L./Lengel, R. H. (1984): Information Richness: A New Approach to Managerial Information Processing and Organizational Design, in: Research in Organizational Behavior, Vol. 6, S. 191-233.
[7] Dennis, A. R./Fuller, R. M./Valacich, J. S. (2008): Media, tasks, and communication processes: A theory of media synchronicity, in: Management Information Systems Quarterly, Vol. 32, 3, S. 575-600.
[8] Döring, N. (2003): Sozialpsychologie des Internet: Die Bedeutung des Internet für Kommunikationsprozesse, Identitäten, soziale Beziehungen und Gruppen, 2. Aufl., Göttingen.
[9] Filk, C. (2006): Mediengestützte Wissenskommunikation in Gruppen: Theoretische Ansätze und praktische Umsetzungen, in: Medienimpulse Vol. 57, S. 58-69.
[10] Fleming, L./Waguespack, D. M. (2007): Brokerage, Boundary Spanning, and Leadership in Open Innovation Communities, in: Organization Science, Vol. 18, 2, S. 165-180.
[11] Habicht, H./Möslein, K. M. (2011a): Open Innovation Maturity: Ein Reifegradkonzept zum Controlling von Open Innovation, in: Controlling, Zeitschrift für Erfolgsorientierte Unternehmenssteuerung, Vol. 23, 2, S. 91-97.
[12] Habicht, H./Möslein, K. M. (2011b): Kompetenzentwicklung für offene Innovationsprozesse – Entwicklung eines Reifegradmodells, in: Leimeister J. M./Krcmar H./Koch M./Möslein K. M. (Hrsg.): GENIE Abschlussband, S. 365-396.
[13] Habicht, H./Möslein, K. M./Reichwald, R. (2011): Open Innovation: Grundlagen, Werkzeuge, Kompetenzentwicklung, in: IM. Die Zeitschrift für Information Management und Consulting, Vol. 26, 1, S. 44-51.
[14] Jansen, J. J. P./Van den Bosch, F. A. J./Volberda, H. W. (2005): Managing potential and realized absorptive capacity: how do organizational antecedents matter?, in: Academy of Management Journal, Vol. 48, 6 , S. 999-1015.
[15] Kalkowski, P./Paul, G. (2011): Professionalisierungstendenzen in Berufen der Wellness-Branche. Forschungsbericht, Göttingen.
[16] Lichtenthaler, U./Lichtenthaler, E. (2009): A Capability-Based Framework for Open Innovation: Complementing Absorptive Capacity, in: Journal of Management Studies, Vol. 46, 8, S. 1315-1338.
[17] Möslein, K. M. (2009): Innovation als Treiber des Unternehmenserfolgs – Herausforderungen im Zeitalter der Open Innovation, in: Zerfaß, A./Möslein, K. M. (Hrsg.): Kommunikation als Erfolgsfaktor im Innovationsmanagement, 1. Aufl., Wiesbaden, S. 3-22.
[18] Möslein, K. M./Neyer, A.-K. (2009): Open Innovation – Grundlagen, Herausforderungen, Spannungsfelder, in: Zerfaß, A./Möslein, K. M. (Hrsg.): Kommunikation als Erfolgsfaktor im Innovationsmanagement: Strategien im Zeitalter der Open Innovation, 1. Aufl., Wiesbaden, S. 85-103.
[19] Müller M. (2007): Integrationskompetenz von Kunden bei individuellen Leistungen, Dissertationsschrift, 1. Aufl., DUV, Wiesbaden
[20] Neyer, A.-K./Bullinger, A. C./Möslein, K. M. (2009): Integrating inside and outside innovators: A sociotechnical systems perspective, in: R&D Management Journal, Vol. 39, 4, S. 410-419.
[21] O'Hern, M./Rindfleisch, A. (2008): Customer Co-Creation: A Typology and Research Agenda, Wisconsin Innovation Working Paper 4.

[22] Piller, F. T./Ihl, C. (2009): Open Innovation with Customers: Foundations, Competences and International Trends, 1. Aufl., Aachen.
[23] Reichwald, R./Möslein, K. M./Sachenbacher, H./Englberger, H. (2000): Telekooperation: Verteilte Arbeits- und Organisationsformen, 2. Aufl., Berlin.
[24] Reichwald, R./Piller, F. (2009): Interaktive Wertschöpfung: Open Innovation, Individualisierung und neue Formen der Arbeitsteilung, 2. Aufl., Wiesbaden.
[25] Tsai, W. (2001): Knowledge transfer in intraorganizational networks: Effects of network position and absorptive capacity on business unit innovation and performance, in: Academy of Management Journal, Vol. 44, 5, S. 996-1004.
[26] von Hippel, E. (1986): Lead Users: A Source of Novel Product Concepts, in: Management Science, Vol. 32, 7, S. 791-805.
[27] Zerfaß, A./Möslein, K. M. (2009): Kommunikation als Erfolgsfaktor im Innovationsmanagement: Strategien im Zeitalter der Open Innovation, 1. Aufl., Wiesbaden.

Teil 2
Beruflichkeit und Professionalisierung

Querschnitthemen

6 Dienstleistungen im Umbruch - Herausforderung für die Qualifizierung

Andrea Baukrowitz

6.1	Strukturwandel als Thema der Fokusgruppe „Beruflichkeit und Professionalisierung"	131
6.2	Umbruch in Dienstleistungsbranchen	132
6.3	Herausforderungen für die Professionalisierung von Dienstleistungsarbeit	139
6.4	Perspektiven der Aus- und Weiterbildung in Dienstleistungsberufen	144
Literatur		144

Dipl.-Volksw. Andrea Baukrowitz, Institut für Sozialwissenschaftliche Forschung e.V., ISF München

6.1 Strukturwandel als Thema der Fokusgruppe „Beruflichkeit und Professionalisierung"

Dienstleistungen stehen im Zentrum eines gesamtwirtschaftlichen Strukturwandels. Der Dienstleistungssektor gewinnt dabei insgesamt an Bedeutung, er leistet mittlerweile den größten Anteil am Bruttoinlandsprodukt, und die Beschäftigung in Dienstleistungsbranchen ist auf einen Anteil von über 70% gestiegen (vgl. Statistisches Bundesamt 2009) [17]. Angesichts dieses Wachstums gerät die Fachkräfteentwicklung im Dienstleistungssektor zunehmend in den Blick von Unternehmen und Politik. Diagnosen zu einem akuten oder erwarteten Fachkräftemangel etwa in der IT-Branche (vgl. BITKOM 2007) [8] oder auch in den Pflegeberufen und die Erwartung, dass sich die Fachkräftesituation vor allem angesichts des demographischen Wandels verschlechtern wird, verweisen auf erheblichen Handlungsbedarf in der Bildungspolitik und der Personalentwicklung in Unternehmen.

Die Entwicklung des Dienstleistungssektors ist jedoch nicht allein durch sein Wachstum geprägt. In den Dienstleistungsbranchen vollziehen sich aktuell tief greifende Veränderungen in den Marktstrukturen und Unternehmenskonzepten, die neue Anforderungen und Rahmenbedingungen für eine nachhaltige Fachkräfteentwicklung in Dienstleistungsberufen setzen. So werden öffentliche Dienstleistungen zunehmend privatisiert und unter Wettbewerbsbedingungen erbracht. Durch Outsourcing werden ehemals integrierte Dienstleistungen aus Industrie- und Dienstleistungsunternehmen ausgegliedert und vermarktet. Im Internet entstehen gänzlich neue Dienstleistungen, an die vor 15 Jahren noch niemand denken konnte. Durch die Kopplung von Produkten und Dienstleistungen in hybriden Produkten entstehen ebenfalls neue Markt- und Branchensegmente und die Grenzlinie zwischen Produktions- und Dienstleistungsunternehmen verschwimmt. Unternehmen reagieren mit neuen Geschäftsstrategien auf diese veränderten Markt- und Branchenstrukturen. Die geschäftsprozessorientierte Reorganisation von Dienstleistungsunternehmen, neuartige Produkt- und Leistungsstrategien sowie neue, zunehmend auch global ausgerichtete Geschäftsmodelle sind heute in den Unternehmen prägende Entwicklungen.

Dienstleistungsarbeit verändert sich unter diesen Bedingungen grundlegend, sowohl mit Blick auf die Arbeitsprozesse als auch mit Blick auf die Arbeitsteilung. Damit stehen nicht nur die beruflichen Kompetenzen der Fachkräfte auf dem Prüfstand. Auch die Berufsbildung und die Unternehmen stehen vor der Herausforderung, neue Konzepte in der Aus- und Weiterbildung zu entwickeln und damit Impulse für die Professionalisierung von Dienstleistungsarbeit zu setzen. Der BMBF-Förderschwerpunkt „Dienstleistungsqualität durch professionelle Arbeit" will mit Projekten, die die Vielfalt von Dienstleistungsbranchen und ihre für die Professionalisierung von Dienstleistungsarbeit relevanten Themen widerspiegeln, hierfür zukunftsweisende Beiträge leisten.

Der vorliegende Beitrag nimmt Projekte dieses Förderschwerpunkts in den Blick. Die Zusammenarbeit in der Fokusgruppe „Beruflichkeit und Professionalisierung" wurde dafür genutzt, ausgehend von den strukturellen Veränderungen in Dienstleistungsbranchen gemeinsame Querschnittsthemen zu diskutieren und dabei Entwicklungstendenzen und

Lösungen in der Professionalisierung von Dienstleistungsarbeit in einer branchen- und projektübergreifenden Perspektive zu identifizieren. Befunde und Einschätzungen wurden dabei anhand folgender Leitthemen zusammengetragen und ausgewertet:

- Umbruch bestehender und Entwicklung neuer Dienstleistungen,
- Wandel der Dienstleistungsarbeit,
- Konsequenzen für die Kompetenz- und Qualifikationsentwicklung,
- Stand, Perspektiven und Herausforderungen in der beruflichen Aus- und Weiterbildung sowie
- Stand, Perspektiven und Herausforderungen der betrieblichen Personalentwicklung.

Hier wird an die Ausgangsfrage nach den strukturellen Veränderungen in Dienstleistungsbranchen angeknüpft. Der Beitrag wirft einen Blick auf den Wandel von Branchen- und Marktstrukturen sowie die Veränderung der Geschäftsmodelle und Unternehmensstrukturen in den vertretenen Branchen der Fokusgruppe. Sie werden ausgewertet mit Blick auf grundlegende, branchenübergreifende Herausforderungen für die Professionalisierung von Dienstleistungsarbeit. So soll ein Rahmen für die weiteren Querschnittsthemen geschaffen werden, die in den anschließenden Beiträgen im Zentrum stehen.

6.2 Umbruch in Dienstleistungsbranchen

Die Projekte der Fokusgruppe „Beruflichkeit und Professionalisierung" decken ein sehr breites Spektrum von Dienstleistungen ab. Sie bewegen sich in den Branchen IT-Dienstleistungen, Altenpflege, Kindertagesbetreuung, Entsorgungswirtschaft, ÖPNV, Wellness, Bildungsdienstleistungen sowie Energieberatung. Die Projekte nehmen dabei die Qualifikationen sehr unterschiedlicher Fachkräfte und Berufsgruppen in den Blick. Bei aller Unterschiedlichkeit dieser Dienstleistungen im Detail – „Müllkutscher", Altenpfleger, Softwareentwickler und Busfahrer haben zunächst nicht viel gemeinsam – zeigte sich in der gemeinsamen Arbeit doch eine wesentliche Gemeinsamkeit: Die Professionalisierung der Dienstleistungsarbeit vollzieht sich überall unter den Bedingungen sehr grundlegender Veränderungen in den Branchen, sei es dadurch, dass alte Strukturen aufgebrochen und durch neue Branchen- und Unternehmensstrukturen ersetzt werden, sei es dadurch, dass neue Branchen entstehen mit jeweils eigenen, neuen Marktbedingungen und Geschäftsmodellen.

Im Folgenden sollen in einem kurzen Aufriss die Projekte der Fokusgruppe und die zentralen Themen in der jeweiligen Branchenentwicklung vorgestellt werden[23]:

---

[23] Die Darstellung basiert auf Beiträgen aus den Projekten zu dem Workshop „Umbruch in Dienstleistungsbranchen", der am 26.10.2010 im Rahmen der Fokusgruppenarbeit durchgeführt wurde.

Projekt ISO „Professionalisierung in der beruflichen Altenpflege": In der Altenpflege sind vor allem durch die Einführung der Pflegeversicherung in den Jahren 1995/1996 tief greifende Veränderungen der Rahmenbedingungen eingeleitet worden. Damit hielt ein Wirtschaftlichkeitsgebot Einzug in die Altenpflege. Erstmals entstand ein breiter Pflegemarkt, der auch für private Anbieter offen ist und von den Leistungsanbietern ein adäquates, am Marktgeschehen orientiertes Wettbewerbsverhalten erfordert.

Projekt GlobePro „Global erfolgreich durch professionelle Dienstleistungsarbeit": IT-Dienstleistungen stehen im Zentrum einer neuen Phase der Globalisierung. Sie können auf Basis des Internets erstmals international erbracht werden. In der Folge entsteht ein globaler Markt für IT-Dienstleistungen mit grundlegend neuen Anforderungen an Geschäftsmodelle und -prozesse.

Projekt DITUS „Von der Entsorgungswirtschaft zur Wert- und Rohstoffwirtschaft": Die Entsorgungsbranche vollzieht seit den 1990er Jahren einen fundamentalen Wandel in ihren Aufgaben. Statt der Abfallbeseitigung steht nun die Sammlung und Verwertung von Wertstoffen bzw. Sekundärrohstoffen im Vordergrund. Rund um diese Wertstoffe entwickeln sich neue Märkte und Produkte, die mit Abfall und Abfallentsorgung nicht mehr viel zu tun haben.

Projekt ProVes „Professionalisierung der Dienstleistungsarbeit in Schlüsselbranchen des Verkehrssektors": Der ÖPNV ist ebenfalls durch die Vermarktlichung dieses öffentlichen Aufgabenbereichs geprägt. Die Schaffung eines europäischen Binnenmarktes mit neuen internationalen Wettbewerbern, die zunehmende Regulierung dieses Marktes durch die EU sowie der Übergang vom herkömmlichen Linienverkehr zu flexiblen Mobilitätsdienstleistungen sind wichtige Momente der Branchenentwicklung.

Projekt Wellness: Als Teil des zweiten Gesundheitsmarkts ist die Wellness-Branche eng an die Strukturveränderungen im Gesundheitswesen geknüpft. Mit dem Wandel der Lebensstile und der zunehmenden Privatisierung von Kosten zur Gesundheitsvorsorge wandeln sich die Rolle sogenannter Wellness-Angebote und die an sie gestellten Anforderungen.

Projekt BDL „Professionalisierungsstrategien und Qualifizierungskonzepte für Bildungsdienstleister": Bildungsdienstleistungen spiegeln die veränderten Anforderungen an Ausbildung und berufliche Weiterbildung in einem gesamtgesellschaftlichen Strukturwandel wider. Neue Produkte und Leistungen im Rahmen eines „Lebenslangen Lernens", die zunehmende Regulierung von Bildungsaktivitäten über die EU sowie die Öffnung des Bildungsmarktes und die damit verbundene neue Wettbewerbssituation prägen diese Branche.

Projekt PKDI „Professionalisierung der Kindertagespflege als Dienstleistung": Vor dem Hintergrund eines allgemeinen Wandels der Anforderungen an die Kleinkindbetreuung und vor allem -förderung und neuer Rechtsansprüche an die Kleinkindbetreuung gewinnt die Kindertagespflege als eigenständiges Branchensegment an Konturen. Sie stand bisher im Schatten der institutionellen Betreuungsangebote (Kindergärten, Krippen) und wurde im Rahmen eines privaten Arrangements zwischen Tagespflegepersonen und Eltern der zu betreuenden Kinder erbracht. Heute wandelt sie sich zu einer öffentlichen Aufgabe, die spezifischen Qualitätskriterien und neuen Regulierungsmechanismen unterliegt.

Projekt ESysPro „Energieberatung systematisch professionalisieren": Die Energieberatungsbranche ist eine sehr junge Branche. Energieberatung als Dienstleistung entwickelte sich seit der ersten Ölkrise in den 1970er Jahren mit den steigenden Energiepreisen sowie den Energiesparverordnungen. Heute zeigen sich erste Ansätze eigenständiger Branchenstrukturen, in denen sich die Energieberatung von einfachen, standardisierten Beratungsleistungen, die häufig als Nebenleistungen von Architekten und Handwerkern erbracht werden, hin zu komplexen Beratungsleistungen entwickelt, die den gesamten Lebenszyklus von Objekten erfassen und ein steigendes Maß an Professionalität erfordern.

In allen vertretenen Branchen stehen mit den skizzierten Entwicklungen grundlegende Aspekte des Wirtschaftens und Arbeitens auf dem Prüfstand und werden verändert. Die angebotenen Produkte und Leistungen, die damit verbundenen Geschäfts- und Arbeitsprozesse und die Unternehmensstrukturen werden neu definiert und schaffen einen neuen Rahmen für Dienstleistungsarbeit und die Kompetenzentwicklung. Dabei waren es vor allem Tendenzen zur Vermarktlichung und Ökonomisierung, zur Globalisierung sowie zur Standardisierung sowie der Wandel der Geschäftsstrategien in Dienstleistungsunternehmen, die gemeinsame Bezugspunkte in der Einschätzung zu den Herausforderungen für die Professionalisierung von Dienstleistungsarbeit boten.

Vermarktlichung und Ökonomisierung

Ein zentraler Aspekt der Entwicklung in vielen der vertretenen Branchen besteht darin, dass ihre Dienstleistungen erstmals unter marktmäßigen Bedingungen erbracht werden. Damit verändern sich gleichermaßen der Fokus unternehmerischer Entscheidungen und die Orientierung von Dienstleistungsarbeit.

Ein prominentes Beispiel dafür sind die sozialen Dienste und die Daseinsvorsorge im Rahmen der staatlichen Aufgaben, die zunehmend in den privaten Sektor verlagert und heute vermehrt unter marktlichen Bedingungen erbracht werden. So ist etwa in der Altenpflege durch die Einführung der Pflegeversicherung in den 1990er Jahren die Schaffung marktlicher Strukturen und die Konkurrenz gemeinnütziger und privater Träger eingeleitet worden. Die klassische Entsorgungswirtschaft war bis in die 1990er Jahre hinein Teil der staatlichen Daseinsvorsorge und diente der Abfallbeseitigung. Heute finden Abfälle als Sekundärrohstoffe Eingang in wirtschaftliche Prozesse und die Entsorgungsbetriebe wandeln sich zu Wirtschaftsunternehmen. Vor allem die neu entstandenen, privat organisierten Entsorgungsunternehmen begannen sich Märkte zu erschließen, die außerhalb der kommunalen Daseinsvorsorge lagen. Auch der ÖPNV ist in den vergangenen Jahren durch erhebliche Änderungen des rechtlichen Rahmens im Zuge der Schaffung eines europäischen Binnenmarktes für Verkehrsleistungen betroffen, die die Schaffung wettbewerblicher Strukturen fördern. Die IT-Branche ist ein Beispiel für ein systematisches Outsourcing von Dienstleistungen, das ebenfalls die Vermarktlichung der Leistungserbringung zur Folge hat. Hier wird eine Dienstleistung, die ehemals als Querschnittsaufgabe in größeren IT-

Dienstleistungen im Umbruch - Herausforderung für die Qualifizierung

Anwenderunternehmen erbracht und bis dahin nur in geringem Maße unter Kosten- und Effizienzgesichtspunkten gestaltet wurde, ausgelagert. Seit den 1990er Jahren entsteht hier ein neuer Markt mit neuen Wettbewerbsbedingungen und Anbieterstrukturen.

Das Agieren unter Marktbedingung und die Verschärfung des Kosten- und Qualitätswettbewerbs schafft für viele Dienstleistungsunternehmen einen neuen Rahmen, in dem die Geschäftsstrategien grundlegend überdacht und neue Geschäftsmodelle aufgebaut werden müssen. In vielen Dienstleistungssegmenten ist somit bei Unternehmen und Fachkräften aktuell eine Einstellung auf diese neue Konstellation zu beobachten.

Globalisierung

Der Wandel der Marktstrukturen wird dadurch verschärft, dass auch für Dienstleistungen die Leistungserbringung sowie der Wettbewerb nicht mehr auf einen lokalen bzw. nationalen Rahmen beschränkt sind. Sie werden zunehmend auf einem internationalen Markt mit internationalen Wettbewerbern erbracht, unter Angleichung internationaler Qualitätsstandards und gesetzlicher Regelungen. Mit der Schaffung eines europäischen Binnenmarktes werden Dienstleistungen zunehmend unter europäischen Wettbewerbsbedingungen sowie unter einer europaweiten Regulierung erbracht. Dies gilt etwa für den ÖPNV. Durch das Inkrafttreten der Verordnung (EG) 1370/2007 des Europäischen Parlaments über öffentliche Personenverkehrsdienste auf Schiene und Straße verlieren bisherige nationale Regelungen zu Linienverkehrsgenehmigungen ihre Gültigkeit und müssen angepasst werden. Öffentlich kofinanzierte Verkehrsleistungen sind jetzt grundsätzlich im Wettbewerb zu vergeben. Weitere europäische Regelungen wie etwa das Berufskraftfahrergesetz schaffen gemeinsame Standards und Qualitätskriterien.

Auch die Altenpflege gerät durch die Realisierung des europäischen Binnenmarkts und hier insbesondere die EU-Dienstleistungsfreiheit unter Veränderungsdruck. Insbesondere osteuropäische Dienstleistungsunternehmen, die z. B. polnische Pflegekräfte nach Deutschland entsenden, wirken sich auf den Kosten- und Qualitätswettbewerb sowie die Geschäftsmodelle in der Branche aus. Darüber hinaus wird hierdurch im Bereich eine zunehmende Versorgung von Pflegebedürftigen in der eigenen Häuslichkeit durch osteuropäische 24-Stunden Kräfte möglich.

Ein wesentliches Charakteristikum der Entsorgungswirtschaft sind regional und global wachsende Stoffströme. Abfälle zur Verwertung oder Beseitigung werden über zum Teil sehr große Distanzen transportiert. Aus dem ehemaligen „Staatsbetrieb" Duales System Deutschland ist ein international agierendes Unternehmen geworden, dessen Rahmenbedingungen durch neue gesetzliche Regelungen in der Europäischen Union vorgegeben werden. So wird mit der europäischen Abfallrahmenrichtlinie u. a. das Ende der Abfalleigenschaft bestimmter Abfälle vorgegeben und die Hierarchie der Entsorgung sowie die Abfallbewirtschaftung geregelt.

Neben der Schaffung eines europäischen Binnenmarktes sind die modernen Informations- und Kommunikationstechnologien ein weiterer wichtiger Motor für die Internationalisierung von Dienstleistungen. Auf Basis des Internets hat sich seit den 1990er Jahren mit dem

„Informationsraum" ein neuer sozialer Handlungsraum entwickelt, in dem informationsbasierte Dienstleistungen international gehandelt und auch international verteilt erbracht werden können. Unter Nutzung dieser neuen Möglichkeiten vollzieht etwa die IT-Branche aktuell einen tief greifenden Strukturwandel hin zu einer globalen Branche mit neuen Standorten und Wettbewerbern (z. B. Indien) und einer breiten Neuausrichtung der Geschäftsmodelle.

Auch Bildungsdienstleister sehen sich mittlerweile in einem internationalen Wettbewerb. Einerseits sind sie gefordert, die Internationalisierungsstrategien ihrer Großkunden mitzutragen, ihnen an internationale Standorte zu folgen und dem Bedarf an international integrierten Weiterbildungsangeboten gerecht zu werden. Andererseits steigt mit der zunehmenden Digitalisierung von Bildungsinhalten und deren Bereitstellung in internetbasierten Lernumgebungen die Konkurrenz durch internationale Wettbewerber.

Insgesamt zeigt sich, dass viele Dienstleistungen mittlerweile auch international gehandelt und erbracht werden. Unternehmen in den betroffenen Branchen sind gefordert, ihre Geschäftsstrategien an internationalen Wettbewerbsbedingungen und an den spezifischen Anforderungen internationaler Kunden auszurichten. Dienstleistungsarbeit ist damit zunehmend durch internationale Kooperationsbezüge, internationale Qualitätsstandards und rechtliche Regelungen geprägt. Aber auch die branchentypischen Arbeitsmärkte verändern sich. Sie werden international und erhöhen die Anforderungen an die internationale Mobilität der Fachkräfte.

Standardisierung

Mit der Vermarktlichung und der Internationalisierung von Dienstleistungen geht ihre zunehmende Standardisierung einher. National, vor allem aber auch international etwa innerhalb der EU werden verstärkt Normen und Standards für Dienstleistungen entwickelt. Neben der Qualitätssicherung geht es hier darum, eine (internationale) Transparenz und Vergleichbarkeit von Dienstleistungen zu realisieren und so bisher bestehende Hemmnisse im (internationalen) Handel mit Dienstleistungen zu beseitigen. So spielt etwa in der IT-Branche die internationale Durchsetzung des Quasi-Standards ITIL eine zentrale Rolle. Im ÖPNV wurde seitens der EU über das Berufskraftfahrergesetz ein europaweiter Standard für die Qualifikationen von Berufskraftfahrern rechtlich geregelt. In der Altenpflege ist die Entwicklung und Umsetzung prozessorientierter Pflegestandards ein zentrales Thema.

Gemeinsam ist vielen dieser Standards: Sie treiben eine (internationale) Verständigung über Qualitätsmerkmale von Dienstleistungen sowie ihren modularen und prozessorientierten Aufbau voran. Auf dieser Basis und unter den Bedingungen eines Kosten- und Qualitätswettbewerbs werden so viele Dienstleistungen erstmals zur Ware, die nicht mehr allein aus einer kundenorientierten bzw. professionsinternen Perspektive, sondern zunehmend auch unter betriebswirtschaftlichen und marktorientierten Gesichtspunkten definiert und konzeptioniert wird. Die Segmentierung von Wertschöpfungsketten sowie die Herausbildung eigenständiger Teilmärkte rund um Teilkomponenten und -prozesse sind die Folge. Die Energieberatung ist hier ein Beispiel neu entstehender Dienstleistungsbranchen, die über die Herauslösung und Professionalisierung von Teilprozessen, die bisher in diesem Fall von Handwerksbetrieben und Architekturbüros erbracht wurden, entstehen. Aber auch die IT-Branche, die Entsorgungsbranche und in ersten Anfängen auch die Kindertagesbetreuung sind Beispiele dafür, dass sich rund um die Etablierung von Standards und rechtlichen Regelungen neue Branchensegmente herausbilden.

Neue Geschäftsmodelle und Unternehmensstrukturen

Mit diesen Veränderungen in der Markt- und Wettbewerbssituation sind Dienstleistungsunternehmen aller vertretenen Branchen gefordert, mit neuen Geschäftsmodellen und Unternehmensstrukturen den Herausforderungen zu begegnen. Ihre Aktivitäten sind einerseits darauf gerichtet, das Produkt- und Leistungsspektrum wettbewerbsorientiert neu zu definieren. Andererseits stehen die Neuorganisation der Prozesse sowie eine neue Form der Prozessorientierung sowohl in den Unternehmensstrukturen als auch in den Arbeitsprozessen im Zentrum der Unternehmensstrategien.

Ein Schwerpunkt liegt dabei auf der Definition und Neukonzeption von Produkten und Leistungen. In allen vertretenen Branchen findet aktuell ein substantieller Bruch mit bisher gültigen Vorstellungen über Charakter und „Strickmuster" der Dienstleistungen statt. Dienstleistungen werden konzeptionell neu gefasst – als wettbewerbsfähiges Produkt, als Standardprodukt und auf Basis neuer Qualitäts- und Leistungskriterien.

In der Altenpflege wird die ehemals ganzheitliche und weitgehend in der professionellen Selbstverantwortung der Pflegekräfte liegende Pflegeleistung entlang von Pflegestufen, und Pflegestandards strukturiert. Träger von Altenpflegeheimen und ambulanten Diensten stellen dabei nicht mehr nur eine unspezifische pflegerische Versorgung ihrer Klientel sicher. Sie differenzieren ihre Zielgruppen in z. B. gerontopsychiatrisch erkrankte Pflegebedürftige oder „geistig Rüstige" und entwickeln passgenaue wettbewerbsfähige Versorgungsangebote, deren Abgrenzung und Struktur sich an internationalen und nationalen Standards und gesetzlichen Vorgaben orientiert.

Auch in der IT-Branche befindet sich das Produkt- und Leistungsspektrum in einem grundlegenden Wandel. Die Einstellung der IT-Leistungen auf einen globalen Markt, die Nutzung der neuen Potenziale des Internets und eines globalen Informationsraums sowie die Orientierung an neuen, internationalen Standards für Software und Serviceprozesse führen dazu, dass der bisher vorherrschende Charakter dieser Dienstleistungen als hochgradig individuelle Dienstleistungen, die nur begrenzt den Wettbewerbsherausforderungen auf einem durch die Anbieter dominierten Markt unterlagen, zunehmend erodiert. IT-Dienstleistungen werden heute zunehmend zu standardisierten, modular aufgebauten Leistungen auf einem Markt, der durch die Kosten- und Effizienzkriterien der Anwenderunternehmen geprägt ist. Standardisierung, Skalierbarkeit, Kosteneffizienz und Orientierung an international anerkannten Qualitätskriterien sind heute zentrale Orientierungspunkte für die Leistungsstrategien der IT-Dienstleister.

In der Entsorgungswirtschaft ist der Wandel in den Produkt- und Serviceleistungen durch die sich schnell verändernden gesellschaftlichen, ökonomischen und ökologischen Anforderungen geprägt. Die Unternehmen sind mit der steigenden Komplexität für Entsorgungsdienstleistungen konfrontiert. Aus weitgehend homogenem „Abfall" werden „Wertstoffe" aus unterschiedlichsten Materialien, die jeweils eigenen Verwertungsprozessen zugeführt werden. Sie sind entsprechend der Kundenvorgaben in einer definierten Qualität und Quantität zu liefern.

In den Bildungsdienstleistungen ist es vor allem die Einstellung auf eine veränderte Nachfrage im Rahmen eines beruflichen lebenslangen Lernens sowie im Rahmen neuer Personalentwicklungsaufgaben in den Unternehmen. Kompetenzorientierung und eine neue Rolle des Lernenden im Weiterbildungsprozess prägen hier die Entwicklung des Leistungsangebots. Sie münden in einer zunehmenden Bedeutung von Beratungsleistungen für die betriebliche Personalentwicklung und die individuelle Kompetenzentwicklung, sowie der Etablierung einer stärkeren Systematik und Transparenz von Aus- und Weiterbildungsangeboten.

Der ÖPNV steht aktuell vor der Herausforderung, der veränderten Nachfrage nach Mobilität mit neuen Dienstleistungen gerecht zu werden. Vor allem der Wandel von einem einfachen Linienverkehr hin zu integrierten Mobilitätsdienstleistungen steht hier im Zentrum. Sowohl die Kindertagespflege als auch die Energieberatung sind Beispiele für neu entstehende Branchen bzw. Segmente, in denen die Entwicklung des Produkt- und Leistungsspektrums durch die Etablierung neuer, eigenständiger Qualitätskriterien geprägt ist.

Parallel zu dieser Neufassung von Dienstleistungen werden in den Unternehmen und Einrichtungen die Dienstleistungsprozesse neu definiert. In der Altenpflege setzen Unternehmen und Einrichtungen Pflegemodelle um, in denen die verschiedenen Pflegephasen (von der Informationsbeschaffung/Diagnose über die Planung und Umsetzung bis hin zur Evaluation) systematisch beschrieben und aufeinander bezogen sind. In der IT-Branche erfolgt die Orientierung von IT-Service Prozessen zunehmend am ITIL-Standard, in dem alle Phasen des IT-Service Prozesses detailliert beschrieben sind. In der Entsorgungswirtschaft wird der einfache Prozess der Deponierung von Abfällen ersetzt durch komplexe Entsorgungsprozesse. Sie sind geprägt durch das Ziel, hochwertige Rohstoffe zu erzeugen, sowie durch detaillierte gesetzliche Regelungen und sonstige Standards zu ihrer Gestaltung. Kennzeichnend für diese Reorganisationen ist, dass sie in hohem Maße modellgestützt sind und häufig durch die Einführung entsprechender prozessorientierter ERP- und Servicemanagement Software flankiert werden.

Insgesamt zeigt sich in diesem Aufriss über die Branchen und Projekte der Fokusgruppe „Beruflichkeit und Professionalisierung": Das gesamte Setting der Regulierung der Märkte, der Produkte, der Wettbewerber und der vorherrschenden Geschäftsmodelle verändert sich und schafft für alle Akteure neue Rahmenbedingungen. Unternehmen und Einrichtungen stehen vor der Herausforderung, sich mit ihren Geschäftsmodellen darauf einzustellen. Beschäftigte in diesen Branchen sind mit einem grundlegenden Wandel ihrer Arbeitsanforderungen konfrontiert, auf die sie sich mit ihren beruflichen Kompetenzen einstellen müssen.

Dienstleistungsarbeit erhält unter diesen Bedingungen einen grundsätzlich neuen Charakter: Die bisher häufig noch gültige und in den Kompetenzen der Fachkräfte verankerte Ganzheitlichkeit der Arbeitsaufgaben wird zugunsten einer Standardisierung und Modularisierung aufgelöst. Die Orientierung an nicht-ökonomischen Werten wie ethischen Werten bei Pflegekräften oder auch dem Wert der technischen Exzellenz bei Softwareentwicklern schaffte in der Vergangenheit die Basis für ein tragfähiges berufliches Selbstverständnis. Sie müssen heute zunehmend im Zusammenspiel und häufig auch in Konkurrenz zu betriebswirtschaftlichen Kriterien und abstrakten Vorgaben im Rahmen standardisierter Dienstleistungsarchitekturen neu gefasst werden. Die Prozesse und Abläufe unterliegen nicht mehr vornehmlich der individuellen Steuerung entsprechend der Wahrnehmung der Aufgabe etwa in konkreter Auseinandersetzung mit Kunden und Klienten. Vielmehr ist heute bis in einzelne Tätigkeiten hinein den Kennzahlen und den Vorgaben durch Prozessmodelle Rechnung zu tragen. Vor diesem Hintergrund ist die Professionalisierung von Dienstleistungsarbeit durch einen grundlegenden Wandel der Qualifikationsanforderungen an die Fachkräfte geprägt. Die Herausforderungen für die Aus- und Weiterbildung bestehen darin, mit neuen fachlichen und didaktischen Konzepten diesen Umbruch mitzugestalten.

6.3 Herausforderungen für die Professionalisierung von Dienstleistungsarbeit

Vor allem die berufliche Bildung auf mittlerem Qualifikationsniveau steht angesichts dieser Umbrüche unter Veränderungsdruck. Hier gilt es, neue Lösungen zu entwickeln, die der Spezifik und der Veränderungsdynamik von Dienstleistungsarbeit gerecht werden. Die Projekte der Fokusgruppe „Beruflichkeit und Professionalisierung" sind vor diesem Hintergrund darauf gerichtet, die Chancen der Verberuflichung in Dienstleistungsbranchen auszuloten und innovative Konzepte für die Berufsbildung in Dienstleistungsbranchen zu entwickeln.

Das Berufsbildungssystem mit seinen praxisnahen Ausbildungsformen („duales System") und der institutionalisierten beruflichen Weiterbildung (Meister, Techniker) bietet auch für die Professionalisierung in Dienstleistungsbranchen erfahrene Akteure sowie erprobte Konzepte. Seit den 1990er Jahren hat sich die Berufsbildung unter dem Eindruck „systemischer" geschäftsprozessorientierter Unternehmenskonzepte (vgl. Kern/Schumann 1984) [14] als wandlungsfähig erwiesen.[24] Sie hat mit neuen Berufsbildern und Aus- und Weiterbildungs-

---

[24] Angesichts des Strukturwandels in Unternehmen und den damit verbundenen neuen, prozessorientierten Organisationsformen standen auch das Konzept der Facharbeit sowie die duale Ausbildung auf dem Prüfstand (vgl. Baethge 1996; Baethge/Baethge-Kinsky 1998) [1], [2]. Vor allem ihre Verankerung in funktionsorientierten Unternehmensstrukturen wurde kritisiert, der Fokus auf Erfahrungswissen, der mit einem Mangel an erforderlichem theoretischem Wissen und Abstraktionsfähigkeit einhergehe, sowie die Schwerfälligkeit des Berufsbildungssystems und die Dauer der erforderlichen Abstimmungsprozesse in den Gremien angesichts der Dynamisierung des Qualifikationswandels in wissensintensiven Tätigkeitsbereichen.

konzepten zur gesamtwirtschaftlichen Innovationsfähigkeit beigetragen. Die seitdem die Unternehmensentwicklung prägenden prozessorientierten Reorganisationsformen wurden ebenso aufgegriffen wie der Bedarf an neuen, wissensintensiven Dienstleistungsberufen.

Wichtige Impulse gingen hier von dem Neuordnungsverfahren der IT-Berufe (vgl. Ehrke 1997; Baukrowitz/Boes 1997) [10], [3] aus. Hier wurde die zentrale Herausforderung erkannt, die Berufsbildung aus der alten Vorstellung funktionsorientierter Unternehmensstrukturen zu lösen und in modernen Geschäftsprozessen zu verankern. Damit wurden wichtige Voraussetzungen dafür geschaffen, eine moderne Fachlichkeit für Dienstleistungsarbeit zu definieren, die offen ist für die vielfältigen Herausforderungen in Dienstleistungsbranchen und eine systematische Weiterentwicklung beruflicher Handlungskompetenz. Fachkräfte auf mittlerem Qualifikationsniveau haben heute einen festen Platz in der Branche. Und die IT-Berufe wurden zu Prototypen moderner Dienstleistungsberufe (vgl. Ehrke et al. 2011) [11].

Die Themen und Aktivitäten der Projekte der Fokusgruppe „Beruflichkeit und Professionalisierung" zeigen, dass es auch in den hier adressierten Dienstleistungsbranchen darum geht, für Berufe und Ausbildungen auf mittlerem Qualifikationsniveau einen Platz zwischen un- und angelernter Arbeit und Hochschulausbildung zu definieren, dabei die Berufsbilder aus ihrer Verankerung in den alten, funktionsorientierten Organisationsstrukturen von Unternehmen zu lösen, die fachlichen Kernkompetenzen neu zu fassen sowie den Herausforderungen eines lebenslangen Lernens durch die Integration von Ausbildung und systematischer Weiterbildung zu begegnen. Dafür steht heute eine Reihe von innovativen Konzepten und Lösungsansätzen für die Gestaltung der beruflichen Aus- und Weiterbildung bereit, die für die Akteure in den Branchen wichtige Orientierungspunkte für die Innovation der Berufsbildung liefern.

Im Folgenden sollen in Auseinandersetzung mit den strukturellen Veränderungen in Dienstleistungsbranchen und den Erfahrungen der IT-Branche mit der Entwicklung moderner Dienstleistungsberufe einige grundlegende Anforderungen an die Gestaltung beruflicher Aus- und Weiterbildung formuliert werden. Einen Überblick über die jeweiligen Diagnosen der Projekte zum Wandel der Dienstleistungsarbeit und der Kompetenzanforderungen sowie zu den konkreten Lösungsansätzen in der Aus- und Weiterbildung liefern dann die anschließenden Beiträge.

Geschäftsprozesse als Orientierungsrahmen für die Berufsbildung

Eine zentrale Herausforderung besteht darin, die berufliche Aus- und Weiterbildung systematisch in der Aufbau- und Ablauforganisation von Dienstleistungen zu verankern. In der Neuordnung der IT-Berufe Ende der 1990er Jahre wurde hierfür erstmals in einer intensiven Zusammenarbeit von Sozialpartnern, Unternehmen und Wissenschaft eine gemeinsam getragene Vorstellung des IT-Dienstleistungsprozesses entwickelt und in der Berufsausbildung implementiert. Mittlerweile wurde diese Herangehensweise z. B. auch in anderen Neuordnungsverfahren der Industriekaufleute (2002), der Elektroberufe (2002) und der Metallberufe (2004) eingesetzt. In den KMK-Handreichungen zur Erarbeitung von Rahmenlehrplänen und Ausgestaltung von Lernfeldern (2007) [15] wird heute die Orientierung an Arbeits- und Geschäftsprozessen eingefordert.[25]

Die wichtigste Basisarbeit für eine Neuorientierung der Berufsbildung ist daher die belastbare Beschreibung von Geschäftsprozessen, die tatsächlich die Realität in der Branche und vor allem in den Ausbildungsbetrieben hinreichend abbilden. Anders als frühere funktionsorientierte Organisationsformen, die in den Unternehmen relativ einheitlich implementiert waren, handelt es sich bei den geschäftsprozessorientierten Organisationsformen keineswegs um ein gemeinsam getragenes einheitliches Organisationskonzept. Zwar wird in den letzten Jahren über prozessorientierte Standards eine Angleichung vorangetrieben, die Praxis kann in den Unternehmen jedoch erheblich voneinander abweichen. Hier geht es darum, die Akteure in einen gemeinsamen Diskussionsprozess zu bringen, in dem sich der Fokus von der Unternehmensspezifik von Prozessen auf branchenweite Gemeinsamkeiten richtet. In der IT-Branche, die sich durch eine hohe Innovationsdynamik und eine Vielfalt sehr unterschiedlicher Geschäftsfelder auszeichnet, ist dies gelungen. Sie verfügt heute über ein Referenzmodell von Prozessen und damit verbundenen Kompetenzen, das nicht nur für die Ausbildung orientierend wirkt. Auf seiner Basis wurde ein Weiterbildungssystem für IT-Fachkräfte entwickelt, und auch auf europäischer Ebene ist es in die Entwicklung eines europaweiten Referenzrahmens (e-CF) eingeflossen, um die Mobilität von IT-Fachkräften und international integrierte Geschäftsmodelle von IT-Unternehmen zu unterstützen. Nicht nur mit Blick auf die nun vorliegenden Modelle, sondern auch mit Blick auf die dahinter liegenden Prozesse und die Aktivitäten der beteiligten Akteure bietet die IT-Branche auch für andere Dienstleistungsbranchen wichtige Orientierungspunkte, die genutzt und hinsichtlich ihrer Übertragbarkeit bewertet werden sollten.

Eine neue Fachlichkeit für Dienstleistungsberufe

Dem skizzierten Wandel von Dienstleistungsprozessen kann in der beruflichen Aus- und Weiterbildung nicht nur mit punktuellen Anpassungen begegnet werden. Erforderlich ist vielmehr, zentrale Bezugspunkte in den Curricula sowie in der individuellen Kompetenzentwicklung neu zu fassen und die fachlichen Kernkompetenzen von Dienstleistungsberufen daran auszurichten. Was ist der Gegenstand und das Ziel der Arbeit? Welche Tätigkeiten, Methoden, Instrumente und Kommunikationsanforderungen sind damit verbunden? Wie wird der Arbeitsprozess gesteuert? Im Zuge des Umbruchs in Dienstleistungsbranchen müssen diese für die Berufsbildung zentralen Fragen neu gestellt und beantwortet werden.

Zentrale Bausteine in der Neufassung der fachlichen Kernkompetenzen sind vor diesem Hintergrund:

- Das Verhältnis planender, ausführender, steuernder und kontrollierender Tätigkeiten muss entlang des Geschäftsprozesses neu bestimmt und insbesondere durch eine systematische Integration betriebwirtschaftlicher Kompetenzen und Prozesskompetenzen umgesetzt werden. So sind in den IT-Berufen heute die Kern- und Fachqualifikationen

---

[25] Zu den berufspädagogischen Herausforderungen vgl. Busian (2011) [9].

am IT-Geschäftsprozess orientiert. Die traditionelle Trennung zwischen kaufmännischen und technischen Ausbildungsberufen wurde so aufgehoben (vgl. Ehrke 1997) [10].

- Eine besondere Herausforderung liegt hier in der der Ausbildung und den individuellen Kompetenzen zugrundeliegenden Vorstellung von der Steuerung von Dienstleistungsprozessen. Viele Dienstleistungen, insbesondere in sehr kundennahen Bereichen, zeichneten sich in der Vergangenheit durch ein sehr hohes Maß an Selbstorganisation aus. Kompetenzen waren folglich darauf gerichtet, diese Verantwortung wahrnehmen zu können. Hier muss bereits in der Ausbildung die Steuerung von Dienstleistungsprozessen in einem neuen Verhältnis von ergebnisorientierter Steuerung durch das Management und der professionellen Selbststeuerung gefasst werden.

- Insbesondere im Kontext neuer Steuerungsansätze erhält die Kooperation und Kommunikation in der Dienstleistungsarbeit eine neue Ausrichtung. Die Kommunikationsanforderungen steigen und verändern sich in grundlegenden Aspekten durch die steigende Komplexität und Standardisierung von Dienstleistungen und ein neues Verhältnis zwischen Dienstleister und Kunde, das zunehmend durch die Vermarktlichung der Dienstleistungen und eine neue Kosten- und Effizienzorientierung geprägt ist.

- Zunehmend sind Dienstleistungskompetenzen auch als internationale Kompetenzen zu fassen (vgl. Wordelmann 2010; Boes et al. 2011a) [18], [4]. Dies gilt nicht allein im Sinne internationalisierungsrelevanter Zusatzkompetenzen wie Fremdsprachenkompetenzen oder interkulturelle Kompetenzen. Vielmehr ist eine geschäftsprozessorientiert definierte Fachlichkeit insgesamt auf die Anforderungen internationaler Geschäftsprozesse auszurichten.

- Ein weiterer wichtiger Baustein einer neuen Dienstleistungsfachlichkeit besteht in dem Thema Lernen. Fähigkeiten, sich in seiner Berufsrolle im Unternehmen und im Arbeitsmarkt zu verorten sowie die individuelle Kompetenzentwicklung selbst aktiv zu betreiben und die Berufsbiographie zu gestalten, sind zunehmend gefordert.

Die dynamische Entwicklung der Leistungspalette in vielen Dienstleistungsbranchen sowie die damit verbundenen Tendenzen, neue Branchen- und Marktsegmente mit jeweils eigenen Professionalisierungstendenzen herauszubilden, stellen dabei hohe Anforderungen an die Abgrenzung und Strukturierung der Kernkompetenzen, die ein Berufsbild prägen. Das Bestreben, mit immer spezialisierteren Berufsbildern auf diese Entwicklungen zu reagieren, hat sich als Sackgasse erwiesen. Zur Lösung dieses Problems wurde in den IT-Berufen mit einer neuen Kombination einer breiten Basisqualifizierung mit der Vermittlung berufsspezifischer Qualifikationen gearbeitet, was sich als erfolgreich erwiesen hat. 50% der Ausbildung wird auf die Vermittlung von Kernqualifikationen verwand. Dies sind für alle IT-Berufe gemeinsame betriebswirtschaftliche und informationstechnische Inhalte, die den Kern aller IT-Geschäftsprozesse abbilden. Diese Kernqualifikationen werden ergänzt durch profilprägende Fachqualifikationen sowie spezifische Fachqualifikationen der betrieblichen Einsatzgebiete bzw. Fachbereiche (ebenfalls 50% der Ausbildung).[26]

---

[26] Zu den Ausbildungsprofilen, den Kern- und Fachkompetenzen sowie den Lernfeldern vgl. Müller (1997) [16] sowie BMWi/BMBF (1999) [7].

Der Schaffung neuer oder die Neuordnung bestehender Dienstleistungsberufe wird häufig die hohe Veränderungsdynamik in der Dienstleistungsarbeit entgegengehalten, die eine stabile Zuordnung fachlicher Kernkompetenzen zu Berufsbildern kaum zulasse. Auch hier zeigt sich an der IT-Branche, die sich durch eine sehr hohe Veränderungsdynamik in ihren Technologien und Prozessen auszeichnet, dass dies bei einem fundierten Design des Berufsbildes nicht der Fall ist. Seit Neuordnung der Berufe in den 1990er Jahren wird von den Sozialpartnern kein Reformbedarf festgestellt. Die IT-Berufe erweisen sich als sehr stabil und in der Lage, weitgehend beständige Kernqualifikationen mit flexiblen Fachqualifikationen zu verbinden und so mit nur wenigen Berufsbildern (bei deutlicher Dominanz eines Berufsbildes) einen erfolgreichen Berufseinstieg in eine wissensintensive und hochgradig dynamische Branche zu ermöglichen.

Systematik, Transparenz und internationale Anerkennung beruflicher Weiterbildung

Die Professionalisierung von Dienstleistungsarbeit auf mittlerem Qualifikationsniveau und die Zukunftsfähigkeit von beruflichen Ausbildungswegen werden in hohem Maße von der Ausgestaltung der beruflichen Weiterbildung abhängen. Mit dem dynamischen Wandel von Dienstleistungen und den damit verbundenen Qualifikationsanforderungen, aber auch mit der Dynamik, in der neue Dienstleistungen mit neuen Spezialisierungsanforderungen für Fachkräfte entstehen, wird ein zunehmender Teil der Kompetenzentwicklung in das Berufsleben verlagert. Sowohl für das Ressourcenmanagement in den Unternehmen als auch für die Fachkräfte selbst ist von zentraler Bedeutung, im Anschluss an die berufliche Erstausbildung institutionalisierte und systematische Weiterbildungsangebote vorzufinden, die nicht nur eine vorausschauende Kompetenzentwicklung am Arbeitsplatz, sondern auch die Entwicklung in neue Tätigkeitsfelder und in höherwertige Tätigkeiten unterstützen und in entsprechenden Zertifikaten abbilden. Verschärft wird diese Herausforderung durch die zunehmende Internationalisierung in der Dienstleistungsbranche, durch die sich das Problem der internationalen Anerkennung und Wertschätzung beruflich erworbener Qualifikationen durch die Unterschiedlichkeit in den Systemen beruflicher Bildung stellt. Systematische und international anschlussfähige Weiterbildungsabschlüsse sind hier dringend erforderlich, um auch für Fachkräfte auf mittlerem Qualifikationsniveau die Möglichkeit zu schaffen, in international aufgestellten Unternehmen und auf internationalen Arbeitsmärkten qualifikationsadäquat eingesetzt zu werden. Gelingt dies nicht, wird die Berufsausbildung als Einstieg in moderne Dienstleistungsberufe sowohl für Unternehmen als auch für junge Menschen eine Sackgasse und an Attraktivität verlieren.

Auch hier hat die IT-Branche innovative Konzepte für die Ausgestaltung von Weiterbildung in Dienstleistungsberufen vorzuweisen. 2002 wurde von den Sozialpartnern ein System von Weiterbildungsprofilen vorgelegt, die den gesamten IT-Geschäftsprozess abdecken (vgl. BMBF 2002; Borch/Weissmann 2002) [6], [5]. Auf europäischer Ebene ist diese Arbeit in die Entwicklung eines branchenspezifischen Rahmens für IT-Kompetenzen eingeflossen. Gegenüber branchenübergreifenden Ansätzen wie dem EQF (European Qualifications Framework), der vor allem auf die europäische Anerkennung und Transparenz von beruflichen Abschlüssen zielt, steht mit den e-CF (European e-Competence Framework) ein Instrument zur Verfügung, Weiterbildung auch fachlich systematisch auszurichten (vgl. IGM 2010a; IGM 2010b) [12],[13].

6.4 Perspektiven der Aus- und Weiterbildung in Dienstleistungsberufen

In den Projekten der Fokusgruppe „Beruflichkeit und Professionalisierung" stehen innovative Lösungen für die Aus- und Weiterbildung in Dienstleistungsberufen sowie die Chancen einer weiteren Verberuflichung von Dienstleistungsarbeit im Zentrum. Die projektübergreifende Diskussion der Rahmenbedingungen und Herausforderungen der Professionalisierung hat gezeigt, dass der Umbruch in Dienstleistungsbranchen und die prozessorientierte Reorganisation von Unternehmen seit einigen Jahren an Konturen gewinnt und durchaus vergleichbare Rahmenbedingungen schafft. Ökonomisierung, Internationalisierung, Standardisierung, demographischer Wandel und ein steigender Wettbewerbsdruck drängen Dienstleistungsunternehmen, neue Geschäftsmodelle und Leistungsstrategien zu entwickeln. Der Bedarf an Fachkräften, die diesen Wandel aktiv mitgestalten können, steigt. Vor allem die berufliche Bildung auf mittlerem Qualifikationsniveau steht damit unter Veränderungsdruck. Sie ist gefordert, Berufe und Ausbildungen in den neuen Geschäftsprozessen zu verorten und in den Curricula die erforderlichen fachlichen Kernkompetenzen neu zu bestimmen. Eine besondere Bedeutung kommt dabei den beruflichen Perspektiven nach der Erstausbildung zu. Die Attraktivität und Leistungsfähigkeit beruflicher Ausbildung in Dienstleistungsbranchen werden in hohem Maße von der Verfügbarkeit systematischer und transparenter Weiterbildungsangebote abhängen. Mit den neuen IT-Berufen liegt heute ein Prototyp für moderne Dienstleistungsberufe vor. Für die Professionalisierung von Dienstleistungsarbeit bieten sie mit Blick auf Ausgestaltung der Aus- und Weiterbildung sowie mit Blick auf eine funktionierende Zusammenarbeit der relevanten Akteure wertvolle Anregungen.

Literatur

[1] Baethge, M. (1996): Berufsprinzip und duale Ausbildung: Vom Erfolgsgaranten zum Bremsklotz der Entwicklung? Zur aktuellen Debatte über Ausbildungs- und Arbeitsorganisation in der Bundesrepublik, in: Wittwer, W. (1996): Von der Meisterschaft zur Bildungswanderschaft, 1. Aufl., Bielefeld, S. 109-124.

[2] Baethge, M./Baethge-Kinsky, V. (1998): Jenseits von Beruf und Beruflichkeit? Neue Formen von Arbeitsorganisation und ihre Bedeutung für eine zentrale Kategorie gesellschaftlicher Integration, in: Mitteilungen aus der Arbeitsmarkt- und Berufsforschung, Vol. 31, 3, S. 461-472.

[3] Baukrowitz, A./Boes, A. (1997): Fachkräfteentwicklung in der Informations- und Kommunikationstechnikbranche – Zu den Chancen neuer Ausbildungsberufe, in: Berufsbildung in Wissenschaft und Praxis, Vol. 26, 1, S. 12-16.

[4] Boes, A./Baukrowitz, A./Kämpf, T./Marrs, K. (2011a): Auf dem Weg in eine global vernetzte Ökonomie. Strategische Herausforderungen für Arbeit und Qualifikation, in: Boes, A./Baukrowitz, A/Kämpf, T./Marrs, K. (2011b): Eine global vernetzte Ökonomie braucht die Menschen. Qualifizierung als strategischer Erfolgsfaktor einer nachhaltigen Globalisierung in der IT-Branche, 1. Aufl., München.

[5] Borch, H./Weißmann, H. (Hrsg.) (2002.): IT- Weiterbildung hat Niveau(s). Das neue IT- Weiterbildungssystem für Facharbeiter und Seiteneinsteiger, 1. Aufl., Bielefeld.

[6] Bundesministerium für Bildung und Forschung (BMBF) (Hrsg.) (2002): IT-Weiterbildung mit System. Neue Perspektiven für Fachkräfte und Unternehmen. Dokumentation, Bonn.
[7] Bundesministerium für Wirtschaft und Technologie (BMWi)/ Bundesministerium für Bildung und Forschung (BMBF) (1999): Die neuen IT-Berufe, URL: http://www.bmbf.de/pub/it-berufe.pdf [Stand 31. Oktober 2011].
[8] Bundesverband Informationswirtschaft, Telekommunikation und neue Medien e. V. (BITKOM) (2007): Standortnachteil Fachkräftemangel. Fakten und Lösungsansätze, Berlin.
[9] Busian, A. (2011): Geschäftsprozessorientierung – curriculare Orientierungsgröße mit Integrationskraft oder Modeerscheinung? in: bwp@ Berufs- und Wirtschaftspädagogik, 20, URL: http://www.bwpat.de/ausgabe20/busian_bwpat20.pdf [Stand: 05. November 2011].
[10] Ehrke, M. (1997): IT-Ausbildungsberufe: Paradigmenwechsel im dualen System, in: Berufsbildung in Wissenschaft und Praxis, Vol. 26, 1, S. 3-8.
[11] Ehrke, M./Heimann, K./Vaerst, T. (2011): IT-Berufe als Prototyp moderner Dienstleistungsberufe und die Anforderungen einer globalen Berufswelt, in: Boes, A./Baukrowitz, A./Kämpf, T./Marrs, K. (2011): Eine global vernetzte Ökonomie braucht die Menschen. Qualifizierung als strategischer Erfolgsfaktor einer nachhaltigen Globalisierung in der IT-Branche, München (Veröffentlichung in Vorbereitung).
[12] IG Metall (2010a): European e-Competence Framework. Ein europäischer Kompetenzrahmen für ITK-Fach- und Führungskräfte, URL: http://www.globe-pro.de/cms/upload/PDFs/Broschuere_e-CF_d-GP.pdf [Stand: 23. Februar 2011].
[13] IG Metall (2010b): Die deutschen IT-Aus- und Weiterbildungsberufe im europäischen e-Competence Framework. ITK-Fachkräfte ausbilden, Personal planen, die eigene Karriere entwickeln in Deutschland, URL: http://www.globe-pro.de/cms/upload/PDFs/Broschuere_e-CF_IT_Aus_und_Weiterbildung_D-GP.pdf [Stand: 23. Februar 2011].
[14] Kern, H./Schumann, M. (1984): Das Ende der Arbeitsteilung? Rationalisierung in der industriellen Produktion: Bestandsaufnahme, Trendveränderung, 1. Aufl., München.
[15] KMK – Sekretariat der ständigen Konferenz der Kultusminister der Länder in der Bundesrepublik Deutschland (2007): Handreichung für die Erarbeitung von Rahmenlehrplänen der Kultusministerkonferenz (KMK) für den berufsbezogenen Unterricht in der Berufsschule und ihre Abstimmung mit Ausbildungsordnungen des Bundes für anerkannte Ausbildungsberufe, URL: http://www.kmk.org/fileadmin/veroeffentlichungen_beschluesse/2007/2007_09_01-Handreich-Rlpl-Berufsschule.pdf [Stand: 31. Oktober 2011].
[16] Müller, K. (1997): Neue Ausbildungsberufe in der Informations- und Kommunikationstechnik, in: Berufsbildung in Wissenschaft und Praxis, Vol. 26, 1, S. 8-11.
[17] Statistisches Bundesamt (2009): Der Dienstleistungssektor – Wirtschaftsmotor in Deutschland. Ausgewählte Ergebnisse von 2003 bis 2008, Wiesbaden.
[18] Wordelmann, P. (Hrsg.) (2010): Internationale Kompetenzen in der Berufsbildung, 1. Aufl., Bielefeld.

7 Biografische (Re-)Konstruktionen eines Bauzeichners auf dem Weg in die moderne Beruflichkeit

Tim Unger

7.1	Problemstellung und Aufbau der Fallstudie	149
7.2	Ergebnisse der mehrperspektivischen Analysen eines erfolgreichen Energieberaters	151
7.3	Temporäre Vergemeinschaftung und die Notwendigkeit zur (Re-)Konstruktion sozial vermittelter Expertise	160
Literatur		162

Dr. phil. Tim Unger, Technische Universität Darmstadt, Institut für Allgemeine Pädagogik und Berufspädagogik

Der Beitrag verfolgt das Ziel, einen mehrperspektivischen Blick auf erwerbsbiografische Übergänge in die Handlungsfelder der modernen Beruflichkeit am Beispiel der Energieberatung zu werfen. Es werden die Ergebnisse einer interdisziplinären Fallstudie eines gelernten Bauzeichners vorgestellt, der in die Energieberatung gewechselt und dort seit mehreren Jahren erfolgreich ist.

Abschnitt 7.1 stellt zunächst die Problemstellung und den methodischen Aufbau der Studie vor. Anschließend werden in Abschnitt 7.2 ausgewählte Ergebnisse der mehrperspektivischen Fallanalysen erörtert, wobei der Schwerpunkt auf die biografietheoretische Auseinandersetzung mit dem Übergang in die Energieberatung gelegt wird. In Abschnitt 7.3 werden die gewonnenen Erkenntnisse unter dem Gesichtspunkt der Bestimmung der Art der Vergemeinschaftung innerhalb der Domäne der Energieberatung zusammengeführt.

Darin wird die These vertreten, dass sich in biografischen Übergängen in die Energieberatung drei Arten der (Re-)Konstruktion sozial vermittelter Expertise voneinander unterscheiden lassen.

7.1 Problemstellung und Aufbau der Fallstudie

Die hier vorzustellende Fallstudie ist im Kontext des Forschungsprojekts „Energieberatung systematisch professionalisieren" (www.esyspro.de) entstanden, das im Rahmen des Forschungsprogramms „Innovationen mit Dienstleistungen" im Förderschwerpunkt „Dienstleistungsqualität durch professionelle Arbeit" durchgeführt wurde. Es war das Ziel des Projekts, die Akzeptanz von Energieberatungsdienstleistungen durch eine Steigerung der Professionalisierung der Energieberatenden weiter auszubauen. Hierbei sollten insbesondere unterschiedliche Energieberatungsleistungen beschrieben, klassifiziert sowie Verfahren zur Diagnose der Eignung von Energieberatern entwickelt werden.

Die Domäne der Energieberatung ist ein vergleichsweise neues und noch weitgehend unerforschtes Feld. Die Anbieter von Energieberatungsdienstleistungen auf der mittleren Qualifikationsebene weisen in der Regel eine hohe Kompetenz im ursprünglichen Facharbeiterberuf (z. B. Bauzeichner, Schornsteinfeger, Anlagenmechaniker, etc.) auf, der durch ein systematisiertes Angebot an Fort- und Weiterbildungen zielgerichtet ausgebaut wurde. Energieberatende werden in solchen dienstleistungsorientierten Handlungsfeldern aktiv, die sich im Vergleich zu ihren Ausbildungsberufen durch oftmals stark widersprüchliche Zielanforderungen und hohe Reflexionsanforderungen des eigenen Handelns auszeichnen. Hinzu kommt, dass bislang umfassende, systematisierte Fort- und Weiterbildungsstrukturen fehlen.

Vor diesem Hintergrund wurde im Rahmen von ESysPro eine Fallstudie mit einem gelernten Bauzeichner durchgeführt, um die Frage zu klären, warum Erwerbstätige, die in ihrer Berufsbiografie mit vergleichsweise hoch standardisierten Handlungsabläufen vertraut waren, in der Energieberatung überhaupt zurechtkommen können. Warum kann jemand, der eine berufliche Erstausbildung in einem staatlich anerkannten Ausbildungsberuf absolviert hat und eine mehrjährige Berufspraxis aufweist überhaupt den erwerbsbiografischen Übergang in die Energieberatung bewältigen? Die Energieberatung ist ein Handlungsfeld, das sich in mehrerlei Hinsicht von klassischen gewerblich-technischen Ausbildungsberufen unterscheidet:

- Sie weist einen hohen Anteil von Unbestimmtheit der Handlungsaufgaben auf, für die kein kollektives bzw. standardisiertes Handlungswissen zur Verfügung steht,
- zwischen den gelernten Ausbildungsberufen und der Energieberatung gibt es in fachlicher Hinsicht oftmals nur wenige Schnittstellen,
- auf Grund der hohen Kontingenz von Marktentwicklungen ist eine flexible Gestaltung des Handlungsprofils als Energieberater erforderlich.

Die Energieberatung ist durchaus als ein Beispiel für die zunehmende Ausdifferenzierung moderner Erwerbsarbeit anzusehen. Viele Energieberater haben solche Entwicklungsprozesse durchlaufen, die man als erwerbsbiografische Übergänge zwischen zwei verschiedenen Formen der sozialen Organisation von Arbeit bezeichnen kann: von einer traditionell berufsförmig orientierten zur modernen Beruflichkeit (vgl. Kutscha 2008; Kutscha 1992; Kraus 2006; Meyer 2004) [9], [10], [8], [18]. Übergänge sind gemeinhin „Schnittstellen individueller biographischer Verläufe und sozialer Strukturen, Verzweigungen gesellschaftlich vorgeformter Entwicklungsbahnen. Sie markieren Brüche, die es zu überbrücken gilt, sie sind das Nadelöhr für gesellschaftlichen Erfolg, aber auch Stationen des Scheiterns und Mißerfolgs" (Kutscha 1991, S. 113) [11].

In der Fallstudie geht es um die Erforschung derjenigen Wissensmuster, die Akteure biografisch entwickeln, um solche „Brüche" wahrnehmen, deuten und gestalten zu können, die sich durch erwerbsbiografische Übergänge ergeben. Ungeklärt ist bislang die Frage, auf welche Wissensbestände Menschen zurückgreifen, die den Übergang von einer berufszentrierten Tätigkeit in die moderne Beruflichkeit vollzogen haben und sich am Markt seit mehreren Jahren etablieren konnten. Es stellen sich die folgenden weiterführenden Fragen:

- Warum kann ein gelernter Bauzeichner in der Energieberatung zurechtkommen, obwohl sein Ausbildungsberufsbild nur relativ geringe Schnittmengen mit dem Handlungs- und Qualifikationsprofil eines Energieberaters aufweist?
- Welche Anteile fachlicher Unbestimmtheit weist das Handlungsfeld der Energieberatung auf und welche Bedeutung kann bei der Lösung typischer Handlungsaufgaben das Kompetenzprofil des Ausgangsberufes einnehmen?
- Welche Formen der sozialen Vergemeinschaftung greifen in der Energieberatung, sodass eine professionsähnliche Bindung und Orientierung an Standards der Problemwahrnehmung und -bearbeitung entstehen kann?
- Welche Relevanz haben biografische Lern- und Bildungsprozesse bei der Bewältigung des erwerbsbiografischen Übergangs in die moderne Beruflichkeit?

Im Rahmen von ESysPro wurden mehrere autobiografisch-narrative Interviews und Gruppendiskussionen mit Energieberatern durchgeführt, die eine berufliche Erstausbildung nach BBiG im gewerblich-technischen Bereich absolviert haben und sich anschließend im Bereich der Energieberatung mehrere Jahre lang erfolgreich etablieren konnten. Bei autobiografisch-narrativen Interviews handelt es sich um eine Forschungsmethode der qualitativen Bildungs- und Sozialforschung, in der es darum geht, dass der Informant seine Lebensgeschichte erzählt und während des Erzählens seine biografischen Orientierungen (Selbst- und Weltreferenzen) aktiviert (vgl. Schütze 1984) [23]. In der Gruppendiskussion wurden den Teilnehmenden Dilemma-Aufgaben aus der Energieberatung vorgelegt (das sind Aufgaben, die so hohe Anteile von Komplexität und Unbestimmtheit aufweisen, dass der Problemraum nicht direkt reduziert werden kann) mit der Bitte, ihre Lösungen vorzustellen und in der Gruppe zu diskutieren.

Aus dem Datenmaterial wurde ein prägnanter Fall ausgewählt, der gelernte Bauzeichner Martin Kranz (alle Angaben von Namen, Orten, Firmen etc. sind anonymisiert), der hinsichtlich seines Alters, seines beruflichen Werdegangs, seines Tätigkeitsprofils in der Energieberatung sowie der Verlagerung auf die Energieberatung als Haupteinnahmequelle dem Profil vieler Energieberater entspricht. Anschließend wurden mehrere Wissenschaftler/-innen (aus der Qualifikationsforschung, Bau- und Gebäudetechnik, Bauökologie, Kompetenzdiagnostik, Biografie- und Bildungsforschung sowie der Arbeits- und Berufspädagogik) gebeten, die Frage zu beantworten, warum ein gelernter Bauzeichner in der Energieberatung zurechtkommt. Hierzu wurden die Interviewtranskripte (autobiografisch-narratives Interview mit Martin Kranz sowie diejenige Gruppendiskussion, in der Martin Kranz als Teilnehmer beteiligt war) als Datengrundlage zur Verfügung gestellt. Im Wesentlichen ging es in der Pilotstudie darum, die Zusammenhänge zwischen biografischen Lern- und Reflexivitätsmustern einerseits sowie andererseits fachspezifischen Wissensstrukturen derjenigen zu untersuchen, die sich gegenwärtig in den Sozialwelten moderner Beruflichkeit bewegen.

Dieser Beitrag stellt ausgewählte Ergebnisse dieser interdisziplinären Fallstudie vor. Eine umfassende Dokumentation der Ergebnisse findet sich in Frenz et al. (2011) [1].

7.2 Ergebnisse der mehrperspektivischen Analysen eines erfolgreichen Energieberaters

In diesem Abschnitt werden ausgewählte Ergebnisse der Auswertungen des Falls Martin Kranz vorgestellt.

Martin Kranz aus der Sicht der Qualifikationsforschung

Heinen et al. (2011) [3] setzen sich mit dem Datenmaterial aus der Sicht der Arbeitswissenschaft auseinander und legen eine einschlägige Studie der Qualifikationsforschung vor. Hierzu haben sie zunächst die Anforderungen in der Gebäudeenergieberatung erhoben und beschrieben, wobei sie sich unter anderem an den gegenwärtigen beruflichen Strukturen in der Energieberatung orientiert und eine ordnungsmittelbezogene Analyse durchgeführt haben (vgl. Huisinga 2005; Rauner 2005) [6], [21]. Sie kommen zu dem Ergebnis, dass die Curricula überwiegend dem Konstruktionsprinzip der Wissenschaftsorientierung folgen. Sie argumentieren, dass es jedoch erforderlich sei, die beruflichen Handlungsfelder in der Gebäudeenergieberatung situationsorientiert zu erheben und zu validieren. Aufgrund der spezifischen Unbestimmtheiten in der Domäne der Energieberatung (bspw. hinsichtlich der Interaktion mit Kunden, Zielkonflikten im Sinne der Nachhaltigkeit, Zugänge aus unterschiedlichen Disziplinen etc.) wurde die Fallanalyse um eine empirische Studie zur Erhebung der überfachlichen Kompetenzen (vgl. Kleinmann et al. 2010) [7] ergänzt.

Die Auseinandersetzung mit dem Fall Martin Kranz wirft ihrer Ansicht nach zentrale Fragen für die Qualifikationsforschung auf: Martin Kranz ist für die Tätigkeit in der Gebäudeenergieberatung formal nicht qualifiziert. Er hat an keiner Fortbildung teilgenommen, um die Berechtigung zur Erstellung von Energieausweisen zu erhalten. Dennoch fällt auf, dass er wohl aufgrund berufsbiographischer Erfahrung einen Großteil der erforderlichen überfachlichen Kompetenzen besitzt, die Kleinmann et al. (2010) [7] beschrieben haben. Dadurch entsteht die folgende Problematik: Während Rückschlüsse aufgrund der klassischen Studien in der Qualifikationsforschung im Sinne von curricularen Empfehlungen relativ leicht erstellt werden könnten, fällt es hingegen schwer, die informelle, in der Berufsbiografie verankerte Kompetenzentwicklung von Martin Kranz insbesondere im Bereich der überfachlichen Kompetenzen in Empfehlungen münden zu lassen. Die Frage bleibt offen, ob überhaupt und wenn ja, wie berufsbiographische Erfahrungen berufspädagogisch genutzt werden können und in didaktischen Zielen, curricularen Empfehlungen oder mikrodidaktischen Konzepten münden können.

Martin Kranz aus der Sicht der Forschung zur Bau- und Gebäudetechnik

Die Wissenschaftler Möllenhoff/Brunk (2011) [19] gehen aus der Sicht der Bau- und Gebäudetechnik der Frage nach, ob ein Bauzeichner bzw. Bauhandwerker auf der Basis seiner in der Erstausbildung entwickelten Fachexpertise ein guter Energieberater sein kann. Hierzu orientieren sie sich an einem selbst entwickelten Aufgabenmodell der Energieberatung. Das Aufgabenmodell gibt eine Übersicht über alle Leistungsbestandteile, die durch Energieberatung im Gebäudebereich erbracht werden können. Es ist in einer Baumstruktur aufgebaut; die Detaillierung der Aktivitäten nimmt in horizontaler Richtung von abstrakten Oberbegriffen (in der ersten Ebene beispielsweise: „Diagnose/Analyse vornehmen" oder „Umsetzung begleiten") bis hin zu einer Aufzählung aller zu betrachtenden Gewerke, der zu erfassenden Fakten und möglichen Quellen zu. In Abhängigkeit von dem Typ der Energieberatung müssen eventuell nur ein Teil dieser Aufgaben bzw. diese mit sehr unterschiedlicher Intensität wahrgenommen werden. Neben der Unterscheidung des Gebäudetyps (Wohngebäude versus Nicht-Wohngebäude und Neubau versus Bestand) dienen den Autoren folgende drei Merkmale, um die Leitfrage des Bandes zu beantworten:

- Breite der Betrachtung (berücksichtigte Gewerke),

- Tiefe der Betrachtung (Detaillierungsgrad der Bewertung und/oder Berechnung sowohl für energetische wie auch wirtschaftliche Aspekte),

- Umfang der Betrachtung mit den vier Teilprozessen aus dem Aufgabenmodell (Diagnose/Analyse vornehmen, Konzeption erstellen, Umsetzung begleiten und Monitoring, Analyse).

Sie gelangen zu dem Ergebnis, dass Bauhandwerker mit viel Berufserfahrung, umfangreichen zusätzlich angeeigneten Fachkompetenzen und einem Verständnis für notwendige Kundenorientierung in dem Kundensegment der Ein- und Zweifamilienhäuser eine gute Energieberatung durchführen bzw. zumindest im Rahmen einer Kooperation einen guten Beitrag dazu leisten könnten. Das Profil des Bauzeichners allein reicht jedoch nicht aus, um die komplexen Aufgaben der Energieberatung sach- und fachgerecht zu bewältigen.

Martin Kranz aus der Sicht der Forschung zur Bauökologie

Felix Meckmann (2011) [16] führt die Fallstudie aus einer bauökologischen Perspektive durch. Hierbei stellt er zunächst fest, dass auf Basis der Ausbildung als „Bauzeichner" keine Ausstellungsberechtigung für Energieausweise nach § 21 EnEV vorliegt (häufig stellt ein Energieausweis den Anlass für eine Energieberatung dar). Er kommt zu einer ähnlichen Einschätzung wie die Autoren Möllenhoff/Brunk (2011) [19]: Prinzipiell sei es für einen gelernten Bauzeichner möglich, durch Fortbildungen (Schulungen zur Energieberatung und Anwendung von Energieberaterprogrammen) und durch eine mehrjährige Berufserfahrung im Hochbau die Aufgaben eines Energieberaters fachlich zumindest teilweise abzudecken.

Anschließend entwirft Meckmann eine Vision, wie sich die Energie- und Umweltdiskussion im Bausektor weiter entwickeln könnte und welche Konsequenzen dies für die Akteure in der Energieberatung hätte. Aufgrund der zunehmenden Komplexität der Aufgaben, kann kein Energieberater den Anspruch des „Allwissenden" (Meckmann 2011, S. 70) [16] aufrechterhalten. Stattdessen wird dem Energieberater die Aufgabe des Beratungsprozessbegleiters, des Lenkers und der gewissermaßen inhaltlichen Klammer zuteil. Diese Aufgaben nimmt er im Rahmen eines Planungs- und Realisierungsprozesses von energieeffizienten und nachhaltigen Immobilien wahr. Energieberater werden zunehmend zu Begleitern, Überwachern und Auditierenden, die nicht alleine, sondern in Teams arbeiten. Die Teams sind dabei mit Experten aus den erforderlichen Fachgebieten besetzt, die entsprechendes Detailwissen zum Thema beitragen. Legt man die zur Umsetzung dieses prognostizierten Handlungsprofils erforderlichen Kompetenzen zu Grunde, dann lässt sich zeigen, dass Martin Kranz diesen Ansprüchen durchaus gerecht werden könnte. Martin Kranz weist erste prototypische Züge eines zukünftigen Energieberaters auf.

Martin Kranz aus der Sicht der Kompetenzdiagnostik

Djaloeis et al. (2011) [1] führen neben der qualifikationsbezogenen auch eine kompetenzdiagnostische Studie durch. Dabei orientieren sich insbesondere an dem in der Gruppendiskussion erhobenen Datenmaterial. In der Gruppendiskussion wurden den teilnehmenden Energieberatern (u. a. Martin Kranz) Aufgaben aus der Energieberatung vorgelegt, die von dem Autorenteam entwickelt wurden, um Aussagen zur Kompetenz von Energieberaterinnen und Energieberatern treffen zu können.

Sie gehen davon aus, dass in der Domäne der Energieberatung viele Zielkonflikte vorliegen, die zum Entstehen hoher Unbestimmtheitsanteile des Beratungsprozesses beitragen. Von zentraler Bedeutung ist dabei das Trilemma der Nachhaltigkeit zwischen ökonomischen, ökologischen und sozialen Anforderungen. Ein wesentlicher Bestandteil zur Durchführung kompetenter Energieberatung ist ihrer Ansicht nach die Reflexivität des Energieberaters im Umgang mit diesem Nachhaltigkeitstrilemma. Deshalb basieren die in der Gruppendiskussion den Informanten vorgelegten Aufgaben auf einem Kompetenzmodell, welches in einschlägigen Aufgabenkomplexen auch Aussagen zu Niveaustufen des Reflexionsverhaltens bzw. des Reflexionsmodus im Umgang mit den strukturellen Zielkonflikten der Energieberatung ermöglichen soll (vgl. Tiefel 2004; Helsper 2002; Helsper 1996; Schütze et al. 1996) [25], [4], [5], [22]. Unter dem Reflexionsmodus verstehen sie Prozesse, wie offen ein Individuum ein bestimmtes Problem reflektiert, d. h. durch Reduzierung der Problemkomplexität (Stabilisierung) oder das Sich-Einlassen auf alle möglichen Problemszenarien (Innovation). In Zusammenarbeit mit mehreren Energieberaterinnen bzw. Energieberatern wurden im Vorfeld der Fallstudie typische Energieberatungssituationen für einschlägige Aufgabenkomplexe entwickelt, die die Umsetzung des Nachhaltigkeitsgedankens betonen. Eine dieser „Trilemma-Aufgaben der Nachhaltigkeit" zur Entwicklung eines Heizungskonzepts wurde von Martin Kranz bearbeitet und in der Gruppendiskussion gemeinsam mit anderen Energieberatern diskutiert.

Aus kompetenzdiagnostischer Sicht folgern sie, dass der gelernte Bauzeichner Martin Kranz deswegen in der Energieberatung zurechtkommt, weil er die Zielkonflikte der Nachhaltigkeit antizipieren und aus einer starken Betonung des Kunden- und Finanzaspektes Lösungsansätze erarbeiten kann. Zusätzlich kann er diese Lösungsansätze mit profundem Wissen aus der Domäne eines Bauzeichners belegen. Eventuell notwendige Begründungen seiner Lösungen für ein Heizungskonzept aus der Domäne der Anlagen- und Gebäudetechnik haben in seiner Argumentation dagegen keine Bedeutung. Eine wichtige Komponente ist hierbei der stabilisierende Reflexionsmodus, den er während der gesamten Konzepterstellung in der Gruppendiskussion beibehält. Indem er immer den Blick auf den Kunden und das Budget beibehält, kommt Martin Kranz zu Lösungen, die bezogen auf ökonomische Fragen überzeugen. Zur Erstellung einer detaillierten, auch technisch begründeten Lösung wäre jedoch ein innovativer Reflexionsmodus angemessen. Mit ihrer Analyse können die Autoren somit aufzeigen, dass ein am Markt erfolgreicher Energieberater, die Widersprüche der Arbeitsaufgaben nicht reflexiv bearbeiten muss, um als Energieberater zu Recht zu kommen.

Martin Kranz aus der Sicht der Arbeits- und Berufspädagogik

Die Berufspädagogin Rita Meyer legt in ihrem Beitrag eine Analyse des autobiografisch-narrativen Interviews mit Martin Kranz vor (vgl. Meyer 2011) [17]. Darin folgt sie der Leitfrage des Sammelbandes aus einer sozialisations-, berufs- und professionstheoretischen Perspektive. Sie stellt die These auf, dass der Energieberater Martin Kranz sich durch eine moderne Beruflichkeit auszeichnet. Hierbei betont sie, dass es sich um eine hoch individualisierte, reflexive Beruflichkeit handelt, die von ihm permanent neu (re-)konstruiert wird. Auf der Grundlage des sozialisationstheoretischen Ansatzes von Wolfgang Lempert (vgl.

Lempert 2006) [12] untersucht sie zunächst die Bedingungen, Prozesse und Merkmale seiner Persönlichkeitsentwicklung und verdichtet die gewonnenen Erkenntnisse zu Aussagen über die Persönlichkeitsstruktur von Martin Kranz. Anschließend erörtert sie die These, dass die Energieberatung ein Tätigkeitsfeld sei, das gegenwärtig nur ansatzweise berufsförmig organisiert ist, jedoch viele Merkmale einer modernen, reflexiven Beruflichkeit aufweist. Vor diesem Hintergrund interpretiert sie ihre zuvor in der Fallanalyse gewonnenen Ergebnisse und zeigt, dass Martin Kranz hinsichtlich der Entgrenzung seiner Beruflichkeit (als Bauzeichner) in Richtung seiner Tätigkeit als Energieberater ein Grenzgänger ist. Sie zeigt, dass im Handeln von Martin Kranz diejenigen Merkmale von Professionalität durchweg nachzuweisen sind, die in der erziehungswissenschaftlichen Diskussion als grundlegend für Professionen gelten: spezifisches Wissen, Klientenbezug und Autonomie. Sie betont unter anderem die professionelle Haltung von Martin Kranz, die sich bei ihm in der Form der Einhaltung eines spezifischen ethischen Codes artikuliert.

Martin Kranz aus der Sicht der Biografie- und Bildungsforschung

Der Autor dieses Beitrags, Tim Unger, analysiert das autobiografisch-narrative Interview mit Martin Kranz vor einem biografie- und bildungstheoretischen Hintergrund (vgl. Unger 2011) [26]. In der Fallstudie setze ich mich mit der Frage auseinander, welche Lernprozesse notwendig sind, um die erwerbsbiografischen Übergänge und die veränderten Formen der Vergemeinschaftung bewältigen zu können, die sich beim Wechsel in die Domäne der Energieberatung ergeben. Die Auswertung der Daten erfolgte entlang einer Kombination der von Fritz Schütze (1983; 1984) [24], [23] und Winfried Marotzki (2006; 1990) [13], [15] entwickelten Kodierparadigmen der Narrationsanalyse bzw. der Analyse strukturaler Bildungsprozesse.

Die biografietheoretische Antwort auf die Leitfrage der Studie lautet: Martin Kranz kommt deshalb in der Energieberatung zurecht, weil sich in seiner Biografie sukzessive solche Dispositionen aufgeschichtet haben, die ausgesprochen günstig sind, um die temporäre Vergemeinschaftung der Sozialwelten der Energieberatung konstruktiv gestalten zu können. Der Fall Martin Kranz verdeutlicht auch, dass entgegen gängiger theoretischer Annahmen der Übergang zur modernen Beruflichkeit weder durch eine biografische Diskontinuität noch durch umfassende biografische Reflexionsprozesse begleitet sein muss. Dagegen lässt sich ein durchgängiges Muster seiner Biografisierung nachzeichnen, mit dem er die Grauzonen des erwerbsbiografischen Übergangs bewältigt. Demgegenüber spielen eine etwaige – aber auf Martin Kranz nicht zutreffende – stabile berufliche Identität oder die strikte Orientierung an sozialen und/oder fachlichen Reputationshierarchien eine untergeordnete Rolle.

Im Folgenden wird diese biografietheoretische Argumentation näher vorgestellt.

Die argumentative Strategie zur Beantwortung der Frage, warum dieser Bauzeichner in der Energieberatung zurechtkommt, besteht darin, das Passungsverhältnis zwischen biografischen Dispositionen einerseits und den Handlungsanforderungen der sozialen Welten der Energieberatung andererseits zu bestimmen. Ich werde dabei in drei Schritten vorgehen.

Argumentationsschritt 1: Die Aufschichtung biografischer Dispositionen bei Martin Kranz

Martin Kranz hat in allen institutionalisierten Phasen seines Lebenslaufs (Schulzeit, Erstausbildung, Zivildienst, Berufstätigkeit als Bauzeichner etc.) bestimmte biografische Dispositionen entwickelt: Erstens weist er ausgeprägte Stärken in der Beobachtung und Einschätzung des sozialen Nahweltbereiches auf. Er hat frühzeitig gelernt, das Verhalten der unterschiedlichen Akteure seiner Schule (Mitschüler, Lehrer, Schulleitung) gewissermaßen lesen zu können und sein Handeln in diesen unterschiedlichen Kontexten situativ anzupassen. Zweitens hat Martin Kranz bereits als Jugendlicher die intentionale Handlungsstrategie entwickelt, sich auf der Grundlage seiner in der Beobachtung gewonnenen Einsichten zwar einerseits der Machtseite zuzuwenden, sich andererseits aber auch von der Alltagspraxis dieser Personen mitunter deutlich abzugrenzen. Er entwickelt regelrecht Negationsstile gegenüber den habituellen Erfahrungsräumen der Schule und auch seinem Ausbildungsbetrieb gegenüber und schafft sich abgesicherte Nischen der eigenen Selbstbehauptung. Dieser Handlungsstrategie kommt insofern eine herausgehobene Bedeutung zu, da sie das Resultat der Kontrolle einer verlaufskurvenartigen Entwicklung seiner Schulkarriere ist. Martin Kranz musste nach der neunten Klasse das Gymnasium verlassen und stand vor der Herausforderung sich in einer neuen schulischen Umgebung zu orientieren, gegen die er massive Vorbehalte hatte. Die Lösung zur Bewältigung dieser biografischen Krisenlage – er selbst spricht von einem „Abstiegsschock" – war das Befolgen der Verhaltensregel eines Mitschülers, zunächst ruhig und bedeckt zu agieren und insbesondere die Erwartungen der Lehrkräfte zu erfüllen. Danach, so sein Freund, hätte er gewissermaßen einen Stein im Brett und könne machen, was er wolle.

Drittens tritt immer wieder seine Fähigkeit zutage, in kontingenten und emergenten Handlungssituationen (sowohl in situativer als insbesondere auch biografischer Hinsicht) die Kontrolle zu behalten und ein hohes Maß an Durchhaltevermögen in erwerbsbiografischen Krisenlagen zu entwickeln.

Diese Fähigkeiten sind keine einmalig auftauchenden Phänomene bei Martin Kranz, sondern biografische Dispositionen: Er weist trotz der von außen betrachtet als diskontinuierlich zu typisierenden Erwerbsbiografie ein kontinuierliches Biografisierungsmuster auf, um das die oben genannten Dispositionen zu kreisen scheinen. Dieses Biografisierungsmuster lässt sich als „die kontrollierte Anpassung bei simultaner kontrollierter Abgrenzung" bezeichnen. Er passt sich an als

- Schüler, indem er es lernt, die kontextabhängigen Verhaltenserwartungen an die Rolle eines guten Mitschülers, Lerners etc. genauestens einzuschätzen und sein Handeln daran entsprechend auszurichten;
- Bauzeichner, indem er bis zum Zeitpunkt der Tätigkeit als Energieberater größten Wert auf eine funktionale Arbeitsorganisation legt und sein berufliches Qualitätsbewusstsein an der Einhaltung der Standards „guter" Bauzeichnung orientiert;

- Energieberater, indem er ein seismografisches Gespür für Marktentwicklungen und -nischen entwickelt und keine dauerhaften Bindungen an ein bestimmtes Erwerbsprofil mehr zulässt.

Dagegen sind in jeder Lebensphase gegenteilige Aspekte der Biografisierung erkennbar bzw. Prozesse der Abgrenzung:

- als Schüler, indem er betont, sich beim Wechsel auf die neue Schule in keinster Weise mit den Verhaltensformen seiner Mitschüler, dem Lern- und Unterrichtsklima sowie den Lehrkräften identifizieren zu können;

- als Bauzeichner, indem er von Beginn an größten Wert auf den Status der Freiberuflichkeit, den Anspruch auf berufliche Selbstverwirklichung sowie höhere Verdienstmöglichkeiten und ein hohes Engagement legt, wodurch er sich von der beruflichen Alltagspraxis seines Vaters deutlich und bewusst abgrenzt;

- als Energieberater, indem er sich vom Mainstream der Energieberatung, insbesondere gegenüber der durch Architekten und Ingenieure geprägten Energieberatungskultur distanziert.

Die in Anlehnung an Schütze (1984; 1983) [23], [24] durchgeführte Narrationsanalyse, insbesondere die Rekonstruktion der Prozessstrukturen des Lebenslaufs verdeutlicht, dass dieses bestimmte Biografisierungsmuster der simultanen Anpassung und Abgrenzung mit den dazu gehörenden Dispositionen die Erwerbsbiografie von Martin Kranz dynamisiert. Er hat bereits in seiner Schulzeit ein solches intentionales Handlungsschema entwickelt, das es ihm später sogar ermöglicht, einen roten Faden der erwerbsbiografischen Gestaltung aufzuziehen, der ihn später durch erwerbsbiografische Brüche und Phasen erwerbsbiografischer Kontingenz (z. B. bei der unabsehbaren Entwicklung der von ihm Anfang 2000 gegründeten Dienstleistungsagentur für Bauleitungen) hindurch schleusen kann.

Interessant ist in diesem Zusammenhang das Ergebnis, dass Martin Kranz ursprünglich aus rein finanziellen Erwägungen in die Domäne der Energieberatung wechselt. Er sieht in der Teilnahme am Feldversuch der Deutschen Energieagentur die Chance, mit der zuvor gegründeten Agentur den Lebensunterhalt sichern zu können. Der Weg in die Energieberatung ist bei ihm also nicht vorrangig durch das Interesse an der sachlichen Tätigkeit motiviert, die Energieberatung auszeichnet. Ebenso muss erwähnt werden, dass er selbst nicht die Fortbildung zum Energieberater absolviert – es ist seine Lebensgefährtin und Mitbegründerin der Agentur, Frau Vogel, die den formalen Berechtigungsnachweis erhält und somit rechtlich legitimiert ist, Energieausweise im Wohngebäudebereich auszustellen. Damit wird eine Fortsetzung seines Biografisierungsmusters auch in der Tätigkeit als Energieberater erkennbar: Martin Kranz bewegt sich von Beginn seines Engagements in der Energieberatung nicht in den formellen Kontexten der Energieberatung, sondern agiert im informellen Hintergrundgeschehen.

Argumentationsschritt 2: Subjektanforderungen durch die sozialen Strukturen der Domäne der Energieberatung

Martin Kranz schildert im autobiografisch-narrativen Interview an mehreren Stellen, wie er den Markt der Energieberatung wahrnimmt. Seiner Ansicht nach ist diese Domäne durch ein hohes Maß an Fluidität und Kontingenz gekennzeichnet. Deutlich wird dies in einer Passage, in der er darlegt, wie die von ihm gegründete Dienstleistungsagentur Quanta die ungewisse Zeit bis zur tatsächlichen Verabschiedung der Energieeinsparverordnung für Nichtwohngebäude im Jahr 2009 überbrückt hat. Viele Energieberater, die zuvor überwiegend im Bereich der Energieausweiserstellung für Wohngebäude tätig gewesen sind, wussten nach dem Abebben der heißen Phase der Energieausweiserstellung für Wohngebäude nicht, wie sie fortan agieren sollen. Martin Kranz kann in dieser Situation informelle Kontakte nutzen, um eine alternative bzw. ergänzende Erwerbsperspektive in der Energieberatung aufzubauen. Er bekommt schließlich das Angebot, die Nachfolge der Geschäftsführung eines Unternehmens langfristig zu übernehmen, das im IT- und Softwarebereich (mit inhaltlicher Nähe zur Energieberatung) angesiedelt ist. Hierbei zeigt sich Martin Kranz als hochgradig flexibel und konsequent, um seine bestehenden Bindungen an das bisherige erwerbsbiografisches Zentrum (ehemals als Bauzeichner, dann als Geschäftsführer der Quanta und darin wiederum als Energieberater) mühelos lockern und variieren zu können. In der Fallanalyse wird deutlich, dass ein erwerbsbiografischer Wechsel von einer traditionell ausgerichteten Berufsausbildung mit eher geringen Unbestimmtheitsanteilen zu dieser Form der sozialen Organisation von Arbeit in der Energieberatung prinzipiell (also nicht nur auf den Fall Martin Kranz bezogen) massive Steigerungen von Kontingenz aufweisen muss hinsichtlich:

- der Komplexität und Widersprüchlichkeit von Handlungszielen,

- der Entstandardisierung des zur Bewältigung von Arbeitsaufgaben relevanten Arbeitsprozesswissens,

- der erwarteten Selbstorganisation des Handelns im Arbeitsprozess sowie mit Blick auf die Profilierung am Markt,

- der Notwendigkeit der kommunikativen Abstimmung mit anderen Gewerken bzw. Kollegen,

- der biografischen Planbarkeit aufgrund der schwierigen Prognose von langfristigen Entwicklungen in der Branche.

Man muss sich fragen, welche „Typen" von Erwerbstätigen mit einem erwerbsbiografischen Übergang in solche soziale Welten massive Probleme hätten. Beispielsweise wären es Personen

- mit ausgeprägten Bindungen und Stabilitätserwartungen (an Arbeitsprozessroutinen, standardisierte Kompetenzprofile, Arbeitsorte, Arbeitsplatzsicherheit etc.),

- die das soziale Umfeld und Marktentwicklungen nicht im Blick behalten können und bereit sind, ihr Handeln daran auszurichten,

- die nicht offen für neue Technologieentwicklungen sind,

- die kommunikativ ungeschickt sind und sich nur unsicher im organisationalen Hinterbühnengeschehen eines Unternehmens bewegen können und großen Wert auf institutionalisierte Kommunikationsstrukturen legen.

Schlussfolgerung: Das Passungsverhältnis zwischen dieser Biografie und der Domäne der Energieberatung

Martin Kranz kommt deshalb in der Energieberatung zurecht, weil ein hervorragendes Passungsverhältnis zwischen seinen biografischen Dispositionen auf der einen Seite und den Strukturbedingungen der Energieberatung auf der anderen Seite besteht. Er kann sich deshalb seit mehreren Jahren in der Domäne halten, weil er ein hohes Maß an Unabhängigkeitsstreben aufweist, beharrlich ist, aber eben auch keine zu intensiven Bindungen an bestimmte Handlungsfelder und an das soziale Umfeld entwickelt hat. Dabei kann er auf ein seismografisches Gespür für Marktentwicklungen zurückgreifen, weshalb er rechtzeitig Absprünge zu neuen Handlungsfeldern innerhalb der Branche schafft. Martin Kranz ist dazu bereit und in der Lage, nach alternativen Erwerbsmöglichkeiten Ausschau zu halten und wenn nötig, konsequent zu handeln. Das Entstehen dieses Passungsverhältnisses zwischen subjektiven Aspekten und sozialen Strukturen erklärt sich meines Erachtens mit dem in der Biografie entwickelten Biografisierungsmuster, das gewissermaßen als Rahmen seiner Wirklichkeitsauforderung fungiert.

Die biografische Kontinuität in den Grauzonen des Übergangs zur modernen Beruflichkeit erklärt sich bei Martin Kranz also nicht durch

- das Vorhandensein eines spezifischen Portfolios beruflicher Handlungskompetenz oder

- die Orientierung an einem Berufsverband und der durch ihn manifestierten sozialen Reputationshierarchien oder

- eine kontinuierlich sich auswirkende, stabile berufliche Identität.

Die in Kombination mit der Narrationsanalyse durchgeführte struktural-bildungs-theoretische Auswertung verdeutlicht darüber hinaus, dass man in der Energieberatung derzeit sowohl ohne umfassende biografische Reflexivität als auch mit der Verweigerung formeller, pädagogisch organisierter Qualifizierungsmaßnahmen zurechtkommen kann. Martin Kranz weist zwar eine gut ausdifferenzierte Reflexivität bei der Thematisierung seiner Weltreferenzen auf, dagegen bricht er solche Lernprozesse frühzeitig ab, in denen tentative Suchbewegungen ihn auf das Feld der Auseinandersetzung mit einer anderen Lebenspraxis (und dadurch insbesondere seiner Selbstreferenzen) führen könnten. Martin Kranz begreift das dominante Thema seiner Biografisierung (die simultane Anpassung und Abgrenzung) nicht als etwas durch ihn Konstituiertes. Kurzum ist der Weg in die Energieberatung bei ihm keiner der strukturalen Bildung im umfänglichen Sinne, wenngleich er eine hohe Reflexivität in Bezug auf Weltreferenzen entwickelt hat.

7.3 Temporäre Vergemeinschaftung und die Notwendigkeit zur (Re-)Konstruktion sozial vermittelter Expertise

Die Ergebnisse der zuvor dargestellten Auswertungen lassen sich wie folgt zusammenfassen:

1. Martin Kranz hat nicht die formale Qualifikation zur Durchführung von Energieberatungsdienstleistungen nach § 21 EnEV. Sein Ausbildungsberuf weist zudem nur geringe Schnittmengen mit der Tätigkeit des Energieberaters auf und er nimmt an keinen formalisierten Fort- und Weiterbildungen teil. Er kann jedoch auf organisatorischen Umwegen und insbesondere auf Grund ausgeprägter überfachlicher Kompetenzen dauerhaft in der Energieberatung zurechtkommen. Hierbei fällt auf, dass er die für die Energieberatung konstitutiven Zielkonflikte der Nachhaltigkeit antizipieren und situativ angemessen handeln kann.

2. Martin Kranz gelingt es in seiner Erwerbsbiografie, die in der Energieberatung vergleichsweise schwach strukturierten Standards des Arbeitshandelns und der erforderlichen Professionalisierungskarriere zu (re-)konstruieren und einen gewissermaßen eigenen Weg in die Domäne zu finden.

3. Martin Kranz folgt seit seiner Jugendphase einem biografischen Handlungsschema, innerhalb dessen sich allmählich biografische Dispositionen aufgeschichtet haben, die ausgesprochen günstig sind, um die hohen Unbestimmtheitsanteile der Domäne der Energieberatung bewältigen zu können. Mit der Diskontinuität des Lebenslaufs korrespondiert demnach keine gebrochene, fragmentierte oder eben diskontinuierliche narrative Identität. Vielmehr zieht sich ein bestimmtes Biografisierungsmuster in seiner Lebensgeschichte wie ein roter Faden hindurch.

4. Martin Kranz weist zwar spätestens seit seiner Schulzeit ein relativ gut differenziertes Reflexionsverhalten hinsichtlich von Weltreferenz auf – insbesondere trifft das auf die Wahrnehmung und Deutung des sozialen Nahweltbereichs zu sowie später auf die für die Energieberatung relevanten Marktentwicklungen. Dagegen werden Prozesse des experimentierenden Umgangs mit alternativen Selbstreferenzen vergleichsweise frühzeitig abgebrochen.

Die mehrperspektivischen Fallanalysen eröffnen Einsichten in konstitutive Strukturmerkmale der Vergemeinschaftung in der Energieberatung. Vergemeinschaftung in dem Sinn, dass Mechanismen der Passung zwischen den sozialen Welten der Energieberatung auf der einen Seite und der in ihnen handelnden Akteure sowie ihrer Identitätsarbeit auf der anderen Seite sichtbar werden.

Meines Erachtens laufen die Erkenntnisse der unterschiedlichen Auswertungen des Falles unter anderem darauf hinaus, dass die Domäne der Energieberatung derzeit lediglich Formen einer temporären Vergemeinschaftung (vgl. Prisching 2008) [20] offerieren kann.

Hierbei stehen drei Formen der (Re-)Konstruktion sozial vermittelter Expertise im Vordergrund:

- Erwerbsbiografische (Re-)Konstruktion: Derzeit prägt diese Domäne eine Unübersichtlichkeit von institutionell bereit gestellten Handlungsrahmen, die den Akteuren zur Verfügung stehen. So fehlen insbesondere sozial verankerte Reputationshierarchien zur Durchsetzung domänebezogener Standards guter Energieberatung, die zur Legitimation von etwaigen Steuerungs- und Sanktionierungsmaßnahmen herangezogen werden könnten. Energieberater können sich in weiten Teilen offenbar immer noch sehr gut an den im eigenen Ausbildungsberuf enthaltenen Expertisefolien orientieren. Die Gesamtsituation macht es allerdings notwendig, die eigenen erwerbsbiografischen Expertisevorstellungen mit den nur vage gegebenen der Energieberatung selbstorganisiert zu verbinden bzw. etwas zu (re-)konstruieren, für das es keine Standards gibt.

- Soziale (Re-)Konstruktion: Die Prekarität und permanente Offenheit langfristiger Erwerbschancen führen dazu, dass diejenigen, die über mehrere Jahre hinweg in der Energieberatung tätig sein wollen, oftmals Kooperationen mit anderen suchen müssen. Offensichtlich steigen die Erfolgschancen dann, wenn es gelingt, mittelfristige Allianzen zu schmieden und ein gemeinsames, am Markt klar erkennbares Leistungsprofil zu positionieren. Allianzen bleiben jedoch partielle und auch nur mittelfristig angelegte Überlagerungen des individuellen mit einem gemeinschaftlich erzeugten kollektiven Expertiseportfolio.

- Berufsethische (Re-)Konstruktion: Die temporär angelegten Allianzen scheinen dann besonders gut zu funktionieren, wenn es den Akteuren darüber hinaus gelingt, einer gemeinsamen Idee „guter Energieberatung" zu folgen. Die Kooperation beruht dann gewissermaßen auf einem gemeinsam geteilten beruflichen Ethos bzw. Qualitätsbewusstsein, dem man sich verpflichtet fühlt und das wesentlich dazu beiträgt, sich prägnant von einer als Mainstream erlebten üblichen Handlungspraxis innerhalb der Domäne abgrenzen zu können.

Ich stelle die These auf, dass diejenigen Menschen in der Energieberatung dauerhaft gut zurechtkommen, denen es gelingt, diese Formen der (Re-)Konstruktion erstens überhaupt einmal herstellen und zweitens diese anschließend von Zeit zu Zeit auch in Frage stellen zu können. Gerade darin zeigt sich die Stärke des Biografisierungsmusters von Martin Kranz und der darin langfristig entwickelten Dispositionen: Wer wie Martin Kranz frühzeitig gelernt hat, sich bewusst und kontrolliert in sozialen Welten anpassen und zugleich auch abgrenzen zu können, und wer dabei auch noch erfährt, auf diesem Wege biografische Krisenlagen bewältigen zu können, ist für solche (Re-)Konstruktionen in der Energieberatung zumindest gut vorbereitet.

Welchen Erkenntnisanspruch kann die Fallstudie vertreten? Die Ergebnisse werden nicht ausreichen, um eine Theorie zur Professionalisierung der Energieberatung entwickeln zu können. Dagegen wird aber deutlich, dass die Professionalisierung der Energieberatung notwendigerweise auf interdisziplinäre und empirisch ausgerichtete Forschung angewiesen ist, um den Gefahren zu entgehen, die eine kritiklose Übertragung tradierter Strategien und Konzepte der Professionalisierung von neuen Handlungsfeldern mit sich bringen würde. Der Fall Martin Kranz zeigt, dass eine sich vorrangig an der Entwicklung der fachlichen Expertise ausgerichtete Fort- und Weiterbildung aller Wahrscheinlichkeit nach nicht wesentlich dazu beitragen kann, erstens die unmittelbare Handlungsfähigkeit von Energieberatern zu erhöhen und zweitens die angesprochenen (Re-)Konstruktionsleistungen in Gang zu setzen. Die berufspädagogische Initiierung und Förderung erwerbsbiografischer, kooperativer und berufsethischer (Re-)Konstruktionen wird aller Voraussicht nach veränderte didaktische Herangehensweisen erfordern, wobei insbesondere die Chancen und Grenzen der Professionalisierungsbemühungen realistisch eingeschätzt werden müssen.

Literatur

[1] Djaloeis, R./ Frenz, M./Heinen, S./Schlick, C. M. (2011): Wie kommt ein Bauzeichner in der Energieberatung zurecht? Interpretation eines problemorientierten Gruppeninterviews aus kompetenzdiagnostischer Sicht, in: Frenz, M./Unger, T./Schlick, C. M. (Hrsg.): Moderne Beruflichkeit. Untersuchungen in der Energieberatung, 1. Aufl., Bielefeld, S. 73-89.

[2] Frenz, M./Unger, T./Schlick, C. M. (2011) (Hrsg.): Moderne Beruflichkeit. Untersuchungen in der Energieberatung, 1. Aufl., Bielefeld.

[3] Heinen, S./Frenz, M./Djaloeis, R./Schlick, C. M. (2011): Analytische und konzeptionelle Überlegungen für Fort- und Weiterbildungen in der Gebäudeenergieberatung – Reflexion ausgewählter Studien der Qualifikationsforschung auf Basis berufsbiografischer Studien des Energieberaters Martin Kranz, in: Frenz, M./Unger, T./Schlick, C. M. (Hrsg.): Moderne Beruflichkeit. Untersuchungen in der Energieberatung, 1. Aufl., Bielefeld, S. 21-47.

[4] Helsper, W. (2002): Lehrerprofessionalität als antinomische Handlungsstruktur, in: Kraul, M./Marotzki, W./Schweppe, C. (Hrsg.): Biographie und Profession, 1. Aufl., Bad Heilbrunn, S. 64-85.

[5] Helsper, W. (1996): Antinomien des Lehrerhandelns in modernisierten pädagogischen Kulturen. Paradoxe Verwendungsweisen von Autonomie und Selbstverantwortlichkeit., in: Combe, A./Helsper, W. (Hrsg.): Pädagogische Professionalität, 1. Aufl., Frankfurt am Main, S. 521-569.

[6] Huisinga, R. (2005): Curriculumforschung, in: Rauner, F. (Hrsg.): Handbuch Berufsbildungsforschung, 1. Aufl., Bielefeld, S. 350-357.

[7] Kleinmann, M./Manzey, D./Schumacher, S./Fleishman, E. A. (2010): Fleishman-Job Analyse System für eigenschaftsbezogene Anforderungsanalysen, 1. Aufl., Göttingen.

[8] Kraus, K. (2006): Vom Beruf zur Employability? Zur Theorie einer Pädagogik des Erwerbs, 1. Aufl., Wiesbaden.

[9] Kutscha, G. (2008): Beruflichkeit als regulatives Prinzip flexibler Kompetenzentwicklung – Thesen aus berufsbildungstheoretischer Sicht. Berufs- und Wirtschaftspädagogik – online Nr. 14, URL: http://www.bwpat.de/ausgabe14/kutscha_bwpat14.shtml [Stand 20. Dezember 2011].

[10] Kutscha, G. (1992): 'Entberuflichung' und 'Neue Beruflichkeit' – Thesen und Aspekte zur Modernisierung der Berufsbildung und ihre Theorie, in: Zeitschrift für Berufs- und Wirtschaftspädagogik, Vol. 88, 7, S. 535-548.

[11] Kutscha, G. (1991): Übergangsforschung – Zu einem neuen Forschungsbereich, in: Beck, K./Kell, A. (Hrsg.): Bilanz der Bildungsforschung. Stand und Zukunftsperspektiven, 1. Aufl., Weinheim, S. 113-155.

[12] Lempert, W. (2006): Berufliche Sozialisation – Persönlichkeitsentwicklung in der betrieblichen Ausbildung und Arbeit, 1. Aufl., Baltmannsweiler.

[13] Marotzki, W. (2006): Bildungstheorie und Allgemeine Biographieforschung, in: Krüger, H./Marotzki, W. (Hrsg.): Handbuch erziehungswissenschaftliche Biographieforschung, 2. Aufl., Wiesbaden, S. 59-70.

[14] Marotzki, W. (1998): Morphologie eines Bildungsprozesses., in: Nittel, D./Marotzki, W. (Hrsg.): Berufslaufbahn und biographische Lernstrategien. Eine Fallstudie über Pädagogen in der Privatwirtschaft, 1. Aufl., Hohengehren, S. 83-117.
[15] Marotzki, W. (1990): Entwurf einer strukturalen Bildungstheorie. Biographietheoretische Auslegung von Bildungsprozessen in hochkomplexen Gesellschaften, 1. Aufl., Weinheim.
[16] Meckmann, F. (2011): Warum kommt ein Bauzeichner in der Energieberatung zurecht? Versuch einer fachwissenschaftlichen Annäherung, in: Frenz, M./Unger, T./Schlick, C. M. (Hrsg.): Moderne Beruflichkeit. Untersuchungen in der Energieberatung, 1. Aufl., Bielefeld, S. 59-72.
[17] Meyer, R. (2011): Profession oder ‚reine Arbeit'? Die individuelle Beruflichkeit des Energieberaters Kranz, in: Frenz, M./Unger, T./Schlick, C. M. (Hrsg.): Moderne Beruflichkeit. Untersuchungen in der Energieberatung, 1. Aufl., Bielefeld, S. 139-154.
[18] Meyer, R. (2004): Entwicklungstendenzen der Beruflichkeit – neue Befunde aus der industriesoziologischen Forschung, in: Zeitschrift für Berufs- und Wirtschaftspädagogik, Vol. 100, 3 , S. 348-354.
[19] Möllenhoff, N./Brunk, M. F. (2011): Anforderungen und Erwartungen an eine Energieberatung: Fachwissenschaftliche Annäherung an die Frage, ob ein Bauzeichner und Bauhandwerker ein guter Energieberater sein kann, in: Frenz, M./Unger, T./Schlick, C. M. (Hrsg.): Moderne Beruflichkeit. Untersuchungen in der Energieberatung, 1. Aufl., Bielefeld, S. 49-58.
[20] Prisching, M. (2008): Paradoxien der Vergemeinschaftung, in: Hitzler, R./Honer, A./Pfadenhauer, M. (Hrsg.): Zur Einleitung: „Ärgerliche" Gesellungsgebilde?, in: Dies. (Hrsg.): Posttraditionale Gemeinschaften. Theoretische und ethnografische Erkundungen, 1. Aufl., Wiesbaden, S. 35-54.
[21] Rauner, F. (2005): Qualifikations- und Ausbildungsordnungsforschung, in: Rauner, F. (Hrsg.): Handbuch Berufsbildungsforschung, 1. Aufl., Bielefeld, S. 240-246.
[22] Schütze, F./Bräu, K./Liermann, H./Prokopp, K./Speth, M./Wiesemann, J. (1996): Überlegungen zu Paradoxien des professionellen Lehrerhandelns in den Dimensionen der Schulorganisation, in: Helsper, W./Krüger, H.-H./Wenzel, H. (Hrsg.): Schule und Gesellschaft im Umbruch. Bd. 1: Theoretische und internationale Perspektiven, 1. Aufl., Weinheim, S. 333-377.
[23] Schütze, F. (1984): Kognitive Figuren des autobiographischen Stegreiferzählens, in: Kohli, M./Robert, G. (Hrsg.): Biographie und soziale Wirklichkeit. Neue Beiträge und Forschungsperspektiven, 1. Aufl., Stuttgart, S. 78-117.
[24] Schütze, F. (1983): Biografieforschung und narratives Interview, in: Neue Praxis, Vol. 1, 3, S. 283-293.
[25] Tiefel, S. (2004): Beratung und Reflexion. Eine qualitative Studie zu professionellem Beratungshandeln in der Moderne, 1. Aufl., Wiesbaden.
[26] Unger, T. (2011): Vom Chaoten zum Geschäftsführer – biografie- und bildungstheoretische Analyse einer modernen Erwerbsbiografie, in: Frenz, M./Unger, T./Schlick, C. M. (Hrsg.): Moderne Beruflichkeit. Untersuchungen in der Energieberatung, 1. Aufl., Bielefeld, S. 91-137.

8 Wandel der Dienstleistungsarbeit

Manuela Niethammer

8.1 Einordnung der Projekte der Fokusgruppe „Beruflichkeit und Professionalisierung"...167
8.2 Sicherung der Effizienz durch geschäftsprozessorientierte Organisation von Dienstleistungsarbeit...168
8.3 Charakteristische Aufgabenbereiche in der Dienstleistungsbranche...................171
Literatur 174

Prof. Dr. phil. Manuela Niethammer, Technische Universität Dresden, Fakultät Erziehungswissenschaften, Berufliche Fachrichtung Chemietechnik; Umweltschutz und Umwelttechnik

8.1 Einordnung der Projekte der Fokusgruppe „Beruflichkeit und Professionalisierung"

Die Projekte, die in der Fokusgruppe „Beruflichkeit und Professionalisierung" zusammenarbeiten, spiegeln einerseits die Heterogenität der Dienstleistungsbranche wider. Andererseits lassen sich aus den Forschungsarbeiten sehr wohl ähnliche Schwerpunkte bei der Auseinandersetzung bzw. Etablierung der jeweiligen Dienstleistungsarbeit ableiten, was einen Vergleich der Projekte interessant macht.

Die Heterogenität von Dienstleistungen wird über die verschiedenen Ansätze zur Systematisierung von Dienstleistung zugänglich (vgl. Bruhn 2008, S. 19ff.) [1]. „So unterscheidet Lovelock nach dem Charakter von Dienstleistungen in tangible und intangible Prozesse sowie nach dem Empfänger der Dienstleistung in Menschen oder Objekte" (Bruhn 2008, S. 33) [1]. In der folgenden Abbildung (**Abbildung 8.1**) wird dieser zweidimensionale Systematisierungsansatz dargestellt und die Projekte der Fokusgruppe werden jeweils zugeordnet. Darüber wird deutlich, dass alle Felder der Dienstleistung über die Projekte abgedeckt werden, auch wenn nicht alle Projektzuordnungen eineindeutig sind. So ist z. B. die Kindertagespflege auf den Intellekt und die körperliche Entwicklung des Kindes gerichtet (PKDi) bzw. Leistungen der Energieberatung sind zwar „unberührbar", sie können jedoch in konkrete technische Konzepte überführt werden, die dann sehr wohl „berührbar" sind.

Aufgrund des kontinuierlichen wirtschaftlichen Wandels ist auch die Dienstleistungsarbeit tief greifenden Veränderungen unterworfen. Die Merkmale der Arbeit werden insofern wesentlich durch externe Faktoren geprägt. Diese Faktoren bzw. Herausforderungen für Dienstleistungsanbieter stellte Buczkowski (2007) [2] in Anlehnung an Meffert/Bruhn (2006) [3] systematisch zusammen (vgl. **Abbildung 8.2**). Hierüber wird ein analytischer Zugang zur Dienstleistungsarbeit bzw. deren Wandel geschaffen, welcher mit den Ergebnissen der vergleichenden und verallgemeinernden Betrachtung der Projekte der Forschungsgruppe „Beruflichkeit und Professionalität" korreliert.

Abbildung 8.1 Charakter des Dienstleistungsprozesses

Welchen Charakter hat der Dienstleistungsprozess?	Wer oder was ist der direkte Empfänger der Dienstleistung?	
	Mensch	Objekt
Berührbar (Tangibel)	Dienste, die auf den menschlichen Körper gerichtet sind: - Gesundheitswesen - Schönheitssalons - Restaurants	Dienste, die auf Güter oder andere physische Besitztümer gerichtet sind: - Fracht-/Transportwesen - Reparatur- oder Unterhaltungsservice - Reinigungsunternehmen - Müllerverbrennungsunternehmen
	⇩	⇩
	Physische Präsenz des Kunden erforderlich	Physische Präsenz des Kunden nicht erforderlich
Zuordnung der Projekte im Förderschwerpunkt*	Projekt Wellness Projekt DL-Qualität Projekt ProVes	Projekt DITUS
Unberührbar (Intangibel)	Dienste, die auf den Intellekt des Menschen gerichtet sind: -Ausbildung - Rundfunk und TV - Informationsdienste - Theater	Dienste, die auf unberührbare Vermögenswerte gerichtet sind: - Bankwesen - Steuerberater - Versicherungswesen - Rechtsberatung
	⇩	⇩
	Geistige Präsenz des Kunden erforderlich	Geistige Präsenz des Kunden nur zeitweise erforderlich
Zuordnung der Projekte im Förderschwerpunkt*	Projekt BDL Projekt PKDi	Projekt ESysPro Projekt GlobePro

* Die Projektbezeichnungen beziehen sich auf die Projekte, die in diesem Band beschrieben werden.

Quelle: nach Bruhn 2008, S. 32 [1]

8.2 Sicherung der Effizienz durch geschäftsprozessorientierte Organisation von Dienstleistungsarbeit

Charakteristisch für die vergangenen zwei Dekaden ist die Öffnung des Dienstleistungsmarktes in vielen Bereichen aufgrund gesetzlicher Änderungen. Das gilt gleichermaßen für personenbezogene Dienstleistungen wie für sachbezogene Dienstleistungen:

- Alten- und Krankenpflege (SGB XI vom 27.12.2003 §11 (2)),

- Kindertagespflege (Tagesbetreuungsausbaugesetz von 2004, einem Gesetz zur Änderung des SGB VIII),

- den Bereich der Wellnessangebote, welche vom Masseur- und Physiotherapeutengesetz (MPhG, dort: §§ 8ff.) abgegrenzt werden (vgl. Gerichtsbeschluss des LG Kiel und OLG

Schleswig von 2008/2009), wodurch Massage- und Wellnessdienstleistungen nicht auf heilende, medizinische Maßnahmen gerichtet sind und frei angeboten werden können,

- Personennahverkehr (EU-Richtlinie 1191/69 und deren Novellierung),
- Umweltdienstleistungen (Kreislaufwirtschafts- und Abfallgesetz, §13 vom 24.06.1994),
- Energieberatung (Energieeinsparverordnung – EnEV von 2001).

Die Monopolstellung öffentlich geförderter Institutionen wurde zugunsten der Angebotsvielfalt aufgehoben. Das hat zur Folge, dass neue Handlungsfelder in der Dienstleistung, wie Energieberatung, Kindertagespflege, Altenpflege und Umweltdienste, entstehen. Für andere Bereiche, wie die Weiterbildung oder die IT-Branche, für die es bereits einen Markt gab, resultieren gegenwärtige Anforderungen eher aus dem zunehmenden Wettbewerb. Dieser resultiert zum einen aus der steigenden Anzahl von Dienstleistungsanbietern, z. T. auch im internationalen Rahmen (IT) und zum anderen aus der demografischen Wende in Deutschland, die zur Verringerung der Abnehmerseite führt.

Die sich verschärfende Marktsituation erfordert zwangsläufig, dass Dienstleister ihre Leistungsangebote überdenken. Dienstleistungen müssen zum einen kundenorientiert ausdifferenziert bzw. erweitert werden und zum anderen marktfähiger gemacht werden. Die Marktfähigkeit einer Dienstleistung hängt davon ab, wie effizient die Geschäftsprozesse gestaltet werden. Hierin bestehen keine Unterschiede zum primären oder sekundären Wirtschaftssektor.

Beide Aspekte – die Kundenorientierung einerseits und die Marktfähigkeit andererseits – haben für die unterschiedlichen Dienstleister, die in den Projekten der Fokusgruppe „Beruflichkeit und Professionalisierung" betrachtet werden, ähnliche Relevanz. Die Dienstleistungsunternehmen stehen somit vor vergleichbaren Aufgaben, auch wenn die Dienstleistungen selbst äußerst unterschiedlich sind.

Die beiden o. g. Ansprüche fordern vom DL-Anbieter eine konsequente Reflexion der Wertschöpfungskette bzw. des Geschäftsprozesses, welcher die Auftragsakquise, die Leistungserbringung sowie die Kontrolle und Bewertung der Leistung enthält. Die Leistungserbringung enthält zudem die Analyse/Diagnose der Ausgangssituation, die Erarbeitung oder Auswahl eines Konzeptes sowie dessen Umsetzung (vgl. Ramaswamy 1996, S. 26ff.) [4]. Diese zwar skizzenhafte, aber dennoch aussagefähige Differenzierung der Aufgaben für den Kernprozess gilt gleichermaßen

- für personenbezogene Dienstleistungen in der Kindertagespflege, der Kranken- und Altenpflege, im Wellnessbereich, im Bildungsbereich wie
- für sachbezogene Dienstleistungen in der IT-Branche, der Umweltbranche, der Energieberatung, der Personenbeförderung.

Die Bedeutung der einzelnen Aufgaben bzw. Phasen innerhalb der Prozesskette variiert jedoch in Abhängigkeit der Etablierung einer Dienstleistung. So spielt die Analyse und Diagnose der Ausgangssituation eine dominierende Rolle bei neuen Kundenaufträgen bzw.

bei individualisierten Dienstleistungsangeboten (neue Pflegefälle, eine Energieberatung, eine IT-Lösung für einen neuen Kunden, ein Abfallproblem, welches für den Kunden zu lösen ist usw.). Sind die jeweiligen Konzepte bereits marktfähig und kommen langfristig zur Anwendung (standardisierte Dienstleistungen), tritt die Analyse/Diagnose in den Hintergrund. Sie wird nie ganz verschwinden, denn während der Leistungserbringung sind Prozess- und Outcome-Qualität kontinuierlich zu prüfen. Eventuelle Diskrepanzen zwischen Prozessqualität und Kundenbedürfnissen müssen erkannt und über angepasste Dienstleistungsangebote aufgefangen werden können.

Abbildung 8.2 Aktuelle Herausforderungen für Dienstleistungsanbieter

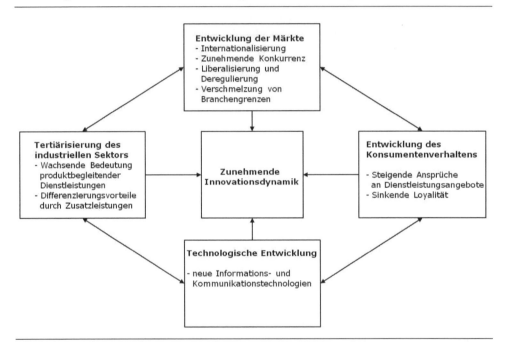

Quelle: Buczkowski 2007, S. 3 [2] in Anlehnung an Meffert/Bruhn 2006, S. 6 [3]

Unabhängig von der jeweiligen Bedeutung oder Komplexität der einzelnen Phasen im Dienstleistungsprozess spielt die Standardisierung der Einzelprozesse – auch bei Beibehaltung des Anspruchs der individualisierten Dienstleistung – eine grundlegende Bedeutung. Effiziente Arbeitsgestaltung setzt voraus, dass die Prozesse in ihren wesentlichen Elementen verstanden und Handlungsabläufe (manuelle und kognitive) operationalisiert werden. Hierüber kann die Realisierung optimiert, eindeutig bilanziert und ggf. auch automatisiert werden. Die Teilprozesse können besser aufeinander bezogen bzw. miteinander verbunden werden. Dopplungen oder Wartezeiten werden vermieden. Dieser Anspruch gilt für alle Phasen der Prozesskette, auch für die Markterkundung, die Analyse der jeweiligen Ausgangssituation usw.

Parallel zur Standardisierung der Prozesse findet die zunehmende Informatisierung der Prozesse statt, wobei für die Projekte der Fokusgruppe diese vor allem auf die Prozessdokumentation gerichtet ist. Hinzu kommt, dass die Kundenbetreuung (Verwaltung bzw. Steuerung der Kundeninformationen, Termine, Rechnungslegungen usw.) auf der Basis digitalisierter Daten erfolgt. Die Informatisierung unterstützt in diesem Kontext die Standardisierung von Support- und Managementprozessen, berührt jedoch weniger die Kernprozesse (wie z. B. den eigentlichen Pflegeprozess). Hierdurch rücken die Supportprozesse stärker ins Bewusstsein. Das ist zwar zwingend notwendig, wird von den betroffenen Mitarbeitern, die den Kern ihrer Tätigkeit einem anderen Handlungsfeld zuordnen, häufig als Zusatzaufgabe reflektiert.

Gelingt es, die Kernprozesse vollständig zu standardisieren, was gegenwärtig nur bei weniger komplexen Dienstleistungen denkbar ist, wie z. B. Fahrkartenverkauf im Personennahverkehr, dann können Dienstleistungsaufgaben auch automatisiert werden, was einer totalen Informatisierung der Dienstleistung gleichkommt.

Eine andere Dimension hat die Informatisierung in der IT-Branche. Sie bildet dort den Gegenstand bzw. den Kern der eigentlichen Dienstleistung (vgl. projektbezogene Darstellung).

Wirkliche Unterschiede in den Projekten ergeben sich durch die konkreten Dienstleistungen selbst (Kernprozess). Sie determinieren den Inhalt der Arbeit: Konzepte der Kinderbetreuung, der Kranken- und Altenpflege, der Energieberatung, der Weiterbildung usw. sind inhaltlich selbstverständlich nicht vergleichbar und fordern von Dienstleistern domänenspezifisches Sach- und Handlungswissen (vgl. hierzu die Beiträge der einzelnen Projekte).

8.3 Charakteristische Aufgabenbereiche in der Dienstleistungsbranche

Weitere projektübergreifende Gemeinsamkeiten sind dagegen zu identifizieren, wenn die Analyse der geschäftsprozessorientierten Organisation der Dienstleistungsarbeit nicht nur auf die Kernprozesse sondern auch auf die Management- und Supportprozesse ausgeweitet wird. So zeigen die Ergebnisse in den unterschiedlichen Projekten, dass für alle Dienstleister die ständige Marktsondierung (Beobachtung des Kundenverhaltens, der Wettbewerber, der gesellschaftlichen/gesetzlichen Rahmenbedingungen), das eigene Marketing, welches die Bilanzierung der Leistungsangebote enthält, sowie die Personalplanung grundlegende Handlungsfelder darstellen.

Die genannten Management- oder Supportaufgaben sind für jedes Dienstleistungsunternehmen bedeutsam. Inwiefern die Fachkräfte der mittleren Qualifikationsebene damit konfrontiert sind, hängt im Wesentlichen von den jeweiligen Konzepten der Arbeitsorganisation ab, welche wiederum maßgeblich durch die Unternehmensgröße determiniert werden. In kleinen und Kleinstunternehmen der Dienstleistungsbranche spielt die Arbeitsteilung kaum eine Rolle bzw. flache Hierarchien sind zwingend gegeben. Dementsprechend sind dann auch die Erbringer der Dienstleistung mit der Marktbeobachtung, der Akquise, der Abrechnung usw. konfrontiert. Dadurch erweitert sich das Aufgabenspektrum der jeweiligen Fachkraft um derartig fachfremde Aufgaben (z. B. Wellnessbereich, Kinder- und Altenpflege).

Auch bei Unternehmen mit ausgeprägter Arbeitsteilung werden zunehmend Akquiseleistungen von den Fachkräften erwartet. Dies gilt insbesondere für Fachkräfte, die im unmittelbaren Kundenkontakt stehen und darüber Bedarfe auf Seiten der Kunden direkt oder indirekt erfassen können. Alle Beschäftigten sind aufgefordert, das Leistungsspektrum des Unternehmens zu hinterfragen und auszudifferenzieren. Dies gilt gleichermaßen für die sachbezogene wie für die personenbezogene Dienstleistung. Für letztere mag diese Anforderung offensichtlicher sein. Kleinstunternehmern, die Pflegedienste oder Wellnessleistungen anbieten, ist bewusst, dass die Kundenakquisition eine grundlegende Aufgabe für das Unternehmen ist. Für Dienstleister in der Umwelt- oder der IT-Branche, im Personennahverkehr oder in der Weiterbildung konzentrierte sich die Arbeit der mittleren Qualifikationsebene bislang eher auf die Leistungserbringung als auf die Akquisition von Kunden bzw. auf die Identifikation neuer Leistungsangebote. Der Wettbewerbs- bzw. Innovationsdruck erfordert jedoch, dass Mitarbeiter, die im Kundenkontakt stehen, deren Wünsche und Probleme als Dienstleistungsbedarf erkennen und in potenziell neue Angebote transferieren.

Eine besondere Anforderung in der Dienstleistungsbranche ist dadurch gegeben, dass Leistungserbringung und die Qualität der Dienstleistung mit den Kunden auszuhandeln ist. Hieraus resultieren weitere Aufgaben und somit besondere Ansprüche an das Fachpersonal (vgl. Bruhn 2008, S. 9; S. 36) [1].

Zum einen wird die vom Kunden wahrgenommene Dienstleistungsqualität durch die *gelieferte* und die *wahrgenommene* Dienstleistung und die *Erwartungen an die Dienstleistung* determiniert. Insofern kommt es darauf an, die Kundenbedürfnisse zunächst zu ermitteln bzw. zu diagnostizieren. Dies kann in zweifacher Hinsicht für die jeweilige Fachkraft schwierig sein: Einerseits gehört eine solche Diagnoseleistung nicht zwingend zum klassischen Aufgabenprofil im jeweiligen Handlungsfeld (z. B. Fachkraft im technischen Umweltschutz, Fachkraft für Personenbeförderung). Ausnahmen bilden wenige Handlungsfelder in der personenbezogenen Dienstleistung, wie der Kinder- und Altenpflege. Andererseits können die genannten Wünsche und Erwartungen dem Kunden selbst nicht bewusst sein oder aber sie sind für den Betroffenen nicht zwingend kommunizierbar, wie z. B. das erwünschte Ergebnis einer Wellnessmassage.

Zum anderen können Diskrepanzen zwischen Kundenwünschen/Erwartungen und den Notwendigkeiten der jeweils zu erbringenden Leistung existieren. So sind z. B. Privatkunden eines Unternehmens der Kreislauf- und Abfallwirtschaft daran interessiert, Abfälle möglichst kostengünstig zu entsorgen. Die Differenzierung nach Abfallsorten und deren getrennte Abrechnung entsprechen zunächst nicht den Wünschen des unmittelbaren Kunden; derartige Ansprüche resultieren aus der Daseinsvorsorge, die auf die Gesellschaft als Kunde orientiert. Als weiteres Beispiel sei auf Bildungsdienstleistungen verwiesen. Hierbei handelt es sich um intangible Dienstleistungen, die die geistige Präsenz des Kunden erforderlich machen. Lernprozesse können äußerst anstrengend sein. Nicht immer können die Teilnehmer individuelle Lernschwierigkeiten als solche erkennen und akzeptieren, und sie schreiben diese einer mangelhaften Dienstleistungsqualität zu. Ebenso muss nicht jede zielführende Maßnahme in der Kranken- und Altenpflege auch vom Kunden als angenehm bzw. notwendig erachtet werden. Derartige Zielkonflikte beruhen darauf, dass die professionelle Perspektiven des Dienstleisters auf den Dienstleistungsprozess und dessen Ergebnis divergent zur Perspektive des Kunden als Laien sein kann.

Eine Ursache für die genannten Diskrepanzen besteht darin, dass Dienstleister unterschiedlichen „Kunden" verpflichtet sind. Häufig steht die Gesellschaft als Kunde mit ihren Normen und Gesetzen dem Privatkunden mit seinen temporären, persönlichen Bedürfnissen gegenüber. Mittels gesellschaftlicher Normen wird den Menschen nachhaltiges Verhalten gespiegelt und abverlangt. Hierfür lassen sich sowohl bei sachbezogenen Dienstleistungen wie z. B. der Energieberatung oder Umweltleistungen als auch bei personenbezogenen Dienstleistungen wie z. B. der Kinder- und Altenpflege Beispiele finden.

Derartige Zielkonflikte müssen im Rahmen von Kundengesprächen bewältigt oder zumindest aufgefangen werden. Diese Aufgabe charakterisiert die Dienstleistungsarbeit – über die verschiedenen Branchen hinweg – im Besonderen und setzt entsprechende Kompetenzen voraus, die fachliches Know-how mit Fähigkeiten in der Kommunikation bis hin zum Konfliktmanagement verbinden (vgl. Frenz in diesem Band bzw. die Darstellungen aus den Projekten der Fokusgruppe „Beruflichkeit und Professionalität").

Das fachliche Know-how ist im Kontext dienstleistungsbezogener Kundenberatung komplex zu denken. Gemeint ist nicht nur das branchenspezifische Sach- und Handlungswissen, das der Beratung zugrunde gelegt wird, wie Kenntnisse zur Kindererziehung, der Pflege, alternative Energiequellen usw. Die Beratung impliziert zugleich eine (grobe) Bilanzierung der Leistungsangebote und setzt somit einen Überblick über die betriebliche Kostenrechnung voraus – vergleichbar den Anforderungen an einen Handwerksmeister.

In den Dienstleistungsbranchen, in denen bereits berufliche Qualifizierungswege definiert sind, sind kaufmännische Inhalte zum Teil auch schon Gegenstand der Ausbildungsordnungen (vgl. Ausbildungsrahmenplan der Fachkraft für Kreislaufwirtschaft). Diese Inhalte sind jedoch eher marginal, können von Lehrkräften nur schwer in den Kanon der berufstypischen Aufgaben eingeordnet werden und werden insofern häufig auch nicht aufgabenbezogen gelehrt. Die Kompetenzentwicklung wird somit kaum beeinflusst. Schwieriger noch gestaltet sich die Situation in den Dienstleistungsdomänen, in denen keine berufliche Qualifizierung etabliert ist (wie z. B. der Kindertagespflege). In diesen Bereichen müssen die Anbieter sowohl die fachbezogenen als auch die kaufmännischen Grundlagen autodidaktisch erwerben.

Die unterschiedlichen Merkmale der Dienstleistungsarbeit verdeutlichen, dass die Dienstleister zum Teil mit Dilemmata-Aufgaben oder zumindest sehr widersprüchlichen Anforderungen konfrontiert sind: Individualisierung der Dienstleistung und Kundenorientierung einerseits und effiziente Leistungserbringung durch Standardisierung andererseits.

Eine Lösung ist die Spezialisierung auf einen besonderen Ausschnitt der jeweiligen Dienstleistungsdomäne, womit jedoch das Leistungsportfolio des Dienstleisters eingeschränkt wird. Um dennoch flexibel und umfassend auf Kundenwünsche reagieren zu können, kooperieren Dienstleister zunehmend mit anderen Anbietern auf dem Markt und sichern hierüber eine gewisse Stabilität.

Diese unternehmensübergreifenden Kommunikations- und Kooperationsstrukturen, von denen in kleinen Unternehmen auch das Personal der mittleren Qualifikationsebene betroffen ist, wirken auf die Kompetenzanforderungen zurück. In diesem Punkt überschneiden sich die Anforderungen, die bereits unter dem Gesichtspunkt der Kundenorientierung diskutiert wurden.

Die Dienstleistungsarbeit folgt den gleichen wirtschaftlichen Grundsätzen wie die Berufsarbeit im primären und sekundären Wirtschaftssektor, woraus vergleichbare Ansprüche an das nachhaltige Wirtschaften gebunden sind. Bislang wurden die Anforderungen nur aus ökonomischer Perspektive abgeleitet (Marktfähigkeit). Ebenso werden aus der ökologischen Wende Wirkungen auf die Dienstleistungsarbeit resultieren, die das Feld beruflicher Aufgaben erweitern. Herausgehobenes Merkmal der Dienstleistungsarbeit ist die unmittelbare Kundenorientierung, die von den Fachkräften der mittleren Qualifikationsebene besondere Kompetenzen abverlangt.

Literatur

[1] Bruhn, M. (2008): Qualitätsmanagement für Dienstleistungen. Grundlagen, Konzepte, Methoden, 7. Aufl., Berlin, Heidelberg.
[2] Buczkowski, A. (2007): Die Gestaltung innovativer Dienstleistungen. Methoden und Best Marketing Practice, Diplomarbeit, Fachhochschule Dortmund.
[3] Meffert, H./Bruhn, M. (2006): Dienstleistungsmarketing. Grundlagen, Konzepte, Methoden. Mit Fallstudien, 5. Aufl., Wiesbaden.
[4] Ramaswamy, R. (1996): Design and Management of Service Processes. Keeping Customers for Life Reading, 1. Aufl., New Jersey.

9 Qualifikationen und Kompetenzen in ausgewählten Bereichen der Dienstleistungsfacharbeit

Simon Heinen, Martin Frenz, Raymond Djaloeis, Christopher M. Schlick

9.1	Einleitung	177
9.2	Qualifikationen in ausgewählten Bereichen der Dienstleistungsfacharbeit	179
9.3	Kompetenzanforderungen in der Dienstleistungsfacharbeit	186
9.4	Zusammenfassung	191
Literatur		192

Dipl.-Ing. Simon Heinen, RWTH Aachen, Lehrstuhl und Institut für Arbeitswissenschaft

Dr. phil. Martin Frenz, RWTH Aachen, Lehrstuhl und Institut für Arbeitswissenschaft

Dipl.-Wirt.-Ing. Raymond Djaloeis, RWTH Aachen, Lehrstuhl und Institut für Arbeitswissenschaft

Univ.-Prof. Dr.-Ing. Christopher M. Schlick, RWTH Aachen, Lehrstuhl und Institut für Arbeitswissenschaft

9.1 Einleitung

In den Beiträgen von Niethammer, Baukrowitz, Diart und Stock/Hilger in diesem Band werden Veränderungen für bestimmte Dienstleistungen auf Branchenebene sowie die daraus resultierenden Konsequenzen für den konkreten Arbeitsplatz aufgezeigt. Es werden in den vorhergehenden Beiträgen aus den Branchen und Bereichen der Ver- und Entsorgungswirtschaft, Energieberatung, Personennahverkehr, IT-Branche, Wellness, Kinderbetreuung und Altenpflege als generelle Wandlungstreiber eine zunehmende Konkurrenz, Globalisierung, Veränderungen in der Unternehmensstruktur, veränderte Nachfrage- und Beschäftigungsstruktur, technologische Weiterentwicklungen, Wertewandel und demografischer Wandel herausgestellt. In diesem Kontext müssen auch die beruflichen Strukturen den damit einhergehenden, neuen Anforderungen gerecht werden.

Es ist ein Wandel von traditionellen, klar umrissenen Berufsformen zu neuen Formen von Beruflichkeit entstanden (**Tabelle 9.1**). So prägen beispielsweise nach Meyer (2000; 2004) [6], [7] eine geringere Formalisierung, Entgrenzung, Prozessorientierung (Lösen von konkreten Problemen), Flexibilität, Individualisierung, Selbstorganisation und Autonomie eine moderne Beruflichkeit. Ein weiterer Megatrend in dieser sich verändernder Beruflichkeit ist die zunehmende Entwicklung zu einer Dienstleistungsorientierung in gewerblich-technischen Arbeitsaufgaben. Für die Erbringung professioneller Arbeit besitzen diese Entwicklungen zunehmend eine hohe Bedeutung. Diese Veränderungen haben einen massiven Einfluss auf die Erwerbstätigkeit. Ein zentrales Thema im Rahmen einer modernen Beruflichkeit sind die damit einhergehenden, neuen Anforderungen an Qualifikationen und Kompetenzen. Die Dienstleistungsfacharbeit ist prototypisch für eine moderne Beruflichkeit. Essenziell für die Zukunft der Dienstleistungsfacharbeit in Deutschland ist die Entwicklung von Kompetenzen im ganzheitlichen Denken in Arbeitsprozessen entlang aller Phasen der Wertschöpfungskette. Dieses Denken nimmt an Bedeutung zu und das für ein beruflich kompetentes Handeln notwendige Arbeitsprozesswissen ändert sich.

Tabelle 9.1 Traditionelle Berufsformen und Formen einer modernen Beruflichkeit

Traditionelle Berufsformen	Formen einer modernen Beruflichkeit
– Institutionalisierung	– Geringe Formalisierung
– Lernorte	– Prozessorientierung
– Hohe fachliche Verbindlichkeit	– Dienstleistungsorientierung
– Konstanz	– Flexibilität
– Kollektivität	– Individualisierung
– Fremdorganisation	– Selbstorganisation
– Seltene Interaktion mit Kunden und Kooperationspartnern	– Autonomie
– Etc.	– Ungewissheit
	– Dynamik in der Interaktion
	– Etc.

Quelle: Meyer 2000, 2004 [6], [7]

Vor dem Hintergrund der Veränderungen in Gesellschaft und Arbeit gewinnt die Entwicklung beruflicher Handlungskompetenz (vgl. Reetz 2006) [8] und einer reflexiven Handlungsfähigkeit für das berufliche Lernen im Prozess (vgl. Dehnbostel 2007) [1] als berufspädagogisches Leitziel zunehmend an Bedeutung. Diese Leitziele haben sich in der betrieblichen Aus- und Weiterbildung sowie in Theorie und Praxis durchgesetzt und manifestieren sich in den jeweils zugrundeliegenden Gesetzen und Verordnungen.

Viele der neuen beruflichen Arbeitsaufgaben erfordern somit zunehmend einen Umgang mit Unbestimmtheiten, insbesondere z. B. durch die dynamische Interaktion mit Kunden oder Kooperationspartnern und Arbeiten in Gruppen/Teams, aber auch durch Zielkonflikte, die mit den Gegenständen der Tätigkeit selbst begründet werden können. Diese Unbestimmtheiten erfordern ein hohes Maß an Interaktionsarbeit mit anderen Personen sowie den Umgang mit Ungewissheiten in der Durchführung. Aus diesem Wandel in den beruflichen Arbeitsaufgaben ergeben sich neue Anforderungen an die Qualifikationen und Kompetenzen der Erwerbstätigen in der Dienstleistungsfacharbeit.

Ziel dieses Beitrags ist es, neue Anforderungen an die Qualifikationen und Kompetenzen aufzuzeigen, die mit der Entstehung einer modernen Beruflichkeit in der Dienstleistungsfacharbeit einhergehen. Dabei werden Phänomene einer modernen Beruflichkeit in ausgewählten Domänen der Dienstleistungsfacharbeit aufgezeigt. Dabei wird zurückgegriffen auf die in der Fokusgruppe vertretenen Branchen und Bereiche.

Der Dreh- und Angelpunkt der Professionalisierung besteht darin, wie gut es gelingt, die neuen Qualifikations- und Kompetenzanforderungen zu identifizieren sowie den Wandel in der Beruflichkeit zeitnah im Sinne von Konsequenzen für die Qualifikations- bzw. Kompetenzentwicklung zu interpretieren. In der Folge müssen diese Erkenntnisse in Aus- und Weiterbildungskonzepten, Personalentwicklungsstrategien und individuellen Strategien der Kompetenzentwicklung umgesetzt werden.

Vor dem Hintergrund dieser Fragen wurden die Beiträge der beteiligten Forschungsprojekte analysiert. Im Rahmen der Arbeiten in der Fokusgruppe „Beruflichkeit und Professionalisierung" wurde zu dieser Thematik der Qualifikations- und Kompetenzanforderungen ein Workshop mit Vertretern der Forschungsprojekte durchgeführt.

Zunächst wird in Abschnitt 9.2 die Bedeutung der mittleren Qualifikationsebene beschrieben. Es werden zentrale Qualifikationsanforderungen herausgestellt, welche für die Erbringung professioneller Dienstleistungsarbeit notwendig sind. Diese Qualifikationsanforderungen sind dabei im Wesentlichen der mittleren Qualifikationsebene zuzuordnen. In Abschnitt 9.3 werden die aufgrund der Analyse der Beiträge der Forschungsprojekte herausgestellten und im Workshop validierten Kompetenzanforderungen einer modernen Dienstleistungsfacharbeit vorgestellt. Abschließend werden Konsequenzen für die Kompetenzentwicklung skizziert, welche in dem an diesen Beitrag anknüpfenden Querschnittsbeitrag „Bedarfe, Perspektiven und Herausforderungen in der beruflichen Aus- und Weiterbildung" in diesem Band aufgegriffen werden.

9.2 Qualifikationen in ausgewählten Bereichen der Dienstleistungsfacharbeit

Im Hinblick auf Tendenzen und Entwicklungen in der Dienstleistungsarbeit wird häufig eine abnehmende Bedeutung der Dienstleistungsfacharbeit diskutiert. Diskutierte Entwicklungen sind zum einen eine Erweiterung und Stärkung des gering qualifizierten Sektors mit „einfachen", niedrig entlohnten Tätigkeiten oder aber zum anderen auch eine zunehmende Akademisierung der Tätigkeiten in der Dienstleistungsarbeit (vgl. Zühlke-Robinet/Bootz 2009) [13]. Diese Diskussionen aufgreifend, wird der Schwerpunkt auf eine genauere Betrachtung der Bedeutung der mittleren Qualifikationsebene gelegt, um herauszustellen, inwiefern die mittlere Qualifikationsebene also einen wichtigen Beitrag zur Entwicklung der Dienstleistungsqualität in Deutschland leistet.

Unsere heutige Gesellschaft und Volkswirtschaft sind stark durch Dienstleistungsarbeit geprägt. Dennoch sind viele Fragen der Anerkennung, Wertschätzung und dem qualifikatorischen Gehalt von Dienstleistungsarbeit offen. In diesem Abschnitt wird als mögliche Grundlage für die Entwicklung und Förderung qualifizierter Dienstleistungsarbeit die Einbindung der mittleren Qualifikationsebene in die Dienstleistungsarbeit untersucht (Dienstleistungsfacharbeit). Es werden dabei künftige Qualifikationsanforderungen an Dienstleistungstätigkeiten und ihre Beruflichkeit abgeleitet. Im Fokus der Untersuchungen steht dabei die Bedeutung der quantitativ starken mittleren Qualifikationsebene in der Dienstleistung.

Zur Beschreibung der Qualifikationen wurden die Teilnehmer des Workshops zunächst gebeten, ihre Branche bzw. ihren Bereich kurz zu beschreiben und Aussagen zum Wachstumspotenzial der Branche zu treffen. Im Anschluss daran sollten Aussagen zu der Bedeutung der Qualifikationen auf verschiedenen Ebenen (akademische Ebene, mittlere Tätigkeitsebene und Ebene ohne formale Qualifikationen) heute und in Zukunft getroffen werden. Aus den Projekten sollten in diesem Zusammenhang mögliche Veränderungen, Maßnahmen, Vorschläge etc. insbesondere im Hinblick auf die mittlere Qualifikationsebene dargestellt werden.

Im Folgenden werden nun die projektspezifischen Besonderheiten in Bezug auf eine Beschreibung der Tätigkeiten ohne einschlägige formale Qualifikationen, Qualifikationen durch einschlägige Aus- und/oder Weiterbildungen auf mittlerer Qualifikationsebene sowie einschlägige Aus- und/oder Weiterbildungen auf akademischer Ebene herausgestellt.[1]

---

[1] Grundlage für diese Beschreibungen sind die Darstellungen der Workshopteilnehmer sowie die Beiträge aus den einzelnen Projekten in diesem Band, auf welche an dieser Stelle für detaillierte Informationen noch einmal verwiesen sein soll.

Projekt Iso (Stationäre Altenpflege)

Die stationäre Altenpflege wie auch die Altenpflege im Allgemeinen gilt vor dem Hintergrund des demografischen Wandels in Deutschland und Europa als eine absolute Wachstumsbranche. Es wird eine enorme Zunahme der Nachfrage nach Pflegedienstleistungen erwartet.

Im Bereich der gewerblichen Altenpflege sind Personen mit akademischen, pflegewissenschaftlichen Abschlüssen v. a. bei den Leitungskräften (Heimleitung, Leitung ambulanter Dienste, Wohnbereichsleitungen usw.) und im Bereich Qualitäts-, Hygiene- und Arbeitsschutzbeauftragter zu finden. Für die mittlere Tätigkeitsebene schreibt das Sozialgesetzbuch (SGB, Elftes Buch 2011) [10] eine Fachkraftquote von 50% vor. Zu diesen einschlägigen Fachkräften zählen:

- Gesundheits- und Krankenpflegerin oder Gesundheits- und Krankenpfleger,
- Gesundheits- und Kinderkrankenpflegerin oder Gesundheits- und Kinderkrankenpfleger oder
- Altenpflegerin oder Altenpfleger.

Einschlägige Weiterbildungen sind auch gegeben, beispielhaft seien hier Qualifikationen im gerontopsychiatrischen Bereich genannt. Ausgenommen von dieser Einschlägigkeit sind aber Berufe wie staatlich anerkannte/r Altenpflegehelfer/in, Ergotherapeutinnen/en oder auch Demenzpfleger/innen.

Für die Zukunft wird eine Aufweichung der Fachkraftquote erwartet und somit ein Anstieg des Anteils der nicht als einschlägig zu bezeichnenden Facharbeiterberufe. Aufgrund des eher niedrigen Lohngefüges wird es schwierig sein, examinierte Fachkräfte auf mittlerer Qualifikationsebene zu finden, welche für die anspruchsvollen Tätigkeiten jedoch dringend benötigt werden, um einer reinen „satt und sauber"-Pflege entgegenzuwirken. Eine große Herausforderung besteht darin, gelernte Fachkräfte zu halten, zu schulen und zu motivieren, also die nicht einschlägigen, dennoch qualifizierten Facharbeiterberufe aufzuwerten. Eine zunehmende Akademisierung der Tätigkeiten wird vor diesem Hintergrund nicht erwartet.

Projekt DITUS (Technischer Umweltschutz/Kreislauf- und Abfallwirtschaft)

Im Projekt Ditus wird kein direktes Wachstum der Branche erwartet. Insbesondere in der Kreislauf- und Abfallwirtschaft nimmt der Umfang der Handlungsfelder zu und es ergeben sich neue Handlungsfelder. Auch die Komplexität der Aufgaben nimmt insgesamt durch eine ständige Weiterentwicklung und einen Wandel in der Technologie zu, auch wenn in einigen Bereichen wie der Kläranlagentechnik derzeit wiederum keine großen Änderungen zu erwarten sind. In der Abwassertechnik liegt bereits ein hohes Ausbildungsniveau vor, welches weiterhin gehalten werden soll.

Im Fokus des Projektes stehen die einschlägigen umwelttechnischen Facharbeiterberufe (etwa 35%) der Kreislauf- und Abfallwirtschaft sowie Abwassertechnik. Weitere umwelttechnische Berufe sind die Fachkraft für Wasserversorgungstechnik und Rohr-, Kanal- und Industrieservice. Der Anteil an Akademikern wird heute wie zukünftig gleichbleibend insgesamt als gering eingeschätzt. Berufe ohne einschlägige formale Qualifikation machen insgesamt etwa die Hälfte aus, davon ist ein geringer Teil An- und Ungelernte, größtenteils jedoch typischerweise Facharbeiterberufe wie Kraftfahrer, Elektriker oder Maschinisten.

Im Projekt wird deutlich, dass in allen Bereichen Inhalte der Kreislaufwirtschaft auf unterschiedlichem, oft auch hohem Niveau gefordert sind, zudem jedoch auch hohe Anforderungen im Kundenkontakt. Die Tätigkeiten entwickeln sich deutlich in Richtung von Kundenberatern in allen Bereichen der Wertschöpfungskette: Wert- und Schadstoffannehmer, Kundeninnendienst und Kundenaußendienst.

Die Fachkräfte erbringen sowohl standardisierte Dienstleistungen wie auch Individualdienstleistungen. Der Individualisierungsgrad steigt vor allem, wenn Geschäftsbereiche zusammenfallen (Überlappung von Kern- und Managementprozessen), sodass eine Fachkraft beispielsweise gleichzeitig als Klärwärter und als Kundenhotline fungiert. Dabei handelt es sich um sehr komplexe Arbeitsaufgaben, die zeitgleich fundierte Fachlichkeit und ein hohes Maß an äußerer Kundenorientiertheit erfordern.

Projekt ProVes (Öffentlicher Personen(nah)verkehr und Schienengüterverkehr)

Ein Wachstum der Branche wird nicht erwartet, die Bedeutung der Branche wird jedoch heute wie in Zukunft gleichbleibend hoch eingestuft. Arbeitstätigkeiten im öffentlichen Personen(nah)verkehr (ÖPNV) sind derzeit geprägt durch eine hohe Funktionstrennung mit den Folgen Monotonie und einseitige Belastungen, z. B. lange Fahrzeiten als Busfahrer. Die Anforderungen an die Dienstleistungsqualität wachsen, so muss ein Busfahrer zunehmend Fahrgäste beraten etc. In den Fahr- und Servicediensten sind zurzeit viele Beschäftigte mit fachfremden Berufsausbildungen tätig. Eine Mehrfachqualifikation für verschiedene, bisher strikt getrennte Tätigkeitsbereiche durch Aufgabenerweiterung und -anreicherung soll dazu beitragen, die Professionalisierung der Dienstleistungsfacharbeit über eine Erhöhung des Anteils an Mitarbeitern mit abgeschlossener einschlägiger Berufsausbildung auf mittlerer Qualifikationsebene voranzutreiben. Dazu wird derzeit ein neues, branchenweites System der beruflichen Aus- und Weiterbildung eingeführt. Es gibt neue Ausbildungsberufe wie Fachkraft im Fahrbetrieb und Kaufmann/-frau für Verkehrsservice. Grundprinzipien des Qualifikationswandels sind Kundenorientierung, Anpassungsfähigkeit und Einsatzflexibilität.

Es ist heute wie zukünftig ein geringer Teil an Akademikern in der Branche tätig. Auf der mittleren Tätigkeitsebene gibt es einen eher geringen Anteil der verkehrsspezifischen Abschlüsse, der Großteil der Teilnehmer ist ohne direkte einschlägige, fachspezifische Abschlüsse in der Branche tätig (Mechaniker in der technischen Werkstatt).

Weiterhin wurde auch ein Entwurf für ein System beruflicher Bildungswege für die Verkehrsbranche („SyBil") entwickelt (vgl. VDV-Karriere 2011) [11], welches zukünftig sukzessive weiterentwickelt werden soll. Es gibt Qualifizierungsangebote für die drei Unternehmenssektoren Betrieb/Vertrieb, Technik/Infrastruktur, kaufmännische Dienstleistungen/

Overhead in Unternehmen des öffentlichen Personenverkehrs und der Güterbahnen. Es wird dabei eine strukturierte Durchlässigkeit vom Ausbildungsberuf bis zum Masterabschluss geboten.

Projekt GlobePro (IT-Branche)

In der IT-Dienstleistungsbranche gibt es einen recht hohen Anteil (etwa ein Drittel) der akademischen Tätigkeitsebene. Der Anteil der Beschäftigten ohne einschlägige Fachabschlüsse (einschließlich Hochschulabgänger) wird auf etwa 20% geschätzt. Es gibt einen hohen Anteil an Quereinsteigern. Etwa 35% haben einen einschlägigen IT-Berufsabschluss. Die Branche ist sehr heterogen und geprägt durch eine Vielzahl nicht-öffentlicher Weiterbildungsmaßnahmen und Zertifikate. Eine Herausforderung besteht in der Strukturierung der Branche. Es wird kein Beschäftigungsanstieg erwartet. Durch strukturelle Änderungen im Berufsfeld und der Bildung einschlägiger IT-Berufsausbildungen wird jedoch ein Anstieg der einschlägigen Tätigkeiten auf mittlerer Ebene im Dualen System erwartet. Die schnell wechselnden Anforderungen stellen auch an das System der Berufsbildung besondere Herausforderungen. Die Ausbildungsmöglichkeiten müssen einerseits vereinfacht und möglichst flexibel gestaltet werden, andererseits aber auch klare Inhalte aufweisen.

Mitte der 90er wurden vom Bundesinstitut für Berufsbildung gemeinsam mit den Sozialpartnern und der KMK vier neue IT-Berufe entwickelt und 1997 bzw. 1999 nach dem Berufsbildungsgesetz anerkannt: Fachinformatiker, Informations- und Telekommunikationselektroniker, Informations- und Telekommunikationssystemkaufmann (1997) und Informationselektroniker (1999).

Die Profile repräsentierten eine Mischung aus technischen, betriebswirtschaftlichen und kundenorientierten Qualifikationen. Zugleich kam es in diesem Zusammenhang zu einer Überschneidung der dualen Ausbildung mit Tätigkeitsfeldern vieler akademischer Berufe (vgl. Dücker/Schapfel-Kaiser 2006) [2].

Durch die Rechtsverordnung des Bundes vom 03.05.2002 [Bundesgesetzblatt I S. 1547] wurde ein IT-Weiterbildungssystem in drei aufeinander aufbauenden Ebenen konstituiert:

- Berufliche Qualifizierung zu den zertifizierten Spezialisten,
- Aufstiegsfortbildung zu den operativen Professionals,
- Aufstiegsfortbildung zu den strategischen Professionals.

Damit ist ein horizontal und vertikal gegliedertes Weiterbildungssystem entstanden. Die einzelnen Abschlüsse sind miteinander verknüpft. Die Curricula sind dabei arbeitsprozessorientiert gestaltet. Sie greifen berufliche Arbeitssituationen auf und zumeist wird in aktuellen, realen Projekten gelernt. Die Arbeitsprozesse wurden für die Curricula so geordnet, dass sie für die einzelnen Funktionsgruppen Referenzprozesse beschreiben und charakteristische Tätigkeitsabläufe darstellen (vgl. Rogalla/Weber 2004) [9].

Bemerkenswert ist, dass die Spezialistenprofile nicht in der Verordnung genannt werden, sondern durch eine von Arbeitgeberverbänden und Gewerkschaften geschlossene „Vereinbarung über die Spezialistenprofile im Rahmen des Verfahrens zur Ordnung der IT-Weiterbildung" vom 14.02.2002 nach privatrechtlichen Regeln konstituiert wurden. Es erfolgte eine privatwirtschaftliche Personalzertifizierung durch akkreditierte Zertifizierungsstellen. Das IT-Weiterbildungssystem wurde als Ergänzung zum Hochschulstudium geschaffen. Weiterhin können nach Beschluss der Kultusministerkonferenz (KMK) bis zu 50% der Studienleistungen durch in der Berufspraxis erworbene Kenntnisse und Fähigkeiten anerkannt werden, sofern diese nach Inhalt und Niveau gleichwertig sind. Im Weiterbildungssystem entspricht der Bachelor einem operativen Professional, der Master einem strategischen Professional.

Ein Quereinstieg ist zu den Spezialistenfortbildungen und zur Bachelorebene (operative Professionals) möglich (vgl. Weissmann 2008) [12]. Im Jahre 2009 wurden die Spezialistenprofile noch einmal überarbeitet und aufgrund der tatsächlichen Bedarfe des Marktes zusammengefasst. Dieser Wandel verdeutlicht die Dynamik der Systeme in der IT-Domäne und eine Anpassungsfähigkeit an die Marktbedürfnisse. Das IT-Weiterbildungssystem bietet somit einen guten Ansatz für die Schaffung von mehr Durchlässigkeit in Berufsbildungssystemen und einem möglichen Anschluss an die Hochschulausbildung.

Projekt Wellness (Wellnesssektor)

Für den Wellnesssektor wird ein Wachstum erwartet. Wellnessangebote werden zukünftig vermehrt nachgefragt. Dienstleistungen in diesem Sektor werden zu einem eher geringen Teil von Personen ohne einschlägige formale Abschlüsse, aber dennoch häufig hohem Niveau, erbracht. Dies sind beispielsweise Geistheiler oder eine Thai-Massage. Im Wellnesssektor sind überwiegend Personen mit schulischer Ausbildung, z. B. Heilpraktiker, Masseure, Physiotherapeuten sowie Krankenschwestern mit spezifischen Weiterbildungen und Ernährungsberater tätig, die sich innerhalb ihrer ursprünglichen Tätigkeit auf Wellness fokussiert haben. Als einschlägige Weiterbildungen gibt es medizinische Bademeister, Kosmetiker, aber auch Wellnessberater und -trainer. Auf akademischer Ebene sind Fachhochschulabschlüsse im Bereich Tourismusfachwirt mit Spezialisierung auf Spamanagement zu nennen, jedoch ist dieser akademische Bereich zahlenmäßig eher gering vertreten. Die Tätigkeiten werden heute wie zukünftig eindeutig auf mittlerer Qualifikationsebene gesehen.

Projekt PKDi (Kindertagespflege)

Die Kinderbetreuung und -tagespflege wird als Wachstumsbranche angesehen, es wird erwartet, dass zukünftig vermehrt entsprechende Betreuungsangebote nachgefragt werden. Im Bereich der Kindertagespflege stellt sich das Feld einschlägiger Aus- und Weiterbildungen noch als sehr unspezifisch und konturlos dar. Ein einschlägiges, strukturiertes System existiert nicht. Es ist eine sehr heterogene Entwicklung zu erwarten, da die Verantwortung letzten Endes bei den jeweiligen Kommunen liegt. Mehr Qualifikationen auf mittlerer Ebene sind äußerst wünschenswert, bislang besteht die Tätigkeit im Gegensatz zu anderen Pflegeberufen mit staatlich reglementierten Aus- und Weiterbildungen hauptsächlich aus Anlerntätigkeiten. Die zentralen Probleme dieses Bereiches bestehen darin, dass derzeit nur bis 2013 Entwicklungen gesetzlich vorgeschrieben sind, deren Umsetzungsstand zudem noch fraglich ist. Ebensowenig geklärt ist auch der Umgang mit vorhandenen Finanzierungsproblemen für teurere Fachkräfte.

Projekt BDL (Bildungsdienstleistungen)

Ein Wachstum der Branche wird nicht erwartet. Zwar gibt es immer neue Wettbewerber und der Bedarf an Seminar- und Schulungsangeboten steigt stetig, demgegenüber steht jedoch der vermehrte Einsatz von E-Learning-Angeboten. Im Bereich der Bildungsdienstleister fällt eine klare Abgrenzung des Bildungsmarktes schwer. Berufe ohne formalen Abschluss gibt es für diese Domäne keine. Auf mittlerer Tätigkeitsebene gibt es eine Vielzahl an Tätigkeiten der Sachbearbeitung (Bildungsverwaltung, Bildungsdienstleistungen verwalten und organisieren). Typischerweise üben diese Tätigkeiten Personen aus anderen kaufmännischen Berufen aus, z. B. Bürokaufleute. Auf mittlerer Qualifikationsebene werden zukünftig mehr Kompetenzen erforderlich sein, auch der Anspruch steigt. Die Entwicklung geht von einem reinem Bildungsverwalter (Zeugnisse und Stundenpläne erstellen etc.) hin zu umfassenderen beratenden und organisatorischen Aufgaben. Für die akademische Ebene wird aufgrund der besseren Zugänglichkeit der neu eingeführten Bachelorabschlüsse ein leichter Anstieg erwartet.

Projekt ESysPro (Energieberatung)

Der noch junge Markt der Energieberatung wird in den kommenden Jahren aufgrund der gesellschaftlichen und politischen Aktualität der Thematik „Energie" enorm wachsen. Energieberater ist derzeit sowohl auf mittlerer wie auch akademischer Ebene ein Fortbildungsberuf. Auf dem Markt der Energieberatungsdienstleistungen fehlen derzeit Standards, eine gesetzlich geschützte Bezeichnung „Energieberater" und ein systematisches Weiterbildungs- und Qualifizierungsangebot.

Der Zusammenhang zwischen bestimmten Ausgangsberufen auf mittlerer Qualifikationsebene und angebotenen Fort- und Weiterbildungsangeboten im Bereich der Energieberatung ist weitgehend unklar. Hier findet ein Übergang von „klassischen" gewerblich-technischen Ausgangsdomänen (v. a. Handwerksberufe wie Tischler, Schornsteinfeger, Anlagenmechaniker usw.) in eine dienstleistungsorientierte, wissensintensive Facharbeit statt. Für eine Gestaltung des Übergangs ist eine Erhebung der beruflichen Handlungsfelder von Gebäudeenergieberatern als Grundlage zukünftiger, einschlägiger Qualifikationsstrukturen notwendig (vgl. Heinen et al. 2011) [5]. Auf akademischer Ebene finden sich insbesondere Architekten und Bauingenieure sowie in geringeren Anteilen Ingenieure aus anderen Domänen, die sich über akademische Weiterbildungen qualifiziert haben. Einschlägige Ausbildungsberufe oder Studiengänge existieren nicht.

Das Projekt fokussiert die Entwicklung eines niveaustufendifferenzierten Qualifikationsrahmens für die Energieberatung, welcher für die mittlere Qualifikationsebene zukünftig verstärkt eine Tätigkeit im Wohngebäudebereich vorschlägt. Für den akademischen Bereich sind vorwiegend Tätigkeiten im Nichtwohngebäudebereich vorgesehen, wobei hier zusätzlich eine Durchlässigkeit für die mittlere Qualifikationsebene möglich sein soll. Die Profile der Weiterbildungen sollten zukünftig intensiver auf die vorhandenen Ausgangsqualifikationen zugeschnitten sein (vgl. den Beitrag von Heinen in diesem Band).

Zusammenfassung

In vier der acht betrachteten Branchen und Bereiche wird allgemein ein deutlicheres Wachstum erwartet (Energieberatung, Kindertagespflege, stationäre Altenpflege und Wellnesssektor). Eine genaue Prognostizierbarkeit und Bedeutung ist jedoch aus unterschiedlichen Gründen schwierig. Typisch für alle betrachteten Bereiche der Dienstleistungsfacharbeit ist, dass diese Entwicklungen von vielen Unsicherheiten geprägt sind. Einig sind sich die Vertreter der Projekte jedoch, dass heute wie in Zukunft in allen betrachteten Branchen und Bereichen die Tätigkeiten auf mittlerer Qualifikationsebene eine hohe Bedeutung haben und auch quantitativ stark vertreten sind.

Die in den Forschungsprojekten untersuchten Branchen und Bereiche verfolgen allgemein zwei unterschiedliche Ansätze: Zum einen gibt es Bereiche, in denen heute bereits ein etabliertes Aus- und Weiterbildungssystem mit klar definierten Qualifikationen vorhanden ist. In fünf der acht untersuchten Bereiche der Dienstleistungsfacharbeit liegt ein formalisiertes, durch Aus- und Weiterbildungsberufe beschriebenes Qualifizierungssystem vor (Stationäre Altenpflege, Technischer Umweltschutz/Kreislauf- und Abfallwirtschaft, Öffentlicher Personen(nah)verkehr und Schienengüterverkehr, IT-Branche, Wellness). In diesen Bereichen steht eine Restrukturierung der beruflichen Handlungsfelder und der Arbeitsaufgaben im Vordergrund.

In drei Bereichen liegt kein etabliertes System vor (Kindertagespflege, Bildungsdienstleistungen, Energieberatung), wenngleich die Arbeitsaufgaben für die mittlere Qualifizierungsebene angemessen erscheinen. Hier besteht die grundsätzlichere Herausforderung, für die mittlere Qualifikationsebene in einem unstrukturierten Bereich sinnvolle Aus- und Weiterbildungsstrukturen zu entwickeln.

Bei der Entwicklung von Strategien der Professionalisierung besitzen Anforderungen an die Qualifikations- und Kompetenzentwicklung eine Scharnierfunktion. In den betrachteten Dienstleistungsbereichen werden die Leistungen teilweise von formal nicht Qualifizierten, von Mitarbeitern der mittleren Qualifikationsebene und von akademisch Ausgebildeten gemeinsam angeboten. Die Dequalifizierungsthese, dass im Bereich der Dienstleistungen vermehrt gering qualifizierte oder hoch qualifizierte Mitarbeiterinnen und Mitarbeiter tätig werden, konnte für die aufgezeigten Dienstleistungsbereiche nicht bestätigt werden. Zum Beispiel hat sich in der IT-Branche ein prozessorientiertes Aus- und Weiterbildungssystem etabliert, in dem dank einer entsprechenden curricularen Gestaltungsoffenheit die Handlungsschwerpunkte an die sich permanent ändernden Marktbedürfnisse angepasst werden können.

Zusätzlich ist zu beobachten, dass Personen ohne formale Qualifizierung nicht nur in stark standardisierten Tätigkeitsfeldern arbeiten, sondern zum Teil auch hochgradig professionalisiert nachgefragte Dienstleistungen erbringen (z. B. Wellnessbranche: Thai-Massage oder Energieberatung). Kompetenzerwerb findet zunehmend in Prozessen des lebenslangen

Lernens statt; diese sind flexibel und gestaltungsoffen und können sowohl formales, nonformales als auch informelles Lernen umfassen.

Die formalen Qualifikationen alleine geben also nicht in allen Branchen und auf keinen Fall vollständig Aufschluss über die Professionalität der geleisteten Dienstleistungsfacharbeit. Einen bedeutenden Teil der Professionalität von Dienstleistungsfacharbeit machen informell erworbene Fähigkeiten und Fertigkeiten aus. Die für ein professionelles Handeln erforderlichen Anforderungen müssen in Form von Kompetenzen näher beschrieben werden, um Strategien der Professionalisierung der formalen und informellen Qualifizierungen für die drei Ebenen Beruflichkeit und Beruf, Unternehmen und Individuum weiterentwickeln zu können.

Dafür müssen entsprechende Strukturen geschaffen werden, wofür wiederum einheitliche Beschreibungsmöglichkeiten benötigt werden, wie es beispielsweise der Europäische Qualifikationsrahmen mit seiner niveaustufendifferenzierten, bildungsbereichsübergreifenden Beschreibung von Kompetenzen bietet. Damit wird ein Bezugssystem für Qualifikationen geboten, welches auf alle Bildungssysteme in Europa anwendbar sein soll. Dies soll, auch vor dem Hintergrund einer zunehmenden Globalisierung, eine sogar internationale Vergleichbarkeit von Qualifikationen ermöglichen (vgl. Europäische Kommission 2008) [3]. Der zentrale Gedanke ist die Orientierung an Lernergebnissen („learning outcomes"), also der von einem Lernenden am Ende eines Lernprozesses erworbenen Kompetenzen. Fokussiert wird damit, welche Kompetenzen jemand bezogen auf eine Tätigkeitsausübung tatsächlich besitzt und nicht, auf welchem Wege sie erworben und welche Bildungsabschlüsse erreicht wurden.

9.3 Kompetenzanforderungen in der Dienstleistungsfacharbeit

Die allgemeine Problemlage für die Berufsbildung und Qualifizierungsangebote schildert auch Frommberger (2004) [4] prinzipiell: Das Lernangebot soll gewährleisten, dass auf der Basis beruflicher Bildung, Qualifizierung und Erfahrung eine Vorbereitung auf die zukünftige Erwerbsbeschäftigung und Karriere stattfinden kann, sowie angemessene Fähigkeiten und Kenntnisse vermittelt werden, die von den Lernenden auch zur Bewältigung zukünftiger schulischer und privater Lernprozesse und Aufgabenbereiche genutzt werden. Auf der Ebene der Ordnungsmittel wird im internationalen Rahmen allgemein ein „Competence-based-approach" bzw. „Competence-based Education and Training" als Beschreibungsstrategie kommuniziert (vgl. Frommberger 2004) [4]. Dabei handelt es sich um eine Curriculumstrategie,

> „deren zentrales Merkmal darin liegt, für den Bereich der Berufsbildung und Qualifizierung erwünschte Fähigkeiten und Dispositionsspielräume zu kodifizieren, die im Rahmen von erfahrungsbezogenen und arbeitsplatznahen sowie schulischen Lernprozessen angezielt oder mittels diverser Evaluationsverfahren festgestellt, beurteilt und zertifiziert werden sollen." (Frommberger 2004, S. 416) [4].

Dieser kompetenzbasierte Ansatz spiegelt dabei eine deutliche Orientierung des Lernprozesses an beruflichen Handlungsfeldern wider, welche auf eine Lernebene in Lernsituationen abgebildet werden. Es werden individuelle Eigenschaften der Lernenden berücksichtigt. Dieser Ansatz deckt sich überwiegend mit dem Lernfeldkonzept und dem Bildungsauftrag mit der Forderung nach allgemeiner, umfassender beruflicher Handlungskompetenz und der Entwicklung reflexiver Handlungsfähigkeit. In diesem Zusammenhang müssen die Kompetenzanforderungen für die Tätigkeitsausübung beschrieben werden.

Im Folgenden wird nun vorgestellt, wie sich die Kompetenzanforderungen in den betrachteten Bereichen und Branchen für die mittlere Qualifikationsebene darstellen. Dazu wurde eine Dokumentenanalyse der Projektberichte der Fokusgruppe durchgeführt, in welcher zentrale Kompetenzanforderungen, die in den Berichten genannt wurden, herausgefiltert wurden. Diese Anforderungen wurden geclustert und in einem Expertenworkshop mit Vertretern der Projekte validiert und eine Bewertung der Bedeutung über die Zeit (früher – heute – zukünftig) durchgeführt.

In einer Dokumentenanalyse wurden die Materialien der jeweiligen Projekte daraufhin untersucht, welche Kompetenzen in Bezug auf eine Dienstleistungsfacharbeit beschrieben wurden. Als Kompetenzen einer Dienstleistungsfacharbeit wurden dabei allgemein herausgestellt:

- Soziale und personale Kompetenzen
    - Interaktion mit anderen Personen
    - Soziale Kompetenzen im Unternehmen und im Umgang mit anderen Akteuren der Branche
    - Veränderungskompetenz (Reflexion, Prozessorientierung)
- Fachliche Kompetenzen
    - Spezielle Fachkompetenz für die Domäne
    - Allgemeine Fachkompetenzen in Arbeitssituationen (Problemlösekompetenz, Methodenkompetenz, diagnostische Kompetenz usw.)
- Kompetenzen für kaufmännische Querschnittsaufgaben in Klein- und Kleinstunternehmen

Diese zusammengefassten und systematisierten, generischen Kompetenzanforderungen wurden den Workshopteilnehmern vorgestellt und von ihnen validiert:

Die beschriebene Aufteilung wurde als gut befunden und spiegelt die Erkenntnisse der untersuchten Projekte gut wieder. Die Workshopteilnehmer wurden gebeten, die Bedeutung der jeweiligen Kompetenzen aus Sicht ihrer jeweiligen Branche/Domäne bzgl. der mittleren Qualifikationsebene zu bewerten. Dabei sollte auch eine zeitliche Entwicklung der Kompetenzen abgebildet werden. Deswegen wurden die Teilnehmer um eine qualitative Einschätzung für die Bedeutung der jeweiligen Kompetenzen früher, heute und zukünftig gebeten. Für den früheren Zeitpunkt wurde als Anhaltspunkt das Jahr 1995 gewählt, da es zu Beginn der 90er Jahre in einigen Branchen schon einmal Umbrüche gegeben hat. Für eine mittelfristige Entwicklung in der Zukunft wurde das Jahr 2020 gewählt. Die Ergebnisse der Bewertung werden in **Abbildung 9.1** und **Abbildung 9.2** dargestellt.

Insgesamt zeigt sich auf der mittleren Qualifikationsebene eine zunehmende Bedeutung der Kompetenzen. Dies spricht auch für eine steigende Anforderung innerhalb der mittleren Qualifikationsebene. Auffällig ist, dass insbesondere in den Kompetenzen außerhalb eines reinen Domänenbezugs ein deutlicherer Anstieg in der Bedeutung erwartet wird.

Abbildung 9.1 Bedeutung sozialer und personaler Kompetenzen

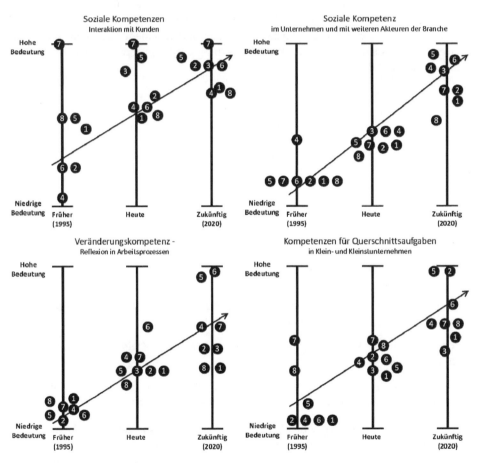

Abbildung 9.2 Bedeutung der domänenspezifischen Fachkompetenzen

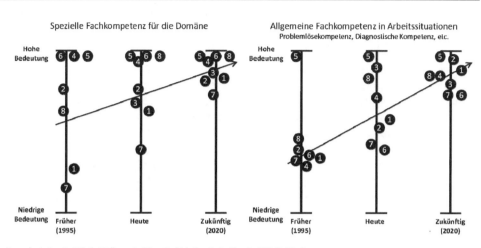

Legende: 1 - iso; 2 - BDL; 3 - Wellness; 4 - Ditus; 5 - GlobePro; 6 - ProVes; 7 - PKDi; 8 - ESysPro

Im Folgenden werden ergänzend Besonderheiten/Auffälligkeiten aufgrund der Beschreibungen der Workshopteilnehmer vorgestellt:

Projekt Iso (Stationäre Altenpflege)

Im Bereich der fachspezifischen Kompetenzen benötigen die Pflegeberufe eine breite fachliche Basis medizinischer und pflegerischer Kompetenzen, wie beispielsweise zur Wundbehandlung. Die Berufe sind nicht als minderqualifizierte Berufe zu betrachten, vielmehr gibt es dort ein breites Profil, sie sind Generalisten. Eine besondere Herausforderung besteht darin, die benötigten Kompetenzen dynamisch, flexibel-situativ zusammenzusetzen, beispielsweise beim Umgang mit einer dementen Frau, die hinsichtlich einer offenen Wunde versorgt werden muss.

Projekt DITUS (Technischer Umweltschutz/Kreislauf- und Abfallwirtschaft)

Die fachlichen Kompetenzanforderungen waren bei den Fachkräften schon immer hoch, auch wenn sich die Inhalte verändert haben. Dementsprechend bleibt die Bedeutung kontinuierlich sehr hoch. Durch die veränderten Arbeitsaufgaben steigt jedoch die Bedeutung der sozialen Kompetenzen. Im Bereich der Personalkompetenz gibt es nach wie vor nur kleinere Entwicklungsmöglichkeiten.

Projekt ProVes (Öffentlicher Personen(nah)verkehr und Schienengüterverkehr)

Auch in der ÖPNV-Branche steigen generell die Anforderungen. Bei der Beratungskompetenz ist jedoch eher eine Stagnation/geringer Anstieg zu erwarten, da es typische Beratungsaufgaben (Fragen zu Tarifen, Tickets usw.) schon immer gab. Ebenso ist bei der spezifischen Fachkompetenz sowohl bei den innerbetrieblichen Berufen (z. B. Werkstattmitarbeiter) als auch den Fahrberufen kein Anstieg zu erwarten, da sich an den fachlichen Qualifikationen bei der Wartung der Fahrzeuge bzw. den reinen Fahraufgaben nur wenig ändert.

Projekt GlobePro (IT-Branche)

Es existierten in der IT-Dienstleistungsbranche schon immer hohe Anforderungen an die Fachkompetenzen. Beratungskompetenz in der Breite nimmt eher ab, da eine zunehmende Strukturierung der Branche erfolgt ist und die Aufgaben stark aufgeteilt sind. Querschnittsaufgaben wie betriebswirtschaftliche Aspekte sollen in die Kernaufgaben z. B. einer reinen Softwareentwicklung als ergänzende Aspekte integriert werden und nicht als besondere Zusatzaufgaben verstanden werden. Die IT-Branche ist geprägt durch eine Neustrukturierung der fachlichen Kompetenzen. Von zentraler Bedeutung ist hier eher eine Neudefinition der Gesamtstruktur der Kompetenzen. Es stellt sich derzeit die Frage: Was begreift die Berufsgruppe als ihre Aufgaben?

Projekt Wellness (Wellnesssektor)

Querschnittsaufgaben und Reflexionsvermögen sind nicht in so hohem Maße erforderlich. Reflexion gehört zu jeder Art therapeutischer Handlungskompetenz. Die Branche ist geprägt durch viele Angestellte, z. B. Masseure, bei diesen ist ein ausgeprägtes freundliches Verhalten nicht von so hoher Bedeutung wie bei Selbstständigen, die um Kunden werben müssen.

Projekt PKDi (Kindertagespflege)

Bei der Personalkompetenz ist kein großer Bedeutungszuwachs für das Individuum zu erwarten, da durch eine zunehmende Standardisierung und Strukturierung der Branche eine einzelne Person sich hinsichtlich ihrer Entwicklungsmöglichkeiten im Vergleich zu heute besser einordnen kann.

Projekt BDL (Bildungsdienstleistungen)

Die Kompetenzen in der Interaktion steigen, es zeigt sich generell eine Entwicklung vom reinen Verwalter zum aktiven Organisator (Beratung, Kursentwicklung usw.) von Bildungsmöglichkeiten. Die reinen fachlichen Kompetenzen stagnieren von ihrer Bedeutung, es kommen jedoch zusätzliche Aufgaben hinzu, wie beispielsweise in der Kundenberatung und der Kursentwicklung.

Projekt ESysPro (Energieberatung)

In der fachlichen Entwicklung steigen die Ansprüche enorm, es gibt häufig sich ändernde Gesetze und Energieeinspar- oder Wärmeschutzverordnungen. Die Beratungskompetenz steigt enorm an, es gibt zunehmend keine einfachen Lösungen mehr, Energieberater müssen vermehrt zwischen verschiedenen möglichen Lösungen abwägen. Im Bereich der mittleren Qualifikationsebene sind Querschnittskompetenzen von der Bedeutung etwas niedriger einzuschätzen, da es sich dort fast ausschließlich um Klein- und Kleinstunternehmer handelt, die Privatleute in Wohngebäuden beraten.

9.4 Zusammenfassung

In den beschriebenen Branchen und Bereichen, in denen bereits eine etablierte, einschlägige mittlere Qualifikationsebene vorhanden ist, sind häufig die Fachkompetenzen bezogen auf die jeweilige Domäne bereits gut ausgeprägt, wenngleich deren Bedeutung weiter zunimmt. Die Verbindung zu dienstleistungsorientierten Arbeitsaufgaben ist demgegenüber jedoch zumeist eher geringer ausgeprägt. Gerade diesen Bereichen wird jedoch zukünftig eine hohe und weiter steigende Bedeutung zugewiesen. Konkret gestalten sich diese Kompetenzen beispielsweise bei einer Fachkraft für Kreislauf- und Abfallwirtschaft jedoch deutlich anders als bei einem Wellnessexperten.

Die Kompetenzen müssen immer bezogen auf die Arbeitsaufgaben in einer Prozesslogik entwickelt werden. Wichtig ist auch eine Orientierung an konkreten Arbeitsprozessen. Die Kompetenzanforderungen und die Erläuterungen der Workshopteilnehmer zu den Kompetenzanforderungen aus den betrachteten Bereichen und Branchen beschreiben weiterhin neben domänenspezifischen Fachkompetenzen einen Umgang mit Ungewissheiten im Handeln und das mögliche Auftreten von Zielkonflikten im Gegenstandsbereich. In den betrachteten Branchen und Bereichen, in denen noch kein etabliertes Aus- und Weiterbildungssystem für die mittlere Qualifikationsebene vorliegt, zeigt sich ein ähnliches Bild.

Die in diesem Beitrag vorgestellten Erkenntnisse sind typische Phänomene einer modernen Beruflichkeit. Um diesen Kompetenzanforderungen im Sinne einer modernen Beruflichkeit zu begegnen, sollte die Entwicklung und Förderung reflexiver Handlungsfähigkeit als ein Leitbild schulischer wie auch beruflicher Aus- und Weiterbildungskonzepte auf systemischer, curricularer und mikrodidaktischer Ebene umgesetzt werden. Ebenso sollten diese Leitgedanken in Personalentwicklungsstrategien und individuellen Strategien der Kompetenzentwicklung berücksichtigt werden.

Insgesamt zeigt sich also ein komplexes Bild an hohen Qualifikations- und Kompetenzanforderungen, die sich an eine professionelle Arbeit auf der mittleren Qualifikationsebene stellen. Für eine Professionalisierung der Dienstleistungsfacharbeit sind die Entwicklung und Optimierung einschlägiger Qualifikationsstrukturen und eine an den Arbeitsprozessen orientierte Kompetenzentwicklung notwendig, um den sich stellenden Herausforderungen zu begegnen und die Tätigkeiten erfolgreich auszuüben. Eine Berücksichtigung dieser Aspekte leistet somit einen wesentlichen Beitrag zur Professionalisierung der Dienstleistungsfacharbeit.

Literatur

[1] Dehnbostel, P. (2007): Lernen im Prozess der Arbeit, 1. Aufl., Münster.
[2] Dücker, S./Schapfel-Kaiser, F. (2006): IT-Technologie in der Berufsbildung – heute ganz alltäglich, URL: http://www.bibb.de/de/24307.htm [Stand 03. September2010].
[3] Europäische Kommission (2008): Der Europäische Qualifikationsrahmen für lebenslanges Lernen (EQR), Luxemburg.
[4] Frommberger, D. (2004): Zauberformel „Competence-based-approach"?, in: Zeitschrift für Berufs- und Wirtschaftspädagogik, Vol. 100, 3, S. 413-423.
[5] Heinen, S./Frenz, M./Djaloeis, R./Schlick, C. (2011a): Analytische und konzeptionelle Überlegungen für Fort- und Weiterbildungen in der Gebäudeenergieberatung – Reflexion ausgewählter Studien der Qualifikationsforschung auf Basis berufsbiografischer Studien des Energieberaters Martin Kranz, in: Frenz, M./Unger, T./Schlick, C. (Hrsg.): Moderne Beruflichkeit – Untersuchungen in der Energieberatung, 1. Aufl., Bielefeld, S. 23-48.
[6] Meyer, R.(2000): Qualifizierung für moderne Beruflichkeit, 1. Aufl., Münster.
[7] Meyer, R.(2004): Entwicklungstendenzen der Beruflichkeit – neue Befunde aus der industriesoziologischen Forschung, in: Zeitschrift für Berufs- und Wirtschaftspädagogik, Vol. 100, 3, S. 348-354.
[8] Reetz, L. (2006): Kompetenz, in: Kaiser, F.-J./Pätzold, G.(Hrsg.): Wörterbuch Berufs- und Wirtschaftspädagogik, 2. Aufl., Bad Heilbrunn, S. 305-307.
[9] Rogalla, I./ Weber, H. (2004): Diagonale Karriere – Verbindungen zwischen öffentlich-rechtlichen Abschlüssen, privatwirtschaftlicher Zertifizierung und Hochschulausbildung, in: BWP, 6, S. 29-32.
[10] SGB, Elftes Buch (2011): Elftes Buch Sozialgesetzbuch – Soziale Pflegeversicherung – (Artikel 1 des Gesetzes vom 26. Mai 1994, BGBl. I S.1014), das zuletzt durch Artikel 6 des Gesetzes vom 28. Juli 2011 (BGBl. I S. 1622) geändert worden ist.
[11] VDV-Karriere (2011): Vom Auszubildenden zum Master – Das System beruflicher Bildungswege für ÖPNV und Schienengüterverkehr, URL: http://www.vdv-karriere.de/index.php?id=system_beruflicher_bildungswege [Stand 22. August 2011].
[12] Weissmann, H. (2008): Begleitung und Evaluation des IT-Weiterbildungssystems. Schriftenreihe des Bundesinstituts für Berufsbildung, Heft 96, Bonn.
[13] Zühlke-Robinet, K./Bootz, I.(2009): „Dienstleistungsfacharbeit" als Leitbild für Dienstleistungsarbeit – der BMBF-Förderschwerpunkt „Dienstleistungsqualität durch professionelle Arbeit" im Überblick, in: Brötz, R./Schapfel-Kaiser, F. (Hrsg.): Anforderungen an kaufmännisch-betriebswirtschaftliche Berufe aus berufspädagogischer und soziologischer Sicht, 1. Aufl., Bielefeld, S. 171-187.

10 Bedarfe, Perspektiven und Herausforderungen in der beruflichen Aus- und Weiterbildung

Martin Diart

10.1	Der Wandel von Qualifikationsanforderungen in der ‚Dienstleistungslandschaft'	195
10.2	Mögliche Antworten der beruflichen Aus- und Weiterbildung	199
10.3	Einordnung und Ausblick	203
Literatur		203

Dipl.-Hdl. Martin Diart, Zentralstelle für die Weiterbildung im Handwerk (ZWH)

10.1 Der Wandel von Qualifikationsanforderungen in der ‚Dienstleistungslandschaft'

Die Arbeitswelt ist gekennzeichnet durch ständige und mitunter rasante Entwicklungen. Technologische Innovationen, Globalisierung der Märkte, Veränderungen der Umwelt, Alterung der Erwerbsbevölkerung – all dies sind Faktoren, die sich auf Volkswirtschaften, Branchen, Unternehmen und Arbeitnehmer auswirken.

Auf betrieblicher und individueller Ebene wandeln sich hierdurch die Qualifikationsanforderungen.[1] Aussagen über aktuelle und (mögliche) zukünftige Qualifikationsanforderungen treffen zu können, ist von unschätzbarem Wert etwa für

- Rekrutierungs- und Qualifizierungsprozesse in Unternehmen,
- die Gestaltung von Bildungsmaßnahmen und
- curriculare Ordnungsarbeiten.

Können keine oder nur unzuverlässige Abschätzungen zu Qualifikationsanforderungen vorgenommen werden, drohen – aus unternehmerischer Perspektive – Fachkräftemangel und Qualifikationsmismatches sowie – aus individueller Perspektive – ‚Bildungssackgassen', die die Realisierung von Berufswünschen verhindern, anstatt sie zu fördern.

Es fällt mitunter bereits schwer, in etablierten Branchen globale und gleichzeitig verwertbare Aussagen zum Wandel der Qualifikationsanforderungen zu treffen. Diese Problematik verschärft sich bei der Betrachtung von Dienstleistungen.

> Denn bei der ‚Dienstleistungslandschaft' handelt es sich um ein sehr heterogenes, komplexes und vor allem hoch dynamisches Feld, dessen Demarkationsgrenzen nicht entlang tradierter Branchen- oder Sektorengrenzen verlaufen, sondern oft quer zu ihnen liegen oder aber inselförmig verstreut sind. Die ‚Dienstleistungslandschaft' ist daher in Parenthesen zu setzen, denn – um in der topografischen Fachsprache zu bleiben – viele Dienstleistungsorte sind noch unbekannt, tektonische Bewegungen sind noch im vollen Gange und der Kartierungsprozess ist noch lange nicht abgeschlossen.

Diese Diskussion kann und soll an dieser Stelle nicht vertieft oder gelöst werden. Vielmehr ist es das Ziel dieses Beitrags, den Wandel von Qualifikationsanforderungen in einigen *exemplarischen* Bereichen, in denen Dienstleistungen von enormer Relevanz sind, nachzuzeichnen und – im folgenden Abschnitt – (mögliche) Antworten der beruflichen Aus- und

---

[1] In Anlehnung an Bank wird Qualifikation als Qualität verstanden, deren Merkmalsträger zwar das Individuum ist, die jedoch ausschließlich in einem funktionalen – d. h. in einem verwertenden – Zusammenhang eine Bedeutung erhält und die sich stets aus einer situativen, einer Verhaltens- und einer inhaltlichen Komponente zusammensetzt (vgl. Bank 2005, S. 189; S. 183) [1]. Mit Qualifikationsanforderungen wird in Anlehnung an Gdawietz die Orientierung an Anforderungen, die sich aus bestimmten Arbeitssituationen des Beschäftigungssystems ergeben, betont (vgl. Gdawietz 1997, S. 53f.) [2].

Weiterbildung darzustellen. Die Auswahl der Bereiche, wie auch die folgenden Ausführungen, orientieren sich an den Arbeiten, Diskussionen und Ergebnissen der acht Projekte, die sich mit Fragen der Beruflichkeit und Professionalisierung im Kontext der Dienstleistungsarbeit beschäftigt haben und die in den einzelnen Projektbeiträgen dieses Sammelbandes näher beschrieben werden. Die Vielfalt der Bereiche, die von den Projekten bearbeitet wurden, bestätigt die oben angerissene Heterogenität der ‚Dienstleistungslandschaft'. Es finden sich tradierte wie auch neue Sektoren oder junge Arten von Dienstleistungen im Portfolio der Projekte:

Tabelle 10.1 Portfolio der Projekte

Dienstleistungsbereich	Projekt
Bildungsdienstleistungen	(Projekt bdl)
Energieberatung	(Projekt ESysPro)
IT-Branche	(Projekt GlobePro)
Kindertagespflege	(Projekt PKDi)
Öffentlicher Personen(nah)verkehr und Schienengüterverkehr	(Projekt ProVes)
Stationäre Altenpflege	(Projekt DL-Qualität)
Technischer Umweltschutz/Kreislauf- und Abfallwirtschaft	(Projekt DITUS)
Wellnesssektor	(Projekt Wellness)

Die Auswahl der Sektoren erhebt keinen Anspruch auf eine vollständige Abbildung für die ‚Dienstleistungslandschaft', gleichwohl wird ein explorativer Einblick in den aktuellen Wandel der Qualifikationsanforderungen im Bereich der Dienstleistungen ermöglicht.

Abbildung 10.1 Wandel von Qualifikationsanforderungen in der Dienstleistungslandschaft

Wie stellt sich der Wandel von Qualifikationsanforderungen denn nun dar, und was sind mögliche Auslöser? An erster Stelle – dies zeigen die Erfahrungen der Projekte[2] – gehen neue Qualifikationsanforderungen im Dienstleistungsbereich mit **gesetzlichen Vorgaben** einher. Dies trifft insbesondere für Bereiche wie die Energieberatung und die Kindertagespflege, aber auch die Altenpflege und den technischen Umweltschutz zu. So hat beispielsweise die Zahl der gesetzlichen Vorgaben bei der Erstellung von Neubauten stark zugenommen, die Änderungen sind bei entsprechenden Beratungsdienstleistungen zur Energieeffizienz zu berücksichtigen. In der Kindertagespflege waren entsprechende Berufsfelder vormals hauptsächlich im privaten Bereich verortet, inzwischen nimmt ihre Bedeutung im Rahmen kommunaler Angebote jedoch stark zu. Dies führte dazu, dass entsprechende gesetzliche Qualitätsstandards – und somit auch Qualifikationsanforderungen – anstiegen.

Eine zunehmende Konkurrenz und die Auswirkungen der **Globalisierung** bekommen beispielsweise Anbieter von Bildungsdienstleistungen zu spüren. Aufgrund einer sinkenden absoluten Nachfrage steigt die Notwendigkeit neuer Strategien, Dienstleistungen und

---

[2] Die Sammlung und Priorisierung der verschiedenen Auslöser des Wandels an Qualifikationsanforderungen wurde gemeinsam von den Vertretern der acht Dienstleistungsprojekte vorgenommen.

entsprechender Qualifikationsprofile, um am Markt bestehen zu können. Gleichzeitig steigt die Präsenz internationaler Anbieter auch im inländischen Markt. Im Bereich des technischen Umweltschutzes herrscht starker Wettbewerb nicht nur um Abnehmer, sondern auch um qualifiziertes Personal. Der ‚Kampf' gerade um Lehrlinge wird über die Branchengrenzen hinweg bestritten (siehe auch unten). Eng verbunden mit der zunehmenden Konkurrenz löst auch die **Veränderung von Unternehmensstrukturen** Umbrüche bei den Qualifikationsanforderungen aus. Dies trifft in besonderem Maße auf Unternehmen und Tätigkeitsfelder zu, die international tätig und dementsprechend besonders stark von der Globalisierung betroffen sind. IT-Fachkräfte stehen beispielsweise vor der Herausforderung, ihr Aufgabengebiet und die Qualitätsstandards ihrer Arbeit neu zu definieren und von anderen Berufsfeldern abzugrenzen.

Eine **veränderte Nachfrage- und Beschäftigungsstruktur** führt in einer Reihe von Dienstleistungsbereichen zu Umbrüchen bei den Qualifikationsanforderungen. Im Bereich der Bildungsdienstleistungen verändert sich die *Nachfrage* nach Bildungsdienstleistungen, sei es aufgrund von technologischen Umbrüchen, der Überalterung von Belegschaften oder dem Wunsch nach individuell maßgeschneiderten Lösungen. Auf der *Angebotsseite* führt dies zu neuen Qualifikationsprofilen, die den einzelnen Funktionsträgern mehr Freiraum bei der individuellen Gestaltung von Bildungsdienstleistungen lassen und entsprechende zusätzliche Qualifikationen enthalten (sollten). Im Kontext des öffentlichen Personen(nah)verkehrs und Schienengüterverkehrs tragen die Kunden komplexere Bedürfnisse an die Beschäftigten heran: Es geht nicht mehr nur um die reine Beförderung, sondern um ein breites Serviceangebot, das beispielsweise die „Betreuung am Gleis" oder die Kooperation mit Car-Sharing-Anbietern umfasst. Beschäftigte von Bildungsdienstleistern oder im öffentlichen Nahverkehr schlüpfen aufgrund dieser Entwicklungen manchmal erstmals in die Rolle eines Dienstleisters und stehen einer ganzen Palette neuer Qualifikationsanforderungen gegenüber. Bei der Altenpflege steigt der Anteil der Demenzerkrankungen der Pflegebedürftigen. Entsprechende Qualifikationen zum Umgang mit dieser Zielgruppe werden benötigt.

Der **technologische Wandel** beeinflusst die Qualifikationsanforderungen in der IT-Branche massiv. Das Internet, Web2.0- und Social Media-Anwendungen stellen den bisherigen Bezugsrahmen der Arbeit von IT-Fachleuten in Frage. Neue Philosophien, neue Kulturen werden entwickelt, um den Technologiesprung zu bewältigen. Es entsteht ein bisher noch nicht abschätzbarer Aus- und Weiterbildungsbedarf. Bei der Energieberatung ist der technologische Wandel zwar weniger sprunghaft, dennoch besteht nach wie vor eine Lücke zwischen vorzufindenden Qualifikationen und den Anforderungen, die eine qualifizierte Beratung von Bauherren mit sich bringt.

Insbesondere der Wellnessbereich und die Kindertagespflege sind gekennzeichnet durch einen erheblichen **Wertewandel**. Wurde im Wellnessbereich vormals typischerweise vom ‚Patienten' gesprochen, wird dieser heute als Kunde wahrgenommen bzw. entdeckt. Interaktionsdienstleistungen, wie etwa auf den Kunden zugehen, ihn beraten und eine intensive Kundenbindung zu betreiben, gewinnen an Bedeutung. Die Vertrauensbildung wird – anders als beim klassischen Arzt-Patient-Verhältnis – besonders relevant und mit ihr entsprechende Qualifikationen. Gleichzeitig findet auch bei den Nachfragern von Wellnessdienstleistungen ein Wertewandel statt. Wohlbefinden und Gesundheit rücken in den Fokus und werden als ‚querliegende' Themen in verschiedensten Gesundheits-, Sport-, oder ärztlichen Kontexten nachgefragt. Bisher typischerweise fachlich ausgerichtete Wellnessdienstleister müssen sich auf diese neuen Bedürfnisse der Kunden einstellen. In der Kindertagespflege ist ein Wertewandel beim Umgang mit dem Kind zu verzeichnen. Erziehung wird mehr und mehr als kontinuierlicher Prozess und unabhängig von institutionellen Grenzen bzw. Phasen betrachtet. Erziehung und Bildung im Kindesalter, vor allem für unter dreijährige Kinder, gewinnt an Bedeutung. Dies führt zu veränderten Anforderungen für die Beschäftigten.

Es wurde an anderer Stelle bereits angerissen, dass der **demografische Wandel** neue Qualifikationsanforderungen mit sich bringt. Grundsätzlich steigt durch ihn der Anteil älterer Kunden, weshalb spezielle Dienstleistungen und entsprechende Qualifikationen etwa im öffentlichen Personen(nah)verkehr (Gewährleistung von Mobilität für Ältere auch im ländlichen Raum, Kooperationen mit Taxiunternehmen usw.), bei Bildungsdienstleistungen (Wissensmanagement, Betreuung von Betriebsübernahmen, Erhalt der Beschäftigungsfähigkeit usw.) oder – wie oben skizziert – in der Altenpflege an Bedeutung gewinnen. Der Anstieg des Durchschnittsalters in der Belegschaft führt zu neuen Anforderungen auch im Umgang mit Kollegen, sodass bspw. für die Arbeit in (alters)heterogenen Gruppen oder für die Optimierung der Arbeitsplatzergonomie qualifiziert werden muss. Gleichzeitig geht der demografische Wandel gerade in Branchen mit einem vergleichsweise schlechten Image und/oder in kleinen und mittleren Unternehmen (KMU) bereits heute mit einem **Fachkräftemangel** einher, da sich Schulabgänger bzw. Berufseinsteiger entweder für andere Bereiche oder aber für Großunternehmen, die aktives ‚Employer Branding' betreiben, entscheiden.

In der ‚Dienstleistungslandschaft' – dies zeigt der Blick in die acht exemplarischen Dienstleistungsbereiche – bestimmen verschiedene Auslöser den Wandel der Qualifikationsanforderungen. Hierbei handelt es sich um institutionelle, gesellschaftliche, ökonomische oder technologische Aspekte. Die hier gewählte analytische Betrachtungsweise soll jedoch nicht suggerieren, dass die einzelnen Aspekte überschneidungsfrei seien. Vielmehr existieren Interdependenzen oder Kausalzusammenhänge, beispielsweise zwischen demografischem Wandel und Fachkräftemangel oder zwischen veränderten Nachfrage- und Beschäftigungs- sowie Unternehmensstrukturen. Um jedoch die Erfahrungen der acht Projekte auf einer möglichst niedrigen Abstraktionsebene darzustellen, wurde von einer Zusammenfassung einzelner Aspekte abgesehen.

10.2 Mögliche Antworten der beruflichen Aus- und Weiterbildung

Der Entwicklungsstand der beruflichen Aus- und Weiterbildung unterscheidet sich stark in den verschiedenen Dienstleistungsbereichen. Während in manchen Bereichen bereits etablierte Aus- und Fortbildungskonzepte und bundeseinheitliche Regelungen vorliegen, liegen andere Dienstleistungsbereiche ‚quer' zu tradierten Aus- und Fortbildungsgängen und werden bestenfalls in einzelnen Modulen – verstreut über verschiedenste Qualifizierungen – behandelt. Oder aber es handelt sich um derart neue Themen, dass sie noch gar keinen nennenswerten Niederschlag in der Aus- und Fortbildung gefunden haben. In beiden Fällen ist eine systematische Professionalisierung über formale Bildungswege im Grunde genommen unmöglich.

Abbildung 10.2 Mögliche Antworten der beruflichen Aus- und Weiterbildung – Ein Blick in verschiedene Dienstleistungsbereiche

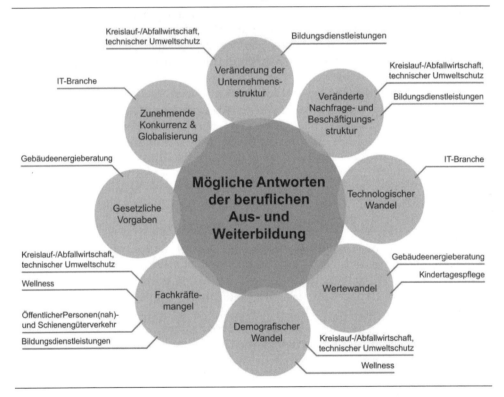

Im Wellnesssektor beispielsweise steht der Aufbau einer systematischen Aus- und Fortbildungsstruktur noch aus. Eine solche Struktur könnte einerseits neue Berufsbilder umfassen, die zwischen Spezialisten- und Generalistentätigkeiten differenzieren und beispielsweise Qualifizierungen wie Wellness-Berater, -Trainer und -Therapeuten umfassen. Andererseits müssten Überschneidungen zu bereits vorhandenen Gesundheits- und Pflegeberufen identifiziert und entsprechende Abgrenzungen oder Neuordnungen vorgenommen werden. Grundsätzlich stellt sich die Frage, ob bundeseinheitliche Regelungen benötigt werden oder ob Qualifizierungsmodule zu einzelnen Tätigkeitsfeldern und/oder Wertschöpfungsaktivitäten (z. B. Marketing/Kundenansprache, Qualitätsmanagement etc.) entwickelt werden sollten. Bei der Energieberatung dagegen liegt zwar eine entsprechende formale Weiterbildung vor, ihre Ausrichtung ist jedoch insbesondere fachsystematischer Art. Eine stärkere Handlungsorientierung an typischen Anforderungskomplexen, Zielkonflikten und Situationen individueller Energie*beratung* und die Schaffung entsprechender Angebote wäre wünschenswert. Analog wird auch in der IT-Branche eine Verberuflichung im Sinne einer Systematisierung von Job- bzw. Kompetenzprofilen benötigt, um die Professionalisierung der dortigen Dienstleistungsarbeit zu fördern. Hierbei wäre insbesondere die Regulierung der Weiterbildung gefordert, die derzeit zwar eine erhebliche (ungeregelte) Bandbreite an Qualifizierungen bietet, jedoch kaum etablierte Bildungspfade enthält, die ein breites Set grundlegender und dennoch ausbaufähiger T-Qualifikationen vermittelt.

Welche (möglichen) Antworten auf die oben skizzierten Arten des Wandels werden aus Sicht der Projekte nun für die Aus- und Weiterbildung gesehen? Auch im Hinblick auf **gesetzliche Vorgaben** wurde im Projekt ESysPro der Leitgedanke ‚Bildung für nachhaltige Entwicklung' aufgegriffen, demzufolge Gebäudeenergieberater in ihrer Tätigkeit kompetent zwischen ökologischen, ökonomischen und gesellschaftlichen – und somit auch rechtlichen – Aspekten abwägen können sollen. Neben Konzepten zur Berücksichtigung hiermit einhergehender didaktischer Anforderungen wird auch die mögliche Verortung einer zukünftigen Qualifizierung zum Gebäudeenergieberater geprüft. Hierbei werden Möglichkeiten wie zusätzliche Ausbildungsstufen, systematisierte Weiterbildungen, berufsspezifische Weiterbildungsmodule oder integrative Modelle erörtert.

Als eine Antwort auf **zunehmende Konkurrenz** und **Globalisierung** begrüßt das Projekt GlobePro die bestehenden Ausbildungsberufe für IT-Fachkräfte. Gleichzeitig wird eine konzeptionelle Neuorientierung gefordert, um den Herausforderungen der Globalisierung qualifikatorisch zu begegnen: Nicht die Betrachtung von Einzelkompetenzen, sondern die grundlegende Neudefinition der IT-Fachlichkeit und die Einbettung von Globalisierungsaspekten als Querschnittsthema in allen Ausbildungsbereichen (etwa in allen Lernfeldern in der Berufsschule) wird vorgeschlagen, um die Auszubildenden in die Lage zu versetzen, die globale Branchenentwicklung unternehmensübergreifend reflektieren zu können. Für Weiterbildungsangebote, die nach wie vor von privaten (Hersteller-)Angeboten dominiert werden, wird gefordert, neue Themen wie Prozessorientierung und internationale Zusammenarbeit nicht als außerfachliche Zusatzqualifikationen, sondern als fachliche Kernkompetenzen einzuführen.

Als Antwort sowohl für die **Veränderung der Unternehmensstruktur** als auch für die **veränderte Nachfrage- und Beschäftigungsstruktur** sehen die Dienstleistungsprojekte die Integration bestehender bzw. die Schaffung neuartiger Aus- und Weiterbildungskonzepte. So schlägt das Projekt DITUS für die Kreislauf- und Abfallwirtschaft bzw. den technischen Umweltschutz vor, unternehmensexterne mit unternehmensinternen Weiterbildungsangeboten zu koppeln – etwa über den Einbezug betriebsinterner Experten in die Angebotsgestaltung – und den Zielgruppenbezug von Weiterbildungen klarer zu fassen. Für die Ausbildung wird vorgeschlagen, dass betriebliche Ausbilder eine maßgeschneiderte Unterstützung für ihre Ausbildungsaktivität erhalten und die überbetriebliche Ausbildung optimiert werden solle – hierbei werden Bildungsdienstleister in der Pflicht gesehen. Die Perspektive von Bildungsdienstleistern wird im Projekt bdl untersucht. Hier wurde festgestellt, dass die Individualisierung und Maßschneiderung von Bildungsangeboten und der konsequente Einbezug des Kunden bzw. Schülers in alle Phasen der Dienstleistungserstellung entscheidend für den Erfolg von Bildungsdienstleistern ist. Da bisher gerade bei den größeren Bildungsdienstleistern Standardisierung und geringe Kundenorientierung vorherrschen, wurde hier ein Qualifizierungskonzept für Beschäftigte der mittleren Qualifikationsebene entwickelt und erprobt, um entsprechende Qualifikationsbedarfe zu decken.

Auf den **technologischen Wandel** sollte durch eine Systematisierung der Personalentwicklung reagiert werden. Dies schlägt das Projekt GlobePro vor und konkretisiert wie folgt: Bisher wurden neue Qualifikationsanforderungen in globalisierten IT-Unternehmen vor allem dezentral gelöst, etwa durch den Austausch unter Kollegen oder in internationalen Fachforen. Dies stößt inzwischen jedoch an Grenzen, da Produkte und Dienstleistungen immer rasanter entstehen. Daher wird eine vorausschauende und systematische Qualifikationsbedarfsanalyse und Weiterbildungsplanung durch die Personalabteilung benötigt, die als Mittler zwischen nationalen und regionalen Aus- und Weiterbildungsmärkten und individuellen sowie unternehmensweiten Anforderungen fungiert. Als gemeinsame „Sprache" für internationale Qualifikationsstandards wird der e-Competence Framework ins Spiel gebracht, der erstmalig eine europaweit systematische Abbildung von IT-Kompetenzen ermöglicht.

Auf den oben skizzierten **Wertewandel** in der Kindertagespflege, die bisher durch weitestgehende Abwesenheit bundesweit geregelter Aus- und Weiterbildungen gekennzeichnet ist, sollte nach Ansicht des Projektes PKDi durch die Vereinheitlichung von Aus- und Fortbildungskonzepten reagiert werden. Nur so könne eine gelingende Professionalisierung der Kindertagespflege ermöglicht werden. Andernfalls drohe das Szenario, dass entsprechende Qualifizierungskonzepte für die Kunden – Eltern und institutionelle Akteure – konturlos blieben und ein Nischendasein führten. Die Kindertagespflege bliebe dann eine angemessene qualifikatorische Antwort auf das veränderte Wertebewusstsein rund um die Kindesbetreuung schuldig.

Geeignete Aus- und Weiterbildungskonzepte als Antwort auf den **Fachkräftemangel** zu finden, der insbesondere durch den **demografischen Wandel** hervorgerufen wurde, hat mehrere Dienstleistungsprojekte intensiv beschäftigt. Der Wellnesssektor beispielsweise ist durch eine unüberschaubare Vielzahl an Konzepten und Regelungen dominiert, eine nichtärztliche und wellness-spezifische Berufsbildung wird von zentralen Akteuren gefordert. Um Wellness-Fachkräfte zu schaffen, wird a) eine akademische Generalistenausbildung und b) wellnessspezifische Fortbildungen für Berufsträger bereits vorhandener Berufe vorgeschlagen. Die Projekte DITUS und ProVes sehen aufgrund der Imageproblematik ‚ihrer' Branchen die Notwendigkeit, bereits vor dem Überschreiten der ersten Schwelle aktiv zu werden: Durch Angebote zur Berufsorientierung, transparente Darstellung möglicher Karrierewege und das Bewerben neuer Ausbildungsberufe soll die oft verzerrte Wahrnehmung der Branchen durch Jugendliche korrigiert und Berufsinteressenten früh identifiziert und gebunden werden. Um die Ausbildung attraktiver zu gestalten, könnten Zusatzqualifikationen zur Ausbildung entwickelt werden. Schließlich könnten Marketingaktionen der Unternehmen dazu dienen die Arbeitgeberattraktivität in der Region zu erhöhen. Aus Sicht des bdl-Projektes sind die Bildungsdienstleister gefordert, entsprechende neue Bildungsdienstleistungen anzubieten, um Unternehmen bei der Bewältigung des demografischen Wandels und des Fachkräftemangels zu unterstützen. Zu den bereits genannten Angeboten kommen v. a. Bildungsdienstleistungen in Frage wie externes Ausbildungsmanagement, Unterstützung von Rekrutierungs- und Matchingprozessen, Coachings und das Management von Ausbildungsverbünden als zentrale Bildungsdienstleistungen.

10.3 Einordnung und Ausblick

Wie bereits erwähnt, kann und soll die Darstellung der exemplarischen Erkenntnisse zum Wandel der Qualifikationsanforderungen in der Dienstleistungslandschaft und möglicher Antworten der Aus- und Weiterbildung keinen Anspruch auf Vollständigkeit und Repräsentativität für den gesamten Dienstleistungssektor erheben. Dennoch mögen die dargestellten Ergebnisse aus den acht Forschungsprojekten vor verschiedenen Hintergründen von Interesse sein. Die *Qualifikationsforschung* könnte den obigen Darstellungen erste Hinweise auf Qualifikationsbedarfe entnehmen, die in den einzelnen skizzierten Bereichen bereits virulent oder aber zukünftig zu erwarten sind und im Rahmen weiterer Untersuchungen konkretisiert werden könnten. Für die *Berufsbildungsforschung* wurden gerade im zweiten Abschnitt offene ‚Baustellen' benannt, die es gegebenenfalls wert wären weiter bearbeitet zu werden, um den Dienstleistungsgedanken in bestehenden oder neuen Berufen bzw. Qualifizierungen zu fördern. Die *Dienstleistungsforschung* kann möglicherweise von den Erkenntnissen der hier vorgenommenen exemplarischen Konkretisierung ihres Objektbereichs profitieren – sprich: von der kleinen Reise durch die ‚Dienstleistungslandschaft', die versucht wurde hier vorzunehmen.

Literatur

[1] Bank, V. (2005): Qualifikation, Schlüsselqualifikation, Kompetenz, Bildung: Begriffliche Rekonstruktion und bildungsökonomische Konsequenzen, in: Bank, V. (Hrsg.):Vom Wert der Bildung. Bildungsökonomie in wirtschaftspädagogischer Perspektive neu gedacht, Bern, S. 181-212.
[2] Gdawietz, G. (1997): Zum Qualifikationsbedarf von Kleinunternehmen – Versuch einer Bestimmung ohne Quantifizierung, Dissertation, Essen.

11 Aktueller Stand, Perspektiven und Herausforderungen der betrieblichen Personalentwicklung

Gereon Stock, Stefan Hilger

11.1	Idealtypus der Personalentwicklung	207
11.2	Externe Rahmenbedingungen der Personalentwicklung	208
11.3	Mitarbeiterinnen und Mitarbeiter mit individuellen Kompetenzen	209
11.4	Handlungsfelder der Personalentwicklung	210
11.5	Personalentwicklung in der Praxis	211
11.6	Bedeutung und Wahrnehmung von Personalentwicklung in der Diskussion	212
11.7	Ausblick: Personalentwicklung als strategischer Partner im Unternehmen	213
Literatur		214

Dipl.-Soz. Gereon Stock, Prospektiv Gesellschaft für betriebliche Zukunftsgestaltungen mbH

Wirtschaftsgeograph M.A. Stefan Hilger, VDV-Akademie e.V.

Die Aufgaben der betrieblichen Personalentwicklung lassen sich stark vereinfacht mit zwei Fragen formulieren:

- Welche Qualifikationen und Kompetenzen werden aktuell und künftig im Unternehmen benötigt, um langfristig erfolgreich zu sein?
- Welche Qualifikationen und Kompetenzen bringen Mitarbeiterinnen und Mitarbeiter mit und wie können diese intern weiterentwickelt werden?

Ausgehend von diesen beiden Fragen lässt sich beobachten, dass die betriebliche Personalentwicklung in den vergangenen Jahren über alle Branchen hinweg an Bedeutung gewonnen hat. Ihr kommt die Aufgabe zu, die Mitarbeiterinnen und Mitarbeiter so einzusetzen bzw. so zu entwickeln, dass das Unternehmen mit ihnen die wachsenden bzw. sich ändernden Anforderungen gut bewältigen kann.

11.1 Idealtypus der Personalentwicklung

Personalentwicklung ist die planmäßige, im Unternehmen verankerte, systematische, zielorientierte Förderung von Qualifikationen und Kompetenzen der Mitarbeiterinnen und Mitarbeiter (vgl. RKW Baden-Württemberg 2010) [8]. Die hier genannten Faktoren stellen sich bei einer weiteren Aufgliederung wie folgt dar:

Planmäßig und systematisch

Die Personalentwicklung erfolgt auf Basis der langfristigen Unternehmensziele. Zu den strategischen Faktoren der Unternehmensziele gehören beispielsweise Absatzmärkte und Kunden sowie Produkte und Dienstleistungen. Dementsprechend soll die Personalentwicklung personalpolitische Maßnahmen einleiten.

Im Unternehmen verankert

Die Personalentwicklung erhöht ihre Erfolgsaussichten wesentlich, wenn sie allen beteiligten Akteuren im Unternehmen bekannt ist und von diesen mitgetragen wird. Dazu gehören nicht nur die in größeren Unternehmen vorhandenen generellen Ressourcen, sondern auch die Mitarbeiterinnen und Mitarbeiter der unterschiedlichen Unternehmensbereiche sowie die Führungskräfte aller Ebenen.

Zielorientiert

Eine Personalentwicklung muss sich letztlich daran messen lassen, ob die verfolgten Ziele tatsächlich erreicht werden. Oftmals sind dies Ziele, die von den strategischen Unternehmenszielen für einzelne Bereiche und Beschäftigte heruntergebrochen werden. Gleichsam gilt es für die Personalentwicklung, die Ziele der Mitarbeiterinnen und Mitarbeiter bzw. deren Bedarfe und Motive zu beachten und in die Planung einzubeziehen.

Die Personalentwicklung muss bei der Entwicklung von Unternehmensstrategien beteiligt werden, um das erforderliche Humankapital für die Umsetzung bereit zu stellen. Die Maxime der Personalentwicklung ist folglich Aktion statt Reaktion.

11.2 Externe Rahmenbedingungen der Personalentwicklung

Die externen Rahmenbedingungen der Personalentwicklung werden stets durch die (Berufs-)Bildungspolitik sowie die bildungspolitischen und tarifvertraglichen Vorstellungen der Gewerkschaften und der Arbeitgeber bestimmt. Auch ökologische und ökonomische Entwicklungen, die allgemeine Struktur- und Konjunkturlage wirken auf die Ziele, Inhalte und Qualität der Personalentwicklung ein. Einige Faktoren prägen derzeit die betriebliche Personalentwicklung im Besonderen:

Demografischer Wandel

Das Durchschnittsalter der deutschen Erwerbsbevölkerung steigt und geburtenschwache Jahrgänge erschweren die Gewinnung betrieblicher Nachwuchskräfte. Die Regelaltersgrenze zum abschlagsfreien Renteneintritt wurde von 65 auf 67 Jahre erhöht, Diskussionen um eine weitere Erhöhung zur Finanzierung der sozialen Sicherungssysteme brechen nicht ab. Vor diesem Hintergrund müssen Qualifizierung, Gesundheitsvorsorge, Wissensmanagement, Arbeitsgestaltung und weitere Themen diskutiert werden. Damit verbunden sind die Gewinnung von geeigneten, qualifizierten Mitarbeiterinnen und Mitarbeitern sowie deren Bindung an das Unternehmen (vgl. Langhoff 2009, S. 4ff.) [7].

Neue Technologien

Der verstärkte Einsatz von Informations- und Kommunikationstechnologien bietet vielfältige Möglichkeiten für Unternehmen, Leistungen elektronisch unterstützt, dezentral oder in Kooperation mit anderen Partnern zu erbringen. Die Nutzung der neuen Technologien ermöglicht zudem flexible Arbeitsräume und -zeiten, beispielsweise in Form von Telearbeitsplätzen.

Wirtschaftlicher Strukturwandel

Der Wandel von der Industrie- zur Dienstleistungsgesellschaft schreitet voran. Die Ansprüche der Kunden an den Service nehmen zu. Unternehmen, die ehemals reine Hersteller von Produkten waren, müssen im Zuge einer „Servicialisierung" (vgl. Huppertz 2011) [5] stärker auf eine „Hybridisierung" (Guderjan 2007, S. 4) [4] von Produkten setzen, also begleitende Dienstleistungen anbieten, mit denen der Anspruch an umfassenden Kundendienst befriedigt werden kann.

Globalisierung und Wettbewerb

Die zunehmende Konkurrenz im Zuge der Globalisierung stellt einige Unternehmen vor neue Herausforderungen. Damit einher gehen Entwicklungen wie Verkürzungen von Produktionszyklen oder ein härterer Preis- und Qualitätswettbewerb.

11.3 Mitarbeiterinnen und Mitarbeiter mit individuellen Kompetenzen

Das Kompetenzmanagement im Rahmen der Personalentwicklung hat sowohl die betrieblichen Anforderungen als auch die Entwicklungsinteressen der Beschäftigten im Blick. Für die Unternehmen stellt das Kompetenzniveau der Mitarbeiterinnen und Mitarbeiter oftmals einen wichtigen Wettbewerbsvorteil dar. Mit einer konsistenten und systematischen Personalstrategie kann das Unternehmen das Wissen und die Erfahrungen seiner Mitarbeiterinnen und Mitarbeiter optimal nutzen.

Die Mitarbeiterinnen und Mitarbeiter der Unternehmen bringen vielfältige Kompetenzen ein, die sie sich auf unterschiedlichsten Wegen angeeignet haben. Sie werden geformt und geprägt durch Erfahrungen, Werte, Sozialisation, Interessen sowie schulische und berufliche Bildung. Dabei sind die jeweiligen Ausprägungen der Kompetenzen bedeutsam in Bezug auf die spezifischen Einsatzmöglichkeiten der Mitarbeiterin oder des Mitarbeiters (vgl. Erpenbeck/Heyse 2007, S. 19f.) [3].

Insbesondere im Handeln werden Kompetenzen erschlossen, die sowohl außerhalb der eigentlichen Erwerbstätigkeit als auch im betrieblichen Arbeitsprozess angewandt und entwickelt werden. Besonders wichtig ist in diesem Zusammenhang der Begriff der Kompetenzentwicklung, der die Schaffung einer beruflichen Handlungskompetenz betont und über eine primär an der Wissensvermittlung orientierte Qualifikation hinausgeht. Der Aspekt der Befähigung steht dabei im Vordergrund. Ist eine Person handlungskompetent, dann ist sie fähig, auch unter sich verändernden Umständen das angeeignete Wissen, Können und Verhalten anzuwenden. Dabei verknüpfen sich verschiedene Kompetenzen wie Fachkompetenz, Methodenkompetenz, Sozialkompetenz, personale Kompetenz, wobei letztere beiden einen starken Wertebezug aufweisen (vgl. Bootz/Hartmann 1997) [2].

Zusammenfassend lässt sich folgendes Bild skizzieren, bei dem die Aufgaben der betrieblichen Personalentwicklung in Abhängigkeit von externen Faktoren sowie den Kompetenzen der Mitarbeiterinnen und Mitarbeiter beeinflusst werden:

Abbildung 11.1 Rahmenbedingungen der Personalentwicklung

Mitarbeiterinnen und Mitarbeiter
- Ausbildung
- Qualifizierung
- Kompetenzen
- Erfahrungen
- Interessen

Unternehmen
- Langfristige Ziele
- Organisation
- Unternehmenskultur
- Selbstverständnis

Externe Rahmenbedingungen
- Politik
- Demographischer Wandel
- Wirtschaftlicher Strukturwandel
- Neue Technologien
- Globalisierung/Wettbewerb

Personalentwicklung

Systematische und zielorientierte Förderung von Qualifikationen und Kompetenzen der Mitarbeiterinnen und Mitarbeiter

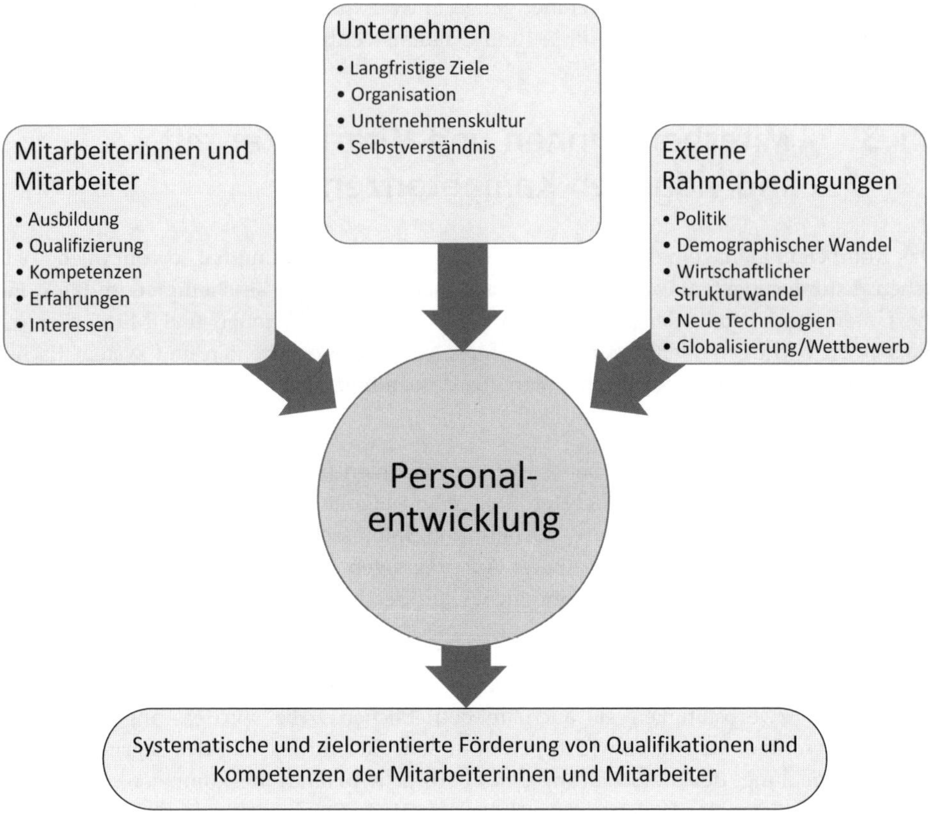

11.4 Handlungsfelder der Personalentwicklung

Im Vordergrund stehen die Umsetzungen von Strategien und Maßnahmen zur Förderung der Arbeits- und Beschäftigungsfähigkeit sowie von lebenslangem Lernen, mit denen Beschäftigte langfristig wertschöpfend im Unternehmen eingesetzt werden können (vgl. Becker 2009, S. 5) [1]. Ausgehend davon muss die Personalentwicklung die individuellen Qualifikationen und Kompetenzen der Mitarbeiterinnen und Mitarbeiter so fördern, dass die Ziele des Unternehmens erreicht werden können. Die Personalentwicklung umfasst die Wirkungsgebiete Bildung, Förderung und Organisationsentwicklung. Dabei sind diese Bereiche idealtypisch nicht singulär, sondern integrativ zu betrachten:

Bildung

Bildung ist die ursprüngliche Aufgabe der Personalentwicklung. Dazu gehören die Berufsausbildung, Weiterbildung, Führungskräfteentwicklung, systematisches Anlernen und die Umschulung.

Förderung

Die Förderung wird zunehmend wichtiger für die Personalentwicklung. Instrumente der Förderung sind Tätigkeits- und Anforderungsprofile, Auswahl- und Einarbeitungsverfahren, strukturierte Mitarbeitergespräche, Potenzialanalysen, Kompetenzmanagement, Wissensmanagement, Karriere- und Nachfolgeplanung, betriebliche Laufbahngestaltung, Coaching, Supervision, Mentoring und Zielvereinbarungen.

Organisationsentwicklung

Organisationsentwicklung zielt auf die Gestaltung und Entwicklung von Unternehmen ab. Es gilt, die Mitarbeiterinnen und Mitarbeiter, die organisatorischen Prozesse und die Anforderungen des Marktes optimal aufeinander abzustimmen. Ansätze sind Change-Management, altersgerechte Arbeitsorganisations- und Personaleinsatzkonzepte, Gesundheitsmanagement, Projektarbeit und Teamkonzepte wie Gruppenarbeit.

11.5 Personalentwicklung in der Praxis

Die Bedeutung der Personalentwicklung hängt in der Praxis vor allem von der Branche und der Größe des Unternehmens ab. In wissenschaftlichen Diskussionen, die sich mit den Themen Professionalisierung, Dienstleistungsqualität und Beruflichkeit befassen, kommen der betrieblichen Personalentwicklung daher sehr unterschiedliche Bedeutungen zu.

In einem Dienstleistungsunternehmen der Energieberatung beispielsweise, das als Ein-Personenunternehmen agiert, kann schwer von betrieblicher Personalentwicklung gesprochen werden. Ähnliches gilt vielfach für Unternehmen der Wellnessbranche, in denen der Inhaber oder die Inhaberin alleine die Dienstleistung erbringt.

Jedoch nicht nur in solchen Extrembeispielen kleiner Unternehmen gibt es keine Personalentwicklung, auch in mittelständischen Betrieben ist die Praxis oftmals vom Idealtypus weit entfernt. In vielen Unternehmen gab es lange keine strategische und langfristige Personalentwicklung. Wesentliche Komponenten wie Nachfolgeplanung, Aufstiegsqualifizierungen, Maßnahmen zur (besseren) Arbeitsgestaltung, Erhaltungsqualifizierung sowie allgemeine Partizipation der Beschäftigten an Personalvorgängen aller Art werden erst in jüngerer Zeit betrachtet.

Auch in Großunternehmen liegen die Grenzen der Personalentwicklung oftmals im Passungsproblem zwischen individuellen Wünschen einerseits und betrieblichen Anforderungen andererseits. Das Spannungsfeld zwischen Strategie einerseits und operativer Umsetzung andererseits (vgl. Jochmann 2010) [6] stellt die Personalentwicklung vor die Aufgabe, das jeweils nötige Maß auszutarieren, lösungstaugliche Maßnahmen für den betrieblichen Alltag zu entwickeln und schließlich erfolgreich umzusetzen.

11.6 Bedeutung und Wahrnehmung von Personalentwicklung in der Diskussion

Im Rahmen eines Workshops mit Vertretern von acht Verbundprojekten der Fokusgruppe „Beruflichkeit und Professionalisierung" wurde darüber diskutiert, wie sich die Personalentwicklung in unterschiedlichen Dienstleistungsbranchen darstellt. In den jeweiligen Vorhaben wurden die Prozesse der Professionalisierung von Dienstleistungsarbeit beleuchtet.

Die folgenden Branchen wurden durch die Verbundprojekte repräsentiert:

- Energieberatung
- Wellnessbranche
- Pflegedienstleistung
- Öffentlicher Personennahverkehr
- Bildungsträger im Handwerk
- IT-Branche
- Kommunale Entsorgung
- Kindertagesstätten

Einfluss der Personalentwicklung auf die wirtschaftliche Entwicklung

Die Beteiligten der Verbundprojekte schätzen den Einfluss der Personalentwicklung für die wirtschaftliche Entwicklung der Unternehmen der jeweiligen Branche recht unterschiedlich ein. Die Branchen mit vielen Beschäftigten pro Einzelunternehmen sehen eine ausgeprägte Verbindung. Dies betonen besonders die Branchen Öffentlicher Personennahverkehr, Bildungsdienstleistungen im Handwerk, Kommunale Entsorgung und Kindertagesstätten.

In der Pflegedienstleistung hingegen wird – unter dem oben skizzierten idealtypischen Verständnis – der Personalentwicklung weniger Gewicht eingeräumt. Für die Wellnessbranche und die Energieberatung, also dort, wo vor allem „Einzelkämpfer" am Werk sind, wurde eine nachvollziehbar geringere Bedeutung angegeben.

Stellenwert der Personalentwicklung

Die tatsächliche Bedeutung der betrieblichen Personalentwicklung entsprach nicht immer der obigen Aussage für die jeweilige Branche. Hier wurde von den Teilnehmern erläutert, dass die bisherigen Anstrengungen der Unternehmen eine strategische und kompetenzbasierte Personalentwicklung zu entfalten, noch nicht die nötige Tragweite erreicht haben.

Potenzialeinschätzung einzelner Maßnahmen der Personalentwicklung

Im Zusammenhang mit den im Förderschwerpunkt „Dienstleistungsqualität durch professionelle Arbeit" behandelten Themen kommt vier Dimensionen eine Schlüsselfunktion zu: Beruflichkeit, Produzentenstolz, Wertschätzung und Dienstleistungsqualität. Sie können als entscheidende Stellschrauben gesehen werden, um Dienstleistungsarbeit durch Professionalisierung weiter zu entwickeln.

Zusammengefasst wurde der Dimension „Dienstleistungsqualität" das größte Potenzial zugeordnet, positive Veränderungen durch Personalentwicklung zu erzielen. Ebenfalls großes Potenzial wird bei der Dimension „Beruflichkeit" gesehen. Ein insgesamt eher geringes Potenzial wird den Maßnahmen in Bezug auf die Dimensionen „Produzentenstolz" und „Wertschätzung" zugesprochen. Ausnahmen bestätigen hier die Regel.

Als geeignete Maßnahmen und Instrumente der Personalentwicklung wurden v. a. das jährliche Mitarbeitergespräch (ggf. auch gekoppelt an Zielvereinbarungen) sowie die Bedarfsanalyse zu neuen Anforderungen und individuellen Zielen gesehen. Auch der Gestaltung von Prozessen (zentral oder dezentral) sowie der Erstellung von Bedarfsanalysen und Stellenbeschreibungen werden hohes Potenzial zugeschrieben. Vom Kompetenzmanagement in der Personalentwicklung, also dem systematischen Umgang mit den Mitarbeiterkompetenzen und deren an Unternehmenszielen ausgerichteten Entwicklung, wird viel Potenzial erwartet.

Insgesamt hat sich gezeigt, dass es eine Reihe von Maßnahmen gibt, die im Rahmen der Personalentwicklung zur Professionalisierung von Dienstleistungsarbeit beitragen können. Hier sind jedoch immer wieder die Rahmenbedingungen der jeweiligen Branchen und der einzelnen Unternehmen zu berücksichtigen (wie z. B. Unternehmensgröße, „Macht" der Treiber für Personalentwicklung im Unternehmen etc.), die letztlich darüber entscheiden, wie die richtige Balance zwischen idealtypischer Umsetzung und Möglichkeiten in der Praxis (hier v. a. mit Blick auf betriebliche und personelle Ressourcen) gelingen kann.

11.7 Ausblick: Personalentwicklung als strategischer Partner im Unternehmen

Die betriebliche Personalentwicklung nimmt eine Scharnierfunktion zwischen Veränderungen der Arbeit im Unternehmen, der Analyse der damit verbundenen Qualifikationsanforderungen sowie der Entwicklung betrieblicher Maßnahmen und Instrumente ein (vgl. Ulrich 1999, S. 14ff.) [9]. Für eine nachhaltige Professionalisierung ist es von Bedeutung, dass die Personalentwicklung eine strategische Funktion einnimmt und die operativen Prozesse noch weiter optimiert werden. In Abstimmung mit den Unternehmenszielen entwickelt die Personalentwicklung Maßnahmen zur systematischen Steigerung der Qualifikationen und Kompetenzen der Mitarbeiterinnen und Mitarbeiter und nutzt diese sinnvoll.

Bislang sind die Möglichkeiten der Personalentwicklung in Dienstleistungsunternehmen noch nicht ausgeschöpft. Insbesondere vor dem Hintergrund der skizzierten externen Faktoren tun Unternehmen gut daran, die Kompetenzen der vorhandenen Mitarbeiterinnen und Mitarbeiter zielorientiert zu fördern, um langfristig erfolgreich zu sein und motivierte Beschäftigte an sich zu binden. Eine solche Personalentwicklung handelt zukunftsorientiert im Sinne einer Professionalisierung.

Literatur

[1] Becker, M. (2009): Personalentwicklung. Bildung, Förderung und Organisationsentwicklung in der Praxis, 5. Aufl., Stuttgart.
[2] Bootz, I./Hartmann, T. (1997): Kompetenzentwicklung statt Weiterbildung? Mehr als nur neue Begriffe, in: DIE – Zeitschrift für Erwachsenenbildung, 4, S. 22-25.
[3] Erpenbeck, J./Heyse, V. (2007): Kompetenzmanagement. Methoden, Vorgehen, KODE und KODEx im Praxistest, 1. Aufl., Münster.
[4] Guderjan, G. (2007): Dienstleistungsmanagement am FIR, in: Forschungsinstitut für Rationalisierung e. V. an der RWTH Aachen (Hrsg.): Unternehmen der Zukunft, 2, Aachen, S. 4-5.
[5] Huppertz, P. G. (2011): Servicialisierung. Glossar Service-Terminologie, 1. Aufl., S. 18, Walluf.
[6] Jochmann, W. (2010): Status quo der Personalentwicklung – eine Bestandsaufnahme, in: Meifert, M. T. (Hrsg.): Strategische Personalentwicklung: Ein Programm in acht Etappen, 2. überarbeitete und aktualisierte Aufl., Heidelberg.
[7] Langhoff, T. (2009): Den demographischen Wandel im Unternehmen erfolgreich gestalten, 1. Aufl., Berlin/Heidelberg.
[8] RKW Baden-Württemberg (2010): Personalentwicklung – Auf die Mitarbeiter kommt es an.
[9] Ulrich, D. (1999): Strategisches Human Resource Management, 1. Aufl., München/Wien.

Teil 2
Beruflichkeit und Professionalisierung

Projektdomänen

12 Hochwertige Dienstleistungen für die Job-Maschine Wellness?

Peter Kalkowski, Gerd Paul

12.1	Vorbemerkung	219
12.2	Gesundheitssektor im Umbruch: der zweite Gesundheitsmarkt und der Wellness-Sektor	219
12.3	Merkmale der Wellness-Dienstleistungsarbeit	225
12.4	Konsequenzen für die Kompetenz- und Qualifikationsentwicklung	227
12.5	Aktueller Stand: Perspektiven und Herausforderungen in der beruflichen Aus- und Weiterbildung	228
12.6	Individuelle Kompetenzentwicklung	231
12.7	Schlussbemerkung: Mehr staatliche Regulierung?	235
Literatur		236

Dr. Peter Kalkowski, Soziologisches Forschungsinstitut (SOFI) an der Georg-August-Universität Göttingen

Dr. Gerd Paul, Soziologisches Forschungsinstitut (SOFI) an der Georg-August-Universität Göttingen

12.1 Vorbemerkung

In unseren Gesprächen mit Akteuren des Wellness-Sektors war oft die Rede von der „Jobmaschine", die einen zunehmenden Output an Arbeitsplätzen hervorbringt, eine Umschreibung einer einmal in Gang gesetzten, scheinbar unaufhaltsamen Dynamik, die mit der zunehmenden Nachfrage nach Wellness-Dienstleistungen begründet wurde. Eine solche Dynamik wurde in den letzten Jahrzehnten dem Markt für IT-, Software- und Internetexperten zugeschrieben und wird aktuell für den Markt für Gesundheits- und Pflege-Dienstleistungen prognostiziert (vgl. Berkermann 2007; Hilbert 2008; Die Bundesregierung 2008; Goldschmidt/Hilbert 2009) [3], [14], [7], [10]. Das Beispiel der IT-Dienstleister, zeigt sowohl, dass eine Institutionalisierung von qualifizierten Abschlüssen ein langwieriger Prozess ist, als auch, dass der Erwerb und die Anerkennung spezialisierten Expertenwissens stark von ökonomischen und politischen Rahmenbedingen (wirtschaftliche Nachfrageimpulse, staatliche Steuerungsinstanzen, Verbände) abhängig sind. Diese Rahmenbedingungen sind im Wellness-Sektor als Teil der Gesundheitsdienstleistungen weitaus unschärfer zu bestimmen und in ihrer Dynamik schwerer einzuschätzen als im IT-Bereich, obwohl offene Zugangswege, ungeschützte Berufsbezeichnungen und vielfältige, relativ kurze Bildungs- und Weiterbildungsangebote an die Frühzeiten der IT-Entwicklung erinnern. Ist der Wellness-Bereich durch die Anwendung eines spezialisierten Expertenwissens im Feld der personenbezogenen Dienstleistungen gekennzeichnet, das sich in beruflichen Schneidungen, exklusiven Zugangs- und Karrierewegen niederschlägt und werden damit Voraussetzungen einer Professionalisierung erfüllt? Die nachfolgenden Ausführungen beleuchten die Rahmenbedingungen und gehen im Lichte der empirischen Ergebnisse des SOFI Projekts auf die Kompetenz- und Qualifikationsentwicklung ein.

12.2 Gesundheitssektor im Umbruch: der Zweite Gesundheitsmarkt und der Wellness-Sektor

In Bezug auf das Gesundheitswesen plädieren in letzter Zeit viele Experten für ein Umdenken: Bislang seien Gesundheit und Gesundheitswesen vorwiegend als ein die Wirtschaft belastender Kostenfaktor wahrgenommen worden. Tatsächlich sei der Gesundheitssektor aber eine der volkswirtschaftlich wichtigsten Branchen mit enormen Wachstums- und Beschäftigungspotenzialen. Gesundheit sei von einem Kostenfaktor zu einem volkswirtschaftlichen Nutzenstifter geworden (vgl. Straubhaar et al. 2006; Kickbusch 2004; Goldschmidt/Hilbert 2009; Kartte/Neumann 2009) [21], [17], [10], [15].Die umfassendste theoretische Fundierung dieses Arguments liefert Nefiodew (1996) [20]. Er geht davon aus, dass Gesundheit im ganzheitlichen Sinne (körperlich, geistig, seelisch) das Potenzial hat für eine neue „lange Welle" der Ökonomie, für den „sechsten Kondratieff".

Neben dem Gesundheitswesen bzw. Ersten Gesundheitsmarkt, der größtenteils von der gesetzlichen und privaten Krankenversicherung getragen wird, hat sich inzwischen ein Zweiter Gesundheitsmarkt entfaltet, der (ohne private Krankenversicherung) aus privatem

Einkommen oder Vermögen finanziert und auf ca. 70 Mrd. Euro taxiert wird (vgl. Kartte/ Neumann 2009) [15]. Dieser Markt ist nicht zuletzt deshalb ökonomisch interessant, weil einschlägige Analysen zu dem Ergebnis kommen, dass die Zahlungsbereitschaft der Klientel damit noch keineswegs ausgeschöpft ist, da die Ausgaben für die Gesundheitspflege im privaten Konsum höchste Steigerungsraten aufweisen und die Bereitschaft der Deutschen, Zeit und Geld in die eigene Gesundheit zu investieren, von Wirtschaftsflauten kaum beeinträchtigt wird. Prinzipiell kennt der Bedarf an Gesundheits- und Wellness-Dienstleistungen keine Grenzen, denn bei Krankheit und Gesundheit handelt es sich nicht nur um objektive Gegebenheiten, sondern auch um soziale und kulturelle Konstruktionen. Die Formen, in denen Menschen sich ihre Körper und Gesundheit aneignen, haben sich seit den 1970er Jahren stark verändert. Der Gesundheitsmarkt verknüpft das Gesundheitsbedürfnis mit der Produktion von Lebensstilen. Was aber maßgeblich zur Expansion des Zweiten Gesundheitsmarkts beiträgt, ist die sukzessive Auszehrung der Finanzierungsbasis der gesetzlichen Krankenversicherung als Folge von Einnahmeausfällen, „Kostenexplosion", Demografie und der Zunahme chronischer Krankheiten. Unabwendbar scheint der Trend zur Individualisierung und Privatisierung der Gesundheit und Gesundheitskosten: „Der Wellness-Bereich sowie Leistungen, die die Lebensqualität und Selbstbestimmung bis ins hohe Alter ermöglichen, werden zu den großen neuen Wachstumsmaschinen im Gesundheitssektor." (Kickbusch 2004, S. 32) [17].

Will man Wellness nicht als reine Ideologie und neue „Glückslehre" denunzieren, so lohnt sich der Zugang über die Ursprünge des Wellness-Begriffs. Er gewann an Popularität, als sich in den 50er und 70er Jahren US-amerikanische Sozialmediziner daran machten, alternative Gesundheitskonzepte zu erarbeiten, um die Finanzierungsprobleme zu bewältigen, mit denen sich ihr Gesundheitswesen konfrontiert sah und immer noch sieht (vgl. Miller 2005) [19]. Aus Sicht seiner Protagonisten ist das Wellness-Konzept hier und heute für einen *Paradigmenwechsel* in der Gesundheitsversorgung prädestiniert. Er rückt gegenüber der nachsorgenden Pathogenese und der auf die Behandlung von Krankheiten fixierten Medizin die auf Gesunderhaltung gerichtete „Salutogenese" (vgl. Bengel et al. 2001) [2] und damit den Zweiten Gesundheitsmarkt stärker ins Zentrum der Aufmerksamkeit. Wellness in diesem Sinne ist ein alternatives Gesundheits- und Lebensstilkonzept, das die Steigerung des körperlichen, geistigen und seelischen Wohlbefindens zum Ziel hat und auf den Prinzipien *Ganzheitlichkeit, Eigenverantwortung und Prävention* beruht. Die Reduktion von Wellness auf passive Wohlfühlangebote und Wohlfühldienstleistungen ist in diesem Konzept eine unzulässige Verengung.

Macht man sich den weiten Wellness-Begriff (als umfassendes alternatives Gesundheitsmodell) zu Eigen, bewegt man sich allerdings auf dem hochkomplexen und politisch brisanten Feld, auf dem es um den Stand und die Zukunft des Gesundheitssystems insgesamt geht. Zugespitzt formuliert, wird das Spektrum der Auseinandersetzungen auf diesem Feld von zwei Positionen beherrscht: Die eine hebt die glänzenden Potenziale und Renditen der Gesundheitswirtschaft hervor, die andere geißelt die zunehmende Privatisierung des Gesundheitswesens als Auslieferung des Patienten an den Markt und an Kapitalgesellschaften. Aus kapitalismuskritischer Perspektive sind Wellness und der Appell an die Eigenverantwortung, der „Trend zur Individualisierung und Privatisierung der Gesundheit"

Komplemente einer krankmachenden Leistungsgesellschaft, die dazu genutzt werden, die körperliche und geistige Gesundheit der Kapitalverwertung zugänglich zu machen (vgl. Hartwig 2008) [12]. Einige der von uns interviewten Vertreter von Verbänden der Gesundheitsfachberufe sehen in der Ausdehnung des zweiten Gesundheitsmarktes einen Trend zur Kommodifizierung der Gesundheit und eine Bedrohung des solidarisch finanzierten Gesundheitssystems.

Zwar unterstützen die Krankenkassen in einem gewissen Umfang Kurse mit Wellness-Charakter. Wellness ist aber generell im Kern dem Selbstzahlermarkt zuzuordnen: Bei den Leistungsnehmern handelt es sich nicht um Patienten, sondern um *Kunden*, mit denen der Leistungsgeber in einer Tauschbeziehung steht, die eigene Interaktionsformen verlangt. Unsere Kundenbefragungen zeigen, dass sich die Nachfrage nach Wellness-Diensten nicht zuletzt dem Umstand verdankt, dass dort auf die Bedürfnisse und Ansprüche der Klienten in anderer Weise eingegangen wird, als dies heute bei ärztlichen und ärztlich verordneten Leistungsangeboten der Fall ist. Wohlfühlaspekte, Atmosphäre, Ambiente, Ästhetik „Hospitality" sowie ein „ko-produktives Arbeitsbündnis", das den Leistungsnehmer nicht in eine Objektrolle drängt und ihm mehr Mitsprache einräumt, haben einen größeren Stellenwert als im „biomedizinischen Krankheitsmodell" vorgesehen und im Medizinbetrieb üblich.

Theoretiker und Praktiker stimmen darin überein, dass die Potenziale der Branche nur ausgeschöpft werden können, wenn Qualitätsstandards „Wellnepp" verhindern und in ausreichendem Maße kompetentes Personal zur Verfügung steht. Die Branche steht unter Professionalisierungsdruck. Nähert man sich der Frage nach den Möglichkeiten einer Professionalisierung von Wellness-Dienstleistungen von ihren Aufgaben- und Handlungsfeldern und beruflichen Anforderungen, sind zunächst die wellness-affinen Handlungsfelder zu berücksichtigen, für die es in den Bereichen (1) Gesundheit (medizinisch und therapeutische Betriebe), (2) Körperpflege/Kosmetik/Beauty, (3) Tourismus (Hotellerie), (4) Sport- und Fitness, (5) Bäder/Sauna/Thermen schon eine Vielzahl an Fachberufen gibt. Je nach Wellness-Begriff lässt sich darüber streiten, ob es sich dabei um Teilgebiete der Wellness handelt, oder ob Wellness lediglich eine zusätzliche Dienstleistung in einem Feld ist, das durch bestehende Berufe bereits weitgehend abgedeckt ist. Neben den reinen Wellness-Betrieben (Studios, Center) sind die erwähnten Bereiche aber die wichtigsten Teilbranchen der Wellness anbietenden Betriebe.

Die Strukturen des Wellness-Marktes und des Wellness-Arbeitsmarktes sowie die beruflichen Handlungsfelder und tatsächlichen beruflichen Einsatzbereiche für Wellness-Fachkräfte sind bislang noch recht diffus. Geschützte Berufsbezeichnungen konnten sich trotz entsprechender Initiativen des Deutschen Wellness Verbandes und Deutschen Medical Wellness Verbandes bislang nicht durchsetzen. Branchenkenner und Verbandsvertreter gehen gleichwohl davon aus, dass sich wie in anderen „emerging markets" auch im Wellness-Bereich eigenständige Berufsbilder herausbilden werden. Von dieser Annahme ausgehend wurden bereits 2001 im Rahmen einer vom BMBF geförderten Initiative zur Früherkennung von Qualifikationserfordernissen neun Qualifikationsprofile und Bildungsangebote für vier Tätigkeitsschwerpunkte im Bereich der Wellness-Dienstleistungen konzipiert:

1. Schwerpunkt Beratung: (a) Wellness-Berater(in), (b) Lebenswegberater(in), (c) Ernährungsberater(in); 2. Schwerpunkt körperbezogene Anwendungen: (a) Fachkraft für Entspannungsanwendungen, (b) Fachkraft für Bewegungs- und Fitnessübungen; 3. Schwerpunkt Anwendungen im mentalen Bereich: (a) Meditationsfachkraft, (b) Kommunikationstrainer(in); 4. Schwerpunkt kaufmännische Ausrichtung: (a) Center-Manager(in), (b) Fachkraft Empfang (vgl. Abicht et al. 2001, S. 129) [1].

In einem Widerspruch zu dieser auf Trendannahmen beruhenden *konzeptionellen* Ausdifferenzierung von Tätigkeitsprofilen und *daraus* abgeleiteten Qualifikationsprofilen und Qualifizierungsbausteinen steht der (empirische) Fakt, dass selbst dem bislang ehrgeizigsten Vorstoß, *tatsächlich* eine (im Singular!) geschützte Berufsbezeichnung zu etablieren, der Erfolg versagt blieb: Vorreiter für eine staatlich anerkannte Berufsbezeichnung sollte der „Medizinische Präventions- und Wellness-Trainer" (mit 410 Unterrichtseinheiten für Physiotherapeuten, Masseure und medizinische Bademeister) sein. Mit der Initiative verband sich die Hoffnung, daraus könnte der Startschuss für die Verankerung eines breitenwirksamen Standards werden. Der Berufsbildungsbericht von 2006 (BMBF 2006, S. 295) [4] kündigt den „Medizinischen Präventions- und Wellness-Trainer" als neuen bundesweit anerkannten Weiterbildungsberuf an. Er sollte von Sachsen aus einer anspruchsvollen und geregelten Wellness-Qualifizierung bundesweit zum Durchbruch verhelfen, wurde dort aber mangels Nachfrage nur ein einziges Mal angeboten (18 Absolventen). Ähnliche Erfahrungen wurden aus anderen Bundesländern berichtet.

Wie unsere eigenen[1] und andere Erhebungen (vgl. Borowiec/Janssen 2010, S. 54ff.) [6] belegen, beklagen zwar viele Wellness-Dienstleistungen erbringende Betriebe einen Mangel an gut ausgebildeten Wellness-Fachkräften. Daraus aber auf den tatsächlichen Arbeitskräfte- und Qualifizierungsbedarf zu schließen (siehe ebd.), ist gewagt. Die befragten Experten aus den Berufsverbänden der etablierten Gesundheitsfachberufe Physiotherapeut/-in, Masseur/-in, medizinische Bademeister/-in oder für Kosmetiker/-in konstatierten einhellig, dass es zumindest in diesen Bereichen inzwischen ein wachsendes Überangebot an Arbeitskräften gibt und sich die Beschäftigungskonditionen für diese Berufsgruppen in den letzten Jahren unter anderem auch aufgrund veränderter gesundheitspolitischer Regulierungen verschlechtert haben. Theoretisch könnte gerade das für diese Berufsgruppen Anlass und Anreiz sein, sich stärker in Richtung Wellness zu orientieren. In Bezug auf den Beschäftigungskonditionen in den Wellness-Bereichen decken sich unsere (allerdings nicht repräsentativen) Befunde allerdings kaum mit denen des BiBB, das einen „recht hohen Anteil an

---

[1] In die Darstellung gehen die Ergebnisse unserer schriftlichen Befragung von insgesamt 110 Hotels, Thermen, Wellness-Anbietern aus dem Massage/Physiotherapiebereich und Kosmetikstudios mit Wellness-Angeboten ein. Die Interviews mit Fitnessstudiobetreibern wurden nicht berücksichtigt. Insgesamt kamen wir bei den Anbietern auf 49 Hotels, 19 Thermen, 28 Wellness-Studios und 14 Kosmetikstudios. Zu den Angeboten ihrer Einrichtung wurden Inhaber, Geschäftsführer und Angestellte der Anbieter im Zeitraum zwischen Dezember 2009 und August 2010 befragt. Zudem wurden 149 Kunden der Wellness-Einrichtungen eines Hotels und einer Therme interviewt. Vorangegangen waren 30 Expertengespräche mit Vertretern von Krankenkassen, Verbänden und Experten aus der Wissenschaft, ebenso mit unterschiedlichen Anbietern von Wellness-Dienstleistungen.

Randbelegschaften, d. h. an Beschäftigten auf 400 €-Basis, Honorarkräften und Aushilfen" im Wellness-Bereich feststellt (vgl. Borowiec/Janssen 2010, S. 26) [6]. Dies wäre ein Beleg für tendenziell prekäre Arbeitsverhältnisse. Bei den Beschäftigten unserer Befragung sind hingegen feste Arbeitsverhältnisse vorherrschend.

Zwar beklagen Wellness anbietende Unternehmen einen Mangel an Wellness-Fachkräften. Sie sind aber auch sehr daran interessiert, ihre Personalkosten gering zu halten, und, wie unsere Recherchen zeigten, in der Regel eher zurückhaltend, wenn es um Investitionen in Qualifizierung des Personals geht. Qualifiziertes Personal kann höhere Ansprüche an die Arbeitskonditionen geltend machen. Generell gibt es ein Überangebot an Wellness-Dienstleistern aus traditionellen Gesundheitsberufen, die mit einer Vielzahl von Absolventen aus direkt wellness-bezogenen Schul- und Weiterbildungsangeboten oft erfolgreich konkurrieren. Im Verdienstbereich von 1000 bis 1500 Euro netto lässt sich die Mehrheit der Wellnessberufstätigen einordnen. In der Hotellerie werden Wellness-Profis in der Regel nach dem nicht gerade attraktiven Tarifvertrag für das Hotel- und Gaststättengewerbe entlohnt. Kommt es in der Branche nicht zu einem Upgrading, könnte die „Job-Maschine" Wellness im großen Stil Jobs für den Niedriglohnsektor und zu unattraktive Arbeitskonditionen generieren – vorausgesetzt ein beträchtlicher Anteil der selbständigen Einzel- und Kleinanbieter (die Freiheitsspielräume bei der Preisgestaltung haben) verschwände vom Markt und machte hochwertigen Angeboten von Hotels/Spas Platz, die dann mit schlecht bezahlten Stammbelegschaften arbeiten. Betroffen wären davon wiederum in erster Linie Frauen, denn sie sind in der Branche die Mehrheit der Beschäftigten (Kyrer/Populorum 2008, S. 366 und S. 395) [18].

Merkmale eines Professionalisierungsprozesses sind üblicherweise die Herausbildung verbandlicher Strukturen und berufliche Schließungsprozesse durch verbindliche Curricula, exklusive Zugänge, Zertifikate und Maßnahmen zur Qualitätssicherung. Auf diesem Gebiet sind zwei Wellness-Verbände aktiv, die beide eine GmbH im Rücken haben, mit der sie kommerzielle Interessen verfolgen. Die Verbände konkurrieren heftig miteinander. Ihre Repräsentations- und Durchsetzungskraft ist bislang jedenfalls nicht so groß, dass sie die Professionalisierung und berufliche Standards entscheidend beeinflussen könnten. Sie beschäftigen sich zwar mit berufspolitischen Fragen, es sind aber keine Berufsverbände.

Der *Deutsche Medical Wellness Verband (DMWV)* bringt Medical Wellness auf die Kurzformel „ärztliche Betreuung plus Wohlfühlen". In der Wellness anbietenden Einrichtung soll ein Arzt verfügbar sein. Er hat die Aufgabe, Wellness-Programme zu leiten und zusammen mit den anderen Bediensteten zu koordinieren. Auf diese Weise soll eine Brücke geschlagen werden zwischen Medizin und Wellness. Verbunden ist damit die Hoffnung, dass davon eine positive Signalwirkung ausgeht. Dagegen lehnt der *Deutsche Wellness Verband (DWV)* den Begriff Medical Wellness mit dem Argument ab, dass Wellness, die nicht nachweisbar gesundheitsfördernd wirkt, diesen Namen nicht für sich in Anspruch nehmen kann. Beide Verbände betrachten aber „Professionalisierung" im Sinne der Einführung von Qualitätsstandards, einer Standardisierung der Wellness-Ausbildung und Etablierung von Leistungsstandards für Wellness-Angebote als Voraussetzung für ein nachhaltiges Wachstum der Branche. Sie haben dafür je eigene Kriterien entwickelt, nach denen sich Anbieter von

Wellness-Dienstleistungen und Wellness-Ausbildungen gegen eine entsprechende Gebühr zertifizieren und Gütesiegel ausstellen lassen können. Inwieweit das zur Qualifizierung der unmittelbar mit und am Kunden arbeitenden Dienstleister beiträgt, ist offen. Die Bemühungen der Wellness-Verbände, Berufsbilder zu konturieren, für Bildungsanbieter qualitative Mindeststandards zu definieren und per Zertifizierung sicherzustellen, konnten in der Branche jedenfalls keine große Wirkung entfalten. Es herrscht nach wie vor eine unüberschaubare Vielfalt an wellness-bezogenen Weiterbildungsangeboten und Bezeichnungen für die Abschlüsse, die die Teilnehmer an den Kursen damit erlangen.

Wie aus den Verbänden berichtet wurde, sträubt sich das Gros der Bildungsanbieter dagegen höherwertige und umfangreichere Bildungsgänge zu offerieren und sich zertifizieren zu lassen, weil sie meinen, dass sich das für sie nicht rechnet.

Im Unterschied zu den Wellness-Verbänden betrachten Tourismusverbände Wellness und Wellness-Siegel in erster Linie unter Marketingaspekten. Zertifiziert wird in der Regel die Einrichtung. Die Qualifikation des Wellness-Personals ist dabei nur ein Punkt unter vielen. Der Ansatz, mit Hilfe von Zertifikaten Qualitätsstandards in der Wellness-Branche zu etablieren, hat nach Darstellung der befragten Experten bei Wellness anbietenden Betrieben bis zu einem gewissen Grad durchaus Resonanz gefunden. In Bezug auf die Schaffung und Verankerung von Wellness-Berufsbildern und entsprechenden Bildungsangeboten hat die Zertifizierung aber nicht den erhofften Erfolg gebracht.

Die Positionen und Politiken der Berufsverbände für die etablierten Gesundheitsfachberufe, z. B. der Physiotherapeuten, zur Wellness sind gespalten: Eine Fraktion betrachtet Wellness als vielversprechendes neues Geschäftsfeld, die andere geht davon aus, dass eine Vermengung von Physiotherapie und Wellness dem Image der Physiotherapie Schaden zufügt, weil mit Wellness bislang noch gesundheitswissenschaftlich Ungesichertes und allerlei Halbseidenes assoziiert wird. Vertretern dieser Position geht es eher darum, die Physiotherapie mit Hilfe evidenzbasierter Wirkungsnachweise und per Akademisierung wissenschaftlich zu fundieren. Die wissenschaftliche, evidenzbasierte Fundierung steckt allerdings selbst bei der Physiotherapie noch in den Kinderschuhen. Sie gilt perspektivisch aber als Voraussetzung für die Akzeptanz im Ersten Gesundheitsmarkt bzw. für den Verbleib entsprechender Leistungen im Katalog der gesetzlichen Krankenkassen, in dem zumal aus Sicht der Standesorganisationen der Mediziner für Wellness ohnehin kein Platz ist. Eine nicht unerhebliche Rolle für die reservierte Haltung der Physiotherapeuten und ihrer Interessenvertreter gegenüber der Wellness und dem Zweiten Gesundheitsmarkt spielt der Umstand, dass Physiotherapeuten, die ihr Geschäft auf den Selbstzahlermarkt verlagern, damit auch die steuerlichen Vergünstigungen des Berufsstandes einbüßen (Allerdings versuchen sie die Nachteile durch Gründung gesonderter Unternehmen zu umgehen, um sich für eine Zukunft im Zweiten Gesundheitsmarkt vorzubereiten).

12.3 Merkmale der Wellness-Dienstleistungsarbeit

Die Arbeit in der Wellness-Branche ist eine personenbezogene Dienstleistung. Sie bezieht sich auf drei Bereiche: Massagen und Körperbehandlungen, Bäder und Saunen und Kosmetikbehandlungen und -anwendungen (vgl. Borowiec/Janssen 2010, S. 21) [6]. Es wird eine auf Körper und Psyche wirkende Interaktionsarbeit geleistet. Hacker nennt diese Form der interaktiven Arbeit „dialogisch erzeugende Arbeit", denn „im anderen Subjekt wird ein von diesem benötigter oder erwünschter Prozess angestoßen bzw. befördert, gegebenenfalls unter dessen Mitarbeit" (Hacker 2006, S. 17) [12]. Ähnlich sehen es Böhle et al.: „Besondere Merkmale von Interaktionsarbeit bestehen in der Herstellung einer Kooperationsbeziehung und dem Abgleich unterschiedlicher Interessen sowie dem Umgang mit eigenen Emotionen (,Emotionsarbeit'), den Gefühlen des Gegenüber (,Gefühlsarbeit') und einem ,erfahrungsgeleitet-subjektivierenden' Handeln. […] Mit erfahrungsgeleitet subjektivierendem Handeln ist eine spezielle Form des (fachbezogenen) Arbeitshandelns angesprochen, die sich speziell auf die Bewältigung nicht planbarer und nicht-standardisierter Anforderungen richtet. Die Bezeichnung ,subjektivierend' unterstreicht die Bedeutung des Subjektcharakters des ,Arbeitsgegenstandes', sowie die Bedeutung subjektiver Faktoren wie Gefühl, Erleben, Empfinden. Ein zentrales Merkmal subjektivierenden Handelns ist die Verschränkung von Planung und Ausführung durch ein dialogisch-exploratives Vorgehen" (Böhle et al. 2010, S. 32) [5].

Interaktionsarbeit ist „immer eine Ko-Produktion zielgerichtet handelnder Akteure (DienstleistungsgeberIn und DienstleistungsnehmerIn) und damit ein Interaktionsprozess mit prinzipiell offenem Ausgang. Diese prinzipielle Offenheit ist allerdings eingebettet in den organisationalen Rahmen in dem die Dienstleistungsarbeit stattfindet, d. h. Dienstleistungsgeber und -nehmer agieren unter spezifischen Bedingungen" (Dunkel et al. 2004, S. 24) [8]. Die Dienstleistungsbeziehung wird im Wesentlichen von vier Elementen beeinflusst: Dienstleistungsgeber und -nehmer, den bearbeiteten Arbeitsgegenstand (in diesem Fall der Körper des Patienten) und dem organisationalen Rahmen. Letzterer hängt vom Verhältnis von Erstem und Zweiten Gesundheitsmarkt und dessen Entwicklung ab. Bei den Wellness-Anbietern haben die Kunden als „Selbstzahler" eine andere Marktmacht als im Ersten Gesundheitsmarkt, denn sie können nicht-professionell erbrachte Dienstleistungen durch Wechsel des Anbieters sanktionieren. Unter den Akteuren des Wellness-Marktes gibt es einen Konsens, dass mehr Professionalität notwendig sei, um langfristig am Markt zu bestehen. Über die Wege dahin gibt es allerdings große Unterschiede.

Entsprechend der Ausdifferenzierung der Wellness-Angebote werden die Wellnessdienstleistungen von einer Vielzahl von Anbietern erbracht, die grob unterschieden werden können in 1) Alleinselbständige, 2) Kleinunternehmen mit spezialisierten Wellness-Dienstleistungen und 3) Anbieter mit mittleren und größeren Betrieben, die Wellness als ein Modul im Rahmen ihres touristischen oder sonstigen Angebotes haben. Die Alleinselbständigen, besonders die Kosmetik- und Wellnessstudios, machen die große Mehrheit der Wellness-Anbieter aus. Von Klein- und Kleinstunternehmen, etwa einer Gemeinschaftspraxis von Masseuren und Physiotherapeuten oder einem Anbieter von Yoga und anderen asiatischen Angeboten, gehen oft „gemischte" Angebote aus, also etwa traditionelle Gesundheitsdienstleistungen mit zusätzlichen Wellness-Offerten oder Aryuveda Behandlungen mit Wellness-Massagen. Schließlich haben Hotels und Thermen eine eigene angeschlossene Wellness-Abteilung, in der neben Schwimmbad und Sauna und anderen Erlebnis-Angeboten auch Massagen, Kosmetik und ganze Wellness-Pakete angeboten werden.

Die Alleinselbständigen, ebenso wie die Kleinunternehmen, kommen meistens entweder aus schon existierenden Gesundheitsberufen wie Masseur und Physiotherapeut, die aufgrund der Restriktionen des Gesundheitswesens mit schwindenden Überweisungen durch Ärzte zu kämpfen haben und ihr Angebot um Wellness erweitern oder aber aus dem Kosmetikbereich, in dem die Gründung eines Unternehmens eine der Möglichkeiten ist, persönlich die schlechten Arbeitsmarktchancen der Berufsgruppe zu überwinden. Von Absolventen einer Ausbildung zum Wellnesstrainer wissen wir, dass für sie nach der Ausbildung der Gang in die Selbständigkeit oft die einzige Alternative ist.

Die Arbeit mit dem Patienten/Klienten ist grundsätzlich Einzelarbeit. Die „Performance" des Wellness-Dienstleisters kann in der Intimität der Behandlungskabine nicht kontrolliert werden. Nur nachträgliche Kommentare oder Beschwerden der Kunden können Hinweise auf Defizite geben. Die Alleinselbständigen decken in einer Person das Leistungsspektrum aus unterschiedlichen Angeboten ab. In Kleinunternehmen mit mehreren Beschäftigten, zum Beispiel einer Praxis mit anderen Selbständigen, die bei Bedarf dazu kommen, gibt es meistens sich ergänzende Spezialisierungen und einen geringen Grundstock von sich überlappenden Qualifikationen, so dass es auch nicht zu Konkurrenzen und Kompetenzhierarchien kommen kann.

In Hotels und Thermen gibt es in der Regel mehrere Beschäftigte, die sich die Arbeit abstimmen müssen und auch zum Teil dieselben Angebote machen und gegebenenfalls auch in der Lage sein müssen, flexibel bei hohem Arbeitsanfall einzuspringen und die Arbeit eines anderen zu übernehmen. Es gibt so gut wie immer einen Leiter der Wellness-Abteilung, der die Arbeit einteilt und koordiniert. Auf Kreuzfahrtschiffen ist die Arbeit eher auf Standardanwendungen beschränkt, die alle beherrschen müssen. Von den Beschäftigten wird eine hohe persönliche Flexibilität erwartet, etwa die Bereitschaft an Wochenenden oder spät abends zu arbeiten. Dies ist eine der Hauptbelastungen der Beschäftigten, die sich trotz überwiegend mittleren und hohen Belastungsangaben in ihrer Arbeit wohlfühlen und mit ihr zufrieden sind. Die Flexibilität, sich zeitlich nach den Kundenwünschen zu richten, ist für Alleinselbständige (die oft zum Beispiel auch am Wochenende arbeiten) ein Konkurrenzvorteil gegenüber anderen Anbietern mit traditionell festen Arbeitszeiten. Grundsätzlich ist die Arbeit im Wellness-Bereich aufgrund der wechselnden Kundenanforderungen im hohen Maße von zeitlicher Flexibilität beim Arbeitseinsatz geprägt.

Bezüglich der Verteilung nach beruflichem Hintergrund der kooperativ Arbeitenden in Hotels und Thermen gibt es nach unseren empirischen Daten eine sehr hohe Abdeckung mit Kosmetikerinnen, Masseuren, Physiotherapeuten und sonstigen Gesundheitsberufen, die eine staatliche Prüfung verlangen. Beauty und Kosmetik gehören weitgehend zu den Standardangeboten von Wellness. Die große Mehrheit der Hotels unseres Samples (82%) beschäftigen mindestens eine Kosmetikerin (Thermen 74%).

Typische Arbeitsaufgaben im kooperativen Arbeitszusammenhang von Hotel und Wellness bestimmen sich oft nach den für die Einrichtung typischen Angebotspaketen, die zum Beispiel nach der Sauna oder dem Schwimmbad eine Entspannungsmassage vorsehen, dann eine Fuß- oder Handpflege, danach eine weitere Schönheitsbehandlung. Generell muss der Arbeitende mit dem Kunden ein Einverständnis über die zu erbringende Leistung (Dauer, Inhalt, Intensität) herstellen, spezielle Beschwerden und Idiosynkrasien erfragen und insgesamt die individuellen Wünsche und Besonderheiten des Klienten interaktiv vor und während der Behandlung ergründen und in praktische Handlungsfolgen umsetzen. Dies setzt sowohl voraus, die eigene Persönlichkeit einzubringen (Ruhe, Gelassenheit, persönliches Interesse und Freundlichkeit sind nach unserer Kundenbefragung von den Kunden geschätzte Persönlichkeitsmerkmale), als auch eine hohe Interaktionskompetenz mitzubringen, ebenso die Fähigkeit, körperliche Signale des Kunden richtig zu deuten (etwa bei Verspannungen den für den Kunden richtigen Druck bei der Massage zu finden). Zu den Arbeitsaufgaben gehört auch, die Kosmetik und Pflegeprodukte der im Hotel angebotenen Produktlinien zu verkaufen, Beratung über weitere Schritte zur Verbesserung der Gesundheit zu leisten und die „Übergabe" des Kunden zu einem anderen Kollegen/Bereich vorzunehmen. Nach unseren Felderfahrungen in den besuchten Betrieben scheint ein gutes, spannungsfreies und kollegiales Arbeitsklima der Normalfall zu sein, begünstigt sicher auch durch die relativ kleine Zahl der Mitarbeiter, die kurzen Wege und die positiven Rückmeldungen der Kunden im Anschluss der Behandlung.

12.4 Konsequenzen für die Kompetenz- und Qualifikationsentwicklung

Unsere Kundenbefragung zeigt, dass Ko-Produktion auf der Basis eines individuellen Fallverstehens (Zuwendung, Interaktionskompetenz) für die Kunden eine zentrale Grundanforderung an Wellness-Dienstleistungen ist. Die Befragung verdeutlicht, dass sich die Entfaltung des Marktes für Wellness-Dienste zum großen Teil dem Umstand verdankt, dass dort auf die Klientenbedürfnisse in anderer Weise eingegangen wird, als dies üblicherweise heute bei ärztlichen oder ärztlich verordneten Leistungsangeboten der Fall ist. Der Patient/Klient weiß zuweilen mehr als der Arzt/Behandelnde. Er will stärker an der Entscheidungsfindung mitwirken und nicht auf ein Objekt standardisierter Verfahren reduziert werden. Physiotherapeuten, die Wellness-Dienstleistungen anbieten, sind beispielsweise zunehmend damit konfrontiert, dass ihre Kunden zum Teil sehr detaillierte Vorstellungen darüber haben, was für sie gut ist und wie sie therapeutisch behandelt werden wollen und sollten.

Gut jeder zweite Wellnesskunde, so die von uns befragten Angestellten, stellt „oft" oder „sehr oft" den Anspruch auf Mitsprache bei der Leistungsfestlegung. Eine Kunde, der eine Dienstleistung kauft, kann seine Ansprüche anders, selbstbewusster gegenüber dem Anbieter zur Geltung bringen. Dass die Wellness-Dienstleistenden über die erforderlichen fachlichen Qualifikationen verfügen, setzen die Kunden als selbstverständlich voraus. Selten beklagten Kunden einen Mangel an fachlichen Qualifikationen. Unsere empirischen Ergebnisse lassen gleichwohl darauf schließen, dass qualifiziertes Wellness-Personal auf dem

Niveau von Gesundheitsfachberufen und wellness-spezifischen Zusatzqualifikationen zwar nicht nur, aber doch bevorzugt im Premiumsegment der vier- und fünf Sterne Hotels und in größeren Einrichtungen anzutreffen sind.

Die befragten Experten plädierten dafür, sich bei einem „emerging market" oder Hybridmarkt auf dem zuvor standesrechtlich und institutionell getrennte Berufsfelder zusammenwachsen, nicht zu sehr am Status quo und überkommenen Brancheneinteilungen zu orientieren. Betont wurde, dass sich das Hauptaufgabengebiet der Wellness zunehmend vom Körperlichen auf die Befähigung zur Verhaltensänderung, auf Mentales, Geistiges und Spirituelles verschiebt[2]. Entspannung, den Menschen erden, Kohärenzgefühl, zur Ruhe kommen, Besinnung, Meditation, Achtsamkeit, Ordnungslehren lauteten die Begriffe, die in diesem Zusammenhang fielen. Viele exotische Angebote, die ihre Wurzeln in fernen Ländern haben, seien lediglich Vehikel für einen Zugang zu dieser Ebene. Atmosphäre und auf dem „Hospitality-Gedanken" (auf der Gastgeberrolle) aufbauende Umgangsformen sowie Interaktionskompetenz seien genuine Bestandteile der Wellness, durch welche diese sich vom Ersten Gesundheitsmarkt abhebt. In Abhängigkeit vom Aufgabengebiet und Erwerbsstatus (selbständig/angestellt) seien darüber hinaus betriebswirtschaftliche und Managementkompetenzen gefragt.

12.5   Aktueller Stand: Perspektiven und Herausforderungen in der beruflichen Aus- und Weiterbildung

In Deutschland werden mehrere hundert Wellness-Aus- und Weiterbildungsangebote ohne definierte Qualitätskriterien oder allgemein anerkannte Vorgaben offeriert. Folgende Kategorien können unterschieden werden:

- 80 Stunden dauernde IHK-Kurse zum Wellness-Berater, die allenfalls zu einer Tätigkeit an der Rezeption befähigen,

- Fernlehrgänge, die aus Sicht der Experten, jedoch nicht geeignet sind, praktische Handlungskompetenz zu vermitteln,

- 400 Stunden dauernde Kurse zum Wellness-Trainer, die (a) Gesundheitsfachberufe als Zugangsvoraussetzung haben oder (b) auch fachfremden Laien offen stehen,

---

[2]   Generell kann man davon ausgehen, dass die Kunden der Hotels, Thermen und auch der Kosmetikstudios nur in der Minderheit Angebote in der geistig/spirituellen Dimension erwarten. In der Mehrheit wollen die Gäste - so der Leiter der Wellness-Abteilung eines Hotels - „gute handwerkliche Arbeit mit entspannender Wirkung". Bei den freien Anbietern der Wellness-Studios, die geistiges Heilen und andere esoterische Methoden im Angebote haben, ist der Anteil der Klienten mit spirituellen Interessen größer.

- über 1.000 Stunden dauernde staatlich anerkannte Bildungsgänge an „Ergänzungsschulen" und

- Bachelor-Studiengänge an Fachhochschulen.

Der Frage, ob es zielführend sei, für Wellness einen per Berufsausbildungsgesetz geregelten dualen Ausbildungsberuf zu kreieren, erteilten die von uns befragten Experten eine klare Absage. Weder die überwiegend kleinen und mittelgroßen Betriebe noch die Berufsschulen seien in der Lage, das oben skizzierte Anforderungsspektrum in Theorie und Praxis abzudecken. Die Frage, ob angesichts der etablierten nicht-akademischen Gesundheitsberufe wie Physiotherapeut, Masseur, medizinische Bademeister, Kosmetikerin oder wellnessverwandten Berufe aus dem Bereichen Sport/Fitness, Ernährung usw. überhaupt eine wellness-spezifische Berufsbildung notwendig ist, wurde dagegen eindeutig bejaht. Neben der Notwendigkeit einer integralen fachübergreifenden Perspektive (Ganzheitlichkeit) wurde dafür vor allem das spezifische Arbeitsbündnis mit dem Kunden angeführt, das bei den Gesundheitsfachberufen zu kurz komme. Grundsätzlich wurden zwei Arten einer anzustrebenden nicht-ärztlichen Wellness-Berufsbildung unterschieden:

a. Der Abschluss in einem wellness-affinen Beruf (Physiotherapeut, Masseur, medizinischer Bademeister usw.) könnte die Zugangsvoraussetzung für eine zertifizierte, akkreditierte wellness-spezifische (Anpassungs-) Fortbildung sein, möglichst mit einer geschützten Berufsbezeichnung. Ein Schwerpunkt dieser Fortbildung müsste es sein, den Teilnehmern „den Dienstleistungsgedanken" zu vermitteln, worunter zum einen das Eingehen auf individuelle Kundenwünsche (Kommunikation, Einfühlungsvermögen) verstanden wurde, zum anderen Beratungsleistungen auch im Dienste von Kundenbindung oder Produktverkauf. Mit „dem Dienstleistungsgedanken" verbanden die befragten Experten aus Wellness anbietenden Betrieben stets auch betriebswirtschaftlich effizientes Denken und Handeln. Nach Ansicht der befragten Experten bleiben die Absolventen solcher Add-on-Bildungsangebote aber „Spezialisten", da sie sich im Zweifelsfall wieder an ihrem Grundberuf orientieren würden.

Eine institutionelle Besonderheit, die auch im Hinblick auf Wellness die Etablierung einheitlicher Qualifikations- und Qualifizierungsstandards erschwert, ist in diesem Zusammenhang zu berücksichtigen. Die nicht-akademischen Gesundheitsdienstberufe sind *Schulberufe* (Zugangsvoraussetzung dafür ist i. d. R. entweder die Mittlere Reife, immer häufiger aber schon das Abitur). Die Ausbildung erfolgt nicht im dualen System, sondern entweder an „Schulen des Gesundheitswesens", die dem Gesundheitsministerium unterstellt sind, oder an „Berufsfachschulen und Fachschulen der Länder", die dem Kultusministerium unterstehen. Sie können öffentlich oder privat, vollqualifizierend oder nicht vollqualifizierend, grundständig oder berufsbegleitend sein und in Vollzeit oder Teilzeit besucht werden. Schulberufe unterscheiden sich von der dualen Ausbildung auch dadurch, dass es für sie keinen Ausbildungsvertrag mit einem Arbeitgeber, keine Ausbildungsvergütung und keinen tarifvertraglichen Schutz gibt. Im Unterschied zu dem bundeseinheitlich geregelten dualen System, zeichnen sich die Bildungsgänge der Gesundheitsdienstberufe durch *eine kaum zu durchschauende Vielzahl an Konzepten und Regelungen* aus.

b. Neben Spezialisten benötigt der Markt nach Meinung der befragten Experten „Generalisten", die den ganzheitlichen Ansatz und die gesamte Breite des Wellness-Spektrums abdecken. Bevorzugtes Einsatzgebiet der Generalisten seien kleine Hotels oder andere Einrichtungen (Day Spas, Fitness-Studios usw.), die sich mehrere unterschiedliche Spezialisten nicht leisten können. Die Generalisten könnten auch dort zum Einsatz kommen, wo es darum geht, Spezialisten zu beraten, anzuleiten und zu koordinieren. Aus mehreren Gründen sei für Generalisten ein akademischer Bildungsgang unabdingbar:

1. Wellness und der heilberufliche Ansatz verlangen eine stärkere wissenschaftlichen Unterfütterung und evidenzbasierte Wirkungsnachweise.
2. „Semiprofessionen" wie Physiotherapie usw. sind auf dem Weg zur Akademisierung und „Vollprofession"; ein Wellness-Professioneller ohne akademischen Abschluss hätte Statusprobleme in der Kooperation und Kommunikation mit Spezialisten und Ärzten.
3. Durch den Bologna-Prozess würden ohnehin in vielen Bereichen Absolventen von Ausbildungsberufen durch Bachelor verdrängt werden.
4. Wenn Wellness und der salutogenetische Ansatz tatsächlich zu einer eigenständigen alternativen Säule des Gesundheitssystems werden sollen, müssen diese Ansätze in Gestalt kohärenter Konzepte eine „Leitbildfunktion" übernehmen und im Gesundheitssystem verankert werden, Professionalisierung sich dann aber nicht darin erschöpfen, per Qualifizierung die Nachfrage von Wellness-Betrieben und -Kunden zu befriedigen. Zumindest in der klassischen Professionstheorie ist die Entwicklung einer eigenen Wissensbasis Voraussetzung einer jeden Profession. Ob diese Basis wissenschaftlich begründet ist, kann bei Physiotherapeuten bezweifelt werden (Walkenhorst 2006, S. 115) [22].

Zertifikate gelten als Merkmal von professionalisierten Berufen. Sie sollen Kenntnisse und die Einhaltung von Standards dokumentieren. Dies kann auf der Ebene von Einrichtungen und Individuen geschehen, die sich einer Prüfung unterziehen. Auf beiden Ebenen gibt es im Wellness-Bereich eine solche Vielfalt mit sehr unterschiedlichen Ansprüchen und Maßstäben, dass etwa von einer „sehr guten" Bewertung kaum auf die Kompetenz eines Anbieters und seiner Beschäftigten geschlossen werden kann. Zu Zertifikaten haben alle Befragten eine zwiespältige Haltung. Ihnen wird zwar zum Teil eine wichtige Rolle für die Kunden zugesprochen (19% meinen, sie seien „ziemlich wichtig" und 9% „sehr wichtig" für die Kunden), denn *„die Kunden werfen schon einen Blick auf die Zertifikate"* und die Zertifikate *„geben dem Gast Sicherheit"*. Angesichts der „Flut an Zertifikaten" wird aber auch darauf hingewiesen, dass diese *„keine Garantie für Qualität"* sind. Die Aussagekraft der Zertifikate leidet darunter, dass es inzwischen eine wahre Flut an Zertifikaten und keine einheitlichen Qualitätskriterien gibt.

32% aller Befragten gaben an, ihre Einrichtung sei zertifiziert. Weitere 23% gaben an, dass auch der Wellness-Bereich zertifiziert sei. Allerdings wird von den Hotels oft die Bewertung ihres Dachverbandes DEHOGA (Sterne-Bewertung) angeführt. Das TÜV-Siegel ist ebenfalls verbreitet. Nach den anspruchsvolleren Kriterien der Wellness-Verbände oder Wellness-Hotelverbände sind dagegen weniger Einrichtungen zertifiziert. Nur fünf von 110

Befragten nennen einen Wellness-Verband als Zertifizierungsinstitution. Weitere drei sind durch die Touristikorganisationen „Wellnesshotel Deutschland" zertifiziert.

Besser als durch Zertifikate kann das Kompetenzniveau einer Einrichtung durch eine regelmäßige Überprüfung des Arbeitsprozesses und seiner Ergebnisse kontrolliert und optimiert werden. Dazu werden Ansätze zur Qualitätssicherung genutzt: Checklisten, Kundenfragebögen, die indirekt die Einhaltung professioneller Standards überprüfen und den Anbietern Feedback für Verbesserungsmöglichkeiten geben. Diesbezüglich sind die befragten Thermen und Hotels relativ voran geschritten. Häufiger als die Hotels verwenden Thermen Qualitätshandbücher und setzen sich einer Evaluierung durch Außenstehende (Verbände, „Mystery Shopping") aus. Bei beiden Anbietern sind Kundenfragebögen, Feedbackgespräche mit den Kunden, die Auswertung von Kundenbeschwerden und regelmäßige Mitarbeiterbesprechungen die Regel. Auch bei den Kosmetikerinnen kommt neben Feedbackgesprächen mit Kunden eine Vielzahl anderer Maßnahmen zur Überprüfung der Leistung zum Einsatz, zum Beispiel Bekannte zu bitten, sich in dem eigenen Institut behandeln zu lassen und die Eindrücke zurückzumelden oder auch selbst bei Mitbewerbern eine Behandlung zu machen. Die Wellness-Studios nutzen solche Ansätze zur Qualitätssicherung eher selten. Sie verlassen sich auf Kundengespräche und die Auswertung von Kundenbeschwerden.

12.6 Individuelle Kompetenzentwicklung

Das allgemeine Qualifikationsniveau der von uns Befragten war relativ hoch. 60% der Geschäftsführer, 25% der Inhaber und 26% der Angestellten haben ein Studium absolviert, meistens mit einer kaufmännischen, sportwissenschaftlichen oder touristischen Ausrichtung. Für viele von ihnen war die Hinwendung zu einem Wellness-Beruf und der Entschluss, eine entsprechende Zusatzausbildung zu absolvieren, eine bewusste und von Idealismus geprägte Entscheidung, im direkten Umgang mit Menschen etwas Sinnvolles und Gutes zu tun. Nicht selten waren Zweifel an dem zuvor eingeschlagenen Berufs- und Karrierepfad ausschlaggebend für den Entschluss, einen Wellness-Beruf zu ergreifen, obwohl absehbar damit Einkommenseinbußen verbunden sein würden. Generell waren die bescheidenen Einkommensmöglichkeiten den meisten bewusst. Auch bei 15 zusätzlich befragten Absolventen eines Wellness-Trainerlehrganges rangierte das Motiv „berufliche Veränderung durch Hinwendung zum Menschen" an erster Stelle. Sie wollen sich nach eigener Darstellung „am Menschen orientieren", "ganzheitlich arbeiten und persönliche Anteile in die Arbeit integrieren", das „Zusammenwirken von Körper/Geist/Seele" besser verstehen, ihr „Interesse an Gesundheitsthemen" vertiefen, und haben den „Wunsch nach beruflicher Veränderung, um mit Menschen zu arbeiten und gleichzeitig etwas für sich selbst zu tun."

Bis auf eine Ausnahme haben alle befragten Angestellten sich durch eine, oft auch durch mehrere Ausbildungen mit einem formalen Abschluss auf die Tätigkeit im Wellness-Bereich vorbereitet. Immerhin 1/3 der Angestellten hatte als Masseur, Physiotherapeut, Krankenschwester oder ähnliches einen beruflichen Hintergrund im Gesundheitssektor.

Nur sehr wenige hatten eine wellness-spezifische Ausbildung zum Wellness-Berater, -Therapeut oder -Trainer oder als Spa-Manager.

Mit Hilfe einer projektiven Frage zum künftigen Qualifikationsnachholbedarf der eigenen Berufsgruppe haben wir versucht herauszubekommen, im welchem Maße die Befragten im Hinblick auf ihre Qualifikation für die nächsten Jahre einen Nachholbedarf erwarten. Es zeigte sich, dass gut die Hälfte der Beschäftigten (59%) davon ausging, dass auf fachlicher Seite in ihrer Berufsgruppe „kein" oder „geringer" qualifikatorischer Nachholbedarf besteht (11% gingen vom „mittlerem" und 30% von „hohem" Nachholbedarf aus). Darin unterschieden sie sich kaum von den Inhabern/Managern. Diese mahnten bei der „Gestaltung nachhaltiger Kundenbeziehungen" (Vorgabe) und der „Übernahme unternehmerischer Verantwortung" (Vorgabe) aber deutlich häufiger als die Angestellten einen Nachholbedarf an. Dass es bei diesen Vorgaben unterschiedliche Sichtweisen der Beteiligten gibt, ist darauf zurück zu führen, dass die angestellten Wellness-Dienstleister wesentlich fachlich orientiert sind und betriebswirtschaftlichen Anforderungen des Managements, dem Kunden zusätzliche Produkte oder weitere Behandlungen zu verkaufen, mit ihrem beruflichen Selbstverständnis konfligieren.

Zur Ermittlung der Stärke des von ihnen empfundenen Fortbildungsdrucks wurden die Beschäftigten außerdem gebeten, auf einer 10er Skala anzugeben, wie notwendig es ihrer Meinung nach ist, sich fortzubilden. Insgesamt ist der so ermittelte Fortbildungsdruck für die Angestellten nicht sehr hoch. 28% gehen davon aus, dass er „gering" (Werte 1 und 2) ist. 16% verspüren „etwas" Fortbildungsdruck (Werte 3 und 4). 20% sehen einen „mittleren Fortbildungsdruck" (Werte 5 und 6). 24% halten ihn für „hoch" (Werte 7 und 8) und nur 12% für „sehr hoch" (Werte 9 und 10).

Dieser Druck wird von Personen mit einem ursprünglich anderen beruflichen Hintergrund (z. B. kaufmännische oder Touristik-Ausbildung) etwas intensiver erfahren. Insbesondere Kosmetikerinnen empfinden häufiger als andere einen „hohen" oder „sehr hohen" Fortbildungsdruck. Die Kosmetikerinnen, ein 100prozentiger Frauenberuf, sind nach den Angaben der ihre Beschäftigtenzahlen beschreibenden Anbieter die in den Betrieben unserer Befragung die am stärksten vertretene Berufsgruppe. Dass sie einen hohen Fortbildungsdruck verspüren, ist darauf zurückzuführen, dass sie qualitativ höchst unterschiedliche Ausbildungen (fachliche Inhalte, Dauer usw.) an Fachschulen für Kosmetik durchlaufen. Fast alles, was über Gesichts- und Hautpflege, Fuß- und Handpflege, Schminken, Enthaaren, Produktberatungen hinausgeht, z. B. Massage- und Entspannungstechniken, müssen sie sich in zusätzlichen Kursen und Aufbaulehrgängen aneignen.

Der leicht erhöhte Nachholbedarf, den die Hotel- und Touristikfachleute für sich konstatieren, ist vermutlich auch auf die unterschiedlichen Kulturen des Gast- und Wellness-Gewerbes zurückzuführen. In unserem Sample überwiegen vier bis fünf Sterne Hotels mit Wellness-Angeboten. Diese haben bereits ein recht standardisiertes Verhaltensprogramm für den Umgang mit dem Gast. Durch Checklisten, Trainingsprogramme zum Beschwerdemanagement, Kundenfragebogen, Mystery Shopping u. ä. Massnahmen wird das Angebot auf seine Qualität, Effektivität und Effizienz überprüft und optimiert. Im praktischen Umgang mit dem Wellness-Kunden spielen jedoch andere, nicht standardisierte und überprüfbare Verhaltensorientierungen und Werte eine Rolle[3]. Das Verständnis des Kunden und seiner Behandlungsbedürfnisse beruht auf einem therapeutischen Interaktionsprozess, der sehr auf den Einzelnen und seine Individualität ausgerichtet ist und in dem nach und nach wechselseitig Vertrauen aufgebaut wird.[4] Zudem wird durch die körperliche Berührung während der Massage oder anderer Behandlungen eine sehr spezifische Art von Nähe und Intimität erzeugt, die das Gelingen des Arbeitsbündnisses fragil machen kann. Die widersprüchlichen Anforderungen, die das Wellness-Personal zu bewältigen hat, kommen darin zum Ausdruck, dass Hotelmanager oft kritisierten, das Wellness-Personal konzentriere sich in der Behandlungssituation zu sehr auf den Kundennutzen und neige dazu, betriebswirtschaftliche Aspekte wie Effizienz, Kundenbindung, Produktverkauf, Sonder- und Zusatzangebote zu vernachlässigen.

Arbeitgeber und die Beschäftigten selbst sind daran interessiert, dass eine Weiterbildung kontinuierlich erfolgt. Allerdings wird diese selten von den Arbeitgebern vollständig mit finanziert. Generell sehen die Inhaber und Geschäftsführer die Weiterbildungsmöglichkeiten der Beschäftigten in einem positiveren Licht als diese selbst. Die Weiterbildungsaktivitäten werden von den Arbeitgebern deutlich anders beurteilt als von den Beschäftigten. Während die Hälfte der Inhaber und Geschäftsführer davon ausgeht, dass die Beschäftigten sich „oft" auf eigene Initiative fortbilden, meinen 64% der Angestellten, dass dies „eher selten" der Fall ist („oft" 14%). Bei 79% der befragten Betriebe finden solche Weiterbildungen intern statt. Thematische Schwerpunkte sind dabei in erster Linie die Erweiterung des Angebots für die Massage und Kosmetik sowie Produktschulungen (die von den Anbieterfirmen durchgeführt werden) und eine wirkungsvolle Kundenansprache. 82% der Inhaber betätigen sich dabei selbst als Lehrende. Den hohen Anteil an interner Fortbildung kann man sowohl als gelungenes Ergebnis eines organisierten voneinander Lernens sehen („peer learnings") als auch als Beitrag, um Investitionen in Weiterbildung gering zu halten.

In den letzten drei Jahren haben sich 82% der Inhaber und 85% der Geschäftsführer bei externen Anbietern fortgebildet, aber nur 64% der Beschäftigten. Themenschwerpunkte waren dabei neue Massage- und Behandlungstechniken, kosmetische Kenntnisse und Anwendungen sowie Betriebswirtschaft (Marketing, Kalkulation, Verkauf) und Organisatorisches. Die Vielzahl der Weiterbildungsangebote und der wechselnden Wellness-Moden (Aryuveda, Shiatsu Massage und andere „asiatische" Praktiken) erschwert die Orientierung, was notwendige Grundqualifikationen und was zusätzliche Spezialangebote sind, die für künftige Bedarfe wichtig werden oder zur Akzentuierung des eigenen Angebotes beitragen können.

In den Expertengesprächen mit Betreibern von Wellness-Einrichtungen wurden – neben persönlichen und kundenbezogenen Eigenschaften – ausgewiesene fachliche Qualifika-

---

[3] Nach der Nomenklatur industrieller Fertigungsprozesse könnte man den Service des Hotels mit „Mass-customisation" gleichsetzen, den der Wellnessabteilung mit „Einzelfertigung".
[4] Hilfreich ist hier die Unterscheidung von Gutek (1995) [11] zwischen Encounter (einmalige Begegnung = Hotel) und Relationship (mehrmaliges beiderseitiges Kennenlernen = Wellnessdienstleister).

tionen und Fortbildungsbereitschaft oft als Einstellungskriterien genannt. Dabei wird bei fachlichem Wissen den Mitgliedern einer im weiten Sinne gesundheitsbezogenen Berufsgruppe (Masseure, Physiotherapeuten, medizinischen Bademeistern) mit Berufserfahrung gegenüber Angehörigen anderer Berufsgruppen meistens ein Expertenbonus eingeräumt. Berufen wie Wellness-Trainer oder -Therapeut wurde dagegen kaum Wertschätzung entgegengebracht. Ihre Ausbildung sei praxisfern, gehe zu sehr in die Breite und beinhalte kaum Kenntnisse über praktische Behandlungstechniken jenseits von Standardmassagen. In den Interviews kommt eine Wertung von Berufsprestige zum Ausdruck, deren oberer Bereich mit Physiotherapeuten und an zweiter Stelle mit ausgebildeten Masseuren oder Heilpraktikern besetzt ist. Der mittlere Bereich besteht aus Quereinsteigern (wie z. B. Sportlehrer) und Fachschulabsolventen mit speziellen Zusatzqualifikationen. Im unteren Segment befinden sich die neuen Wellness-Berufe und Kosmetikerinnen.

Die Hochschätzung der gesundheitsnahen Berufe ist nicht unbedingt mit einem Bemühen um Professionalität gleichzusetzen. Die Einstellungspraxis ist auch nicht daran orientiert. Der in unserem Sample von den Anbietern am häufigsten genannte Beruf bei der Beschreibung der Zusammensetzung ihres eigenen Personals ist der der Kosmetikerinnen, die über die Kosmetik hinaus in den Betrieben eine Vielzahl von Anwendungen abdecken. Von einer Tendenz zur Professionalisierung der Wellness geht nur gut die Hälfte (54%) der Befragten aus (Inhaber: 48%, Geschäftsführer: 68%, Angestellte: 54%). 33% sehen eine solche Tendenz nur „zum Teil" und 13% „gar nicht". Begründet wird das oft mit dem beklagenswerten Niveau der bisher ungeordneten Ausbildung und dem Fehlen von Standards dafür. Steigende Ansprüche der Kunden und die Bereinigungstendenzen des Marktes könnten nach Einschätzung der Befragten aber zu stärkeren Professionalisierung der Wellness führen.

Aus Sicht der angestellten Beschäftigten besteht für sie zwar ein gewisser Nachholbedarf in Hinblick auf soziale und betriebswirtschaftliche Kompetenzen. Angesichts der hohen Marktdynamik sehen sie sich auch häufig veranlasst, sich aus eigener Initiative weiterzubilden. Im Bereich fachlicher Kompetenz, in Bezug auf den „richtigen" Umgang mit dem Körper des Kunden und der Interpretation seiner Bedürfnisse sind sie sich aber weitgehend sicher. Sie gehen davon aus, dass sie mit dem Kunden gut zurechtkommen und eine hohe Interaktionskompetenz haben. Die kunden-angemessene Wahl und Anwendung der Behandlungsmethoden und -techniken kann als Kern ihres professionellen Selbstverständnisses gesehen werden. Ihre Weiterbildungsdevise lautet: „Neues dazu lernen und Altes vertiefen."

Bei den Inhabern und Geschäftsführern ist das Thema Professionalität sehr davon geprägt, dass das Reservoir an Arbeitskräften, das potenziell für den Wellness-Bereich in Frage kommt, vom Ausbildungsstand her ausgesprochen heterogen ist. Sie können sich bei der Auswahl kaum an allgemein anerkannten Standards, Abschlüssen oder der Reputation von Ausbildungsinstitutionen orientieren. Der Vertrauensvorschuss für Beschäftigte mit einer Ausbildung in einem Gesundheitsfachberuf reduziert die Orientierungsunsicherheit. Anders als bei den angestellten Beschäftigten stehen bei den Inhabern/Geschäftsführern nicht die Einzigartigkeit und Bedürfnisse einzelner Kunden im Zentrum, sondern eine effiziente

Strukturierung, Standardisierung und Erfolgskontrolle des Angebotes. Die dafür eingesetzten Instrumente zur Qualitätssicherung können auch ein Beitrag zur Professionalisierung der Wellness sein. Die strukturelle Diskrepanz zwischen therapeutischen und betriebswirtschaftlichen Ansprüchen an Kompetenz und Professionalität ist Ausdruck eines Spannungsverhältnisses zwischen „handwerklicher" Produktionsweise für den Einzelkunden und der betriebswirtschaftlichen Notwendigkeit, Arbeitsabläufe zu standardisieren und einen qualitativ einheitlichen Service für die Kunden zu gewährleisten.

12.7 Schlussbemerkung: Mehr staatliche Regulierung?

Angesichts der Vielzahl und Intransparenz der Weiterbildungsangebote im Wellness-Bereich drängt sich die Frage auf, ob staatliche Instanzen hier stärker regulierend eingreifen sollten. Die befragten Experten schätzten die Bedeutung und den Wert staatlich anerkannter und womöglich bundeseinheitlich geregelter Weiterbildungsangebote sehr unterschiedlich ein. Wellness anbietende Einrichtungen, Bildungsanbieter und Verbandsvertreter sind skeptisch gegenüber einer „staatlich oktroyierten" Reglementierung von Wellness-Berufen. Diese sollten sich ihrer Meinung nach „am Bedarf orientiert von der Basis aus" entwickeln. Verbandsvertreter wiesen in diesem Zusammenhang darauf hin, dass es auch seitens der Politik seit einiger Zeit verstärkt Vorbehalte gegen eine starke Regulierung von Berufen gibt. Gegenüber der Regulierung hätten Aspekte wie Durchlässigkeit, offenere Zugänge, Übergänge, Quereinstiege, niedrige Zugangs- und Markteintrittsbarrieren an Bedeutung gewonnen.

Besonders erfolgreich war diese Position im Hinblick auf Professionalisierung und Verberuflichung von Wellness-Dienstleistungen bisher allerdings nicht. Zumal ein eigener Wellness-*Berufsverband* mit der Kompetenz und Stärke für die Selbstkontrolle der Profession und Wellness-Wissensbasis nicht in Sicht ist, lehnen selbst Skeptiker staatliche Hilfestellungen nicht vollständig ab. Ein Problem dabei sei, dass die staatliche Anerkennung von Wellness-Schulen und -Abschlüssen bisher nur auf der Ebene von Ländern und Regierungsbezirken erfolgt und die „bildungspolitische Kleinstaaterei" bundeseinheitliche Regelungen behindert. Problematisch ist vor allem eine Politik, die Prävention und Gesundheitsförderung gegenüber den Krankheitsausgaben immer noch viel zu stiefmütterlich behandelt, obwohl Sachverständige einhellig der Meinung sind, dass Prävention zu einer eigenständigen Säule des Gesundheitssystems ausgebaut und der Salutogenese gegenüber der Pathogenese ein höherer Stellenwert eingeräumt werden muss, da der medizinische Gesundheitsbegriff und das auf die Versorgung Kranker fixierte „Gesundheitssystem" den Arbeits- und Lebensweisen am Ende des 20. Jahrhunderts nicht mehr gewachsen sind (vgl. Kickbusch 2006, S. 17) [16].

Literatur

[1] Abicht L./Bärwald, H/Preuss, B. (2001): Wellness – ein Freizeittrend als Auslöser neuer Qualifikationsentwicklungen, in: Abicht, L./Bärwald, H./Bals, T./Brater, M./Hemmer-Schanze, C./Meifort, B./Preuss, B./Bullinger, H.-J. (Hrsg.): Gesundheit, Wellness, Wohlbefinden – Personenbezogene Dienstleistungen im Fokus der Qualifikationsentwicklung, 1. Aufl., Bielefeld, S. 77-184.
[2] Bengel, J./Strittmatter, R./Willmann, H. (2001): Was erhält Menschen gesund? Antonovskys Modell der Salutogenese – Diskussionsstand und Stellenwert. Eine Expertise im Auftrag der Bundeszentrale für Gesundheitliche Aufklärung (BZgA), erweiterte Neuauflage von 1998, Köln, URL: http://tinyurl.com/ydygts4 [Stand: 16. Juni 2011].
[3] Berkermann, U./Eckert-Kömen, J./Heffels, A./Kramer-Huber, K./Matuschke, M./Steiner, M. (2007): Die Gesundheitsbranche: Dynamisches Wachstum im Spannungsfeld von Innovation und Intervention (Studie von IKB und Prognos), Düsseldorf.
[4] BMBF (2006): Berufsbildungsbericht 2006, Bonn/Berlin.
[5] Böhle, F./Merl, T./Stöger, U. (2010): Unbeachtete Kompetenzen und verborgene Aspekte personenbezogener Dienstleistung: Interaktionsarbeit und subjektivierendes Handeln, in: praeview, 3, S. 32-33.
[6] Borowiec, T./Janssen, B. (2010): Empirische Qualifikationsbedarfsanalyse im Wellnessbereich, 1. Aufl., Bonn.
[7] Die Bundesregierung (2008): „Der „Zweite Gesundheitsmarkt" wächst", in: Magazin für Wirtschaft und Finanzen, 61, 08, S. 1-2.
[8] Dunkel, W./Szymenderski, P./Voß, G.G. (2004): Dienstleistung als Interaktion. Ein Forschungsprojekt, in: Voß, G. G. (Hrsg.): Arbeit und Leben im Umbruch, 1. Aufl., München, Mehringen, S. 11-30.
[9] Dunkel, W./Weihrich, M. (2010): Arbeit als Interaktion, in: Böhle, F./Voß, G. G./Wachtler, G. (Hrsg.): Handbuch Arbeitssoziologie, 1. Aufl., Wiesbaden, S. 177-200.
[10] Goldschmidt, A./Hilbert, J. (2009): Gesundheitswirtschaft in Deutschland, 1. Aufl., Wegscheid.
[11] Gutek, B. (1995): The Dynamics of Service. Reflections on the Changing Nature of Customer/ Provider Interactions, 1. Aufl., San Francisco.
[12] Hacker, W. (2006): Interaktive/dialogische Erwerbsarbeit – zehn Thesen zum Umgang mit einem hilfreichen Konzept, in: Böhle, F./Glaser, J. (Hrsg.): Arbeit in der Interaktion – Interaktion in der Arbeit. Arbeitsorganisation und Interaktionsarbeit in der Dienstleistung, 1. Aufl., Wiesbaden, S. 17-24.
[13] Hartwig, R. (2008): Der verkaufte Patient: wie Ärzte und Patienten von der Gesundheitspolitik verkauft werden, 1. Aufl., Rheda-Wiedenbrück/Gütersloh.
[14] Hilbert, J. (2008):Gesundheitswirtschaft – Innovation für mehr Lebensqualität als Motor für Arbeit und Wettbewerbsfähigkeit, in: Institut Arbeit und Technik der Fachhochschule Gelsenkirchen: IAT Jahrbuch 2007, Gelsenkirchen, S. 10-24.
[15] Kartte, J./Neumann, K. (2009): Der Zweite Gesundheitsmarkt als notwendige Ergänzung des Ersten, in: Goldschmidt, A./Hilbert, J. (Hrsg.): Gesundheitswirtschaft in Deutschland, 1. Aufl., Wegscheid, S. 760-770.
[16] Kickbusch, I. (2006): Gesundheit für alle, in: GDI Impuls, Healthstyle, Alles wird Gesundheit. Wirklich alles., S. 17-23.
[17] Kickbusch, I. (2004): Die Gesundheitsgesellschaft zwischen Markt und Staat, in: Göpel, E. (Hrsg.): Gesundheit bewegt. Wie aus einem Krankheitswesen ein Gesundheitswesen entstehen kann, 1. Aufl., Frankfurt am Main, S. 28-37.
[18] Kyrer, A./Populorum, M.A. (2008): Trends und Beschäftigungsfelder im Gesundheits- und Wellness-Tourismus. Berufsentwicklung, Kompetenzprofile und Qualifizierungsbedarf in wellnessbezogenen Freizeit- und Gesundheitsberufen, 1. Aufl., Berlin.
[19] Miller, J. (2005): Wellness: The History and Development of a Concept, in: Spektrum Freizeit, 1, S. 84-102.
[20] Nefiodow, L. (1996): Der Sechste Kondratieff. 1. Aufl., St. Augustin.

[21] Straubhaar, T./Geyer, G./Locher, H./Pimpertz, J./Vöpel, H. (2006): Wachstum und Beschäftigung im Gesundheitswesen, 1. Aufl., Hamburg.
[22] Walkenhorst, U. (2006): Ergotherapie, Physiotherapie und Logopädie auf dem Wege zur Professionalisierung, in: Pundt, J. (Hrsg.): Professionalisierung im Gesundheitswesen. Positionen – Potenziale – Perspektiven, 1. Aufl., Bern, S. 106-123.

13 Professionalisierung und Qualifizierung von Bildungsdienstleistern

Martin Diart, Alexander Spitzner, Volker Tremel

13.1	Vorbemerkungen	241
13.2	Umbrüche und Entwicklungen in der Branche	242
13.3	Wandel der Arbeitstätigkeiten	244
13.4	Konsequenzen für die Kompetenz- und Qualifikationsentwicklung	247
13.5	Aktueller Stand, Perspektiven und Herausforderungen in der beruflichen Aus- und Weiterbildung	249
13.6	Aktueller Stand, Perspektiven und Herausforderungen in der betrieblichen Personalentwicklung	257
13.7	Individuelle Kompetenzentwicklung	258
Literatur		259

Dipl.-Hdl. Martin Diart, Zentralstelle für die Weiterbildung im Handwerk (ZWH)

Dipl.-Hdl. Alexander Spitzner, Handwerkskammer für München und Oberbayern

Dipl.-Ing. Volker Tremel, Schweriner Ausbildungszentrum

13.1 Vorbemerkungen

Die Qualifikationen und Kompetenzen der Beschäftigten sind für ein rohstoffarmes Land wie Deutschland ein entscheidender Wettbewerbsfaktor, um in einer globalisierten Weltwirtschaft konkurrenzfähig zu bleiben. Das Paradigma des Lebenslangen Lernens ist seit Mitte der 90er Jahre das bildungs- und beschäftigungspolitische Leitbild der Europäischen Union und auch Grundlage für die Bildungspolitik in Deutschland. Im Zentrum steht die Überlegung, Lernen als eine permanente Aufgabe über den gesamten Lebenszyklus zu verstehen. In diesem Sinne soll vor allem die berufliche Weiterbildung dazu beitragen, die individuelle Beschäftigungsfähigkeit zu erhalten und damit einen Beitrag zu leisten, den technischen und wirtschaftlichen Wandel sowie die demografische Entwicklung in Deutschland zu bewältigen. Der Umfang und die Qualität der Weiterbildung sind somit ein entscheidender Faktor für die Wettbewerbsfähigkeit des Standorts Deutschland.

Das Verbundprojekt ‚Bildungsdienstleister' (kurz: bdl) fokussiert die Professionalisierung der Erbringung von Dienstleistungen in der Beruflichen Bildung. Der Begriff der „Bildungsdienstleistung" wird häufig synonym mit Begriffen wie „Bildungsprodukt" oder „Bildungsangebot" verwendet. Im Verständnis dieses Projektes gehen „Bildungsdienstleistungen" weit über die Bereitstellung von Lehrgängen und Seminaren hinaus. Sie reflektieren vielmehr den gesamten Wertschöpfungsprozess von beruflicher Bildung und setzen damit v. a. eine stärkere Kundenorientierung der Bildungsanbieter voraus. Insofern handelt es sich bei Bildungsdienstleistungen um spezifisch entwickelte personale Dienstleistungen, die eine intensive Auseinandersetzung mit dem Bedarf der Kunden erfordern. Für die Anbieter von Dienstleistungen der beruflichen Bildung bedeutet dies, die eigenen Strukturen, Prozesse und Kompetenzen der Mitarbeiter entsprechend diesen Ansprüchen auszurichten bzw. zu fördern. Hierzu sollen im Projekt geeignete Strategien und Konzepte entwickelt und erprobt werden.

Der vorliegende Beitrag soll einen explorativen Einblick in Tendenzen und mögliche zukünftige Entwicklungen im Bereich der ‚Bildungsdienstleistungen' geben. Dem Konzept der Gesamtpublikation folgend, werden hierzu insbesondere bisherige Erkenntnisse des diesem Beitrag zugrunde liegenden Projektes ‚Bildungsdienstleister' skizziert. Es wurde als Verbundprojekt durchgeführt von der Zentralstelle für die Weiterbildung im Handwerk (ZWH), den Bildungszentren der Handwerkskammer für München und Oberbayern und dem Schweriner Ausbildungszentrum (SAZ).[1]

Ziel dieses Beitrags ist es, durch eine leserfreundliche Gestaltung einen Transfer der Erkenntnisse in andere Kontexte, z. B. andere Branchen, zu fördern. Daher werden die Projektergebnisse dekontextualisiert, also losgelöst vom rein sachlogischen und chronologischen Ablauf im Projekt, jedoch einer übergreifenden inhaltlichen Strukturierung folgend, erläutert. Diese übergreifende Strukturierung (siehe folgende Gliederungspunkte) findet sich auch in den anderen Beiträgen dieses Sammelwerkes.

---

[1] Dieses Projekt wird gefördert mit Mitteln des Bundesministeriums für Bildung und Forschung (BMBF) und des Europäischen Sozialfonds über eine Projektlaufzeit von Dezember 2008 bis November 2011.

13.2 Umbrüche und Entwicklungen in der Branche

Die Branche der ‚Bildungsdienstleistungen' muss in dem vorliegenden Beitrag aus zweierlei Richtungen betrachtet werden. Einerseits können Betriebe und Privatpersonen als Kunden Bildungsdienstleistungen bei Institutionen des Bildungssystems **nachfragen**. Andererseits müssen sich diese **anbietenden** Institutionen auf die Bedürfnisse bzw. Nachfrage der Kunden einstellen – ihre eigenen Führungskräfte und Mitarbeiter müssen daher gegebenenfalls ihre Qualifikationen erweitern. Diese Führungskräfte und Mitarbeiter entsprechen somit der Zielgruppe von Qualifikationen, die sich mit der Entwicklung und Umsetzung von Bildungsdienstleistungen befassen. Eine solche Qualifikation wird im Rahmen des Projektes ‚Bildungsdienstleister' speziell für Mitarbeiter auf der mittleren Qualifikationsebene entwickelt.

Zunächst wird ein exemplarischer Bereich der **Nachfrageseite** von Bildungsdienstleistungen betrachtet: Der Bereich der kleinen und mittleren Unternehmen (KMU) in Industrie, Handel und im Handwerk, die – im Gegensatz zu Großunternehmen – über wenig Kapazitäten verfügen, um anfallende Qualifikationsbedarfe bereits im eigenen Haus zu decken und daher häufig auf externe Institutionen zurückgreifen (müssen). Diese KMU unterliegen aktuell insbesondere vier übergreifenden Entwicklungen, die kurz – nicht überschneidungsfrei – genannt und denen an dieser Stelle aus Platzgründen nur stichwortartig weitere Trends zugeordnet werden:

- Demografischer Wandel: Alterung der Gesamtbevölkerung, Abnahme der Erwerbstätigenquote, deutliche Reduzierung der Jugendlichen als betriebliche Nachwuchskräfte, stark abnehmende Zahl möglicher Übernahmekandidaten für die Geschäftsführung in KMU, Verlängerung der Lebensarbeitszeit und erhöhte Sozialabgabenbelastungen der Erwerbsarbeit.

- Wirtschaftlicher Strukturwandel: Fortschreiten des Übergangs von einer Industrie- zu einer Dienstleistungsgesellschaft, ‚Servicialisierung' bzw. ‚Hybridisierung' von Produkten.

- Neue Technologien: Dominanz von Verbundtechnologien, verstärkter Einsatz von IuK-Technologien und hieraus resultierende dezentrale Kollaborationsmöglichkeiten und erhebliche Spielräume für flexible Arbeitsräume und -zeiten (z. B. Telearbeitsplätze).

- Globalisierung: Zunahme internationaler Konkurrenz, Verkürzung der Produktionszyklen, Notwendigkeit des Anstiegs des Qualifikationsniveaus um Konkurrenz zu Niedriglohnländern zu vermeiden.

Einige der skizzierten Punkte sind im vorliegenden Kontext näher bzw. differenzierter zu betrachten. So bedingt der demografische Wandel insbesondere eine Verringerung der jugendlichen Nachfrager nach Bildungsdienstleistungen. „Im Jahr 2030 werden voraussichtlich fast ein Viertel weniger Kinder und Jugendliche in Deutschland leben als heute. Statt 16,5 Millionen heute werden es nur noch 12,7 Millionen unter 20jährige sein. Die Personen im Erwerbsfähigen Alter [...] werden ebenfalls deutlich um ca. 15% [...] zurückgehen." (Statistische Ämter des Bundes und der Länder 2007, S. 8) [29]. Regional betrachtet nimmt dieser Schwund bereits heute extreme Ausmaße an, etwa in Mecklenburg-Vorpommern, wo sich die Zahl der Schulabgänger von 2007 auf 2009 von 20.062 um über 35% auf 13.009 reduzierte (vgl. Statistisches Amt Mecklenburg-Vorpommern 2010, S. 26) [30].

Das Personal von KMU in Industrie, Handel und Handwerk hat aufgrund der genannten Entwicklungen mit zunehmend durch wissensrelevante und wissensintensive Faktoren geprägten Arbeitsanforderungen zu tun. Ebenso sinkt die Halbwertszeit des Wissens. Intransparenz und Unsicherheit in der beruflichen Bildung und Beschäftigung wachsen – bei gleichzeitig wachsenden Handlungsoptionen des Individuums. Kurz gesagt: Das Lernen im Lebenslauf, der Erwerb von Schlüsselqualifikationen und Bildung gewinnen zunehmend an Bedeutung (vgl. Hoffschroer 2009, S. 165) [13]. Kleine Industrieunternehmen benötigen hierzu bspw. Unterstützung bei der Umsetzung technisch-organisatorischer Anforderungen, neuer Arbeitsorganisationsformen sowie der Entwicklung und Umsetzung neuer Qualifizierungsstrategien für ihre Mitarbeiter.

Zu den skizzierten Entwicklungen auf der Nachfrageseite von Bildungsdienstleistungen treten Entwicklungen auf der **Angebotsseite**, also auf Seiten derjenigen Institutionen, die berufliche Aus- und Weiterbildung anbieten oder sie unterstützen – im Folgenden kurz als Bildungsdienstleister bezeichnet. Angelehnt an eine Abgrenzung von Sloane et al. (2004, S. 25) [28], zählen zu Bildungsdienstleistern öffentliche Institutionen (z. B. Handwerkskammern) sowie private Institutionen, hier insbesondere freie Träger (z. B. das Schweriner Ausbildungszentrum). So ist inzwischen die Bedeutung der Lernbeteiligung im informellen Bereich der beruflichen Weiterbildung wesentlich höher als die Beteiligung an Lehrgängen oder Kursen (vgl. Kuwan et al. 2005, S. 53) [16]. Aus EU-politischer Sicht wird der Berücksichtigung und insbesondere Anerkennung von Kompetenzen bzw. Qualifikationen, die durch informelles oder non-formales Lernen entstanden sind, eine erhebliche Bedeutung beigemessen. Dies belegen die vielfältigen Bestrebungen, entsprechende übergreifende Transparenz- und Anerkennungssysteme auf Europäischer und/oder nationaler Ebene zu entwickeln, bspw. ISCO, ISCED, EQR/DQR, ECVET/DECVET und unlängst ESCO (vgl. bspw. Scheel 2010, NA beim BIBB 2010) [23]. Dies zeitigt die Notwendigkeit für Anbieter beruflicher Weiterbildungen, ihre Angebote in Relation zur allgemeinen und hochschulischen Bildung zu verorten (zum Vergleich beruflicher und hochschulischer Abschlüsse siehe bspw. Diart et al. 2008) [8] bzw. deutlicher zu positionieren. Sie werden langfristig wissenschaftlich valide und ökonomisch machbare Lösungsansätze zur Anerkennung informell erworbener Kompetenzen in die Praxis umsetzen müssen.

Im Vergleich zur allgemeinen Bildung sanken die Teilnehmerquoten in der beruflichen Weiterbildung. Während sich die mittelfristig konstatierte Expansion im Weiterbildungsbereich nicht mehr fortsetzt, wächst dieser Bereich in langfristiger Perspektive stark an: Die Teilnahmequote an Weiterbildung lag 1979 bei 23%, im Jahr 2003 betrug sie fast das Doppelte (vgl. Kuwan et al. 2005, S. IVf und S. 18) [16]. Aktuell drängen immer mehr Anbieter, auch private Bildungsträger, in die regionalen Märkte der Weiterbildungsanbieter ein und treten dort als Wettbewerber auf. Hier sind mittelfristig auch Hochschulen als ernsthafte

Konkurrenten zu betrachten (vgl. Wuppertaler Kreis e.V. – Bundesverband betriebliche Weiterbildung, S. 7) [32].

Die schwindende Basis Jugendlicher ist speziell für Bildungsstandorte ein Problem, die bspw. auf die überbetriebliche Lehrlingsunterweisung spezialisiert sind. Hier sind zunächst Strategien gefragt, um durch Einbeziehung anderer Zielgruppen, z. B. Migranten, die Lehrlingszahlen konstant zu halten bzw. nicht zu weit abfallen zu lassen, um so ‚Folgeprodukte' entlang der Bildungskette (Meisterfortbildung, Betriebswirt, etc.) ‚aufzufüllen'. In manchen Regionen insbesondere Ostdeutschlands ist diese Ergänzung bereits jetzt nicht mehr ausreichend, da die Schülerzahlen in den letzten Jahren bereits dramatisch zurückgegangen sind. Hier kann mittelfristig eine Substituierung von Angeboten rund um die Ausbildung durch Angebote in nachgelagerten Phasen der ‚Bildungskette' (z. B. Meistervorbereitungskurse) Abhilfe schaffen. Langfristig wird sich der demografische Wandel jedoch auch in diesen Phasen bemerkbar machen, insofern ist eine Weiterentwicklung des Angebotsportfolios angezeigt.

Das Angebotsportfolio der Anbieter beruflicher Bildung wird nach wie vor von Seminaren in Präsenzform dominiert. Gleichzeitig nehmen alternative Angebotsformen wie bspw. Beratung zu (vgl. Koscheck 2010) [15].

Strukturell betrachtet lässt sich aus Sicht der Bildungszentren der Handwerkskammer für München und Oberbayern aktuell eine zweigeteilte Reaktion auf die genannten Entwicklungen auf der Nachfrageseite feststellen. Einerseits wird ein verstärkter Fokus auf Standardisierung gelegt, während andererseits eine intensive Individualisierung vorangetrieben wird. Neben Seminarangeboten ‚von der Stange' spielen also individuelle, spezialisierte Beratungen zunehmend eine Rolle. Ergänzende Leistungen rund um bereits bestehende traditionelle Angebote wie Seminare nehmen ebenfalls zu, etwa eine intensivere Betreuung von Teilnehmern vor, während und nach Seminaren über Online-Plattformen, Informationsveranstaltungen, Alumni-Vereine etc. Ebenso werden jedoch auch die traditionellen Angebotsformen modifiziert bzw. ergänzt über Blended Learning oder E-Learning. Aus Sicht des Schweriner Ausbildungszentrums – als ‚kleiner, flexibler, privater Bildungsdienstleister' – entspricht das externe Dienstleistungsspektrum bereits heute einem bedeutenden Geschäftsfeld. Hierzu gehören etwa Aus- und Weiterbildungsverbünde, das Netzwerkmanagement und der Einsatz von Service Aus- und Weiterbildnern die Betriebe bei ihren Ausbildungsaktivitäten unterstützen (zu Informationen zum Service Aus- und Weiterbildner vgl. Ernst/Michel 2004) [11].

13.3 Wandel der Arbeitstätigkeiten

Aus Platzgründen wird im Folgenden lediglich der Wandel der Arbeitstätigkeiten von Mitarbeitern einer mittleren Qualifikationsebene bei Bildungsdienstleistern im Bereich der beruflichen Bildung betrachtet. Diese Zielgruppe steht im Fokus des Projektes ‚Bildungsdienstleister'.

Durch die bereits dargestellten veränderten Anforderungen auf der Nachfrageseite wandeln sich die Arbeitstätigkeiten von Mitarbeitern von Bildungsdienstleistern, ihnen wird verstärkt ein breiteres Kompetenzspektrum abverlangt. Dies manifestiert sich bei Handwerkskammern, exemplarisch bei der Handwerkskammer München, beispielsweise an dem bereits stattfindenden Paradigmenwechsel bei Seminarverantwortlichen in Bildungszentren weg vom ‚Betreuen und Verwalten', hin zum ‚Beraten und Verkaufen'. Eine Intensivierung der Kundenkontakte und -beziehungen setzt ein. Gleichzeitig gewinnt die bereichsübergreifende Kommunikation zwischen Mitarbeitern auf gleicher Hierarchieebene bzw. in ähnlich gelagerten Projekten an Bedeutung mit dem Ziel, einen einheitlichen, für den Kunden zufriedenstellenden Außenauftritt zu gewährleisten. Die Bedeutung der Selbstinitiative und des **Selbst- bzw. Zeitmanagements** von Mitarbeitern bei Bildungsdienstleistern nimmt aufgrund der schnelllebigen qualitativen und quantitativen Nachfrageänderung zu. Allen Beschäftigten der mittleren Qualifikationsebene bei Bildungsdienstleistern (Verwaltungskräfte, Projektleiter/-mitarbeiter, Dozenten) gemeinsam ist eine stärkere Notwendigkeit, professionell zu kommunizieren – mit Kunden, Kollegen, Fördergebern und Kooperationspartnern. Neben **Kommunikationstechniken** sind auch über konkrete Dienstleistungen hinaus gehende **fachliche Inhalte** Grundlage professioneller Kommunikation, also administrative Fragestellungen, aber auch didaktisches und fachliches Basiswissen.

Im Bereich der Dozenten sind Fachkräfte/Praktiker gefordert, die auch **pädagogisch/ didaktische Basiskompetenzen** besitzen, um der veränderten Teilnehmerstruktur gerecht werden zu können. Hier sind insbesondere Anforderungen besonderer Zielgruppen zu nennen, etwa Migranten, ältere Arbeitnehmer etc.

Im Bereich der verwaltenden Ebene ist eine Veränderung hin zum ‚Bildungsorganisator' angezeigt, also eine stärkere Orientierung hin zum Verkäufer und Berater, der zudem den ganzen Entstehungsprozess der Bildungsdienstleistung im Blick hat. Das Verständnis, eine reine Verwaltungskraft zu sein, reicht in Zukunft nicht mehr aus vor dem Hintergrund wachsender Wettbewerbsintensität bei gleichzeitigem Sinken der Kundenbasis. Vielmehr ist also **unternehmerisches Denken** und Handeln gefragt. Dies zeigt sich beispielsweise an dem Bewusstsein für und der Kontrolle von ‚Hygienefaktoren' im Kontext Bildungsdienstleistungen, d. h. Ausstattung, Atmosphäre, persönliche Hilfestellungen, Zusatzangebote etc.

Zudem gewinnen Aspekte des **Projektmanagements** an Bedeutung, da Beratungs- und Unterstützungsdienstleistungen häufig in zeitlich begrenztem Umfang individuell zu entwickeln und durchzuführen und durch einen hochstandardisierten Geschäftsprozess nicht abzubilden sind. Vor diesem Kontext steigen auch die Anforderungen an **soziale Kompetenzen, Flexibilität und Teamfähigkeit** gerade für die Mitarbeiter von Bildungsdienstleistern, die ihren Schwerpunkt außerhalb des Seminargeschäfts sehen, also etwa in der Durchführung öffentlich geförderter Projekte, der Vernetzung von Betrieben (z. B. durch Ausbildungsverbünde) oder dem externen Ausbildungsmanagement. Denn hier müssen aufgrund der typischerweise kurzen Projektlaufzeit und den sich wandelnden, weil hoch individualisierten, Anforderungen, ständig neue Teams gebildet werden, in denen Mitarbeiter verschiedener Bildungs- und Praxishintergründe eingesetzt werden, um das jeweilige Projektziel umzusetzen.

Die Arbeitstätigkeiten der Mitarbeiter bei Bildungsdienstleistern unterliegen einer zunehmenden **Informatisierung**. Im traditionellen Seminargeschäft sind neben den öffentlichen Kursinformationen für den Kunden (umfangreiches Internetangebot) informatisierte Prozesse vor allem in der Kursverwaltung (Kunden einbuchen, Räume planen, Dozenten planen, Honorarabrechnung) ein wichtiger Baustein. In Bildungsdienstleistungen außerhalb des traditionellen Bildungsgeschäfts ergeben sich verschiedene Bereiche zunehmender Informatisierung. Bei der Beratung von Betrieben nimmt die Nutzung von CRM-Systemen beispielsweise eine überaus wichtige Rolle ein. Ebenso sind Blended Learning Kurse bei der virtuellen Verbundausbildung (durchgeführt bspw. durch das SAZ) relevant. Grundsätzlich erfordert eine Weiterentwicklung hin zu Bildungsdienstleistungen also das Einbeziehen informatisierter Prozesse zur Lehr-/Lernunterstützung wie z. B. das Bereitstellen kursbegleitender Informationen auf Online-Plattformen oder in Lernforen oder auch die Nutzung von E-Learning-Plattformen (z. B. DLS), auf der Kursinhalte teilweise oder vollständig in elektronischer Form weitergegeben werden. Durch die neuen Techniken ergibt sich für alle Beteiligten die Notwendigkeit der Kompetenz in technischen Fragen, sowie den Willen zur Arbeit mit den zur Verfügung gestellten Techniken/Prozessen, denn nur so werden diese auch vom Kunden angenommen und genutzt.

Formalisierungs- und Standardisierungstendenzen sind bereits seit langem bei Bildungsdienstleistern zu beobachten. Zertifizierungen nach DIN EN ISO 9001 und zukünftig ggf. zusätzlich nach DIN ISO 29990 werden traditionell genutzt, um Qualitätsstandards interner Prozesse insbesondere aus Image- und Marketinggründen nach außen zu kommunizieren. Zusätzlich gewinnen Zertifizierungsprozesse an Bedeutung, die notwendige Voraussetzungen für die Teilnahme an Ausschreibungen sind. Ein Beispiel hierfür ist die Zulassung von Bildungsträgern im Rahmen der Anerkennungs- und Zulassungsverordnung Weiterbildung (AZWV), um an Ausschreibungen der Bundesagentur für Arbeit teilnehmen zu können (vgl. QUACERT GmbH 2010) [21].

Den Wandel der Arbeitstätigkeiten der Mitarbeiter von Bildungsdienstleistern auf einer mittleren Qualifikationsebene mögen die **Leitgedanken eines kundenorientierten Bildungsdienstleisters**, entworfen vom SAZ, prägnant zusammenfassen, da die genannten Anforderungen an Bildungsdienstleister auch als Anforderungen an deren Mitarbeiter verstanden werden können:

- Ideenvielfalt zur besten Lösung (bedarfsgerecht, individuell, maßgeschneidert) der Bildungsaufgaben,
- Flexibilität hinsichtlich wechselnder Kundenaufträge und damit Arbeitsinhalte,
- Aktivität und selbständiges Handeln, Entwicklung von Strategien, wie Wissen erworben werden kann,
- Verhandlungs- und Kommunikationsbereitschaft,
- Teilnehmer-, unternehmens-, kosten- und nutzenorientierte Produktentwicklung,
- Einsatz vernetzter Daten- und Informationstechnologien,

- Evaluation bezieht sich auf Verwertbarkeit (beruflicher, betrieblicher Nutzen) des Gelernten,

- Bereitschaft zur Änderung des Arbeitsstils (vom Anweisungsempfänger zum kooperativen Mitarbeiter).

13.4 Konsequenzen für die Kompetenz- und Qualifikationsentwicklung

Die Entwicklung auf der Angebots- und Nachfrageseite von Bildungsdienstleistungen zeitigen Konsequenzen für die Kompetenz- und Qualifikationsentwicklung sowohl auf Seiten der Betriebe bzw. ihres Personals (Nachfrager) als auch für Bildungsdienstleister bzw. ihr Personal (Anbieter).

Betriebe und ihre Mitarbeiter als Nachfrager von Bildungsdienstleistungen sind mit einem anhaltenden wirtschaftlichen Strukturwandel konfrontiert, stehen auch in KMU unter zunehmendem globalisierten Wettbewerb und haben gleichzeitig mit demografisch induzierten Herausforderungen wie alternden Belegschaften und offener Nachwuchs- bzw. Nachfolgeregelungen zu kämpfen. Fortschritt und Innovation machen Lebenslanges Lernen und zielgerichteten Erwerb von Schlüsselqualifikationen unerlässlich. Im Bildungssektor zeigt sich dies beispielsweise auch darin, dass Anpassungslehrgänge die gefragteste Seminarform darstellen (vgl. Kuwan et al. 2005, S. 21) [16].

Über 60% aller betrieblichen Mitarbeiter nehmen informelle berufliche Weiterbildung, 26% formale berufliche Weiterbildungen, also organisierte Lehrgänge, in Anspruch (vgl. Kuwan et al. 2005, S. 21, 53ff.) [16]. Nach den wirksamsten *informellen* Lernarten befragt, werden mit Abstand an erster Stelle das Selbstlernen durch Beobachten und Ausprobieren am Arbeitsplatz (38%) und das Lesen berufsbezogener Fach- oder Sachbücher bzw. Fachzeitschriften (35%) genannt (vgl. Kuwan et al. 2005, S. 53ff.) [16]. Bei den *formalen* Angebotsformen verlieren offene Seminare seit zehn Jahren an Bedeutung, ihr Anteil am Gesamtangebot aller 849 Institute des ‚Wuppertaler Arbeitskreises' hat sich etwa von 51% im Jahr 2000 auf 33% im Jahr 2010 verringert. Ein weiterer Rückgang sei jedoch nicht zu erwarten, da vor allem mittelständische Unternehmen offene Seminare nachfragten (vgl. Wuppertaler Kreis e.V. – Bundesverband betriebliche Weiterbildung, S. 3) [32]. Nach wie vor machen offene und Inhouse-Seminare mit über 55% mehr als die Hälfte der nachgefragten Bildungsdienstleistungen in Weiterbildungseinrichtungen aus (vgl. Wuppertaler Kreis e.V. – Bundesverband betriebliche Weiterbildung, S. 4) [32].

Gleichzeitig steigt der Druck auf Mitarbeiter und Betriebe, möglichst arbeitsplatznahe Angebote (z. B. Training on the Job, Kurzseminare) wahrzunehmen und den Zeiteinsatz für Weiterbildungsmaßnahmen niedrig zu halten:

„Der Faktor ‚Zeit' wird immer mehr zum kritischen Faktor für die Durchführung von Weiterbildungs- und Personalentwicklungsmaßnahmen. Die Anbieter von Weiterbildungsleistungen sind

gefordert, passende Angebote für die besonderen zeitlichen Anforderungen der Personalentwicklung in Unternehmen zu entwickeln." (Wuppertaler Kreis e.V. – Bundesverband betriebliche Weiterbildung, S. 8) [32].

Die meisten Weiterbildungsmaßnahmen in Deutschland dauern bis zu einem Tag (41%), gefolgt von Veranstaltungen über mehrere Tage hinweg (34%). Im Schnitt dauern Weiterbildungsmaßnahmen etwa 40 Stunden (vgl. von Rosenbladt/Bilger 2008, S. 39f.) [22].

Im Ergebnis lässt sich für die Nachfrageseite von Bildungsdienstleistungen also die These formulieren, dass ökonomisch-technologische Umbrüche die *Inhalte* bestimmen (Schwerpunkt Anpassungsfortbildungen), zukünftig aber verstärkt auch ökonomisch-gesellschaftliche Inhalte behandelt werden müssen (Stichwort Nachwuchs-/Nachfolgeproblematik). Im Hinblick auf die *Vermittlungs- bzw. Darreichungsform* sollten Bildungsdienstleister die zunehmende Rolle informeller Weiterbildung im Auge behalten und mittel- bis langfristig durch passende Angebote hierauf reagieren (Severing schlug hierzu bereits 1999 unter dem Schlagwort ‚Entgrenzung beruflicher Weiterbildung' vor, im Rahmen von Diversifizierungsstrategien beispielsweise Gebrauchsanleitungen und lernfreundliche Bedieneroberflächen für Produkte zu entwickeln (vgl. Severing 1999, S. 12f.) [27]. Dessen ungeachtet fragen insbesondere KMU jedoch nach wie vor formale Weiterbildungen – allem voran Seminare – nach, achten jedoch stark auf direkte Verwertbarkeit und zeitlich stark begrenzten Umfang der Seminare.

Bildungsdienstleister müssen sich den inhaltlichen und strukturellen Bedarfen der Betriebe bzw. ihrer Mitarbeiter stellen und hierauf über passende Angebote reagieren. Manche Inhalte können im Grunde genommen über eine sehr große Bandbreite an Vermittlungs- und Darreichungsformen vermittelt werden. So sind etwa betriebswirtschaftliche oder EDV-technische Inhalte über Präsenzveranstaltungen, E-Learning, Blended Learning und entsprechende Unterformen vermittelbar. Andere Inhalte können auf effiziente Weise nur über passende Formen vermittelt werden. Beispielsweise sollten technische Fortbildungen zumindest teilweise in entsprechenden Werkstätten, Laboren etc. stattfinden. Beratungs- und Unterstützungsangebote sind sehr individuell zu gestalten und setzen sich in der Regel aus einzelnen – aufeinander und eng mit dem Kunden abgestimmten – Aspekten des Projektmanagements, aus Beratungsmodellen, technisch-medialen Lösungen zusammen zu einem Gesamtkonzept. Ein allgemeingültiges ‚Kochrezept' kann also nicht geliefert werden und verbietet sich letztlich aufgrund der reinen Vielfalt an Inhalten, die im Rahmen von Bildungsdienstleistungen thematisiert werden[2] (vgl. z. B. managerSeminare Verlags GmbH oder SemiGator AG) [17], [25].

Vielmehr zeigt sich, dass vielfältige Lösungen für Bildungs- und Beratungsbedarfe in möglichst enger Abstimmung mit dem Kunden denkbar und zu entwickeln sind. Mitarbeiter von Bildungsdienstleistern sollten entsprechend qualifiziert sein, um in der Lage zu sein,

---

[2] So finden sich alleine auf Onlineplattformen zur Suche nach *Seminaren* Anzahlen im fünf- bis sechsstelligen Bereich, ganz abgesehen von weiteren Bildungsdienstleistungen. (vgl. z. B. managerSeminare Verlags GmbH oder SemiGator AG) [17], [25].

solche Lösungen zu entwickeln, zu managen, zu vermarkten und durchzuführen. Der Bedarf der **Professionalisierung** der Mitarbeiter zeigt sich deutlich.

Professionalisierung wird im Kontext des Verbundvorhabens wie folgt verstanden. Aus Sicht der Arbeits- und Organisationspsychologie umfasst Professionalisierung über die auf das Individuum bezogene Spezialkompetenz im Sinne von Fertigkeiten und Fähigkeiten hinaus auf der Gruppenebene die Anbindung an eine Berufsgruppe und auf der Tätigkeitsebene das autonome, eigenverantwortliche Handeln (vgl. Mieg 2005, S. 342ff.) [18]. Neben den personenbezogenen Aspekten sind auch die organisationalen Rahmenbedingungen, Strukturen und Prozesse systematisch einzubeziehen. In diesem Spannungsfeld wird der Ansatz des „organisationalen Lernens" als geeignetes Konstrukt herangezogen. Es bezeichnet im Kern die Entwicklung der Fähigkeit einer Organisation, sich mit ihrer Umwelt angemessen zu verändern (vgl. Dick 2005, S. 300) [9]. Mit dem Lernbegriff wird ausgedrückt, dass ein Subjekt des Lernens Absicht und Richtung des Lernprozesses formuliert. In Abgrenzung zu Konzeptionen des organisationalen Wandels wird die Organisation hier als eine kollektive Gesamtheit verstanden, die ihre Lern- und Entwicklungsprozesse immer auch im Verhältnis zu ihrer Umwelt gestaltet. Der Ansatz des organisationalen Lernens konzipiert Lernprozesse in Analogie zu menschlichen Lernprozessen als zyklische Handlungen, in denen Ziele gesetzt, entsprechende Handlungen geplant, umgesetzt und schließlich bewertet werden.

Das Projekt ‚Bildungsdienstleister' konzentriert sich auf den Versuch, die Kernkompetenz der Bildungsdienstleister – die konzeptionelle Realisierung und Vermarktung von Maßnahmen der beruflichen Bildung – zu nutzen, um die Weiterentwicklung der Organisation selbst zu gestalten: das Bildungszentrum als professionell „lernende Organisation". Konkret wird die mittlere Qualifikationsebene bei Handwerkskammern (exemplarisch HWK München) sowie kleinen privaten Bildungsträgern (exemplarisch SAZ Schwerin) fokussiert. Die für diese Gruppe spezifischen Qualifikationsanforderungen wurden bereits oben thematisiert und werden im folgenden Abschnitt – als Teil einer im vorliegenden Projekt entwickelten Qualifizierung – näher ausgearbeitet.

13.5 Aktueller Stand, Perspektiven und Herausforderungen in der beruflichen Aus- und Weiterbildung

Wie sieht es nun mit aktuellen und zukünftigen Entwicklungen in der beruflichen Aus- und Weiterbildung bezogen auf das Projekt Bildungsdienstleister aus? Dies ist aus Sicht der Autoren für Anbieter beruflicher *Ausbildung* – insbesondere Betrieben – und Anbieter beruflicher *Weiterbildung* – insbesondere Bildungsdienstleistern getrennt zu beantworten. Für beide Gruppen wurden verschiedene Herausforderungen bereits in Abschnitt 13.2 diskutiert, die hier teilweise noch einmal aufgegriffen und teilweise vertieft werden.

Wie dargelegt wurde, stellt für **Betriebe** gerade der demografische Wandel ein erhebliches Problem bei der Nachwuchskräftesicherung dar. Geeignete Nachwuchskräfte zu rekrutieren, ist jedoch nicht alleine aus rein quantitativer Sicht, d. h. aufgrund der schwindenden Anzahl an Jugendlichen, ein Problem. Zusätzlich fehlt es den ‚verbleibenden' Jugendlichen häufig an ausreichender beruflicher Orientierung, um sich für einen spezifischen beruflichen Werdegang zu entscheiden. Aktivitäten des BMBF versuchen bereits diesem Trend entgegen zu wirken (vgl. BiBB 2010a) [2]. Im Rahmen dieses Orientierungsproblems stellt auch die mangelnde Kenntnis bzw. Akzeptanz der großen Bandbreite an Ausbildungsberufen eine erhebliche Rolle dar. Im Jahr 2009 fanden sich knapp 76% aller weiblichen Ausbildungsanfänger in nur 25 Berufen wieder, bei den Männern ist diese Zahl mit knapp 60% ebenfalls sehr hoch (vgl. BMBF 2010, S. 18) [4]. Viele Jugendliche brechen aufgrund der Fokussierung auf diese populären Ausbildungsberufe, die nicht immer mit ihren individuellen Wünschen bzw. Stärken korrespondieren, ihre Ausbildung nach kurzer Zeit ab. Die genannten Bestrebungen des BMBF, aber auch Imagekampagnen wie die des Handwerks setzen hier an, um auch über weniger bekannte oder nachgefragte Ausbildungsberufe zu informieren. Ist schließlich von Seiten der Jugendlichen eine Entscheidung für einen Ausbildungsberuf gefallen, verläuft die Bewerbungs- bzw. Rekrutierungsphase leider oft für beide Seiten enttäuschend bzw. problematisch. Betriebe beklagen die mangelnde ‚Ausbildungsreife' der Jugendlichen (zur Problematisierung des Konstrukts der ‚Ausbildungsreife' siehe bspw. Eberhard 2006) [10], d. h. sie vermissen grundlegende Schlüsselqualifikationen, die ihres Erachtens für die Ausbildungsfähigkeit Jugendlicher vonnöten sind. Gleichzeitig scheiden viele Jugendliche aufgrund schlecht gestalteter Bewerbungsunterlagen, die häufig nicht ihre wahren Stärken wiederspiegeln,[3] frühzeitig aus dem Bewerbungsprozess aus und verbleiben aufgrund mangelnder Alternativen häufig im sogenannten ‚Übergangssystem'. Die genannten Probleme sind bisher sehr unterschiedlich ausgeprägt nach Regionen (insb. Ost- vs. Westdeutschland) und Branchen (bspw. Gebäudereinigung vs. Metall-/Elektrobranche), werden sich jedoch in Zukunft über Regionen und Branchen hinweg verschärfen.

Die Problematik der Nachwuchskräftegewinnung ist, wie hier kurz skizziert wurde, ein sehr komplexes Feld. KMU und Handwerksunternehmen haben in der Regel nur begrenzte Kapazitäten, um Personalfragen zu klären (vgl. Diart 2009, S. 6ff.) [7] und benötigen daher zunehmend Unterstützung von außen, etwa externes Ausbildungsmanagement. Liegen solche Bedarfe in der Region des Bildungsdienstleisters vor, sollte er hierauf reagieren und entsprechende Angebote schaffen (zu den erheblichen regionalen Unterschieden der skizzierten Problematik siehe bspw. BiBB 2010b, S. 15ff.) [3].

Die **Bildungsdienstleister** im Bereich der beruflichen Weiterbildung sehen sich grundsätzlich der Herausforderung gegenübergestellt, auf eine abnehmende Kundenbasis bei steigender Konkurrenzsituation zu anderen Bildungseinrichtungen zu reagieren. Zur näheren Identifikation der Herausforderungen wurden im Projekt ‚Bildungsdienstleister' u. a. Befragungen von Führungskräften und Mitarbeitern, Befragungen von Lehrgangsteilneh-

---

[3] Dies belegen etwa Erfahrungen des JOBSTARTER Regionalbüro West, angesiedelt bei der ZWH.

mern[4], Expertenworkshops und Service Blueprinting-Erhebungen[5] durchgeführt. Die Teilnehmer von Lehrgängen an den Bildungszentren der Handwerkskammer für München und Oberbayern halten beispielsweise folgende Bereiche für wichtig:

- Technische Ausstattung und Wohlfühlatmosphäre:
  Die Teilnehmer wollen mit aktueller Software bzw. an modernen Maschinen arbeiten. Zudem sind Faktoren wie ein Kantinenangebot, gute Erreichbarkeit, gepflegte Räume und ein angenehmes Miteinander von großer Bedeutung.

- Unterrichtsunterlagen (und organisatorische Unterlagen):
  Insbesondere Skripte und Lernunterlagen, allerdings auch aussagekräftige und organisatorische Unterlagen.

- Möglichkeit des persönlichen Kontakts:
  Persönlicher Kontakt zur Verwaltung (telefonische Erreichbarkeit, persönliche Ansprache) wichtiger als Erreichbarkeit per E-Mail.

- Steigende Relevanz des Internets (Online-Anmeldung, Informationssuche etc.):
  Gleichzeitig stetig hohe Bedeutsamkeit der persönlichen Kontaktaufnahme.

- Kompetenzen und Verhalten der Mitarbeiter und Dozenten:
  z. B. Hilfsbereitschaft, Höflichkeit und Termintreue bei Schulungen, Prüfungen, Gesprächen etc.

- Fortbildungsziele:
  Persönliche Weiterentwicklung, gehobenes Ansehen im Unternehmen (und außerhalb) sowie mehr Spaß an der Arbeit (z. B. durch verantwortungsvollere Tätigkeiten) wichtiger als eine Einkommenssteigerung.

Diese Ergebnisse beleuchten exemplarisch die Anforderungen, auf die sich Anbieter beruflicher Weiterbildung gerade im Bereich formal organisierter, offener Seminare einstellen müssen. Demgegenüber hat der zweite Kooperationspartner im Projekt, das Schweriner Ausbildungszentrum, exemplarische Ergebnisse zu Anforderungen an Anbieter beruflicher Weiterbildung erhoben, die sich auf weitergehende Bildungsdienstleistungen beziehen. Hier zeigte sich, dass von Kundenseite insbesondere hohe Erwartungen an den individuellen Charakter der Bildungsdienstleistungen gestellt werden: ‚Weiche' Kriterien wie Entgegenkommen und Einfühlungsvermögen, aber auch Zuverlässigkeit, Umsetzung spezieller Kundenbedürfnisse und materielle Lernbedingungen werden hier also in besonderem Maße erwartet. Gerade bei beratenden und unterstützenden Bildungsdienstleistungen (z. B. externes Ausbildungsmanagement) erwarten die Unternehmen eine ‚berufspädagogische Vor-Ort-Kompetenz'. Dies bedeutet, dass von den Mitarbeitern der Bildungsdienstleister

---

[4] Beispielsweise wurden 780 Teilnehmer von Lehrgängen an den Bildungszentren der Handwerkskammer für München und Oberbayern befragt, 55 davon wurden zusätzlich interviewt.
[5] Das besondere Merkmal dieses Verfahrens besteht darin, dass die Integration des Kunden in den Entstehungsprozess einer (Bildungs-)Dienstleistung besondere Beachtung findet – mit dem Ziel, den Mitarbeitern mit direktem Kundenkontakt die Möglichkeit zu geben, ihr Wissen einzubringen, indem sie sich immer wieder den Prozess aus Kundensicht vor Augen führen.

Lernmethoden, -verfahren und -hilfen sowie Organisationsformen entwickelt bzw. modifiziert und an die konkreten Anforderungen am betrieblichen Arbeitsplatz angepasst werden müssen. Die Qualität dieser Bildungsdienstleistung ist maßgeblich von der Qualifizierung des Personals abhängig. Die Analysen im Projekt zeigen, dass das Niveau der eingesetzten Ausbilder differiert. Um ein hohes Maß an Qualität bezüglich Flexibilität, Gestaltungsoffenheit, Improvisation, Entgegenkommen und Einfühlungsvermögen aufrecht zu halten und zu vereinheitlichen, werden kontinuierlich Qualifizierungen zu den genannten Maßnahmen durchgeführt. Für beide Schwerpunkte von Bildungsdienstleistern (formale Lehrgänge, individualisierte Unterstützung) hat zudem die Bedeutung von CRM-Systemen stark zugenommen. Erfolgreiche Bildungsdienstleister müssen also geeignete CRM-Systeme einsetzen und vor allem auch pflegen, um individualisierte Informationen über ihre Kunden und Kooperationspartner zu Zwecken der Beratung und des Marketings festzuhalten und nutzen zu können.

Bildungsdienstleister müssen sich den genannten Anforderungen stellen und hierauf reagieren. Beispielhafte Trends und Konzepte, die in den Portfolios der heutigen Bildungsdienstleister als Antwort auf die genannten Anforderungen zunehmen, sind zum Beispiel:

- Kooperative Entwicklung und Vermarktung von Lehrgängen über tradierte Unternehmensgrenzen hinweg,

- ‚Veredelung' tradierter Bildungsdienstleistungen durch Dienstleistungsaspekte (z. B. Kombination von technischen Lehrgängen mit Services wie Ergonomie-Beratung im Sinne ‚hybridisierter Produkte'. Aus Platzgründen kann der angesprochene Güter- bzw. Produktcharakter nicht problematisiert werden, siehe hierzu bspw. Bernecker 2007, S. 12ff.) [1],

- Organisation von Aus- und Weiterbildungsverbünden,

- Netzwerkmanagement,

- Einsatz von externem Personalmanagement,

- Entwicklung von Ausbildungsgängen,

- Wissensmanagement,

- verstärkter Einsatz von Onlinetools und E-Learning.

Dies sind nur einige Entwicklungen, die Basis neuer Bildungsdienstleistungen sein könnten. Für die Mitarbeiter bei Bildungsdienstleistern führen neue Anforderungen und Dienstleistungskonzepte zu einem steigenden Bedarf an fachbereichsübergreifenden Schlüsselqualifikationen wie etwa Kommunikation und Konfliktlösung, unternehmerischem Denken, Organisationsgeschick und Eigeninitiative. Eine Herausforderung auf dem Weg zu einer nachhaltigen Professionalisierung wird die Motivation der Mitarbeiter zur Weiterbildung und zur Teilnahme am Wandel ihres Arbeitsbereichs und ihrer gesamten Organisation sein. Als strategische Lücke kann hier der Mangel an ganzheitlichen Konzepten zur Mitarbeiterqualifizierung angesehen werden.

Zusammenfassend ist für Bildungsdienstleister neben der dargestellten Änderung der Anforderungen insbesondere auf die steigende Wettbewerbsintensität bei gleichzeitig neu entstehenden Dienstleistungen hinzuweisen, die ein verstärktes unternehmerisches Denken gerade auf der mittleren Qualifikationsebene sowie die Bewertung und Optimierung organisationaler Strukturen erfordert. Gerade hier tun sich für den Bereich der Aus- und Weiterbildung strategische Lücken auf, denn ganzheitliche Verfahren zur Professionalisierung von Bildungsdienstleistern fehlen in diesem Sektor bisher. Antworten auf die genannten Herausforderungen bzw. Lücken müssen sich aus Sicht der Autoren mit der Organisations- und Personalentwicklung von Bildungsdienstleistern befassen. Die Entwicklungen im Projekt ‚Bildungsdienstleister' mögen aufzeigen, in welche Richtung zukünftige Entwicklungen laufen könnten und werden daher in gebotener Kürze dargestellt.

a. Organisationsentwicklung:

Aufgrund der hohen Bedeutung des Projektmanagements gerade für beratende, unterstützende und vernetzende Bildungsdienstleistungen sollten sich Bildungsdienstleister mit diesen Schwerpunkten organisational flexibel aufstellen. Beispielsweise könnte ein Wechsel von divisionalen Strukturen hin zu flexibleren Matrixstrukturen geeignet sein, um entsprechende Projektteams bei möglichst weitgehend geklärten Verantwortlichkeiten zu bilden.

Bildungsdienstleister müssen übergreifend mit diversen Institutionen zusammen arbeiten, um alle Erfordernisse der Nachfragestruktur abdecken zu können. In erster Linie sind hier Betriebe als Entwicklungs- und Kooperationspartner zu nennen (vgl. bspw. Mohr et al. 2004, S. 9f.) [19]. Holz geht noch weiter und konstatiert: „Bildungsdienstleister und ihre Kunden (z. B. kleine und mittlere Unternehmen) können nicht mehr isoliert betrachtet werden." (Holz 2001, S. 24) [14]. Fakt ist, dass die ernsthafte Zusammenarbeit mit den Betrieben (Abfragen und Umsetzen von Wünschen und Bedürfnissen) zukünftig unumgänglich ist.

Im vorliegenden Projekt wird auf diese und weitere Bedarfe der Organisationsentwicklung reagiert durch die theoretische Vertiefung und Evaluation des Ansatzes, Organisationsentwicklung als Lernprozess sowie Lernprozesse als Organisationsentwicklung zu verstehen und zu gestalten. Hierbei dienen Sequenzen der Organisationsentwicklung nicht nur der Lösung eines aktuellen Problems oder der Erreichung definierter Entwicklungsziele. Sie unterstützen zugleich die Beteiligten bei der selbstständigen Durchführung von Verbesserungsprozessen im Sinne von reflektierten Lernprozessen (vgl. Dalluege/Franz 2008, S. 23ff.) [6]. Im Ergebnis haben die Organisationsmitglieder also nicht nur ein Problem gelöst, sondern sie haben auch Erkenntnisse darüber gewonnen, wie sie zur Lösung gekommen sind bzw. welche Faktoren eine Lösung erschwert oder verhindert haben. Ein solcher Lernprozess ist folglich unter vergleichbaren Bedingungen reproduzierbar.

Ausgangspunkt der Umsetzung dieser Überlegungen im Projekt ist ein Benchmarkingverfahren für Bildungszentren an Handwerkskammern, welches vom Verbundkoordinator bereits erfolgreich implementiert wurde. Diese ‚Geschäftsprozessoptimierung' hat die Optimierung der gesamten Geschäftsprozesse von Handwerksbildungszentren im Auge. Das Verfahren wird im Projekt ‚Bildungsdienstleister' an die aktuellen Herausforderungen von

Bildungsdienstleistern angepasst. Es werden also nicht mehr nur handwerksspezifische Problemstellungen thematisiert, sondern grundsätzliche Entwicklungen im Bereich Bildungsdienstleistungen, wie sie in diesem Beitrag dargestellt werden. Es erfolgt eine Überarbeitung des bereits vorliegenden Benchmarking-Selbstbewertungsinstruments, um organisationale Aspekte moderner und innovativer Bildungsdienstleister abzuklopfen und einen zielgerichteten Austausch im Sinne des ‚Lernen vom Besten' zu ermöglichen. Die Fragenkomplexe des Benchmarkinginstruments greifen z. B. folgende Themengebiete auf:

- Führung und Unternehmensentwicklung,
- Strategie und Politik,
- Mitarbeiter,
- Partnerschaften und Ressourcen,
- Prozesse, Produkte und Dienstleistungen,
- Teilnehmer-/Kundenbezogene Ergebnisse,
- Mitarbeiterbezogene Ergebnisse,
- Gesellschaftsbezogene Ergebnisse,
- Schlüsselergebnisse.

Die Fragen sind an den EFQM-Ansatz angelehnt. Dieser stützt sich auf die drei Säulen Menschen, Prozesse und Ergebnisse und rückt somit den Dienstleistungsgedanken besonders in den Fokus: Denn Menschen arbeiten in Prozessen und erwirtschaften Ergebnisse, die wiederum Menschen zugutekommen.

Das Benchmarking bietet den Bildungsdienstleistern Hilfestellung bei der Weiterentwicklung ihrer Geschäftsprozesse. Der Fragebogen ist ein Werkzeug, um eigene Stärken und Schwächen zu erkennen. Vorhandene Prozesse werden identifiziert und Potenziale (fehlende Prozesse) aufgezeigt. Neben dieser Selbsteinschätzung ist der Erfahrungsaustausch mit allen am Verfahren beteiligten Organisationen ein wesentlicher Bestandteil des Benchmarkingverfahrens: Der Fragebogen vergibt für jeden vorhandenen Prozess eine definierte Punktzahl. Die erreichten Punkte können summiert und hinsichtlich einzelner Geschäftsbereiche ausgewertet werden. Daraus ergeben sich quantitative Ergebnisse zu den Bildungsdienstleistern, die miteinander verglichen werden können. Die einzelne Organisation erfährt genau, wie sie neben den anderen Teilnehmern einzuordnen ist und wo ihre (relativen) Potenziale liegen. Ebenso zeigt der interne Vergleich im Zeitablauf auf wie sich die eigenen Stärken und Schwächen entwickeln.

Auf regelmäßigen Erfahrungsaustauschen (Workshops) referieren einzelne Teilnehmer zu verschiedenen Themenschwerpunkten und stellen die Vorgehensweisen ihrer Bildungsdienstleistungsorganisation vor. Auf diese Weise werden Beispiele präsentiert und es kommt zum Austausch von Best Practice Lösungen.

Ob die teilnehmenden Bildungsdienstleister die Erkenntnisse aus Fragebogen und Erfahrungsaustausch in ihrer Organisation umsetzen, liegt in ihrer eigenen Verantwortung. Doch die bisherigen Erfahrungen zeigen, dass die Teilnehmer die Vorteile dieses Instrumentes zu schätzen wissen.

Die Überarbeitung des Benchmarkinginstruments erfolgt in enger Abstimmung mit ausgewählten Experten aus dem Kreis der inzwischen 28 teilnehmenden Institutionen. Der Test des Instruments im Kontext des vorliegenden Projektes wird Hinweise zur weiteren Optimierung liefern, um eine anschließende breite Einführung des Instruments zu ermöglichen.

b. Personalentwicklung:

Die Kooperationspartner im Projekt Bildungsdienstleister haben bereits intensive Erfahrung in der Durchführung interner bzw. externer Fortbildungen zur Qualifizierung von Personal bei Bildungsdienstleistern. Diese Erfahrungen und Befragungsergebnisse von Mitarbeiter-, Dozenten-, Teilnehmer- sowie Betriebsbefragungen (s. o.) fließen in die Entwicklung eines neuen Qualifizierungskonzeptes für Personal in Bildungsdienstleistern ein. Das Qualifizierungskonzept wendet sich an Mitarbeiter industrie- und handelsnaher sowie handwerksnaher Bildungsdienstleister, an große und kleine Bildungsdienstleister gleichermaßen.

Zur Entwicklung des Konzeptes wurden in einem ersten Schritt durch den Verbundkoordinator (ZWH) die Inhalte einer bereits existierenden Qualifizierungsmaßnahme aufgegriffen, mit aktuellen wissenschaftlichen Erkenntnissen abgeglichen und an vielen Stellen modifiziert und erweitert. Das solchermaßen erstellte Grobkonzept wurde in einem zweiten Schritt mit den Kooperationspartnern (Bildungszentren der Handwerkskammer München, SAZ Schwerin) abgestimmt, um die Ergebnisse der dort durchgeführten Befragungen einfließen zu lassen. Hier zeigten sich einerseits wertvolle Praxisbezüge, die zur Unterlegung bzw. Erweiterung des zunächst wissenschaftlich-theoretischen Konzeptes dienten. Andererseits wurde deutlich, dass nicht alle theoretisch wünschbaren Ergebnisse praktisch machbar sind: Auch das Personal von Bildungsdienstleistern unterliegt zunehmendem (zeit)ökonomischen Druck und kann nur in begrenztem Maße an Weiterbildungen teilnehmen. Insofern wurde der vorläufige Umfang des Konzeptes (im Sinne von Personentagen) angepasst.

Bei der Strukturierung des Grobkonzepts stellte sich die Frage, ob eine handlungsorientierte oder eine fachsystematisch orientierte Gestaltung gewählt werden solle. Eine handlungsorientierte Gestaltung nähme den Tätigkeitsbereich der mittleren Qualifikationsebene bzw. die dortigen Handlungsfelder als Ausgangspunkt der curricularen Gestaltung (zum Prinzip des handlungsorientierten Unterrichts siehe bspw. Buschfeld 2003) [5]. Um diesen Ansatz weiter zu konkretisieren, wurden Ergebnisse aus Service Blueprinting-Untersuchungen der Geschäftsprozesse beider Kooperationspartner sowie Ansätze des Service Engineerings aufgegriffen. Es wurden die folgenden Geschäftsprozessphasen festgehalten:

- Werbung und Akquise,
- Kundenbetreuung und Anmeldung zu BDL[6],
- Vorbereitung der BDL,
- Durchführung der BDL,
- Abschluss und Nachbereitung der BDL.

Diese Phasen bilden den Handlungsablauf der typischen Tätigkeiten der fokussierten Zielgruppe ab und können daher als Grundlage für eine intuitiv nachvollziehbare und didaktisch wünschenswerte Strukturierung dienen (zum Prinzip der vollständigen Handlung siehe bspw. Hacker 1995) [12]. Gleichzeitig erschweren sie die modulare Umsetzung des Konzepts (d. h. einzeln buchbare, in sich abgeschlossene Lernmodule), welches ausdrücklich von den betroffenen Mitarbeitern gewünscht wurde. Denn eine Schneidung der einzelnen Phasen in autarke Module ist i. G. nicht möglich. Daher wurden die handlungsorientierte und fachsystematische Strukturierung in einer Matrix ‚gekreuzt', um Zuordnungen für eine Synthese zu identifizieren. Schließlich wurde eine Struktur für das Qualifizierungskonzept gewählt, die auf die dargestellten Zuordnungen zurückgreift. Sie ist grundsätzlich fachsystematisch strukturiert, wird jedoch mit einzelnen Lernfeldern unterlegt.

Die ‚Überschriften' der fünf Module der Qualifizierung und ausgewählte Inhalte sehen folgendermaßen aus[7]:

- **Bildung als Dienstleistung**
  Einführung in die Bildungsbranche, ‚Service Engineering' von Bildungsdienstleistungen, Projektmanagement, usw.

- **Bildungsdienstleistungen entwickeln und managen**
  Produktentwicklung, Produktmanagement, Kontrolle der Leistungserbringung, usw.

- **Das Unternehmen und den Erfolg im Blick**
  Kosten- und Leistungskalkulation, Gebühren- und Preiskalkulation, Unternehmerisches Denken und Handeln, usw.

- **Kommunikation und Kundenmanagement**
  Theorie und Praxis der Kommunikation, ausgewählte Techniken des Kundenmanagements, usw.

- **Bildung vermarkten**
  Marketinginstrumente, Vertriebsgrundlagen, Im weiteren Projektverlauf wird das Qualifizierungskonzept einer Pilotierung unterzogen, um erste Erfahrungen bei der Vorbereitung, Durchführung und Nachbereitung sammeln zu können und das Konzept auf Basis dieser Erfahrungen zu optimieren. Nach Abschluss dieser Entwicklungsphase wird es auch Bildungsdienstleistern außerhalb des Projektkonsortiums angeboten werden.

---

[6] BDL = Bildungsdienstleistung.
[7] Entwicklungsstand September 2010.

13.6 Aktueller Stand, Perspektiven und Herausforderungen in der betrieblichen Personalentwicklung

Die betriebliche Personalentwicklung spielt eine immer größere Rolle insbesondere aufgrund des prognostizierten Mangels an gut und qualifiziert ausgebildeten Fachkräften. Sie ist einzusetzen, um betriebliche Qualifikationsanforderungen einerseits und individuelle Kompetenzentwicklungen andererseits zu ermöglichen. Personalentwicklung dient also dazu, betriebliche Anforderungen erfüllen zu können und gleichzeitig den Mitarbeitern Kompetenzen zu vermitteln, die sie auch in anderen Lebens- bzw. Arbeitskontexten einsetzen können.

In den vorangegangenen Abschnitten wurden bereits ausführlich Anforderungen und mögliche Perspektiven an bzw. zu Personalentwicklungsinstrumenten bei Bildungsdienstleistern thematisiert. Insofern wird an dieser Stelle die Seite der **Betriebe** noch einmal kurz beleuchtet. Wie bereits diskutiert wurde, stellt der demografische Wandel und der hierdurch induzierte Fachkräftemangel ‚das' Problem der Zukunft für Betriebe dar. Wie aber kann hierauf reagiert werden?

Letztendlich müssen möglichst alle Bevölkerungsgruppen vollständig aktiviert bzw. erschlossen werden für die Teilhabe an Erwerbstätigkeit, um die Leistungsfähigkeit des Standorts Deutschlands zu erhalten. Eine breite Palette an Instrumenten existiert hierzu bereits ...

... insbesondere für Jugendliche:

- Berufsorientierung bereits ab der siebten Klasse,
- Kooperationen zwischen Unternehmen und Schule,
- Coaching und Mentoring, bspw. durch ‚Seniors'(vgl. bspw. das Schulprogramm und VerA/Bildungslotsen-Programm des Senior Experten Service (SES): Senior Experten Service (SES) 2010) [26],
- Verkürzte Ausbildungen, Ausbildungsbausteine, Teilzeitausbildung, Zusatzqualifikationen,
- Maßnahmen der Bundesagentur für Arbeit,
- Duale/triale Studiengänge;

... insbesondere für Beschäftigte:

- Sabbaticals,
- Gesundheitsschutz, Betriebliches Eingliederungsmanagement, Rückkehrkonzepte,
- Zukunftsgespräche,

- Altersgerechte Weiterbildung,
- Arbeitsbewältigungscoaching,
- Rotationsmodelle,
- Nachfolgeplanung;

... insbesondere für Eltern und Erziehende:

- Familienfreundliche Maßnahmen/Unternehmensphilosophie,
- Elternzeit/-urlaubsregelungen,
- Staatlich bzw. betrieblich unterstützte Kinderbetreuung.

Diese Instrumente sind vor dem Hintergrund der individuellen Bedarfe und ökonomischen Rahmenbedingungen in Zukunft zu erproben bzw. zu nutzen. Dabei darf ‚Personalentwicklung' nicht auf übliche, tradierte Zielgruppen bzw. ‚Leistungsträger' beschränken, sondern muss auch bisher weniger beachtete Zielgruppen (z. B. Migranten) erschließen.

13.7 Individuelle Kompetenzentwicklung

Die Unterstützung individueller Entwicklungswünsche oder Weiterbildungsbedarfe der Mitarbeiter ist aus Sicht des Unternehmens, in unserem Kontext des Bildungsdienstleisters, stets aus der individuell-motivationalen und der ökonomischen Perspektive zu bewerten. Die Mitarbeiter sollten (möglichst intrinsisch) motiviert ihre Position auf hohem qualitativem Niveau ausfüllen und gleichzeitig zur strategischen Wertschöpfung im Unternehmen beitragen.

Es stellt sich etwa bei der Bewertung von Weiterbildungen also einerseits die Frage zum Verhältnis zwischen individueller Verwirklichung und nachhaltiger Sicherung der employability. Andererseits ist zu diskutieren, inwiefern die institutionell-organisatorischen Gegebenheiten und die (zeit)ökonomischen Zwänge im Unternehmen eine Realisierung der Entwicklungswünsche oder Qualifizierungsbedarfe zulassen.

Für die in der Entwicklung befindliche Qualifizierungsmaßnahme (siehe Abschnitt 13.5) erfolgte die klare normative Setzung durch das Projektkonsortium, dass sowohl berufliche Handlungs- und Beschäftigungsfähigkeit als auch die Persönlichkeitsentwicklung gefördert werden sollen und nicht alleine die employability der Weiterbildungsteilnehmer.[8]

Ziel der Qualifizierungsmaßnahme ist also die Förderung der Handlungskompetenz vorrangig, aber nicht nur, für den aktuellen beruflichen (die derzeitige Tätigkeit, den derzeitigen Arbeitgeber) sowie für gesellschaftliche und private Wirkungsräume (zum zugrunde

---

[8] Employability wird hier als Beschäftigungsfähigkeit verstanden. Zur Diskussion des Begriffs siehe bspw. Vomberg 2007, S. 10f., [31]

liegenden Verständnis der Handlungskompetenz siehe bspw. Sekretariat der Ständigen Konferenz der Kultusminister der Länder in der Bundesrepublik Deutschland 2000, S. 10f.) [24]. Übersichtsmodule wie bspw. „Die Bildungsbranche in Deutschland", eine unternehmens- und sektorübergreifende Gestaltung der Inhalte und individuelle Aktions- und Sozialformen sollen dieses Lernziel unterstützen.

Zur Frage der institutionell-organisatorischen Umsetzungsmöglichkeiten der Qualifizierungsmaßnahme: Im vorliegenden Projekt ist aufgrund des engen Praxisbezugs ein Kompromiss zwischen pädagogisch Wünschenswertem und ökonomisch Machbarem zu schließen. Durch die enge Einbindung von Mitarbeitern und Dozenten in die Entwicklung der Maßnahme werden die Voraussetzungen der Zielgruppe, die Möglichkeiten bzw. Restriktionen des Umfelds und die didaktischen Entscheidungsfelder (Thematik, Methodik, Medien, Lernziele) möglichst eng miteinander abgestimmt. Die Pilotierungsphase wird zeigen, inwiefern das angestrebte Gleichgewicht aus individuell und ökonomisch sinnvoller Qualifizierung erreicht wird bzw. an welchen Stellen für einen späteren Breiteneinsatz noch Nachbesserungen vorzunehmen sind.

Das Qualifizierungs- und Benchmarkingkonzept wird in Kürze auf einer Fachtagung diskutiert, um Anmerkungen aus Wissenschaft, Politik und Praxis im Sinne eines ‚Transfers in das Projekt hinein' für die weitere Entwicklung und Implementierung berücksichtigen zu können.[9] Informationen zum Projekt und zum weiteren Verlauf können abgerufen werden über www.zwh.de.

Literatur

[1] Bernecker, M. (2007): Bildungsmarketing, 3. Aufl., Köln.
[2] BiBB (2010a): Berufsorientierung in überbetrieblichen und vergleichbaren Berufsbildungsstätten. Neue Richtlinien in Kraft, URL: http://www.bibb.de/de/32010.htm [Stand: 16. September 2010].
[3] BiBB (2010b): Datenreport zum Berufsbildungsbericht 2010. Informationen und Analysen zur Entwicklung der beruflichen Bildung, Bonn.
[4] BMBF (2010): Berufsbildungsbericht 2010, Bonn/Berlin.
[5] Buschfeld, D. (2003): Draußen vom Lernfeld komm ich her …? Plädoyer für einen alltäglichen Umgang mit Lernsituationen, in: bwp@, 4, URL: http://www.bwpat.de/ausgabe4/ buschfeld_bwpat4.pdf [Stand: 16. September 2010].
[6] Dalluege, C.-A./Franz, H.-W (2008): IQM – Integriertes Qualitätsmanagement in der Aus- und Weiterbildung. Selbstbewertung für EFQM, DIN EN ISO 9001 und andere QM-Systeme, 2. Aufl., Bielefeld.
[7] Diart, M. (2009): Potentiale des ECVET-Leistungspunktesystems für die grenzüberschreitende Verbundausbildung im Handwerk, Köln.
[8] Diart, M./Klumpp, M./Krins, C./Schaumann, U. (2008): Vergleich der Berufswertigkeit von beruflichen Abschlüssen und hochschulischen Abschlüssen. Wissenschaftlicher Abschlussbericht, Berufsbildung im Handwerk – Reihe B, 66, Köln.

---

[9] Dokumente hierzu können im Nachgang der angesprochenen Bildungskonferenz abgerufen werden unter www.die-bildungskonferenz.de.

[9] Dick, M. (2005): Organisationales Lernen, in: Rauner, F. (Hrsg.): Handbuch Berufsbildungsforschung, 1. Aufl., Bielefeld .
[10] Eberhard, V. (2006): Das Konzept der Ausbildungsreife – ein ungeklärtes Konstrukt im Spannungsfeld unterschiedlicher Interessen. Ergebnisse aus dem BIBB, Wissenschaftliche Diskussionspapiere, 83, Bonn.
[11] Ernst, H./Michel, H. (2004): Service-Aus- und Weiterbildner unterstützen die Aus- und Weiterbildung in KMU. Erfahrungen aus dem Modellversuch EPOS, in: BWP – Berufsbildung in Wissenschaft und Praxis, 2, S. 17–20, URL: http://www2.bibb.de:8080/bwp/pdf/artikel/BWP-2004-H2-17ff.pdf [Stand: 15.09.2010].
[12] Hacker, W. (1995): Arbeitstätigkeitsanalyse. Analyse und Bewertung psychischer Arbeitsanforderungen, 1. Aufl., Heidelberg.
[13] Hoffschroer, M. (2009): Berufsbildungsberatung – Begründung und Präzisierung eines handwerksspezifischen Konzeptes, Dissertation, Universität zu Köln.
[14] Holz, H. (2001): Der innovative Bildungsdienstleister. Auf dem Wege von der Standardisierung zur Individualisierung, in: BWP – Berufsbildung in Wissenschaft und Praxis, 2, S. 23-27.
[15] Koscheck, S. (2010): Unveröffentlichte Sonderauswertung der BIBB/DIE wbmonitor Umfrage 2009. Daten zu Anbietern beruflicher Weiterbildung, Bonn.
[16] Kuwan, H./Bilger, F./Gnahs, D./Seidel, S. (2005): Berichtssystem Weiterbildung IX. Integrierter Gesamtbericht zur Weiterbildungssituation in Deutschland, Herausgegeben von Bundesministerium für Bildung und Forschung (BMBF), URL: http://www.bmbf.de/pub/berichtssystem_weiterbildung_9.pdf [Stand: 20. April 2010].
[17] managerSeminare Verlags GmbH: seminar:markt, URL: http://www.seminarmarkt.de [Stand: 15. September 2010].
[18] Mieg, H. A. (2005): Professionalisierung in: Rauner, F. (Hrsg.): Handbuch Berufsbildungsforschung, 1. Aufl., Bielefeld, S. 342-349.
[19] Mohr, B./Döring, O./Stier, B. (2004): Personalentwicklung für Bildungsdienstleister. Kreativität fördern, neue Ideen entwickeln, Märkte erschließen, Leitfaden für die Bildungspraxis, 4, Bielefeld.
[20] NA beim BIBB (2010): EU-Bildungspolitik, URL: http://www.eu-bildungspolitik.de/ [Stand: 17. September 2010].
[21] QUACERT GmbH (2010): AZWV Anerkennungs- und Zulassungsverordnung Weiterbildung, URL: http://www.azwv.de/ [Stand: 15. September 2010].
[22] Rosenbladt, B. von/Bilger, F. (2008): Weiterbildungsbeteiligung in Deutschland – Eckdaten zum BSW-AES 2007, München.
[23] Scheel, B. (2010): Förderung grenzüberschreitender beruflicher Mobilität in Europa, 1. Aufl., Hamburg.
[24] Sekretariat der Ständigen Konferenz der Kultusminister der Länder in der Bundesrepublik Deutschland (2000): Handreichungen für die Erarbeitung von Rahmenlehrplänen der Kultusministerkonferenz (KMK) für den berufsbezogenen Unterricht in der Berufsschule und ihre Abstimmung mit Ausbildungsordnungen des Bundes für anerkannte Ausbildungsberufe, o.O.
[25] SemiGator AG: semigator.de, URL: http://www.semigator.de/ [Stand: 15. September 2010].
[26] Senior Experten Service (SES) (2010): Probleme bei der Ausbildung? Mit VerA bleibst Du am Ball!, URL: http://www.ses-bonn.de/was-tun-wir/vera.html [Stand: 17. September 2010].
[27] Severing, E. (1999): Bildungsträger in der Wissensgesellschaft, in: Grundlagen der Weiterbildung, 6, S. 241-257, URL http://www.f-bb.de/uploads/tx_fffbb/Bildungstraeger_in_der _Wissensgesellschaft-1999a.pdf [Stand: 20. April 2010].
[28] Sloane, P. F. E./Twardy, M./Buschfeld, D. (2004): Einführung in die Wirtschaftspädagogik. 2., überarbeitete und erweiterte Auflage, Paderborn.
[29] Statistische Ämter des Bundes und der Länder (2007): Demografischer Wandel in Deutschland. Bevölkerungs- und Haushaltsentwicklung im Bund und in den Ländern, 1, URL: http://www.statistik-portal.de/statistik-portal/demografischer_wandel_heft1.pdf. [Stand: 13. März 2011].

[30] Statistisches Amt Mecklenburg-Vorpommern (2010): Allgemein bildende Schulen in Mecklenburg-Vorpommern. Schuljahr 2009/2010, Statistische Berichte, B113, URL: http://service.mvnet.de/statmv/daten_stam_berichte/e-bibointerth02/gesundheit--bildung/b-i__/b113__/daten/b113-2009-00.pdf [Stand: 20. September 2010].

[31] Vomberg, E. (2007): Beschäftigungsfähigkeit als Bezugsgröße in der Personalauswahl und -entwicklung, in: Vomberg, E. (Hrsg.): Chancen "bunter Lebensläufe" für KMU und soziale Einrichtungen. Diskontinuität als Potenzial erkennen – nutzen – fördern, Bielefeld, S. 9-28.

[32] Wuppertaler Kreis e.V. – Bundesverband betriebliche Weiterbildung (2010): Trends in der Weiterbildung, Verbandsumfrage, URL: http://www.wkr-ev.de/trends10/trends2010.pdf [Stand: 15. September 2010].

14 Strategien der Professionalisierung in der Energieberatung für die mittlere Qualifikationsebene

Raymond Djaloeis, Martin Frenz, Simon Heinen, Markus Leyendecker, Klaus Marfels, Nikolaus Möllenhoff, Richard Schieferdecker, Christopher M. Schlick

14.1	Umbruch bestehender und Entwicklung neuer Energieberatungsdienstleistungen	265
14.2	Wandel der Dienstleistungsarbeit	270
14.3	Qualifikation und Kompetenzen in der Energieberatung	272
14.4	Aktueller Stand, Perspektiven und Herausforderungen in der beruflichen Aus- und Weiterbildung	274
14.5	Individuelle Kompetenzentwicklung	275
Literatur		279

Dipl.-Wirt.-Ing. Raymond Djaloeis, RWTH Aachen, Lehrstuhl und Institut für Arbeitswissenschaft

Dr. phil. Martin Frenz, RWTH Aachen, Lehrstuhl und Institut für Arbeitswissenschaft

Dipl.-Ing. Simon Heinen, RWTH Aachen, Lehrstuhl und Institut für Arbeitswissenschaft

Dipl.-Ing. Markus Leyendecker, Adapton Energiesysteme AG

Dipl.-Ing. Klaus Marfels, Green Stars Consulting GmbH

Dipl.-Ing. Nikolaus Möllenhoff, RWTH Aachen, Lehrstuhl und Institut für Arbeitswissenschaft

Dipl.-Ing. Richard Schieferdecker, Ingenieurbüro Richard Schieferdecker

Univ.-Prof. Dr.-Ing. Christopher M. Schlick, RWTH Aachen, Lehrstuhl und Institut für Arbeitswissenschaft

14.1 Umbruch bestehender und Entwicklung neuer Energieberatungsdienstleistungen

Durch die Ölkrise in den 1970er Jahren wurde erstmals die Begrenzung der Energieressourcen ins Bewusstsein der Bevölkerung gerufen und somit auch der Handlungsbedarf in Bezug zu Energieeinsparmaßnahmen. Das erste Energieeinspargesetz wurde 1976 beschlossen und bildete die Grundlage für weitere Verordnungen mit dem Ziel der Senkung des Energieverbrauchs und der CO_2-Emissionen im Gebäudebereich.

Daraus folgte die Dienstleistung der Energieberatung im Gebäudebereich. Die daraus entstandene Beratungsleistung war im Wesentlichen ein Thema für Architekten, Ingenieure und Sachverständige für Schall- und Wärmeschutz. Die Schwerpunkte der Energieberatung lagen im Nichtwohnungsbau und der industriellen Produktion.

Beim 34. G8-Meeting im Jahre 2008 beschlossen die acht größten Industriestaaten, ihren CO_2-Ausstoß bis 2050 mindestens zu halbieren (vgl. G8 Information Centre 2008) [6]. In Deutschland führte dies zum „Energiekonzept 2050": In Zusammenarbeit mit der Kreditanstalt für Wiederaufbau (KfW) im Förderprogramm „Energetische Städtebausanierung" soll der nationale Energiebedarf sowie der CO_2-Ausstoß gesenkt werden. Maßnahmen waren u. a. energetische Gebäudesanierung, gesetzliche Förderung von energiesparenden Neubauten gemäß der EnEV und dem Erneuerbare-Energien-Wärmegesetz (EEWärmeG). Hiermit können alle Beteiligten Kosten einsparen. Die große Bedeutung von Energiesparen im privaten Haushalt wird betont, da dort „erhebliches Einsparpotenzial" herrsche (vgl. Bundesregierung 2010) [1].

Nachfolgende Abbildung zeigt die Entstehung einzelner Energieberatungsleistungen im Zusammenhang mit der Veränderung der gesetzlichen Anforderungen an den Energieverbrauch von Gebäuden (vgl. **Abbildung 14.1**). Die Energie-Einsparverordnung (EnEV) legte 2001 erstmalig fest, wer Energieausweise ausstellen darf. Ab diesem Zeitpunkt waren auch Personen aus der mittleren Qualifikationsebene zugelassen, Energieausweise auszustellen. Daraus resultierten auch spezielle Fort- und Weiterbildungsangebote – z. B. zum Energieberater im Handwerk (HWK) durch die Handwerkskammern.

Als einfachste Form der heutigen Energieberatung kann der Energieausweis gemäß EnEV, in Form von Bedarfs- und Verbrauchsausweis, angesehen werden. Während im Bedarfsausweis der IST-Zustand des Gebäudes erfasst und dargestellt wird, weist der Verbrauchsausweis lediglich die Energieverbräuche der letzten drei Jahre aus. Ergänzt werden beide Berichte durch standardisierte Sanierungsvorschläge. Neben dem Energieausweis ist die Vor-Ort-Beratung im Wohnungsbau, welche durch das Bundesamt für Wirtschaft und Ausfuhrkontrolle (BAFA) gefördert wird, bei den privaten Immobilienbesitzern die weithin bekannteste Energieberatung. Energieausweise und Vor-Ort-Beratung stellten eine Art Leistungskatalog für diese Energieberatung dar, die Beratung endet jedoch mit der Übergabe des Beratungsberichtes.

Abbildung 14.1 Entwicklung der Energieberatungsdienstleistungen

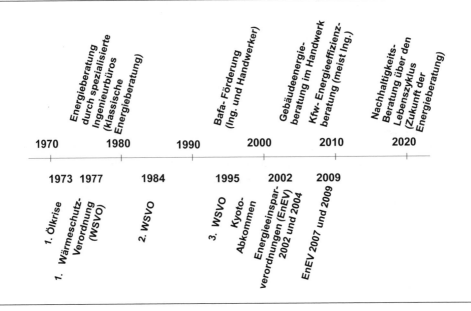

Aktuelle Beispiele für Energieberatung im Nichtwohnungsbau sind die durch Förderprogramme der Kreditanstalt für Wiederaufbau (KfW) unterstützten Energieeffizienzberatungen. Hier wird unterschieden zwischen einer Initialberatung, zum Aufdecken von Schwachstellen anhand gegebener Datenlage, sowie einer Detailberatung als vertiefende Energieanalyse mit konkreter Maßnahmenplanung. Darauf aufbauend besteht die Möglichkeit, die Umsetzung der Maßnahmen durch zinsgünstige Kredite zu finanzieren. Weitere Förderprogramme und Förderrichtlinien unterschiedlicher Einrichtungen wie den Verbraucherzentralen oder Einrichtungen und Institutionen auf regionaler und überregionaler Ebene, geben inhaltliche Vorgaben zum Leistungsumfang von Energieberatungen.

Die Entwicklung und der Wandel in der Energieberatung zeigen diverse Probleme in dieser Domäne auf. Für die Energieberatungsdienstleistungen existieren nur wenige verbindliche Standards. Es ist den o. g. Förderrichtlinien gemein, dass sie auf den einzelnen Förderungsfall beschränkt sind: Keine ist als allgemeingültige Beschreibung von Energieberatung anzusehen. Vielfach werden sogar gleiche oder ähnliche Begriffe von verschiedenen Anbietern mit unterschiedlichen Inhalten belegt. Die aktuell unter „Energieberatung" angebotenen Dienstleistungen reichen von Beratungen zum Nutzerverhalten, Energie-Checks, Erstberatungen ohne Ortsbegehung, Ausstellen von Gebäudeenergieausweisen, BAFA-Vor-Ort-Beratung in Wohngebäuden, verschiedene durch öffentliche Einrichtungen geförderte Beratungsprogramme für Wohngebäude oder Nichtwohngebäude bis hin zu detaillierten Analysen auf Basis von thermischen Simulationen einzelner Fragestellungen und Gewerken – vorzufinden in der Regel im Nichtwohnungsbau. Diese mannigfaltigen Energieberatungs-Angebote haben nur begrenzte Aussagekraft.

Zudem sind die Qualifikationen in der Energieberatung für unterschiedliche Leistungen nicht verbindlich geklärt. Die Bezeichnung „Energieberaterin" bzw. „Energieberater" ist rechtlich nicht geschützt, so dass eine Vielzahl wenig transparenter Fort- und Weiterbildungswege existiert. Energieberatung wird häufig von Klein- oder Ein-Personen-Unternehmen angeboten. Dies führt dazu, dass oft die unternehmerische Organisationsstruktur nicht im Fokus steht. Auf organisationaler Ebene sind die vielfach technisch orientierten Inhaber von Energieberatungsunternehmen oft eher (und lieber) Fachkräfte als Unternehmer oder Manager. Energieberatung wird häufig von Handwerkern und Ingenieurbüros angeboten, in denen weniger als zehn Mitarbeiter arbeiten, und die ihre Dienstleistungen z. T. als Nebenleistung von Architekten und Handwerkern zur Akquise von Folgeaufträgen interpretieren oder von Energieversorgern zur Kundenbindung angeboten werden. Die Folgen dieser mangelnden Organisation sind unklare Positionierungen im Markt und geringeres Bewusstsein für professionelle Strukturen.

Energieberatungsdienstleistungen besitzen eine stark wachsende gesellschaftliche Relevanz, so dass hohe Qualitätsstandards notwendig sind. In **Abbildung 14.2** zeigt sich, dass die Anzahl der BAFA-Förderanträge im Zeitraum von 1998 bis 2006 auf das Zwanzigfache gestiegen ist (vgl. Dilmitz/Erhorn 2004) [2]. Da 2006 eine Novellierung der Förderung dieser Vor-Ort-Energieberatung stattfand, kam es 2007 zu einer Senkung, wobei aber die Zahl von 2005 noch übertroffen wurde. Diese Entwicklung der BAFA-Anträge kann auf den Markt der Gebäude-Energieberatung übertragen werden, da ca. 80% der Gebäude-Energieberaterinnen und Energieberater BAFA-Zuschüsse nutzen.

Abbildung 14.2   Anzahl der Förderanträge für BAFA-Vorort-Energieberatungen (1998-2007)

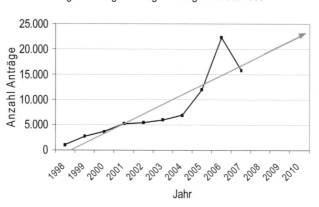

Quelle: Dilmitz/Erhorn 2004 [2]

Dienstleistungsarbeit in der Energieberatung ist gegenwärtig noch nicht geprägt durch Denken und Handeln in der gesamten Wertschöpfungskette eines Gebäudes. Durch eine ganzheitliche Betrachtung könnten bei Baubeginn geplante SOLL-Optimalzustände durch eine harmonisierte Konzeption, Planung, Bau, Einregulierung, Betrieb und Instandhaltung eines Objektes dazu beitragen, dass ein optimales IST-Resultat erreicht werden kann. Bei einer nicht ganzheitlichen Energieberatung besteht das Risiko, dass bei jedem Wertschöpfungsschritt eine Abweichung zwischen Soll- und Ist-Zuständen eintritt, so dass das Endresultat qualitativ minderwertig sein kann.

Festzustellen ist, dass heutige Energieberatung oft zu früh aufhört. Mit der Abgabe und Erläuterung des Beratungsberichts ist die Energieberatung meistens beendet, eine Überwachung der Ausführung und eine Kontrolle der Ergebnisse erfolgt somit nicht. Die gegenwärtigen Energieberatungsdienstleistungen, die durch Fördermittelgeber wie die KfW oder die BAFA angeboten werden, definieren nur Teilabschnitte der Wertschöpfungskette (vgl. **Abbildung 14.3**).

Abbildung 14.3 Wertschöpfungskette in der Energieberatungsdienstleistung

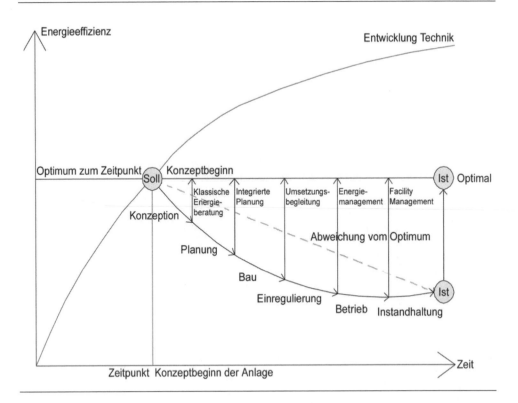

Bei der Energieberatung handelt es sich um eine stark wachsende Branche, so dass eine nicht ganzheitliche Abdeckung dieser Dienstleistung bedenklich ist. Das Risiko von wenig aufgeklärten Kunden wurde in einer Studie einer Passivhaussiedlung (52 Haushalte, Bauobjekte alle Baujahr 2000, vgl. **Abbildung 14.4**) in Stuttgart-Feuerbach deutlich. Hierbei analysierte man, dass der Stromverbrauch bei sonst baugleichen Haushalten erheblich vom individuellen Verhalten abhängt (vgl. Fiedler 2008) [4]. Durch eine gezielte ganzheitliche Energieberatung, z. B. im Bereich „Energiemanagement/Betrieb" (vgl. **Abbildung 14.3**) könnten die Bewohner ihren Strombedarf z. T. erheblich reduzieren, Kosten sparen und durch die Einsparung von CO_2 zur Erreichung nationaler und globaler Klimaziele beitragen.

Das Marktpotenzial in der Energieberatung steigt stetig (vgl. **Abbildung 14.2, Abbildung 14.3, Abbildung 14.4**), und die angebotenen Leistungen (wie z. B. „Energiemanagement/Betrieb") sind aus verschiedenen Gründen ausbaufähig. Es ist wichtig, in gebündelter Form Maßnahmen zur Qualitätssicherung für diese Dienstleistung zu entwickeln.

Abbildung 14.4 Stromverbrauch von 52 Passivhäusern (BJ 2000) in Stuttgart-Feuerbach

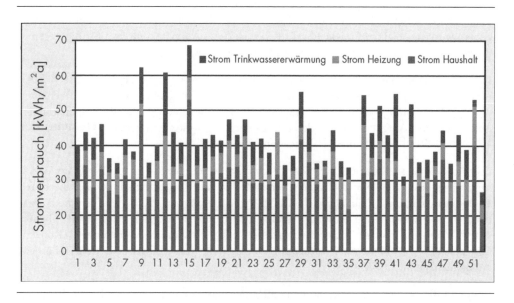

Quelle: Fiedler 2008 [4]

Die Umsetzung kann nur in Abstimmung mit den zahlreichen Interessengruppen bzw. Marktteilnehmern geschehen: Die Politik prägt mit Gesetzgebung und Fördermaßnahmen aus allen relevanten Ministerien (BMWI, BMVBS, BMBF, BMU etc.) die Randbedingungen für die Branche entscheidend mit. Mit dem Deutschen Energieberater-Netzwerk (DEN), dem Verband der Gebäudeenergieberater in Industrie und Handwerk (GIH), dem VDI Verein Deutscher Ingenieure, den Ingenieur- und Architektenkammern und weiteren Instituten und Organisationen sind eine Vielzahl von Berufs- und Interessenverbänden in der Branche aktiv.

Weitere Interessengruppen sind z. B. Energieagenturen (z. B. dena), Normierungsgremien (DIN), Verbraucherzentralen, Energieversorger, energierelevante Industriezweige (Hersteller von Heizungsanlagen, Dämmstoffen, etc.), Forschungseinrichtungen (ifeu) oder die Initiativen großer Verbände (wie z. B. die BDI-Initiative Wirtschaft und Klimaschutz) oder Banken.

Zusammengefasst stellt sich die Energieberatung derzeit als junger, dynamischer und stark heterogener Markt dar, der hochgradig unter Preisdruck steht und von öffentlichen Förderungen und unbestimmten gesetzlichen Rahmenbedingungen sehr stark bestimmt ist.

14.2 Wandel der Dienstleistungsarbeit

Die Energieberatung ist eine neue, sich derzeit erst entwickelnde Domäne für die mittlere Qualifikationsebene. Insbesondere eine Orientierung an der gesamten Wertschöpfungskette (vgl. **Abbildung 14.3**) eröffnet der Domäne neue Marktpotenziale und damit neue Aufgabenkomplexe. Ziel im Projekt ESysPro war es, diese Aufgabekomplexe für die gesamte Wertschöpfungskette zu ermitteln und systematisch zu beschreiben.

Bisher existierte eine Vielzahl ähnlicher Leistungen, welche nicht eindeutig beschrieben und somit wenig voneinander unterscheidbar waren. Um größere Klarheit zu schaffen, wurden die Leistungsbestandteile verschiedener Energieberatungen analysiert, abstrahiert und in einem „Aufgabenmodell der Energieberatungsleistungen" (vgl. **Abbildung 14.5**, Möllenhoff/Brunk 2010, S. 62ff.) [10] zusammengefasst.

Das Aufgabenmodell bezieht sich auf die gesamte Wertschöpfungskette der Energieberatungsdienstleistungen und gibt eine Übersicht über alle Leistungsbestandteile, die durch Energieberatung im Gebäudebereich erbracht werden können. Hierbei werden die Aufgabenkomplexe von Energieberatungsleistungen beschrieben. Auf der ersten Ebene gliedert sich das Aufgabenmodell in vier Teilprozesse: „Diagnose/Analyse vornehmen", „Konzeption erstellen", „Maßnahmen initiieren/Baubegleitung" und „Erfolgskontrolle/Inbetriebnahmemanagement (IBM)".

Während die beiden ersten Bestandteile allgemein als Bestandteile einer Energieberatung angesehen werden, werden die beiden letzteren Teilprozesse „Maßnahmen initiieren/Baubegleitung" und „Erfolgskontrolle/Inbetriebnahmemanagement (IBM)" eher selten hinzugezählt. Daraus folgt, dass Aufgaben wie „Umsetzungsprozesse initiieren", „Planungs- und Bauprozesse begleiten", „Gebäude in Betrieb nehmen" sowie „Systemanalyse vornehmen", „Monitoring-Konzeption erstellen" und „Monitoring einführen" und „Monitoring durchführen" nicht abgedeckt wären. Da die gesamte Wertschöpfungskette abgedeckt werden soll, ist es essentiell, diese Teilprozesse und die dazugehörigen Aufgaben ebenfalls anzubieten.

Im vorhergehenden Abschnitt wurde erläutert, dass heutige Energieberatung oft zu früh aufhört, somit erfolgt häufig weder eine Überwachung der Ausführung noch eine Kontrolle der Ergebnisse. Das beste Konzept bewirkt jedoch keine Kosten- und CO_2-Reduzierung, wenn es schlecht oder falsch umgesetzt wurde. Das in Experteninterviews dargestellte hohe Einsparungspotenzial durch Optimierung von Steuerung und Regelung von Anlagentechnik (z. B. im Bereich „Energiemanagement/Betrieb") bestätigt diese Aussage. Eine energetische, baubegleitende Betreuung von Projekten sowie eine Erfolgskontrolle einschließlich eines Inbetriebnahmemanagements (vgl. VDI-Richtlinie 6039 „Inbetriebnahmemanagement für Gebäude" 2011) [14] steigert die Energieeffizienz der Objekte und die Qualität der Energieberatung.

Abbildung 14.5 Aufgabenmodell der Energieberatung (Teilauszug)

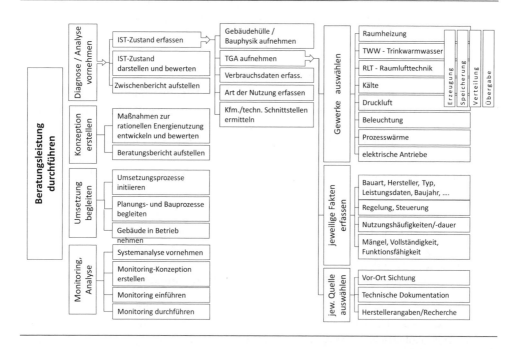

Quelle: Möllenhoff/Brunk 2010 [10]

Der Wandel der Energieberatung beinhaltet den Schritt von einer reinen Diagnose/Analyse sowie Konzepterstellung hin zu einer ganzheitlich, an der vollständigen Wertschöpfungskette orientierten Dienstleistung. Insbesondere auf mittlerer Qualifizierungsebene als Weiterbildungsberuf werden durch den Wandel von traditionellen Arbeitsaufgaben im Handwerksberuf zur Dienstleistungsorientierung in der Energieberatung andere Kompetenzen als im Ausgangsberuf notwendig, insbesondere interdisziplinäre Fähigkeiten und Fertigkeiten. Dies wird im Detail in folgenden Abschnitten erläutert.

14.3 Qualifikation und Kompetenzen in der Energieberatung

Die Domäne der Energieberatung ist aus Perspektive der Qualifikationsforschung ein noch weitgehend unerforschtes Feld. In dieser volatilen Branche bestehen kaum verwertbare Vorarbeiten. Die Anforderungen und Aufgaben einer Energieberaterin bzw. eines Energieberaters sind für curriculare Entwicklungen kaum beschrieben. Stattdessen umfassen die Curricula in der Fort- und Weiterbildung ausschließlich eine zusammengestellte Auswahl von Inhalten aus unterschiedlichen Branchen und Disziplinen.

Die Bezeichnung „Energieberaterin" bzw. „Energieberater" ist gesetzlich nicht geschützt, und es fehlen verbindliche Standards. Heterogene Ausgangsqualifikationen erschweren es Energieberaterinnen bzw. Energieberatern, die eigene Energieberatungskompetenz einzuschätzen. Ihre i. d. R. hohe Kompetenz im ursprünglichen Facharbeiterinnen- bzw. Facharbeiterberuf spiegelt sich nur teilweise in der Qualität der Energieberatungsdienstleistungen wider, weil diese nicht in unmittelbarem Zusammenhang zum Ausgangsberuf stehen.

Auf Grundlage des Aufgabenmodells der Energieberatung (vgl. **Abbildung 14.5**) wurden die Handlungsfelder entlang der Leistungskette für Energieberatungsdienstleistungen herausgearbeitet. Zur Erhebung und Validierung wurden Arbeitsaufgabenanalysen sowie Expertenbefragungen und -workshops durchgeführt. Auf dieser Basis erhobene und validierte berufliche Handlungsfelder stellen die Grundlage für einen handlungsorientierten Qualifikationsrahmen in der Energieberatung dar. Dieser Qualifikationsrahmen beinhaltet die Aufgaben einer Energieberaterin bzw. eines Energieberaters entlang der gesamten Wertschöpfungskette.

Es zeigte sich, dass Energieberaterinnen und Energieberater in deutlich höherem Ausmaß mit Unsicherheiten und Zielkonflikten des Arbeitshandelns konfrontiert werden als bei berufsorientierten Handlungsfeldern ihres Ausgangsberufes, z. B. eines Bauzeichners oder Zimmermanns. Die Energieberatungsdienstleistung ist als Interaktionsarbeit mit vielen Unsicherheiten identifiziert worden, für die es verschiedene Gründe gibt:

1. Energieberaterinnen bzw. Energieberater sollten im Sinne einer Bildung für Nachhaltige Entwicklung der UNESCO nachhaltig handeln, d. h. zwischen ökonomischer Leistungsfähigkeit, ökologischer Verträglichkeit und sozialer Verantwortung abwägen. Das Ausbalancieren dieser Nachhaltigkeitsdimensionen führt oft zu Widersprüchen.

2. Auch innerhalb derselben Nachhaltigkeitsdimension gibt es z. T. sich widersprechende Indikatoren: z. B. würde ein ökologisches Heizungskonzept, welches auf niedrigen CO_2-Ausstoß optimiert ist, anders konzipiert sein als eines mit niedrigem Staubausstoß.

3. Energieberatung bedeutet eine Beratungsarbeit, d. h. das Erfassen und Ausbalancieren von Zielen und Interessen aller beteiligten Parteien. Diese dynamische Interaktionsarbeit führt dazu, dass die gewählte Handlungsstrategie und der Ausgang der Interaktion kaum planbar sind.

4. Energieberaterinnen bzw. Energieberater stammen aus unterschiedlichen Gewerken, so dass zur selben Situation verschiedene Zugänge gewählt werden können.

Vor dem Hintergrund dieser Erkenntnisse wurden zunächst die beruflichen Handlungsfelder erhoben und anschließend ein Qualifikationsrahmen für die Energieberatung erarbeitet, der als curricularer Leitgedanken die Bildung für nachhaltige Entwicklung besitzt. Dieser Qualifikationsrahmen wird detailliert im Beitrag von Heinen beschrieben. Hierbei sollen die drei Bereiche Ausgangsqualifikationen auf mittlerer Qualifikationsebene, Weiterbildungssystem und tertiäre Bildung miteinander vernetzt werden. Der Qualifikationsrahmen folgt den Prinzipien einer Arbeitsprozess- und Situationsorientierung und stellt zudem u. a. durch die Berücksichtigung von Interaktionsarbeit zwischen den Akteuren in Dienstleistungsaufgaben die Besonderheiten einer Dienstleistungs- und Kundenorientierung heraus.

Um Empfehlungen für die Gestaltung von Curricula und Fortbildungen geben zu können, ist es notwendig, die Anforderungen in der Gebäudeenergieberatung differenziert zu erheben und zu beschreiben. Hierzu wurde bei insgesamt 157 Energieberaterinnen und Energieberatern das F-JAS (Fleishman Job Analysis Survey) durchgeführt. Das F-JAS ist ein standardisiertes, eigenschaftsorientiertes Anforderungsanalyseverfahren und dient zur ganzheitlichen Bestimmung relevanter überfachlicher Anforderungen an eine Berufstätigkeitsausführung. Es ergab sich, dass Energieberaterinnen und Energieberater über breit gefächerte Kompetenzen verfügen müssen, um mit komplexen Arbeitszusammenhängen, auftretenden Unbestimmtheiten und Veränderungen umzugehen und diese erschließen zu können. Für die Entwicklung nachhaltiger Lösungen im Rahmen der Arbeitsaufgaben reichen rein fachliche Kenntnisse also nicht aus, ein wesentlicher Bestandteil sind auch die kognitiven sowie sozialen und interpersonellen Fähigkeiten und Fertigkeiten. Soziale und personale Kompetenzen besitzen also für Energieberaterinnen und Energieberater eine große Bedeutung zur erfolgreichen Tätigkeitsausübung (Heinen et al. 2011, S. 262ff.) [9].

Für Unternehmen in der Energieberatung, von denen es viele Klein- bzw. Ein-Personen-Unternehmen gibt, führt der Wandel zu anderen Herausforderungen. Kompetenz in „indirekten" Bereichen, wie z. B. Unternehmensführung, ist hierbei nötig. Doch diese Firmen sind meistens unklar strukturiert, wodurch die Qualität der angebotenen Dienstleistung sinkt. Durch die ansteigende Nachfrage ist absehbar, dass sich einzelne Anbieter zu größeren und komplexeren Organisationen zusammenschließen, um sich stabil in einem sich schnell wandelnden Markt mit neuen Energiegesetzen zu positionieren. Für eine professionelle Energieberatung reichen zudem gute fachliche und überfachliche Kompetenzen für die Kernaufgaben einer Energieberaterin bzw. eines Energieberaters allein nicht aus, die Energieberaterin bzw. der Energieberater muss auch als Unternehmer kompetent sein.

14.4 Aktueller Stand, Perspektiven und Herausforderungen in der beruflichen Aus- und Weiterbildung

Gewerblich-technische Facharbeiterberufe unterliegen einem generellen Wandel. Die Orientierung an der gesamten Wertschöpfungskette in der Energieberatung führt dazu, dass Energieberaterinnen und Energieberater mit Unbestimmtheiten konfrontiert werden, z. B. durch die Gegenstände der Tätigkeit selbst begründet, durch die Interaktionsarbeit mit verschiedenen Kunden sowie durch eine durchdachte Abwägung zwischen den Dimensionen „ökonomische Effektivität", „ökologische Verträglichkeit" und „soziale/gesellschaftliche Verantwortung" aus einer Bildung für Nachhaltige Entwicklung.

Die Energieberatung als neue Branche ist geprägt durch Unstrukturiertheit und Heterogenität. Die Weiterbildung zum Gebäudeenergieberater auf mittlerer Qualifikationsebene zeichnet sich durch eine sehr heterogene Teilnehmerstruktur aus unterschiedlichen Altersklassen und durch eine Grundausbildung in verschiedenen Gewerken des Handwerks aus. Die Vielzahl unterschiedlicher Ausgangsberufe und das große Spektrum an Tätigkeiten eines Energieberaters führen auch zu einer teilweise geringen Identifikation der Energieberater mit ihrer Profession. Einen Ausbildungsberuf zum Energieberater gibt es nicht, auch im tertiären System erfolgt eine Qualifizierung zum Energieberater üblicherweise im Anschluss an ein vorheriges Studium. Ebenfalls fehlt die klare Zuordnung von bestimmten Studienleistungen zu Angeboten in der Energieberatung.

Auf dem Markt gibt es sehr unterschiedliche Energieberatungsdienstleistungen, zudem sind die Qualifizierungsanforderungen in Energieberatungsleistungen nicht klar voneinander abgegrenzt. Eine Systematisierung von Fort- und Weiterbildungen im Bereich der Energieberatung ist noch nicht entwickelt worden. Der Zusammenhang zwischen bestimmten Ausgangsberufen auf mittlerer Qualifikationsebene und angebotenen Fort- und Weiterbildungsangeboten im Bereich der Energieberatung ist häufig unklar, ebenso existiert keine klare Abgrenzung, wie ein ggf. ein fachbezogener Hochschulzugang für Energieberater aus der mittleren Qualifikationsebene aussehen könnte.

Aktuelle Entwicklungen in der Aus- und Weiterbildung zur Energieberaterin bzw. zum Energieberater insbesondere auf mittlerer Qualifikationsebene sind geprägt von verschiedenen Aspekten, die mit der Handlungsfeldstruktur aufgegriffen werden:

- Berufsbildung für nachhaltige Entwicklung und das Auftreten und Lösen von Zielkonflikten,
- Arbeitsprozessorientierung,
- Dienstleistungs- und Kundenauftragsorientierung,
- Individualisierung und Binnendifferenzierung der Bildungswege bei heterogenen Weiterbildungsgruppen,

- Anschlussfähigkeit und Durchlässigkeit für die mittlere Qualifikationsebene im beruflichen Aus- und Weiterbildungssystem,
- Förderung der Entwicklung reflexiver Handlungsfähigkeit.

Für professionelle Strukturen im gesamten Erwerbssystem Energieberatung stellt ein einheitlicher Qualifikationsrahmen eine notwendige Grundlage dar. Als Kernstück für moderne, handlungsorientierte Fort- und Weiterbildungsstrukturen dienen die beruflichen Handlungsfelder. Sowohl die empirische Erhebung und Validierung der beruflichen Handlungsfelder als auch ein Vorschlag für einen Qualifikationsrahmen sind ausgeführt. Details hierzu finden sich im Beitrag von Heinen.

Der entwickelte Qualifikationsrahmen ist als ein wissenschaftlicher Vorschlag zur möglichen Systematisierung der Fort- und Weiterbildungen in der Energieberatung zu bewerten. Im Projekt ESysPro wurde versucht, diese wissenschaftlichen Ergebnisse national und international in unterschiedlichen wissenschaftlichen und berufsbildungspolitischen Organen zu publizieren, wie z. B. der BWP @, auf der Dienstleistungstagung des BMBF, vor der Gesellschaft für Arbeitswissenschaft, der Energieberater-Zeitschrift „Der Gebäude-Energieberater", der Euregional Conference Sustainable Building, dem UPI International Conference on Technical and Vocational Education and Training (in Bandung, Indonesien) u. a. Eine komplette Auflistung der Publikationen findet sich auf der Projekthomepage www.esyspro.de.

14.5 Individuelle Kompetenzentwicklung

Nachdem in den vorangegangenen Abschnitten der Fokus auf allgemeine Wandlungsprozesse in der Domäne der Energieberatung sowie auf darauf aufbauende Erkenntnisse zur Qualifikationsforschung lag, steht im folgenden Text die individuelle Kompetenzentwicklung im Vordergrund. Da es zu dieser Frage kaum Vorarbeit gab, wird in ESysPro auch eine biografieorientierte Sicht auf die Professionalisierung von Energieberater/-innen eingenommen. Für die individuelle Kompetenzmessung wurden drei Strategien eingesetzt:

1. Berufsbiografischer Ansatz: Hierbei werden Erklärungen gesucht, warum eine Person notwendige Kompetenzen in der Energieberatung mitbringt, obwohl eine systematische Förderung hierzu fehlt, und um welche Kompetenzen es sich handelt.
2. Kompetenzförderung: Wie können die notwendigen Kompetenzen (vgl. Abschnitt 14.3) gefördert werden?
3. Kompetenzdiagnose: Wie können diese in Punkt 2 beschriebenen Kompetenzen diagnostiziert werden?

Für die berufsbiografische Analyse wurde eine Fallstudie durchgeführt, die sich mit der Frage befasst, warum Erwerbstätige mit einer beruflichen Erstausbildung im gewerblich-technischen Bereich den Wechsel in die Dienstleistungsbranche der Energieberatung überhaupt bewältigen können.

Es wurden zunächst mehrere autobiografisch-narrative Interviews und Gruppendiskussionen mit Energieberatern durchgeführt, die eine berufliche Erstausbildung nach BBiG im gewerblich-technischen Bereich absolviert haben und sich anschließend im Bereich der Energieberatung seit mehreren Jahren etablieren konnten. Bei autobiografisch-narrativen Interviews handelt es sich um eine Forschungsmethode der qualitativen Bildungs- und Sozialforschung, in der es darum geht, dass der Informant seine Lebensgeschichte erzählt und während des Erzählens seine biografischen Orientierungen (Selbst- und Weltreferenzen) aktiviert. In der Gruppendiskussion wurden den Teilnehmenden die o. g. „Trilemma-Aufgaben der Nachhaltigkeit" vorgelegt, mit der Bitte, ihre Lösungen vorzustellen und in der Gruppe zu diskutieren.

Aus dem Datenmaterial wurde ein prägnanter Fall ausgewählt, der gelernte Bauzeichner „Martin Kranz" (Name wurde anonymisiert), der hinsichtlich seines Alters, seines beruflichen Werdegangs, seines Tätigkeitsprofils in der Energieberatung sowie der Verlagerung auf die Energieberatung als Haupteinnahmequelle dem Profil vieler Energieberater entspricht. Anschließend wurden mehrere Wissenschaftler/-innen gebeten, die Frage zu beantworten, warum ein gelernter Bauzeichner in der Energieberatung zurechtkommt. Hierzu haben wir die Interviewtranskripte (autobiografisch-narratives Interview mit Martin Kranz sowie diejenige Gruppendiskussion, in der Martin Kranz als Teilnehmer beteiligt war) als Datengrundlage zur Verfügung gestellt und darum gebeten, sich aus ihrer disziplinären Sicht mit der Leitfrage auseinanderzusetzen.

Diese Analyse eines „typischen Energieberaters" sollte einen Beitrag dazu leisten, die Erforschung der Zusammenhänge zu intensivieren, die zwischen biografischen Lern- und Reflexivitätsmustern einerseits sowie andererseits fachspezifischen Wissensstrukturen derjenigen Erwerbstätigen bestehen, die sich gegenwärtig in den Sozialwelten moderner Beruflichkeit bewegen. Detaillierte Ausführungen zu diesem Thema finden sich im Beitrag von Unger.

Zur Förderung von Energieberatungskompetenz, insbesondere im Umgang mit den Unsicherheiten der Energieberatung, wurden Workshops mit angehenden Energieberaterinnen und Energieberatern durchgeführt. Zu diesem Zweck wurden „Trilemma-Aufgaben der Nachhaltigkeit" entwickelt, typische Energieberatungssituationen, in denen der Umgang mit widersprüchlichen Anforderungen (insbesondere bzgl. den Dimensionen der Nachhaltigkeit) als wesentlicher Aspekt der Energieberatungskompetenz identifiziert wurde. Schwerpunkt ist hierbei die Fachkompetenz, wovon als wichtiger Teilbereich die einschlägige Problemlösefähigkeit identifiziert worden ist.

In den dazu entwickelten Modulen werden die Teilnehmer in konkreten Beratungssituationen mit typischen Aufgaben einer Energieberaterin bzw. eines Energieberaters konfrontiert und sollen eine technisch korrekte und zugleich nachhaltig ausbalancierte Lösung für einen fiktiven Kunden entwickeln. In den moderierten Diskussionen und bei der reflektierten Entwicklung der Lösungsnetzwerke erkannten die Teilnehmer, dass zur Entwicklung von nachhaltigen Lösungen eine Vielzahl verschiedener Aspekte berücksichtigt und gegeneinander abgewogen werden müssen.

Die durchdachten Lösungsvorschläge der Teilnehmer zeigen den Erfolg der angestrebten Kompetenzentwicklung. Ebenso stieg die Qualität der Lösungen mit der Zahl bearbeiteter Aufgaben. Die Energieberaterinnen und Energieberater lernten, bewusst mit den Unsicherheiten und den unauflöslichen Zielkonflikten in der Energieberatung umzugehen. Es stellte sich heraus, dass zur Erstellung eines adäquaten Lösungsansatzes einschlägige Fachkompetenz essentiell ist, und die Fähigkeit zur Reflexion wichtig ist, um verschiedene Lösungsansätze kritisch zu bewerten und schließlich zu einem tragfähigen Lösungsvorschlag zu kommen (vgl. Frenz et al. 2010, S. 223ff.) [5].

Auf Basis dieser Kompetenzförderung wurde ein Modell zur individuellen Kompetenzdiagnose entwickelt. Eine individuelle Kompetenzdiagnostik in dieser volatilen Dienstleistungsbranche muss vor allem Unsicherheiten berücksichtigen, die aus den Zielkonflikten der Domäne, dem Abwägen zwischen den Dimensionen der Nachhaltigkeit, der Interaktionsarbeit mit den Kunden und den heterogenen Berufszugängen entstehen. Deshalb wurde ein Kompetenzmodell für die Energieberatung entwickelt, welches die Reflexion in „unbestimmten" Situationen fokussiert, strikt bezogen auf das „Trilemma" der Nachhaltigkeit. Hierfür wurde ein Konzept zur Diagnose von Kompetenz in der Energieberatung entwickelt (vgl. Djaloeis et al. 2010, S. 254ff.) [3]. Das Modell besteht aus den drei Dimensionen

1. Aufgabenkomplexe in der Energieberatung,

2. Kompetenzarten (fachlich, sozial, personal),

3. Niveau des Reflexionsmodus (vgl. Tiefel 2004) [14] bzgl. der Umsetzung der Grundsätze der Bildung für Nachhaltige Entwicklung. Mit dem Reflexionsmodus können auch Aussagen zur Professionalität in der Energieberatungsdienstleistung getroffen werden.

Die Professionstheorie von Schütze geht davon aus, dass Bearbeiten und Reflexion von Situationen, die paradoxe und unvereinbare Anforderungen stellen, professionelles Handeln erfordern (vgl. Schütze 1996, S. 190ff.) [12]. Der Reflexionsmodus bzgl. den Dimensionen der Nachhaltigkeit sagt aus, ob eine Energieberaterin bzw. ein Energieberater die Zielkonflikte in einschlägigen Beratungssituationen stabilisierend (d. h. durch Komplexitätsreduktion) oder innovativ (d. h. durch Perspektivenerweiterung) reflektiert hat. Auf diese Weise können Rückschlüsse auf die Professionalität gezogen werden.

Zu den einzelnen „Trilemma-Aufgaben der Nachhaltigkeit" wurden Bewertungsverfahren entwickelt, um die Energieberatungskompetenz eines einzelnen Probanden in einem einschlägigen Aufgabenkomplex in der Energieberatung zu diagnostizieren. Hierfür wurden „Referenzlösungen" erfahrener Energieberaterinnen bzw. Energieberater erstellt. Durch den Vergleich hiermit können die Kompetenz der Probandinnen und Probanden gemessen und Aussagen zur Professionalität auf individueller Ebene getroffen werden. Aus einem gewichteten Mittel von drei Einzelpunktzahlen (Technik, Nachhaltigkeit, Reflexivität) wird für diese Trilemma-Aufgabe eine Bewertung für die Energieberatungskompetenz ermittelt.

Die Energieberaterinnen und Energieberater bekamen als Aufgabe, diese „Trilemma-Aufgaben der Nachhaltigkeit" in einer offenen, konstruktivistischen Umgebung mit Hilfe der Heidelberger Strukturlegetechnik (vgl. Scheele/Groeben 1988) [11] zu bearbeiten. Hierbei sind nicht nur technische, sondern auch nicht-technische Gedanken (Gewohnheiten, Anwendungswissen, Werte etc.) relevant. Durch die Erhebung der subjektiven Theorie wird ein ganzheitlicher Blick auf die Gedankenstrukturen einer Energieberaterin bzw. eines Energieberaters gewonnen, so dass nicht nur Aussagen über die Kompetenz, sondern auch über das professionelle Handeln in einschlägigen Aufgabenkomplexen der Energieberatungsdienstleistung getroffen werden.

Durch bewusste Reflexion in einem semi-strukturierten Interview wählten die Energieberaterinnen und Energieberater diejenige Variante, die ihrer Meinung nach am besten die Anforderungen an Technik und Nachhaltigkeit erfüllt. Danach bekamen sie die Möglichkeit, noch einmal bewusst den Gedankengang nachzuvollziehen, der zu den jeweiligen Lösungsansätzen geführt hat. Anhand des bewussten Nachvollziehens der eigenen Lösung wird das Niveau des Reflexionsmodus deutlich. Hierbei ist es wichtig, eine Interviewerin bzw. einen Interviewer mit hohen Branchenkenntnissen einzusetzen, da in dieser heterogenen Branche nur eine erfahrene Energieberaterin bzw. ein erfahrener Energieberater zwischen oberflächlichen Lösungen und fachkundig eindeutig relevanten Zusammenhängen unterscheiden kann, und gegebenenfalls konstruktive Nachfragen stellen kann.

Es zeigte sich, dass aufgrund der Komplexität von Energieberatungssituationen nicht nur Kompetenz, sondern auch Reflexion im Sinne der Nachhaltigkeit als wichtiger Bestandteil einer qualitativ hochwertigen, sach- und fachgerechten Lösung anzusehen ist. Künftige Studien werden unterschiedliche Vorgehensweisen zu den Trilemma-Aufgaben analysieren, insbesondere hinsichtlich der Frage, ob Individuen mit einem berufsbiografischen Übergang von Berufsausbildung zur Energieberatung anders reflektieren als Individuen mit einem Übergang von akademischer Ausbildung zur Energieberatung.

Für die Kompetenzdiagnose in dieser volatilen Domäne bedeutet dies, dass Folgendes in der Energieberatung benötigt zu werden scheint:

- ein umfassendes Fachwissen sowie eine einschlägige Problemlösekompetenz bezogen auf die konkrete Situation,
- der Transfer der Idee einer Bildung für Nachhaltige Entwicklung bezogen auf die von den erfahrenen Energieberaterinnen und Energieberatern entwickelten Items für ökonomische, ökologische und soziale Anforderungen,
- sowie ein reflektierter Umgang mit widersprüchlichen Anforderungen, insbesondere in Hinblick auf das Abwägen ökonomischer, ökologischer und sozialer Anforderungen.

In einer ersten Phase der Bearbeitung empfiehlt sich in der Energieberatung ein innovativer Reflexionsmodus, so dass alle fachlichen Details, Interessen aller Stakeholder, alle möglichen Szenarien etc. in aller Tiefe beleuchtet und daraus die bestmögliche Lösung erarbeitet werden kann. In einer späteren Bearbeitungsphase ist ein stabilisierender Reflexionsmodus erforderlich, da aufgrund der Komplexität und Menge der Daten die Fragestellungen eher auf das Wesentliche reduziert werden müssen, um handlungsfähig zu bleiben.

Mit dieser Kompetenzdiagnose können Energieberaterinnen bzw. Energieberater ihre Kompetenzen besser einschätzen, ihre jeweiligen Stärken und Verbesserungspunkte erkennen und ihr Potenzial besser durch gezielte Fort- und Weiterbildung umsetzen. Durch dieses Instrument kann die Qualität von Energieberatungsdienstleistungen gesichert und ein Beitrag zur Orientierung für Energieberaterinnen bzw. Energieberatern in einer volatilen, mit wenig Standards versehenen Branche gegeben werden.

Detaillierte Betrachtungen zu diesem Thema finden sich in den Beiträgen von Djaloeis (Kompetenzdiagnose) und Unger (berufsbiografische Analyse).

Literatur

[1] Die Bundesregierung: (2010): Fragen und Antworten zum Energiekonzept, URL: http://www.bundesregierung.de/Content/DE/Artikel/2010/09/2010-09-28-faq-energiekonzept.html [Stand 01. September 2011].
[2] Dilmitz, K./Erhorn, H. (2004): Bedeutung der Energieeinsparung im Gebäudebereich, in: Joos, L. (Hrsg.): Energieeinsparung in Gebäuden: Stand der Technik, Entwicklungstendenzen, 2. Aufl., Essen, S. 1-63.
[3] Djaloeis, R./Frenz, M./Heinen, S./Schlick, C. (2010): Measurement of Competence and Professionalism in Energy Consulting, in: Proceedings of the 1st UPI International Conference on Technical and Vocational Education and Training, Bandung, S. 253-261.
[4] Fiedler, E. (2008): Energieverbrauch – Unterschiede zwischen Theorie und Praxis, URL: http://www.projekte.iaw.rwth-aachen.de/esyspro/files/11_fiedler_energieverbrauch_unterschiede_zwischen_theorie_und_praxis.pdf [Stand 20. Oktober 2011].
[5] Frenz, M./Djaloeis, R./Heinen, S./Schlick, C. (2010): Development of Energy Consulting Competence by Solving Dilemma Situations with Structure Formation Techniques, in: Proceedings of the 1st UPI International Conference on Technical and Vocational Education and Training, Bandung, S. 216-225.
[6] G8 Information Centre: 2008 Hokkaido Summit (2008): July 6 Press Conference, URL: http://www.g8.utoronto.ca/summit/2008hokkaido/2008-climate.html [Stand 01. September 2011].
[7] Der Gebäude-Energieberater (2009): Ergebnisse der Umfrage „Wie sieht der typische Energieberater aus?", URL: www.geb-info.de [Stand 02. September 2009].
[8] Heinen, S./Frenz, M./Djaloeis, R./Schlick, C. (2010): Vocational Training Concepts and Fields of Activities of Energy Consulting in Germany, in: Proceedings of the 1st UPI International Conference on Technical and Vocational Education and Training, Bandung, S. 262-270.
[9] Heinen, S./Frenz, M./Djaloeis, R./Schlick, C. (2011): Konzeptionelle Überlegungen für ein Weiterbildungssystem in der Domäne der Energieberatung für Europa, in: Bals, T./Hinrichs, H. (Hrsg.): Proceedings of the Hochschultage Berufliche Bildung 2011, Osnabrück.
[10] Möllenhoff, N./Brunk, M.F. (2010): Wege aus dem Chaos, in: db deutsche bauzeitung, 10, S. 62-65.
[11] Scheele, B./Groeben, N. (1988): Dialog-Konsens-Methoden zur Rekonstruktion Subjektiver Theorien, 1. Aufl., Tübingen.
[12] Schütze, F. (1996): Organisationszwänge und hoheitsstaatliche Rahmenbedingungen im Sozialwesen: Ihre Auswirkung auf die Paradoxien professionellen Handelns, in: Combe, A./Helsper, W. (Hrsg.): Pädagogische Professionalität, 1. Aufl., Frankfurt am Main, S. 183-275.
[13] Reichenberger, R. (2011): Neue Expertenliste für Bundesförderprogramme – Qualitätsoffensive, in: Gebäude-Energieberater, 07/08, S. 12-15.
[14] Verein Deutscher Ingenieure (2011): VDI-Richtlinie 6039 – Facility-Management – Inbetriebnahmemanagement für Gebäude – Methoden und Vorgehensweisen für gebäudetechnische Anlagen, Düsseldorf.
[15] Tiefel, S. (2004): Beratung und Reflexion. Eine qualitative Studie zu professionellem Beratungshandeln in der Moderne, 1. Aufl., Wiesbaden.

15 Studien der Qualifikationsforschung in der Domäne der Gebäudeenergieberatung

Simon Heinen

15.1	Einleitung	283
15.2	Studien der Qualifikationsforschung für eine Gestaltung der beruflichen Handlungsfelder in der Energieberatung	287
15.2.1	Curricularer Leitgedanke einer Bildung für eine nachhaltige Entwicklung	288
15.2.2	Entwicklung beruflicher Handlungsfelder in der Energieberatung	289
15.2.3	Anforderungen an Gebäudeenergieberater	291
15.2.4	Deckungsanalyse der gewerblich-technischen Ausgangsberufe mit den beruflichen Handlungsfeldern der Gebäudeenergieberatung	295
15.3	Konzeptionelle Überlegungen für ein Weiterbildungssystem in der Energieberatung	295
15.4	Entwicklung von Fort- und Weiterbildungsmodulen	299
Literatur		301

Dipl.-Ing. Simon Heinen, RWTH Aachen, Lehrstuhl und Institut für Arbeitswissenschaft

15.1 Einleitung

Gewerblich-technische Facharbeiterberufe unterliegen einem generellen Wandel. Die Tätigkeiten werden zunehmend mit der Erbringung von Dienstleistungen und einer stärkeren Kundenorientierung angereichert. Die Bedeutung von Charakteristika traditioneller Berufsformen in Erwerbstätigkeiten (Institutionalisierung, Lernorte, Fachbezug, Konstanz, Kollektivität, Fremdorganisation, soziale Begrenzung) tritt dabei zunehmend in den Hintergrund. Es ist ein Wandel zu neuen Formen von Beruflichkeit entstanden. So prägen beispielsweise nach Meyer (2000; 2004) [19], [20] eine geringere Formalisierung, Entgrenzung, Prozessorientierung (Lösen von konkreten Problemen), Flexibilität, Individualisierung, Selbstorganisation und Autonomie eine moderne Beruflichkeit (**Abbildung 15.1**).

Das ganzheitliche Denken in Arbeitsprozessen entlang der Produktentstehungskette nimmt an Bedeutung zu und das für ein beruflich kompetentes Handeln notwendige Arbeitsprozesswissen ändert sich. Diese Veränderungen haben einen massiven Einfluss auf die Erwerbstätigkeit. Viele der neuen beruflichen Arbeitsaufgaben erfordern somit zunehmend einen Umgang mit Unbestimmtheiten, insbesondere z. B. durch die dynamische Interaktion mit Kunden oder Kooperationspartnern und Arbeiten in Gruppen/Teams, aber auch durch Zielkonflikte bspw. im Rahmen der Nachhaltigkeitsidee als Leitgedanke beruflicher Bildung, die mit den Gegenständen der Tätigkeit selbst begründet werden können. Diese Unbestimmtheiten erfordern ein hohes Maß an Interaktionsarbeit mit Kunden, Kooperationspartnern etc. sowie den Umgang mit Ungewissheiten in der Durchführung und eine durchdachte Abwägung zwischen den Dimensionen „ökonomische Effektivität", „ökologische Verträglichkeit" und „soziale/gesellschaftliche Verantwortung".

Abbildung 15.1 Neue Fachlichkeit in der Dienstleistungsfacharbeit

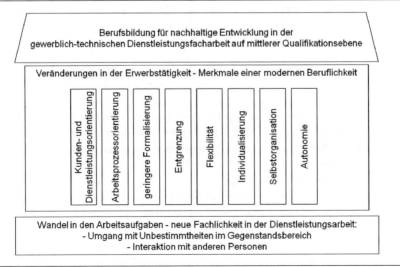

Quelle: eigene Darstellung, z. T. nach Meyer 2000; 2004 [19], [20]

Aus diesem Wandel in den beruflichen Arbeitsaufgaben ergeben sich neue Anforderungen an die Qualifikationen der Erwerbstätigen in der Dienstleistungsfacharbeit. Prototypisch für diesen Wandel ist die Tätigkeit des Gebäudeenergieberaters auf mittlerer Qualifikationsebene als ein Weiterbildungsberuf. Der junge Markt der Energieberatung wird in den kommenden Jahren auf Grund der gesellschaftlichen und politischen Aktualität der Thematik „Energie" enorm wachsen. Hier findet ein Übergang von „klassischen" gewerblich-technischen Ausgangsdomänen in eine dienstleistungsorientierte, wissensintensive Facharbeit statt.

Die untersuchte Domäne der Energieberatung ist aus der Perspektive der Berufsbildungsforschung ein noch weitgehend unerforschtes Feld. Spezifisch für die Anbieter von Energieberatungsdienstleistungen auf der mittleren Qualifikationsebene ist im Allgemeinen eine hohe Kompetenz im ursprünglichen Facharbeiterberuf (z. B. Tischler, Schornsteinfeger, Anlagenmechaniker etc.), welche auf der Erstausbildung eines staatlich anerkannten Ausbildungsberufes basiert und durch ein in der Regel systematisiertes Angebot an Weiterbildungen zielgerichtet ausgebaut wurde. Im Vergleich dazu spiegeln die Energieberatungsdienstleistungen teilweise jedoch nicht das hohe Facharbeiterniveau wider, weil diese nicht in unmittelbarem Zusammenhang zur Ausgangsqualifikation stehen.

In einer ersten Studie wurden systematisch die heutigen beruflichen, curricularen Strukturen der Ausgangsberufe und des Weiterbildungswesens von Energieberatern analysiert. Dazu bot eine ordnungsmittelbezogene Qualifikationsforschung einen guten Zugang (vgl. Huisinga 2005; Rauner 2005) [16], [22]. In diesem Zusammenhang wurde ein Instrument der curricularen Berufsbildungsforschung entwickelt (vgl. Heinen/Frenz 2009) [12] und es wurden derzeit existierende Ordnungsmittel (Rahmenlehrpläne, Prüfungsordnungen etc.) der Energieberatung verschiedener Weiterbildungsangebote sowie von Ausgangsberufen auf mittlerer Qualifikationsebene mit diesem Instrument untersucht. Ein zentraler Untersuchungsgegenstand war dabei das den Ordnungsmitteln zugrunde gelegte Strukturierungsprinzip (vgl. Reetz/Seyd 2006) [23]. In den folgenden Absätzen werden die zentralen Ergebnisse der Studie kurz skizziert.

Auf dem Markt der Energieberatungsdienstleistungen fehlen Standards, eine gesetzlich geschützte Bezeichnung „Energieberater" und ein systematisches Weiterbildungs- und Qualifizierungsangebot. Der Zusammenhang zwischen bestimmten Ausgangsberufen auf mittlerer Qualifikationsebene und angebotenen Fort- und Weiterbildungsangeboten im Bereich der Energieberatung ist weitgehend unklar. Die Erkenntnisse der Ordnungsmittelanalyse zeigen die Heterogenität des Energieberatermarktes und bekräftigen die Notwendigkeit einer wissenschaftlich fundierten Erhebung der beruflichen Handlungsfelder von Gebäudeenergieberatern als Grundlage einschlägiger Qualifikationsstrukturen. Nur mit dem aussagekräftigen Profil eines Gebäudeenergieberaters lassen sich exakt die Schnittstellen und Unterschiede der handwerklichen Ausgangsberufe mit den Tätigkeiten eines Energieberaters ermitteln. Eine durchgängige Situationsorientierung, wie sie bei modernen Curricula üblich ist, ist dafür notwendig. Mithilfe einer Situationsorientierung kann auch die Transferleistung, also das oft schwierige Umsetzen der abstrakten Theorie in die Praxis, für den Lernenden erleichtert werden. Es wird direkt an konkreten beruflichen Handlungen und Tätigkeiten gelernt. In den Ausgangsberufen des Handwerks wurde bereits mit der Neuordnung der Berufe (vgl. KMK 2007) [18] der curriculare Perspektivenwechsel von der Fächersystematik zur Situationsorientierung vollzogen. In der Energieberatung ist dies noch nicht der Fall. Es besteht die Notwendigkeit, die beruflichen Handlungsfelder zuerst zu entwickeln (vgl. Heinen et al. 2010a; 2011a) [15], [13].

Energieberater handeln in dienstleistungsorientierten Handlungsfeldern, die durch zum Teil stark widersprüchliche Zielanforderungen und, verglichen mit ihren Ausbildungsberufen, durch hohe Reflexionsanforderungen des eigenen Handelns geprägt sind. Aus Sicht einer Dienstleistungsorientierung wird im ursprünglichen Facharbeiterberuf eine Vielzahl notwendiger Kompetenzen nur unzureichend erworben. Eine besondere Anforderung in der Dienstleistungsfacharbeit besteht neben domänenspezifischen Fachkompetenzen an den Erwerb weiterer Kompetenzen, z. B. in der Interaktion mit anderen Personen.

Anhand des Beispiels der Domäne Energieberatung sollen bedeutende Qualifikationen und Kompetenzen einer erfolgreichen Dienstleistungsfacharbeit herausgestellt werden und Vorschläge zum Umgang mit diesen neuen Qualifikations- und Kompetenzanforderungen in Form von curricularen Konsequenzen auf didaktischer Makro-, Meso- wie auch Mikroebene in modernen beruflichen Strukturen abgeleitet werden. Die Qualifizierungsmöglichkeiten sollen im Beitrag erforscht und beschrieben werden sowie Gestaltungsempfehlungen für einen Qualifikationsrahmen des Fort- und Weiterbildungssystems in der Gebäudeenergieberatung gegeben werden. Darauf aufbauend werden Qualifizierungsmodule vorgestellt, die den erhobenen Anforderungen Rechnung tragen.

Zielsetzung

Die aus diesem Wandel in den beruflichen Arbeitsaufgaben sich ergebenden neuen Anforderungen an die Erwerbstätigen in ihren beruflichen Handlungsfeldern betreffen sowohl eine berufliche Erstausbildung wie auch Fort- und Weiterbildungssysteme.

Diese Anforderungen sollen durch den Einsatz arbeitswissenschaftlicher und berufspädagogischer Methoden der Qualifikationsforschung erforscht und beschrieben werden. Ebenso werden Konsequenzen für die berufliche Bildung aufgezeigt.

Auf systemischer Ebene wird die Nachhaltigkeit als curricularer Leitgedanke entwickelt und die Bedeutung des Umgangs mit Unbestimmtheiten im Handeln sowie Zielkonflikten im Sinne einer Bildung für nachhaltige Entwicklung herausgestellt.

Auf curricularer Ebene wird ein nach Niveaustufen und Ausgangsqualifikationen differenzierter Qualifikationsrahmen für die Weiterbildung in der Gebäudeenergieberatung entwickelt. Auf Grundlage von Expertenbefragungen, Arbeitsprozessaufnahmen und -analysen sowie einem Aufgabenmodell der Energieberatung werden die beruflichen Handlungsfelder der Energieberatung entlang der Leistungskette entwickelt.

Der Qualifikationsrahmen folgt dabei den Prinzipien einer Arbeitsprozess- und Situationsorientierung und stellt zudem u. a. durch die Berücksichtigung von Interaktionsarbeit zwischen den Akteuren in Dienstleistungsaufgaben die Besonderheiten einer Dienstleistungs- und Kundenorientierung heraus. Ein weiterer Fokus liegt auf der situierten curricularen Implementation der benötigten Kompetenzen im Umgang mit Zielkonflikten.

Diese curricularen Aspekte werden dem Gedanken einer Bildung für nachhaltige Entwicklung folgend auf mikrodidaktischer Ebene in ein Konzept für Fort- und Weiterbildungen eingebunden und in innovative Fortbildungsmodule zur Kompetenzförderung implementiert. Somit können die zur Ausübung der Tätigkeit als Energieberater notwendigen Kompetenzen dann auch entsprechend gefördert werden.

Die Ergebnisse dieser Studien leisten somit aus den Perspektiven der Arbeitswissenschaft sowie der Berufspädagogik einen wesentlichen Beitrag zur Professionalisierung der Dienstleistungsfacharbeit auf mittlerer Qualifikationsebene für die Gebäudeenergieberatung. Eine Systematik von Qualifizierungsmodulen zum Aufbau von Energieberatungskompetenzen könnte jedem Bildungsanbieter ermöglichen, Maßnahmen in einem entsprechend strukturierten und transparenten System von Fort- und Weiterbildungen in der Energieberatungsbranche zukünftig zielgerichtet anzubieten.

Methodische Konzeption

Einen guten Zugang zur Erschließung und zur Analyse der beruflichen Handlungsfelder bieten Methoden der Qualifikationsforschung (vgl. Huisinga 2005; Rauner 2005) [22], [16]. Typische, eingesetzte Methoden für Arbeitsprozessstudien sind dabei Befragungen (Prozess- und Aufgabenanalysen, Fachinterviews, Experten-Facharbeiter-Workshops) sowie Beobachtungen und Erkundungen (vgl. Buchmann 2006) [3].

Zur Erschließung der Tätigkeitsbereiche in der Energieberatung werden Studien der Qualifikationsforschung (Abschnitt 15.2) durchgeführt. In Abschnitt 15.2.1 wird zunächst der curriculare Leitgedanke der Nachhaltigkeit vorgestellt. Auf Grundlage von Expertenbefragungen, Arbeitsprozessaufnahmen und -analysen sowie einem Aufgabenmodell der Energieberatung werden die beruflichen Handlungsfelder der Energieberatung erschlossen und in Expertenworkshops validiert (Abschnitt 15.2.2).

Zur Bewältigung dieser komplexen Arbeitsaufgaben benötigt ein Energieberater zum Einen gut ausgeprägte fachliche Qualifikationen, welche in einem Aufgabenmodell abgebildet werden, zum Anderen eine Vielzahl von Fähigkeiten und Fertigkeiten im Umgang mit Zielkonflikten. Aufgrund der spezifischen Unbestimmtheiten in der Domäne der Energieberatung – Interaktion mit Kunden, Zielkonflikte im Sinne der Nachhaltigkeit, Zugänge aus unterschiedlichen Disziplinen, etc. – wurde eine Studie zur Erhebung dieser Anforderungen ergänzt (Abschnitt 15.2.3). Ziel ist es, die Anforderungen in der Gebäudeenergieberatung differenziert zu erheben und zu beschreiben, um Empfehlungen für die Gestaltung von Curricula geben zu können. Im Anschluss werden die Ergebnisse einer Deckungsanalyse der Ausgangsberufe mit den Handlungsfeldern der Energieberatung vorgestellt (Abschnitt 15.2.4).

Auf Grundlage dieser vorgestellten Studien wurde ein Qualifikationsrahmen für die Gebäudeenergieberatung entwickelt (Abschnitt 15.3). Der Qualifikationsrahmen folgt dabei den Prinzipien einer Arbeitsprozess- und Situationsorientierung und stellt zudem u. a. durch die Berücksichtigung von Interaktionsarbeit zwischen den Akteuren in Dienstleistungsaufgaben die Besonderheiten einer Dienstleistungs- und Kundenorientierung heraus. Die Erkenntnisse der vorgestellten Studien aus Abschnitt 15.2 werden ebenso in Möglichkeiten der Vernetzung der Bereiche Ausgangsqualifikation auf mittlerer Qualifikationsebene, Weiterbildungssystem und tertiäre Bildung für die Energieberatung zusammengeführt.

Aufgrund der Studien in der Qualifikationsforschung werden Rückschlüsse im Sinne von curricularen Empfehlungen zur Gestaltung von Fort- und Weiterbildungen in einem nach Niveaustufen differenzierten Weiterbildungssystem gezogen (Abschnitt 15.4).

Diese Aspekte werden auf mikrodidaktischer Ebene einem konstruktivistischen Ansatz folgend in Gestaltungsempfehlungen für Fort- und Weiterbildungen überführt und beispielhaft in innovative Fortbildungsmodule zur Kompetenzförderung eingebunden. Somit können die zur Ausübung der Tätigkeit als Energieberater notwendigen Kompetenzen entsprechend gefördert werden.

15.2 Studien der Qualifikationsforschung für eine Gestaltung der beruflichen Handlungsfelder in der Energieberatung

Aktuelle Entwicklungen in der Aus- und Weiterbildung zum Energieberater insbesondere auf mittlerer Qualifikationsebene sind geprägt von verschiedenen Aspekten, die mit der Handlungsfeldstruktur aufgegriffen werden:

- Berufsbildung für nachhaltige Entwicklung und das Auftreten und Lösen von Zielkonflikten,
- Arbeitsprozessorientierung,
- Dienstleistungs- und Kundenauftragsorientierung,
- Individualisierung und Binnendifferenzierung der Bildungswege bei heterogenen Weiterbildungsgruppen,
- Anschlussfähigkeit und Durchlässigkeit für die mittlere Qualifikationsebene im beruflichen Aus- und Weiterbildungssystem,
- Förderung der Entwicklung reflexiver Handlungsfähigkeit.

Für professionelle Strukturen im gesamten Erwerbssystem Energieberatung stellt ein einheitlicher Qualifikationsrahmen eine notwendige Grundlage dar. Als Kernstück für moderne, handlungsorientierte Fort- und Weiterbildungsstrukturen dienen die beruflichen Handlungsfelder. Deren Entwicklung wird in den folgenden Abschnitten beschrieben.

15.2.1 Curricularer Leitgedanke einer Bildung für eine nachhaltige Entwicklung

Der Grundgedanke einer Bildung für Nachhaltige Entwicklung ist es, ein die wechselseitigen Beziehungen zwischen ökonomischen, ökologischen und sozialen Anforderungen abwägendes Denken wie auch Handeln zu vermitteln. Dadurch sind die agierenden Personen in der Lage, Entscheidungen für die Zukunft zu treffen und dabei abzuschätzen, wie sich das eigene Handeln auf künftige Generationen oder das Leben in anderen Weltregionen auswirkt (vgl. UNESCO 2010) [24]. Auf didaktischer Makroebene bedeutet für die Energieberatung eine Orientierung an den Leitgedanken einer Bildung für nachhaltige Entwicklung, dass Energieberater im Spannungsfeld der drei Dimensionen der Nachhaltigkeit (ökonomische Leistungsfähigkeit, ökologische Verträglichkeit und soziale Verantwortung, **Abbildung 15.2**) handeln müssen (vgl. De Haan et al. 2010) [5]. Danach muss der Energieberater dazu in der Lage sein, zwischen komplexen Widersprüchlichkeiten und offenen Zielkonflikten abzuwägen und diese für sich zu bewerten, Entscheidungen zu fällen und entsprechend handeln zu können. Der Zielkonflikt wird durch die drei Dimensionen „Ökonomische Leistungsfähigkeit", „Ökologische Verträglichkeit" und „Gesellschaftliche Verantwortung" beschrieben. Dieses Handeln erfordert neben fachlichen Kompetenzen auch im überfachlichen Bereich Kompetenzen (vgl. De Haan 2010) [4].

Abbildung 15.2 Nachhaltigkeitsdreieck

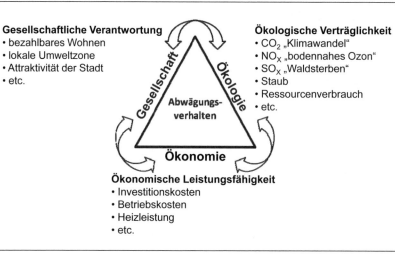

Quelle: Heinen et al. 2011a, S. 31 [15]

Zentrales Charakteristikum der Dienstleistungsfacharbeit in der Branche der Energieberatung ist, dass Handlungsfelder mit widersprüchlichen Zielanforderungen im Gegenstandsbereich existieren. Die Dienstleistungsfacharbeit in der Energieberatung ist geprägt durch Zielkonflikte im Gegenstandsbereich, insbesondere begründet durch die Nachhaltigkeitsidee. Eine nachhaltige Lösung der Arbeitsaufgaben eines Energieberaters erfordert dabei das Ausbalancieren von Zielkonflikten hinsichtlich der Dimensionen ökologische Verträglichkeit, ökonomische Leistungsfähigkeit sowie gesellschaftliche/soziale Verantwortung. Energieberater müssen mit diesen Zielkonflikten umgehen können und in ihrem Handeln zufriedenstellende, ausbalancierte Lösungen entwickeln können. Die Entwicklung einer Lösung ist dabei in vielen Fällen auch maßgeblich geprägt durch gleichzeitige Interaktion von beteiligten Interessenspartnern. Dabei findet Interaktionsarbeit statt (vgl. Böhle 2006) [1]. Für eine erfolgreiche Energieberatung gilt es nicht nur, eine fundierte Lösung für ein Problem zu erarbeiten, sondern diese Lösung dem Kunden auch als hochwertiges Resultat zu vermitteln.

15.2.2 Entwicklung beruflicher Handlungsfelder in der Energieberatung

Auf der Ebene der Ordnungsmittel legen die Ausgangsgedanken auf didaktischer Makroebene eine größere Verbindlichkeit des Konstruktionsprinzips der Situations- und Handlungsorientierung nahe. Moderne Fort- und Weiterbildungen besitzen hingegen eine handlungsorientierte Struktur und sind durch einen konkreten Bezug zu typischen, beruflichen Arbeitssituationen geprägt.

Abbildung 15.3 Wertschöpfungskette der Energieberatung entlang des Lebenszyklus von Gebäuden

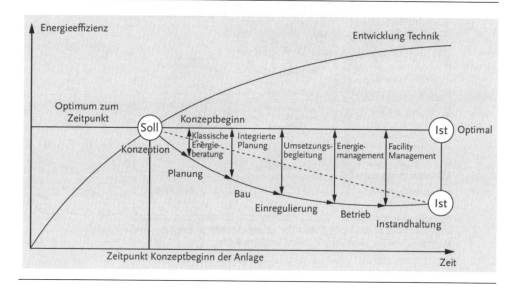

Quelle: Frenz/Marfels 2011, S. 132 [8]

Eine zentrale Erkenntnis der fachwissenschaftlichen Studien zur Energieberatung ist, dass Energieberatung heutzutage mit der Konzepterstellung häufig zu früh aufhört (vgl. Frenz/Marfels 2011) [8]. Klassische Energieberatungsleistungen sind zumeist in der Leistungskette zwischen den Elementen „Marketing, Vertrieb, Akquisition" und „Konzept erstellen" angesiedelt. Viele potenzielle Leistungsangebote entlang der Wertschöpfungskette von Gebäuden (**Abbildung 15.3**) werden dabei nicht berücksichtigt.

In den Bereichen „Konzept erstellen", „Maßnahmen initiieren und Umsetzung begleiten" sowie „Erfolgskontrolle/Inbetriebnahmemanagement" werden kaum an die schon erbrachten Leistungen anknüpfende Beratungsdienstleistungen angeboten, obwohl dort ein großes Marktpotenzial vorliegt. Entlang der Leistungskette für Energieberatungsdienstleistungen und über den gesamten Lebenszyklus von Gebäuden muss ein Gebäudeenergieberater verschiedene berufliche Arbeitsaufgaben erfüllen. Diese sind als Aufgabenkomplexe in den beruflichen Handlungsfeldern vollständig dargestellt (siehe **Abbildung 15.4**).

Abbildung 15.4 Berufliche Handlungsfelder in der Energieberatung entlang der Leistungskette

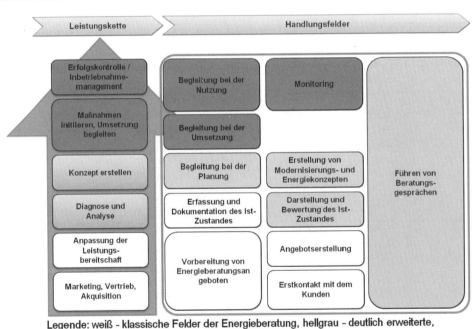

Quelle: eigene Darstellung in Anlehnung an Heinen et al. 2011a, S. 33 [15]

Das „Aufgabenmodell der Energieberatung" (vgl. Möllenhoff/Brunk 2011) [21] mit den daraus folgenden Definitionen unterschiedlicher Typen von Energieberatung bietet eine gute Grundlage für klare Strukturen und Randbedingungen von beruflichen Arbeitsaufgaben und dient als eine fachwissenschaftliche Grundlage zur Erhebung und Strukturierung in Aufgabenkomplexen. Auf Grundlage von Arbeitsprozessanalysen wurden die beruflichen Handlungsfelder entwickelt und in Expertenworkshops validiert (vgl. Heinen et al. 2010b) [14].

Die Handlungsfelder der meisten heutigen Leistungsangebote sind „Darstellung und Bewertung des Ist-Zustandes", „Erfassung und Dokumentation des Ist-Zustandes", „Angebotserstellung", „Erstkontakt mit dem Kunden" und „Vorbereitung von Energieberatungsangeboten". Handlungsfelder, die aus der erweiterten Leistungskette resultieren, sind „Monitoring", „Begleitung bei der Nutzung", „Begleitung bei der Umsetzung" sowie eine Erweiterung der Handlungsfelder „Begleitung bei der Planung", „Erstellung von Modernisierungs- und Energiekonzepten" und „Führen von Beratungsgesprächen". Zur Erhebung und Validierung der Handlungsfelder wurden Arbeitsaufgabenanalysen sowie Expertenbefragungen und -workshops durchgeführt (vgl. Heinen et al. 2010b) [14]. Diese Systematik von beruflichen Handlungsfeldern in der Gebäudeenergieberatung, welche sich auf die gesamte Leistungskette beziehen, wurde durch Expertenworkshops validiert. Die beruflichen Handlungsfelder strukturieren die Arbeitsaufgaben der Energieberater einer Bedarfs- und Situationsorientierung folgend.

Zentrale Tätigkeiten von Energieberatern in den Handlungsfeldern sind dabei beispielsweise Initialberatung, ENEV-Nachweise und Energieausweis, vom Bundesamt für Wirtschaft und Ausfuhrkontrolle (BAFA) geförderte Vor-Ort-Beratung für Wohngebäude, Durchführung von Messungen sowie allgemeine Energieberatung.

Die Erkenntnis, dass viele potenzielle Leistungsangebote nur wenig berücksichtigt werden, impliziert auch eine Ergänzung des heutigen Fort- und Weiterbildungsangebotes, um den Anforderungen des Marktes gerecht werden zu können. Auf dieser Basis erhobene und validierte berufliche Handlungsfelder stellen die Grundlage für einen handlungsorientierten Qualifikationsrahmen in der Energieberatung dar. Dieser Qualifikationsrahmen beinhaltet die Aufgaben eines Energieberaters entlang der gesamten Wertschöpfungskette.

15.2.3 Anforderungen an Gebäudeenergieberater

Zur Bewältigung dieser komplexen Arbeitsaufgaben benötigt ein Energieberater zum Einen gut ausgeprägte fachliche Qualifikationen, zum Anderen eine Vielzahl von Fähigkeiten und Fertigkeiten im Umgang mit Zielkonflikten. Aufgrund der spezifischen Unbestimmtheiten in der Domäne der Energieberatung – Interaktion mit Kunden, Zielkonflikte im Sinne der Nachhaltigkeit, Zugänge aus unterschiedlichen Disziplinen, etc. – wurde eine Studie zur Erhebung dieser Anforderungen ergänzt (vgl. Heinen et al. 2011a; 2011c) [15], [11]. Ziel ist es, die Anforderungen in der Gebäudeenergieberatung differenziert zu erheben und zu beschreiben, um Empfehlungen für die Gestaltung von Curricula und Fortbildungen geben zu können.

Das F-JAS ist ein standardisiertes, eigenschaftsorientiertes Anforderungsanalyseverfahren. Es gilt als erprobtes Standardinstrument zur Untersuchung von Tätigkeiten und dient zur ganzheitlichen Bestimmung relevanter überfachlicher Anforderungen an eine Berufstätigkeitsausführung und kann als Grundlage für Maßnahmen im Bereich der Eignungsdiagnostik, Personalentwicklung und Arbeitsplatzgestaltung herangezogen werden. Referenzstudien zeigen hinreichend reliable Untersuchungsergebnisse auch bereits für kleine Stichproben (vgl. Kleinmann et al. 2010) [17]. Als Beurteiler für das Tätigkeitsfeld gelten dabei Personen mit mehrjähriger Berufserfahrung in der zu untersuchenden Tätigkeit als geeignet.

Mit dem F-JAS können die folgenden 5 Bereiche mit insgesamt 73 Skalen untersucht werden: Kognition (21 Skalen), Psychomotorik (10 Skalen), physische Merkmale (9 Skalen), Sensorik/Wahrnehmung (12 Skalen) und soziale/interpersonelle Fähigkeiten und Fertigkeiten (21 Skalen). Die Anforderungen werden auf einer Skala von 1 (keine Ausprägung) bis 7 (sehr hohe Ausprägung) bewertet. Als Gegenstand der Untersuchung wurden im Rahmen einer Expertenvorauswahl (n=3) die kognitiven sowie sozialen und interpersonellen Anforderungen sowie die Skala Klarheit der Sprache aus dem Bereich Sensorik/Wahrnehmung ausgewählt. Durch die Expertenvorauswahl wurden die weiteren psychomotorischen, physischen und sensorischen Skalen von der Befragung ausgenommen, da bei diesen keine über das normale menschliche Leistungsvermögen hinausgehenden Anforderungen erwartet werden.

Befragt wurden insgesamt 157 Personen, die mit der Tätigkeit als Energieberater vertraut sind und über mehrjährige Berufserfahrung verfügen. Das Alter der Teilnehmer lag zwischen 24 und 71 Jahren. Der Mittelwert liegt bei 49 Jahren. Über 75% der befragten Energieberater war zwischen 40 und 60 Jahren alt. Rund 80% der befragten Teilnehmer waren männlich, 20% weiblich. Die Zusammensetzung der Gruppe der Befragten deckt sich gut mit einer umfassenderen Studie „So sieht der typische Energieberater aus" mit 773 Teilnehmern (vgl. Grossmann 2009) [9].

Die Auswertung der erhobenen Daten ergab, dass alle Anforderungen auf einer Skala von 1 bis 7 durchschnittlich mit Werten größer 4 bewertet wurden und demnach für die Energieberatertätigkeit wichtig sind (**Abbildung 15.5**).

Als wichtigste Anforderungen wurden insgesamt genannt: mündlicher Ausdruck (5,8), Zuverlässigkeit (5,7), schriftliches sowie mündliches Verständnis, Freundlichkeit (alle 5,6), schriftlicher Ausdruck, Vermeiden vorschneller Entscheidungen (jeweils 5,5). Auffällig sind die geringen Schwankungen in der durchschnittlichen Bewertung zwischen den einzelnen Items, mit 26 von 43 Items wurde der Großteil im arithmetischen Mittel größer 4,8 und kleiner 5,3 bewertet (z. B. soziales Feingefühl, Selbstständigkeit, Ordnen von Informationen oder mathematisches Schlussfolgern).

Die recht hohen Standardabweichungen (von 0,9 bis 1,52, durchschnittlich 1,18) legen nahe, dass das exakte Niveau der benötigten Fähigkeiten bei jeder Arbeitsaufgabe fallabhängig schwanken kann, was die hohen Kompetenzanforderungen im Beruf des Energieberaters noch einmal verdeutlicht.

Zur Interpretation der Ergebnisse hinsichtlich ihrer berufspraktischen Bedeutung für die Energieberatung wurden vier Expertenworkshops durchgeführt (**Tabelle 15.1**). Als wichtig eingestufte Skalen wie Originalität, Problemwahrnehmung, deduktives wie induktives Schlussfolgern, Kategorienflexibilität und flexible Prägnanzbildung lassen sich als Anforderungen an Fähigkeiten im Bereich systemischen, breit gefächerten Denkens und Handelns interpretieren. Ein Energieberater sollte also mit komplexen Arbeitszusammenhängen, auftretenden Unbestimmtheiten und Veränderungen umgehen und diese erschließen können.

Abbildung 15.5 Mittelwerte der Skaleneinstufungen der Anforderungen aus dem F-JAS für die Gebäudeenergieberatung

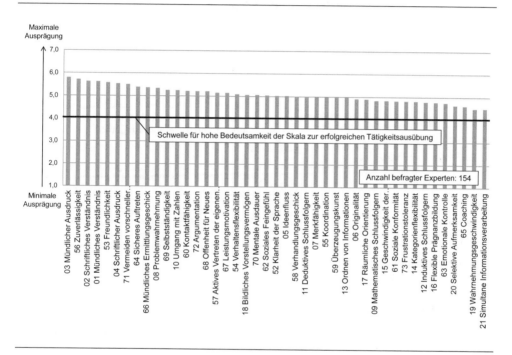

Quelle: Heinen et al. 2011a, S. 39 [15]

Die besondere Bedeutung sozialer Kompetenzen eines Energieberaters erschließt sich beispielsweise aus den als bedeutend bewerteten Skalen soziales Feingefühl, mündliches Ermittlungsgeschick, Verhaltensflexibilität, Frustrationstoleranz, mündlicher und schriftlicher Ausdruck sowie mündliches und schriftliches Verständnis. Energieberater sollten also sozial verantwortlich handeln können und mit Einstellungen, Anforderungen, Denkweisen wie auch Emotionen anderer Menschen verantwortungsvoll umgehen können und die Bedarfe der Interaktionspartner berücksichtigen.

Energieberater sind in hohem Maße für ihr berufliches Handeln eigenverantwortlich und in den meisten Fällen sogar persönlich haftbar. Die hohen Einstufungen u. a. der Skalen Argumentation, Verhandlungsgeschick und Überzeugungskunst deuten darauf hin, dass Energieberater zwar kunden- und dienstleistungsorientiert handeln sollten, aber auch fähig sein sollten, ihren eigenen Standpunkt einzubringen. Auch vor dem Hintergrund der Nachhaltigkeitsidee muss ein Energieberater die dem Kunden empfohlene Lösung vertreten können.

Tabelle 15.1 Zentrale Ergebnisse der Expertenworkshops zur Interpretation der F-JAS Einstufungen für die Energieberatung

Bezug auf Skalen des F-JAS	Bedeutende Kompetenzen für den Energieberater
Originalität, Problemwahrnehmung, deduktives und induktives Schlussfolgern, Kategorienflexibilität und flexible Prägnanzbildung	Problemlösen und Umgang mit Unbestimmtheit: – Problemlösendes Denken und Umgang mit komplexen Arbeitszusammenhängen, Unbestimmtheiten, Veränderungen etc.
soziales Feingefühl, mündliches Ermittlungsgeschick, Verhaltensflexibilität, Frustrationstoleranz, mündlicher und schriftlicher Ausdruck sowie mündliches und schriftliches Verständnis	Soziale Kompetenzen – Interaktion mit Kunden, Geschäftspartnern etc.: – Mit Einstellungen, Anforderungen, Denkweisen wie auch Emotionen der Kunden verantwortungsvoll umgehen – Kunden- und dienstleistungsorientiert handeln
Argumentation, Verhandlungsgeschick, Überzeugungskunst	Vermittlung zwischen eigenem Standpunkt und Kundenwunsch: – Den Kunden an komplexen Entscheidungen beteiligen – Ausgeglichen alle Aspekte der Nachhaltigkeit vor dem Kunden vertreten können

Die erhobenen Daten verdeutlichen das breite Spektrum an gut ausgeprägten Fähigkeiten und Fertigkeiten, die ein Energieberater bei der Ausübung seiner Tätigkeit haben sollte. Für die Entwicklung nachhaltiger Lösungen im Rahmen der Arbeitsaufgaben reichen die reinen fachlichen Kenntnisse nicht aus, ein wesentlicher Bestandteil sind auch die kognitiven sowie sozialen und interpersonellen Fähigkeiten und Fertigkeiten. Soziale und personale Kompetenzen besitzen also für Energieberater eine große Bedeutung zur erfolgreichen Tätigkeitsausübung.

15.2.4 Deckungsanalyse der gewerblich-technischen Ausgangsberufe mit den beruflichen Handlungsfeldern der Gebäudeenergieberatung

Zur differenzierten Betrachtung der mitgebrachten, berufsspezifischen Ausgangsqualifikationen aus den erlernten Berufen für die Tätigkeit als Energieberater wurde im Anschluss an die Ordnungsmittelanalyse des Ist-Zustandes eine Deckungsanalyse mit den entwickelten, beruflichen Handlungsfeldern der Energieberatung durchgeführt.

Für die Deckungsanalyse der beruflichen Handlungsfelder wurden die Inhaltsbereiche der Aufgabenkomplexe nach zwei zentralen Untersuchungskriterien untersucht. Diese Kriterien sind Gebäudeart (Wohngebäude sowie Nicht-Wohngebäude als Neubau oder Bestand) und der Betrachtungszugang für die Energieberatung mit den Merkmalen Gebäudehülle, Technische Gebäudeausstattung (TGA, z. B. Raumheizung, Lüftung, Kälte, Beleuchtung, elektr. Verbraucher, Trinkwarmwasser, Druckluft und Prozesswärme) und kaufmännische Aspekte. Diese Merkmale werden in unterschiedlichen Betrachtungstiefen (Detaillierungsgraden) von einer Übersicht über diese Aspekte, fundierte Fachkenntnisse und Spezialisten-/Expertenkenntnisse abgestuft. Im Fokus der Untersuchung steht dabei nicht die Häufigkeit der Überschneidungen, sondern vielmehr die Genauigkeit, sprich was kann aufgrund der Deckungsgleichheit übernommen werden im Sinne einer direkten Anerkennung.

Als zentrales Unterscheidungskriterium für die Ausgangsberufe haben sich in unseren Studien generell die Aspekte Gebäudehülle und Technische Gebäudeausstattung herausgestellt. Eine zentrale Erkenntnis der Studien ist, dass sich die erlernten Berufe für die Vorqualifizierung auf mittlerer Qualifikationsebene im Wesentlichen in Berufe der Gebäudehülle und Berufe der TGA gruppieren lassen. Nach diesem Kriterium lassen sich die Berufe für eine Weiterbildung in der Energieberatung klar in zwei Gruppen klassifizieren, welche ähnliche Ausgangsqualifikationen mit sich bringen. Unterschiede im Umgang mit der Gebäudehülle hinsichtlich der Gebäudeart sind dabei eher nachgelagert. Bei der TGA stellt sich das Gesamtbild hinsichtlich des Detaillierungsgrades für die einzelnen Ausgangsberufe jedoch deutlich differenzierter dar, hier ist noch einmal verstärkt zwischen den einzelnen Berufen innerhalb der Gruppe zu differenzieren (vgl. Heinen et al. 2011a) [15].

15.3 Konzeptionelle Überlegungen für ein Weiterbildungssystem in der Energieberatung

In diesem Kapitel werden aus den vorgestellten Studien der Qualifikationsforschung Gestaltungsempfehlungen für ein Weiterbildungssystem der Energieberatung aufgezeigt und somit Grundlagen für die notwendigen Standards sowie für die Fort- und Weiterbildungen in der Energieberatung geschaffen.

Eine Vorgehensweise zur Strukturierung der Fort- und Weiterbildungen in der Energieberatung bieten dabei Ansätze der Qualifikations- und Berufsbildungsforschung, wie umfangreiche Ordnungsmittel- und Deckungsanalysen. Als geeignetes curriculares Gestaltungsprinzip für die Fort- und Weiterbildung gilt dabei die Situationsorientierung, anhand derer die beruflichen Arbeitsaufgaben strukturiert in beruflichen Handlungsfeldern beschrieben werden. Über eine Analyse der formalen Qualifikationen ergibt sich also ein erster Zugang zur Strukturierung der Domäne Energieberatung.

Die Gestaltung des nach Niveaustufen differenzierten, modularisierten Qualifikationsrahmens folgt dabei den Kriterien einer modernen Beruflichkeit: Situiertheit und Handlungsorientierung, Prozesslogik (Lösen von konkreten Problemen), Bildung für nachhaltige Entwicklung, Modularisierung, Durchlässigkeit zwischen den Bildungssystemen (vgl. Meyer 2000; 2004) [19], [20].

In die Überlegungen sind auch Erfahrungen aus der Neugestaltung des IT-Weiterbildungssystems Mitte der 90er Jahre eingeflossen (vgl. Heinen et al. 2010a) [13]. Auch dort war die Aus- und Weiterbildungssituation damals strukturell undurchsichtig und wurde in einem vergleichbaren Prozess der Neugestaltung in ein modulares Aus- und Weiterbildungssystem überführt. In der IT-Branche erfolgten dabei eine Ausarbeitung verschiedener Spezialistenprofile und eine spätere Neuordnung dieser. Um Klarheit in die angebotenen Leistungen in der Energieberatung zu bringen, bietet es sich auch in der Energieberatung an, die einzelnen Aufgabenkomplexe/Handlungsfelder als berufliche Leistungsprofile bezogen auf die Ausgangsberufe zu beschreiben und zu bündeln. Ein ähnliches Vorgehen bieten auch Bretschneider et al. (2010) [2] zur Strukturierung von Berufsgruppen. Mittels dieses Verfahrens können dann auch für bestimmte Leistungsprofile ähnliche Voraussetzungen mitbringende Berufe zusammengefasst werden und zielgerichtet Weiterbildungsmöglichkeiten geschaffen werden.

Das Weiterbildungssystem für die Gebäudeenergieberatung bezieht sich auf die Handlungsfelder von Energieberatern und wurde in einer Prozesslogik entwickelt (**Abbildung 15.6**). Ausgehend von einer Differenzierung der heterogenen Ausgangsqualifikationen in Gruppen sollten zunächst allgemeine, aufgabenorientierte Qualifizierungsmodule absolviert werden. Im Anschluss daran folgen spezifische, aufgabenorientierte Qualifizierungsmodule.

Ausgangspunkt für die Entwicklung eines Qualifikationsrahmens sind die heterogenen Ausgangsqualifikationen in der Energieberatung. Die Vielzahl unterschiedlicher Qualifizierungswege mit verschiedenen inhaltlichen Schwerpunktsetzungen kann in einem einheitlichen, situations- und handlungsorientierten Qualifikationsrahmen strukturiert werden. Aufgrund der Deckungsanalyse lassen sich bestimmte Berufsgruppen mit ähnlichen Vorkenntnissen bilden. Eine grobe Unterteilung bietet sich dabei in den Niveaustufen auf mittlerer Qualifikationsebene sowie auf Niveaustufen des akademischen Bereichs. Konsequenz ist zum Einen eine Differenzierung zwischen Berufen auf akademischer Ebene und auf mittlerer Qualifikationsebene, zum anderen eine Gruppierung der Berufe auf mittlerer Qualifikationsebene nach den zwei Gruppen „Gebäudehülle" und „Technische Gebäudeausstattung" sowie einer weiteren Differenzierung nach dem Deckungsgrad in Tiefe und Breite (**Abbildung 15.6**, Ausgangsqualifikationen). Ziel unseres Gestaltungsvorschlages ist es, die drei Bereiche Ausgangsqualifikationen auf mittlerer Qualifikationsebene, Weiterbildungssystem und tertiäre Bildung miteinander zu vernetzen. Die Handlungsfelder besitzen unterschiedlich komplexe Tätigkeitsanforderungen.

Grundlage für eine berufliche Tätigkeit in der Energieberatung sind allgemeine aufgabenorientierte Qualifizierungsmodule (s. **Abbildung 15.6**). Inhalt sollte dabei ein Überblick über die beruflichen Handlungsfelder bezogen auf unterschiedliche Leistungsangebote in der Energieberatung sein (Modul 1: Orientierung, Überblick und Zusammenhänge). Dies ist auch notwendig, um über die eigenen Leistungsangebote hinausgehend eine ganzheitliche Dienstleistung anzubieten und Anschlussperspektiven aufzeigen zu können. In diesem Zusammenhang ist auch eine Vernetzung der unterschiedlichen Gewerke und der verschiedenen Tätigkeitsschwerpunkte wichtig. Dieser Überblick erleichtert die Bildung von sinnvollen Kooperationen untereinander wie auch mit weiteren Geschäftspartnern, insbesondere bei komplexen Arbeitsaufgaben.

Abbildung 15.6 Gestaltungsvorschlag für einen Qualifikationsrahmen der Gebäudeenergieberatung

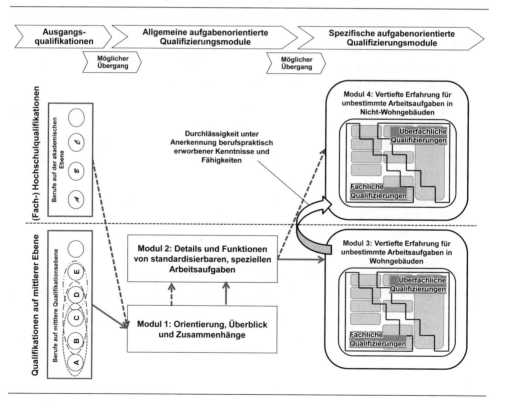

Quelle: Heinen 2011a, S. 45 [15]

Ebenfalls notwendig ist ein Repertoire an standardisierten Qualifikationen (Modul 2: Details und Funktionen von standardisierbaren, speziellen Arbeitsaufgaben), die man bei allen Leistungsangeboten eines Energieberaters benötigt, z. B. die Erfassung und Dokumentation des IST-Zustandes ist sowohl für einen bedarfsabhängigen Energieausweis wie auch für eine umfassende, mit Contracting-Verträgen kombinierte Energieberatung notwendig. Diese Handlungsfelder des beruflichen Tätigkeitsfeldes bestehen zumeist aus Tätigkeiten ohne Zielkonflikte im Gegenstandsbereich. Aufgrund der starken Standardisierbarkeit sind diese Tätigkeitsbereiche eher auf niedrigen Niveaustufen anzusiedeln.

Die meisten Tätigkeiten von Energieberatern sind jedoch durch Zielkonflikte geprägt. Hier wird im Bereich der spezifischen, aufgabenorientierten Qualifizierungsmodule differenziert zwischen zwei Bereichen. Dies ist zunächst der Bereich, der unmittelbar durch informelle oder formale Fort- und Weiterbildungen von Personen der mittleren Qualifikationsebene wahrgenommen werden kann (Bereich der Wohngebäude, Modul 3: Vertiefte Erfahrung für unbestimmte Arbeitsaufgaben in Wohngebäuden). Unmittelbaren Zugang zum Bereich der Nicht-Wohngebäude haben hingegen ausschließlich Energieberater mit einem akademischen Abschluss (Modul 4: Vertiefte Erfahrung für unbestimmte Arbeitsaufgaben in Nicht-Wohngebäuden). Die klare Trennung in Energieberatungen für Wohngebäude und Nicht-Wohngebäude erfolgt aufgrund der sehr unterschiedlichen Komplexität der Arbeitsaufgaben insbesondere im Bereich der Technischen Gebäudeausstattung (Raumheizung, Lüftung, Kälte, Beleuchtung, elektrische Verbraucher, Trinkwarmwasser, Druckluft, Prozesswärme). Die energetische Bewertung der Gebäudehülle ist immer ähnlich und stellt sich auch bei Nicht-Wohngebäuden als vergleichsweise einfach dar.

Aufgrund von beruflichen Erfahrungen im Wohngebäudebereich sollte für die mittlere Qualifikationsebene eine Anerkennung dieser Erfahrungen für eine spätere Zulassung zu Fort- und Weiterbildungen in dem sehr viel komplexeren Teilbereich der Nicht-Wohngebäude möglich sein. Dadurch ergibt sich eine Durchlässigkeit zu den zunächst von Akademikern wahrgenommenen Tätigkeiten.

Wohngebäude sind allgemein recht ähnlich, man kann halbwegs standardisierbare Konzepte entwickeln und die genauen Herangehensweisen immer wieder an die genauen Gegebenheiten anpassen. Die verschiedenen Gebäudetypen (Hochhäuser, Einfamilienhäuser, Geschosswohnungsbauten usw.) sind dabei relativ gut vergleichbar.

Im Bereich der Nicht-Wohngebäude wird v. a. die TGA deutlich komplexer und macht den Großteil des Beratungsumfanges aus. Enorm viel Wissen in Breite und Tiefe ist erforderlich, ebenso viel Erfahrung. Es existieren viele Unsicherheiten im Handeln und es gibt keine standardisierbaren Lösungen. Es gibt hier eine extrem hohe Bandbreite an möglichen Beratungsobjekten. Mögliche Objekte sind z. B. Schlachthof, Kernkraftwerk, Krankenhäuser, Werkshallen, Industrieanlagen, häufig werden Bürogebäude beraten. Auch bei Gebäuden gleicher Nutzung sind dabei jedoch immer wieder vollständig individuelle Konzepte für diese komplexen Konstruktionen notwendig. Es gibt immer neue Bauteile, spezielle Anlagen etc., die energetisch bewertet werden müssen und nicht „einfach" über eine Software oder ein Modell abgebildet werden können.

15.4 Entwicklung von Fort- und Weiterbildungsmodulen

Im Anschluss an die Entwicklung des Qualifikationsrahmens werden Fortbildungsmodule zur Förderung der in den vorhergehenden Kapiteln herausgestellten Kompetenzen von Energieberatern entwickelt. Im Folgenden wird beispielhaft ein Fortbildungsmodul für Arbeitsaufgaben im Rahmen der BAFA-geförderten Vor-Ort-Beratung vorgestellt.

Für die Entwicklung von Qualifizierungsmodulen für die Vor-Ort-Beratung folgt aus den Ergebnissen der Erhebung der Fähigkeiten und Fertigkeiten, dass eine besondere didaktische Herausforderung darin besteht, gezielt situiert anhand typischer, beruflicher Arbeitsaufgaben neben der Fachkompetenz auch eine große Bandbreite sozialer und personaler Kompetenzen zu fördern. Zur Verknüpfung der notwendigen Kompetenzentwicklung mit den skizzierten Herausforderungen bieten der Konstruktivismus und konstruktivistische Lehrmethoden einen guten Ansatz (vgl. Dubs 1995) [6]. Zur Kompetenzförderung wurden entsprechende Aufgaben entwickelt und in Workshops erprobt (vgl. Frenz et al. 2010) [7]. Diese dienen als didaktische Grundlage für Qualifizierungsmodule zur Vor-Ort-Beratung.

In den dazu entwickelten Modulen werden die Teilnehmer in konkreten Beratungssituationen mit typischen Aufgaben eines Energieberaters konfrontiert und sollen eine technisch korrekte und zugleich nachhaltig ausbalancierte Lösung für einen fiktiven Kunden entwickeln (vgl. Heinen et al. 2011b; 2011c) [11], [10]. Eine zentrale Arbeitsaufgabe bei Vor-Ort-Beratungen ist die Aufnahme und Bewertung von Daten zur Gebäude- und Heizungsanlage sowie die Entwicklung von konkreten Vorschlägen zur Energieeinsparung und einer Darstellung des zu erwartenden Soll-Zustandes.

Ein Beispiel für eine Aufgabe, die in diesem Zusammenhang eingesetzt werden kann, ist die Entwicklung eines energetisch optimierten Heizungskonzeptes für ein Einfamilienhaus in einem Gebiet, in dem aufgrund vorliegender hoher Emissionsbelastungen möglicherweise eine Umweltzone eingeführt werden muss (**Abbildung 15.7**).

Bislang ist das Haus mit einem veralteten Gasboiler ausgestattet. Die Stadt ist u. a. als Kurort für den Tourismus attraktiv. Die Herausforderung der Aufgabe besteht darin, die möglichen technischen Lösungen, jede mit individuellen Vor- und Nachteilen, mit den konträren Interessen der beteiligten Interaktionspartner (Mieter, Hausbesitzer, Stadt usw.) und ortsspezifischen Gegebenheiten (z. B. Bedeutung als Kurort) gegeneinander abzuwägen. Fördermöglichkeiten, z. B. durch das BAFA, sind zu berücksichtigen. Aufgrund der Aufgabenstellung und der Modulstruktur (s. u.) werden dabei wichtige Kompetenzen zur Interaktion gefördert, u. a. in den Aspekten der F-JAS-Skalen „Vermeiden vorschneller Entscheidungen", „Aktives Vertreten der eigenen Meinung", „Mündliches Ermittlungsgeschick", „Schriftliches Verständnis" sowie „Problemwahrnehmung".

Die Teilnehmer erarbeiten zunächst ihre eigenen, individuellen Lösungen und diskutieren anschließend ihre Vorschläge in Arbeitsgruppen. Mittels einer Strukturlegetechnik formulieren die Gruppen stichpunktartig ihre zentralen Gedanken und präsentieren ihre gemeinsame Lösung als ein strukturiertes Karten-Pfeil-Netzwerk, aus dem für den Lösungsvorschlag Wirkungszusammenhänge, Zweck-Mittel-Beziehungen und allgemeine Denkstrukturen deutlich werden. Über diese Darstellungsform kann die entwickelte Lösung bewertet werden.

In den moderierten Diskussionen und bei der Entwicklung der Lösungsnetzwerke erkannten die Teilnehmer, dass zur Entwicklung von nachhaltigen Lösungen eine Vielzahl verschiedener Aspekte berücksichtigt und gegeneinander abgewogen werden müssen. Die durchdachten Lösungsvorschläge der Teilnehmer zeigen den Erfolg der angestrebten Kompetenzentwicklung. Ebenso stieg die Qualität der Lösungen mit der Zahl bearbeiteter Aufgaben.

Abbildung 15.7 Beispiel für ein durchgeführtes Fortbildungsmodul in der Vor-Ort-Beratung

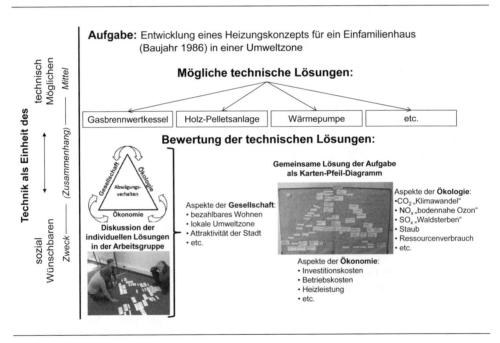

Literatur

[1] Böhle, F. (2006): Typologie und strukturelle Probleme von Interaktionsarbeit, in: Böhle F./Glaser, J. (Hrsg.): Arbeit in der Interaktion – Interaktion als Arbeit, 1.Aufl., Wiesbaden, S. 325-347.
[2] Bretschneider, M./Grunwald, J./Zinke, G. (2010): Wie entwickelt man eine Berufsgruppe – ein mögliches Strukturkonzept, in: Berufsbildung in Wissenschaft und Praxis, Vol. 39, 4, S. 12-15.
[3] Buchmann, U. (2006): Empirische Qualifikationsforschung und ihr Beitrag zur Curriculumkonstruktion. Eine Kommentierung deutschsprachiger Literatur, in: Pätzold, G./Rauner, F. (Hrsg.): Qualifikationsforschung und Curriculumentwicklung: ZBW, Beiheft 19, Stuttgart, S. 235-255.
[4] De Haan, G. (2010): The development of ESD-related competencies in supportive institutional frameworks, in: International Review of Education, Vol. 56, 2-3, S. 199-206.
[5] De Haan, G./Bormann, I./Leicht, A. (2010): The midway point of the UN Decade for Education for Sustainable Development: current research and practice in ESD, in: International Review of Education. Vol. 56, 2-3, S. 199-206.
[6] Dubs, R. (1995): Konstruktivismus: Einige Überlegungen aus der Sicht der Unterrichtsgestaltung, in: Zeitschrift für Pädagogik, Vol. 41, 6, S. 889-903.
[7] Frenz, M./Djaloeis, R./Heinen, S./Schlick, C. (2010): Development of Energy Consulting Competence by Solving Dilemma Situations with Structure Formation Techniques, in: Proceedings of the 1st UPI International Conference on Technical and Vocational Education and Training, Vol. I, No. 1 „Competence Development for the World of Work and for Sustainable Development", Bandung, Indonesia, S. 216-225.
[8] Frenz, M./Marfels, K. (2011): Professionalisierung der Dienstleistung in der Energieberatung. Strategien auf individueller und organisatorischer Ebene, in: Gatermann, I./Fleck, M. (Hrsg.): Mit Dienstleistungen die Zukunft gestalten, 1.Aufl., Frankfurt am Main/New York, S. 131-139.
[9] Grossmann, B. (2009): So sieht der typische Energieberater aus, in: Der Gebäude Energieberater, 9, S. 12-15.
[10] Heinen, S./Djaloeis, R./Frenz, M./Schlick, C. (2011b): Curriculum Development, Design and Qualification Concepts in Vocational and Further Education for Energy Consulting Services, in: Gómez Chova, L./Martí Belenguer, D./López Martínez, A. (Hrsg.): Proceedings of the 3rd International Conference on Education and New Learning Technologies (EDULEARN11) Conference, Barcelona, Spanien, S. 4305-4314.
[11] Heinen, S./Djaloeis, R./Frenz, M./Schlick, C. (2011c): Erhebung, Förderung und Messung der Fähigkeiten und Fertigkeiten von Gebäudeenergieberatern bei der Vor-Ort-Beratung für die Qualifikationsforschung, in: Gesellschaft für Arbeitswissenschaft e.V. (Hrsg.): Mensch, Technik, Organisation – Vernetzung im Produktentstehungs- und -herstellungsprozess, 57. Kongress der Gesellschaft für Arbeitswissenschaft vom 23. bis 25. März 2011 in Chemnitz/Dortmund, S. 865-868.
[12] Heinen, S./Frenz, M.(2009): Beruflichkeit in der Energieberatung – Eine Analyse der curricularen Strukturen, in: Fenzl, C./Spöttl, G./Howe, F./Becker, M. (Hrsg.): Berufsarbeit von morgen, 1. Aufl., Bielefeld, S. 370-375.
[13] Heinen, S./Frenz, M./Djaloeis, R./Schlick, C. (2010a): Gestaltung von Übergängen zwischen mittlerer Qualifikationsebene und Hochschule – Überlegungen zur Entwicklung eines Weiterbildungssystems in der Gebäudeenergieberatung, in: bwp@, 19, URL: http://www.bwpat.de/ausgabe19/heinen_etal_bwpat19.pdf [Stand 20. September 2011].
[14] Heinen, S./Frenz, M./Djaloeis, R./Schlick, C. (2010b): Vocational Training Concepts and Fields of Activities of Energy Consulting in Germany, in: Proceedings of the 1st UPI International Conference on Technical and Vocational Education and Training, Vol. I, No. 1 „Competence Development for the World of Work and for Sustainable Development", Bandung, Indonesia, S. 262-270.
[15] Heinen, S./Frenz, M./Djaloeis, R./Schlick, C. (2011a): Analytische und konzeptionelle Überlegungen für Fort- und Weiterbildungen in der Gebäudeenergieberatung – Reflexion ausgewählter Studien der Qualifikationsforschung auf Basis berufsbiografischer Studien des Energieberaters Martin Kranz, in: Frenz, M./Unger,T./Schlick,C. (Hrsg.): Moderne Beruflichkeit – Untersuchungen in der Energieberatung, 1. Aufl., Bielefeld, S. 23-48.

[16] Huisinga, R. (2005): Curriculumforschung, in: Rauner, F. (Hrsg.): Handbuch Berufsbildungsforschung, 1.Aufl., Bielefeld, S. 350-357.
[17] Kleinmann, M./Manzey, D./Schumacher, S./Fleishman, E. A. (2010): Fleishman-Job Analyse System für eigenschaftsbezogene Anforderungsanalysen – Manual, 1.Aufl., Göttingen.
[18] KMK (2007): Handreichungen für die Erarbeitung von Rahmenlehrplänen der Kultusministerkonferenz (KMK) für den berufsbezogenen Unterricht in der Berufsschule und ihre Abstimmung mit Ausbildungsordnungen des Bundes für anerkannte Ausbildungsberufe, Bonn.
[19] Meyer, R. (2000): Qualifizierung für moderne Beruflichkeit, 1.Aufl., Münster.
[20] Meyer, R. (2004): Entwicklungstendenzen der Beruflichkeit – neue Befunde aus der industriesoziologischen Forschung, in: Zeitschrift für Berufs- und Wirtschaftspädagogik, Vol. 100, 3, S. 348–354.
[21] Möllenhoff, N./Brunk, M. (2011): Anforderungen und Erwartungen an eine Energieberatung: fachwissenschaftliche Annäherung auf die Frage, ob ein Bauzeichner und Bauhandwerker ein guter Energieberater sein kann, in: Frenz, M./Unger, T./Schlick, C. (Hrsg.): Moderne Beruflichkeit – Untersuchungen in der Energieberatung, 1.Aufl., Bielefeld, S. 49-58.
[22] Rauner, F. (2005): Qualifikations- und Ausbildungsordnungsforschung, in: Rauner, F. (Hrsg.): Handbuch Berufsbildungsforschung, 1. Aufl., Bielefeld, S. 240-246.
[23] Reetz, L./Seyd, W. (2006): Curriculare Strukturen beruflicher Bildung, in: Arnold, R./Lipsmeyer, A.: Handbuch der Berufsbildung, 2. überarbeitete und aktualisierte Aufl., Wiesbaden, S. 227-259.
[24] UNESCO (2010): Education for Sustainable Development, URL: http://www.unesco.org/en/esd/ [Stand 22. September 2010].

16 Kompetenzdiagnose in der Energieberatung

Raymond Djaloeis

16.1	Einleitung	305
16.2	Energieberatung als Branche	306
16.3	Kompetenzmodell der Energieberatung	306
16.3.1	Erhebung und Validierung von Aufgabenkomplexen in der Energieberatung	307
16.3.2	Arten der Kompetenz	309
16.3.3	Niveaustufen des Reflexionsmodus	309
16.4	Konzept für die Kompetenzdiagnostik in der Energieberatung	310
16.4.1	Entwicklung von „Trilemma-Aufgaben der Nachhaltigkeit"	310
16.4.2	Erarbeitung von Referenzlösungen	311
16.4.3	Datenerhebung	313
16.4.4	Kompetenzdiagnose: Bewertung der erhobenen Daten	314
16.5	Fazit und Ausblick	316
Literatur		318

Dipl.-Wirt.-Ing. Raymond Djaloeis, RWTH Aachen, Lehrstuhl und Institut für Arbeitswissenschaft

16.1 Einleitung

Die Domäne der Energieberatung ist aus Perspektive der Dienstleistungs- und Professionsforschung ein noch weitgehend unerforschtes Feld. In dieser volatilen Branche bestehen kaum verwertbare Vorarbeiten.

Es existiert keine Qualifikationsforschung, in der die Anforderungen und Aufgaben einer Energieberaterin bzw. eines Energieberaters adäquat beschrieben sind, und die Curricula in der Fort- und Weiterbildung beschreiben hingegen ausschließlich eine zusammengestellte Auswahl von Inhalten aus unterschiedlichen Branchen und Disziplinen. Die Bezeichnung „Energieberaterin" bzw. „Energieberater" ist gesetzlich nicht geschützt, es fehlen verbindliche Standards, und heterogene Ausgangsqualifikationen erschweren es Energieberaterinnen bzw. Energieberatern, die eigene Energieberaterkompetenz einzuschätzen. Ihre i. d. R. hohe Kompetenz im ursprünglichen Facharbeiterinnen- bzw. Facharbeiterberuf spiegelt sich nur teilweise in der Qualität der Energieberatungsdienstleistungen wider, weil diese nicht in unmittelbarem Zusammenhang zum Ausgangsberuf stehen.

Eine Strategie, um die Qualität von Energieberatungen zu sichern, ist die Entwicklung eines Instruments zur Kompetenzdiagnose in einschlägigen Aufgabenkomplexen. Hiermit können Energieberaterinnen bzw. Energieberater ihre Kompetenzen besser einschätzen. Durch diese Diagnose können sie ihre jeweiligen Stärken und Verbesserungspunkte erkennen und ihr Potenzial besser durch gezielte Fort- und Weiterbildung umsetzen. Durch dieses Instrument kann die Qualität von Energieberatungsdienstleistungen gesichert und ein Beitrag zur Orientierung für Energieberaterinnen bzw. Energieberatern in einer volatilen, mit wenig Standards versehenen Branche gegeben werden.

Im ersten Abschnitt („Energieberatung als Branche") wird die Branche der Energieberatung beschrieben, um Konsequenzen für die Kompetenzmodellierung aufzeigen zu können. Im folgenden Teil („Kompetenzmodell der Energieberatung") werden ein Kompetenzmodell für die Energieberatung entwickelt und die drei Dimensionen des Modells erläutert: Aufgabenkomplexe der Energieberatung, Kompetenzarten sowie Niveaustufen des Reflexionsmodus bezogen auf die Umsetzung der Grundsätze der Bildung für Nachhaltige Entwicklung. Im dritten Abschnitt („Konzept für die Kompetenzdiagnostik in der Energieberatung") wird ein konkretes Diagnosekonzept vorgestellt. Zentral ist hierbei die Entwicklung situationsbezogener Items zur Diagnose der Problemlösefähigkeit in typischen Energieberatungssituationen. Dazu werden sogenannte „Trilemma-Aufgaben der Nachhaltigkeit" entwickelt, die eine Energieberaterin bzw. ein Energieberater sowohl sach- und fachgerecht als auch im Sinne einer Bildung für Nachhaltige Entwicklung zu bearbeiten hat. Schließlich („Fazit und Ausblick") wird im Abschnitt 16.5 ein Ausblick auf künftige Forschungsaktivitäten gegeben.

16.2 Energieberatung als Branche

In der Dienstleistung der Energieberatung fehlen verbindliche Standards, und Anbieter von Energieberatungsdienstleistungen auf der mittleren Qualifikationsebene können z. T. ihre hohe Kompetenz im ursprünglichen Facharbeiterinnen- und Facharbeiterberuf nicht in den Energieberatungsdienstleistungen umsetzen, weil diese nicht im unmittelbaren Zusammenhang zur Ausgangsqualifikation steht. Die Energieberatungsdienstleistung ist als Interaktionsarbeit mit vielen Unsicherheiten identifiziert worden, für die es verschiedene Gründe gibt:

1. Energieberaterinnen bzw. Energieberater sollten im Sinne einer Bildung für Nachhaltige Entwicklung der UNESCO (2005) [9] nachhaltig handeln, d. h. zwischen ökonomischer Leistungsfähigkeit, ökologischer Verträglichkeit und sozialer Verantwortung abwägen. Das Ausbalancieren dieser Nachhaltigkeitsdimensionen führt oft zu Widersprüchen.

2. Auch innerhalb derselben Nachhaltigkeitsdimension gibt es z.T. sich widersprechende Indikatoren: Z. B. würde ein ökologisches Heizungskonzept, welches auf niedrigen CO_2-Ausstoß optimiert ist, anders konzipiert sein als eines mit niedrigem Staubausstoß.

3. Energieberatung bedeutet eine Beratungsarbeit, d. h. das Erfassen und Ausbalancieren von Zielen und Interessen aller beteiligten Parteien. Diese dynamische Interaktionsarbeit führt dazu, dass die gewählte Handlungsstrategie und der Ausgang der Interaktion kaum planbar sind.

4. Energieberaterinnen bzw. Energieberater stammen aus unterschiedlichen Gewerken, so dass zur selben Situation verschiedene Zugänge gewählt werden können.

Eine Kompetenzdiagnostik in dieser volatilen Dienstleistungsbranche muss die o. g. Unsicherheiten berücksichtigen. Deshalb wurde ein Kompetenzmodell für die Energieberatung entwickelt, welches die Reflexion in „unbestimmten" Situationen fokussiert, strikt bezogen auf das „Trilemma" der Nachhaltigkeit.

16.3 Kompetenzmodell der Energieberatung

Um die durch Unsicherheit verursachten fach- und sachgerechten Herausforderungen in der Energieberatungsdienstleistung lösen zu können, sind spezifische Kompetenzen zu entwickeln. Energieberaterinnen bzw. Energieberater sollten in der Lage sein, in Aufgabenkomplexen der Energieberatung die o.g. Unsicherheiten und offenen Zielkonflikten abzuwägen, Entscheidungen zu fällen und entsprechend handeln zu können.

Die Professionstheorie von Schütze geht davon aus, dass Bearbeiten und Reflexion von Situationen, die paradoxe und unvereinbare Anforderungen stellen, professionelles Handeln erfordern (vgl. Schütze 1996, S. 190ff.) [12]. Das für die Diagnose von Energieberatungskompetenz entwickelte Modell umfasst deswegen drei Dimensionen: Aufgabenkomplexe in der Energieberatung, Kompetenzarten und Niveaustufen des Reflexionsmodus bezogen auf die Umsetzung der Grundsätze der Bildung für Nachhaltige Entwicklung (vgl. UNESCO 2005) [9].

Abbildung 16.1 Kompetenzmodell der Energieberatung

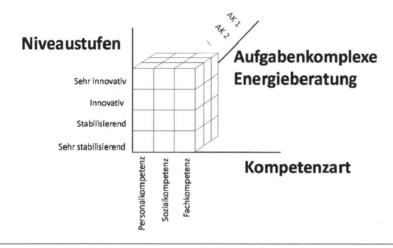

Quelle: Djaloeis et al. 2010 [1]

Letztere sagen aus, ob eine Energieberaterin bzw. ein Energieberater die Zielkonflikte in einschlägigen Beratungssituationen stabilisierend (d. h. durch Komplexitätsreduktion) oder innovativ (d. h. durch Perspektivenerweiterung) reflektiert hat. Auf diese Weise können Rückschlüsse auf die Professionalität gezogen werden. Diese Dimensionen werden im Folgenden detailliert erklärt.

16.3.1 Erhebung und Validierung von Aufgabenkomplexen in der Energieberatung

Energieberatungsdienstleistungen existieren bisher nur als zusammengestellte Auswahl von Fachinhalten aus unterschiedlichen Branchen und Disziplinen, die untereinander wenig verbunden sind. Um einen wissenschaftlichen Ansatz für die Kompetenzdiagnose zu schaffen, wurden die zentralen Aufgabenkomplexe in der Energieberatung erhoben und validiert. Zuerst wurden die Anforderungen an Energieberaterinnen und Energieberater auf mittlerer Qualifikationsebene in Form von Aufgabenkomplexen erhoben. Vorarbeiten dazu existieren kaum, da u. a. diese Branche wenig standardisiert ist (vgl. Lüneberger/Frenz 2009) [4].

Abbildung 16.2 Aufgabenkomplexe in der Energieberatung

```
Leistungskette (von unten nach oben):
- Marketing, Vertrieb, Akquisition
- Anpassung der Leistungsbereitschaft
- Diagnose und Analyse
- Konzept erstellen
- Maßnahmen Initiieren, Umsetzung begleiten
- Erfolgskontrolle / Inbetriebnahmemanagement

Weitere Aufgabenkomplexe:
- Vorbereitung von Energieberatungsangeboten
- Darstellung und Bewertung des Ist-Zustandes
- Begleitung bei der Planung
- Begleitung bei der Umsetzung
- Begleitung bei der Nutzung

- Erstkontakt mit dem Kunden
- Angebotserstellung
- Erfassung und Dokumentation des Ist-Zustandes
- Erstellung von Modernisierungs-/Energiekonzepten
- Monitoring

- Führen von Beratungsgesprächen
```

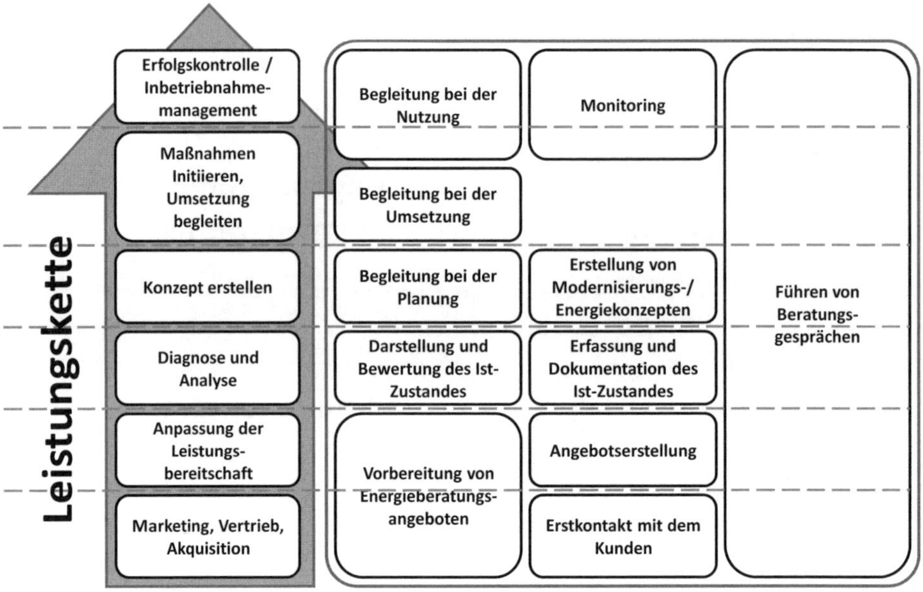

Quelle: Heinen et al. 2010 [5]

Zur Erhebung und Validierung der Aufgabenkomplexe wurden eine Ordnungsmittelanalyse sowie Expertenbefragungen und -workshops durchgeführt. Die erhobenen Aufgabenkomplexe wurden entlang der vollständigen Wertschöpfungskette eingeordnet (vgl. **Abbildung 16.2**; Heinen et. al. 2010) [5], wobei neue Anforderungen berücksichtigt werden, die sich in einer erweiterten Leistungskette für Energieberatungsdienstleistungen wiederfinden. Klassische Energieberatungsleistungen sind zumeist in der Leistungskette zwischen den Elementen „Marketing, Vertrieb, Akquisition" und „Konzept erstellen" angesiedelt. Viele potenzielle Leistungsangebote sind damit unberücksichtigt: Hierzu gehören insbesondere die Aufgabenkomplexe „Begleitung bei der Nutzung", „Begleitung bei der Umsetzung" und „Monitoring". Hier liegt ein großes Marktpotenzial vor.

Es ergab sich, dass diese Aufgabenkomplexe in der Energieberatung auf mittlerer Qualifikationsebene untypisch für traditionelle Berufsfelder sind. Energieberaterinnen und Energieberater werden viel öfter mit Zielkonflikten konfrontiert als in ihren Ausgangsberufen, insbesondere im Hinblick auf das „Trilemma der Nachhaltigkeit".

16.3.2 Arten der Kompetenz

Hinsichtlich der Kompetenzarten wird in diesem Beitrag aufgrund des Subjekt-Objekt-Bezuges zwischen personalen, sozialen und fachlichen Kompetenzen differenziert (vgl. Erpenbeck/von Rosenstiel 2003) [2]:

1. Personalkompetenz ist definiert als die Disposition eines Individuums, reflexiv und selbstorganisiert zu handeln, auch bezogen auf die Entwicklung seiner eigenen Talente und Fähigkeiten,
2. Sozialkompetenz wird beschrieben als die Fähigkeit, kooperativ und konstruktiv mit verschiedenen Individuen zum wechselseitigen Vorteil zu handeln,
3. Fachkompetenz ist definiert als die Fähigkeit, abstrakte, objektbezogene Probleme zu lösen, Wissen sinnorientiert einzusetzen und selbständig Lösungen zu entwerfen.

Während der folgenden Entwicklung eines Diagnoseinstrumentes (vgl. 16.4) wird nicht der Anspruch erhoben, alle Kompetenzarten der aufgezeigten Struktur erheben und bewerten zu können. Fokussiert wird im Folgenden die Diagnose von Fachkompetenz. Dabei stellt die Itementwicklung zur Erhebung und Diagnose der Problemlösekompetenz den Schwerpunkt dar (vgl. Nickolaus et al. 2009) [5].

16.3.3 Niveaustufen des Reflexionsmodus

Ein Diagnoseinstrument für Energieberatungskompetenz sollte zudem Aussagen zur bewussten Bearbeitung der antizipierten Zielkonflikte und zur reflektierten Auswahl einer „bestmöglichen" Lösung machen. Die Professionstheorie geht davon aus, dass Bearbeiten und Reflexion von Situationen, die paradoxe und unvereinbare Anforderungen stellen, professionelles Handeln erfordern (vgl. Schütze 1996, S. 190ff.) [12].

Diese Feststellung führt zur dritten Dimension des Kompetenzmodells, eines Reflexionsmodus (vgl. Tiefel 2004) [14], **s. Tabelle 16.1**, in unterschiedlichen Niveaustufen, strikt bezogen auf die Umsetzung der Grundsätze der Bildung für Nachhaltige Entwicklung. Es wird erhoben und bewertet, ob eine Energieberaterin bzw. ein Energieberater die Zielkonflikte in einschlägigen Beratungssituationen stabilisierend (d. h. durch Komplexitätsreduktion) oder innovativ (d. h. durch Perspektivenerweiterung) reflektiert. Auf diese Weise können Rückschlüsse auf die Professionalität gezogen werden.

In einer ersten Phase der Bearbeitung empfiehlt sich in der Energieberatung ein innovativer Reflexionsmodus, so dass alle fachlichen Details, Interessen aller Stakeholder, alle möglichen Szenarien etc. in aller Tiefe beleuchtet und daraus die bestmögliche Lösung erarbeitet werden kann. In einer späteren Bearbeitungsphase ist ein stabilisierender Reflexionsmodus erforderlich, da aufgrund der Komplexität und Menge der Daten die Fragestellungen eher auf das Wesentliche reduziert werden müssen, um handlungsfähig zu bleiben.

Tabelle 16.1   Reflexionsmodi und ihre Zusammensetzung

Reflexionsmodus	Reflexionsfokus	Reflexionswissen
Sehr innovativ	Flexibel/komplexer Fokus: parallele Integration verschiedener Perspektiven	Reflexives Wissen: Kreative Nutzung von Konstruktionsprinzipien zur Schaffung neuer Lösungen
Innovativ	Relationaler Fokus: sequenzielle Berücksichtigung verschiedener Perspektiven	Strukturwissen: Bewusstes Wissen und Adaptation von Konstruktionsprinzipien
Stabilisierend	Hierarchischer Fokus: Bevorzugung einer Perspektive	Regelwissen: Situationale Adaptation bereits bekannter Lösungen
Sehr stabilisierend	Dominanter Fokus: Ausschließliche Betrachtung einer einzigen Perspektive	Rezeptwissen: Starre Anwendung bereits bekannter Lösungswege

Quelle: Tiefel 2004 [8]

16.4 Konzept für die Kompetenzdiagnostik in der Energieberatung

16.4.1 Entwicklung von „Trilemma-Aufgaben der Nachhaltigkeit"

Zentrale Idee der Diagnose ist es, nicht einzelne Wissensbestandteile abzufragen, sondern stattdessen einen holistischen Ansatz zu verfolgen. Um aus diesem theoretischen Modell ein konkretes Assessment für Energieberatungsdienstleistungen zu entwerfen, wurden einschlägige Beratungssituationen entwickelt, in der diese Unsicherheiten i. S. einer kompetenten, nachhaltigen und reflektiert-professionellen Lösung von Energieberaterinnen bzw. Energieberatern bearbeitet werden. Sie sollen ein „Trilemma" zwischen ökonomischen, ökologischen und sozialen Anforderungen abwägen, die sogenannten „Trilemma-Aufgaben der Nachhaltigkeit".

Unter „Trilemma-Aufgaben der Nachhaltigkeit" werden in diesem Beitrag realitätsnahe Energieberatungssituationen mit Fokus auf o. g. Zielkonflikten verstanden, die insb. aus dem Trilemma von ökonomischen, ökologischen und sozialen Anforderungen entstehen. Zu diesen Aufgaben erstellten Experten der Energieberatung „Referenzlösungen" zur Bewertung, speziell bzgl. der Umsetzung von ökonomischen, ökologischen und sozialen Anforderungen. Eine dieser Aufgabenstellungen lautet (Auszug aus der Trilemma-Aufgabe „Aachen", vgl. Djaloeis et al. 2010, S. 257f.) [1]:

> „Die Grenzstadt Aachen ist zurzeit eine Stadt ohne Umweltzone, in der die Grenzwerte der Luftschadstoffe gerade eben erfüllt sind. Ein in der Innenstadt liegendes Einfamilienhaus soll energetisch optimiert werden, ein typisches freistehendes Einfamilienhaus Baujahr 1986 mit rund 200 m² Wohnfläche. Das Haus wird aktuell mit einem Gasstandardkessel von 1986 beheizt, der ersetzt werden soll. Der Kunde will, dass sich die Maßnahme in akzeptabler Zeit rentiert. Wägen Sie die ökonomischen, ökologischen und gesellschaftlichen Aspekte gemäß einer Bildung für Nachhaltige Entwicklung ab! Welche Heizungsart empfehlen Sie?"

Ziel der Trilemma-Aufgaben der Nachhaltigkeit ist es, eine Kompetenzdiagnose durchzuführen, indem die subjektive Theorie der Probandinnen bzw. Probanden bezogen auf das Problem erhoben wird (vgl. Scheele/Groeben 1988) [11]. Hierbei sind nicht nur technische, sondern auch nicht-technische Gedanken (Gewohnheiten, Anwendungswissen, Werte etc.) relevant. Durch die Erhebung der subjektiven Theorie wird ein ganzheitlicher Blick auf die Gedankenstrukturen eines Energieberaters gewonnen, so dass die Bewertung seiner Lösung der Komplexität der Branche gerecht wird. Hierdurch können nicht nur Aussagen über die Kompetenz, sondern auch über das professionelle Handeln in einschlägigen Aufgabenkomplexen der Energieberatungsdienstleistung getroffen werden.

16.4.2 Erarbeitung von Referenzlösungen

In Workshops mit erfahrenen Energieberaterinnen bzw. Energieberatern wurden diverse Trilemma-Aufgaben bearbeitet, Referenzlösungen als Bewertungsgrundlage herausgearbeitet und Items bzw. Indikatoren für die Bewertung entwickelt, insb. zur Umsetzung von ökonomischer Leistungsfähigkeit, ökologischer Verträglichkeit und sozialer Verantwortung. Folgende Items bzw. Indikatoren sind als relevant für die Bewertung der Trilemma-Aufgabe „Aachen" identifiziert worden:

- Ökonomie: Jährliche Kosten, Investitionskosten der Heizung, Investitionskosten für die Gebäudehülle, Förderung der Maßnahmen;
- Ökologie: CO_2-Ausstoß, NO_x-Ausstoß, SO_x-Ausstoß, Staubausstoß, Ressourcenverbrauch;
- Gesellschaft: Lokale Wirtschaft, Tourismus, Luftqualität, Vermeidung der Umweltzone, Unabhängigkeit von Rohstoffimporten.

Aus dem reflektierten Abwägen zwischen diesen z. T. widersprüchlichen Items können Aussagen zum Reflexionsmodus und zur Professionalität getroffen werden.

Der Gedankengang der Referenzlösung für die Trilemma-Aufgabe „Aachen" beginnt damit, dass zuerst das Einfamilienhaus unbedingt die Grenzwerte für Feinstaub, CO_2 sowie

Stick- und Schwefeloxide einhalten muss, damit keine Umweltschutzzone notwendig wird. Dies würde den regen Benelux-Tourismus der Grenzstadt Aachen treffen, womit ein signifikanter gesellschaftlich-ökonomischer Schaden entstünde.

Bevor über ein Heizungskonzept nachgedacht wird, muss die Dämmung verbessert werden. Die aus dem Jahr 1986 stammenden Fenster und Dachpartien müssen modernisiert werden, aber eine Komplettsanierung wäre zu teuer. Im betreffenden Einfamilienhaus gibt es grundsätzlich drei mögliche Heizungskonzepte: einen Gasbrennwertkessel, einen Holzpelletkessel sowie eine Wärmepumpe. Preislich sind alle ähnlich günstig.

Der Gasbrennwertkessel benutzt einen fossilen Rohstoff und erzeugt hohe Emissionen, speziell CO_2. Der Holzpelletkessel nutzt einen nachwachsenden Rohstoff (Holz) und verursacht kaum CO_2-Emissionen, aber leidet unter extremem Feinstaubausstoß (3000% über Umweltzonen-Limit), der auch mit einem Staubfilter nicht genügend zu mindern ist. Eine Wärmepumpe benötigt hochwertige Dämmung, um ökologisch und ökonomisch effizient zu arbeiten. Dies würde eine Komplettsanierung des bereits 25 Jahre alten Hauses bedeuten, was aber finanziell nicht anzuraten ist.

Keines der drei Heizungskonzepte ist optimal. Um das beste Konzept zu finden, wird die jeweilige Umsetzung des Nachhaltigkeitsgedankens durch eine dreikantige „Pyramide der Nachhaltigkeit" visualisiert (**s. Abbildung 16.3**), in der jede Kante jeweils Ökonomie, Ökologie sowie Gesellschaft repräsentiert. Für jeden Lösungsansatz werden für die Erfüllung der Items bzw. Indikatoren zu den drei Nachhaltigkeitsdimensionen Schulnoten (von „sehr gut" bis „ungenügend") gebildet und durch einen Punkt auf der jeweiligen Kante der Pyramide repräsentiert. Ein Gasbrennwertkessel mit solarer Warmwasserunterstützung (Zusatzkosten, mindert aber signifikant den CO_2-Ausstoß) ist als wahrscheinlich bester Kompromiss identifiziert worden.

In **Abbildung 16.3** wird für jedes der vier beschriebenen Heizungskonzepte die Pyramide der Nachhaltigkeit gezeigt, die die von den Energieberaterinnen bzw. Energieberatern gegebenen Schulnoten der Referenzlösung widerspiegelt. Hierbei zeigt es sich, dass der Gasbrennwertkessel mit solarer Warmwasserunterstützung (**Abbildung 16.3**, dicke Linie), welches von den erfahrenen Energieberaterinnen und Energieberatern sowohl bzgl. Ökologie als auch Gesellschaft mit „gut", bzgl. Ökonomie mit „befriedigend" bewertet wurde, einen hohen, nur leicht schiefen Schnitt durch die Pyramide der Nachhaltigkeit erzeugt und als die beste Möglichkeit herausgearbeitet worden ist.

Abbildung 16.3 Pyramide der Nachhaltigkeit für die Bewertung von Heizungskonzepten mit Indikatoren der Nachhaltigkeit für die Trilemma-Aufgabe „Aachen"

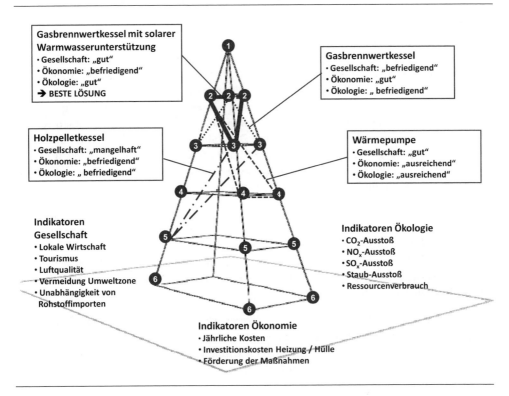

Quelle: Djaloeis et al. 2010 [1]

16.4.3 Datenerhebung

Für die oben beschriebenen Aufgabenkomplexe wurde das zuvor beschriebene Konzept umgesetzt und entsprechende Trilemma-Aufgaben samt Bewertungsitems entwickelt. Hiermit kann insbesondere die Problemlösekompetenz in der Energieberatung holistisch erfasst werden.

Zur Datenerhebung bearbeiten Probandinnen und Probanden diese Trilemma-Aufgaben mit Hilfe der Heidelberger Strukturlegetechnik (vgl. Scheele/Groeben 1988) [11], die das Führen eines semistrukturierten Interviews, die Erstellung eines Lösungsansatzes in Netzwerkform und ein abschließendes Reflexionsinterview vorsieht. Hierdurch können die Energieberaterinnen und Energieberater sach- und fachgerechte Lösungsansätze erarbeiten und durch professionelle Reflexion jenen Ansatz auswählen, der am besten die widersprüchlichen Anforderungen der Technik sowie der Nachhaltigkeit erfüllt. Hierdurch wird die Subjektive Theorie bzgl. der Aufgabenstellung herausgearbeitet, d. h. in welcher Form ein Individuum eine bestimmte Situation erfasst und deutet, wodurch der rote Faden der Gedankengänge ganzheitlich widergespiegelt wird (vgl. Scheele/Groeben 1988) [11].

Für die o.g. Trilemma-Aufgabe („Aachen") erhalten die Probandinnen bzw. Probanden die Aufgabenstellung und bekommen ca. 90 Minuten Zeit, Lösungsansätze herauszuarbeiten. Dabei wird betont, dass die Umsetzung des Nachhaltigkeitsgedanken strikt auf die Optimierung einer Heizung in einem Einfamilienhaus in der Grenzstadt Aachen bezogen ist. Für die Form der Lösungsansätze wird gemäß der Heidelberger Strukturlegetechnik ein Kasten-/Pfeil-Netzwerk empfohlen. In den Kästen können sowohl stichpunktartig als auch als Volltext relevante Gedanken festgehalten werden, und Pfeile zwischen diesen Kästen ermöglichen eine kompakte, redundanzarme Darstellung der vielfältigen Verknüpfungen und Wechselwirkungen. Alle technischen bzw. nicht-technischen Aussagen sollen in diesem Netzwerk dokumentiert werden, so dass die subjektive Theorie der Probandin bzw. des Probanden zu dieser Trilemma-Aufgabe festgehalten wird.

Der Energieberaterin bzw. dem Energieberater werden dann Listen von jeweils zehn möglichen Items der Ökonomie, Ökologie und Gesellschaft vorgelegt, von denen jeweils nur einige (**Abbildung 16.3**) für die Lösung dieser Aufgabe von größerer Relevanz sind. Man muss die korrekten Indikatoren finden, gewichten und jedes der gefundenen Heizungskonzepte hiernach bewerten, so dass für jedes Konzept eine Pyramide der Nachhaltigkeit (**Abbildung 16.3**) entsteht.

Durch bewusste Reflexion in einem weiteren semi-strukturierten Interview wählt die Probandin bzw. der Proband diejenige Variante, die ihrer/seiner Meinung nach am besten die Anforderungen an Technik und Nachhaltigkeit erfüllt. Danach bekommt man die Möglichkeit, noch einmal bewusst den Gedankengang nachzuvollziehen, der zu den jeweiligen Lösungsansätzen geführt hat.

Anhand des bewussten Nachvollziehens der eigenen Lösung wird das Niveau des Reflexionsmodus deutlich. Hierbei ist es wichtig, eine Interviewerin bzw. einen Interviewer mit hohen Branchenkenntnissen einzusetzen, da in dieser heterogenen Branche nur eine erfahrene Energieberaterin bzw. ein erfahrener Energieberater zwischen oberflächlichen Lösungen und fachkundig eindeutig relevanten Zusammenhängen unterscheiden kann, und gegebenenfalls konstruktive Nachfragen stellen kann.

16.4.4 Kompetenzdiagnose: Bewertung der erhobenen Daten

Nachdem diese Daten dokumentiert sind, werden für diese Trilemma-Aufgabe der Nachhaltigkeit die Antworten der Energieberaterin bzw. des Energieberaters mit der Referenzlösung verglichen. Aus dem Vergleich mit den zuvor erstellten „Referenzlösungen" der erfahrenen Energieberaterinnen bzw. Energieberater können die Kompetenz der Probandinnen und Probanden gemessen und Aussagen zur Professionalität getroffen werden.

Aus einem gewichteten Mittel der Einzelpunktzahlen (Technik, Nachhaltigkeit, Reflexivität) wird für diese Trilemma-Aufgabe eine Bewertung für die Kompetenz der Energieberaterin bzw. des Energieberaters ermittelt. Die genaue Evaluation der im vorherigen Abschnitt erstellten Daten verläuft in vier Schritten.

a. Teilbewertung T1 (Technik, Bereich Umweltzone/Sanierung): Wird erkannt, dass eine Umweltzone unbedingt vermieden werden muss, und daher nicht nur der CO_2- sondern auch der Feinstaub-, Stickoxid und Schwefeloxid-Ausstoß minimiert werden müssen? Wird herausgefunden, dass Fenster und Dach, aber nicht die gesamte Dämmung, saniert werden müssen?

b. Teilbewertung T2 (Technik, Bereich Heizungskonzepte): Werden alle o.g. Heizungskonzepte herausgearbeitet, und werden qualitativ jeweils vollständig und korrekt die Vor- und Nachteile genannt?

c. Teilbewertung N (Nachhaltigkeit): Kann die Probandin bzw. der Proband quantitativ korrekt die in Schritt 2 gefundenen Heizungskonzepte bzgl. des Trilemmas der Nachhaltigkeit (ökonomische, ökologische, soziale Anforderungen; Abschnitt 16.4.2) bewerten? Werden die relevanten Indikatoren gefunden und passend gewichtet?

d. Teilbewertung R (Reflexionsmodus): Werden beim abschließenden semi-strukturierten Interview aufgrund der in Schritt C durchgeführten Bewertungen durch bewusste Reflexion die korrekten Ergebnisse gefunden? Welche Reflexionsmodi werden benutzt?

In Schritt D wird aus den Aussagen des zweiten Interviews diagnostiziert, inwiefern die Energieberaterin bzw. der Energieberater unterschiedliche Perspektiven der Reflexion bezogen auf die Umsetzung des Grundgedankens für die Bildung für Nachhaltige Entwicklung bzgl. der Trilemma-Aufgabe eingenommen hat.

Je mehr relevante Items für die Dimensionen der Nachhaltigkeit (Ökonomie, Ökologie und Gesellschaft) gefunden werden und je intensiver die Wechselwirkungen zwischen diesen Indikatoren gesehen werden, desto innovativer ist der Reflexionsfokus, eine Verdichtung auf eine Perspektive dagegen deutet auf Stabilisierung hin. Gleichzeitig wird evaluiert, auf welchem Niveau sich das Reflexionswissen der Probandin bzw. des Probanden befunden hat. Hierbei wird analysiert, ob man eher ein stabilisierendes Level des Reflexionswissens benutzt hat (Einsatz von Rezept- bzw. Regelwissen) oder über ein eher innovatives Niveau (Einsatz von Strukturwissen bzw. reflexivem Wissen) verfügt hat.

Die Bewertung von Reflexionsfokus und Reflexionswissen bildet je zur Hälfte die Punktzahl des Reflexionsmodus. Für die Bearbeitung der Trilemma-Aufgabe ist es wichtig, für die Erarbeitung von Lösungsansätzen mit einem innovativen Reflexionsmodus zu beginnen und zum Schluss für das Treffen einer konkreten Entscheidung einen stabilisierenden Reflexionsmodus zu verwenden.

Aus den vier Teilbewertungen wird ein gewichtetes Mittel erstellt, welches die Gesamtpunktzahl darstellt. Sollte eine Probandin bzw. ein Proband in einem Bereich nur wenige Punkte erhalten, so führt dies unabhängig von den beiden anderen Teilbewertungen zu einer Abwertung.

Die Kompetenzdiagnostik mit Hilfe der Trilemma-Aufgabe „Aachen" wurde mit fünf BAFA-Energieberaterinnen und Energieberater validiert. Der situationsorientierte Ansatz, der bewusst die Unsicherheiten und Zielkonflikte der Nachhaltigkeit bezogen auf ein konkretes Energieberatungsszenario thematisiert, wurde positiv aufgenommen. In den Gedankengängen der jeweiligen Probandinnen und Probanden wurden die drei Meilensteine Umweltzone, Gebäudehülle und Heizungskonzept sichtbar, die zwar in Abweichung zur Abschnitt 16.4.2 vorgeschlagenen „Referenzlösung" in wechselnder Reihenfolge, aber immer komplett durchlaufen werden und trotzdem zu vergleichbaren Lösungsansätzen führten.

Die Fachkompetenz (insb. für Gesetze, Formeln, Kennzahlen) konnte als Fundament für sach- und fachgerechte Lösungsansätze identifiziert werden, ohne die eine valide Energieberatung nur schwer umzusetzen sind. Als wichtiger Teilbereich der Fachkompetenz wurde die Problemlösefähigkeit bestätigt. Sowohl für die Umsetzung der o.g. Sachverhalte bezogen auf eine konkrete Energieberatungssituation als auch die Antizipation der Unsicherheiten in der Trilemma-Aufgabe ist diese Problemlösefähigkeit essentiell.

Auch die Items bzw. Indikatoren zu den jeweiligen Nachhaltigkeitsdimensionen wurden als sach- und fachgerecht, nachhaltig und reflektiert bestätigt. Beim abschließend erhobenen Reflexionsmodus zeigte sich, dass sich die Probandinnen und Probanden die in der Trilemma-Aufgabe relevanten Unsicherheiten erkannten und sich bewusst darauf einließen (= innovativer Reflexionsmodus), um den für sie bestmöglichen Lösungsansatz herauszuarbeiten.

Die These, dass zur abschließenden Entscheidungsfindung ein stabilisierender Reflexionsmodus benutzt werden sollte, konnte noch nicht abschließend geklärt werden. Den Probandinnen und Probanden fehlten diverse, in der Realität „leicht verfügbare" Eckdaten (Bewohnerzahl im Einfamilienhaus, persönliche Vorlieben, Alter der Bewohner etc.) in der Aufgabenstellung, ohne die sie mehrheitlich keine abschließende Entscheidung fällen wollten. In der Energieberatung ist es aber nicht ungewöhnlich, einer Kundin bzw. einem Kunden ein grundlegendes Heizungskonzept vorzuschlagen, zu dem in Abhängigkeit von der Höhe des Budgets, der Größe des technischen Umfangs, persönlichen Vorlieben etc. mehrere, z.T. aufeinander aufbauende Lösungsvarianten erstellt werden.

Nach dieser Erprobungsphase ist eine zielgruppengerechte Anpassung der Kompetenzdiagnostik denkbar. Die für die jeweiligen Trilemma-Aufgaben erstellten Items sollen in Zukunft dahingehend weiterentwickelt werden, so dass sie u. a. die heterogenen Ausgangsberufe in der Energieberatung berücksichtigen und noch detailliertere Aussagen ermöglichen werden.

16.5 Fazit und Ausblick

Dienstleistungsarbeit in der Energieberatung ist geprägt von Unbestimmtheiten, für die es verschiedene Quellen gibt. Hierfür wurde ein Konzept zur Diagnose von Kompetenz in der

Energieberatung entwickelt. Das Modell besteht aus den drei Dimensionen Kompetenzarten, Aufgabenkomplexe in der Energieberatung und Niveau des Reflexionsmodus bzgl. der Umsetzung der Grundsätze der Bildung für Nachhaltige Entwicklung. Hiermit können auch Aussagen zur Professionalität in der Energieberatungsdienstleistung getroffen werden. Für dieses Modell wurde in Workshops mit erfahrenen Energieberaterinnen und Energieberatern ein Diagnose- und Bewertungskonzept entwickelt. Schwerpunkt des Konzeptes stellt die Diagnose der Problemlösefähigkeit als Teilbereich der Fachkompetenz dar. Zu diesem Zweck wurden „Trilemma-Aufgaben der Nachhaltigkeit" entwickelt, typische Energieberatungssituationen, in denen der Umgang mit widersprüchlichen Anforderungen (insbesondere bzgl. den Dimensionen der Nachhaltigkeit) als wesentlicher Aspekt der Energieberaterkompetenz identifiziert wurde. Dieser Befund wurde durch Workshops mit erfahrenen Energieberaterinnen und Energieberatern zur Itemfindung herausgearbeitet.

Dieser Ansatz wird derzeit durch eine Testphase mit BAFA-Energieberaterinnen und -beratern validiert, die die o.g. „Trilemma-Aufgaben der Nachhaltigkeit" bearbeiten. Zur Erstellung der Lösungsansätze scheinen ein umfassendes Fachwissen sowie eine einschlägige Problemlösekompetenz bezogen auf die konkrete Situation, der Transfer der Nachhaltigkeitsidee einer Bildung für Nachhaltige Entwicklung bezogen auf die von den erfahrenen Energieberatern entwickelten Items sowie ein reflektierter Umgang mit widersprüchlichen Anforderungen, insbesondere in Hinblick auf das Abwägen ökonomischer, ökologischer und sozialer Anforderungen nötig zu sein. Diese Trilemma-Aufgaben tragen dazu bei, in definierten Aufgabenkomplexen zu bewerten. Schwerpunkt der Bewertung ist hierbei die Fachkompetenz, wovon als wichtiger Teilbereich die Problemlösefähigkeit identifiziert worden ist, die dazu beiträgt den Umgang mit den vielfältigen Unsicherheiten dieser Branche zu schaffen.

In einer weiteren Testphase wird die Diagnose sowohl nach Ausgangsqualifikationen als auch nach Leistungsangeboten differenziert. Bei den Ausgangsqualifikationen wird analysiert, wie sich ein akademischer bzw. nicht-akademischer Hintergrund (z. B. Ausgangsberuf Tischler, Stuckateur, Bauzeichner oder Dipl.-Ing. Architekt, Dipl.-Ing. Maschinenbau etc.) auf die Bearbeitung und Bewertung auswirken. Zudem wird untersucht, wie sich eine Spezialisierung auf verschiedene Leistungsangebote der Energieberatung (z. B. BAFA-Vor-Ort-Beratung, Energieausweis-Erstellung etc.) niederschlägt.

Dies kann zu einer Differenzierung des Instruments in Abhängigkeit von den Zielgruppen führen. Durch eine entsprechend differenzierte Kompetenzdiagnose können Energieberaterinnen und Energieberater sowohl aus dem Handwerk wie auch mit akademischer Ausgangsqualifikation besser ihre Stärken herausarbeiten, Verbesserungspotenziale erkennen und ihre Kompetenz durch gezielte Besuche von Fort- und Weiterbildungsmaßnahmen ausbauen. Auf diese Weise kann der Schritt zu einer ganzheitlichen Energieberatung erleichtert und der Beitrag insbesondere der mittleren Qualifikationsebene zur Qualität in dieser Branche sichergestellt werden. Bei einer möglichen Weiterentwicklung der Tools für alle Aufgabenkomplexe, alle Ausgangsberufe und alle Leistungsangebote ergeben sich hervorragende Perspektiven für die Kompetenzdiagnoseinstrumente.

Literatur

[1] Djaloeis, R./Frenz, M./Heinen, S./Schlick, C. (2010): Measurement of Competence and Professionalism in Energy Consulting, in: Proceedings of the 1st UPI International Conference on Technical and Vocational Education and Training,, Bandung, S. 253-261.
[2] Erpenbeck, J./von Rosenstiel, L. (2003): Handbuch Kompetenzmessung. Erkennen, verstehen und bewerten von Kompetenzen in der betrieblichen und psychologischen Praxis, 1. Aufl., Stuttgart.
[3] Heinen, S./Frenz, M./Djaloeis, R./Schlick, C. (2010): Vocational Training Concepts and Fields of Activities of Energy Consulting in Germany, in: Proceedings of the 1st UPI International Conference on Technical and Vocational Education and Training, Bandung, S. 262-270.
[4] Lüneberger, J./Frenz, M. (2009): Messung von Professionalität in der Energieberatung durch Lösen von Dilemmasituationen, in: Fenzl, C./Spöttl, G./Howe, F./Becker, M. (Hrsg.): Berufsarbeit von morgen in gewerblich-technischen Domänen: Forschungsansätze und Ausbildungskonzepte für die berufliche Bildung, 1. Aufl., Bielefeld, S. 376-381.
[5] Nickolaus, R./Gschwendtner, T./Geißel, B. (2009): Betriebliche Ausbildungsqualität und Kompetenzentwicklung, URL: www.bwpat.de/ausgabe17/nickolaus_etal_bwpat17.pdf [Stand: 12. Januar 2011].
[6] Scheele, B./Groeben, N. (1988): Dialog-Konsens-Methoden zur Rekonstruktion Subjektiver Theorien, 1. Aufl., Tübingen.
[7] Schütze, F. (1996): Organisationszwänge und hoheitsstaatliche Rahmenbedingungen im Sozialwesen: Ihre Auswirkung auf die Paradoxien professionellen Handelns, in: Combe, A./Helsper, W. (Hrsg.): Pädagogische Professionalität, 1. Aufl., Frankfurt am Main, S. 183-275.
[8] Tiefel, S. (2004): Beratung und Reflexion. Eine qualitative Studie zu professionellem Beratungshandeln in der Moderne, 1. Aufl., Wiesbaden.
[9] UNESCO (2005): Education for Sustainable Development, URL: http://www.unesco.org/en/esd/ [Stand: 22. September 2010].

17 Globalisierung 2.0 - Qualifikation und Fachkräfteentwicklung in der IT-Branche

Andreas Boes, Andrea Baukrowitz, Tobias Kämpf, Kira Marrs

17.1	Offshoring: Die Globalisierung erreicht den Dienstleistungssektor	321
17.2	Eine neue Phase der Globalisierung in der IT-Branche	323
17.2.1	Die IT-Industrie als Enabler: Der „Informationsraum" als Basis einer neuen Phase der Globalisierung	323
17.2.2	Die IT-Industrie als Vorreiter: Vom Offshoring zur globalen Restrukturierung einer ganzen Branche	325
17.3	Praxisfeld IT-Dienstleistungen: Der Wandel der Arbeit von IT-Fachkräften	326
17.3.1	Wandel der Produkt- und Leistungsstrategien	327
17.3.2	Wandel der Prozessorganisation	328
17.3.3	Internationale Kooperation und Kommunikation	329
17.4	Qualifikationsentwicklung von IT-Fachkräften in einer neuen Phase der Globalisierung	330
17.4.1	Wandel der Fachlichkeit von IT-Fachkräften	330
17.4.2	Berufliche Identität	335
17.4.3	Standardisierung von Kompetenzprofilen und Verberuflichung	336
17.5	Herausforderungen der Globalisierung 2.0 für die Aus- und Weiterbildung von IT-Fachkräften	337
17.5.1	Duale Ausbildung in den neuen IT-Berufen	337
17.5.2	Der Weiterbildungssektor	338
17.5.3	Personalentwicklung	340
17.5.4	Individuelle Lern- und Karrierestrategien	341
17.6	Nachhaltige Globalisierung und Qualifizierung	341
Literatur		343

PD Dr. Andreas Boes, Institut für Sozialwissenschaftliche Forschung e.V., ISF München, Privatdozent an der Technischen Universität Darmstadt

Dipl.-Volksw. Andrea Baukrowitz, Institut für Sozialwissenschaftliche Forschung e.V., ISF München

Dr. Tobias Kämpf, Institut für Sozialwissenschaftliche Forschung e.V., ISF München

Dr. Kira Marrs, Institut für Sozialwissenschaftliche Forschung e.V., ISF München

17.1 Offshoring: Die Globalisierung erreicht den Dienstleistungssektor

Der Beitrag präsentiert Ergebnisse des Projekts GlobePro – Global erfolgreich durch professionelle Dienstleistungsarbeit. Das Projekt untersucht, wie globale Geschäftsmodelle in der digitalen Dienstleistungswirtschaft umgesetzt werden und welche Herausforderungen für die Qualifizierung von Fachkräften dadurch entstehen.[1]

Wer sich über die Globalisierung Gedanken machte, hatte zumindest bis zur Jahrtausendwende zumeist Industriearbeiter vor Augen, die sich mit drohenden Verlagerungen und verschärfter Standortkonkurrenz auseinandersetzen mussten. Dienstleistungsjobs schienen von dieser Entwicklung lange verschont zu bleiben. In hochqualifizierten Dienstleistungsfeldern wie der IT-Industrie galten die Beschäftigten sogar lange als ‚kreative' Protagonisten und ‚Gewinner' der Globalisierung (vgl. dazu zum Beispiel Florida 2002; Reich 1992) [32], [52]. Ausgerüstet mit Laptop und Blackberry schienen sie die Globalisierung der Arbeitswelt von den „Metropolen" (vgl. Sassen 1997) [57] aus zu steuern bzw. mit dem notwendigen Know-how und Ideen zu versorgen.

Mit der Diskussion um Offshoring und Nearshoring hat sich dieses Szenario nun verändert (einen Überblick über die Diskussion bieten Boes 2004; Boes 2005a und Kämpf 2008; vgl. dazu auch Boes/Kämpf 2011; Mayer-Ahuja 2011; Flecker/Huws 2004; Sahay et al. 2003; Holtgrewe/Meil 2008) [10], [11], [40], [17], [46], [31], [56], [35].[2] Nun geraten auch jene oftmals hochqualifizierten Dienstleistungsbereiche unter den Druck der Globalisierung, die bislang als weitgehend verlagerungsresistent galten. Insbesondere Länder wie Indien und China sowie die mittelosteuropäischen Staaten erschienen nun als attraktive und kostengüns-

---

[1] Das Projekt wird im Rahmen des Forschungsschwerpunkts „Innovationen mit Dienstleistungen" aus Mitteln des Bundesministeriums für Bildung und Forschung und aus dem Europäischen Sozialfonds der Europäischen Union gefördert. Weitere Informationen sind zu finden unter www.globepro.de.

[2] Wissenschaftlichen Kriterien genügen die Begriffe Offshoring und Nearshoring jedoch kaum. In den gebräuchlichen Definitionen wird nur unspezifisch die Verlagerung von Arbeitsplätzen in den Blick genommen, ohne jedoch die genauen Bedingungen und Merkmale dieser Form der Internationalisierung verbindlich und trennscharf zu bestimmen. Nicht zuletzt deshalb hat sich kaum eine einheitliche Verwendung des Begriffs durchgesetzt (vgl. dazu auch Boes/Schwemmle 2005; Boes 2004; Boes 2005b; Storie 2006) [22], [10], [12], [60]. Offshoring bezeichnet in der Regel sehr allgemein die Nutzung von Produktionskapazitäten in Niedriglohnregionen zur Internationalisierung betrieblicher Wertschöpfungsprozesse. Damit der Begriff produktiv verwendbar wird, ist es sinnvoll, die damit bezeichneten Internationalisierungsprozesse auf Tätigkeiten in Bereichen der „Kopfarbeit" und der Dienstleistungserstellung zu beschränken, die bisherigen Formen internationaler Arbeitsteilung nicht zugänglich waren. Insofern sollte der Begriff also im Sinne einer Abgrenzung von Arbeitsplatzverlagerungen innerhalb industrieller Fertigungsprozesse verwendet werden. Zudem wird in der einschlägigen Literatur häufig auch zwischen Offshoring und Nearshoring differenziert. Nearshoring beschreibt demnach Verlagerungsprozesse in relativ nahe gelegene (Niedriglohn-)Standorte, während Offshoring explizit die Verlagerung in weit entfernte Regionen thematisiert. Diese Unterscheidung gewinnt zunehmend an Bedeutung, da insbesondere in Deutschland viele Unternehmen mittlerweile gezielt versuchen, Nearshore-Regionen vor allem in Mittel-Ost-Europa zu erschließen (vgl. Ruiz Ben/Wieandt 2006) [55].

tige Alternative zu den traditionellen High-Tech-Standorten der westlichen Welt. Auch dort finden globale Unternehmen mittlerweile ein wachsendes Reservoir hochqualifizierter Fachkräfte vor. Während man zunächst versuchte, dieses Know-how-Potenzial durch Migration und ‚body shopping' (Stichwort: Greencard-Debatte) zu erschließen, begannen Dienstleistungsunternehmen bald in den Off- und Nearshore-Regionen selbst eigene Standorte aufzubauen.

Hintergrund dieser „Globalisierung 2.0" (vgl. Boes et al. 2009) [16] ist neben einer Liberalisierung der Märkte vor allem der Aufstieg moderner I&K-Technologien. Entscheidend ist die Entstehung eines globalen „Informationsraums" (vgl. Baukrowitz/Boes 1996) [4], der für weite Bereiche der Dienstleistungsarbeit zu einem weltweit zugänglichen neuen „Raum der Produktion" (vgl. Boes 2004; Boes 2005b) [10], [12] wird. In der Folge werden nicht alle Bereiche der Dienstleistungsarbeit in gleichem Maße neuen Formen der Internationalisierung zugänglich. Die Arbeit eines Friseurs wird auch in Zukunft nur direkt beim Kunden „vor Ort" geleistet werden können, für die Bearbeitung der Steuererklärung des Friseursalons gilt dies jedoch schon heute nicht mehr unbedingt. Offenbar trifft das Kriterium der Internationalisierbarkeit nur für bestimmte Dienstleistungen zu, nämlich vor allem für die, deren wesentliche Arbeitsmittel und Arbeitsgegenstände digitalisierbare Informationen und Informationssysteme sind.

Zunächst glaubten viele Experten an einen bloßen „Hype", dem bald eine Rückverlagerungswelle folgen würde. Heute zeigt sich jedoch, dass die Globalisierung zu einem zentralen Bestandteil der Dienstleistungswirtschaft geworden ist. Es zeichnet sich eine neue Phase der Globalisierung ab, in der eine neue, global vernetzte Ökonomie entsteht. Im Fokus steht dabei diesmal die Kopfarbeit, und damit zentrale Bereiche der Dienstleistungsarbeit (vgl. Boes et al. 2011a) [18]. In der Folge geraten in diesen Branchen breite, oftmals hochqualifizierte Arbeitsbereiche in den Sog der Globalisierung. Der Globalisierung der „Handarbeit" folgt nun die Globalisierung der „Kopfarbeit" (vgl. Boes/Kämpf 2011) [17]. Sie verändert die Arbeitsbedingungen dieser Beschäftigten grundlegend.

Die IT-Branche ist Vorreiter dieser neuen Phase der Globalisierung und schafft mit ihren Technologien und Leistungen wesentliche Voraussetzungen für die Globalisierung anderer Dienstleistungsbranchen. In dem vorliegenden Beitrag werden auf Basis der Ergebnisse einer umfangreichen Feldforschung mit Fallstudien in Deutschland, Indien, Osteuropa und den USA die Herausforderungen der Globalisierung für IT-Unternehmen skizziert. Für sie gilt es, sich der Globalisierung zu stellen und neue globale Geschäftsmodelle zu entwickeln. Den IT-Fachkräften, die diese Strategien aktiv umsetzen, kommt dabei eine hohe Bedeutung zu. Für sie ist die Globalisierung mit einem grundlegenden Wandel ihrer Arbeitssituation und daraus resultierenden neuen qualifikatorischen Anforderungen verbunden. Zugleich prägen neue Unsicherheiten und die Erfahrung von Entwertung den Blick vieler dieser Fachkräfte auf die Globalisierung. Hier besteht großer Handlungsbedarf, denn gerade für den Bereich der Dienstleistungswirtschaft gilt: Es sind vor allem die Menschen, die Dienstleistungen erfolgreich machen – sie können nicht durch Maschinen und Automatisierung ersetzt werden.

Am Beispiel der IT-Branche werden im Folgenden die Herausforderungen einer neuen Phase der Globalisierung thematisiert und gezeigt, wie sich die Arbeit von IT- Fachkräften verändert. Darauf aufbauend wird der Frage nachgegangen, welche Folgen die Globalisierung für die Qualifikationsentwicklung von IT-Spezialisten hat. Hier wird der Wandel der Fachlichkeit und der beruflichen Identität diskutiert sowie die Konsequenzen für Kompetenzprofile und Verberuflichung besprochen. Anschließend werden die Herausforderungen der Globalisierung für die Aus- und Weiterbildung von IT-Fachkräften aufgezeigt und am Beispiel der dualen Berufsausbildung, des Weiterbildungssektors sowie der Personalentwicklung diskutiert. Schließlich wird auf die individuellen Lern- und Karrierestrategien der Beschäftigten eingegangen.

17.2 Eine neue Phase der Globalisierung in der IT-Branche

Im Zentrum dieser neuen Phase der Globalisierung steht die IT-Branche (vgl. Boes et al. 2006) [19]. Mit neuen I&K-Technologien und innovativen Anwendungen stellt sie die Infrastruktur der Globalisierung und wird so zu ihrem „Enabler". Gleichzeitig erweist sie sich hinsichtlich neuer globaler Produktions- und Geschäftsmodelle als innovativer Trendsetter. Sie macht sich selbst zum Pilotprojekt global verteilten Arbeitens und führt die Suche nach neuen globalen Geschäftsmodellen an (vgl. dazu auch Vickery et al. 2006; Aspray et al. 2006) [61], [1]. Dies gilt nicht nur für die globalen Wertschöpfungsketten im Bereich der Hardware- und Chip-Produktion, deren Schwerpunkt heute bereits Asien ist (vgl. dazu Lüthje 2006a; Lüthje 2006b; Hürtgen et al. 2009) [44], [45], [36]. Insbesondere der Bereich Software-Entwicklung und IT-Dienstleistungen erweist sich als Vorreiter der Globalisierung der Dienstleistungswirtschaft.

17.2.1 Die IT-Industrie als Enabler: Der „Informationsraum" als Basis einer neuen Phase der Globalisierung

Motor dieser Entwicklung ist das Entstehen eines weltweiten „Informationsraums" (vgl. Baukrowitz/Boes 1996; Boes 2005a; Boes 2005b) [4], [11], [12] auf Basis des Internets. Er schafft nicht nur für die IT-Branche, sondern auch für viele andere informationsbasierte Dienstleistungen einen neuen globalen Markt und eine Bezugsebene für international verteilte Geschäftsmodelle. Zugespitzt formuliert, stellt sich die Frage nach dem uno-actu-Prinzip – also die Annahme der örtlich-zeitlichen Gebundenheit der Produktion und der Konsumtion einer Dienstleistung – in der Praxis nun immer wieder neu. Erstmals wird auch für Dienstleistungen der Ort der Leistungserbringung zum Gegenstand unternehmensstrategischer Entscheidungen.

In den 1990er Jahren hat sich das Internet von einem vorwiegend militärisch und wissenschaftlich genutzten, eng begrenzten Informationssystem zu einem auf nicht-proprietären Standards basierenden, weltweit zugänglichen offenen Netzwerk entwickelt und markiert seitdem eine neue Qualität in der Entwicklung und Nutzung von Informationssystemen (vgl. Boes 2005a) [11].[3] Das „Netz" wird so neben Transport- und Logistiksystemen zu einer zentralen Basisinfrastruktur der Globalisierung (vgl. Boes 2004; Boes 2005b) [10], [12]. Es wird zu einem weltweit zugänglichen „sozialen Handlungsraum" (vgl. Boes 2005a) [11], in dem Personen, vermittelt über globale I&K-Systeme, an verschiedenen Orten der Welt miteinander kommunizieren und interagieren. Sie können dabei digitalisierte Informationen in Echtzeit austauschen und bearbeiten. Damit wird das „Netz" für Tätigkeiten, deren Arbeitsgegenstand und -mittel digitalisierbare Informationen und Informationssysteme sind, zu einem globalen „Raum der Produktion" (vgl. Boes 2004; Boes 2005a; Boes 2005b) [10], [11], [12]. Unabhängig von ihrem konkreten Arbeitsort können Menschen dann in Echtzeit im Arbeitsprozess kooperieren, wenn ihr Arbeitsgegenstand (z. B. eine Software-Applikation) im Informationsraum selbst zur Verfügung steht und auch die arbeitsbegleitende Kommunikation über netzbasierte IT-Systeme erfolgen kann.

Mit Blick auf die Informatisierung der Arbeitswelt wächst die Zahl der Beispiele für solche Formen internationalisierbarer Dienstleistungen beständig: sei es die Bearbeitung einer digitalisierten Reisekostenabrechnung in einem Shared-Services-Center, die Arbeit in einem ausländischen Call-Center, die Bearbeitung von CAD-Konstruktionsbildern, die Remote-Wartung von IT-Systemen, die Entwicklung von Software oder sogar medizinische Diagnoseleistungen anhand digitalisierter Röntgenbilder (vgl. dazu auch Schwemmle/Zanker 2000) [59]. Gemeinsam ist diesen sehr unterschiedlichen Arbeitsprozessen, dass der jeweilige Arbeitsgegenstand in digitalisierter Form vorliegt. Damit wird er in global zugänglichen Informationssystemen bearbeitbar, die Arbeit findet dann, überspitzt formuliert, im Informationsraum selbst statt. Ohne die soziale und kulturelle Einbettung von Arbeit aufzuheben, wird der Informationsraum als „Raum der Produktion" in weiten Bereichen der Dienstleistungswirtschaft zur Basis eines neuen „Ort-Raum-Gefüges" (vgl. Boes et al. 2007) [20].

Mit dem „Informationsraum" hat die Globalisierung eine neue Qualität erreicht. Nicht mehr nur Produkte, sondern auch Dienstleistungen werden auf internationalen Märkten vertrieben und in internationaler Arbeitsteilung erstellt. Mit dem Internet ist dabei ein weltumspannendes Medium entstanden, das die Kommunikationsmöglichkeiten sowie die Erzeugung und Nutzung von Informationen grundlegend verändert und neue Potenziale für Geschäftsmodelle in informationsbasierten Dienstleistungsbranchen eröffnet. Zugleich fallen ehemalige Grenzen unterschiedlicher Informationssysteme weg bzw. werden durch gemeinsame Standards und Architekturen überwunden. Der Informationsraum bietet so die Basis dafür, dass in strategischen Kernbereichen der Wirtschaft Dienstleistungen in weltweit vernetzten Wertschöpfungsketten erbracht werden können.

---

[3] Die neuen Architekturkonzepte und Standards des Internets machen potenziell alle digitalen Informationssysteme sowie Informationsverarbeitungs- und Kommunikationsprozesse aneinander anschlussfähig und integrieren sie in neuer Form. Dabei werden die Informations- und Kommunikationsprozesse in allen arbeits- und lebensweltlichen Bereichen durch die allgegenwärtige Präsenz des Internets integriert. Es entfalten sich dabei neue Kommunikationstypen, in denen in 1:n- und n:n-Beziehungen Informationen erzeugt und ausgetauscht werden. Das Internet als „Social Web" schafft einen neuen globalen Raum der Interaktion, Kooperation und Kommunikation.

17.2.2 Die IT-Industrie als Vorreiter: Vom Offshoring zur globalen Restrukturierung einer ganzen Branche

Die IT-Industrie ist nicht nur „Enabler" einer neuen Phase der Globalisierung, sondern hier werden neue globale Geschäfts- und Produktionsmodelle auch mit besonderer Dynamik vorangetrieben. Ausgehend von den USA war zunächst das Thema Offshoring 2002 mit großer Dynamik in die IT-Branche getragen worden. In Offshore- und Nearshore-Regionen wurden mit hoher Geschwindigkeit neue Standorte hochgezogen und als „verlängerte Werkbänke" genutzt. Zunächst wurden vor allem die leicht standardisierbaren Tätigkeiten verlagert, die „Wertigkeit" der verlagerten Tätigkeiten wuchs jedoch rasch an. Zentrales Ziel dieser Entwicklungen war die Kostensenkung. Damit wurde nicht nur in der IT-Branche, sondern in der Wirtschaft insgesamt ein radikaler Bruch vollzogen. Waren bisher die industrielle Produktion und die Handarbeit betroffen, sollte nun erstmals die Arbeit von hoch qualifizierten Beschäftigten in sogenannten „Niedriglohnstandorten" erbracht werden. Die Internationalisierung betraf nun nicht mehr nur den Vertrieb, sondern auch die „Produktion" und drang damit weit in die Kernbereiche der IT-Branche ein, die bis dahin Inbegriff moderner Wachstumsmärkte und stabiler Beschäftigungsperspektiven waren (vgl. Kämpf 2008; Boes/Kämpf 2011) [40], [17].

Das Prinzip der verlängerten Werkbank ist nach wie vor prägend für viele IT-Dienstleister, doch in den letzten Jahren wandelt sich das Bild. Die ehemaligen verlängerten Werkbänke sind nicht nur quantitativ gewachsen, sondern insbesondere qualitativ – zunehmend komplexe Tätigkeiten werden an den Off- und Nearshore-Standorten eigenständig erbracht. In den fortgeschrittenen Unternehmen wie zum Beispiel IBM werden heute die internationalen Aktivitäten deshalb strategisch an einem neuen Leitbild ausgerichtet: dem global integrierten Unternehmen. Das global integrierte Unternehmen folgt nicht mehr dem Grundgedanken der verlängerten Werkbank, sondern zielt auf eine systemische Integration eines Netzwerks weltweiter Standorte. Geschäfts- und Produktionsmodelle sind hier durchgängig global orientiert – produziert wird für einen globalen Markt auf Basis globaler Produktionsstrukturen (vgl. Palmisano 2006) [51].

Die IT-Branche ist damit auf dem Weg in eine global vernetzte Ökonomie, die die Markt- und Wettbewerbsbedingungen aller Unternehmen bestimmt. Davon betroffen sind nicht nur die großen Unternehmen, sondern auch kleine und mittelständische Unternehmen. Auch sie müssen sich nun als Teil globaler Wertschöpfungsketten neu auf eine global vernetzte Branche einstellen.

Am deutlichsten kommt dieser Reifungsprozess im Aufstieg Indiens zum globalen Zentrum der IT-Dienstleistungsindustrie zum Ausdruck (vgl. dazu zum Beispiel Boes et al. 2007; Mayer-Ahuja 2011; Hamm 2007; Vickery et al. 2006) [20], [46], [34], [61]. Nahezu alle wichtigen IT-Dienstleister besitzen heute große Dependancen in Indien mit mehreren Tausend Mitarbeitern. Vor allem aber haben sich in Indien in einem rasanten Entwicklungsprozess eigenständige, global wettbewerbsfähige IT-Dienstleistungsunternehmen herausgebildet. Deren wichtigste Vertreter Infosys, Wipro und TCS haben heute bereits zu den traditionellen Marktführern westlicher Herkunft aufgeschlossen bzw. die wichtigsten europäischen Unternehmen wie z. B. Cap Gemini, Atos Origin oder T-Systems hinsichtlich der Beschäftigtenzahl weit überholt. Gerade mit Blick auf die Gestaltung global integrierter Produktionsstrukturen erweisen sich die indischen Unternehmen als innovative ‚benchmarks'. Indien ist so immer weniger bloße Werkbank, sondern wird zu einem eigenständigen „strategischen Ort" der globalen IT-Industrie (vgl. Boes et al. 2007) [20]. An Standorten wie Bangalore, Chennai oder Pune sind so – durchaus vergleichbar mit dem Silicon Valley in Kalifornien (vgl. Saxenian 1994) [58] – ausstrahlungskräftige Cluster der Innovation entstanden, die die Vormachtstellung der traditionellen High-Tech-Standorte der westlichen Welt herausfordern und zu einer „neuen Geographie der IT-Industrie" (vgl. Boes et al. 2007) [20] beitragen.

Mit der Durchsetzung des Offshorings wurde jedoch nicht nur eine neue Phase der Globalisierung eingeläutet, sondern vor allem auch eine neue Phase der Standardisierung der Arbeit. Um Software und Services im Offshore-Modell erbringen zu können, mussten die Produkte und die Prozesse der Leistungserbringung sowie die organisatorischen Strukturen radikal standardisiert werden. Standards auf der Ebene der Organisation der Dienstleistungsprozesse (etwa durch ITIL oder CMMI) sowie Standards auf der Ebene von Produkten, Technologien und IT-Architekturen machen IT-Dienstleistungen international anschlussfähig und schaffen die entscheidenden Voraussetzungen, sie global verteilt zu erbringen.

Standardisierung und Internationalisierung verstärken sich so wechselseitig – sie lösen sehr grundlegende Umbrüche in der IT-Branche aus. In dieser Wechselwirkung kommt es aktuell zu einer Radikalisierung des Gedankens der Standardisierung in Richtung auf einen „neuen Typ der Industrialisierung" (vgl. Boes 2004; Boes 2005a) [10], [11]. Dieser adressiert nun nicht mehr die Handarbeit und die industrielle Fertigung, sondern die Kopfarbeit und Dienstleistungen. Globalisierung und Industrialisierung führen so zu einem fundamentalen Wandel der IT-Branche. Er ist verbunden mit strukturellen Veränderungen im globalen Branchengefüge und der internationalen Arbeitsteilung, im Produkt- und Leistungsspektrum, in der Prozessorganisation und in den Produktions- und Arbeitsstrukturen. Tiefgreifende Restrukturierungen und Reorganisationen in der Branche sind die Folge. Damit werden nicht nur wesentliche Parameter des Arbeitsprozesses neu gesetzt, sondern auch die erforderlichen Qualifikationen der Mitarbeiter unterliegen einem grundlegenden Wandel.

17.3 Praxisfeld IT-Dienstleistungen: Der Wandel der Arbeit von IT-Fachkräften

Dienstleistungsarbeit in der IT-Branche verändert sich mit der Globalisierung fundamental. Arbeit in globalen Bezügen und in standardisierten Prozessen stellt bisher gültige Vorstellungen, wie IT-Dienstleistungen erbracht werden, sehr grundsätzlich in Frage und erfordert von den Beschäftigten ein Umdenken.

Um diesen Umbruch für die Beschäftigten zu verstehen, muss man sich vergegenwärtigen, dass bisher die meisten IT-Dienstleistungen hochgradig individualisiert und auf den einzelnen, deutschen Kunden zugeschnitten waren – mit weitreichenden Folgen für die Arbeitsorganisation und die beruflichen Kompetenzen der Beschäftigten. Für sie war dieser Zuschnitt der IT-Dienstleistungen in der Regel mit ganzheitlichen Aufgabenbereichen verbunden, die an der Entwicklung und dem Betrieb spezifischer, in der Regel komplexer Softwareanwendungen oder aber auch an der Betreuung einzelner Kunden orientiert waren. In diesem Arbeitsalltag haben sie hochgradig spezialisierte Kompetenzprofile entwickelt, die auf der genauen Kenntnis dieser Software und den Anforderungen eines oder weniger Kunden basierten.

Demgegenüber werden IT-Dienstleistungen heute systemisch in globalen Wertschöpfungsketten erbracht. Sie setzen auf Standardlösungen und werden selber zu einem zunehmend standardisierten Produkt, das nicht mehr ausschließlich auf einen einzelnen Kunden zugeschnitten ist, sondern auf einen globalen Markt. Die Dienstleistung muss – zugespitzt formuliert – für einen Kunden im Schwarzwald genauso funktionieren wie für einen Kunden in den USA oder in China. Damit verändert sich der gesamte Bezugsrahmen sowohl für die Software-Entwicklung als auch für den Betrieb von IT-Ressourcen. Im Folgenden wird dieser Wandel entlang der zentralen Ebenen Produkt- und Leistungsstrategien, Prozessorganisation sowie einer neuen Bedeutung internationaler Kooperation und Kommunikation erläutert.

17.3.1 Wandel der Produkt- und Leistungsstrategien

Zunächst gilt, dass sich vor dem Hintergrund von Globalisierung und „Industrialisierung neuen Typs" die Produkt- und Leistungsstrategien der IT-Unternehmen verändern. In ihrem Bestreben, in einem globalen Markt wettbewerbsfähig zu sein, passen sie die Produkte und Leistungen den Anforderungen globaler Vermarktbarkeit an. Standardisierung und Anpassbarkeit, Migration bestehender Produkte zu Internettechnologien, Neuentwicklung web-basierter Produkte, Skalierbarkeit der Produkte und Leistungen sowie transparente und international anerkannte Qualitätsstandards sind wichtige Bausteine.

Bisher waren die Produkt- und Leistungsstrategien vieler IT-Unternehmen darauf gerichtet, hochgradig individualisierte Lösungen zu entwickeln. Unter den Bedingungen einer zunehmenden Standardisierung der IT sowie unter dem Druck, sich mit ihren Produkten und Leistungen auf globalen Märkten zu platzieren, kommt es hier zu einer strategischen Neuorientierung. IT-Unternehmen sind gefordert, zunehmend Standardlösungen zu entwickeln. Mittels Plattform- und Factory-Ansätzen in der Software-Entwicklung wird eine Serienfertigung angestrebt, um so auch individualisierte Produkte auf Basis eines hohen Anteils wiederverwendbarer Komponenten zu realisieren. Mittlerweile hält dieses Prinzip auch im Bereich der IT-Dienstleistungen Einzug. Neue Dienstleistungskonzepte wie etwa Cloud Computing oder SaaS („Software as a Service") ermöglichen es, Dienstleistungen für sehr unterschiedliche Anwendungsfelder auf Basis hoch standardisierter Hard- und Software und einer standardisierten Definition von Service Levels anzubieten.

Mit der Standardisierung der Produkte und Leistungen sowie deren transparenter Komposition aus Standardkomponenten ist ein erheblicher Schub in der „Produktisierung" von IT-Leistungen verbunden. In dem Bestreben, Kunden einen transparenten Leistungsumfang von Produkten und Leistungen zu offerieren, werden Komponenten und Teilleistungen gekapselt und als standardisierte Produkte mit definiertem Leistungsumfang und Kosten beschrieben. Diese „Produktisierung" schafft neue Grundlagen für die Arbeitsteilung, für die Strukturierung der Geschäftsfelder in IT-Unternehmen und, in einer branchenbezogenen Perspektive, für die Herausbildung von Branchensegmenten.

Damit hält eine neue Form von Produktorientierung Einzug in die Arbeit von IT-Fachkräften. In der Vergangenheit waren die Software-Entwicklung und auch die IT-Dienstleistungen durch einen ganzheitlichen Blick auf die zu entwickelnde Software oder den zu erbringenden Service geprägt. Die Fertigungstiefe war gering, die Arbeitsteilung wenig standardisiert und die Modularisierung von Produkten weitgehend fallspezifisch. Innerhalb des vorgegebenen Rahmens für Produkte und Leistungen war der Blick von IT-Fachkräften auf die fachlichen bzw. technischen Anforderungen gerichtet. Heute erhalten bereits Module, Komponenten und Teilprozesse den Charakter von eigenständigen Produkten oder Services, die unter jeweils eigenen Qualitäts- und Kostengesichtspunkten betrachtet werden. In jeweils eigenständigen „communities of practice" wird die Professionalisierung rund um diese Produkte in hoher Geschwindigkeit vorangetrieben. IT-Fachkräfte sehen sich hier unter Druck, flexibel teilweise sehr tiefgehendes Spezialistenwissen zu erwerben. Hinzu kommt die betriebswirtschaftliche Komponente eines Produkts. Spielten in der Vergangenheit in der Arbeit von IT-Fachkräften betriebswirtschaftliche Gesichtspunkte noch eine recht geringe Rolle, so gilt heute, dass in das Arbeitshandeln über die fachlichen Gesichtspunkte hinaus auch betriebswirtschaftliche Erwägungen sowie die Vorgaben aus den auf Standardisierung gerichteten Produkt- und Leistungsarchitekturen der IT-Unternehmen einbezogen werden müssen.

17.3.2 Wandel der Prozessorganisation

Auch der Prozess der Software-Entwicklung und vor allem der IT-Dienstleistungen selbst wird zum Gegenstand von umfassenden Standardisierungsmaßnahmen. IT-Dienstleistungen werden konsequent modellgestützt in einheitliche Prozesse überführt. Die Organisation von Service-Prozessen orientiert sich zunehmend an Best Practices wie ITIL, das mittlerweile den Status eines weltweiten Standards für IT-Dienstleistungen erlangt hat.[4] Die Arbeitsprozesse werden einem systematischen Engineering unterzogen, zerlegt und neu zusammengesetzt.

IT-Prozesse werden so international transparent, vergleichbar und anschlussfähig. Sie werden dadurch in IT-Unternehmen aktuell zunehmend zu einem wichtigen Gestaltungsgegenstand. Als Werkzeug stehen hierfür spezielle Software-Anwendungen zum Prozessma-

---

[4] Informationen hierzu sind z. B. bei Köhler (2007) [41] oder unter http://www.itil-officialsite.com/ zu finden.

nagement zur Verfügung, über die Schritt für Schritt eine Landkarte der Unternehmensprozesse entsteht. Verantwortlich sind hierfür die sog. „Process Owner", die für die Gestaltung und Optimierung der Prozesse zuständig sind.

Im IT-Arbeitsprozess erhält so der Prozess als eigenständige Ebene des Handelns und der Reflexion eine gänzlich neue Bedeutung. Aufgaben und Zuständigkeiten sind häufig detailliert aus einem formalen Prozessmodell abgeleitet, individuelle und projektbezogene Arbeitsplanung erfolgt im Bezug auf dieses Modell. War es bisher noch so, dass in den meisten IT-Arbeitsprozessen weitgehende Spielräume für Selbstorganisation und autonome Entscheidungen bestanden und formale Vorgehensmodelle (die es faktisch seit Bestehen des Arbeitsfeldes gibt) weitgehend ignoriert wurden, erhält nun der Arbeitsprozess eine formale Steuerungs- und Kontrollebene.

Dadurch hält in die IT-Services eine neue Arbeitsteilung Einzug. Bisher war die Arbeitsteilung nicht sehr tief und vor allem nicht systematisch angelegt. Service-Mitarbeiter waren es gewohnt, auf Basis ihrer beruflichen Erfahrung und ihres Spezialistenwissens sehr flexibel mit Fragen und Störungen seitens des Kunden umzugehen und diese – wo nötig – rasch umzusetzen. Heute wird systematisch zwischen einem Service Desk als „single point of contact" und dem Second und Third Level Service unterschieden. Aufgaben und Rollen sind genau definiert, die Prozesse sind einzuhalten. Hier ist von den Mitarbeitern ein neues Prozessdenken und eine genaue Kenntnis des Prozessmodells erforderlich (vgl. Baukrowitz et al. 2011b) [9].[5]

17.3.3 Internationale Kooperation und Kommunikation

Software-Entwicklung und IT-Dienstleistungen sind wissensintensive Prozesse. Technologien, Produkt- und Leistungsstrategien sowie Struktur und Anforderungen des Anwendungsfeldes (etwa in Form der Anforderungen eines Kunden) mit ihren jeweils eigenen Wissenskomponenten gehen in einen im Kern innovativen Gestaltungsprozess ein, in dem es gleichermaßen um die technologische Seite und um die Neugestaltung des Anwendungsfeldes geht. In dieser Perspektive stellt sich Software-Entwicklung weniger als formales Abbildungsproblem dar, wie es in der Informatik im Zentrum steht, sondern als Prozess des „Theory Building" (vgl. Naur 1985; Floyd et al. 1992) [50], [33], in dem in einem kooperativen Prozess zwischen Anwendern und Entwicklern neues Wissen über den Anwendungsbereich der Software erzeugt und programmiert wird.

Mit der Globalisierung der IT-Branche erfolgt dieser Gestaltungsprozess nun unter grundlegend neuen Bedingungen. Wo im regionalen Kontext der Software- und Dienstleistungsprozess noch durch ein hohes Maß gemeinsam geteilten impliziten Wissens über Anforderungen und Einsatzbedingungen der Produkte getragen wurde, trifft dies auf die internati-

---

[5] Die für die Beschäftigten zentrale Kategorie ist dabei die *Rolle*. Prozessstandardisierung fokussiert auf die Definition von Prozessrollen, die mit genauen Vorgaben zu Teilaufgaben und -prozessen versehen werden. Mitarbeiter und auch Führungskräfte werden zu „Rollen-Inhabern", mit der Rolle wird ihnen die Verantwortung für die Durchführung bestimmter Teilprozesse übertragen.

onale Kooperation aufgrund unterschiedlicher kultureller Rahmenbedingungen, Sprachbarrieren, Arbeitsweisen und Unternehmensformen nicht mehr zu. Der Prozess des Wissensmanagements sowie die Bewältigung der Zusammenarbeit mit Kollegen, Kunden, Zulieferern oder Kooperationspartnern, die an internationalen Standorten arbeiten, schaffen für IT-Fachkräfte eine häufig völlig neue Anforderungsdimension. Sie erfordert von IT-Fachkräften in sehr viel höherem Maße als bisher die bewusste Reflexion ihres Beitrags im Gesamtprozess sowie der Rolle und der Rahmenbedingungen der anderen Akteure. Sie verlangt den kompetenten Umgang mit sehr unterschiedlichen Wissensdomänen und deren kommunikative Integration in einen gemeinsamen Prozess der Wissenskonstruktion.

17.4 Qualifikationsentwicklung von IT-Fachkräften in einer neuen Phase der Globalisierung

Die Analysen des Wandels der Arbeit in der Software-Entwicklung und in den IT-Dienstleistungen im Kontext der Globalisierung verweisen auf grundlegende Veränderungen in allen Dimensionen des Arbeitsprozesses, auf die sich IT-Fachkräfte in ihrem Arbeitshandeln und in ihren Kompetenzen einstellen. Diese neuen Kompetenzanforderungen lassen sich nicht im Sinne von globalisierungsrelevanten Einzelkompetenzen erfassen. Vielmehr erfordern sie eine neue Sicht auf die Fachlichkeit von IT-Fachkräften sowie auf Kompetenzprofile und Spezialisierungsmuster im Berufsfeld.

17.4.1 Wandel der Fachlichkeit von IT-Fachkräften

Die Fachlichkeit von IT-Fachkräften gerät zunehmend in Widerspruch zu den Anforderungen global verteilter Software-Entwicklung und IT-Services und unterliegt einem erheblichen Veränderungsdruck.[6]

Seit den ersten Anfängen des Computereinsatzes gibt es eine virulente Diskussion darüber, was einen hervorragenden Software-Entwickler ausmacht, über welche Kompetenzen dieser verfügen sollte und wie die damit verbundenen Qualifikationen vermittelt werden können (vgl. Dostal 2006; zur Entwicklung in den USA vgl. Ensmenger 2010) [26], [30]. Eine Einigung ist hier bisher nicht in Sicht. Angesichts eines nur wenig professionalisierten Berufsfeldes mit einem enorm hohen Anteil von Quereinsteigern auf allen Qualifikationsniveaus gibt es hier bestenfalls einen kleinsten gemeinsamen Nenner aus wenigen grundlegenden Kenntnissen über Software-Entwicklung, Hardware-Architekturen und Methoden des Software Engineering. Stattdessen wurde über lange Zeit das fast mystische Bild des genialen Programmierers gepflegt, den Weizenbaum (1977) [62] sehr treffend am Beispiel

---

[6] Die Erosion fachlicher Konstanten im Berufsfeld der IT-Fachkräfte konnte bereits in den 1990er Jahren vor dem Hintergrund eines paradigmatischen Wandels in den Informatisierungsstrategien der Unternehmen und der damit verbundenen Abkehr vom Großrechner und den entsprechenden Konzepten der Software-Entwicklung festgestellt werden (vgl. dazu Baukrowitz et al. 1994; Boes et al. 1995) [7], [13].

des „Hackers" kritisch beschrieben hat. Seine „Professionalität" basiert auf einem tiefen Technikverständnis, das aber in seiner kreativen Umsetzung kaum systematisch beschrieben werden kann.

Die Informatik hat zwar seit ihrem Entstehen Ende der 1960er Jahre[7] versucht, systematische Leitorientierungen für die Professionalität von IT-Fachkräften zu entwickeln. Allerdings kann diese Diskussion selbst innerhalb der Informatik nicht als abgeschlossen gelten. Vertreter einer eher mathematischen Orientierung, einer ingenieurwissenschaftlichen Sichtweise sowie einer soziotechnischen Orientierung stehen sich hier teilweise unversöhnlich gegenüber (vgl. zu der Diskussion Coy et al. 1992; Ruiz-Ben 2005) [24], [54]. Zudem weisen die in den Informatikinstituten implementierten Konzepte nur eine geringe Orientierung an den Aufgaben von IT-Fachkräften in der Praxis auf und gelten daher häufig als praxisfern.[8] Zieht man zudem die geringe quantitative Bedeutung von Absolventen eines Informatikstudiums im Berufsfeld in Betracht, erscheint der konzeptionelle Beitrag der Informatik zur Frage der IT-Fachlichkeit wenig prägend.

Ein wesentlicher Faktor für die Entwicklung der IT-Fachlichkeit ist demgegenüber der Weiterbildungssektor. Hier spielt die Prognose zukünftig benötigter Qualifikationen rund um Schlüsseltechnologien und IT-Tätigkeitsfelder mit positiver Umsatzentwicklung eine zentrale Rolle. Vor allem Maßnahmen zur Vorbereitung auf die in der Branche immer wichtiger werdenden Herstellerzertifikate sind in diesem Bereich relevant. In dieser Perspektive erscheint IT-Qualifikation als Flickenteppich von Einzelqualifikationen, über deren Relevanz der Markt entscheidet und die mit dem Verschwinden des entsprechenden Produkts vom Markt eine weitgehende Entwertung erfahren.

Mit der Neuordnung der IT-Berufe in den 1990er Jahren wurden neue Impulse für die konzeptionelle Weiterentwicklung der Fachlichkeit von IT-Fachkräften gesetzt. Hier wird der IT-Geschäftsprozess fokussiert und so eine systematische Sichtweise auf die geschäftsprozessrelevanten Teilkompetenzen erzeugt. Die Berufsbilder sowie die Profile im unmittelbar anschließenden IT-Weiterbildungssystem stellen die Aufgabe „Bewältigung des IT-Geschäftsprozesses" ins Zentrum und unterstützen ausgehend von diesem Aufgabenverständnis den reflexiven Umgang mit fachlichen Kernkompetenzen im Kontext der Branchenentwicklung.

---

[7] Gründungsinitiativen gingen zunächst von der Mathematik oder der Elektro- bzw. Nachrichtentechnik aus (vgl. Moog 2005) [48]. Zur aktuellen idealtypischen Fächeraufteilung informatikgeprägter Studiengänge (vgl. Moog 2005, S. 28) [48].

[8] Seit den Anfangsjahren hat sich eine große Anzahl von Informatikstudiengängen bzw. Kombinationsstudiengängen (Bindestrich-Informatik wie z. B. Wirtschaftsinformatik) entwickelt. Die Universitäten gelten dabei als eher theoretisch orientiert. Sie konzentrieren sich vor allem auf die Kerninformatik sowie schon relativ früh auf den Kombinationsstudiengang der Wirtschaftsinformatik. Darüber hinaus ist vor allem im Zuge der Neugestaltung von Bachelor- und Master-Studiengängen eine Vielzahl von Spezialisierungen und Kombinationsstudiengängen an Universitäten entstanden. Fachhochschulen streben demgegenüber von Beginn an eine theoretisch fundierte, aber praxisorientierte Ausbildung an, in der eher anwendungsorientierte Themen im Vordergrund stehen. Das Studienangebot an Fachhochschulen ist daher sehr viel mehr durch anwendungsfeldbezogene Spezialisierungen geprägt (vgl. Moog 2005, S. 28; Dostal 2006, S. 152f.) [48], [26].

Global verteilte Software-Entwicklung und IT-Services fordern von IT-Fachkräften, über diese diffuse, auf weitgehend technischen Einzelkompetenzen basierende Fachlichkeit hinauszugehen und eine internationale berufliche Handlungskompetenz zu entwickeln, in der die traditionellen technischen Kernkompetenzen in einem globalen Bezugsrahmen neu gefasst und um weitere Kernkompetenzen ergänzt werden. Benötigt werden dafür moderne Qualifizierungsstrategien für IT-Fachkräfte.

Im Folgenden werden vier zentrale Kompetenzfelder einer solchen modernen Qualifizierungsstrategie skizziert (vgl. hierzu ausführlicher Boes et al. 2011b) [14].

Qualifizieren für globale Handlungskontexte

Die Arbeit in globalen Bezügen ist heute nicht mehr das Spielfeld einiger weniger Spezialisten, sondern betrifft weite Teile der IT-Beschäftigten in neuer Qualität. Für breite Beschäftigtengruppen verändern sich deshalb im Zuge der Globalisierung Aufgabenzuschnitte und Job-Profile sehr grundlegend. Gerade wenn sog. Standard- und Routinetätigkeiten in Off- und Nearshore-Länder verlagert werden, kann dies auch heißen, Mitarbeiter systematisch für neue Tätigkeitsprofile (z. B. Berater und Projektmanager) bzw. (wie es dann oftmals heißt) „höherwertige" Tätigkeiten mit höheren planenden, steuernden oder konzeptionellen Tätigkeitsanteilen zu qualifizieren.

Für IT-Fachkräfte wird „internationale Kompetenz" (vgl. Wordelmann 2004; Wordelmann 2010) [63], [64] zu einer Schlüsselkompetenz. Fremdsprachenkompetenz und interkulturelle Kompetenz sind eine unverzichtbare Basis, um sich in einer globalisierten Arbeitswelt souverän bewegen zu können. Die Herausforderungen, die mit der Umstellung der Kommunikation auf Englisch einhergehen, werden häufig unterschätzt. In sehr technikgeprägten Bereichen konzentriert sich die Kommunikation mit Kunden an internationalen Standorten auf Technikthemen mit ihren ohnehin englischsprachigen Fachtermini. Dieses Fachenglisch wird von IT-Profis gut beherrscht und kaum noch als Herausforderung gesehen. Anders stellt es sich in kundennahen Bereichen dar, die nicht hauptsächlich durch technische Themen geprägt sind. Ein prominentes Beispiel ist das Beschwerdemanagement. Hier geht es um den kompetenten Umgang mit Konflikten in einer Fremdsprache, und dies erfordert sehr viel differenziertere Sprachkompetenzen von den Mitarbeitern. Es sind aber nicht nur die Herausforderungen der Fremdsprache, die in der Kommunikation mit internationalen Kunden neue Kompetenzen erfordern. Kulturelle Unterschiede sowie Unterschiede in der Arbeitsweise und der Unternehmensorganisation prägen die Kommunikationssituation. Sie äußern sich vor allem in impliziten Umgangsweisen und Erwartungshaltungen seitens der Kunden. Interkulturelle Kompetenzen, die Sensibilität für mögliche Unterschiede auch dann, wenn alles klar zu sein scheint, sowie die Fähigkeit, gezielt nachzufragen, sind wichtige Bausteine im Kompetenzprofil von IT-Fachkräften vor allem im Support, die gezielt weiterentwickelt werden müssen (vgl. Baukrowitz et al. 2011b) [9].

Mit der Etablierung eines weltweit zugänglichen Informationsraums entsteht ein neuer globaler Handlungskontext – für die Arbeit in diesem Handlungskontext gilt es die Beschäftigten zu befähigen. So verändern neue Produktphilosophien und technologische

Paradigmen auf Basis von Internet-Technologien die Arbeit von IT-Beschäftigten oftmals grundlegend. Gleichzeitig stehen ihnen mit dem Internet neue Möglichkeiten der Kommunikation, Kooperation und Vernetzung zur Verfügung. Ohne gezielte Qualifizierung besteht in vielen Unternehmen die Gefahr, dass die neuen Internet-Technologien die alleinige Domain der „Digital Natives" bleiben. Große Teile der Belegschaften würden damit von den grundlegenden Umbrüchen und der rasanten Entwicklung abgekoppelt. Die eigentliche Herausforderung im Umgang mit dem Informationsraum ist jedoch nicht technischer Natur – sie besteht darin, dass der Informationsraum ein neuer sozialer Handlungsraum ist. Qualifizierung muss sich deshalb insbesondere an der Frage orientieren, wie sich die damit verbundenen Potenziale nutzen lassen. Besonders wichtig ist es, wie und unter welchen Handlungsbedingungen vertrauensvolle Zusammenarbeit im Informationsraum ohne Face-to-Face-Beziehungen gelebt und durch entsprechende Qualifizierung unterstützt werden kann.

Qualifizieren für die Arbeit in und mit Prozessen

Während die Kompetenzentwicklung mit Blick auf Technologiethemen zum Alltag jedes IT-Profis gehört, kommt mit der Prozessstandardisierung ein neues Thema auf viele Mitarbeiter zu. Mit der Orientierung der Prozesse an ITIL erhalten nicht nur die Aufgabenbereiche neue Zuschnitte, auf die sich die Mitarbeiter einstellen müssen – der Prozess an sich, in Form eines Framework sowie der prozessbegleitenden Software, wird zu einer neuen Steuerungs- und Gestaltungsebene, die in die alltägliche Arbeit Einzug hält. Von den Fachkräften wird eine neue Form der Prozessorientierung gefordert, in der nicht das sture Befolgen von Regeln, sondern sinnbezogenes Handeln in den jeweiligen Rollen und die aktive Mitwirkung an der permanenten Prozessoptimierung im Zentrum stehen.

Aus der Perspektive der Qualifizierung müssen die Mitarbeiter für einen intelligenten Umgang mit Prozessen befähigt werden. Neben dem umfassenden Verständnis der Prozessmodelle ist die flexible und situative Ausgestaltung von Rollenidentitäten von großer Relevanz. Zum Beispiel müssen Mitarbeiter lernen, wann es keinen Sinn mehr macht, einem Prozess zu folgen, sie müssen lernen, dann einen anderen Weg einzuschlagen, ggf. zu eskalieren und die Veränderung des Prozesses selbst zu betreiben. Dafür notwendig ist ein hohes Maß an Reflexivität: Erst mit einem Bewusstsein „vom Ganzen" und der Verortung der eigenen Position in einer systemischen Organisation ist dies möglich.

Qualifizieren in Richtung „kommunikative Fachlichkeit"

Ein weiterer qualitativer Schritt in den Kompetenzanforderungen ist in dem Bedeutungsgewinn von Interaktion und Kommunikation in Unternehmen begründet – gefragt ist hier eine neue Art der Fachlichkeit. Es wäre ein Fehler zu glauben, dass mit IT-gestützten Prozessen die Kommunikation verschwindet. Vielmehr steigen in modernen Unternehmen die Interdependenzen und die Komplexität der Beziehungen. Im Gegensatz zu früher, wo einzelne Teams und Abteilungen häufig als „Container" organisiert waren, müssen sie sich heute grundlegend neu aufeinander beziehen und abstimmen. Hier ist eine neue Art der „Vermarktung" und Kommunikation von Kompetenz gefragt, die bisher nur von Führungskräften und wenigen Spezialisten erwartet wurde.

Gezielt wird heute in den Unternehmen eine neue Form von „Öffentlichkeit" (vgl. Bultemeier 2011) [23] geschaffen. Daily Scrums, in denen sich Entwickler eines Teams täglich abstimmen, Wikis, Blogs, Foren, in denen Beschäftigte themenbezogen in „Communities" organisiert werden, schaffen einen neuen (virtuellen) Raum zur kommunikativen Abstimmung und zum kollektiven Lernen. Auch die zunehmende Schwierigkeit in vielen Unternehmen, Konferenzräume zu buchen, zeugt weniger von einem mangelhaften Gebäudemanagement als vom Bedeutungszuwachs der Öffentlichkeit.

Für Beschäftigte wird die Arbeit in und mit dieser neuen Öffentlichkeit zu einer zentralen Anforderung im Arbeitsalltag. Aus der Perspektive der Qualifizierung geht es dabei nicht nur um neue Präsentationskurse und Rhetorikschulungen. Qualifizierung in Richtung „kommunikativer Fachlichkeit" (vgl. Bultemeier 2011) [23] muss Mitarbeiter viel grundlegender dabei unterstützen, sich in diesen neuen Öffentlichkeiten zu bewegen und zu beteiligen. Auch hier muss sich Qualifizierung in Richtung der Reflexivität der Beschäftigten orientieren: Schließlich müssen die Beschäftigten im Arbeitsalltag verstehen, welches Wissen zu welchem Zweck kommuniziert werden muss, und dabei auch reflexiv Bezug nehmen können auf die Fachlichkeit einer Vielzahl von Akteuren.

Qualifizieren für kollektive Lernprozesse

Erfolgreiche Globalisierung erfordert die permanente Verbesserung von Prozessen und Produkten. Die Fähigkeit, in diesem Kontext gleichermaßen individuelle und kollektive Lernprozesse zu gestalten bzw. daran mitzuwirken, wird für IT-Fachkräfte zu einem weiteren wichtigen Baustein beruflicher Handlungskompetenz.

Globalisierung bedeutet, dass Prozesse und Produkte einem hohen Veränderungsdruck unterliegen. Lösungen für einen neuen Kunden oder für strukturelle Probleme lassen sich dabei nur begrenzt von oben verordnen. Erforderlich sind kollektive Lernschleifen, die die Erfahrungen, Kompetenzen und Ideen aller Beschäftigten im Unternehmen mit einbeziehen. Kollektive Lernschleifen in Unternehmen bauen auf dem Prinzip der „intelligenten Standardisierung" (vgl. Boes et al. 2008) [21] auf. So bilden Standards auf der einen Seite eine definierte und gesicherte Ausgangsbasis für Lernprozesse. Auf der anderen Seite erlauben es erst lebendige Standards, dass Lernerfahrungen konsequent in die definierten Prozesse zurückgespielt und als Innovationen in der Organisation verankert und verallgemeinert werden. Damit wird kollektives Lernen zur zentralen Herausforderung und zu einem zukunftsweisenden Handlungsfeld. Entscheidende Fragen sind hierbei: Wie können individuelle Erfahrungen und Erkenntnisfortschritte für alle verallgemeinert werden? Wie kann das Lernen als Team und Organisation gelebt und systematisch organisiert werden?

Beschäftigte stehen vor der Anforderung, sich an diesen kollektiven Lernprozessen wirksam und in der Unternehmensöffentlichkeit sichtbar zu beteiligen. Dazu ist zunächst wichtig, dass sie ihre eigene fachliche Expertise auch kommunikativ vermitteln können. Um zu wissen, wo man bei Verbesserungen und Veränderungen wirklich den Hebel ansetzen muss, benötigen die Beschäftigten des Weiteren eine Vorstellung oder sogar eine „Theorie" über das Gesamtsystem. Gleichzeitig muss es für sie darum gehen, individuelle Lernziele mit kollektivem Lernen zu verbinden und darin auch vorausschauende Strategien für die individuelle Kompetenzentwicklung zu verfolgen. Das Thema „Lernen" und die Gestaltung von kollektiven Lernprozessen als integraler Bestandteil von Arbeit werden so zu einer neuen Herausforderung für moderne Qualifizierungsstrategien.

17.4.2 Berufliche Identität

Mit der Globalisierung steht die Fachlichkeit von IT-Fachkräften auf dem Prüfstand. Der Wandel in den Kompetenzanforderungen ist dabei häufig so grundsätzlicher Natur, dass er im Rahmen der bisher tragfähigen beruflichen Identität bzw. des beruflichen Selbstverständnisses nicht zu bewältigen ist. Für eine erfolgreiche Bewältigung der neuen Anforderungen und die Entwicklung beruflicher Perspektiven in einer globalen IT-Welt wird die Reflexion und Weiterentwicklung dieser grundlegenden Orientierungsmuster zu einem zentralen Baustein.

Weizenbaum (1977, S. 155ff.) [62] sieht die berufliche Identität von Software-Entwicklern zwischen den Polen des „Berufsprogrammierers" und des „Hackers" als „zwanghaftem Programmierer". Den einen Pol bilden Software-Entwickler, die sich in ihrer Professionalität eher an Ingenieuren orientieren und sich mit den Bestrebungen, ingenieurwissenschaftliche Methoden in die Software-Entwicklung einzuziehen (vgl. Kraft 1979) [42], identifizieren. Den anderen Pol bilden Software-Entwickler, die ihre Arbeit als Sieg über die „universelle Maschine" sehen, der zwar durch hervorragende technische Kenntnisse ermöglicht wird, letztlich aber von der individuellen Kreativität abhängig ist.

Nicht nur Fachkräfte, die sich eher mit dem Bild des „Hackers" identifizieren, sondern auch Fachkräfte, die dem Pol des „Berufsprogrammierers" entsprechen, geraten mit ihrer beruflichen Identität in folgenden Szenarien immer wieder in Widerspruch zu ihrer Arbeitsrealität:

- Mit der Globalisierung treten steuernde, planende und konzeptionelle Tätigkeiten in den Vordergrund. Diese Tätigkeiten werden von vielen Entwicklern als außerfachlich wahrgenommen, so dass sie dafür nur ungern Verantwortung übernehmen.

- Mit der Prozessstandardisierung sind detaillierte Vorgaben zu Aufgaben und Zuständigkeiten verbunden. Dies steht in einem massiven Widerspruch zu einem ganzheitlichen Aufgabenverständnis und damit zu der hohen intrinsischen Motivation vieler Entwickler.

- Mit der Globalisierung wird der Aspekt der Wissenskonstruktion, des „Theory Building", zu einer neuen Herausforderung, da sich in der internationalen Kooperation implizites Wissen über Anforderungen an eine Software häufig als wenig tragfähig erweist. Eine ausgeprägte technische Orientierung tritt hier in Widerspruch zu den bestehenden Gestaltungs- und Kommunikationsanforderungen.

Berufliche Identität stellt aktuell für eine tragfähige Kompetenzentwicklung eine zentrale Handlungsebene dar. Gerade mit Blick auf die gestandenen IT-Profis wird es eine Aufgabe in der betrieblichen Personalentwicklung sein, den Raum für die Reflexion und Weiterentwicklung des beruflichen Selbstverständnisses zu schaffen.

17.4.3 Standardisierung von Kompetenzprofilen und Verberuflichung

Anders als etwa im Bereich der Ingenieurberufe trifft die Globalisierung in der IT-Branche auf ein insgesamt nur gering professionalisiertes Berufsfeld (vgl. Dostal 2003; Dostal 2006, S. 229f.) [25], [26]. Nicht nur ist der IT-Bereich analog zur technologischen Innovationsdynamik durch einen sehr raschen Wandel in den Tätigkeiten, Qualifikationsanforderungen und beruflichen Strukturen gekennzeichnet. Darüber hinaus ist der Zuständigkeitsbereich von IT-Fachkräften insgesamt nur sehr unscharf gegenüber den Aufgaben anderer Berufe abgegrenzt. Anders als etwa den Ingenieuren, mit denen insbesondere die Hochschulinformatiker häufig in einem Atemzug genannt werden, ist es den IT-Spezialisten bisher nicht gelungen, ihren Aufgabenbereich allgemein anerkannt zu definieren, hierfür eine exklusive Zuständigkeit zu reklamieren und diese mit einschlägigen Ausbildungen zu verbinden. Das Berufsbild ist nur unscharf umrissen und bietet allen Akteuren jenseits der Technik nur wenige Orientierungspunkte. Kompetenzprofile und Spezialisierungsmuster von IT-Fachkräften sind entsprechend in hohem Maße individuell und bestenfalls auf innerbetrieblichen Arbeitsmärkten oder innerhalb enger „Communities of Practice" anschlussfähig.

Die Globalisierung ist mit neuen Formen internationaler Arbeitsteilung und damit mit großrahmigen Verschiebungen innerhalb der IT-bezogenen Tätigkeiten und Aufgabenbereiche verbunden. Unternehmen bestimmen ihre Kernkompetenzen neu und geben damit die Richtung vor, welche Tätigkeitsfelder in Zukunft an Bedeutung gewinnen, welche eher abnehmen. Nicht nur für die Beschäftigten in den von Abbau bedrohten Tätigkeitsfeldern, sondern im Gesamtgefüge der IT-Berufe entsteht damit ein Veränderungsdruck, der häufig nicht mehr innerhalb des vorhandenen Kompetenzprofils zu bewältigen ist. Beschäftigte sehen sich vor der Herausforderung, neue berufliche Perspektiven zu entwickeln, ihre Kompetenzprofile entsprechend systematisch anzupassen und dabei die internationale Verwertbarkeit und Transparenz ihrer Abschlüsse und Kompetenzen im Blick zu haben.

Benötigt werden Weiterbildungs- und Fachkarrieresysteme, die transparent und umsetzungsorientiert Wege zwischen Kompetenzprofilen und Berufsbildern beschreiben und entsprechend systematisch Zugänge zu Weiterbildungsmaßnahmen und Zertifikaten eröffnen. Auf europäischer Ebene wurde hier mit dem e-CF (European e-Competence Framework) ein branchenspezifischer Vorschlag entwickelt, der für die Zukunft die Systematisierung von IT-Kompetenzen auf allen Ebenen (Ausbildung, Weiterbildung, Personalentwicklung) fördern kann (vgl. IG Metall 2010a) [38].

17.5 Herausforderungen der Globalisierung 2.0 für die Aus- und Weiterbildung von IT-Fachkräften

Für eine erfolgreiche Globalisierung werden Qualifizierung und Kompetenzentwicklung von IT-Fachkräften zu einem strategischen Erfolgsfaktor. Dabei geht es nicht lediglich darum, „diesen Prozess mit Qualifizierungsangeboten zu begleiten", sondern um eine konzeptionelle Neueinstellung sowohl in der betrieblichen Personalentwicklung als auch in der beruflichen Aus- und Weiterbildung.

Erforderlich ist eine breite konzeptionelle Orientierung auf eine globale IT-Welt. Für die Institutionen in der Aus- und Weiterbildung, für Personalentwickler und für IT-Fachkräfte selbst bedeutet dies zunächst, sich aktiv in der aktuellen Globalisierungsentwicklung zu verorten und nachhaltige Strategien jenseits technologischer Trendprognosen zu entwickeln. Dabei ist zu beachten, dass es angesichts der tief greifenden Veränderungen in der Branche und der Arbeit nicht allein um die Identifizierung globalisierungsrelevanter Teilkompetenzen gehen kann. Vielmehr muss die IT-Fachlichkeit als ganze neu gefasst werden, um die strukturellen Veränderungen in der Arbeit in der Fachlichkeit abzubilden, damit die IT-Kompetenzentwicklung von der Dynamik des technologischen Wandels zu distanzieren und relevante Teile der bisher als „außerfachlich" wahrgenommenen Anforderungen systematisch zu integrieren. Der Beruf schafft hier ein Medium, in dem diese konzeptionelle Herausforderung unter den verschiedenen relevanten Akteursgruppen kommuniziert und institutionell umgesetzt werden kann.

17.5.1 Duale Ausbildung in den neuen IT-Berufen

Mit Blick auf die berufliche Erstausbildung ist der IT-Standort Deutschland mit den Ende der 1990er Jahre geschaffenen neuen IT-Berufen bereits gut platziert (vgl. IG Metall 2010b) [39].

In den 1990er Jahren war im Kontext der Reorganisation der Unternehmen die Zukunftsfähigkeit des Berufs und der dualen Berufsausbildung branchenübergreifend in Frage gestellt worden (vgl. z. B. Baethge 1996; Baethge/Kinsky 1998) [2], [3]. Beruf und Berufsausbildung galten in vielen Diagnosen als überholt und geradezu innovationshemmend, da ihnen die nötige Flexibilität und Anpassbarkeit an die neuen Anforderungen abgesprochen wurden. Die Professionalisierung in der IT-Branche hat hier Ende der 1990er Jahre eine Wende eingeläutet. Wiewohl in der öffentlichen Wahrnehmung und teilweise auch in der Selbstwahrnehmung das Bild der IT-Fachkraft vor allem durch Hochschul-Informatiker geprägt schien, wurden Rolle und Stellenwert von Fachkräften auf mittlerem Qualifikationsniveau in diesem Zeitraum unter den neuen Vorzeichen analysiert und es wurden neue IT-Berufe etabliert (vgl. Ehrke 1997; Müller 1997) [27], [49]. Mit der Orientierung dieser Berufe an modernen IT-Geschäftsprozessen ist es gelungen, einen Paradigmenwechsel einzuleiten und der Professionalisierung auf mittlerem Qualifikationsniveau branchenübergreifend einen neuen Schub zu geben. Die mittlere Qualifikationsebene konnte systematisch mit einer eigenen Rolle im Berufsfeld verankert werden (vgl. Baukrowitz/Boes 1997) [5]. Die IT-Berufe haben mittlerweile Leitbildcharakter für die Neugestaltung der Berufsbildung auch in anderen Branchen erlangt. Und auch international strahlen sie auf die IT-Berufsbildung aus. So haben sich die Neuordnungsverfahren in der Schweiz und in Österreich an ihnen orientiert (vgl. Ehrke et al. 2011a) [28], und die Entwicklung des europäischen sektoralen Kompetenzrahmens e-CF wurde durch sie maßgeblich geprägt.

Mit ihrer geschäftsprozessorientierten Ausrichtung der Ausbildung schaffen diese Berufsbilder bereits einen guten konzeptionellen Rahmen, um in der Phase des Berufseinstiegs wesentliche globalisierungsrelevante Themen zu adressieren und so Grundlagen für eine moderne Fachlichkeit zu schaffen. Allerdings lassen sich mit Blick auf die Ausbildungspraxis in diesen innovativen Berufen noch Ansatzpunkte für eine systematische Orientierung an den Anforderungen der Globalisierung identifizieren, die im Rahmen von GlobePro untersucht wurden (vgl. Ehrke et al. 2011a; Ehrke et al. 2011b) [28], [29]. Insbesondere den Berufsschulen kommt die Rolle zu, Auszubildende vermehrt in der unternehmensübergreifenden Reflexion der globalen Branchenentwicklung und der damit verbundenen beruflichen Anforderungen zu unterstützen. Hier geht es darum, die Globalisierung der IT-Branche als Querschnittsthema in allen Lernfeldern zu etablieren und dafür einerseits auf der Ebene von Rahmenverordnungen und Curricula förderliche Rahmenbedingungen zu schaffen und andererseits in den Berufsschulen entsprechende Innovationen in der Ausgestaltung der Lernfelder anzustoßen. Eine weitere Aufgabe wird hier in Zukunft darin bestehen, sich konzeptionell verstärkt an einer modernen IT-Fachlichkeit zu orientieren, die die bisherigen fachlichen Kernkompetenzen vor allem um eine Prozessorientierung mit Blick auf die Standardisierung und Ökonomisierung von Software- und Service-Prozessen sowie um die Herausforderungen der internationalen Zusammenarbeit mit Blick auf Wissensmanagement, Kooperation und Kommunikation ergänzt. Aber auch auf der betrieblichen Ebene besteht Handlungsbedarf. Hier geht es darum, Auszubildende frühzeitig in internationale Projekte einzubinden und die Entwicklung internationaler Kompetenz etwa durch Auslandsaufenthalte während der Ausbildung zu unterstützen.[9]

17.5.2 Der Weiterbildungssektor

In der beruflichen Entwicklung von IT-Fachkräften spielen berufsbegleitende Weiterbildungs- bzw. Umschulungsmaßnahmen eine bedeutende Rolle. Wesentliche Teile der Entwicklung beruflicher Handlungskompetenz und auch aussagekräftiger formaler Abschlüsse finden berufsbegleitend entweder durch Lernen im Prozess der Arbeit oder durch Weiterbildungsmaßnahmen statt. Einerseits ist die Innovationsdynamik in einigen Tätigkeitsfeldern von IT-Fachkräften so hoch, dass permanente formelle oder informelle Anpassungsqualifizierungen erforderlich sind. Andererseits ist es der IT-Branche und den IT-Anwenderunternehmen auch heute noch kaum möglich, den Fachkräftebedarf durch die einschlägigen Ausbildungsgänge zu decken. Ein großer Teil der IT-Fachkräfte (ca. 50 Pro-

---

[9] Das Berufsbildungsgesetz (BBiG) bietet seit 2005 Auszubildenden die rechtlich gesicherte Möglichkeit, Teile ihrer Ausbildungszeit im Ausland zu verbringen.

zent; vgl. Dostal 2003; Dostal 2006, S. 230) [25], [26] ist als Quereinsteiger in das Berufsfeld gekommen und erwirbt seine IT-Qualifikationen über Weiterbildungs- oder Umschulungsmaßnahmen. Für die Einstellung auf die Herausforderungen der Globalisierung und eine nachhaltige Qualifikations- und Fachkräfteentwicklung ist das Segment der IT-Weiterbildung ein zentrales Gestaltungsfeld, in dem sich eine beruflich und an staatlichen Abschlüssen und Zertifikaten orientierte Weiterbildung und eine Parallelwelt privatwirtschaftlich getriebener Professionalisierungsstrategien, orientiert an (kurzfristigen) ökonomischen Erwägungen sowie an privatwirtschaftlichen Standards wie Herstellerzertifikaten[10], gegenüberstehen. Anders als die regulierte Ausbildung verfügt das IT-Weiterbildungssegment kaum über gemeinsam getragene Konzepte und Qualitätsstandards. Das Weiterbildungsangebot entwickelt sich weitgehend marktgetrieben, orientiert an Technologien, Produkten und Methoden. Eine Rückbindung an Berufsbilder oder systematische Pfade der Kompetenzentwicklung spielt kaum eine Rolle (zur Situation der IT-Weiterbildung vgl. Littig 2011) [43].

Mit der Globalisierung der IT-Branche und der Internationalisierung des Arbeitsmarkts für IT-Fachkräfte werden neue Anforderungen an die Weiterbildung gestellt. Zunächst soll sie bei der Entwicklung der erforderlichen internationalen Kompetenzen unterstützen und entsprechende Inhalte und Lernformen bereitstellen. Darüber hinaus geht es darum, berufliche Perspektiven und Wege in andere Tätigkeitsfelder aufzuzeigen und mit systematischen Weiterbildungsprogrammen zu unterstützen. Und es geht darum, international die Transparenz und Verwertbarkeit der erworbenen Kompetenzen sicherzustellen.

Eine besondere Herausforderung liegt für den Weiterbildungssektor darin, den „Flickenteppich" an Einzelmaßnahmen und Herstellerzertifikaten, die die Weiterbildung aktuell prägen, zu systematisieren und international anschlussfähig zu machen. Bereits 2002 war hier mit dem Weiterbildungssystem APO-IT[11], international bekannt als AITTS[12], ein Vorstoß gemacht worden, Spezialisten- und Professionalprofile zu beschreiben und mit staatlich geregelten Zertifizierungen auszustatten. Damit wurden erstmals systematisch Weiterbildungs- und Karrierepfade für IT-Fachkräfte erfasst, die sowohl für den Weiterbildungssektor als auch für die betriebliche Weiterbildung einen wertvollen Orientierungsrahmen schaffen (vgl. Littig 2011; Michel/Jung 2011) [43], [47].

Für die Zukunft wird es in der IT-Weiterbildung darum gehen, IT-Kompetenzentwicklung konsequent international zu denken und sich dabei an internationalen Kompetenzrahmen zu orientieren. Benötigt werden Kompetenzkonzepte, die nicht dem raschen technischen Wandel und der ökonomischen Wertigkeit von Herstellerzertifikaten folgen, sondern eine langfristige, nachhaltige Kompetenzentwicklung unterstützen.

---

[10] „Around 5 million such certifications have been issued over the last six years by over 60 certification providers covering over 600 types of certification. This situation of many overlapping qualifications has been described in a recent report as a "certification jungle", with poor information, lack of clarity, confusing to prospective candidates and employers, all to the detriment of the labour market." (ICT Certification in Europe 2011) [47].
[11] Arbeitsprozessorientierte Weiterbildung in der IT Branche, siehe auch: www.apo-it.de.
[12] Advanced IT Training System.

17.5.3 Personalentwicklung

Die Globalisierung ist in den letzten Jahren für die Unternehmen und die Mitarbeiter zu einer zentralen Herausforderung geworden. Die Personalentwicklung ist dabei gefordert, den Wandel im Unternehmen und die Veränderungen in der Arbeit der Mitarbeiter effektiv zu unterstützen und dafür neue Konzepte und Herangehensweisen zu entwickeln, die den Bedingungen in einem international agierenden Unternehmen gerecht werden.

Im Umgang mit neuen Qualifikationsanforderungen werden in IT-Unternehmen bisher vor allem dezentral Lösungen gesucht und gefunden.[13] IT-Arbeit integriert in hohem Maße Lernen am Arbeitsplatz durch Erfahrungsaustausch in (internationalen) Foren und unter Kollegen, eLearning und den situativen Aufbau von Lernumgebungen, um sich neue Technologien anzueignen bzw. deren Einsatzmöglichkeiten auszuloten. Was nicht am Arbeitsplatz gelernt werden kann und z. B. externe Weiterbildungsmaßnahmen erfordert, wird häufig zwischen Mitarbeiter und Vorgesetztem entsprechend den Projekterfordernissen geklärt. Doch dieser Ansatz stößt aktuell an Grenzen angesichts der Standardisierung der Prozesse sowie konzeptioneller Innovationen in den Produkten und Services. Diese erfordern eine vorausschauende und systematische Qualifikationsbedarfsanalyse und Weiterbildungsplanung. Für die Personalentwicklung ist es aktuell eine zentrale Aufgabe, hier zu einer Neubestimmung ihrer Rolle zwischen dezentralen Prozessen der Kompetenzentwicklung und zentralen Gestaltungsmöglichkeiten zu kommen. Unternehmen und Mitarbeiter benötigen die Professionalität der Personalentwicklung mit Blick auf systematische und vorausschauende Qualifikationsbedarfsanalysen, Kenntnisse des Aus- und Weiterbildungsmarkts, Organisation von Weiterbildungsmaßnahmen und Schaffen lernförderlicher Rahmenbedingungen (vgl. Baukrowitz et al. 2011a) [18].

Die zentrale Herausforderung der Globalisierung besteht für die Personalentwicklung darin, ein neues Rollenprofil zu entwickeln, das auf die Professionalisierung ihrer Vermittlungsfunktion im komplexen Bedingungsgefüge der beruflichen Kompetenzentwicklung gerichtet ist. Sie bewegt sich zwischen den Unternehmensstrategien, den (national unterschiedlichen) Konzepten und Angeboten des Aus- und Weiterbildungsmarkts, individuellen Karrierestrategien, den Veränderungen der Qualifikationsanforderungen „vor Ort" und den jeweils sehr unterschiedlichen „Sprachen", in denen solche Veränderungen kommuniziert werden. Nachhaltige Lösungen für eine integrierte Personalentwicklung müssen diese Segmentierungen und Sprachbarrieren überwinden.

Unter diesem Blickwinkel einer gelingenden Kommunikation im Unternehmen über Unternehmensbereiche, Unternehmensebenen und (internationale) Standorte hinweg sind die aktuellen Bestrebungen auf europäischer Ebene zur Entwicklung international anerkannter

---

[13] Nachdem in den Anfangsjahren der IT-Industrie mit ihren proprietären Technologien die Personalentwicklung eine sehr starke Stellung eingenommen hatte, veränderte sich dies in den 1990er Jahren mit der Etablierung neuer Unternehmenskonzepte, projektorientierter Arbeitsformen und dem Einsatz von Standardsoftware und PC-basierten Rechnerarchitekturen. Seitdem nimmt die Bedeutung der Personalentwicklung in der fachlichen Weiterbildung zugunsten dezentraler Maßnahmen erheblich ab (vgl. Baukrowitz/Boes 2002) [6].

Qualifikationsstandards interessant. Mit dem e-Competence Framework als sektorspezifischem Kompetenzrahmen liegt erstmals ein europaweit abgestimmter Vorschlag für die systematische Abbildung von IT-Kompetenzen vor. Für die Personalentwicklung steht damit ein Instrument zur Verfügung, das eine integrierte Personalentwicklung auch über sehr unterschiedliche Unternehmensbereiche unterstützt und für die Kommunikation mit den operativen Bereichen sowie mit dem Management eine einheitliche „Sprache" zur Verfügung stellt. Für die Zukunft wäre es wichtig, auszuloten, wie damit systematische und vorausschauende Bedarfsanalyse unterstützt und so die strategische Handlungskompetenz der Personalentwicklung im Unternehmen gefördert werden kann.

17.5.4 Individuelle Lern- und Karrierestrategien

Auch die IT-Fachkräfte selbst mit ihren individuellen Lern- und Karrierestrategien stehen vor der Anforderung, sich auf die veränderten Rahmenbedingungen und Anforderungen einer globalen IT-Welt einzustellen. Im Vordergrund steht hier für die meisten Fachkräfte die Frage nach der zukünftigen Verwertbarkeit ihres Kompetenzprofils angesichts von Auslagerung und Offshoring. Denn eng mit der Globalisierung verbunden sind die Erfahrung von Austauschbarkeit und Konkurrenz auf einem internationalen Arbeitsmarkt und die Befürchtung der Entwertung beruflicher Erfahrung und Kompetenzen. Gleichzeitig zwingt die Globalisierung dazu, die individuellen fachlichen Kompetenzen zu erweitern, um den Erfordernissen in internationalen IT-Prozessen gerecht zu werden. Dies erfordert von IT-Fachkräften einen sehr viel strategischeren Umgang mit der individuellen Kompetenzentwicklung. Bisher war das Weiterbildungsverhalten von IT-Fachkräften durch eine weitgehende Orientierung an Projekterfordernissen bzw. auch Trendprognosen hinsichtlich der Relevanz bestimmter Tätigkeitsfelder bestimmt. In Zukunft wird es für diese Fachkräfte verstärkt darum gehen, sich aktiv im IT-Geschäftsprozess verorten und von dort aus die berufliche Entwicklung bewusst zu gestalten. Um diese Aufgabe erfolgreich zu bewältigen, sind entsprechende institutionelle und betriebliche Rahmenbedingungen notwendig: Transparente Job-Profile und Karrieremuster im Unternehmen, ein an systematischer beruflicher Entwicklung ausgerichtetes Weiterbildungsangebot sowie mehr Arbeitsmarkttransparenz durch international anerkannte Qualifikationsstandards sind zentrale Bausteine, um eine nachhaltige Qualifikationsentwicklung von IT-Fachkräften auch unter den Bedingungen der Globalisierung zu erreichen.

17.6 Nachhaltige Globalisierung und Qualifizierung

Wir befinden uns erst am Anfang einer neuen Phase der Globalisierung der Wirtschaft. Diese ist insbesondere durch die Herausbildung neuer, globaler Produktionsmodelle im Dienstleistungssektor geprägt und lässt neue Beschäftigtengruppen in den Sog der Weltwirtschaft geraten. Dabei könnte die IT-Branche ein strategisches Lernfeld sein, um Konzepte für diese neuen Herausforderungen entwickeln zu können.

Die gegenwärtigen Umbruchs- und Veränderungsprozesse sind so weitreichend, dass die neuen Herausforderungen mehr als nur „einfache" Konzepte oder wenige situative Anpassungen erforderlich machen. Vielmehr geht es darum, eine konzeptionelle Neuorientierung in der Qualifizierung auf den Weg zu bringen. Hierfür sollen zum Abschluss zentrale Leitorientierungen skizziert werden.

Die neue Phase der Globalisierung kann nur als kollektiver Lernprozess sinnvoll gestaltet werden. Es kann nicht allein in der Verantwortung von Individuen liegen, sich auf die neuen Herausforderungen der Globalisierung einzustellen. Gefordert ist hier die Gesellschaft insgesamt. Politik, Unternehmen, Verbände und die Institutionen der Aus- und Weiterbildung müssen sich gemeinsam mit den Menschen in einem Lernprozess produktiv auf eine neue Phase der Globalisierung einlassen. Es geht darum, Dienstleistungsarbeit in einer globalen Perspektive neu zu fassen, ihre Fachlichkeit neu zu bestimmen und auf dieser Basis neue Konzepte für die berufliche Aus- und Weiterbildung zu entwickeln.

Dies führt unmittelbar zum nächsten Punkt: Die Arbeit in einer global vernetzten Ökonomie stellt eine Zäsur für die allermeisten Beschäftigten und deren berufliches Selbstverständnis dar. Im Zuge der umfassenden und rasanten Veränderung der Arbeit und der Aufgabenzuschnitte erleben viele Mitarbeiter auch eine Krise ihrer beruflichen Identität – viele fragen sich: „Was ist eigentlich meine Rolle, was ist mein Beitrag in einer globalisierten IT-Welt?" An dieser Stelle muss man die Menschen abholen und gezielt dabei unterstützen, ihre berufliche Identität zu verändern und weiterzuentwickeln – das ist ein komplizierter und voraussetzungsvoller Veränderungsprozess.

Für diese Veränderungsprozesse muss eine Basis geschaffen werden. Der Blick der Beschäftigten auf die Globalisierung ist häufig durch große Skepsis geprägt – neue Unsicherheiten und die Erfahrung von Entwertung bestimmen ihre Sichtweise. Damit sich Menschen verändern können (und wollen), muss man ihnen transparente und stabile Zukunftsperspektiven und darauf aufbauende berufliche Entwicklungsmöglichkeiten in einer global vernetzten Dienstleistungsökonomie geben. Nur wenn die Beschäftigten die Globalisierung nicht per se als gegen ihre eigenen Interessen gerichtet erleben, kann die Globalisierung für sie gangbar gemacht werden.

Deshalb gilt abschließend: Qualifizierung für die Globalisierung wird nur dann zu einem Erfolgsfaktor werden, wenn sie in nachhaltige Internationalisierungsstrategien eingebettet ist. Unternehmen müssen dazu ein neues strategisches Leitbild einer „nachhaltigen Globalisierung" entwickeln, und das heißt, den Menschen in den Mittelpunkt der Globalisierung zu stellen. Denn: Eine global vernetzte Ökonomie braucht die Menschen!

Literatur

[1] Aspray, W./Mayadas, F./Vardi, M. (2006): Globalization and Offshoring of Software. A report of the ACM Job Migration Task Force. Forschungsbericht der Assocation for Computing Machinery, URL: http://www.acm.org/globalizationreport/pdf/fullfinal.pdf [Stand: 13. Dezember 2011].

[2] Baethge, M. (1996): Berufsprinzip und duale Ausbildung: Vom Erfolgsgaranten zum Bremsklotz der Entwicklung? Zur aktuellen Debatte über Ausbildungs- und Arbeitsorganisation in der Bundesrepublik, in: Wittwer, W. (Hrsg.): Von der Meisterschaft zur Bildungswanderschaft, 1. Aufl., Bielefeld, S. 109-124.

[3] Baethge, M./Baethge-Kinsky, V. (1998): Jenseits von Beruf und Beruflichkeit? Neue Formen von Arbeitsorganisation und ihre Bedeutung für eine zentrale Kategorie gesellschaftlicher Integration, in: Mitteilungen aus der Arbeitsmarkt- und Berufsforschung, Vol. 31, 3, S. 461-472.

[4] Baukrowitz, A./Boes, A. (1996): Arbeit in der „Informationsgesellschaft". Einige grundsätzliche Überlegungen aus einer (fast schon) ungewohnten Perspektive, in: Schmiede, R. (Hrsg.): Virtuelle Arbeitswelten – Arbeit, Produktion und Subjekt in der „Informationsgesellschaft", Berlin, 1. Aufl., S. 129-158.

[5] Baukrowitz, A./Boes, A. (1997): Fachkräfteentwicklung in der Informations- und Kommunikationstechnikbranche – Zu den Chancen neuer Ausbildungsberufe, in: Berufsbildung in Wissenschaft und Praxis, Vol. 26, 1, S. 12-16.

[6] Baukrowitz, A./Boes, A. (2002): Weiterbildung in der IT-Industrie, in: WSI-Mitteilungen, Vol. 55, 1, S. 10-18.

[7] Baukrowitz, A./Boes, A./Eckhardt, B. (1994): Software als Arbeit gestalten – Konzeptionelle Neuorientierung der Aus- und Weiterbildung von Computerspezialisten, 1. Aufl., Opladen.

[8] Baukrowitz, A./Boes, A./Hennig, T. (2011a): Globalisierung von IT-Dienstleistungen – Herausforderungen für die Personalentwicklung, in: Gatermann, I./Fleck, M. (Hrsg.): Mit Dienstleistungen die Zukunft gestalten. 8. Dienstleistungstagung des BMBF: Impulse aus Forschung und Praxis, 1. Aufl., Frankfurt am Main, S. 151-160.

[9] Baukrowitz, A./Deutsch, W./Krüger, H. (2011b): ITIL im IT-Mittelstand – Herausforderungen für die Personalentwicklung, in: Boes, A./Baukrowitz, A./Kämpf, T./Marrs, K. (2011c): Eine global vernetzte Ökonomie braucht die Menschen. Qualifizierung als strategischer Erfolgsfaktor einer nachhaltigen Globalisierung in der IT-Branche, 1. Aufl., München (Veröffentlichung in Vorbereitung).

[10] Boes, A. (2004): Offshoring in der IT-Industrie. Strategien der Internationalisierung und Auslagerung im Bereich Software und IT-Dienstleistungen, in: Boes, A./Schwemmle, M. (Hrsg.): Herausforderung Offshoring. Internationalisierung und Auslagerung von IT-Dienstleistungen, 1. Aufl., Düsseldorf, S. 9-140.

[11] Boes, A. (2005a): Auf dem Weg in die Sackgasse? Internationalisierung im Feld Software und IT-Services, in: Boes, A./Schwemmle, M. (Hrsg.): Bangalore statt Böblingen? Offshoring und Internationalisierung im IT-Sektor, 1. Aufl., Hamburg, S. 13-65.

[12] Boes, A. (2005b): Informatisierung, in: SOFI/IAB/ISF München/INIFES (Hrsg.): Berichterstattung zur sozioökonomischen Entwicklung in Deutschland – Arbeits- und Lebensweisen. Erster Bericht, 1. Aufl., Wiesbaden, S. 211-244.

[13] Boes, A./Baukrowitz, A./Eckhardt, B. (1995): Herausforderung Informationsgesellschaft – die Aus- und Weiterbildung von IT-Fachkräften vor einer konzeptionellen Neuorientierung, in: Mitteilungen aus der Arbeitsmarkt- und Berufsforschung, Vol. 28, 2, S. 239-251.

[14] Boes, A./Baukrowitz, A./Kämpf, T./Marrs, K. (2011b): Eine global vernetzte Ökonomie braucht die Menschen. Strategische Herausforderungen für Arbeit und Qualifikation. GlobeProPrint2, München, URL: http://www.globe-pro.de/de/globeproprint/index.html [Stand: 01. September 2011].

[15] Boes, A./Baukrowitz, A/Kämpf, T./Marrs, K. (2011c): Eine global vernetzte Ökonomie braucht die Menschen. Qualifizierung als strategischer Erfolgsfaktor einer nachhaltigen Globalisierung in der IT-Branche, München (Veröffentlichung in Vorbereitung).

[16] Boes, A./Hacket, A./Marrs, K. (2009): Fit für die Globalisierung 2.0. Hintergrund, Ziele und Design des Verbundprojekts GlobePro. Vortrag beim Kick-Off am 26. März 2009 in München.
[17] Boes, A./Kämpf, T. (2011): Global verteilte Kopfarbeit. Offshoring und der Wandel der Arbeitsbeziehungen, 1. Aufl., Berlin.
[18] Boes, A./Kämpf, T./Marrs, K. (2011a): Herausforderung Globalisierung 2.0. Ausgangsbedingungen, Entwicklungsszenarien, Erfolgsfaktoren. GlobeProPrint1, München, URL: http://www.globepro.de/de/globeproprint/index.html [Stand: 01. September 2011].
[19] Boes, A./Kämpf, T./Knoblach, B./Trinks, K. (2006): Entwicklungsszenarien der Internationalisierung im Feld Software und IT-Dienstleistungen. Erste Ergebnisse einer empirischen Bestandsaufnahme. Arbeitspapier 2 des Projekts Export IT (ISF München), München.
[20] Boes, A./Kämpf, T./Marrs, K./Trinks, K. (2007): ‚The World is flat'. Nachhaltige Internationalisierung als Antwort auf die Herausforderungen einer globalen Dienstleistungswirtschaft. Arbeitspapier 3 des Projekts Export IT (ISF München), München.
[21] Boes, A./Kämpf, T./Marrs, K./Trinks, K. (2008): Der IT-Standort Deutschland und die Chancen einer nachhaltigen Internationalisierung. Arbeitspapier 4 des Projekts Export IT (ISF München). München.
[22] Boes, A./Schwemmle, M. (Hrsg.) (2005): Was ist Offshoring? in: Boes, A./Schwemmle, M. (Hrsg.): Bangalore statt Böblingen? Offshoring und Internationalisierung im IT-Sektor, 1. Aufl., Hamburg, S. 9-12.
[23] Bultemeier, A. (2011): Neue Spielregeln in modernen Unternehmen. Wie können Frauen davon profitieren? in: Boes, A./Bultemeier, A./Kämpf, T./ Trinczek, R. (Hrsg.): Strukturen und Spielregeln in modernen Unternehmen und was sie für Frauenkarrieren bedeuten (können). Arbeitspapier 2 des Projekts Frauen in Karriere, München, S. 45-81.
[24] Coy, W./Nake, F./Pflüger, J./Rolf, A./Seetzen, J./Siefkes, D./Stransfeld, R. (Hrsg.) (1992): Sichtweisen der Informatik, 1. Aufl., Braunschweig/Wiesbaden.
[25] Dostal, W. (2003): Arbeitslosigkeit bei Informatikern. Reaktion des Arbeitsmarktes auf das Ende des IT-Booms, in: Gesellschaft für Informatik e. V. (Hrsg.): INFORMATIK 2003 – Innovative Informatikanwendungen, Band 1, Beiträge der 33. Jahrestagung der Gesellschaft für Informatik e. V. (GI), 29. September bis 2. Oktober 2003 in Frankfurt am Main, P. 34, S. 11-18.
[26] Dostal, W. (2006): Berufsgenese – ein Forschungsfeld der Berufsforschung, erläutert am Beispiel der Computerberufe. Beiträge zur Arbeitsmarkt- und Berufsforschung, Nr. 302, Nürnberg.
[27] Ehrke, M. (1997): IT-Ausbildungsberufe: Paradigmenwechsel im dualen System, in: Berufsbildung in Wissenschaft und Praxis, Vol. 26, 1, S. 3-8.
[28] Ehrke, M./Heimann, K./Vaerst, T. (2011a): IT-Berufe als Prototyp moderner Dienstleistungsberufe und die Anforderungen einer globalen Berufswelt, in: Boes, A./Baukrowitz, A./Kämpf, T./Marrs, K. (2011c): Eine global vernetzte Ökonomie braucht die Menschen. Qualifizierung als strategischer Erfolgsfaktor einer nachhaltigen Globalisierung in der IT-Branche, München (Veröffentlichung in Vorbereitung).
[29] Ehrke, M./Hageni, K.-H./Heimann, K. (2011b) Die duale IT-Berufsausbildung in Deutschland im Kontext der Globalisierung. GlobeProPrint 3, München, URL: http://www.globepro.de/cms/upload/PDFs/GlobeproPrint3_final_WebVersion.pdf [Stand: 30. September 2011].
[30] Ensmenger, N. L. (2010): The Computer Boys Take Over: Computers, Programmers, and the Politics of Technical Expertise, 1. Aufl., Cambridge.
[31] Flecker, J./Huws, U. (2004): Asian Emergence: The World's Back Office?, in: Institute for Employment Studies (Hrsg.) IES Report 409, Brighton.
[32] Florida, R. (2002): The Rise of the Creative Class: And How It's Transforming Work, Leisure and Everyday Life, 1. Aufl., New York.
[33] Floyd, C./Budde, R./Zullighoven, H. (1992): Software Development and Reality Construction, 1. Aufl., Berlin.
[34] Hamm, S. (2007): Bangalore Tiger. How Indian Tech Upstart Wipro Is Rewriting the Rules of Global Competition, 1. Aufl., New York.

[35] Holtgrewe, U./Meil, P. (2008): Not "one best way" of offshoring. Software development, in: Flecker, J./Holtgrewe, U./Schönauer, A./Dunkel, W./Meil, P. (Hrsg.): Restructuring across value chains and changes in work and employment, case study evidence from the Clothing, Food, IT and Public Sector, 1. Aufl., Leuven, S. 47-64.
[36] Hürtgen, S./Lüthje, B./Schumm, W./Sproll, M. (2009): Von Silicon Valley nach Shenzhen. Globale Produktion und Arbeit in der IT-Industrie, 1. Aufl., Hamburg.
[37] ICT Certification in Europe (2011): ICT Certification in Europe, URL: http://www.ict-certification-in-europe.eu/index.php?option=com_content&task=view&id=6&Itemid=2 [Stand 13. Dezember 2011].
[38] IG Metall (2010a): European e-Competence Framework. Ein europäischer Kompetenzrahmen für ITK-Fach- und Führungskräfte, URL: http://www.globe-pro.de/cms/upload/PDFs/Broschuere_e-CF_d-GP.pdf [Stand: 23. Februar 2011].
[39] IG Metall (2010b): Die deutschen IT-Aus- und Weiterbildungsberufe im europäischen e-Competence Framework. ITK-Fachkräfte ausbilden, Personal planen, die eigene Karriere entwickeln in Deutschland, URL: http://www.globe-pro.de/cms/upload/PDFs/Broschuere_e-CF_IT_Aus_und_Weiterbildung_D-GP.pdf [Stand: 23. Februar 2011].
[40] Kämpf, T. (2008): Die neue Unsicherheit. Folgen der Globalisierung für hochqualifizierte Arbeitnehmer, 1. Aufl., Frankfurt am Main.
[41] Köhler, P. T. (2007): ITIL, 1. Aufl., Berlin/Heidelberg.
[42] Kraft, P. (1979): The Industrialization of Computer Programming: From Programming to „Software Production", in: Zimbalist, A. (Hrsg.): Case Studies on the Labor Process, 1. Aufl., New York, S. 1-17.
[43] Littig, P. (2011): Perspektiven für die IT-Weiterbildung auf dem Weg zum European e-Competence Framework (e-CF), in: Boes, A./Baukrowitz, A./Kämpf, T./Marrs, K. (2011c): Eine global vernetzte Ökonomie braucht die Menschen. Qualifizierung als strategischer Erfolgsfaktor einer nachhaltigen Globalisierung in der IT-Branche, München (Veröffentlichung in Vorbereitung).
[44] Lüthje, Boy (2006a): The Changing Map of Global Electronics: Networks of Mass Production in the New Economy, in: Pellow, D./Sonnenfeldt, D./Smith, T. (Hg.): Challenging the Chip: Labor and Environmental Rights in the Global High-Tech Industry, 1. Aufl., Philadelphia, S. 17-30.
[45] Lüthje, B. (2006b): Wintelismus zum „China-Preis". Wohin treibt das Produktionsmodell der IT-Industrie? in: Baukrowitz, A./Berker, T./Boes, A./Pfeiffer, S./Schmiede, R./Will, M. (Hrsg.): Informatisierung der Arbeit – Gesellschaft im Umbruch, 1. Aufl., Berlin, S. 346-357.
[46] Mayer-Ahuja, N. (2011): Grenzen der Homogenisierung. IT-Arbeit zwischen ortsgebundener Regulierung und transnationaler Unternehmensstrategie, 1. Aufl., Frankfurt am Main/New York.
[47] Michel, T./Jung, D. (2011): Systematische Weiterbildung für eine internationale IT-Karriere, in: Boes, A./Baukrowitz, A./ Kämpf, T./Marrs, K. (2011c): Eine global vernetzte Ökonomie braucht die Menschen. Qualifizierung als strategischer Erfolgsfaktor einer nachhaltigen Globalisierung in der IT-Branche, München (Veröffentlichung in Vorbereitung).
[48] Moog, H. (2005): Informatik an Universitäten und Hochschulen. Hochschulplanung, Vol. 174, Hannover.
[49] Müller, K. (1997): Neue Ausbildungsberufe in der Informations- und Kommunikationstechnik, in: Berufsbildung in Wissenschaft und Praxis, Vol. 26, 1, S. 8-11.
[50] Naur, P. (1985): Programming as theory building, in: Microprocessing and Microprogramming, Vol. 15, 5, S. 253-261.
[51] Palmisano, S. (2006): The globally integrated Enterprise, in: Foreign Affairs, Vol. 85, 3, S. 127-136.
[52] Reich, R. (1992): The Work of Nations. Preparing Ourselves for the 21s Century Capitalism, 1. Aufl., New York.
[53] Rolf, A. (1992): Sichtwechsel – Informatik als (gezähmte) Gestaltungswissenschaft, in: Coy, W./Nake, F./Pflüger, J.-M. (Hrsg.): Sichtweisen der Informatik, 1. Aufl., Braunschweig/Wiesbaden, S. 33-47.
[54] Ruiz-Ben, E. (2005): Professionalisierung der Informatik. Chance für die Beteiligung von Frauen? 1. Aufl., Wiesbaden.

[55] Ruiz-Ben, E./Wieandt, M. (2006): Growing East – Nearshoring und die neuen ICT Arbeitsmärkte in Europa, in: FifF Kommunikation, Vol. 17, 3, S. 36-42.
[56] Sahay, S./Nicholson, B./Krishna, S. (2003): Global IT Outsourcing. Software Development across borders. 1. Aufl., Cambridge.
[57] Sassen, S. (1997): Metropolen des Weltmarkts. Die neue Rolle der Global Cities, 1. Aufl., Frankfurt am Main/New York.
[58] Saxenian, A. (1994): Regional advantage – Culture and Competition in Silicon Valley and Route 128, 1. Aufl., Cambridge.
[59] Schwemmle, M./Zanker, C. (2000): ‚Anytime, anyplace.' Befunde zur elektronischen Internationalisierung von Arbeit. Forschungsbericht der Input Consulting GmbH, Frankfurt am Main.
[60] Storie, D. (2006): Restructuring and employment in the EU – Concepts, measurement and evidence, Dublin.
[61] Vickery, G./van Welsum, D./Wunsch-Vincent, S./Reif, X./Houghten, J./Muller, E./Weber, V. (2006): OECD Information Technology Outlook, 1. Aufl., Paris.
[62] Weizenbaum, J. (1977): Die Macht der Computer und die Ohnmacht der Vernunft, 1. Aufl., Frankfurt am Main.
[63] Wordelmann, P. (2004): Qualifikationsanforderungen und Kompetenzentwicklung im Prozess der Internationalisierung, in: von Behr, M./Semlinger, K. (Hrsg.): Internationalisierung kleiner und mittlerer Unternehmen, 1. Aufl., Frankfurt am Main, S. 227-248.
[64] Wordelmann, P. (Hrsg.) (2010): Internationale Kompetenzen in der Berufsbildung, 1. Aufl., Bielefeld.

18 Professionalisierung von Dienstleistungsarbeit in Schlüsselbranchen des Verkehrssektors

Gereon Stock, Stefan Hilger, Erdmuthe Hemmann-Kuhne, Kai Beutler

18.1	Umbruch bestehender und Entwicklung neuer Dienstleistungsbranchen	349
18.2	Wandel der Dienstleistungsarbeit	352
18.3	Konsequenzen für die Kompetenz- und Qualifikationsentwicklung	355
18.4	Aktueller Stand, Perspektiven und Herausforderungen in der beruflichen Aus- und Weiterbildung	357
18.5	Aktueller Stand, Perspektiven und Herausforderungen der betrieblichen Personalentwicklung	360
18.6	Individuelle Kompetenzentwicklung	365
Literatur		368

Dipl.-Soz. Gereon Stock, Prospektiv Gesellschaft für betriebliche Zukunftsgestaltungen mbH

Wirtschaftsgeograph M.A. Stefan Hilger, VDV-Akademie e.V.

Dipl.-Psych. Erdmuthe Hemmann-Kuhne, ffw GmbH, Gesellschaft für Personal- und Organisationsentwicklung

Dipl. Wi.-Ing. Kai Beutler, MA&T Sell & Partner GmbH

18.1 Umbruch bestehender und Entwicklung neuer Dienstleistungsbranchen

Von der Agrargesellschaft zur Dienstleistungsgesellschaft war es ein relativ kurzer Weg. Anfang des 18. Jahrhunderts waren die meisten Menschen noch in der Landwirtschaft tätig. Mit Einsetzen der Industrialisierung in der zweiten Hälfte des 18. Jahrhunderts wurden deutlich mehr Arbeiter in der Industrie benötigt, zeitgleich stieg die Produktivität in der Landwirtschaft. Nach einer industriell geprägten Phase vollzog sich im 20. Jahrhundert die Entwicklung von der Industriegesellschaft zur Dienstleistungsgesellschaft. Durch die zunehmende Automatisierung sank der Bedarf an Arbeitskräften im industriellen Sektor. Die steigende Nachfrage nach Dienstleistungen führte zu einem Wachstum des tertiären Sektors, in dem auch zunehmend Arbeitskräfte gebraucht wurden. In den 1990er Jahren hatten Änderungen in Produktions- und Fertigungsverfahren, bedingt durch die zunehmende Automatisierung und Produktivitätssteigerungen, gravierende Auswirkungen auf den Arbeitsmarkt. Zusätzlich wurden durch Outsourcing-Aktivitäten von Industrieunternehmen jene Arbeiten und Geschäfte ausgegliedert, die nicht zu den Kernkompetenzen von Unternehmen gezählt wurden. Diese Leistungen wurden fortan von spezialisierten Anbietern für unternehmensbezogene Dienstleistungen erbracht (vgl. Bosch 1998, S. 16ff.) [6]. Heute werden im Dienstleistungssektor etwa 70 Prozent der Bruttowertschöpfung erzielt, was die Bedeutung der Dienstleistungswirtschaft im Vergleich zu den anderen Wirtschaftssektoren untermauert (vgl. Bundesministerium für Bildung und Forschung 2009, S. 5) [11].

Neben der Tertiarisierung sind noch weitere Entwicklungen zu nennen, die maßgeblich den Dienstleistungssektor und in der Folge auch die Dienstleistungsarbeit prägen. Neue EU-Richtlinien zur Öffnung der Märkte haben zu einer steigenden Internationalisierung und Globalisierung geführt. Dienstleistungsanbieter stehen heute nicht selten einer globalen Konkurrenz gegenüber. Die wirtschaftlichen Verflechtungen üben Druck auf Unternehmen aus: Um langfristig wettbewerbsfähig zu sein, müssen sie ihre internen Abläufe modernisieren, neue Geschäftsmodelle entwickeln oder sie entsprechend den Bedürfnissen der Kunden erneuern (vgl. Burr/Stephan 2006, S. 32ff.) [12].

Auswirkungen des Wandels der Nachfrageseite

Die Nachfrageseite befindet sich im Wandel, die Ansprüche an Dienstleistungen steigen. Im Öffentlichen Personennahverkehr (ÖPNV), der als Branche Gegenstand des Verbundprojekts ProVes (**Pro**fessionalisierung von Dienstleistungsarbeit in Schlüsselbranchen des **Ver**kehrssektors) ist, haben die Kunden umfassende Erwartungen an die Mobilitätsdienstleistung. Die Fahrgäste verlangen nicht nur eine zuverlässige Beförderung, sie erwarten vielmehr einen umfangreichen, qualitativ hochwertigen und professionellen Service durch die Mitarbeiterinnen und Mitarbeiter der Verkehrsunternehmen. Die direkte Interaktion mit dem Kunden durch die Beschäftigten im Fahrdienst und in der Kundenbetreuung wird daher zunehmend wichtiger. Es entstehen neue Formen der Kundenbeziehung bzw. der interaktiven Arbeit mit dem Kunden. Das Besondere an dem Interaktionsverhältnis zwischen den Unternehmen und ihren Kunden ist, dass dieses durch ein hohes Maß an Vertrauen gekennzeichnet ist: Vertrauen spielt in der Dienstleistungswirtschaft eine besondere Rolle als Kommunikationsmedium (vgl. Zühlke-Robinet 2010) [26].

Auswirkungen des demografischen Wandels

Neben diesen Entwicklungen zeichnen sich in der Dienstleistungswirtschaft demografisch bedingte Herausforderungen ab, die es zu bewältigen gilt. Mit den Änderungen in der Bevölkerungsstruktur wandeln sich auch die Altersstrukturen in den Dienstleistungsunternehmen. Es kommt „zunehmend zu einer Überalterung der Belegschaft, die weiter voranschreitet, wenn keine Neueinstellungen erfolgen" (Langhoff 2009, S. 23ff.) [17]. Generell kann davon ausgegangen werden, dass das durchschnittliche Alter der Erwerbstätigen, insbesondere zwischen den Jahren 2010 und 2035, von 39 auf 42,5 Jahre ansteigen wird (vgl. Langhoff 2009, S. 13ff.) [17] . In diesem Kontext werden verschiedene Auswirkungen der veränderten Altersstruktur auf die Produktivität von Unternehmen ausgemacht, die allerdings kontrovers diskutiert werden. Vergleichsweise sicher ist, dass mit steigendem Alter die physische Leistungsfähigkeit abnimmt. Bislang liegen aber so gut wie keine Erfahrungen vor, welche Auswirkung auf die Produktivität ein großer Anteil über 60-Jähriger im Unternehmen hat. In der ÖPNV-Branche sind diese Entwicklungen bereits in Ansätzen spürbar, der Altersdurchschnitt in der Belegschaft wächst, insbesondere der Anteil der über 50-Jährigen steigt in den Unternehmen merklich an. Das vom Ministerium für Arbeit, Gesundheit und Soziales des Landes Nordrhein-Westfalen sowie vom Sozialfonds der Europäischen Union geförderte Projekt INNOVA untersuchte diese Entwicklung in Verkehrsunternehmen. Das Projektteam arbeitete dabei mit sechs Modellbetrieben unterschiedlicher Größe und differierenden Dienstleistungsangeboten. Für diese Modellbetriebe wurde im Jahr 2007 die Prognose erstellt, dass der Anteil der über 50-Jährigen an der Gesamtbelegschaft bis zum Jahr 2015 auf über 50 Prozent steigen wird, besonders betrifft dies die Beschäftigtenstruktur im Fahrdienst. Im Gegensatz dazu wird der Anteil der unter 35-Jährigen etwa 15 Prozent betragen. Als ein Grund hierfür wird ein höheres Eintrittsalter in den Fahrdienst angegeben. Auch die restriktive Einstellungspraxis der vorangegangenen Jahre muss als ein weiterer Grund angeführt werden (vgl. Beutler/Langhoff et al. 2007, S. 9ff.) [2].

Auswirkungen des Wandels rechtlicher Rahmenbedingungen

In den vergangenen Jahren war die ÖPNV-Branche von erheblichen Änderungen ihres rechtlichen Rahmens betroffen. Die Entwicklung eines europäischen Binnenmarktes für Verkehrsleistungen führte dazu, dass das europäische Wettbewerbs- und Beihilferecht zum Maßstab für die Verkehrsunternehmen im Hinblick auf die Gewährung öffentlicher Mittel wurde. Auch die politische bzw. rechtliche Entwicklung in Deutschland führte zu einer Intensivierung des Wettbewerbs. Nach langjähriger politischer Diskussion wurde die europäische Verordnung (EG) Nr. 1370/2007 erlassen, die am 3. Dezember 2009 in Kraft trat. Danach sind öffentlich kofinanzierte Verkehrsleistungen grundsätzlich im Wettbewerb zu vergeben. Die Aufgabenträger können Verkehrsleistungen direkt an Verkehrsunternehmen vergeben; allerdings mit der Maßgabe, dass diese sich nicht weiter am Wettbewerb um Verkehrsleistungen andernorts bewerben können. Welche Auswirkungen die Novellierung des deutschen Personenbeförderungsgesetzes (PBefG) haben wird, bleibt abzuwarten.

Neue Qualifikations- und Kompetenzbedarfe

Die skizzierten Veränderungen haben direkte Auswirkungen auf den Bedarf an Qualifikationen und Kompetenzen. Neue Ausbildungsberufe sollen der wachsenden Bedeutung der mittleren Qualifikationsebene in Verkehrsunternehmen gerecht werden. Seit 1996 werden im Rahmen des Berufsbildes „Kaufmann/-frau für Verkehrsservice" junge Menschen neben allgemeinen kaufmännischen Tätigkeiten insbesondere im Kundendienst ausgebildet. Die umfassende Ausbildung vermittelt Kenntnisse in Service und Verkauf, im Marketing, in der Kundenberatung und im Sicherheitsmanagement. Auch die „Fachkraft im Fahrbetrieb" ist ein Ausbildungsberuf, der vergleichsweise jung ist. Seit 2002 ist es möglich, diese Ausbildung zu absolvieren. Sie bereitet junge Menschen auf vielseitige, spannende und herausfordernde Berufe in einer innovativen Branche vor. Der Fahrdienst steht dabei im Zentrum des Berufsbilds. Darüber hinaus gibt es weitere Einsatzfelder wie die Kundenberatung in den Fahrgastzentren, die Entwicklung von neuen Verkehrsangeboten im Marketing oder die Fahrzeug- und Personaldisposition auf den Betriebshöfen. Fachkräfte im Fahrbetrieb können mehr als Fahren und Fahrgäste befördern. Sie sind Expertinnen und Experten für erfolgreiches Kunden- und Dienstleistungsmanagement und sind somit Teil der praktizierten Professionalisierung in den Verkehrsunternehmen (vgl. Weber-Wernz 2010, S. 5ff.) [23]. Die Fahrerin/der Fahrer im Personenverkehr bewegt sich an seinem Arbeitsplatz in vier Aktivitätsfeldern: dem Fahren, der Fahrzeugerhaltung, der Kommunikation mit dem Kunden und der Kooperation mit Kollegen/-innen. Hohe Dienstleistungsqualität in der Personenbeförderung ist nur dann zu realisieren, wenn fachliches Wissen mit sozialen und kommunikativen Kompetenzen im Umgang mit dem Kunden korrespondiert.

Herausforderungen für die Branche Öffentlicher Personennahverkehr

Für die Branche des Öffentlichen Personennahverkehrs stellt sich die Frage, wie sie den geänderten Wettbewerbsbedingungen und der demografischen Entwicklung begegnen kann. Dabei gilt der ÖPNV als ein bedeutender Einflussfaktor für die Stärke des Wirtschafts- und Innovationsstandorts Deutschlands. Er trägt zur Daseinsvorsorge bei, verringert das Verkehrsaufkommen und entlastet damit die Umwelt. Busse und Bahnen garantieren, dass rund 27 Millionen Menschen täglich mobil sind und so unter anderem zum Arbeitsplatz kommen. Der ÖPNV schafft und sichert direkt und indirekt selbst 400.000 Arbeitsplätze (vgl. Verband Deutscher Verkehrsunternehmen e.V. 2007) [21].

Die Branche wird konfrontiert mit wachsendem Wettbewerbsdruck durch Änderungen von EU-, Bundes- und Landesregelungen; sie unterliegt Kostenminimierungsstrategien von Seiten des Bundes und der Aufgabenträger. So stehen beispielsweise für die Bewältigung der wachsenden Pendlerströme in den Ballungsräumen tendenziell real weniger finanzielle Mittel gegenüber. Parallel erwarten die Kunden Mehrleistungen und entwickeln hohe Ansprüche an die Serviceleistungen. Die Unternehmen müssen Antworten darauf finden,

- wie die stetig wachsenden Kundenbedürfnisse befriedigt werden können,
- wie der zunehmenden Konkurrenz durch die Öffnung der Märkte begegnet werden soll und

- wie sie sich im Wettbewerb um qualifizierte Fachkräfte als attraktive Arbeitgeber aufstellen sollen.

Die Rekrutierung und Bindung von Mitarbeiterinnen und Mitarbeitern stellt dabei eine besondere Aufgabe dar, da die demografischen Trends für eine Schrumpfung des Arbeitsmarktes und eine Veränderung der Beschäftigungsstruktur sorgen. Nicht nur die Bevölkerungszahl in Deutschland, sondern mit ihr auch der Nachwuchs an potenziellen Auszubildenden und Absolventen schrumpft. In der Wahrnehmung steht den soliden Zukunftsaussichten der Branche ÖPNV jedoch ein weniger ausgeprägtes attraktives Image als Arbeitgeber entgegen. Das erschwert die Rekrutierung qualifizierten Personals auf dem Arbeitsmarkt zusätzlich (vgl. Wittenbrink/Makait 2010, S. 6) [25]. Die Verkehrsunternehmen müssen einerseits ihre Stärken und ihre Attraktivität wesentlich besser in die Arbeitsmärkte und für ihre Zielgruppen kommunizieren, zum weiteren müssen sie Anreizsysteme entwickeln, um qualifiziertes Personal gewinnen und binden zu können. Um die Qualifikationsschere in den Unternehmen nicht zu vergrößern, ist eine Strategie nötig, deren Basis eine auf Beruflichkeit orientierte Dienstleistungsfacharbeit ist. Letzteres führt zu der notwendigen Entwicklung der mittleren Qualifikation. Im Verbundprojekt ProVes werden daher Ansätze zur Professionalisierung entwickelt, um den skizzierten Entwicklungen zu begegnen.

18.2   Wandel der Dienstleistungsarbeit

Der Öffentliche Personennahverkehr ist eine Dienstleistungsbranche, in der es um Menschen geht. Die Verkehrsunternehmen agieren, indem sie lokale Bedürfnisse und Erwartungen der Kunden berücksichtigen. Diese verbinden sie effizient mit solider Organisation und entsprechendem Personalmanagement. Absicherung der nachhaltigen Mobilität und soziale Verantwortung sind Herausforderungen für die Unternehmen. Sie begegnen ihnen, indem sie qualitativ hochwertige, integrierte Dienste für die Bürger/-innen erbringen und zugleich ökologische, soziale und wirtschaftliche Aspekte für die Mitarbeiter/-innen sowie die Unternehmen miteinander in Einklang bringen (vgl. UITP 2009) [19].

Wandel in der Branche des ÖPNV

In den letzten Jahren haben die kommunalen Nahverkehrsunternehmen erhebliche Anstrengungen zur Restrukturierung unternommen, dabei wurden Rationalisierungspotenziale weitgehend ausgeschöpft. Auch die Beschäftigten haben durch erhöhte Arbeitsverdichtung ihren Teil beigetragen.

Neue Technologien auf den Gebieten Fahrgastinformation, Sicherungs- und Leittechnik, Fahrgelderhebung sowie Fahrzeugtechnik fordern von den Mitarbeitern Flexibilität und stete Lernbereitschaft. Hybrid- bzw. Elektroantriebe beispielsweise verlangen jeweils angepasste Fahrweisen von den Fahrern, die geschult und erlernt werden müssen. Dieselbe Technik verlangt Neuerungen in den Instandhaltungsstrategien und eine Anpassung der Tätigkeiten in den Fahrzeugwerkstätten.

Die Branche des ÖPNV macht derzeit den Schritt vom „Produktionsgewerbe" zur Dienstleistungsbranche und vollzieht dabei einen Wandel in der Unternehmenskultur. Der Kunden- und Serviceorientierung wird ein immer höherer Stellenwert eingeräumt. Verkehrsunternehmen und Aufgabenträger sind gezwungen, ihre Leistungen noch mehr an den Bedürfnissen der Kunden auszurichten, da

- der Kostendruck auf die Verkehrsunternehmen wächst,
- Leistungsangebote aufgrund sinkender Zuschüsse zur Disposition stehen und
- die Fahrgelderlöse künftig wesentlich zum Unternehmenserfolg beitragen müssen.

Die Branche ist seit jeher von einer starken Funktionstrennung gekennzeichnet: 53 Prozent der Beschäftigten sind im Bereich „Kundennaher Dienst", 32 Prozent im Bereich „Technischer Dienst" und 15 Prozent im Bereich „Verwaltung" tätig (siehe **Abbildung 18.1**).

Abbildung 18.1 Hohe Funktionstrennung in Verkehrsunternehmen

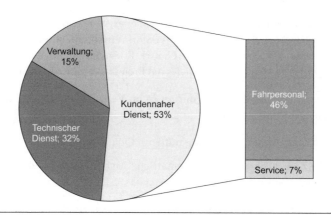

Quelle: eigene Darstellung in Anlehnung an Wittenbrink 2010, S. 10 [25]

Die hohe Funktionstrennung bewirkt die Segmentierung von Tätigkeiten, zum Teil mit den Folgen Monotonie, einseitiger Belastung und geringer Qualifizierung. Zusammen mit der einhergehenden langjährigen Ausführung von eher einseitig fordernden Tätigkeiten, bewirkt die hohe Funktionstrennung häufig eine mangelnde Kompetenznutzung und -entwicklung. Dies erschwert einen funktionsübergreifenden Arbeitsplatzwechsel.

Bei einem näheren Blick auf die Tätigkeits- und Qualifikationsstrukturen zeigt sich Folgendes: In den Fahr- und Servicediensten, also dort wo im Kontext von Mobilitätsdienstleistungen permanenter Kontakt mit dem Fahrgast als Kunden besteht, verfügen die Mitarbeiterinnen und Mitarbeiter vielfach über eine fachfremde Berufsausbildung. Dabei hält der Arbeitsplatz in Bus und Bahn beinahe täglich besondere Herausforderungen bereit: Situationen, für die es nicht immer Anweisungen gibt und die eine hilfsbereite Grundhaltung verlangen. Diese Situationen und Dienstleistungen setzten ausgeprägte personale und sozial-kommunikative Kompetenzen voraus.

Professionalisierung meint in diesem Kontext Beruflichkeit im Sinne von Ausbildungsberufen und Kompetenzentwicklung. Im Vergleich mit dem produzierenden Gewerbe ist die mittlere Qualifikationsebene (entsprechend der industriellen Facharbeit) unterrepräsentiert. Ohne eine breite mittlere Ebene mangelt es jedoch an dem "Umsetzungspotenzial", das Dienstleistungsentwicklungen in bessere Angebote überführt. Hier sollen Konzepte für die Etablierung der mittleren Qualifikationsebene entwickelt und in der Praxis erprobt werden (vgl. Bundesministerium für Bildung und Forschung 2007) [10].

Ziele und Vorgehen des Verbundprojekts ProVes

Das ProVes-Projekt (Laufzeit: August 2009 – Juli 2012) ist ein Verbundprojekt, das im Rahmen des Förderschwerpunkts „Dienstleistungsqualität durch professionelle Arbeit" vom Bundesministerium für Bildung und Forschung und dem Europäischen Sozialfonds der Europäischen Union gefördert wird. Dabei steht ProVes für „Professionalisierung von Dienstleistungsarbeit in Schlüsselbranchen des Verkehrssektors". Die Modellbetriebe Bochum-Gelsenkirchener Straßenbahnen AG, Dresdener Verkehrsbetriebe AG, Stuttgarter Straßenbahnen AG und üstra Hannoversche Verkehrsbetriebe AG werden jeweils von einem der Forschungspartner ffw GmbH, MA&T GmbH, Prospektiv GmbH und VDV-Akademie e.V. begleitet. Detaillierte Informationen bietet die Projekt-Website www.proves-projekt.de.

Um den hohen bzw. wachsenden Anforderungen im Verkehrssektor gerecht zu werden, ist es notwendig, die Dienstleistungsarbeit zu professionalisieren mittels

- Durchsetzung und Weiterentwicklung mittlerer Qualifikationen,
- Förderung der Beruflichkeit durch systematische Aus- und Weiterbildung und die Integration junger Berufsbilder,
- Entwicklung von Qualifikations- und Laufbahnmustern zum multifunktionalen und flexiblen Mitarbeitereinsatz,
- Kompetenzentwicklung durch Arbeitsanreicherung,
- guter Team- und Führungsstrukturen sowie
- alternsgerechter Arbeitsorganisation.

Die Erwartungen der Auftraggeber und Nutzer verkehrlicher Dienstleistungen machen die Anhebung vorhandener Kompetenzniveaus der Beschäftigten unumgänglich. Basis hierfür sind u. a. Qualifizierungsstrategien, die fach- und branchengerechte Fähigkeiten und Fertigkeiten in den entsprechenden Kompetenzniveaus zum Ziel haben.

Das ProVes-Projekt will zur Professionalisierung der Dienstleistungsarbeit im ÖPNV mittels Modernisierung von Qualifikationsmustern (Aufgabenerweiterung und -anreicherung), teilweiser Umgestaltung von Dienstleistungsarbeit (neue Modelle der Arbeitsorganisation und Arbeitszeit) und Erhöhung der sozialen Akzeptanz von Dienstleistungsarbeit

(Wertschätzung und Stellenwert) beitragen. Bei der Förderung mittlerer Qualifikationen als Dienstleistungsfacharbeit geht es darum, die notwendigen Basiskompetenzen und den kundenspezifischen Wertschöpfungsbeitrag herauszuarbeiten.

In den vier zentralen Handlungsfeldern Personalentwicklung, Organisationsentwicklung, Demografiefestigkeit sowie Beruflichkeit und Kultur werden Lösungsansätze entwickelt und pilothaft umgesetzt. Beispielsweise wird an Modellen zur Einführung von Mischarbeit gearbeitet und es werden verbesserte Einsatzkonzepte für Fachkräfte im Fahrbetrieb entwickelt.

18.3 Konsequenzen für die Kompetenz- und Qualifikationsentwicklung

Im vorigen Kapitel wurde die hohe Funktionstrennung in Verkehrsunternehmen geschildert. Als mittelbare Folge dieser muss auch ein fortschreitendes „Auseinanderklaffen der Qualifikationsschere" gesehen werden: Einer vergleichsweise hohen Anzahl von Personen mit formal niedrigen Qualifikationen steht eine relativ kleine Gruppe hoch qualifizierter betrieblicher Spezialisten und vergleichsweise wenige Mitarbeiterinnen und Mitarbeiter mit mittleren Qualifikationen (entsprechend einer industriellen Facharbeit) gegenüber. Das ProVes-Projekt will dieser Entwicklung entgegenwirken, wie aus der **Abbildung 18.2** hervorgeht.

„Es wird erwartet, dass die Beschäftigung in den Bereichen mit höheren und mittleren Qualifikationsanforderungen in den nächsten zehn Jahren weiter steigen wird. Im Jahr 2020 werden etwa 30 Prozent der Arbeitsplätze höhere und 50 Prozent der Arbeitsplätze mittlere Qualifikationen voraussetzen. Der Bedarf an gering qualifizierten Arbeitskräften wird von einem Drittel im Jahr 1996 auf 18,5 Prozent zurückgehen" (Europäisches Zentrum für die Förderung der Berufsbildung 2008, S. 2f.) [14].

Abbildung 18.2 Prinzipdarstellung zur Qualifikationsverteilung in Verkehrsunternehmen

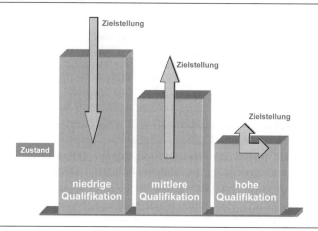

Für die ÖPNV-Branche bedeutet Durchsetzung mittlerer Qualifikationen die Erhöhung des Anteils an Mitarbeitern/-innen mit abgeschlossener berufsadäquater Ausbildung. Gute Aus- und Weiterbildung haben einen entscheidenden Einfluss auf die Adaption moderner Technologien und eine höhere Serviceorientierung (vgl. Acemoglu 2002) [1]. Daher sind im Bereich der mittleren Qualifikationen die neueren Ausbildungsberufe „Fachkraft im Fahrbetrieb" und „Kaufmann/-frau für Verkehrsservice" bemerkenswert, da Kundenorientierung, Anpassungsfähigkeit und Einsatzflexibilität Grundprinzip der Qualifizierungen sind.

Kompetenz- und Qualifikationsentwicklung: wachsende Anforderungen an Dienstleistungsqualität

Insbesondere für die Beschäftigten in den kundennahen Diensten kommt es darauf an, als flexible, verantwortungsbewusste und sozial kompetente Arbeitskräfte den Kunden ein Höchstmaß an Servicequalität zu bieten. Die Tätigkeiten der Busfahrer/-innen unterscheiden sich dabei zum Teil von den Tätigkeiten der Straßenbahnfahrer/-innen. Die Busfahrer/-innen stehen in einem stärkeren direkten Kontakt mit den Kunden. Sie helfen mobilitätseingeschränkten Kunden beim Ein- und Ausstieg, verkaufen Tickets, beraten zu Tariffragen und prüfen Fahrausweise beim kontrollierten Vordereinstieg. Straßenbahnfahrer/-innen haben dagegen weniger direkten Kundenkontakt. Sie sitzen zumeist in abgetrennten Fahrerkabinen. Indes gibt es in jüngerer Zeit eine Tendenz diese Abschottung aufzuheben, um auch dem Straßenbahnfahrer Gesicht, Stimme und kundennahe Präsenz zu geben.

Professionalisierungsansätze aus Perspektive der Beschäftigten

Auf der Ebene der Beschäftigten werden im Verbundprojekt ProVes als Teilziel Konzepte zur Personal- und Kompetenzentwicklung (z. B. Lernen im Prozess der Arbeit) entwickelt und eingeführt, die die Mitarbeiter/-innen befähigen, den wachsenden Anforderungen gerecht zu werden. Gleichzeitig sollen die Beschäftigten durch Mehrfachqualifikationen künftig noch besser als bisher in der Lage sein, zwischen verschiedenen Tätigkeiten wechseln zu können. Durch einen solchen Wechsel wäre auch eine Reduktion körperlich und geistig einseitig fordernder Tätigkeiten gegeben. Ein gewünschter Nebeneffekt besteht in der Förderung von Beschäftigungs- und Arbeitsfähigkeit; dieser ist bedeutsam angesichts des demografischen Wandels und einer wachsenden Zahl älterer Mitarbeiter/-innen. Darüber hinaus soll mittels systematischer, bedarfsspezifischer Aus- und Weiterbildung sowie der Integration fachspezifischer Berufsbilder ein Prozess der Verberuflichung vorangetrieben werden.

Professionalisierungsansätze aus Perspektive der Organisation

Im ProVes-Projekt werden neuartige Modelle der Arbeitsorganisation erarbeitet und erprobt, mittels derer ein flexibler Mitarbeitereinsatz möglich und die mittlere Qualifikationsebene gestärkt wird. Durch das Konzept der Mischarbeit kann beispielsweise der fachbereichsübergreifende Einsatz der Beschäftigten ausgebaut werden. Zudem kann Mischarbeit den Stellenwert und die Wertschätzung von Tätigkeiten innerhalb und außerhalb des Fahrbetriebes erhöhen sowie den Wertschöpfungsbeitrag von Dienstleistungen im Verkehrsunternehmen erhöhen (Wertschöpfung durch Wertschätzung) (vgl. Langhoff 2009b) [18]. Die Innovations- und Leistungsfähigkeit der Unternehmen soll so gesteigert werden, zudem können sich Verkehrsunternehmen dadurch als attraktive Dienstleistungsunternehmen positionieren und mit interessanten Aufgabenstellungen, einer hohen Aufgabenvielfalt und transparenten Karrierepfaden auf sich aufmerksam machen. Nicht zuletzt kann dadurch auch der qualifikationsgerechte Einsatz der Absolventen junger Berufsbilder realisiert werden.

Viele Unternehmen haben größere Anstrengungen unternehmen müssen, um adäquat auf die Konsequenzen für die Qualifikations- und Kompetenzentwicklung zu reagieren. Dabei ist neben den geschilderten Bestrebungen auch die Förderung des Interesses bei Jugendlichen für eine Berufsausbildung in dieser Branche von Bedeutung. Durch die in ProVes verfolgten Professionalisierungsansätze wird angestrebt, auch hierzu einen Beitrag zu leisten. Ein branchenweites System der beruflichen Aus- und Weiterbildung, das in der Folge skizziert wird, wird aktuell eingeführt und weiter entwickelt.

18.4 Aktueller Stand, Perspektiven und Herausforderungen in der beruflichen Aus- und Weiterbildung

Die dargestellten Konsequenzen für die Kompetenz- und Qualifikationsentwicklung haben erheblichen Einfluss auf die berufliche Aus- und Weiterbildung in der Branche des Öffentlichen Personennahverkehrs. Um angemessen auf Veränderungen in der Beschäftigungs- und Nachfragestruktur reagieren zu können und die Dienstleistungsarbeit zukunftsorientiert zu professionalisieren, bedarf es eines flexiblen Aus- und Weiterbildungssystems. Generell wird in diesem Zusammenhang häufig auf die Notwendigkeit des lebenslangen Lernens und den Erhalt bzw. die Stärkung der Arbeits- und Beschäftigungsfähigkeit verwiesen (vgl. Bundesanstalt für Arbeitsschutz und Arbeitsmedizin 2008, S. 6) [9]. Damit diesen Forderungen mit geeigneten Ansätzen begegnet werden kann, sind verschiedene Lösungswege einzuschlagen. Dies gilt umso mehr, da die Beschäftigten des Öffentlichen Personennahverkehrs teilweise sehr heterogene berufliche Qualifikationen vorweisen.

Unterschiedliche Wege beim Einstieg in den Fahrdienst

Im Fahrdienst sind etwa 50 Prozent (in größeren Unternehmen) bis 90 Prozent (in kleineren Unternehmen) der Mitarbeiter/-innen beschäftigt. Der Großteil der Fahrerinnen und Fahrer tritt derzeit als „Quereinsteiger" (formal betrachtet „An- und Ungelernte") in ein Verkehrsunternehmen ein, diese Mitarbeiter/-innen verfügen meist über einen fachfremden Berufsabschluss (in eher seltenen Fällen werden auch Personen ohne berufliche Ausbildung berücksichtigt). Während einer mehrmonatigen fachspezifischen Ausbildung im Verkehrsunternehmen erwerben sie die Fahrerlaubnis für die Fahrgastbeförderung im Bus- oder Straßenbahnbereich. Zudem werden sie unterrichtet, in den notwendigen Grundlagen an betrieblichen und technischen Inhalten sowie Kundenorientierung.

Seit 2002 existiert die duale berufliche Ausbildung zur „Fachkraft im Fahrbetrieb" (vgl. Weber-Wernz et al. 2010) [23]. Dieses noch junge Berufsbild wird derzeit in über 60 Verkehrsunternehmen Deutschlands angeboten und erfährt wachsende Beliebtheit seitens der Verkehrsunternehmen. Die Ausbildung erstreckt sich über einen Zeitraum von drei Jahren und beinhaltet neben der Qualifizierung zum Führen von Bus- oder Straßenbahn auch die Ausbildung sowohl technischer als auch kaufmännischer und weiterer Dienstleistungs-Qualifikationen, unter anderem:

- Beratung von Fahrgästen und Fahrkartenverkauf,
- Öffentlichkeitsarbeit und Marketing,
- Kaufmännische Betriebsführung,
- Erstellen von Fahrplänen und Disposition des Fahrbetriebes sowie
- technische Überprüfung und kleinere Wartungsarbeiten an Fahrzeugen.

Gemäß der Breite der Ausbildung ist das Berufsbild so angelegt, dass auch nach Abschluss der Ausbildung ein vielfältiger Einsatz der Fachkräfte erfolgen kann. Hier sollen im ProVes-Projekt gezielte Personal- und Organisationsentwicklungsmaßnahmen mit geeigneten Einsatzmodellen für die Absolventen des Berufsbildes entwickelt werden, um diese bereichs- und tätigkeitsübergreifend in den Verkehrsunternehmen umzusetzen.

System beruflicher Bildungswege für ÖPNV und Schienengüterverkehr

Die Herausforderungen der beruflichen Aus- und Weiterbildung bestehen u. a. darin, branchenbezogene Bildungswege entlang des Prinzips des „lebenslangen Lernens" und den Erhalt bzw. die Förderung der Arbeits- und Beschäftigungsfähigkeit aufzubauen.

Die Bildungsverantwortlichen im Verband Deutscher Verkehrsunternehmen (VDV), in den Verbandsausschüssen und bei der VDV-Akademie haben in den vergangenen Jahren das „System beruflicher Bildungswege (SyBil)" für den Sektor des ÖPNV und Schienengüterverkehrs entwickelt. Es ist gekennzeichnet durch branchenspezifische, aufeinander abgestimmte und durchlässige Möglichkeiten zur Aus- und Weiterbildung der Beschäftigten. Auch vielfältige branchenübergreifende Qualifizierungsangebote sind enthalten. Das System besteht aus fünf Qualifizierungsebenen, deren Bildungsangebote unterschiedliche Qualifikationsniveaus abdecken und verschiedene Abschlüsse ermöglichen: staatliche, kammerbezogene und branchenanerkannte Abschlüsse der VDV-Akademie und ihrer Bildungszentren. Das System beruflicher Bildungswege für die Verkehrsbranche umfasst Qualifizierungsangebote für die drei Unternehmens-Sektoren Betrieb/Vertrieb, Technik/Infrastruktur und kaufmännische Dienstleistungen/Overhead. Die verschiedenen Qualifizierungsebenen werden umrahmt von mehreren Qualifizierungsmöglichkeiten für Führungskräfte. Vorgeschaltet ist außerdem eine sogenannte Initial-Qualifizierungsebene, die verschiedene Berufsvorbereitungsmaßnahmen umfasst, um noch nicht ausbildungsreifen Schulabsolventen in einem Mix aus betrieblichem und schulischem Lernen wesentliche Basiskompetenzen zu vermitteln und sie für die weitere berufliche Qualifizierung „fit" zu machen (vgl. Weber-Wernz 2009, S. 34) [22]. Die Skizzierung des Systems beruflicher Bildungswege gestaltet sich wie folgt:

Abbildung 18.3 Das System beruflicher Bildungswege (SyBil) im Öffentlichen Personennahverkehr und Schienengüterverkehr

Quelle: Weber-Wernz 2009, S. 34 [22]

Das System beruflicher Bildungswege wird derzeit sukzessive weiterentwickelt, modularisiert und um neue Angebote ergänzt, um den europäischen und nationalen Anforderungen an lebenslanges Lernen gerecht zu werden. Gleichzeitig soll durch „SyBil" auch der zunehmenden Transparenz und Durchlässigkeit Rechnung getragen werden, die in dem europäischen wie auch dem deutschen Aus- und Weiterbildungssystem an Bedeutung gewinnt. So stehen hinter den formalen Abschlüssen der verschiedenen Qualifizierungsebenen Lernergebnisse, die über Kenntnisse, Fertigkeiten und persönlich-soziale Kompetenzen erfasst werden. Dabei ist das „Output-Prinzip" maßgeblich, wonach Bildungswege und formale Abschlüsse bildungspolitisch zwar nach wie vor prägend sind, für das Niveau und den Wert einer Qualifikation aber mehr und mehr an Bedeutung verlieren werden. In Zukunft werden identische Lernergebnisse auch als gleichwertig zu werten sein, egal auf welchem Bildungsweg sie erworben wurden. Jedes Kompetenzniveau ist somit grundsätzlich auf verschiedenen Wegen erreichbar (vgl. Weber-Wernz 2009, S. 34) [22].

Bildungsportal für Verkehrsberufe

Das System beruflicher Bildungswege wird in einem web-basierten „Bildungsportal" (www.vdv-karriere.de) [28] dargestellt und fungiert als umfassendes Informationsmedium für die beruflichen Aus- und Weiterbildungsmöglichkeiten in der Branche. Das Bildungsportal richtet sich sowohl an Beschäftigte in der Branche als auch an solche, die sich für die Berufsausbildung oder Tätigkeit in einem Verkehrsunternehmen interessieren. Es ist davon auszugehen, dass das System beruflicher Bildungswege auf diese Art und Weise auch zu einer Attraktivierung der Branche beitragen wird und gesuchte qualifizierte Fachkräfte auf die Unternehmen aufmerksam machen kann.

Darüber hinaus sollen im ProVes-Projekt weitere Maßnahmen geplant werden, die die Beschäftigungsfähigkeit fördern und somit auch qualifizierte Fachkräfte langfristig an die Unternehmen binden. Beispielsweise können Quereinsteiger des Fahrdienstes nach einer berufsbegleitenden Weiterbildung den Berufsabschluss „Fachkraft im Fahrbetrieb" nachholen.

18.5 Aktueller Stand, Perspektiven und Herausforderungen der betrieblichen Personalentwicklung

Die betriebliche Personalentwicklung nimmt eine zentrale Funktion als Verbindungsglied zwischen außer- und innerbetrieblichen Entwicklungen, der Veränderung von Arbeit und Organisation, der Analyse von damit verbundenen Qualifikations- und Kompetenzanforderungen sowie der Entwicklung und Umsetzung betrieblicher Maßnahmen und Instrumente ein. Dabei befindet sich die Personalentwicklung auch im Spannungsfeld zwischen langfristiger, strategischer Planung einerseits und operativer Gestaltung von Prozessen andererseits (vgl. Jochmann 2010, S. 29ff.) [15].

Personalentwicklung als strategischer Partner im Unternehmen

Die Personalentwicklung in Unternehmen des Öffentlichen Personennahverkehrs steht vor der Aufgabe, die aufgeführten Tendenzen (Rückgang des Fachkräftenachwuchses, zunehmender Anteil älterer Beschäftigter, geänderte und wachsende Anforderungen an Unternehmen und Beschäftigte seitens der Aufgabenträger und Fahrgäste) zukunftsorientiert im Sinne einer Professionalisierung zu gestalten. Im Vordergrund steht dafür die Umsetzung von Strategien und Maßnahmen zur Förderung der Arbeits- und Beschäftigungsfähigkeit sowie lebenslangem Lernen, mit dem Beschäftigte langfristig wertschöpfend im Unternehmen eingesetzt werden können.

Kompetenzerfassung und -entwicklung in der Praxis eines ÖPNV-Unternehmens

Kompetenzmanagement ist für Dienstleistungsberufe von hoher Bedeutung. Um die Anforderungen zur Kompetenzerfassung und -entwicklung aus individueller Sicht in Angriff zu nehmen, wird im ProVes-Projekt ein Konzept zum betrieblichen Kompetenzmanagement entwickelt und erprobt. Wie dabei in einem der beteiligten Unternehmen vorgegangen wird, wird im Folgenden geschildert.

Als Basis wird der Kompetenzatlas nach Erpenbeck/Heyse (2009, S. 15) [13] herangezogen, der sich aus insgesamt 64 Teilkompetenzen zusammensetzt. Diese wiederum sind in die vier Dimensionen „Personale Kompetenzen", „Aktivitäts- und Handlungskompetenz", „Sozial-kommunikative Kompetenz" und „Fach- und Methodenkompetenz" unterteilt. Aus diesem Kompetenzatlas wurden in betrieblichen Workshops 22 Teilkompetenzen herausgefiltert, die das Unternehmen als „Schlüsselkompetenzen" für den betrieblichen Erfolg erachtet. Für diese Teilkompetenzen wurde ein Anforderungsprofil erstellt, bei dem die Soll-Ausprägung der Kompetenzen je nach Funktionsbereich gewichtet wird. Die 22 Teilkompetenzen bildeten zugleich die Grundlage für die Entwicklung eines Fragebogens, mit dem in einer Pilotgruppe (40 Mitarbeiter/-innen) die vorhandene Ausprägung der jeweiligen Kompetenzen erhoben werden sollte. **Abbildung 18.4** zeigt die Schlüsselkompetenzen, untergliedert in die vier genannten Dimensionen, welche den Gegenstand der Kompetenzerfassung bilden.

Abbildung 18.4 Schlüsselkompetenzen für den betrieblichen Erfolg in einem ÖPNV-Unternehmen

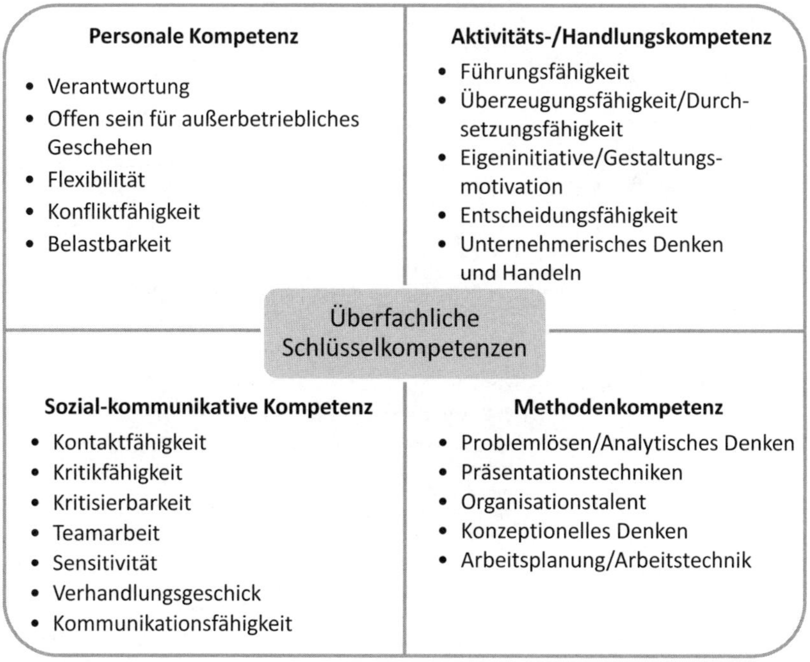

Personale Kompetenz
- Verantwortung
- Offen sein für außerbetriebliches Geschehen
- Flexibilität
- Konfliktfähigkeit
- Belastbarkeit

Aktivitäts-/Handlungskompetenz
- Führungsfähigkeit
- Überzeugungsfähigkeit/Durchsetzungsfähigkeit
- Eigeninitiative/Gestaltungsmotivation
- Entscheidungsfähigkeit
- Unternehmerisches Denken und Handeln

Überfachliche Schlüsselkompetenzen

Sozial-kommunikative Kompetenz
- Kontaktfähigkeit
- Kritikfähigkeit
- Kritisierbarkeit
- Teamarbeit
- Sensitivität
- Verhandlungsgeschick
- Kommunikationsfähigkeit

Methodenkompetenz
- Problemlösen/Analytisches Denken
- Präsentationstechniken
- Organisationstalent
- Konzeptionelles Denken
- Arbeitsplanung/Arbeitstechnik

Die Erfassung der Kompetenzen (Schritt 1) erfolgt einerseits durch eine Selbsteinschätzung der eigenen Kompetenzen durch die befragten Mitarbeiter/-innen der Pilotgruppe und andererseits mittels einer Fremdeinschätzung der Befragungsteilnehmer/-innen durch deren Führungskräfte. Im Anschluss daran wird eine Auswertung der abgegebenen Einschätzungen durchgeführt, die eine Gegenüberstellung von geforderter Kompetenz-Ausprägung (Soll), Selbsteinschätzung (Ist) und Fremdeinschätzung (Ist) beinhaltet (Schritt 2). Darauf folgend wird ein Gespräch zwischen dem oder der Befragten, der Führungskraft und dem zugeordneten Referenten für Personalentwicklung geführt, in dem die Einschätzungen thematisiert werden, Handlungsbedarf erörtert wird und eine Absprache bezüglich evtl. nötiger Maßnahmen zur Kompetenzentwicklung erfolgt (Schritt 3). Als Schritt 4 ist die Durchführung der Maßnahmen und die regelmäßige Überprüfung bzw. Aktualisierung des Kompetenzprofils zu sehen. **Abbildung 18.5** zeigt das Vorgehen im Überblick.

Abbildung 18.5 Kompetenzerfassung und -entwicklung als Prozess

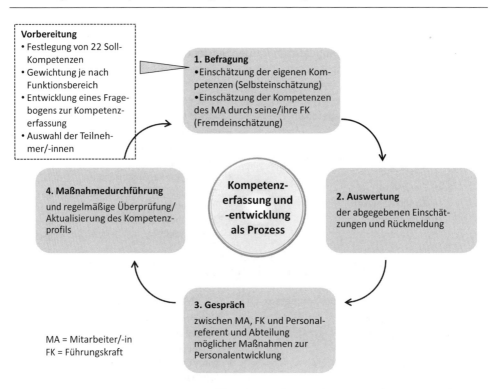

Als zentrales Erfolgselement hat sich bei der Einführung des Modells zum betrieblichen Kompetenzmanagement die umfassende Kommunikation und frühzeitige Einbindung aller betrieblichen Akteure (Personalentwicklung, Organisationsentwicklung, Führungskräfte,

Mitarbeiter/-innen, Betriebsrat) herausgestellt. Nur so können alle Beteiligten sensibilisiert werden und die Chancen erkennen, die ein solches Kompetenzmodell bietet.

Konsequenzen für die alternsgerechte Arbeitsgestaltung

Mit Blick auf die oben genannten Auswirkungen des demografischen Wandels in der ÖPNV-Branche müssen die Unternehmen nicht nur sehr rasch, sondern auch über viele kommende Jahre hinweg eine umfassende Gestaltung ihrer Arbeitssysteme betreiben, die es immer mehr Beschäftigten über 60 Jahren ermöglicht, Dienstleistungen in den Kernbereichen des ÖPNV und darum herum zu erbringen.

Wie kann es den Unternehmen gelingen, sich auf dieses Zukunftsszenario vorzubereiten, das wegen bisher so nicht gekannter Merkmale für viele Akteure praktisch noch immer schwer vorstellbar ist?

Neben den in diesem Artikel besprochenen bedeutsamen Ansatzpunkten mit Bezug zu den Leistungsvoraussetzungen der Beschäftigten (insbesondere deren Kompetenzen und Qualifikationen) wird die Gestaltung der täglich einwirkenden Arbeitsbedingungen zu einem wesentlichen Faktor der erfolgreichen Bewältigung der längeren Lebensarbeitszeit und damit für das Überleben der Unternehmen.

Nur wenn die diesbezüglich bereits bekannten Empfehlungen für alternsgerechte Arbeitsgestaltung in Verbindung mit branchen- und betriebsspezifischen Faktoren überdacht und gestaltungswirksam werden, kann eine Arbeitssituation entstehen, in der alle Beschäftigten ihre (d. h. auch die neu zu erwerbenden) Kompetenzen und Qualifikationen einbringen können.

Vor dem Hintergrund der bisherigen Projektarbeit im Handlungsfeld Demografiefestigkeit können folgende Hinweise für die Eröffnung von Potenzialen für die Personalentwicklung im Unternehmen abgeleitet werden:

- „Schärfung des demografischen Blicks der Gestalter" – Arbeitsgestaltungspotenziale erkennen:

    Punktuell bereits für (meist wenige) Beschäftigte bestehende arbeitsorganisatorische Lösungen mit alternsgerechtem Charakter (z. B. Verwaltungsangestellte, die regelmäßiger fahren; spezielle Dienstpläne für Eltern) sollten zunächst für alle Arbeitsbereiche vollständig erfasst werden. Auch frühere Lösungen, die inzwischen nicht mehr vorhanden sind, sollten noch einmal in die Erfassung einfließen. Im Ergebnis dieser Aufstellungen kommt es bei den Beteiligten oft zu einer Art „Aha-Erlebnis", wenn festgestellt wird, dass es „ja hier und da schon etwas gibt oder gab" und dies kann den so wichtigen Schwung für die weitere Auseinandersetzung mit der nicht einfachen Thematik erzeugen.

- „Fruchtbaren Boden erkennen"- aktuelle Bedarfsschwerpunkte ermitteln:

    Alternsgerechte Lösungen werden dort am besten greifen, wo die Verbesserung von Arbeitsbedingungen auch von den Beschäftigten als besonders wichtig erachtet wird.

Deren Einschätzungen sollten also berücksichtigt werden. Wenn keine aktuellen Kenntnisse zur Bewertung der Arbeitsbedingungen (im Sinne von Belastungserleben) aus Sicht der Beschäftigten vorliegen, sollten entsprechende Ist-Daten z. B. mit Fragebögen oder in Workshops erhoben werden. Andere Datenquellen wie Gesundheitsberichterstattung, Gefährdungsbeurteilungen etc. tragen zu einem angemessenen Bild der aktuellen Bedarfsschwerpunkte bei.

- **„Zukunftsgerichtete Bewertung von Arbeitsgestaltungslösungen"- vorausschauend Lösungswege entwerfen:**

   Die erfassten Gestaltungsbeispiele und die aus der Bewertung von Arbeitsbedingungen abgeleiteten Maßnahmenansätze zur aktuellen Verbesserung der Arbeitsgestaltung sind hinsichtlich ihrer Eignung als zukunftsrelevante (z. B. bezogen auf die Altersstrukturentwicklung der nächsten 3 bis 10 Jahre) Gestaltungselemente sowie der benötigten und erreichbaren Ausbauqualität und -quantität zu bewerten (inkl. Gestaltungsvarianten). Idealerweise geschieht dies auf der Basis erarbeiteter strategischer Unternehmensgrundsätze zur Demografiefestigkeit in einem betrieblichen Gremium, das zur Erstellung von Vorschlägen auch auf möglichst konkrete Informationen zu Rahmenbedingen für die künftige Arbeitsgestaltung (z. B. materielle Ressourcen) zurückgreifen kann. Wirtschaftlichkeitsbetrachtungen werden parallel zur Diskussion der inhaltlichen Zusammenhänge einen wesentlichen Stellenwert haben.

Mit dem sehr grob beschriebenen arbeitsgestalterischen Ansatz wird deutlich, dass das ProVes-Projektziel der Professionalisierung von Dienstleistungsarbeit auch eine weitere Professionalisierung der Arbeitsgestaltung im ÖPNV-Unternehmen erfordert und ermöglicht.

Weiterhin zeigt sich immer deutlicher, dass die mit dem gewählten Begriff der Demografiefestigkeit umschriebene, implizite Zielvorstellung der ÖPNV-Unternehmen von stabiler und innovativer Dienstleistungserbringung im fortschreitenden demografischen Wandel immer stärker den Aspekt dynamischer Überprüfung der Passfähigkeit zwischen der Leistungsfähigkeit des Einzelnen bzw. von Gruppen und den angebotenen äußeren Arbeitsbedingungen beinhalten muss. Im Projekt ProVes werden für beide „Seiten der Medaille" Grundlagen geschaffen und pilotiert, die mit der Zeit ebenfalls Anpassungen an die betriebliche Realität erfahren müssen.

Mischarbeit als arbeitsorganisatorischer Gestaltungsansatz

Das bereits genannte Prinzip der Mischarbeit, also die Ausübung unterschiedlicher betrieblicher Tätigkeiten (z. B. Fahrdienst und Werkstatt), kann dabei idealtypisch wie folgt skizziert werden:

Abbildung 18.6 Beispielhaftes Modell für Mischarbeit

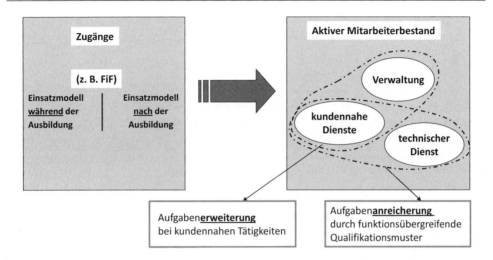

Generell soll durch das Modell der Mischarbeit die Innovations- und Leistungsfähigkeit der Unternehmen gesteigert werden. Zudem bietet Mischarbeit den Verkehrsunternehmen die Chance, auf dem Arbeitsmarkt als attraktiver Dienstleister und Arbeitgeber aufzutreten. Wie auch bei der Einführung eines betrieblichen Kompetenzmanagements kommt bei der Einführung von Mischarbeit der Personalentwicklung eine aktive Rolle zu: Es gilt, die Bereitschaft für Veränderungen (vgl. die oben geschilderten Entwicklungen wie demografischer Wandel, Wandel der Kundenanforderungen, Erhalt von Arbeits- und Beschäftigungsfähigkeit) auszuloten und durch umfassende Kommunikation, Beteiligung und transparente Entwicklungsmöglichkeiten die Professionalisierung der Dienstleistungsarbeit im Öffentlichen Personennahverkehr voranzutreiben.

18.6 Individuelle Kompetenzentwicklung

Kompetenzen erschließen sich im Handeln und werden sowohl außerhalb des Arbeitslebens als auch im beruflichen Umfeld angewandt und entwickelt. Ziel ist die Herstellung von Handlungsfähigkeit auch in außergewöhnlichen und komplexen Situationen, wie sie im Verkehrssektor beispielsweise im betrieblichen Störungsmanagement regelmäßig auftreten. Kompetenzentwicklung schließt eine Veränderung von Normen und Werten ein und geht über eine primär an der Wissensvermittlung orientierte Qualifikation hinaus. Der Aspekt der Befähigung steht dabei im Vordergrund. Ist eine Person handlungskompetent, dann ist sie fähig, auch unter sich verändernden Normen und Werten das angeeignete Wissen, Können und Verhalten anzuwenden. Dabei verknüpfen sich verschiedene Kompetenzen wie Fachkompetenz, Methodenkompetenz, Sozialkompetenz und personale Kompetenz (vgl. Bootz/Kirchhöfer 2003) [8].

Unterschiede zwischen Qualifikation und Kompetenz

Insbesondere in der betrieblichen Diskussion in den einzelnen Verkehrsunternehmen hat nach wie vor der Begriff der Qualifikation eine entscheidende Bedeutung. Es sei daher in der folgenden Übersicht noch einmal dargestellt, worin sich Qualifikation und Kompetenz grundsätzlich voneinander unterscheiden:

Tabelle 18.1 Unterschiede zwischen Qualifikation und Kompetenz

Qualifikation	Kompetenz
Erfüllung konkreter Nachfragen bzw. Anforderungen	subjektbezogen
unmittelbar tätigkeitsbezogene Kenntnisse, Fähigkeiten, Fertigkeiten	ganzheitliche Persönlichkeitsdisposition
Erfüllung meist fremdgesetzter Zwecke	Selbstorganisation
zertifizierbare abgegrenzte Inhalte	Vielfalt unbegrenzter individueller Handlungsdispositionen
sachverhaltsorientiert	wertorientiert, -gesteuert, -generierend

Quelle: Kirchhöfer 2004, S. 66 [16]

Für die Weiterbildung und speziell für die individuelle Kompetenzentwicklung bedeutet dies, dass der Erwerb von Wissen allein nicht ausreichend für den Lerntransfer ist. Viel wichtiger ist es, dass das Wissen und die Arbeit miteinander verzahnt werden. Denn erst durch die Anknüpfung an persönliche Erfahrungen kann ein Erfolg gewährleistet werden. Nach Bolder (2002) [5] darf Lernen nicht getrennt vom Transfer betrachtet werden, sondern stets im Einklang mit diesem. Zahlreiche Studien bestätigen, dass eine Person bis zu 70 Prozent ihrer Fähigkeiten und Kompetenzen bei der Arbeit, in der Freizeit, in der Familie, bei Hobbies usw. erlernt und nur ca. 30 Prozent auf formalen Qualifizierungswegen wie Schule und Ausbildung (vgl. Winkler 2003, S. 2) [24].

Umfassendes Kompetenzverständnis in der betrieblichen Praxis

Das auf Seite 360 geschilderte Vorgehen zur Kompetenzerfassung und -entwicklung in einem ÖPNV-Unternehmen basiert auf der Annahme, dass zentrale Schlüsselkompetenzen (**Abbildung 18.4**) für den betrieblichen Erfolg von Entscheidung sind. Die benötigte Ausprägung der jeweilgen Kompetenzen bei den unterschiedlichen Beschäftigtengruppen ist sicherlich zu differenzieren, da z. B. die methodische Kompetenz „Präsentationstechniken" für eine Mitarbeiterin oder einen Mitarbeiter im Fahrdienst oder der betrieblichen

Werkstatt eher eine untergeordnete Bedeutung spielen mag. Dennoch werden bei der Kompetenzerfassung auch solche Kompetenzen – wenn auch in unterschiedlicher Gewichtung – bei allen Teilnehmerinnen und Teilnehmern der Befragung abgefragt. Dies geschieht in erster Linie, um vorhandene Potenziale zu erheben, die bei der täglichen Arbeit zwar nicht gefordert sind, die der Beschäftigte sich aber womöglich durch ehrenamtliche Tätigkeiten in der Freizeit angeeignet hat und dort auch regelmäßig anwendet. Diese umfassende Herangehensweise soll somit gewährleisten, dass auch „versteckte" Kompetenzen bei einzelnen Mitarbeiter/-innen erkannt und somit auch bei der Einleitung von Maßnahmen zur weiteren Kompetenzentwicklung berücksichtigt werden. Ein solches Verständnis kann dann auch dazu beitragen, die angestrebte flexiblere Gestaltung des Mitarbeitereinsatzes umzusetzen und Personalentwicklungspfade zu schaffen.

Leitbild professioneller Dienstleistungsfacharbeit

Im ProVes-Projekt soll ein Leitbild professioneller Dienstleistungsfacharbeit für die Branche des ÖPNV erarbeitet werden, um die Verknüpfung von internen Ansprüchen mit externer Dienstleistungsqualität herzustellen. Entscheidend hierfür sind „die Identifikation, Erforschung und Beschreibung von dienstleistungsspezifischen Basisprozessen und Basiskompetenzen, die für eine gute Service-Performance und eine effiziente Gestaltung von Dienstleistungsprozessen bei gleichzeitig hoher Dienstleistungsqualität unerlässlich sind" (Bienzeisler 2006) [4]. Das Leitbild trägt den anfangs beschriebenen Veränderungen Rechnung und kann aus einer individuellen wie auch einer organisationalen Perspektive gelesen werden. Als Ausgangspunkt ist dabei der Wandel vom „Produktionsgewerbe" zur Dienstleistungsbranche zu sehen, der für die Verkehrsunternehmen neben technischen und organisatorischen Veränderungen auch geänderte gewünschte Kompetenzprofile der Beschäftigten bedeutet. In diesem Zusammenhang ist zu fragen,

- welche Anforderungen die an der Leistungserbringung beteiligten Personen erfüllen müssen,
- welche Kompetenzprofile die vorhandenen Mitarbeiter/-innen besitzen und
- welcher Entwicklungsbedarf besteht.

Ein langfristiges Kompetenzmanagement soll sicherstellen, die richtigen Mitarbeiter/-innen zur Erfüllung der sich wandelnden Aufgaben zu haben und angepasste Maßnahmen zum Kompetenzaufbau bzw. -training zu erarbeiten. Professionalisierte Dienstleistungsarbeit in der ÖPNV-Branche ergibt sich, wo eine besondere Leistungsbereitschaft, eine hohe Loyalität zum Unternehmen, Flexibilität, Verantwortung und multifunktionale Qualifikationsmuster zusammenkommen. Entscheidend ist hierfür eine Stärkung der mittleren Qualifikationsebene: „Das neue Leitbild „Facharbeit" im Dienstleistungssektor wird davon geprägt, wie die mittlere Qualifikationsebene mit den vorhandenen Potenzialen für Wertschöpfung und Innovation gestärkt wird. Gefragt sind Strategien und Modelle für Personal- und Organisationsentwicklung, um kompetent und professionell Dienstleistungsarbeit in hoher Qualität zu erbringen. Das trägt wesentlich dazu bei, die gesellschaftliche Wertschätzung von Dienstleistungen zu befördern." (Bootz 2010) [7].

Literatur

[1] Acemoglu, D. (2002): Technical Change, Inequality, and the Labor Market, in: Journal of Economic Literature, Vol. 40, 1, S. 7-72.
[2] Beutler, K./Langhoff, T./Marino, D./Sistenich, D./Weber-Wernz, M. (2007): innova. Branchenleitfaden Demografie. Alternsgerechte Arbeitsgestaltung in Verkehrsunternehmen, 1. Aufl., Köln.
[3] Bienzeisler, B./Kunkis, M. (2007): „Facharbeit" als Ansatz zur Stärkung der Dienstleistungswirtschaft?! Konzeptionelle Überlegungen und Literaturbericht. Arbeitspapiere des Fraunhofer Instituts Arbeitswirtschaft und Organisation, 1. Aufl., Stuttgart.
[4] Bienzeisler, B. (2006): Wertschätzung und Wertschöpfung, in: Magazin Mitbestimmung, 52, S. 11-14.
[5] Bolder, A. (2002): Arbeit, Qualifikation und Kompetenzen, in: Tippelt, R. (Hrsg.): Handbuch Bildungsforschung, 1. Aufl., Opladen, S. 651-675.
[6] Bosch, G. (1998): Zukunft der Erwerbsarbeit. Strategien für Arbeit und Umwelt, 1. Aufl., Frankfurt.
[7] Bootz, I. (2010): ProVes Projektrundbrief 1, 1. Aufl., Köln.
[8] Bootz, I./Kirchhöfer, D. (2003): Der Programmbereich "Lernen im sozialen Umfeld", in: Arbeitsgemeinschaft Betriebliche Weiterbildungsforschung e. V./Projekt Qualifikations-Entwicklungs-Management (Hrsg.): QUEM-report, Schriften zur beruflichen Weiterbildung, Heft 79: Zwei Jahre „Lernkultur Kompetenzentwicklung": Inhalte – Ergebnisse – Perspektiven, 1. Aufl., Berlin.
[9] Bundesanstalt für Arbeitsschutz und Arbeitsmedizin (2008): Lernen gehört zu Leben und Arbeit. Lebenslanges Lernen zu Sicherheit und Gesundheit, 1. Aufl., Dortmund/Berlin.
[10] Bundesministerium für Bildung und Forschung (2007): Dienstleistungsqualität durch professionelle Arbeit, 1. Aufl., Bonn/Berlin.
[11] Bundesministerium für Bildung und Forschung (2009): Innovationen mit Dienstleistungen, 1. Aufl., Bonn/Berlin.
[12] Burr, W./Stephan, M. (2006): Dienstleistungsmanagement. Innovative Wertschöpfungskonzepte für Dienstleistungsunternehmen, 1. Aufl., Stuttgart.
[13] Erpenbeck, J./Heyse, V. (2009): Kompetenztraining. Informations- und Trainingsprogramme, 1. Aufl., Stuttgart.
[14] Europäisches Zentrum für die Förderung der Berufsbildung (Hrsg.) (2008): Cedefop-Kurzbericht September 2008, Thessaloniki.
[15] Jochmann, W. (2010): Status quo der Personalentwicklung – eine Bestandsaufnahme, in: Meifert, M. T. (Hrsg.): Strategische Personalentwicklung. Ein Programm in acht Etappen, 2. überarbeitete und aktualisierte Auflage, Heidelberg, S. 29-44.
[16] Kirchhöfer, D. (2004): Lernkultur Kompetenzentwicklung, in: Arbeitsgemeinschaft Betriebliche Weiterbildungsforschung e. V. /Projekt Qualifikations-Entwicklungs-Management (Hrsg.), Berlin.
[17] Langhoff, T. (2009a): Den demographischen Wandel im Unternehmen erfolgreich gestalten, 1. Aufl., Berlin/Heidelberg.
[18] Langhoff, T. (2009b): Professionelle Dienstleistungsfacharbeit und Qualifizierung in Verkehrsunternehmen, 1. Aufl., Stuttgart.
[19] International Association of Public Transport (UITP) (Hrsg.) (2009): Kulturwandel im ÖPNV, 1. Aufl., Brüssel.
[20] VDV-Akademie e. V. (2009): ProVes – Professionalisierung von Dienstleistungsarbeit in Schlüsselbranchen des Verkehrssektors, URL: http://www.proves-projekt.de/pages/index.html [Stand: 01. September 2011].
[21] Verband Deutscher Verkehrsunternehmen (VDV) (Hrsg.) (2009): Statistik 2008, 1. Aufl., Bedburg.
[22] Weber-Wernz, M. (2009): Das System beruflicher Bildungswege für ÖPNV und Schienengüterverkehr, in: Verband Deutscher Verkehrsunternehmen (Hrsg.): Jahresbericht 2009, 1. Aufl., Köln, S. 34.

[23] Weber-Wernz, M. (2010): Einleitung, in: Akademie des Verbandes Deutscher Verkehrsunternehmen (VDV-Akademie) (Hrsg.): Die Fachkraft im Fahrbetrieb. Lehrbuch und Nachschlagewerk für die betriebliche und schulische Ausbildung, 1. Aufl., München.

[24] Winkler, R. (2003): Gelernt ist gelernt – aber nicht immer anerkannt, in: Schweizer Arbeitgeber, 16, S. 2-5.

[25] Wittenbrink, P./Makait, M. (2010): Arbeitsmarkt Öffentlicher Verkehrsunternehmen, 1. Aufl., Köln.

[26] Zühlke-Robinet, K. (2010): BMBF- Förderschwerpunkt„ Dienstleistungsqualität durch professionelle Arbeit" – Halbzeitbilanz, Vortragsmanuskript, Wissenschaftliche Tagung des Verbundprojektes PiA am 15./16. Juli 2010, München.

[27] Verband Deutscher Verkehrsunternehmen e. V. (VDV) (2007) (Hrsg.): Deutschlands Netz für die Wirtschaft, 1. Aufl., Berlin.

[28] VDV-Akademie e. V. (2011): URL: http://www.vdv-karriere.de/index.php?id=31 [Stand: 01. September 2011].

19 Professionalisierung der Kindertagespflege

Ein empirisches Beispiel qualitativer Veränderungsprozesse im Dienstleistungsbereich

Stefan Heeg

19.1	Kindertagespflege – Eine kaum beachtete Dienstleistung für Familien	373
19.2	Das Forschungsprojekt Professionalisierung der Kindertagespflege als Dienstleistung	374
19.3	Professionalität im Kontext der Kindertagespflege	375
19.4	Der Umbruch in der Kindertagespflege und seine Akteure	376
19.5	Die Veränderungen des Tätigkeitsprofils als Konsequenz	378
19.6	Veränderungen des Kompetenzprofils als Konsequenz	380
19.7	Stand, Perspektiven und Herausforderungen in der Aus- und Weiterbildung	383
19.8	Aktueller Stand, Perspektiven und Herausforderungen der personellen Entwicklung	384
19.9	Fazit: Kindertagespflege – Ein Professionalisierungsprozess noch in den Kinderschuhen	385
Literatur		387

Stefan Heeg, M.A., Deutsches Jugendinstitut München, Abteilung Jugend, Projekt „Jugendhilfe und sozialer Wandel"

19.1 Kindertagespflege – Eine kaum beachtete Dienstleistung für Familien

Die Kindertagespflege stellt eine Dienstleistung für Familien. Sie ermöglicht es Eltern – zumeist sind es noch immer Mütter – die Anforderungen von Beruf und Familien zu bewältigen. Sie hat in Deutschland eine recht lange Tradition: Hier ist sie seit den 1970er Jahren bekannt und stellt eine Alternative zur Kinderbetreuung in einer Einrichtung dar.

Lange Zeit stellte die Kindertagespflege ein wenig im öffentlichen Fokus stehendes Betreuungssegment dar. Hierdurch gestaltet sich die Entwicklung sehr unterschiedlich und verfügt kaum über Standards. Zumeist hat das Betreuungsangebot eher den Charakter der Nachbarschaftshilfe oder des Ehrenamts, d.h. die die hier tätigen Tagespflegepersonen (zumeist Tagesmütter) üben die Tätigkeit meist nicht dauerhaft und nur selten existenzsichernd aus.

Erst seit wenigen Jahren werden familienunterstützende Dienstleistungen als gesellschaftliche Aufgabe gesehen. Die Angebote zur Kinderbetreuung werden ausgebaut; insbesondere sollen nun auch Familien mit Kindern unter drei Jahren durch qualitativ hochwertige Dienstleistungen unterstützt werden. Neben dem Ausbau des Betreuungsangebots in Kinderkrippen findet daher auch ein Ausbau der Betreuungsplätze in der Kindertagespflege statt. Dieser Ausbau geht einher mit einer zunehmenden Regulierung des Segments und einer Erhöhung der Betreuungsqualität.

Die Kindertagespflege hat eine wichtige Funktion in der Kinderbetreuung erhalten: Sie stellt eine familienpolitische Maßnahme zur Vereinbarkeit von Familie und Beruf dar und ist zugleich als Förderinstrument zur qualitätsgerechten Erziehung und Bildung gedacht.

Hierdurch beginnt in einem weitestgehend deregulierten Betreuungssystem eine Entwicklung, die auf die Formierung eines Dienstleistungsbereiches hinaus läuft. Dabei kann kaum auf Vorstrukturierungen aufgebaut werden: Es gibt keine einheitlichen Ansätze von Ausbildungswegen, keine klaren Zuständigkeiten, keinen klaren einheitlichen strukturellen Rahmen.

Die Kindertagespflege stellt letztlich – obwohl sie bereits eine ca. 40 Jährige Geschichte zu verzeichnen hat – ein sich neu formierendes Segment im Dienstleistungsbereich dar. Im Zusammenhang dieser Entwicklung kommt eine anvisierte Professionalisierung des Tätigkeitsfeldes in den Blick. Man erhofft sich eine Anhebung des qualitativen Niveaus und eine Steigerung der Dynamik des Ausbaus.

19.2 Das Forschungsprojekt Professionalisierung der Kindertagespflege als Dienstleistung

Den Hintergrund zu diesem Text bilden Erkenntnisse aus dem Forschungsprojekt „Professionalisierung der Kindertagespflege als Dienstleistung" (PKDi), welches in einer Kooperation der Universität Bielefeld und dem Deutschen Jugendinstitut durchgeführt wurde. Dieses Projekt verfolgte die Zielsetzung, Entwicklungsprozesse in der Kindertagespflege empirisch zu erfassen und auf dieser Basis Empfehlungen für eine mögliche Professionalisierung dieses Tätigkeitsfeldes zu erarbeiten.

Methodisch wird mit dem im Projekt gewählten empirischen Zugang eine strikte Akteursperspektive eingenommen. Dahinter liegt die Grundannahme, dass sich die Ausgestaltung des Wesens von Kindertagespflege in der Alltagswelt von sozialen Akteuren innerhalb eines bestehenden gesellschaftlichen Kontexts realisiert. Beteiligt sind daran Eltern, Tagespflegepersonen und institutionelle Akteure. Zwischen diesen drei Akteursgruppen realisiert sich in der alltäglichen Praxis etwas, was als gelebte Form der Kindertagespflege zu bezeichnen ist. Hierbei handelt es sich um verschiedenste Arrangements der Kinderbetreuung. Es sind folgende drei Akteursgruppen, über die der empirische Zugang erfolgte:

- **Eltern als potenzielle Kunden** für eine familienunterstützende Dienstleistung, die klare Vorstellungen davon haben, was sie inhaltlich und in Bezug auf den organisierten Rahmen, indem die Leistung realisiert wird, erwarten bzw. was sie in Anspruch nehmen würden.

- **Tagespflegepersonen als Anbieter**, die klare Vorstellungen davon haben, in welcher Art und in welchem Umfang sie eine Leistung anbieten wollen bzw. unter welchen Bedingungen sie diesbezüglich Modifikationen vornehmen würden.

- **Institutionelle Akteure als Regulierungsinstanz** (Behörden, Ämter, Vereine o. ä.), die für die organisatorische Abwicklung verantwortlich sind, sich verantwortlich fühlen oder verantwortlich gemacht werden. Sie agieren im Kontext politischer und juristischer Rahmenbedingungen. Mit ihrem Handeln setzen sie jedoch gleichzeitig Rahmenbedingungen für die anderen beiden Akteursgruppen.

Abbildung 19.1 Akteursdreieck in der Kindertagespflege

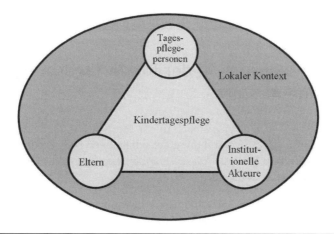

19.3 Professionalität im Kontext der Kindertagespflege

Die Begriffe Professionalität und Professionalisierung werden in der Literatur in vielfältiger Art und Weise diskutiert und dies allein im recht weiten Feld der (Sozial)Pädagogik (vgl. bspw. Dewe et al. 1992; Heiner 2004; Stichweh 1996; Schütze 1996; Oevermann 1996; Klatetzki 1993) [4], [5], [6], [7], [8], [1]. Was den Ansätzen mehrheitlich zu Eigen ist, ist dass sie aus einer externen bzw. akademischen Perspektive soziale Praxis in den Blick nehmen (vgl. Klatetzki 1993) [1]. Zumeist wird also nicht in das Zentrum gestellt, was handelnde Akteure unter Professionalität verstehen, sondern ein Konzept dargestellt, was Professionalität sein soll. Das Operieren mit einem Professionalisierungsbergriff im oben angedeuteten Sinne hieße, ein Handlungskonzept aufzupfropfen, welches nicht an der Deutungslogik der handelnden Akteure ansetzt und damit kaum Verständnis bzw. Akzeptanz finden wird. Dies bekommt nicht zuletzt dann eine Bedeutung, wenn man grundlegend annimmt, dass Professionalität eine soziale Konstruktion ist und als solche von den beteiligten Akteuren anerkannt werden muss (vgl. Pfadenhauer 2005) [3] und zudem in einem bestimmten Kontext entsteht (vgl. Nadai/Sommerfeld 2005) [2]. Im vorliegenden Projekt wird deshalb Professionalisierung als Programmatik verstanden. Dies bedeutet, da Professionalisierung der Kindertagespflege nicht sinnvoll in die gängigen professionstheoretischen Debatten eingeordnet werden kann und um dennoch Aspekte professionellen Handelns in der Kindertagespflege sichtbar werden zu lassen, wird Professionalisierung als sozialer Prozess, als Zielsetzung und ausgehandelte Ordnung verstanden: Es sind mehrere Akteure, die in einem dialogischen Prozess auf die Zielsetzung Professionalität hin agieren (**Abbildung 19.1**).

In den folgenden Abschnitten wird zunächst der Umbruch in diesem Dienstleistungssegment skizziert und folgend die daraus resultierenden Veränderungen in der Tätigkeit, den Kompetenzanforderungen, den Rahmenbedingungen und schließlich die individuellen Strategien des Umgangs mit diesen Veränderungen dargestellt.

19.4 Der Umbruch in der Kindertagespflege und seine Akteure

Die Kindertagespflege vollzieht, angestoßen durch den politisch motivierten quantitativen Ausbau und forciert durch die Veränderung der qualitativen Schwerpunktsetzung, gravierende Veränderungen ihrer Struktur. Diese Veränderungen ziehen eine modifizierte Handlungslogik der beteiligten Akteure nach sich.

Schon seit längerer Zeit realisiert sich die Kindertagespflege in unterschiedlicher Art und Weise als eine unterstützende Dienstleistung für Familien. Neu für den Bereich ist, dass diese Betreuungsform, die bisher im Schatten der institutionellen Betreuung mehr als Mütterdomäne und Nachbarschaftshilfe ihr Dasein fristete, im Zuge der Novellierung des SGB VIII mit institutionellen Betreuungsangeboten (Kindergärten, Krippen etc.) gleichgestellt wurde. Die Kindertagespflege zählt damit zu den Leistungen der Jugendhilfe und wird – wie die Tageseinrichtungen für Kinder – als Leistung zur Förderung von Kindern bewertet. Damit ist ein Betreuungsangebot, das sich insbesondere durch seine familiäre Privatheit auszeichnete und in erster Linie ein Arrangement zwischen Tagespflegepersonen, Eltern und deren Kindern darstellte, zum öffentlichen Auftrag avanciert. Die Konsequenz ist, dass die Kindertagespflege die gleichen Anforderungen wie die institutionelle Betreuung hinsichtlich Betreuung, Förderung und Bildung zu erfüllen hat.

Den Hintergrund für diese Entwicklung bildet ein allgemeiner Sozialer Wandel der Leitbilder für die Kleinkindbetreuung und -förderung. Dieser betrifft mit der formal rechtlichen Gleichsetzung der Kindertagespflege mit der institutionellen Betreuung auch diese. Im Zuge dieses Wandels ist eine wachsende Akzeptanz außerfamilialer Betreuung zu verzeichnen und in der Folge eine verstärkte Nachfrage. Verändert ist auch, dass auf der Nachfrageseite der Betreuungsauftrag zunehmend mit dem Anspruch auf Förderung verbunden wird. Neu ist auch, dass nun ein Dienstleistungsangebot, welches bisher sich zumeist über Angebot und Nachfrage regulierte, mit gesellschaftlichen Leitbildern hinsichtlich pädagogischer Qualität und öffentlicher Regulierung verknüpft wird.

Im Feld der Kindertagespflege vollzogen sich in den letzten Jahren gravierende Veränderungen der Rahmenbedingungen, die nun in der Folge Veränderungen in der Struktur der Beschäftigten nach sich ziehen.

Als eine Neuerung wird die Erlaubnispflicht in der Kindertagespflege eingeführt (seit 2005). Damit wird diese Betreuungsform aus dem Bereich des Privaten bzw. des Marktes in die öffentliche Verantwortung verschoben. Mit der Einführung der Steuerpflicht (seit 2009) werden Tagespflegepersonen als Selbstständige verortet. Gleichzeitig wird die Bezahlung der Betreuungsleistung teilweise bzw. vollständig der Kommune überantwortet. Weiter wird im gleichen Zeitraum eine Qualifizierungspflicht für Tagespflegepersonen festgeschrieben, deren Umfang jedoch weder bundes- noch landesweit einheitlich verbindlich festgelegt ist.

Global betrachtet haben sich vor allem die Anforderungen, die sich der einzelnen Tagespflegeperson stellen, erhöht. Für diese Gruppe sind zunehmend andere bzw. gestärkte Kompetenzen notwendig, um die Tätigkeit umzusetzen. Hierbei wird es zunehmend weniger sinnvoll die Tätigkeit als eine Nebentätigkeit zu realisieren, was zu strukturellen Veränderungen im Bereich der Beschäftigung führt (Veränderung des Betreuungsangebots, Abbruch der Tätigkeit, Einstieg neuer Personengruppen). Quantitative Erkenntnisse zu diesen Prozessen gibt es momentan noch nicht.

Die Struktur der Kindertagespflege und deren Verortung im Kontext öffentlich verantworteter Kinderbetreuung bleiben jedoch unklar. Die Tagespflegepersonen stehen in einer neuen intermediären Stellung zwischen gewerblicher Orientierung und dem Angebot einer staatlich garantierten Betreuungsleistung.

Dieses Mischverhältnis von öffentlichem Auftrag, der privat von angelernten Personen erbracht wird, verwischt professionelle Zuständigkeit. Es stellt sich die Frage: Wer hat die Kontrolle und wer definiert, was die Leistung und was der Auftrag der Kindertagespflege ist?

Zu beobachten ist, dass sich das Tätigkeitsfeld immer weiter ausdifferenziert: Unterschiedlichste Arrangements hinsichtlich Betreuungszeit, Betreuungsort, Gruppengröße, pädagogische Orientierungen etc. firmieren unter dem Label Kindertagespflege. Das Fehlen von verbindlichen bundes- oder landesweiten Regulierungen, zieht es nach sich, dass die inhaltliche Ausgestaltung und Steuerung der Kindertagespflege auf kommunaler Ebene je nach Verfügung über Ressourcen und Prioritätensetzung beim Ausbau der Betreuung für Kinder unter drei Jahren, ausgelegt wird.

Die Entwicklungen im Feld der Kindertagespflege sind im starken Maß auch von der Nachfragestruktur beeinflusst. Mit welcher Intensität, welcher Intension und vor welchem persönlichen Hintergrund die Kindertagespflege von Eltern als Kunden nachgefragt wird, gestaltet sich lokal sehr unterschiedlich, wirkt sich jedoch genauso wie die Gestaltungsambitionen des öffentlichen Trägers auf die Entwicklung der Kindertagespflege aus.

Im hier betrachteten Dienstleistungsbereich sind es zumindest zwei verschiedene Effekte, die sich aus einer spezifischen Nachfragesituation ergeben. Eine besondere Situation entsteht bei einer geringen Nachfrage. Hintergrund ist hier zumeist nicht ein Überangebot an Betreuungsplätzen, sondern dass die Betreuung nicht im Bereich der Kindertagespflege angefragt wird, sondern in der institutionellen Betreuung. Meist ist auch hier das Platzangebot zu gering, jedoch ist die Orientierung der Eltern auf institutionelle Formen der Betreuung so stark, dass die Kindertagespflege nur eine Notlösung darstellt und vor ihrer Nutzung zuerst andere Formen (bspw. private Arrangements, Familie usw.) zu realisieren versucht werden. Hier entsteht die Situation, dass für die Tagespflegepersonen als Anbieter der Dienstleistung kaum Qualifizierungs- und Professionalisierungsmotivation besteht, da es für sie perspektivisch sehr unsicher ist, ob sie mit der Tätigkeit ein entsprechendes Einkommen generieren können.

Eine weitere besondere Situation zeigt sich bei einer sehr hohen Nachfrage. Den Hintergrund bilden hier meist ein zu geringes Platzangebot in der Kinderbetreuung und gleichzeitig ein hoher Betreuungsbedarf seitens der Familien. Die Eltern sehen sich hier in einer Situation, in der sie wenig Wahlfreiheit in Bezug auf einen Betreuungsplatz haben. Sie müssen „nehmen, was da ist" und sind froh überhaupt einen Betreuungsplatz zu bekommen. In der Folge sind sie in der qualitativen Bewertung des Angebots relativ unkritisch und versuchen nur in einem sehr geringen Maß ihre Ansprüche durchzusetzen. Auch hier ergibt sich für die Anbieter der Leistung wenig Motivation eine qualitative Entwicklung zu forcieren.

Wenn man vor diesem Hintergrund die qualitative Entwicklung der Kindertagespflege bzw. deren Professionalisierung als eine Gestaltungsleistung innerhalb eines Akteursdreiecks (Institutionelle Akteure, Tagespflegepersonen und Eltern) versteht, zeigt sich, dass sowohl die Tagespflegepersonen als auch die Eltern als Entwicklung auslösende Faktoren in diesem Tätigkeitsfeld entweder ausfallen oder zumindest unsicher sind. Dementsprechend kann eine Gestaltungsverantwortung vor allem der Gruppe der Institutionellen Akteure bzw. ganz konkret dem kommunalen Träger zugeschrieben werden.

Die Verberuflichung der Kindertagespflege kann langfristig einen möglichen Entwicklungspfad der Professionalisierung in der Kindertagespflege darstellen. Ansätze in dieser Hinsicht sind in einigen Regionen Deutschlands zu beobachten. Eine Voraussetzung für eine allgemeine Entwicklung in dieser Richtung ist jedoch, dass sich die Kindertagespflege als Beschäftigungs- und Tätigkeitsfeld eindeutig positioniert. Bislang ist dies nicht der Fall.

In der Betrachtung einer Verberuflichung der Kindertagespflege als möglicher Professionalisierungspfad, ist aber auch zu beachten, dass dies weder eine höhere Qualität der Dienstleistung sprich des Betreuungsangebots noch attraktivere Arbeitsbedingungen in der Kindertagespflege nach sich ziehen muss oder gar garantieren kann. Dies ist eindrücklich am Beispiel des Berufs der Erzieherin nachzuvollziehen.

In diesem Sinne kann Verberuflichung ein Pfad oder ein Teil eines Professionalisierungsprozesses sein, sie kann diesen Prozess unterstützen und auch mit vorantreiben. Die hinreichende Bedingung für die Entstehung eines professionellen Dienstleistungsbereichs wird sie wohl kaum sein können.

19.5 Die Veränderungen des Tätigkeitsprofils als Konsequenz

In der Kindertagespflege haben sich in den letzten Jahren gravierende strukturelle Veränderungen ergeben. Diese erfordern Veränderungen im Handeln der in diesem Feld Tätigen.

In einer globalen Betrachtung des Feldes zeigen sich verschiedene Indizien, die auf eine Veränderung im Handeln der Akteure schließen lassen. Es handelt sich hierbei um ein grobes überblicksartiges Wissen über das Tätigkeitsfeld. Differenzierte Erkenntnisse liegen bisher nicht vor. In einem bundesweiten Blick zeigt sich seit 2006 eine kontinuierliche Zunahme des Qualifikationsniveaus. Dies lässt vermuten, dass auch die pädagogische Fundierung des Handelns in der Betreuung zugenommen hat, auch wenn ein erhöhtes Qualifikationsniveau dies nicht notwendigerweise nach sich zieht. Es ist weiter eine kontinuierliche Zunahme der in diesem Feld Tätigen, der Betreuungsplätze und auch der Betreuer-Kind-Relation zu verzeichnen. Dies deutet darauf hin, dass sich das Feld ausweitet und aber auch effektiviert (eine Tagespflegeperson betreut zunehmend mehr Kinder). In einer bundesweiten Sicht sind diese Entwicklungen als kontinuierlich beschreibbar. Jedoch schon in einem Blick auf der Länderebene oder gar auf der Ebene der Jugendamtsbezirke zeigt sich, dass diese Entwicklungen sehr uneinheitlich verlaufen.

Ein Hintergrund dafür dürfte es sein, dass grundsätzliche Entscheidungen und Setzungen, die notwendig sind, um die soziale Form der Kindertagespflege zu bestimmen, noch nicht getroffen wurden. Es sind zumindest drei Dinge, die hier exemplarisch dargestellt werden können:

- **Vereinheitlichung und Standardisierung vs. Individualisierung und Spezialisierung.** Soll es eher der für die Kunden[1] erwartbare fachliche Standard sein, der eine Betreuung in Tagespflege ausmacht oder ist es eher die Individualität des Angebots.

- **Verberuflichung der Tätigkeit oder Erhalt der Anlerntätigkeit.** Es ist momentan noch völlig unklar in welcher Form die für diese Tätigkeit notwendige Qualifikation erworben werden soll. Fixiert sind auf der Bundesebene lediglich die Gleichsetzung der Kindertagespflege mit der institutionellen Betreuung und die daraus resultierenden gleichen Anforderungen hinsichtlich Förderung und Bildung. In der Praxis bleibt die Frage, in welcher Weise die hierfür notwendige Fachlichkeit im Feld der Kindertagespflege realisiert werden soll.

- **Förderung der Selbstständigkeit oder Kindertagespflege mit angestellten Tagespflegepersonen?** In welcher organisatorischen Form soll der öffentliche Bildungs- und Förderungsauftrag wahrgenommen werden? Es geht hierbei auch darum, inwieweit Perspektiven und auch finanzielle Absicherungen für in der Tagespflege Tätigen geschaffen werden. Es gab schon immer Tätigkeitsfelder, in denen vorherrschend Selbständige vorzufinden sind und waren – unter Architekten beispielsweise oder Ärzten – jedoch zumeist gibt es in diesen Feldern auch die Möglichkeit die Tätigkeit als abhängig Beschäftigter durchzuführen. In der Kindertagespflege gibt es diese Möglichkeit bisher kaum.

---

[1] In diesem Zusammenhang zeigt sich auch, dass letztlich gar nicht klar ist, wer eigentlich der Kunde ist. Sind es die Eltern, der öffentliche Träger oder sind es beide?

Mit den Entwicklungen in der Kindertagespflege konstituiert bzw. verändert sich ein Beschäftigungs- und Dienstleistungsbereich für den bisher noch nicht geklärt ist, in welcher Art und Weise (oder ob überhaupt), er sich in der Gesellschaft positionieren soll bzw. wird.

Es ist möglich, dass sich mit der Zeit das Feld Kinderbetreuung herausbildet, welches aus zwei Säulen besteht, der Kindertagespflege und der institutionellen Betreuung. Es ist jedoch auch möglich, dass die Entwicklung der Kindertagespflege weiterhin weiter separat erfolgt. Wobei gerade bei letztgenannter Option die angestrebte Form der Dienstleistung Kindertagespflege nur unscharf fixiert ist.

Vor diesem Hintergrund sind Handlungsanforderungen, beschrieben als eine relativ einheitliche überschaubare Darstellung, bisher nicht abbildbar. Im Diskurs um die Kindertagespflege werden sowohl in der Praxis als auch in der Wissenschaft Kompetenz- und Anforderungsprofile thematisiert und postuliert. In einer Gesamtschau sind diese jedoch heterogen und kaum überschaubar.

Die zentrale Herausforderung in und für diesen Dienstleistungsbereich wird es sein die Form der Kindertagespflege zu fixieren und in der Gesellschaft zu verorten. Erst in der Folge können die entsprechenden Anforderungen für das praktische Handeln abgeleitet werden.

19.6 Veränderungen des Kompetenzprofils als Konsequenz

Der Umbruch in einem Dienstleistungsbereich lässt eine entsprechende Veränderung in den real existierenden und den geforderten Kompetenzen bei den Tätigen erwarten. Wie entwickelt sich das Kompetenzprofil in der Kindertagespflege?

Im Dienstleistungsbereich der Kindertagespflege zeigt sich ein völlig unklares Kompetenzprofil. Es existiert, wie schon beschrieben, keine einheitliche Form sondern recht unterschiedliche Praxen als ein Ergebnis der unterschiedlichen Ausgestaltung des Anforderungsprofils auf kommunaler Ebene. Es ergeben sich somit regional verschiedene und sich sehr dynamisch verändernde Settings, die von den darin Tätigen jeweils eine spezifische Kompetenzentwicklung verlangen.

Als ein allgemeiner Rahmen für dieses Feld steht der gesetzlich formulierte gesellschaftliche Auftrag der Kindertagespflege. Hier findet eine formale Gleichsetzung von institutioneller Betreuung, also der Betreuung in Einrichtungen und der Kindertagespflege statt. Dieser gesetzlich fixierte Rahmen zeigt sich jedoch äußerst unscharf, wodurch in der kommunalen Praxis unterschiedlichste Entwicklungsziele abgeleitet werden. Hierdurch ergeben sich unterschiedliche formale Qualitätsstandards in der Praxis, die jeweils spezifische Konsequenzen für die Kompetenz- und Qualitätsentwicklung nach sich ziehen.

Allgemein beschrieben, kann festgestellt werden, dass verschiedene Kompetenzen oder Kompetenzbereiche von im Feld der Kindertagespflege Tätigen abgedeckt werden müssen. Allerdings konkret ist es jeweils die Situation vor Ort, die die Bedeutung bestimmter Kompetenzen anhebt bzw. anderer senkt. Es sind vier Bereiche, die das in der Kindertagespflege notwendige Kompetenzspektrum umfasst:

Fachpädagogische Kompetenzen (Realisierung der Erziehung und Bildung von Kindern) sind durch die Gleichstellung der Kindertagespflege mit der institutionellen Betreuung notwendig gewordene Kompetenzen für Tagespflegepersonen. Genauso wie in einer Einrichtung muss hier seit 2006 der allgemeine Bildungsauftrag umgesetzt werden. Je nachdem wie sich zum Zeitpunkt der Novellierung des SGB VIII (2006) die regionale Situation zeigte und welche Ausbaustrategie anvisiert wurde, ergeben sich unterschiedliche Konsequenzen hinsichtlich der Kompetenz- und Qualitätsentwicklung.

Organisatorische Kompetenzen (Organisation des Betreuungssettings, Verwaltung/ Abrechnung/Steuer) sind eine zentrale Anforderung an Tagespflegepersonen, die auch bereits vor der Veränderung des Tätigkeitsfeldes bestand. Tagespflegepersonen sind in der Regel nicht in eine Organisation/Institution eingebunden und verrichten ihre Tätigkeit freiberuflich. Sie müssen somit die infrastrukturellen Rahmenbedingungen selber schaffen und können nicht auf bestehende institutionelle Strukturen zurückgreifen. Hier sind Kompetenzen notwendig, die über jene, die zur qualitativ hochwertigen Betreuung von Kindern notwendig sind, hinausgehen. Durch die Entwicklungen im Tätigkeitsfeld seit 2006 hat sich die Bedeutung dieses Kompetenzbereiches noch verstärkt.

Interaktive Kompetenz (Beziehungsgestaltung mit Kindern und Eltern, Präsentation der eigenen Arbeit) ist eine wichtige Kompetenz für Tagespflegeperson, die schon immer eine starke Bedeutung hatte, deren Bedeutung im Zusammenhang aktueller Entwicklungen im Feld (Kindertagespflege als existenzsichernde Tätigkeit) weiter zunimmt. Im Vergleich zu einer angestellten Erzieherin kann eine Tagespflegeperson nicht auf bereits organisierte Kommunikationszusammenhänge (Erstgespräche, Entwicklungsgespräche, Elternversammlungen oder auch bestehende Öffentlichkeitsarbeit) zurückgreifen. Sie steht vor der Notwendigkeit, sich diese Zusammenhänge selbst zu organisieren. Sie kann dieses jedoch wiederum nur im Dialog mit den Kommunikationspartnern realisieren, da diese in der Regel eigene Vorstellungen bezüglich der Kommunikationsform haben und die Tagespflegeperson als Einzelperson zumeist nicht über die Machtposition verfügt, den Kommunikationszusammenhang zu diktieren.

Kooperationsfähigkeit (mit dem öffentlichen Träger, mit anderen Tagespflegepersonen oder mit Einrichtungen) ist ein weiterer wichtiger Anforderungsbereich für Tagespflegepersonen, der insbesondere daraus resultiert, dass die Tätigkeit nicht im organisierten/institutionalisierten Kontext realisiert wird. Ähnlich wie im vorhergehend Dargestellten können Tagespflegepersonen nicht auf vorhandene Strukturen zurückgreifen, sondern müssen in der Lage sein sich diese selbst zu erschaffen. Hinzu kommt hier, dass es kaum Vorgaben oder Orientierungen gibt, in welcher Form bzw. in welchem Umfang Kooperation erfolgen sollte.

Aufgrund der Heterogenität des Tätigkeitsbereiches Kindertagespflege können nicht voneinander abgrenzbare Entwicklungslinien beschrieben werden. Insbesondere eine Aussage, die Entwicklung der Kindertagespflege realisiere sich als eine Vergrößerung des Arbeitsumfangs oder aber Anreicherung der Arbeitsinhalte, kann hier nicht eindeutig getroffen werden.

Je nach der eingenommenen Perspektive oder der Größe des betrachteten sozialen Bezugsrahmens zeigen sich in Abhängigkeit der dortigen lokalen Entwicklungsstrategien und individuellen Handlungsstrategien spezifische Entwicklungsprofile.

Hier in Kürze zwei stark vereinfachte Beispiele:

- Entwicklung der Kindertagespflege zu einer existenzsichernden Tätigkeit: Die Entwicklung läuft darauf hinaus, dass die Tätigen mit den Einnahmen aus der Kinderbetreuung ihren Lebensunterhalt bestreiten können. Dabei existieren die Rahmenbedingungen, dass Bezahlung relativ gering ist und die Tätigkeit als freiberufliche Tätigkeit realisiert wird. Durch die Konstellation ergibt sich die Notwendigkeit ein zeitlich umfangreiches Betreuungsangebot vorzuhalten. In der Praxis ergibt sich als Normalität eine „50-und-mehr-Stunden-Woche". **Die aktuelle Entwicklung führt hier zu einer Ausweitung des Arbeitsumfangs.**

- Entwicklung der pädagogischen Qualität: Die Entwicklung läuft darauf hinaus, dass die Qualität der Betreuung gesteigert wird. Hierbei wird Qualitätssteigerung als Steigerung der pädagogischen Fachlichkeit verstanden. Zu den bereits existierenden Anforderungen hinsichtlich Pflege und Betreuung, sowie Organisation kommen dementsprechend Anforderungen im pädagogischen und entwicklungspsychologischen Bereich hinzu, die bisher nicht oder kaum Teil des Anforderungsprofils waren. Die Anforderungen an die einzelne Tagespflegeperson werden komplexer. Hinzu kommt, dass zunehmend erwartet wird, dass eine permanente Reflexion des eigenen Handelns stattfindet. Kindertagespflege ist somit zunehmend nicht mehr als reine Anlerntätigkeit oder lediglich auf dem mütterlichen Erfahrungswissen basierend realisierbar. Kindertagespflege ist nicht mehr die einfache Dienstleistung. **Es findet eine Anreicherung der Arbeitsinhalte statt.**

Es kann allerdings kaum als ausreichend betrachtet werden, Professionalisierung der Kindertagespflege in dieser vereinfachten Form zu beschreiben. Es benötigt eine stärkere Differenziertheit und Detailliertheit, um der Komplexität der stattfindenden Prozesse gerecht zu werden. Bisher gibt es dazu kaum empirisch fundierte Forschung. Das Projekt PKDi liefert hier erste Erkenntnisse (vgl. Wiemert/Heeg 2012) [9].

19.7 Stand, Perspektiven und Herausforderungen in der Aus- und Weiterbildung

In der Kindertagespflege existieren unterschiedliche lokale oder regionale Strukturen der Aus- und Weiterbildung. Letztlich obliegt es jeder Kommune zu entscheiden, in welchem Umfang und in welcher Form die Aus- und Weiterbildung realisiert wird.

In einigen Bundesländern gibt es verbindliche einheitliche Vorgaben, in anderen lediglich Empfehlungen hinsichtlich des formalen Umfangs von Aus- und Weiterbildungsangeboten. Ähnlich sieht es bezüglich des Inhalts von Aus- und Weiterbildung aus. Es existieren erste Curricula für die Ausbildung von Tagespflegepersonen, jedoch werden diese noch nicht durchgängig angewendet.

Eine ähnliche Heterogenität zeigt sich auch in der Form der Organisation der Aus- und Weiterbildung. Vereinfacht betrachtet finden wir hier drei verschiedene Ansätze die Aus- und Weiterbildung der Tagespflegepersonen zu realisieren:

- **Marktförmig organisierte Angebote:** Gewerbliche Anbieter bieten Aus- und Weiterbildungsangebote auf einem Markt an. Die Tagespflegepersonen bezahlen diese Bildungsdienstleistung und werden ggf. vom öffentlichen Träger bezuschusst.

- **Durch den öffentlichen Träger organisierte Angebote:** Der öffentliche Träger realisiert die Aus- und Weiterbildung in eigener Verantwortung. Er greift dabei auf eigene Fachkräfte und/oder externe Fachkräfte bzw. Institutionen zurück.

- **Mischformen:** In nicht wenigen Fällen in der Republik finden sich Mischformen aus den beiden oben genannten Formen.

In den Forschungen innerhalb des Projekts PKDi zeigt sich, dass das Ziel der Entwicklung nur eine Vereinheitlichung von Aus- und Weiterbildung sein kann, da sonst das Erreichen einer einheitlichen Form der Kindertagespflege kaum realistisch scheint. Diese relative Einheitlichkeit scheint jedoch ein grundlegender Faktor für eine gelingende Professionalisierung zu sein. Ohne sie bliebe diese Dienstleistung für den Kunden (Eltern und institutionelle Akteure) konturlos und liefe Gefahr weiterhin ein Nischendasein zu führen.

Aktuell scheint sich in der Kindertagespflege eine Aus- und Weiterbildungslandschaft erst herauszubilden. Dass diese bestimmten Standards entsprechen muss, ist bereits erkannt. Der Prozess, hier Mindeststandards zu etablieren, scheint jedoch, nicht zuletzt durch die kommunale Zuständigkeit für diese Betreuungsform, recht schwierig und langwierig zu sein.

19.8 Aktueller Stand, Perspektiven und Herausforderungen der personellen Entwicklung

Da die Kindertagespflege kaum in einer betrieblichen Form organisiert ist, erfolgt eine Personalentwicklung im eigentlichen Sinn nicht. Es existiert keine Instanz, die mit Blick auf Entwicklungsintentionen oder gesellschaftliche Notwendigkeiten den Versuch unternimmt die Gruppe der in der Kindertagespflege Tätigen in eine bestimmte Richtung zu formen. Jedoch ist auch das Feld der Kindertagespflege aufgrund der sich sehr dynamisch verändernden gesellschaftlichen Anforderungen gravierenden personellen Entwicklungen unterworfen bzw. steht vor Herausforderungen einer personellen und inhaltlichen Entwicklung, deren Lösung die beteiligten Akteursgruppen mit unterschiedlichen Strategien Rechnung tragen bzw. dies zumindest versuchen.

Um die hier offensichtlich stattfindenden Prozesse dieser „Personalentwicklung" fassbar zu machen, können die beiden Akteursgruppen „Institutionelle Akteure" und „Tagespflegepersonen" als organisationale Einheit verstanden werden und so der Frage nachgegangen werden, in welcher Form das Tätigkeitsfeld auf die sich verändernden Anforderungen reagiert.

Mindestens drei Entwicklungslinien lassen sich zeigen:

- In der einen Entwicklungslinie wird das Individuum, also die einzelne Tagespflegeperson, im Zentrum gesehen. Es geht hier darum deren individuelle, tätigkeitsrelevante Kompetenzen und Qualifikationen zu verbessern. Es wird erwartet, dass sich hierdurch ihr Handel in der Tätigkeit qualitativ im Sinne der gesetzten Anforderungen verbessert und sich in der Folge das qualitative Niveau im Beschäftigungsfeld an sich erhöht. Die Fragestellung für die den Entwicklungsprozess gestaltenden Akteure (zumeist kommunale Akteure) ist, welche Qualifizierungsangebote müssen gemacht und welche Anreize gesetzt werden, dass positive Veränderungen der Handlungsdispositionen auf individueller Ebene erfolgen. Dabei ist es für die lokalen Gestalter des Entwicklungsprozesses wichtig, die einzelne Tagespflegeperson nicht zu verlieren.

- In der anderen Entwicklungslinie wird das Kollektiv der Tätigen in den Blick genommen. Die Zielsetzung ist es hier durch Einziehen qualitativer Standards das Beschäftigungsfeld auf einem anvisierten qualitativen Niveau zu fixieren. Die einzelne Tagespflegeperson hat nun die Möglichkeit sich diesen Anforderungen anzupassen oder kann in diesem Beschäftigungsfeld nicht mehr tätig sein. Es findet also ein Selektionsprozess statt, indem vorhandene und neue Tagespflegepersonen, die bereit sind die Standards zu erfüllen, das Beschäftigungsfeld ausfüllen und andere, die dies nicht tun, es verlassen. Die Fragestellung für die gestaltenden Akteure ist, welche Anreize und Angebote müssen realisiert werden, damit die „richtigen" Personen das Beschäftigungsfeld ausfüllen.

- In einer weiteren Entwicklungslinie wird das Beschäftigungsfeld als Ganzes in den Blick genommen. Die Gesamtheit aller personellen und strukturell-organisationalen Ressourcen wird als Einheit und zu entwickelndes Ganzes verstanden. Zentral ist hier die Frage, welche Aufgabenstellung wird an diesen Dienstleistungsbereich herangetragen und welche Leistungen soll hier in welcher Weise erbracht werden. Es geht hier nicht mehr in erster Linie darum, welche individuellen Kompetenzen müssen die Tätigen vorweisen, sondern welche Voraussetzungen insgesamt müssen in diesem Dienstleistungsbereich gegeben sein, damit eine öffentlich verantwortete Dienstleistung realisiert werden kann. Um Unterschiede zu den beiden anderen Entwicklungslinien wird hier nicht mehr die Tagespflegeperson als der zentrale Faktor einer qualitativen Entwicklung betrachtet, sondern Tagespflegepersonen, Fachdienste, Weiterbildungsträger usw. als eine Einheit. Die Fragestellung für die gestaltenden Akteure ist es hier, welche Ressourcen müssen in welcher Konstellation vorhanden sein, damit der Dienstleistungsbereich die gesellschaftlichen Anforderungen erfüllt.

Die Entwicklungslinien sind hier idealtypisch dargestellt. In der Praxis finden sie sich nicht in dieser Trennschärfe und gehen oft ineinander über. Zudem ist die dritte dargestellte Linie empirisch noch kaum zu unterfüttern, da sie in der Praxis bisher nur marginal realisiert wird. Die bisher hauptsächlich vorfindbaren Entwicklungslinien zeigen Strategien, die auf die Anhebung des Qualifikationsniveaus von Tagespflege ausgerichtet sind.

Eine allgemeine einheitliche Strategie zur Entwicklung des Personals gibt es nicht. Die Verantwortung obliegt dem jeweiligen kommunalen Träger. Hierdurch ergeben sich in der Praxis die vielfältigen Strategien der personellen Entwicklung des Beschäftigungsfeldes.

Die Vielfalt der personellen Entwicklung im Feld wird zudem durch die individuellen Strategien des Umgangs von Tagespflegepersonen mit den sich verändernden Anforderungen vergrößert.

19.9 Fazit: Kindertagespflege – Ein Professionalisierungsprozess noch in den Kinderschuhen

Insgesamt zeigt sich in der Kindertagespflege und ihrem Entwicklungsprozess zu einer professionellen Dienstleistung noch ein sehr heterogenes Bild. Klar ist das grundsätzliche Ziel: Sie soll in gleicher Weise verlässlich Bildung, Förderung und Erziehung garantieren, wie es die institutionelle Betreuung realisiert. Es ist, die Entwicklung global betrachtend, bisher noch offen, in welcher Weise, mit welchen Ressourcen und innerhalb welcher strukturellen Rahmung dies geschehen soll. Zudem ist das Was, also die soziale Figur Kindertagespflege bisher kaum konturiert. Hinsichtlich der Aufgabe sich diesen Themenfeldern zu nähern, ist die Praxis einerseits und die Forschung andererseits sowie die Politik gefordert.

Eine wichtige Rolle im Entwicklungsprozess der Kindertagespflege werden die lokalen Akteure spielen. Denn eine professionelle Kindertagespflege kann nur – das zeigt die empirische Forschung – in einer lokalen Verortung entwickelt werden. Dockt sie nicht an den lokalen Betreuungskulturen an, hat sie kaum eine Chance eine gleichberechtigte Säule des lokalen Kinderbetreuungssystems zu werden.

Der Prozess der Professionalisierung der Kindertagespflege steht ohne Zweifel noch am Anfang. Empirische fundierte Erkenntnis zu den Möglichkeiten und dann Ansatzpunkten für eine solche Entwicklung liefert das Projekt PKDi. Hier werden im Ergebnis unter anderem drei übergreifende Thesen formuliert: Die Professionalisierung der Kindertagespflege muss alle involvierten Akteure und Handlungsebenen mit einbeziehen. Wenn sie allein auf die Tagespflegeperson gerichtet wird, greift sie zu kurz. Es sind drei Akteursgruppen, die hier miteinander und in auch Abhängigkeit voneinander etwas konstruieren. Dieses System kann sich nur als Ganzes entwickeln. Professionalisierungs- oder Entwicklungsbemühungen können keine der Akteursgruppen ausklammern.

Professionalisierung umfasst mehr als die Verberuflichung der Kindertagespflege. Verberuflichung hat im Schwerpunkt zum Ziel die Qualifikation der Tagespflegepersonen auf das berufliche Abschlussniveau anzuheben und die Ausbildungssysteme dementsprechend weiterzuentwickeln. Dies bezieht sich also letztlich nur auf eine der drei Akteursgruppen. Verberuflichung kann langfristig ein Entwicklungspfad der Professionalisierung sein, jedoch nur darauf zu fokussieren, würde den Blick auf das viel größere Spektrum der bestehenden Entwicklungsoptionen verengen.

Zentrale Ansatzpunkte für eine Professionalisierung der Kindertagespflege sind die politische Steuerung und die Fachpraxis. Dabei umfasst politische Steuerung die kommunalen Strukturen, die Jugendämter, die Sozial- und Familienpolitik. Die Fachpraxis umfasst Fachberatung, Qualifizierungsträger, freie Träger. Aufgrund der empirischen Befunde (vgl. Wiemert/Heeg 2012) [9] kann die Aussage getroffen werden, dass eine Professionalisierung von der politischen Steuerung und der Fachpraxis ausgehen muss. Hier können die Rahmenbedingungen und grundlegenden Strukturen geschaffen werden. Dabei dürfen allerdings die anderen Akteursgruppen nicht aus dem Blick kommen.

Literatur

[1] Klatetzki, T. (1993): Wissen, was man tut. Professionalität als organisationskulturelles System, 1. Aufl., Bielefeld.
[2] Nadai, E./Sommerfeld, P. (2005): Fürsorgliche Verstrickung. Soziale Arbeit zwischen Profession und Freiwilligenarbeit, 1. Aufl., Wiesbaden.
[3] Pfadenhauer, M. (2005): Die Definition des Problems aus der Verwaltung der Lösung. Professionelles Handeln revisited, in: Pfadenhauer, M. (Hrsg.): Professionelles Handeln, 1. Aufl., Wiesbaden.
[4] Dewe, B./Ferchhoff, W./Radtke, F.-O. (1992): Auf dem Weg zu einer aufgabenzentrierten Professionstheorie pädagogischen Handelns. in: Dewe, B./Ferchhoff, W./Radtke, F.-O. (Hrsg.): Erziehen als Profession: Zur Logik professionellen Handelns in pädagogischen Feldern, 1. Aufl., Opladen.
[5] Heiner, M. (2004): Professionalität in der sozialen Arbeit. Theoretische Konzepte, Modelle und empirische Perspektiven, 1. Aufl., Stuttgart.
[6] Stichweh, R. (1996): Profession in einer funktional differenzierten Gesellschaft, in: Combe, A./Helsper, W.: Pädagogische Professionalität. Untersuchungen zum Typus pädagogischen Handelns, 5. Aufl., Frankfurt am Main, S. 49-69.
[7] Schütze, F. (1996): Organisationszwänge und hoheitsstaatliche Rahmenbedingungen im Sozialwesen: Ihre Auswirkungen auf die Paradoxien des professionellen Handelns, in: Combe, A./Helsper, W.: Pädagogische Professionalität. Untersuchungen zum Typus pädagogischen Handelns, 5. Aufl., Frankfurt am Main, S. 183-275.
[8] Oevermann, U. (1996): Skizze einer revidierten Theorie professionalisierten Handelns, in: Combe, A./Helsper, W.: Pädagogische Professionalität. Untersuchungen zum Typus pädagogischen Handelns, 5. Aufl., Frankfurt am Main, S. 70-182.
[9] Wiemert, H./Heeg, S. (2012): Professionalisierung der Kindertagespflege als Dienstleistung, München (erscheint vorr. 1. Quartal 2012).

20 Dienstleistungsarbeit im technischen Umweltschutz

Von der Entsorgungswirtschaft zur Wert- und Rohstoffwirtschaft durch Aufwertung von Dienstleistungsarbeit in Handlungsfeldern des technischen Umweltschutzes

Ivonne Kinne, Silke Dorethe Götte, Brigitte Albrecht, Olaf Müller, Manuela Niethammer

20.1	Von der Daseinsvorsorge zur Dienstleistungsbranche	391
20.2	Arbeit und Bildung im Handlungsfeld Kreislaufwirtschaft	394
20.2.1	Wandel der Dienstleistungsarbeit	394
20.2.2	Konsequenzen für die Kompetenz- und Qualifikationsentwicklung	397
20.3	Arbeit und Bildung im Handlungsfeld Abwassertechnik	401
20.3.1	Wandel der Dienstleistungsarbeit	401
20.3.2	Konsequenzen für die Ausbildung	407
20.4	Herausforderungen an die berufliche Bildung	409
20.4.1	Ausbildung	409
20.4.2	Weiterbildung	411
20.5	Betriebliche Personalentwicklung in exemplarisch untersuchten Unternehmen	413
Literatur		416

Dipl.-Berufspäd. Ivonne Kinne, Technische Universität Dresden, Fakultät Erziehungswissenschaften, Berufliche Fachrichtung Chemietechnik; Umweltschutz und Umwelttechnik

Silke Dorethe Götte, M.A., Technische Universität Dresden, Fakultät Erziehungswissenschaften, Berufliche Fachrichtung Chemietechnik; Umweltschutz und Umwelttechnik

Ing. paed. Brigitte Albrecht, Sächsische Bildungsgesellschaft für Umweltschutz und Chemieberufe Dresden mbh (SBG)

Olaf Müller, Sächsische Bildungsgesellschaft für Umweltschutz und Chemieberufe Dresden mbh (SBG)

Prof. Dr. phil. Manuela Niethammer, Technische Universität Dresden, Fakultät Erziehungswissenschaften, Berufliche Fachrichtung Chemietechnik; Umweltschutz und Umwelttechnik

Das Bestreben, Stoffkreisläufe sinnvoll zu schließen, führte in der Entsorgungsbranche zu einem strukturellen Wandel sowie zu einer Neupositionierung der Unternehmen am Markt. In unterschiedlicher Ausrichtung und Ausprägung spielen in den Teilbranchen Abwasserwirtschaft und Kreislaufwirtschaft nicht mehr nur die Behandlung von Abwässern und die Entsorgung von Abfällen eine Rolle, sondern individuell zugeschnittene Dienstleistungen nehmen an Bedeutung zu. Das Leitthema des Projekts „Dienstleistungsarbeit im technischen Umweltschutz" (DITUS) besteht in der Etablierung anforderungsgerechter Qualifizierungswege für eine dienstleistende Entsorgungswirtschaft. Vor diesem Hintergrund wird im vorliegenden Artikel der Wandel der Branche „Entsorgungswirtschaft" zu einer Dienstleistungsbranche beschrieben (*Olaf Müller*), die neuen Anforderungen an Arbeit und Bildung in den Handlungsfeldern Kreislaufwirtschaft (*Ivonne Kinne*) und Abwassertechnik (*Silke Dorethe Götte*) differenziert aufgezeigt sowie die Herausforderungen an die berufliche Aus- und Weiterbildung in der Entsorgungswirtschaft (*Brigitte Albrecht*) diskutiert. Eine Darstellung der betrieblichen Personalentwicklungsprozesse in exemplarisch untersuchten Unternehmen (*Silke Dorethe Götte, Ivonne Kinne*) rundet den Beitrag ab.

20.1 Von der Daseinsvorsorge zur Dienstleistungsbranche

Die klassische Entsorgungswirtschaft gehörte nicht immer zu den Branchen, die mit einem ausgeprägten Selbstverständnis, Arbeitsleistungen als Dienstleistungsarbeit ansahen. Die Daseinsvorsorge im Sinne der Abfallbeseitigung prägte Anfang der neunziger Jahre den Umgang mit den zivilisatorischen Abfällen. Differenzierte Sammelsysteme mit charakteristischen Abfallstoffen gab es noch nicht flächendeckend. Nur die „klassischen" Wertstoffe wie Metalle, Papier und Textilien landeten bei regionalen Händlern. Die „Reste" wurden in der Regel auf Deponien abgelagert oder in Hausmüllverbrennungsanlagen verbrannt. Charakteristisch für die Abfallwirtschaft war eine starke regionale Ausrichtung. Zu diesem Zeitpunkt existierte für die Wasserversorgung sowie die Abwasser- und Abfallentsorgung das gemeinsame Berufsbild des Ver- und Entsorgers. Die Ausbildungsordnung mit den Fachrichtungen Wasserversorgung, Abwasser und Abfall war am 1. August 1984 in Kraft getreten. Die Fachrichtung Abfall spielte dabei eine etwas untergeordnete Rolle. Der Einsatz der Ver- und Entsorger erfolgte in der Hauptsache auf kommunalen Kläranlagen und Deponien.

Mit dem Strukturwandel in der Abfallwirtschaft, der auf die Weiterentwicklung gesellschaftlicher Normen zurückzuführen ist, begann auch der Wandel der Entsorgungsbetriebe zur Dienstleistungsbranche. Vor allem die neu entstandenen, privat organisierten Entsorgungsunternehmen begannen sich Märkte zu erschließen, die außerhalb der kommunalen Daseinsvorsorge lagen. Neue Sammelsysteme entstanden und die daraus resultierenden Stoffströme für Abfälle zur Verwertung mussten in geregelte Verwertungswege verbracht werden. Hauptzielstellung ist nunmehr die umfassende stoffliche und energetische Verwertung durch die Gestaltung von Stoffkreisläufen.

Die Einführung des „Grünen Punktes" in der Verpackungsentsorgung stellt den Beginn einer wesentlichen Entwicklungsetappe der Branche dar. Mit der Einrichtung dieses Systems war der Startschuss für die Weiterentwicklung der Umwelttechnikbranche gegeben. Die neuen, wertstoffhaltigen Stoffströme mussten aufbereitet werden, um diese für die stoffliche oder energetische Verwertung nutzbar zu machen. Gleichzeitig begannen die Unternehmen sich zu spezialisieren, auch dahingehend entwickelten sich neue Märkte und Wettbewerbsstrukturen. Im System agierten Unternehmen mit unterschiedlichen Leistungsangeboten und spezialisierten Anlagen. Die Aufbereitung der wertstoffhaltigen Fraktionen unterliegt in der Regel definierten Kundenanforderungen. Ein Charakteristikum der Gegenwart sind regional und global wachsende Stoffströme. Abfälle zur Verwertung oder Beseitigung werden über zum Teil sehr große Distanzen transportiert. Aus einst regional agierenden Unternehmen sind internationale Konzerne geworden, die global agieren. Die Rahmenbedingungen werden durch neue gesetzliche Regelungen in der Europäischen Union vorgegeben. Die Unternehmen sind auf dem Wege von der Abfallwirtschaft zur kreislauforientierten „Ressourcenwirtschaft".

Die aufgezeigten Entwicklungen führten zu Diskussionen in der Branche, wie sich diese Veränderungen in einem neuen Berufsbild widerspiegeln sollen. Alle beteiligten Kreise verständigten sich in einem langen Meinungsbildungsprozess auf eine Novellierung des Berufsbildes. Mit der Neuordnung der Ausbildungsberufe wurden 2002 mit den umwelttechnischen Berufen (UTB) vier Einzelberufe geschaffen, die eine gemeinsame Kernqualifikation und eine dem Berufsbild entsprechende Fachqualifikation besitzen. Exemplarisch sollen die Fachkraft für Abwassertechnik und die Fachkraft für Kreislauf- und Abfallwirtschaft genannt werden.

Die demografische Entwicklung stellt einen wesentlichen Faktor für die zukünftige Personalentwicklung dar. Die Sicherung der Fachkräfte in der Branche wird schwieriger werden. Zahlreiche Unternehmen beklagen, dass ausgewiesene Ausbildungsplätze nicht besetzt werden können, da die Nachfrage nicht gegeben ist oder nur noch Bewerber mit unzureichenden Voraussetzungen vorstellig werden. Das Image der Branche, welches durch die Medien mittels Skandalmeldungen der breiten Öffentlichkeit einseitig negativ vor Augen geführt wird, ist ein möglicher Hinderungsgrund, warum sich Jugendliche für andere Branchen entscheiden. „Jugendliche verbinden mit der Berufswahl Ausdrucks- und Entwicklungsmöglichkeiten im Rahmen ihrer beruflichen Arbeit. Es ist somit nicht verwunderlich, wenn die Schulabgänger und zukünftigen Auszubildenden ihre Vorstellungen von den Ausbildungsberufen mit ihren eigenen Interessen, Fähigkeiten und Zielen abgleichen. Nur wenn eine hohe Übereinstimmung mit den Erwartungen und den tatsächlichen Gegebenheiten feststellbar ist, fällt die Entscheidung für ein Berufsbild. Bei der Berufswahl nimmt die soziale Identität einen hohen Stellenwert ein. Die Wahrnehmung (Image) durch andere – die Öffentlichkeit – für eine bestimmte Branche oder für ein spezielles Berufsbild ist ein nicht zu unterschätzendes Auswahlkriterium" (Eberhard et al. 2009, S. 10) [1]. Als mangelhaft ist auch der niedrige Bekanntheitsgrad der umwelttechnischen Berufe mit den berufsspezifischen Anforderungen zu bewerten. Die Unternehmen und die Bildungsträger müssen stärker ihrer gesellschaftlichen Verantwortung zur Informationsbereitstellung und Berufsorientierung nachkommen. „Neben der zurückgehenden Anzahl der Schulabgänger spielt die Eignung vieler Bewerber eine wesentliche Rolle. Dieses Defizit ist stark an Regionen gebunden (strukturschwache Gebiete sind deutlich stärker betroffen). Immer weniger

Absolventen verlassen die Schulen. Besonders dramatisch verläuft diese Entwicklung in Ostdeutschland" (Troltsch et al. 2009, S. 10f.) [2]. Befragungen in Unternehmen haben deutlich gemacht, dass die Anzahl der nicht berufsreifen Schulabgänger erschreckend hoch ist. Zudem mangelt es vielen Ausbildungssuchenden an Interesse, Berufe im gewerblich-technischen Bereich zu ergreifen.

In klein- und mittelständischen Unternehmen ist eine stärkere Spezialisierung in den abfallwirtschaftlichen Tätigkeiten charakteristisch. Spezielle Behandlungsanlagen oder Logistikdienstleistungen für einzelne Stoffströme sind deren Hauptgeschäftsfelder. Konzerngeführte Unternehmen hingegen zeichnen sich durch eine große Dienstleistungsvariabilität und eine hohe Kundendiversifizierung aus. Entsprechend der Anzahl der Geschäftsfelder in den Unternehmen werden sowohl Forderungen nach Universalisten – entspricht dem aktuellen Berufsbild – als auch nach Spezialisten laut. Die Erhöhung *des „kundenorientierten"* und *„kaufmännischen"* Anteils in der beruflichen Ausbildung wird durch die Unternehmen stärker in den Vordergrund gerückt.

Die Dienstleistungsangebote der Entsorgungsunternehmen haben sich nachweisbar erweitert. Die Entsorgungsbranche entwickelt sich zum „produzierenden" und „verarbeitenden" Gewerbe. Wertstoffhaltige Fraktionen werden entsprechend der Kundenvorgaben in einer definierten Qualität und Quantität geliefert. Klare vertragliche Regelungen zu Kosten, Liefermengen unter Beachtung eines maximalen Schad- und Störstoffanteils charakterisieren diese Dienstleistungsarbeit. Die gewerblichen Arbeitnehmer werden aus diesem Grund zunehmend mit dienstleistungsorientierten Arbeitsaufgaben konfrontiert. Dem gegenüber gibt es in der Abfallwirtschaft viele Arbeitsaufgaben im gewerblich-technischen Bereich, die einfache Tätigkeiten darstellen, für die keine qualifizierte Ausbildung erforderlich ist. „Untersuchungen haben belegt, dass im gewerblich-technischen Bereich der Abfallwirtschaft ca. 50% an- und ungelernte Arbeitskräfte tätig sind" (Galiläer 2008, S. 63) [3].

In regelmäßiger Wiederkehr laufen daher Diskussionen um die Neuordnung der umwelttechnischen Berufe. Bedarfserhebungen und Fragen zur Veränderung der Berufsbilder wurden in den letzten Jahren gerade von den großen Bundesbranchenverbänden initiiert. Schwerpunkt bildete erwartungsgemäß das Berufsbild der Fachkraft für Kreislauf- und Abfallwirtschaft. Die Wunschliste der Unternehmen für die Gestaltung der beruflichen Ausbildung ist so groß wie die Liste der aktuellen und künftigen Anforderungen. Sehr gegensätzlich werden auch der in Lernfelder gegliederte Rahmenlehrplan für die Berufsschulen und der Ausbildungsrahmenplan für die Unternehmen bewertet. Ganz entscheidend neue Herausforderungen für das Berufsfeld stellen kundenorientiertes und kaufmännisches Handeln dar.

Diese Wechselwirkungen müssen bei der Gestaltung von Ausbildungskonzepten berücksichtigt werden. Aber schon wieder eine Neuordnung? Am Ende dieses langwierigen Prozesses ist nicht sicher, dass auch eine neue, höhere Qualität stünde. Der oben genannten Dynamik muss und kann im Rahmen der aktuellen Ausbildungsordnung Rechnung getragen werden, indem die Gestaltungsfreiräume in den Teilen der Berufsbildpositionen für die ausbildenden Unternehmen stärker in die fachspezifische Ausbildung einbezogen werden.

Die Gestaltung neuer Lerneinheiten entsprechend der Interessen der Unternehmen muss nicht zu Lasten der Beruflichkeit gehen.

20.2 Arbeit und Bildung im Handlungsfeld Kreislaufwirtschaft

20.2.1 Wandel der Dienstleistungsarbeit

Die im Abschnitt 20.1 beschriebenen Wandlungsprozesse in der Kreislauf- und Abfallwirtschaftsbranche führen zu einer Neuorientierung der Ansprüche an das Dienstleistungsspektrum der Entsorgungsunternehmen. „In den letzten ca. 20 Jahren hat sich die Branche in Deutschland von einer reinen Entsorgung hin zu einer sinnvollen Nutzung aller noch brauchbaren Sekundärrohstoffe gewandelt" (BMWi 2009, S. 2) [4]. Diese Fokusveränderung führte zu einer Neupositionierung der Unternehmen am Markt und zu Veränderungen sowohl in der Vielfalt der zu behandelnden Stoffströme als auch in der Auswahl und Kombination zweckmäßiger Behandlungsverfahren. Für die Vielfalt der Stoffströme können einzelne Unternehmen nicht die Breite der Wertschöpfungskette abdecken. Vielmehr haben sich Spezialisten herausgebildet, die ein auf individuelle (stoff- und kundenspezifische) Bedürfnisse angepasstes Leistungsspektrum anbieten.

Das (Dienstleistungs-)Angebot der kommunalen Unternehmen umfasste bis 1994 neben der Kerntätigkeit „Verwerten bzw. Beseitigen" das Erfassen, Sammeln und Transportieren der Abfälle sowie die Bereitstellung von Behältern zur Abfallerfassung. Dieses Leistungsangebot ist einem Standardangebot zuzuordnen. Mit der Novellierung des Abfallgesetzes zum Kreislaufwirtschaft-/Abfallgesetzes (KrW-/AbfG 1994; es befindet sich derzeit erneut im Novellierungsprozess) und In-Kraft-Treten von Verordnungen, wie z. B. die Verpackungsverordnung (1991) veränderte sich der Anspruch an eine fachgerechte Entsorgung sowie an die Rückführung von Stoffen aus Abfällen in den Rohstoffkreislauf. Die Wertschöpfungskette der Entsorgung veränderte sich dadurch sowohl vertikal als auch horizontal. Vertikal heißt, dass sich – resultierend aus den Anforderungen der Grundsätze an die Kreislaufwirtschaft (vgl. KrW-/AbfG § 4) – die Wertschöpfungskette der Entsorgung verbreiterte. Das Kreislaufwirtschafts- und Abfallgesetz fordert, dass Abfälle in erster Linie zu vermeiden und in zweiter Linie stofflich zu verwerten oder zur Gewinnung von Energie zu nutzen (energetische Verwertung) sind (vgl. KrW-/AbfG § 4). Um diese Grundsätze zu erfüllen, werden stoffspezifisch zugeschnittene Behandlungs- und Verwertungsverfahren angewendet, um so eine Rückführung der Produkte in den Produkt- bzw. Stoffe in den Rohstoffkreislauf zu gewährleisten. Mitunter sind mehrere sinnvoll kombinierte Behandlungsstufen notwendig. Die horizontale Veränderung der Wertschöpfungskette betrifft die parallele Bearbeitung von stoffspezifischen Prozessketten. Für Verpackungsabfälle führte beispielsweise die 1991 in Kraft getretene Verpackungsverordnung zu einer Separierung von Verpackungsabfallfraktionen (Glas, Papier, Pappe, Kartonagen, Kunststoffe und Verbünde, Metalle etc.) und damit zu einer abfallspezifisch getrennten Erfassung, Transport und Aufbereitung. Daraus folgt, dass die oben beschriebene Wertschöpfungskette für differente Stoffströme individuell angepasst und parallel realisiert wird.

Auf diese Weise verändern sich die Anforderungen an das Dienstleistungsangebot der Branche, da für spezifische Abfälle individuelle Behandlungsmöglichkeiten gefunden und angeboten werden müssen. In der Branche führte das zu einer Veränderung des Marktes. Während entsprechend dem Kreislaufwirtschafts-/Abfallgesetzes Siedlungsabfälle weiterhin von kommunalen Unternehmen oder von privaten Unternehmen im Auftrag von Kommunen entsorgt werden, entwickelte sich für gewerbliche Abfälle ein privater Parallelmarkt. Private Unternehmen widmen sich vorrangig spezifischen Stoffströmen mit einem auf den Stoffstrom individuell zugeschnittenem Dienstleistungsangebot. Derartige Wertschöpfungsketten der Entsorgung umfassen die Wertschöpfungsstufen Erfassen (incl. Behälterstellung), Sammeln, Transportieren, ggf. Lagern, Umschlagen und Konfektionieren sowie diverse spezifische Behandlungsstufen. Die eigentliche Verwertung der behandelten Stoffe erfolgt im produzierenden Gewerbe (Kunden der Entsorgungsbetriebe) (vgl. **Abbildung 20.1**).

Abbildung 20.1 Allgemeine Wertschöpfungskette einer Entsorgungsleistung für einen einzelnen Stoffstrom

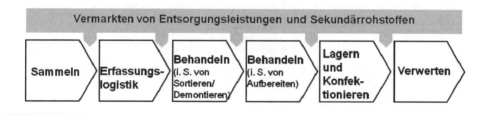

Die Struktur der Entsorgungswirtschaft ist stark heterogen geprägt, da für jeden einzelnen Wertstoffstrom getrennte Wertschöpfungsketten realisiert werden müssen und die Abdeckung dieser Wertschöpfungsstufen durch Entsorgungsunternehmen unterschiedlich ist. Während sich einige Unternehmen auf einzelne Wertschöpfungsstufen wie beispielsweise das Sammeln und Transportieren einer oder mehrerer Abfallsorten oder das Behandeln einer Abfallart spezialisiert haben, decken andere ein breiteres Spektrum an Wertschöpfungsstufen für mehrere Stoffströme ab. Unternehmensanalysen deckten auf, dass mit individuellerem Leistungsangebot der Unternehmen, der Anteil der zu bearbeitenden Stoffströme und Wertschöpfungsstufen geringer ist.

Der Kernprozess einer Entsorgungsleistung stellt die Produktion von Sekundärrohstoffen aus Abfällen dar. Entscheidend für den Untersuchungsschwerpunkt „Kreislaufwirtschaft" ist jedoch, dass auch in produzierenden Unternehmen der Produktion vorgelagerte, innerhalb der Produktion und der Produktion nachgelagerte Aufgaben bewältigt werden, die eindeutig als Dienstleistung(sarbeit) zu identifizieren sind (vgl. Spöttl et al. 2003, S. 36ff., hier am Beispiel des Elektro- und Metallgewerbes; Hall 2007, S. 174) [5], [6]. Das heißt, Supportleistungen wie Abfallerfassung, fachgerechte Verpackung und Transport (innerbetrieblich sowie überregional) werden als Dienstleistung den verschiedenen Kundengruppen (Kommune in Vertretung für die Gesellschaft, einzelne Bürgern/Privatkunde sowie gewerbliche Kunden) angeboten. Damit ergeben sich in der Kreislaufwirtschaft Auftragsgrundtypen mit unterschiedlicher Komplexität und Kundeninteraktion. Arbeitsprozessstudien in ausgewählten Unternehmen legten Arbeitsaufträge mit unterschiedlichem Objekt- und Kundenbezug offen (vgl. **Abbildung 20.2**).

Abbildung 20.2 Auftragsgrundtypen in der Kreislaufwirtschaft

Komplexität der Aufträge	Erfassen, Sammeln, Transportieren oder Sortieren (als eigenständige Teilaspekte)	Realisierung von Entsorgungsaufträgen (Realisierung komplexer Entsorgungsaufträge)	Beratung im Abfallmanagement (kann Realisierung von Entsorgungsaufträgen enthalten)
hoch	• Erfassen von Abfällen auf Wertstoffhöfe • Mobile Schadstoffsammlung • Behälter- und Container-dienst	• Grundstücks- und Gebäuderäumungen • Sperrmüllentsorgung • Standplatzservice	• Beratung, Erstellung spezifischer Abfallmanagementkonzepte • Umsetzung von Abfallmanagementkonzepten
niedrig	• Bioabfälle, Restabfälle (Systemabfuhr) • Sortieren von Wertstoffen	• Entsorgung von Bioabfällen und Restabfällen • Entsorgung von Verpackungen • Betreiben von Anlagen (Wertstoffhöfe, Sonderabfallzwischenlager, MBA, Deponie, Gaskraftwerk)	• Einzel- und Sammelentsorgung gefährlicher Abfälle • Erstellung von Entsorgungsnachweisen

Interaktion mit dem Kunden (niedrig → hoch)

Kundenaufträge im Privatkundenbereich sind eher einem Standardangebot mit niedrigerer Komplexität und Interaktion unterschiedlicher Ausprägung angeordnet, da hier die Vielfalt der Stoffe und Verfahrensstufen (inklusive der dazugehörigen Arbeitsaufgaben) als relativ überschaubar einzuschätzen sind. Die Leistungsbündel der Unternehmen umfassen neben dem Behältermanagement, der Sichtprüfung auf Fehlwürfe, dem Sammeln der Abfälle auch Beratungstätigkeiten mit Blick auf die Abfalltrennung und -erfassung ebenso die Planung von logistischen Entsorgungsangeboten, Entrümpelung und Sperrmüllentsorgung.

Anspruchsvoller sind die Leistungsangebote für Gewerbe- und Industrieunternehmen. Diese umfassen die Entsorgung (inklusive Beratung) von Produkten und Produktionsabfällen bis zur Entwicklung und Implementierung von unternehmensspezifischen Abfallmanagementkonzepten. Die Dienstleistung der Entsorgungsunternehmen umfasst nicht mehr nur das Abnehmen der Abfälle sondern das zweckorientierte Aufbereiten der Abfälle. Zusätzlich zu technischen Dienstleistungstätigkeiten werden Dienstleistungen angeboten, die sich mit der Beratung zur Erschließung von Rohstoffquellen und deren technischen Realisierung befassen. Das schließt firmeninternes Abfallmanagement und Erstellung von Abfallwirtschaftskonzepten mit ein. Besonderes Augenmerk liegt hier auf den Schnittstellen: vom Konsumenten zur Entsorgungsbranche (Siedlungsabfallentsorgung); vom Produzenten zur Entsorgungsbranche (gewerbliche Produktionsabfälle) und vor allem innerhalb der Entsorgungsbranche zwischen den einzelnen Wertschöpfungs- bzw. Verfahrensstufen.

Dienstleistungsangebote moderner Entsorgungsunternehmen umfassen komplexe Leistungsbündel, die sich mit der Abfall- bzw. (Sekundär)Rohstoffberatung, Supportangeboten wie Identifizieren, Sammeln, Verpacken und Transportieren von Abfällen sowie der Erstellung individueller zweckorientierter Aufbereitungskonzepte für ausgewählte Wertstoffe befassen. Mit zunehmender Spezialisierung und Individualisierung der Angebote treten kundenorientierte Fähigkeiten der Facharbeiter zu fachlichen Kompetenzen gleichermaßen in den Vordergrund.

20.2.2 Konsequenzen für die Kompetenz- und Qualifikationsentwicklung

Neue Anforderungen an Qualifikationen bzw. Kompetenzen lassen sich zum einen direkt aus der Analyse der Anforderungen an die Arbeit selbst und zum anderen indirekt aus gesetzlich vorgeschriebenen Zusatzqualifikationen, die zur Berechtigung der Tätigkeitsausübung befähigen, ableiten. Dazu wurden die aktuell zu bewältigenden Arbeitsaufgaben als Teil der Arbeitswelt und im Kontext realer Geschäftsprozesse erfasst. Zweckmäßige Zugänge zur Arbeitswelt „Kreislaufwirtschaft" haben sich durch die Aufgliederung der Arbeitswelt in sinnvolle Strukturebenen ergeben, die Offenlegung der wechselseitigen Abhängigkeiten der Geschäftsfelder, die Geschäftsprozesse, Prozessketten der Auftragsbearbeitung sowie der Prozessketten der Bearbeitung konkreter Arbeitsaufgaben zulassen. (vgl. Betrachtungsebenen der Arbeitswelt in Niethammer 2006, S. 35ff.; Eichhorn 2007, S. 37ff.) [7], [8].

Konsequenzen für die berufliche Handlungskompetenz ergeben sich aus einer technik- und kundenbezogenen Perspektive auf die Facharbeit in der Kreislaufwirtschaft. Die Basis für beide Arbeitstätigkeiten sind Kenntnisse über verfahrenstechnische Zusammenhänge (Stoff-Prozess-Apparate-Zusammenhänge) sowie die Fähigkeit diese anforderungsgerecht anzuwenden bzw. zu optimieren. Zusätzlich zum technischen Know-how benötigen die kundenorientierten Mitarbeiter kaufmännische Kenntnisse und Fähigkeiten, welche branchenbezogen angewendet werden müssen.

Die Anforderungen an die berufliche Handlungskompetenz der Facharbeiter (und Meister) betreffen

a. in stoffbezogener Perspektive: Kenntnisse über die Abfallart und -zusammensetzung, Rohstoff- und Schadstoffpotenzial der Abfallarten,

b. in prozessbezogener Perspektive: die Ableitung und Auswahl der (effizienten) Verwertungsverfahren in Abwägung der Abfallart, gesetzlicher Anforderungen und Kundenansprüche,

c. in apparatebezogener Perspektive: Auswahl und Zuordnung geeigneter Apparaturen in Bezug zum behandelnden Stoff und Prozess,

d. in kundenbezogener Perspektive: Auswahl und das Angebot der Entsorgungsleistung unter Beachtung ökologischer, ökonomischer und sozialer Kriterien, die Erstellung von Angeboten, Abfallberatung und Planung und Überwachung der Auftragsabwicklung.

Die Arbeitsaufgaben lassen nach Ableitung der Qualifikationsanforderungen eine Systematisierung nach Kompetenzstufen zu (vgl. **Tabelle 20.1**).

Tabelle 20.1 Anforderungen für die Kompetenzentwicklung

Ausschnitt der Wertschöpfungskette	Neue Anforderungen an Qualifikationen in der Kreislaufwirtschaft	Kompetenzstufe
Sortieren, Demontieren sowie Supportleistungen für die Entsorgungsleistung wie z. B. Standplatzmanagement	Die besondere Herausforderung besteht hier zunächst im Umgang mit der technischen Entwicklung, welche die Zusammensetzung und Art der Abfälle beeinflusst. Als Resultat technischer Entwicklung verändert sich die Art und Zusammensetzung der zu demontierenden und zu sortierenden Abfälle (stoffbezogene Sortierfähigkeit und Reinheitsgrad). – Integration der scheinbar einfachen Tätigkeit in den Gesamtablauf der Prozesskette der Auftragsbewältigung und Verknüpfung mit anderen Aufgabenfeldern – Erkennen von Potenzialen, das Dienstleistungsangebot zu erweitern	1 Ausführen nach Anweisung
Erfassen, Transportieren, Behandeln, Lagern von Abfällen (technikbezogene Arbeitstätigkeiten)	– Beratungsfähigkeit, Konfliktmanagement und -lösungsfähigkeit – Einordnung der Arbeitsaufgabe in den Auftragskontext – Erkennen von versteckten Sekundärrohstoffquellen	2 Problemorientiertes Handeln
Erstellung kundenspezifischer Entsorgungskonzepte (betriebswirtschaftlich bezogene Arbeitstätigkeiten in branchespezifischen Kontexten)	– Beratungsfähigkeit (Beratung hinsichtlich unterschiedlicher Entsorgungskonzepte) – Stoffstrommanagement (lokales Lenken von Stoffströmen aus einer übergeordneten globaleren Perspektive heraus nach ökologischen und ökonomischen Kriterien) – Marktkenntnisse und -analyse – Kaufmännisches Steuern und Kontrollieren – Projektmanagement – Kalkulation und Preisermittlung – Fremdsprachen	3 Entwicklungsarbeit

Im Bereich der niedrigsten Kompetenzstufe besteht die Variation der Aufgaben „lediglich" in den Neuerungen im Stand der Technik der zu entsorgenden Konsumgüter, z. B. der zu sortierenden bzw. zu demontierenden Geräte wie PC- und TV-Technik in der Elektro(nik)-Altgeräte-Verwertung. Ergänzend muss hier erwähnt werden, dass in diesem Bereich oft keine Fachkräfte für Kreislauf- und Abfallwirtschaft sondern gering qualifiziertes, an- und/oder ungelerntes Personal eingesetzt wird.

Im Bereich der mittleren Kompetenzstufe werden die Facharbeiter (verschiedener Berufsbilder) mit Aufgaben in einem bestimmten abgegrenzten Tätigkeitsbereich beauftragt. Der Aufgabenumfang bildet vollständige Handlungszyklen ab und beinhaltet das Erkennen und Lösen von problemhaltigen Situationen (technik- und kundenbezogene Problemfälle). Mit zunehmendem Kundenkontakt während der mobilen gewerblichen Sammelentsorgung bzw. mobilen Schadstoffsammlung werden die technischen Mitarbeiter in Beratungstätigkeiten mit einbezogen und setzen sich dadurch mit Problemsituationen auseinander, für deren Lösung zusätzliche Fähigkeiten notwendig sind. Für eine fachgerechte Entsorgung ist zunächst der Abfallerzeuger verantwortlich. Da der Abfallerzeuger in der Regel nicht über die notwendigen Kenntnisse verfügt, übernimmt der Entsorger hier die Dienstleistungsaufgabe, den Abfall vor Ort zu identifizieren und entsprechend der Abfallverzeichnisverordnung zu kategorisieren. Neben der Abfallmenge hat die Abfallkategorie (welche abhängig ist von dem Gefahrenpotenzial des Abfalls) entscheidenden Einfluss auf den endgültigen Entsorgungspreis. Mitunter übernimmt der Facharbeiter vor Ort ergänzend zum beratenden Verkaufsgespräch im Vorfeld, die Aufgabe den Kunden zu beraten. Diese Arbeitstätigkeiten werden von Fachkräften verrichtet, die traditionell keine Beraterfunktion ausüben.

Im Mittelpunkt des dritten Aufgabenschwerpunktes stehen das Vermarkten von Entsorgungsleistungen und das Makeln von Abfällen bzw. Sekundärrohstoffen (Lenken von Stoffströmen). Diese Arbeitsaufgaben umfassen zum einen das Erkennen und die Aufnahme des Kundenbedarfs (u. a. die Aufnahme der Abfallarten und -menge, sowie Zusatzleistungen), das individuelle Beraten der Kunden, das Erstellen von kundenspezifischen Entsorgungskonzepten unter Beachtung der gesetzlichen Regelungen sowie die Disposition der Auftragsdurchführung und deren Kontrolle. Zum anderen umfasst das Aufgabenspektrum auch das Erkennen von neuen Dienstleistungsangeboten, die auf der Basis von Branchenkenntnissen sowie Beobachtung und Auswertung von Marktanalysen entwickelt werden können. Aufgrund des hohen Entwicklungspotenzials der Aufgaben sind diese einer weiteren Kompetenzstufe zuzuordnen. Hier muss festgestellt werden, dass die ausübenden Facharbeiter (Trend: vom Meister zum Facharbeiter) über zusätzliche Fähigkeiten und Kenntnisse aus dem kaufmännischen Bereich verfügen müssen, um diese Aufgaben bewältigen zu können.

Die Innovationsfähigkeit und damit die Entfaltung komplexer Entsorgungsdienstleistungen steckt in einer Kombination und Ausschöpfung der Potenziale kaufmännischer und umwelttechnischer Kenntnisse und Fähigkeiten! Derzeit werden diese Arbeitsaufgaben entweder von kaufmännischen Berufsbildern bewältigt, welche durch die branchenspezifischen Kenntnisse weitergebildet werden oder von technikorientierten Facharbeitern (Berufskraftfahrer, Ver-/Entsorger bzw. Fachkraft für Kreislauf- und Abfallwirtschaft) bzw. Meistern (Geprüfter Meister für Kreislauf- und Abfallwirtschaft und Städtereinigung), welche die kaufmännischen Inhalte sowie individueller Fähigkeiten, wie Kommunikationstechniken und Verhandlungsgeschick in Weiterbildungen erlernen. Zusätzlich notwendige Fähigkeiten umfassen: Abstraktionsfähigkeit, Analytische Fähigkeit (Erkennen des Kundenbedarfs), Fachwissen, IT-Fähigkeiten, Kommunikationsfähigkeit, Konfliktmanagement, Marktanalyse, Marktentwicklung, Kosten-Leistungsrechnung, Disposition, konzeptionelle Fähigkeiten, Umgangsformen, Zeitmanagement, unternehmensbezogenes und übergreifendes Prozessverständnis usw.

Die Anforderungen an die berufliche Handlungskompetenz werden durch das Berufsbild „Fachkraft für Kreislauf- und Abfallwirtschaft" im Wesentlichen bedient. Parallel zum beruflichen Qualifikationsziel hat der Gesetzgeber Vorgaben festgelegt, welche die Umsetzung fachgerechter Entsorgungsleistungen sicherstellen. Diese Verordnungen schreiben die Ausbildung „Fachkraft für Kreislauf- und Abfallwirtschaft" allerdings nicht direkt vor. Vielmehr existieren für einzelne Etappen der Wertschöpfungskette diverse Qualifikationsanforderungen, welche durch Facharbeiter vielfältiger Vorbildung durch Zusatzqualifikationen erworben werden(vgl. **Abbildung 20.3**).

Abbildung 20.3 Innovationsdilemma in der Kreislaufwirtschaft

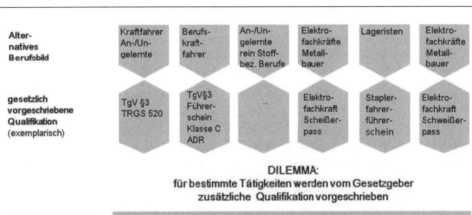

So sind entsprechend der Entsorgungsfachbetriebsverordnung (EfbV) zertifizierte Entsorgungsfachbetriebe zum Einsatz von Mitarbeitern verpflichtet, die in Fach- und Sachkunde entsprechend EfbV §11 unterwiesen sind. Für die Sammlung und Beförderung von Abfällen legt die Transportgenehmigung (TgV) die Anforderungen an die Sachkunde der Mitarbeiter fest (vgl. TgV § 3). Für das Annehmen von gefährlichen Abfällen ist eine Unterweisung nach TGRS 520 (Technische Richtlinien Gefahrstoffe) und für das Transportieren von gefährlichen Abfällen ist eine Berechtigung nach ADR notwendig. Zudem umfassen Arbeitstätigkeiten beim Behandeln von Abfällen meist auch die Wartung und Instandhaltung von Anlagen, so dass hier Zusatzqualifikationen für elektrotechnische Arbeiten (gemäß UVV BGV A3) und der Schweißerpass erforderlich sind.

Jedoch wird die Qualifikation, die gemäß dem Berufsbild vermittelt wird, beim Angebot der Zusatzqualifikationen nicht adäquat berücksichtigt. Das Berufsbild der Fachkraft für Kreislauf- und Abfallwirtschaft bietet in der Summe wesentliche Kenntnisse und Fähigkeiten, die für die nachzuweisende Fachkunde entlang der Wertschöpfungskette relevant sind. Leider fehlt es an einer notwendigen Verknüpfung bzw. Anerkennung zwischen den Anforderungen, welche durch die Sach- und Fachkunde entsprechend der genannten Verordnungen gefordert werden und denen, welche die Fachkräfte im Rahmen ihrer Berufsausbildung erwerben. Hinzu kommt, dass auf Grund mangelnder Bewerberqualität, die Absolventen nicht das gesamte Potenzial des Ausbildungsrahmenplans „Fachkraft für Kreislauf- und Abfallwirtschaft" ausschöpfen können.

Aus dieser Tatsache resultiert, dass die Unternehmen auf alternative Berufsbilder ausweichen und in Kauf nehmen, dass ihnen Innovationen, für die ein tiefes Verständnis über Stoff-Prozess-Apparate-Zusammenhänge notwendig sind, verschlossen bleiben.

Um die Innovationsfähigkeit der Branche zu erhalten bzw. zu fördern, ist es notwendig, dieses Qualifikationsdilemma zu überwinden und branchenspezifische Berufsbilder zu stärken. Dazu sind zum einen leistungsfähige Bewerber zu motivieren und zum anderen die Umsetzung der Ordnungsmittel zu optimieren, Potenziale von Lernortkooperationen auszuschöpfen und berufliche Lehr- und Lernprozesse inhaltlich sowie didaktisch-methodisch anforderungsgerecht zu gestalten.

20.3 Arbeit und Bildung im Handlungsfeld Abwassertechnik

20.3.1 Wandel der Dienstleistungsarbeit

20.3.1.1 Produkte

Abwasser ist immer noch Wasser. Dass Abwasser im Allgemeinen einen hohen Verschmutzungsgrad aufweist, ändert am Grundverständnis dieser Ressource zunächst nichts. Dieses Denken um eine der knappsten Ressourcen der Welt hat sich in den exemplarisch untersuchten Unternehmen zwar allgemein manifestiert. Untersuchungen zu Stoffströmen und das Kreislaufdenken betreffend liefern jedoch den Befund, dass gegenwärtig noch nicht alle Potenziale, die der Rohstoff Abwasser bereithält, genutzt werden. Das Augenmerk dieser Untersuchung liegt auf folgenden Abwasserbestandteilen: Rechengut, Sand, Klärschlamm und Phosphor.

Während das Rechengut recht unproblematisch zu einem externen Entsorger transportiert wird, gibt es für die Verwertung des Sandes unternehmensspezifisch zwei unterschiedliche Varianten: Entweder er wird gemeinsam mit dem Rechengut gesammelt und der externen Verwertung zugeführt oder er wird nach entsprechender Behandlung in einer (hauseigenen) Sandaufbereitungsanlage auf Grund seiner bauphysikalischen Besonderheit als Bauhilfsstoff für die Rohrbettung im Kanalbau verwendet.

Für die Verbringung des Klärschlamms sind derzeit drei unterschiedliche Möglichkeiten existent: Erstens seine Trocknung und externe Verwendung im Landschaftsbau (vorwiegend für Rekultivierungszwecke im Tagebau), zweitens seine externe energetische Verwertung und drittens sein Einsatz im Landbau für Kompostierungszwecke. Dies geschieht freilich unter der Beachtung der Rechtsvorschriften der einzelnen Bundesländer. In einem der untersuchten Unternehmen erfolgt derzeit der Bau zweier Faultürme, so dass bereits in naher Zukunft eine externe Verbringung des Klärschlamms zwar nicht obsolet wird, denn der ausgefaulte Schlamm wird ja weiterhin externen Verwertungsmöglichkeiten zugeführt, jedoch wird sich die zu entsorgende Menge erheblich verringern. Das dürfte die Vertragsbeziehungen mit externen Unternehmen nicht zuletzt in monetärer Hinsicht nachhaltig tangieren. Des Weiteren kommen dadurch zweifelsohne neue Aufgaben auf die Fachkraft für Abwassertechnik zu, denn mit dieser unternehmensspezifischen Erneuerung etabliert sich eine Erweiterung der bestehenden Prozesskette in der Abwasseraufbereitung und mithin der Klärschlammverwertung zu einem neuen geldwerten Gut (interne energetische Verwertung).

Was die Rückgewinnung des Phosphors anbelangt, so existiert in den untersuchten Unternehmen lediglich das Wissen darüber, dass es diese Möglichkeit bereits gibt. Allerdings existieren derzeit keine Pläne betreffend die Realisierung einer geeigneten Phosphatabscheidung. Es wird aber davon ausgegangen, dass diese Rückgewinnung zukünftig in praxi durchaus erfolgen wird, was sich dann wiederum im Aufgabenspektrum der vorbenannten Fachkraft niederschlagen sollte.

20.3.1.2 Leistungen

In der wissenschaftlichen Literatur wird die kundenorientierte Dienstleistung von der prozessorientierten unterschieden. Als kundenorientierte Dienstleistungen werden solche bezeichnet, die sich mit einem Kunden (direkt) auseinandersetzen. Als prozessorientierte jene, welche die Produktion direkt stützen. Der Kunde jedenfalls spiele eine wichtige Rolle, weil er nicht nur fachlich sondern auch zwischenmenschlich bedient werden wolle (vgl. Spöttl et al. 2003, S. 48) [5]. Das direkte Auseinandersetzen mit einem Kunden darf also mit dem zwischenmenschlichen Bedienen in Eins gesetzt werden und das Stützen von Produktion(-sprozessen) darf mit dem fachlichen Bedienen in Eins gesetzt werden. Nun stellt sich die Frage, welche Inhalte zwischenmenschliches Bedienen und welche Inhalte fachliches Bedienen charakterisieren. Für zwischenmenschliches Bedienen bedarf es m. E. sozialen Wissens, für fachliches Bedienen hingegen bedarf es technischen (prozessualen) Wissens. Hypothetisch wird angenommen, dass sich beide Wissensformen hinsichtlich der Auswirkung auf einen jeweiligen Kunden gleichgewichtig gegenüberstehen.

Empirisch (Arbeitsanalyse) konnte ermittelt werden, dass die Fachkraft für Abwassertechnik beide oben aufgeführten Dienstleistungsformen vollbringt. Dabei gestaltet sich ihr Einsatz in mannigfacher Weise. Das ganz typische Einsatzspektrum findet sich in der Abwasserreinigung, Kanalpflege und Schlammbehandlung, vereinzelt in der Gewässersanierung. Aber, wie der Befund der Untersuchung deutlich zeigt, erfolgt ihr Einsatz auch – und mithin quer zur Tradition – innerhalb ganz unterschiedlicher Kunden- und damit Kommunikationsbeziehungen, deren oberste Form Beratungen darstellen dürften. Zudem erbringt die Fachkraft für Abwassertechnik standardisierte und nichtstandardisierte (mithin individuelle) Dienstleistungen[1]. Ihre typisch zu verrichtenden Arbeitsaufgaben finden sich im Kernprozess (Kläranlage), im Supportprozess (Kanal) sowie (vereinzelt) im Managementprozess (Kundenhotline) (Die Untergliederung in Kern-, Support- und Managementprozess erfolgt Anlehnung an Maaß 2008, S. 144) [9]. In allen drei Prozessen spielt die Kundenorientierung – obgleich unterschiedlichen Ausmaßes – eine große Rolle. Es wird davon ausgegangen, dass die Kundenorientierung mit steigendem Individualisierungsgrad einer Aufgabe wächst. Deshalb soll **Abbildung 20.4** typische Arbeitsaufgaben der vorbenannten Fachkraft in Korrelation zur Kundenorientierung veranschaulichen.

Abbildung 20.4 Typische Arbeitsaufgaben (ArbA) der Fachkraft für Abwassertechnik in Korrelation zur Kundenorientierung (KO)

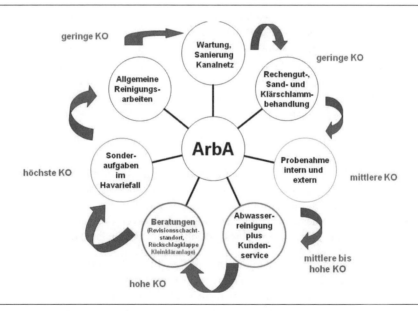

---

[1] Unter standardisierten Dienstleistungen versteht die Verfasserin Arbeitsaufgaben mit geringem Problempotenzial. Nichtstandardisierte bzw. individuelle Dienstleistungen hingegen sind solche, bei denen ein erhöhtes Problempotenzial vorhanden oder mindestens zu erwarten ist.

Ein Beispiel für eine standardisierte Dienstleistungsarbeit der Fachkraft mit ausgesprochen geringem Problempotenzial und zudem kaum Kundenorientiertheit darf in der Objekt- wie Apparatereinigung sowie in Reinigungsarbeiten überhaupt (Winterdienst inklusive) gesehen werden. Die Fachkraft für Abwassertechnik leistet Kanalreinigungen, Reinigungen der Schmutzfänger der Kanalschächte sowie Reinigungsarbeiten am Sandfang, die derzeit noch immer manuell erfolgen. Die aufgeführten Reinigungsarbeiten fallen vorwiegend innerhalb des Supportprozesses an, denn das gesamte Kanalsystem stellt einen Supportprozess für den Kernprozess der Abwasserreinigung dar.

Ebenso handelt es sich bei der Wartung des Kanalnetzes und bei der Rechengut- und Sandentsorgung sowie bei der Klärschlammaufbereitung in der Regel um standardisierte Dienstleistungen.

Als markante Arbeitsaufgabe, die eine Erhöhung des Grades der Individualisierung aufweist, darf die des Probenehmens angesehen werden. Ein Probenehmer fungiert intern und extern. Die interne Probenahme erfolgt regelmäßig innerhalb des Klärwerks, die externe Probenahme erfolgt im doppeltem Sinne: In der turnusmäßigen Probenahme innerhalb von Kleinkläranlagen und in der sporadischen und damit unangemeldeten Probenahme in Industrieunternehmen (beispielsweise bei Verletzung der Grenzwerte, die für eine Einleitung vorgeschrieben sind).

Der Individualisierungsgrad ist weiter steigend, wenn Geschäftsbereiche dahingehend zusammenwirken, dass die vorbezeichnete Fachkraft gleichzeitig als Klärwärter und als *Kundenhotline* fungiert (Überlappung von Kern- und Managementprozess). Dabei handelt es sich um eine sehr komplexe Arbeitsaufgabe, die fundierte Fachlichkeit in doppelter Hinsicht erfordert – zum einen in technischer und zum anderen in kommunikativer. Nahezu prekär erscheint der Umstand, wenn zur gleichen Zeit (Abwasserreinigung plus Kundenhotline) eine Stoßbelastung mit problematischen Abwässern auftreten würde.

Sehr anspruchsvoll erscheinen Beratungsdienstleistungen – von der Anschlussberatung bis hin zur Rechnungslegung – beispielsweise betreffend die Festlegung des Revisionsschachtstandorts oder den Einbau von Rückschlagklappen, (Vorort-)Beratungen um den Bau einer Kleinkläranlage oder Fragen ganz allgemeiner Art, die Grundstückseigentümer tangieren: Wie müssen Rohrleitungen dimensioniert werden, um das Eigentum des Kunden zu schützen? Hier spielt technisches Know-how und kommunikatives Geschick (das Agieren mit dem Kunden auf Augenhöhe in Form eines gleichberechtigten Dialogs) eine große Rolle.

Des Weiteren wird anhand der Untersuchung ersichtlich, wo die diffizilsten Wirkungen im Ausmaß höchster Individualisierung und damit höchster Kundenorientiertheit zu erwarten sind: Im Falle einer Havarie, mithin eines nicht vorhersehbaren Ereignisses. Eine Havarie umfasst alle außerplanmäßigen Handlungen, die immer dann vonnöten sind, wenn beispielsweise Technik versagt oder (Hoch-)Wasserschäden eintreten. Das Handeln unter Havariebedingungen oder gar das Bewerkstelligen derselben darf als eine sehr individuelle (Sonder-)Arbeitsaufgabe mit enorm hohem Problempotenzial gewertet werden. Diese kann sowohl den Kern- und Management- als auch den Supportprozess tangieren. Einer Havarie prophylaktisch zu begegnen, erscheint schwierig. Allenfalls könnten *zweckdienliche* Prozesssimulationen bereits in der praktischen (über-)betrieblichen Ausbildung hilfreich sein. Dass all die exemplarisch aufgeführten Arbeitsaufgaben – sowohl die standardisierten Dienstleistungen (bspw. Reinigungsarbeiten) als auch die individuellen Dienstleistungen (bspw. Beratungen) – gleichermaßen wichtig sind und demzufolge gesamtgesellschaftlich (also von allen Kunden/Bürgern) gleichrangige Wertschätzung verdienen, bleibt freilich unbenommen.

20.3.1.3 Kooperations- und Kommunikationsbeziehungen

Die Kooperations- und Kommunikationsbeziehungen gestalten sich mit Blick auf die vorhergehenden Ausführungen sehr vielschichtig und umfangreich. Im Wesentlichen sind fünf Formen existent: Die erste Form betrifft die Beziehungen des eigenen Unternehmens zu einem Fremdunternehmen, beispielsweise bedingt durch die Verbringung von Substanzen wie Klärschlamm oder Chemikalien(-resten). In den meisten Fällen wird zur Erfüllung dieses Vorgangs sogar ein weiteres Unternehmen, meistens eine Transportfirma, *dazwischengeschaltet*. Hier gilt es in aller Kürze festzuhalten, dass die Zuständigkeiten des einen Unternehmens mit den Zuständigkeiten des jeweils anderen enden, was in den Vertragsbeziehungen eindeutig geregelt wird. Die zweite Form meint die Zuständigkeiten der jeweiligen Geschäftsbereiche im Unternehmen selbst. Hier sind – mit Bezug auf das bereits oben dargestellte Zusammenwirken von Abwasserreinigung und Kundenhotline und die daraus resultierende Doppelfunktion der Fachkraft – Überlappungen möglich. Die dritte Form betrifft die Zuständigkeiten innerhalb der unternehmensspezifischen hierarchischen Organisationsstruktur (Ober- und Unterordnung). Hier hat die Fachkraft für Abwassertechnik den Anweisungen des jeweiligen Vorgesetzten, in der Regel des Abwassermeisters, Folge zu leisten. Die Zuständigkeit der Fachkraft endet mithin dort, wo die des Meisters beginnt. Viertens betrifft eine sogenannte gleichgeordnete Zuständigkeit auf der Facharbeiterebene, die freilich auch auf die Meisterebene übertragbar ist. In der Regel beginnt sie mit einer Auftragsannahme und/oder deren Weiterleitung und endet mit der Erfolgsmeldung durch den jeweiligen (meistens gleichgeordneten) Kollegen. Die fünfte Form entspricht einer Zuständigkeit, die zugleich mit einer Arbeitsaufgabe in Eins zu setzen wäre, diese dürfte möglicherweise eine der anspruchsvollsten sein und zudem die meisten Risiken in sich bergen. Dies meint die Zuständigkeit der Fachkraft für Abwassertechnik für die Lösung eines ganz speziellen Kundenproblems. Diese Zuständigkeit soll an folgendem Beispiel verdeutlicht werden: Ein Kunde, dessen Grundstück sich in einer Region befindet, die zeitnah nicht für einen Anschluss an die Kanalisation vorgesehen ist, wünscht entweder den (Um-)Bau einer Kleinkläranlage oder aber wird aufgrund gesetzlicher Regelungen dazu verpflichtet (siehe Kleinkläranlagenverordnung). Die Fachkraft für Abwassertechnik übernimmt die Beratungsleistung vor Ort. Diese Beratung setzt grundsätzlich komplexes Wissen in mehreren Ebenen voraus, z. B. das Wissen um verschiedene Anlagentypen. Dieses wiederum schließt Wissen um Konstruktions- und verfahrenstechnische Besonderheiten beispielsweise in Bezug auf die zu verwendende Pumpe ein. Ebenso müssen Parameter wie Haushaltsgröße, Energieeffizienz sowie regionallogistische Kenntnisse beachtet werden. Des Weiteren benötigt die Fachkraft das Wissen um Technologien, die dem aktuellen Stand der Technik entsprechen. Dieses wiederum beinhaltet schließlich naturwissenschaftliches (chemisches-biologisches-physikalisches) Wissen. Darüber hinaus benötigt die Fachkraft Wissen, welches zur Beschreibung des Einbauaufwands erforderlich ist und schließlich Wissen um Wartungen und eventuell auftretende Gewährleistungen, Wissen um mögliche Risiken, Wissen um Betriebssicherheit und Geruchsbelästigungen usf. Sie benötigt also technisches Wissen.

Gleichgewichtig zum technischen Wissen scheint eine zweite Wissensform vonnöten. Denn neben dem Aufzeigen der unterschiedlichen Möglichkeiten wie beispielsweise (nur) das Nachrüsten einer bereits vorhandenen Kleinkläranlage oder den Bau bzw. den Einsatz einer vollbiologischen, sollte die Fachkraft in der Lage sein zu erkennen und zu kommunizieren, was für den Kunden unter der Maßgabe gesetzlicher und technischer Anforderungen die beste Lösung darböte. Dies verlangt von ihr einen Perspektivenwechsel sowie Empathievermögen und Interaktionskompetenz. Dies wird zusammengefasst als soziales Wissen.

Kundenorientierung wird also nur in Kombination mit diesen beiden Wissensformen möglich – technisches Wissen plus soziales Wissen. Mithin könnte man von einer *äußeren* Seite der Kundenorientierung (bezogen auf das soziale Wissen) und von einer *inneren* Seite der Kundenorientierung (bezogen auf das technische Wissen) sprechen. Dies wird im Folgenden als äußere Kundenorientierung und als innere Kundenorientierung bezeichnet (siehe **Abbildung 20.5**). Möglicherweise zeigt sich die äußere Kundenorientierung im Verhalten und die innere Kundenorientierung in fachlichen Einstellungen, was hier nicht näher untersucht werden soll.

Abbildung 20.5 Die zwei Seiten der Kundenorientierung

„Äußere" Kundenorientierung/ Soziales Wissen	„Innere" Kundenorientierung/ Technisches Wissen
Wissen um die Gestaltung von Kommunikation und Interaktion	Wissen um Stoffe, Prozesse, Apparate und deren Funktionsweise
Überfachliches Know-how	Fachliches Know-how
Professionelle Dienstleistungsarbeit und Stabilität der Beruflichkeit	

Des Weiteren tritt *erschwerend* hinzu, dass die Fachkraft keine unabhängige Beratungsfunktion inne hat. Vielmehr fungiert sie als Erfüllungsgehilfe ihres Unternehmens. Ihre Beratungsfunktion hat zum einen die kundenspezifischen und zum anderen die ökonomischen Beweggründe des Unternehmens im Blick zu behalten – freilich unter der Beachtung einschlägiger Normen, unternehmensspezifischer Leitprinzipien und überhaupt dessen Besonderheiten. Wie wird die Fachkraft entscheiden in einem Grenzfall zwischen Nachrüstung und Neubau? Ist eigene Moraltreue gegeben? Die Fachkraft hat in dem hier beschriebenen Fall eine ganz besondere Sandwichposition inne. Denn es gilt die Balance zu wahren zwischen den ökonomischen Interessen ihres Unternehmens, den speziellen Kundenwünschen und deren ökonomischen und ökologischen Beweggründen und schließlich ihres eigenen vom Wissen getragenen Gewissens. Wo und wie kann die Fachkraft lernen, diesen Besonderheiten zu begegnen und diese schlussendlich zu bewerkstelligen?

Darüber hinaus erscheint eine weiterer Umstand gewichtig: In den untersuchten Abwasserunternehmen darf unter einem externen Kunden ein jeder Bürger verstanden werden, denn auf der Grundlage des Anschluss- und Benutzungszwangs ist jeder Bewohner der Stadt zugleich Kunde des jeweils zuständigen Abwasserentsorgungsunternehmens und damit Kunde der Fachkraft – privat und gewerblich, und hier wiederum jung und alt, weiblich und männlich, gebildet und weniger gebildet, reich und arm, deutsch- und nichtdeutschsprachig. Genauso different wie diese Kunden sind, gestalten sich die Kundenwünsche und Kundenprobleme, und ebenso mannigfach die Kultur- und Kommunikationsformen. In dieser Interaktionsleistung – die von erheblicher Varianz geprägt ist – dürfte ein Gros des Innovationspotenzials der Fachkraft für Abwassertechnik liegen. Mithin erscheint folgende Frage interessant: Wie können Aspekte dieser (besonderen) Kundeninteraktion zum Gegenstand von Qualifizierung gemacht werden?

20.3.2 Konsequenzen für die Ausbildung

Wie die Analyse der einschlägigen Ordnungsmittel – Ausbildungsordnung und Ausbildungsrahmenplan (Betrieb) (UmwAusbV in BGBl. I 43/2002 S. 2335ff.) [10] plus Rahmenlehrplan (Schule) (vgl. KMK 2002) [11] – zeigt, findet die innere Kundenorientierung (und damit das technische Wissen) in der Ausbildung reiflich Berücksichtigung. Die äußere Kundenorientierung hingegen (und damit das soziale Wissen) findet in der Ausbildungsordnung weniger Berücksichtigung.[2] Ebenso enthält der schulische Rahmenlehrplan keine konkrete Zielformulierung.[3] Demnach scheint ihre Behandlung – insbesondere mit Bezug auf die Beratungskompetenz – untergewichtet. Diese Tatsache dürfte eine Problemsituation

---

[2] Siehe hierzu insbesondere die (vage und zudem auslegungsbedürftige) Zielformulierung in § 10 Nr. 5 i. V. m. § 11 in Anl. 2 Lfd. Nr. 5 lit. c der einschlägigen „Verordnung über die Berufsausbildung in den umwelttechnischen Berufen vom 17. Juni 2002 (BGBl. I S. 2335)". Unter „Fertigkeiten und Kenntnisse, die unter Einbeziehung selbständigen Planens, Durchführens und Kontrollierens zu vermitteln sind" ist „die eigene Arbeit kundenorientiert durch[zu]führen".

[3] Der allgemeine Bildungsauftrag, welcher u. a. vorsieht, „eine Berufsfähigkeit zu vermitteln, die Fachkompetenz mit allgemeinen Fähigkeiten humaner und sozialer Art verbindet", bleibt davon freilich unberührt.

darstellen, denn die Fachkraft hat Aufgaben zu erfüllen, die in der Ausbildung nicht hinreichend gelehrt werden und das Unternehmen hat Leistungen zu erbringen, für die das Personal nicht vollumfänglich qualifiziert wurde (zur Verdeutlichung siehe **Abbildung 20.6**). Unternehmensabhängig wird versucht, diesem Umstand auf der Basis von entsprechenden *In-House-Qualifizierungen* zu begegnen.

Abbildung 20.6   Differenzanalyse zur Kundenorientierung

Frage: Wird äußere Kundenorientierung gelehrt?

Differenzanalyse = Abgleich der Resultate aus der Arbeitsanalyse mit den Ordnungsmitteln

Arbeitsanalyse	Ausbildungsordnung/Ausbildungsrahmenplan	Rahmenlehrplan
Kundenorientierung (am Bsp. Beratung)	Eine *vage* Zielformulierung findet sich in Anlage 2 (zu § 11) Lfd. Nr. 5 lit. c (die Auszubildenden sollen „die eigene Arbeit kundenorientiert durchführen")	Keine konkrete Zielformulierung (kein schulisches „Muss")

Antwort: Nein

= Problemsituation,
denn die Fachkraft hat Arbeitsaufgaben zu erfüllen,
die in der Ausbildung nicht hinreichend gelehrt werden,
und das Unternehmen hat Leistungen zu erbringen,
für welche das Personal nicht vollumfänglich qualifiziert wurde.

↓

Neue (Aus-)Bildungsanforderungen

Allerdings wäre die formale Qualifikation ein Kompetenzindiz dafür, dass Kenntnisse und Fertigkeiten betreffend die oben aufgeführten Interaktionsaspekte, die zum Bewerkstelligen einer professionellen Dienstleistung (der Zukunft) – Stichwort: Europäisierung und Globalisierung – unabdingbar werden, vorliegen.

Deshalb erscheint es bedeutungsvoll, geeignete Aus- und Weiterbildungsbausteine anzuregen. Mithin wird für die betriebliche (und/oder überbetriebliche) Ausbildung das Implementieren der äußeren Kundenorientierung sowohl im Rahmen ihrer Kernqualifikation als auch im Rahmen einer Zusatzqualifikation (namens „Kundenorientierung") empfohlen. Im Rahmen der Kernqualifikation sollten insbesondere die Grundlagen der Kommunikation in den Fokus der Bemühungen gestellt werden. Die Zusatzqualifikation sollte auf den Grundlagen der Kommunikation aufbauen, einen Schwerpunkt könnten abwasserspezifische Beratungen bilden. Was die schulische Ausbildung anbelangt, so könnte diese hierbei unterstützend wirken. Beispielsweise könnte sie Elemente der äußeren Kundenorientierung in das Lernfeld 11 „Abwasser und Schlämme biologisch und chemisch behandeln" oder/und in das Lernfeld 13 namens „Entwässerungssysteme instand halten und Indirekteinleiter überwachen" implementieren. Dies erscheint deshalb möglich und zugleich zweckdienlich, weil diese beiden Lernfelder inhaltlich die Thematik der Kleinkläranlagen tangieren.

Jedenfalls geht es nun darum, die exemplarisch analysierten Arbeitsaufgaben in strukturierte Lerninhalte zu transformieren. Hierbei gilt es für beide Qualifikationsformen (Kern- und Zusatzqualifikation) spezifische Lern-, Arbeits- und Gestaltungsaufgaben zu entwickeln. Denn eine professionell und innovativ arbeitende Fachkraft (der Zukunft) ist die, die Problemlösekompetenz in mehreren Ebenen verkörpert – nicht allein technischen, sondern ebenso sozialen Gehalts. Dies befördernd könn(t)en alle drei Lernorte (Betrieb und überbetriebliche Ausbildungsstätte sowie Schule – und zwar miteinander verzahnt) ihren Beitrag leisten, der freilich abhängig von administrativen Ressourcen sein wird.

20.4 Herausforderungen an die berufliche Bildung

20.4.1 Ausbildung

Unter Punkt 20.1 „Von der Daseinsvorsorge zur Dienstleistungsbranche" wurden die Beziehungen und Aussagen der Entsorgungsbranche hinsichtlich der beruflichen Ausbildung bereits angedeutet. Mit diesen Ergebnissen der Analysen in den Projektunternehmen und weiteren Unternehmen im Ausbildungsverbund Sachsen der Ver- und Entsorgung beschäftigt sich das Projekt auch künftig.

Die Beiträge zur Arbeit und Bildung in den Handlungsfeldern Abwassertechnik und Kreislaufwirtschaft beziehen sich in ihren Ausführungen auf die Konsequenzen für die Ausbildung. In diesem Beitrag werden die Erfahrungen aus dem Projekt DITUS unter anderem auch aus der Sicht eines Bildungsdienstleisters auf die Aus- und Weiterbildung der Brachen beschrieben.

Die umwelttechnischen Berufe sind 2002 neu geordnet worden, da sich die rechtlichen und wirtschaftlichen Rahmenbedingungen seit Einführung der Berufe im Jahre 1984 wesentlich geändert haben. Es entstanden 4 Berufe, die sowohl im Bereich des öffentlichen Dienstes als auch in der gewerblichen Wirtschaft ausgebildet werden. Mit dieser Neuordnung wurde für alle Ausbildungsberufe eine gemeinsame Kernqualifikation während der ersten 15 Monate und anschließender berufsspezifischer Fachqualifikation festgelegt.

Die betriebliche Ausbildung wird weitestgehend von Mitarbeitern, die Meister sind oder eine Ausbilderqualifizierung nachweisen können, vor Ort arbeitsplatznah realisiert. Die Planung und Organisation der betrieblichen Ausbildung obliegt in der Regel Mitarbeitern der Personalbereiche. Die Umsetzung aller Berufsinhalte des Ausbildungsrahmenplanes ist oft in den Unternehmen nicht in der Gesamtheit möglich. Es hat sich bei diesen Berufsgruppen bewährt, eine überbetriebliche Ausbildung anzubieten, die von den Unternehmen hauptsächlich für die Kernqualifikation sowie einzelne Kurse für die Fachqualifikation genutzt wird. Die überbetriebliche Bildungseinrichtung versteht sich als Bildungsdienstleister und verbindet die Angebote der Ausbildung mit Angeboten für die Weiterbildung betrieblicher Mitarbeiter (auch in Kooperation mit den Fachverbänden der Branche) und der Meisterqualifizierung.

Akteure der Bildungseinrichtung, die in der Aus- und Weiterbildung tätig sind, müssen sich mit den Geschäftsprozessen der Unternehmen auseinandersetzen, Schnittstellen erkennen und den Qualifikationsbedarf analysieren. Das bedeutet eine enge und vertrauensvolle Zusammenarbeit mit den Mitarbeitern des Unternehmens bzw. Unternehmensbereiches und den für die Ausbildung verantwortlichen Mitarbeitern des Personalwesens.

Die Unterstützung der Unternehmen bei der Ausbildung beginnt mit Aktivitäten zur Berufsorientierung und der Bewerberauswahl. Da das Image der umwelttechnischen Berufe bei den Schülern als nicht positiv bewertet wird bzw. die Berufe und deren Entwicklungspotenzial in den Unternehmen nicht hinreichend bekannt sind, ist es nicht einfach geeignete Bewerber zu finden. Dem gegenüber steht das gute Image der Unternehmen in den Regionen als Arbeitgeber selbst. In diesen Fällen wird eine intensive Berufsorientierung durch die Unternehmen und den Bildungsdienstleister durchgeführt. Neben den weit verbreiteten Aktionen wie „Tag des offenen Unternehmens" werden Praktika, Ferienaktivitäten zum Kennenlernen der Berufs- und Tätigkeitsinhalte in breitem Maße angeboten.

Um die Beruflichkeit zu wahren und alle erforderlichen Ausbildungsinhalte der Ausbildungsordnung abzusichern, werden vom Bildungsdienstleister die Aufgaben einer überbetrieblichen Ausbildung übernommen. Ebenso gibt er den betrieblichen Ausbildern Unterstützung bei der Planung und Untersetzung der betrieblichen Ausbildungsinhalte (betrieblicher Ausbildungsplan) gemäß den vorgegebenen Ausbildungsrahmenplänen. Die Planung und Koordinierung der betrieblichen bzw. überbetrieblichen Ausbildung sowie die Koordination der beiden Lernorte, als auch der Berufsschule, ist ein wesentliches Leistungsangebot für die ausbildenden Betriebe. Den betrieblichen Ausbildern und Lehrbeauftragten sollte eine methodisch-didaktische Weiterbildung angeboten werden, damit aktuelle Erkenntnisse der Berufsbildungsforschung und neue Formen der Lehr- und Lernmethoden in die betriebliche Praxis einfließen. Angebote zur kontinuierlichen Qualifizierung der betrieblichen Ausbilder sind erforderlich, damit diese den hohen Erwartungen ihrer eigenen Ausbildungsbetriebe gerecht werden und eine enge Zusammenarbeit der Lernorte gewährleistet wird.

Die Analysen in den Unternehmen der Projektpartner haben hinsichtlich der Umsetzung der vorgegebenen Berufsinhalte differenzierte Ergebnisse gezeigt. In der Abwasserbranche erscheinen aufgrund der Überschaubarkeit der Geschäftsprozesse und Stoffströme die betrieblichen Ausbildungsinhalte eindeutiger und mithin zuordenbarer. Dennoch konnten Vakanzen in der Planung und Durchführung der Lehr- und Lerninhalte ausgemacht werden.

Die Vielfalt der Prozesse in der Kreislauf- und Abfallwirtschaft bereitet den Unternehmen die Ausbildung in allen Berufsbildpositionen Schwierigkeiten. Die Angebote des Bildungsdienstleisters sind zu prüfen und die spezifischen Anforderungen anzupassen. Die Komplexität der beiden Berufsbilder erfordert künftig größeres Augenmerk auf die Lernpotenziale zu legen, die sich aus den Prozessketten und Stoffströmen ableiten lassen. In der Bearbeitung des Projektes werden exemplarisch komplexe Arbeitsaufgaben als Lern-, Arbeits- und Gestaltungsaufgaben erarbeitet, die schrittweise im kommenden Lehrjahr umgesetzt werden sollen.

Weitere Ergebnisse der Ausbildungsplananalysen ergaben, dass für die Abwasserbranche die Thematik der Kundenorientierung sowie Grundlagen des betrieblichen Wirtschaftens kaum thematisiert wurden. Diese beiden Themen sollten künftig als Zusatzqualifikationen für Auszubildende und zur Qualifizierung von Mitarbeitern angestrebt werden. Die Berufsbildpositionen zur Kundenorientierung und den betriebswirtschaftlichen Prozessen sind für die Fachkraft Kreislauf- und Abfallwirtschaft konkret gefordert. Eine stärkere betriebsspezifische Umsetzung wird angestrebt.

Um eine praxisnahe Ausbildung auch am Lernort Berufsschule zu gewährleisten, muss geeignetes Bildungspersonal zur Verfügung stehen. Bislang werden umwelttechnische Berufe an den Berufsschulen von technischen Berufsschullehrern unterschiedlicher Lehrämter unterrichtet. Berufsschullehrer im Fach Umweltschutz und Umwelttechnik werden bislang nur in Sachsen an der Technischen Universität Dresden ausgebildet, obwohl die Ausbildung der umwelttechnischen Berufe bundeseinheitlich geregelt ist. Die Kapazitäten für die zweite Phase der Lehramtsausbildung (Referendariat) sind in Sachsen schnell ausgeschöpft, so dass nicht genügend Absolventen für einen bundesweiten Einsatz zur Verfügung stehen. Dieses Dilemma könnte gelöst werden, wenn Referendariatsphasen in diesem Fachbereich in anderen Bundesländern angeboten und der Abschluss mit dieser Fächerkombination als Zugang zum Referendariat in anderen Bundesländern anerkannt wird.

20.4.2 Weiterbildung

Die wirtschaftlichen Rahmenbedingungen für die Unternehmen sind in den letzten Jahren schwieriger geworden. Zusätzlich wirken sich immer stärker die demografische Entwicklung und der abzusehende Fachkräftebedarf, der nicht mehr voll befriedigt werden kann, aus. Dies hat auch Auswirkungen auf die Aus- und Weiterbildung. In den Unternehmen gibt es verschiedene Strategien. Einige wollen ihren künftigen Fachkräftebedarf durch selbst ausgebildete und qualifizierte Mitarbeiter decken. Andere gehen den Weg der Akquise auf dem Arbeitsmarkt und suchen geeignete Mitarbeiter unter den Arbeitssuchenden – vermittelt durch die Agentur für Arbeit oder den ARGEn (Verwaltungseinheit der Agentur für Arbeit nach dem SGB II zur Vermittlung und Beratung Arbeitsuchender). Die Entscheidung, welcher Weg eingeschlagen wird, hängt weitestgehend von der zu besetzenden Stelle und der vorgegebenen Strategie der Geschäftsleitung ab. Erfahrungsgemäß werden immer weniger Mitarbeiter der Unternehmen in externen Einrichtungen geschult (trotz attraktiver Fördermöglichkeiten). Der Wunsch nach beruflicher Weiterbildung seitens der Mitarbeiter aus eigener Motivation, um ihre Beschäftigungschancen nachhaltig zu steigern, hat vor allem in der Meisterqualifikation zugenommen. Viele Mitarbeiter sehen einen „Aufstieg" im Unternehmen bzw. wollen sich als Nachfolge für einen älteren Mitarbeiter empfehlen.

Des Weiteren wurden bislang im Ausbildungsverbund wesentlich mehr Meister als Facharbeiter ausgebildet. Dies ist sicher einem Generationenwechsel in den Unternehmen der Branche zuzuschreiben. Die Mitarbeiter der Unternehmen der Kreislauf- und Abfallwirtschaft, die sich der Vorbereitung auf die Meisterprüfung unterziehen, sind in der Mehrheit Quereinsteiger. Das bedeutet, dass sie keinen Berufsabschluss als Fachkraft für Kreislauf- und Abfallwirtschaft haben, sondern aus technischen Berufen (teils aus artfremden Berufen) kommen und eine langjährige Arbeitstätigkeit in Unternehmen der Branche nachweisen. Um den Anforderungen der Meisterprüfung gerecht zu werden, ist ein erhöhter Lernaufwand notwendig. Die Teilnehmer an den Vorbereitungskursen werden von Kursleitern und Dozenten des Bildungsdienstleisters unterstützt. Das erfordert einen hohen organisatorischen Aufwand von beiden Seiten. Wie in der Ausbildung sind auch in der Weiterbildung die Teilnehmer auf modernen Lehr- und Lernformen einzustimmen.

Die Qualifikationen der Mitarbeiter sind spezifisch an den Anforderungen der Arbeitsplätze ausgerichtet. Die zu erfüllenden Qualitätsstandards, das Zusammenwirken in den Geschäftsprozessen und die Stellung des eigenen Tuns sind wichtige Faktoren, die die Mitarbeiter verinnerlichen sollten. Die Angebote der beruflichen Weiterbildung für die Beschäftigten der Unternehmen, die am Bedarf ausgerichtet sind, erfordern neue Lern- und Lehrformen, die eine enge Kooperation zwischen Theorie und Praxis notwendig machen. Die häufig sehr spezielle Thematik, die für nur wenige Mitarbeiter zutrifft, erfordert eine betriebliche Unternehmens- und Lernkultur. Betriebliche Experten, externe Lehrkräfte, begleitendes E-Learning sowie Fernunterrichtssequenzen sind in Lernarrangements einzubinden, damit den Anforderungen an die Lern- und Lehrkonzepte für die Unternehmen der Weiterbildner gerecht wird. Bildungsdienstleister arbeiten kundenorientiert und stellen Lernbegleiter zur Unterstützung des selbstorganisierten Lernens bereit.

Neben der Zertifizierung nach Qualitätsstandards ist die AZWV-Zertifizierung (Anerkennungs- und Zulassungsverordnung Weiterbildung) für den Bildungsdienstleister eine wichtige Voraussetzung, um am Bildungsmarkt erfolgreich zu agieren. Das bedeutet, dass die Mitarbeiter des Bildungsdienstleisters sowohl fachlich, methodisch, didaktisch als auch betriebswirtschaftlich qualifiziert sein sollen.

Die für die Ausbildung erarbeiteten Lerneinheiten können modifiziert als Konzepte für die betriebliche Weiterbildung von Beschäftigten ohne Berufsabschluss oder für „Quereinsteiger" weiter entwickelt werden. Werden alle erforderlichen Lerneinheiten belegt, so ist eine Zulassung zur IHK-Prüfung möglich. Durch Lernerbegleitung kann/muss neben der formalen Wissensvermittlung selbstorganisiertes Lernen für die Mitarbeiter initiiert werden.

Zunehmend werden ältere Arbeitnehmer in die betriebliche Kompetenzentwicklung einbezogen. Durch praxisnahe Lernformen und Aufgaben mit hoher Realitätsnähe werden mentale und psychische Hürden abgebaut. Die geplanten betrieblichen Qualifizierungsmaßnahmen orientieren sich an Entwicklungen der Unternehmen, der strategischen Ausrichtung und am künftigen Fachkräftebedarf. Unter Einbeziehung betrieblicher Experten erstellt der Bildungsdienstleister maßgeschneiderte Lernarrangements. Nicht zu unterschätzen sind Aktivitäten der älteren Arbeitnehmer bei der Integration von Berufsanfängern.

Auf diese Aufgaben sind sie entsprechend vorzubereiten, damit ihr Erfahrungswissen entsprechend genutzt werden kann. Mitarbeitern in mittleren Führungspositionen können Fernkurse mit Lernerbegleitung und E-Learning auf speziellen Lernplattformen angeboten werden.

Neben den technischen und ökonomischen Innovationen in den Unternehmen sind die Kenntnisse der Fachkräfte auf die gesamte Prozessebene mit den stofflichen Veränderungen zu richten und die eigene Tätigkeit einzuordnen. Ein hohes Maß an Professionalisierung ist Voraussetzung für die Durchführung kundenorientierter Dienstleistung auf hohem qualitativem Niveau. Insbesondere im Fachbereich des Abwassers sind direkte Kundenbeziehungen bei der Wartung von Kleinkläranlagen und der Betreuung betrieblicher Abwasseranlagen gegeben. Fachkräfte beraten die Kunden, haben Einfluss auf eine optimale Prozesssteuerung und übernehmen die Verantwortung, damit das gereinigte Abwasser in der erforderlichen Qualität in den Stoffkreislauf der Natur zurückgeführt wird. Vor allem bei unvorhergesehenen Einflüssen auf die Prozesse muss eine Fachkraft schnell und systematisch die richtigen Entscheidungen treffen. Dazu bedarf es fachübergreifend Wissen und Erfahrungen. Ebenso sind Beschäftige der Unternehmen bewusster mit den Aspekten der kundenorientierten Dienstleistungsarbeit vertraut zu machen. Eine Vernetzung der Mitarbeiter und eine aktive Kooperation aller Akteure verbessern die öffentliche Wahrnehmung des Unternehmens.

20.5 Betriebliche Personalentwicklung in exemplarisch untersuchten Unternehmen

In den exemplarisch untersuchten Unternehmen findet sich eine qualifikatorische Mischstruktur bestehend aus Auszubildenden, Fachkräften, Meistern und Akademikern. In der Kreislaufwirtschaft sind zusätzlich Quereinsteiger sowie angelernte Mitarbeiter – je nach Komplexität der Aufgabenerfüllung – beschäftigt.

Was die Personalentwicklung der vorbezeichneten Fachkräfte anbelangt, so stehen beiden Fachkräften Qualifizierungswege offen, beispielsweise zum Abwassermeister bzw. zum Meister für Kreislauf- und Abfallwirtschaft und Städtereinigung. Darüber hinaus ist unter bestimmten Bedingungen eine akademische Laufbahn möglich.

Während die analysierten Unternehmen früher eher sporadisch auf Personalentwicklungsbedarf reagierten, sind erst seit kürzerer Zeit strategische Maßnahmen zu verzeichnen. Diese mithin relativ neuen Personalentwicklungskonzepte umfassen im Wesentlichen folgende Komponenten: Nachfolgeplanung von Personal (was sich auf die Anzahl der Ausbildungsplätze auswirkt), Aufstiegsqualifizierungen, Maßnahmen zur (besseren) Arbeitsgestaltung, Erhaltungsqualifizierung sowie allgemeine Partizipation der Beschäftigten an Personalvorgängen aller Art. Unternehmensspezifische Weiterbildungsmaßnahmen werden entweder ausgeschrieben oder sie kommen infolge von regelmäßig stattfindenden Personalentwicklungsgesprächen zum Tragen. Gleichermaßen berücksichtigen die Unternehmen, dass Personalentwicklung ein dynamischer Prozess ist, welcher im Grunde eine dauerhafte Evaluierung zur Voraussetzung als auch zur Folge hat.

Eine vorausschauende Personalentwicklung ist im Hinblick auf die demografische Entwicklung und damit auf einen möglichen bevorstehenden Fachkräftemangel erforderlich. Oftmals wird versucht, den Nachwuchs aus eigenen Reihen zu akquirieren und die betrieblichen Interessen mit den Potenzialen der Fachkräfte in Einklang zu bringen. Dabei ist es interessant zu erfahren, dass in einem der untersuchten Unternehmen seit mehr als 15 Jahren knapp 50 Prozent der im Unternehmen ausgebildeten Mitarbeiter gegenwärtig noch immer im Unternehmen tätig sind, wobei sie heute nicht mehr unbedingt die Facharbeiterposition ausführen, sondern durchaus als Teamleiter, Meister, Techniker, Personalfachkaufmann und Betriebswirt fungieren. All diese Qualifikationen haben einen Kompetenzzuwachs zur Folge und dürfen zudem als Motivationsfaktor und damit als positiver Beitrag zur Unternehmenskultur gewertet werden. Aber: Trotz der Erfassung kurz-, mittel- wie langfristiger Qualifikationsbedarfe sind auch Personalentwicklern gewisse Grenzen gesetzt. Diese liegen oftmals im Passungsproblem zwischen den individuellen Leistungsdispositionen der Mitarbeiter einerseits und den betrieblichen Anforderungen andererseits.

Grundlage einer jeden qualifizierten Bedarfsanalyse ist aber die genaue Definition der zukünftigen Anforderungen an die jeweilige Stelle und ihren Inhaber, d. h. es muss eine detaillierte Stellenbeschreibung vorliegen. Die Schwierigkeit bei der Erstellung einer solchen liegt darin, dass die theoretischen Anforderungen an den Stelleninhaber schwer zu fassen sind. Zudem ist eine Vielzahl von Stellen nicht klar voneinander abgrenzbar, sondern verfügt über Schnittmengen mit anderen Stellen. Somit gestaltet sich eine Grenzziehung zwischen den einzelnen Stellen als schwierig. Die Erarbeitung von Stellenplänen wird deshalb von den Unternehmen als sehr aufwendig eingestuft.

Im Grunde geht es darum, das nötige Know-how zur Bewältigung zukünftiger Herausforderungen zielgerichtet und effizient auf- und auszubauen, den Prozess ständigen Lernens in den Unternehmen zu fördern und zu organisieren sowie schnell auf neue Herausforderungen im Tagesgeschäft reagieren zu können. Als wesentliche Instrumente der Personalentwicklung sind, neben der allgemeinen Potenzialerfassung, Zielvereinbarungen, Beurteilungs- und Perspektivgespräche, Coachinggespräche sowie individuelle Entwicklungsplanungen aufzuführen. In diesen Personalentwicklungsprozessen spielt eine intensive Auseinandersetzung mit den jeweiligen Rahmenbedingungen, gesteckten Zielen und bereits zu verzeichnenden Erfolgen der Mitarbeiter eine große Rolle, und genau deshalb kommt dem Gespräch zwischen Führungskraft und Mitarbeiter die zentrale Rolle zu.

(Personal-)Veränderungsprozesse – insbesondere jene, welche die individuellen Wünsche von Mitarbeitern vordergründig nicht erfüllen (beispielsweise Umsetzungen) – scheinen jedoch immer schwer vermittelbar. Eine Möglichkeit diesem Umstand zu begegnen liegt in allen Unternehmen gleichermaßen in der frühzeitigen Partizipation der Mitarbeiter, eine weitere in der offenen Kommunikation und eine dritte im Fairnessgebot gegenüber allen Beteiligten. Hinzu kommt die Tatsache, dass die analysierten Unternehmen einem Zertifizierungsprozess unterliegen, in welchem sowohl Unternehmens- als auch Umweltziele in regelmäßigen Abständen neu abgesteckt werden. Die Umsetzung der dort gesteckten Ziele erfordert als Instrumentarium die Beteiligung der *betroffenen* Mitarbeiter an eben diesem Veränderungsprozess – mithin Change Management.

In diesem Zusammenhang wird hervorgehoben, dass die untersuchten Unternehmen nach Qualitätsmanagement (DIN EN ISO 9001-ff) und Umweltmanagement (DIN ISO 14000-ff bzw. EMAS, Eco Management and Audit Scheme) zertifiziert sind bzw. nach diesen Anforderungen arbeiten. Unternehmen der Entsorgungswirtschaft sind zudem nach Entsorgungsfachbetriebsordnung zertifiziert. Allen Zertifizierungsmaßnahmen gemein ist, dass diese nur erfolgversprechend umgesetzt werden, wenn die Mitarbeiter in den Prozess mit einbezogen und anforderungsgerecht geschult werden.

Mit der Veränderung des Geschäftsmodells vom kommunalen Unternehmen zum Public-Private-Partnership und der damit einhergehenden Wettbewerbsorientierung, die ihrerseits wiederum verbunden mit einer kreativen Erweiterung des Leistungsangebotes ist, reagiert insbesondere eines der untersuchten Unternehmen der Entsorgungswirtschaft aktuell mit gezielten Umstrukturierungsprozessen (Reorganisation). Eine Antwort auf die (neue) Marktausrichtung wird beispielsweise mit der Zentralisierung der Kundenberatung und -betreuung in dem dort neuen Geschäftsbereich „Kundenservice und Vertrieb" gegeben. Dieser übernimmt nun für alle Geschäftsbereiche die Kundenakquisition, -beratung und -betreuung, von der Angebotslegung bis hin zur Überwachung der Auftragsabwicklung und Fakturierung. Somit steht insbesondere dieses Unternehmen aktuell vor neuen Herausforderungen. Im Konkreten geht es um die Entwicklung und Förderung neuer Kommunikationsstrukturen sowie um die Auflösung alter Handlungsmuster, die „Entwicklung" von Kundendienst- und Vertriebsmitarbeitern mit den entsprechenden kaufmännischen und branchenspezifischen Kenntnissen. Dies schließt die Befähigung auch von technischen Mitarbeitern für den Kundenkontakt ein und hat die Rekrutierung und Entwicklung von Führungskräften zur Voraussetzung. Im letztgenannten Fall werden derzeit externe Schulungsangebote genutzt.

Zusammenfassend lässt sich festhalten, dass allen exemplarisch untersuchten Unternehmen gleichermaßen ihre Wichtigkeit und Zukunftsträchtigkeit am Markt bewusst sind und dieses Agieren am Markt nur mit entsprechend gebildeten Menschen (Personal) zu bewerkstelligen ist.

Literatur

[1] Eberhard,V./Scholz, S./Ulrich, J. G. (2009): Image als Berufswahlkriterium, in: BIBB (Hrsg.): Berufe. Entwicklungen und Perspektiven, Bonn, S. 9-13.
[2] Troltsch, K./Walden, G./Zopf, S. (2009): Im Osten nichts Neues?, URL: http://www.bibb.de/de/52551.htm [Stand: 14. Dezember 2011].
[3] Galiläer, L. (2008): Qualifikationsentwicklungen im Bereich unternehmensnaher Dienstleistungen. Das Beispiel Kreislauf- und Abfallwirtschaf, in: Galiläer, L./Wende, R. (Hrsg.): Qualifikationstrends – Erkennen, Aufbereiten, Transferieren, 1. Aufl., Bielefeld.
[4] BMWi Bundesministerium für Wirtschaft und Technologie (2009): Die wirtschaftliche Bedeutung der Recycling- und Entsorgungsbranche in Deutschland. Stand, Hemmnisse und Herausforderungen. Endbericht, URL: http://www.bmwi.de/BMWi/Redaktion/PDF/Publikationen/recycling-branche-wirtschaftliche-bedeutung-endbericht,property=pdf,bereich=bmwi,sprache=de,rwb=true.pdf [Stand: 17. Mai 2011].
[5] Spöttl, G./Hecker, O./Holm, C./Windelband, L. (2003): Dienstleistungsaufgaben sind Facharbeit. Qualifikationsanforderungen für Dienstleistungen des produzierenden Gewerbes, 1. Aufl., Bielefeld.
[6] Hall, A. (2007): Tätigkeiten, berufliche Anforderungen und Qualifikationsniveau in Dienstleistungsberufen. Empirische Befunde auf Basis der BIBB/BAuA-Erwerbstätigenbefragung 2006 und des Mikrozensus, in: Walden, G. (Hrsg.): Qualifikationsentwicklung im Dienstleistungsbereich. Herausforderungen für das duale System der Berufsausbildung, 1. Aufl., Bielefeld, S. 153-208.
[7] Niethammer, M. (2006): Berufliches Lernen und Lehren in Korrelation zur chemiebezogenen Facharbeit. Ansprüche und Gestaltungsansätze, 1. Aufl., Bielefeld.
[8] Eichhorn, S. (2006): Facharbeit als Innovationsfaktor – dargestellt am Beispiel chemiebezogener Laborarbeit im werkstoffbezogenen Forschungssektor, Dissertation, Technische Universität Dresden.
[9] Maaß, C. (2008): E-Business Management: Gestaltung von Geschäftsmodellen in der vernetzten Wirtschaft, 1. Aufl., Stuttgart.
[10] BGBl. (I 43/2002): Verordnung über die Berufsausbildung in den umwelttechnischen Berufen, in: BGBl I 43, S. 2335ff.
[11] KMK (2002): Rahmenlehrplan für den Ausbildungsberuf Fachkraft für Abwassertechnik. Beschluss der Kultusministerkonferenz vom 14. Mai 2002, URL: http://www.kmk.org/fileadmin/pdf/Bildung/BeruflicheBildung/rlp/FKabwasser.pdf [Stand: 01. September 2011].

21 Altenpflege zwischen professioneller Kompetenzentwicklung und struktureller Deprofessionalisierung

Kerstin Blass

21.1	Einleitung	419
21.2	Theoretische Einbettung: Zum Verständnis von Verberuflichung und Professionalisierung	420
21.3	Charakteristika der Dienstleistungsarbeit (Alten-)Pflege: Das Geschlechterverhältnis in der feministischen Arbeitsmarktforschung	422
21.4	Die Dienstleistungsbranche Altenpflege: Sozialrechtliche Rahmung des Pflegemarktes	423
21.5	Kompetenzfelder, Tätigkeitsbereiche und Arbeitsteilung: Das Muster von Auf- und Abwertung	428
21.6	Professionalisierungsstrategien der Branchenakteure	433
21.7	Ausblick und Handlungsempfehlungen	435
Literatur		437

Dipl.-Soz. Kerstin Blass, Institut für Sozialforschung und Sozialwirtschaft e.V. (isc)

21.1 Einleitung

Vor dem Hintergrund des prognostizierten demografischen Wandels und angesichts sinkender familiärer Pflegeressourcen ist für die Zukunft unstrittig davon auszugehen, dass die Deckung des kontinuierlich wachsenden gesellschaftlichen Bedarfs an Pflege-, Hilfe- und Gesundheitsdienstleistungen zunehmend marktförmig organisiert werden muss. Inwieweit die mit dieser Entwicklung einhergehende verstärkte Nachfrage nach Erwerbstätigen in der stationären und ambulanten Altenpflege einen Verberuflichungs- und Professionalisierungsschub auslösen wird, scheint dagegen noch immer ungewiss. Denn: Die immer schneller voranschreitende Finanzierungsproblematik des gesamten Gesundheitswesens, die knappen sozialstaatlichen Ressourcen, die konkrete Ausgestaltung der Pflegeversicherung und die enge Eingebundenheit des Pflegemarktes in die sozialen Sicherungssysteme, drohen den möglichen Aufstieg der Altenpflege zu einem innovativen und attraktiven Dienstleistungsberuf schon im Keim zu ersticken. Angesichts dieser Ambivalenzen wurde in der vom BMBF geförderten Untersuchung „Berufliche Anerkennung und Professionalisierung in der stationären und ambulanten Altenpflege"[1] die Entfaltungsmöglichkeiten der noch weitgehend nicht akademisierten personenbezogenen Dienstleistungsarbeit Altenpflege konkretisiert sowie Hindernisse und Hürden herausgearbeitet, die den Weg der Altenpflege zu einem attraktiven Zukunftsberuf versperren.

Methodisches Vorgehen und empirische Basis

Für die Analyse der Verberuflichungs- und Professionalisierungschancen der Dienstleistungsarbeit Altenpflege sind zunächst ausgewählte theoretische Ansätze der Berufs- und Professionssoziologie, der Arbeits- und Pflegewissenschaft sowie der Frauen- und Geschlechterforschung diskutiert und zusammengeführt worden. Im Anschluss daran wurden die sozialrechtlichen Rahmenbedingungen der Pflegeversicherung und deren Leistungs- und Vergütungsmechanismen erläutert, zentrale statistische Eckdaten des Pflegemarktes zusammengestellt und die spezifischen Markterfordernisse der Dienstleistung im Spannungsfeld von sozialstaatlicher Regulierung und privatrechtlichem Raum umrissen.

Die empirische Basis bildeten zwei Fragebogenerhebungen, leitfadengestützte Experteninterviews sowie verschiedene Gruppendiskussionen. In den beiden standardisierten schriftlichen Erhebungen wurden circa 100 Heimleitungen und rund 80 Leitungen von ambulanten Diensten befragt. Der Rücklauf lag in der stationären Pflege bei 59% (N=59), in der ambulanten Pflege bei 49% (N=39). Die Bögen umfassten offene und geschlossene Fragen zu allgemeinen statistischen Angaben der Betriebe, zu deren Leistungsstruktur, zur Personalstruktur und zu den Qualifikationsanforderungen an die Beschäftigten. Darauf aufbauend wurde ein ausdifferenziertes Kompetenzprofil für die Altenpflege entwickelt, das auch als analytisches Raster für zwei Internetrecherchen Anwendung fand.

---

[1] Die Ergebnisse der Untersuchung sind wie folgt veröffentlicht: Blass 2011 [9].

Zum einen erfolgte über einen Zeitraum von rund drei Monaten eine systematische Analyse von insgesamt 182 Stellenangeboten, die online vom Vincentz-Verlag veröffentlicht wurden. Zum andern wurden in zwei Weiterbildungsdatenbanken rund 134 Angebote auf ihre inhaltliche Ausrichtung geprüft, um abzuschätzen, inwieweit die branchenspezifischen Qualifikationsbedarfe von den Weiterbildungs- und Fortbildungsangeboten adäquat aufgegriffen wurden. Leitfadengestützte Experteninterviews wurden mit verschiedenen Akteuren der Altenpflegebranche durchgeführt. Insgesamt wurden 21 Personen interviewt. Zwei davon sind übergeordnete Vertreter der Leistungsanbieter, drei vertreten die Pflegekräfte gewerkschaftlich bzw. durch die Berufsverbände. Vier Personen kommen aus dem universitären bzw. schulischen Ausbildungssektor. Der Schwerpunkt der Interviews lag auf Fragen zu den Themen Professionalisierung, Akademisierung, Kompetenzanforderungen, Fachwissen, Anerkennung und Wertschätzung der Arbeit sowie zur zukünftigen Entwicklung der beruflichen Altenpflege. Zudem wurden zwölf Mitarbeiter/innen befragt, die in Leitungsfunktionen von ambulanten Diensten bzw. stationären Einrichtungen tätig sind.

Mit examinierten Altenpflegekräften aus der stationären und ambulanten Pflege wurden drei Gruppendiskussionen bzw. Arbeitsworkshops durchgeführt. Hinzu kamen ein Workshop mit einer Abschlussklasse einer Altenpflegeschule und ein Workshop mit Student/innen der Pflegewissenschaften. Insgesamt wurden rund 60 Personen erreicht. Der inhaltliche Fokus lag bei den Themen Anerkennung und Wertschätzung der Pflegearbeit, es wurden sowohl Selbst- als auch Fremdwertschätzungen problematisiert und Lösungsvorschläge zu einer Verbesserung der Wertschätzung aus unterschiedlichen Perspektiven erarbeitet.

Ergänzt wurde die Datenerhebung schließlich durch einen sekundäranalytischen Zugriff auf eigene Vorarbeiten *(vgl. Blass et al. 2009; Blass 2008; 2006; 2003)* [8], [7], [6], [5]. Dieser Beitrag fasst die zentralen Ergebnisse der Studie zusammen.

21.2 Theoretische Einbettung: Zum Verständnis von Verberuflichung und Professionalisierung

In der wissenschaftlichen und öffentlichen Auseinandersetzung um die Verberuflichung und Professionalisierung „der Pflege" gibt es unterschiedliche Blickrichtungen und Erklärungsmodelle, die sich zum Teil sehr grundsätzlich voneinander unterscheiden (vgl. Albert 1998; Helsper et al. 2000; Weidner 2004; Schwenk 2005; Hülsken-Giesler 2008) [1], [18], [33], [28], [20]. Theoretische Entwürfe der Makro-Ebene (merkmalsorientierte, funktionalistische und machttheoretische Ansätze) betrachten Berufe und Professionen unter einem gesamtgesellschaftlichen Blickwinkel und in diesem Fokus sind die gesellschaftliche Arbeitsteilung sowie die horizontale und vertikale Beziehung von Berufen und Professionen zueinander relevant. Demgegenüber werden bei den theoretischen Entwürfen der Mikro-Ebene das tätigkeitsbezogene berufliche Handeln bzw. arbeitswissenschaftliche Fragestellungen bedeutsam (vgl. Blass 2011) [9].

Während merkmalsorientierte Ansätze vornehmlich Kennzeichen auflisten, um Berufe allgemein zu spezifizieren und um sie von „bloßer Erwerbsarbeit" abzugrenzen, verweisen funktionalistische Erklärungsansätze auf arbeitsteilige Differenzierungsprozesse und auf eine damit einhergehende Ausbildung gesellschaftlicher Funktionsbereiche, Bedarfe und Probleme. Die Zuständigkeit für die Funktionsbereiche beanspruchen ausgewählte Berufsgruppen, die zudem die Problemlösungshoheit monopolisieren. Berufe zeichnen sich bei beiden Ansätzen durch in systematisierten Berufsausbildungen erworbene Fachkenntnisse aus. Professionen besitzen ein (überwiegend in akademischen Ausbildungen) erworbenes Spezialwissen. Die legitimatorische Grundlage für die Forderung von Sozialprestige und Status wird im Wesentlichen aus der vollzogenen Institutionalisierung der Bildungspfade und Abschlüsse abgeleitet (vgl. Albert 1998; Heidenreich 1999; Schwenk 2005) [1], [17], [28].

Machttheoretische Ansätze sehen im Gegensatz dazu hinter den Verberuflichungs- und Professionalisierungsprozessen konstruierte Zwecksetzungen, mit denen bestimmte gesellschaftliche Gruppen vor allem berufliche Aufstiegsprojekte verfolgen (vgl. Beck/Brater 1977; Ostner/Beck-Gernsheim 1979; Voß 2001; Voges 2002) [2], [25], [32], [31]. Auch dient die Aneignung von Kompetenzen und der Aufbau von Wissensmonopolen weniger der vermeintlichen Lösung gesellschaftlich relevanter Probleme, sondern der Verweis auf institutionalisierte Berufs- und Hochschulabschlüsse bildet vor allem die argumentative Basis, um Fachfremde auszuschließen bzw. von vornherein von den Bildungszugängen fernzuhalten. Mindestens ebenso konstitutiv für den Machtaufbau und -erhalt ist das sukzessive „Unsichtbarmachen" der Arbeitsinhalte, der Arbeitsbedingungen und des Arbeitshandelns. Ebenso verschwinden die Vielschichtigkeit der Arbeitsanforderungen und die Rahmenbedingungen, innerhalb derer die tägliche Arbeit zu erbringen ist, allmählich aus dem Blickfeld (vgl. Wetterer 1992) [34].

Der handlungsorientierte Professionalisierungsansatz begreift das pflegerische Handeln als ein Ineinandergreifen von situativem Fallbezug und universeller Regelanwendung (vgl. Oevermann 1996; Weidner 2004; Schwenk 2005; Hülsken-Giesler 2008) [23], [33], [28], [20]. Die Professionalisierung des pflegerischen Handelns erfordert deshalb (auch) die Generierung und Systematisierung pflegespezifischer Kenntnisse und Expertise. Der situative Fallbezug verweist demgegenüber auf den Stellenwert, den das elementare Verstehen und die Interaktion für ein gelingendes pflegerisches Handeln einnehmen. Die Bedeutung der Interaktion steht auch in der arbeitswissenschaftlichen Bestimmung der Dienstleistungsarbeit als Interaktionsarbeit im Zentrum der Analyse und es wurde ein Weg eröffnet, die Spezifika der Pflegearbeit zu benennen und sichtbar zu machen und nicht mehr länger nur passiv in Form von Residualkategorien gegen andere Formen der Erwerbsarbeit abzugrenzen (vgl. Böhle/Glaser 2006) [13]. Im Konzept der Interaktionsarbeit sind der Umgang mit Gefühlen (Emotionsarbeit und Gefühlsarbeit) und die Kooperation zwischen Dienstleistungsgebern und Dienstleistungsnehmern Kernkomponenten jeder personenbezogenen Dienstleistungsarbeit und somit auch der Pflegearbeit. Professionalität gründet sich auf spezifische Interaktionskompetenzen, die in der Regel nicht vorrangig durch wissenschaftliche Bildungsgänge erworben werden. Die vierte zentrale Komponente der Interaktionsarbeit, das subjektivierende Arbeitshandeln, unterscheidet sich vom planbaren und rational begründbaren objektivierten Arbeitshandeln durch ein situatives und exploratives Vorgehen.

21.3 Charakteristika der Dienstleistungsarbeit (Alten-)Pflege: Das Geschlechterverhältnis in der feministischen Arbeitsmarktforschung

Feministische Ansätze, die mehrheitlich den machttheoretischen zugeordnet werden können, begreifen die gesellschaftliche Ausdifferenzierung in hierarchisierte Teilbereiche und die horizontale und vertikale Aufspaltung des Arbeitsmarktes entlang der Trennlinie Geschlecht als ein Ergebnis des Übergangs von der feudalen zur industrialisierten Gesellschaft (vgl. Gottschall 1995; Krüger 2002) [15], [21]. Die Herausbildung der bürgerlich-kapitalistischen bundesdeutschen Gesellschaft erzeugte den systemimmanenten Widerspruch, nach dem das kapitalistische System zwar auf die physische und psychische Reproduktion der Arbeitskraft angewiesen ist, diese aber nicht oder höchstens begrenzt im Rahmen von Lohnarbeit bzw. Marktlogik gewährleisten kann. Als Lösung dieses Widerspruchs hat sich, gesteuert und durchgesetzt durch staatliche Intervention, ein spezifisches Geschlechterverhältnis entwickelt, das Frauen und Männer zunächst auf nicht-marktvermittelte bzw. marktvermittelte Arbeit verweist. Zudem hat sich eine geschlechtsspezifische Arbeitsmarktsegmentierung durchgesetzt und die Herausbildung von Frauen- und Männerberufen (vgl. Beer 1990; Wolde 1995; Gottschall 2000; Becker-Schmidt 2003) [4], [35], [16], [3]. Als klassische Domäne weiblicher Erwerbsarbeit gilt bis heute die Altenpflege.

Charakteristisch für die Pflegeberufe war bisher eine gesetzte spezifische „Hausarbeitsnähe", wodurch die Grenze zwischen beruflicher und nicht-beruflich organisierter Arbeit beweglich ist. Berufliche und hausarbeitsnahe Strukturen greifen derart ineinander, dass es mit Blick auf die Arbeitsinhalte und Tätigkeiten scheinbar egal ist, ob sie als Erwerbsarbeit, als ehrenamtliche oder als private Arbeit geleistet werden. Bislang stellte die Pflegearbeit, ebenso wie die gesellschaftliche Reproduktion und Generativität eine weitestgehend von Frauen erbrachte unentgeltliche Versorgungsleistung im Privaten dar.

Für die Pflege im Allgemeinen und die Altenpflege im Speziellen wurden – so die feministische Analyse – des Weiteren solche Fähigkeiten erwartet und erbracht, die nach allgemeinem Verständnis nur in geringem Maße auf beruflicher, in ordentlichen Ausbildungsgängen erworbener Qualifikation beruhen. Der daraus resultierende stereotype Verweis auf das (vermeintlich) geringe Qualifikationsprofil, welches (angeblich lediglich) aus einer Mischung von grundpflegerischen Kenntnissen sowie haushaltsnaher Fähigkeiten besteht, diente dann als nachgeschobene Legitimation für eine umfassende Abwertung dieser Arbeit. Zudem fallen alle außerhalb der institutionalisierten Qualifikationsprozesse erworbenen Fähigkeiten nicht nur aus der Bewertung der Berufsarbeit heraus, sondern werten diese Berufe tendenziell ab und gehen in keinen Lohnfindungsprozess ein (vgl. Ostner/Beck-Gernsheim 1979; Rabe-Kleberg 1987; Krüger 2002) [25], [26], [21].

Abbildung 21.1 Charakteristika Pflegeberufe

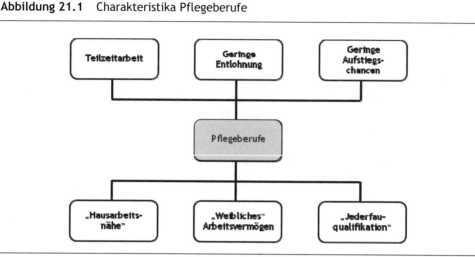

Quelle: Blass 2011 [9]

Schließlich war für die Altenpflege Teilzeitbeschäftigung und eine (daraus resultierende) geringe Entlohnung kennzeichnend, die nicht immer eine eigene Existenzsicherung garantiert, sowie brüchige Erwerbskarrieren (kurze Berufsverweildauer oder aber Wiedereinstiegsberuf) mit insgesamt wenigen Aufstiegschancen (vgl. Meifort 2002) [22].

21.4 Die Dienstleistungsbranche Altenpflege: Sozialrechtliche Rahmung des Pflegemarktes

Nachdem bereits in den 70er Jahren erste Auswirkungen des demografischen Wandels sichtbar wurden – Zunahme Hochaltriger, steigendes Pflegebedürftigkeitsrisiko, Abnahme familiärer Pflegeressourcen – wurde nach fast 20-jähriger Debatte 1995/1996 die Pflegeversicherung als fünfte Säule der Sozialversicherung implementiert. Mit der Einführung der Pflegeversicherung sollte eine finanzielle Entlastung der öffentlichen Haushalte und der Sozialhilfeträger eingeleitet und eine drohende Kostenexplosion vermieden werden. Zudem galt es die sozialen, physischen und psychischen Folgen von Pflegebedürftigkeit abzufedern (vgl. Rothgang 1997; Hörstmann-Jungemann 2007) [27], [19]. Arbeitsmarkt- oder berufspolitische Zielsetzungen wurden dagegen nicht dezidiert verfolgt. Trotzdem hat die pflegepolitische Weichenstellung einen erheblichen Einfluss auf die Entwicklung der (beruflichen) Altenpflege, denn die Ressourcenbegrenztheit des gesamten Gesundheits- und Pflegemarktes und die daraus resultierenden Rationalitätskriterien steuern die berufsgruppenspezifischen Ausdifferenzierungen und tragen zur gesellschaftlichen Anerkennung und Wertschätzung der „Pflegedienstleistung" bei.

Mit der Einführung der Pflegeversicherung waren für die gesamte Gesundheitsbranche richtungweisende (Um-)Brüche in der sozialen Sicherung zu verzeichnen. Anders als zum damaligen Zeitpunkt für die Krankenversicherung geltend, wurde die Pflegeversicherung von Beginn an als Pflichtversicherung konzipiert. Mit der Pflegeversicherung ist des Weiteren erstmals in der Geschichte der Sozialversicherungen ein Teilkasko-Prinzip eingeführt, welches das Bedarfsdeckungsprinzip zugunsten des Budgetprinzips ablöste. In der Konsequenz müssen die Pflegebedürftigen und ihre unterhaltspflichtigen Angehörigen Eigenmittel aufbringen, um nicht abgedeckte Kosten zu tragen (vgl. Deutscher Bundestag 2008) [14]. Schließlich sind nur diejenigen leistungsberechtigt, bei denen eine Pflegebedürftigkeit vorliegt (vgl. § 14 Abs.1 SGB XI). In welcher Höhe Leistungen gewährt werden, hängt von der Einstufung der Pflegebedürftigen ab, die durch den Medizinischen Dienst der Krankenkassen (MDK) vorgenommen wird.

Nachdem in der Pflegeversicherung schon über das Teilkasko-Prinzip keine bedarfsdeckende Leistungsgewährung mehr vorgesehen ist, hat auch die Einstufungssystematik Anlass zu breiter öffentlicher und fachlicher Kritik gegeben. Seit Januar 2009 ist eine Expertengruppe damit beauftragt, den Pflegebedürftigkeitsbegriff zu überarbeiten und, orientiert an modernen Definitionen und Kriterien der Pflegebedürftigkeit, eine am individuellen Bedarf ausgerichtete Leistungsabstufung zu erreichen. In den aktuellen Vorschlägen der Expertengruppe werden zudem auch Überlegungen dahin gehend formuliert, ob eine Ausweitung der bislang bestehenden drei auf fünf Pflegestufen eine gerechtere Verteilung der zur Verfügung stehenden Leistungen ermöglicht.[2]

Die Perspektive der Leistungsnachfrager

In der Leistungssystematik des Pflegeversicherungsgesetzes wird zwischen Leistungen zur häuslichen Versorgung, teilstationärer Versorgung (Kurzzeitpflege, Tagespflege, Nachtpflege) und vollstationärer Versorgung unterschieden. Bei der stationären Versorgung werden pflegestufenabhängige Pauschalleistungen bereitgestellt, im Falle der häuslichen Versorgung können die Pflegebedürftigen zwischen pflegestufenabhängigen Geldleistungen, Pflegesachleistungen oder einer Kombination aus Geld- und Sachleistung wählen. Pflegegeld erhalten die Pflegebedürftigen, wenn sie von Angehörigen oder einer anderen selbst gewählten Person in geeigneter Weise gepflegt werden. Pflegesachleistungen werden z. B. durch ambulante Dienste erbracht. Bei der Kombinationsleistung werden nur teilweise Pflegesachleistungen in Anspruch genommen. Die nicht verbrauchten Leistungen werden in Form von Geldleistungen an die Pflegebedürftigen ausgezahlt.

Mit Blick auf die Entwicklung der Dienstleistungsarbeit Altenpflege ist die Gewährung von Geld- oder Sachleistungen zur Stabilisation der häuslichen Versorgung von erheblicher Bedeutung. Von den 2,3 Mio. Menschen, die Leistungen aus der Pflegeversicherung beziehen, werden rund zwei Drittel zu Hause und davon rund 1 Mio. ausschließlich von den pflegenden Angehörigen versorgt. Die Logik der Leistungsgewährung hält demnach un-

---

[2] Der Beirat hat im Mai 2009 den Umsetzungsbericht zur Überprüfung des Pflegebedürftigkeitsbegriffs vorgelegt (vgl. Bundesministerium für Gesundheit 2009) [11].

strittig an einer beweglichen Grenzziehung zwischen marktvermittelter und familiärer Pflegearbeit fest. Indem das Kernelement der Versorgung von Pflegebedürftigen nach § 3 SGB XI auf dem Vorrang der häuslichen Pflege basiert, muss betont werden, eine umfassende Verberuflichung der Altenpflege wurde und wird offensichtlich pflegepolitisch nicht angestrebt. Im Gegenteil, das in der Summe der Regelungsinhalte der Pflegeversicherung sichtbar gewordene Fundament der gegenwärtigen gesellschaftlichen Organisation der Altenpflegearbeit besteht nach wie vor in erster Linie in der Nutzung der weiblichen Arbeitskraft im privatrechtlichen Raum der Familie.[3] Dies wird auch am der Grad der Dekommodifizierung der Ware Arbeitskraft und an Art und Weise der Kommodifizierung der Pflegearbeit sichtbar (vgl. Österle/Hammer 2004) [24]. Für die Bundesrepublik hat sich diesbezüglich eine Variante der innerfamiliären Kommodifizierung herauskristallisiert, nach der die Pflegebedürftigen über die Einführung eines Geldleistungssystems in die Lage versetzt werden, die bislang unbezahlt erbrachten privaten Pflege- und Betreuungsleistungen zu finanzieren. Es handelt sich dabei aber weder um ein Arbeitsentgelt, noch ist aufgrund des Teilkaskoprinzips eine „vollständige Bezahlung" dieser Arbeit vorgesehen. Trotzdem wird über die staatliche Bereitstellung von Geldleistungen als Alternative zu den Sachleistungen bzw. den Pflegepauschalen der stationären Versorgung ein Impuls zur Übernahme häuslicher Pflegetätigkeiten gesetzt, der mittels zusätzlicher Anreize für Pflegepersonen verstärkt wird. Dadurch wird eine spezifische Dekommodifizierung der Ware Arbeitskraft etabliert, die den Pflegepersonen auf der Grundlage der im privatrechtlichen Raum erbrachten unentgeltlichen Versorgungsarbeit den Aufbau eigener Sozialleistungsansprüche ermöglicht und somit den Leistungsbezug von einer markvermittelten Erwerbsbeteiligung entkoppelt. Da die Pflegebedürftigen mit der ungebundenen Geldleistung auch Pflegeleistungen am Markt einkaufen können, wird die innerfamiliäre Kommodifizierung der Pflegearbeit durch eine Teilkommmodifizierung ergänzt. Dabei kann es aus der Perspektive der Versicherten durchaus zweckrational sein, sich mit dem Pflegegeld die vergleichsweise „kostengünstige" Leistung der vornehmlich aus den osteuropäischen Ländern stammenden so genannten „Haushaltshilfen" einzukaufen, die in der Häuslichkeit der Versicherten eine 24-Stunden-Betreuung gewährleisten. Die wachsende Akzeptanz, die sich bei den Pflegebedürftigen und deren Familien für diese selbst organisierte Leistung abzeichnet, fußt dabei insbesondere auf den spezifischen Betreuungserfordernissen von Demenzkranken, für die es unter den gegebenen Versorgungsstrukturen derzeit kaum finanzierbare Alternativen für eine finanzierbare häusliche Rund-um-die-Uhr-Betreuung gibt. Neben den beiden Formen der Laienpflege durch die Angehörigen und/oder die Haushaltshilfen erzwingt aber der demografische Wandel und der Rückgang der privaten Pflegeressourcen trotzdem sukzessive eine dritte Form der Kommodifizierung der Pflegearbeit, die eine (arbeits-)rechtlich abgesicherte Übernahme von Pflegearbeit durch die Leistungsanbieter am Pflegemarkt darstellt. Den 430.000 nicht erwerbsmäßig tätigen Pflegepersonen standen 2007 236.162 Beschäftigte in ambulanten Diensten und 573.545 Beschäftigte in stationären Pflegeeinrichtungen gegenüber (vgl. Bundesministerium für Gesundheit 2010) [12].

---

[3]   Im Jahr 2007 waren von den 430.000 der in der gesetzlichen Rentenversicherung pflichtversicherten Pflegepersonen über 90% Frauen (vgl. Statistisches Bundesamt 2008) [29].

Die Perspektive der Leistungserbringer

Ebenso, wie für die Pflegebedürftigen die Einstufung ausschlaggebend ist für die Höhe der Leistungsgewährung, stellt in den Heimen die Einstufung der Bewohner/innen den zentralen kalkulatorischen Ausgangspunkt für die quantitative Bemessung des pflegerischen Einrichtungspersonals dar. Über die Bewohnerstruktur wird durch Multiplikation mit den auf Länderebene festgelegten Personalanhaltszahlen das erforderliche Einrichtungspersonal ermittelt. Problematisiert werden muss an dieser Berechnungspraxis, die ausschließlich auf der Einstufung der Bewohner/innen fußt, dass die Anhaltszahlen länderabhängig variieren. Zudem werden pflegeferne Tätigkeiten (z. B. organisatorische, qualitätssichernde und/oder Dokumentationsaufgaben) aber auch spezifische Elemente der Interaktionsarbeit wie Gefühlsarbeit, Emotionsarbeit oder die zeitlichen Erfordernisse eines subjektivierenden Arbeitshandelns nicht angemessen berücksichtigt. Schließlich sind die Einstufungskriterien (bislang) nicht geeignet, den Hilfebedarf gerontopsychiatrisch erkrankter Pflegebedürftiger adäquat abzubilden. In der Konsequenz wird für die Bewältigung der alltäglichen Arbeitsaufgaben in der stationären Pflege eine zu dünne Personaldecke bereitgestellt, und die Pflegekräfte müssen zudem bundeslandabhängig eine unterschiedlich große Zahl von Pflegebedürftigen versorgen (vgl. Blass et al. 2009; Blass 2003) [8], [5].

Tabelle 21.1 Ausgewählte Personalanhaltszahlen nach Bundesland

Bundesland	Pflegestufe 0	Pflegestufe I	Pflegestufe II	Pflegestufe III
Baden-Württemberg		1: 3,96 bis 1: 3,13	1: 2,83 bis 1: 2,23	1: 2,08 bis 1: 1,65
Bayern	1: 6,70	1: 3,00	1: 2,25	1: 1,90
Bremen	1: 6,79 bis 1: 6,28	1: 4,08 bis 1: 3,77	1: 2,55 bis 1: 2,35	1: 2,04 bis 1: 1,88
NRW	1: 8,00	1: 4,00	1: 2,50	1: 1,80
Sachsen-Anhalt		1: 4,50 bis 1: 3,65	1: 3,00 bis 1: 2,43	1: 2,20 bis 1: 1,82
Schleswig-Holstein	1:12,00 bis 1: 9.00	1: 6,00 bis 1: 4,05	1: 4,00 bis 1: 3,05	1: 2,80 bis 1: 2,28

Quelle: verdi 2009 [30]

Grundsätzlich gilt für die Einschätzung der abgebildeten Werte: je kleiner die Äquivalenzzahl, desto mehr Pflegezeit steht für die Versorgung einer/eines Bewohner/in zu Verfügung. Bezogen auf die Pflegestufe I versorgt im besten Fall (Bayern) eine Vollzeitkraft rechnerisch drei Bewohner/innen pro Tag und im schlechtesten Fall (Schleswig-Holstein) bis zu sechs Personen. In Pflegestufe II liegt die Spannbreite zwischen 2,23 Bewohner/innen pro Pflegekraft (Baden-Württemberg) und vier Bewohner/innen pro Pflegekraft (Schleswig-Holstein). In Pflegestufe III zwischen 1,65 Bewohner/innen pro Pflegekraft (Baden-Württemberg) und 2,8 Bewohner/innen pro Pflegekraft (Schleswig-Holstein).

In der ambulanten Pflege erfolgt die Personalbedarfsermittlung nicht entlang von Personalanhaltszahlen, sondern erlösorientiert. Trotzdem stellen die auf Länderebene vereinbarten Leistungskomplexe einen vergleichbar wichtigen Eingriff in die Unternehmensausrichtung dar.

Tabelle 21.2   Leistungskomplex Morgentoilette nach Bundesland

Bundesland	Leistung	Punktzahl	Punktwert	Betrag in Euro
Bayern	Lagern	50		2,28
	An- und Auskleiden	50		2,28
	An- und Ablegen von Körperersatzstücken	40		1,82
	Mund- Zahn- und Zahnprothesenpflege	50		2,28
	Rasieren einschließlich Gesichtspflege	50		2,28
	Kämmen	20		0,91
	Haarwäsche	100		4,55
	Nagelpflege/Fingernägel schneiden	40		1,82
	Nagelpflege/Fußpflege schneiden	50		2,28
	Hautpflege	50		2,28
	Entsorgung von Ausscheidungen/ Inkontinenzartikeln	20		0,91
Saarland	Kleine Morgen-/Abendtoilette: Hilfe beim Aufsuchen oder Verlassen des Bettes; An-/Auskleiden; Teilwaschen (z. B. Gesicht, Hände, Intimbereich, Haarwäsche und/ oder Rasur, ggf. Hautpflege); Mundpflege und Zahnpflege; Kämmen einschließlich Herrichten der Tagesfrisur; Betten machen/richten	350,00	0,0408	14,28

Bundesland	Leistung	Punktzahl	Punktwert	Betrag in Euro
Brandenburg	Kleine Körperpflege: An-/Auskleiden; Teilwaschen (beispielsweise Gesicht, Oberkörper, oder Genitalbereich/Gesäß); Mundpflege und Zahnpflege; Kämmen/Rasieren	200,0	0,0339	6,78

Quelle: Bundesministerium für Gesundheit 2008 [10]

Durch die Festlegung der jeweiligen Leistungsinhalte eines Leistungskomplexes, durch die Bewertung der Komplexe entlang der Punktzahlen und durch die Multiplikation dieser Punktzahlen mit den Punktwerten wird die Preisgestaltung und daraus ableitbar die personelle Mindestbesetzung weitestgehend vorgegeben. Die Mechanismen der Personalberechnung und die Anforderungen an die Personaleinsatzplanung offenbaren zudem, dass der Einsatz von Teilzeitkräften von den Rahmenbedingungen des Pflegemarktes strukturell erzwungen wird (vgl. Blass 2011) [9]. Ohne den Einsatz von Teilzeitkräften ist eine 24-Stundenbetreuung in den Pflegeheimen nicht mehr zu realisieren. In der ambulanten Pflege ist der Einsatz von Teilzeitkräften schon deshalb angezeigt, weil die meisten älteren Menschen ihren Hilfebedarf am frühen Vormittag anmelden. Dadurch müssen die Dienste deutlich mehr Frühschichten einplanen als Spätschichten. Hinsichtlich der charakteristischen Merkmale der beruflichen Altenpflege kann damit als ein weiteres wichtiges Ergebnis festgehalten werden, dass diese Erwerbsarbeit noch immer überwiegend in Teilzeit ausgeübt wird bzw. ausgeübt werden muss. Dies wurde auch durch die schriftlichen Befragungen der Heime und Dienste bestätigt. Darüber hinaus hat sich nach den Daten der Erhebung gezeigt, dass nicht nur rund 67% der insgesamt 3.100 Beschäftigten der befragten Heime und Dienste in Teilzeit arbeiten, sondern dass für insgesamt 42% (= 1.312) der Beschäftigten der Arbeitszeitumfang bei weniger als 75% liegt. Ließe sich bis jetzt eventuell noch argumentativ vertreten, dass Teilzeitarbeit durchaus die Attraktivität eines Berufsfeldes steigern kann, so gilt dies nur, solange diese Arbeit trotzdem existenzsichernd ist. Vor dem Hintergrund der Mindestlohndebatte muss dies zumindest für Teile der Beschäftigten, (vornehmlich den Hilfskräften) angezweifelt werden.

21.5 Kompetenzfelder, Tätigkeitsbereiche und Arbeitsteilung: Das Muster von Auf- und Abwertung

Während bisher die Auswirkungen der sozialrechtlichen Weichenstellungen des Pflegemarktes im Wesentlichen unter dem Blickwinkel zusammengefasst wurden, welche gesamtgesellschaftlichen Verberuflichungs- und Professionalisierungschancen sich für die Dienstleistungsarbeit Altenpflege eröffnen, wird nun über die Betrachtung der Kompetenzfelder, Tätigkeitsbereiche und Arbeitsteilung auf die handlungspraktische Dimension des Professionalisierungsdiskurses fokussiert. Trotzdem muss vorangestellt werden, dass die rechtlichen Regelungsinhalte, konkret die Mechanismen der Personalbemessung und der Preisbildung von Pflegedienstleistung auch auf die handlungspraktischen Professionalisierungschancen der Altenpflegearbeit wirken. Denn: Indem die Finanzierungssystematik der Pflegedienstleistungen in letzter Konsequenz auf die personelle Ausstattung der Leistungsanbieter Einfluss nimmt, werden auch der Arbeitskontext und die Arbeitsbedingungen sowie die Größe des professionellen pflegerischen Handlungsspielraums abgesteckt.

Kompetenzprofil Altenpflege

Wie im Untersuchungsverlauf herausgearbeitet werden konnte, erfordert die vielschichtige Arbeit in der stationären und ambulanten Altenpflege zusammengenommen entgegen den bislang üblichen Abwertungen ein breites Generalistenwissen, das zwar nicht in jedem Arbeitszusammenhang vollständig abgerufen aber doch vorgehalten werden muss. Die Kenntnisvielfalt hat in der jüngsten Vergangenheit sichtbar an Konturen gewonnen und es ist davon auszugehen, dass eine vergleichbare Wissensbreite nur in wenigen anderen Berufen nachgefragt wird. Unter Einbezug der empirischen Befunde wurde ein differenziertes „Kompetenzprofil Altenpflege" entwickelt und fünf zentrale Kompetenzfelder unterschieden.

Abbildung 21.2 Kompetenzprofil Altenpflege

Quelle: Blass 2011 [9]

Sozialkompetenz und Vernetzungskompetenz zielen im weitesten Sinne auf die Beziehungsgestaltung zwischen einerseits Pflegekräften und Pflegebedürftigen (Sozialkompetenz) und andererseits zwischen beruflich Tätigen in der gesamten Gesundheitsbranche (Vernetzungskompetenz). Die berufsspezifischen Kernkompetenzen und die Organisationskompetenzen konkretisieren die fachlich erforderlichen Kenntnisse und Fähigkeiten. Mit der methodischen Kompetenz ist schließlich ein dynamisches Element eingeführt, das für die Fähigkeit steht, die genannten Kompetenzen kontextabhängig und situativ zu verknüpfen und zur Anwendung zu bringen.

Nach der Analyse der Stellenausschreibungen muss hervorgehoben werden, dass bei den genannten Merkmalen zum Anforderungsprofil die berufsspezifische Kernkompetenz, also spezifische pflegerische und medizinische Fachkompetenzen, eine unerwartet geringe Rolle spielen. Zum Zeitpunkt der Einstellung werden in einem wesentlich größeren Umfang Eigenschaften von den Fachkräften verlangt, die der Sozialkompetenz zuzuordnen sind, also die Kompetenzen, die für die Beziehungsgestaltung zu den Hilfe- und Pflegebedürftigen bzw. für die gesamte Interaktionsarbeit benötigt werden.

Charakteristisch für die gesamte Altenpflegebranche – und auch diesbezüglich kann die Branche Vorbild für viele andere Branchen sein – ist die Akzeptanz und Verpflichtung der kontinuierlichen Weiterqualifikation und Fortbildung. Dies ist nicht nur angesichts der enormen fachlichen und wissenschaftlichen Weiterentwicklung sinnvoll, sondern wird zumindest auch für den Heimbereich vom Gesetzgeber gefordert und von den Heimaufsichtsbehörden der Länder und vom medizinischen Dienst der Krankenkassen regelmäßig überprüft. Entsprechend umfänglich waren auch die von den Leitungskräften in den schriftlichen Erhebungen formulierten Weiterbildungsbedarfe und -themen. Während in den Stellenausschreibungen die Sozialkompetenz das wichtigste Kompetenzfeld darstellt, werden die berufsspezifischen Kernkompetenzen berufsbegleitend vertieft bzw. erweitert. Dabei kann die Tatsache, dass wesentlich mehr pflegespezifische als medizinische Themen genannt wurden, durchaus als Indiz für ein wachsendes Pflegewissensreservoir und für eine klare Kenntnis der pflegespezifischen Aufgabenbreite in der Altenpflege angeführt werden. Vergleichbar zu den angezeigten Bildungsbedarfen stand auch bei den Bildungsangeboten zweier ausgewählter Datenbanken die Erweiterung des pflegerischen und medizinischen Fachwissens an vorderster Stelle. Da sich die Angebote aus den Datenbanken aber an alle Berufsgruppen der Gesundheitsbranche richten, sind die aufgeführten Bildungsbedarfe speziell für die Altenpflege (Expertenstandards, Palliativversorgung, Pflegeprozess/Pflegedokumentation) nicht vollständig über die Datenbanken abgedeckt. Insgesamt betrachtet sind in den Datenbanken keine Angebote zu finden gewesen, die die Kommunikationsstrukturen in Teams, Teambildungsprozesse oder die berufsübergreifende Zusammenarbeit schulen. Ebenso sind relativ wenige Angebote aufgenommen, die bei der Bewältigung von psychischen und körperlichen Arbeitsbelastungen Hilfestellungen geben können oder Angebote machen diesen präventiv zu begegnen. Diesbezüglich sollten die Bildungsanbieter nachbessern, auch deshalb, weil angesichts der Diskussionen um den drohenden Fachkräftemangel und die im europäischen Vergleich nur geringe Berufsverweildauer die Beschäftigungsfähigkeit der Pflegekräfte unbedingt geschützt werden muss.

Welche Kompetenzfelder von den Pflegekräften wertgeschätzt werden, wurde in mehreren Workshops herausgearbeitet. Auf die Frage „Worauf sind Sie als Pflegekraft bei Ihrer Arbeit stolz?" nahm die Sozialkompetenz (psychosoziale Kompetenz gefolgt von personaler Kompetenz) den größten Stellenwert in der Selbstwertschätzung ein. Hervorzuheben ist allerdings angesichts der zahlreichen Nennungen, die sich konkret auf den Umgang und die Interaktion mit den Bewohner/innen beziehen, dass die in den unterschiedlichen wissenschaftlichen Arbeitsfeldern entwickelten Begrifflichkeiten im Sprachgebrauch der Pflegekräfte bisher nicht aktiv genutzt werden. Gefühlsarbeit und Emotionsarbeit scheinen daher ebenso wie psychosoziale und personale Kompetenz vor allem als analytische Kategorien zu dienen, als Begriffe, mit denen die Pflegemitarbeiter/innen selbstbewusst ihre Arbeitstätigkeit charakterisieren und ggf. auch sprachlich „aufwerten", werden sie dagegen nicht verwendet. Als weiteres wichtiges Ergebnis der Workshops konnte die Bedeutsamkeit der Teamarbeit für die Pflegekräfte herausgearbeitet werden. Stolz entwickeln die Pflegekräfte in diesem Zusammenhang zum einen bezüglich der eigenen Teamfähigkeit und zum anderen bezüglich des Zusammenhalts und der Bereitschaft der Teammitglieder sich gegenseitig zu unterstützen und auszuhelfen. Demgegenüber wurden die pflegespezifischen und medizinischen Fachkenntnisse im ersten Brainstorming nur zögerlich angeführt.

Hinsichtlich der, von den Pflegekräften antizipierten, „öffentlichen Wertschätzung" der Pflegearbeit gehen die Pflegekräfte mehrheitlich davon aus, je näher der direkte Kontakt zur Pflegearbeit und zu den Pflegeinstitutionen ist, desto höher die Wertschätzung. Keinerlei Illusionen machen sich die Pflegekräfte bezüglich der Wertschätzung ihrer Arbeit durch politische Entscheidungsträger/innen. Daher lautet auch ein Vorschlag zur Verbesserung der Anerkennung, dass die Politiker/innen in der Pflege hospitieren bzw. ein Praktikum absolvieren sollten.

Tabelle 21.3 Maßnahmen zur Verbesserung der Wertschätzung von Pflegearbeit

Politisch Verantwortliche	Öffentlichkeit	Berufsentwicklung
Rahmenbedingungen verbessern z. B. durch höhere Pflegeschlüssel und bessere Arbeitsbedingungen.	Positive Beispiele in die Medien.	Gemeinsame Grundausbildung.
Dokumentationsaufwand und Kontrolle der Behörden reduzieren.	Vermeidung von Skandalberichten.	Keine Herabsetzung der Zugangsvoraussetzungen für die Ausbildung.
Praktika und Hospitationen von Politikern in der Tag- und Nachtschicht.	Altenheime positiver darstellen.	Keine Umschulung von ansonsten „Nichtvermittelbaren" in die Altenpflege.
Unterschiede zwischen Fachpflege und Laienpflege begreifen.	Altenpflege positiv präsentieren.	Qualifizierung der Sachbearbeiter im Arbeitsamt.
Ganzheitlichkeit der Pflege akzeptieren, keine Zerfaserung der Pflegearbeit, kein Expertentum.	Informieren über gute Praxis. Wiedergabe von Bewohnermeinung	Keine Sozialstunden in Pflegeeinrichtungen.
Pflegenotstand zum Thema machen.	Positive Werbung für Altenpflege in Zeitschriften und Fernsehen.	

Quelle: Blass 2011 [9]

Tätigkeitsbereiche und Arbeitsteilung

Nach den empirischen Befunden übernehmen die Führungskräfte Heimleitung, Leitung ambulanter Dienst und Pflegedienstleitung im Wesentlichen Aufgaben des modernen Unternehmensmanagements. Diese Tätigkeiten erfordern ein hohes Maß an Organisationskompetenz, sodass die obersten Führungskräfte überwiegend im back-office-Bereich arbeiten und nur noch selten mit den Pflegebedürftigen direkt (pflegerisch) interagieren. Direkte Kundenkommunikation und Interaktion sind aber immer dann von zentraler Wichtigkeit, wenn die Führungskräfte die Kund/innen und/oder Bewohner/innen beraten, Versorgungsbedarfe abklären, Beschwerden oder Wünsche entgegennehmen und/oder ggf. auch Streitigkeiten zwischen Bewohner/innen, Pflegebedürftigen und Angehörigen schlichten müssen.

Verglichen mit den Arbeitsschwerpunkten der Führungskräfte kann die Arbeit der Pflegefach- und Pflegehilfskräfte noch immer als „front-line-work" klassifiziert werden. Dies gilt uneingeschränkt vor allem für die Fachkräfte der ambulanten Dienste. Sie arbeiten in der Regel alleine in der Häuslichkeit der Pflegebedürftigen. Sie übernehmen die gesamte Grundpflege und die medizinische Behandlungspflege und leisten umfängliche Interaktionsarbeit. Im Heimbereich differenzieren sich die Aufgabenfelder entlang der Trennlinie Berufsqualifikation sukzessive vertikal aus, wobei die direkte Pflege und die „hausarbeitsnahen" Tätigkeiten am unteren Rand des Spektrums stehen. Dementsprechend nehmen bei den Fachkräften das (pflege-)prozessgeleitete Arbeiten, die Fachaufsicht, die medizinische Behandlungspflege, die Qualitätssicherung und die Anleitung der Pflegehilfskräfte einen immer wichtigeren und zentraleren Stellenwert ein. Die Hilfskräfte sind für die Grundpflege zuständig und leisten auch einen großen Anteil an hauswirtschaftlicher Arbeit.

Die vertikale berufliche Ausdifferenzierung in der stationären Altenpflege hat sich auch in der schriftlichen Befragung bestätigt. In den 59 Pflegeheimen, die an der schriftlichen Befragung teilgenommen haben, verfügen inzwischen 33% der Heimleitungen und 25% der Pflegedienstleitungen über einen Hoch- bzw. Fachhochschulabschluss. Die Pflegebelegschaft setzt sich zu 56% aus examinierten Fachkräften und zu 44% aus Helfer/innen zusammen. Zudem beschäftigen 25% der Einrichtungen Zeitarbeitnehmer/innen und 37% Ein-Euro-Kräfte in der Pflege. Diese vertikale Ausdifferenzierung geht einher mit einer geschlechtsspezifischen Tätigkeitsübernahme. Während lediglich 50% der Heimleitungspositionen von Frauen besetzt werden, sind es bei den Pflegedienstleitungen 80% und den examinierten Pflegekräften 86%. Die Position der Helfer/innen schließlich wird zu 96% von Frauen besetzt.

Zusammenfassend kann mit Blick auf alle empirischen Befunde geschlussfolgert werden, dass der genuine Kern der personenbezogenen Dienstleistung Altenpflege zunehmend von den Kräften übernommen wird, die formal über die geringsten Schul- und/oder Berufsbildungsabschlüsse verfügen. Angesichts dieser arbeitsteiligen Entwicklung kann tendenziell durchaus von einer Entverberuflichung der Altenpflegearbeit und, orientiert an der Fachkraftdefinition des SGB XI, von einer „Laienpflege" gesprochen werden. Die bislang problematisierte bewegliche Grenzziehung zwischen marktvermittelter und im privatrechtlichen Raum erbrachter Pflegearbeit und die daraus resultierenden Hindernisse für die Verberuflichung der Altenpflege finden sich in einer modifizierten Ausprägung auch innerhalb des Arbeitsmarktsegments Altenpflege vor allem in der Heimversorgung wieder. Bei einem großen Teil der marktförmig erbrachten direkten Pflege, Betreuungs- und Hilfeleistungen handelt es sich um erwerbsförmig erbrachte Arbeit durch Hilfskräfte, nur ein Teil dieser Leistungen wird berufsförmig durch Pflegefachkräfte erbracht. Diese wiederum übernehmen zunehmend Pflegemanagementaufgaben.

Sowohl im handlungsorientierten Professionalisierungsansatz als auch in der arbeitswissenschaftlichen Bestimmung der Interaktionsarbeit wurden mit Blick auf die personenbezogene Dienstleistung Altenpflege Arbeitselemente hervorgehoben, die geeignet sind, die Altenpflegearbeit präziser zur charakterisieren und um diese Arbeit sichtbar zu machen. Der situative Fallbezug, das elementare Verstehen, die Gefühls- und Emotionsarbeit sowie die Kooperation und subjektivierendes Arbeitshandeln sind Spezifika personenbezogener Pflegedienstleistung, sie erfordern jedoch den direkten Kontakt zwischen Pflegekraft und Pflegebedürftigen. Diese Schärfung der Konturen verbunden mit dem differenzierten und vielschichtigen Kompetenzprofil Altenpflege zeugt unstritig davon, dass sich die Altenpflege von innen heraus (weiter-)entwickelt hat und dass das tätigkeitsbezogene berufliche Handeln in einem erheblichen Maß professionalisiert wurde. Trotzdem müssen erhebliche Zweifel dahin gehend angemeldet werden, dass diese intraprofessionelle Weiterentwicklung der Altenpflegearbeit zu einer gesamtgesellschaftlichen Statuserhöhung und zu einem Prestigegewinn führt. Zumindest stehen am unteren Ende der Wertigkeitsskala noch immer die pflegenahen und hauswirtschaftlichen Tätigkeiten, die von den Hilfs- und angelernten Kräften übernommen werden. Verglichen mit der jahrelangen Praxis der Abwertung des „klassischen" Frauenberufs (Alten-)Pflege kann konstatiert werden, dass dieser Abwertungsmechanismus zumindest für die Arbeit der Hilfs- und angelernten Kräfte, die zu fast 100 % von Frauen gestellt werden, noch immer greift. Scheinbar ist es egal, ob deren Arbeit als Erwerbsarbeit, als ehrenamtliche oder als private Arbeit geleistet wird. Für diese Arbeit werden solche Fähigkeiten erwartet und erbracht, die nach allgemeinem Verständnis nur in geringem Maße auf beruflicher Qualifikation beruhen. Diese Mischung von grundpflegerischen Kenntnissen sowie haushaltsnaher Fähigkeiten, die größtenteils außerhalb der institutionalisierten Qualifikationsprozesse erworben wurden, gehen nicht in die Lohnfindungsprozesse ein. Eine „angemessene" Bezahlung der Pflegearbeit scheint nicht angestrebt, bestenfalls ein Mindestlohn, der angesichts des versicherungsimmanenten Zwangs zur Teilzeitarbeit in der Regel nicht existenzsichernd ist.

21.6 Professionalisierungsstrategien der Branchenakteure

Bezüglich der Frage nach den Professionalisierungsstrategien und dem Professionalisierungsstand der Altenpflege kann nach der Auswertung der Experteninterviews zunächst betont werden, dass die befragten Gesprächspartner/innen einerseits zwar unterschiedliche Aspekte hervorheben, andererseits dadurch aber sowohl gesamtgesellschaftlich (Makroebene) als auch intraprofessionell (Mikroebene) argumentieren. „Pflege", so die unstrittige Auffassung, habe längst einen gesellschaftlichen Auftrag, sei gesellschaftlich notwendig, wünschenswert und eine unverzichtbare, mit höchstem Nutzen versehene Arbeit. Dementsprechend wird Professionalisierung verstanden als „Heraustreten aus dem Schatten der Ärzte", als „Finden und Benennen eines eigenen Betätigungsfeldes", als „wissenschaftliche Fundierung der Ausbildung" und als „Ausdifferenzierung des Berufsfeldes", wodurch eine „Vielzahl von Spezialistenaufgaben" generiert werden. Inwieweit es „der Pflege" allerdings gelingen kann, sich im horizontalen und vertikalen Geflecht der Berufsgruppen tatsächlich besser zu positionieren, wurde von den Gesprächspartner/innen eher skeptisch gesehen. Verantwortlich dafür seien die schlechten sozialstaatlichen Rahmenbedingungen. Diese lassen nur wenig Spielraum für eine Professionalisierung der Altenpflegearbeit und forcieren im Gegenteil sogar in großem Umfang eine strukturelle Deprofessionalisierung. Als ursächlich hierfür wird vor allem die Finanzierungslogik der Pflegeversicherung ausgemacht, mit der eine nur unzureichende personelle Ausstattung der Einrichtungen zu realisieren sei. Nicht zuletzt müssen auch die arbeitsmarktpolitischen Steuerungen problematisiert werden, denn die Altenpflege wird zunehmend als Auffangbecken für alle nicht vermittelbaren Erwerbstätigen des Arbeitsmarktes betrachtet, weil insbesondere die Altenpflege von den politischen Entscheidungsträgern nach Bedarf noch immer als eine Tätigkeit betrachtet wird, die jeder bzw. vielmehr jede ausüben kann.

Neben den konkreten berufs- und professionspolitischen Emanzipationsbestrebungen auf der gesamtgesellschaftlichen Makroebene haben die Interviewpartner/innen auch zahlreiche Argumente genannt, die auf der Mikroebene des Professionalisierungsdiskurses zu verorten sind. Diese verweisen, ohne ihn ausdrücklich zu nennen, auf den arbeitswissenschaftlichen Ansatz zur Interaktionsarbeit bzw. knüpfen explizit an den handlungsorientierten Professionalisierungsansatz an. Danach bedeutet Professionalisierung, dass die Pflegeberufe ihr Handeln wissensbasiert ausrichten, d. h., sie können unter Bezug auf das vorhandene pflegespezifische Regelwissen wissenschaftlich argumentieren und begründen, wieso bestimmte pflegerische Handlungen durchgeführt werden müssen und welcher Voraussetzungen es dazu bedarf. Als ein Alleinstellungsmerkmal wird zudem das umfängliche Wissen über das Alter, Altsein, Altern sowie Krankheit, Sterben und Tod begriffen. Konsequenterweise werden von den Experten/Expertinnen dann auch solche Kompetenzen als besonders relevant für die Berufsausübung erachtet, die den pflegerisch berufsspezifischen Kernkompetenzen und den Sozialkompetenzen aus dem „Kompetenzprofil Altenpflege" zugeordnet werden können. Bei den pflegerisch berufsspezifischen Kompetenzen wurde beispielsweise der fachgerechte Umgang mit Demenzkranken, die Palliativversorgung, die Schmerztherapie, die Biografiearbeit genannt. Handlungspraktisch wurde auf umfangreiche Beratungsaufgaben verwiesen sowie auf die Umsetzung des Pflegeprozesses fokussiert, also der professionelle Einsatz von vielfältiger pflegerischer Fachkenntnis, Assessment-Instrumenten und -Methoden hervorgehoben, mit denen die Situation der Einzelnen beurteilt werden kann, um entsprechende (pflegerische) Interventionen ab- und einzuleiten.

Unterschiede in den Argumentationen der Gesprächspartner/innen waren dann festzustellen, wenn die Tätigkeitsfelder konkretisiert und die dafür erforderlichen Ausbildungsvoraussetzungen skizziert wurden. Gleiches galt für die verfolgten Professionalisierungsstrategien bzw. berufspolitischen Stoßrichtungen. Prinzipiell können folgende gegensätzliche Positionen unterschieden werden:

- Akzeptanz der sozialpolitischen Rahmenbedingungen und knappen finanziellen Ressourcen als weitestgehend unveränderlich versus Aufruf zur strikten Einhaltung des Arbeitszeitgesetzes und ggf. auch zur Arbeitsniederlegung.

- Zunehmende Übernahme pflegeferner und pflegeplanerischer Tätigkeiten durch die Pflegefachkräfte und Übergabe der direkten Pflegeaufgaben an die Pflegehilfskräfte versus des Ansatzes, nach dem die am besten qualifizierten Pflegefachkräfte am „Pflegebett" arbeiten sollten.

- Fortgesetzte Spezialisierung und Expertenentwicklung für eine differenzierte und arbeitsteilige Übernahme unterschiedlicher Tätigkeitsbereiche versus Aufbau eines umfassenden Generalistenwissens und Umsetzung des Bezugspflegekonzeptes.

- Sukzessive Akademisierung der Pflegeausbildung bis hin zur universitären Erstausbildung versus Infragestellung des Akademisierungsparadigmas.

Abschließend muss betont werden, dass bezüglich der berufspolitischen Entwicklungsstrategien und Zielsetzungen von einer großen Unübersichtlichkeit gesprochen werden kann. Dies liefert einen möglichen Erklärungsansatz dafür, weshalb es bislang noch zu keiner übergreifenden berufspolitischen Solidarisierung aller relevanten Akteure in der Altenpflegebranche gekommen ist. Erforderlich ist nicht nur eine gemeinsame Strategie im Umgang mit den sozialpolitischen Rahmenbedingungen, sondern es fehlt eine Verständigung auf die zukünftigen Arbeitsfelder professionell Pflegender.

21.7 Ausblick und Handlungsempfehlungen

Wie sich durch die Analyse der Altenpflegearbeit gezeigt hat, ist zum einen auf der handlungspraktischen Ebene ein deutlicher Professionalisierungsschub zu verzeichnen, der aber auf der gesamtgesellschaftlichen Ebene nicht zu einem substanziellen horizontalen Aufstieg dieses Berufsfeldes geführt hat. Stattdessen ist eine vertikale Ausdifferenzierung zu beobachten, die eventuell für Teilbereiche, namentlich dem Pflegemanagement eine vertikale Statusverbesserung in Aussicht stellt, während die Gruppe der Erwerbstätigen, die zukünftig wahrscheinlich den „Löwenanteil" der pflegerischen Versorgung tragen wird, keine Verbesserungen zu erwarten hat. Einführung und Ausgestaltung der Pflegeversicherung und die sozialrechtlichen Weichenstellungen folgten mit dem Ziel der Ausgabenbegrenzung der öffentlichen Haushalte und der Abfederung der sozialen und psychischen Auswirkungen von Pflegebedürftigkeit finanz- und ordnungspolitischen Rationalitätskriterien. Um die Dienstleistungsarbeit Altenpflege zu stärken – und hier ist explizit auch die (Grund-)Pflege gemeint – und um in diesem Feld attraktive Arbeitsplätze zu schaffen, muss daher ein Paradigmenwechsel vorgenommen werden, hin zu berufs-, arbeitsmarkt- und pflegepolitischen Rationalitätskriterien. Zu diesem Zweck muss die Betrachtungsperspektive erweitert und der gesellschaftliche Teilbereich Altenpflege auch in Relation zu anderen Teilbereichen gesetzt werden. In diesem Zusammenhang ist ein mehrfaches Umdenken dringend geboten.

- Die Altenpflege muss politisch und ökonomisch aufgewertet werden, z. B. durch die Verbesserung der Rahmenbedingungen des Pflegemarktes. Die Geringhaltung der Lohnnebenkosten und die Aufrechterhaltung der Beitragsbemessungsgrenze wird auf Dauer die Pflegearbeit endgültig auf eine Satt- und Sauber-Pflege reduzieren. Es muss aus anderen gesellschaftlichen Teilbereichen Geld in die Altenpflegebranche transferiert werden.

- Die Pflegearbeit muss inhaltlich und fachlich aufgewertet werden, vor allem müssen die pflegenahen Tätigkeiten und die Interaktionsarbeit als genuiner Kern dieser Arbeit und als Alleinstellungsmerkmale positiv hervorgehoben werden. Diese Arbeitsanteile müssen zudem endlich angemessen in die Lohnfindung eingehen.

- Die Bewertung der Kompetenzen und Qualifikationsprofile muss unabhängig von den institutionell durchlaufenen Bildungspfaden erfolgen und es müssen auch alternative Wege des Kompetenzerwerbs eröffnet werden.

- Obwohl die Pflegekräfte ihre Arbeit selbst durchaus wertschätzen, muss die sichtbar gewordene „Sprachlosigkeit" überwunden werden. Die Altenpflegearbeit muss in ihrer Vielschichtigkeit angemessen dargestellt, präziser benannt und sprachlich aufgewertet werden. Zudem müssen Wege gefunden werden, wie das spezifische Dilemma der Branche überwunden werden kann, nämlich die Rahmenbedingungen zu skandalisieren, ohne die eigene Arbeit zu diskreditieren.

- Es muss zu einer übergreifenden Solidarisierung aller relevanten Akteure in der Altenpflegebranche kommen, die eine gemeinsame Strategie im Umgang mit den sozialpolitischen Rahmenbedingungen verfolgt und sich gemeinsam darauf verständigt, wie sich die Altenpflege horizontal und vertikal ausdifferenzieren soll und welche Arbeitsbedingungen dann bereitzustellen sind.

- Schließlich muss insgesamt eine gesellschaftliche Haltung erzeugt werden, nach der es nicht mehr selbstverständlich ist, dass bestimmte (soziale) Dienstleistungen unentgeltlich in Anspruch genommen werden, sondern dass diese Dienstleistungen in Konkurrenz zu allen anderen marktförmig erbrachten Dienstleistungen und Produkten stehen und daher auch angemessen zu bezahlen sind, wenn sie genutzt werden.

Literatur

[1] Albert, M. (1998): Krankenpflege auf dem Weg zur Professionalisierung. Eine qualitative Untersuchung mit Studierenden der berufsintegrierten Studiengänge „Pflegedienstleitung/Pflegemanagement" und „Pflegepädagogik" an der Katholischen Fachhochschule Freiburg, URL: http://arbeit.freepage.de/malb/ [Stand: 18. März 2005].

[2] Beck, U./Brater, M. (1977): Problemstellung und Ansatzpunkte einer subjektbezogenen Theorie der Berufe (Einleitung). In: Beck, U./Brater, M. (Hrsg.): Die soziale Konstitution der Berufe. Materialien zu einer subjektbezogenen Theorie der Berufe. Band 1, Frankfurt am Main/München, S. 5-62.

[3] Becker-Schmidt, R. (2003): Zur doppelten Vergesellschaftung von Frauen. Soziologische Grundlegung, empirische Rekonstruktion, URL: http://www.fu-berlin.de/gpo/pdf/ [Stand: 05. Mai 2005].

[4] Beer, U. (1990): Geschlecht, Struktur, Geschichte. Soziale Konstituierung des Geschlechterverhältnisses, Frankfurt am Main/New York.

[5] Blass, K. (2003): Personalplanung in stationären Altenhilfeeinrichtungen. Veröffentlichung der wissenschaftlichen Begleitung zum Modellprogramm des Bundesministeriums für Gesundheit und Soziale Sicherung zur "Verbesserung der Situation der Pflegebedürftigen". Band 7, Saarbrücken.

[6] Blass, K. (2006): Gesund Pflegen in der Altenpflege. Analyse und Maßnahmenentwicklung zur Reduzierung der Arbeitsbelastung in der stationären Altenpflege. Schriftenreihe der Initiative neue Qualität in der Arbeit (INQA). Band 16, Dortmund.

[7] Blass, K. (2008): Einsatz von Langzeitarbeitslosen in stationären Einrichtungen der Altenpflege. Dortmund: Bundesanstalt für Arbeitsschutz und Arbeitsmedizin (BAuA), URL: www.baua.de/de/Publikationen/Fachbeitraege/F2182.pdf;jsessionid=E064FE007AED18C065FFF190132576E3.1_cid253?__blob=publicationFile&v=6 [Stand 02. Januar 2012].

[8] Blass, K./Geiger, M./Kirchen-Peters, S. (2009): Abschlussbericht zum Projekt AIDA – „Arbeitsschutz in der Altenpflege".

[9] Blass, K. (2011): Altenpflege zwischen Jederfrauqualifikation und Expertentum. Verberuflichungs- und Professionalisierungschancen einer Domäne weiblicher (Erwerbs-)Arbeit, Saarbrücken.

[10] Bundesministerium für Gesundheit (2008): Vierter Bericht über die Entwicklung der Pflegeversicherung, URL: http://www.bundesgesundheitsministerium.de/cln_169/nn_1168258/sid_CD2A4344FE40A448ECEF0DDEC927A8AEE/SharedDocs/Downloads/DE/Standardartikel/P/Glossar-Pflegeversicherung/Berichte-Zur-Entwicklung-der-Pflegeversicherung__4._20Bericht.html?__nnn=true [Stand 19. Dezember 2010].

[11] Bundesministerium für Gesundheit (2009): Umsetzungsbericht des Beirats zur Überprüfung des Pflegebedürftigkeitsbegriffs, ULR: http://www.bmg.bund.de/nn_1168248/SharedDocs/Publikationen/DE/Pflege/Umsetzungsbericht-Pflegebed_C3_BCrftigkeitsbegr.html [Stand 25. November 2010].

[12] Bundesministerium für Gesundheit (2010): Zahlen und Fakten zur Pflegeversicherung, ULR: http://www.bundesgesundheitsministerium.de/cln_178/nn_1193090/SharedDocs/Downloads/DE/Statistiken/Statistiken_20Pflege/Zahlen-und-Fakten-Pflegereform-Mai-2010.html [Stand 25. November 2010].

[13] Böhle, F./Glaser, J. (Hrsg.) (2006): Arbeit in der Interaktion – Interaktion als Arbeit. Arbeitsorganisation und Interaktionsarbeit in der Dienstleistung, 1. Aufl., Wiesbaden.

[14] Deutscher Bundestag (2008): Vierter Bericht über die Entwicklung der Pflegeversicherung. 16. Wahlperiode. Drucksache 16/7772.

[15] Gottschall, K. (1995): Geschlechterverhältnis und Arbeitsmarktsegregation, in: Becker-Schmidt, R./Knapp, G.-A. (Hrsg.) (1995): Das Geschlechterverhältnis als Gegenstand der Sozialwissenschaft. Frankfurt am Main/New York, S. 125-162.

[16] Gottschall, K. (2000): Soziale Ungleichheit und Geschlecht. Kontinuitäten und Brüche, Sackgassen und Erkenntnispotentiale im deutschen soziologischen Diskurs, 1. Aufl., Opladen.

[17] Heidenreich, M. (1999): Berufskonstruktion und Professionalisierung. Erträge der soziologischen Forschung, in: Apel, H.-J./Horn, K.-P./Lundgreen, P./ Sandfuchs, U. (Hrsg.): Professionalisierung pädagogischer Berufe im Historischen Prozeß, 1. Aufl., Bad Heilbrunn, S. 35-58.
[18] Helsper, W./Krüger, H.-H./Rabe-Kleberg, U. (2000): Professionstheorie, Professions- und Biographieforschung – Einführung in den Themenschwerpunkt, in: Zeitschrift für qualitative Sozialforschung, Vol. 1, 1, S. 5-20.
[19] Hörstmann-Jungemann, M. (2007): Die Pflegeversicherung. Hintergrund und Entwicklung, Wuppertal.
[20] Hülsken-Giesler, M. (2008): Der Zugang zum Anderen. Zur theoretischen Rekonstruktion von Professionalisierungsstrategien pflegerischen Handelns im Spannungsfeld von Mimesis und Maschinenlogik, Göttingen.
[21] Krüger, H. (2002): Gesellschaftsanalyse: Der Institutionenansatz in der Geschlechterforschung. In: Knapp, G.-A./Wetterer, A. (Hrsg.): Soziale Verortung der Geschlechter. Gesellschaftstheorie und feministische Kritik, Münster, S. 63-90.
[22] Meifort, B. (2002): „Ursachen und Probleme der Vergeschlechtlichung von Berufsarbeit" und „Arbeitswissenschaftliche Erkenntnisse zum Sichtbarmachen der weichen Komponenten der Dienstleistungsarbeit" im Berufsfeld Altenpflege, URL: http://www.bibb.de/dokumente/pdf/pr_pr-material 2002_fachkongress_forum 8.pdf [Stand 02. November 2009].
[23] Oevermann, U. (1996): Theoretische Skizze einer revidierten Theorie professionellen Handelns, in: Combe, A./Helsper, W. (Hrsg.): Pädagogische Professionalität. Untersuchungen zum Typus pädagogischen Handels. Frankfurt am Main, S. 70-182.
[24] Österle, A./Hammer, E. (2004): Zur zukünftigen Betreuung und Pflege älterer Menschen. Rahmenbedingungen – Politikansätze – Entwicklungsperspektiven, Wien.
[25] Ostner, I./Beck-Gernsheim, E. (1979): Mitmenschlichkeit als Beruf, 1. Aufl., Frankfurt am Main/New York.
[26] Rabe-Kleberg, U. (1987): Frauenberufe – Zur Segmentierung der Berufswelt. Schriftenreihe des Instituts Frau und Gesellschaft. Band 6, Bielefeld.
[27] Rothgang, H. (1997): Ziele und Wirkungen der Pflegeversicherung. Eine ökonomische Analyse, 1. Aufl., Frankfurt am Main/New York.
[28] Schwenk, M.(2005): Professionalisierung der Pflege, Diplomarbeit, Evangelische Fachhochschule Ludwigshafen.
[29] Statistisches Bundesamt (2008): Pflegestatistik 2007. Pflege im Rahmen der Pflegeversicherung. Deutschlandergebnisse, Wiesbaden.
[30] verdi (Hrsg.) (2009): Personalbemessung in der stationären Pflege. Rechtliche Rahmenbedingungen, Stuttgart.
[31] Voges, W. (2002): Pflege alter Menschen als Beruf. Soziologie eines Tätigkeitsfeldes, 1. Aufl., Wiesbaden.
[32] Voß, G. (2001): Auf dem Wege zum Individualberuf? Zur Beruflichkeit des Arbeitskraftunternehmers, in: Kurtz, T. (Hrsg.): Aspekte des Berufs in der Moderne, Opladen, S. 287-314.
[33] Weidner, F. (2004): Professionelle Pflegepraxis und Gesundheitsförderung. Eine empirische Untersuchung über Voraussetzungen und Perspektiven des beruflichen Handelns in der Krankenpflege, 3. Aufl., Frankfurt am Main.
[34] Wetterer, A. (1992): Theoretische Konzepte zur Analyse der Marginalität von Frauen in hochqualifizierten Berufen, in: Wetterer, A. (Hrsg.): Profession und Geschlecht. Über die Marginalität von Frauen in hochqualifizierten Berufen, 1. Aufl., Frankfurt am Main/New York, S. 13-40.
[35] Wolde, A. (1995): Geschlechterverhältnis und gesellschaftliche Transformationsprozesse, in: Becker-Schmidt, R./Knapp, G.-A. (Hrsg.): Das Geschlechterverhältnis als Gegenstand der Sozialwissenschaft, 1. Aufl., Frankfurt am Main/ New York, S. 279-308.

Teil 3
Wertschätzung und Produzentenstolz

22 Die unsichtbaren Leistungen von Beschäftigten und Kunden

Anna Hoffmann, Nick Kratzer, Margit Weihrich

22.1	Unsichtbarkeit in der Dienstleistungsarbeit: Was ist damit gemeint?	444
22.2	Vier Perspektiven auf unsichtbare Dienstleistungsarbeit	446
22.2.1	Unsichtbar, aber unverzichtbar: Reproduktion als Dienstleistungsergebnis	446
22.2.1.1	Die Reproduktion von Zuständen	446
22.2.1.2	Die Reproduktion von Dienstleistungssystemen	447
22.2.2	Unsichtbar, aber unverzichtbar: Die interaktive Arbeit als Modus der Dienstleistungserbringung	448
22.2.3	Unsichtbar, aber unverzichtbar: Die Arbeit außerhalb der ‚eigentlichen' Dienstleistungsbeziehung	450
22.2.4	Unsichtbar, aber unverzichtbar: Die (interaktive) Bearbeitung von Problemen, die die Unternehmen produzieren	452
22.3	Sichtbarmachen trotz Janusköpfigkeit	454
Literatur		455

Anna Hoffmann, M.A., Technische Universität Chemnitz, Institut für Soziologie – Industrie- und Techniksoziologie

Dr. Nick Kratzer, Institut für Sozialwissenschaftliche Forschung e.V., ISF München

Dr. Margit Weihrich, Universität Augsburg, Forschungseinheit Sozioökonomie der Arbeits- und Berufswelt

Die Gesellschaft, in der wir leben, würde auf der Stelle kollabieren, wenn es keine Dienstleistungen gäbe. Dienstleistungen gewährleisten aber nicht nur, dass diese Gesellschaft funktioniert. Sie sind ein entscheidender Motor für die ökonomische Weiterentwicklung der Gesellschaft, aber auch soziale Laboratorien, in denen Kunden und Dienstleister neue Formen der Zusammenarbeit einüben – und das in zunehmenden Maße: Zwei Drittel der Beschäftigten haben mittlerweile in ihrer alltäglichen Arbeit Kontakt mit Kunden (vgl. Ganz et al. 2011, S. 9) [6].

Demgegenüber wird die Wertschätzung, die personenbezogenen Dienstleistungen entgegengebracht wird, deren gesellschaftlicher Bedeutung nicht gerecht. Das gilt insbesondere für die unverzichtbaren personenbezogenen Dienstleistungen auf der mittleren und einfachen Qualifikationsebene. Dieser fehlenden Wertschätzung geht indes noch etwas Fundamentaleres voraus: Dienstleister beklagen, dass ihre Arbeit gar nicht erst wahrgenommen würde. Sie arbeiten im „Unsichtbaren" und ihre Leistung wird nicht sichtbar. Wie aber soll Arbeit wertgeschätzt werden können, wenn man sie gar nicht wahrnimmt?

Der vorliegende Beitrag thematisiert diese Unsichtbarkeit unverzichtbarer Dienstleistungen und die Bedeutung, die ihr Sichtbarmachen für die Dienstleistungsgesellschaft hat. Dabei werden nicht nur die Leistungen von Beschäftigten ans Licht gebracht, sondern auch die Leistungen von Kunden. Im Zentrum der Forschung, aus der hier berichtet wird, steht die interaktive Arbeit, die Dienstleister und Kunden gemeinsam erbringen müssen, wenn das Dienstleistungsergebnis erzielt werden soll. Ohne die Mitarbeit des Kunden lässt sich Dienstleistung nicht realisieren. Deshalb betrachten wir den Kunden als eigenständigen Partner in der Dienstleistungsbeziehung. Die Arbeit, die er leistet, wird ebenso sichtbar gemacht wie die Arbeit, die die Beschäftigten erbringen.

Das Forschungs- und Gestaltungsprojekt „PiA – Professionalisierung interaktiver Arbeit" hat die Zusammenarbeit von Kunden und Dienstleistern zum Thema. Es betont die Notwendigkeit dieser Arbeit für die Erbringung von Dienstleistungen, untersucht den Einfluss spezifischer Rahmenbedingungen, arbeitet die interaktiven Kompetenzen der Beteiligten heraus und entwickelt Maßnahmen zur Professionalisierung und Gestaltung interaktiver Arbeit in Unternehmen. Forschung und Gestaltung beziehen sich auf drei sehr unterschiedliche Praxisfelder, in denen gleichwohl interaktive Arbeit geleistet wird: Altenpflege, Hotellerie und Infrastrukturdienstleistung. Beteiligt sind vier wissenschaftliche Einrichtungen (ISF München, Universität Augsburg, Technische Universität Chemnitz, Hochschule Aalen) und drei Unternehmen (AWO Bezirksverband Oberbayern, Accor Hospitality Germany GmbH und DB Services Nordost GmbH).[1]

Dieser Beitrag beschäftigt sich in einem ersten Teil mit der Frage, was eigentlich gemeint ist, wenn man im Zusammenhang mit Dienstleistungsarbeit von Unsichtbarkeit spricht. Im zweiten Teil werden die unverzichtbaren, aber unsichtbaren Leistungen von Beschäftigten

---

[1] PiA wird im Rahmen des Förderschwerpunktes „Dienstleistungsqualität durch professionelle Arbeit" aus Mitteln des Bundesministeriums für Bildung und Forschung und aus dem Europäischen Sozialfonds der Europäischen Union gefördert (Förderkennzeichen: 01FB08005-11). Für nähere Informationen zum Verbundvorhaben siehe www.interaktive-arbeit.de.

und Kunden aus vier Perspektiven beleuchtet: Wir blicken auf Reproduktion als spezifisches Dienstleistungsergebnis, auf die interaktive Arbeit in der Dienstleistungsbeziehung, auf die Arbeit außerhalb der Dienstleistungsbeziehung sowie auf die Bewältigung der Folgen betrieblicher Steuerung. Der Beitrag schließt mit Vorschlägen, wie diese Leistungen sichtbar gemacht werden können; gleichzeitig wird die Janusköpfigkeit dieses Unterfangens reflektiert.

22.1 Unsichtbarkeit in der Dienstleistungsarbeit: Was ist damit gemeint?

Wenn man im Zusammenhang mit Dienstleistungen von Unsichtbarkeit spricht, können damit ganz verschiedene Dinge gemeint sein (vgl. hierzu auch Voswinkel 2010) [12]. Die im Folgenden aufgezeigten Aspekte von Unsichtbarkeit umfassen einen Bogen von der visuellen Unsichtbarkeit der Arbeit über das bewusste Unsichtbar-Machen bis hin zum bislang völlig Ausgeblendeten: den Leistungen der Kunden.

Arbeiten unter Ausschluss der Öffentlichkeit

Woran man zuerst denkt, ist die Art von Unsichtbarkeit, die mit solcher Arbeit verbunden ist, die *unter Ausschluss der Öffentlichkeit* stattfindet. Das gilt zum Beispiel für die Gebäudereinigung, die im Projekt PiA untersucht wird und auch in einigen der folgenden Beiträge zum Thema gemacht wird. Bahnsteigreiniger arbeiten nachts am Bahnhof – die Reinigungsarbeiten an den Bahnsteigen sind einfacher zu erledigen, wenn nur wenige Reisende unterwegs sind. In der Folge finden die Reisenden am Morgen saubere Bahnsteige vor, werden aber nicht mit der Reinigungsarbeit konfrontiert. Sie bleibt unsichtbar. Sichtbar ist lediglich ihr Ergebnis. Das ist in vielen Dienstleistungsbranchen so, denn es wird fast immer ein Teil des Beitrags zum Funktionieren der Dienstleistung im Hintergrund geleistet.

Arbeiten als Kampf gegen die Entropie

Doch auch das Ergebnis ist auf eine gewisse Weise unsichtbar. Das lässt sich ebenfalls am Beispiel Bahnsteigreinigung verdeutlichen: Das Ergebnis der Reinigungsarbeit wird nicht registriert, obwohl es sichtbar ist. Denn Sauberkeit ist ein erwünschter Normalzustand, der nicht auffällt. Was auffällt, ist eher die Abweichung davon. Reinigungsarbeit ist ein *ständiger Kampf gegen die Entropie* – denn Bahnsteige bleiben nicht lange sauber. Diese Facette von Unsichtbarkeit betrifft alle Dienstleistungen, die mit Reproduktionsarbeit befasst sind und insbesondere die Arbeit in der Pflege.

Das „Was" beachten und nicht das „Wie"

Dienstleistungen werden oft damit beschrieben, dass ihr Ergebnis etwas Immaterielles ist, etwas, das man nicht anfassen kann. Hier liegt eine weitere Facette von Unsichtbarkeit: Das Ergebnis einer Dienstleistung ist unsichtbar im Sinne von ‚schwer zu bestimmen, worin es besteht'. Nehmen wir die Altenpflege als ein Beispiel: Gute Pflege äußert sich nicht nur darin, dass die Altenheim-Bewohnerin gewaschen und ordentlich gekleidet ist und keinen Hunger mehr hat. Sie äußert sich auch darin, dass sich die Bewohnerin wohlfühlt. Hierfür ist nicht nur ausschlaggebend, *was* die Pflegekräfte tun, sondern *wie* sie es tun. Diese Art von Unsichtbarkeit spielt in der kritischen Diskussion der Pflegedokumentation eine große Rolle: Denn dort wird das „Was" dokumentiert, aber nicht das „Wie". Aber auch in allen anderen Dienstleistungsbereichen wird selten wahrgenommen, *wie* Dienstleistung erbracht wird.

Eigene Leistungen nicht wahrnehmen

Die Forschungsergebnisse des Projekts PiA weisen darauf hin, dass auch den Beschäftigten die eigene Arbeit oft unsichtbar bleibt. Sie nehmen Vieles von dem, was sie tagtäglich virtuos leisten, *gar nicht als Leistung wahr*. Wenn sie es doch wahrnehmen, dann als etwas, das „selbstverständlich" ist und „nicht der Rede wert". Mit solchen Worten werden so voraussetzungsvolle Leistungen beschrieben wie etwa der passende Einsatz von Gefühlen im Umgang mit schwierigen Gästen im Hotel. So wird das so wichtige erfahrungsgeleitet-subjektivierende Arbeitshandeln (vgl. Böhle 2009) [3] gar nicht als ein Arbeitshandeln wahrgenommen – nicht einmal von den Beschäftigten selbst.

Komplexe Dienstleistungssysteme aufrechterhalten

Eine weitere Form von Unsichtbarkeit betrifft all diejenigen Leistungen, die notwendig sind, um *komplexe Dienstleistungssysteme aufrechtzuerhalten*. So kümmern sich Reinigungskräfte in vielfältiger Weise um ‚ihren' Bahnhof und tragen dazu bei, dass das ‚System Bahnhof' funktioniert. Diese Leistung geht weit über die Reinigungsarbeit hinaus. Reinigungskräfte sind gute Beobachter des Geschehens; sie kennen etwa die tendenziell problematischen Bahnhofs-Stammgäste und kontrollieren diese mit dem ‚richtigen' Ton. Diese Leistungen bleiben unsichtbar, weil sie indirekt sind und in keiner Stellenbeschreibung stehen.

Leistungen gezielt im Unsichtbaren halten

Schließlich sind es auch die *Unternehmen, die Leistungen im Unsichtbaren halten*: Sie erwarten bestimmte Leistungen von den Beschäftigten und machen gleichzeitig aus strategischen Gründen unsichtbar, dass sie das tun. Dieses Phänomen ist unter der Überschrift „Subjektivierung von Arbeit" (vgl. Moldaschl/Voß 2002) [8] gut untersucht. In diesen Zusammenhang gehört auch das Phänomen, dass Leistungen zunehmend an ihrem Erfolg gemessen werden. Sind die Kennzahlen nicht erreicht, verschwindet die dennoch erbrachte Leistung im Unsichtbaren. Solche Tendenzen, die aus der Produktionsarbeit bekannt sind, haben längst auch in Dienstleistungsbetrieben Einzug gehalten (vgl. Kratzer/Dunkel 2011) [7].

Überhaupt nicht beachtet: die Leistungen der Kunden

Alle hier genannten Facetten von Unsichtbarkeit betreffen die unsichtbaren Leistungen der Beschäftigten. Was bislang ganz und gar unsichtbar geblieben ist, sind die *Leistungen der Kunden*. Sie sind so unsichtbar, dass sie in dieser Aufzählung wahrscheinlich gar nicht vermisst worden sind. Die Leistungen der Kunden rücken erst sehr langsam in das Feld der Wahrnehmung. Auch die Sprache steht dem im Weg. Spricht man über Dienstleistung, so sind es die Beschäftigten, die den Dienst leisten. Die Kunden konsumieren oder verbrauchen. Dass auch sie etwas leisten, kommt im wahrsten Sinn des Wortes nicht zur Sprache. Kundenleistungen bleiben unsichtbar, weil man sie gar nicht sehen kann, solange man nicht auf die Idee kommt, hinzuschauen.

Dieser Beitrag will den Blick auch darauf lenken: Alle eben beschriebenen unsichtbaren Leistungen lassen sich ebenso auf der Seite der Kunden finden. Auch Kunden arbeiten unter Ausschluss der Öffentlichkeit und kämpfen gegen die Entropie. Auch bei ihnen kommt es darauf an, *wie* sie etwas tun, und auch sie nehmen ihre Leistungen nicht als solche wahr. Sie halten Dienstleistungssysteme am Laufen, und sie lassen sich als „arbeitende Kunden" (vgl. Voß/Rieder 2005) [11] Arbeit von den Unternehmen delegieren.

22.2 Vier Perspektiven auf unsichtbare Dienstleistungsarbeit

Trotz aller Unsichtbarkeit sind viele Leistungen, die tagtäglich von Beschäftigten und Kunden erbracht werden, unverzichtbar für das Gelingen von Dienstleistungen. Im Folgenden werden diese Leistungen aus vier verschiedenen Perspektiven beleuchtet und damit ein Stück aus ihrer Unsichtbarkeit herausgeholt; aus jeder Perspektive werden die Leistungen von Beschäftigten *und* Kunden in den Blick genommen. Dabei weitet sich der Blick: Er geht von der Dienstleistungsbeziehung aus, richtet sich dann auf die Leistungen, die außerhalb der Dienstleistung erbracht werden und bezieht schließlich die Rolle der Unternehmen mit ein. Im Einzelnen geht es (1) um Reproduktion als ein besonderes Ergebnis der Dienstleistung, (2) um die interaktive Arbeit in der Dienstleistungsbeziehung, (3) um die Gewähr-Leistung, die Kunden und Beschäftigte erbringen und (4) um diejenigen Tücken in Dienstleistungsbeziehungen, die die Unternehmen erst produzieren und die von Beschäftigten und Kunden bearbeitet werden müssen.

22.2.1 Unsichtbar, aber unverzichtbar: Reproduktion als Dienstleistungsergebnis

22.2.1.1 Die Reproduktion von Zuständen

Es wurde schon darauf hingewiesen, dass die Ergebnisse von Dienstleistungen auf verschiedene Arten unsichtbar sein können und gleichwohl unverzichtbar sind. Hier wird eine besondere Art von Unsichtbarkeit noch einmal vertieft: der Kampf gegen die Entropie. Das Ergebnis von Dienstleistungsarbeit ist oft ein ‚Zustand', der nicht von Dauer ist, sondern immer wieder reproduziert werden muss: zum Beispiel der saubere Bahnhof oder die gute Pflege. Wie in der (gut untersuchten) Haus- und Familienarbeit (vgl. z. B. Ostner 1978) [10] bestehen viele Dienstleistungen in einem immerwährenden Reproduktionsprozess. Nicht zuletzt ist es diese Analogie, die sich negativ auf die Wertschätzung dieser Arbeit auswirkt. Reproduktionsarbeit ist nicht (nur) per se unsichtbar, sondern wird aufgrund genderspezifischer Abwertungen unsichtbar gemacht. Es sieht so aus, als würde Dienstleistungsarbeit – mit allen Nachteilen, die das dann eben hat – auch heute noch an der Produktionsarbeit und den entsprechenden Vorstellungen von Produkten gemessen: materiellen Produkten, die gelagert und transportiert werden können (vgl. zu einer solchen Verortung Offe 1984) [9].

Nicht nur die Reproduktionsleistungen der Beschäftigten verschwinden im Unsichtbaren, sondern auch die entsprechenden Leistungen der Kunden. Es ist nicht nur die Reinigungskraft, die immer wieder sauber macht. Auch die Reisenden entsorgen immer wieder ihren Abfall und deponieren ihn sorgfältig getrennt in den jeweils vorgesehenen Behältern. Sie nehmen ihn mit nach Hause oder bemühen sich, erst gar keinen Müll zu produzieren. Auch wenn man Reisende dabei beobachten kann, wie sie ihren Müll entsorgen, so bleibt diese Leistung unsichtbar in dem Sinne, dass sie offensichtlich keine Beachtung verdient und ihr auch keine geschenkt wird.

Beachtet und damit sichtbar gemacht werden vor allem die Reisenden, die ihren Müll eben nicht in den Mülleimer werfen, sondern dort hinterlassen, wo er nicht hingehört. Für Reinigungskräfte und Reisende gilt, dass das Ergebnis ihres Tuns in der Regel nur dann auffällt, wenn es defizitär ist. Dass hinter der Herstellung des Normalzustands eine Leistung steckt, bleibt unsichtbar.

Dabei lohnt es sich, noch einmal über den ‚Normalzustand' nachzudenken. Interessanterweise wird die Sauberkeit des Bahnhofs durch sogenannte „Service Level Agreements" definiert, in denen die beteiligten Unternehmen (DB Station & Service als Auftraggeber und DB Services als Auftragnehmer) festlegen, welcher Grad von Sauberkeit für einen bestimmten Preis zu haben ist. So mag den Reisenden ein Bahnsteig als schmutzig erscheinen, obwohl die Reinigungskraft ihren Auftrag perfekt erfüllt hat. Man kann annehmen, dass sich auch die Reisenden solche Service Levels setzen – und etwa den eigenen Abfall entsorgen, aber keinesfalls auch den leeren Kaffeebecher, den der Sitznachbar hinterlassen hat.

22.2.1.2 Die Reproduktion von Dienstleistungssystemen

Doch es geht noch weiter: Das hergestellte ‚Ergebnis' bzw. der ‚Normalzustand' besteht oft darin, dass ein komplexes Dienstleistungssystem am Laufen gehalten wird. Auch diese Tatsache findet kaum Beachtung. Dabei ruht ein funktionierendes Dienstleistungssystem auf den koordinierten Beiträgen Vieler auf. So besteht das Dienstleistungssystem Altenheim aus den immerwährenden Leistungen von Bewohnern, Angehörigen und Beschäftigten; darunter sind viele Leistungen, die im Unsichtbaren bleiben. Die *Bewohner* balancieren die Spannungsfelder aus, denen sie ausgesetzt sind, weil sie in einer Organisation ‚zuhause' sind: Sie passen ihre Bedürfnisse an das organisationale Umfeld an; sie regeln Nähe und Abstand zwischen sich und anderen Bewohnern; sie beobachten die Abläufe in der Organisation genau und greifen auch gelegentlich ein; sie achten darauf, was die Mitbewohner tun. Die *Angehörigen* vermitteln zwischen drinnen und draußen und strukturieren durch die Regelmäßigkeit ihrer Besuche den Alltag in der Einrichtung mit. Die *Beschäftigten* halten die Balance zwischen den Bedürfnissen der Bewohner, den Wünschen der Angehörigen und den pflegefachlichen Standards aufrecht. All diese Beiträge bleiben völlig im Unsichtbaren – aber ohne sie gäbe es das Dienstleistungssystem Altenheim nicht, so wie wir es kennen. Ein Altenheim wäre dann eine ganz andere Art von Organisation. Im Übrigen gilt auch für das Dienstleistungssystem Altenheim, dass sichtbar wird, was nicht gelingt. Die Tatsache, dass in der öffentlichen Diskussion gute Pflege so gut wie nie thematisiert wird, mag als ein Beleg gelten.

Nicht nur Altenheime, sondern auch Bahnhöfe und Hotels sind komplexe Dienstleistungssysteme, die auf den Leistungen Vieler aufbauen. So kümmern sich im Bahnhof Reinigungskräfte und Techniker um Dinge, die nicht zu ihren definierten Aufgaben gehören. Dazu gehört es auch, Reisenden Auskunft zu geben. Reisende wiederum helfen anderen Reisenden beim Fahrkartenkauf am Automaten. Ohne diese Leistungen würde heutzutage kein Bahnhof funktionieren. Aber als Leistungen wahrgenommen werden sie nicht.

22.2.2 Unsichtbar, aber unverzichtbar: Die interaktive Arbeit als Modus der Dienstleistungserbringung

Auch die Arbeit, auf die sich das Projekt PiA im Besonderen konzentriert, ist eine unsichtbare Leistung von Beschäftigten und Kunden: die interaktive Arbeit in der Dienstleistungsbeziehung, die das Herzstück von Dienstleistungsarbeit ausmacht. Damit die Dienstleistung erbracht werden kann, müssen Kunden und Dienstleister notwendigerweise zusammenarbeiten. Hierfür müssen sie eine Kooperationsbeziehung herstellen und damit gemeinsam eine Leistung erbringen, die hoch voraussetzungsreich ist, aber nicht als eine solche Leistung wahrgenommen wird. Das möchten wir ändern – nicht zuletzt, weil wir denken, dass man Dienstleistungsarbeit nur dann im Sinne guter Arbeit gestalten und qualifizieren kann, wenn man ihren interaktiven Kern in den Blick rückt und die entsprechenden Leistungen würdigt. Warum aber ist interaktive Arbeit notwendig? Worin besteht sie? Und warum ist sie so anspruchsvoll?

Interaktive Arbeit ist notwendig, weil Dienstleister und Kunden eine Kooperationsbeziehung herstellen müssen, wenn das Ergebnis der Dienstleistung erstellt werden soll. Wir zeigen am Beispiel der üblicherweise unterschätzten Friseurdienstleistung, warum das so ist und welchen Herausforderungen Dienstleister und Kundin begegnen müssen.[2] Auch wenn es auf den ersten Blick so aussehen mag, als handele es sich bei solchen Dienstleistungen um einfachen Markttausch, so haben wir es doch mit einer sehr viel komplexeren Veranstaltung zu tun. Bei Friseurdienstleistungen ist das Ergebnis sichtbar – die interaktive Arbeit, die hierfür notwendig ist, ist es nicht.

Zuerst einmal muss die Kundin dem Friseur kommunizieren können, wie sie sich ihre Frisur vorstellt – das ist oft gar nicht so einfach. Gleichzeitig muss der Friseur beurteilen, ob sich die Vorstellung der Kundin überhaupt realisieren lässt und eventuell einen alternati-

---

2   Zur interaktiven Arbeit bei Friseurdienstleistungen siehe Dunkel 2006 [5].

ven Vorschlag unterbreiten. Sodann muss geklärt werden, wie vorgegangen werden soll. Für diesen Klärungsprozess ist das Gespräch zwischen Kundin und Friseur nicht das einzige Medium. Der Friseur beschäftigt sich mit dem Haar der Kundin. Er kämmt und berührt es, gewinnt dadurch Informationen über seine Beschaffenheit und kann dann auch Vorschläge dazu machen, auf welchem Weg die gewünschte Frisur zu erzielen ist: etwa mit einer Tönung oder einer bestimmten Art des Schnitts. Davon muss die Kundin unter Umständen überzeugt werden – denn sie muss ja ‚mitspielen'. Dabei geht es nicht nur um ihr Einverständnis mit dem Vorschlag des Friseurs. Sie muss mal stillhalten, mal ihren Kopf in einem bestimmten Winkel neigen, mal den Platz im Salon wechseln. Wie die Pflege findet Friseurarbeit direkt am Menschen statt – und nimmt auch Zeit in Anspruch. Auch das ist eine Herausforderung, mit der Kundin und Friseur umgehen müssen. Und nicht zuletzt sollte der Friseur hoffen können, dass die Kundin den für das Ergebnis der Dienstleistung fälligen Betrag auch anstandslos bezahlt – idealerweise verbunden mit einem Trinkgeld und einem Lob für die gute Arbeit. Sieht allerdings das Ergebnis doch nicht ganz so aus, wie sie sich das vorgestellt hat (und das kommt vor), sind Spannungen nicht ausgeschlossen. Und wenn ihr der Friseur auch noch ein teures, aber angeblich unverzichtbares Haarpflegemittel ans Herz legt, muss sich die Kundin auch noch dazu erklären. Die Herausforderungen, vor denen Kundin und Friseur stehen, lassen sich von diesem Beispiel lösen, systematisieren und generalisieren: Sie finden sich in *jeder* Dienstleistungsbeziehung und damit auch in den von PiA untersuchten Praxisfeldern der Altenpflege, der Hotellerie und der Infrastrukturdienstleistung.[3] Die Systematik zeigt, warum interaktive Arbeit so anspruchsvoll ist: Die Abstimmungsprobleme, die in jeder Dienstleistungsbeziehung stecken, müssen bearbeitet werden – und zwar von Kunden und Dienstleistern gemeinsam und in der Dienstleistungsbeziehung selbst.

Das erste Problem besteht darin, dass Gegenstand und Procedere der Dienstleistung nicht von vorne herein feststehen, sondern ausgehandelt werden müssen. Grundsätzlich gilt für jede Dienstleistung, dass es offen ist, worin ihr Gegenstand genau besteht und dass dieser Gegenstand erst definiert werden muss. Dabei wissen Kunden oft nicht im Voraus, was genau sie möchten – und Dienstleister können nicht alles realisieren, was sich die Kunden wünschen. Wenn man Glück hat, lassen sich die jeweiligen Vorstellungen koordinieren – es kann aber auch sein, dass es sich um unterschiedliche Vorstellungen handelt, über die erst Einigkeit erzielt werden muss. Dies gilt nicht nur für den Gegenstand, sondern auch für das Procedere. Auch die Art und Weise, wie das Ergebnis der Dienstleistung erreicht werden soll, steht nicht fest, sondern muss abgestimmt werden.

Das zweite Problem besteht darin, dass über Ergebnis und Procedere der Dienstleistung nur unvollständige Verträge geschlossen werden können. Dienstleistungen sind immer nur Dienstleistungsversprechen, denn das Ergebnis lässt sich ja nicht vorher begutachten. So muss der Kunde darauf vertrauen, dass die Dienstleistung auch so realisiert werden wird, wie er sich das vorgestellt hat. Und auch der Dienstleister muss darauf vertrauen können, dass sein Kunde mitspielt. Lässt sich Vertrauen nicht herstellen oder wird es

---

[3] Für eine Detailanalyse zur interaktiven Arbeit in der Altenpflege siehe Weihrich 2011 [13].

enttäuscht, ist die Kooperationsbeziehung gefährdet und damit auch das Ergebnis der Dienstleistung.

Das dritte Problem liegt darin, dass Dienstleistungen durch den Tausch von Geld und Leistung gekennzeichnet sind. Preis-Leistungs-Verhältnisse sind potenziell strittig: Es kann sein, dass Kunden gerne mehr Leistung für weniger Geld bekommen würden – und vice versa. Hinzu kommt noch, dass es dafür, *wie* etwas gemacht wird, sehr wohl Erwartungen, aber in der Regel keine Preise gibt.

Diese Abstimmungsprobleme sind in jeder Dienstleistungsbeziehung systematisch angelegt (vgl. Weihrich/Dunkel 2003) [14]. Sie können selbst in stark standardisierten Dienstleistungsbeziehungen aufbrechen und müssen dann in der Dienstleistungsbeziehung selbst interaktiv bearbeitet werden. Hierfür setzen Kunden *und* Dienstleister ein ganzes Bündel von Strategien ein und greifen auf ihre spezifischen Kompetenzen zurück: Sie erklären, versuchen zu überzeugen, weisen an und geben nach, sie agieren taktisch und empathisch, sie arbeiten an den eigenen Gefühlen und an denen ihrer Partner, sie setzen neben Worten auch Gesten ein, arbeiten mit Leib und Seele und entwickeln ein Gespür für die Situation (vgl. hierzu den Beitrag von Birken, Dunkel und Herms in diesem Band). Scheitert die interaktive Arbeit, kann es sein, dass entweder überhaupt kein oder ein suboptimales Dienstleistungsergebnis produziert wird.

Diese für die Erstellung von Dienstleistungen unerlässliche interaktive Arbeit hat die Dienstleistungsforschung bislang nicht hinreichend sichtbar gemacht. Dabei ist interaktive Arbeit nicht nur ein entscheidender Faktor, was Dienstleistungsqualität betrifft. Sie spielt auch eine immens wichtige Rolle für die Arbeitszufriedenheit der Beschäftigten. Interaktive Arbeit kann sehr belastend sein – man kann aber auch stolz auf eine gut gelaufene Dienstleistungsbeziehung sein. Stolz auf die eigene Leistung und deren Anerkennung durch Andere hat aber zur Voraussetzung, dass man die geleistete interaktive Arbeit auch tatsächlich als Arbeit wahrnimmt und würdigt – und das gilt für alle Beteiligten. Denn es gilt, eine doppelte Unsichtbarkeit zu überwinden: Nicht nur die interaktive Arbeit, die die Beschäftigten leisten, bleibt unsichtbar. Bislang wird völlig übersehen, dass auch der Kunde einen Beitrag leistet. Auch dort, wo sich die Dienstleistungsforschung inzwischen auf die interaktiven Anteile von Dienstleistungsarbeit richtet, geht es vor allem darum, dass und wie Beschäftigte am Kunden (oder am Menschen) arbeiten (vgl. hierzu etwa Böhle/Glaser 2006) [4]. Der Perspektivenwechsel, der darin besteht, Dienstleistungsarbeit vom Kunden her zu denken, ist noch lange nicht vollzogen.

22.2.3 Unsichtbar, aber unverzichtbar: Die Arbeit außerhalb der ‚eigentlichen' Dienstleistungsbeziehung

Beschäftigte und Kunden leisten auch Beiträge um die direkte Dienstleistungsinteraktion herum, die letztendlich erst das Funktionieren von Dienstleistungen ermöglichen, aber im

Unsichtbaren bleiben. Wir nennen solche Beiträge „Gewähr-Leistungen".[4] Hier werden sie zunächst aus der Sicht der Beschäftigten beleuchtet.

Beschäftigte erbringen viele Dienstleistungen, die nicht zu ihren definierten Aufgaben, aber dennoch zu ihrer Arbeit gehören. Damit gewährleisten sie oftmals erst, dass Kunden die Dienstleistung überhaupt in Anspruch nehmen können – etwa wenn Reinigungskräfte den Kunden am Bahnhof Auskünfte geben. Viele Beschäftigte machen solch unsichtbare Arbeit, obwohl das gar nicht Bestandteil ihrer Auftragsbeschreibung oder ihrer Ausbildung ist.

Wenn beispielsweise Pflegekräfte unter Zeitdruck zuhören, wenn Bewohner ihre Ängste aussprechen wollen, sind das Beiträge, die erst dazu führen, dass Bewohner sich im Seniorenzentrum – beruhigt – selbstständig weiter bewegen können oder pflegen lassen. Solche Leistungen erwarten Angehörige und Bewohner meist auch als Bestandteil von Dienstleistungsarbeit. Von der täglichen Pflegedokumentation werden solche Tätigkeiten allerdings nicht erfasst. Und Führungskräfte erkennen sie oft auch nicht als explizite Leistungen an. Vielmehr erfolgt hier ein Zugriff auf ein generalisiertes und bisher unsichtbares „soziales Arbeitsvermögen", das ähnlich wie das „weibliche Arbeitsvermögen"[5] als gegeben vorausgesetzt und von den Unternehmen genutzt wird, ohne es zu entgelten oder auf andere Art und Weise zu würdigen. Dabei werden Dienstleistungen durch dieses soziale Arbeitsvermögen, das als gesellschaftliche Ressource zur Verfügung steht, überhaupt erst gewährleistet.

Doch nicht nur Beschäftigte leisten Gewährleistungsarbeit für das erfolgreiche Zustandekommen von Dienstleistungen. Unsere spezifische Kundenperspektive zeigt, dass auch die Kunden durch ihre Beiträge überhaupt erst ihre eigene Teilhabe an der Dienstleistung des Unternehmens ermöglichen: Als „arbeitende Kunden" erledigen sie viele Dienstleistungen selbst, wie etwa das Sich-selbst-Bedienen am Frühstücksbuffet im Hotel. Zudem helfen sich Kunden bei fast jedem Dienstleistungsunternehmen vor Ort gegenseitig. Sie geben einander Auskunft, schulen sich wechselseitig, wenn neue Verfahrensweisen eingeführt wurden, oder übernehmen ganze Arbeitsschritte für andere Kunden vor Ort. Das sind oft erst Gewähr-Leistungen dafür, dass ein anderer Bewohner, Reisender oder Gast ebenso zu seinem Dienstleistungsergebnis kommt. Und auch Kunden bringen ihr soziales Arbeitsvermögen ein. Somit stellen sie die Einhaltung gesellschaftlicher Umgangsformen sicher, auf deren Basis die Dienstleistungserbringung häufig erst gewährleistet ist.

Die Gewährleistungsarbeit von Kunden findet aber nicht nur vor Ort bei den Unternehmen statt, sondern Kunden leisten auch unzählige Vorarbeiten bereits zuhause. Hierfür greifen sie auf diverse private Ressourcen zurück. Diese Arbeit wird zum Teil vom Unternehmen bewusst auf den Kunden ausgelagert – wie etwa das Ausdrucken von Tickets auf Kosten des Kunden. Aber noch weitere bisher nicht sichtbar gemachte private Ressourcen werden für Dienstleistungen herangezogen, die zuvor Aufgabe der Unternehmen waren: So schicken ältere Bahnreisende ihre Enkel oder auch ihre Nachbarn an den Automaten. Eine

---

[4] Vgl. hierzu Berger/Offe 1984 [2], wonach Dienstleistungen die materielle Produktion gewährleisten.
[5] Siehe zu Begriff und Kritik Aulenbacher 2010, S. 305f. 0.

Tagebuchstudie des Projektes PiA, in der Kunden gebeten wurden, über ihre täglichen Dienstleistungen Buch zu führen, zeigt, dass Kunden in ihrem privaten Kontext sehr viel Zeit und Arbeitskraft in die Gewährleistung unterschiedlichster Dienstleistungen aus allen denkbaren Branchen investieren.

Mit all diesen Tätigkeiten leisten Kunden einen erheblichen Beitrag zum Zustandekommen von Dienstleistungen und damit zur betrieblichen Wertschöpfung der Unternehmen. Doch da diese Kundenarbeit oftmals unsichtbar ist (bzw. gar nicht als Wertschöpfungsbeitrag thematisiert werden soll), glauben die Unternehmen, sich nicht darum kümmern zu müssen, dass die Kunden die Arbeitsplätze und -mittel zur Verfügung haben, die sie für ihre Arbeit brauchen. Denn es geht ja angeblich auch so. Auf lange Sicht können Kunden aber ohne entsprechende infrastrukturelle und qualifizierende Unterstützung nicht die Arbeitsbeiträge leisten, die für die Erstellung des Dienstleistungsergebnisses notwendig sind. Als Folge leiden dann nicht nur die Kunden unter ihrer eigenen Gewährleistungsarbeit, sondern letztendlich auch die Beschäftigten, wenn sie auf überforderte Kooperationspartner stoßen.

22.2.4 Unsichtbar, aber unverzichtbar: Die (interaktive) Bearbeitung von Problemen, die die Unternehmen produzieren

Weitet man den Blick auf die unsichtbaren, aber unverzichtbaren Leistungen noch etwas aus, so sieht man, dass Dienstleister und Kunden in der Dienstleistungsbeziehung mit der Bearbeitung von Problemen beschäftigt sind, die durch die Unternehmen produziert werden.

Denn strategische Überlegungen der Unternehmen führen häufig zu Situationen, die sich für die Beschäftigten bei ihrer Tätigkeit in der Dienstleistungsinteraktion als problematisch erweisen. So gehört es in der Regel zu den Anforderungen an die Beschäftigten, zum einen Serviceaufgaben und zum anderen Vertriebs- oder Kontrollaufgaben zu übernehmen und gleichzeitig die Kunden im Sinne des Unternehmens zu steuern. Diese Funktionen widersprechen einander. Die unsichtbare Arbeit der Beschäftigten besteht nun darin, die Anforderungen des Betriebs mit den Bedürfnissen der Kunden zusammenzubringen. Zudem müssen sie das eigene Arbeitsvermögen dabei ständig nachhaltig bewirtschaften. Wenn eine Rezeptionistin einen Gast serviceorientiert herzlich willkommen heißt, ihm danach eine Mitgliedschaft im konzerneigenen VIP-Club zu verkaufen versucht und ihn dann davon überzeugen soll, dass er in diesem Hause Vorkasse zu leisten hat und bezahlen muss, bevor er die Dienstleistung „Übernachtung" überhaupt in Anspruch genommen hat, so leistet diese Beschäftigte eine Menge an unsichtbarer Arbeit: Vertrauensaufbau, Überzeugungsarbeit und nicht zuletzt Emotionsarbeit, die dazu dient, die Gefühle des Gastes und ihre eigenen Emotionen zu bearbeiten. Dabei wird gerade die Verkopplung von Service- und Vertriebsaufgaben als besonders belastend empfunden.

Aber auch der Gast arbeitet aktiv daran mit, die widersprüchlichen Anforderungen des Hotelkonzerns zu bearbeiten: Kunden versetzen sich in die Situation der Beschäftigten, sie übernehmen die Perspektive des Gegenübers und bemühen sich, die Abläufe der Unternehmen zu verstehen, so dass die Dienstleistungsinteraktion reibungsloser verläuft.

Kunden bearbeiten auch an ganz anderen Stellen weitere grundlegende Probleme, die von den Unternehmen verursacht werden. So lösen Kunden Störungen im Betriebsablauf nicht selten ad hoc selbst und unterstützen sogar manchmal die Beschäftigten. Bei unvorhergesehenen Zugverspätungen etwa informieren sich Reisende selbstständig über Alternativen oder geben Lautsprecherdurchsagen weiter, die andere Bahnfahrer nicht verstanden haben. Diese Bereitschaft müsste wesentlich stärker unterstützt werden, bleibt aber in der Realität meist unbemerkt. Diese Arbeitsleistungen bleiben auch für die Forschung im Unsichtbaren, wenn sie sich nur auf die Tätigkeiten der Dienstleistungsgeber oder das Unternehmen als Ort des Dienstleistungsgeschehens konzentriert.

Ebenso unsichtbar bleibt, dass Kunden sich selbst und ihre Lebensführung immer wieder an geänderte Abläufe und Neuerungen der Unternehmen anpassen. Die Auswertung der Kundentagebücher im Hinblick auf die alltägliche Lebensführung von Kunden zeigt, dass hier ein gehöriger Leistungsumfang zu verzeichnen ist. Man arbeitet sich regelmäßig in Neues ein und zeigt sich dabei lernwillig und anpassungsbereit. Nicht selten schreiben Kunden sogar Unzulänglichkeiten und Schwierigkeiten bei der Bedienung von Automaten oder bei der Orientierung im virtuellen oder realen Raum eher ihrem eigenen Unvermögen zu, als dass sie das dem Unternehmen anlasten. Somit ist Kundenarbeit eine dreifach unsichtbare Arbeitsleistung!

Last but not least wird auch ein zunächst ganz offensichtlicher Beitrag zur Lösung von Problemen geleistet, nämlich wenn Kunden Verbesserungsvorschläge einbringen. Beschwerden sind dagegen schon weniger klar als Bearbeitungsversuche von strukturellen Problemen erkennbar. Kunden müssen diese Leistungen oft deshalb erbringen, weil sich sonst eine gute Dienstleistung gar nicht realisieren lässt. Kunden wollen aber auch durch Beschwerden dafür sorgen, dass zumindest andere Kunden eine adäquate Dienstleistung ohne Probleme erhalten. Solche Bemühungen verlaufen jedoch meistens im Sande. Denn Beschwerden werden bisher von Unternehmen und Beschäftigten kaum als Kundenleistungen anerkannt, obwohl sie als Beiträge zur Prozessoptimierung genutzt werden könnten. Vor allem aber verschwindet der wahre Kern dieser Kundenleistung allzu oft im Unsichtbaren:

Beschwerden decken Problemstellen auf und signalisieren die Kooperationsbereitschaft des Kunden. Wenn das aber nicht wertgeschätzt wird, könnte etwas ganz anderes sichtbar werden: die Abwanderung der Kunden.

22.3 Sichtbarmachen trotz Janusköpfigkeit

PiA ist nicht nur ein Forschungs-, sondern auch ein Gestaltungsprojekt und möchte die Wertschätzung von Dienstleistungsarbeit fördern. Was lässt sich aus unseren Forschungsergebnissen für die Gestaltung interaktiver Arbeit in den Unternehmen ableiten?

Die arbeitspolitische Schlussfolgerung scheint auf den ersten Blick eindeutig: Es muss darum gehen, unsichtbare Leistung (besser) sichtbar zu machen – und zwar sowohl als Quelle von Wertschätzung, als auch als Basis für eine Professionalisierung der für Dienstleistungen so wichtigen interaktiven Arbeit. Beide Vorhaben – die Professionalisierung interaktiver Arbeit und die Förderung der Wertschätzung von Dienstleistungsarbeit – setzen an der Vorstellung an, dass die Beschäftigten und die Kunden *die* Experten interaktiver Arbeit sind, und dass sich auf dieser Grundlage Bottom-up-Prozesse in den Unternehmen anstoßen lassen.

Dafür ist zunächst jedoch etwas ganz Grundlegendes notwendig: Beschäftigte und Kunden müssen sich selbst darüber klar werden, worin die Leistungen bestehen, die sie Tag für Tag erbringen und welche Rahmenbedingungen sie dafür brauchen. Denn die Projektergebnisse zeigen, dass Beschäftigte und Kunden diese Leistungen entweder für selbstverständlich oder für unausweichlich halten.

Deshalb wurden im Rahmen der Projektarbeit Maßnahmen entwickelt, die Dienstleister und Kunden dazu anhalten, ihre unsichtbaren Leistungen als notwendige Beiträge zur Realisierung guter Dienstleistung zu erkennen und wertzuschätzen.

Mit dem Reflexionstagebuch für Dienstleister und dem Dienstleistungstagebuch für Kunden liegen zwei Gestaltungsinstrumente vor, mit denen sich die eigene Arbeit sichtbar machen lässt.

Das Reflexionstagebuch wurde für die Auszubildenden in der Altenpflege entwickelt. Die künftigen Altenpflegerinnen und Altenpfleger sind dazu aufgefordert worden, ihre Arbeit mit den Bewohnern genau zu beschreiben und darauf zu achten, was gut läuft und warum das so ist (siehe hierzu Birken et al. in diesem Band). Wie die Aufzeichnungen genutzt werden, entscheiden die Verfasser der Tagebücher selbst.

Die Kundentagebücher funktionieren auf eine ähnliche Weise. Kunden beschreiben das, was sie in Dienstleistungsbeziehungen und um sie herum tun. Auch sie achten darauf, wovon es abhängt, dass eine Dienstleistung gut klappt – und gewinnen die Erkenntnis, dass das Gelingen von Dienstleistung ebenso von ihren Beiträgen abhängt wie von denen der Dienstleister.

Die im Projekt gewonnenen Erkenntnisse über die unsichtbaren Leistungen von Beschäftigten und Kunden lassen sich zudem für die Professionalisierung der interaktiven Arbeit nutzen: Will man interaktive Arbeit professionalisieren, muss man auf der einen Seite nach den notwendigen interaktiven Kompetenzen der direkt Beteiligten, auf der anderen Seite nach förderlichen Rahmenbedingungen für interaktive Arbeit fragen. Hierüber wissen

Beschäftigte und Kunden als Experten interaktiver Arbeit am besten Bescheid. Allem voran braucht interaktive Arbeit Handlungsspielräume – Handlungsspielräume, die die Unternehmen immer wieder durch enge Vorgaben und Rationalisierungsbestrebungen einengen.

Spätestens an dieser Stelle wird klar, dass sich die Forderung nach mehr Sichtbarkeit als eine janusköpfige Angelegenheit erweisen kann: Jetzt ist Dienstleistungsarbeit und gerade auch die interaktive Arbeit zwischen Beschäftigten und Kunden oft noch eine Grauzone, ein kaum ausgeleuchteter und deshalb vom Unternehmen auch nie vollständig kontrollierbarer Arbeitsbereich. Vielleicht funktioniert Dienstleistung gerade deshalb so gut. Mehr Sichtbarkeit könnte ein Problem aufwerfen: Beschäftigte würden möglicherweise an Freiräumen verlieren, die Arbeit der Kunden könnte verstärkt unter Rationalisierungsdruck geraten, und das implizite Erfahrungswissen über die alltäglichen Schwierigkeiten der Dienstleistungsarbeit und deren Lösungen könnte verstärkt ‚enteignet' werden.

Doch die Unternehmen sollten erkennen, dass sie die für gute Dienstleistungsarbeit notwendigen Handlungsspielräume für Dienstleister und Kunden bereitstellen und die Leistungen wertschätzen müssen, die beide Seiten erbringen. Tun sie das nicht, laufen sie Gefahr, die Ressourcen zu vernichten, von denen sie profitieren. Interaktives Kapital lässt sich vermehren, indem man es pflegt. So sollten Unternehmen im eigenen Interesse daran arbeiten, dass Janus sein anderes Gesicht zeigen kann: das Gesicht, das dafür steht, dass die Leistungen von Beschäftigten und Kunden sichtbar gemacht *und* gefördert werden – und nicht sichtbar gemacht, rationalisiert und vernutzt. Im letzten Fall würden die Leistungen von Beschäftigten und Kunden am Ende wohl nicht mehr im Unsichtbaren erbracht werden, sondern tatsächlich verschwinden.

Literatur

[1] Aulenbacher, B. (2010): Rationalisierung und der Wandel von Erwerbsarbeit aus der Genderperspektive, in: Böhle, F./Voß, G. G./Wachtler, G. (Hrsg.): Handbuch Arbeitssoziologie, 1. Aufl., Wiesbaden, S. 301-328.
[2] Berger, J./Offe, C. (1984): Die Entwicklungsdynamik des Dienstleistungssektors, in: Offe, C. (Hrsg.): Arbeitsgesellschaft. Strukturprobleme und Zukunftsperspektiven, 1. Aufl., Frankfurt/New York, S. 229-270.
[3] Böhle, F. (2009): Weder rationale Reflexion noch präreflexive Praktik – erfahrungsgeleitetsubjektivierendes Handeln, in: Böhle, F./Weihrich, M. (Hrsg.) (2009): Handeln unter Unsicherheit, 1. Aufl., Wiesbaden, S. 203-228.
[4] Böhle, F./Glaser, J. (Hrsg.) (2006): Arbeit in der Interaktion – Interaktion als Arbeit. Arbeitsorganisation und Interaktionsarbeit in der Dienstleistung, 1. Aufl., Wiesbaden.
[5] Dunkel, W. (2006): Interaktionsarbeit im Friseurhandwerk – Arbeit am Menschen und Arbeit am Gegenstand, in: Böhle, F./Glaser, J. (Hrsg.): Arbeit in der Interaktion – Interaktion als Arbeit. Arbeitsorganisation und Interaktionsarbeit in der Dienstleistung, 1. Aufl., Wiesbaden, S. 219-234.
[6] Ganz, W./Hilbert, J./Bienzeisler, B./Kluska, D. (2011): Dienstleistungen in der Zukunftsverantwortung. Ein Plädoyer für eine (neue) Dienstleistungspolitik. Memorandum des Arbeitskreises Dienstleistungen, Friedrich-Ebert-Stiftung, Abt. Wirtschafts- und Sozialpolitik, 1. Aufl., Bonn.
[7] Kratzer, N./Dunkel, W. (Hrsg.) (2011): Arbeit und Gesundheit im Konflikt. Analysen und Ansätze für ein partizipatives Gesundheitsmanagement, 1. Aufl., Berlin.
[8] Moldaschl, M./Voß, G. G. (Hrsg.) (2002): Subjektivierung von Arbeit, 1. Aufl., München/Mering.

[9] Offe, C. (1984): Das Wachstum der Dienstleistungsarbeit. Vier soziologische Erklärungsansätze. Forschungsbericht 207 des Instituts für höhere Studien, Wien.
[10] Ostner, I. (1978): Beruf und Hausarbeit. Die Arbeit der Frau in unserer Gesellschaft, 1. Aufl., Frankfurt.
[11] Voß, G. G./Rieder, K. (2005): Der arbeitende Kunde. Wenn Konsumenten zu unbezahlten Mitarbeitern werden, 1. Aufl., Frankfurt am Main/New York.
[12] Voswinkel, Stefan (2010): Sichtbarkeit (in) der Dienstleistungsarbeit. Paper zum Vortrag auf der wissenschaftlichen PiA-Tagung am 15. und 16. Juli 2010 in München, URL: stephan-voswinkel.de/Aktuelles/Voswinkel-Sichtbarkeit-DLA.pdf [Stand: 06. Oktober 2011].
[13] Weihrich, M. (2011): Interaktive Arbeit – Zur Soziologie der Dienstleistungsbeziehung, in: Jeschke, S. (Hrsg.): Innovation im Dienste der Gesellschaft. Beiträge des 3. Zukunftsforums Innovationsfähigkeit des BMBF, 1. Aufl., Frankfurt am Main/New York, S. 775-484.
[14] Weihrich, M./Dunkel, W. (2003): Abstimmungsprobleme in Dienstleistungsbeziehungen. Ein handlungstheoretischer Zugang, in: Kölner Zeitschrift für Soziologie und Sozialpsychologie, Vol. 55, 4, S. 758-781.

23 Zwischen Sichtbarkeit und Transparenz: Facetten der Wertschätzung von Dienstleistungsarbeit

Hermann Kocyba

23.1	Anerkennungsdefizite von Dienstleistungsarbeit	459
23.2	Kann die Dienstleistungsforschung vom Finanzsektor lernen?	460
23.3	Die Krise hinter der Krise	461
23.4	Eine kleine Phänomenologie der Unsichtbarkeit	463
23.5	Worksite-Banking als Dienstleistungsinnovation	466
23.6	Sichtbarkeit und Transparenz	468
Literatur		469

Dr. Hermann Kocyba, Johann Wolfgang Goethe-Universität, Institut für Sozialforschung

In den entwickelten Ökonomien des beginnenden 21. Jahrhunderts hat sich der Schwerpunkt von Beschäftigung und Wertschöpfung aus dem Bereich der Industrie in den Bereich der Dienstleistungen verlagert (vgl. Bender/Grassl 2004) [1] – auch wenn nicht wirklich gesichert ist, dass Beschäftigung und Wertschöpfung ihre Schwerpunkte jeweils in denselben Dienstleistungssektoren haben. Im Rahmen dieses Strukturwandels hat sich allerdings die ursprünglich von Jean Fourastié formulierte Erwartung (vgl. Fourastié 1954) [9] nicht verwirklicht, dass das Wachstum des tertiären Sektors sich über die Ausweitung hochqualifizierter Facharbeit im Rahmen stabiler Beschäftigungsverhältnisse vollziehen würde. In vielen Bereichen des Handels und der personenbezogenen Dienste dominiert heute ein Typus gering qualifizierter und schlecht bezahlter „einfacher Dienstleistungen".[1]

23.1 Anerkennungsdefizite von Dienstleistungsarbeit

Trotz der wirtschaftlichen Bedeutung des tertiären Sektors hat Dienstleistungsarbeit nach wie vor mit Anerkennungsproblemen und geringer gesellschaftlicher Wertschätzung zu kämpfen (vgl. Bienzeisler/Gabriel 2006; Ciesinger et al. 2011) [3], [6]. Für die bestehenden Wertschätzungsdefizite von Dienstleistungsarbeit lässt sich eine ganze Reihe von Faktoren anführen: Das vielfach geringe Entgelt, die (oftmals irrige) Vorstellung, dass es sich um eine „Jedermannstätigkeit" ohne charakteristisches Qualifikationsprofil handelte sowie der Umstand, dass bestimmte Tätigkeiten traditionell eher von Frauen ausgeführt werden oder als haushaltsnahe Tätigkeiten geringes Prestige besitzen. Dieses Wertschätzungsdefizit besteht nicht nur im Vergleich zu den klassischen Professionen, sondern auch zu Tätigkeiten im gewerblichen Bereich, in denen sich eine Tradition industrieller Facharbeit herausbilden und ein auch in den Angelerntenbereich ausstrahlender Produzentenstolz entwickeln konnte. Hier mögen vielfach auch kulturelle Vorbehalte gegen die mit der Idee des „Dienens" verknüpfte Vorstellung von Inferiorität und persönlicher Abhängigkeit eine Rolle spielen, die dem modernen Ideal persönlicher Autonomie widerstreiten (vgl. Voswinkel 2005, S. 25ff.) [24].

Ein Faktor, der für die trotz ihrer Wertschöpfungsrelevanz fortbestehenden Anerkennungs- und Wertschätzungsprobleme von Dienstleistungsarbeit bedeutsam ist, besteht in der fehlenden Anschaulichkeit und Sichtbarkeit von Dienstleistungsarbeit. Dies betrifft auf der

---

[1] Für entscheidende erste Anregungen zur begrifflichen Unterscheidung zwischen „Sichtbarkeit" und „Transparenz", die noch in die Zeit der gemeinsamen Arbeit am Verbundantrag zum Thema „Wertschöpfungstransparenz und Wertschätzung als Innovationsressourcen im Dienstleistungssektor" zurückgehen, bin ich Peter Zernitz zu Dank verpflichtet. Diskussionen zum Thema „Unsichtbarkeit von Dienstleistungsarbeit" im Rahmen des Verbundprojekts sowie der Fokusgruppe „Wertschätzung und Produzentenstolz" haben mich zu dem Versuch ermutigt, meine ursprünglich aus dem Kontext des Projekts „Wertschöpfung und Anerkennung im Finanzdienstleistungssektor" stammenden Überlegungen in meinem Beitrag zur Tagung des Förderschwerpunktes „Dienstleistungsqualität durch professionelle Arbeit" auch auf andere Bereiche von Dienstleistungsarbeit zu beziehen.

einen Seite das „Produkt", das eben nicht in einem materiellen, physisch greifbaren Gegenstand besteht, sondern eher in einer Problemlösung oder in einem „Dienst", der im Prozess seiner Erbringung unmittelbar konsumiert wird. Bereits Adam Smith hatte Arbeit, die sich nicht in einem Werkstück oder in einer veräußerbaren Ware vergegenständlicht, als unproduktiv, als nicht Wert schaffend betrachtet. Produktive Arbeit schafft dauerhafte Güter, während Dienstleistungsarbeit ganz wie das Deklamieren eines Schauspielers oder das Spielen einer Melodie in dem Augenblick verschwindet, in dem sie entsteht. Noch heute gilt: Im Falle von Dienstleistungsarbeit sind Produkt und Produktion nicht voneinander zu trennen (vgl. Jany-Catrice 2010) [13]. Dieser Mangel an physischer Greifbarkeit des Produkts strahlt auf die Tätigkeit zurück.

Auch in der industriellen Produktion ist ja für einen Beobachter vielfach nicht erkennbar, wie ein bestimmter Handgriff konkret zum Ergebnis beiträgt, aber das Produkt spricht gleichsam für sich selbst. Es verleiht den einzelnen Schritten seines Herstellungsprozesses Sinnfälligkeit und Bedeutsamkeit. Der Dienstleistungsarbeit jedoch fehlt in der Regel die Evidenzbasis, die ein greifbares physisches Produkt für den Bereich der industriellen Produktion bedeutet.

23.2 Kann die Dienstleistungsforschung vom Finanzsektor lernen?

Der Bereich der Dienstleistungstätigkeiten ist so vielfältig und heterogen, dass hier Anerkennungsprobleme ganz unterschiedlicher Natur auftreten und das Problem der Sichtbarkeit je nach Bereich ganz verschiedene Formen annimmt. Es ist gerade eine nicht unproblematische Unschärfe des Dienstleistungsbegriffs, dass er sowohl die hochqualifizierten und gut bezahlten Kategorien der Wissensarbeiter und Symbolanalytiker umfasst als auch wenig prestigereiche und schlecht bezahlte personen- und haushaltsbezogene Dienstleistungen. Vor diesem Hintergrund ist es keineswegs selbstverständlich, aus einem Projekt zur Dynamik von Anerkennungsstrukturen im Finanzdienstleistungssektor Einsichten gewinnen zu wollen, die auch für ganz andere Dienstleistungsbranchen relevant sind. Es bestehen ja grundlegende Unterschiede zwischen dem Bereich unternehmensbezogener Dienstleistungen, die vielfach zumindest indirekt auf den Produktionsprozess bezogen sind, die der Planung, Sicherung, Kontrolle, Optimierung und Rationalisierung von Fertigungsprozessen und der der Produktion vor- und nachgelagerten Prozesse dienen und als „Gewährleistungsfunktionen" auf den industriellen Wertschöpfungsprozess bezogen sind (vgl. Berger/Offe 1984) [2] und dem Bereich der personenbezogenen Dienstleistungen.

Wenn in der Dienstleistungsforschung immer wieder betont wird, dass das soziale Prestige von Dienstleistungen sowohl auf der Ebene des gesellschaftlichen Diskurses wie auch innerhalb von Organisationen nicht seiner realen Wertschöpfungsbedeutung entspreche, wenn nach wie vor der „Mangel an Wertschätzung und Anerkennung, das Fehlen von Stolz auf die eigene Profession und Arbeit" beklagt und als entscheidende Barriere einer innovativen Weiterentwicklung des Dienstleistungssektors begriffen wird (vgl. Ciesinger et al. 2011) [6], dann scheint dies für den Bereich des Finanzdienstleistungssektors so nicht zuzutreffen. Zwar gilt auch für den Bereich der Finanzdienstleistungen, dass es auf Grund der „Immaterialität" der betreffenden Leistungen schwer ist, einen am Bild des „Malochers" orientierten „Produzentenstolz" auszubilden. Und auch wenn weder die Sozialgestalt des traditionellen „Bankbeamten" noch die des aktuell durch die Medien geisternden „Bankers" zu den klassischen Professionen zu rechnen sind, so handelt es sich im Falle des Bankkaufmanns um einen etablierten (nicht selten um ein einschlägiges Studium ergänzten) Ausbildungsberuf, es gibt so etwas wie eine berufliche Identität, einen Korpsgeist, ein Image von Professionalität und Kompetenz. Charakteristisch für dieses Bild sind in der Regel selbstbewusstes Arbeiten, Fachkompetenz, Entscheidungsbefugnis, professionell kompetentes Auftreten gegenüber Kunden und Kollegen. Hohe Renditen gelten als Ausweis der Wertschöpfungsrelevanz der Branche. Die aktuelle Krise hat dieses Bild nur in Details verändert (vgl. Kocyba 2010a; Kocyba 2010b) [15], [16]. Die Banken scheinen in einer anderen Weise systemrelevant zu sein als Pflegeheime oder Kindergärten. Und anders als beim Haareschneiden oder in der Krankenpflege gilt ja hier das „uno actu"-Prinzip nicht, der Kunde muss in der Regel nicht anwesend sein, wenn die Bank, wie es ihre Werbung verspricht, sein Geld „arbeiten" lässt. Überdies steht das überbordende Selbstgefühl der Branche in deutlichem Gegensatz zu den Anerkennungsproblemen, denen sich beispielsweise Altenpfleger, Einzelhandelsmitarbeiter oder Call-Center-Agents gegenübersehen.

23.3 Die Krise hinter der Krise

Die 2008 zu Tage tretende Finanzkrise zwang auch den Finanzdienstleistungssektor, genauer über die Natur der in Rede stehenden Dienstleistung und die Art und Weise, in der sie zur wirtschaftlichen Wertschöpfung beiträgt, nachzudenken und Rechenschaft abzulegen (vgl. Haldane et al. 2010; Turner 2010) [11], [22]. Sie bot die Gelegenheit, im Rahmen des PRIDE-Projekts auch das Selbstverständnis der Banker angesichts der Krise anzusprechen. Für die überwiegende Mehrzahl der befragten Bankmitarbeiter allerdings hatte die Finanzkrise keinerlei moralische Verunsicherung zur Folge. Soweit in den Interviews nach Ursachen der Finanzkrise gefragt wurde, wurde auf die extreme Arbeitsteiligkeit bankwirtschaftlicher Tätigkeiten verwiesen, die es dem einzelnen Mitarbeiter unmöglich machten, die Auswirkungen des eigenen Tuns wirklich zu überschauen. Allenfalls der Gruppe der *investment banker* wurde eine gewisse „Schuld" an der Krise zugeschrieben. Die „normalen" Bankmitarbeiter betrachteten sich nicht selten selbst als Opfer dieser privilegierten Gruppe, die in der Phase der sich selbst verstärkenden Aufwärtsdynamik an den Finanzmärkten sehr hohe Boni erzielen konnte, die sie eben nicht mit den übrigen Kollegen der Bank teilte. Jetzt, in der Krise, so die Klagen, müssen auch diejenigen den Gürtel enger schnallen, die vom Aufschwung seinerzeit gar nicht wirklich hatten profitieren können.

Insgesamt wurde deutlich, dass die öffentliche Diskussion über „Verantwortungslosigkeit" und „Gier" zwar nicht unbedingt zu einer moralischen Selbstinfragestellung führte, wohl aber zu einer Irritation in Bezug auf den professionellen Kompetenzanspruch. Jedem Kreditnehmer, der die Positionen in seinen Büchern nicht mehr zuverlässig bewerten kann, würde eine Bank unter normalen Bedingungen das Vertrauen entziehen. Genau dies war nun aber den Banken selbst geschehen, die Finanzkrise verkörperte sich nicht zuletzt in einer Wissenskrise (vgl. Minkmar 2008) [19]. Wenn vor dem Hintergrund hochgradiger kognitiver Spezialisierung der Kern organisatorischen Wissens wegbricht oder doch seine Gewissheit und Verlässlichkeit einbüßt, dann bedroht dies nicht nur das Vertrauen der Kunden, sondern auch das professionelle Selbstverständnis der Mitarbeiter. Die „Entlastung" der Mitarbeiter von dem Erfordernis, alles selbst wissen müssen und bewerten zu können, zeigt jetzt dort ihre fatale Kehrseite, wo weder die Organisation noch der Markt als institutionalisierte Wissensordnungen funktionsfähig sind.

Die Aufmerksamkeit, die die aktuelle Krise in der Öffentlichkeit findet, darf nicht darüber hinwegtäuschen, dass die Banken sich seit über 20 Jahren in einem dramatischen Strukturwandel befinden. Der Bankensektor wurde seinerzeit in Anspielung auf eine andere notleidende Branche als „Stahlindustrie der 1990er Jahre" bezeichnet (so der Vorstand der Deutschen Bank, Ulrich Cartellieri, vgl. Spiegel 1990) [23]. Industrialisierung und Technisierung, Computereinsatz und Internet haben das Bild der Branche, die Hierarchie der Geschäftsfelder, die Organisation der Wertschöpfungskette radikal verändert. Es geht um Kostenreduktion, die Rationalisierung und Automatisierung von Prozessen, die Standardisierung von Produkten und Dienstleistungen, um den Rückzug aus Bilanzgeschäften und die Konzentration auf Geschäftsfelder, für die kein Eigenkapital hinterlegt werden muss. Die Wettbewerbskonstellation verändert sich. Spezialisierte IT-Dienstleister versuchen bislang für zentral erachtete Transaktionsfunktionen an sich zu ziehen, gleichzeitig machen Vertriebsspezialisten ohne eigene Produkte auf der einen und spezialisierte Produktentwickler auf der anderen Seite den klassischen Banken Konkurrenz. „Innovative Finanzprodukte", über die Banken ihr Eigenkapital schonen, waren sowohl für das exorbitante Wachstum der Finanzmärkte wie auch für die aktuelle Krise entscheidend.

Der aktuelle Restrukturierungsprozess im Bankensektor geht oftmals mit einem unterentwickelten Selbstverständnis als Dienstleister einher. Es dominiert vielfach eine Perspektive, die ihr Heil in der Übernahme der Rationalisierungsstrategien des produzierenden Gewerbes sucht. Beratung lohnt sich in dieser Sicht nur noch für ein heftig umworbenes Premiumsegment sehr wohlhabender Privatpersonen. Wertschöpfung und Geschäftsintelligenz residieren in den Produkten, die Dienstleistung steht im Windschatten. Unter diesen Bedingungen ist es nicht erstaunlich, dass Kunden kaum bereit sind, für Beratungsdienstleistungen zu bezahlen. Deren Kosten müssen über den Verkauf des Produkts herein gebracht werden. Dies führt zu Interessenskonflikten. Anerkennungsdefizite von Dienstleistungsarbeit können jedoch nicht überwunden werden, solange sich die Dienstleistung gleichsam im Produkt versteckt. Es gefährdet die Servicequalität, wenn wesentliche Teile des Leistungsprozesses nicht angemessen sichtbar und den Kunden plausibel gemacht werden können. Hierfür genügt es nicht, wenn in der Literatur zu kundenbezogener Wertschöpfung im Dienstleistungssektor innovative Konzepte interaktiver Wertschöpfung entwickelt werden. Entscheidend ist, welche impliziten oder expliziten Wertschöpfungskonzepte im Kundenkontakt wie in internen Bewertungsprozessen zur Geltung kommen.

Das Sichtbarkeitsproblem besteht indes nicht nur für die Kunden, sondern auch für die Mitarbeiter selbst. Der Zusammenhang von Wertschöpfung und Wertschätzung wird von vielen Bankmitarbeitern in der Weise beschrieben, dass Wertschätzung und Anerkennung als wichtige Motivationsquellen betrachtet werden, die sich in Leistungsbereitschaft und letztlich in Wertschöpfungsergebnissen niederschlagen. Unter den Bedingungen flacher Hierarchien jedoch fehlt vielfach die direkte Rückmeldung durch den Vorgesetzten, Konzepte quasi-unternehmerischer Selbstverantwortung lassen die Erwartung von Lob und Anerkennung durch die Vorgesetzten als einen Rückfall in traditionelle hierarchisch-bürokratische Muster erscheinen (vgl. Kocyba 2009) [14]. Erbaut sich ein Mitarbeiter dagegen allzu offensichtlich an den Sympathiebekundungen seiner Kunden, so gerät er in den Verdacht, die eigene Rolle im Markt falsch zu interpretieren. Als unverdächtige Quelle von Anerkennung und Wertschätzung bleibt dann nur der als Leistung interpretierbare Wertschöpfungsbeitrag der eigenen Tätigkeit übrig. Aber auch hier ist es erforderlich, dass dieser Beitrag auch angemessen sichtbar gemacht werden kann. In einer Welt, in der erst der Markterfolg ex post darüber entscheidet, ob eine Anstrengung tatsächlich eine Leistung im Sinne eines Wertschöpfungsbeitrags verkörpert, scheinen Leistungsanstrengungen und wirtschaftlicher Erfolg zwei separaten Sphären anzugehören (vgl. Neckel et al. 2008) [20].

Anerkennung ist nicht nur als Motivationsfaktor bedeutsam. Sie ist ein konstitutives Moment der Wertschöpfung selbst. Eine Problemlösung muss auch als solche wahrgenommen und anerkannt werden. Wenn wir kundenbezogene Wertschöpfung ins Zentrum rücken, dann sind es der Kundenwert, die Problemlösung, die eine Dienstleistung erbringt, die den Ausschlag geben. Im Mittelpunkt steht dann nicht primär der Verkauf eines Produkts, die Übertragung von Verfügungsrechten an bereits existierenden physischen oder „immateriellen" Gütern, sondern Problemlösungen, die im Dienstleistungsprozess erst hervorgebracht werden. Damit sind zugleich normative Ansprüche an die Tätigkeit verknüpft. Aus Sicht der Mitarbeiter bedeutet gute Arbeit im Bankenbereich, nicht um jeden Preis ein vorgegebenes Produkt verkaufen zu müssen, eine „Rennliste" abarbeiten zu müssen, sondern im langfristigen Interesse des Kunden beraten zu können, die Beratung als Problemlösung für den Kunden zu gestalten und nicht lediglich als Instrument zur kurzfristigen Bewältigung von Absatz- und Vertriebsproblemen einzusetzen.

23.4 Eine kleine Phänomenologie der Unsichtbarkeit

Probleme der Sichtbarkeit sind sowohl Ergebnis als auch Ausgangspunkt von Wertschätzungsproblemen. Einerseits spielen Vorurteile eine Rolle wie die Diskriminierung nach Geschlecht, Alter oder ethnischer Zugehörigkeit. Wir treffen hier auf Situationen, in denen eine Verrichtung beispielsweise im Haushalt nicht wahrgenommen wird, in denen ihr Arbeitscharakter übersehen wird oder in der die für die entsprechenden Tätigkeiten erforderlichen Kompetenzen und Qualifikationen nicht wahrgenommen werden. Dies verletzt die internen Standards sozialer Wertschätzung insofern als Wertschätzung Differenzierung auf der Basis von Gleichheit bedeutet. Und insofern fundamentale Gleichheitsnormen durch die Diskriminierung von Frauen, Migranten oder gesellschaftlichen Minderheiten verletzt werden, handelt es sich hier im Kern um die Missachtung als Person. Missachtung liegt auch dann vor, wenn die Diskriminierung sich so vollzieht, dass bestimmten Gruppen unbeschadet ihres Leistungspotenzials nur der Zugang zu weniger prestigereichen Tätigkeiten offen steht.

Im Unterschied zu Anerkennung im Sinne der moralischen und rechtlichen Achtung der Person, die auf gleiche Anerkennung als Person abstellt, zielt Anerkennung im Sinne von Wertschätzung auf eine differenzierende Bewertung von Leistungen. Wenn wir mit Blick auf Dienstleistungsarbeit von Anerkennungsproblemen sprechen, dann sprechen wir nicht nur von der Schwierigkeit einer angemessenen Bewertung von Leistungsbeiträgen, sondern oftmals zugleich von Problemen des Respekts und der Missachtung der Person. Fragen differenzierender Leistungsgerechtigkeit verschränken sich so auf vielfältige Weise mit Gleichheitsansprüchen. Wertschätzung ist dabei nicht in unser Belieben gestellt, ist nicht einfach Ausdruck einer besonderen Sympathie – eine Sympathiebekundung unterscheidet sich insofern grundlegend von sozialer Wertschätzung (vgl. Brennan/Pettit 2004) [4]. Sie ist an das Vorliegen einer Leistung gebunden, sie ist nur dort möglich, wo eine solche Leistung sichtbar ist. Was wir allen Menschen schulden, ist die gleiche Achtung als Person: Wir können es nicht von einem bestimmten Leistungsniveau abhängig machen, jemanden als Träger von Rechten und Ansprüchen anzuerkennen. Umgekehrt jedoch begründet die Gleichheit als Träger von Rechten keinen Anspruch auf gleiche Wertschätzung unserer jeweiligen Leistungsbeiträge. Insofern stellen moralische Achtung und soziale Wertschätzung zwei komplementäre Ausprägungen der Idee der Anerkennung dar. Im Problem der Sichtbarkeit verschränken sich indes beide Formen von Anerkennung. Die Ursachen können sowohl in der Missachtung der Person als auch in Strukturmerkmalen wirtschaftlicher Prozesse begründet sein. Sichtbarkeit ist Voraussetzung von Wertschätzung, aber auch Anerkennung im Sinne moralischer und rechtlicher Achtung ist dort nicht voll verwirklicht, wo es einer Person verwehrt ist, ihren Beitrag zum sozialen Leben sichtbar zu machen (vgl. Honneth 2009) [12]. Dies kann auf Grund von Merkmalen der Person der Fall sein, aber auch mit der sozialen Etikettierung von Tätigkeiten zu tun haben.

Im Falle von Reinigungsarbeit ist beispielsweise zu konstatieren, dass wir sie vielfach gar nicht sehen wollen, sie soll in unserer Abwesenheit, außerhalb unserer Bürostunden erbracht werden und wir übersehen sie nach Möglichkeit, wenn sie vor unseren Augen geschieht. Auch ihr Ergebnis können wir normalerweise nicht sehen: Der Schmutz ist ja beseitigt. Dies ist überdies ein sehr instabiler Zustand. Auch die Pflege umfasst viele Elemente, die nicht unmittelbar sichtbar sind und die auch nicht durch standardisierte Abrechnungsverfahren erfasst werden können. Sie erschöpft sich nicht in einer Abfolge separater Handgriffe und Einzelverrichtungen. Pflege bedeutet auch, sich im Einzelfall „Zeit zu nehmen". Sie nach dem Vorbild industrieller Fertigungsprozesse rationalisieren zu wollen, wird nicht zu Unrecht als enthumanisiertes Schreckbild empfunden. Der Versuch der Kostenkontrolle über standardisierte Bewertungsverfahren erzeugt eine Art „falscher Sichtbarkeit". Pflege reduziert sich nicht auf ein Bündel oder eine Abfolge von Pflegeaktivitäten wie Waschen, Kämmen, Anziehen und Umbetten.

Neben den skizzierten Formen diskriminierender Unsichtbarkeit gibt es das anders gelagerte Problem der Diskretion, wenn der Empfänger der Dienstleistung beispielsweise bestimmte Formen der Hilfe- und Unterstützungsbedürftigkeit aus einem Schamgefühl heraus nicht öffentlich machen möchte oder weil er nach Möglichkeit als eine autonom agierende Person wahrgenommen werden möchte. Nicht selten freilich überlagern sich unterschiedliche Konstellationen und Formen von Unsichtbarkeit auf fatale Weise, wenn die Person des Pflegenden und seine Arbeit einerseits aus einer Haltung der Ignoranz heraus übersehen werden, wenn der Inhalt der Tätigkeit gleichzeitig mit bestimmten Tabus oder Schamgefühlen verknüpft ist und die Abschirmung gegen die öffentliche Neugier Teil der Berufsrolle ist, und wenn die Tätigkeit schließlich vielleicht von einer Person ausgeführt wird, die auf Grund ihres aufenthaltsrechtlichen Status ebenfalls darauf achten muss, nach Möglichkeit unsichtbar zu bleiben.

Sichtbarkeitsprobleme eines ganz anderen Typus treten bei vielen Sicherheits- und Kontrolltätigkeiten auf. Im Bereich der Gesundheitsversorgung, des Katastrophenschutzes oder der Anlagensteuerung oder komplexer Sicherheits- und Gewährleistungsaufgaben übernehmen Dienstleister Garantiefunktionen, sie sind häufig als Dienstbereitschaft organisiert. Unter dramatischen Bedingungen wird die Arbeit sichtbar, wenn die Feuerwehr oder der Rettungshubschrauber in einer Krisensituation, im Brandfalle oder bei schweren Unfällen ausrücken. In der Regel aber bleibt diese Arbeit unsichtbar, wird als Bereitschaftsdienst eher schlecht entlohnt und zum beliebten Objekt von Spar- und Rationalisierungsmaßnahmen, da diese hier in der Regel nicht sofort zu manifesten Problemen führen. Die Tätigkeit der Feuerwehr als Bereitschaft ist kaum sichtbar, die Einsatzfähigkeit wird durch das Einüben von Routinen verbessert, die im Ernstfall verfügbar sind. Einzelne Rettungstätigkeiten mögen dramatisch sichtbar sein, für die Mehrzahl der Routinetätigkeiten in diesem Bereich gilt dies gerade nicht.

Ganz anders stellt sich das Problem der Sichtbarkeit im Falle prestigereicher und hochqualifizierter Tätigkeiten dar, deren fachliche Spezifika oftmals insofern unsichtbar sind, als sie nur durch Fachkollegen kompetent beurteilt werden können. Sie sind für die Öffentlichkeit und für die Kunden bzw. Klienten weitgehend unsichtbar, ohne dass dies ein Wertschätzungsproblem impliziere. Eine Tätigkeit kann sich in aller Öffentlichkeit vollziehen, ohne dass sie wirklich transparent d. h. in ihren wesentlichen Zügen verstanden würde. Sie soll ja nicht als körperlicher Bewegungsablauf, sondern als Leistung begriffen werden. Dies bedeutet, dass sie erst von ihrem Resultat und von dessen sozialer Bewertung her als Arbeitsleistung sichtbar wird. Gelegentlich wird nach Art der „gläsernen Fabrik" oder der von außen einsehbaren Showküche eine auf Effekte abstellende Art von Sichtbarkeit absichtsvoll inszeniert. Das Tun, das dabei sichtbar wird, ist im Prinzip ebenso artifizieller Natur wie als Torten- oder Balkendiagramme visualisierte Kennzahlen. Dagegen ist es gerade eine Funktion kollegialer Selbstkontrolle, dass sie dort einspringt, wo eine öffentliche Bewertung durch jedermann unrealistisch ist. Unsichtbarkeit ist hier eher Ausdruck eines hohen Prestiges. Hieran lässt sich die These von Crozier und Friedberg anschließen, der zufolge Macht als Kontrolle über relevante Ungewissheitszonen beschrieben werden kann (vgl. Crozier/Friedberg 1993) [7]. Beschäftigte lehnen es ab, vollständig transparent gemacht zu werden, Sichtbarkeit bedeutet Kontrollverlust. Im Extremfall wird eine aufgezwungene Ordnung der Sichtbarkeit als Operationsform eines anonymisierten Herrschaftsapparats begriffen (vgl. Foucault 1976) [8].

Als Knotenpunkte innerhalb komplexer Netzwerke streben gerade Banken nach einem Wissensvorsprung gegenüber der Öffentlichkeit und gegenüber Mitbewerbern. Die Transparenz ihrer internen Prozesse wird eher von außen gefordert. Der Banker verkörpert ein Expertenwissen, das er nicht unentgeltlich mit anderen teilen will. Gleichzeitig besteht auf der Ebene der Kontrollinstanzen die Forderung nach Transparenz, dem Verbot von Insidergeschäften, nach der Nachprüfbarkeit von Beratung. Diese Kontroll- und Wissenskrise ist in gewisser Weise Resultat der Restrukturierung: problematische Produktinnovationen, wachsende Transaktionsgeschwindigkeit durch automatisierte Handelssysteme ermöglichen hohe Kursausschläge und sind fehleranfällig. Dies mündet dann in erhöhte Transparenzanforderungen. Die Segmentierung der Wertschöpfungskette, das Durchleuchten von Kostenstrukturen versuchen dieses Transparenzgebot umzusetzen. Dabei tritt eine „abstrakte", auf Kennziffern gründende Transparenz an die Stelle von personengebundenem Vertrauen. Die Kalkulierbarkeit von Operationen wird zur Basis ihrer performativen Machbarkeit (vgl. MacKenzie 2006; Callon 2006) [18], [5].

Eine nur schwierig sichtbar zu machende Dimension betrifft die der Wertschöpfung. Wo findet diese statt, welchen konkreten Aktivitäten sprechen wir Wertschöpfungsbedeutung zu? Wertschöpfung lässt sich letztlich nur systemisch, d. h. aus der Perspektive eines umfassenden Systems aufeinander bezogener wirtschaftlicher Aktivitäten begreifen, sie kann nicht einfach atomistisch auf isolierte Verrichtungen herunter gebrochen werden. Dies erzeugt Zuordnungsprobleme, da der Wertschöpfungsbeitrag nicht direkt beobachtet werden kann. Hier entsteht wachsender Bedarf an Selbstvergewisserung, ein steigender Anerkennungsbedarf, der in Paradoxien mündet. Dieser Selbstvergewisserungsbedarf wird durch die Abflachung von Hierarchien, beschleunigten Wandel und generell durch marktbezogene Bewertungsgrößen verstärkt, der Erfolg ist nicht mehr im unmittelbaren Vergleich mit anderen, an der Reaktion eines konkreten Gegenüber zu erfassen, sondern lässt sich nur im Rückgriff auf abstrakte Kenngrößen beantworten. Scoring-Systeme treten an die Stelle personengebundenen Vertrauens.

23.5 Worksite-Banking als Dienstleistungsinnovation

Die Degussa Bank, einer der Partner des PRIDE-Projekts, war vor dem skizzierten Hintergrund ein besonders interessanter Fall, der nicht auf Produktstrategie oder Industrialisierung setzt, sondern auf ein innovatives Dienstleistungskonzept. Ausgangspunkt war ursprünglich eine in den 1990er Jahren von den tonangebenden Beratungsunternehmen favorisierte, auf das Kerngeschäft fokussierende Reorganisationsstrategie, die dazu führte, dass Unternehmen wie die Metall-Gesellschaft oder Degussa AG ihre Bankabteilungen ausgliederten und verkauften. Das Management der Degussa-Bank verstand es, die Kompetenzen, Erfahrungen und Stärken des traditionellen Konzerndienstleisters in ein neues Geschäftsmodell des Worksite-Banking zu übertragen. Die Bank sollte mehr persönlichen Kontakt und eine breitere Produktpalette bieten als eine reine Direktbank, sich gleichzeitig jedoch an den schlanken Kostenstrukturen dieses neuen Bankentyps orientieren. In Anlehnung an die Leistungen, die die Bank über hundert Jahre für den Degussa-Konzern erbracht hatte, wollte sie nun gleichzeitig für neue Standortunternehmen und deren Mitarbeiter attraktive Bankdienstleistungen anbieten.

Das Geschäftsmodell der Degussa-Bank erforderte eine Reihe Kompetenzen, die im Rahmen einer konventionellen Filialbank nicht erforderlich waren. Zugleich bot sie den Mitarbeitern Entwicklungs- und Gestaltungschancen, wie sie in einer konventionellen Organisation nicht vorgesehen waren. Auf der einen Seiten waren verstärkt kommunikative Kompetenzen gefragt, auf der anderen Seite die Fähigkeit, die spezifischen Bedingungen eines Standorts rasch zu erfassen und in eine gezielte Kundeansprache zu übersetzen. Traditionellerweise ist es für einen Bankmitarbeiter nicht erforderlich, einen Tarifvertrag lesen zu können. Für einen Bank-Shop auf einem Werksgelände kann dies jedoch von entscheidender Bedeutung sein.

Die besonderen Bedingungen des Worksite-Banking bringen es mit sich, dass Bestätigung, Wertschätzung und Anerkennung insbesondere für die „Marktverantwortlichen" auf den einzelnen „Worksites" wesentlich von der erfolgreichen Gestaltung der Kundenbeziehung abhängig sind, gleichwohl aber nicht mit der organisationsinternen Rolle als Vertreter der Bank kollidieren darf. Dass die Bank auf dezentrale Strukturen und Mitgestaltungsoptionen für die Mitarbeiter setzt, hat zur Folge, dass sich auf der einen Seite Entfaltungschancen, auf der anderen Seite aber auch Selbstvergewisserungsprobleme für die Mitarbeiter ergeben. Vielfach erweist es sich unter diesen Bedingungen auch als schwierig, Unterstützung durch Vorgesetzte oder zentrale Entscheidungsträger einzuklagen, da offiziell ja jeder jederzeit die Möglichkeit besitzt, aktiv zu werden.

Der Degussa Bank ist es in den letzten Jahren gelungen, in einem gesättigten Markt neue Kunden zu gewinnen, neue Bankshops zu eröffnen und neue Mitarbeiter einzustellen. Mit ihrem Geschäftsmodell des Worksite-Banking verkörpert sie ein Gegenbeispiel zu der bei vielen Banken zu beobachtenden Tendenz, Kostenprobleme durch den Abbau des Filialnetzes zu lösen. Und anders als Finanzinstitute, die in erster Linie auf Boni und monetäre Anreize setzen, versucht die Degussa Bank, ihre Mitarbeiter durch Mitgestaltungschancen dazu zu motivieren, das Geschäftsmodell des Worksite-Banking zu unterstützen und innovativ weiter zu entwickeln. Entscheidend ist dabei, dass die Degussa Bank nicht auf einem abstrakten Markt operiert, sondern auf jeweils spezifischen Märkten innerhalb einer anderen Organisation. Das Handeln der Bank ist Gegenstand der Kommunikation zwischen den Kunden, diese Beobachtungs- und Kontrollmöglichkeit ist entscheidend für die Möglichkeit, dass sich ein auf Sichtbarkeit gegründetes Vertrauensverhältnis ausbilden kann. Dies erfordert auf Seiten der Bank einen partizipativen Führungsstil. Die Degussa Bank hat die Unternehmen an großen Produktionsstandorten als neuen Markt entdeckt und hier ihre Filialen eingerichtet. Die Marktverantwortlichen müssen sich einerseits als Mitglieder einer Organisation, der Degussa Bank, begreifen, innerhalb derer sie meist nur sporadisch persönliche Kontakte pflegen können, und sollen sich andererseits in einer anderen Organisation, dem Standortunternehmen, erfolgreich vernetzen und dort Vertrauensbeziehungen aufbauen, ohne aus dem Auge zu verlieren, dass sie trotz der Interaktionsdichte vor Ort Vertreter der Bank sind.Organisations- und Interaktionsstrukturen stehen in einem inneren Spannungsverhältnis, die Mitarbeiter fühlen sich gelegentlich in ihren Loyalitäten hin- und her gerissen und fühlen sich dann als Diener zweier Herren. Dieser Spagat führt nicht selten zu Anerkennungsproblemen, da die Marktverantwortlichen in einer für die Branche ganz untypischen Doppelrolle aktiv sein müssen. An die Stelle persönlicher Anerkennung durch Vorgesetzte im Sinne von Lob und Tadel tritt die Möglichkeit der Mitgestaltung. Die dezentrale Organisation des Vertriebs und die ja durchaus erwünschte Einbindung der Marktverantwortlichen in die Partnerunternehmen stellt für die Bank zugleich ein Steuerungsproblem dar. Die Arbeit in den Märkten lässt sich nicht kontinuierlich im Detail kontrollieren, die Beschäftigten müssen eigenständig agieren.

Wenn das Konzept des Worksite-Banking von den Mitarbeitern eine selbstständige, eigenverantwortliche Arbeitsweise erwartet, dann wurde dies in der Vergangenheit durch eine Organisationskultur unterstützt, in der gewachsene persönliche Bindungen und Vertrauen eine große Rolle spielen, in der vieles auf dem „kleinen Dienstweg" geregelt werden kann. Mit dem raschen Wachstum der Bank erweisen sich bestimmte Aspekte einer fast familienbetrieblichen Organisationsstruktur als dysfunktional. Gerade auf Grund des Erfolges ihres Geschäftsmodells steht die Degussa Bank vor der Herausforderung, die überkommen, durch quasi-familienbetriebliche Informalität geprägten Strukturen zu öffnen, ohne sich in eine bürokratische Organisation traditionellen Zuschnitts zu verwandeln (vgl. Schnell 2011) [21].

23.6 Sichtbarkeit und Transparenz

Transparenz im Sinne betriebswirtschaftlicher Kenngrößen und Sichtbarkeit von Leistungsbeiträgen in der unmittelbaren Arbeitsinteraktion fallen nicht zusammen. Vielfach ist beispielsweise bei Bankmitarbeitern eine auf den ersten Blick widersprüchliche Haltung zu beobachten: Einerseits erscheint es wichtig, dass der eigene Leistungsbeitrag wahrgenommen wird, man will wissen, wo man im Vergleich zu anderen selbst steht, gleichzeitig ist eine ausgeprägte Kontrollallergie zu beobachten. Transparenz meint hier einen standardisierten Vergleich, Sichtbarkeit dagegen ist personen- und situationsbezogen zu verstehen. Beide verkörpern jeweils unterschiedliche Wissensformen und -praktiken. Zu beobachten ist eine Verschiebung von Sichtbarkeit hin zu Transparenz. Diese Verschiebung wird auch im Sinne von zwei Typen von Transparenz beschrieben, als Übergang von wechselseitiger Beobachtung hin zu wechselseitiger Anonymität der Akteure (vgl. Grossman et al. 2008) [10]. Anders als in traditionellen Vertrauenskulturen ist nunmehr Anonymität erforderlich, um das Problem von Opportunismus und Insiderwissen zu umgehen. Auch die These der Markteffizienz unterstellt einen spezifischen Modus der Sichtbarkeit bzw. Transparenz. Preise reflektieren demzufolge Informationen über die Welt, dies ist die epistemische Rolle von Märkten. Was sie sichtbar machen, muss nicht notwendig vorher bereits vorhanden gewesen sein. Mathematische Modelle wie die „Black-Scholes-Formel" machen etwas darstellbar, kalkulierbar und begründbar, somit auch machbar und verändern damit die Welt (vgl. MacKenzie 2006) [18].

Sichtbarkeit bedeutet vielfach Kontrolle, Unsichtbarkeit kann sowohl Machtressource als auch Ausdruck von Diskriminierung sein. Dabei ist Unsichtbarkeit nicht nur Anzeichen der als Missachtung der Person, als Anerkennungsverweigerung, als Nichtwahrnehmung von Leistungsbeiträgen ein Problem, sondern auch dort, wo sie auf eine Organisation des gesellschaftlichen Leistungsprozesses verweist, in der der einzelne Beitrag nicht kenntlich wird, weder für den Arbeitenden noch für die Gesellschaft insgesamt. Unsichtbarkeit verweist auf das Scheitern oder die Verweigerung von differenzierender Wertschätzung auf der Basis gleicher Achtung und auf die strukturelle Unmöglichkeit einer Identifikation des jeweiligen konkreten Beitrags des Einzelnen oder einer bestimmten Gruppe (vgl. Honneth 2009) [12].

Dabei ist Transparenz allerdings kein Allheilmittel. Das Thema der Sichtbarkeit weist im Kontext der Analyse von Dienstleistungsarbeit sehr unterschiedliche Facetten auf. Es geht um die Leistungsbeiträge von Arbeit, um Missachtungserfahrungen, um die Kontrolle des Arbeitsprozesses und auch um Fragen der Diskretion. Anerkennungsprobleme von Dienstleistungsarbeit können nicht durch die pauschale Forderung nach möglichst weitgehender Sichtbarkeit bzw. Transparenz gelöst werden. Die Forderung nach Transparenz kann rasch in Objektivierung und Verdinglichung, in Zwang und Kontrolle umschlagen. Zudem spielt die Forderung nach Sichtbarkeit vor dem Hintergrund der Wertschätzung von Leistungsbeiträgen oftmals eine andere Rolle als dort, wo es um die Achtung der Person geht. Die Abwehr von Transparenzforderungen spielt im Kontext der Kontrolle über informelle Machtressourcen eine andere Rolle als dort, wo es um Diskretionsbedürfnisse geht. Forderungen nach Sichtbarkeit zielen in der Regel nicht auf einen „panoptischen" Modus völliger Transparenz, sondern auf die Möglichkeit, selbst über die Arbeit und Weise der Sichtbarmachung der Person und ihrer Leistungen aktiv mitentscheiden zu können (vgl. Kocyba 2011) [17].

Forderungen nach Sichtbarkeit und Transparenz drohen leer zu laufen oder bloße Fassaden zu errichten, wenn sie einseitig aus der Perspektive des Managements oder der Öffentlichkeit erhoben werden. Nur dort, wo im Verhältnis von Mitarbeitern, Kunden bzw. Klienten, dem Management und der Öffentlichkeit geteilte Vorstellungen von guter Arbeit und adäquaten Problemlösungen entwickelt werden, können auf der Basis gemeinsamer Bewertungsmaßstäbe Leistungsbeiträge sichtbar werden, ohne mit den Autonomieansprüchen der Beteiligten zu kollidieren. Eine nicht in gemeinsamen Bewertungshorizonten verankerte abstrakte Transparenzforderung fordert nur zur Manipulation heraus, der Zwang zur Sichtbarkeit in Nahinteraktionen zwingt zur Heuchelei.

Literatur

[1] Bender. C./Grassl, H. (2004): Arbeiten und Leben in der Dienstleistungsgesellschaft, 1. Aufl., Konstanz.
[2] Berger, J./Offe, C. (1984): Die Entwicklungsdynamik des Dienstleistungssektors, in: Offe, C. (Hrsg.): Arbeitsgesellschaft. Strukturprobleme und Zukunftsperspektiven, 1. Aufl., Frankfurt am Main/New York, S. 229-270.

[3] Bienzeisler, B./Gabriel, H. (2006): Produzentenstolz als Innovationsressource im Dienstleistungsbereich, in: Dokumentation der ver.di-Tagung Beschäftigungspotentiale entwickeln – Wettbewerbsfähige Dienstleistungen und sichere Arbeitsplätze., Berlin, S. 117-127.
[4] Brennan, G./Pettit, P. (2004): The Economy of Esteem, 1. Aufl., Oxford.
[5] Callon, M. (2006): What does it mean to say that economics is performative? Papiers de Recherche du CSI, N° 005.
[6] Ciesinger, K. G./Fischbach, A./Klatt, R./Neuendorff, H. (2011): Berufe im Schatten – Eine Einführung, in: Ciesinger, K. G./Fischbach, A./Klatt, R./Neuendorff, H. (Hrsg.): Berufe im Schatten. Wertschätzung von Dienstleistungsberufen. Entwicklung neuer Modelle und Konzepte einer praxisorientierten Unterstützung, 1. Aufl., Berlin, S. 9-30.
[7] Crozier, M./Friedberg, E. (1993): Die Zwänge kollektiven Handelns. Über Macht und Organisation, 1. Aufl., Frankfurt am Main.
[8] Foucault, M. (1976): Überwachen und Strafen. Die Geburt des Gefängnisses, 1. Aufl., Frankfurt am Main.
[9] Fourastié, J. (1954): Die große Hoffnung des zwanzigsten Jahrhunderts, 1. Aufl., Köln.
[10] Grossman, E./Luque, E./Muniesa, F. (2008): Economies through transparency, in: Garsten,C./de Montoya, M. L. (Hrsg.): Transparency in a New Global Order, 1. Aufl., Cheltenham, S. 97-121.
[11] Haldane, A./Brennan, S./Madouros, V. (2010): What is the Contribution of the Financial Sector: Miracle or Mirage?, in: LSE: The Future of Finance. The LSE Report, London, S. 87-120.
[12] Honneth, A. (2009): Arbeit und Anerkennung. Versuch einer Neubestimmung, in: Schmidt am Busch, H. C./Zurn, C. (Hrsg.): Anerkennung, 1. Aufl., Berlin, S. 213-228.
[13] Jany-Catrice, F. (2010): A Grammar of Performance, in: Economic Sociology, Vol. 11, S. 3-9.
[14] Kocyba, H. (2009): Les paradoxes de la manifestation de reconnaissance, in: Lazzeri, C./Nour, S. (Hrsg.): Reconnaissance, identité et integration sociale, Paris, S. 277-293.
[15] Kocyba, H. (2010a): Diese Hin- und Herverschieberei, das hat irgendwann zu einer totalen Überblickslosigkeit geführt, in: Honegger, C./Neckel, S./Magnin, C. (Hrsg.): Strukturierte Verantwortungslosigkeit. Berichte aus der Bankenwelt, 1. Aufl., Frankfurt am Main, S. 41-46.
[16] Kocyba, H. (2010b): Die Finanzmarktorientierung ist das Hauptproblem, in: Honegger, C./Neckel, S./Magnin, C. (Hrsg.): Strukturierte Verantwortungslosigkeit. Berichte aus der Bankenwelt, 1. Aufl., Frankfurt am Main, S. 224-229.
[17] Kocyba, H. (2011): Recognition, Cooperation, and the Moral Presuppositions of Capitalist Organzation of Work, in: Analyse & Kritik, Vol. 33, 1, S. 235-259.
[18] MacKenzie, D. (2006): An Engine, Not a Camera: How Financial Models Shape Markets, Cambridge, Mass.
[19] Minkmar, N. (21. September 2008): Alle Kassen im Schrank, in: Frankfurter Allgemeine Zeitung, FAZ-Archiv.
[20] Neckel, S./Dröge, K./Somm, I. (2008): Das umkämpfte Leistungsprinzip. Deutungskonflikte um die Legitimationen sozialer Ungleichheit, in: Dröge, K./Marrs, K./Menz, W. (Hrsg.): Rückkehr der Leistungsfrage. Leistung in Arbeit, Unternehmen und Gesellschaft, 1. Aufl., Berlin, S. 41-56.
[21] Schnell, C. (2011): Wertschöpfung, Wertschätzung, Wir-Gefühl, Wachstum. Ergebnisse aus dem BMBF Projekt Wertschöpfung und Wertschätzung im Finanzdienstleistungssektor, Transfermesse Degussa-Bank, Fulda.
[22] Turner, A. (2010): What do Banks do? Why Do Credit Booms and Busts Occur and What Public Policy Can Do about It?, in: LSE: The Future of Finance. The LSE Report, London, S. 5-86.
[23] o.V. (08.10.1990): Suche in allen Winkeln. Die Banken streichen wieder Stellen, in: Der Spiegel 41, S. 160.
[24] Voswinkel, S. (2005): Welche Kundenorientierung? Anerkennung in der Dienstleistungsarbeit, 1. Aufl., Berlin.

24 Mitarbeiterstolz im Dienstleistungsbereich

Tobias Krämer, Miriam Rhein

24.1	Zur Relevanz des Mitarbeiterstolzes im Dienstleistungsbereich	473
24.2	Theoretischer Hintergrund	474
24.3	Empirische Studien	477
24.3.1	Studie 1: Entstehung und Effekte von Leistungs- und Arbeitsstolz im Dienstleistungsbereich	477
24.3.2	Studie 2: Entstehung und Effekte von Leistungsstolz im Call Center	479
24.4	Implikationen	481
Literatur		483

Dipl.-Kfm. Tobias Krämer, EBS Business School, Department Marketing, Lehrstuhl für Dienstleistungsmarketing

Dipl.-Betriebswirtin Miriam (FH) Rhein, EBS Business School, Department Marketing, Lehrstuhl für Dienstleistungsmarketing

24.1 Zur Relevanz des Mitarbeiterstolzes im Dienstleistungsbereich

Der Erfolg vieler Dienstleistungsunternehmen wird in Zukunft noch stärker von der Fähigkeit abhängen, Kundenbeziehungen langfristig zu sichern. Für den Aufbau und die Aufrechterhaltung anhaltender Beziehungen sind die von den Mitarbeitern gelebte Orientierung gegenüber den Kunden während der Leistungserstellung (vgl. Arnett et al. 2002) [3] sowie die Bindung der Mitarbeiter an ihr Unternehmen wesentliche Voraussetzungen (vgl. Bruhn/Stauss 2006) [7]. Der Mitarbeiterstolz stellt für die Sicherstellung dieser Bedingungen eine treibende Kraft dar (vgl. Gouthier 2007; Gouthier/Walter 2006) [14], [17]. Im Dienstleistungsbereich ist der Mitarbeiterstolz eine der am stärksten wahrgenommenen positiven Emotionen. Durch die Erfüllung und insbesondere Übererfüllung der Erwartungen an die eigene Arbeitsleistung entsteht ein Erfolgsgefühl in Form einer angenehm empfundenen Emotion (vgl. Verbeke et al. 2004) [31]. Dieser so genannte Leistungsstolz basiert auf einer wahrgenommenen eigenen Performance (vgl. Webster et al. 2003) [32]. Entscheidend für das Empfinden dieser Emotion ist, dass das Handlungsergebnis auf eigene Fähigkeiten oder Anstrengungen zurückgeführt wird (vgl. Weiner 1985) [33]. Einzelemotionen des Mitarbeiterstolzes im Sinne des Leistungsstolzes sind i.d.R. von vergleichsweise kurzer zeitlicher Dauer. Laut Frese (1990, S. 292) „beinhaltet jedes Ereignis in der Arbeit, das einen stolz gemacht hat, auch die Möglichkeit, Stolz auf die Arbeit insgesamt zu generalisieren" (vgl. Frese 1990) [13]. Damit kann ein umfassenderes Stolzkonstrukt entstehen, welches mehr als Einstellung im Sinne eines Arbeitsstolzes verstanden werden kann. Der Mitarbeiterstolz ist also kein statisches Konstrukt, sondern ein dynamisches, welches sich im Zeitverlauf verändert (vgl. Verbeke et al. 2004) [31]. Die Einstellung Arbeitsstolz stellt damit eine relativ dauerhafte, gelernte, positive innere Haltung gegenüber der eigenen Arbeit und somit gegenüber der eigenen Berufsgruppe dar. Es kann daher festgehalten werden, dass der Mitarbeiterstolz verschiedene Ausprägungen annehmen kann (vgl. Ekman 2004; Gouthier/Rhein 2010; Gouthier/Rhein 2011; Lea/Webley 1997) [10], [15], [16], [23]. Die Bedeutung der beiden aufgeführten Konzepte des Mitarbeiterstolzes wurde im Rahmen von zwei empirischen Studien überprüft, auf deren Ergebnisse im Rahmen dieses Beitrags zurückgegriffen wird. Dabei zielte die erste Studie darauf ab, den Zusammenhang beider Stolzverständnisse herauszuarbeiten und die positiven Auswirkungen beider Konstrukte in Bezug auf die Kundenorientierung und das Fluktuationsverhalten von Mitarbeitern im Dienstleistungsbereich empirisch zu untersuchen. Im Rahmen einer Online-Umfrage wurden über 700 Mitarbeiter mit direktem Kundenkontakt aus verschiedenen Branchen zu diesem Thema befragt. Die zweite Studie untersuchte den Leistungsstolz und dessen Treiber innerhalb eines konkreten Dienstleistungsbereichs – der Call Center Branche. Die Call Center Branche hat trotz der hohen Nachfrage der angebotenen Dienstleistungen große Probleme, da die Mitarbeiter häufig eine geringe Bindung zu den Unternehmen haben. Diese mangelnde Bindung, die aus der hohen emotionalen Belastung und der geringen Identifikation der Mitarbeiter mit ihrem Beruf resultiert, führt zu hohen Fluktuations- und Absentismusraten (vgl. Bakker 2003) [4]. Im Rahmen der empirischen Untersuchung mit 252 Call Center Mitarbeitern wird gezeigt, wie Leistungsstolz dazu beitragen kann, die Bindung der Mitarbeiter zum Unternehmen zu erhöhen und welche Maßnahmen Unternehmen ergreifen können, um das Stolzempfinden innerhalb der Belegschaft zu steigern.

Im folgenden Abschnitt 24.2 werden die Theorien, die für die Ausgestaltung dieses Artikels entscheidend waren, dargelegt. In Abschnitt 24.3 werden anschließend die empirischen Untersuchungen präsentiert und die Ergebnisse diskutiert. Abschließend beschäftigt sich Abschnitt 24.4 mit den wissenschaftlichen und praktischen Implikationen, die aus den Untersuchungsergebnissen resultieren.

24.2 Theoretischer Hintergrund

Oftmals wird Stolz als positive Arbeitsemotion aufgefasst, die auf einem leistungsbezogenen Erfolgsereignis basiert (vgl. Hodson 1998; Lewis 1992) [20], [24]. Das Empfinden dieses so genannten Leistungsstolzes basiert auf einem kognitiven Vergleich einer selbst erbrachten Leistung mit den Erwartungen eines Mitarbeiters an selbige. Werden die Erwartungen an die eigene Leistung erfüllt oder übertroffen, kann die Leistung als Erfolg wahrgenommen werden, gefolgt von der Stolzemotion. Im Zentrum des Leistungsstolzes stehen dabei internale Ursachenfaktoren, das heißt die Stolzemotion entsteht, da der Mitarbeiter das positive Handlungsergebnis auf eigene Fähigkeiten oder Anstrengungen zurückführt (Attributionstheorie; siehe z. B. Weiner (1985) [33]). Das Empfinden der positiven Emotion Leistungsstolz geht mit einem positiven Gefühl des eigenen Wertes (Selbstwertgefühl) einher (vgl. Küpers/Weibler 2005) [22]. Grundsätzlich können zwei verschiedene Vergleichsgrößen unterschieden werden, die den Grad des wahrgenommenen Erfolgs und schließlich die Stärke des Empfindens von Stolz determinieren. Zum einen kann ein Vergleich mit der relevanten Leistung der eigenen Person in der Vergangenheit („Ich kann das jetzt viel besser als früher" vgl. Frese 1990, S. 291) [13]) erfolgen. Zum anderen kann ein Vergleich der eigenen Leistung mit den Leistungen anderer Bezugspersonen angestrebt werden. Gemäß der Sozial-Psychologie und Soziologie ist der Leistungsstolz vor allem dann stark ausgeprägt, wenn die eigene Leistung die von relevanten Bezugspersonen übertrifft (vgl. Verbeke et al. 2004; Webster et al. 2003) [31], [32]. Der Leistungsstolz stellt im Arbeitskontext eine soziale und höchst subjektive Arbeitsemotion dar, die mit einem Gefühl der Outperformance einhergeht (vgl. Webster et al. 2003) [32], die zwar vergleichsweise stark, im Allgemeinen jedoch nur von kurzer zeitlicher Dauer ist (vgl. Brehm 2001; Frese 1990; Grandey 2002) [6], [13], [18].

Neben dem emotionalen Verständnis, kann der Stolz zudem auch als positive Einstellung (vgl. Lea/Webley 1997) [23] im Sinne eines Arbeitsstolzes, definiert werden. Eine wesentliche Voraussetzung zum Entstehen einer Stolzeinstellung ist in erster Linie die Identifikation mit einer sozialen Gruppe, so dass diese, gemäß der sozialen Identitätstheorie, einen Teil des Selbstkonzepts des Individuums einnimmt (vgl. Tyler/Blader 2001; Tyler/Blader 2002) [28], [29]. Sofern die eigene Berufsgruppe eine bedeutende Gruppe für den Mitarbeiter darstellt, bewirkt die Identifikation beim Mitarbeiter, dass er sich mit dieser sozialen Gruppe als Einheit versteht. Die Identifikation führt darüber hinaus dazu, dass der Mitarbeiter den Status dieser Gruppe einer Bewertung unterzieht. Eine positive Bewertung des Status der Gruppe wird auch als Stolz bezeichnet (vgl. Tyler/Blader 2002) [29]. Bei einer positiven Gesamtbewertung der anzugehörenden Berufsgruppe handelt es sich demnach um einen so genannten Arbeitsstolz. Da es sich bei dieser Stolzform um eine Gesamtbeurteilung handelt, kann auch von einem einstellungsbezogenen Stolzverständnis gesprochen werden. Denn Einstellungen werden generell als psychische Tendenzen beschrieben, die das Ergebnis bewertender Urteile in Bezug auf ein bestimmtes Einstellungsobjekt, wie bspw. die eigene Berufsgruppe, darstellen (vgl. Eagly/Chaiken 1993) [9]. Da Einstellungen Verhaltensweisen beeinflussen und demzufolge bedeutende Kenntnisse über das menschliche Verhalten, z. B. im Unternehmenskontext, liefern, zählen sie zu den meist untersuchten psychologischen Konstrukten (vgl. Fischer/Wiswede 2009) [12].

Gemäß der Einstellungstheorie werden die Gesamtbewertungen durch die affektiven Erlebnisse in Form von Emotionen, Gefühlen und Stimmungen sowie durch die individuellen Gedanken, Überzeugungen und Eigenschaften, die ein Individuum in Bezug auf das Einstellungsobjekt hat, hier also die Berufsgruppe, determiniert (vgl. Breckler/Wiggins 1989; Weiss 2002; Weiss/Cropanzano 1996) [5], [34], [35].

Des Weiteren kann angenommen werden, dass Emotionen des Leistungsstolzes, die sich konkret auf die Tätigkeiten im Rahmen der Arbeit eines Mitarbeiters beziehen, zur Entstehung bzw. zur Verfestigung der Einstellung Arbeitsstolz beitragen und damit zu einer positiven Gesamtbewertung jener Gruppe, bestehend aus Mitgliedern, die dieselbe Arbeit verrichten, führen. So stellt auch Frese (1990) fest, dass Leistungserfolge, die einen stolz gemacht haben, vom Gedächtnis wieder abgerufen werden und sich damit zu einem generellen Stolz auf die Arbeit entwickeln können (vgl. Frese 1990, S. 291) [13].

Um den Zusammenhang zwischen der Emotion Leistungsstolz und der Einstellung Arbeitsstolz sowie die positiven Auswirkungen beider Konstrukte auf Verhaltensweisen von Mitarbeitern genauer untersuchen zu können, wurde als theoretische Grundlage auf die Affective Events Theory (AET) von Weiss und Cropanzano (1996) [35] zurückgegriffen (siehe **Abbildung 24.1**)

Abbildung 24.1 Affective Events Theory

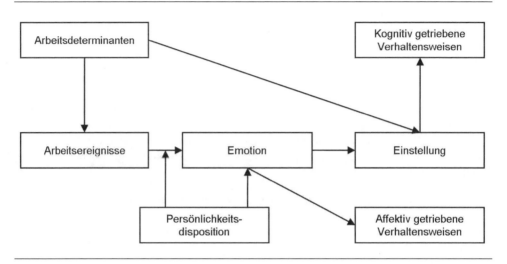

Quelle: Weiss/Cropanzano 1996 [35]

Die AET, die vor allem in der Organisationsforschung einen hohen Bekanntheitsgrad erreicht hat (vgl. Gouthier 2007) [14], stellt ein ganzheitliches Modell dar, in dem sowohl die Treiber von Emotionen und Einstellungen, der Zusammenhang von Emotionen und Einstellungen sowie die daraus resultierenden Auswirkungen abgebildet werden. Ausgehend von bestimmten Arbeitsdeterminanten wird das Auftreten bestimmter Arbeitsereignisse stimuliert. Diese Arbeitsereignisse haben das Potenzial, sowohl negative als auch positive Emotionen auszulösen. Das Auftreten von Emotionen bei der Arbeit wird von der Persönlichkeitsdisposition des Mitarbeiters beeinflusst. Das Wirkmodell verdeutlicht den Zusammenhang zwischen Emotionen und Einstellungen, denn neben den Arbeitsdeterminanten wirken insbesondere die Arbeitsemotionen direkt auf die Arbeitseinstellungen der Mitarbeiter. Ein wesentliches Kernelement der AET ist die konkrete Unterscheidung der Wirkeffekte von Emotionen und Einstellungen der Mitarbeiter. So lassen sich die Auswirkungen der Mitarbeiteremotionen als affektiv getriebene Verhaltensweisen (z. B. Commitment to Customer Service) und die der Mitarbeitereinstellungen als kognitiv getriebene Verhaltensweisen (z. B. Fluktuationsverhalten) charakterisieren (vgl. Weiss/Cropanzano 1996) [35].

Aus den dargestellten Wirkzusammenhängen wird ersichtlich, dass die AET eine geeignete theoretische Grundlage darstellt, um die Strukturen, Ursachen und Konsequenzen des Stolzes von Mitarbeitern abzubilden (vgl. Gouthier 2007) [14].

24.3 Empirische Studien

24.3.1 Studie 1: Entstehung und Effekte von Leistungs- und Arbeitsstolz im Dienstleistungsbereich

24.3.1.1 Grundlagen und Zielsetzung

Die erste Studie dieses Artikels untersucht zum einen den Zusammenhang zwischen der Emotion Leistungsstolz und der Einstellung Arbeitsstolz. Zum anderen erforscht sie die Auswirkungen beider Stolzverständnisse auf positive Verhaltensweisen im Dienstleistungsbereich. Diese Vorgehensweise wurde vor allem deswegen gewählt, da nach jetzigem Kenntnisstand keine Studie existiert, die den Zusammenhang zwischen den beiden Stolzarten untersucht oder die positiven Auswirkungen der jeweiligen Stolzarten differenziert betrachtet. Die zentrale Zielsetzung dieser Studie ist es daher zu untersuchen, ob die Emotion Leistungsstolz im Dienstleistungsbereich positive Auswirkungen auf die Einstellung Arbeitsstolz hat. Zudem soll untersucht werden, welche Auswirkungen der Leistungsstolz auf das affektiv getriebene Commitment to Customer Service hat bzw. welche Auswirkungen die Emotion Leistungsstolz über die Einstellung Arbeitsstolz auf das kognitiv getriebene Fluktuationsverhalten der Mitarbeiter hat. Schließlich sollen anhand der Ergebnisse Implikationen abgeleitet werden.

24.3.1.2 Untersuchungsmodell

Das Untersuchungsmodell dieser Studie wurde in Anlehnung an die AET entwickelt. Als affektiv getriebene Verhaltensweise wird das Commitment to Customer Service untersucht, da dieses Konstrukt die unmittelbare innere Verpflichtung des Mitarbeiters, einen guten Service erbringen zu wollen, erfasst und damit als Ausdruck der Kundenorientierung angesehen werden kann (vgl. Arnett et al. 2002; Peccei/Rosenthal 1997) [3], [25]. Als kognitiv getriebene Verhaltensweise wird das Fluktuationsverhalten der Mitarbeiter untersucht. Denn im Kontext des direkten Kundenkontakts wirkt sich die Unternehmenszugehörigkeit maßgeblich darauf aus, ob sich Mitarbeiter langfristig für die Aufrechterhaltung der Kundenbeziehungen einsetzen können (vgl. Bruhn/Stauss 2006) [7].

Auf Basis der AET wird somit angenommen, dass die Einstellung Arbeitsstolz direkt durch die Emotion Leistungsstolz beeinflusst wird. Des Weiteren wird davon ausgegangen, dass die Einstellung Arbeitsstolz negativ auf das Fluktuationsverhalten wirkt und dass die Emotion Leistungsstolz positive Auswirkungen auf das Commitment to Customer Service hat. Schließlich wird eine Erweiterung der klassischen AET vorgenommen, indem der Einfluss der Einstellung Arbeitsstolz auf das affektiv getriebene Verhalten untersucht wird. Diese Hypothese resultiert aus den Vermutungen, dass vergangene Stolzemotionen, als Teil der Einstellung Arbeitsstolz, vom Gedächtnis wieder aktiviert werden und somit auch bei zukünftigen Emotionen des Leistungsstolzes Auswirkungen auf das Commitment to Customer Service haben.

24.3.1.3 Studiendesign

Für die empirische Untersuchung dieser Studie wurden Mitarbeiter aus 18 verschiedenen Branchen mittels eines standardisierten Online-Fragebogens befragt. Um ausschließlich Teilnehmer aus dem Dienstleistungsbereich zu gewinnen, wurden zu Beginn des Fragebogens zwei Filterkriterien eingebaut, die dazu führten, dass eine Teilnahme nur für Mitarbeiter mit direktem Kundenkontakt aber ohne Führungsverantwortung möglich war. Letzteres Ausschlusskriterium wurde aufgrund von zwei Gründen gewählt: Zum einen haben Führungskräfte oftmals weniger Kundenkontakt als ihre Mitarbeiter. Zum anderen kann angenommen werden, dass Führungskräfte im Vergleich zu ihren Mitarbeitern generell einen stärker ausgeprägten Stolz aufweisen.

Die Beteiligung an der Befragung lag bei 22,1%. Aufgrund der beiden Filterkriterien betrug die finale Antwortquote mit 733 Teilnehmern rund 5%. Das Durchschnittsalter der Teilnehmer lag bei knapp 39 Jahren. Von den teilnehmenden Mitarbeitern waren 52% männlich und 48% weiblich. Für die Operationalisierung der in dieser Studie verwendeten latenten Konstrukte wurden teilweise etablierte Skalen aus vorherigen Studien herangezogen. Für die Konstrukte Leistungsstolz und Arbeitsstolz wurden anhand von Vorstudien und Expertengesprächen eigene Skalen entwickelt, die sich nach der Durchführung diverser Tests als valide und reliabel erwiesen. Für die Analyse des Strukturgleichungsmodells wurde ein kovarianzanalytischer Ansatz gewählt. Nach einer Validitätsprüfung der Messmodelle mittels der konfirmatorischen Faktorenanalyse erfolgte die Modellschätzung mit der Software AMOS 18.

24.3.1.4 Empirische Ergebnisse

Um eine aussagekräftige Analyse des Strukturmodells vornehmen zu können, muss zuerst die Qualität der Messmodelle sichergestellt werden. Zur Beurteilung der Messmodelle wurden anhand einer konfirmatorischen Faktorenanalyse die verwendeten Messmodelle überprüft und gemäß der allgemeinen Gütekriterien (vgl. Hair et al. 2005) [19] bestätigt. Die Auswertung des Strukturmodells (siehe **Abbildung 24.2**) zeigt, dass alle Gütemaße zur Beurteilung des Gesamtfits des Strukturmodells erfüllt sind (vgl. Arbuckle 2008; Hair et al. 2005; Hu/Bentler 1998) [2], [19], [21]. Zudem überschreiten alle Pfadkoeffizienten den kritischen Wert von 0,2 und weisen eine hohe Signifikanz auf. Damit können alle Hypothesen respektive alle Pfade des Untersuchungsmodells bestätigt werden. Die Überprüfung des Modells ergab zudem, dass die männlichen Mitarbeiter insgesamt einen höheren Stolz als die weiblichen Mitarbeiter aufwiesen.

Abbildung 24.2 Ergebnisse Studie 1

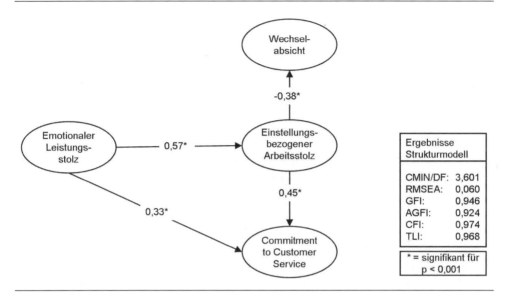

24.3.2 Studie 2: Entstehung und Effekte von Leistungsstolz im Call Center

24.3.2.1 Grundlagen und Zielsetzung

Die im Folgenden vorgestellte zweite Studie dieses Artikels konzentriert sich auf die Auswirkungen von Leistungsstolz auf die freiwillige Mitarbeiterfluktuation in der Call Center Branche. Diese Fokussierung wurde vor allem aus zwei Gründen gewählt: Auf der einen Seite haben Call Center eine hohe Relevanz. So wird bereits in vielen Branchen die Vielzahl der Kundenkontakte durch Call Center abgewickelt (vgl. Feinberg et al. 2002) [11]. Auf der anderen Seite stellt die Arbeit in Call Centern für die meisten Mitarbeiter durch die große Arbeitslast und den intensiven Kundenkontakt eine enorme Belastung dar, was sich im Allgemeinen in hohen Raten freiwilliger Mitarbeiterfluktuation niederschlägt (vgl. Bakker et al. 2003) [4]. Gerade in einem solch schwierigen und emotional aufgeladenen Umfeld erscheint die Untersuchung bestimmter Arbeitsemotionen, wie Stolz, besonders viel versprechend. Die zentrale Zielsetzung dieser Studie ist es zu untersuchen, wie Leistungsstolz in Call Centern entsteht und welche Auswirkungen er auf die Bindung der Mitarbeiter zu ihrem Arbeitgeber hat. Zudem sollen auf Basis dieser Ergebnisse mögliche Maßnahmen für die Reduktion freiwilliger Fluktuation in Call Centern abgeleitet werden.

24.3.2.2 Untersuchungsmodell

Das Untersuchungsmodell dieser Studie basiert im Wesentlichen auf der zuvor dargestellten AET. Um das Arbeitsumfeld in Call Centern umfassend abzubilden, wurden basierend auf existierenden Studien sieben Charakteristika ausgewählt und als Dimensionen der Variable Job Determinanten modelliert. Als Arbeitseinstellung wird das affektive organisationale Commitment der Mitarbeiter untersucht, da es im Kontext freiwilliger Mitarbeiterfluktuation von besonderer Bedeutung zu sein scheint (vgl. Alexandrov et al. 2007; Suh et al. 2011) [1], [27]. Bei den Arbeitsereignissen wird der Fokus auf die Anerkennung von Arbeitsleistung gelegt, da existierende Studien andeuten, dass diese Ereignisse entscheidend für das Empfinden von Leistungsstolz sind (vgl. Grandey et al. 2002) [18].

Auf Basis der AET wird folglich davon ausgegangen, dass Job Determinanten das affektive organisationale Commitment der Mitarbeiter direkt und indirekt über den Pfad Anerkennung von Arbeitsleistung – Leistungsstolz beeinflussen. Zudem wird angenommen, dass das affektive organisationale Commitment maßgeblich die Wechselabsicht beeinflusst.

24.3.2.3 Studiendesign

Für die empirische Untersuchung dieser Studie wurden Call Center Mitarbeiter aus verschiedenen Standorten eines großen deutschen Call Center Betreibers schriftlich befragt. Von den 404 Mitarbeitern, die gebeten wurden an der Studie teilzunehmen, sendeten 221 einen vollständig ausgefüllten Fragebogen zurück, was eine Rücklaufquote von 54,7% ergibt. Von den Teilnehmern waren 53,4% weiblich und der Altersmedian lag bei 36 Jahren.

Für die Messung der innerhalb dieser Studie verwendeten latenten Variablen, wurden soweit dies möglich war, Skalen verwendet, deren Validität und Reliabilität bereits in verschiedenen Untersuchungen nachgewiesen werden konnten. Für die Variablen Anerkennung von Arbeitsleistung und Leistungsstolz wurden auf Basis von Vorstudien Skalen entwickelt, die sich bei verschiedenen Test als valide und reliabel erwiesen haben.

Für die Auswertung des Untersuchungsmodells wurde der varianzbasierte Strukturgleichungsmodellierungsansatz Partial Least Squares (PLS) verwendet. Das Modell wurde mittels der Software Smart PLS 2.0 geschätzt (vgl. Ringle 2005) [26]. Zudem wurde ein Bootstrapping mit 5000 Wiederholungen durchgeführt, um die Standardfehler und damit die Signifikanzen der Beziehungen zu bestimmen.

24.3.2.4 Empirische Ergebnisse

Um eine aussagekräftige Analyse des Strukturmodells vornehmen zu können, muss bei PLS-Modellen zuerst die Qualität der Messmodelle sichergestellt werden. Zur Beurteilung der Messmodelle wurden auf Basis von Chin (1998) [8] verschiedene Kriterien herangezogen. Die Auswertung zeigte, dass alle Gütekriterien erfüllt wurden, weshalb davon auszugehen ist, dass die Messmodelle valide und reliabel sind. Die Auswertung des Strukturmodells zeigt, dass alle Pfadkoeffizienten den kritischen Wert von 0,2 überschreiten und hoch signifikant sind (siehe **Abbildung 24.3**). Somit können alle Hypothesen respektive alle

Pfade des Untersuchungsmodells bestätigt werden. Zudem weisen die R^2-Werte, die angeben wie gut ein Konstrukt durch vorgelagerte Variablen erklärt wird, darauf hin, dass das Modell eine hohe Erklärungsrelevanz besitzt und damit die dargestellten Beziehungen bedeutsam sind.

Abbildung 24.3 Ergebnisse Studie 2

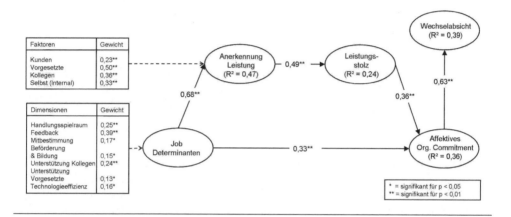

24.4 Implikationen

In Studie 1 konnte gezeigt werden, dass das Empfinden von Leistungsstolz bei Mitarbeitern im Kundenkontakt eine wichtige Rolle spielt, da es sich zum einen positiv auf die Einstellung Arbeitsstolz und das „Commitment to Customer Service" auswirkt. Zum anderen konnte eine indirekte negative Wirkung des Leistungsstolzes über die Einstellung Arbeitsstolz auf die Wechselabsicht nachgewiesen werden. Der positive direkte Effekt des Arbeitsstolzes auf das „Commitment to Customer Service" kann als Bestätigung dafür aufgefasst werden, dass vergangene Emotionen des Leistungsstolzes sich zu der Einstellung des Arbeitsstolzes manifestieren und somit ebenfalls die affektiv getriebenen Verhaltensweisen der Mitarbeiter beeinflussen. Somit stellen der Leistungs- und Arbeitsstolz wesentliche Treiber für die Kundenorientierung sowie die Mitarbeiterbindung dar, die zum Aufbau bzw. der Aufrechterhaltung langfristiger Kundenbeziehungen notwendig sind.

Aufgrund der positiven Wirkeffekte beider Stolzarten auf erwünschte Verhaltensweisen der Mitarbeiter im Kundenkontakt, sollte die Förderung des Mitarbeiterstolzes zu den zentralen Managementaufgaben im Unternehmen zählen. In diesem Zusammenhang ist es zunächst wichtig, ein Bewusstsein für die Bedeutung der Emotion Leistungsstolz zu schaffen. Weitergehend müssen Manager für die Treiber und Barrieren des Leistungsstolzes ihrer Mitarbeiter sensibilisiert werden, damit die Mitarbeiter diese Emotion regelmäßig erfahren können. Schließlich können Unternehmen durch kontinuierliche und standardisierte Erhebungen zum Thema Mitarbeiterstolz den Erfolg ihrer Maßnahmen evaluieren, langfristige Trends erkennen und das Thema schließlich weiter im Unternehmen verankern.

Damit die Mitarbeiter einen langfristigen Arbeitsstolz entwickeln können, ist es nicht nur wichtig, dass die Mitarbeiter regelmäßige Emotionen des Leistungsstolzes erfahren. Die Mitarbeiter müssen darüber hinaus das Gefühl haben, dass ihre berufliche Tätigkeit für das Unternehmen wichtig ist. Unternehmen können diese Bedeutung durch ein Hervorheben der Qualitätskriterien der einzelnen Tätigkeitsprofile erreichen. Zudem kann durch eine Erweiterung der Aufgabenfelder der Mitarbeiter die Bedeutung ihrer beruflichen Tätigkeit verstärkt werden (vgl. Vanselow 2008) [30].

Studie 2 führt zu weitreichenden Implikationen für die Call Center Industrie. Es konnte nachgewiesen werden, dass Leistungsstolz einen positiven Einfluss auf das organisationale Commitment der Mitarbeiter hat und dadurch die Wechselabsicht senkt. Deshalb sollten Call Center versuchen, den Leistungsstolz der Mitarbeiter zu steigern, um sie länger an das Unternehmen zu binden.

Auf Basis von Studie 2 können auch konkrete Maßnahmen in diesem Zusammenhang abgeleitet werden. So konnte gezeigt werden, dass die Anerkennung der Arbeitsleistung das Empfinden von Leistungsstolz stark steigert. Dabei hatten die Anerkennung von Vorgesetzten, Kollegen, Kunden sowie die internale Anerkennung entscheidende Einflüsse. Deshalb sollten Vorgesetzte regelmäßig Feedbackgespräche mit den Call Center Agenten führen, um Stolzerlebnisse zu ermöglichen. Zudem sollte das Management Mitarbeitern Benchmarks geben, so dass diese ihre Leistungen evaluieren können, was wiederum eine wesentliche Voraussetzung für internale Anerkennung darstellt. Um die Anerkennung durch Kollegen zu fördern, sollte eine Atmosphäre geschaffen werden, in der Teamgeist wichtiger ist als Konkurrenzdenken. Dies kann bspw. durch das Setzen von Leistungszielen für gesamte Arbeitsgruppen ermöglicht werden. Die Anerkennung durch Kunden dagegen ist schwerer zu steigern. In diesem Kontext hilft im Wesentlichen nur die Steigerung der Servicequalität.

Da innerhalb des Untersuchungsmodells eine Vielzahl von Job-Determinanten verwendet wurde, können weitere Schlussfolgerungen bezüglich der Senkung der freiwilligen Mitarbeiterfluktuation gezogen werden. Die Ergebnisse zeigen, dass neben Leistungsfeedback und der Unterstützung durch Kollegen, die bereits oben adressiert wurden, der Handlungsspielraum der Mitarbeiter einen entscheidenden Einfluss hatte. Ein hoher Handlungsspielraum scheint es den Mitarbeitern einerseits zu erlauben, Kunden zufrieden zu stellen. Auf der anderen Seite begründen Mitarbeiter, die eine gewisse Freiheit in ihren Entscheidungen haben, erfolgreiche Kundenkontakte eher mit ihren Fähigkeiten, als Mitarbeiter, die einem strengen Service-Skript folgen müssen. Aufgrund dieser Ergebnisse sollten Call Center-Betreiber besonders erfahrenen Mitarbeitern, die bereits Experten in der Erbringung der Serviceleistung sind, einen gewissen Handlungsspielraum einräumen.

Literatur

[1] Alexandrov, A./Babakus, E./Yavas, U. (2007): The Effects of Perceived Management Concern for Frontline Employees and Customers on Turnover Intentions, in: Journal of Service Research, Vol. 9, 3, S. 356 -371.
[2] Arbuckle, J. L. (2008): AMOS 17.0. User's Guide, 1. Aufl., Chicago.
[3] Arnett, D. B./Laverie, D. A./McLane, C. (2002): Using Job Satisfaction and Pride as Internal-marketing Tools, in: Cornell Hospitality Quarterly, Vol. 43, 2, S. 87-96.
[4] Bakker, A. B./Demerouti, E./Schaufeli, W. B. (2003): Dual processes at work in a call centre: An application of the job demands -resources model, in: European Journal of Work & Organizational Psychology, Vol. 12, 4, S. 393-417.
[5] Breckler, S. J./Wiggins, E. C. (1989): Affect versus evaluation in the structure of attitudes, in: Journal of Experimental Social Psychology, Vol. 25, 3, S. 253-271.
[6] Brehm, M. (2001): Emotionen in der Arbeitswelt. Theoretische Hintergründe und praktische Einflussnahme, in: Arbeit – Zeitschrift für Arbeitsforschung, Arbeitsgestaltung und Arbeitspolitik, Vol. 10, 3, S. 205-218.
[7] Bruhn, M./Stauss, B. (2006): Forum Dienstleistungsmanagement: Dienstleistungscontrolling, 1. Aufl., Wiesbaden.
[8] Chin, W. W. (1998): The partial least squares approach to structural equation modeling, in: Marcoulides, G. A. (Hrsg.): Modern Methods for Business Research, 1. Aufl., Mahwah, S. 295-358.
[9] Eagly, A. H./Chaiken, S. (1993): Psychology of Attitudes, 1. Aufl., Fort Worth.
[10] Ekman, P. (2004): Emotions Revealed: Recognizing Faces and Feelings to Improve Communication and Emotional Life, 1. Aufl., New York.
[11] Feinberg, R. A./Hokama, L./Kadam, R./Kim, I. (2002): Operational determinants of caller satisfaction in the banking/financial services call center, in: International Journal of Bank Marketing, Vol. 20, 4, S. 174-180.
[12] Fischer, L./Wiswede, G. (2009): Grundlagen der Sozialpsychologie, 3. Aufl., München.
[13] Frese, M. (1990): Arbeit und Emotion: Ein Essay, in: Frei F./Udris I. (Hrsg.): Das Bild der Arbeit, 1. Aufl., Bern, S. 285-301.
[14] Gouthier, M. H. J. (2007): Mitarbeiterstolz und Service Excellence, in: Gouthier, M. H. J./Coenen, C./Schulze, H. S./Wegmann, C. (Hrsg.): Service Excellence als Impulsgeber: Strategien – Management – Innovationen – Branchen, 1. Aufl., Wiesbaden, S. 383-397.
[15] Gouthier, M. H. J./Rhein, M. (2010): Serviceorientierung durch Organisationsstolz, in: Bruhn, M./Stauss, B. (Hrsg.): Serviceorientierung im Unternehmen, 1. Aufl., Wiesbaden, S. 209-228.
[16] Gouthier, M. H. J./Rhein, M. (2011): Organizational pride and its positive effects on employee behavior, in: Journal of Service Management, Vol. 22, 5, S.622-649.
[17] Gouthier, M. H. J./Walter, B. (2006): Professionalisierung interner Dienstleistungen und die Förderung des Produzentenstolzes, in: Streich, D./Wahl, D. (Hrsg.): Moderne Dienstleistungen: Impulse für Innovation, Wachstum und Beschäftigung, Beiträge der 6. Dienstleistungstagung des BMBF, 1. Aufl., Frankfurt am Main/New York, S. 225-233.
[18] Grandey, A. A./Tam, A. P./Brauburger, A. L. (2002): Affective States and Traits in the Workplace: Diary and Survey Data from Young Workers, in: Motivation and Emotion, Vol. 26, 1, S. 31-55.
[19] Hair, J. F./Black, B./Babin, B./Anderson, R. E./Tatham, R. L. (2005): Multivariate Data Analysis, 6. Aufl., Upper Saddle River.
[20] Hodson, R. (1998): Pride in task completion and organizational citizenship behaviour: Evidence from the ethnographic literature, in: Work & Stress, Vol. 12, 4, S. 307-321.
[21] Hu, L./Bentler, P. M. (1998): Fit Indices in Covariance Structure Modeling: Sensitivity to Underparameterized Model Misspecification, in: Psychological Methods, Vol. 3, 4, S. 424-453.
[22] Küpers, W./Weibler, J. (2005): Emotionen in Organisationen, 1. Aufl., Stuttgart.
[23] Lea, S. E. G./Webley, P. (1997): Pride in economic psychology, in: Journal of Economic Psychology, Vol. 18, 2, S. 323-340.

[24] Lewis, M./Alessandri, S. M./Sullivan, M. W. (1992): Differences in shame and pride as a function of children's gender and task difficulty, in: Child Development, Vol. 63, 3, S. 630-638.
[25] Peccei, R./Rosenthal, P. (1997): The antecedents of employee commitment to customer service: evidence from a UK service context, in: International Journal of Human Resource Management, Vol. 8, 1, S. 66-86.
[26] Ringle, C. M./Wende, S./Will, A. (2005): SmartPLS, Hamburg.
[27] Suh, T./Houston, M. B./Barney, S. M./Kwon, I.-W. G. (2011): The Impact of Mission Fulfillment on the Internal Audience: Psychological Job Outcomes in a Services Setting, in: Journal of Service Research, Vol. 14, 1, S. 7-92.
[28] Tyler, T. R./Blader, S. L. (2001): Identity and Cooperative Behavior in Groups, in: Group Processes & Intergroup Relations, Vol. 4, 3, S. 207-226.
[29] Tyler, T. R./Blader, S. L. (2002): Autonomous vs. comparative status: Must we be better than others to feel good about ourselves?, in: Organizational Behavior and Human Decision Processes, Vol. 89, 1, S. 813-838.
[30] Vanselow, A. (2008): Still lost and forgotten? The work of hotel room attendants in Germany, in: Bosch, G./Weinkopf, C. (Hrsg.): Low-wage work in Germany, 1. Aufl., New York, S. 214-252.
[31] Verbeke, W./Belschak, F./Bagozzi, R. P. (2004): The Adaptive Consequences of Pride in Personal Selling, in: Journal of the Academy of Marketing Science, Vol. 32, 4, S. 386-402.
[32] Webster, M. J./Duvall, J./Gaines, L. M./Smith, R. (2003): The Roles of Praise and Social Comparison Information in the Experience of Pride, in: The Journal of Social Psychology, Vol. 143, 2, S. 209-232.
[33] Weiner, B. (1985): An attributional theory of achievement motivation and emotion, in: Psychological Review, Vol. 92, 4, S. 548-573.
[34] Weiss, H. M. (2002): Deconstructing job satisfaction: Separating evaluations, beliefs and affective experiences, in: Human Resource Management Review, Vol. 12, 2, S. 173-194.
[35] Weiss, H. M./Cropanzano R. (1996): Affective events theory: A theoretical discussion of the structure, causes and consequences of affective experiences at work, in: Research in Organizational Behavior, Vol. 18, 1, S. 1-74.

25 Gute Dienstleistung – eine Kunst

Was Dienstleister von Künstlern lernen können

Jost Wagner, Claudia Munz, Elisa Hartmann

25.1	Merkmale von Dienstleistungsarbeit	487
25.2	Aufgaben und Anforderungen im Dienstleistungsprozess	488
25.3	Bewältigung der Dienstleistungsaufgaben – Anmerkungen zu ihren Dilemmata	492
25.4	Der Künstlerische Handlungstyp	493
25.5	Was Dienstleister von Künstlern lernen können	496
25.6	Wie sieht „Dienstleistung als Kunst" aus?	497
25.7	Anmerkungen zur Kompetenzentwicklung	502
Literatur		503

Jost Wagner, Soziologe, M.A., GAB München

Dipl.-Soz. Claudia Munz, GAB München

Dipl.-Soz. Elisa Hartmann, GAB München

Professionelle Dienstleistungen sind für moderne Gesellschaften sowohl wegen ihrer wirtschaftlichen Bedeutung wie auch ihres wachsenden Stellenwerts im Wandel der Arbeitsgesellschaft von besonderem Interesse. In früheren produktionsdominierten Zeiten meinte man nicht-produzierende Bereiche wie Dienstleistungen in Abgrenzung zur Produktion definieren zu können. In der heutigen „Dienstleistungsgesellschaft" stellt sich immer deutlicher heraus, dass professionelle Dienstleistungsarbeit eine eigenständige Definition ihrer Spezifik verlangt. In diesem Beitrag geht es um die Fragen: Welche besonderen Merkmale weist Dienstleistungsarbeit auf, worin unterscheidet sie sich also von anderen Typen von Arbeit? Lassen sich spezifische Eigenarten von Dienstleistungsarbeit beschreiben, an denen sich eine Professionalisierungsstrategie orientieren müsste? Anders formuliert, wann ist Arbeit besonders dienstleistungshaft und bedarf daher einer anderen, nicht an industrieller Produktionsarbeit orientierten Professionalisierungsstrategie? Mit welchen Aufgaben und Anforderungen sehen sich Dienstleister im Laufe des Prozesses der Dienstleistung konfrontiert, in deren Bewältigung sie eine Professionalisierungsstrategie unterstützen müsste?

Professionalisierung wird dabei zunächst weniger als formelle Strategie zur Herausbildung einer spezifischen Profession (im Sinne einer Verberuflichung) verstanden, sondern als diejenigen Maßnahmen, die beruflich Handelnde darin unterstützen, mit den komplexen, oftmals widersprüchlichen Anforderungen ihrer Tätigkeit besser und effizienter umzugehen. Darüber hinaus sehen sich die Handelnden sowie der Dienstleistungsbereich insgesamt zunehmend mit der Anforderung konfrontiert, „innovativ" zu sein, um sowohl Kundenzufriedenheit wie Wettbewerbsfähigkeit zu steigern.

Die folgenden Überlegungen wurden im Rahmen des Verbundvorhabens „Dienstleistung als Kunst – Wege zu innovativer und professioneller Dienstleistungsarbeit (KunDien)"[1] erarbeitet.

25.1 Merkmale von Dienstleistungsarbeit

Im Zuge der theoretischen Fundierung des Dienstleistungsprozesses sind wir davon abgekommen, von „Dienstleistungsarbeit an sich" zu sprechen und zu versuchen, diese von Produktionsarbeit abzugrenzen. Ausschlaggebend hierfür ist die Erkenntnis, dass Arbeitstätigkeiten sowohl im Dienstleistungsbereich wie auch im produzierenden Gewerbe entweder stärker nach einer „Produktionslogik" (d. h. effizienter Einsatz von Ressourcen, Optimierung der Funktionalität des Leistungsergebnisses) oder aber mehr nach einer „Konsumtionslogik" (d. h. Maximierung des Ertrags in der Nutzung des Leistungsergebnisses im alltäglichen Anwendungskontext) erbracht werden können (vgl. Pongratz 2012) [10].

---

[1] Das Projekt KunDien wurde mit Mitteln des Bundesministeriums für Bildung und Forschung sowie des Europäischen Sozialfonds gefördert (FKZ 01FB08012-17)

Die klassische Gegenüberstellung von Dienstleistungs- und Produktionsarbeit sollte unseres Erachtens zugunsten eines Kontinuummodells des mehr oder weniger ausgeprägten Dienstleistungscharakters von Arbeit aufgegeben werden. Dabei steigt der „Dienstleistungscharakter" von Arbeit,

- je weniger das Ergebnis der Leistung vorab im Detail festlegbar ist,
- je stärker der Kunde in die Leistungserbringung mit einbezogen werden muss und
- je offen-prozesshafter die Leistungserbringung (vor den Augen des Kunden) vonstattengeht.

Geht man von einem Höchstgrad an Dienstleistungshaftigkeit, also einem Idealtyp von Dienstleistungsarbeit aus, so sind weder Leistung noch Ergebnis der Dienstleistung zu Beginn des Prozesses bekannt/genau definiert; sie müssen daher in dessen Verlauf gemeinsam mit dem Kunden erarbeitet werden. Der Dienstleister ist dabei auf die aktive Kooperation des Kunden angewiesen, denn der Erfolg der Dienstleistung hängt in hohem Maße vom Beitrag des Kunden ab. Es entsteht ein offen-gerichteter Entwicklungsprozess zwischen Kunde und Dienstleister – offen deshalb, weil eben weder Ziel noch Weg vorab klar zu definieren sind, gerichtet, weil der Prozess ja zu einem den Kunden zufrieden stellenden Ergebnis führen soll.

25.2 Aufgaben und Anforderungen im Dienstleistungsprozess

In der Literatur der Dienstleistungsforschung gibt es verschiedenste Ansätze, die sich mit der Frage nach den Anforderungen und Aufgaben des Dienstleistungshandelns befassen. Manche Ansätze orientieren sich stark an der dichten Beschreibung von bestimmten Dienstleistungsbereichen, wie etwa Krankenpflege (vgl. Wicks 1998) [16], der Fast-Food-Gastronomie (vgl. Leidner 1993) [7] oder gar der Arbeit in Casinos (vgl. Sallaz 2002) [12]. Hierbei besteht hinsichtlich unserer Fragestellung das Problem einer geringen Verallgemeinerungs-möglichkeit der im Hinblick auf spezifische Berufsgruppen gewonnenen Ergebnisse.

Andere Ansätze versuchen, eine stärker an verschiedenen Beispielen der Dienstleistungsarbeit ausgerichtete Beschreibung dienstleistungsspezifischer Aufgaben: So beschreibt etwa Vosswinkel (2005) [13] verschiedene Aufgaben der Kundenintegrationsarbeit, also Anforderungen an den Dienstleister, die die Interaktion mit dem Kunden prägen.

Andere Autoren wie z. B. Weihrich und Dunkel (2003) [15] fokussieren vor spieltheoretischem Hintergrund auf Abstimmungsprobleme, die in Dienstleistungsbeziehungen zwischen Leistungsgeber und Kunden auftreten. Wieder andere Autoren betonen stärker die emotionalen Herausforderungen, die mit Dienstleistungsarbeit verbunden sind (vgl. z. B. Böhle/Glaser 2006) [2].

Auch diesen Ansätzen ist gemeinsam, dass sie spezielle Aspekte der Dienstleistungssituation herausheben, aber weniger systematisch die Aufgaben beschreiben, die im Dienstleistungsprozess auftreten. Weihrich und Dunkel beklagen daher zu Recht, dass man in der Literatur „vergeblich nach einer Soziologie der Dienstleistung [sucht], die auf der Ebene des Arbeitsprozesses die Besonderheiten von Dienstleistungsarbeit systematisch bestimmt hätte" (Weihrich/Dunkel 2003, S.758) [15].

Diese Aufgabe war auch im Projekt KunDien nicht zu erfüllen, da hierfür ein sehr viel systematischerer und viele verschiedene Berufsgruppen einbeziehender Ansatz zu wählen wäre, der vor dem Hintergrund der oben beschriebenen Merkmale von Dienstleistungsarbeit auch immer nach dem jeweiligen Grad von „Dienstleistungscharakter" der untersuchten Tätigkeit fragen müsste.

Wir haben uns daher entschieden, hier einen anderen Weg zu gehen. Im Prozess der Dienstleistung lassen sich nach Pongratz (2009) [11] vier verschiedene Phasen oder Elemente des Dienstleitungsprozesses unterscheiden, die auch jeweils mit unterschiedlichen Machtverhältnissen zwischen Dienstleister und Kunden verbunden sind. Grundlage ist dabei die Unterscheidung zwischen Auftrag und Leistung. Zunächst muss zwischen Kunden und Dienstleister der Auftrag ausgehandelt werden, dem Kunden kommt dabei eine Machtstellung zu, da er als Auftraggeber dank seiner Marktmacht letztendlich über die Vergabe des Auftrages entscheidet. Ist der Auftrag erteilt, so muss dieser vom Dienstleister auf eine spezifische Leistung hin operationalisiert, also die Leistungselemente bestimmt werden, die zur Erfüllung des Auftrages notwendig sind. Dadurch wird der Dienstleister vom Auftragnehmer zum Leistungsgeber, der – mit dem Kunden kooperierend – die Leistung erbringt. Der Leistungsnehmer Kunde wiederum vergleicht die erbrachte Leistung mit seinem Auftrag, nimmt also eine Leistungsbewertung vor, die über die weitere Kooperation entscheidet.

Dieses Modell wurde in KunDien als Grundlage für die Beschreibung von Aufgaben von Dienstleistungshandeln herangezogen, allerdings weniger als chronologische Arbeitsschritte, sondern vielmehr als die eher analytische Beschreibung von Aufgabensträngen, die im Prozess der Dienstleistung zu behandeln sind – und dies vor dem Hintergrund der oben beschriebenen Charakteristika von Arbeit mit hohem Dienstleistungscharakter.

Die unterschiedlichen Aufgabenstränge des Dienstleistungsprozesses treten in realen Dienstleistungssituationen meistens gerade nicht nacheinander auf, sondern werden je nach Art der Tätigkeit und Grad der Dienstleistungshaftigkeit in unterschiedlicher zeitlicher Abfolge, Intensität und auch Verschränktheit bearbeitet. Bei manchen Dienstleistungen, etwa dem Haareschneiden, ist es notwendig, dass sich Friseur und Kunde darüber verständigen, worin der Auftrag besteht und welche Leistung erbracht werden soll, bevor die eigentliche Leistungserbringung, das Schneiden der Haare, erfolgt. Da der Kunde aber während der Leistungserbringung anwesend ist und sie verfolgen kann, zieht sich die Leistungsbewertung durch den ganzen Prozess. Bei einer Therapie und Beratung hingegen beginnt der Leistungsprozess oft schon, bevor der eigentliche Auftrag tatsächlich klar ist, oft stellt dieser ja gerade das Ergebnis der Beratung dar.

Gleichzeitig werden die verschiedenen Aufgabenbereiche auch oft gar nicht von denselben Akteuren vollzogen. Ein Reisebüro etwa klärt den Auftrag und bestimmt die Leistung, erbracht wird die Leistung aber dann von Verkehrs- und Gastronomie-Unternehmen. Bei einem IT-Beratungsunternehmen wird der Kundenauftrag auch meist von einer anderen Organisationseinheit des Kundenunternehmens erteilt, als der, für die dann die Leistung tatsächlich erbracht wird.

Im Folgenden sollen zunächst die einzelnen Aufgaben in Kürze beschrieben werden, die zu den jeweiligen Aufgabensträngen gehören. Zur Vereinfachung der folgenden Ausführungen gehen wir von einer Arbeitstätigkeit mit hohem Dienstleistungsgehalt, also einem Idealtyp von Dienstleistungsarbeit aus. Dann fragen wir, wie konsistent bzw. widersprüchlich die damit verbundenen Anforderungen sind und welche Art des Handelns ihnen gerecht wird.

Aufgabenstrang 1: Auftragsklärung

Bei der Auftragsklärung geht es darum, dass sich Kunde und Dienstleister darüber verständigen, WAS mit der Dienstleistung erreicht werden soll, worin also der eigentliche Auftrag besteht. Da Kunden oft nicht genau wissen bzw. formulieren können, worum es ihnen geht, liegt eine Unterdefiniertheit des Ergebnisses vor. Oft zeigt sich überdies, dass das geäußerte Kundenanliegen häufig nicht dem eigentlichen Anliegen entspricht („Ein guter Berater liefert dem Kunden das, was er braucht, nicht das, was er bestellt."). Dieses Anliegen herauszufinden ist aber der Kern der Auftragsklärung. Die Auftragsklärung kann nicht durch den Dienstleister allein erfolgen, sondern erfordert die Kooperation mit dem Kunden. Daher bedarf es auch der Etablierung einer sozialen Beziehung. Die Frage ist ja nicht nur, ob man kooperieren kann, sondern ob man auch kooperieren will. Der Kunde muss den Eindruck gewinnen, dass der Dienstleister auch auf dieser Ebene „der Richtige" für ihn ist. Die bewusste Gestaltung dieser Beziehung sichert nicht nur die Auftragsvergabe, sondern legt gleichzeitig auch die Grundlage für den weiteren Kooperationsprozess. Nur wenn der Kunde sich in seinem Anliegen verstanden fühlt, werden Leistungsbestimmung, -erbringung und -bewertung eine tragfähige soziale Grundlage haben.

Diese Aufgaben stehen nicht nur am Beginn des Dienstleistungsprozesses, sondern ziehen sich durch diesen hindurch. Das Anliegen des Kunden ist dabei auch der Dynamik des Prozesses selbst unterworfen, kann sich durch die Leistungserbringung wandeln und verändern.

Aufgabenstrang 2: Leistungsbestimmung

Während im Mittelpunkt der Auftragsklärung die Suche nach dem WAS der Dienstleistung steht, muss im Bereich der Leistungsbestimmung geklärt werden, WIE der Weg der Dienstleistungserbringung aussehen kann. Letztendlich geht es also darum, das Anliegen des Kunden mit den Ressourcen und Kompetenzen des Dienstleisters in Beziehung zu setzen, nach einer Passung zu suchen zwischen vorhandenen, ggf. individuell anzupassenden und potenziell neu zu entwickelnden Angeboten und dem Bedürfnis des Kunden.

In dieser Phase des Dienstleistungsprozesses müssen Kunde und Dienstleister zu einem gemeinsamen Bild, zu einem geteilten Verständnis kommen, auf welchem Weg und mit welchen Mitteln das Anliegen des Kunden beantwortet wird. Das gemeinsame Bild muss nicht bereits alle Aspekte en detail erhalten, es kann sich im Laufe des weiteren Prozesses verändern. Es muss allerdings eine tragfähige Grundlage liefern, damit der Prozess der Leistungserbringung beginnen kann, der Kunde also eine Perspektive hat, dass der begonnene Weg tatsächlich zur Erfüllung seines Anliegens führen kann.

Aufgabenstrang 3: Leistungserbringung

Im Prozess der Leistungserbringung wird das Kundenanliegen konkret bearbeitet. Bei Tätigkeiten mit hohem Dienstleistungscharakter kann dies aber aufgrund des Einbezuges des Kunden und der Notwendigkeit seines aktiven Beitrages in den seltensten Fällen „nach Plan" und linear verlaufen. Vielmehr besteht für den Dienstleister eine doppelte Herausforderung: er muss zum einen den Prozess der Leistungserbringung steuern, gleichzeitig entwickelt dieser aber eine ganz eigene Dynamik und scheint nur begrenzt steuerbar zu sein. Der Dienstleiter braucht daher eine Vorgehensweise, die es ihm ermöglicht, den Prozess gemäß den Vereinbarungen zu gestalten, gleichzeitig aber flexibel auf auftretende Störungen, neue Impulse und veränderte Bedingungen reagieren und auch seine Wahrnehmungen von Reaktionen des Kunden integrieren zu können. Gleichzeitig muss er immer wieder entscheiden, wann eine explizite Thematisierung der anderen Aufgabenstränge erfolgen muss, wann also etwa die Leistungsbestimmung angepasst werden oder noch einmal über den Auftrag des Kunden gesprochen werden muss.

Aufgabenstrang 4: Leistungsbewertung

Dienstleistungen sind nicht zuletzt deswegen für die Interaktion von Kunden und Dienstleiter so herausfordernd, weil sie in der Regel die Situation eines „unerfüllten Vertrages" darstellen (vgl. Weihrich/Dunkel 2003) [15]. Für den Kunden ist das Resultat der Dienstleistung oft von hohem persönlichem Interesse, er muss schließlich mit diesem leben, weiterarbeiten, mit den Konsequenzen umgehen. Gleichzeitig kann er die Qualität des Resultates eigentlich erst feststellen, wenn die Dienstleistung erbracht ist, erst dann weiß er, ob er sich für den richtigen Dienstleiter entschieden hat und dieser sein Anliegen tatsächlich erfüllen wird. Der Kunde wird während des Dienstleistungsprozesses immer wieder überprüfen, ob sein Vertrauen gerechtfertigt ist. Dies führt dazu, dass sich die Frage der Leistungsbewertung meist durch den ganzen Dienstleistungsprozess hindurch zieht. Die Leistungsbewertung kann durchaus auch zu unerfreulichen Ergebnissen führen, der Kunde kann sein Vertrauen zurückziehen, Unmut über den Verlauf des Prozesses oder das Ergebnis äußern. Und auch der Dienstleister kann an einen Punkt kommen, an dem aus seiner Sicht sein Leistungsangebot überzogen wird, er zusätzliche Wünsche des Kunden nicht mehr erfüllen will oder kann. Daraus ergeben sich Konflikte, und es wird zur Aufgabe des Dienstleisters, mit diesen Konflikten aktiv umzugehen und deren Bearbeitung möglich zu machen.

25.3 Bewältigung der Dienstleistungsaufgaben - Anmerkungen zu ihren Dilemmata

Für die Bewältigung dieser Aufgabenstränge im Dienstleistungsprozess können grundsätzlich unterschiedliche Strategien gewählt werden, denn die bloße Definition der Aufgaben zieht nicht zwingend eine bestimmte Art ihrer Erfüllung nach sich. Auch hier findet sich wieder das eingangs beschriebene Kontinuum an Vorgehensweisen wieder, das von den Polen „Produktionslogik" bis „Konsumtionslogik" reicht. Einen möglichen Weg stellt etwa die Standardisierung dar, die im Produktionsbereich breit etabliert ist und in den letzten Jahren auch immer mehr Einzug in den Dienstleistungsbereich gehalten hat. Folgt man diesem Weg, so wird versucht, den Dienstleistungsprozess planbar und Kundenbedarfe normierbar zu machen. Der Einfluss des Kunden wird minimiert, und das Ergebnis der Leistung soll möglichst schnell und eindeutig bestimmt werden. Der Dienstleistungscharakter der Arbeit wird damit allerdings nivelliert. Will man jedoch versuchen, die Offenheit, die sich aus den Charakteristika von dienstleistungshafter Arbeit ergibt, nicht zu minimieren, sondern den produktiven Umgang damit zu fördern, so muss eine Bewältigungsstrategie gewählt werden, die darin besteht, mit den offenen Elementen von Dienstleistungssituationen und nicht gegen diese zu arbeiten.

Damit jedoch sieht man sich einer Reihe von Problemen gegenüber: In der Beschreibung der einzelnen Aufgabenstränge wird deutlich, dass diese keineswegs konsistent sind, sondern vielfache widersprüchliche Anforderungen an Dienstleister stellen. Sie müssen

- Zu "Sicherheit in der Unsicherheit" fähig sein – und dies vor den Augen des Kunden,

- Ein Ergebnis erzielen, ohne dass Ziel und Weg vorab bekannt sind,

- Den Prozess mit dem Kunden steuern, ohne dass sie die vollständige Kontrolle über diesen Prozess haben können,

- Ein Vertrauensklima herstellen ohne gemeinsame Erfahrungsgrundlage und trotz gegensätzlicher Interessen

- Gleichzeitig gegenüber dem Kunden, dem eigenen Unternehmen und ggf dem Auftraggeber beim Kunden Loyalität aufbringen – auch wenn sich dies widerspricht

- Kunden zu gleicher Augenhöhe befähigen – und dennoch Experten bleiben und

- Sich Zeit nehmen, ohne möglicherweise ausreichend Zeit zu haben.

Angesichts dieser Dilemmata stellt sich nicht nur die Frage, wie sie gelöst werden können, sondern insbesondere auch, wie eine Professionalisierungsstrategie für Dienstleistungsarbeit beschaffen sein kann, die diese Widersprüche nicht aufzulösen versucht, sondern produktiv mit ihnen umgehen kann. Häufig wird in der Dienstleistungsarbeit versucht, tendenziell das Dilemma zu mindern, indem man zwar auf Kunden und ihre Anliegen eingeht, letztlich jedoch bewährte Kategorisierungen und Schemata anwendet, um den Erfolg des Prozesses zu gewährleisten. Im Ergebnis entstehen Einzellösungen für ein bestimmtes

Problem. Soll jedoch im Dienstleistungsprozess etwas für den spezifischen Kunden Originäres entstehen, reicht diese Herangehensweise nicht aus. In anderen Worten: Aufgabe des Dienstleisters ist es, dem Kunden den Weg vom „Wirklichkeitsraum" der bereits schon einmal erprobten Lösungen zum „Möglichkeitsraum" des Neuen zu eröffnen. Im Ergebnis entsteht tendenziell ein eher breiterer Lösungsansatz als reine, isolierte Einzellösungen[2].

Dienstleistungsarbeit mit den geschilderten Widersprüchen und nicht gegen sie ist eine eminente Kompetenzfrage. Sie stellt nichts Geringeres dar als die Anforderung, das gängige Paradigma professioneller Arbeit zu verlassen, um noch höhere Professionalität zu erreichen! Der Verzicht auf genaue Planung vor der Ausführung, eine Vorabdefinition relevanter Parameter für die Zielerreichung, wissenschaftlich fundiertes Fachwissen, logisch-analytisches Denken, exakte, objektive Registrierung der Fakten und eine sachlich-neutrale Beziehung der Beteiligten scheint geradewegs in unprofessionelles „Durchwursteln" zu führen.

Die Frage ist also, ob es jenseits dieses Paradigmas andere Handlungsmodelle gibt, die ebenfalls zu einem erfolgreichen Ergebnis führen, obwohl sie gegen alle Regeln professionellen Handelns zu verstoßen scheinen. Mit anderen Worten: lässt sich ein eigenständiger Handlungstyp finden, der in seiner Systematik den geschilderten Widersprüchlichkeiten besser gerecht wird?

25.4 Der Künstlerische Handlungstyp

Auf der Suche nach anderen Modellen des Handelns liegt der Blick auf die Berufsgruppe Künstler nahe. Sind sie doch die Berufsgruppe, der gesellschaftlich allgemein zugestanden wird, besonders innovativ und schöpferisch zu sein und für die gleichzeitig der Umgang mit Offenheit und Unplanbarkeit geradezu konstitutiv ist. In ihrer Arbeit lassen sich interessante Parallelen zu den Herausforderungen finden, mit denen Dienstleister umgehen müssen. Der Blick auf die Kunst ist nicht zufällig. Vielmehr lassen sich dafür mehrere Begründungslinien anführen:

- Modernisierungstheoretisch gesehen, so Norbert Elias (1991) [5], sind Künstler die ersten, die für sich eine gesellschaftlich neue Art des Arbeitens entwickelten, die ihnen Freiräume für experimentelles, nicht an klare Auftragsvorgaben gebundenes Vorgehen eröffnete.

- Im Bereich des Service Design wird seit längerem die Analogie zwischen Kunst und Service thematisiert: „It seems that many art worlds parallel services in their dynamics and complexity – multilayeredness, interactivity, and animation or life of service systems […] A systematic analysis of the art-similar thinking, representational forms, and notation systems as applied to the development and communication of service systems is needed" (Mager/Evenson 2008, S. 75) [8].

---

[2] Vgl. die Stufen des Prozesses holistischer Innovation nach Moritz (2008) [9].

- Seit geraumer Zeit wird in Anlehnung an die Metapher „eine gute Dienstleistung ist wie eine gelungene Theateraufführung" insbesondere der Aspekt der „Inszenierung" von Dienstleistungen thematisiert, dem ein wesentlicher Anteil am Kundenerfolg von Dienstleistungen zugeschrieben wird. Weitere Analogien zur Theatermetapher bestehen etwa darin, dass sowohl Dienstleister wie Kunden ihre Rollen in ihrem gemeinsamen „Stück" finden und spielen müssen und dass ggf. improvisiert wird.

- In jüngster Zeit weisen Hall und Johnson (2009) darauf hin, dass Prozesse sowohl in Produktion wie Dienstleistung nicht allein nach wissenschaftlichem Muster gestaltet werden können, da diese stets versuchen, die Umfeldbedingungen zu „zähmen" und elaborierten Regeln zu unterwerfen. Demgegenüber müssen Prozesse „Kunst" sein, wenn man es mit komplexen, von Unwägbarkeiten gekennzeichneten Bedingungen zu tun hat, wenn Kunden nach einzigartigen Lösungen verlangen und wenn keine eindeutigen Qualitätsdefinitionen möglich sind.

- Die Beschäftigung mit Kunst, meist im Sinn von Kunstbetrachtung, ist in vielen Unternehmen etabliert, um Wahrnehmungsfähigkeit und Kreativität von Mitarbeitern zu fördern (vgl. Bockemühl/Scheffold 2007) [1].

- Schließlich konnten die Forschungsarbeiten der Gesellschaft für Ausbildungsforschung und Berufsentwicklung bereits in den 1980er Jahren zeigen, dass im Modell des Künstlerischen Handelns ein Handlungsparadigma vorliegt, das adäquat für den Umgang mit Unsicherheit und Unplanbarkeit ist (vgl. Brater et al. 1989) [2].

Die Intensivierung dieser Forschungsarbeit im Rahmen des KunDien-Projekts bestätigte und differenzierte diese Auffassung (vgl. Brater et al. 2011) [4]. Bevor wir fragen, was Dienstleister von Künstlern lernen können, fassen wir die Forschungsergebnisse kurz zusammen.

Ein erstes Merkmal künstlerischen Handelns ist, dass es sich nicht auf ein bestimmtes Schema des „richtigen" Vorgehens festlegen lässt – geht es Künstlern doch darum, Neues, „Originale" zu schaffen. Dennoch ließen sich aber in den empirischen Untersuchungen der Vorgehensweise von Künstlern (auf Grundlage von Selbstaussagen von Künstlern sowie intensiven Interviews mit Künstlern) unterschiedlicher Richtungen gewisse Gemeinsamkeiten und übereinstimmende Strukturen finden:

Persönliches Motiv, persönliches Involviertsein

Handlungsauslösend für Künstler ist ein Motiv, das für sie persönliche Relevanz hat – dies gilt auch für Aufträge, die Künstler übernehmen. Sie müssen darin den Anschluss an eine Frage oder ein persönliches Anliegen entdecken können, um sich in den Schaffensprozess zu begeben.

Offener Beginn, Handeln unter Ungewissheit

„Künstlerische Prozesse können zwar […] mit einer eigenen Idee, einer Frage des Künstlers beginnen. Die dazu befragten Künstler betonen, dass es sich dabei jedoch nicht um eine genaue Vorstellung vom fertigen Werk, eine Zielvorgabe handelt. Es handelt sich vielmehr um etwas, das man Wirkidee nennen kann. […] Wie die Idee, das Anliegen des Anfangs schließlich realisiert und auf welchen Wegen dies erreicht wird, bleibt damit zu Beginn offen und unbestimmt" (Brater et al. 2011, S. 122) [4]. Für das Handeln von Künstlern ist sogar der bewusste Verzicht auf jede Vorab-Vorstellung essentiell. Es geht also um das genaue Gegenteil von „zielgerichtetem Machen". Da es keinerlei Vorgaben und Regeln gibt, sehen sich Künstler der Komplexität unermesslicher Möglichkeiten ausgesetzt. Das Fehlen von Orientierung erzeugt einen Spannungszustand, der offenbar für den künstlerischen Prozess notwendig ist.

Setzung und Spiel

Der künstlerische Prozess kennt eine ganz eigene Weise der Reduktion dieser Komplexität, des Umgangs mit der Leere, die aus der Überfülle kommt. Das ist das Spiel. Spielen gehört konstitutionell zum künstlerischen Handeln dazu und bedeutet: Künstler beginnen ihr Handeln damit, ihr Material zu befragen, sie erkunden spielerisch und absichtslos, welche Möglichkeiten darin liegen. Indem sie aber mit dem Material handelnd umgehen, nehmen sie erste Setzungen vor, der Dialog mit dem Material kommt in Gang.

Dialogisches Handeln

Diese erste Setzung geht nicht aus einem Ziel oder einer äußeren Regel hervor. Die Künstler machen vielmehr zunächst eher Beliebiges mit dem Material, probieren dieses und jenes. Wichtig ist, dass sie sehr genau beobachten, was dabei geschieht. Dies tun sie nicht mit einer „registrierenden" Wahrnehmung, die Fakten notiert, sondern sie nehmen „Ausdruck" und subtile Eindrücke wahr. Bei diesem „wachen Herumprobieren" kommt ihnen aus dem Material etwas entgegen, sie entdecken etwas Motivierendes, das sie zum Aufgreifen reizt. Ein Dialog mit dem Material beginnt, der vom Wechsel zwischen Handlung und Wahrnehmung und von einer „Beziehung zum Material" geprägt ist, das dieses als Dialogpartner begreift, den es immer besser zu verstehen gilt, ohne ihm den eigenen Willen aufzuzwingen.

Die Krise und ihre Überwindung

Zum Handeln unter Ungewissheit im künstlerischen Prozess gehört nicht nur die Offenheit des Beginns, sondern auch, dass das Gelingen des Dialogs ebenso wenig gewährleistet ist wie sein erfolgreiches Ergebnis. Beides kann sich erst im Verlauf des Prozesses herausstellen. „Selbst erfahrene Künstler berichten immer wieder, dass das Material plötzlich – schweigt. Dass der Dialog stecken bleibt. Dass sich nichts, schon gar nicht etwas Neues zeigt. Die innere Beziehung zum werdenden Werk, zum Prozess geht verloren. Der Prozess stockt, die künstlerische Arbeit bleibt stecken bis zu vollständigen Blockade, nichts geht mehr voran, der Dialog bricht ab. Das ist die künstlerische Krise. […] Erst durch die Krise wird der Dialog vollständig, weil sie klar macht, wie sich das Material dem Künstler auch verweigern kann!" (Brater et al. 2011, S. 170f.) [4]. Die Krise lässt sich weder durch Ignorieren noch durch Bekämpfen überwinden, sondern nur dadurch, dass sie so lange ausgehalten und der Dialog weitergeführt wird, bis sich die intuitiven Momente ergeben, in denen sich tragfähige Anhaltspunkte für die produktive Weiterarbeit zeigen.

Zunehmende Verdichtung

Das Aufgreifen der neuen Gestaltungsidee gibt dem bisher offenen Prozess nun eine Richtung, die ausgearbeitet wird. Das Werk bildet sich allmählich heraus. Im ästhetischen Beurteilen des Fortgangs zeigt sich für den Künstler, wann der Schaffensprozess vollendet ist.

25.5 Was Dienstleister von Künstlern lernen können

Dienstleister, die ihrer Arbeit einen hohen Dienstleistungscharakter geben wollen, können zunächst von der Arbeit von Künstlern lernen, dass sich Ziele auch auf anderem Weg als dem zweckrational-planvollen Handeln professionell erreichen lassen. Sie können darüber hinaus lernen, dass auf diesem anderen – dem künstlerischen – Weg eine wesentliche neue Qualität hinzutritt, die auf keine andere Weise als dem Umgang mit Freiräumen erreicht werden kann: nämlich wirklich Neues, Innovatives entstehen zu lassen, das sich aus dem Prozess ergibt und vorher so weder denkbar noch planbar war. Dienstleister erleben in einem solchen künstlerischen Prozess: Es geht nicht darum, eine Problemlösung zu entwickeln und umzusetzen, sondern darum, die Problemfindung – das genaue Befragen und allmähliche Verstehen des Kundenanliegens – so lange voranzutreiben und zu präzisieren, bis sich aus dem Prozess selbst Ideen für Lösungen ergeben.

Dafür sind allerdings spezifische Bedingungen notwendig:

- Das Problem, das Kundenanliegen muss offen formuliert werden, es darf in seiner Formulierung keine schnelle Lösung nahelegen.

- Dies bedeutet, dass sich Kunde und Dienstleister über die Notwendigkeit eines entsprechenden Freiraums verständigen können.

- Der Prozess muss ergebnisoffen angelegt sein und erfahrungsgeleitet vonstattengehen.

- Beide Seiten – Dienstleister wie Kunde – müssen sich mit dem Anliegen verbinden können, indem sie darin Anknüpfungspunkte für ihre je eigenen Impulse und Motive finden, für die sie sich engagieren und begeistern können.

- Anliegen, Prozess und Lösungsfindung werden in einem gemeinsamen Entdeckungs- und Aushandlungsprozess entwickelt.

- Dies bedeutet den Verzicht auf schon vorhandene (Standard)Lösungen und Routinen.

Aus der Beschreibung der Merkmale des künstlerischen Handelns wird deutlich, dass es einen entscheidenden Beitrag zu den Fragen leistet, die mit den eingangs geschilderten Dilemmata von Dienstleistungsarbeit verbunden sind. Generell steht mit dem künstlerischen Handeln ein Modell zur Verfügung, wie unter Unsicherheit gehandelt werden kann. Der genauere Blick auf die widersprüchlichen Anforderungen professioneller Dienstleistungsarbeit erweist das Modell auch im Detail als fruchtbar. Exemplarisch seien einige Punkte geschildert:

- Steuerung nicht/kaum steuerbarer Prozesse durch

  den Wechsel von Handlung und Wahrnehmung, durch versuchsweise Setzungen und genaue Wahrnehmung ihrer Auswirkungen, durch spielerisches, fragendes Vorgehen, die Integration von Unvorhergesehenem, durch dialogisch-exploratives Vorgehen

- Herausfinden des „eigentlichen" Kundenanliegens jenseits des geäußerten durch

  Verstehensorientiertes „tätiges Befragen", dialogisches Erkunden, genaue Wahrnehmungsfähigkeit aller, auch nichtsprachlicher Signale des Kunden, durch probeweises Entwickeln verschiedener Szenarien

- Erreichen von Lösungen, obwohl zu Beginn des Prozesses weder Ziel noch Weg eindeutig bestimmbar sind und sich der „Plan" erst am Ende des Prozesses zeigt, durch

  Die Entwicklung von Vertrauen auf Seiten des Kunden und des Dienstleisters, dass sich Lösungen nicht ausdenken lassen, sondern im gemeinsamen Prozess gefunden werden, „sich zeigen", durch Verzicht auf die Fixierung auf eine bestimmte Idee/Standardlösung zugunsten des Sich-Einlassens auf den Prozess

- Permanente Leistungsbeurteilung ohne vorab definierte Bewertungsgrundlagen durch

  Anschauendes Urteilen, Prüfung von „Stimmigkeit" anstelle von Richtig oder Falsch, „rezeptive" Haltung, peripheres Bewusstsein

- Neue, originäre Lösungen finden durch

  Dialogisch-experimentelles Vorgehen, Abkehr von mitgebrachten Vorstellungen, Verzicht auf Sicherheit, Sich-Öffnen für das, was im Prozess entsteht, Zulassen von krisenhaften Phasen, abwartendes Aushalten, bis sich Neues zeigt.

25.6 Wie sieht „Dienstleistung als Kunst" aus?

Diese Frage, das dürfte durch die bisherigen Ausführungen deutlich geworden sein, lässt sich nur sehr schwer allgemein beantworten, sondern hängt in hohem Maße von der jeweiligen Situation, dem Kundenanliegen und der fachlichen Rahmung ab. Die folgenden Beschreibungen haben daher stark beispielhaften Charakter. Sie sind eben gerade kein Standard einer künstlerischen Vorgehensweise, sondern sollen Perspektiven und Möglichkeiten aufzeigen, wie „Dienstleistung als Kunst" praktisch aussehen kann.[3]

---

[3] Aber nicht muss! Dienstleistung als Kunst drückt sich weniger in einer konkreten Technik oder Verhaltensregel als vielmehr in spezifischen Grundhaltungen des Dienstleisters gegenüber dem Kunden, der Dienstleistung und der rahmenden Bedingungen aus (vgl. Hartmann et al. 2011) [14].

Um das Vorgehen bei Dienstleistungsarbeit im künstlerischen Handlungsmodus zu umreißen, folgen wir der bereits eingeführten analytischen Gliederung des Dienstleistungsprozesses nach den Aufgabensträngen Auftragsklärung, Leistungsbestimmung, Leistungserstellung und Leistungsbewertung. Dabei unterscheiden wir wiederum nach den sachlichen Aufgaben, dem WAS, und der Art ihrer Erfüllung, dem WIE. Der Blick durch die Brille des künstlerischen Handlungsmodells zeigt Erweiterungen des Aufgabenspektrums hinsichtlich des WAS, vor allem aber deutliche Veränderungen hinsichtlich des WIE.

Grundlegend für die Bearbeitung der Aufgabenstränge sind diese Überzeugungen und Wertvorstellungen des Dienstleisters:

- Der Dienstleistungsprozess gelingt nur in Kooperation mit dem Kunden.
- Der Kunde ist gleichberechtigter Partner (gleiche Augenhöhe). Er wird als Experte seiner Sache betrachtet.
- Der Dienstleister versucht an keiner Stelle des Prozesses den Kunden zu manipulieren oder ihm Lösungen nahezulegen; er verzichtet auf den Einsatz seiner Macht als fachlicher Experte.
- Er lässt sich von der Überzeugung leiten, dass eine gelungene Problemfindung/-beschreibung unerlässlich ist, damit sich Lösungsideen zeigen können.
- Er braucht ein gutes Gespür für die angemessene Balance von Nähe und Distanz.

Auftragsklärung

WAS: Vor der präzisierenden Auftragsklärung ist ein Vorgespräch zwischen Dienstleister und Kunden sinnvoll, in dem neben der ersten Kontaktaufnahme die Rahmenbedingungen der Dienstleistung geklärt werden. Dies umfasst objektive (Zeit, Finanzen etc.) wie auch subjektive Faktoren. Ferner müssen sich Kunde und Dienstleister gegenseitig mit ihren jeweiligen Grundmotiven, Einstellungen, Interessen, Erwartungen usw. wahrnehmen können. Hier erfolgt eine erste gegenseitige wahrnehmende Bewertung: Können die beiden die richtigen Partner für einander sein? Zum anderen prüft der Dienstleister die Verbindung des Kundenanliegens mit seinen eigenen Zielen, d. h. ob und inwieweit er die nachgefragte Dienstleistung mit eigenen intrinsischen Zielen, Themen und Motiven verbinden kann, in den Anliegen und Themen seiner Klienten eigene Interessen und Ideen wiedererkennen und sie als Chance sehen kann, neue Wege zu gehen.

Der Dienstleister baut ferner eine soziale Beziehung zum Kunden auf, die auf Vertrauen beruht. Er schafft Möglichkeiten, dass sich der Kunde mit seinen möglichen Sichtweisen äußern kann. Um zu einer gemeinsamen Erarbeitung des Kundenanliegens zu kommen, findet der Dienstleister Wege, wie der Kunde sich aktiv daran beteiligen kann. Dazu gehört auch die Frage nach den Kriterien, wann der Kunde mit der Dienstleistung zufrieden ist.

WIE: Der Dienstleister präsentiert sich aufgrund seiner besonderen Kompetenz- und Qualitätsmerkmale und erläutert seine prozessorientierte Vorgehensweise. Er prüft gemeinsam mit dem Kunden, ob dieser bereit ist, sich auf einen offenen Prozess einzulassen. In der

Erkundung des Kundenanliegens handelt der Dienstleister auf Grundlage der Hypothese, dass das vom Kunden geäußerte Anliegen noch nicht das eigentliche Anliegen ist. Er prüft diese Hypothese und setzt seine Prozesskompetenz ein, um mit dem Kunden gemeinsam dessen tiefere Interessen und Bedürfnisse herauszufinden. Die Selbstdarstellung des Kunden erhält breiten Raum und wird durch aktives Zuhören unterstützt. Dabei bemüht der Dienstleister sich bewusst um Offenheit und eine „fragende Haltung"; er ist vor allem neugierig auf den Klienten und sein Anliegen und verzichtet auf das Ausspielen seines fachlichen Expertentums. Der Dienstleister bringt vielmehr seine Expertise vorsichtig offenberatend ein („Haben Sie daran gedacht ..."), ohne damit den Kunden in seinem Sinn zu manipulieren, sondern dessen Perspektive auf seine Frage zu erweitern und seine Urteilsfähigkeit zu vergrößern, den Kunden also zu „professionalisieren".

Um das Anliegen des Kunden genauer zu erkunden, setzt der Dienstleister gezielt kleine Interventionen, Paraphrasierungen, paradoxe Fragen oder fragend vorgetragene Vorschläge ein. Er gibt dem Kunden also Anreize, Assoziationen zu entwickeln und seine Empfindungen auszudrücken; er ermutigt den Kunden zum – mindestens gedanklichen – Probehandeln. Womöglich, wird tatsächlich probe-gehandelt (z. B. Anprobieren, zur Verfügung stellen verschiedener Materialien, Anfertigen von Skizzen etc.). So unterstützt er den Prozess des Kennenlernens des Klienten, seiner Situation und seiner (verborgenen) Absichten.

Dienstleister und Kunde entwickeln gemeinsam ein Bild der „Vision" des Kunden. Dabei steuert der Dienstleister den Prozess so, dass sich allmählich ein gemeinsames Verständnis dessen entwickelt, was der Kunde will und braucht und was der Dienstleister dazu beitragen kann. Der Dienstleister spiegelt dem Kunden immer wieder zurück, was er bisher von dessen Anliegen verstanden hat, und er ermutigt den Kunden zu Korrekturen. Allzu schnelle Lösungsideen werden eher zurückgehalten und im weiteren Prozess geprüft; intuitive Wahrnehmungen von spontanen Lösungsmöglichkeiten werden festgehalten. Der Dienstleister entwickelt anschauliche Möglichkeiten für den Kunden, sich ein Bild von „verschiedenen Zuständen bei/nach Erbringung der Dienstleistung" zu machen.

Während dieses Prozesses klärt der Dienstleister gemeinsam mit dem Kunden, ob sich die anfängliche Vermutung, beide seien die richtigen Partner füreinander, bestätigen lässt.

Leistungsbestimmung/Erste Vereinbarung über den Lösungsweg

WAS: Im Kern geht es hier um die Frage, wie der Weg zur Erfüllung des Kundenanliegens beschaffen sein soll. Dazu wird das erkannte Anliegen mit den Rahmenbedingungen des Kunden in Beziehung gesetzt, es wird ein gemeinsames Bild hergestellt, wie der Weg aussehen könnte. Auf Basis der Expertise des Dienstleisters werden verschiedene Möglichkeiten aufgezeigt und besprochen. Dabei sorgt der Dienstleister dafür, dass eine Passung zwischen seiner Person und seinen Möglichkeiten sowie der Person und den Möglichkeiten des Kunden erreicht wird. Der Dienstleister ist sich seiner Grenzen bewusst und macht diese dem Kunden deutlich. Ebenso sorgt er immer wieder in diesem Prozess für gegenseitiges Feedback, um Vergewisserung über das gemeinsame Bild zu erreichen.

WIE: Der Dienstleister verfolgt das Ziel, im Dialog mit dem Kunden eine individualisierte, originäre Lösung zu finden. Da er keine Lösung antizipiert, vereinbart er mit dem Klienten weiteres Ausprobieren und Suchen. Konventionen, Gewohnheiten u. ä. werden bewusst in Frage gestellt bzw. vermieden. Der Dienstleister „spielt" mit der Situation des Klienten, um Neues zu entdecken. Er widersteht ggf. Erwartungen an seine professionelle Kompetenz (indem er diese als Prozesskompetenz interpretiert, nicht als Lösungskompetenz). Er achtet sehr genau auf alle Reaktionen des Klienten (Wechsel von Handeln und Wahrnehmen) und tritt in einen Dialog mit dem Klienten ein, dem er seine Wahrnehmungen spiegelt und zur Diskussion stellt. Lösungsansätze ergeben sich entweder gemeinsam, oder der Dienstleister zeigt einen Kranz von Möglichkeiten für das weitere Vorgehen auf, der gemeinsam durchgesprochen wird. Eine besondere Aufgabe des Dienstleisters ist es, ungewöhnliche Blickwinkel zum Thema einzunehmen, um es immer wieder anders und neu sichtbar zu machen.

Zeigt sich eine tragfähig erscheinende Lösungsidee, wird sie probeweise in ersten Ansätzen realisiert (eine Art „Framing"). Dies erfolgt als „Real-Experiment", mit dessen Hilfe Wahrnehmungs- und Korrekturgelegenheiten für Kunden und Dienstleister geschaffen werden, um die bisher nur gedachten Wirkungen der Lösung und ihre Stimmigkeit bezüglich der gewünschten Intention erlebbar zu machen. Dieses experimentelle Handeln wird von beiden Seiten umfassend wahrgenommen, die dabei auftretenden Gefühle werden offen thematisiert. Beide Seiten prüfen immer wieder: Sind wir auf dem richtigen Weg? Jeder Schritt des praktischen Probierens wird gemeinsam bedacht. Der Dienstleister behält den Überblick über den Prozess. Gemeinsam mit dem Kunden fragt er bei der Betrachtung des bisherigen Ergebnisses: Ist die grundsätzliche Richtung stimmig, und es geht nur noch um Details, oder muss ganz neu überlegt werden, weil sich die Lösungsidee als nicht tragfähig erweist? Er ermutigt den Kunden, keine faulen Kompromisse einzugehen, sondern sich mit ihm gemeinsam auf die Suche nach neuen Lösungsideen zu machen („Re-framing"). Dienstleister und Kunde treiben den Prozess bis zu dem Punkt gemeinsam voran, an dem sie gewiss sein können, dass sie nun das Richtige gefunden haben.

Leistungserbringung/Die Dienstleistungserstellung

WAS: Gemeinsam wird von Dienstleister und Kunde der individuelle Lösungsweg präzisiert und schließlich realisiert.

WIE: Die Leistungserbringung setzt zwar die gefundene Lösung um, hält den Prozess jedoch immer noch so offen, dass Korrekturen möglich sind. Schließlich zeigen sich möglicherweise erst im Verlauf der Realisierung neue Aspekte, die vorher nicht bedacht wurden. In diesem Prozess kann es durchaus zu Stockungen („Krise") kommen. Hier ist wesentlich, dass der Dienstleister dennoch nicht auf bewährte Patentlösungen setzt, sondern in der Lage ist, „Sicherheit in der Unsicherheit" aufzubringen. Häufig zeigen sich in der sorgsamen Weiterführung des Wegs mit dem Kunden erst die entscheidenden Impulse, die eine Lösung tatsächlich stimmig machen.

Hier ist der Dienstleister gewöhnlich der Geübtere, der auf sich offenbarende Möglichkeiten hinweisen, sie aufzeigen und aufgreifen kann. Der Dienstleister „will" also nicht die

Lösung „machen", sondern er lässt sie entstehen; sie „zeigt sich" und muss aufgegriffen werden. Schließlich spielt bei der Leistungserbringung in besonderem Maße der Aspekt der Gefühls- und Emotionsarbeit eine entscheidende Rolle. Vor allem bei personenbezogenen Dienstleistungen steht der Dienstleiter vor der Herausforderung, während der Leistungserbringung auch auf der emotionalen Ebene mit dem Kunden zu interagieren, mit dessen Gefühlen umzugehen, sie teilweise durch das eigene Handeln auch positiv zu beeinflussen und zugleich seine eigenen Emotionen zu regulieren. Die Lösung „stimmt", wenn Dienstleister und Klient darin ihre ursprünglichen Ideen, Themen, Sehnsüchte wiederfinden. Das Ende des Prozesses wird wieder gemeinsam bestimmt.

Leistungsbewertung

WAS: Die Leistungsbewertung erfolgt sowohl prozessbegleitend während des gesamten DL-Prozesses wie am Ende des Prozesses in Bezug auf den Gesamtprozess sowie das Ergebnis.

WIE: Während des ganzen Dienstleistungs-Prozesses gibt der Dienstleister dem Kunden Möglichkeiten, immer wieder die Passung zwischen seinen Intentionen und dem jeweiligen Stand des Prozesses zu prüfen. Dabei ermutigt er den Kunden, seine Kriterien ernst zu nehmen, die für ihn mit einem zufriedenstellenden Prozessverlauf verbunden sind. Der Dienstleister sorgt für ausreichendes gegenseitiges Feedback zur Rückspiegelung der wahrgenommenen Bedürfnisse bzw. Möglichkeiten mit dem Ziel der gegenseitigen Vergewisserung. Die Bewertungen werden in den Prozess integriert. Der Dienstleister nimmt darüber hinaus laufend die Reaktionen des Kunden wahr und thematisiert seine Wahrnehmungen. Ggf. wird der Prozess bewusst umgesteuert und erneut geöffnet, um zu angemesseneren Vorgehensweisen und Lösungen zu finden.

Am Ende des Prozesses ist es Aufgabe des Dienstleisters, Wege für eine gemeinsame Rückschau mit dem Kunden zu gestalten. Er hat ein Gespür dafür, welche Wege dafür je nach Situation angemessen sind (z. B. ein Gespräch unmittelbar nach Ende des Prozesses, ggf. erneute Kontaktaufnahme nach einer gewissen Zeit, wenn etwa die Leistung „Reise" vom Kunden konsumiert wurde). Er kann aufgrund seines Gespürs entscheiden, welche Form (schriftlich, mündlich...) die angemessene ist. Dieser Auswertung liegt der Gedanke zugrunde, den Prozess als gemeinsamen und je individuellen Lernprozess aufzufassen. Der Dienstleister nimmt für sich eine eigene Auswertung des Prozesses vor (wie schätze ich Prozess und Ergebnis ein, was lief zufriedenstellend, wo habe ich Kritik an meinem Vorgehen, was lerne ich daraus?) Kritikpunkte aus der eigenen und der Reflexion mit dem Kunden bilden den Anlass zu Überlegungen, wie damit im Sinne der Kundenzufriedenheit umgegangen werden soll. Zur gemeinsamen Reflexion mit dem Kunden gehört, ihn um Feedback an den Dienstleister zu bitten, ebenso ein Feedback des Dienstleisters an den Kunden. Die gemeinsame Auswertung erfolgt auch unter dem Blickwinkel: Was hätte man besser machen können, was wäre – im Nachhinein betrachtet – wünschenswert gewesen?

25.7 Anmerkungen zur Kompetenzentwicklung

Dienstleistungsarbeit nach diesem Modell stellt erhebliche Anforderungen an die Kompetenz der Arbeitenden. Um professionelles Handeln in der Dienstleistungsarbeit zu fördern, bedarf es einer Professionalisierungsstrategie, die Dienstleister darin fördert, situativ, wahrnehmungsgeleitet, kooperativ und ergebnisoffen – mit anderen Worten künstlerisch – zu handeln. Diese Kompetenz – auch das zeigt das KunDien-Projekt – kann man zwar nur schwer lehren, aber auf jeden Fall lernen. Vor allem die damit verbundenen Haltungen und Vorgehensweisen können nicht auf dem Weg herkömmlicher Schulungen, sondern nur durch besondere Erfahrungsmöglichkeiten und deren gründliche Reflexion angestoßen werden. Wiewohl „künstlerische" Dienstleistungsarbeit letztlich die Entwicklung eines höchst persönlichen Stils erfordert, lassen sich doch zentrale Phasen dafür identifizieren. Entscheidend ist, dass Kunst nicht nur als Metapher verstanden wird, sondern reale Lernsituationen zur Verfügung stehen, in denen künstlerische Haltung und Vorgehensweise direkt erlebt, reflektiert und auf den eigenen Handlungsraum übertragen werden können. Selbstverständlich bildet die souveräne Beherrschung der rein fachlichen Seite der jeweiligen Dienstleistung – also etwa IT-Kenntnisse – die unerlässliche Basis der Kompetenz, die aber mit Hilfe eines Erfahrungs-Lern-Programms in Workshop-Form und mit dazwischen geschalteten Praxisaufgaben für den sofortigen Transfer in den beruflichen Alltag erweitert werden.

Für die Umsetzung haben sich folgende Phasen bewährt:

Phase I: Vorhandene Erfahrungen gründlich reflektieren, Herausforderungen identifizieren

Die Fragestellungen thematisieren die Herausforderungen in der alltäglichen Praxis der Dienstleister, insbesondere, wo nicht nach Regeln und Routinen vorgegangen, sondern situativ Wege gefunden werden müssen. Zwischen den einzelnen Workshops empfiehlt es sich, von Anfang an Praxisaufgaben zur Vertiefung der Workshopthemen zu geben. Wichtig ist ebenso, von Anfang an (kleinere) künstlerische Erfahrungen zu ermöglichen.

Phase II: „In Kunst eintauchen"

Hier werden künstlerische Erfahrungen intensiviert und das künstlerische Handlungsmodell erlebbar. Es sind mehrere ganztägige reine Kunstworkshops mit Gruppen- und Einzelaufgabenstellungen ratsam, die von Künstlern durchgeführt und gründlich ausgewertet werden. Auswertungsfragen sind insbesondere: Wie wurde begonnen, wie Ideen gefunden, wie vorgegangen, welche Wendepunkte und Krisen gab es im Prozess, woraus wurde deutlich, dass das Werk fertig ist? Auch zu dieser Phase gehören Praxisaufgaben, bei denen die Teilnehmenden Parallelen und Unterschiede ihrer künstlerischen und ihrer beruflichen Erfahrung erarbeiten.

Phase III: Erfahrungen systematisieren und auf den Begriff bringen

Die begriffliche Klärung erfolgt mit Hilfe der zugrunde gelegten Theorie von Dienstleistungsarbeit sowie des künstlerischen Handlungsparadigmas. In persönlichen Veränderungsprojekten experimentieren die Lernenden mit einzelnen Merkmalen dieses Handelns.

Phase IV: Integration, Transfer durch Praxisprojekte

Die Integration einzelner Vorgehensweisen zum Gesamtansatz künstlerischen Dienstleistungshandelns mündet in individuelle komplexe Praxisprojekte.

Literatur

[1] Bockemühl, M./Scheffold, T. K. (2007): Das Wie am Was. Beratung und Kunst, 1. Aufl., Frankfurt am Main.
[2] Böhle, F./Glaser, J. (Hrsg.) (2006): Arbeit in der Interaktion – Interaktion als Arbeit. Arbeitsorganisation und Interaktionsarbeit in der Dienstleistung, 1. Aufl., Wiesbaden.
[3] Brater, M./Büchele, U./Fucke, G.; Herz, G. (1989): Künstlerisch handeln: die Förderung beruflicher Handlungsfähigkeit durch künstlerische Prozesse, 1. Aufl., Stuttgart.
[4] Brater, M./Freygarten, S./Rainer, M. (2011): Kunst als Handeln – Handeln als Kunst, 1. Aufl., Bielefeld.
[5] Elias, N. (1991): Mozart – zur Soziologie eines Genies, 1. Aufl., Frankfurt am Main.
[6] Hall, J./Johnson, M. E. (2009): When should a Process Be Art, Not Science?, in: Harvard Business Review, 3, S. 58-65.
[7] Leidner, R. (1993): Fast food, fast talk, 1. Aufl., Berleley.
[8] Mager, B./Evenson, S. (2008): Art of Service: Drawing the arts to inform service design and specification, in: Hefley, B./Murphy, W. (Hrsg.): Service Science, Management and Engineering – Education for the 21st Century, 1. Aufl., New York, S. 75-76.
[9] Moritz, E.F. (2008): Holistische Innovation, 1. Aufl., Berlin/Heidelberg.
[10] Pongratz, H. (2012): Zur Theorie der Dienstleistungsarbeit, in: Munz, C./Wagner, J./Hartmann, E. (2012): Die Kunst guter Dienstleistung, 1. Aufl., Bielefeld (im Erscheinen).
[11] Pongratz, H. (2009): Theorie der Dienstleistungsarbeit, Ludwig Maximilians Universität, München [Manuskript].
[12] Sallaz, J. J. (2002): The House Rules. Autonomy and Interests among Service Workers in the Contemporary Casino Industry, in: Work and Occupations, Vol. 26, 4, S. 394-427.
[13] Voswinkel, S. (2005): Welche Kundenorientierung?, 1. Aufl., Berlin.
[14] Hartmann, E./Munz C./Wagner, J. (2011): Was Dienstleister von Künstlern lernen können, in: Böhle, F./Busch, S. (Hrsg.): Management von Ungewissheit. Neue Ansätze jenseits von Kontrolle und Ohnmacht, Berlin (im Erscheinen).
[15] Weihrich, M./Dunkel, M. (2003): Abstimmungsprobleme in Dienstleistungsbeziehungen. Ein handlungstheoretischer Zugang, in: Kölner Zeitschrift für Soziologie und Sozialpsychologie, Vol. 55, 4, S. 758-781.
[16] Wicks, D. (1998): Nurses and doctors at work, 1. Aufl., Buckingham.

26 Mit Wertschätzungskultur zu mehr Stolz und Leistungsfähigkeit bei Pflegenden

Barbara Hinding, Selda Akca, Marion Spanowski, Michael Kastner

26.1	Stolz als Treiber von Leistung und Innovation	507
26.2	Wertschätzende Unternehmenskultur zur Förderung von Leistung und Gesundheit	509
26.3	Vorgehen und Methoden	511
26.4	Ideal und Real einer wertschätzenden Unternehmenskultur aus Sicht von Pflegekräften im Krankenhaus	512
26.5	Befunde zum Zusammenhang von Wertschätzung, Stolz und Arbeitsfähigkeit	515
26.6	Diskussion und Ausblick	521
Literatur		523

Dr. Barbara Hinding, Technische Universität Dortmund, Lehrstuhl Organisationspsychologie

Dipl.-Päd. Selda Akca, Technische Universität Dortmund, Lehrstuhl Organisationspsychologie

Dipl.-Psych. Marion Spanowski, Technische Universität Dortmund, Lehrstuhl Organisationspsychologie

Prof. Dr. Dr. Michael Kastner, Technische Universität Dortmund, Lehrstuhl Organisationspsychologie

Das Projekt „ProWert – Produzentenstolz durch Wertschätzung" hat zum Ziel, das Wertschätzungs- und Stolzerleben von Beschäftigten in Dienstleistungsberufen zu fördern. Es knüpft damit an die Frage aus dem Förderschwerpunkt nach den Äquivalenten, der Bedeutung und den Möglichkeiten zur Förderung von Produzentenstolz bei Dienstleistungen an (vgl. Zühlke-Robinet/Bootz 2010) [33]. Im Teilprojekt „Organisationspsychologie" geht es darum, Wertschätzungsprozesse aus sozial- und organisationspsychologischer Perspektive zu analysieren und Maßnahmen zu entwickeln, die geeignet sind, Stolz auf die eigene Arbeit und den Beruf fördern. Dafür sollen vorhandene Quellen von Wertschätzung und Stolz gestärkt, erweitert und ergänzt werden. Dies setzt die Suche nach den Quellen und Formen von Wertschätzung und ihrem Einfluss auf arbeitsbedingten Stolz voraus.

Die hier gewählte Zielgruppe – das Pflegepersonal – scheint von der Problematik mangelnder Wertschätzung besonders betroffen. Durch Einführung eines neuen Abrechnungssystems, Bürokratisierung, steigende Patientenzahlen bei kürzerer Verweildauer und einem Mangel an Fachkräften kommt es zu steigender Arbeitsbelastung. In der Folge leiden Pflegekräfte zunehmend an physischen und psychischen Beeinträchtigungen und denken immer häufiger darüber nach, ihren Beruf zu verlassen (vgl. Kuhnert et al. 2010; Hasselhorn 2005) [14], [6]. Pflege erfährt nur wenig öffentliche Anerkennung. Ihr „Produkt" und ihre Leistung, ihr Beitrag zur Wertschöpfung, sind nur wenig greifbar. Zwar wird in den Einrichtungen versucht, ihre Qualität im Rahmen der Dokumentation und des Qualitätsmanagements in Form von zählbaren Handlungen und Kennzahlen fest- und sicherzustellen, jedoch werden dabei weniger gut quantifizierbare Bereiche ausgespart. Deren Qualitätsbeurteilung bleibt dadurch eine Sache subjektiver Einschätzung und sozialer Prozesse in den Einrichtungen. Hinzu kommt die häufig negative Presse. Medien berichten von Missständen und Skandalen, die leicht das Ansehen der gesamten Berufsgruppe in Mitleidenschaft ziehen.

Angesichts dieser Situation stellt sich die Frage, welche Konsequenzen dies für die Pflegenden vor allem im Hinblick auf ihre Arbeitsfähigkeit und Gesundheit hat. Was bedeutet fehlende Wertschätzung für ihr berufliches Selbstkonzept? Gibt es so etwas wie einen berufsbezogenen Stolz und worauf beruht er? Welchen Beitrag leisten hier die Organisationen und Einrichtungen? Können sie die negativen Folgen durch mehr Wertschätzung auffangen und so zu einem stabilen positiven beruflichen Selbstbild und positiven arbeitsbezogenen Emotionen beitragen?

26.1 Stolz als Treiber von Leistung und Innovation

Ausgangspunkt unserer Überlegungen war das Konzept „Produzentenstolz" wie es von Frese (1990) [1] beschrieben wurde. Der Begriff entstammt einem industriegesellschaftlichen Arbeitsverständnis und bezieht sich auf die Herstellung eines Produkts in der industriellen Fertigung. Frese unterscheidet zwischen einem handlungsbezogenen und einem resultatbezogenen Stolz. Handlungsbezogener Stolz bezieht sich nicht auf das Produkt am Ende des Arbeitsprozesses, sondern auf die Tätigkeit selbst. Es geht dabei um das Gefühl, das durch den Eindruck ausgelöst wird, etwas besonders gut gemacht zu haben. Handlungsbezogener Stolz ist in hohem Maße mit „Können" verbunden. Er kann bereits während der Ausführung einer Handlung entstehen, nicht – wie der Produktstolz – erst angesichts des fertigen Produkts. Dadurch erscheint dieser Begriff prinzipiell auch auf Dienstleistungen übertragbar.

Eine einheitliche wissenschaftliche Definition von „Stolz" existiert nicht. Die Auffassungen variieren mit den Fachdisziplinen und den theoretischen Perspektiven. Wir haben uns an den Konzeptionen von Tracy und Robbins (2004) [29] sowie Lazarus (1991; 1999) [16], [17] orientiert. Demnach ist Stolz – im Unterschied zu sogenannten Basisemotionen wie Freude, Ekel, Trauer etc. – ein komplexes emotionales Phänomen. Stolz ist selbstreflexiv, erfordert ein Bewusstsein vom eigenen Selbst und seinen Aktivitäten. Stolz entsteht aus der Selbstbewertung im Vergleich zu anderen Personen oder zu früheren eigenen Leistungen. Nach Lazarus (1991) [16] entsteht Stolz, wenn ein Ereignis eintritt, das wichtig ist und mit den eigenen Zielen korrespondiert und gleichzeitig die Selbstachtung stärkt oder die Achtung durch andere steigen lässt. Hinzu kommt, dass ein eigener „Verdienst" wahrgenommen werden muss, das eingetretene Ereignis also eigener Leistung, Anstrengung oder Fähigkeit zugeschrieben wird. Das Stolzerleben resultiert hier aus einem komplexen Bewertungsprozess, der sowohl von Merkmalen der Umwelt als auch von denen der Person abhängig ist.

Im Projektzusammenhang geht es um die Frage nach den Ereignissen und Bewertungsprozessen, die im besonderen Kontext der Pflege Stolz auslösen. Nach Lazarus (1991) [16] können diese nie losgelöst von der Person und ihren Motiven und Zielsetzungen betrachtet werden, da diese die Bewertungsprozesse entscheidend bestimmen. Unter Bezug auf McClelland (1988) [19] postulieren Hinding et al. (2010) [7] vor allem drei Motive, die dem Empfinden von Stolz im Arbeitskontext zugrunde liegen können. Zum einen das Leistungsmotiv, zum zweiten den Wunsch nach Einfluss und Kontrolle (Machtmotiv). Kontrolle über eine schwiege Situation zu erlangen oder Einfluss auf die Prozesse der Patienten nehmen zu können, ist wahrscheinlich ebenso eine Quelle von Stolz wie das fachliche Können. Zum dritten wird davon ausgegangen, dass Anerkennung und Wertschätzung durch Dritte, z. B. Vorgesetzte, Stolz auslösen und unterstützen. Lob und Anerkennung zeigen uns, dass die eigene Leistung den Erwartungen relevanter Anderer entsprochen hat und bestätigen oder dementieren unsere Wahrnehmung der eigenen Leistung. Dadurch wird Wertschätzung dann besonders wichtig, wenn Qualitätsmaßstäbe nicht immer eindeutig definiert sind. Über Anerkennung und Wertschätzung fließen soziale Normen, Ansprüche und Erwartungen aus unterschiedlichen Quellen in die Stolz auslösenden Bewertungsprozesse ein.

Auf der Umweltseite sind es vor allem die Arbeitsbedingungen, die Einfluss auf Stolz und verwandte positive Emotionen nehmen können. Gouthier (2008) [5] zählt hierzu unter Bezug auf die affective events theory (vgl. Weiss/Cropanzano 1996, S. 1ff.) [32] einige Faktoren auf, u. a. den Autonomiegrad, der erst ermöglicht, dass Erfolg eigener Urheberschaft zugeschrieben werden kann sowie Partizipation und Anerkennung durch die Führungskraft und das Team.

Katzenbach (2003) [13] betrachtet Stolz als zentrale Antriebskraft. Für ihn ist es der Stolz auf die Organisation bzw. das Unternehmen, der Motivation und Engagement fördert. Auch auf die Zugehörigkeit zu einem erfolgreichen Kollektiv können Menschen stolz sein. Durch Stolz kann sich die Arbeitsleistung verbessern. Im Dienstleistungsbereich ist zu erwarten, dass dadurch auch Höflichkeit, Hilfsbereitschaft und das Bemühen um einen besonders guten Service verstärkt werden und die Anzahl an Verbesserungsvorschlägen steigt (vgl. Gouthier 2007; 2008) [4], [5]. Nach Gouthier (2007; 2008) [4], [5] kann Stolz auch das Commitment stärken, was geringere Fehlzeiten und weniger Fluktuation zur Folge hat. Insgesamt könnte Stolz demnach zu größerer Kundenorientierung und Kundenzufriedenheit führen, auch in der Pflege (vgl. Robitaille/Whechel 2005) [22].

Darüber hinaus gehen wir davon aus, dass sich Stolz nicht nur günstig auf die Arbeitsmotivation, sondern auch auf Gesundheit und Leistungsfähigkeit auswirkt. Stolz führt uns unsere Selbstwirksamkeit vor Augen und fördert den Selbstwert. Dies kann zu einer Erhöhung der Stressresistenz beitragen, da Stolz als ein Puffer für den Umgang mit selbstwertbedrohenden Ereignissen betrachtet werden kann. Dadurch wirkt er psychischer Belastung und Fehlbeanspruchung entgegen, fördert auch andere positive Emotionen und Einstellungen wie Freude, Zuversicht und Zufriedenheit und hat positive Effekte auf Wohlbefinden und Gesundheit.

26.2 Wertschätzende Unternehmenskultur zur Förderung von Leistung und Gesundheit

Wertschätzung ist ein ebenso schillernder Begriff wie Stolz. Auch hier unterscheiden sich die Auffassungen je nach Fachdisziplin und theoretischem Zusammenhang, auch in der Psychologie. In der Humanistischen Psychologie gilt Wertschätzung als Bedingung einer gesunden Entwicklung der Persönlichkeit. Maslow (1968) [18] siedelt soziale Anerkennung und Wertschätzung mit den Teilaspekten Status, Respekt, Erfolg und Einfluss als eines der höheren Bedürfnisse in seiner Bedürfnispyramide an, von dessen Erfüllung das Selbstwertgefühl eines Menschen abhängt. Rogers (1979; 1982) [23], [24] argumentiert in seiner Theorie der therapeutischen Beziehung, dass die Erfahrung von Wertschätzung im Sinne von Akzeptanz, Wärme, Echtheit und Empathie das Gewahrwerden des Selbst ermöglicht und die Selbstakzeptanz fördert. Auch im Alltag sieht Rogers diese Art der Beziehung als förderlich für Selbstentfaltung, persönliches Wachstum und psychische Gesundheit.

Umgekehrt stellen Missachtung, Abwertung und Entwertung der eigenen Leistung Belastungen dar, die das Wohlbefinden und die Gesundheit beeinträchtigen können. In diese Richtung argumentieren z. B. Semmer und Jacobshagen (2006) [28], die in mangelnder Wertschätzung, ausgedrückt etwa durch Missachtung und Herabwürdigung, einen Auslöser für Selbstwertbedrohung und Stress am Arbeitsplatz sehen.

Wertschätzung als Bestandteil der Organisationskultur bezieht sich auf den Umgang des Unternehmens mit seinen Beschäftigten. Schein (1995) [27] definiert Unternehmenskultur als die Grundprämissen, an denen sich ein Kollektiv orientiert und die an neue Mitglieder als rational und emotional korrekter Ansatz für die Arbeit und den Umgang mit Problemen weitergegeben werden. Seinen Analysen legt er ein 3-Ebenen-Modell zugrunde, das aus Artefakten und Schöpfungen (die auch von Außenstehenden wahrnehmbaren Dinge und Sachverhalte), Werten und Grundannahmen besteht.

Eine Kultur, in der Wertschätzung gelebt wird, weist Artefakte auf, in denen Wertschätzung erkennbar ist, orientiert sich an wertschätzenden Werten und Normen und an einem Bild von Mitarbeitenden als eigenständigen, motivierten und eigenverantwortlich handelnden Personen, deren Würde nicht dem Interesse einer kurzfristigen Gewinnmaximierung untergeordnet werden darf. Sackmann (2010) [25] sieht das Ziel einer wertschätzenden Kultur darin, Bedingungen zu schaffen, unter denen Menschen gute Leistungen erbringen können, wollen und dürfen. Dazu gehört vor allem der Respekt vor Unterschiedlichkeit und Individualität anstatt Diskriminierung, eine Personalentwicklung, die auch individuelle Ziele und Vorstellungen berücksichtigt sowie Flexibilität und die Ermöglichung von Work-Life-Balance. Eine umfassendere Konzeption, welche Konkretisierungen in Bezug auf das Menschenbild, die Führungsqualität, die Unternehmenskommunikation, den Personaleinsatz u. a. vornimmt, wurde von Cernavin (2007) [1] vorgelegt.

Ein weiterer Prototyp einer wertschätzenden Unternehmenskultur ist im Konzept der Vertrauens-Fehlerlern-Innovations-Gesundheits-Kultur (vgl. Kastner 2007) [11] zu sehen. Vertrauen ist Ergebnis und Voraussetzung wertschätzender Beziehungen. Ohne Vertrauen können wir keine echte Wertschätzung empfinden und geben. Vertrauen ist gleichzeitig eine Voraussetzung für das Lernen aus Fehlern. Nur durch die offene und angstfreie Kommunikation von Fehlern und ihre anschließende Analyse kann ein Team daraus lernen. Die Wahrung und Förderung der Gesundheit ist u. E. ein zentrales Anliegen einer wertschätzenden Unternehmenskultur. Eine Kultur, in der Vertrauen gelebt wird, trägt wesentlich zur Förderung der Gesundheit der Mitarbeiter am Arbeitsplatz bei, da in einer Vertrauenskultur offene und wertschätzende Kommunikation stattfindet, was die Ursachen für Mobbing wie Neid, Intransparenz und empfundene Ungerechtigkeiten erheblich reduziert. Innovationsfähigkeit als Eigenschaft des einzelnen Mitarbeitenden steht in engem Zusammenhang mit Kreativität und kann sich nur dann entfalten, wenn das Umfeld die entsprechenden Voraussetzungen dafür bietet: Eine Kultur, in der in Folge des in den Menschen gesetzten Vertrauens dem Einzelnen Autonomie und Freiräume zugestanden werden, Lernprozesse (auch aus begangenen Fehlern heraus) und eine offene Kommunikation sowie die Förderung von Gesundheit unterstützt werden.

Eine wertschätzende Unternehmenskultur fördert demnach positive Emotionen wie Stolz, da sie das Auftreten entsprechender Ereignisse wahrscheinlicher macht. Eine vertrauensvolle Haltung gegenüber den Mitarbeitenden bedeutet, dass auf persönliche Bedürfnisse und Ziele, Interessen und Entwicklungsmöglichkeiten Rücksicht genommen werden kann. In der alltäglichen Arbeit bietet sie Handlungsspielräume und Autonomie, die den Fähigkeiten entsprechend erweitert werden, Herausforderungen und Lernmöglichkeiten und ein angenehmes soziales Klima, kurz eine Umgebung, die Gesundheit, Leistungsfähigkeit, Engagement und Begeisterung für die Arbeit fördert.

26.3 Vorgehen und Methoden

Das Untersuchungsdesign orientiert sich am Kreislauf der Systemverträglichen Organisationsentwicklung (vgl. Kastner 2010) [12], mit den Phasen Diagnose, Intervention und Evaluation. In der Diagnosephase wird zunächst ein Ideal (Soll-Zustand) entwickelt sowie der Ist-Zustand in Bezug auf die zu untersuchenden Variablen festgestellt (Real), um beide zu vergleichen. Diese Diskrepanzenanalyse zeigt in erster Linie den unmittelbaren Handlungsbedarf auf. Hieraus können Interventionsmaßnahmen abgeleitet werden, welche darauf abzielen, Positives beizubehalten und zu stärken, vorhandene Missstände abzubauen und präventive Maßnahmen zu entwickeln, die geeignet sind, auch zukünftig eintretenden Situationen zu begegnen. In der Evaluationsphase geht es um die Bewertung und Optimierung der gewählten Maßnahmen.

Der Ermittlung des Ideals wurde in dieser Studie die subjektive Sicht der Beschäftigten zugrunde gelegt. Das Selbstverständnis der Beschäftigten und ihre Wahrnehmung von Wertschätzung dienten als Ausgangspunkt für die weitere Analyse und die Entwicklung von Interventionsmaßnahmen. Dafür wurden in einer ersten explorierenden Phase insgesamt 49 problemzentrierte Interviews mit Pflegekräften in vier Krankenhäusern unterschiedlicher Trägerschaft, Größe und Fachrichtung in Nordrhein-Westfalen geführt. Gefragt wurde nach emotionalen Aspekten der Arbeit (Arbeiten Sie hier gerne? Was an Ihrer Arbeit macht Ihnen Freude? Sind Sie stolz auf Ihre Arbeit/Ihren Beruf?), nach den konkreten Aufgaben, der Zufriedenheit mit den Arbeitsbedingungen, den sozialen Beziehungen zu Vorgesetzten, Kollegen, Patienten und zur Krankenhausleitung und zum Ansehen des Berufs in der Öffentlichkeit. Dadurch geben die Interviews sowohl Auskunft über Idealvorstellungen zu Wertschätzung und Arbeitsbedingungen, als auch über die Wahrnehmung und Bewertung der realen Verhältnisse.

Der Teilnehmerkreis wurde breit gestreut. Interviewt wurden examinierte Pflegekräfte mit und ohne Zusatzqualifikationen, Stationsleitungen, Pflegehelfer/innen und Auszubildende. Die Teilnahme an den Interviews war freiwillig. Geführt wurden die Interviews an mehreren Terminen in den Einrichtungen.

Zur quantitativen Diagnose wurde ein Fragebogen entwickelt. Er enthielt Fragen zu den Belastungen und Ressourcen am Arbeitsplatz (vgl. SALSA, Udris/Rimann 1999) [21], zu arbeitsbezogenen Verhaltens- und Erlebensmustern, u. a. zur Erfassung des „Burnout"-Risikos (vgl. AVEM, Schaarschmidt/Fischer 2003) [25], zur Arbeitsbewältigungsfähigkeit (vgl. WAI, Tuomi et al. 1998) [30] sowie selbst entwickelte Skalen zur Erfassung von Wertschätzung und Stolz. Stolz wurde als Stolz auf den Beruf, Stolz auf die Einrichtung, Stolz auf die Station und Stolz auf die erreichte Position erfragt. Wertschätzung wurde sowohl als Anerkennung durch Vorgesetzte, Kolleginnen und Kollegen sowie Patientinnen und Patienten erfasst (vgl. Semmer et al. 2006) [28] als auch als wertschätzende Haltung sowie als wertschätzende Unternehmenskultur.

Jede Pflegekraft der untersuchten Einrichtungen hatte die Möglichkeit, an der Befragung teilzunehmen. Neben den vier Krankenhäusern, in denen die Interviews geführt wurden, fand die Befragung kontrastierend auch in drei Einrichtungen der Altenpflege statt. Insgesamt liegen Daten von 447 Pflegekräften vor, die in unterschiedlichen Bereichen der Pflege tätig sind. Dazu gehören Beschäftigte in der Akut- und in der Langzeitpflege, in Krankenhäusern und in der stationären und ambulanten Altenpflege. Berücksichtigt wurden unterschiedliche Qualifikationsniveaus (Gesundheits- und Krankenpfleger/innen, Altenpfleger/innen, Pflegehelfer/innen, Auszubildende, keine oder andere Ausbildung). Das Alter der Befragten variiert von 18 bis 64 Jahren und beträgt im Mittel 39,3 Jahre. 79,4% sind Frauen und 20,6% Männer.

Im folgenden Abschnitt werden die Ergebnisse zum Ideal und zum Real aus der qualitativen Studie in den Krankenhäusern mit dem Fokus auf Unternehmenskultur vorgestellt.

26.4 Ideal und Real einer wertschätzenden Unternehmenskultur aus Sicht von Pflegekräften im Krankenhaus

Die Auswertung der Interviews erfolgte nach der inhaltsanalytischen Methode des Zirkulären Dekonstruierens wie bei Jaeggi et al. (1998) [10] beschrieben. Zunächst wurden entsprechend einem Mehr-Ebenen-Modell Kategorien zur gewünschten Wertschätzung von Patientinnen und Patienten und ihren Angehörigen, Kolleginnen und Kollegen, direkten Führungskräften, anderen Berufsgruppen/Fachabteilungen sowie der Organisation (Kultur) gebildet. Im Weiteren wurden für jede dieser Ebenen ihre Sicht auf die realen Verhältnisse und die Diskrepanzen zum „Ideal" herausgearbeitet. Im Folgenden werden die Ergebnisse für die Ebene der Organisation mit Fokus auf die Unternehmenskultur vorgestellt.

Demnach bestehen die gewünschten Werte oder Prinzipien in Vertrauen/gute soziale Beziehungen, Sinn, Gleichwertigkeit zu anderen Berufsgruppen, Partizipation, Zukunftsperspektive und Gesundheit. Auf diesen Dimensionen bestehen die größten Differenzen zwischen Real und Ideal.

Vertrauen betrifft die Qualität der sozialen Beziehungen im gesamten Unternehmen. Führungskräfte bringen ihren Untergebenen idealerweise Vertrauen entgegen, gestehen ihnen deshalb ausreichend Autonomie zu, sind zuverlässig und geben Anweisungen, deren Sinn transparent ist. Sie geben Rückendeckung, soziale Unterstützung und setzen sich bei den anderen Berufsgruppen und in der Öffentlichkeit für die Pflege ein. Die unternehmensinterne Kommunikation gestalten sie ausführlich, zuverlässig und transparent. Pflegende kritisieren in dieser Hinsicht vor allem die Pflegedienstleitungen und die Geschäftsführungen, die zu weit vom Alltag der Pflege entfernt seien. Dies zeige sich z. B. im Umgang mit Patientenbeschwerden. Hier bestimmen oft Schuldzuweisungen und Vorwürfe den Ton anstatt die Analyse des Sachverhalts und ggf. das Lernen aus Fehlern.

Der umfangreichste Teil der Stellungnahmen zu sozialen Beziehungen in den Einrichtungen betrifft jedoch die Kolleginnen und Kollegen sowie die Stationsleitungen als unmittelbare Vorgesetzte. Hier zeigt sich, dass ein positives Klima, Vertrauen, Unterstützung und emotionale Wärme im Team eine wichtige Ressource im Umgang mit den gegebenen Belastungen und häufig auch eine Quelle von Stolz darstellt. Bestimmen jedoch Konkurrenzdruck, Einzelkämpfertum, Neid, Ungerechtigkeitsempfinden, Klatsch und Mobbing das Geschehen, wird dies als Entwertung erlebt, die mit negativen Emotionen und eingeschränkter Arbeitsfreude einhergeht.

Kritisch für die Pflege ist derzeit ein Gefühl des *Sinnverlusts*. Viele Pflegekräfte haben diesen Beruf ergriffen, um einer Tätigkeit nachzugehen, in der sie anderen Menschen in Not und schwieriger Lage professionell helfen können. Durch die Veränderungen der letzten Jahre, insbesondere den Personalabbau und die Arbeitsverdichtung sowie die Dokumentationspflichten sehen viele diesen Inhalt jetzt gefährdet. So sei es kaum möglich, den Beruf noch „nach bestem Wissen und Gewissen" auszuführen. Man gehe häufig mit schlechtem Gewissen nach Hause oder „würde den Beruf nie wieder machen, da man den Wünschen wie man diesen Beruf ausführen möchte nicht gerecht werden kann" (Pflegekraft in ProWert-Interview). In diesem Sinne wird von fast allen Befragten die hohe Arbeitsbelastung als Entwertung und Missachtung ihrer Qualifikation und ihres beruflichen Selbstverständnisses wahrgenommen und als Ausdruck einer Kultur, welche Effizienz und Ökonomie über das Patientenwohl und die Gesundheit der Mitarbeitenden stellt. Dabei ist allen bewusst, dass diese „Ökonomisierung" der Pflege ihren Ursprung in der Gesundheitspolitik hat, jedoch wird von den Führungskräften der Einrichtungen erwartet, mit dieser Problematik konstruktiv und innovativ umzugehen und eindeutig Position zu beziehen (im Sinne einer grundlegenden Überzeugung). Entsprechend werden Maßnahmen, die zur Arbeitsentlastung beitragen (z. B. das Einstellen einer Stationssekretärin) oder die den pflegespezifischen Kompetenzen Raum und Zeit geben (wie etwa die Einrichtung eines Zimmers für die Sterbebegleitung), als Ausdruck von Wertschätzung gesehen.

Die Frage nach dem Sinn und dem Verständnis der Pflege steckt auch in der Forderung nach *Gleichbehandlung* mit anderen Berufsgruppen innerhalb der Einrichtung. Hiermit sind vor allem die Ärzte gemeint. An dieser Stelle gibt es die meisten Konflikte. Die Pflegenden fühlen sich von den Ärzten zu wenig wertgeschätzt. Aus Sicht der Pflegenden werden sie von der Ärzteschaft vorwiegend als „ausführendes Organ" wahrgenommen, was ihrem Selbstverständnis nicht entspricht. Dazu passt auch, dass die Zuständigkeiten sich manchmal überschneiden und es in manchen Einrichtungen an transparenter Abgrenzung der Aufgaben von Ärzten und Pflege mangelt: „[…]oft ist es ja so, dass die Beteiligten, die sich da gerade in die Haare geraten sind, da nix zu können, sondern die einfach nur darunter leiden müssen, dass organisatorische Strukturen nicht da sind" (Pflegekraft in ProWert-Interview). Schwerer wiegt jedoch der Eindruck der bevorzugten Behandlung dieser Berufsgruppe durch die Einrichtungsleitung (finanzielle/materielle Ausstattung[1], in der Kommunikation, bei Fehlern etc.) bei gleichzeitiger Verkleinerung des Beitrags der Pflege zur Wertschöpfung und zur Genesung von Patienten.

---

[1] Die materielle Ausstattung wird häufig als Indikator für Wertschätzung betrachtet. Nicht funktionierende oder fehlende technische Hilfsmittel gelten als Entwertung, eine besonders hochwertige Ausrüstung als wertschätzend. Das gilt auch für die Qualität der zur Verfügung gestellten Kleidung und die Ästhetik der räumlichen Umgebung.

Damit in Verbindung steht der Wunsch nach mehr *Partizipation*. Die Pflege soll an Entscheidungen und Planungen, die sie betreffen, überhaupt oder stärker als bisher beteiligt werden. Gehört und gefragt zu werden gilt als Ausdruck von Wertschätzung und Vertrauen. Als Abwertung gelten beispielsweise Entscheidungen über die Köpfe hinweg oder das Ignorieren und Missachten von Verbesserungsvorschlägen.

Ein Arbeitgeber soll eine *Zukunftsperspektive* bieten. In diesem Zusammenhang wurden im Wesentlichen zwei Themenfelder angesprochen: Zum ersten soll es keine Zeitverträge geben. Angesichts des Mangels an Pflegekräften wird dies eher als abwertendes Druckmittel denn als wirtschaftlich sinnvolle Maßnahme interpretiert. Zum zweiten soll mehr in Personalentwicklung und Weiterqualifizierung des Pflegepersonals investiert werden. Angesichts der Tatsache, dass in den Einrichtungen nur wenige Pflegekräfte arbeiten, die älter sind als 50 Jahre (vgl. etwa Naegele 2007) [20] ist die Sorge über die berufliche Zukunft verbreitet. Die meisten scheiden aus gesundheitlichen Gründen aus. Dies ist meist ein längerer Prozess, in dessen Verlauf es häufig zu Konflikten, Missstimmungen und Diskriminierungserlebnissen kommt. Deshalb sei die Ermöglichung eines „Berufsausstieg in Würde" Ausdruck von Wertschätzung, so eine im Projekt befragte Gesundheits- und Krankenpflegerin.

Hierzu und um eine Berufstätigkeit bis zum regulären Rentenalter zu ermöglichen, gehört auch ein Angebot an Tätigkeiten, die auch mit Handicaps ausgeübt werden können. Ideen und Versuche haben wir in fast allen untersuchten Einrichtungen gefunden. Einige Äußerungen Betroffener deuten jedoch darauf hin, dass in diesen neu geschaffenen Positionen ein Verlust an Wertschätzung erlebt wird. Insbesondere die jüngeren Befragten wünschen sich deshalb eine aktive Karriereplanung, die Zukunftsperspektiven aufzeigt und eine daran ausgerichtete Personalentwicklung, die auch persönliche Interessen und Bedingungen berücksichtigt und die Wahrnehmung von Bildungsangeboten ermöglicht.

Um der Entwicklung von Gesundheitsproblemen entgegenzuwirken ist eine *Betriebliche Gesundheitsförderung* unerlässlich. In den untersuchten Einrichtungen befindet sich diese jedoch überwiegend in der Startphase. Es gibt verschiedene Angebote wie Gesundheitstage, Rückenschule oder Entspannungstechniken. Was fehlt, sind ganzheitliche Konzepte, die auch die Arbeitsbedingungen einbeziehen. Von den Befragten immer wieder hervorgehoben wurde das Problem der Work-Life-Balance. Bedingt durch Schichtarbeit, häufig in Kombination mit Überstunden, ist die Vereinbarkeit des Berufs mit dem Familienleben oft schwierig.

Ebenfalls von Bedeutung für eine wertschätzende Kultur ist die *Kommunikation* der Leistungen der Pflege und des Berufsbilds nach außen. Es wird als Ausdruck großer Wertschätzung wahrgenommen, wenn Vorgesetzte und Geschäftsleitungen sich in der Öffentlichkeit positiv über die Pflege äußern, ihre Leistungen herausstellen, über den Beruf aufklären und versuchen, Vorurteile abzubauen.

26.5 Befunde zum Zusammenhang von Wertschätzung, Stolz und Arbeitsfähigkeit

Zunächst: Pflegekräfte sind durchaus stolz. Auch wenn sie selber der Meinung sind, in der Gesellschaft nur wenig Wertschätzung zu erfahren, sind sie doch stolz auf ihren Beruf. Dieser Stolz kommt jedoch aus anderen Quellen. Dazu gehören der Beruf selbst, das Team, zu dem man gehört (in der Regel die Station), die Einrichtung, in der man arbeitet und die berufliche Position, die man erreicht hat.

Der Berufsstolz der befragten Pflegekräfte bezieht sich in erster Linie auf die große Verantwortung, Verantwortung für Menschen, die mit der Tätigkeit verbunden ist und die Fähigkeit, ihnen helfen, auf die Genesung einwirken und Leiden lindern zu können. Stolz machen auch die Vielfalt der Aufgaben und nötigen Kompetenzen, das umfangreiche Fachwissen sowie das hohe Arbeitspensum, das täglich bewältigt wird, besonders wenn am Ende des Tages der Eindruck entsteht, das geleistet zu haben, was man sich vorgenommen hat („trotz der schlechten Bedingungen", Pflegekraft in ProWert-Interview). Besonders dieser letzte Aspekt der eigenen Leistung kann durch Lob und Anerkennung ausgelöst, besonders aber verstärkt werden.

Neben diesen am häufigsten beschriebenen Gründen erwies sich auch ein gutes, harmonisches Team als Quelle von Stolz. Hinzu kommen der Organisationsstolz, der im Wesentlichen abhängig vom Ruf der Einrichtung zu sein scheint sowie der Positionsstolz.

Auch in der quantitativen Befragung der Beschäftigten wurde nach diesen verschiedenen Quellen von Stolz gefragt. Das Ergebnis zeigt **Abbildung 26.1**. Demnach ist der Stolz insgesamt eher am oberen Ende der Skala zu sehen, etwa bei vier, sprachlich als „überwiegend" vorgegeben. Der Stolz auf die Einrichtung ist im Mittel etwas geringer, jener auf den Beruf größer. Die Befragten sind also durchaus stolz, vor allem auf ihren Beruf. Betrachtet man die Häufigkeitsverteilungen, fällt auf, dass beim Berufsstolz über 40% mit „völlig" geantwortet haben, bei den drei übrigen Formen von Stolz nur jeweils etwa 20%.

Abbildung 26.1 Mittelwerte zu verschiedenen Quellen von Stolz

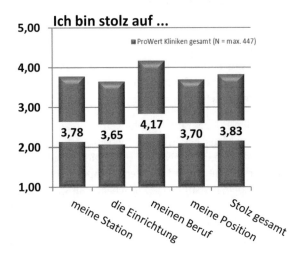

Antwortformat: 5-stufige von 1 = gar nicht bis 5 = völlig

Weiterhin wurde eine Liste mit Gründen für Stolz vorgelegt, deren Zutreffen mittels einer Rating-Skala beurteilt werden sollte. **Tabelle 26.1** zeigt die Ergebnisse im Überblick. Die einzelnen Items wurden nach ihren Mittelwerten in eine Rangreihe gebracht. Dabei wird ebenfalls deutlich, dass sowohl die große Verantwortung im Umgang mit Menschen als auch die Überzeugung, gute Arbeit in einem anspruchsvollen Beruf zu leisten, maßgeblich zum persönlich empfundenen Stolz auf die eigene Arbeit beitragen. Die zweifellos vorhandene medizinische Fachkompetenz ist im Vergleich weniger bedeutsam. Auch anhand der Korrelationen mit den Stolzwerten wird dies noch einmal deutlich. Die Einschätzung pflegerischer Leistung ist an den Anspruch und Sinn der Pflege – die Begleitung und Unterstützung kranker Menschen – gekoppelt. Dadurch ist der empfundene Stolz auf die eigene Tätigkeit von der Realisierbarkeit dieses Ziels abhängig.

Tabelle 26.1 Gründe für den Stolz auf den Pflegeberuf

ITEM Ich empfinde Stolz, weil ...	AM	SD	N	Korrelation mit Stolz gesamt
ich eine verantwortungsvolle Tätigkeit ausübe (es geht um Menschenleben)	4,29	0,82	439	.519**
ich gute Arbeit leiste	4,28	0,73	441	.462**
ich auch mit schwierigen Patienten gut umgehen kann	4,14	0,78	440	.410**
ich Menschen helfen kann	4,11	0,95	442	.485**
ich einen anspruchsvollen Beruf mit hohen Anforderungen ausübe	4,01	0,92	440	.549**
ich am Behandlungserfolg der Patienten beteiligt bin	3,99	0,90	440	.496**
ich Patienten im Genesungsprozess beistehe	3,92	0,91	440	.480**
mich die Arbeit mit den Patienten persönlich erfüllt	3,86	1,02	437	.341**
meine Aufgaben sehr vielfältig sind	3,85	0,92	438	.493**
ich dazu beitrage, das Leiden anderer zu verringern	3,85	1,02	437	.371**
ich an der Prozessbegleitung der Patienten beteiligt bin	3,74	0,99	439	.510**
ich das, was ich mir vornehme, auch am Ende des Tages erledigt habe	3,67	1,01	439	.414**
ich ein hohes medizinisches Fachwissen besitze	3,62	0,94	437	.334**
die Ärzte mich um Rat fragen	2,74	1,15	432	.300**

AM= Arithmetisches Mittel, SD = Standardabweichung; Antwortformat: 1 = gar nicht bis 5 = völlig

Damit stellt sich die Frage, welchen zusätzlichen Einfluss Wertschätzung auf Stolz hat. Zu Wertschätzung wurden, ausgehend von den skizzierten theoretischen Überlegungen, einem Instrument von Semmer et al. (2006) [28] und den Befunden zur subjektiven Repräsentation von Wertschätzung aus der qualitativen ProWert-Studie, Skalen zu verschiedenen Facetten von Wertschätzung entwickelt. Das Ergebnis sind zehn Subkonzepte folgenden Inhalts:

- Wertschätzung durch Patienten: Anerkennung, Komplimente oder Lob bei der Stationsleitung durch Patienten oder deren Angehörige,

- Wertschätzung durch Vorgesetzte „Lob": Lob und Anerkennung, die verbal und nonverbal zum Ausdruck gebracht werden,

- Wertschätzung durch Vorgesetzte „Haltung": wertschätzende Haltung etwa durch Vertrauen, Partizipation, Feedback, Zuverlässigkeit und Unterstützung in Belastungs- und Notsituationen,

- Wertschätzung durch Kolleginnen und Kollegen: Anerkennung von Kompetenz und Leistung im Kollegenkreis, um Rat gefragt werden,

- Wertschätzung im Team: Wertschätzende Haltung, ausgedrückt etwa durch gegenseitigen Respekt, Fairness, Vertrauen sowie das Unterbleiben von Entwertungserfahrungen, wie sie z. B. bei überzogenem Konkurrenzverhalten, Neid und Mobbing vorkommen,

- Wertschätzung aller Gruppen und individueller Belange: Ältere, befristet Beschäftigte, Mitarbeitende mit gesundheitlichen Einschränkungen; Einsatz unter Berücksichtigung von Kompetenzen, Interessen und Vorlieben,

- Wertschätzung der Pflege in der Organisation: Stellung und Wertschätzung der Pflege innerhalb der Organisation/Einrichtung,

- Wertschätzung der Individuen durch die Organisation (Wertschätzung im engeren Sinne): Bedeutung des einzelnen Mitarbeitenden, wahrgenommenes Vertrauen, Förderung nach Stärken und Schwächen, empfundene Angemessenheit der Leistungsbeurteilung, Bedeutung von Gesundheit,

- Wertschätzung durch Familie und Bekannte,

- Wertschätzung durch die Gesellschaft.

Wie **Tabelle 26.2** zu entnehmen ist, weisen alle genannten Aspekte von Wertschätzung signifikante Zusammenhänge mit dem beruflichen Stolz auf. Für den arbeitsbedingten Stolz insgesamt scheinen alle Aspekte relevant, besonders das Vorgesetztenverhalten und die Kulturvariable. Die Stärke der Zusammenhänge unterscheidet sich allerdings für die verschiedenen Quellen von Stolz. So zeigen das Vorgesetztenverhalten, die Wertschätzung im Team, das Eingehen auf individuelle Bedürfnisse („Gruppen") und die Kultur im engeren Sinne den höchsten Zusammenhang mit dem Stolz auf die Station, die Wertschätzung durch Patienten mit dem Stolz auf die Einrichtung und den Beruf. Berufsstolz – bedeutsam für die Bindung an den Beruf und möglicherweise für den langfristigen Verbleib – hängt zuallererst von der Wertschätzung durch die Patienten ab, in zweiter Linie von der wertschätzenden Unternehmenskultur im engeren Sinne, von der Wertschätzung der Pflege innerhalb der Einrichtung und von jener durch die Familie und den Bekanntenkreis. Der Stolz auf die Einrichtung hängt dagegen viel stärker von der Unternehmenskultur (incl. Stellung der Pflege) und der Wertschätzung durch die unmittelbaren Vorgesetzten (in der Regel Stationsleitung) ab.

Tabelle 26.2   Zusammenhang von Wertschätzung und Stolz (Korrelation nach Pearson)

Wertschätzung	Station	Einrichtung	Beruf	Position	Stolz gesamt
durch Vorgesetzte „Haltung"	.513**	.382**	.216**	.269**	.428**
durch Vorgesetzte „Lob"	.439**	.364**	.184**	.266**	.392**
im Team	.435**	.341**	.173**	.294**	.388**
durch Kollegen	.272**	.178**	.141**	.281**	.273**
durch Patienten	.268**	.332**	.291**	.148**	.320**
von versch. Gruppen	.440**	.366*	.192**	.254**	.391**
der Pflege	.312**	.434**	.218**	.223**	.374**
wertschätzende Kultur i.e.S.	.409**	.507**	.245**	.252**	.446**
durch Familie/Bekannte	.121*	.131**	.241**	.141**	.193**
durch Gesellschaft	.140**	.165**	.129**	.108*	.166**

N = ca. 420, ** = sehr signifikant auf 1%-Niveau, * = signifikant auf 5%-Niveau

Die Wertschätzung der Familie und von Bekannten für den Beruf sowie die gesellschaftliche Wertschätzung zeigen im Vergleich zu den organisationsbezogenen Faktoren nur geringe Zusammenhänge mit dem Stolz. Dies ist ein Hinweis darauf, dass der Einfluss der gesellschaftlichen Wertschätzung auf die Individuen nur sehr klein ist. Das, was innerhalb der Einrichtungen an Wertschätzung oder Entwertung geschieht, wiegt deutlich schwerer.

Eine weitere in ProWert bearbeitete Hypothese war, dass Stolz und Wertschätzung positiv mit Gesundheit bzw. Leistungsfähigkeit zusammenhängen. Zur Erfassung der Leistungsfähigkeit wurden Fragen zur selbst eingeschätzten derzeitigen Arbeitsfähigkeit, zur Arbeitsfähigkeit und Gesundheit, wie sie für die nächsten zwei Jahre subjektiv gesehen werden, zur Freude, mit der die Arbeit erledigt wird sowie zur Zukunftszuversicht bezüglich der ferneren Zukunft aus dem Work Ability Index (vgl. Tuomi et al. 1998) [30] eingesetzt. Die korrelativen Zusammenhänge mit Stolz und Wertschätzung zeigen signifikante Ergebnisse. **Tabelle 26.3** gibt eine Übersicht.

Die verschiedenen Formen von Stolz weisen überwiegend moderate oder geringe Effekte auf. Dabei zeigen sich sowohl Unterschiede zwischen den Variablen der Arbeitsfähigkeit als auch zwischen den Formen von Stolz. Für die derzeitige Arbeitsfähigkeit scheinen alle Formen von Stolz von Bedeutung. Die Effekte sind jedoch gering. Die zukünftige Arbeitsfähigkeit (für die nächsten zwei Jahre eingeschätzt) hängt vorwiegend mit dem Stolz auf die Station zusammen, alle anderen Zusammenhänge mit Stolz sind sehr gering und kaum von praktischer Bedeutung. Dagegen zeigt die Freude bei der Arbeit als ebenfalls emotionsbasierte Variable moderate Effekte. Besonders bemerkenswert sind der Stolz auf die Einrichtung und der Stolz auf die Station, die einen deutlichen Einfluss auf die Arbeitsfreude zu haben scheinen. Für die Zukunftszuversicht gilt Ähnliches. Hier sind die Koeffizienten etwas niedriger, weisen aber das gleiche Muster auf.

Tabelle 26.3 Korrelationen zwischen Arbeitsfähigkeit und Stolz bzw. Wertschätzung

	derzeitige Arbeitsfähigkeit	zukünftige Arbeitsfähigkeit	Freude bei Aufgabenerledigung	Zukunftszuversicht
Stolz Station	,253**	,201**	,395**	,291**
Stolz Einrichtung	,236**	,147**	,404**	,333**
Stolz Beruf	,209**	,113*	,332**	,254**
Stolz Position	,254**	,152**	,319**	,261**
WS durch Vorgesetzte „Haltung"	,255**	,237**	,377**	,306**
WS durch Vorgesetzte „Lob"	,193**	,178**	,285**	,255**
WS im Team	,209**	,301**	,361**	,277**
WS durch Kollegen	,132**	,097*	,187**	,135**
WS durch Patienten	,187**	,068	,254**	,144**
WS Gruppen	,282**	,309**	,329**	,345**
WS der Pflege	,233**	,161**	,420**	,320**
Wertschätzende Kultur i.e.S.	,253**	,192**	,446**	,340**
WS Fam/ Bek	,015	-,032	-,007	,054
WS Gesellschaft	,099*	,088	,235**	,237**

N = ca. 420, ** = sehr signifikant auf 1%-Niveau, * = signifikant auf 5%-Niveau

Bezüglich der verschiedenen Facetten der Wertschätzung zeigen sich bei den organisationsbezogenen Variablen ebenfalls überwiegend kleine und moderate Effektgrößen. Die derzeitige Arbeitsfähigkeit zeigt Zusammenhänge mit allen Wertschätzungsfacetten, besonders mit dem Vorgesetztenverhalten, der Berücksichtigung individueller Belange („Gruppen") und der Kultur im engeren Sinne. Für die zukünftige Arbeitsfähigkeit scheint ebenfalls vor allem die Berücksichtigung der individuellen Bedürfnisse sowie die Wertschätzung im Team eine wichtige Rolle zu spielen. Auffallend gering ist der Wert für die Wertschätzung durch Patienten. Im Unterschied hierzu hängt die Freude bei der Aufgabenerledigung in erster Linie von einer wertschätzenden Kultur (im engeren Sinne) ab. Wichtig ist jedoch auch die Stellung der Pflege innerhalb der Einrichtung und eine wertschätzende Haltung der direkten Vorgesetzten sowie im Team. Zudem scheint die Wertschätzung durch die Patienten für die Arbeitsfreude von Bedeutung. Auch die Zukunftszuversicht weist einen deutlichen Zusammenhang mit der Kultur (im engeren Sinne) und mit der Berücksichtigung individueller Bedürfnisse („Gruppen") auf.

Im Vergleich zu den organisationsbezogenen Variablen scheint die Wertschätzung von außen auch für Leistungsfähigkeit und Gesundheit nur von geringer Bedeutung. Die Wertschätzung durch Familie und Bekannte zeigt keinerlei signifikante Korrelation mit der Leistungsfähigkeit. Die Wertschätzung, die auf der Ebene der Gesellschaft wahrgenommen wird, bedarf einer detaillierteren Betrachtung. Ein Effekt bezüglich der aktuellen und zukünftigen Arbeitsfähigkeit besteht praktisch nicht. Für die Freude bei der Aufgabenbewältigung und die Zukunftszuversicht zeigen sich jedoch geringe Zusammenhänge. Je größer die wahrgenommene Wertschätzung aus der Gesellschaft, desto größer ist die Freude bei der Arbeit und die Zuversicht für die weitere berufliche Zukunft.

26.6 Diskussion und Ausblick

Die vorgestellten Befunde weisen auf deutliche Diskrepanzen zwischen einer idealerweise von den Pflegenden gewünschten und einer real wahrgenommenen Unternehmenskultur hin. Dies gilt für alle hier untersuchten Einrichtungen, wenn auch mit Unterschieden in der Ausprägung und in den Details. Damit in Zusammenhang stehen Arbeitsbedingungen, die per se als wenig wertschätzend erlebt werden und Entwertungsspiralen bis hin zu Sinnverlust und fehlender Perspektive in Gang gesetzt haben. Zwar stammen die Befunde nur aus wenigen Einrichtungen, so dass ihre Aussagekraft und Übertragbarkeit begrenzt ist, allerdings berichten andere Projekte aus dem Förderschwerpunkt von ähnlichen Ergebnissen zu den Arbeitsbedingungen und zur Wertschätzung der Pflege, die in anderen Einrichtungen und mit anderen Methoden zustande gekommen sind. Dadurch wird deutlich, dass es hier um eine Problematik geht, die die Berufsgruppe im Ganzen betrifft. Gleichzeitig weisen die Ergebnisse zur Unternehmenskultur darauf hin, dass die untersuchten Einrichtungen der Kranken- und Altenpflege diesbezüglich noch einigen Handlungsspielraum haben, der bisher nicht ausgeschöpft wird.

Die Entwicklung einer wertschätzenden Unternehmenskultur bietet den Einrichtungen einige Chancen. Wie die Ergebnisse zeigen, hängt sie besonders mit dem Stolz auf die Einrichtung zusammen, und mehr Stolz lässt eine stärkere Bindung an das Unternehmen und ein höheres Commitment erwarten. Angesichts der demografischen Entwicklung und des Mangels an Pflegekräften ist die Bindung von Mitarbeitenden an die Unternehmen und den Beruf unabdingbar. Hinzu kommen eine größere Arbeitsfreude und mehr Leistungsfähigkeit, die sich mit großer Wahrscheinlichkeit auch auf die Patientenzufriedenheit auswirken und das öffentliche Ansehen der Einrichtung weiter verbessern. Zudem stellt eine wertschätzende Unternehmenskultur per se und durch die zugehörige Gesundheitsförderung eine Gesundheitsressource dar und leistet einen Beitrag zum Erhalt der Arbeitsfähigkeit der Beschäftigten. Da in den untersuchten Einrichtungen ca. 50% der Befragten ein hohes Burnout-Risiko aufweisen (vgl. Hinding 2011) [7], ist dieser Aspekt von zentraler Bedeutung.

Deshalb wurden in ProWert Interventionsmaßnahmen entwickelt, die eine Veränderung der Unternehmenskultur zum Ziel haben (vgl. Hinding et al. 2011) [9]. Im Kern bestehen diese aus zwei Modulen. Modul 1 richtet sich an die oberen Führungskräfte im Pflegebereich – in der Regel die Pflegeleitung – an übergeordnete Führungskräfte der Unternehmensleitung, Personal- oder Betriebsräte und interessierte Pflegekräfte. Das Ziel besteht in der Sensibilisierung für die Bedeutung einer wertschätzenden Unternehmensführung und die Zusammenhänge zwischen Wertschätzung und Leistungsfähigkeit sowie in der gemeinsamen Identifizierung von Handlungsfeldern anhand der Untersuchungsergebnisse aus der Einrichtung. Ergebnis ist ein Maßnahmenkatalog zur Optimierung einer Wertschätzungskultur bzw. Minderung von Entwertung auf Organisationsebene.

Modul 2 wendet sich an die Stationsleitungen und ihre Stellvertretungen, da diese sich als die Schlüsselpersonen für die Wertschätzung auf den Stationen und in den Abteilungen erwiesen haben. Sie sind es auch, die eine wertschätzende Kultur dort umsetzen müssen. Deshalb wurde ein eintägiger Workshop konzipiert, in dem die wertschätzungsbezogenen Themen aufgegriffen werden, die sich aufgrund der durchgeführten Befragungen als wichtig erwiesen haben. Hierzu liegen bereits erste Evaluationsergebnisse vor, die auf eine positive Resonanz und eine gesteigerte Sensibilität im Hinblick auf wertschätzende Führung hinweisen (vgl. Kopp 2011) [15].

Literatur

[1] Cernavin, O. (2007): Wertschätzung als Produktivitätsfaktor, in: Streich, D. / Wahl, D.: Innovationsfähigkeit in einer modernen Arbeitswelt, 1. Aufl., Frankfurt am Main.
[2] Frese, M. (1990): Arbeit und Emotion. Ein Essay, in: Frei, F./Udris, I. (Hrsg.): Das Bild der Arbeit, 1. Aufl., Bern.
[3] Gouthier, M. H. J. (2006): Produzentenstolz von Dienstleistern als positive Arbeitsemotion, in: Ringlstetter, M./Kaiser, S./Müller-Seitz, G. (Hrsg.): Positives Management. Zentrale Konzepte und Ideen des Positive Organizational Scholarship, 1. Aufl., Wiesbaden, S. 91-113.
[4] Gouthier, M. H. J. (2007): Mitarbeiterstolz und Service Excellence, in: Gouthier, M. H. J./Coenen, C./Schulze, H. S./Wegmann, C. (Hrsg.): Service Excellence als Impulsgeber. Strategien – Management – Innovationen – Branche. Festschrift zum 60. Geburtstag von Prof. Dr. Bernd Stauss, Wiesbaden, S 283-397.
[5] Gouthier, M. H. J. (2008): Mitarbeiterstolz im Call Center – Eine theoretisch-konzeptionelle Betrachtung auf Basis der Affective Events Theory AET, in: Benkenstein, M. (Hrsg.): Neue Herausforderungen an das Dienstleistungsmarketing, 1. Aufl., Wiesbaden, S. 145-159.
[6] Hasselhorn, H. M. (2005): The health of nursing personnel in the hospital, in: Krankenpflege, 43, S. 173-175.
[7] Hinding, B. (2011): STOLZ PFLEGEN, in: STOLZ PFLEGEN. Veranstaltung des Projekts „ProWert", Bielefeld.
[8] Hinding, B./Spanowski, M. A./Kastner, M. (2010): Wertschätzung und Stolz in Dienstleistungsberufen, in: Kastner, M. (Hrsg.): Leistungs- und Gesundheitsmanagement – psychische Belastung und Altern, inhaltliche und ökonomische Evaluation. Tagungsband zum 8. Dortmunder Personalforum, Lengerich, S. 186-200.
[9] Hinding, B./Spanowski, M. (2011): Das Pro-Wert-Interventionskonzept und seine Wirkung, in: Treffen der BMBF-Pflegeprojekte, Aachen.
[10] Jaeggi, E./Faas, A./Mruck, K. (1998): Denkverbote gibt es nicht. Vorschlag zur interpretativen Auswertung kommunikativ gewonnener Daten: Forschungsbericht aus der Abteilung Psychologie im Institut für Sozialwissenschaften der Technischen Universität Berlin, Nr. 98-2, Berlin.
[11] Kastner, M. (2007): Vertrauensfehlerlerninnovationsgesundheitskultur zur Förderung von Kultursynergien und Meidung von Kulturkonflikten, in: Kastner, M./ Neumann-Held, E. M./Reick, C. (Hrsg.): Kultursynergien oder Kulturkonflikte, 1. Aufl., Lengerich, S. 182-210.
[12] Kastner, M. (2010): Führung und Gesundheit im Kontext eines ganzheitlichen, integrativen, nachhaltigen und systemverträglichen Leistungs- und Gesundheitsmanagements, in: Kastner, M. (Hrsg.): Leistungs- und Gesundheitsmanagement – psychische Belastung und Altern, inhaltliche und ökonomische Evaluation, 1. Aufl., Lengerich, S. 82-134.
[13] Katzenbach, J. R. (2003): Why Pride Matters More Than Money: The Power of the World's Greatest Motivational Force, 1. Aufl., New York.
[14] Kuhnert, P./Akca, S./Kastner, M. (2010): Gesund pflegen unter Zeitnot und fehlender Anerkennung? – Wertschätzungsaspekte des Gesundheitsmanagements in der Krankenpflege, in: Kastner M. (Hrsg.): Leistungs- und Gesundheitsmanagement – psychische Belastung und Altern, inhaltliche und ökonomische Evaluation. Tagungsband zum 8. Dortmunder Personalforum, Lengerich, S. 151-185.
[15] Kopp, K. (2011): Formative Evaluation eines Trainingsprogrammes zur Förderung von Wertschätzung im Krankenhaus, Bachelorarbeit, Technische Universität Dortmund.
[16] Lazarus, R. S. (1991): Emotions and adaption, 1. Aufl., Oxford.
[17] Lazarus, R. S. (1999): Stress and Emotion. A New Synthesis, 1. Aufl., New York.
[18] Maslow, A. (1968): Toward a psychology of being, 1. Aufl., New York.
[19] McClelland, D. C. (1987): Human Motivation, 1. Aufl., Cambridge.
[20] Naegele, G. (2007): Demographischer Wandel und Arbeitswelt – unter besonderer Berücksichtigung der Situation in der Pflege, Proceedings der Fachtagung „Älter werden und gesund bleiben im Pflegeberuf", Eching.

[21] Rimann, M./Udris, I. (1997): Subjektive Arbeitsanalyse: Der Fragebogen SALSA, in Strohm, O./Ulich, E. (Hrsg.): Unternehmen arbeitspsychologisch bewerten. Ein Mehr-Ebenen-Ansatz unter besonderer Berücksichtigung von Mensch, Technik und Organisation, 1. Aufl., Zürich, S. 281-298.

[22] Robitaille, D./Whelchel, C. (2005): Take PRIDE in Your Clinical Ladder, in: Nursing Management, Vol. 36, 1, S. 16.

[23] Rogers, C. R. (1979): Entwicklung der Persönlichkeit. Psychotherapie aus der Sicht eines Therapeuten, 1. Aufl., Stuttgart.

[24] Rogers, C. R. (1982): Die Kraft des Guten. Appell zur Selbstverwirklichung, 1. Aufl., München.

[25] Sackmann, S. (2010): Wertschätzende Führung für eine neue Unternehmenskultur, URL: www.inqa.de/Inqa/Redaktion/Zentralredaktion/PDF/Veranstaltungen/2007/Know-How-Kongress/ws2-sackmann,property=pdf,bereich=inqa,sprache=de,rwb=true.pdf [Stand 17. November 2011].

[26] Schaarschmidt, U./Fischer, A. (2003): AVEM – Arbeitsbezogenes Verhaltens- und Erlebensmuster. Handanweisung, 2. Aufl., Frankfurt am Main.

[27] Schein, E. (1995): Unternehmenskultur. Ein Handbuch für Führungskräfte, 1. Aufl., Frankfurt am Main.

[28] Semmer, N. K./Jacobshagen, N./Meier, L. L. (2006): Arbeit und (mangelnde) Wertschätzung, in: Wirtschaftspsychologie, Vol. 2, 3, S. 87-95.

[29] Tracy, J. L./Robins, R. W. (2004): Emerging Insights Into the Nature and Function of Pride, in: Current Directions in Psychological Science, Vol. 16, 3, S. 147-150.

[30] Tuomi, K./Illmarinen, J./Jahkola, A./Katajarinne, L./Tulkki, A. (1998): Work Ability Index. Finnish Institute of Occupational Health, K- Print Oy Vantaa, Finland.

[31] Udris, I./Rimann, M. (1999): SAA und SALSA: zwei Fragebogen zur subjektiven Arbeitsanalyse., in: Dunckel, H. (Hrsg.): Handbuch psychologischer Arbeitsanalyseverfahren. Ein praxisorientierter Überblick, 1. Aufl., Zürich, S. 397-419.

[32] Weiss, H. M./Cropanzano, R. (1996): Affective Events Theory: A Theoretical Discussion of the Structure, Causes and Consequences of Affective Experiences at Work, in: Research in Organizational Behavior, Vol. 18, S. 1-74.

[33] Zühlke-Robinet, K./Bootz, I. (2009): „Dienstleistungsfacharbeit" als Leitbild für Dienstleistungsarbeit – der BMBF-Förderschwerpunkt „Dienstleistungsqualität durch professionelle Arbeit" im Überblick, in: Brötz, R./Schapfel-Kaiser, F. (Hrsg.): Anforderungen an kaufmännisch-betriebswirtschaftliche Berufe. Aus berufspädagogischer und soziologischer Sicht, 1. Aufl., Bielefeld, S.171-187.

27 Emotionsarbeit, Wertschätzung und Stolz in Einzelhandel und Pflege

Andrea Fischbach, Catharina Decker, Philipp W. Lichtenthaler

27.1	Einleitung	527
27.2	Serviceanforderungen	528
27.3	Serviceressourcen	528
27.4	Stolz, Arbeitsengagement und Arbeitszufriedenheit	530
27.5	Methode	530
27.5.1	Stichprobe	530
27.5.2	Datenanalyse	531
27.5.3	Messinstrumente	531
27.6	Ergebnisse	533
27.7	Fazit und Schlussfolgerungen für die Praxis	535
Literatur		537

Univ.-Prof. Dr. Andrea Fischbach, Deutsche Hochschule der Polizei

Dipl.-Psych. Catharina Decker, Deutsche Hochschule der Polizei

Dipl.-Psych. Philipp W. Lichtenthaler, Deutsche Hochschule der Polizei

27.1 Einleitung

Was haben Schuhverkäufer und Krankenschwestern gemeinsam? Was können Altenpfleger und Buchhändler voneinander lernen? Geht man diesen Fragen nach, ergeben sich interessante Perspektiven: Buchhändler und Schuhverkäufer lassen sich dem Einzelhandel zuordnen, das heißt, sie führen Verkaufsgespräche und beraten Kunden. Altenpfleger und Krankenschwestern sind dem Pflegesektor zugeordnet, das heißt sie versorgen und beraten Patienten. Bei beiden Branchen steht jedoch der Mensch im Mittelpunkt. Er wird beraten, wird versorgt und er kauft ein – als Kunde oder als Patient (im Folgenden wird der Begriff „Klient" verwendet, wenn von beiden Berufsgruppen gesprochen wird). Das Verhältnis, in dem Klienten und Dienstleistungsarbeiter stehen, wird als Dienstleistungsbeziehung bezeichnet. Dienstleistungen zeichnen sich im Allgemeinen durch das Zusammenspiel von Dienstleistungsunternehmen, Dienstleistungsmitarbeitern und Klienten aus (vgl. Nerdinger 1994) [22]. Insbesondere der Kontakt zwischen Dienstleistungsarbeitern und Klienten, also die Dienstleistungsinteraktion, ist mitentscheidend dafür, ob der Klient zufrieden mit der Dienstleistungsqualität ist, ob er dem Dienstleistungsunternehmen vertraut und ob er solch eine Dienstleistung erneut in Anspruch nehmen würde (vgl. Scherp 2009) [29]. Diese Thematik steht auch im Mittelpunkt des BMBF-, ESF- und EU-geförderten Verbundprojektes „Berufe im Schatten". Mit dem folgenden Bericht wird ein Einblick in die Projektergebnisse einer Untersuchung an Auszubildenden im Einzelhandel und in der Pflege gegeben.

Arbeitspsychologen beschreiben Arbeitsaufgaben anhand verschiedener, vom beruflichen Kontext unabhängiger Charakteristika. So ist der Arbeitsauftrag die Voraussetzung und Zielstellung einer Arbeitsaufgabe. Der Arbeitsauftrag bestimmt, welche Anforderungen an den Mitarbeiter gestellt werden. Verschiedene Arbeitsbedingungen bestimmen, unter welchen Umständen ein Arbeitsauftrag durchgeführt werden kann. In der Auseinandersetzung des Mitarbeiters mit Arbeitsanforderungen und Arbeitsbedingungen entsteht letztendlich das Arbeitsergebnis (vgl. Kistler/Fuchs 2004) [20]. Beispielsweise erhält ein Schuhverkäufer den Auftrag, ein Verkaufsgespräch zu führen. Zentrale Arbeitsanforderungen sind dabei, dass der Verkäufer freundlich und über das Schuhsortiment informiert sein muss. Als mögliche Arbeitsbedingungen sind die Wünsche des Kunden, aber auch der Zeitdruck unter dem der Schuhverkäufer den Kunden bedient, vorstellbar. Je nachdem wie freundlich und kompetent der Verkäufer auf die Wünsche des Kunden eingeht, werden der Kunde und der Verkäufer mit dem Arbeitsergebnis „Schuhe verkauft" zufrieden sein. Bakker und Demerouti (2006) [2] fassen ähnliche Überlegungen im Job Demands-Resources Modell zusammen. Ausgangspunkt des Job Demands-Resources Modells ist die Annahme, dass Arbeitsanforderungen und förderliche Arbeitsbedingungen (Job-Ressourcen) einen Einfluss auf das Beanspruchungserleben von Mitarbeitern haben. Die Arbeitsanforderungen an einen Mitarbeiter setzen sich aus kognitiven, emotionalen und physischen Anforderungen zusammen. Förderliche Arbeitsbedingungen können sehr unterschiedliche Ursprünge haben, z. B. das Erhalten von Rückmeldungen, soziale Unterstützung oder auch Handlungs- und Entscheidungsspielraum am Arbeitsplatz. Beanspruchungserleben kann sich dabei als Mangel an Energie oder auch in Form von Gesundheitsbeschwerden äußern (vgl. Bakker/Demerouti 2006) [2].

Ziel dieser Untersuchung ist es zum einen Serviceanforderungen und -ressourcen im Einzelhandel und im Pflegesektor zu quantifizieren und Gemeinsamkeiten und Unterschiede zwischen diesen beiden Branchen herauszuarbeiten. Zum anderen werden die Auswirkungen von Serviceanforderungen und -ressourcen auf das Wohlbefinden der Dienstleistungsarbeiter betrachtet. Folgt man dem Job Demands-Resources Modell, so sollten sich Serviceanforderungen und Serviceressourcen auf das Wohlbefinden der Dienstleistungsarbeiter auswirken.

27.2 Serviceanforderungen

Ein typisches Merkmal der Dienstleistungsarbeit ist die Arbeitsanforderung, bestimmte Emotionen zu zeigen, während andere Emotionen unterdrückt werden sollten (vgl. Fischbach 2003; Hochschild 1983; Zapf et al. 2003) [9], [17], [42]. Im Allgemeinen wird bei der sogenannten Emotionsarbeit von Dienstleistungsarbeitern verlangt, sich Klienten gegenüber höflich, freundlich und auf keinen Fall abweisend oder desinteressiert zu verhalten. Diese impliziten oder expliziten Unternehmensregeln werden als emotional display rules bezeichnet (vgl. Ekman 1973; Zapf/Holz 2006) [8], [41]. Um den Anforderungen der display rules nachzukommen, müssen eigene Gefühle, die diesen Regeln nicht entsprechen, reguliert werden. Hochschild (1983) [17] erklärt den Begriff der Emotionsarbeit am Beispiel von Flugbegleitern, die, mit Anforderung nach außen immer freundlich zu sein, ihre tatsächlich empfundenen Gefühle entweder maskieren oder den Erfordernissen anpassen müssen. Wird Emotionsarbeit erfolgreich geleistet, d. h. hat der Dienstleistungsarbeiter in der Interaktion mit dem Klienten seine eigenen Gefühle entsprechend reguliert, so beeinflusst dies sowohl die vom Klienten wahrgenommene Dienstleistungsqualität als auch das Wohlbefinden des Mitarbeiters (vgl. Grandey 2003; Holman et al. 2009; Zapf 2002) [13], [18], [40]. Geben die organisationalen Regeln vor, Gefühle in der Interaktion mit Klienten zu zeigen, die den aktuellen Emotionen des Dienstleistungsarbeiters nicht entsprechen, liegt die sogenannte emotion-rule Dissonanz vor (vgl. Holman et al. 2009, S. 331ff.) [18]. Erleben Dienstleistungsarbeiter häufig in Dienstleistungsinteraktionen eine solche Diskrepanz zwischen display rules und ihren eigenen Emotionen, wirkt sich dies auf lange Sicht negativ auf die Gesundheit, Wohlbefinden und Leistungsfähigkeit des Dienstleistungsarbeiters aus. Eine Vielzahl von Forschungsbefunden zeigen, dass emotionale Dissonanz mit Burnout zusammenhängt (vgl. Brotheridge/Grandey 2002; Hochschild 1983; Zapf 2002; Zapf/Holz 2006; Zapf et al. 2000) [3], [17], [40], [41], [43] und sich negativ auf die gezeigte Dienstleistungsqualität auswirken kann (vgl. Grandey et al. 2005; Groth et al. 2009) [14], [15]. Je mehr Zeit ein Dienstleistungsarbeiter in Interaktionen mit Klienten verbringt, umso höher sind auch die emotionalen Anforderungen (vgl. Zapf et al. 2000) [44].

27.3 Serviceressourcen

Tätigkeiten mit Klientenkontakt sind oft durch eine geringe Standardisierung der Serviceinteraktion gekennzeichnet; kein Klientengespräch verläuft wie das andere. Somit besteht für Dienstleistungsarbeiter weniger Raum für die Entwicklung von Routine und Sicherheit als für Mitarbeiter anderer Branchen. Deswegen spielen Ressourcen gerade im Dienstleistungsbereich eine große Rolle. Ressourcen lassen sich im Arbeitskontext in organisationale, personale und soziale Ressourcen unterscheiden (vgl. Warr 1996, S. 224ff.) [36].

Organisationale Ressource: Klientenorientierter Handlungsspielraum

Eine der wichtigsten organisationalen Serviceressourcen ist der klientenorientierte Handlungsspielraum, den ein Mitarbeiter hat. Unter klientenorientiertem Handlungsspielraum werden die „Möglichkeiten, selbst über die eigenen Ziele und Handlungen i. S. des Kunden zu entscheiden" (Dormann et al. 2003, S. 197) [7], verstanden. Dienstleistungsarbeiter stehen immer wieder vor dem sogenannten „Two Bosses-Dilemma" (vgl. Büttgen/Volz 2011; Nerdinger 2001) [5], [23]. Das heißt, sie müssen sich sowohl entsprechend der Unternehmensvorgaben als auch entsprechend der Klientenwünsche verhalten, was teilweise schwer vereinbar ist. Je größer dabei der klientenorientierte Handlungsspielraum für den Mitarbeiter ist, umso weniger fühlt sich der Mitarbeiter dem Two Bosses-Dilemma ausgesetzt (vgl. Singh et al. 1996, S. 69ff.) [31].

Personale Ressource: Serviceverhalten

Dienstleistungsarbeiter können daneben selbst über personale Ressourcen verfügen, mit denen sie sich auch in unvorhergesehenen Serviceinteraktionen professionell verhalten können. Zu diesen personalen Ressourcen zählt auch, wie sich Dienstleistungsarbeiter Klienten gegenüber verhalten und zwar in den Bereichen adaptiver Service, interpersonale Emotionsregulation und proaktives Serviceverhalten. Adaptiver Service beschreibt die Fähigkeit, individuelle Bedürfnisse der Klienten zu erkennen und darauf individuell zu reagieren (vgl. Robinson et al. 2002, S. 111ff.) [26]. Interpersonale Emotionsregulation bezieht sich auf die Fähigkeit des Dienstleistungsmitarbeiters auf die Emotionen des Klienten Einfluss nehmen zu können (vgl. Hacker 2005) [16]. So kann ein Mitarbeiter mit guten Fähigkeiten zur interpersonalen Emotionsregulation z. B. einen unzufriedenen Klienten beschwichtigen und damit dessen Stimmung verbessern. Proaktives Serviceverhalten beschreibt die Fähigkeit des Dienstleistungsmitarbeiters ein eigeninitiatives, langfristig orientiertes Serviceverhalten, welches die geforderte Leistung übertrifft, zu zeigen (vgl. Rank et al. 2007, S. 363ff.) [25].

Soziale Ressource: Wertschätzung durch Klienten

Im täglichen Umgang mit Klienten ist Wertschätzung eine der wichtigsten sozialen Ressourcen für Dienstleistungsarbeiter und kann definiert werden als „die positive Bewertung einer oder mehrerer Eigenschaften, Verhaltensweisen oder Arbeitsergebnisse einer Person" (Decker/Fischbach 2010, S. 237) [6]. Wertschätzung stellt somit eine Form des positiven Feedbacks dar, womit der Klient dem Mitarbeiter signalisiert, dass dieser seiner Arbeitsaufgabe und den zugehörigen Anforderungen gut nachgekommen ist. Dies wiederum löst einen Lernprozess beim Mitarbeiter aus, erhöht dessen Selbstwertgefühl und festigt positives Serviceverhalten (vgl. Semmer/Jacobshagen 2003, S. 131ff.) [30]. Der Klient drückt damit gleichzeitig aber auch seine eigenen positiven Emotionen gegenüber dem Mitarbeiter aus und kann so den Mitarbeiter mittels emotionaler Ansteckung in eine positive Stimmung versetzen (vgl. Zimmermann et al. 2011) [46]. Diese positive Stimmung ermöglicht es dem

Mitarbeiter seine eigenen Emotionen einfacher zu regulieren (vgl. Warr 2007) [37]. Wertschätzung von Klienten löst beispielsweise Stolzerleben beim Dienstleistungsarbeiter aus (vgl. Fischbach/Decker 2011) [10]. Somit hat erlebte Wertschätzung eine stresspuffernde und gesundheitsförderliche Funktion (vgl. Stocker et al. 2010, S. 117ff.) [32].

27.4 Stolz, Arbeitsengagement und Arbeitszufriedenheit

Als Wohlbefindensindikatoren der Dienstleistungsarbeiter haben wir in dieser Studie drei Konstrukte gewählt: Stolz, Arbeitsengagement und Arbeitszufriedenheit. Stolz kann als die Freude über eine Handlung bzw. einen Gedanken oder das Gefühl etwas gut gemacht zu haben, definiert werden (vgl. Lewis 2000) [21]. Im Arbeitskontext wird in diesem Zusammenhang auch vom sogenannten Produzentenstolz gesprochen. Produzentenstolz kann als „ex post-Größe, die auf einen wahrgenommenen Erfolg der eigenen Arbeitsleistungen der Leistung des Teams, der Leistung der Organisationseinheit und/oder der Leistung der eigenen Organisationseinheit beruht", verstanden werden (Gouthier 2006, S. 61ff.) [12]. Stolz zählt zu den wichtigsten Emotionen von Dienstleistungsarbeitern in Serviceinteraktionen (vgl. Verbeke et al. 2004, S. 386ff.) [35]. Stolzerleben bei der Arbeit motiviert zu Hilfeleistungen gegenüber Kollegen und Kunden (vgl. Wegge/Neuhaus 2002) [38] und erklärt auch die emotionale Bindung an das Unternehmen (vgl. Fisher 2002) [11]. Zudem hat das Erleben von Stolz einen positiven Einfluss auf die Ausdauer, mit der Aufgaben bearbeitet werden (vgl. Williams/Desteno 2008) [39]. Arbeitsengagement stellt eine weitere wichtige Komponente des Wohlbefindens von Dienstleistungsarbeitern dar und kann als Zusammenwirken von Hingabe, Vitalität und Verausgabung verstanden werden (vgl. Schaufeli et al. 2002, S. 71ff.) [27]. Hingabe bezieht sich auf das Gefühl der Sinnhaftigkeit und Herausforderung; Vitalität bedeutet, dass sich eine Person voller Energie und Ausdauer fühlt; und Verausgabung beschreibt die Intensität, mit der sich eine Person auf ihre Arbeit konzentrieren und fixieren kann. Dies zeigt sich beispielsweise im Arbeitsengagement von Studenten, welches deren späteren akademischen Erfolg voraussagt (vgl. Schaufeli et al. 2006) [28]. Aber auch Gesundheitsindikatoren, wie die Anzahl Krankentage oder die Erholung in der Freizeit, werden durch das erlebte Arbeitsengagement einer Person positiv beeinflusst (vgl. Scherp 2009) [29]. Arbeitszufriedenheit entsteht als Ergebnis eines Ist-Soll-Vergleichs (vgl. Bruggemann et al. 1975) [4] und impliziert damit sowohl kognitive als auch motivationale und emotionale Aspekte des Arbeitserlebens (vgl. Temme/Tränkle 1996, S. 275ff.) [33].

27.5 Methode

27.5.1 Stichprobe

Um Serviceanforderungen, Serviceressourcen sowie das Wohlbefinden von Dienstleistungsarbeitern im Einzelhandel und in der Pflege zu untersuchen, wurde eine Befragung bei Auszubildenden des Einzelhandels sowie der Alten- und Krankenpflege durchgeführt. An der Studie nahmen insgesamt 639 Auszubildende aus acht Berufsschulen teil. Die Erhebung fand im Sommer 2009 statt.

Handelsschüler

Die Stichprobe der Handelsschüler setzte sich aus 256 Auszubildenden aus einer Schule für Handelsberufe zusammen. Die 121 Schülerinnen und 131 Schüler waren im Durchschnitt 23 Jahre alt (Minimum 17 Jahre, Maximum 34 Jahre). Davon waren 54% im ersten, 34% im zweiten und 12% im dritten Ausbildungsjahr. Von den Handelsschülern hatten 14% Abitur, 54% einen Realschul- und 30% einen Hauptschulabschluss. Der überwiegende Teil der Handelsschüler (85%) machte eine betriebliche Ausbildung. In Ausbildungsbetrieben mit bis zu 50 Personen arbeiteten 75% und in Ausbildungsbetrieben mit mehr als 50 Mitarbeitern arbeiteten 15% der Handelsschüler. Ein Kundenkontakt dauert bei den Handelsschülern im Mittel fünf bis zehn Minuten.

Pflegeschüler

Die Stichprobe der Pflegeschüler setzte sich aus 383 Altenpflege- und Krankenpflegeschülern aus sieben Schulen für Gesundheitsberufe zusammen. Die 320 Schülerinnen und 64 Schüler waren im Durchschnitt 25 Jahre alt (Minimum 17 Jahre, Maximum 55 Jahre). Davon waren 26% im ersten, 36% im zweiten und 38% im dritten Ausbildungsjahr. Von den Pflegeschülern hatten 55% Abitur, 37% einen Realschul- und 8% einen Hauptschulabschluss. Der überwiegende Teil der Pflegeschüler (88%) machte eine betriebliche Ausbildung. In Ausbildungsbetrieben mit bis zu 50 Personen arbeiteten 11% und in Ausbildungsbetrieben mit mehr als 50 Mitarbeitern arbeiteten 89% der Pflegeschüler. Ein Kundenkontakt dauert bei den Pflegeschülern im Mittel zehn bis fünfzehn Minuten.

27.5.2 Datenanalyse

Die erhobenen Skalen wurden mittels deskriptiver Maße (Mittelwert M, Standardabweichung SD, Interne Konsistenz α) ausgewertet. Bei der Prüfung auf eine Normalverteilung der Daten ergab sich, dass keine der Skalen normalverteilt war. Zur Testung von Mittelwertsunterschieden zwischen der Stichprobe der Handels- und der Pflegeschüler wurde darum der Kolmogorov-Smirnov-Test herangezogen (Prüfgröße: Extremste Differenzen). Weiterhin wurden die Skalenkorrelationen berechnet s. **Fehler! Verweisquelle konnte nicht gefunden werden.**.

27.5.3 Messinstrumente

Serviceanforderungen

Emotionen bei der Arbeit Die Skala „Emotionen bei der Arbeit" setzt sich aus verschiedenen globalen Items zusammen, die den Ausdruck bestimmter Emotionen im Arbeitskontext beschreiben (Eigenentwicklung im Projekt „Berufe im Schatten"). Drei Items erfassen die gefühlten Emotionen am Arbeitsplatz („Beim Umgang mit Klienten fühle ich positive Emotionen."; „Beim Umgang mit Klienten fühle ich negative Emotionen."; „Beim Umgang mit Klienten fühle ich neutrale/keine Emotionen."). Zudem werden die ausgedrückten Emotionen am Arbeitsplatz mit drei Items erfasst („Beim Umgang mit Klienten zeige ich positive Emotionen."; „Beim Umgang mit Klienten zeige ich negative Emotionen."; „Beim Umgang mit Klienten zeige ich neutrale/keine Emotionen."). Die Skala wurde mit einem fünfstufigen Antwortformat, von (1) „sehr selten/nie" bis (5) „sehr oft (mehrmals pro Stunde)", beantwortet.

Emotion-rule Dissonanz wurde mit vier Items der Frankfurt Emotion Work Scale (FEWS, vgl. Zapf et al. 2000) [43] erfasst. Die Skala misst die Anforderung an Dienstleistungsmitarbeiter, Klienten gegenüber andere Emotionen zu zeigen, als sie tatsächlich empfunden werden (z. B. „Wie häufig kommt es vor, dass man an Ihrem Arbeitsplatz Gefühle unterdrücken muss, um nach außen hin ‚neutral' zu erscheinen?"; α = .82). Die Skala wurde mit einem fünfstufigen Antwortformat, von (1) „sehr selten/nie" bis (5) „sehr oft (mehrmals pro Stunde)", beantwortet.

Organisationale Serviceessourcen

Klientenorientierter Handlungsspielraum Mit vier Items der Skala zur Erfassung des klientenorientierten Handlungsspielraums (vgl. Dormann et al. 2003) [7] wurde der Spielraum des Dienstleistungsmitarbeiters in Kundeninteraktionen, um eigene Entscheidungen im Sinne des Kunden zu treffen, erhoben (z. B. „Bei meiner Arbeit habe ich die Möglichkeit, individuell auf die Klientenwünsche eingehen zu können."; α = 77). Die Skala wurde mit einem fünfstufigen Antwortformat, von (1) „stimme nicht zu" bis (5) „stimme zu", beantwortet.

Personale Serviceressourcen

Adaptiver Service wurde mit sechs, teils an (vgl. Robinson et al. 2002, S. 111ff.) [26] angelehnten und teils neu entwickelten Items, erfasst. Adaptiver Service misst dabei, wie gut Servicemitarbeiter die Anliegen unterschiedlicher Klienten erkennen und darauf eingehen können (z. B. „Jeder unserer Klienten ist anders."; α = .73). Die Skala wurde mit einem fünfstufigen Antwortformat, von (1) „stimme nicht zu" bis (5) „stimme zu", beantwortet.

Interpersonale Emotionsregulation Mit der an Robinson et al. (2002) [26] sowie Parkinson und Totterdell (1999) [33] angelehnten, für diese Untersuchung neu entwickelten Skala „Interpersonale Emotionsregulation" wurde erfasst, inwieweit Dienstleister die Emotionen von Klienten gezielt verändern (z. B. „Ich lächle meinen Klienten an, um ihn in eine positive Stimmung zu versetzen"; α = .82). Die Skala wurde mit einem fünfstufigen Antwortformat, von (1) „sehr selten/nie" bis (5) „sehr oft (mehrmals pro Stunde)", beantwortet.

Proaktives Serviceverhalten Mit der an Rank et al. (2007) [25] angelehnten und für diese Untersuchung neu entwickelten Skala „Proaktives Serviceverhalten" wurde Serviceverhalten als eigeninitiatives und langfristig anhaltendes Serviceverhalten, das über die explizit geforderte Leistung hinaus geht, mit sechs Items erfasst (z. B. „Ich stelle sicher, dass die Klientenwünsche erfüllt werden."; α = .76). Die Skala wurde mit einem fünfstufigen Antwortformat, von (1) „stimme nicht zu" bis (5) „stimme zu", beantwortet.

Soziale Serviceressourcen

Wertschätzung durch Klienten Mit fünf Items der Skala „Wertschätzung durch Kunden" (vgl. Stocker et al. 2010) [32]sowie einem zusätzlichen Item („Meine Klienten würdigen meine Bemühungen um ihre Anliegen.") von Zimmermann und Dormann (2009) [45] wurde die Wertschätzung, die Dienstleister von ihren Klienten erfahren, erfasst (α = .77). Die Skala wurde mit einem fünfstufigen Antwortformat, von (1) „trifft gar nicht zu" bis (5) „trifft vollständig zu", beantwortet.

Wohlbefinden

Authentischer Stolz Mit den sieben Items von Tracy und Robins (2007) [34] zur Erfassung von authentischem Stolz (z. B. „Ich habe das Gefühl, erfolgreich zu sein.") wurde Stolz als Wahrnehmung einer spezifischen Leistung, die mit einem Gefühl von Selbstwert begleitet wird, erhoben (α = .88). Die Items wurden mit einem fünfstufigen Antwortformat, von (1) „stimme nicht zu" bis (5) „stimme zu", beantwortet.

Arbeitsengagement Die neun Items der Utrecht Work Engagement Scales (UWES; vgl. Schaufeli et al. 2002) [27] wurden zur Erfassung des Arbeitsengagements herangezogen (α = .95). Die Items (z. B. „Ich gehe völlig in meiner Arbeit auf.") wurden mit einem siebenstufigen Antwortformat von (1) „nie" bis (5) „immer (täglich)" beantwortet.

Arbeitszufriedenheit Anhand eines globalen Items („Wie zufrieden sind Sie im Allgemeinen mit Ihrer Arbeit?") wurde die Allgemeine Arbeitszufriedenheit erfasst (vgl. Baillod/Semmer 1994; Kälin et al. 2000) [1], [19]. Die Frage wurde mit einem siebenstufigen Antwortformat, von (1) „außerordentlich unzufrieden" bis (7) „außerordentlich zufrieden", beantwortet

27.6 Ergebnisse

Die Ergebnisse zu den beiden Stichproben (Handelsschüler und Pflegeschüler) sind in **Tabelle 27.1**. Es zeigt sich, dass die Handelsschüler signifikant weniger positive, mehr negative und mehr neutrale Emotionen fühlen als die Pflegeschüler. Gleichzeitig zeigen die Handelsschüler auch signifikant mehr neutrale Emotionen als die Pflegeschüler. Für beide Gruppen gilt jedoch, dass sie mehr positive Emotionen zeigen als sie fühlen und dass sie mehr negative Emotionen fühlen als sie zeigen. Beide Gruppen berichten zudem über eine mittlere Ausprägung der emotion-rule Dissonanz. Diese wird von den Handelsschülern jedoch signifikant höher eingeschätzt als von den Pflegeschülern. Es zeigt sich weiterhin, dass die Handelsschüler über einen signifikant geringeren klientenorientierten Handlungsspielraum verfügen als die Pflegeschüler. Handelsschüler weisen eine signifikant geringere Ausprägung im adaptiven Service und im proaktiven Serviceverhalten und eine signifikant höhere Ausprägung der interpersonalen Emotionsregulation auf als Pflegeschüler. Weiterhin berichten die Handelsschüler über signifikant weniger Wertschätzung von Klienten, signifikant weniger Stolz, ein signifikant geringeres Arbeitsengagement und eine signifikant geringere allgemeine Arbeitszufriedenheit als die Pflegeschüler.

Tabelle 27.1 Mittelwerte, Standardabweichungen, Extremste Differenzen sowie Korrelationen der untersuchten Skalen bei Handelsschülern und Pflegeschülern

	Handels-schüler		Pflege-schüler		Extrem-ste Differ-enzen	1	2	3	4	5	6	7	8	9	10	11	12	13	14	15
	M	SD	M	SD																
Serviceanforderungen																				
1. Gefühlte positive Emotionen	3,70	,92	4,08	,67	,18**		-,19**	-,26**	,51**	-,15**	-,23**	-,15**	,13*	,33**	,35**	,24**	,21**	,40**	,44**	,29**
2. Gefühlte negative Emotionen	2,91	1,15	2,60	,89	,17**	-,16*		,28**	-,19**	,43**	,19**	,27**	-,12*	-,16**	-,06	-,16**	-,10	-,20**	-,18**	-,17**
3. Gefühlte neutrale/keine Emotionen	3,12	1,26	2,41	,97	,28**	-,06	,34**		-,15**	,16**	,66**	,09	,09	-,03	-,11*	-,02	,02	-,10*	-,16**	-,10
4. Gezeigte positive Emotionen	4,10	1,00	4,29	,63	,10	,47**	-,13*	-,08		-,19**	-,14**	-,15**	,11*	,30**	,37**	,16**	,22**	,35**	,39**	,30**
5. Gezeigte negative Emotionen	2,05	1,15	1,92	,84	,10	-,28**	,28**	,16*	-,23**		,24**	,19**	-,03	-,14**	-,18**	-,11*	-,05	-,14**	-,17**	-,16**
6. Gezeigte neutrale/keine Emotionen	2,99	1,23	2,38	,92	,27**	-,05	,33**	,57**	-,04	,33**		,15**	-,02	-,11*	-,13*	-,07	-,05	-,15**	-,21**	-,16**
7. Emotional-rule dissonanz	3,09	1,00	2,56	,87	,24*	-,08	,36**	,22**	,06	,16*	,32**		-,13*	-,16**	-,00	-,08	-,16**	-,23**	-,22**	-,21**
Serviceressourcen																				
8. Klientenorient. Handlungsspielraum	3,74	,79	3,97	,52	,23**	,39**	-,07	,01	,22**	-,34**	-,13*	-,15*		,34**	,03	,34**	,18**	,31**	,26**	,35**
9. Adaptiver Service	4,01	,54	4,47	,40	,39**	,38**	-,04	-,01	,24**	-,28**	,00	,06	,53**		,24**	,51**	,15**	,32**	,28**	,20**
10. Interpersonale Emotionsregulation	3,67	,67	3,29	,83	,27**	,34**	-,03	-,02	,22**	-,16*	,02	,16*	,40**	,40**		,27**	,23**	,38**	,30**	,18**
11. Proaktives Serviceverhalten	3,74	,66	3,97	,52	,21**	,38**	-,09	-,04	,24**	-,39**	-,05	-,01	,54**	,60**	,34**		,28**	,34**	,33**	,24**
12. Wertschätzung durch Klienten	2,94	,76	3,23	,55	,25**	,29**	-,08	-,00	,11	-,12	-,02	,05	,42**	,28**	,38**	,42**		,23**	,23**	,17**
Wohlbefinden																				
13. Authentischer Stolz	3,89	,75	4,06	,55	,18*	,39**	-,09	,08	,20**	-,18**	-,04	-,05	,44**	,39**	,37**	,41**	,36**		,63**	,55**
14. Arbeitsengagement	4,22	1,42	3,31	,73	,34**	,32**	-,17**	-,17**	,16**	-,22**	-,15*	-,14*	,30**	,30**	,27**	,26**	,36**	,61**		,68**
15. Arbeitszufriedenheit	4,80	1,41	5,17	1,17	,12*	,22**	-,15*	-,09	,07	-,18**	-,13	-,19**	,21**	,07	,13	,11	,18**	,47**	,60	

Anmerkungen. *. p<0,05 (2-seitig); ** p <0,01 (2-seitig) signifikant. Oberhalb der Diagonalen sind Korrelationen der Pflegeschüler dargestellt und unterhalb der Diagonalen die der Handelsschüler.

Die Serviceanforderung positive Emotionen zu zeigen korreliert in beiden Gruppen signifikant positiv mit allen Serviceressourcen (ausgenommen Wertschätzung für die Gruppe der Handelsschüler). Zudem korreliert die Serviceanforderung positive Emotionen zu zeigen signifikant positiv mit allen Maßen des Wohlbefindens (ausgenommen Allgemeine Arbeitszufriedenheit für die Gruppe der Handelsschüler). Emotion-rule Dissonanz hängt bei Pflegeschülern signifikant negativ mit Serviceressourcen (klientenorientierter Handlungsspielraum, adaptiver Service und Wertschätzung durch Patienten) sowie den Wohlbefindensindikatoren (Stolz, Arbeitsengagement und allgemeine Arbeitszufriedenheit) zusammen. Für die Gruppe der Handelsschüler hängt emotion-rule Dissonanz signifikant positiv mit interpersonaler Emotionsregulation und negativ mit Arbeitsengagement und Arbeitszufriedenheit zusammen.

Die organisationale Serviceressource klientenorientierter Handlungsspielraum hängt in beiden Gruppen signifikant positiv mit den Ressourcen adaptiver Service, interpersonale Emotionsregulation (mit Ausnahme der Pflegeschüler), proaktives Serviceverhalten, Wertschätzung und den Wohlbefindensindikatoren Stolz, Arbeitsengagement und Arbeitszufriedenheit zusammen. Die drei personalen Serviceressourcen adaptiver Service, interpersonale Emotionsregulation und proaktives Serviceverhalten korrelieren signifikant positiv untereinander und hängen jeweils signifikant positiv mit Wertschätzung, Stolz, Arbeitsengagement und Arbeitszufriedenheit (mit Ausnahme der Pflegeschüler) zusammen. Die soziale Serviceressource Wertschätzung korreliert in beiden Gruppen signifikant positiv mit Stolz, Arbeitsengagement und Arbeitszufriedenheit.

Die Indikatoren des Wohlbefindens Stolz, Arbeitsengagement und Arbeitszufriedenheit korrelieren für die Stichprobe der Pflegeschüler signifikant positiv untereinander. In der Gruppe der Handelsschüler korrelieren Stolz und Arbeitsengagement sowie Stolz und allgemeine Arbeitszufriedenheit signifikant positiv. Arbeitsengagement und allgemeine Arbeitszufriedenheit hängen bei der Gruppe der Handelsschüler nicht zusammen.

27.7 Fazit und Schlussfolgerungen für die Praxis

Ziel der vorliegenden Untersuchung war es, Gemeinsamkeiten und Unterschiede der Arbeitsanforderungen, Ressourcen und Mitarbeitermotivation verschiedener Dienstleistungsberufe herauszuarbeiten.

Insgesamt fällt auf, dass Handelsschüler weniger positive, dafür aber mehr neutrale oder negative Emotionen fühlen als die Pflegeschüler. Im Vergleich zu den Pflegeschülern zeigen sie auch mehr neutrale Emotionen. Gleichzeitig zeigen sie aber ebenso häufig positive und negative Emotionen nach außen wie die Pflegeschüler. Das heißt, beide Gruppen zeigen mehr positive Emotionen als sie fühlen und weniger negative Emotionen. In beiden Gruppen sollen demnach häufig positive, und möglichst selten negative Emotionen nach außen hin gezeigt werden. Dies deckt sich auch mit der Alltagsbeobachtung, dass Dienstleistungen aus Klientensicht oftmals nur dann erfolgreich sind, wenn die Servicemitarbeiter eine freundliche, positive Ausstrahlung haben. Bei beiden Gruppen zeigt sich eine Diskrepanz zwischen den gefühlten und den gezeigten Emotionen – negative Emotionen müssen unterdrückt und positive Emotionen müssen gezeigt werden. Dabei sind die Handelsschüler noch mehr gefordert an ihren eigenen Emotionen zu arbeiten als die Pflegeschüler. Letzteres steht im Einklang mit dem Befund, dass Handelsschüler häufiger Emotion-rule Dissonanz berichten als die Pflegeschüler. Verschiedenen Studien zeigen, dass emotion-rule Dissonanz negative Konsequenzen für Gesundheit, Wohlbefinden und Leistungsfähigkeit der Dienstleistungsarbeiter hat (vgl. Holman et al. 2009) [18]. Somit sind die von uns untersuchten Handelsschüler in stärkerem Maße Belastungen aufgrund emotionsbezogener Anforderungen in der Dienstleistungstätigkeit ausgesetzt als die von uns untersuchten Pflegeschüler.

Die Serviceressourcen klientenorientierter Handlungsspielraum, adaptiver Service, proaktives Serviceverhalten und Wertschätzung sind bei Pflegeschülern stärker ausgeprägt als bei Handelsschülern. Allein die interpersonale Emotionsregulation fällt bei den Handelsschülern höher aus als bei den Pflegeschülern. Diese Befunde lassen sich durch die unterschiedlichen Interaktionsdauern zwischen Servicemitarbeitern und Klienten in beiden Branchen erklären. Pflegeschüler haben über den Tag verteilt mehr Kontakt mit den einzelnen Patienten und diese Interaktionen dauern in der Regel länger als durchschnittliche Einzelhandelskontakte. In diesen Interaktionen berichten die Pflegeschüler mehr patientenbezogenen Handlungsspielraum. Sie können somit auch individueller auf Patientenwünsche eingehen, als dies im Einzelhandel der Fall zu sein scheint. Patienten können somit aufgrund der längeren Interaktionsdauer und der intensiveren Interaktion insgesamt mehr Aspekte in der Pflegetätigkeit erkennen, die sie wertschätzen können, als Einzelhandelskunden. Wie erwartet korrelieren alle Serviceressourcen in beiden Untersuchungsgruppen positiv untereinander. Pflegeschüler und Einzelhandelsschüler, die über eine hoch ausgeprägte Fähigkeit zur interpersonalen Emotionsregulation verfügen, berichten auch mehr Wertschätzung von Kunden als solche, bei denen die Fähigkeit zur interpersonalen Emotionsregulation nur gering ausgeprägt ist. Zudem korrelieren die Serviceressourcen positiv mit dem Wohlbefinden. Dienstleistungsarbeiter, die über organisationale, personale oder soziale Ressourcen verfügen, erleben sich an ihrem Arbeitsplatz auch stolzer, engagierter und zufriedener als Dienstleistungsarbeiter mit gering ausgeprägten Serviceressourcen. Damit übereinstimmend zeigen sich auch die Untersuchungsergebnisse zur Ausprägung des Wohlbefindens. Verfügen die Handelsschüler im Vergleich zu den Pflegeschülern über geringer ausgeprägte Serviceressourcen, so berichten sie ebenso über ein geringeres Erleben von Stolz, Arbeitsengagement und Arbeitszufriedenheit.

Insgesamt werden die Arbeitsbedingungen von Handelsschülern fast durchgängig negativer wahrgenommen als von den Pflegeschülern. Handelsschüler berichten von mehr Serviceanforderungen (häufiger emotion-rule Dissonanz), gleichzeitig verfügen sie über geringere Serviceressourcen und erleben daher weniger Wohlbefinden ihrer Arbeit als die Pflegeschüler. Somit scheint es bei der Gestaltung der Arbeitsbedingungen im Einzelhandel einen stärkeren Bedarf zu geben als in der Pflege.

Auszubildende sind in ihren Kompetenzen sowohl durch ihre jeweilige schulische Ausbildungsstätte als auch durch den jeweiligen Ausbildungsbetrieb geschult. Um Arbeitsbedingungen für Auszubildende in Serviceberufen zu verbessern, müssen Ausbilder und Führungskräfte der Berufsschulen und Unternehmen zusammenarbeiten, um etwaigen Unstimmigkeiten zwischen Theorie und Praxis vorzubeugen. Beispielsweise sind emotional-rules für ein freundliches Serviceverhalten essentiell für den betrieblichen Erfolg und somit schlecht abzuändern. Trotzdem könnte es möglich sein, den Mitarbeitern „Schutzräume" zur Verfügung zu stellen, wo sie sich nicht verstellen müssen und „sie selber sein können", besonders wenn eine Interaktion mit Klienten unerfreulich verlaufen ist. Auf der anderen Seite kann das Unternehmen auch Regeln zum Schutz der Mitarbeiter bestimmen und den Mitarbeitern somit kommunizieren, dass sie sich bei bestimmten Grenzverletzungen wehren und z. B. einen verbal ausfälligen Klienten des Gebäudes verweisen dürfen. Hierfür müssen sich Mitarbeiter der Unterstützung ihrer Vorgesetzten sicher sein. Herrscht ein positives emotionales Klima im Unternehmen vor, fällt es Mitarbeitern leichter, authentisch positive Emotionen zu zeigen und Emotion-rule Dissonanz kann damit gleichzeitig reduziert werden. Ausbilder und Führungskräfte sollten ihren Auszubildenden zudem nicht nur Faktenwissen, sondern auch serviceorientiertes Denken und Handeln vermitteln, sodass Auszubildende ein Gespür für Klientenbedürfnisse und individualisierten Service erhalten. Wenn Auszubildenden auch ein größerer Handlungsspielraum im Umgang mit Klienten zugetraut und zugebilligt wird, können sie Verhaltensweisen wie adaptiven Service, interpersonale Emotionsregulation oder proaktives Serviceverhalten trainieren und einüben. Dies wiederum sollte zu mehr Wertschätzung auf Seiten der Klienten führen und zum Wohlbefinden der Dienstleistungsarbeiter beitragen (vgl. Fischbach/Decker 2011) [10].

Literatur

[1] Baillod, J./Semmer, N. K. (1994): Fluktuation und Berufsverläufe bei Computerfachleuten, in: Zeitschrift für Arbeits- und Organisationspsychologie, Vol. 38, 4, S. 152-163.
[2] Bakker, A. B./Demerouti, E. (2006): The job demands-resources model: State of the art, in: Journal of Managerial Psychology, Vol. 22, S. 309-328.
[3] Brotheridge, C. M./Grandey, A. A. (2002): Emotional labor and burnout: Comparing two perspectives of "people work", in: Journal of Vocational Behavior, Vol. 60, 1, S. 17-39.
[4] Bruggemann, A./Groskurth, P./Ulich, E. (1975): Arbeitszufriedenheit, 1. Aufl., Bern.
[5] Büttgen, M./Volz, J. (2011): Rollenkonflikte von Kundenberatern und deren Auswirkungen auf die Produktivität im Finanzdienstleistungsbereich, in: Bruhn, M./Hadwich, K. (Hrsg.): Dienstleistungsproduktivität 02: Innovationsentwicklung, Internationalität, Mitarbeiterperspektive. Forum Dienstleistungsmanagement, Band 2, 1. Aufl., Wiesbaden, S. 317-348.
[6] Decker, C./Fischbach, A. (2010): Wertschätzung – ein Garant für gutes Arbeiten, in: Rigotti, T./Korek, S./Otto, K. (Hrsg.): Gesund mit und ohne Arbeit, 1. Aufl., Lengerich, S. 237-248.
[7] Dormann, C./Spethmann, K./Weser, D./Zapf, D. (2003): Organisationale und persönliche Dienstleistungsorientierung und das Konzept des kundenorientierten Handlungsspielraums, in: Zeitschrift für Arbeits- und Organisationspsychologie, Vol. 47, 4, S. 194-207.
[8] Ekman, P. (1973). Darwin and facial expression, 1. Aufl., New York.
[9] Fischbach, A. (2003): Determinants of Emotion Work, Dissertation, Georg-August-Universität Göttingen.
[10] Fischbach, A./Decker, C. (2011): What's good for customers is good for service workers: Appreciation as a source and work engagement as a consequence of service worker's pride, in: Proceedings of the 26th Annual SIOP Conference, Chicago.

[11] Fisher, C. D. (2002): Antecedents and Consequences of Real-Time Affective Reactions at Work, in: Motivation & Emotion, Vol. 26, 1, S. 3-30.
[12] Gouthier, M. H. J. (2006): Produzentenstolz von Dienstleistern als positive Arbeitsemotion, in: Ringlstetter, M./Kaiser, S./Müller-Seitz, G. (Hrsg.): Positives Management. Zentrale Konzepte und Ideen des Positive Organizational Scholarship, 1. Aufl., Wiesbaden, S. 91-113.
[13] Grandey, A. A. (2003): When "the show must go on": Surface acting and deep acting as determinants of emotional exhaustion and peer-rated service delivery, in: Academy of Management Journal, Vol. 46, 1, S. 86-96.
[14] Grandey, A. A./Fisk, G. M./Mattila, A. S./Jansen, K. J./Sideman, L. A. (2005): Is "service with a smile" enough? Authenticity of positive displays during service encounters, in: Organizational Behavior and Human Decision Processes, Vol. 96, 1, S. 38-55.
[15] Groth, M./Hennig-Thurau, T./Walsh, G. (2009): Customer Reactions to Emotional Labor: The Roles of Employee Acting Strategies and Customer Detection Accuracy, in: Academy of Management Journal, Vol. 52, 5, S. 958-974.
[16] Hacker, W. (2005): Allgemeine Arbeitspsychologie, 2. Aufl., Bern.
[17] Hochschild, A. R. (1983): The managed heart: Commercialization of human feeling, 1. Aufl., Berkeley.
[18] Holman, D./Martinez-Ingio, D./Totterdell, P. (2009): Emotional labor, well-being, and performance, in: Cartwright, S./Cooper, C. L. (Hrsg.): The Oxford handbook of organizational well-being, 1. Aufl., New York, S. 331-355.
[19] Kälin, W./Semmer, N. K./Elfering, A./Tschan, F./Dauwalder, J.-P./Heunert, S./ Crettaz, F. (2000): Work characteristics and well-being of Swiss apprentices entering the labor market, in: Swiss Journal of Psychology, Vol. 59, 4, S. 272-290.
[20] Kistler, E./Fuchs, T. (2004): Was ist Gute Arbeit? Anforderungen aus der Sicht von Erwerbstätigen, Report, Internationales Institut für empirische Sozialökonomie, Stadtbergen.
[21] Lewis, M. (2000): Self-conscious emotions: Embarrassment, pride, shame, and guilt, in: Lewis, M./Haviland-Jones, J. M. (Hrsg.): Handbook of Emotions, 2. Aufl., New York, S. 623-636.
[22] Nerdinger, F. W. (1994): Zur Psychologie der Dienstleistung. Theoretische und empirische Studien zu einem wirtschaftspsychologischen Forschungsgebiet, 1. Aufl., Stuttgart.
[23] Nerdinger, F. W. (2001): Psychologie des persönlichen Verkaufs, 1. Aufl., München.
[24] Parkinson, B./Totterdell, P. (1999): Classifying Affect-Regulation Strategies, in: Cognition & Emotion, Vol. 13, 3, S. 277-303.
[25] Rank, J./Carsten, J. M./Unger, J. M./Spector, P. E. (2007): Proactive Customer Service Performance: Relationships With Individual, Task, and Leadership Variables, in: Human Performance, Vol. 20, 4, S. 363-390.
[26] Robinson, L./Marshall, G./Moncrief, W./Lassk, F. (2002): Toward a shortened measure of adaptive selling, in: Journal of Personal Selling and Sales Management, Vol. 22, 2, S. 111-118.
[27] Schaufeli, W./Salanova, M./González-Romá, V./Bakker, A. B. (2002): The measurement of engagement and burnout: a two sample confirmatory factor analytic approach, in: Journal of Happiness Studies, Vol. 3, S. 71-92.
[28] Schaufeli, W. B./Bakker, A. B./Salanova, M. (2006): The measurement of work engagement with a short questionnaire: A cross national study, in: Educational and Psychological Measurement, Vol. 66, S. 701-716.
[29] Scherp, E. (2009): Diener zweier Herren. Analyse kundenbezogener Arbeitsanforderungen und -aufgaben aus Sicht der Organisation, des Kundenkontaktpersonals und der Kunden sowie derer Antezedenzen und Konsequenzen – am Beispiel von Verkäufern im Einzelhandel, Dissertation, Universität Trier.
[30] Semmer, N. K./Jacobshagen, N. (2003): Selbstwert und Wertschätzung als Themen der arbeitspsychologischen Stressforschung, in: Hamborg, K.-H./Holling, H. (Hrsg.), Innovative Personal-und Organisationsentwicklung, 1. Aufl., Göttingen, S. 131-155.
[31] Singh, J./Verbeke, W./Rhoads, G. K. (1996): Do organizational practices matter in role stress processes? A study of direct and moderating effects for marketing-oriented boundary spanners, in: Journal of Marketing, Vol. 60, 3, S. 69-86.

[32] Stocker, D./Jacobshagen, N./Semmer, N. K./Annen, H. (2010): Appreciation at work in the Swiss Armed Forces, in: Swiss Journal of Psychology, Vol. 69, 2, S. 117-124.
[33] Temme, G./Tränkle, U. (1996): Arbeitsemotionen: ein vernachlässigter Aspekt in der Arbeitszufriedenheitsforschung, in: Journal Arbeit, Vol. 5, 3, S. 275-297.
[34] Tracy, J. L./Robins, R. W. (2007): The psychological structure of pride: A tale of two facets, in: Journal of Personality and Social Psychology, Vol. 92, 3, S. 506-525.
[35] Verbeke, W./Belschak, F./Bagozzi, R. (2004): The adaptive consequences of pride in personal selling, in: Journal of the Academy of Marketing Science, Vol. 32, 4, S. 386-402.
[36] Warr, P. (1996): Employee Well-being, in: Warr, P. (Hrsg.), Psychology at work, 1. Aufl., London, S. 224-253.
[37] Warr, P. (2007): Work, happiness, and unhappiness, 1. Aufl., Mahwah.
[38] Wegge, J./Neuhaus, L. (2002): Emotionen bei der Büroarbeit am PC: Ein Test der "affective Events"-Theorie, in: Zeitschrift für Arbeits- und Organisationspsychologie, Vol. 46, 4, S. 173-184.
[39] Williams, L. A./Desteno, D. (2008): Pride and perseverance: The motivational role of pride, in: Journal of Personality and Social Psychology, Vol. 94, 6, S. 1007-1017.
[40] Zapf, D. (2002): Emotion work and psychological well-being: A review of the literature and some conceptual considerations, in: Human Resource Management Review, Vol. 12, 2, S. 237-268.
[41] Zapf, D./Holz, M. (2006): On the positive and negative effects of emotion work in organizations, in: European Journal of Work and Organizational Psychology, Vol. 15, 1, S. 1-28.
[42] Zapf, D./Isic, A./Fischbach, A./Dormann, C. (2003): Emotionsarbeit in Dienstleistungsberufen. Das Konzept und seine Implikationen für die Personal- und Organisationsentwicklung, in: Hamborg, K.-C. /Holling, H. (Hrsg.): Innovative Ansätze der Personal- und Organisationsentwicklung, 1. Aufl., Göttingen, S. 266-288.
[43] Zapf, D./Mertini, H./Seifert, C./Vogt, C./Isic, A./Fischbach, A. (2000): FEWS (Frankfurt Emotion Work Scales, Frankfurter Skalen zur Emotionsarbeit): Version 4.0, Report, Johann Wolfgang Goethe-Universität.
[44] Zapf, D./Seifert, C./Mertini, H./Voigt, C./Holz, M./Vondran, E./Isic, A./Schmutte, B. (2000): Emotionsarbeit in Organisationen und psychische Gesundheit, in: Musahl, H.-P. E./Eisenhauer, T. (Hrsg.): Psychologie der Arbeitssicherheit. Beiträge zur Förderung von Sicherheit und Gesundheit in Arbeitssystemen, 1. Aufl., Heidelberg, S. 99-106.
[45] Zimmermann, B./Dormann, C. (2009): Stress in service interactions: Health effects of reciprocal social interactions among service employees and their clients, in: Proceedings of the 14th European Congress of Work and Organizational Psychology, Santiago de Compostela.
[46] Zimmermann, B. K./Dormann, C./Dollard, M. F. (2011): On the positive aspects of customers: Customer-initiated support and affective crossover in employee–customer dyads, in: Journal of Occupational and Organizational Psychology, Vol. 84, 1, S. 31-57.

28 Wertschätzung von Altenpflege im Spiegel der öffentlichen Wahrnehmung

Rüdiger Klatt, Kurt-Georg Ciesinger

28.1	Ausgangslage	543
28.2	Design und Methodik der Studie	543
28.3	Ergebnisse der Studie	545
28.3.1	Qualität der stationären und ambulanten Altenpflege	546
28.3.2	Einschätzung zu den Berufen und Branchen	548
28.4	Zusammenfassung und Diskussion der empirischen Ergebnisse	550
28.5	Konsequenzen für die Praxis	551
28.5.1	Kompetenzkommunikation – Die Fähigkeit, die eigene Kompetenz in Interaktionen darzustellen	551
28.5.2	Neue Geschäftsfelder, neue Tätigkeiten, neue Arbeitsorganisation	555
28.5.3	Das Beispiel cPad – Technikbasierte Dienstleistungen für Senioren	556
Literatur		558

Dr. Rüdiger Klatt, Technische Universität Dortmund, Wirtschafts- und Sozialwissenschaftliche Fakultät, Forschungsbereich Arbeitssoziologie

Kurt-Georg Ciesinger, gaus gmbh – medien bildung politikberatung

28.1 Ausgangslage

Der Mangel an Wertschätzung und Anerkennung und das Fehlen von Stolz auf die eigene Profession und Arbeit sind zentrale Barrieren bei der Entwicklung des Dienstleistungsbereichs in Deutschland. Viele Dienstleistungsberufe werden nicht in dem Maße wertgeschätzt, wie es in Anbetracht der Qualifikation und der Arbeitsleistung sowie der gesellschaftlichen Bedeutung angemessen wäre. Die Bewertungsgrundlagen liegen nicht allein in der Person – die/der Beschäftigte muss vielmehr ständig gegen eine gesellschaftlich dominante negative Einschätzung „ankämpfen". Eine Ausbildung von „Dienstleistungsstolz" ist unter diesen Bedingungen sehr schwer.

Ein Mangel an Wertschätzung und Anerkennung kann dazu führen, dass die Beschäftigten geringen Stolz auf ihre eigene Arbeit entwickeln, und damit eine wichtige Quelle für die persönliche Leistungs- und Innovationsfähigkeit verlieren, die zum Erfolg eines ganzen Unternehmens – und letztlich sogar des gesamten Berufszweigs – beiträgt.

Ziel des interdisziplinären Verbundprojektes „Berufe im Schatten" war es, u. a. am Beispiel der Pflegebranche,

- die Ursachen und Rahmenbedingungen für die soziale und individuelle Wertschätzung von benachteiligten Dienstleistungsberufen zu analysieren und
- auf dieser Basis neue Modelle einer praxisorientierten Unterstützung der Wertschätzung benachteiligter Dienstleistungsberufe in KMU zu entwickeln, zu erproben und zu verbreiten.

Das arbeitssoziologische Teilprojekt der TU Dortmund beschäftigte sich mit der Frage, aufgrund welcher individuellen, betrieblichen und gesellschaftlichen Deutungs- und Bewertungsmuster soziale Wertschätzung von Tätigkeiten und Berufsbildern entsteht und wie sich in deren Folge Stolz ausbildet.

Im vorliegenden Beitrag werden die Ergebnisse einer repräsentativen Bevölkerungsbefragung zur gesellschaftlichen Bewertung des Altenpflegeberufs und – in Zusammenschau mit den Ergebnissen qualitativer Befragungen – Konsequenzen für die Praxis der Einrichtungen und Beschäftigten vorgestellt.

28.2 Design und Methodik der Studie

Die Studie basierte auf einem konzeptionellen Rahmen, der aus qualitativen Erhebungen – ca. 40 Interviews mit Beschäftigten und Führungskräften aus verschiedenen Dienstleistungsbranchen – entwickelt wurde. Hierbei kristallisierten sich besonders vier Faktoren im Dienstleistungsprozess als wertschätzungsrelevant heraus, die im Rahmen der folgenden Erhebungen selektiv abgefragt wurden. Auf der Ebene der Organisation/Einrichtung sind danach folgende Dimensionen relevant und wurden in Bewertungsitems überführt:

1. *Das Personal in seinen Kompetenzfacetten (fachliche und prozessuale Kompetenzen, Interaktionskompetenz).* Schlechtes Personal mit geringer Kompetenz führt zu einer Geringschätzung von Tätigkeit, Beruf und Dienstleistung, gutes Personal zum Gegenteil.
2. *Die eigentliche Dienstleistung und ihre Qualität.* Hierzu gehört etwa auch das Preis-/Leistungsverhältnis und der Umgang mit Feedback. Bei den Items wurde, um die Vergleichbarkeit herzustellen, auf die Bewertungssystematik des GKV-Spitzenverbandes zurückgegriffen.
3. *Die Organisation und der Professionalisierungsgrad ihrer Ausgestaltung.* Beispiele hierfür finden sich in der arbeitsorganisatorischen Performance oder der Nutzung von technischen Innovationen. Basis der Items war das Modell des sozio-technischen Systems.

Eine vierte, eher indirekte Einflussgröße stellen zusätzlich gesellschaftliche Rahmenbedingungen dar, zu denen als „Hard Facts" gesetzliche Vorschriften und die dem Gesundheitssystem zugeordneten ökonomischen Ressourcen gehören. Die folgende **Abbildung 28.1** fasst das im Projekt entwickelte Grundmodell der Wertschätzungsfaktoren zusammen.

Abbildung 28.1 Modell der Wertschätzungsfaktoren

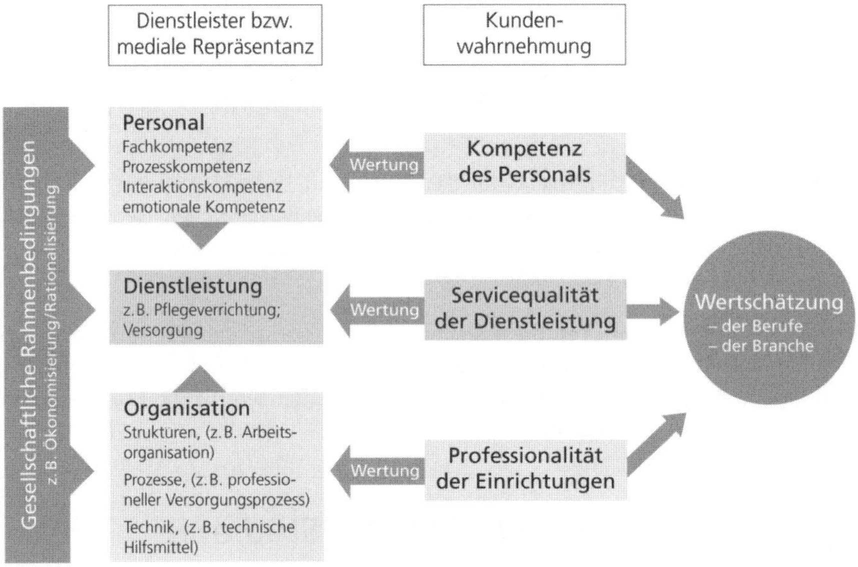

Das grundlegende Design der Studie basierte auf einer Gegenüberstellung der Einschätzungen zur Altenpflege durch Personen, die konkrete Erfahrungen (als Patient/Klient oder als Angehöriger) mit der Altenpflege hatten, und solchen, deren Meinung sich nicht auf konkrete bzw. eigene Erfahrungen stützen konnte. Dabei bestand im Vorfeld die Arbeitshypothese, dass Bewertungen von Personen mit eigenen Erfahrungen im Durchschnitt positiver ausfallen als die von Personen ohne eigene Erfahrungen, da deren Einschätzung maßgeblich auf der oftmals skandalisierenden medialen Berichterstattung basiert.

Insgesamt nahmen 1.515 Personen an der Befragung teil. Als Erhebungsinstrument diente ein standardisierter Fragebogen. Die Befragung wurde anhand computergestützter Telefoninterviews durch die forsa-Gesellschaft für Sozialforschung und statistische Analysen mbH durchgeführt. Der von der TU Dortmund entwickelte Fragenkomplex wurde in die omniTel-Mehrthemenumfrage eingeschaltet. Die Stichprobenziehung erfolgte anhand einer mehrstufigen systematischen Zufallsauswahl aus der Grundgesamtheit der in Privathaushalten lebenden Personen in Deutschland ab 14 Jahren. Die Stichprobengröße wurde hierbei flexibel gehandhabt; es wurden so viele Personen angerufen, bis der Rücklauf bei vorgegebenen mindestens 500 Personen pro Befragungsgruppe (Personen mit Erfahrung in der stationären bzw. ambulanten Altenpflege und Personen ohne Erfahrung) erreicht war.

Durch die Einschaltung des Fragebogens in die repräsentative Mehrthemenumfrage von forsa kann – mit der Einschränkung einer möglichen Stichprobenverzerrung durch die Vorgabe eines n von mindestens 500 pro Zelle – von einer Repräsentativität der Stichprobe ausgegangen werden.

Im ersten Teil des Fragebogens wurden die Bewertungen hinsichtlich der Dimensionen Qualität, Professionalität und Kompetenz erfragt. Die Kriterien zur Operationalisierung der Dimensionen wurden mit denen der Erhebung der Versorgungsqualität in der Altenpflege parallelisiert, die seit Ende 2009 durch den Medizinischen Dienst der Krankenkassen (MDK) bei allen Pflegeeinrichtungen in Deutschland durchgeführt wird. Hierdurch wurde eine Vergleichbarkeit der Einschätzungen durch die Bevölkerung mit den sogenannten „objektiven" Daten der Krankenkassen für eine spätere Gegenüberstellung erzielt. Die Bewertung erfolgte anhand des Schulnotensystems von 1 = „sehr gut" bis 6 = „ungenügend". Dieses Vorgehen wurde aufgrund der sozialen Validität der Antwortkategorien und – wiederum – aufgrund der Kompatibilität mit den MDK-Bewertungen gewählt.

Der zweite Teil der Befragung richtete sich auf die persönliche Einschätzung der Befragten zur Branche und den Berufen der Altenpflege. Die Befragten wurden gebeten, zu verschiedenen Aussagen (z. B. „Ich schätze die Arbeit von Altenpfleger/-innen sehr.") den Grad ihrer Zustimmung – „voll und ganz", „eher", „teils/teils", „eher nicht" oder „überhaupt nicht" – mitzuteilen.

28.3 Ergebnisse der Studie

Aufgrund der Fülle der Ergebnisse können im Folgenden nur die wesentlichen Befunde auf der Makroebene diskutiert werden. Eine ausführlichere Darstellung findet sich in Ciesinger et al. (2011b) [2].

28.3.1 Qualität der stationären und ambulanten Altenpflege

Aus den abgegebenen Bewertungen wurden für jede Gruppe von Befragten Durchschnittsnoten berechnet, wobei die Antwortmöglichkeiten „weiß nicht" und „keine Antwort" herausgenommen und nur die der sechsstufigen Schulnotenskala entsprechenden Bewertungsmöglichkeiten „sehr gut" bis „ungenügend" einbezogen wurden. **Abbildung 28.2** gibt einen Überblick über die Durchschnittsnoten bezüglich der einzelnen Items.

Die Befragten vergaben hier im Mittel die beste Bewertung für die Kompetenzen des Personals (Schulnote 2,7). Die Professionalität der Pflegeeinrichtungen (3,5) und die Qualität der Dienstleistungen (3,1) wurden hingegen schlechter eingeschätzt. Insgesamt erhielt die Altenpflege von allen Befragten eine befriedigende Bewertung (3,1). Besonders hervorzuheben ist in diesem Rahmen die, gerade einmal mit „ausreichend", sehr schlecht eingeschätzten Rahmenbedingungen: Arbeits-, Verdienst- und Aufstiegsmöglichkeiten.

Abbildung 28.2 Bewertung der Altenpflege

Bewertung der Altenpflege (n = 1.515)		n
Qualität der Dienstleistung	**Befriedigend (3,1)**	
Kundenfreundlichkeit	2,6	1.327
Pflegequalität	3,0	1.381
Umgang mit Kritik	3,3	1.234
Preis-Leistungs-Verhältnis	3,5	1.300
Wohnqualität	2,9	879
Professionalität der Pflegeeinrichtungen	**Ausreichend (3,5)**	
Arbeitsbedingungen	4,0	1.340
Verdienstmöglichkeit	4,3	1.259
Aufstiegsmöglichkeit	3,8	1.048
Außendarstellung	3,0	1.272
Qualifikation	2,9	1.174
Innovativität	3,2	1.141
Kompetenzen des Personals	**Befriedigend (2,7)**	
Fachqualifikation	2,7	1.313
Individuelle Versorgung	3,2	1.355
Selbstbewusstsein	2,6	1.303
Einfühlungsvermögen	2,7	1.336
Freundlichkeit	2,5	1.358
Gesamtnote	**3,1**	

Durchgängig gaben Personen ohne eigene Erfahrung bei den abgefragten Items schlechtere Noten als Personen, die bereits persönliche Erfahrungen im Bereich der Altenpflege sammeln konnten (vgl. **Abbildung 28.3**).

Wie man an den Durchschnittsnoten der jeweiligen Teilbereiche erkennen kann, ergaben sich die größten Unterschiede bei der Bewertung der Qualität der Dienstleistungen und der Kompetenzen des Personals, die sich um 0,4 bzw. 0,3 Notenpunkte unterscheiden. Im erstgenannten Teilbereich gingen die subjektiven Einschätzungen der beiden Gruppen besonders bei der Meinung über die Kundenfreundlichkeit, den Umgang mit Kritik und Beschwerden und dem Verhältnis von Preis und Leistung weit auseinander, die Differenzen liegen hier bei einer halben Note. Im zweiten Teilbereich (Kompetenzen des Personals) zeigten sich ebenfalls größere Unterschiede bei der Einschätzung zur individuellen Versorgung der Pflegeperson, dem Einfühlungsvermögen und der Freundlichkeit des Personals von jeweils 0,4 Schulnoten.

Abbildung 28.3 Bewertung der Altenpflege – mit Erfahrung und ohne Erfahrung

	Erfahrung	ohne Erfahrung	n gesamt (mit/ohne Erfahrung)
Qualität der Dienstleistung	Befriedigend (2,9)	Befriedigend (3,3)	
Kundenfreundlichkeit	2,4	2,9	1.327 (939/388)
Pflegequalität	2,8	3,2	1.381 (961/420)
Umgang mit Kritik	3,1	3,6	1.234 (870/364)
Preis-Leistungs-Verhältnis	3,3	3,8	1.300 (901/399)
Wohnqualität	2,7	3,0	879 (476/403)
Professionalität der Pflegeeinrichtungen	Ausreichend (3,5)	Ausreichend (3,6)	
Arbeitsbedingungen	3,9	4,0	1.340 (910/430)
Verdienstmöglichkeit	4,2	4,3	1.259 (836/423)
Aufstiegsmöglichkeit	3,8	3,9	1.048 (709/339)
Außendarstellung	2,9	3,1	1.272 (869/403)
Qualifikation	2,8	3,1	1.174 (814/360)
Innovativität	3,2	3,3	1.141 (790/351)
Kompetenzen des Personals	Befriedigend (2,6)	Befriedigend (2,9)	
Fachqualifikation	2,6	2,7	1.313 (917/396)
Individuelle Versorgung	3,0	3,4	1.355 (946/409)
Selbstbewusstsein	2,5	2,8	1.303 (925/378)
Einfühlungsvermögen	2,5	2,9	1.336 (935/401)
Freundlichkeit	2,3	2,7	1.358 (956/402)
Gesamtnote	3	3,3	

Die Personen, die den Altenpflegebereich selbst kennen, vergaben dabei häufiger gute Noten, seltener mittelmäßige: Ca. 40% der Einzelnoten sind hier „Einsen und Zweien", gegenüber nur 24% bei den Befragten ohne eigene Erfahrungen mit der Pflegebranche. Dagegen wurden von beiden Gruppe jeweils in ca. 10% aller Fälle schlechte Noten wie „fünf" und „sechs" gegeben: Hier liegen beide Gruppen wieder nahezu gleichauf.

Zusammenfassend lässt sich also einerseits festhalten, dass Personen mit eigener Erfahrung im Mittel bessere Beurteilungen über die Altenpflege abgeben als solche ohne eigene Erfahrung. Die oftmals skandalisierende Darstellung der Altenpflege in den Medien führt aber nicht dazu, dass die Befragten ohne persönliche Anschauung deutlich häufiger sehr schlechte Noten („ungenügend" und „mangelhaft") vergeben als Personen mit persönlicher Erfahrung, sondern tendenziell weniger gute und sehr gute Noten.

28.3.2 Einschätzung zu den Berufen und Branchen

Der zweite Teil der Befragung richtete sich auf die persönliche Einschätzung der Befragten zur Branche der Altenpflege und der entsprechenden Professionen. Im Folgenden werden die wichtigsten Ergebnisse vorgestellt.

Auf die Aussage „Ich schätze die Arbeit von Altenpflegern und Altenpflegerinnen sehr." antworteten 79% der Befragten mit „voll und ganz", 11,3% mit „eher" und nur 5,8% waren unentschieden (siehe **Abbildung 28.4**). Ein negatives Urteil fehlender Wertschätzung verblieb mit weniger als 2% auf einem marginalen Niveau. Offenbar erfährt die Profession der Altenpflege damit durch den überwiegenden Teil der Bevölkerung große Wertschätzung und ist mit seiner Bedeutung in der öffentlichen Wahrnehmung unumstritten.

Abbildung 28.4   „Ich schätze die Arbeit von Altenpflegern und Altenpflegerinnen sehr" („weiß nicht" und „keine Angabe" nicht berücksichtigt)

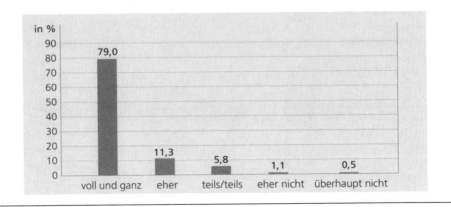

Die Berücksichtigung von persönlicher bzw. fehlender Erfahrung mit dieser Profession zeigt, dass die Wertschätzung gegenüber der Arbeit in der Altenpflege bei Personen mit eigener Erfahrung etwas stärker ausgeprägt ist als bei denjenigen ohne persönliche Erfahrung (82,2% gegenüber 72,8%). Dieser Trend lässt sich auch in einer spiegelbildlichen Betrachtung belegen: Die Einschätzung, dass Altenpflege eine Tätigkeit ist, die jeder ausüben kann, wird von über 85% der befragten Personen (87,5% mit vs. 82,7% ohne persönliche Erfahrung) eindeutig verneint.

85% der Befragten stimmten zu, dass Altenpfleger/-innen selbst mit Stolz auf ihre erbrachten Leistungen blicken sollten. In der Summe wird den Altenpflegekräften also offensichtlich Wertschätzung und Anerkennung für ihre Arbeit gezollt. Dagegen zeichnet sich für die Einrichtungen der Pflege – also für die institutionellen Rahmenbedingungen der Arbeit – im Sektor der Altenpflege eine andere Wertung innerhalb der Gesellschaft ab.

Die Meinungen über das Ansehen von Altenheimen gehen hier sehr stark auseinander. Der überwiegende Teil (41,1%) nimmt eine unentschlossene Haltung ein. 29,8% stimmen der Aussage „Altenheime haben ein hohes öffentliches Ansehen" eher nicht und 7,8% überhaupt nicht zu. Dagegen stimmen 94% der Befragten der Aussage zu, dass Altenpflege eine gesellschaftlich wichtige Aufgabe ist. Auch hier setzt sich der bereits oben identifizierte Trend fort, dass Personen mit eigener Erfahrung tendenziell stärker zu voller Zustimmung bei positiven Aussagen über die Altenpflege tendieren. Die Befragten waren zu mehr als 80% der Meinung, dass den Pflegekräften nicht genügend Zeit bei der Verrichtung ihrer Aufgaben zur Verfügung steht. Dabei überwog mit 46,2% die Haltung „überhaupt nicht" sowie mit 34,3% die Wertung „eher nicht". Entsprechend stimmten fast 70% der Befragten der Aussage zu, dass Einrichtungen der Pflege sich nicht ausschließlich auf ökonomische Faktoren konzentrieren sollten (siehe **Abbildung 28.5**).

Abbildung 28.5 „Die Einrichtungen sollten nicht nur aufs Geld schauen." („weiß nicht" und „keine Angabe" nicht berücksichtigt)

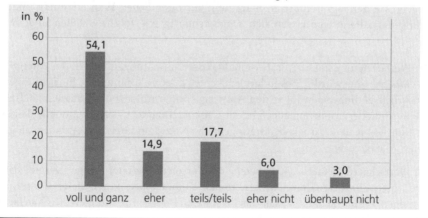

In diesem Zusammenhang widersprach eine eindeutige Mehrheit von 75,3% auch der Aussage, dass die Altenpflege in der Bundesrepublik Deutschland mit einem zu hohen Kostenniveau verbunden ist (vgl. **Abbildung 28.6**). Implizit lässt sich hieraus ableiten, dass den befragten Personen sehr wohl auch die gesellschaftliche Bedeutung der Altenpflege und die Konsequenz anfallender Kosten bewusst sind.

Abbildung 28.6 „Für die Altenpflege wird in Deutschland zu viel Geld ausgegeben." („weiß nicht" und „keine Angabe" nicht berücksichtigt)

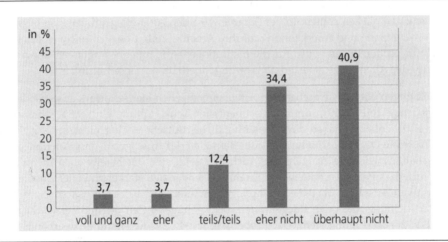

28.4 Zusammenfassung und Diskussion der empirischen Ergebnisse

Die Ergebnisse der repräsentativen Befragung zur öffentlichen Wahrnehmung und Wertschätzung der Altenpflege lassen sich schlaglichtartig wie folgt darstellen und interpretieren.

1. Der Wertschätzungsfaktor „Professionalität der Einrichtungen" gilt in der Altenpflege als verbesserungswürdig. Besonders schlechte Noten bekommen die Einrichtungen bei den Arbeitsbedingungen sowie den Aufstiegs- und Verdienstmöglichkeiten. Befragte mit persönlicher Erfahrung geben in der Einschätzung der „Verdienstmöglichkeiten" die Note 4-, bei den „Arbeitsbedingungen" die Note 4 und bei den „Aufstiegsmöglichkeiten" die Note 4+.

2. Der Wertschätzungsfaktor „Kompetenz des Personals" erhält hingegen vergleichsweise gute Noten. Für die Faktoren, die emotionale Kompetenz dokumentieren (Einfühlungsvermögen, Freundlichkeit) erhält das Personal in Pflegeeinrichtungen die Note 2-. Die Kompetenz zur individuellen und damit fallspezifischen Versorgung der Pflegebedürftigen bekommt allerdings nur ein durchschnittliches „befriedigend" und zeigt damit

Verbesserungspotenziale auf.

3. Deutliche arbeitsorganisatorische Mängel zeigte die Benotung der „Qualität der Dienstleistungen". Das Verhältnis von Preis und Leistung erhält nur eine 3-, ebenso der Umgang mit Kritik und Beschwerden. In Zusammenschau mit den qualitativen Forschungsarbeiten im Projekt „Berufe im Schatten" verstärkt sich der Eindruck arbeitsorganisatorischer Mängel vor allem im Bereich der Arbeitsbedingungen und Aufstiegschancen, aber auch in der Qualitätssicherung.

4. Der Beruf und die Beschäftigten werden jedoch durchaus wertgeschätzt: Altenpflege ist in den Augen der Bevölkerungsmehrheit keine „Jedermanntätigkeit." Nur 2% der Befragten mit persönlicher Erfahrung sind der Meinung, dass Altenpflege generell von jeder Kraft, ob ausgebildet oder nicht, ausgeführt werden kann. Für die große Mehrheit sind Altenpfleger/-innen eine gesellschaftlich wichtige Berufsgruppe, die Grund zum Stolz auf die eigene Profession und Leistung hat. Dem Personal der Altenpflege wird hohe fachliche und soziale Kompetenz attribuiert.

5. Die Einrichtungen selbst sind demgegenüber wenig angesehen: Nur 20% der Befragten sind der Auffassung, dass Altenheime ein hohes gesellschaftliches Ansehen genießen. Dieses eher negative Urteil kann – den Ergebnissen der Umfrage entsprechend – dabei nicht durch Kompetenzdefizite des Personals erklärt werden, sondern erscheint vielmehr aus arbeitsorganisatorischen Mängeln und Hemmnissen, den negativ bewerteten Arbeitsbedingungen und eben auch – aus einer Makroperspektive – durch die gesamtgesellschaftliche Unterfinanzierung dieser Dienstleistungsbereiche ableitbar zu sein.

28.5 Konsequenzen für die Praxis

Ziel des Projektes „Berufe im Schatten" war nicht nur die Diagnose und Analyse des Status quo sozialer Wertschätzung von Dienstleistungsberufen wie der Altenpflege. Auf der Basis der qualitativen und quantitativen empirischen Ergebnisse wurden Handlungsoptionen entwickelt – in der Praxis, mit der Praxis und für die Praxis.

Im Folgenden sollen zwei konkrete Handlungsoptionen für die Beschäftigten und Einrichtungen der Branche Altenpflege dargestellt werden, die im Projekt entwickelt und instrumentiert und in der betrieblichen Praxis umgesetzt wurden.

28.5.1 Kompetenzkommunikation – Die Fähigkeit, die eigene Kompetenz in Interaktionen darzustellen

In den oben dargestellten Ergebnissen der repräsentativen Bevölkerungsbefragung wurde die Außendarstellung der Branche und der Einrichtungen als bestenfalls mittelmäßig eingeschätzt (vgl. **Abbildung 28.3**). In den explorativen Feldinterviews stellte sich vor allem die Selbstdarstellung der Altenpflegekräfte deutlich defizitär dar (vgl. Klatt/Ciesinger 2010a) [4].

Altenpfleger/-innen drücken sich, so eine Beobachtung aus der explorativen Feldphase, bei der Beschreibung ihrer Tätigkeit sehr alltagssprachlich aus. Sie vermeiden Fachbegriffe und stellen die Verrichtungen des Berufsalltags episodisch dar. Allenfalls begründen sie in Einzelfällen die Verrichtungen, indem sie sie (wiederum alltagssprachlich) in den Kontext eines Pflegekonzeptes stellen. In der Regel unterbleibt jedoch auch dies. Der Berufsalltag in der Schilderung der Altenpfleger/-innen stellt sich als Abfolge von einfachen pflegerischen Tätigkeiten dar.

Im Rahmen des Projektes wurden Pflegewissenschaftler/-innen als akademisches Pendant der Altenpflegekräfte gebeten, entsprechende Zitate aus den Interviews in ihre Sprache zu „übersetzen". Die beiden Sprachvarianten wurden verglichen.

Es zeigte sich, dass Pflegewissenschaftler/-innen dieselben Sachverhalte sehr verständlich beschreiben, allerdings eine gehobenere Ausdrucksweise und alltagsnahe Fachbegriffe verwenden. Vor allem aber beschreiben sie nicht Verrichtungen, sondern zunächst die Pflegekonzepte, aus denen sich die Verrichtungen ableiten.

Während Altenpfleger/-innen also den Eindruck erwecken, bei ihrer Arbeit handele sich um eine reine Verrichtung, die keine oder geringe pflegefachliche Kompetenzen voraussetzt, stellen Pflegewissenschaftler/-innen in den Vordergrund, dass im Zentrum der Tätigkeit ein Pflegekonzept steht, dass die Verrichtung auf dieser Basis geplant ist und dem Ziel der Umsetzung eines Pflegekonzeptes beiträgt. Der Sprachgebrauch von Pflegewissenschaftler/-innen erweckt den Eindruck der Kompetenz und Werthaltigkeit, der von Altenpflegern/-innen den Eindruck der Schlichtheit – sowohl hinsichtlich der beschriebenen beruflichen Tätigkeit als auch der Person selbst.

Auf Basis dieser Ergebnisse und weiterer Expertengespräche mit Vertretern und Vertreterinnen von Altenpflegeeinrichtungen wurde die „Wirkungskette Kompetenzkommunikation" modelliert (vgl. **Abbildung 28.7**). Nach diesem Modell führt gelungene Kommunikation über die eigene Arbeit (Sprachvariante der Pflegewissenschaftler) zu einer hohen Kompetenzvermutung bei dem Interaktionspartner, sei dies der/die Pflegende, der/die Angehörige oder Kollegen bzw. Akteure aus anderen medizinischen Dienstleistungsbereichen. Auf der Ebene des Individuums führt eine so entstehende hohe Kompetenzvermutung zu der Wahrnehmung einer sozialen Wertschätzung in der Interaktion. Diese wiederum trägt dazu bei, dass die Betroffenen (Altenpfleger/-innen) Zufriedenheit mit ihrer Arbeitssituation entwickeln (Wertschätzung als Gratifikation) und die Arbeit als weniger belastend erleben, da emotionale Stressoren durch Geringschätzung seitens der direkten Klientel reduziert werden.

Abbildung 28.7 Wirkungskette Kompetenzkommunikation

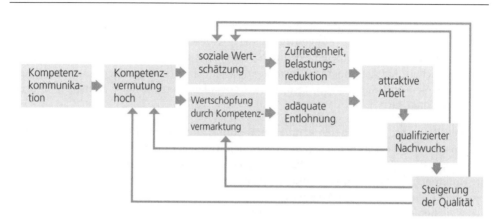

Auf der Ebene der Einrichtungen führt eine hohe Kompetenzvermutung zu einer höheren Wertschöpfung, da Dienstleistungen, die mit hohen Kompetenzvoraussetzungen verbunden sind, als werthaltiger (wertvoller) empfunden werden und daher einfacher und höherpreisiger vermarktbar sind, als Dienstleistungen, denen eine geringere Kompetenzgrundlage zugeschrieben wird. Die höhere Wertschöpfung der Einrichtungen kann zu einer adäquaten Entlohnung führen. Zusammen mit der erhöhten Zufriedenheit und der Belastungsreduktion führt adäquate Entlohnung zu attraktiven Arbeitsplätzen. Attraktive Arbeit sichert qualifizierten Nachwuchs, der wiederum für die Steigung der Qualität bürgt.

Im umgekehrten Fall einer „misslungenen" Kompetenzkommunikation kommt es zu geringer Kompetenzvermutung beim Interaktionspartner, geringerer sozialer Wertschätzung, geringerer Zufriedenheit (Gratifikationskrise) und einer Erhöhung der subjektiven emotionalen Belastung der Beschäftigten in der Altenpflege.

Auf Seiten der Einrichtungen führt nicht erfolgreiche Kompetenzkommunikation analog zu sinkender Wertschöpfung, zur mangelnden Möglichkeit adäquater Entlohnung und damit zu unattraktiven Arbeitsplätzen, die dazu führen, dass qualifizierter Nachwuchs ausbleibt. Nur noch Personen, die keine andere Möglichkeit haben, werden schlecht entlohnte, gering geschätzte und hoch belastete Arbeitsplätze annehmen. Im Ergebnis droht die Qualität der Pflege (tatsächlich) zu sinken, denn an dieser Stelle greifen negative Rückkopplungsmechanismen. Geringer qualifizierter Nachwuchs und absinkende Pflegequalität führt dazu, dass die Wertschätzung sinkt und die Wertschöpfung ebenfalls. Die Branche gerät damit in eine Abwärtsspirale.

Das heißt zusammenfassend: Eine mangelnde Kompetenzkommunikation (noch) hoch qualifizierter Arbeitskräfte führt in der Konsequenz dazu, dass die Kompetenz tatsächlich sinkt und die Qualität tatsächlich bedroht ist. Die Steigerung der Kompetenzkommunikation ist daher ein notwendiger Ansatzpunkt für die Verbesserung der Pflegequalität sowie für die Verbesserung der Arbeitsbedingungen und in der Folge auch der sozialen Wertschätzung und der betriebswirtschaftlichen Wertschöpfung.

Für die Umsetzung von Strategien zur Erhöhung der Kompetenzkommunikation ergeben sich zwei Handlungsebenen: Zum einen müssen die Beschäftigten in der Pflege in die Lage versetzt werden, ihre Kompetenzen durch zielgruppenadäquate Kommunikation „sichtbar" zu machen. Auf der anderen Seite müssen sie jedoch auch in die Lage versetzt werden, dies zu wollen und dies zu tun. Dem stehen vor allem Betriebs- und Branchenkulturen diametral entgegen.

Auf der Ebene der Beschäftigten kann Weiterbildung zum Thema Kompetenzkommunikation ansetzen. In diesem Bereich geht es vor allem um das Erlernen zielgruppenadäquater Kommunikation (Wahl unterschiedlicher Sprachniveaus und Erklärungsmuster für z. B. die Zusammenarbeit mit Ärzten und Krankenschwestern, die Zusammenarbeit mit Kollegen, die Kommunikation mit Angehörigen und den zu Pflegenden). In allen diesen Interaktionssituationen mit ihren spezifischen fachlichen und emotionalen Anforderungen müssen zielgruppenadäquate Kommunikationsformen gefunden werden. Hierzu wurde im Rahmen des Projektes „Berufe im Schatten" ein entsprechendes Bildungsangebot für Beschäftigte der Altenpflege entwickelt (vgl. Zimmermann/Ciesinger 2010) [7]. Hierzu wurde das Lernfeld „Anleiten – Beraten – Gespräche führen" der reformierten Ausbildungsordnung in ein Weiterbildungskonzept bzw. konkretes Curriculum überführt, das interessierten Einrichtungen angeboten wird.

Auf der Handlungsebene der Einrichtungen ist es notwendig, eine professionalisierte Unternehmenskultur zu schaffen, die aufnahmebereit ist für neue Kompetenzen der Mitarbeiter, insbesondere im Bereich der Kommunikation. Es ist zu erwarten, dass Absolventen des o.g. Trainings zur Kompetenzkommunikation, die entsprechende neue Kommunikationsstile erlernt haben, auf eine Unternehmenskultur treffen, in der die Nutzung von Fachsprache und die auf Zielgruppen adaptierte Interaktion nicht die alltägliche Kommunikationsform ist. Es ist zu erwarten, dass nicht die Absolventen kulturprägend sein werden, sondern dass die Absolventen von der Unternehmenskultur absorbiert werden und damit diese Kompetenzen, die wie oben dargelegt notwendig sind für die Professionalisierung der Branche, nicht umsetzen und perspektivisch wieder verlernen werden. Damit ist es in den Unternehmen zwingend notwendig, dass Kompetenzkommunikation als Unternehmensziel auf allen Ebenen verankert wird.

Zur Veränderung der Unternehmenskultur, um die Einrichtungen aufnahmefähig zu machen für die Umsetzung der neu erworbenen Kompetenzen der Mitarbeiterschaft, wurden im Projekt begleitende Innovationszirkel zum Thema Kompetenzkommunikation entwickelt und umgesetzt, die über alle Hierarchieebenen besetzt sind und in denen die Beschäftigten mit ihren Führungskräften eine Unternehmensleitlinie zum Thema Kommunikation erarbeiten. So wird die notwendige Verankerung der Kompetenzkommunikation in der Unternehmenskultur als grundlegende Rahmenbedingung für die Umsetzung des beschriebenen neuen Kommunikationsstils erzielt.

28.5.2 Neue Geschäftsfelder, neue Tätigkeiten, neue Arbeitsorganisation

Die Altenpflege ist ein psychisch und physisch hoch belasteter Arbeitsbereich, der aufgrund der Vorgaben durch das Finanzierungssystem unter erheblichem Kosten- und Zeitdruck geleistet werden muss. Dies belegen zahlreiche Studien wie z. B. der DGB-Index Gute Arbeit (vgl. ver.di 2008) [6]. Auch die oben dargestellte Bevölkerungsbefragung zeigt korrespondierende Ergebnisse. Das verrichtungsorientierte Abrechnungsmodell der kassenfinanzierten Leistungen in der Pflege kollidiert zudem mit der caritativen Grundausrichtung der Einrichtungen und Beschäftigten. Für die sinnstiftenden psychosozialen Leistungen verbleibt nicht genügend Zeit und Raum. Und dabei ist der „Sinngehalt der Arbeit" nach dem DGB-Index Gute Arbeit der einzige Bereich, in dem für den Altenpflegeberuf keine „Anspruchslücke" besteht.

In der Folge entstehen Unzufriedenheit, Fluktuation und Burnout bei den Beschäftigten – unattraktive Arbeitsplätze bei den Unternehmen, die Nachwuchsprobleme und einen Verlust der Pflegequalität verursachen (vgl. Klatt/Ciesinger, 2010b) [5].

Die Arbeitswissenschaft bietet seit Jahrzehnten Modelle an, die die psychischen und physischen Belastungen reduzieren, Ausbrennen und Erschöpfung verhindern und die Leistungsfähigkeit und Zufriedenheit der Beschäftigten erhalten – und dies bei gleichzeitiger Steigerung der Produktivität. Solche arbeitsorganisatorischen Modelle wie Job-Enlargement, -Enrichment und -Rotation setzen bei einer zeitlichen sowie horizontalen und vertikalen Durchmischung von Arbeitstätigkeiten an und zielen auf die Vermeidung einseitiger Belastungen, auf Abwechslung und Anregung sowie auf die Schaffung persönlicher Entwicklungsmöglichkeiten für die Beschäftigten. Die Modelle sind also bekannt, erprobt und effektiv.

Im Rahmen des Projektes wurden daher Einrichtungen der Pflege dabei unterstützt, unternehmensspezifische Definitionen von neuen Laufbahnmodellen oder individuellen Rotationsmodellen zu definieren, um Belastungsreduktionen in der Abfolge verschiedener Tätigkeiten, sei es im Rahmen der Karriereplanung oder im Rahmen der täglichen Arbeitsorganisation zu entwickeln.

Diese innerorganisatorischen Veränderungen setzen jedoch voraus, dass es alternative Tätigkeiten in der Einrichtung gibt, die Basis von Rotations- oder Laufbahnmodellen sein können. In der Altenpflege ist dies – bei einer Konzentration auf kassenfinanzierte Versorgungsleistungen – nicht gegeben. Die Tätigkeiten sind vielmehr eng umgrenzt und in einem Leistungskatalog der Kostenträger detailliert beschrieben.

Die Entwicklung neuer Geschäftsfelder und -modelle ist damit die Grundlage für innovative Personal- und Organisationsentwicklung: Nur wenn die Einrichtungen den kassenfinanzierten Pflegeleistungen tatsächlich andere, neue Geschäftsmodelle zur Seite stellen und so neue Leistungs- und damit Tätigkeitsbereiche definieren, ergibt sich die Möglichkeit zur Belastungsreduktion durch Mischarbeit.

Die Chancen dazu sind durchaus gegeben, denn die Beschäftigten verfügen über hohe spezifische Kompetenzen, insbesondere im Bereich der psychosozialen Betreuung, der Prophylaxe altersbedingter psychischer Erkrankungen wie Demenz oder auch in der Pflegeplanung und -konzeption. Diese Kompetenzen werden derzeit nicht offensiv vermarktet, da sich die Einrichtungen nur an dem Modell der kassenbasierten Finanzierung orientieren. Hier bestehen erhebliche (kompetenzbasierte) Geschäftsfeldpotenziale. Im Rahmen des Projektes wurden daher neue Geschäftsmodelle entwickelt, die die psychosozialen und präventiven Pflegedienstleistungen in den Vordergrund stellen. Dabei zeigte sich, dass eine Vielzahl frei finanzierbarer Dienstleistungen „aus dem Stand" und ohne jeglichen zusätzlichen Vorlauf für Kompetenzaufbau bei den Beschäftigten anbietbar sind, etwa psychosoziale Betreuung, Edukation, Alltagshilfen, Seniorenunterhaltung, Bau- und Immobilienberatung, Mobilitäts- und Versorgungshilfen, Beratungen bei der Gestaltung des häuslichen Umfeldes und so weiter.

Für alle diese Bereiche besitzt die Pflegebranche ausgewiesene und z. T. einzigartige Expertise, die durchaus am Markt gefragt ist. So kann eine wissens- und erfahrungsbasierte Beratung von Entwicklern seniorengerechter Produkte oder altersgerechter Wohnsituationen durch Experten aus der Pflege diesen Unternehmen erhebliche Kosten einsparen bzw. Marktpotenziale für deren Produkte und Angebote eröffnen. Auch die Ausbildung von Laienhelfern und die Koordination ihres Einsatzes sowie die fachliche Supervision ihrer Tätigkeiten kann die Qualität der psychosozialen Betreuung sicherstellen und erhöhen.

Die Marktpotenziale als Zusammenspiel der Bedarfe seitens potenzieller Kunden, der notwendigen Kompetenzen und der Kundenzugänge sind also für erweiterte Dienstleistungen der Pflegebranche in großem Umfang gegeben.

Ein besonders weitreichendes Beispiel einer solchen neuen Geschäftsidee ist die des cPad, eine Kooperation einer Pflegeeinrichtung mit einem Technikhersteller, die im Projekt „Berufe im Schatten" angestoßen wurde.

28.5.3 Das Beispiel cPad - Technikbasierte Dienstleistungen für Senioren

Die Grundidee des Projektes ist es, durch die Bereitstellung von niederschwellig erreichbaren Dienstleistungen über eine neuartige technische Plattform die Selbständigkeit und (virtuelle) Mobilität älterer Menschen möglichst lange partiell zu erhalten. Hierzu dient das cPad (CarePad), das alle notwendigen Kommunikationen des älteren Menschen mit seiner Umwelt unterstützt. Das cPad ist ein gängiger Tablet-PC, der speziell für die Bedürfnisse älterer Menschen ausgerichtet ist und nur die Funktionen bereitstellt, die der individuelle Ältere zu jedem Zeitpunkt benötigt. Auf dieser intuitiven Plattform, die keinerlei Schulung erfordert, werden nun Kommunikationsmöglichkeiten (Telefonie etc.), Trainings (z. B. zur Erhaltung der kognitiven Leistungsfähigkeit), Dienstleistungen (Lebensmittelbestellungen, Hausmeisterservices, Notruf, Raumüberwachung etc.) und perspektivisch auch telemedizinische Dienste (etwa Überwachung der Körperfunktionen) angeboten.

Die älteren Menschen werden so in die Lage versetzt auf virtuellem Weg den Kontakt zu ihrer Umwelt zu erhalten, am gesellschaftlichen Leben auch von der Wohnung aus teilzunehmen und durch die angebotenen Dienste möglichst lange selbständig zu wohnen. Diese Versorgungsangebote sollen in einem Modellversuch im Westmünsterland in einem betreuten Wohnen des beteiligten Pflegedienstes mit ca. 600 Mietern entwickelt und erprobt werden. Eine ausführlichere Darstellung der Technologie sowie des geplanten Dienstleistungsangebotes findet sich bei Ciesinger et al. (2011a) [1].

Durch eine Geschäftsfeldentwicklung wie cPad bringen Einrichtungen der Pflege ihre spezifischen Kompetenzen in vollkommen neue Entwicklungsfelder ein. Sie arbeiten auf Augenhöhe, als Experten, mit Akteuren anderer Branchen zusammen und beweisen in diesem Entwicklungsdialog ihre Kompetenzen.

Hinsichtlich des Geschäftsmodells cPad setzt sich die Altenpflegeeinrichtung im Rahmen einer Koordinierungsfunktion der Dienstleistungen an die Spitze einer Wertschöpfungskette – mit allen positiven ökonomischen Konsequenzen. Anders als in der Wertschöpfungskette Pflege, in der sie als Erbringer einer Dienstleistung am Ende der Kette steht, hat sie im Geschäftsmodell cPad maßgeblichen Einfluss auf Dienstleistungsentwicklungen und die nachfolgenden Marktprozesse. Dadurch generiert sie neue Umsätze aus neuen Finanzierungsquellen und schafft damit die Rahmenbedingungen für eine Veränderung der internen Dienstleistungsprozesse. Es werden neue Tätigkeitsfelder abseits der Grund- und Behandlungspflege erzeugt: so z. B. Funktionen wie Technologieberatung, Dienstleistungsvertrieb und -koordination, Anwendersupport, Training für Senioren und Dienstleister und so weiter. Diese Tätigkeiten sind die aktuell fehlenden Entwicklungspfade für die Beschäftigten in der Pflege, die die arbeitswissenschaftlich bekannten Modelle des Job-Enrichment, Job-Enlargement und der Rotation ermöglichen und außerdem neue Karrieremodelle und biografische Entwicklungslinien vorzeichnen.

Mit diesen Veränderungen in der Arbeitsstruktur und den damit einhergehenden Entwicklungsmöglichkeiten der Beschäftigten ergeben sich nicht nur Belastungsreduktionen, sondern auch neue persönliche Perspektiven und Kompetenzentwicklungschancen. Der Beruf Altenpfleger/-in sollte damit wesentlich an Attraktivität gewinnen – zumindest bei den Einrichtungen, die diese neuen Geschäftsfeldentwicklungen vorantreiben – und damit die Problematik qualifizierten Fachkräftenachwuchses entschärfen.

Das Projekt cPad zeigt damit, dass es durchaus Wege gibt, wie Einrichtungen der Altenpflege und vielleicht die ganze Branche aus dem Schatten treten können. Durch Geschäftsfeldentwicklungen wie das cPad verlassen sie die Rolle des geringgeschätzten und abhängigen „letzten Gliedes der Wertschöpfungskette" und definieren für sich selbst eine kompetenzbasierte Rolle des Innovationstreibers. Die Wertschätzung der Beschäftigten, der Berufe, der Einrichtungen und damit der gesamten Branche dürfte sich durch derartige Strategien entscheidend zum Besseren verändern!

Literatur

[1] Ciesinger, K.-G./Cohnen, H./Klatt, R. (2011a): Entwicklung neuer Dienstleistungen und Karrierepfade in der Altenpflege, in: Ciesinger, K.-G./Fischbach, A./Klatt, R./Neuendorff, H. (Hrsg.): Berufe im Schatten. Wertschätzung von Dienstleistungsberufen, 1. Aufl., Münster, S. 201-216.

[2] Ciesinger, K.-G./Fischbach, A./Klatt, R./Neuendorff, H. (2011b): Berufe im Schatten. Wertschätzung von Dienstleistungsberufen, 1. Aufl., Münster.

[3] Ciesinger, K.-G./Klatt, R. (2010): Kompetenzkommunikation – die Fähigkeit, die eigene Kompetenz in Interaktionen darzustellen, in: Fuchs-Frohnhofen et al. (Hrsg.): Wertschätzung, Stolz und Professionalisierung in der Dienstleistungsarbeit „Pflege",1. Aufl., Marburg, S. 29-31.

[4] Klatt, R./Ciesinger, K.-G. (2010a): Arbeite gut und rede darüber – Kommunikationskompetenz und Kompetenzkommunikation, in: præview, Vol. 1, 3, S. 26-27.

[5] Klatt, R./Ciesinger, K.-G. (2010b): Industrialisierung der Pflege als Wertschätzungshemmnis, in: Fuchs-Frohnhofen, P./Blass, K./Dunkel, W./Hinding, B./Keiser, S./Klatt, R./Zühlke-Robinet, K. (Hrsg.): Wertschätzung, Stolz und Professionalisierung in der Dienstleistungsarbeit „Pflege", 1. Aufl., Marburg, S.32-34.

[6] ver.di (2008): Arbeitsqualität aus der Sicht von Altenpfleger/-innen. Ergebnisüberblick DGB-Index Gute Arbeit 2007/08, URL: http://www.verdi-gute-arbeit.de/upload/m49d5ce44bfd 30_verweis1.pdf [Stand: 05. April 2011].

[7] Zimmermann, T./Ciesinger, K.-G. (2010): Zeigen was man kann! Ein Kommunikationstraining für Dienstleistungsberufe, in: præview, Vol. 1, 3, S. 28-29.

29 Interaktive Arbeit als Kern von Pflege

Thomas Birken, Wolfgang Dunkel, Isabel Herms

29.1	Einleitung	561
29.2	Interaktive Arbeit in der Altenpflege	561
29.2.1	Strategien interaktiver Arbeit	563
29.2.2	Interaktionskompetenzen und ihr Professionalisierungsdefizit	565
29.3	Emotionsarbeit	566
29.4	Qualifizierung in der Altenpflege – Erfahrungen aus dem Projekt PiA	568
29.4.1	Emofit®	569
29.4.2	Das Reflexionstagebuch	570
Literatur		573

Dipl.-Soz. Thomas Birken, Institut für Sozialwissenschaftliche Forschung e.V. München

Dr. Wolfgang Dunkel, Institut für Sozialwissenschaftliche Forschung e.V., ISF München

Dipl.-Psych. Isabel Herms, Hochschule Aalen für Technik und Wirtschaft, Fakultät für Wirtschaftswissenschaften

29.1 Einleitung

Im Verbundvorhaben PiA – Professionalisierung interaktiver Arbeit[1] wurden die Bedingungen und Grundlagen von Dienstleistungsqualität in der interaktiven Arbeit mit qualitativen und quantitativen Methoden erforscht sowie entsprechende Maßnahmen der Arbeitsgestaltung und Qualifizierung entwickelt und erprobt. Zusammen mit drei Dienstleistungsunternehmen (Accor Hospitality Germany GmbH, DB Services Nordost GmbH und AWO Bezirksverband Oberbayern e. V.) hat sich die Forschergruppe mit dem Dienstleistungsgeschehen an drei Orten befasst: dem Hotel, dem Bahnhof und dem Seniorenzentrum. Dabei wurden jeweils die Dienstleistungsfachkräfte genauso wie die Kunden in die Forschung mit einbezogen. Für die Pflege bedeutet dies, dass das Dienstleistungsgeschehen im Seniorenzentrum nicht nur aus der Perspektive des Einrichtungsträgers und der Beschäftigten in der Einrichtung, sondern auch aus den Perspektiven der Bewohner und ihrer Angehörigen erfasst wurde. Beteiligt waren drei Seniorenzentren: Ein großes und ein mittelgroßes Haus, die jeweils eine gemischte Bewohnerschaft aufweisen sowie eine kleinere, beschützende Einrichtung, die architektonisch und konzeptionell auf die Bedürfnisse an Demenz erkrankter Bewohnerinnen und Bewohner zugeschnitten ist.

Dieser Beitrag konzentriert sich auf Ergebnisse, die im Praxisfeld der stationären Altenpflege erzielt wurden. Wir werden im ersten Abschnitt auf der Grundlage qualitativer Erhebungen darstellen, worin die spezifische Problematik für die interaktive Arbeit in der stationären Altenhilfe besteht, mit Hilfe welcher Strategien diese Problematik bearbeitet werden kann und worin der Professionalisierungsbedarf im Bereich der Interaktionskompetenzen liegt. Im zweiten Abschnitt werden wir auf der Grundlage quantitativer Erhebungen des Projektes PiA auf einen zentralen Aspekt interaktiver Arbeit – auf die Emotionsarbeit – näher eingehen: Welche Bedeutung hat Emotionsarbeit für die Pflegekräfte selbst, aber auch für einen wichtigen Adressatenkreis dieser Arbeit, nämlich die Angehörigen, die im Seniorenzentrum präsent sind? Im abschließenden dritten Abschnitt dieses Beitrages werden Qualifizierungsinstrumente vorgestellt, die in der Projektarbeit des Verbundvorhabens PiA entstanden sind und die Antworten auf den spezifischen Professionalisierungsbedarf im Bereich der interaktiven Arbeit in der Pflege zu geben versuchen: das Trainingsprogramm „Emofit" und das Instrument des Reflexionstagebuches.

29.2 Interaktive Arbeit in der Altenpflege

Altenpflege ist Arbeit an und mit Menschen par excellence. Und sie ist notwendigerweise beides zugleich. Denn der pflegebedürftige Mensch ist einerseits der Gegenstand der interaktiven Arbeit (oder wie Goffman das nennt: das „schadhafte Objekt", vgl. Goffman 1973,

---

[1] PiA wird im Rahmen des Förderschwerpunktes „Dienstleistungsqualität durch professionelle Arbeit" aus Mitteln des Bundesministeriums für Bildung und Forschung und aus dem Europäischen Sozialfonds der Europäischen Union gefördert (Förderkennzeichen: 01FB08005-11). Für nähere Informationen zum Verbundvorhaben siehe www.interaktive-arbeit.de.

S. 313) [9], andererseits aber auch der Interaktionspartner im Prozess der Pflege, der immer bis zu einem gewissen Punkt mitspielen und eigene Beiträge liefern muss, damit die Pflegeleistung erfolgreich erbracht werden kann. An diesem und mit diesem Menschen werden personenbezogene Dienstleistungen verschiedener Art erbracht. Deren Spektrum reicht von scheinbar einfachen „Hoteldienstleistungen" wie Essensversorgung oder Reinigungsdiensten über krankenpflegerische Leistungen bis hin zur ganzheitlichen Unterstützung der Lebensführung von Pflegebedürftigen. Es reicht von flüchtigen Kontakten bis hin zu körperlich und psychisch herausfordernden Handlungssituationen, die weit in die Intimsphäre der Pflegebedürftigen hinein reichen und beiden Seiten sehr viel abverlangen können. Und interaktive Arbeit in der Altenpflege geht, insbesondere in der hier untersuchten stationären Altenhilfe, über die 1:1-Situation zwischen Pflegekraft und Pflegebedürftigem in vielfacher Hinsicht hinaus. Das Altenheim ist ein Ort, in dem eine Vielzahl von Menschen zusammen lebt und arbeitet und in dem interaktive Arbeit in einer 1:1-Beziehung zugleich auch immer Auswirkungen hat auf das Dienstleistungsgeschehen insgesamt: Die Zeit, die eine Pflegekraft für eine Bewohnerin oder einen Bewohner aufbringt, kann sie für einen anderen Bewohner nicht mehr investieren; in öffentlichen Situationen wie etwa dem gemeinsamen Mittagessen interagieren Pflege- und Hauswirtschaftskräfte mit einer Vielzahl von Bewohnern gleichzeitig, wobei es dann nicht nur darum geht, individuellen Bedürfnissen gerecht zu werden, sondern auch die Gesamtsituation in einem angenehmen Rahmen zu halten; sowohl das Personal wie auch die Bewohnerinnen und deren Angehörige kooperieren jeweils untereinander und stimmen sich dabei darüber ab, wer welche Aufgaben im Rahmen des Heimalltags übernimmt.

Einer solchen komplexen Handlungssituation könnte nun dadurch begegnet werden, dass es Handlungsregeln gibt, die von allen Beteiligten fraglos akzeptiert werden. Rigide Vorgaben totaler Institutionen wie etwa Gefängnisse oder psychiatrische Anstalten (vgl. Goffman 1973) [9], die sowohl „Wärter" wie auch „Insassen" einem institutionell definierten Tagesablauf unterwerfen und dabei die individuellen Handlungsrechte mitunter sehr weitgehend beschneiden, wären sozusagen die klassische Variante einer solchen Regulierung. Diese Variante widerspricht jedoch den Interessen der Pflegebedürftigen, die in der stationären Einrichtung nicht verwahrt werden, sondern wohnen wollen. Genauso wenig entspricht sie den Erwartungen der Öffentlichkeit an die Lebensqualität, die in der stationären Altenhilfe geboten wird oder den Vorgaben, die die Heimgesetzgebung den Anbietern in der stationären Altenhilfe gibt. Und sie steht im Gegensatz zu professionellen Vorstellungen einer guten Pflege.

Handlungskoordination im Altenheim soll also nicht ex ante vorgegeben sein, sondern muss Tag für Tag aufs Neue von den Beteiligten hergestellt werden. Dabei ist zu akzeptieren, dass es durchaus unterschiedliche Vorstellungen darüber geben wird, worin die entscheidenden Qualitätskriterien für eine gelungene Handlungskoordination liegen. Hier gehen die Ansichten bei den beteiligten Personengruppen und den Institutionen, die auf das Dienstleistungsgeschehen im Heim Einfluss nehmen, mitunter durchaus auseinander: Pflegebedürftige, Angehörige, der Träger und die Prüfinstanzen (Heimaufsicht, MDK, etc.), die Einrichtungsleitung, die Pflegefachkräfte und -hilfskräfte und weitere Professionen, die bei der Versorgung mit im Spiel sind, haben jeweils eigene Interessen und eigene Anschauungen darüber, worauf es eigentlich ankommt.

Angesichts einer solchen Ausgangslage ist es beinahe schon verwunderlich, dass Leben und Arbeiten in der stationären Altenhilfe nicht grundsätzlich aneinander vorbei laufen, sondern, wie unsere Untersuchungen gezeigt haben, in der Regel gut miteinander vermittelt sind. Entscheidend hierfür ist allerdings, dass die Beteiligten Mittel und Wege interaktiver Arbeit finden, um immer wieder aufs Neue zu guten Lösungen zu gelangen.

29.2.1 Strategien interaktiver Arbeit

Für die empirische Erfassung interaktiver Arbeit wurde im Projekt PiA ein Methodenbündel entwickelt, das qualitative, interaktive, quantitative und reflexive Methoden kombiniert (vgl. Hoffmann/Weihrich 2011) [15]. Es wurden Leitfadeninterviews mit Experten, Beschäftigten und Kunden geführt und interaktive Arbeit beobachtet (qualitativ), Kunden wie Beschäftigte über verschiedene Dienstleistungsinteraktionen hinweg begleitet und gebeten, ihre Tätigkeiten zu kommentieren (interaktiv), standardisierte Befragungen von Kunden und Beschäftigten durchgeführt (quantitativ) und eine Studie gestartet, in der Kunden über ihre Dienstleistungsinteraktionen Tagebuch führen (reflexiv). Die folgenden Ergebnisse beruhen auf Interviews und Begleitungen, die wir in zwei Seniorenzentren (einer mittelgroßen Einrichtung mit gemischter Bewohnerschaft und einer kleinen beschützenden Einrichtung, die auf die Bedürfnisse von Demenzkranken zugeschnitten ist) durchgeführt haben. Dabei waren sowohl Pflegekräfte, Hauswirtschaftskräfte und Betreuungskräfte wie auch Bewohnerinnen, Bewohner und ihre Angehörigen unsere Interaktionspartner.

Das Konzept der interaktiven Arbeit stellt den Abstimmungsprozess zwischen Dienstleistern und ihren Kunden in den Mittelpunkt und richtet sein Augenmerk insbesondere darauf, auf welche Weise beide Seiten Abstimmungsprobleme lösen, die sich in Dienstleistungsbeziehungen regelmäßig ergeben (vgl. hierzu ausführlicher den Beitrag von Hoffmann et al. in diesem Band).

In der Altenpflege erhält diese Grundproblematik einen besonderen Zuschnitt, der sie von anderen Dienstleistungsbeziehungen unterscheidet. Diese sind dann, wenn es sich um weitgehend reine Marktbeziehungen handelt, dadurch gekennzeichnet, dass der Kunde die Dienstleistungsbeziehung freiwillig eingeht, dabei seinen Präferenzen folgt, zwischen unterschiedlichen Anbietern wählen und diese bei Unzufriedenheit wechseln kann und selbst derjenige ist, der für die erbrachten Leistungen zahlt. Die Situation von Altenheimbewohnerinnen und -bewohnern ist hingegen dadurch charakterisiert, dass der Einzug in das Heim eher einer Notwendigkeit und weniger eigenen Präferenzen geschuldet ist, dass die Auswahl zwischen verschiedenen Anbietern spätestens nach dem Einzug nur sehr begrenzt realisierbar ist und dass sie selbst in der Regel nur einen Teil der Leistungen selbst bezahlen.

Bewohnerinnen und Bewohner sind deshalb Kunden, deren Handlungssouveränität eingeschränkt ist. Diese Einschränkung erfährt eine weitere Verschärfung durch Erkrankungen, wie sie typischerweise in stationären Einrichtungen der Altenhilfe zu finden sind. Körperliche und/oder geistige Fähigkeiten sind so weit eingeschränkt, dass ein kontinuierlicher Hilfebedarf notwendig wird. Eine zunehmend größer werdende Gruppe von Bewohnern, deren Bedürfnissen die Altenpflege mehr und mehr gerecht zu werden versucht, ist die

Gruppe der demenziell Erkrankten. Aus dienstleistungssoziologischer Sicht hindern solche Erkrankungen Menschen in mehrfacher Weise daran, als souveräner Kunde aufzutreten: Menschen mit Demenz agieren nur begrenzt strategisch und selbstkontrolliert. Insofern sind ihre Möglichkeiten, Handlungsziele strategisch zu verfolgen, stark eingeschränkt. Da typischerweise ihr Kurzzeitgedächtnis massiv gestört ist, werden sie immer wieder mit Situationen konfrontiert, für die ihnen die Vorgeschichte fehlt. Ebenso können persönliche Beziehungen zwar auf emotionaler Ebene (Gefühl der Vertrautheit) aufgebaut werden, nicht aber in voller Kenntnis der anderen Person. Des Weiteren fällt es demenziell Erkrankten schwer, die Situation, in der sie sich befinden und die eigene Person in Relation zu dieser Situation zu erfassen. Sie leben sozusagen in ihrer eigenen Welt und es ist für beide Seiten der Dienstleistungsbeziehung eine anspruchsvolle Aufgabe, zwischen der idiosynkratischen Welt des Bewohners und der institutionellen Realität des Lebens im Seniorenzentrum zu vermitteln.

Um mit solchen Anforderungen gut umgehen zu können, ist es für Pflegekräfte unabdingbar, auf ein breiteres Repertoire von Strategien interaktiver Arbeit zurück greifen zu können als auf das Gespräch, mit dem explizit eine Verständigung zwischen den Pflegekräften und den Bewohnern herbeigeführt wird. Interaktive Arbeit kennt sehr viel mehr Wege, zum Beispiel die Koordination durch Bewegungen, die das Zusammenspiel etwa bei der Körperpflege erst möglich macht; hier kann die Pflegekraft durch Berührung und auch durch den Einsatz von Körperkraft Defizite auf der Seite der Pflegebedürftigen ausgleichen.[2] Interaktive Arbeit kennt auch nicht nur die Argumentation, mit der man sein Gegenüber von einer Sache überzeugen möchte, sondern auch Vorgehensweisen wie das Aufmuntern, das Überreden oder das Zum-Nachmachen-Animieren. Ziel solcher Vorgehensweisen ist dabei immer, das Gegenüber zum Mitmachen zu bewegen. Dies ist aber nicht das einzige Ziel interaktiver Arbeit. Sie kann auch zur Lösung des jeweils anstehenden Problems beitragen, etwa dann, wenn einem trauernden Menschen Trost gespendet und damit Arbeit an den Gefühlen anderer geleistet wird.

Eine Strategie, die insbesondere dann zur Anwendung kommt, wenn eine argumentativ-kognitive Verständigung schwierig ist, ist trial and error. Dies ist (neben der stärker systematisch ausgerichteten Biographiearbeit) eine Methode der Wahl, wenn pflegebedürftige Bewohner neu einziehen und erkundet werden muss, wie am besten mit ihnen umzugehen sei. In diesem Zusammenhang eröffnet das fehlende Kurzzeitgedächtnis demenziell erkrankter Bewohner besondere Möglichkeiten: Wenn eine Strategie interaktiver Arbeit gescheitert ist, können Pflegekräfte die Situation verlassen und später ihr Glück ein zweites Mal relativ unbelastet versuchen, da die Pflegebedürftigen die vorangegangene Situation bereits wieder vergessen haben.

Eine weitere Strategie besteht in dem Aufbau gemeinsamer Routinen und einer persönlich gefärbten Dienstleistungsbeziehung zwischen bestimmten Pflegekräften und bestimmten

---

[2] Dies kann aber auch tendenziell gewaltsame Züge annehmen, wenn sich eine demenziell erkrankte Bewohnerin nicht waschen lassen möchte und sich eher sträubt als sich kooperativ zu zeigen (vgl. das Fallbeispiel „Waschen von Frau M." in Dunkel/Rieder (2004)) [7].

Bewohnerinnen und Bewohnern. Dies hat allerdings zur Voraussetzung, dass beide Seiten in der Lage sind, eine persönliche Beziehung aufzubauen. Gelingt dies, kann ein Vertrauensverhältnis entstehen und viele Dinge müssen weder langwierig verhandelt noch immer wieder neu ausprobiert werden. Zu betonen ist allerdings, dass der Erfolg einer solchen Vorgehensweise nicht allein von der Professionalität der Pflegekraft, sondern auch davon abhängt, dass die Bewohnerin oder der Bewohner selbst etwas beiträgt.

Auch Bewohner verfolgen Strategien und leisten interaktive Arbeit (siehe hierzu wie auch zu den Strategien von Pflegekräften ausführlicher Weihrich 2011) [20]. Dies kann darin bestehen, institutionelle Zwänge, die etwa bei Personalknappheit bestehen, zu reflektieren und die eigenen Ansprüche entsprechend anzupassen. Solche Anpassungsleistungen ergeben sich aber auch dadurch, dass Bewohner ihre Situation als eine Situation der Abhängigkeit begreifen und eigene Ansprüche deshalb zurückstellen, weil sie fürchten unangenehm aufzufallen und in der Zukunft Nachteile zu riskieren.

Auch wenn Demenzkranke nicht oder nur begrenzt in der Lage sind, sich Handlungsziele zu setzen und diese strategisch zu verfolgen, sind auch sie nicht im Entferntesten rein passive Empfänger von Pflegeleistungen. Sie nehmen Einfluss auf die Interaktionsverläufe in den Dienstleistungsbeziehungen, an denen sie partizipieren, indem sie ihre Bedürfnisse unverstellt und direkt zum Ausdruck bringen. Ebenso reagieren sie unverstellt und direkt auf ihre Interaktionspartner und drücken ihre Sympathie oder Antipathie unmissverständlich aus. Von dem Pflege- und Betreuungspersonal wird diese „Ehrlichkeit" geschätzt: Man weiß in gewisser Hinsicht sehr genau, woran man ist.

Auffällig war bei der Begleitung und Beobachtung demenzkranker Bewohnerinnen und Bewohner, dass ihnen bis zu einem gewissen Grad der Erkrankung gesellschaftliche Konventionen etwa der Begrüßung und der Verabschiedung geläufig bleiben. Da gerade auch Dienstleistungssituationen mit solchen Konventionen verbunden sind, tragen diese dazu bei, dass solche Prozesse gelingen können: Am Mittagstisch setzt man sich auf einen Platz und bleibt dort auch sitzen; man lässt andere für sich arbeiten; man isst gemeinsam und unterhält sich mitunter dabei auch; und man sanktioniert sich wechselseitig, wenn es Abweichungen von den Konventionen gibt. Manchmal werden auch Konventionen aufrechterhalten, die zwar mit der Dienstleistung selbst korrespondieren, nicht aber mit dem veränderten Dienstleistungssetting: Mitunter wollen Bewohner zahlen, wenn sie zu essen bekommen haben – dies ist aber im Seniorenzentrum so nicht vorgesehen.

29.2.2 Interaktionskompetenzen und ihr Professionalisierungsdefizit

Ein wichtiges Ergebnis des Projektes PiA liegt darin, dass Beschäftigte in der Altenpflege zwar in hohem Maße über interaktive Kompetenzen verfügen, diese jedoch nicht als spezifische Kompetenzen und als Teil ihrer Professionalität auffassen, sondern als mehr oder weniger selbstverständlich gegebene Fähigkeiten, über die nicht weiter nachgedacht werden muss. Interaktive Arbeit wird deshalb auch noch nicht hinreichend gestaltet und qualifiziert. Vielmehr werden pflegefachliche Professionalität und Dienstleistungsverständnis der eigenen Arbeit vorwiegend als Widerspruch gesehen. Interaktive Arbeit wird also mit hoher Professionalität geleistet – dies ist den Pflegenden selbst jedoch nicht so weit bewusst, dass sie hierauf einen soliden Produzentenstolz aufbauen könnten. Dies hat zu tun mit den zwei wesentlichen Dimensionen pflegefachlicher Arbeit: Auf der einen Seite fachlich ausgerichtete Krankenpflege, die sich an Standards orientiert und in die Pflegedokumentation Eingang findet, auf der anderen Seite Beziehungspflege als alltäglicher, allgemein-menschlicher Umgang mit Bewohnerinnen und Bewohnern.

Für die zu beschreitenden Professionalisierungswege haben diese Erkenntnisse folgende Konsequenzen:

- Um den Stellenwert interaktiver Arbeit für alle Beteiligten bewusst zu machen, muss sie sichtbar gemacht werden. Dies ist zunächst einmal vor allem eine Aufgabe für die Forschung.[3]

- Um die oftmals schwierigen Probleme, die *in* der Dienstleistungsbeziehung zwischen Pflegekräften, Pflegebedürftigen und Angehörigen entstehen, interaktiv gut bewältigen zu können, müssen den Beteiligten entsprechende Handlungsspielräume und Ressourcen zur Verfügung stehen. Dies ist vor allem eine Aufgabe für die Arbeitsgestaltung.

- Um einer Selbstwahrnehmung von Pflegekräften entgegenzuwirken, nach der interaktive Arbeit weniger auf fachlichen als auf persönlichen Kompetenzen aufbaut („Man hat es oder man hat es nicht"), muss die spezifische Professionalität interaktiver Arbeit gefördert werden. Dies ist vor allem eine Aufgabe für die Aus-, Fort- und Weiterbildung in den Pflegeberufen.

In dem abschließenden Kapitel dieses Beitrages werden Gestaltungsmaßnahmen vorgestellt, die im Projekt PiA in Kooperation zwischen Wissenschaft und Praxis eingesetzt worden sind und auf den letztgenannten Professionalisierungsweg abzielen. Zunächst aber soll im Folgenden auf eine zentrale Dimension interaktiver Arbeit – die Emotionsarbeit – näher eingegangen werden.

29.3 Emotionsarbeit

Ein zentraler Aspekt von interaktiver Arbeit ist die Emotionsarbeit (emotional labour) (vgl. u. a. Dunkel 1988; Böhle/Glaser 2006) [6], [2].[4] Begründet wurde dieses Konzept durch die

---

[3] Vgl. hierzu den Beitrag von Hoffmann et al. in diesem Band, die sich systematisch mit diesem Professionalisierungsweg auseinandersetzen.

[4] Bei dem hier vorgestellten Konzept der Emotionsarbeit wird die Bearbeitung der eigenen Emotionen, z.B. die der Pflegekraft, fokussiert. Gleichwohl nehmen Emotionen und Gefühle in der interaktiven Pflegearbeit einen weitaus größeren Stellenwert ein, z.B. wenn es um das „Erspüren" emotionaler Befindlichkeiten der Bewohner geht oder um die gezielte Beeinflussung von Gefühlen des Interaktionspartners. Darüber hinaus spielen Emotionen in der stationären Altenpflege – weitaus mehr als in vielen anderen Dienstleistungsberufen – eine besondere Rolle, geht es doch häufig um existentielle Emotionen wie Angst und Trauer oder tabuisierte Emotionen wie Ekel und Scham (vgl. Gröning 1998; Krey 2003) [11], [17].

Soziologin Arlie Hochschild (vgl. Hochschild 1979; 1983) [13], [14]. Im Rahmen von Studien über Mitarbeitende in personenbezogenen Dienstleistungen (v. a. Stewardessen) entwickelt diese Autorin die These, dass die Bearbeitung von Gefühlen im Arbeitskontext Tauschwertcharakter (Lächeln zur Gewinnsteigerung) besitze und zu einer gefährlichen Entfremdung von persönlichen, authentischen Gefühlen führen könne. Bei dem Ansatz der Emotionsarbeit geht es darum, das eigene empfundene Gefühl mit dem gezeigten und dem erwünschten Gefühl in Einklang zu bringen und eine sogenannte emotionale Harmonie zu erzeugen. Solche erwünschten Gefühle werden meist – direkt (z. B. durch den Arbeitgeber) oder indirekt (z. B. durch gesellschaftliche Normen) – durch so genannte Gefühlsregeln vorgegeben. Forschungen auf dem Gebiet zeigen, dass in der stationären Altenhilfe Gefühlsregeln durch das Pflegeheim (organisationale Ebene) bzw. die Altenhilfe als Beruf wenig vorgegeben sind (vgl. Glaser et al. 2008) [8]. Es sind hier eher eigene, von der Pflegekraft ausgehende Regeln, wie Gefühle ausgedrückt werden *sollten* (vgl. Glaser et al. 2008) [8].

Emotionsarbeit ist immer dann erforderlich, wenn eine Diskrepanz zwischen dem gezeigten und dem tatsächlich empfundenen Gefühl entsteht (emotionale Dissonanz). Die emotionale Dissonanz wird in zahlreichen Studien als Belastungsfaktor beschrieben und steht in hohem Zusammenhang mit emotionaler Erschöpfung (u. a. Glaser et al. 2008; Martínez-Iñigo et al. 2007; Grandey 2003) [8], [18], [10]. Badura (1990) [1] beschreibt diesen Widerspruch als „Interaktionsstress": In personenbezogenen (interaktiven) Dienstleistungsberufen ist es oft notwendig, auf die Emotionen des Gegenübers einzugehen, ohne die eigenen zu beachten. Dies kann zu einer emotionalen Überforderung führen bis hin zum Ausbrennen.

Im Umgang mit dieser Diskrepanz zwischen „ein Gefühl haben, aber nicht zeigen dürfen, stattdessen ein anderes zeigen" unterscheidet Hochschild grundsätzlich zwei Strategien: Mit dem Oberflächenhandeln (surface acting) beschreibt die Autorin die Regulierung des Emotionsausdrucks. Das heißt, es werden Gefühle „vorgespielt", ohne diese wirklich innerlich zu empfinden. Beim Tiefenhandeln (deep acting) hingegen werden die inneren, tatsächlich empfundenen Gefühle reguliert, die gezeigt werden sollen bzw. müssen, z. B. durch kognitive Umdeutung oder Entspannung.

Da Emotionsarbeit einen wesentlichen Bestandteil interaktiver Arbeit darstellt, wurde sie auch im Projekt PiA einbezogen. *„Man muss immer freundlich bleiben!",* antwortete eine Pflegekraft auf die Frage, was die größten Herausforderungen bei ihrer Arbeit seien. Vor diesem Hintergrund haben wir uns dafür interessiert, welche der oben beschriebenen Strategien – Oberflächen- oder Tiefenhandeln – die Pflegekräfte anwenden.

Mit Hilfe einer schriftlichen Befragung von 88 Pflegekräften in drei oberbayerischen Altenheimen wurde untersucht, mit welchen Strategien die Pflegekräfte ihre Emotionen managen. Hierfür wurden zwei Unterskalen des Fragebogens zur Analyse der Konstellationen von emotionaler Arbeit (FAEA) von Büssing et al. (2003) [4] eingesetzt und die Mitarbeitenden gebeten, auf einer fünfstufigen Skala (1 = nein gar nicht bis zu 5 = ja genau) zu antworten. In Bezug auf das Oberflächenhandeln zeigen die Ergebnisse, dass das „Vorspielen" positiver Emotionen bei den befragten Pflegekräften eher keine Rolle spielt (Mittelwert 1,9). Negative Emotionen werden (i. S. des Oberflächenhandelns) zumindest teilweise verborgen

(Mittelwert 3,4). Hinsichtlich des Tiefenhandelns bemühen sich die Befragten eher, positive Emotionen (Mittelwert 4,2) bzw. keine negativen Emotionen (Mittelwert 3,9) gegenüber den Bewohnern zu empfinden. Überraschend an den Ergebnissen ist, dass das Tiefenhandeln, also der Versuch, die gewünschten Emotionen tatsächlich zu empfinden, anscheinend fest zum Arbeitsalltag der Pflegekraft gehört. Dies deutet darauf hin, dass die Pflegekräfte es als Teil ihrer professionellen Arbeit sehen, gegenüber den Bewohnern und sich selbst „echt" zu sein und zu wirken. Insbesondere bei demenzkranken Bewohnerinnen und Bewohnern scheint es hierzu auch keine Alternative zu geben: Die befragten Pflegekräfte weisen immer wieder darauf hin, dass diese auf der emotionalen Ebene so hellhörig seien, dass sie ein Vorspielen falscher Gefühle schnell durchschauen würden.

Eine große Anzahl empirischer Befunde deutet darauf hin, dass surface acting eher gesundheitswidrig ist (vgl. Grandey 2003) [10] und deep acting – im Gegensatz zu dem, was Hochschild postulierte, nämlich dass diese Strategie negative Folgen in Form von einer Entfremdung von den eigenen Gefühlen bewirkt – in positivem Zusammenhang mit Gesundheitsaspekten, Arbeitszufriedenheit und Servicequalität steht, weil es als authentisch erlebt und (von anderen) gesehen wird. Allerdings gibt es auch Studien, die diesen Trend widerlegen und z. B. positive Folgen von Oberflächenhandeln belegen (vgl. Chu 2002) [5]. Diese Aspekte wurden im Projekt zwar nicht näher betrachtet, bieten aber Potenziale für weitere Studien, in denen die Rahmenbedingungen genauer zu identifizieren wären, unter denen die vorgeschlagenen Strategien surface und deep acting jeweils förderlich sind.

29.4 Qualifizierung in der Altenpflege - Erfahrungen aus dem Projekt PiA

Längst ist durch Arbeitswissenschaftler (vgl. Ulich 2005) [19] bekannt, dass Lern- und Entwicklungsmöglichkeiten bei der Arbeit zu einer humanen Arbeitsgestaltung gehören. Realisiert werden kann dies beispielsweise durch „[...] Aufgaben, zu deren Bewältigung vorhandene Qualifikationen eingesetzt und erweitert bzw. neue Qualifikationen angeeignet werden müssen." (Ulich 2005, S. 202) [19].

Die Altenpflege wird diesem Anspruch nur zum Teil gerecht. Einerseits wird eine entsprechende mehrjährige Ausbildung angeboten und auch Möglichkeiten der Fort- und Weiterbildung bestehen. Andererseits sind die Inhalte der jeweiligen Maßnahmen oftmals wenig konkret, weisen eine eher geringe Praxisnähe auf und können u. U. nur mit Schwierigkeit im Arbeitsalltag eingesetzt werden.

Im Rahmen des PiA-Projektes sind wir dem Qualifizierungsbedarf in der Altenpflege näher nachgegangen. In der schriftlichen Befragung (vgl. Abschnitt 29.2) geben die Pflegekräfte an, dass sie teilweise Dinge bei der (interaktiven) Arbeit erledigen müssen, für die sie eigentlich zu wenig ausgebildet und vorbereitet sind (Skala *qualitative Überforderung*). In einem offenen Antwortformat haben wir weiterhin gefragt, welche Weiterbildungsinhalte für die Tätigkeit mit Bewohnern und Angehörigen nützlich wären. Dabei wurde – unabhängig davon, ob die Pflegekraft bereits eine Ausbildung hatte oder nicht – eine Vielzahl von Themenwünschen angesprochen. Die meist genannten Qualifizierungsbedarfe bestehen in der Sterbebegleitung, Gerontopsychiatrie, Kinästhetik, dem Umgang mit Demenzkranken, der Angehörigenarbeit und medizinischem Fachwissen. Bei allen Themen – bis auf letztgenanntes – spielen neben inhaltlichen Aspekten insbesondere die individuelle Verarbeitung (z. B. von Trauer beim Sterben von Bewohnern) und die eigene Reflexion eine zentrale Rolle. Im Rahmen des Projektes PiA wurden daher zwei Qualifizierungsmaßnahmen entwickelt und erprobt, die auf diesen Bedarf abzielen und im Folgenden vorgestellt werden.

29.4.1 Emofit®

Um Pflegekräften eine angemessene Auseinandersetzung mit ihren eigenen Emotionen zu ermöglichen, wurde im Projekt PiA das Training emofit erprobt.[5] Emofit richtet sich an Mitarbeitende in der Altenpflege und ist unabhängig von Lebens- und Berufsalter. Die Ziele des Trainings bestehen darin, die Emotionsarbeit von Pflegekräften zu reflektieren, einen adäquaten Umgang – anwendungsnah und situationsspezifisch – mit den eigenen Emotionen in der Arbeit zu finden und somit die psychische Gesundheit der Pflegekräfte aufrecht zu erhalten und/oder zu steigern. Gewährleistet wird dies durch ein interaktives ganzheitliches Vorgehen, bei dem die Teilnehmenden sowohl gemeinsam in Austausch treten und ihre emotionale Arbeit erkennen, als auch über Körperübungen Emotionen konkret in der Situation erfahren.

Das Training ist inhaltlich in drei Blöcke unterteilt. Im ersten Block geht es um Grundlagen der Emotionsarbeit. Um die Rolle von Emotionen bei der eigenen Arbeit anzuerkennen und mit ihnen angemessen umzugehen, ist es wichtig zunächst zu vermitteln, was Emotionen überhaupt sind und welche Funktionen sie haben. Im zweiten Block, dem Strategieblock, wird kurz die biologische Wirksamkeit von Emotionen erarbeitet, bevor ein vierteiliger Strategieprozess vorgestellt wird. Dieser umfasst die Entspannung, Selbstreflexion, Situationsanalyse und Handlungsoptionen. Die Idee des Trainings besteht also nicht darin, eine begrenzte Anzahl von konkreten Strategien zu vermitteln (wie z. B. in Verkaufstrainings üblich), sondern jede Pflegekraft zu befähigen, je nach Situation und individuellen Ressourcen mit den eigenen Emotionen umzugehen. Der letzte Block (Praxis) findet mit zeitlichem Abstand (mindestens 2 Wochen) zum Strategieblock statt. Dieser Teil dient dazu, die individuelle Arbeit an den Gefühlen vor dem Hintergrund der Trainingserfahrung nochmals zu reflektieren. Dabei werden erfolgreich bearbeitete Situationen ebenso geschildert wie solche, die sich nach wie vor als schwierig gestalten. Methodisch ist dieser Trainingsabschnitt mit der kollegialen Fallberatung vergleichbar. Zeitlich sollte für die beiden ersten Blöcke – je nach Anzahl der Teilnehmenden – mindestens ein Tag eingeplant werden, für den dritten Block zumindest ein halber.

---

[5] Entwickelt wurde das Training im Rahmen der laufenden Dissertation von Dipl.-Psych. Isabel Herms.

Im Projekt PiA wurde emofit zwischen April und Juli 2011 in einer Aus- und Weiterbildungsakademie des Praxispartners Arbeiterwohlfahrt, Bezirksverband Oberbayern, erprobt. Teilnehmende waren 20 Auszubildende im ersten Lehrjahr. Insgesamt hat sich das Training in diesem Rahmen sehr gut bewährt. Die Rückmeldungen der Schülerinnen und Schüler waren insgesamt sehr positiv. Das Training habe zum Nachdenken angeregt und wurde als interessant und abwechslungsreich beurteilt. Auch eine Lernerfahrung in der eigenen Gruppe wurde rückgemeldet: *„Ich wusste gar nicht, dass meine Mitschüler das genauso empfinden wie ich."* Allerdings sei die Umsetzung des Gelernten in den Pflegealltag nicht immer leicht, da oftmals die Zeit fehle.

Weiterhin wurde das Training mit 14 Pflegefachkräften mit Leitungsfunktion und mehrjähriger Berufserfahrung in einem Seniorenzentrum im Juli 2011 als Tagesseminar durchgeführt und validiert. Auch in diesem Rahmen waren die Feedbacks positiv, es wurde insbesondere der Austausch zu einem speziellen – und sonst kaum besprochenen – Thema mit Fachkollegen gelobt sowie Inhalt, Aufbau und Trainerin.[6]

Bei der weiteren Entwicklung des Trainings soll insbesondere ein verstärktes Augenmerk auf die Anwendung und Transferierbarkeit der Inhalte gelegt werden. Zum einen soll der Praxis-Block weiter ausgebaut werden, sowohl zeitlich als auch z. B. durch anschließende Beratungen. Zum anderen kann die Anwendbarkeit durch die Begleitung von Tage- bzw. Reflexionstagebüchern erhöht werden.

29.4.2 Das Reflexionstagebuch

Aus einer sozialwissenschaftlichen-mikrosoziologisch fokussierten Perspektive stellt sich die interaktive Arbeit, die von den Pflegekräften tagtäglich an und mit den Bewohnern der Altenpflegeeinrichtungen geleistet wird, als eine voraussetzungsvolle Tätigkeit dar, bei der die Beschäftigten nicht nur ihre fachlichen Fähigkeiten einbringen, sondern gleichzeitig soziale Kompetenzen an den Tag legen müssen (vgl. den Beitrag von Reichwald et al. in diesem Band). Da interaktive Arbeit, wie schon beschrieben, immer auf den Beiträgen beider Seiten (Dienstleister *und* Kunden) basiert, sind die Beschäftigten in doppelter Hinsicht gefordert: Sie müssen einerseits ihre eigenen Beiträge zum Zustandekommen der Dienstleistung erbringen, andererseits aber auch dafür sorgen, dass von der Seite der Bewohner die notwendigen Beiträge in den interaktiven Prozess der Dienstleistungserstellung eingespeist werden. Die Beschäftigten greifen bei der Bewältigung dieser doppelten Anforderung auf Kompetenzen zurück, die weit über die Ebenen objektivierbaren fachlichen Wissens hinausgehen und sowohl somatische als auch kommunikative und emotionale Handlungsdimensionen einschließen.

Allerdings erweist sich dieser Bereich von Kompetenzen generell als sperrig gegenüber Verbalisierungsversuchen. Als *soziale Praxis* basiert erfolgreiche Pflegearbeit auf einer Reihe von Fähigkeiten und Fertigkeiten, die sich auf Handlungsdimensionen beziehen, die nicht

---

[6] Der Praxisblock hatte zum Zeitpunkt der Fertigstellung dieses Beitrags noch nicht stattgefunden.

per se sprachlich verfasst sind und erst in Sprache transformiert werden müssen (vgl. Hirschauer 2001) [12], wenn sie zum Thema von Professionalisierungsversuchen gemacht werden sollen. Besonders für Auszubildende in der Pflege stellt dieses „zweite Curriculum" eine Herausforderung dar, weil die Kompetenzen zur Bewältigung der oft unvorhersehbaren Anforderungen in der Pflege (vgl. Böhle/Weishaupt 2003) [3] in der Regel erst dort gebildet werden können, wo sie eigentlich immer schon gebraucht würden: in der interaktiven Pflegepraxis im direkten Kontakt mit den Bewohnern.

Mit dem *Reflexionstagebuch zur interaktiven Arbeit in der Altenpflege* wurde im Rahmen des Projekts PiA ein Praxisinstrument entwickelt, das an genau diesem Punkt ansetzt. Mit ihm wird das Ziel verfolgt, die Feinheiten und Nuancen in der interaktiven Pflegearbeit in den Mittelpunkt einer systematischen Reflexion zu rücken. Die Systematik besteht darin, dass eine Verknüpfung von fachlichem Wissen mit somatischen, kommunikativen und emotionalen Kompetenzen angeregt wird. Im Zentrum steht dabei die individuelle Reflexion von Interaktionssequenzen aus der Pflegearbeit durch die Pflegekräfte. Den Hintergrund dafür bildet wiederum ein Perspektivenwechsel, in dem die tagtäglich praktisch vollzogene Pflegearbeit nicht mehr als Selbstverständlichkeit begriffen, sondern systematisch danach gefragt wird, was von der Seite der Beschäftigten alles geleistet werden muss, damit interaktive Pflegeleistungen erfolgreich erbracht werden können. Dies soll einerseits dazu beitragen, dass die Pflegekräfte selbst eine größere Sensibilität für die unterschiedlichen Teilleistungen entwickeln, aus denen sich erfolgreiche Pflegearbeit zusammensetzt; eine entsprechende Perspektive auf die eigene Tätigkeit bildet aber auch die Voraussetzung für eine Verbesserung der Kompetenzkommunikation, die eine wichtige Stellschraube für die Anerkennung und Wertschätzung von Pflegearbeit darstellt (vgl. Klatt/Ciesinger 2010) [16].

Die Analyse der Interaktionssequenzen, die jeweils im Rahmen eines Tagebucheintrags reflektiert werden, vollzieht sich in zwei aufeinander aufbauenden Schritten. Zunächst wird die zu analysierende Sequenz im Modus einer objektivierend-deskriptiven Beschreibung in ihrem chronologischen Verlauf so detailliert wie möglich rekapituliert. Als Wegweiser dient dabei ein Beobachtungsschema, das die körperbezogenen, kommunikativen und emotionalen Komponenten der Interaktionssequenz beinhaltet und so als Ausgangspunkt für eine möglichst breite und detaillierte Beschreibung der in der Interaktionssituation relevanten Aspekte dienen soll. Im zweiten Schritt wird dann – aufbauend auf dieser deskriptiv-chronologisch angelegten und schriftlich fixierten Beschreibung – auf eine Feinanalyse umgestellt, in der die Reflexion der zu Grunde liegenden Beweggründe, Strategien und Zielsetzungen der Beiträge der Interaktionspartner im Mittelpunkt steht. Die Zielsetzung besteht in diesem Analyseschritt zudem darin, die eigenen Handlungsweisen (und die des jeweiligen Interaktionspartners) systematisch konstruktiv in Frage zu stellen und vor dem Hintergrund alternativer Möglichkeiten zu diskutieren.

Im Rahmen des Projekts wurde das Instrument in Kooperation mit der Hans-Weinberger-Akademie München (HWA) und dem Bezirksverband Oberbayern der Arbeiterwohlfahrt (AWO Obb.) ersten Praxistests unterzogen. In der Kooperation mit der HWA wurde das Reflexionstagebuch von den Schülern einer Ausbildungsklasse im zweiten Ausbildungsjahr eingesetzt, in der Kooperation mit der AWO Obb. mit einer Gruppe von Auszubildenden aus einem Seniorenzentrum in unterschiedlichen Ausbildungsjahren. In beiden Settings wurde zunächst ein Einführungsworkshop durchgeführt, bei denen die Schüler mit dem Konzept der interaktiven Arbeit, den Zielsetzungen des Reflexionstagebuchs und dem Aufbau des Instruments vertraut gemacht wurden. Dieses enthielt in der eingesetzten Version neben den Vordrucken für die Tagebucheinträge zur Analyse spezifischer Interaktionssequenzen eine kurze Einführung, eine Möglichkeit zum Notieren von Nachfragen, die sich auf die Reflexion konkreter Situationen möglicherweise ergeben konnten, einen Abschnitt zur Sammlung erfolgreich eingesetzter Interaktionsstrategien, eine Übersicht zur Katalogisierung der angefertigten Tagebucheinträge und eine kurze Anleitung zum Nachschlagen bei Unsicherheiten bezüglich des Umgangs mit dem Tagebuch.

Im Anschluss an die Einführungsworkshops wurden die Schüler gebeten, im Rahmen ihrer normalen Praxiseinsätze in den Einrichtungen für einen Zeitraum von mindestens drei Wochen selbständig mit den Reflexionstagebüchern zu arbeiten. Nach Ablauf dieser Praxiseinsatzphase wurden in beiden Settings Feedback-Veranstaltungen durchgeführt, in denen die Pflegeschüler gebeten wurden, von ihren praktischen Erfahrungen in der Arbeit mit den Tagebüchern zu berichten und Vorschläge für eine Verbesserung bzw. Weiterentwicklung des Instruments einzubringen. Im Rahmen der Veranstaltung wurde zunächst jeweils eine Gruppendiskussion durchgeführt, anschließend wurden Rückmeldefragebögen bearbeitet, um ein möglichst breites Feedback auch von den Schülern zu erhalten, die sich nicht oder nur eingeschränkt an den Gruppendiskussionen beteiligen konnten oder wollten.

Sowohl die Ergebnisse der schriftlichen Befragung als auch die der Gruppendiskussionen machen deutlich, dass die zentrale Zielsetzung bei der Konzeption des Reflexionstagebuchs im Praxiseinsatz des Instruments erreicht werden konnte. Die große Mehrheit der Schüler gab an, dass ihnen die Arbeit mit dem Tagebuch dabei geholfen habe, intensiver über die eigene Tätigkeit nachzudenken. Im Rahmen der Gruppendiskussion wurde zudem deutlich, dass die Tagebucheinträge mit Gewinn als Bezugspunkt für die Besprechung mit Kollegen und Praxisanleitern genutzt wurden und damit einen Beitrag für den verbesserten Austausch über Anforderungen, Probleme, aber auch Lösungsansätze im interaktiven Pflegealltag leisten konnten. Einige Schüler berichten darüber hinaus, dass sie die Arbeit mit dem Reflexionstagebuch zu einem veränderten Blick auf die kaum noch hinterfragten Routinen der eigenen Arbeit und die Handlungsweisen von Kollegen motiviert hätte: Die Arbeit mit dem Reflexionstagebuch trägt also offenbar das Potenzial in sich, organisationale Abläufe und Verfahrensweisen Anderer kritisch unter die Lupe nehmen zu können und so über den Horizont der eigenen unmittelbaren Arbeitstätigkeit Anstöße für eine verbesserte Pflegepraxis in den kollegialen wie organisationalen Austausch einzubringen.

Im Hinblick auf die Weiterentwicklung des Instruments wurde von den Schülern angeregt, über die systematische Analyse einzelner Interaktionssequenzen hinaus die Möglichkeit für eine breitere schriftliche Auseinandersetzung mit Anforderungen und Themen zu schaffen, die eine besondere *emotionale* Relevanz für die die Tagebuchschreiber in sich tragen. An dieser Stelle böte sich in der Ausbildung, aber auch in der berufsbegleitenden Weiterbildung unter Umständen ein kombinierter Einsatz des Reflexionstagebuchs mit dem oben beschriebenen emofit-Programm an.

Literatur

[1] Badura, B. (1990): Interaktionsstress. Zum Problem der Gefühlsregulierung in der modernen Gesellschaft, in: Zeitschrift für Soziologie, Vol. 19, 5, S. 317-328.
[2] Böhle, F./Glaser, J. (2006): Arbeit in der Interaktion – Interaktion als Arbeit: Arbeitsorganisation und Interaktionsarbeit in der Dienstleistung, 1. Aufl., Wiesbaden.
[3] Böhle, F./Weishaupt, S. (2003): Unwägbarkeit als Normalität – Die Bewältigung nichtstandardisierbarer Anforderungen in der Pflege durch subjektivierendes Handeln, in: Büssing, A./Glaser, J. (Hrsg.): Organisation und Medizin: Qualität des Arbeitslebens und Dienstleistungsqualität im Krankenhaus, 1. Aufl., Göttingen, S. 149-162.
[4] Büssing, A./Giesenbauer, B./Glaser, J. /Höge, T. (2003): Möglichkeiten zur Verbesserung von Interaktionsarbeit in der Altenpflege. Bericht 71 aus dem Lehrstuhl für Psychologie der Technischen Universität München.
[5] Chu, K. (2002): The Effects of Emotional Labor on Employee Work Outcomes, Dissertation, Faculty of the Virginia Polytechnic Institute and State University.
[6] Dunkel, W. (1988): Wenn Gefühle zum Arbeitsgegenstand werden: Gefühlsarbeit im Rahmen personenbezogener Dienstleistungen, in: Soziale Welt, Vol. 39, 1, S. 67-85.
[7] Dunkel, W./Rieder, K. (2004): Interaktionsarbeit zwischen Konflikt und Kooperation, in: Dunkel, W./Voß, G. G. (Hrsg.): Dienstleistung als Interaktion – Beiträge aus einem Forschungsprojekt: Altenpflege – Deutsche Bahn – Call Center, 1. Aufl., München/Mering, S. 211-226.
[8] Glaser, J./Lampert, B./Weigl, M. (2008): Arbeit in der stationären Altenpflege: Analyse und Förderung von Arbeitsbedingungen, Interaktion, Gesundheit und Qualität, INQA-Bericht Nr. 34, URL: http://www.inqa.de/Inqa/Redaktion/Zentralredaktion/PDF/Publikationen/inqa-34-arbeit-in-der-altenpflege,property=pdf,bereich=inqa,sprache=de,rwb=true.pdf [Stand: 06. Oktober 2011].
[9] Goffman, E. (1973): Asyl: Über die soziale Situation psychiatrischer Patienten und anderer Insassen, 1. Aufl., Frankfurt am Main.
[10] Grandey, A. (2003): When the show must go on: Surface Acting and Deep Acting as determinants of emotional exhaustion and peer-rated service delivery, in: Academy of Management Journal, Vol. 46, 1, S. 86-96.
[11] Gröning, K. (1998): Entweihung und Scham: Grenzsituationen in der Pflege alter Menschen, 1. Aufl., Frankfurt am Main.
[12] Hirschauer, S. (2001): Ethnografisches Schreiben und die Schweigsamkeit des Sozialen. Zu einer Methodologie der Beschreibung, in: Zeitschrift für Soziologie, Vol. 30, 6, S. 429-451.
[13] Hochschild, A. R. (1979): Emotion Work, Feeling Rules, and Social Structure, in: The American Journal of Sociology, Vol. 85, 3, S. 551-575.
[14] Hochschild, A. R. (1983): The Managed Heart: The Commercialization of Human Feeling, 1. Aufl., Berkeley.
[15] Hoffmann, A./Weihrich, M. (2011): ›Wissen Sie, wo hier Schließfächer sind?‹ ›Das trifft sich gut! Wir machen ein Forschungsprojekt und würden Sie gern bei der Suche begleiten‹: Die Begleitung als interaktive Methode in der Arbeitssoziologie, in: Arbeits- und industriesoziologische Studien, Vol. 4, 1, S. 5-18, URL: http://www.ais-studien.de/home/veroeffentlichungen-11/februar.html [Stand: 06. Juni 2011].
[16] Klatt, R./Ciesinger, K.-G. (2010): Arbeite gut und rede darüber. Kommunikationskompetenz und Kompetenzkommunikation, in: praeview, 3, S. 26-27, URL: http://www.zeitschrift-praeview.de/data/praeview_nr.3_2010_-komplett.pdf [Stand: 06. Oktober 2011].
[17] Krey, H. (2003): Ekel ist okay: Ein Lern- und Lehrbuch zum Umgang mit Emotionen in Pflegeausbildung und Pflegealltag, 1. Aufl., Hannover.
[18] Martínez-Iñigo, D./Totterdell, P./Alcover, C./Holman, D. (2007): Emotional labour and emotional exhaustion: Interpersonal and intrapersonal mechanisms, in: Work & Stress, Vol. 21, 1, S. 30-47.
[19] Ulich, E. (2005): Arbeitspsychologie, 5. Aufl., Zürich.
[20] Weihrich, M. (2011): Interaktive Arbeit – zur Soziologie der Dienstleistungsbeziehung, in: Jeschke, S. (Hrsg.): Innovation im Dienste der Gesellschaft: Beiträge des 3. Zukunftsforums Innovationsfähigkeit des BMBF, Frankfurt am Main/New York, S. 475-484.

30 „Denn sie wissen nicht, was wir tun"

Pflege: Ein Dienstleistungsberuf, über den viel vermutet wird, aber wenig bekannt ist?

Klaus Müller, Susanne Hellweg

30.1	Hintergrund: Wertschätzung und ihre Bedeutung für das Individuum	577
30.2	Forschungsprojekt ProWert: Erleben von Wertschätzung	578
30.2.1	Ergebnisse: Wertschätzungserleben bildet sich in 4 Kernkategorien ab	578
30.2.2	Erkenntnis: Es besteht Unklarheit	582
30.3	Intervention: Durch *Potenzialanalyse Wertschätzung* ins Gespräch kommen	583
Literatur		585

Prof. Dr. phil. Klaus Müller, Fachhochschule der Diakonie

Dipl.-Soz. Susanne Hellweg, Fachhochschule der Diakonie

30.1 Hintergrund: Wertschätzung und ihre Bedeutung für das Individuum

Entgegengebrachte Wertschätzung wird von einer Person nur für die Aspekte oder Prozesse erlebt, die ihr selber von Bedeutung sind. Erhält sie Anerkennung oder Lob für etwas, das ihr selbst unwichtig ist, verpufft die möglicherweise gezielt geäußerte Wertschätzung ohne die gewünschte Wirkung erzeugt zu haben (vgl. Ikaheimo 2004, S. 81) [8]. Die Notwendigkeit der Passung der Kriterien von Wertschätzungsgeber und Wertschätzungsempfänger zur Erzeugung von Wertschätzungserleben erscheint umso brisanter, führt man sich vor Augen, welche umfassende Bedeutung erlebte Wertschätzung für einen Menschen in unterschiedlichen Lebensdimensionen hat.

Zentral für die Identität eines Menschen sind seine Wahrnehmungen in den Bereichen der Interaktion und Kommunikation mit Anderen. Identität wird hier entwickelt und aufrecht erhalten, sie entsteht dort, „[…] wo ein sozialer Prozess vorliegt, in der das Selbst seine Veranlassung findet" (vgl. Mead 1969, S. 83) [9]. Positive Rückmeldungen von anderen Menschen sind für ein positives Selbstbild unerlässlich, bleiben sie aus oder verkehren sich wie beispielsweise bei Mobbing in das Gegenteil, kann es zu psychischen Störungen kommen.

Ein positives Selbstbild und darüber vermittelt eine positive Grundstimmung stehen weiterhin in einer engen Verbindung zur Gesundheit des Menschen. Positive Emotionen können im Konzept der Salutogenese (vgl. Antonovsky 1979) [1] als Widerstandsressource gelten und unterstützend wirken, wenn es gilt, mit Belastungen umzugehen und diese zu verarbeiten. Das Kohärenzgefühl spiegelt die Selbsteinschätzung hinsichtlich der Verstehbarkeit, Handhabbarkeit und Sinnhaftigkeit von Lebenssituationen wider. Ein starkes Kohärenzgefühl steht für eine große Handlungsfähigkeit bei der Lösung aktueller Probleme und der Bewältigung von Belastungen. Stressoren bzw. Belastungsfaktoren können so besser abgewehrt oder positiv aufgelöst werden, die Gesundheit bleibt erhalten oder wird gestärkt (vgl. Antonovsky 1997, S. 33ff.) [2].

Schließlich steht erlebte Wertschätzung in einem Zusammenhang mit Motivation Kreativität und Leistungsbereitschaft des Menschen. Erleben Menschen für ihre Arbeitsleistung oder ihre Person Anerkennung und Wertschätzung, können sie Stolz auf ihre Arbeitsleistung oder auch auf sich selbst empfinden. Dieser Stolz steigert ihre Motivation, ihre Identifikation mit der Arbeitstätigkeit und ihr Gesamtbefinden (vgl. Gouthier 2006, S. 93) [6]. Entwickelter Arbeitsstolz wirkt positiv auf die Arbeitsleistung und die Ergebnisqualität. Die Wertschätzungskultur eines Unternehmens ist unmittelbar verbunden mit dem Unternehmenserfolg (vgl. Schwertfeger 2007, S. 34f.) [10]. Mitarbeitende, die Wertschätzung für ihre Arbeit erleben und stolz auf ihren Beruf oder ihr Unternehmen sind, gelten in hohem Maße als engagiert und kreativ. Damit beeinflussen sie die Wertschöpfung des Unternehmens positiv (vgl. Cernavin 2007, S. 51) [3]. Erlebter Stolz wirkt darüber hinaus positiv auf den gefühlten Selbstwert und beeinflusst damit die Attraktivität einer Person und das Ansehen in der Gesellschaft (vgl. Spitzer 2009, S. 232) [12]. Stolz steht damit wiederum in enger Verbindung zu Identität und Selbstbild eines Menschen.

Die große Bedeutung von erlebter Wertschätzung für psychisches und körperliches Wohlbefinden genauso wie für die Arbeitsqualität macht deutlich, wie wichtig die Sicherstellung von Wertschätzungserleben für Mitarbeitende ist. Dies kann nur gelingen, wenn Wertschätzungsgebende und Wertschätzungserhaltende anhand gleicher Kriterien die Prozesse bewerten. Dass diese Kompatibilität notwendig, aber im Bereich der Pflegeberufe nicht unbedingt gegeben ist, zeigen auch die Ergebnisse des Forschungsprojektes ProWert – Teilvorhaben Pflegewissenschaft.

30.2 Forschungsprojekt ProWert: Erleben von Wertschätzung

Ausgehend von den Forschungsfragen des vom BMBF und ESF geförderten Forschungsschwerpunktes, welche Bedeutung Wertschätzung und Stolz für die Qualität von Dienstleistungsarbeit haben, hat das Forschungsprojekt ProWert[1] – Teilvorhaben Pflegewissenschaft an der FH der Diakonie – in einer qualitativen Untersuchung ermittelt wie und wo beruflich Pflegende Wertschätzung für ihre Arbeit erleben. Darüber hinaus wurde ein Instrument erarbeitet, um die Wertschätzungskultur in Unternehmen weiterzuentwickeln.

In der empirischen Untersuchung des Teilvorhabens Pflegewissenschaft wurden 31 narrative Interviews mit Mitarbeitenden der Alten- und Krankenpflege durchgeführt und orientiert an den Vorgehensweisen der Grounded Theorie (vgl. Glaser et al. 2008; Strauss/Corbin 1990) [5], [4] ausgewertet. Die Datenerhebung wurde ergänzt durch Experteninterviews und Dokumentenanalysen. Zur Gewinnung der Interviewpartner/innen konnten verschiedene Kooperationspartner aus der regionalen Pflegebranche gewonnen werden. Bei diesen Partnern sollten dann auch die im Projekt entwickelten Instrumente zur Förderung von Wertschätzung erprobt werden.

30.2.1 Ergebnisse: Wertschätzungserleben bildet sich in 4 Kernkategorien ab

Bei der Datenanalyse konnten insgesamt 18 Kategorien identifiziert werden, in denen sich das Erleben von Wertschätzung der Befragten ausdrückt. Diese Kategorien konnten im nächsten Schritt zu den vier Kernkategorien „Geachtet werden", „Pflegende(r) sein", „Arbeit mitgestalten" und „Erfolge sehen" verdichtet werden.

Die Darstellung der Ergebnisse erfolgt anhand dieser vier Kernkategorien:

---

[1] Das Forschungsprojekt ProWert (Produzentenstolz durch Wertschätzung) ist ein Kooperationsprojekt zwischen der TU Dortmund, Lehrstuhl für Organisationspsychologie und der FH der Diakonie, Lehrstuhl für Pflegewissenschaft und wird vom ESF und dem BMBF unter dem Förderkennzeichen 01FB08029 gefördert. www.prowert.org

Entscheidungsprozesse einbezogen zu werden. Vom Management alleine getroffene Entscheidungen erleben die Mitarbeitenden meist als Ignoranz ihres beruflichen Erfahrungswissens.

Starker Zeitdruck und die hohe Arbeitsverdichtung beeinträchtigen die Handlungsspielräume der Pflegenden und werden als Geringschätzung pflegerischer Arbeit gesehen. Pflege wird dann als Fließbandarbeit wahrgenommen, die an den eigentlichen Berufsinhalten vorbei geht und bei der die Versorgungsqualität der zu pflegenden Menschen anscheinend kaum noch bedeutsam ist.

In dem Wunsch nach partizipativer Arbeitsgestaltung wird die zentrale Rolle der Führungskräfte deutlich. Gut gemeinte Beschlüsse der Leitungspersonen zu Versorgungskonzepten oder zur Umsetzung bestimmter Versorgungsstandards erleben Pflegende häufig als ausgeschlossen werden von sie zentral betreffenden Entscheidungen. Auch die Verringerung von Möglichkeiten des kollegialen Austauschs durch die Verkürzung oder Wegfall von Übergaben und seltene Teamsitzungen bewerten die Pflegenden als Ausdruck dafür, dass ihre Mitwirkung bei der Arbeitsgestaltung nicht als sinnvoll erachtet wird und deshalb unerwünscht ist. Die sozialen Kompetenzen der Führungspersonen sind aus Sicht der Befragten von zentraler Bedeutung für das Erhalten von Wertschätzung aus dieser Quelle. Führungsqualitäten zeigen sich u. a. in der Fähigkeit zuzuhören, Bedürfnisse der Mitarbeitenden wahrzunehmen und ihnen Sicherheit vermitteln zu können. Führungspersonen sollen ihren Mitarbeitenden den Rücken frei halten und sie unterstützen, wenn Konflikte mit Dritten z. B. Angehörigen oder Ärzten auftreten.

Im Bereich der Personalentwicklung erleben Pflegekräfte dann Wertschätzung, wenn sie gemäß ihrer individuellen Kompetenzen eingesetzt werden und diese auch einsetzen können. Das heißt auch, dass Mitarbeitenden keine Aufgaben übertragen werden sollen, die sie überfordern. Fort- und Weiterbildungsmaßnahmen sollten individuell geplant und vergeben werden, nicht beliebig im Zufallsverfahren.

Wertschätzung in der Gestaltung von Arbeit erleben die Interviewpartner/innen dann, wenn sie Möglichkeiten erhalten, aktuelle Arbeitsbelastungen zu reflektieren und zu bearbeiten z. B. im Rahmen von Supervision, die in der Pflege längst noch nicht selbstverständlich ist.

30.2.1.4 Erfolge sehen

Die Kernkategorie „Erfolge sehen" erfasst jene Gesichtspunkte, anhand derer Ergebnisse ermittelt und bewertet werden. Einerseits machen die Aussagen deutlich, dass in der Pflege eher auf unerledigte Dinge geschaut wird und auf Aspekte, die nicht gut gelaufen sind. Andererseits zeigt sich, dass die Kriterien und Maßstäbe unklar sind, anhand derer die Qualität und der Erfolg pflegerischer Arbeit gemessen werden.

Die Akteure in der Pflegearbeit – Pflegekräfte, Kunden und Management – haben unterschiedliche Vorstellungen und Erwartungen in Bezug auf die Qualität und den Erfolg von Pflege. Dies erschwert die Generierung von Wertschätzung erheblich, besonders dann, wenn die unterschiedlichen Prioritäten der jeweils Anderen nicht bekannt sind. Dann läuft wohlmeinend geäußerte Wertschätzung ins Leere oder wirkt sogar abwertend.

Die Unterschiedlichkeit in den Kriterien zeigt sich z. B. in der variierenden Bedeutung der Interaktionsarbeit mit den zu pflegenden Menschen. Interaktionsarbeit ist ein zentraler Bestandteil des beruflichen Selbstverständnisses der Pflegenden und damit eine vorrangige Quelle erlebter Wertschätzung. Die im Arbeitsalltag erlebte Vorrangigkeit der administrativen Tätigkeiten vor dem psychosozialen Kontakt wird von den Pflegenden als Verarmung ihrer Arbeit erlebt. Ökonomische Kennzahlen wie Belegung oder Betriebsergebnis sowie Noten bzw. erreichte Zertifizierungen werden seitens des Managements dafür genutzt, den Erfolg pflegerischer Arbeit zu messen und zu beurteilen. Für die Kernkonzepte und zentralen Zielsetzungen von Pflege scheinen geeignete Erfolgskriterien bislang zu fehlen, was den Mitarbeitenden erlebte Wertschätzung ihnen wichtiger Aspekte vorenthält. Bei den zu pflegenden Menschen sieht es nicht besser aus: Auch ihnen fehlen die passenden Kriterien, um den Erfolg von Pflege zu beurteilen. Sie erleben offenbar dann eine gute Versorgungsqualität, wenn Ausstattung und Service gut und die Mitarbeiter freundlich sind. Aus einer Beurteilung pflegerischer Arbeit anhand von Wohlfühl-Aspekten generieren Pflegende eher keine Wertschätzung.

Die Interviews zeigen, dass von allen Beteiligten gemeinsam getragene Kriterien für Qualität und Erfolg von Pflege fehlen. Dies erscheint problematisch, weil so das Erleben von Anerkennung und Wertschätzung diffus und zufällig bleibt.

30.2.2 Erkenntnis: Es besteht Unklarheit

Zusammenfassend wird deutlich, dass auf den verschiedenen Ebenen pflegerischer Arbeit erhebliche Unklarheit darüber besteht, was den Kern von Pflege ausmacht und entsprechend anhand welcher Aspekte der Erfolg bzw. die Qualität beurteilt werden soll. Beziehen sich alle Akteure auf unterschiedliche Aspekte, wird das Erleben von Wertschätzung seitens der Pflegenden stark erschwert. Pflegende beziehen Wertschätzung vorrangig aus der Anerkennung ihrer Interaktionsarbeit, Führungskräfte geben Anerkennung eher für betriebswirtschaftliche Ergebnisse oder positive Prüfungs- bzw. Auditresultate, zu pflegende Menschen und ihre Angehörigen als Kunden anerkennen eher Freundlichkeit und Aufmerksamkeit des Personals sowie die Qualität der Hotelleistungen. Die Generierung von Wertschätzung für die Pflegenden befindet sich somit in einem Dilemma.

Da anscheinend mehr Vermutungen darüber bestehen, was der eigentliche Gegenstand von Pflege ist bzw. sein könnte, werden Anerkennung und Wertschätzung für pflegerische Arbeit von sehr unterschiedlichen Kriterien abgeleitet, die eben kaum denen der Pflegenden entsprechen. Gemeinsam entwickelte und getragene Erfolgskriterien können hier Abhilfe schaffen. Dafür erscheint es erforderlich, dass die Berufsgruppe Pflege die Kernstrategien und Konzepte ihres Handelns deutlicher als bislang beschreibt und nach außen darstellt, damit den anderen Akteuren im Gesundheitssystem über diese mehr bekannt wird und sie nicht weiter auf Vermutungen angewiesen sind. Pflege zielt darauf ab, die Selbstbestimmung, Selbstverwirklichung und selbständige Lebensführung von Menschen mit gesundheitsbezogenen Einschränkungen weitestgehend zu erhalten und zu fördern. Um dies zu erreichen können unter anderem auch körpernahe Unterstützungstätigkeiten erforderlich sein, diese sind aber nicht konstitutiv für das Handlungskonzept und Berufsverständnis professioneller Pflege. Wenn dieses Verständnis von Pflege allgemein anerkannt ist, kann es gelingen für die Pflegenden wirklich wichtigen Aspekte pflegerischer Arbeit Wertschätzung zu generieren. Auch das gesellschaftliche Bild von Pflege und damit der Status der Pflegeberufe würden sich dann positiv verändern.

Gelingende Wertschätzung braucht einen Dialog der beteiligten Akteure über die Aspekte, die eine gute Dienstleistung ausmachen und für die Anerkennung und Wertschätzung gegeben werden sollen. Diesen Dialog braucht es sowohl innerhalb der eigenen Berufsgruppe – auch um Prozesse der Professionalisierung weiter zu fördern – und in den Einrichtungen und Organisationen als auch auf gesellschaftlicher und politischer Ebene.

30.3 Intervention: Durch *Potenzialanalyse Wertschätzung* ins Gespräch kommen

Im Teilvorhaben Pflegewissenschaft des Projektes ProWert ist mit der „Potenzialanalyse Wertschätzung" ein Instrument entwickelt worden, um eben diesen dialogischen Prozess zur Förderung einer Wertschätzungskultur und die Formulierung von gemeinsamen Ansatzpunkten zur Generierung von Anerkennung und Wertschätzung zu unterstützen. In Anlehnung an das Modell des dynamischen Qualitätsmanagements der Europäischen Vereinigung für Qualitätsmanagement – EFQM (vgl. Heib/Möller 2008) [7] wurden aus den Kernkategorien die vier Kriterien Beruflichkeit, Ergebnisse, Arbeitsgestaltung und Umfeld abgeleitet und um das fünfte Kriterium Mitarbeitende ergänzt. Zu diesen fünf Kriterien nehmen Mitarbeitende dann im Rahmen einer Selbstbewertung die Identifizierung von Stärken und Verbesserungsbereichen in ihrem Arbeitsbereich bzw. ihrer Einrichtung vor. Daraus können dann Entwicklungsprojekte abgeleitet werden.

Abbildung 30.1 Potenzialanalyse Wertschätzung

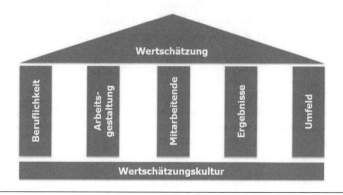

Das Kriterium 1 analysiert, wie Wertschätzung den Mitarbeitenden entgegengebracht wird. Dabei wird geprüft, inwieweit die Kompetenzen der einzelnen Beschäftigten anerkannt werden, deren individuelle Entwicklung unterstützt und Lob und Anerkennung geäußert wird. Es wird analysiert, welche Möglichkeiten den Beschäftigten zur Unterstützung von Reflexion und Bearbeitung von Belastungen offen stehen und deren Gesundheit gefördert wird. Es wird bewertet. wie die Vereinbarkeit von Arbeit und Privatleben unterstützt wird und die Mitarbeitenden vor zu hohen Belastungen geschützt werden.

Ergebnisse

Das Kriterium 2 analysiert, wie Wertschätzung von Arbeitsergebnissen stattfindet. Es wird geprüft, welche Kriterien für die Erfolgsmessung in welcher Art und Weise entwickelt werden und eine entsprechend Anerkennung vollzogen wird.

Arbeitsgestaltung

Das Kriterium 3 wird bewertet, welchen Niederschlag Wertschätzung in der Arbeitsgestaltung findet. Es wird ermittelt, wie die Kompetenzen und die Individualität der Beschäftigten Eingang in der Konturierung von Arbeitsprozessen finden, wie Aufgaben verteilt und organisiert werden und welche Freiräume zur freien Gestaltung die Mitarbeitenden erhalten. Weiterhin wird analysiert, welche Unterstützungs- und Entlastungsangebote den Beschäftigten gemacht werden und wie Wertschätzung in Bezug auf die Rahmenbedingungen zum Ausdruck kommt.

Umfeld

Das Kriterium 4 betrachtet das Umfeld. Es wird erfasst, wie Wertschätzung für die Arbeit der Einrichtung aus dem Umfeld generiert wird. Dazu gehören die Außendarstellung ebenso wie die Beteiligung an öffentlichen Prozessen der Meinungsbildung oder das Engagement für bestimmte Projekte. Von Interesse ist dabei auch, wie die Quellen externer Wertschätzung gepflegt werden.

Beruflichkeit

Kriterium 5 befasst sich mit der Wertschätzung, die aus der Zugehörigkeit zu einem Beruf bezogen wird. Es wird ermittelt, was in der Organisation getan wird, um das berufliche Selbstverständnis der Mitarbeitenden zu unterstützen und deutlich zu machen, was die einzelnen Berufsgruppen jeweils zum Arbeitsergebnis beitragen. Auch die berufsbezogene Aufgabenverteilung und die interdisziplinäre Kooperation sind Gegenstand dieses Kriteriums.

Die Potenzialanalyse Wertschätzung konnte bislang in der Altenhilfe und in der ambulanten Pflege erprobt werden. Dabei wurde deutlich, dass viele Ansatzpunkte für Wertschätzung vorhanden sind, diese aber nicht systematisch bearbeitet werden. Positive Rückmeldungen von Kunden und Angehörigen anderer Berufsgruppen werden nicht breit kommuniziert oder dokumentiert, sodass sie allen Mitarbeitenden zugänglich würden. Es hat sich gezeigt, dass die Analyse der Arbeitsergebnisse vorrangig unter negativer Perspektive stattfindet, also die Dinge fokussiert, die nicht gelungen oder noch unerledigt sind. Innerhalb der Potenzialanalysen wurden in den Einrichtungen jeweils über 20 verschiedene

Entwicklungsprojekte formuliert. Dazu gehören Themen wie die Erarbeitung von Gesprächsleitfäden für Übergabegespräche oder Teamsitzungen, welche Erfolge zwingend thematisieren oder auch die Durchführung eines Lobseminars. Auch die Entwicklung von Konzepten für eine an die Qualifikation gebundene Vergütung oder für die praktische Berufsausbildung stehen auf der Agenda. Alle Projekte befassen sich mit der Sichtbarmachung von Ansatzpunkten für Wertschätzung und leiten dazu einen breiten kommunikativen Prozess ein. Die Einrichtungen haben sich auf den Weg gemacht, ihre Wertschätzungskultur weiterzuentwickeln.

Literatur

[1] Antonovsky, A. (1979): Health, Stress and Coping: New Perspectives on Mental and Physical Well-Being, 1. Aufl., San Francisco.
[2] Antonovsky, A. (1997): Salutogenese. Zur Entmystifizierung der Gesundheit. Übersetzt von Alexa Franke, 1. Aufl., Tübingen.
[3] Cernavin, O (2007): Wertschätzung als Produktivitätsfaktor, in: Streich, D./Wahl, D. (Hrsg.): Innovationsfähigkeit in einer modernen Arbeitswelt, 1. Aufl., Frankfurt am Main, S. 52-62
[4] Corbin, J. M./Strauss, A. L. (Hrsg.) (2008): Basics of qualitative research. Techniques and procedures for developing grounded theory, 3. Aufl., Los Angeles.
[5] Glaser, B. G./Strauss, A. L./Paul T. (Hrsg.) (2008): Grounded theory. Strategien qualitativer Forschung, 1. Nachdr. der 2., korrigierten Aufl., Bern.
[6] Gouthier, M. (2006): Effekte des Stolzes von Mitarbeitern im Kundenkontakt, in: Kleinaltenkamp M. (Hrsg.): Innovatives Dienstleistungsmarketing in Theorie und Praxis, 1. Aufl., Wiesbaden, S. 58-73.
[7] Heib, K./Möller, J. (2008): Das EFQM-Modell in Gesundheitseinrichtungen: Lernergebnisse aus Anwendungen des Prozesskriterium, 1. Aufl., Hamburg.
[8] Ikaheimo, H./Laitinen, A./Quante M. (2004): Leistungsgerechtigkeit: Ein Prinzip der Anerkennung für kulturelle Besonderheiten, in: Halbig, C./Quante M. (Hrsg.): Axel Honneth: Sozialphilosophie zwischen Kritik und Anerkennung, 1. Aufl., Münster, S. 81-85
[9] Mead, G. H. (1969): Sozialpsychologie, in: Strauss, A. (Hrsg.): G. H. Mead on Social Psychologie, Übersetzt von Prokop, D., 1. Aufl., Neuwied.
[10] Schwertfeger, B. (2007): „Stolz" und „Wir-Gefühl" motivieren am meisten, in: Wirtschaft und Weiterbildung, 3, S. 34-36.
[11] Strauss, A. L./Corbin J. M. (19961): Grounded theory. Grundlagen qualitativer Sozialforschung., 1. Aufl., München.
[12] Spitzer, M. (2009): Warum sind wir Stolz, in: Nervenheilkunde, Vol. 28, 4., S. 232-235.

31 Wertschätzung in der Pflege und für die Pflege systematisch fördern - das Projekt PflegeWert

Michael Isfort, Paul Fuchs-Frohnhofen, Ellen Wappenschmidt-Krommus, Malte Duisberg, Andrea Neuhaus, Ruth Rottländer, Arno Brauckmann, Claudia Bessin

31.1	Problemstellung	589
31.1.1	Wertschätzung in der Altenpflege als Fokus wissenschaftlicher Arbeit	589
31.1.2	„Produzentenstolz" in der Industrie als Vorbild für Dienstleistungsarbeit	592
31.2	Vorgehensweise im Projekt PflegeWert	593
31.3	Empirische Ergebnisse zur Situation der stationären Altenpflege in den beiden beteiligten Einrichtungen	596
31.4	Ergebnisse des Projekts PflegeWert in Form von praktischen Handlungsanregungen zur Förderung der Wertschätzung in der Pflege und für die Pflege	597
31.4.1	Handlungsanregung „Erfolgsbesprechung"	599
31.4.2	Handlungsanregung „Seminar: Wertschätzend Führen"	601
31.5	Aktueller Stand des Projekts – Herausforderungen und Chancen in der Praxis	604
Literatur		606

Prof. Dr. Michael Isfort, Deutsches Institut für angewandte Pflegeforschung e.V.

Dr.-Ing. Paul Fuchs-Frohnhofen, MA&T Selll & Partner GmbH

Ellen Wappenschmidt-Krommus, CBT – Caritas-Betriebsführungs- und Trägergesellschaft mbH, Geschäftsbereichsleitung Innovation

Malte Duisberg, Stiftung Evangelisches Alten- und Pflegeheim Gemünd

Andrea Neuhaus, M.A., Deutsches Institut für angewandte Pflegeforschung e.V.

Ruth Rottländer, Diplom-Berufspädagogin (FH), M.Sc. Pflegewissenschaft, Deutsches Institut für angewandte Pflegeforschung e.V.

Arno Brauckmann, Stiftung Evangelisches Alten- und Pflegeheim Gemünd

Claudia Bessin, M.Sc. A&O Psychologie, MA&T Sell & Partner GmbH

31.1 Problemstellung

In dem Verbundvorhaben PflegeWert wird die Arbeitsrealität von Pflegekräften unter den Gesichtspunkten von Arbeitszufriedenheit, Wertschätzung und Stolz beispielhaft untersucht. Darauf aufbauend werden Vorschläge und Handlungsanregungen entwickelt, wie Wertschätzung und Stolz in diesem Berufsfeld, aber auch in der (sozialen) Dienstleistungsarbeit insgesamt verbessert werden kann. Dazu arbeiten zwei wissenschaftliche Institute, das Deutsche Institut für angewandte Pflegeforschung e. V. (dip) aus Köln und die MA&T Sell & Partner GmbH aus Würselen sowie zwei Praxiseinrichtungen, die CBT – Caritas-Betriebsführungs- und Trägergesellschaft mbH aus dem Raum Köln und die Stiftung Evangelisches Alten- und Pflegeheim Gemünd (EvA) zusammen. Das folgende Kapitel beschreibt die Rahmenbedingungen in Bezug auf Wertschätzung und das Erleben von (Berufs-)Stolz in der altenpflegerischen Arbeit und stellt ausgewählte Ergebnisse aus dem Verbundprojekt vor.

31.1.1 Wertschätzung in der Altenpflege als Fokus wissenschaftlicher Arbeit

Der primäre Untersuchungsbereich des Projektes PflegeWert ist die teil-/vollstationäre Altenpflege. Die teil-/vollstationäre Pflege ist für die Versorgung von pflege- und hilfebedürftigen Personen von herausragender Bedeutung und wird zukünftig aufgrund des demographischen Wandels voraussichtlich einen weiteren Ausbau erfahren. Derzeit werden bundesweit ca. ein Drittel (717.000 Personen) der 2,34 Millionen pflegebedürftigen Personen in teil-/vollstationären Pflegeeinrichtungen von insgesamt 621.000 Beschäftigten versorgt (vgl. Statistisches Bundesamt 2011) [24]. **Fehler! Verweisquelle konnte nicht gefunden werden.** zeigt den prozentualen Aufbau der teil-/vollstationär versorgten Pflegebedürftigen in den Bundesländern zwischen 2001 und 2009.

Die Mitarbeiterbindung gewinnt in diesem Feld als zentrale Wertschöpfungsressource an Bedeutung. Der Bedarf an Pflegekräften ist in der Vergangenheit kontinuierlich gewachsen und wird prognostisch weiter ansteigen (vgl. Afentakis/Maier 2011; vgl. Augurzky et al. 2011; vgl. Price Waterhouse Coopers/WifOR 2010) [1], [3], [20]. Hinzu kommt, dass immer mehr Pflegebedürftige von älter werdenden Pflegekräften betreut werden, die Ausbildungsstrukturen nicht an die Bedarfe angepasst sind und der Anteil teilzeitbeschäftigter Pflegekräfte steigt. Der Fachkräftemangel in der Pflege führt zu einer verstärkten Konkurrenz zwischen den einzelnen Sektoren der pflegerischen Versorgung und zwischen Trägern (vgl. Ministerium für Arbeit, Gesundheit und Soziales des Landes Nordrhein-Westfalen 2010) [19].

Abbildung 31.1 Darstellung der Zunahme teil- und vollstationärer Versorgung Pflegebedürftiger in BRD in %

Quelle: Statistisches Bundesamt 2011, [24]

Während eine systematische Wertschätzung gegenüber den Pflegekräften in den Einrichtungen und in der Gesellschaft nur punktuell anzutreffen ist, steigen in fast allen Einrichtungen der Anspruch und die Beanspruchung im Berufsfeld der Pflege (vgl. Cicholas/Ströker 2010) [6]. Dies drückt sich u. a. in einer überdurchschnittlichen gesundheitlichen Belastung und erhöhten Krankheitszahlen aus (vgl. AOK Bundesverband 2010; vgl. Wieland 2010) [2], [28]. Steigende Arbeitsanforderungen an das Pflegepersonal sind dabei u. a. bedingt durch die Zunahme von an Demenz erkrankten Bewohner/-innen, durch beschränkte Personalmittel und durch erhöhte Aufwendungen für Dokumentation und Qualitätssicherungssysteme.

Die gesellschaftlich-öffentliche Wahrnehmung und gesellschaftlich-öffentlichen Darstellungen hinsichtlich der Pflege sind widersprüchlich: Einerseits wird auf die besondere Bedeutung des Berufs aufgrund der demographischen Entwicklung hingewiesen sowie die Belastung durch das Tätigkeitsfeld herausgestellt. Andererseits sorgen in der Presse negative Beispiele aus stationären Pflegeheimen regelmäßig für Schlagzeilen, die auch die gesellschaftliche Wertschätzung für die Arbeit der Pflegekräfte in Frage stellen (vgl. Ciesinger et al. 2011) [7]. Zudem tauchen in (arbeitsmarkt-)politischen Zusammenhängen immer wieder Vorschläge auf, etwa Arbeitslose oder minderqualifizierte Kräfte verstärkt in der Pflege zu beschäftigen. Dies wird jedoch in Gutachten als unzureichende Lösung beschrieben (vgl. Jaudas/Dunkel 2005) [15]. Ebenso bestehen Forderungen, den Fachkräftebedarf durch eine verstärkte Rekrutierung ausländischer Pflegekräfte zu beantworten (vgl. Bundesverband privater Anbieter soziale Dienste e.V. 2011) [5]. Dadurch kann insgesamt der Eindruck entstehen, dass eigentlich „jeder pflegen kann", was sich negativ auf die Selbst- und Fremd-Wertschätzung von Pflegekräften auswirken kann und die Entstehung von „Stolz auf die Arbeit und auf sich selbst" in der Pflege behindert.

In der Gesamtschau bestehen also unterschiedliche Problemlagen, die eine dauerhafte und zukunftssichernde Pflege gefährden und die Stärkung der in der Pflege arbeitenden Personen in den Fokus zentraler Ressourcenstärkung rücken.

Abbildung 31.2 verdeutlicht zusammenfassend die zentralen Problemfelder, vor denen die Pflegebranche heute steht:

Abbildung 31.2 Herausforderung Mitarbeiterbindung und Mitarbeitergewinnung

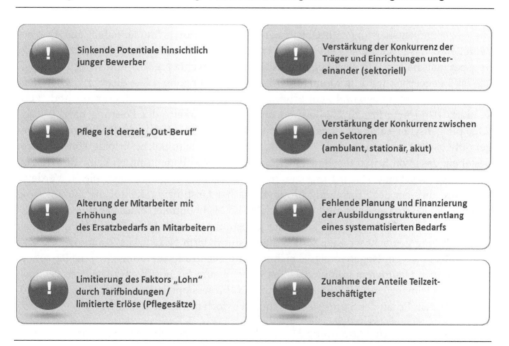

Trotz dieser härter werdenden Rahmenbedingungen arbeiten Pflegekräfte gern in ihrem Beruf (vgl. Vincentz Network 2009) [27] und scheinen sich der Ressourcen innerhalb ihrer Pflegearbeit bewusst zu sein. So gehört die soziale Unterstützung durch Kolleg(inn)en sowie durch Führungskräfte oder allgemein ein „gutes Betriebsklima" zu den wesentlichen Ressourcen, die von Altenpflegekräften genannt werden (vgl. Klein/Gaugisch 2005; vgl. Zimber/Weyerer 1999; vgl. Stoffer 2006) [16], [29], [25]. Qualität der Arbeit definiert sich aus Sicht der Beschäftigten nicht nur hinsichtlich der Erreichung ergebnisorientierter Merkmale bei den Bewohner(inne)n. Gleich nach der Sicherheit des Arbeitsplatzes werden der Spaß und die Sinnhaftigkeit der Arbeit als wichtig für „gute Arbeit" angesehen (vgl. INQA 2007) [13]. Ebenso ist der Wunsch nach Anerkennung durch Führungskräfte sowie Arbeitskollegen und „stolz auf die Arbeit sein zu können" bedeutsam.

31.1.2 „Produzentenstolz" in der Industrie als Vorbild für Dienstleistungsarbeit

Bezogen auf die produzierende Industrie ist die positive Auswirkung von Produzentenstolz auf die Unternehmensleistung unbestritten. Produzentenstolz wird als emotionales Resultat eines Bewertungsprozesses verstanden, bei dem eine selbstproduzierte Arbeitsleistung als Erfolg gewertet wird, woraus ein positives Gefühl des eigenen Wertes (Selbstwertgefühl) entsteht (vgl. Gouthier 2005, in Anlehnung an Tangney/Fischer 1995; Harter 1997; Küpers/Weibler 2005; Schützwohl 1993) [9], [26], [11], [18], [23] und durch Wiederholung zu einer positiven (Selbst-)Einstellung werden kann.

Die (soziale) Dienstleistungsarbeit zeichnet sich jedoch durch Immaterialität aus. Das bedeutet, dass das Produkt, an dem sich der Produzentenstolz in der Produktion sichtbar und messbar materialisiert, in der Pflege-Dienstleistung oft wenig greifbar und schnell vergänglich ist. Pflegearbeit wird im Moment der Leistungserbringung selbst direkt zwischen dem Konsumenten von Pflege und dem Erbringer der Pflege ausgehandelt, erbracht und „konsumiert" (Uno-Actu-Prinzip). Aufgrund der „Unsichtbarkeit" der Leistung bzw. des Erfolgs pflegerischer Tätigkeit ist es eine Herausforderung, die Erfolge guter Pflege den Pflegekräften selbst, aber auch der Öffentlichkeit zu vermitteln. Solche Erfolge können darin bestehen, dass von Seiten der Bewohner/-innen bzw. der Patient(inn)en keine direkte Statusveränderung bemerkt wird und ein entsprechender Zustand erhalten bleibt. Verdeutlicht wird dies bei der Erbringung prophylaktischer Leistungen, die auf die Minimierung potenzieller Risiken abzielen und deren Erfolge im Nichteintreten eines negativen Ereignisses bestehen. Das Nichteintreten kann hier jedoch nicht immer kausal mit der Pflegearbeit in Verbindung gebracht werden, sodass die Leistung darin besteht, die Wahrscheinlichkeit zu erhöhen, dass ein Negativereignis nicht eintritt. Die Erfolgsmeldung „[…] die Bewohnerin hat keinen Hautdefekt erlitten 8…]" ist jedoch kaum für positive Schlagzeilen geeignet und stellt vielmehr eine Minimalanforderung an professionelle Pflege dar. Der Aufwand, der hinter dem Erhalt des Status stehen kann, ist jedoch nicht selten immens.

Die folgende Übersicht, **Abbildung 31.3**, stellt dar, wie in der Pflege bzw. in der Dienstleistungsarbeit durch Selbst- und Fremdwertschätzung auf verschiedenen Ebenen Stolz auf die eigene Arbeit entstehen kann.

Im Projekt wird davon ausgegangen, dass Wertschätzung das Entstehen von Stolz auf die eigene Arbeit fördert und dass es für Mitarbeiter/-innen essentiell ist, auf den oben aufgeführten Ebenen Wertschätzung kontinuierlich zu erleben. Der Begriff „Wertschätzung" ist jedoch in der wissenschaftlichen Auseinandersetzung in Bezug auf den Arbeitsbereich „soziale Dienstleistungen" und insbesondere die altenpflegerische Arbeit nicht ausreichend bearbeitet. Auf der wissenschaftlichen Ebene fehlt eine Analyse der Wirkmechanismen von

"Wertschätzung" in der stationären Altenpflege und in der Praxis wird nach Hinweisen und Hilfestellungen gesucht, ob und wie durch eine Förderung von Wertschätzung nicht nur punktuell positive Emotionen hervorgerufen werden, sondern „Stolz" auf die Arbeit als Einstellung so entstehen kann so, dass die Arbeitszufriedenheit der Mitarbeitenden und das Wohlbefinden der Bewohner/-innen in den Pflegeheimen gefördert wird.

Abbildung 31.3 Zum Zusammenhang von Wertschätzung und Stolz in der Dienstleistungsarbeit

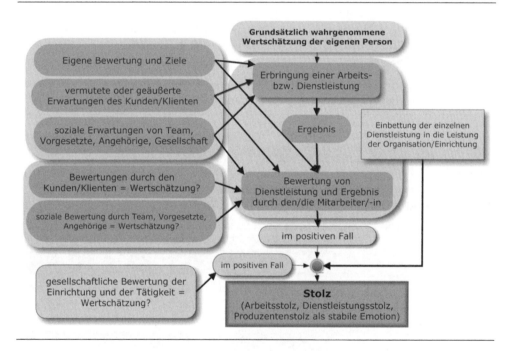

31.2 Vorgehensweise im Projekt PflegeWert

Im Verbundprojekt PflegeWert werden Handlungsanregungen entwickelt, welche Ideen, Konzepte und praxisnahe Maßnahmen vorstellen, um die Wertschätzung und den (Berufs-) Stolz in der Pflege und in benachbarten sozialen Dienstleitungen zu steigern. Der dafür notwendige Forschungs- und Entwicklungsprozess wird im Folgenden dargelegt.

Grundlegende Ausgangsannahme des Projekts war, dass es für Einrichtungen und Mitarbeitende hilfreich ist, wenn auf fünf Wertschätzungsebenen wertschätzendes Handeln beständig erfahrbar wird: Wertschätzung können Pflegende zunächst aus der persönlichen positiven Reflektion der eigenen Arbeit gewinnen. Wird man sich bewusst, dass man eine fachlich gute Arbeit durchführt, so kann dies dazu beitragen, die Selbst-Wertschätzung zu steigern und als Pflegende bzw. Pflegender Stolz auf die eigene Arbeit zu entwickeln. Wertschätzung kann auch aus einer guten Beziehung mit den Bewohner/-innen und ihren Angehörigen gewonnen werden. Die direkte Rückmeldung durch diese ist dabei sicher einer der wichtigsten Faktoren, die dazu beitragen, dass Pflegende ihren Beruf als sinnvoll empfinden und Wertschätzung für ihre Arbeit erfahren. Das Team und die Vorgesetzten sind weitere Personen, die darauf einwirken können, dass die Arbeit als wertschätzend erfahren wird. Wie wichtig Lob und Anerkennung dabei sind, wird vielerorts unterschätzt. Im Projekt PflegeWert wurde die Annahme vertreten – und durch die Empirie bestätigt –, dass Wertschätzung darüber hinaus als Teil der gesamten Organisationskultur gesehen werden kann, die aktiv auf allen Ebenen gelebt werden sollte. Eine fünfte und nicht minder wichtige Ebene ist die öffentliche Wahrnehmung und Wertschätzung für das berufliche Tun. **Abbildung 31.4** stellt diese im Projekt PflegeWert definierten Ebenen der Wertschätzung zusammenfassend dar:

Abbildung 31.4 Handlungsanregungen zur Förderung von Wertschätzung auf fünf Ebenen

Auf der Basis einer interdisziplinären wissenschaftlichen Literaturanalyse und Diskussionen mit Wissenschaftlern, Praktikern und Verbänden wurden forschungsleitende Hypothesen entwickelt, genutzt und fortlaufend weitergeführt und angepasst. Darauf aufbauend wurden neben Befragungen der Mitarbeiter/-innen aus den beteiligten Einrichtungen in diesen Einrichtungen verfügbare Konzepte und Werkzeuge zur Wertschätzungsförderung identifiziert, beschrieben und für den Transfer an Dritte aufbereitet bzw. neue Handlungsanregungen entwickelt und erprobt. Anschließend wurden diese Werkzeuge für Testeinsätze mit weiteren Beschäftigten bzw. weiteren Einrichtungen angepasst und in entsprechenden Praxistests mit Pflegekräften überprüft sowie mit Experten und Verbandsvertretern kritisch analysiert. Dabei lief eine kontinuierliche Evaluation parallel, die wiederum die Basis für eine Überarbeitung, Verbesserung und Erweiterung der erarbeiteten Werkzeuge darstellte. Ergänzend flossen in diesen Forschungs- und Entwicklungsprozess Erkenntnisse aus flankierenden Befragungen von Pflegekräften und von Auszubildenden in der Pflege aus Nordrhein-Westfalen ein.

Der damit einhergehende Entwicklungs- und Evaluationsprozess orientierte sich an den Ansätzen der Aktionsforschung (vgl. Hart/Bond 2001) [10] und geschah unter enger Zusammenarbeit der Praxis- und der Forschungspartner. Dies mit dem Ziel, die Diskrepanz zwischen der Theorie und dem Arbeitsalltag der Pflegekräfte möglichst gering zu halten und die einzelnen Handlungsanregungen nachhaltig zur Anwendung zu bringen. **Abbildung 31.5** beschreibt diesen Prozess auf den Ebenen der Praxispartner sowie der Forschungspartner und stellt die handlungsleitenden Entwicklungsschritte vor:

Abbildung 31.5 Das Projekt PflegeWert als Entwicklungs- und Evaluationsprojekt

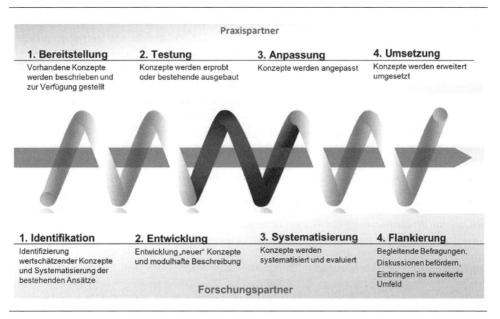

So entstand in einer iterativen Vorgehensweise die Basis für den „Werkzeugkoffer der Wertschätzung", der zum Abschluss des Projektes der Branche als erprobte Handlungsanregung zur Verfügung gestellt werden wird.

Bezug nehmend auf die Ergebnisse aus der empirischen Arbeit und den entwickelten Handlungsanregungen wurden im Projekt PflegeWert eine intensive Öffentlichkeitsarbeit und, durch eine enge Kooperation mit Verbänden und Politik, ein Beitrag zur gesellschaftlichen Anerkennung bzw. Wertschätzung der Pflege-Facharbeit und der sozialen Dienstleistung geleistet.

31.3 Empirische Ergebnisse zur Situation der stationären Altenpflege in den beiden beteiligten Einrichtungen

Im folgenden Kapitel sind ausgewählte empirische Ergebnisse des Projekts, die die Arbeitsrealität von Pflegekräften in der stationären Altenpflege unter den Gesichtspunkten von Arbeitszufriedenheit, Wertschätzung und Stolz beispielhaft untersuchte (Analyse der Ausgangssituation), dargestellt.

Eine erste Basiserhebung erfolgte zum einen mittels des Copenhagen Psychosocial Questionnaire (COPSOQ). Hiermit beforschte das PflegeWert-Team die psychische und physische Arbeitsbeanspruchung der in der Altenpflege tätigen Personen als Ausgangssituation des Projekts. Den Fragebogen ergänzten Fragen zur pflegerischen Arbeit und zu Maßnahmen der Wertschätzung. Aus den Einrichtungen der beiden Praxispartner beteiligten sich 343 Mitarbeitende, was einem Rücklauf von 32% entspricht. Die Befragten arbeiteten in der Pflege, in der Betreuung und in der bewohnernahen Hauswirtschaft. In der direkten Pflege tätig waren von den 343 Personen 237 Befragte. Qualitative face-to-face Interviews ergänzten die Analyse der Ist-Situation in den Einrichtungen. Zum einen brachten acht in der Altenpflege tätige Mitarbeitende und eine Wohnbereichsleitung Erkenntnisse zu deren Wahrnehmung ihrer alltäglichen pflegerischen Arbeit und ihrer Identifikation mit der Altenpflege ein. Zum anderen berichteten sieben Führungskräfte von der Wertschätzung und wertschätzendem Verhalten in der Pflege.

Zentral bestätigte sich die Annahme, dass **alle Ebenen der Wertschätzung** (Selbstwertschätzung, Wertschätzung durch Kund(inn)en sowie deren Angehörige, Wertschätzung durch das Team und Vorgesetzte, Wertschätzung als Bestandteil der Organisation, gesellschaftliche Wertschätzung) **für Pflegekräfte bedeutsam und relevant** sind.

Die Pflegenden schätzen ihre eigene Arbeit, die für sie eine **sinnvolle und wichtige Tätigkeit** darstellt. 92,4% der befragten Pflegenden halten ihre Arbeit in einem (sehr) hohen Maße für sinnvoll; 89,4% haben das Gefühl, dass ihre Arbeit in einem (sehr) hohen Maße wichtig ist. Dementsprechend erfüllt es 79,1% in einem (sehr) hohen Maße mit Stolz in der Altenpflege tätig zu sein. Insbesondere die Beschäftigung mit und die Begleitung der Bewohner/-innen erweist sich als wesentlich für die Identifikation der Pflegekräfte mit ihrer Arbeit und dem Beruf.

Ein besonders hohes Gewicht für die **Beurteilung der eigenen pflegerischen Arbeit** besitzen insbesondere die Ebene der **Selbstwertschätzung und die Wertschätzung durch Kund(inn)en und deren Angehörige**. 97,9% der Pflegenden wissen, dass sie gute Arbeit geleistet haben, wenn die Bewohner/-innen sich freuen; 88,2%, wenn die Angehörigen Ihnen danken und 85,2%, wenn sie langfristige Pflegeziele für die Bewohner/-innen erreicht haben. Die **Kolleg(inn)en** erweisen sich ebenso als wichtig, um das eigene Arbeiten einzuschätzen. 81% der Pflegenden wissen, dass sie gute Arbeit geleistet haben, wenn die Kolleg(inn)en sie bei pflegerischen Problemen um Rat fragen; 78,1% wissen dies, wenn ihr Umgang mit den Bewohner/-innen anerkennend von den Kolleg(inn)en erwähnt wird.

Die **gesellschaftliche Wertschätzung hat für Pflegende eine hohe Bedeutung**; sie erleben und beschreiben aber einen eklatanten gesellschaftlichen **Anerkennungsmangel**. Dieser äußert sich für sie mit der gesellschaftlichen Botschaft: „Waschen kann jede/r", der damit verbundenen Reduktion ihrer Tätigkeit auf körperlichen und geistigen Abbau sowie Ausscheidungen und negativer Berichterstattung in den Medien. Positive Aspekte der altenpflegerischen Arbeit und dass Altenpflege ein verantwortungsvoller Beruf ist, wird nach Ansicht der Pflegenden von der Gesellschaft nicht ausreichend wahrgenommen. Dementsprechend erleben sie es in besonderer Weise als **wertschätzend, wenn ihre Einrichtung Verantwortung übernimmt, pflegerische Arbeit auf gesellschaftlicher Ebene positiv darzustellen und zu beeinflussen**. Pflegekräfte erkennen es an, wenn der Träger sich bemüht, Diskussionen in der örtlichen Presse und Politik positiv zu beeinflussen, wenn die Einrichtung in der Presse eigene positive Beispiele der Bewohnerversorgung veröffentlicht und wenn die Einrichtung versucht, durch aktive Mitarbeit in Gremien die Politik und die Gesellschaft zu Wertschätzungsgebern für die Pflege zu entwickeln.

Die **Bindung an den Beruf** erwies sich als **ausgeprägt**. 71,3% der Pflegenden geben an, dass die Arbeitsstelle für sie in einem (sehr) hohen Maße große persönliche Bedeutung hat. 69,2% möchten, wenn der Gesundheitszustand es zulässt, den Beruf bis zum Eintritt ins Rentenalter ausüben; allerdings möchten 15,6%, auch wenn es der Gesundheitszustand zulässt, den Beruf nicht bis zum Eintritt ins Rentenalter ausüben.

31.4 Ergebnisse des Projekts PflegeWert in Form von praktischen Handlungsanregungen zur Förderung der Wertschätzung in der Pflege und für die Pflege

Diesen Ergebnissen entsprechend wurden **anwendungsorientierte Handlungsanregungen auf den verschiedenen Ebenen der Wertschätzung** in den Praxiseinrichtungen des Kooperationsvorhabens implementiert, begleitet und nachfolgend evaluiert. Nähere Ausführungen hierzu finden sich in diesem Kapitel.

Grundsätzlich garantierte die Kooperation in einem gemeinsamen Verbund mit Wissenschaft und Praxis die Praxisnähe und die Umsetzbarkeit der entwickelte Handlungsanregungen. Der eine Praxispartner, EvA, ist dem Diakonischen Werk im Rheinland angeschlossen und bietet ein breites Spektrum an Leistungen. Neben der stationären Altenpflege wird ambulante und stationäre Tagesbetreuung, Mobile Pflege, Essen auf Rädern,

Haushaltshilfe, Gartenpflege, Pflegeberatung und vieles mehr erfolgreich angeboten. Zusätzlich zu den 93 Plätzen für stationäre Alten- und Kurzzeitpflege kommen 3 Häuser des betreuten Wohnens im Nachbarort hinzu. Insgesamt beschäftigt die Stiftung 200 Mitarbeitende und 25 ehrenamtliche Helfer. Das Durchschnittsalter der hauptberuflichen Mitarbeitenden liegt bei 44 Jahren und die durchschnittliche Betriebszugehörigkeit bei 8 Jahren. Der andere Praxispartner, die CBT, unterhält Wohnheime an 23 Standorten in der Diözese Köln und auf Borkum. Neben Wohnheimen für alte Menschen gehören Wohnheime für Menschen mit Behinderung, Mehrgenerationenwohnhäuser, Wohnen mit Service sowie eine Mutter-Kind-Klinik zum Angebot der Gesellschaft. Insgesamt beschäftigt die CBT 2013 hauptberufliche Mitarbeitende sowie 797 Ehrenamtliche. Das Durchschnittsalter der hauptberuflichen Mitarbeitenden liegt bei 39-40 Jahren und die durchschnittliche Betriebszugehörigkeit bei 8 Jahren.

Die Struktur der Interventionsvorschläge orientiert sich an den 5 Ebenen der Wertschätzung, wie sie in **Abbildung 31.4** eingeführt wurden.

Aufgrund der unterschiedlichen Größe der Einrichtungen wurde in der CBT stärker die Seite der Organisation (bspw. das Controlling oder die Führungsebene), in EvA, einer gegenüber der CBT kleineren Einrichtung, stärker die Mitarbeiterebene sowie die mittlere Führungsebene als Ausgangspunkt wertschätzender Prozesse fokussiert. Im Projektverlauf erlaubten Rückkopplungsschleifen die neu bzw. weiterentwickelten Handlungsanregungen zu optimieren, erneut zu erproben und für den Transfer aufzubereiten.

Als grundlegende Erkenntnis des Projekts ist festzuhalten, dass eine **wertschätzende Unternehmenskultur sich in den Einrichtungen nur etablieren kann, wenn ganzheitlich auf allen 5 Ebenen der Wertschätzung Interventionen erfolgen**. Eine dauerhafte höhere Arbeitszufriedenheit der Mitarbeiter/-innen, eine bessere Qualität der Aufgabenerledigung und eine bessere Wirtschaftlichkeit der Unternehmen, kann nicht alleine durch den Einsatz einzelner Handlungsanregungen erreicht werden. Die Handlungsanregungen müssen, wie in **Abbildung 31.6** dargestellt, als **miteinander vernetztes „Maßnahmenbündel"** verstanden werden:

Damit tragen die **Leitungskräfte einer Organisation**, wie schon von Honneth (1994) [12] gefordert, die **Verantwortung** dafür, dass der **Wert der Mitarbeitenden und ihre Tüchtigkeit Anerkennung findet und öffentliche Aufmerksamkeit erhält**.

Die nun exemplarisch dargestellten Handlungsanregungen sind Teil des im Projekt PflegeWert definierten „Maßnahmenbündels". Die „Erfolgsbesprechung" stellt eine im Projekt neu konzipierte und erprobte Handlungsanregung dar, das „Seminar: Wertschätzend Führen" eine weiterentwickelte Handlungsanregung.

Abbildung 31.6 Handlungsanregungen auf verschiedenen Ebenen der Wertschätzung zusammengefasst als Kultur der Wertschätzung in Einrichtungen

31.4.1 Handlungsanregung „Erfolgsbesprechung"

Die empirischen Erhebungen im Projekt PflegeWert bilden deutlich ab, dass Pflegekräfte Spaß an ihrer Arbeit haben, dass sie ihre Arbeit als vielfältig, vielseitig und anspruchsvoll erleben und dass ihre Arbeit für sie einen hohen Sinngehalt hat. Es fiel den Pflegenden in den Interviews allerdings schwer, erfolgreich bewältigte Arbeit zu identifizieren. Ihre eigenen Leistungen verschwanden für sie in der Alltäglichkeit, waren für sie selbstverständlich. Da die Erfolge ihrer Arbeit von den Pflegekräften selber nicht mehr wahrgenommen wurde, war es ein Anliegen des Projekts den Blick auf das zu lenken, was Pflegende täglich leisten, und ihnen eine Versicherung ihres Beitrags am Gelingen der pflegerischen Arbeit zu ermöglichen.

In Zusammenarbeit mit den Mitarbeiter/-innen aus EvA entwickelte und erprobte das dip die Handlungsanregung der Erfolgsbesprechungen in zwei Wohnbereichen. Dieses Konzept konzipierten die verantwortlichen Personen mit dem Ziel, durch den Blick auf vergangene gelungen bewältigte Situationen, eigene erfolgreiche Lösungsstrategien in der täglichen Arbeit zu identifizieren und sich ihrer bewusst zu werden. Es soll helfen, das Zusammentragen des impliziten und expliziten Wissens über die eigene Arbeit zu strukturieren und es ermöglichen, die erkannten Erfolge auch gegenüber Dritten kommunizieren zu können.

Hierbei betrachteten die Teilnehmer/-innen einer Erfolgsbesprechung in ungefähr einer Stunde eine von ihnen ausgewählte Situation. Die Mitarbeiter/-innen reflektierten im Rahmen dieses Konzepts einzelne Pflegesituationen, bspw. anhand der Fragen, wie es gelungen ist, bei einer Bewohnerin/einem Bewohner sicherzustellen, dass notwendige Pflegemaßnahmen angenommen werden, oder wie es gelungen ist, die Zufriedenheit einer Bewohnerin/eines Bewohners zu fördern. Aber auch übergreifende Fragestellungen, wie bspw. was geholfen hat, die wohnbereichsinterne Karnevalsfeier gelingend zu gestalten, waren Gegenstand der Erfolgsbesprechungen. Eine teaminterne Moderatorin/ein teaminterner Moderator ist verantwortlich, die Intervention in eine Informationsphase, eine Analyse- und Dialogphase und die Phase der Ergebnissicherung zu untergliedern. Diese Handlungsanregung konnte mit Gruppen von bis zu zehn Personen gelingend umgesetzt werden, Kenntnisse in der Moderation erwiesen sich als hilfreich.

Die Besprechungen unterstützten den Perspektivwechsel hin zu gelingender pflegerischer Arbeit. Die Pflegekräfte berichteten, dass es ihnen gut tat, auf ihre eigenen Erfolge zu blicken und in den Erfolgsbesprechungen auch Wertschätzung durch die Teamkolleg(inn)en zu erfahren. Die schriftliche Befragung zeigte auf, dass die mit dem Konzept verbundenen Ziele erreicht bzw. angestoßen wurden. Die Mitarbeiter/-innen tauschten sich gewinnbringend aus, die Erfolge ihrer Arbeit rückten in ihr Bewusstsein und es gelang ihnen nützliche Lösungsstrategien zusammenzutragen. Das subjektive Empfinden gute Arbeit zu leisten wurde für die Pflegenden fassbar. Die nachfolgende Übersicht, **Abbildung 31.7**, gibt wieder, inwieweit für die beteiligten Pflegenden die Ziele der Erfolgsbesprechung erreicht wurden:

Abbildung 31.7 Ergebnisse bei der Abfrage der Zielerreichung der Handlungsanregung Erfolgsbesprechung

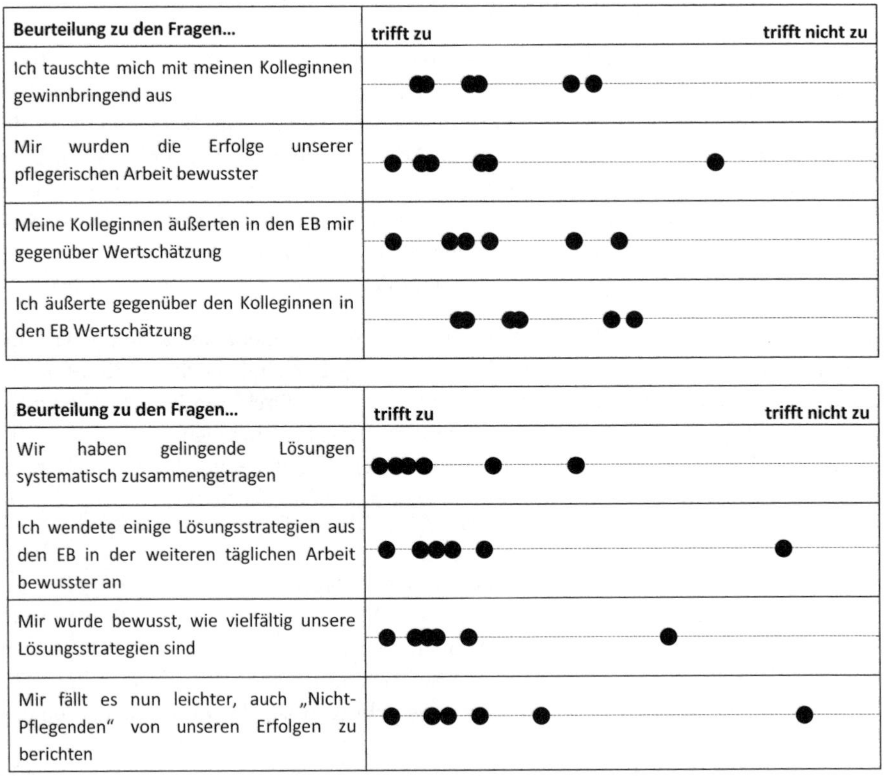

Das entwickelte Konzept erlaubt demnach Erfolge der pflegerischen Arbeit in den Mittelpunkt zu stellen und verdeutlicht den Mitarbeiter/-innen, dass sie und ihr Anteil an der pflegerischen Arbeit wichtig sind. Es unterstützt die Teilnehmer/-innen der Erfolgsbesprechung, Wertschätzung zu erleben und auch zu geben und es aktiviert das Wissen der gesamten Gruppe. Diese Handlungsanregung kann in pflegerischen oder auch multiprofessionellen Teams zum Einsatz kommen. Wesentlich ist, sie an die je eigenen Einrichtungsstrukturen und -kulturen anzupassen und den beteiligten Personen nicht das Gefühl zu vermitteln, dass schwierige existente Rahmenbedingungen der pflegerischen Arbeit negiert werden.

Neben der Rückmeldung der Pflegekräfte wurde auch die Heim- und Pflegedienstleitung nach ihren Eindrücken zur Erfolgsbesprechung und den Auswirkungen hiervon auf den Wohnbereich gefragt. Obwohl die Effekte der Maßnahme tendenziell schwer messbar sind und positive Folgen, wie beispielsweise eine Stärkung des Selbstwertgefühls, eine höhere Arbeitszufriedenheit sowie ein von Wertschätzung geprägter Umgang miteinander, erst nach und nach sichtbar werden, können bereits erste Veränderungen konstatiert werden. In den Teams der Mitarbeitenden, welche an den Erfolgsbesprechungen teilnahmen, geben die Pflegenden einander mehr Wertschätzung und nehmen diese bewusster wahr. Des Weiteren sind positive, den Selbstwert steigernde Erlebnisse nicht mehr subjektiv gefühlt, sondern mit Ergebnissen unterlegt. Die Pflege bekommt eine Sprache, weil Mitarbeitende lernen, Erfolge im Team und auch nach außen zu kommunizieren.

31.4.2 Handlungsanregung „Seminar: Wertschätzend Führen"

Führungskräfte bzw. Vorgesetzte bilden eine wesentliche Quelle von Wertschätzung (vgl. Befragungsergebnisse PflegeWert, Jacobshagen/Semmer 2009) [14]. Diese äußert sich zum einen durch positive, anerkennende Handlungen, wie beispielsweise ein Lob, ein Anerkennungsschreiben oder ein Geschenk. Wertschätzung zeigt sich allerdings ebenso in „negativen" Kontexten, beispielsweise im Umgang mit Konflikten oder bei Kritik.

Führungskräfte müssen sehr unterschiedlichen und teils gegensätzlichen Anforderungen gerecht werden (vgl. Schulz von Thun et al. 2001; Schambortski 2006) [22], [21]. Sie müssen flexibel sein, sodass sie ihr Verhalten und ihren Führungsstil auf die individuellen Mitarbeitenden anpassen können. Gleichzeitig müssen sie Orientierung geben und die „Richtung" bestimmen. Diese unterschiedlichen Führungsrollen zu vereinen, ist auch für erfahrene Führungskräfte eine stetige Herausforderung. Im Bereich der Pflege wird diese Herausforderung häufig dadurch verstärkt, dass Themen wie Führung und Führungsstile, Kommunikation, Aufbau eines Teams und Ähnliches weder Bestandteil der Ausbildung noch der Tätigkeit selbst sind. Daher bietet das Seminar Führungskräften, neben theoretischen Inhalten zu Führung und Wertschätzung, die Möglichkeit das eigene Führungsverhalten zu reflektieren und wertschätzende Verhaltensweisen in teils schwierigen Situationen aktiv zu erproben.

Das Ziel ist sowohl den Selbstwert der Führungskräfte zu steigern als auch wertschätzendes Verhalten gegenüber Mitarbeiter/-innen zu fördern. Beide Aspekte ergänzen einander insofern, dass sich Menschen mit einem hohen Selbstwert anderen gegenüber wertschätzender verhalten und gutes Führungsverhalten gleichzeitig zu mehr Anerkennung durch Mitarbeiter/-innen führen kann, was sich wiederum positiv auf den Selbstwert auswirkt.

Des Weiteren ist wertschätzendes Führungsverhalten ein wichtiger Aspekt zur Erhaltung der Arbeitsfähigkeit von Mitarbeitenden sowie zur Steigerung der Motivation. Es ermöglicht den Aufbau einer Vertrauenskultur, in welcher Mitarbeitende und Vorgesetzte auf respektvolle und wertschätzende Weise miteinander umgehen.

Zur Erreichung dieser Ziele werden zum einen die Rolle der Führungskraft und die damit einhergehenden Anforderungen thematisiert. Die Klärung der eigenen Rolle und der hiermit verbunden Führungsaufgaben gibt Orientierung und unterstützt Pflegende, die (neue) Rolle anzunehmen und auszufüllen. Gleichzeitig wird den Teilnehmenden Raum gegeben, herauszufinden, welche Art von Führungsstil den eigenen bzw. den Vorstellungen der Pflegeeinrichtung entspricht, und welche Ansprüche und Erwartungen an das persönliche Führungsverhalten gestellt werden.

Zum zweiten wird das Thema Wertschätzung sowie das Vorleben von wertschätzendem Verhalten als Teil der Führungsaufgabe besprochen. Hierbei wird insbesondere verdeutlicht, dass Wertschätzung wesentlich mehr ist als Loben! Und dass es viele „Kleinigkeiten" gibt, wodurch ein wertschätzender Umgang täglich – und ohne viel Aufwand – gelebt werden kann.

Das Seminar ist in vier Module aufgeteilt – Wertschätzung und Wertschöpfung in der Pflege, Rolle der Führungskräfte, Wertschätzende Verhaltensweisen im Alltag, Selbstwertschätzung und Förderung der eigenen Gesundheit –, welche im Folgenden einzeln vorgestellt werden.

Modul 1 – Wertschätzung und Wertschöpfung in der Pflege – gibt einen Überblick zu den Erkenntnissen des Projektes PflegeWert. Hierzu wird zum einen das theoretische Konstrukt des Projektes sowie Ergebnisse aus unterschiedlichen Studien zur Situation der Pflege in Deutschland vorgestellt. Da Wertschätzung auch mit Anerkennung und Ansehen zusammenhängt, sind zum zweiten Befragungsergebnisse aus diesem und verwandten Projekten zu sehen, um die Wahrnehmung des Berufes durch Pflegende und durch Außenstehende zu veranschaulichen. In diesem Rahmen werden ebenfalls unterschiedliche Themen, wie die Rolle von Wertschätzung im Zusammenhang mit Mitarbeiterbindung oder der Beitrag von Wertschätzung innerhalb der Wertschöpfung, vorgestellt.

Modul 2 – die Rolle von Führungskräften. Die unterschiedlichen Rollen von Führungskräften sowie die damit einhergehenden Anforderungen und Verantwortungsbereiche sind ein sehr großes und vielseitiges Thema. Ziel dieses Modules ist es jedoch weniger, Wissen über Führung und Führungsrollen zu vermitteln, als Führungskräfte zu unterstützen bzw. zu begleiten ihr bisheriges Führungsverhalten zu erforschen und zu reflektieren. Fragen wie

- Welche Werte bestimmen mein Führungsverhalten insbesondere in meinem Verhältnis zu den Mitarbeiter/-innen?
- Welche Werte sind gut/ leicht umzusetzen? Bei welchen Werten ist dies schwieriger?

werden in dieser Phase in Kleingruppen diskutiert und später im Plenum präsentiert.

Da Führungskräfte nicht nur eine Quelle von Wertschätzung für ihre Mitarbeitenden sind, sondern auch auf anderen Ebenen Wertschätzung vorantreiben können, wird im zweiten Teil des Moduls nach wertschätzenden Maßnahmen, Instrumenten und Ideen gesucht, die bereits im Unternehmen praktiziert werden bzw. die noch angestoßen werden können. Auf diese Weise verändert sich der Fokus der Führungskräfte und öffnet den Blick für bereits vorhandene Ressourcen. Während und nach dem Seminar äußerte der Großteil der Teilnehmenden ihre Überraschung darüber, wie viel teilweise bereits getan wird bzw. wie viele „positive Dinge" im Alltag untergehen oder vergessen werden.

Modul 3 – wertschätzendes Führungsverhalten im Alltag – ergänzt die praxisorientierten Diskussionen und Übungen von Modul 2 um Theorieparts zu unterschiedlichen Führungsstilen und Führungsverhalten. Im zweiten Teil wird eine Vielzahl von wertschätzenden Führungsverhaltensweisen theoretisch besprochen und teilweise in Übungen und Rollenspielen praktisch erprobt. Kommunikation und Konfliktlösung sind hierbei Themen, denen viel Aufmerksamkeit geschenkt wird.

Modul 4 – Selbstwertschätzung und Förderung der eigenen Gesundheit. Der Förderung des Selbstwertes und der eigenen – physischen und psychischen – Gesundheit wird ein eigenes Modul gewidmet, da diese Aufgabe in zweifacher Hinsicht wichtig ist. Führungskräfte vergessen diesen Aspekt häufig und vernachlässigen dadurch nicht nur ihr Selbst, sondern auch ihre Vorbildfunktion. In diesem Modul wird evaluiert, woher Führungskräfte, insbesondere auf der Ebene der Geschäftsleitung, Wertschätzung beziehen und wie diese Quellen gefördert oder erweitert werden können. Gleichzeitig werden Methoden zum Abbauen von Stress und zur Distanzierung von der Arbeit vorgestellt und diskutiert. Stressabbau, Entspannung und Psychohygiene sind sehr individuelle und persönliche Themen, bei welchen es wesentlich ist, dass Führungskräfte die Maßnahme(n) finden, welche am besten zu ihnen passt/passen, und die sie gut in ihren Alltag integrieren können.

Der Ablauf aller Übungen, wie Rollenspiele und Kleingruppenarbeiten, orientiert sich an dem zyklischen Lernmodell nach Kolb (vgl. Kolb et al. 1974; Fuchs-Frohnhofen/Sell 2003) [17], [8], in welchem davon ausgegangen wird, das ein vollständiger Lernprozess daraus besteht, praktische Erfahrungen zu machen, diese zu reflektieren und zu verallgemeinern, um daraus abstrakte Konzepte abzuleiten und diese in einer neuen Erfahrung zu überprüfen.

Die Rückmeldungen der Teilnehmenden des Seminars verdeutlichten, wie wichtig, insbesondere bei einem Thema wie Wertschätzung und Führung, aktive Anteile innerhalb der einzelnen Theorieparts sind, um zum einen neue Verhaltensweisen unmittelbar auszuprobieren und zum anderen zu erleben, welche neuen Möglichkeiten eine veränderte Perspektive oder ein anderer Fokus, beispielsweise nicht zu fragen „was läuft schief", sondern „was läuft gut", eröffnen kann.

Des Weiteren erlebten die Teilnehmer/-innen den Austausch untereinander als inspirierend und angenehm. Allerdings besteht bei vielen Aspekten rund um das Thema Wertschätzung noch ein großer Bedarf an wissenschaftlicher Forschung. So fehlten einigen Teilnehmern Untersuchungen zu den positiven Effekten von Wertschätzung in Unternehmen. Auch der Wunsch nach einem Instrument zur Messung der Wertschätzung in einem Unternehmen wurde geäußert.

Zu der Frage, in welchem Maße die Handlungsanregungen des gesamten Maßnahmenbündels ihren Weg in den Pflegealltag finden und konkret umgesetzt bzw. gelebt werden, kann zu diesem Zeitpunkt noch keine Aussage getroffen werden, da das Projekt und die begleitende Evaluation noch nicht abgeschlossen sind.

31.5 Aktueller Stand des Projekts - Herausforderungen und Chancen in der Praxis

Die Projektergebnisse werden am Projektende in Form von prototypisch erprobten, praxistauglichen Handlungsanregungen zur Förderung von Wertschätzung für Pflegekräfte und Arbeitgeber in der Altenpflege zur Verfügung gestellt werden. Zielgruppen der Interventionsvorschläge sind Geschäftsführungen, Leitungskräfte aller Ebenen, Qualitätsmanagementbeauftragte, Arbeitsschutzbeauftragte, Mitarbeitervertretungen und weitere Interessierte aus Pflege- und Gesundheitseinrichtungen sowie aus benachbarten sozialen Dienstleistungsbereichen. Damit entstehen marktfähige Produkte der Beratung und Schulung, die einrichtungs- sowie branchenübergreifend zur Anwendung kommen und ihre Verbreitung finden können.

Handlungsanregungen zur Wertschätzung von Mitarbeiter(inne)n in der Pflege und auch anderen sozialen Dienstleistungsberufen werden in den Zeiten des Fachkräftemangels zunehmend wichtiger werden, um deren Zufriedenheit aufrecht zu erhalten und sie an ihren Beruf zu binden. Die Frage der Wertschätzung von Mitarbeitenden in der Altenhilfe ist des Weiteren in Zusammenhang mit den zukünftigen Herausforderungen – Altersbilder, Hilfe-Mix, professionelles Management, multiprofessionelle Mitarbeiterteams, Öffentlichkeit/Gesellschaft – zu sehen.

- **Altersbilder**

    Alter und Altern wird in der Gesellschaft oft negativ wahrgenommen und durch Politik negativ bezeichnet („Altenlast", „Alter als Kostenproblem"). Um die zukünftigen Herausforderungen bewältigen zu können, bedarf es eines neutralen oder positiven Altersbildes. Die Altersbilder im 6. Altenbericht der Bundesrepublik (2010) [4] bieten Chancen einer neuen Perspektive, die es zu nutzen gilt. Für die Tätigkeit der Pflege alter Menschen bedarf es auch der adäquaten Bilder und Sprache, um die Arbeit als werteorientierte Dienstleistung verstehen zu können.

- **Hilfe-Mix**

    Die Aufgabe der Pflege ist vorrangig der Erhalt und die Stärkung vorhandener Ressourcen beim alten Menschen zur Wahrung von Selbstverantwortung und sozialer Teilhabe. Vorhandene persönliche und soziale Netzwerke (Familie, Partner, Freunde, Nachbarn) sind zu fördern und als unverzichtbare Zuwendungs- und Unterstützungspotenziale in die Begleitung und Pflege zu integrieren. Ergänzt wird die soziale Teilhabe im Quartier durch freiwilliges und ehrenamtliches Engagement. Die Gewinnung und Bindung sowie vor allem die Koordination dieser unterstützenden Personen und Netze fordern von der Pflege zukünftig verstärkt Steuerungs- und Moderationskompetenz im Hilfe-Mix. Auch in diesem Setting bedarf es einer wertschätzenden Kultur zur Unterstützung aller beteiligten Akteure.

- **Professionelles Management**

    Einrichtungen des Gesundheitswesens bzw. der Altenpflege müssen sich als soziale Unternehmen verstehen und geführt werden. Sie basieren auf einer Führungskultur, die sich an Werten mit systematischer Wertschätzung und Anerkennung der individuellen Leistungen der Mitarbeitenden orientiert. Nur Mitarbeiter, die Wertschätzung erfahren, können die Beziehung zum „Kunden" wertschätzend gestalten (vgl. Stoffer 2006) [25]. Hierbei ist zu beachten: Der „Kunde" als Partner und Leistungsempfänger bestimmt über Art, Umfang, Dauer und Zeit der Leistungen, nicht die Kostenträger oder die Einrichtungsleitung. Um dieser Kundenorientierung gerecht zu werden, bedarf es optimaler personaler und materieller Einsatzplanung und -gestaltung. Denn nur Kund(inn)en, die Wertschätzung in der Dienstleistung erfahren, können Mitarbeitende in ihrer Tätigkeit wertschätzen.

    Zum professionellen Management der Dienstleistung gehören unverzichtbar Unternehmens-Bausteine, wie ein Unternehmens- und Führungsleitbild, Qualitätsleitlinien, Anforderungs- und Aufgabenprofile für unterschiedliche Aufgaben und Professionen, klare Kompetenzen, verbindliche Kommunikationsstrukturen, Erfolgsmessung durch Zielvorgaben, adäquates Arbeitsmaterial und Arbeitsplatzgestaltung und mittel- und langfristige Personalbedarfsplanung. Wertschätzende Elemente in der Mitarbeiterführung sind hierbei schon heute flexible Dienstzeitengestaltung mit Einhaltung der Zeitvorgaben sowie neue Dienstzeitmodelle mit vermehrten Beschäftigungsumfängen in Vollzeit.

    Ergebnis des professionellen Managements ist die Zufriedenheit der Mitarbeitenden und zufriedene Mitarbeitende sind ein zentraler Teil der Wertschöpfungskette, denn „nur zufriedene Mitarbeiter können gute Gastgeber sein" (Stoffer 2006, S.3) [25] und Menschen für ihren Beruf und ihre Arbeitsstätte begeistern!

- **Multiprofessionelle Mitarbeiterteams**

    Anzuerkennen ist, dass Pflegearbeit interaktive Beziehungsarbeit darstellt, die neben der Beherrschung von fachspezifischen Techniken und Kenntnissen hohe kommunikative, empathische und soziale Kompetenzen erfordert. Neben der qualifizierten Ausbildung in der Pflege werden zunehmend auch Zusatzqualifikationen (z. B. Gerontopsychiatrie und Palliative-Care) erforderlich. So werden Fachkräfte zu Experten. Durch Zusatzqualifikationen erlangen sie Expertenwissen und fungieren als Multiplikatoren, wodurch die Chance entsteht, eine Karriere nicht nur in Hierarchie und Führungsverantwortung zu sehen.

Des Weiteren können die in der Komplexität der Pflegearbeit anfallenden Tätigkeiten nur in der Kooperation einzelner Fachkompetenzen aus der Hauswirtschaft, Pflege und Sozialpädagogik bewältigt werden. Jede dieser Disziplinen ist unverzichtbar und es bedarf der der Wertschätzung der damit verbundenen spezifischen Fähigkeiten.

- Öffentlichkeit/Gesellschaft

Die gesellschaftliche Anerkennung des Berufes „Pflegekraft/Pflegefachkraft" ist ein wichtiger Indikator für die Gewinnung von Auszubildenden und deren Verbleib im Beruf. Die Wertschätzung des Berufsfelds „Pflege" durch die Gesellschaft wird ein entscheidender Faktor sein, die zukünftigen Anforderungen auf dem Arbeitsmarkt mit ausreichender Mitarbeitergewinnung zu meistern. Und in dieser Herausforderung wird der „Gute Ruf der eigenen Einrichtung" im Quartier einen bedeutenden Wettbewerbsvorteil darstellen.

Eine Steigerung der Wertschätzung der Pflege in der Gesellschaft sowie auf den vier weiteren Ebenen kann Geschäftsleitungen, Führungskräften und Mitarbeitenden beim Umgang mit diesen Herausforderungen unterstützen und so einen entscheidenden Wettbewerbsvorteil darstellen. Denn eine höhere Arbeitszufriedenheit der Mitarbeiter/-innen, eine bessere Qualität der Aufgabenerledigung und eine bessere Wirtschaftlichkeit der Unternehmen, kann nur durch einen ganzheitlichen Ansatz auf allen 5 Ebenen der Wertschätzung erreicht werden.

Literatur

[1] Afentakis, A./Maier, T. (2010): Projektionen des Personalbedarfs und -angebots in Pflegeberufen bis 2025, in: Wirtschaft und Statistik, 11, S. 990-1002.
[2] AOK Bundesverband (2010): Produktionsfaktor Gesundheit. stationäre Pflegeeinrichtungen und Pflegenetzwerke. 1. Aufl. Berlin.
[3] Augurzky, B./Krolop, S./Mennicken, R./Schmidt, H./Schmitz, H./Terkatz, S. (2011): Pflegeheim Rating Report 2011. Boom ohne Arbeitskräfte? Executive Summary, in: Rheinisch-Westfälisches Institut für Wirtschaftsforschung (Hrsg.): RWI Materialien Heft 68, Essen.
[4] Bundesministerium für Familie, Senioren, Frauen und Jugend (2010): Sechster Bericht zur Lage der älteren Generation in der Bundesrepublik Deutschland. Altersbilder in der Gesellschaft, Berlin.
[5] Bundesverband privater Anbieter sozialer Dienste e. V. (2011): bpa spricht sich für eine gesteuerte Zuwanderung im Bereich Pflege aus. Entschließungsantrag im Bundesrat für mehr Migranten in der Pflege, URL: http://www.bpa.de/upload/public/doc/mehr_migranten_in_die_pflege [15. Juni 2011].
[6] Cicholas, U./Ströker, K. (2010): Auswirkungen des demografischen Wandels – Modellrechnungen zur Entwicklung der Krankenhausfälle und der Pflegebedürftigkeit. Statistische Analysen und Studien, Band 66, Nordrhein-Westfalen.

[7] Ciesinger, K.-G./Goesmann, C./Klatt, R./Lisakowski, A./Neuendorff, H. (2011): Alten- und Krankenpflege im Spiegel der öffentlichen Wahrnehmung. Ergebnisse einer repräsentativen Bevölkerungsbefragung zur Wertschätzung zweier Dienstleistungsberufe, URL: http://www.berufe-im-schatten.de/xd/public/content/index.html?pid=41 [27. September 2011].
[8] Fuchs-Frohnhofen, P./Sell, R. (2003): „Spielend" Probleme im Team lösen. in: Henning, K./Strina, G. (Hrsg.): Planspiele in der betrieblichen Anwendung, 1. Aufl., Aachen, S. 25-33.
[9] Gouthier, M. (2005): Produzentenstolz bei Dienstleistungen: Motivationsfaktor und Innovationsressource; Arbeitskreis Dienstleistungen der Friedrich-Ebert-Stiftung, Berlin, URL: http://www.fes.de/wiso/pdf/dienstleistung/2005/Protokoll_231105.pdf [12. Dezember 2011].
[10] Hart, E. L./Bond, M. (2001): Aktionsforschung. Handbuch für Pflege-, Gesundheits- und Sozialberufe, 1. Aufl., Bern.
[11] Harter, S. (1997): The personal self and social context: Barriers to authenticity, in: Ashmore R./Jussim L. (Hrsg.): Self and identity: Fundamental issues. 1. Aufl., New York.
[12] Honneth, A. (1994): Kampf um Anerkennung. Zur moralischen Grammatik sozialer Konflikte, 1. Aufl., Frankfurt.
[13] INQA – Initiative Neue Qualität der Arbeit (2007): Was ist gute Arbeit? INQA-Bericht Nr.19, Dortmund.
[14] Jacobshagen, N./Semmer, N. K. (2009): Wer schätzt eigentlich wen? Kunden als Quelle der Wertschätzung am Arbeitsplatz, in: Wirtschaftspsychologie, Vol. 11, 1, S. 11-19.
[15] Jaudas, J./Dunkel, W. (2005): Integration Langzeitarbeitsloser in Einrichtungen der Pflege, URL: http://www.isf-muenchen.de/pdf/IntegrationLangzeitarbeitsloser.pdf [28. September 2011].
[16] Klein, B./Gaugisch, P. (2005): Gute Arbeitsgestaltung in der Altenpflege – Selbstbewertung als partizipationsorientierte und nachhaltige Methode für die gesundheitsförderliche Arbeitsgestaltung in der Pflege. Bundesanstalt für Arbeitsschutz und Arbeitsmedizin, Dortmund.
[17] Kolb, D. A./Rubin, I. M./McIntire, J. M. (1974): Organisational Psychology. An Experiential Approach, 1. Aufl., New York.
[18] Küpers, W./Weibler, J. (2005): Emotionen in Organisationen, 1. Aufl., Stuttgart.
[19] Ministerium für Arbeit, Gesundheit und Soziales des Landes Nordrhein-Westfalen (2010): Landesberichterstattung Gesundheitsberufe Nordrhein-Westfalen 2010. Situation der Ausbildung und Beschäftigung in Nordrhein-Westfalen, Düsseldorf.
[20] Price Waterhouse Coopers/WifOR (2010): Fachkräftemangel. Stationärer und ambulanter Bereich bis zum Jahr 2030, Frankfurt am Main.
[21] Schambortski, H. (2006): Mitarbeitergespräche in der Pflege, 1. Aufl., München.
[22] Schulz von Thun, F./Ruppel, J./Stratmann, R. (2001): Miteinander reden: Kommunikationspsychologie für Führungskräfte, 2. Aufl., Reinbek bei Hamburg.
[23] Schützwohl, A. (1991): Determinanten von Stolz und Scham. Handlungsergebnis, Erfolgserwartung und Attribution, in: Zeitschrift für experimentelle und angewandte Psychologie; Vol. 38, 1, S. 76-93.
[24] Statistisches Bundesamt (2011): Pflegestatistik 2009 – Pflege im Rahmen der Pflegeversicherung – Deutschlandergebnisse, Wiesbaden.
[25] Stoffer, F.J. (2006): Kümmere Dich um Deine „Kunden" und Mitarbeiter. Neue Caritas Vol. 107,1, S. 2-6.
[26] Tangney, J.P./Fischer, K.W. (1995): Self-Conscious Emotions: The Psychology of Shame, Guilt, Embarrassment and Pride, 1. Aufl., New York.
[27] Vincentz Network (2009): Deutscher Altenpflege-Monitor 2010. Modul 1: Basisstudie. Exklusivbefragung der Generation 50+, Hannover.
[28] Wieland, R. (2010): Barmer GEK Gesundheitsreport 2010, URL: http://www.barmer-gek.de/barmer/web/Portale/Versicherte/Komponenten/gemeinsame__PDF__Dokumente/Reports/2010__Gesundheitsreport,property=Data.pdf [29. September 2011].
[29] Zimber, A./Weyerer, S. (1999): Arbeitsbelastungen in der Altenpflege, 1.Aufl., Göttingen.

32 Ansätze einer „Dienstleistungskultur"

Elisa Hartmann

32.1 Unternehmenskultur als „doing culture" 612
32.2 Kulturanalyse eines großen deutschen Handelsunternehmen 613
32.2.1 Die Unternehmenskultur 614
32.2.2 Rahmenbedingungen einer „Dienstleistungskultur" 619
32.2.3 Erste Ansätze einer „Dienstleistungskultur" 623
Literatur 624

Dipl.-Soz. Elisa Hartmann, GAB München

Dienstleistungsarbeit ist nur schwer eindeutig zu charakterisieren (vgl. u. a. Holtgrewe 2004; Pongratz 2009) [17], [21]. Als unstrittig gilt jedoch der Einbezug des Kunden, ob dieser nun als schwer zu berechnender externer Faktor begriffen wird (BWL) (vgl. einführend Haller 2005) [9], oder die Interaktion mit dem Kunden der Dienstleistung thematisiert wird, wie in den Sozialwissenschaften (vgl. Böhle/Glaser 2006; Dunkel/Voß 2004; Dunkel/Rieder 2003; Weihrich/Dunkel 2003) [4], [8], [7], [25]. Es stellt sich jedoch die Frage, wie stark der Kunde bei der Herstellung und Erbringung einer Dienstleistungsarbeit einbezogen wird. Dabei sind zwei polare Trends erkennbar: die Standardisierung und die Individualisierung. Soll der „Einfluss des externen Faktors" minimiert werden, so ist die Standardisierung die naheliegende Methode (vgl. Voswinkel 2000) [24]. Wird jedoch ein anderer Weg gesucht, um mit der „Unsicherheit" der Kundeninteraktion (und all den daraus folgenden Prozess- und Ergebnisunsicherheiten) umzugehen, d. h. wird die Offenheit in der Begegnung mit dem Kunden sogar als Quelle von qualitativ hochwertiger Dienstleistungsarbeit gesehen, so entstehen aus der Wahl des Individualisierungswegs neue vielfältige Anforderungen (vgl. Hartmann et al. 2010; 2011; Munz et al. 2011; 2012) [10], [11] [18], [19]. Diese richten sich nicht nur an die Dienstleister, die in diesem Fall zusätzlich zu ihren Fachkompetenzen weitere Fähigkeiten benötigen um bspw. offene Prozesse steuern zu können, sondern insbesondere auch an Unternehmen, die eine individualisierte Dienstleistungsarbeit anbieten wollen. Dies ist relevant, da ein Großteil der Dienstleistungen nicht in einer „1:1-Situation" zwischen einem unabhängigen Dienstleister und einem Kunden erbracht wird, sondern durch Mitarbeiter im Auftrag von Unternehmen. Die Herausforderungen, die sich hier für Unternehmen stellen, richten sich auf die Frage, wie einerseits die „offenen Stellen" der Dienstleistungsarbeit erhalten werden können und andererseits sichergestellt werden kann, dass sie „im Sinne des Unternehmens" gefüllt werden. Vorgegebene Verhaltensweisen sind hier nicht zweckmäßig – so kennt jeder eine ähnliche Situation wie diese: Im italienischen Restaurant angekommen, begrüßt einen die Bedienung mit einem lauten *„buona sera"*, das irgendwie falsch im Ton klingt und gar nicht zum Äußeren der Kellnerin passen will und schnell stellt sich heraus, dass dies wohl die einzigen beiden italienischen Worte sind, die sie kennt und versucht richtig auszusprechen. Gerade im Dienstleistungsbereich ist es wichtig, dass die Interaktion mit dem Kunden authentisch ist. Dies ist nur ein Punkt unter vielen, zeigt jedoch, wie schwer es von Unternehmensseite ist, einerseits eine „bestimmte Art der Dienstleistungserbringung" festzulegen und andererseits die „Offenheit der Begegnung mit dem Kunden", die einen starken Einfluss auf die Qualität der Dienstleistung hat, zu erhalten. Eine angemessenere Lösung scheint hingegen, im Unternehmen eine bestimmte Kultur, wenn man so will „Dienstleistungskultur", zu etablieren, die den Dienstleistern in konkreten Dienstleistungssituationen als Orientierungshilfe dienen kann.

Bevor Auszüge einer Kulturanalyse dargestellt werden (vgl. 32.2), um daraus Schlüsse für erste Ansätze einer „Dienstleistungskultur" abzuleiten (vgl. 32.2.3), soll zunächst auf den verwendeten Begriff der Kultur eingegangen werden (vgl. 32.1).

32.1 Unternehmenskultur als „doing culture"

Im Konzept des „doing culture" wird Kultur als *Praxis* begriffen. Kultur befindet sich demnach im Tun selbst, wird in diesem existent und sichtbar, wird *durch das Tun*, in der Praxis generiert, entsteht und verändert sich darin. Kultur wird als dynamischer Prozess und nicht als feste ausgeformte Entität begriffen. „Im Gegensatz zu früheren Ansätzen, die einer Substanzialisierung, Totalisierung und Territorialisierung von Kultur Vorschub leisteten, wird jetzt Kultur als Prozess, als Relation, als Verb verstanden." (Hörning/Reuter 2004, S. 9) [16]. Kultur wird als „in Aktion" begriffen, als beweglich, fließend, sich ständig neu ausformend, dabei wiederholend oder verändernd. Anders als im Mentalismus und Textualismus wird Kultur also nicht als Sinnsystem von symbolischen Codes oder lesbarem Text verstanden. „*Doing culture* sieht Kultur in ihrem praktischen Vollzug. Es bezeichnet ein Programm, das den *praktischen* Einsatz statt die *kognitiven* Bedeutungs- und Sinnstrukturen von Kultur analysiert." (Hörning/Reuter 2004, S. 10) [16]. Die kognitivistische Perspektive wird als unzulässige Verengung angesehen. Stattdessen wird die Verwicklung der Kultur in Praxiszusammenhänge betont. In diesen findet Kultur ihren Ausdruck, ihre Verfestigung und ihren Wandel. Kultur bedarf der Praxis, um sich zu erhalten und fortzusetzen. In ihrer Ausübung liegt auch die Möglichkeit ihrer Veränderung, denn im Tun werden Sinnzusammenhänge nicht nur reproduziert, sondern es können auch neue Sinnzusammenhänge entstehen und alte ihre Bedeutung verlieren. Im Zurückgreifen auf kulturelle Symbole, Sinn- und Handlungszusammenhänge, die in der Praxis jedoch nie ganz verwirklicht werden können, ergibt sich ein Wechselspiel, das die Kultur in lebendiger Bewegtheit hält. Ein solcher, gemeinsam erzeugter Verflechtungszusammenhang ist von keinem Akteur vollkommen zu beherrschen. Vielmehr beeinflussen sich die Beteiligten stets gegenseitig (vgl. Alkemeyer 2010) [1]. „Der Begriff der Kultur >in Aktion< ist wörtlich zu verstehen, denn es sind die Aktionen im Sinne eingelebter Umgangsweisen und regelmäßiger Praktiken der Gesellschaftsmitglieder, die zu *dem* zentralen Bezugspunkt von Kulturanalysen avancieren." (Hörning/Reuter 2004, S. 9) [16]. Im Zentrum dieses Ansatzes stehen die sogenannten sozialen Praktiken, also die regelmäßigen Handlungsweisen, die durch das Zusammenspiel verschiedener „Parzipanden des Tuns" (vgl. Hirschauer 2004) [12], wie menschlichen Subjekten, Dingen, Symbolsystemen (z. B. Sprache) und Räumen entstehen.

Soziale Praktiken

„Durch häufiges und regelmäßiges Miteinandertun bilden sich Handlungsgepflogenheiten heraus, die sich zu Handlungsmustern und Handlungsstilen verdichten und damit bestimmte Handlungszüge sozial erwartbar machen." (Hörning 2004, S. 19) [15]. Diese „Handlungsmuster" oder „Handlungsstile" kann man auch als soziale Praktiken bezeichnen. Soziale Praktiken sind eine Ansammlung von Verhaltensroutinen, die abhängig sind von praktischem Verstehen, von „know-how", in Abgrenzung zu „knowing that" (vgl. Reckwitz 2003, S. 289) [22]. In ihnen werden also in erster Linie nicht abstrakte Wissensbestände wirksam, sondern primär praktisches Können. Ein Beispiel dafür ist das 10-Finger-Tippen bei dem das „Schreibenkönnen" relevant ist und weniger das objektive Wissen darüber, an welcher Stelle sich die einzelnen Buchstaben befinden. Letzteres kann sogar den Schreibprozess behindern.

„Soziale Praktiken stützen sich auf Vorhandenes, auf Repertoires. Sie beginnen nie von Grund auf neu. Praktiken sind fraglose Anwendungen von bereits bestehenden Möglichkeiten, sind wiederholte Aneignungen, sind immer wieder erneuerte Realisierungen von bereits Vorhandenem. Aber zur gleichen Zeit sind Praktiken auch produktiv zu denken: als eingespieltes In-Gang-Setzen von Verändertem, als neuartige Fortsetzung von Eingelebtem, als andersartige Hervorbringung von Vertrautem. Praktiken sind immer beides: Wiederholung *und* Neuerschließung." (Hörning 2004, S. 33) [15]. Soziale Praktiken sind demnach nicht nur Routinen, die sich am Gegenpol zu Kreativität befinden, sondern vielmehr sind dies die zwei Seiten der sozialen Praxis. So wie keine Praxis aus dem Nichts heraus entsteht, so entwickelt sie sich auch stetig weiter. Sie ist immer in Bewegung, weil sie sich im Tun befindet und das Tun ein dynamischer Prozess ist, der sowohl Vorbedingungen genügt, als auch offen für neue Einflüsse ist, diese aufnimmt und neue Wege beschreitet.

Soziale Praktiken können als ein typisiertes und routinisiertes Bündel von Aktivitäten beschrieben werden, das sozial verstehbar ist, also zum Großteil fraglos eingesetzt werden kann und von allen Beteiligten, zumindest von den „Eingeweihten", verstanden wird. So ist in manchen Betrieben der mittägliche Gruß „Mahlzeit" gang und gäbe, während er bei einem externen Besucher durchaus Irritation hervorrufen kann. Wenn wir nun also der Frage nachgehen, wie eine „Dienstleistungskultur" aussehen kann, dann richten wir unser Forschungsinteresse nicht auf die Herleitung abstrakter Bedeutungs- und Sinnzusammenhänge, sondern auf die Realisierung von „Dienstleistungshandeln" in konkreten Dienstleistungssituationen und befragen diese nach ihren Zusammenhängen.

32.2 Kulturanalyse eines großen deutschen Handelsunternehmen[1]

Im Folgenden soll der Blick auf die konkreten sozialen Praktiken eines deutschen Handelsunternehmens geworfen werden, genauer: auf die soziale Praxis, die direkt in den Filialen, also in der Begegnung mit dem Kunden entsteht.

Das Handelsunternehmen, das über 36.000 Mitarbeiter europaweit (davon ca. 23.000 in Deutschland) in über 2.500 Filialen (davon ca. 1.200 in Deutschland) beschäftigt, versteht sich selbst als Dienstleistungsunternehmen. Die soziale Praxis des Unternehmens, also die „gelebte Unternehmenskultur" soll daraufhin untersucht werden, was sie als „Dienstleistungskultur" kennzeichnet (vgl. 32.2.1), welche Bedingungen notwendig sind, um solch eine soziale Praxis zu ermöglichen (vgl. 32.2.2) und schließlich, welche verallgemeinerungsfähigen Schlüsse daraus für die ersten Ansätze einer „Dienstleistungskultur" gezogen werden können (vgl. 32.2.3).

---

[1] Die folgenden Auszüge beruhen auf empirischen Untersuchungen im Rahmen meines Dissertationsvorhabens (Arbeitstitel: Manifestierung von Unternehmenskultur). Innerhalb dieses Forschungsvorhabens habe ich u. a. über zwei Wochen hinweg teilnehmende Beobachtungen in 2 Filialen gemacht und über 20 leitfadengestützte problemzentrierte Interviews mit Filialmitarbeitern des Handelsunternehmens durchgeführt.

32.2.1 Die Unternehmenskultur

Ein ganz normaler Arbeitstag und seine soziale Praxis

Auszug einer Arbeitsbeschreibung:

Eine Mitarbeiterin kommt um 13.55 Uhr in die Filiale, geht durch die Regale, über das Büro, in dem sie einen Blick auf den Mitarbeitereinsatzplan wirft, in den Mitarbeiterraum und schaut sich dort ausgedruckte E-Mails an, die auf dem Tisch liegen. Eine E-Mail aus der Zentrale betrachtet sie länger. Der Betreff: „Könnte das auch in Ihrer Filiale passieren?" Diese E-Mail ging an alle Filialen. Eine Kundin beschwert sich darüber, dass sie ein Babypulver gekauft hat und dann gesehen hat, dass dieses innen schon aufgeschnitten war. Die Mitarbeiterin sagt: „Das weiß doch jeder, dass man zurückgegebene Babynahrung nicht wieder in das Regal stellen darf! Wir verschenken sie an den Tierpark." Sie zieht sich ihren weißen Kittel an, an dem ihr Name angebracht ist und begrüßt auf dem Weg durch die Filiale ihre Kolleginnen, tauscht mit ihnen Neuigkeiten aus, sowohl privater, als auch arbeitsbezogener Natur. So teilt sie mit, dass sie jetzt „Shampoo machen" würde, geht dann in den Lagerraum, wirft einen Blick auf den „Schüttenplan" und holt sich die „Shampoo-Schütte", rollt diese zum passenden Regal und fängt an, die Produkte aufzufüllen.

Beim Einräumen achtet sie darauf, dass weder zu viele, noch zu wenig Produkte im Regal stehen. An einer Stelle sind so viele Flaschen hineingestellt worden, dass sich die Aufteiler nach hinten weit auseinander schieben und so kaum Platz für die angrenzenden Produkte ist. Diese holt sie heraus, sammelt sie auf der Schütte, und als eine Kollegin, die Filialleitung, vorbeikommt, fragt sie, wer heute Shampoo eingeräumt habe, und dass man der Kollegin sagen müsse, man dürfe die Regale nicht so voll machen. Die Vorgesetzte erwidert, die verantwortliche Kollegin arbeite morgen mit ihr zusammen, dann könne sie es ihr ja selber sagen. Dann wendet sie sich wieder dem Regal zu und sieht, dass eine Plastikschiene gesprungen ist, diese löst sie ab und holt eine neue aus dem Materialschrank. Gleichzeitig steckt sie sich mehrere „Neu-Fähnchen" in ihre Kitteltasche. Auf dem Weg zurück zum Regal wird sie von einer Kundin gefragt, wo Make-up-Entferner zu finden sei. Sie antwortet: „Kommen Sie kurz mit, ich zeig es Ihnen" und bringt die Kundin zu dem Regal. Während ihrer ganzen Arbeitszeit wird sie immer wieder von Kunden gefragt wo etwas zu finden sei. Sie bricht dann ihre eigentliche Arbeitstätigkeit ab und begleitet die Kunden zu den Waren.

Zurück am Regal, bringt sie die neue Plastikschiene an und räumt weiter Produkte ein. Dabei verschiebt sie die Produkte so, dass die Regale gut gefüllt aussehen. Ist keine Auffüllware vorhanden, zieht sie die verbliebenen Produkte im Regal vor. Bei einem Regalboden bleibt sie stehen. Hier ist eine Lücke zu sehen und keine Auffüllware vorhanden. Sie zieht das Etikett aus der Plastikschiene, geht damit ins Büro, scannt den Artikelcode ein und liest die Informationen über das Produkt – Ist es im Moment nicht lieferbar? Wurde es vergessen zu bestellen? Wurde es vielleicht nicht bestellt, weil es gar nicht verkauft wurde, sondern gestohlen wurde und der Verlust nicht aufgefallen ist? Oder ist es komplett aus dem Sortiment genommen worden? Im konkreten Fall ist das Produkt nicht mehr im Sortiment, dafür ein Nachfolger. Für diesen druckt sie das Etikett gleich aus, nimmt es mit und bringt es am Regal an. Dann sucht sie die Schütte nach dem Nachfolgeprodukt ab und räumt dieses ein. Während sie dies tut, kommt eine Kundin, die sich suchend umschaut. Die Mitarbeiterin fragt, ob sie ihr helfen könne. Die Kundin erwidert, dass sie ein Shampoo mit Aloa Vera sucht. Gemeinsam suchen sie das Regal ab, finden es aber nicht. Die Mitarbeiterin fragt die Kundin, ob sie kurz Zeit habe, dann würde sie im Servicecenter anrufen. Die Kundin bejaht, die Mitarbeiterin zieht ein mobiles Telefon aus ihrer Kitteltasche, tätigt einen Anruf und erfragt, welches Shampoo im Sortiment Aloa Vera enthalte. Dieses findet sie schnell im Regal und gibt es der Kundin. Dann dreht sie sich wieder zum Regal um und steckt an das eben eingeräumte Produkt ein „Neu-Fähnchen" an. Da kommt eine andere Kundin auf sie zu, begrüßt sie mit ihrem Namen, fragt, ob sie denn im Urlaub gewesen sei, weil sie sie so lange nicht mehr gesehen habe. Die beiden fangen an, sich über die Osterdekoartikel zu unterhalten. Die Kundin sagt, die seien wieder sehr hübsch, die Mitarbeiterin bejaht und erzählt, dass auch sie welche gekauft habe. Bei dem Preis müsse man ja nicht lange überlegen.

Nach dem Gespräch wendet sie sich wieder dem Einräumen der Ware zu, da klingelt es 3-mal von der Kasse. Sie zieht einen Schlüssel aus der Kitteltasche und geht zur dritten Kasse. Auf dem Weg dahin sammelt sie vom Boden einen alten Einkaufszettel auf. Fast an der Kasse angekommen, ruft sie den Kunden zu: „Sie können gerne auch zu mir kommen!" Sie fängt an zu kassieren, jeder Kunde wird begrüßt und dabei angeschaut. Als ein älterer Kunde länger mit dem Kleingeld braucht, wartet sie geduldig und sagt, dass er sich nicht zu hetzen brauche und räumt so lange seine Ware in eine Tüte ein. Bald sind nur noch wenige Kunden da, die sich bei den ersten beiden Kassen anstellen. Dann wirft sie einen Blick in den Innenraum des Kassenraums, überprüft, ob alles da ist, geht um die Kasse herum, schaut nach, ob genügend Tüten vorrätig sind, tut dasselbe bei den anderen Kassen, fragt ihre Kolleginnen ob sie denn noch etwas von hinten bräuchten, weil sie jetzt kleine Tüten holen werde. Sie verneinen. Sie nimmt die Einkaufskörbe von den Kassen mit, bringt sie zum Ladeneingang, schiebt dort die Einkaufswägen zusammen, hebt Liegengebliebenes auf und wirft es weg, geht dann zum Geschenkpacktisch und räumt diesen auf. Dann holt sie neue Tüten. Auf dem Weg dorthin trifft sie eine Kollegin und sagt: „Gut, du machst gerade die Tees. Ich bin dann mit dem Shampoo fertig und mache Zahn." Die Kollegin antwortet: „Ja, da bin ich noch ein bisschen dran, aber dann fehlen nur noch Wasch-Putz und Tiernahrung."

Danach geht die Mitarbeiterin wieder zum Shampoo-Regal, räumt die letzten Waren ein und rollt die Schütte wieder in den Lagerraum. Hier schaut sie auf den Schüttenplan und hakt Shampoo ab. Dann geht sie zum Wasch-Putzbereich und sagt zu einer Kollegin, der Filialleiterin, die gerade Waren einräumt: „Wasch-Putz ist schon so voll, da müssen wir heute nicht mehr auffüllen. Ich fang jetzt an zu spiegeln!" Als sie sich umdreht, kommt ihr eine Kundin entgegen, die etwas zurück geben will: eine Haarverlängerung. „Kein Problem", sagt die Mitarbeiterin und fordert sie auf mit an die Kasse zu kommen. Dort erhält die Kundin das Geld zurück. Die Mitarbeiterin geht mit dem Produkt ins Büro, scannt es ein und bucht es aus. Da kommen zwei Kolleginnen herein, sie witzeln über die Haarverlängerung und eine Mitarbeiterin meint, dass sie ja schon immer so eine probieren wollte. Da die Verpackung schon aufgebrochen ist und die Ware nicht mehr verkauft werden kann, fängt eine Kollegin an, ihr das Haarteil in die Haare zu stecken. Die Filialleitung steht daneben und lacht.

Störung des Arbeitsprozesses - Soziale Praxis im Umgang mit einer Kundenbeschwerde

Auszug einer Arbeitsbeschreibung:

Es kommt eine Kundin zur Mitarbeiterin und will ihre Bestellung bei der Onlineapotheke abholen. Die Mitarbeiterin lässt sich von der Kundin den Ausweis und den Abholschein geben, geht zu ihrer Kollegin, die den Tresorschlüssel hat, sagt ihr, dass jemand eine Apothekenbestellung abholen will, geht ins Büro und sucht im Tresor nach der Bestellung, kann diese aber nicht finden. Sie geht zurück zur Kundin und sagt, dass das Päckchen nicht da sei. Diese erwidert, dass sie es aber schon vor 8 bis 14 Tagen bestellt habe und es längst da sein müsste. Die Mitarbeiterin geht erneut ins Büro und fragt eine Kollegin, ob ein Päckchen zurückgeschickt worden sei. Diese verneint. Zurück bei der Kundin sagt sie, dass auch kein Päckchen zurückgeschickt wurde und sie jetzt herausfinden werde, wo das Päckchen ist. Dafür werde sie kurz im Servicecenter anrufen. Sie zieht ein mobiles Telefon aus der Kitteltasche und ruft im Beisein der Kundin das Servicecenter an. Sie erläutert die Situation und gibt die Daten der Bestellung an. Unter dem Namen der Kundin ist jedoch nur eine Bestellung in einer anderen Filiale zu finden. Die Kundin sagt, dass diese bereits abgeholt worden sei. Die Mitarbeiterin gibt der Kundin das Telefon, die nun mit dem Servicecenter telefoniert. Die Mitarbeiterin bleibt bei ihr stehen und hört aufmerksam zu. Die Kundin erklärt ihre Situation und sagt, dass sie letztes Mal die Bestellung in einer anderen Filiale getätigt habe und alles gut funktioniert habe. Dieses Mal habe sie die Bestellung für ihren Mann hier in der X-straße gemacht, und das seien lebenswichtige Medikamente und nun sei alles weg, auch das Rezept. Woher solle sie denn jetzt das Rezept bekommen? Die Mitarbeiterin hört, dass die Bestellung auf den Namen ihres Mannes getätigt worden ist und sucht nun unter seinem Namen das Päckchen, findet es aber wieder nicht. Daraufhin gibt die Kundin der Mitarbeiterin wieder das Telefon. Die Mitarbeiterin wird am Telefon aufgefordert, den Bestellkasten zu öffnen, um nachzuschauen, ob sich die Bestellung noch im Laden befindet. Dies tut sie und sieht, dass die Bestellung noch da liegt und nicht abgeholt wurde. Sie geht damit zur Kundin, gibt ihr die Bestellung und sagt, dass es ihr leid tue, aber die Bestellung sei wohl nicht abgeholt worden, da sei etwas schief gegangen. Aber jetzt habe sie zumindest das Rezept wieder. Dann reicht sie ihr das Telefon, weil die Servicecenter-Mitarbeiterin nochmals mit ihr sprechen will. Diese entschuldigt sich mehrfach bei der Kundin. Als die Kundin aufgelegt hat, entschuldigt sich die Mitarbeiterin nochmals bei ihr. Die Kundin meint, dass sie ja jetzt zumindest das Rezept wieder habe und jetzt einfach zu einer Apotheke gehen werde. Die Kundin verabschiedet sich und scheint nicht verärgert zu sein.

Die Mitarbeiterin geht ins Büro, wo sie auf die stellvertretende Filialleiterin trifft, die bereits einen Teil der Vorkommnisse mitbekommen hat, und erzählt ihr aufgeregt, dass die Bestellungen nicht abgeholt worden seien und dass noch zwei weitere Bestellungen im Bestellkasten lägen. Sie überlegen gemeinsam, was schiefgelaufen sein könnte. Üblicherweise ruft ein Kurier abends an und fragt, ob es Bestellungen gibt, die er abholen soll. Eine Mitarbeiterin schaut daraufhin durch den Schlitz, ob es Bestellungen gibt. Die erste Vermutung ist, dass jemand nicht gründlich nachgeschaut hat und daher die Bestellungen nicht gesehen wurden. Die Vorgesetzte sagt, dass das nicht vorkommen dürfe und sie selber immer den Schlüssel hole, wenn der Kurier anruft, um das Fach aufzuschließen um genau sehen zu können, ob es Bestellungen gibt. Das müsse ab jetzt jeder so machen. Dann wird überlegt, wer in den letzten 8 Tagen Spätschicht hatte und somit den Telefonanruf des Kuriers entgegengenommen hat. Gemeinsam wird der Mitarbeitereinsatzplan durchgeschaut und beschlossen, dass in den nächsten Tagen jeder dazu befragt werden soll, um herauszufinden, was schief gelaufen ist. Die Vorgesetzte sagt, dass die Mitarbeiterin gleich morgen früh bei ihren Kolleginnen nachfragen und auch ruhig erzählen soll, „dass sie sich deswegen einiges anhören musste." Auch meint sie, dass es sein könne, dass der Kurier nicht mehr angerufen habe. Auf meine Frage, wie sie dies herauskriegen wolle, entgegnet sie, indem sie die Mitarbeiterinnen, die Spätschicht hatten, danach frage. Die Mitarbeiterin ist ziemlich aufgeregt und meint, dass sie zwar Spätschicht hatte, aber kein Telefonat entgegengenommen habe und auch, dass es bestimmt Fr. A. gewesen sei, da sie in den letzten Tagen Spätschicht hatte. Die Vorgesetzte entgegnet, dass man sie fragen müsse, man aber nicht wisse, was passiert sei.

Am nächsten Tag ruft die Zentrale an, und erklärt, dass sich das Verfahren der Abholung geändert hat. Die Medikamentenbestellungen müssen seit zwei Wochen mit der Fotobestellung verschickt werden. Dazu gab es eine Informations-E-Mail. Die Vorgesetzte, die den Anruf entgegennimmt sagt, dass diese verlorengegangen sei und dass die Zentrale diese bitte nochmals schicken solle.

Ich höre aus der Ferne, wie die Vorgesetzte mit der Mitarbeiterin, die in den letzten Tagen Spätschicht hatte, redet und ihr vom Vorfall erzählt. Diese antwortet, dass sie mit keinem Kurier telefoniert habe. Als die Vorgesetzte erzählt, dass sich das Verfahren geändert hätte, sagt sie, „Ah ja, jetzt erinnere ich mich. Das ist ja schon Wochen her. Da habe ich ja gar nicht mehr daran gedacht!" Die Vorgesetzte entgegnet, dass dazu eine E-Mail herumgeschickt worden sei und ob sie diese gelesen hätte. Die Mitarbeiterin sagt, dass sie keine E-Mail gesehen hätte, eine Kollegin hätte sie informiert. Das sei Fr. S gewesen (Die Mitarbeiterin, die am Vortag die fehlende Bestellung bearbeitete und auch direkt Fr. A unter Verdacht hatte). Die Vorgesetzte sagt, dass das doch auch jemand anderes gewesen sein könnte, wenn sie sich so schlecht erinnere und dass das nicht vorkommen dürfe. Die Mitarbeiterin erwidert, dass aber sonst immer jemand angerufen hätte und auf einmal rufe niemand mehr an. Die Vorgesetzte entgegnet, das Infoschreiben sei jetzt wieder vorhanden, es müsse, ausgedruckt und jeder informiert werden, dass es einen neuen Ablauf gibt. Zudem müsse dies in die Abendplanung aufgenommen werden. Dann sei sie wieder zufrieden. So etwas dürfe nicht noch mal passieren.

Analyse

In den beiden Auszügen der Arbeitsbeschreibung zeigt sich ein typisches Verhalten der Mitarbeiterinnen. In der ersten Darstellung, die einen Einblick in einen normalen Arbeitstag gibt, wird deutlich, dass die Mitarbeiterin einerseits sehr eingespannt in deutlich definierte Aufgaben ist, die sie alleine erfüllt. So ist klar, dass Waren aufgefüllt werden müssen, sie die 3. Kasse macht, und später „gespiegelt" werden muss, also die Waren in den Regalen vorgezogen werden müssen. Andererseits tut sie darüber hinaus noch mehr: Sie verschafft sich gleich beim Eintreten in die Filiale einen **Überblick**, schreitet die Regale ab, geht am Büro vorbei, um sich den Mitarbeitereinsatzplan anzuschauen und liest ausgedruckte E-Mails, die im Mitarbeiterraum ausliegen. Zudem tauscht sie sich mit ihren Kolleginnen über Neuigkeiten aus und spricht mit ihnen die anstehenden Aufgaben ab. Sie denkt über ihre konkrete Arbeitstätigkeit hinaus in **unternehmensübergreifenden Zusammenhängen**: so liest sie Kundenbeschwerden und bezieht sie auf die eigene Filiale, recherchiert den Grund einer Leerstelle im Regal, nutzt hierfür das Intranet und holt sich Produktinformationen über das Servicetelefon. Sie pflegt einen „*Ladenblick*"[2], sorgt sich also um die Gesamterscheinung und das Funktionieren des Ladens und richtet ihr Handeln auf die Bedürfnisse der Kunden aus. **Kundenfragen stehen an erster Stelle** und sie geht auch selbst auf Kunden zu, sorgt für ausreichend Waren in den Regalen sowie Materialien im Kassenbereich, die wohl platziert und gut zu finden sein sollen, saubere freie Gänge und einen aufgeräumten Eingangsbereich.

Zwischen ihr und ihren **Kolleginnen und Vorgesetzten** zeig sich eine besondere *Beziehung*: So trifft sie selbstständige Entscheidungen darüber, was sie als nächstes tut, teilt dies aber ihren Kolleginnen mit und hat auch im Blick, was diese tun und spricht mit ihnen ab, was noch getan werden muss. Unmittelbare Führungssituationen sind kaum erkennbar. Im Mitarbeitereinsatzplan ist zwar festgehalten, wer für die Kassen zuständig ist, darüber hinaus trifft die Mitarbeiterin aber **selbstständig Entscheidungen**. Sie trifft zwar auf die Vorgesetzte, die zum Großteil den gleichen Arbeiten nachgeht wie sie, fragt diese jedoch nicht nach einer Aufgabe, sondern teilt ihr lediglich ihre Überlegungen mit, die diese z. T. kommentiert. Auch macht sie einen bestimmten *Qualitätsanspruch* an ihre Arbeit deutlich, den sie auch kommuniziert. Und nicht zuletzt gestaltet sie durch ihr Handeln eine bestimmte *Atmosphäre*[3] mit, indem sie mit den Kunden und ihren Kolleginnen ins Gespräch kommt. Sie zeigt sich hier authentisch, geht auf die Kunden zu, gleichzeitig wird ihr Handeln aber auch generell durch den „Ladenblick" und die Kundenperspektive geleitet.

Im zweiten Ausschnitt, der den Umgang mit einer Kundenbeschwerde beschreibt, wird deutlich, dass sich die Mitarbeiterin dem *Problem der Kundin annimmt*, sich dafür verantwortlich fühlt und ihr so gut es geht hilft. Dabei scheut sie sich nicht davor, ihrer Vorgesetzten gegenüber die Situation offen darzulegen. Die Vorgesetzte nimmt sich des Problems nur insofern an, als dass sie für Fragen zur Verfügung steht, die konkrete Bearbeitung des Problems überlässt sie hingegen der Mitarbeiterin, die hier *selbstständig handelt*. In dieser kritischen Situation wird zunächst alles dafür getan, der Kundin zu helfen, erst danach wird der Fehler im Prozess gesucht, ohne jedoch zur Schuldigensuche zu werden. Hier zeigt sich ein bestimmtes *Führungsverhalten, das auf Selbstbestimmtheit und Verantwortung des einzelnen zielt*. So überlässt die Filialleitung die Verantwortung der Mitarbeiterin, indem sie ihr das Problem nicht „abnimmt", gleichzeitig stellt sie jedoch Fragen und flankiert die Fehlersuche. Es scheint auch kein Problem zu sein, den Fehler aus der Filiale hinaus zu tragen, ihn in der Zentrale zu melden, um schließlich die Fehlersuche erfolgreich abschließen zu können. Auch an dieser Stelle wird das *Vertrauen* der Vorgesetzten in die

---

[2] Der „Ladenblick" wird in den Interviews oft von den Mitarbeiterinnen genannt, darunter verstehen sie eine umfangreiche Wahrnehmung des Ladens, die sich mit der Zeit einstellt und unbewusst ihr Handeln leitet. So erkennen sie sofort, wenn etwas am falschen Platz steht und stellen dies an die richtige Stelle, sind generell sensibel für Veränderungen der Ladenerscheinung, wie den Wechsel des Lichtes, Temperaturwechsel, wenn etwas nicht richtig aufgeräumt ist, das Freihalten von Gängen, damit die Kunden durchgehen können, die Ansammlung von Müll und all dem, was zu der Gesamterscheinung und dem Funktionieren eines Ladens gehört.

[3] Vgl. zum Begriff der Atmosphäre: Böhme 2001 [5] und auch Forschungen zu Servicedesign (einführend: Haller 2005, Kap. 4) [9] und Servicescape (z. B. Bitner 1992; Reimer/Kuehn 2005; Zemke 2008) [3], [23], [26].

Mitarbeiterinnen deutlich: So geht sie selbstverständlich davon aus, dass diese ehrlich sind und ein Interesse daran haben, den Fehler zu finden und den Arbeitsprozess so zu gestalten, dass es nicht wieder dazu kommen wird.

Nun stellt sich die Frage, welche Bedingungen notwendig sind, um eine solche soziale Praxis zu ermöglichen. Darauf soll im folgenden Absatz eingegangen werden.

32.2.2 Rahmenbedingungen einer „Dienstleistungskultur"

Auch wenn sich die dargestellten Arbeitsbeschreibungen auf eine Arbeitstätigkeit im Discounterbereich beziehen, die fest strukturierten Arbeitsprozessen folgt, und dementsprechend nur einen geringen „Dienstleistungscharakter"(vgl. Pongratz 2009; Munz et al. 2012) [21], [19] aufweist, ist erkennbar, dass, trotz des geringen Gestaltungsspielraums, die Arbeit „dienstleistungshaft" erbracht wird. So nehmen die Mitarbeiter die Kunden mit ihren Fragen an und versuchen verantwortungsvoll, aus dem Überblick heraus positiv auf die Bedürfnisse der Kunden einzugehen. Damit dies möglich ist, müssen zahlreiche Voraussetzungen erfüllt sein: Sowohl im Bezug auf die Mitarbeiter, auf ihr Können und ihre Motivation, als auch in Bezug auf das Unternehmen, also die Strukturen, Prozesse, Führung und nicht zuletzt die Unternehmensphilosophie. Die Mitarbeiter müssen sowohl willig wie auch fähig sein, ihre Arbeitstätigkeit „dienstleistungshaft" zu erbringen. Dazu müssen sie ein bestimmtes dienstleistungsorientiertes Berufs- und Aufgabenverständnis, aber auch Selbstverständnis[4] entwickelt haben und eine bestimmte Haltung dem Kunden gegenüber einnehmen, woraus wiederum spezifische Fähigkeiten- und Kompetenzbedarfe entspringen[5]. Im Folgenden soll auf die Rahmenbedingungen eingegangen werden, die von Unternehmensseite realisiert werden müssen, damit „dienstleistungshaftes" Arbeiten entstehen kann. Entscheidend ist, dass dieses *nicht* durch Verhaltensregeln angeleitet werden kann, sondern vielmehr ein Handeln darstellt, das inneren Überzeugungen folgt[6].

Zunächst einmal müssen sich die Unternehmensvertreter darüber bewusst werden, dass Dienstleistungen in konkreten Situationen zwischen einem (oder mehreren) ihrer Mitarbeiter und einem (oder mehreren) Kunden erbracht werden, dass diese Situationen konkret und nur bedingt vorher antizipierbar sind und die Qualität der hier zu erbringenden Dienstleistung wesentlich von den daran beteiligten Personen abhängt (auch wenn die Vorleistungen der Dienstleistungen nicht zu vernachlässigen sind). Folgt man dieser Logik, so muss ein Unternehmen jegliche Prozesse auf die Dienstleistungssituation und die dienstleistenden Mitarbeiter ausrichten. Die dienstleistenden Mitarbeiter müssen darin bestärkt werden, in diesen – zumindest zum Teil – unvorhersehbaren Situationen handlungsfähig

---

[4] Vgl. hierzu genauer die Darstellung der Kompetenzentwicklung von Dienstleistungskünstlern in Munz et al. 2012 [19].
[5] Wie eine breite Wahrnehmungsfähigkeit und -offenheit, Umgang mit Konfliktsituationen, nondirektive Gesprächssteuerung u. v. m.
[6] Dies kann auch als „Tiefenhandeln" in Abgrenzung zu „Oberflächenhandeln" bezeichnet werden. Dazu hat Arlie R. Hochschild als erste geforscht (vgl. Hochschild 1979; 1983) [13], [14], später auch Friedemann W. Nerdinger (vgl. u. a. Nerdinger 2001) [20].

zu sein. Sollen sie im Interesse des Unternehmens handeln, so müssen sie einen Einblick in den Umfang und die Strukturen des Unternehmens haben. Sollen sie authentisch handeln, so kann dies nicht angeordnet werden, sondern muss Raum dafür geschaffen werden, dass sie sich mit dem Unternehmen verbinden können. Sollen sie verantwortungsvoll handeln, so ist es wichtig, dass sie Verantwortung erhalten, dass sie sich darin erproben können, Fehler müssen also möglich sein und insbesondere auch, dass ihnen Vertrauen entgegengebracht wird. Ist dies nicht der Fall, d. h. wird versucht sie und ihre Arbeit zu kontrollieren, so verhindert dieses Verhalten verantwortungsvolles Arbeiten, das sich auf die Bedürfnisse der Kunden richtet, und fördert Handlungsmuster, die primär den kontrollierbaren Messstellen genügen. In diesem Fall stehen nicht mehr die Bedürfnisse der Kunden im Mittelpunkt, sondern die messbaren Kontrollpunkte. Das kann dazu führen, dass die Mitarbeiter in bestimmten Situationen nur noch den Regeln folgen und nicht mehr dem konkreten Bedarf.

Um eine „dienstleistungshafte" Erbringung von Arbeit zu ermöglichen, muss eine bestimmte Unternehmensphilosophie, wenn man so will „Dienstleistungsphilosophie"(vgl Dietz, Kracht, 2002) [6] entwickelt werden, die die Anforderungen von Dienstleistungsarbeit (vgl. u. a. Bauer 2005; Hartmann et al. 2010; 2011; Munz et al. 2011; 2012; Weihrich/Dunkel 2003) [2], [10], [11], [18],[19], [25] reflektiert und nach der alle Unternehmensprozesse und -strukturen ausgerichtet werden. Eine „Dienstleistungsphilosophie" wird jedoch solange wirkungslos bleiben, d. h. keinen Einfluss auf die gelebte Unternehmenskultur, auf die realisierte Arbeitswirklichkeit haben, wie nicht alle Prozesse und Strukturen im Unternehmen auf ihre Inhalte ausgerichtet werden.

Eine Arbeitstätigkeit wird von unterschiedlichen Bedingungen geprägt. So dient sie dem Erfüllen eines bestimmten *Arbeitsinhaltes*, einer oder mehrerer Aufgabe/n. Zu deren Bearbeitung stehen den Mitarbeitern unterschiedliche *Arbeitsmittel* zur Verfügung. Die Arbeitstätigkeit findet meist in einem bestimmten *organisatorischen Rahmen* statt, der durch bestimmte Strukturen und Prozesse gekennzeichnet ist. Die Arbeitstätigkeit wird von einem oder mehreren Mitarbeiter/innen erbracht, die ein bestimmtes *Selbstverständnis* mitbringen und untereinander bestimmte *Arbeitsbeziehung* eingehen – sowohl hierarchischer wie auch kollegialer Natur. In der Dienstleistungsarbeit wird die Arbeitstätigkeit zudem stark vom *Kunden* beeinflusst, zu dem eine bestimmte Beziehung aufgebaut wird. Will ein Unternehmen die Erbringung von „dienstleistungshafter" Arbeit fördern, so ist es wichtig, all diese Arbeitsbedingungen zu berücksichtigen und sie dienstleistungsorientiert auszugestalten. Ein zentraler Punkt ist dabei, den Mitarbeitern zu verdeutlichen, dass sie auch – wenn nicht sogar an erster Stelle – Dienstleister sind und damit Aufgaben zu erfüllen haben, die über ihre rein fachlichen Aufgaben (wie bspw. Verwaltung oder Kassieren) hinaus gehen. Viele dieser dienstleistungsspezifischen Aufgaben sind direkt auf den Umgang mit dem Kunden ausgerichtet: Etwa zu erkennen, was dieser benötigt. Andere erfordern es, aus dem Überblick zu handeln, also die eigene Organisation, deren Abläufe und Strukturen so gut zu kennen, dass diese im konkreten Handeln berücksichtigt werden können. Dienstleistungsarbeit ist insbesondere auch bei Störungen des normalen Ablaufs gefragt. In diesen Fällen muss klar sein, dass sich der einzelne Mitarbeiter dem konkret auftretenden Problem annimmt und sich eigenverantwortlich um eine Lösung bemüht. Da ein Großteil der Tätigkeit arbeitsteilig erbracht wird, ist es zudem wichtig, dass den dienstleistenden Mitarbeitern bewusst ist, dass sie ihre Wahrnehmungen daraufhin überprüfen, welche Erkenntnisse für das Gesamtunternehmen relevant sind, um diese schnellstmöglich weiterzuleiten, so dass gesamtbetrieblich darauf reagiert werden kann.

Um dies leisten zu können, *brauchen die Mitarbeiter bestimmte Arbeitsmittel*[7]. Für eine möglichst gute Beratung der Kunden kann das Unternehmen nicht nur seine Mitarbeiter fortbilden, sondern zum Beispiel auch ein Servicetelefon einrichten, das den Mitarbeitern für Kundenfragen zur Verfügung steht, die sie selber nicht beantworten können. Letzteres hat zwei Effekte: eine umfangreichere Beratung der Kunden und die Weiterbildung der Mitarbeiter. Soll den Mitarbeitern ein Handeln aus dem Überblick ermöglicht werden, so müssen sie zudem einen *Zugang zum Gesamtunternehmen* erhalten. Hier kann ein Intranet von Nutzen sein, das Unternehmenszusammenhänge transparent macht. Auf den einzelnen Standort bezogen, kann der Überblick auch dadurch verschaffen werden, dass es *rotierende Verantwortlichkeiten* gibt, d. h. dass möglichst viele Mitarbeiter möglichst viele Aufgaben kennenlernen.

Will man erreichen, dass das Unternehmen[8] schnell auf Störungen reagieren kann, dass die Mitarbeiter Wahrnehmungen, die ihnen von Bedeutung erscheinen, weitergeben und gleichzeitig dezentral auf Störungen im Gesamtunternehmen reagiert werden kann, so ist es notwendig, *kurze Kommunikationswege* einzurichten. Sowohl von den Mitarbeitern im Kundenkontakt in das Unternehmen hinein, wie auch aus der Zentrale des Unternehmens in die jeweiligen Unternehmensteile bzw. Standorte. Auf diese Weise können wichtige Informationen schnell an die richtige Stelle fließen, etwa wenn die Kontaktdaten der verantwortlichen Personen im Intranet rasch zu finden sind und wichtige Informationen per E-Mail an alle Standorte verschickt werden können[9]. Eine wichtige Information, die von einem Mitarbeiter weitergeleitet wurde, hat neben der Verbreitung des Inhalts, eine weitere Wirkung: *Dem einzelnen Mitarbeiter wird deutlich, welch wichtige Funktion er/sie im Unternehmen innehat*, dass die Handlungsfähigkeit des Gesamtunternehmens von jedem einzelnen abhängt.

In einem Unternehmen, das „dienstleistungshafte" Arbeitserbringung realisieren will, sollten die *Unternehmensprozesse darauf ausgerichtet sein, den Kundenbedürfnissen möglichst nahe zu kommen*. So kann die Beratung von Kunden nicht nur als Arbeitsaufgabe definiert, sondern gegenüber anderen Arbeitsaufgaben Priorität zugemessen werden, mit

---

[7] Neben ihren Fähigkeiten, deren Ausbildung fortlaufend von Unternehmensseite unterstützt werden kann.

[8] Genauer: die Mitarbeiter des Unternehmens, denn schließlich können nur Menschen im Unternehmen handeln und nicht ein Unternehmen an sich.

[9] Ein Beispiel hierfür erzählte mir eine teilzeitbeschäftigte Mitarbeiterin: Beim Auspacken des Trockenobstes fiel ihr auf, dass manche Dattelpackungen aufgebläht waren. Sie wusste nicht genau, ob dies ein Zeichen für Verderb darstellte, aber es machte sie stutzig. Also ging sie ins Intranet, fand mit ein paar Klicks die zuständige Person für diese Warengruppe, rief sie an und es stellte sich heraus, dass die Datteln mit einem bestimmten Ablaufdatum verdorben waren. Innerhalb einer halben Stunde wurde vom Servicecenter eine E-Mail an alle Filialen geschickt, mit der Aufforderung, alle Datteln mit dem Herstellungsdatum xy aus den Regalen zu nehmen.

der Konsequenz, dass bestimmte Arbeitstätigkeiten unterbrochen und ggf. verschoben werden können. Wird als Teil der Dienstleistungserbringung das Schaffen einer *„angenehmen Atmosphäre im Kundenkontakt"* gesehen, so kann dies dadurch unterstützt werden, dass Arbeitsprozesse und Unternehmensstrukturen potenzielle Bedürfnisse der Kunden in ihrer Ausgestaltung berücksichtigen. Tendenziell kritische Kundenbegegnungen können etwa im Voraus entschärft werden, wenn mit Warenreklamationen kulant umgegangen wird und Kunden, sowohl bei Fragen als auch an der Kasse, nicht unnötig warten müssen. *Kunden* kann das Gefühl gegeben werden, nicht nur als Geldgeber im Tausch gegen Waren gesehen zu werden, die möglichst schnell durch einen Verkaufsvorgang geschleust werden, sondern **als Menschen mit individuellen Bedürfnissen**, die ihr eigenes Einkaufstempo und Einkaufsverhalten haben. Auf menschliche Bedürfnisse kann ganz konkret eingegangen werden, indem es bspw. im Laden einen Wasserspender gibt, eine Kundentoilette vorhanden ist, das Kassieren im „Kundentempo" durchgeführt wird, die Kunden *wirklich* gegrüßt werden und die Gänge breit genug sind, damit auch ein Kinderwagen durchpasst. Wichtiger als Maßnahmen wie diese erscheint jedoch, in welcher Weise sich die Menschen in einer Dienstleistungssituation begegnen. Die Atmosphäre in der Kundenbegegnung wird dabei auch von der Ausgestaltung der Arbeitsbeziehung zwischen den Mitarbeitern beeinflusst. Kunden haben eine ausgeprägte Wahrnehmung dafür, in kürzester Zeit festzustellen, welche Stimmung in einem Unternehmen herrscht. Die *Beziehung zwischen den Kollegen* und die gelebte Führung wirken sich wesentlich auf die Arbeitserbringung aus. Soll diese „dienstleistungshaft" gestaltet sein, so ist es wichtig, dass die einzelnen Mitarbeiter in z. T. offenen Situationen handlungsfähig und -willig sind. Dazu müssen die Mitarbeiter nicht nur über ausreichendes Wissen und Können verfügen, sondern sich auch dazu ermutigt fühlen, Verantwortung zu übernehmen, sich darin zu erproben und auch Fehler machen zu dürfen. Um dies zu ermöglichen ist eine *Führungskultur* notwendig, *die Selbstständigkeit und Verantwortlichkeit fördert*, die Entscheidungen nicht vorwegnimmt, sondern die Mitarbeiter darin unterstützt, diese aufgrund eigener Überlegungen zu fällen. Eine Führungskultur, in der zudem darauf geachtet wird, dass die Mitarbeiter ein möglichst großes Spektrum der Aufgaben kennenlernen, damit sie Gesamtzusammenhänge berücksichtigen, eigene Qualitätsstandards entwickeln und auch gegenüber ihren Kollegen geltend machen können. Die einzelnen Mitarbeiter werden auf diese Weise dazu motiviert, über ihre konkrete Aufgabe hinaus mitzudenken und erhalten die Möglichkeit, selber gestaltend auf die Arbeitserbringung einzuwirken, was zu einer inneren Verbindung des Einzelnen mit dem Unternehmen führen kann. Gelingt dies, fühlen sich die einzelnen Mitarbeiter für die gesamten Aufgaben verantwortlich, kennen diese nicht nur, sondern achten auch auf eine qualitativ hochwertige Durchführung. Dies kann in der Zusammenarbeit dazu führen, dass die einzelnen Mitarbeiter zwar selbstständig ihre Aufgaben wählen und durchführen, sich dabei aber auch immer in Absprache mit ihren Kollegen befinden, um so stetig die möglichst beste Art und Weise zu finden, wie die täglichen Arbeitsaufgaben erfüllt werden können.

32.2.3 Erste Ansätze einer „Dienstleistungskultur"

Welche Schlüsse können aus den vorausgegangenen Darstellungen für die ersten Ansätze einer „Dienstleistungskultur" gezogen werden?

Es wurde deutlich, dass „Dienstleistungskultur" nicht verordnet werden kann, sondern auf selbstständigem Handeln einzelner Dienstleister beruht, die verantwortungsvoll versuchen, aus dem Überblick heraus positiv auf die Bedürfnisse der Kunden einzugehen. Dass dies möglich wird, ist jedoch hoch voraussetzungsreich, sowohl in Bezug auf die Mitarbeiter, ihr Können, Wissen und Motivation, wie auch bezüglich des Unternehmens, dessen Strukturen, Prozesse, Führung und nicht zuletzt Philosophie. Die Mitarbeiter müssen sowohl willig wie auch fähig sein, ihre Arbeitstätigkeit „dienstleistungshaft" zu erbringen. Dazu müssen sie ein bestimmtes dienstleistungsorientiertes Berufs- und Aufgabenverständnis, aber auch Selbstverständnis entwickeln und eine bestimmte Haltung gegenüber den Kunden einnehmen. Damit dies möglich wird, muss das gesamte Unternehmen dem „Dienstleistungsgedanken" folgen. Die Unternehmensvertreter müssen sich darüber bewusst werden, dass Dienstleistungen in konkreten Situationen zwischen einem (oder mehreren) ihrer Mitarbeiter und einem (oder mehreren) Kunden erbracht werden, dass diese Situationen konkret und nur bedingt vorher antizipierbar sind und die Qualität der hier zu erbringenden Dienstleistung wesentlich von den daran beteiligten Personen abhängt, auch wenn die Vorleistungen der Dienstleistungen nicht zu vernachlässigen sind.

Will ein Unternehmen die Erbringung von „dienstleistungshafter" Arbeit fördern, so müssen jegliche Prozesse auf die Dienstleistungssituation und die dienstleistenden Mitarbeiter hin ausrichtet werden. Die dienstleistenden Mitarbeiter müssen darin bestärkt werden, in diesen zumindest zum Teil unvorhersehbaren Situationen handlungsfähig zu sein. Nur wenn sie einen Einblick in den Umfang und die Strukturen des Unternehmens haben, können sie im Interesse des Unternehmens handeln. Damit Mitarbeiter authentisch handeln können, müssen sie sich mit dem Unternehmen verbinden können. Dafür muss Raum geschaffen werden. Anordnungen sind hingegen wirkungslos. Verantwortliches Handeln seitens der Mitarbeiter ist nur dann möglich, wenn diese Verantwortung erhalten und sich darin erproben können. Fehler müssen erlaubt und das entgegengebrachte Vertrauen spürbar sein.

Eine Dienstleistungskultur, wie sie in dieser Arbeit beschrieben wurde, kann nur entstehen, indem erstens eine bestimmte Unternehmensphilosophie, wenn man so will „Dienstleistungsphilosophie" entwickelt wird, die die Anforderungen von Dienstleistungsarbeit reflektiert und zweitens diese als Basis dafür genutzt wird, alle Unternehmensprozesse und -strukturen danach auszurichten.

Literatur

[1] Alkemeyer, T./Brümmer, K./Kodalle, R./Pille, T. (2009): Ordnung in Bewegung, 1. Aufl., Bielefeld.
[2] Bauer, F. (2005): Tätigkeitsmerkmale, Arbeitszeitformen und Belastungsszenarien bei abhängig Beschäftigten mit Kundenkontakt, in: Jacobsen, H./Voswinkel, S. (Hrsg.): Der Kunde in der Dienstleistungsbeziehung, 1. Aufl., Wiesbaden, S. 240-265.
[3] Bitner, M. J. (1992): Servicescapes: The Impact of Physical Surroundings on Customers and Employees, in: Journal of Marketing, Vol. 56, S. 57-71.
[4] Böhle, F./Glaser, J. (2006): Arbeit in der Interaktion – Interaktion als Arbeit. Arbeitsorganisation und Interaktionsarbeit in der Dienstleistung, 1. Aufl., Wiesbaden.
[5] Böhme, G. (2001): Aisthetik: Vorlesungen über Ästhetik als allgemeine Wahrnehmungslehre, 1. Aufl., München.
[6] Dietz, K. M./Kracht, T. (2002): Dialogische Führung, 1. Aufl., Frankfurt.
[7] Dunkel, W./Rieder, K. (2003): Interaktionsarbeit zwischen Konflikt und Kooperation, in: Büssing, A./Glaser, J. (Hrsg.): Dienstleistungsqualität und Qualität des Arbeitslebens im Krankenhaus, 1. Aufl., Göttingen, S. 163-180.
[8] Dunkel, W./Voss, G. (2004): Dienstleistung als Interaktion. Beiträge aus einem Forschungsprojekt Altenpflege – Deutsche Bahn – Callcenter, 1. Aufl., München/Mering.
[9] Haller, S. (2005): Dienstleistungsmanagement. Grundlagen, Konzepte, Instrumente, 1. Aufl., Wiesbaden.
[10] Hartmann, E./Munz, C./Wagner, J. (2010): Dienstleistung als Kunst, München, Arbeitspapier.
[11] Hartmann, E./Munz, C./Wagner, J. (2011): Was Dienstleister von Künstlern lernen können, in: Böhle, F./Busch, S. (Hrsg.): Management der Ungewissheit, 1. Aufl., Bielefeld.
[12] Hirschauer, S. (2004): Praktiken und ihre Körper. Über materielle Partizipanden des Tuns, in: Hörning, K. H./Reuter, J. (Hrsg.): Doing culture: Neue Positionen zum Verhältnis von Kultur und sozialer Praxis, 1. Aufl., Bielefeld, S. 73-91.
[13] Hochschild, A. R. (1979): Emotional Work, Feeling Rules and Social Structure, in: American Journal of Sociology, Vol. 85, S. 551-575.
[14] Hochschild, A. R. (1983): The Managed Heart: Commercialization of Human Feeling, 1. Aufl., Berkeley.
[15] Hörning, K. H. (2004): Soziale Praxis zwischen Beharrung und Neuschöpfung. Ein Erkenntnis und Theorieproblem, in: Hörning, K. H./Reuter, J. (Hrsg.): Doing culture: Neue Positionen zum Verhältnis von Kultur und sozialer Praxis, 1. Aufl., Bielefeld, S. 19-39.
[16] Hörning, K. H./Reuter, J. (2004): Doing culture: Kultur als Praxis, in: Hörning, K. H./Reuter, J. (Hrsg.): Doing culture: Neue Positionen zum Verhältnis von Kultur und sozialer Praxis, 1. Aufl., Bielefeld, S. 9-19.
[17] Holtgreve, U. (2004): Dienstleistungsarbeit und Dienstleistungsgesellschaften: Arbeitshandeln, Organisationen, Institutionen. Antrittsvorlesung an der Fakultät Gesellschaftswissenschaften der Universität Duisburg-Essen, URL: http://soziologie.uni-duisburg.de/personen/holtgrewe/uh-antrittsvl.pdf [Stand: 14. Februar 2011].
[18] Munz, C./Hartmann, E./Wagner, J. (2011): Dienstleistung – die Kunst Kunden zu verstehen, in: praeview, Vol. 1, S. 16-17.
[19] Munz, C./Hartmann, E./Wagner, J. (2012): Die Kunst guter Dienstleistung (Arbeitstitel), 1. Aufl., Bielefeld (im Erscheinen).
[20] Nerdinger, F. W. (2001): Psychologie des persönlichen Verkaufs, 1. Aufl., München, Wien.
[21] Pongratz, H. (2009): Theorie der Dienstleistungsarbeit, München, Arbeitspapier.
[22] Reckwitz, A. (2003): Grundelemente einer Theorie sozialer Praktiken. Eine sozialtheoretische Perspektive, in: Zeitschrift für Soziologie, Vol. 32, 4, S. 282-301.
[23] Reimer, A./Kuehn, R. (2005): The impact of the servicescape on quality perception, in: European Journal of Marketing, Vol. 39, 7/8, S. 758-808.

[24] Voswinkel, S. (2000): Das mcdonaldistische Produktionsmodell – Schnittstellenmanagement interaktiver Dienstleistungsarbeit, in: Minssen, H. (Hrsg.): Begrenzte Entgrenzung. Wandlungen von Organisation und Arbeit. 1.Aufl., Berlin, S.176-201.
[25] Weihrich, M./Dunkel, W. (2003): Abstimmungsprobleme in Dienstleistungsbeziehungen. Ein handlungstheoretischer Zugang, in: Kölner Zeitschrift für Soziologie und Sozialpsychologie, Vol. 55, 4, S. 758-781.
[26] Zemke, D. M./ Shoemaker, S. (2008): A Sociable Atmosphere. Ambient Scent's Effect on Social Interaction, in: Cornell Hospitality Quarterly, Vol. 49, 3, S. 317-329.

33 Wie aus Krisen Chancen werden: Systemisch-wertschätzende Organisations- und Personalentwicklung (SWOP)

Karin Esch, Tim Krüger

33.1	Organisations- und Personalentwicklung in einer globalisierten Welt	629
33.2	Das Projekt LEA: „Lernen-Erfahren-Austauschen. Benchmarking in Kindertageseinrichtungen"	630
33.3	Das Grundverständnis der systemisch-wertschätzenden Organisations- und Personal-entwicklung (SWOP)	632
33.4	Das SWOP-Konzept	636
33.4.1	Die systemische Perspektive	637
33.4.2	Die wertschätzende Perspektive	641
33.4.3	Die strukturelle Perspektive	645
33.5	Fazit	647
Literatur		649

Karin Esch, best practice e.V. an der Universität Duisburg-Essen

Tim Krüger, best practice e.V. an der Universität Duisburg-Essen

33.1 Organisations- und Personalentwicklung in einer globalisierten Welt

Finanzkrise, Bildungskrise, Klimakrise, Fachkräftekrise, Rentenkrise, Umweltkrise, Energiekrise und noch viele Krisen mehr: Wo wir hinschauen scheint unser ganzes Gesellschafts- und Weltsystem von Krisen durchzogen. Häufig bauen wir uns im Alltag Illusionen auf, dass es irgendwie schon werden wird. Dabei werden wir fast täglich von platzenden Illusionsblasen vermeintlich sicherer Atomkraftwerke oder Aktienfonds vom faktischen Gegenteil überzeugt.

Es ist mehr als an der Zeit umzudenken und das bisher brach liegende Kreativitätspotenzial von Menschen durch entsprechende Strategien in Organisationen zu heben. Der MIT-Organisationsforscher Peter Senge stellt in seinem Buch „Die notwendige Revolution" ungeschminkt fest, dass wir anerkennen müssen, dass das industrielle Zeitalter mit unseren etablierten Annahmen, dass ein wachsendes Bruttosozialprodukt, materieller und technischer Fortschritt und wirtschaftliche Expansion durch Gewinnmaximierung das einzig Wichtige seien, sich dem Ende neigen (vgl. Senge 2011) [16]. Krisen sind an sich nichts Negatives – sie fordern uns lediglich dazu auf, genau hinzuschauen und zu überdenken, was verändert werden muss, um die Krise zu überwinden. Mutige Schritte nach vorne zu gehen, dabei keine Schuldigen zu suchen, sondern Lösungen, die nicht nur uns, sondern insbesondere den nachfolgenden Generationen eine gute Basis liefern, um weiterhin auf diesem Planeten leben zu können, der unweigerlich vom Kollaps bedroht ist.

Noch nie war die Welt, dank des vornehmlich technischen Fortschritts, so eng miteinander vernetzt und von einer so hohen gegenseitigen Abhängigkeit und Dichte getragen. „Think global – act local" war das Credo des schottischen Stadtplaners Patrick Geddes bereits im Jahr 1915, um eine nachhaltige Stadtentwicklung zu forcieren. Dieses Plädoyer ist heute aktueller denn je. So richtig dies sein mag, scheinen uns die globalen Probleme doch recht unbedeutend, wenn wir unmittelbar als Individuum von Arbeitslosigkeit oder als Organisation von sinkenden Auftragseingängen bedroht sind. Hier unterscheiden sich der Profit- und Nonprofitbereich keineswegs: Was in der Profit-Organisation die sinkende Rendite, sind in der Kindertages- oder Pflegeeinrichtung sinkende Belegungszahlen. Wie lässt es sich mit diesen existentiellen Ängsten umgehen und wie können Lösungen gefunden werden?

Eine wichtige Diskussionslinie wurde hierzu durch die „Service dominant Logic" aufgemacht (vgl. Vargo/Lusch 2004) [21], die die These aufstellt, dass die güterdominierte Logik der bisherigen Wirtschaftswissenschaften schlicht falsch ist und statt dessen die gegenseitige Nutzung von Werten (value in use) statt des Austauschs von Werten (value in exchange) im Vordergrund stehen muss. In diesem Ansatz wird „Service" im Sinne des „doing something beneficial" definiert, welches durch die Anwendung spezifischer Kompetenzen (durch den Dienstleister) und die Nutzung dieser Kompetenzen (durch den Kunden) im Rahmen von Tätigkeiten und Prozessen im Mittelpunkt der Betrachtung ökonomischer Austauschbeziehungen stehen muss. Dies ist gleichbedeutend damit, dass sowohl der Leistungserbringer als auch der -nutzer durch den „Service" einen Mehrwert erfährt. Mit dieser

Perspektive gehen entsprechende Implikationen für die Organisations- und Personalentwicklung einher, als dass es in diesem Bereich mehr denn je darum gehen muss, das Bewusstsein für die Tätigkeit der Dienstleistung zu schärfen. Auf die Ebene des einzelnen Mitarbeiters/der einzelnen Mitarbeiterin herunter gebrochen bedeutet dies zunächst, über die Reflexion der eigenen Wahrnehmungs- und Handlungsmuster zu einer Selbsterkenntnis zu gelangen, um den persönlichen Zweck und Sinn der Beschäftigung im Rahmen der Unternehmung zu erkennen. Durch diesen Prozess entsteht ein entsprechendes Potenzial von Unternehmungen, die sich durch Lebendigkeit und Tiefgang auszeichnen. Otto Scharmer (2011) [11] diagnostiziert für die Zukunft hierzu zwei Organisationsformen: Eine Gruppe schlanker, durchschnittlicher Effizienzmaschinen ohne Herz und Seele und eine zweite Gruppe, die inspiriert, reflektiert und zweckorientiert handelt. „Wir werden auf den beiden Wegen Erfolge und Misserfolge erleben und es ist die Entscheidung jeder und jedes Einzelnen, welcher Bewegung er angehören möchte" (vgl. Scharmer 2011, S. 39) [11].

Wir stellen uns mit dem vorliegenden Beitrag eindeutig auf die Seite der zweiten Gruppe von Organisationen und möchten mit unseren Überlegungen zu einer systemisch-wertschätzenden Organisations- und Personalentwicklung (SWOP) Ideen und Inspirationen liefern, um Menschen in Organisationen zu befähigen ihr einzigartiges Potenzial zu entfalten. Dazu wird einleitend das Forschungsprojekt LEA (Lernen-Erfahren-Austauschen: Benchmarking in Kindertageseinrichtungen) vorgestellt, das den Rahmen zur Entwicklung des SWOP-Konzepts liefert. Im zweiten Schritt erfolgt eine kurze Einführung zum grundlegenden Verständnis der Personal- und Organisationsentwicklung, auf dem das SWOP-Konzept basiert. Darauf aufbauend werden die konzeptionellen und methodischen Komponenten zur Implementierung der SWOP differenziert vorgestellt. Relevante Forschungsergebnisse werden hier gezielt zur Illustration des Konzepts integriert. Im Fazit wird der Beitrag von Dienstleistungsorganisationen zur Bewältigung der aktuellen globalen Krisen diskutiert.

33.2 Das Projekt LEA: „Lernen-Erfahren-Austauschen. Benchmarking in Kindertageseinrichtungen"

Das Forschungsprojekt LEA stellt die Ausgangsbasis zur Entwicklung und Erprobung von innovativen Methoden und Instrumenten zur systemisch-wertschätzenden Organisations- und Personalentwicklung im Elementarbereich des Bildungssystems dar. Mit Blick auf die eingangs skizzierten Problemlagen ist es für diese Branche gerade in Zeiten, in denen die Ressourcen extrem knapp bemessen sind und mit der frühkindlichen Bildung, Erziehung und Betreuung gleichzeitig „Viel auf dem Spiel für die Zukunft steht", unabdingbar, geeignete Methoden der Personal- und Organisationsentwicklung zu implementieren. Die zu beobachtenden Herausforderungen, die in erster Linie aus dem demografischen Wandel hervorgehen, machen hier eine professionelle Gestaltung von Veränderungsprozessen dringlicher denn je: Damit sind bspw. Strategien zum altersgerechten Arbeiten angesprochen, um sowohl Nachwuchskräften als auch älteren Beschäftigten geeignete Entwicklungsperspektiven entlang der Berufsbiografie zu eröffnen. Auch der steigende Bedarf nach Strategien der Personalrekrutierung und -bindung vor dem Hintergrund des sich abzeichnenden Fachkräftemangels, bei gleichzeitiger Befristung von Arbeitsverträgen, ist unmittelbar daran geknüpft. Nicht zuletzt erfordern veränderte rechtliche Rahmenbedingungen eine strategische Nutzung der verfügbaren Ressourcen. Auch der zunehmende Trend an Zusammenschlüssen von Trägern zur effizienteren Gestaltung vom Aufbau und Ablauf der Gesamtorganisation macht gezielte Interventionen in der Organisations- und Personalentwicklung notwendig. Zugleich wird die Arbeit mit den „Kunden" dieser Branche immer herausfordernder: Immer mehr Kindertageseinrichtungen beklagen einen steigenden Anteil an verhaltensauffälligen Kindern – Eltern sind hochgradig verunsichert, was die Erziehung und Bildung ihrer Kinder angeht. Die zunehmende Einforderung von flexiblen Betreuungslösungen stellt eine weitere Determinante dar, die sich vornehmlich durch die flexiblen Arbeitsmärkte ergibt, in welche die Eltern und Familien der Kinder eingebunden sind.

Diese Herausforderungen von Kindertageseinrichtungen waren der Ausgangspunkt für das vom Bundesministerium für Bildung und Forschung (BMBF) geförderte Projekt „Lernen-Erfahren-Austauschen (LEA)". Im Fokus stand dabei, das Potenzial von individuellen Werten für die Gestaltung von Arbeitsprozessen zu heben und in ein kongruentes Konzept einer systemisch-wertschätzenden Organisations- und Personalentwicklung (SWOP) einzubetten.

Die zentrale methodische Komponente zur Umsetzung dieses Konzepts lieferte das Format der „Benchmarking-Kreise": Im Rahmen der dreijährigen Projektlaufzeit trafen sich hierzu an den Standorten Bayern, Brandenburg, NRW und Thüringen Führungskräfte von Kindertageseinrichtungen (Leitungen und Trägervertreter/innen) in regelmäßigen Abständen in festen Gruppen, um ihre Führungskompetenzen zu stärken und weiter zu entwickeln. Konkret wurden die Teilnehmenden darin befähigt, das Potenzial ihrer persönlichen Werte sowie die unterschiedlichen Werte ihrer Mitarbeiter/innen gezielt in die strategische Entwicklung der Einrichtung zu integrieren. Dieser Prozess wurde an zentrale Themen aus dem Führungsalltag gekoppelt, wie bspw. Kommunikation, Motivation, Zeitmanagement und Kooperationen.

Flankierend zu der Arbeit in den Benchmarking-Kreisen wurde eine Befragung von ca. 1800 Leitungskräften von Kindertageseinrichtungen in den am Projekt beteiligten Bundesländern durchgeführt. Hierbei wurde die Fragestellung verfolgt, inwieweit die individuellen Werte und Haltungen von pädagogischen Leitungskräften Einfluss auf die Qualität der Angebote von Kindertageseinrichtungen haben. Somit wurden die Effekte von Werten als „weiche" Faktoren, die hinter den Prozessen und Strukturen der Einrichtungen stehen, messbar gemacht und in Zusammenhang mit den „harten" Faktoren, also den konkreten Leistungsangeboten von Kindertageseinrichtungen gesetzt. Das Befragungsdesign wird im weiteren Verlauf im Zusammenhang mit der Beschreibung des SWOP-Konzepts vorgestellt.

Mit diesem methodischen Ansatz und dem zugrunde liegenden Konzept der systemisch-wertschätzenden Organisations- und Personalentwicklung wurden innovative Lösungsstrategien entwickelt und erprobt, durch die positive und vor allem nachhaltige Effekte in der Praxis von Kindertageseinrichtungen freigesetzt wurden. Ausschlaggebend war dafür die Schaffung des Bewusstseins bei Führungskräften und Mitarbeiter/inne/n, wie ihre individuellen Werte und die daran entsprechend geknüpften Wahrnehmungsmuster die Arbeitsprozesse im Alltag der Einrichtung bestimmen. In dieser Perspektive liegt der Schlüssel für die Entwicklung strategischer Maßnahmen, die auch tatsächlich in der Praxis wirken, da sie passgenau die vorherrschende Organisations- und Führungskultur der Einrichtung integrieren und sich dadurch „authentisch" umsetzen lassen.

Mit dem SWOP-Konzept soll dabei keinesfalls der Anspruch auf den einzig richtigen Lösungsweg erhoben werden. Vielmehr handelt es sich um einen möglichen, erfolgsversprechenden Ansatz, der von uns im Rahmen laufender Forschungsprojekte und Weiterbildungsmaßnahmen[1] erprobt und kontinuierlich weiterentwickelt wird.

33.3 Das Grundverständnis der systemisch-wertschätzenden Organisations- und Personalentwicklung (SWOP)

Im Mittelpunkt der Veränderung und Gestaltung von Arbeitsprozessen und -strukturen steht die Implementierung von Strategien und entsprechenden Maßnahmen der Personal- und Organisationsentwicklung. Die Wirksamkeit solcher Strategien hängt jedoch wesentlich davon ab, ob diese die Persönlichkeit der einzelnen Mitarbeiter/innen als grundlegendes Potenzial berücksichtigen oder ob sie der Organisation als universelle Verordnung statisch „übergestülpt" werden. Diese Tendenz ist insbesondere häufig bei Maßnahmen der Personal- und Organisationsentwicklung zu beobachten, die sich allein auf die Verhaltens- und Fähigkeitsebene von Mitarbeiter/inne/n konzentrieren. Das ganzheitliche Verständnis des Konzepts einer systemisch-wertschätzenden Organisations- und Personalentwicklung (SWOP) greift solche herkömmlichen Ansätze auf (vgl. Königswieser/Hillebrandt 2009) [9] und ergänzt diese um die Tiefendimension von Werten, die für die Entwicklung von nachhaltigen Lösungen unabdingbar ist.

Personalentwicklung bedeutet Persönlichkeitsentwicklung

Der strategische Ansatzpunkt für die Entwicklung und Umsetzung von entsprechenden Instrumenten und Konzepten der systemisch-wertschätzenden Personalentwicklung sind die individuellen Persönlichkeitsprofile von Mitarbeiter/inne/n. Somit gelingt eine „tiefenwirksame" Verankerung von Gestaltungsansätzen, die im Einklang mit der Haltung der einzelnen Mitarbeiter/innen und der Organisationskultur stehen.

Das folgende Modell in Anlehnung an Dilts (2010) [4] verdeutlicht hierzu die Wirkung von Werten: Sie sind die grundlegende Triebkraft für die Entwicklung von individuellen Fähig-

---

[1] Die zentrale Plattform für den Forschungstransfer aus dem Projekt LEA bietet best practice e. V. Nähere Informationen unter: www.bestpractice-online.de.

keiten und wirken sich damit fundamental auf die Ausprägung des Verhaltens von Personen aus. Dieses Wechselverhältnis zwischen Werten, Fähigkeiten und Verhalten findet seine Ausprägung in gebündelter Form in der individuellen Haltung einer Person. Dadurch liefern Werte letztlich den Zugang für die Gestaltung der vorherrschenden Umwelt in Organisationen und bilden damit das Fundament für die bewusste Gestaltung der Beschaffenheit von Arbeitsprozessen und -strukturen.

Abbildung 33.1 Das Modell der Logischen Ebenen

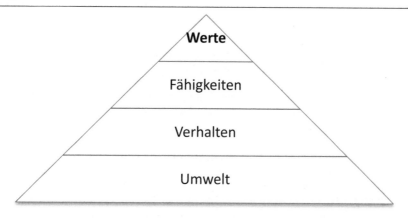

Quelle: Dilts 2010 [4]

Die wesentliche Ursache dafür, dass die Arbeit mit Werten in der bisherigen Organisations- und Personalentwicklung eher ein randständiges Dasein führte, liegt daran, dass Werte abstrakt sind und unbewusst wirken. Auf den ersten Blick haben Werte damit wenig Potenzial für logisch-stringente Werkzeuge für die Praxis. Als individuelle Glaubenssätze und Einstellungen in einer tiefen Dimension der Persönlichkeit bestimmen sie jedoch das konkrete Verhalten und Gefühl von Mitarbeiter/inne/n in Organisationen maßgeblich. Werte liefern damit ebenfalls den Zugang zur aktiven Gestaltung beruflicher Zufriedenheit und damit zur nachhaltigen Verbesserung der Qualität von Dienstleistungen für alle Beteiligten. Wird die Werte-Ebene in die Organisations- und Personalentwicklung einbezogen, erhält der Begriff „Wertschätzung" eine erweiterte Bedeutung: „Wertschätzung" meint dann „Werte schätzen" und beschreibt einen aktiven Auseinandersetzungsprozess zwischen allen Beteiligten eines Wertschöpfungsprozesses. Dies verleiht Organisationen die notwendige Dynamik für gute Arbeit und Kreativität.

Die entwickelten Strategien des SWOP-Konzepts zielen darauf ab, sowohl die Authentizität als auch die Selbstverantwortung und damit den Selbst-Wert von Führungskräften und Mitarbeiter/inne/n zu steigern. Es wird deutlich, dass *Personalentwicklung* damit stets auch die *Persönlichkeitsentwicklung* der einzelnen Mitarbeiter/innen einschließt. Die Arbeit mit Werten und Haltungen bildet hierzu den Kern und Ausgangspunkt, um Mitarbeiter/innen im Rahmen von Coaching, Trainings oder weiteren Qualifizierungsmaßnahmen zur Entwicklung einer professionellen, wertschätzenden Haltung in der Zusammenarbeit mit ihren Klienten/Klientinnen zu befähigen. Um dies zu realisieren, setzt die systemisch-wertschätzende Personalentwicklung auf der Individualebene an. Denn obwohl Werte einerseits einen verbindenden Charakter für Gruppen und Organisationen besitzen, läuft deren Umsetzung in konkrete Verhaltensweisen hochgradig individuell ab, da für die Verwirklichung von Werten unterschiedliche Interpretations- und Verarbeitungsmuster verwendet werden: Was bspw. eine Person als „Freiheit" empfindet, sieht eine andere Person schon als „Existenzbedrohung" oder „Unsicherheit" an. Hinzu kommt, dass Personen Prioritäten in der Verwirklichung einzelner, bevorzugter Werte setzen müssen, da uns nur ein begrenztes Pensum an Kraft für unser Handeln zur Verfügung steht. Die skizzierten Eigenschaften von Werten – Regulierung der individuellen Verarbeitung der Umwelt und Priorisierung von Handlungsoptionen – laufen zudem in der Regel weitgehend unbewusst ab.

Mit Blick auf die Gestaltung sozialer Beziehungen und Arbeitsabläufe in Organisationen stellt der professionelle Umgang mit Werten deshalb eine grundlegende Schlüsselkompetenz dar, die in der Organisations- und Personalentwicklung bisher vernachlässigt wurde.

> **Zum „Mehr Wert" in der Personalentwicklung – Ein konkretes Beispiel:**
>
> Ein Training auf Fähigkeitsebene erweitert das kognitive Wissen von Fachkräften zu einem spezifischen Thema aus dem beruflichen Kontext, bspw. im Zeitmanagement. Die Anwendung des neu erlernten Wissens in der Praxis wirkt dann anschließend jedoch häufig wenig oder „verpufft" vollkommen, weil es nicht zur individuellen Persönlichkeit des Mitarbeiters passt. Häufig wirkt der Versuch von „antrainiertem" Wissen auf Fähigkeitsebene „gekünstelt" und damit wenig authentisch. Die Integration der Werte-Ebene in Fortbildungen und Trainings würde jedoch sicherstellen, dass das kognitiv vermittelte Wissen auf der Fähigkeitsebene sich individuell entfalten kann. Wenn bspw. dem Teilnehmenden einer Zeitmanagement-Fortbildung deutlich wird, dass für ihn der individuelle Wert „Freiheit" eine hohe Position einnimmt, dann wird ihm deutlich, warum bspw. starre Strukturen der Zeitorganisation (bspw. Postkörbchen-Ansatz) auf ihn wie ein „rotes Tuch" wirken. Durch das Bewusstsein, dass er durch die stringente Anwendung von Zeitmanagementmethoden den individuellen Wert „Freiheit" verletzt sieht, können er selbst und andere – bspw. Leitungskräfte – für den Frust Verständnis entwickeln. Dadurch kann das entsprechende Gefühl der Frustration angenommen und in eine positive Kraft verwandelt werden, indem die Anwendung der Zeitorganisation nunmehr als notwendige Fähigkeit angesehen wird, um einen noch höheren Grad an Freiheit auf effiziente Art und Weise zu erreichen.

Persönlichkeitsentwicklung ermöglicht Organisationsentwicklung

Die Arbeit auf der Werteebene unterstreicht die Tatsache, dass die Weiterentwicklung der ganzen Organisation auf der Individualebene des einzelnen Mitarbeiters ansetzen muss, um praxiswirksam zu sein. Die folgende Definition von Organisationsentwicklung nach Zimmermann (2009) [23] stellt diese Verbindung deutlich heraus:

„Unter Organisationsentwicklung versteht man eine wissenschaftlich fundierte Form der Gestaltung von Veränderungen. Sie hat einen ausgeprägt starken Bezug zu den Perspektiven von Individuen und Gruppen in der jeweiligen gelebten Wirklichkeit einer Organisation." (Zimmermann 2009, S. 71) [23].

Für eine nachhaltige Organisationsentwicklung bildet damit das Bewusstmachen und Hinterfragen der aktuellen Situation bzw. der vorherrschenden Praxis einen zentralen Ansatzpunkt, um wirksame Veränderungsprozesse anzustoßen. Werte fungieren dabei als strategisches Vehikel auf der Individualebene, um die bewusste Gestaltung der Arbeitsprozesse und -strukturen auf die Ebene der gesamten Organisation zu übertragen und auszuweiten. Diese Etablierung einer „wertschätzenden Organisationskultur" verdeutlicht die unmittelbare Verknüpfung zwischen den oben genannten „individuellen Perspektiven" der Mitarbeiter/innen sowie der Entwicklung der gesamten Organisation.

Demzufolge beeinflussen die individuellen Werte und daraus resultierenden Haltungen der Mitarbeiter/innen die Leistungskraft der Organisation grundsätzlich. An sich ist es eine Binsenweisheit, dass die Einstellung (=Haltung) zur Arbeit „stimmen" muss, um gute Resultate zu erzielen – nichts anderes ist hiermit gemeint. Stehen die individuellen Werte und das darauf basierende Verhalten miteinander im Einklang, so ist der Sinn der Beschäftigung für Mitarbeiter/innen in der Organisation zufriedenstellend. In diesem Fall sind diese dazu in der Lage, ihre Arbeitskraft optimal in die Entwicklung ihrer Fähigkeiten und damit in die Arbeitsprozesse einzubringen. Im Gegensatz dazu führt die Intransparenz der eigenen priorisierten Werte zu gesteigerter Unzufriedenheit. Dies hat zur Folge, dass die Mitarbeiter/innen im Ausdruck und der Entwicklung ihrer Fähigkeiten blockiert sind und dadurch nicht ihr volles Potenzial in der Ausübung ihres Berufes entfalten. Dieser Zustand der Unzufriedenheit, der aus einem häufig unbewussten Wertekonflikt hervorgeht, wird typischerweise durch negative Gefühle bei den einzelnen Mitarbeiter/inne/n angezeigt – dann herrschen in der Organisation Frust, Unsicherheit, Schuldzuweisungen und/oder Aggressivität vor.

Durch die gelungene Integration von unterschiedlichen Werten erhält eine Organisation eine dynamische Zug- und Spannkraft, wobei die Kunst darin liegt diese Spannkraft so zu gestalten, dass Forderung ohne Über- oder Unterforderung entsteht. Eine Überforderung entsteht dann, wenn unterschiedliche Werte von einzelnen Mitarbeiter/innen permanent kollidieren und dadurch ein hoher Aushandlungsdruck der gegensätzlichen Haltungen entsteht. Eine Unterforderung entsteht, wenn die Mehrheit der Mitarbeiter/innen eine ähnliche Auffassung vertreten oder sich lediglich dazu bekennen, um die eigene „Komfortzone" nicht verlassen zu müssen. Vor diesem Hintergrund kommt einer gesunden Konflikt- und Streitkultur – die letztlich Ausdruck von Wertekonflikten sind – eine neue Bedeutung bei, da sie dem Stillstand und der Stagnation von neuen Entwicklungen in Organisationen entgegenwirkt.

Um die „gesunde Spannkraft" in Organisationen herzustellen, ist es daher notwendig, Wertschätzung zunächst sich selbst gegenüber zu entwickeln und damit den eigenen „Selbst-Wert" bewusst zu stärken (vgl. Abschnitt 33.4.2). Diese Aufgabe stellt sich in erster Linie für Führungskräfte, da diese als personalverantwortliche Akteure Prozesse initiieren können und aus dieser Schlüsselposition heraus die langfristige Entwicklung von einzelnen Mitarbeiter/innen und der ganzen Organisation strategisch steuern.

33.4 Das SWOP-Konzept

Vor dem Hintergrund des grundlegenden Verständnisses zur systemisch-wertschätzenden Organisations- und Personalentwicklung (SWOP) wird nachfolgend die Architektur des Gesamtkonzepts vorgestellt. Dabei handelt es sich keinesfalls um ein geschlossenes und starres Gebäude, das stringent die einzelnen Schritte von Change-Prozessen vorgibt. Das SWOP-Konzept ist vielmehr als methodisches Rahmenwerk für die Entwicklung von konkreten Maßnahmen und Instrumenten zur Personal- und Organisationsentwicklung zu verstehen. Dazu setzt sich das SWOP-Konzept aus drei tragenden methodischen Säulen zusammen, die vom Dach des übergeordneten Zwecks bzw. der Mission der Organisation miteinander verbunden werden. Daraus entsteht das Gesamtbild der Organisation als ein Haus, das vom Fundament der Organisationskultur getragen wird:

Abbildung 33.2 Die Architektur des SWOP-Konzepts

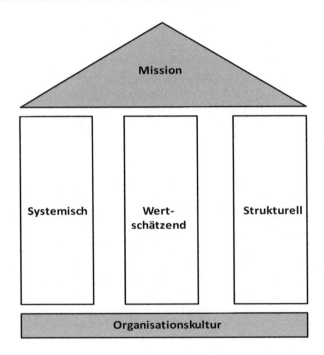

Nachfolgend werden die theoretischen und methodischen Aspekte der systemischen, der wertschätzenden sowie der strukturellen Perspektive als tragende Säulen des SWOP-Konzepts näher vorgestellt.

33.4.1 Die systemische Perspektive

Grundlinien der systemischen Organisationsentwicklung

Der Ansatz des SWOP-Konzepts basiert auf den Prämissen der Systemtheorie. Ausgehend von der wörtlichen Bedeutung des Begriffs „System" (griechisch: „Zusammen-Stehen") geht es bei einem System um ein Ganzes, das im Zusammenwirken von einzelnen Teilen existiert. Im Fokus stehen somit die Wechselbeziehungen zwischen den Elementen eines Systems, die dessen Zusammenhalt gewährleisten und zueinander in Beziehung stehen. Allgemein betrachtet ist die Systemtheorie ein Erklärungsmodell für den Zusammenhang zwischen Handlung und Wirkung. Im Gegensatz zu linearen Erklärungsmodellen, die ein einseitig gerichtetes, mechanistisches Verhältnis von Verhalten und Ergebnis vermuten, zeichnet sich die systemische Perspektive durch zirkuläres Denken in Kreisläufen und Wirkzusammenhängen aus. Durch diesen ganzheitlichen Betrachtungsrahmen werden Handlungen nicht durch einzelne Faktoren erklärt, sondern stets eingebettet in das komplexe und dynamische Gesamtgefüge von allen Elementen eines Systems betrachtet, die sich wiederum durch Wechselwirkungen gegenseitig beeinflussen (vgl. Simon 2011) [19].

Darüber hinaus sind Systeme nach „innen" gerichtet zwar als operativ geschlossene, sich selbst reproduzierende (autopoietische) Einheiten anzusehen, jedoch werden sie nach „außen" hin stets in Abhängigkeit zu ihrer Umwelt betrachtet. Für das Verständnis von Organisationen bedeutet dies, dass es sich dabei um ein mehrdimensionales, soziales System handelt. Organisationen existieren nicht in Isolation, sondern zeichnen sich wiederum durch Beziehungen zu anderen Systemen aus. Diese Beziehungen sind veränderbar und dynamisch, weshalb Organisationen als lebendige Systeme bezeichnet werden können. Die Auswirkungen von Handlungen gleichen demnach einem „Mobile-Effekt" der den gesamten Systemkontext einbezieht: Handlungen von einzelnen Person ziehen demnach weite Kreise auf andere Akteure der Organisation, zu denen diese Person in Beziehung steht, wie z. B. andere Mitarbeiter/innen oder Klient/innen. Dadurch wird deutlich, dass es letztlich Personen sind, die die Realität von Organisationen gestalten und diese aufgrund von menschlichem Verhalten existieren (vgl. Königswieser/Hillebrandt 2009) [9].

Dieses Verständnis lässt sich unmittelbar auf unterschiedliche Dienstleistungsbereiche, wie z. B. der frühkindlichen Bildung, Erziehung und Betreuung übertragen: In Kindertageseinrichtungen sind die frühpädagogischen Fachkräfte diejenigen, die die vorhandenen Strukturen und Arbeitsprozesse in der Einrichtung mit ihren individuellen Fähigkeiten gestalten. Dieses Handeln wird allerdings nicht durch einzelne Faktoren erklärt, sondern stets im Rahmen der relevanten Beziehungen betrachtet, bspw. im Kontext zur personalverantwortlichen Trägerebene, den Anforderungen der sozialen Infrastruktur (bspw. Eltern, Fachdienste), wirtschaftsnahen Akteuren (bspw. Essensanbieter, Musikschulen und sonstige beteiligte Dienstleister) und gesellschaftlich-gesetzlichen Rahmenbedingungen.

Durch diese Reflexion von Organisationen aus der Metaperspektive lassen sich frühzeitig Interventionen für scheinbar festgefahrene Arbeitsabläufe und als „natürlich" empfundene und unhinterfragte Strukturen entwickeln – darin liegt ein zentraler Nutzen der systemischen Denkweise. Typische Wirkungsmechanismen zwischen den Systemelementen, wie bspw. zwischen verschiedenen Akteuren und Institutionen werden so aufgedeckt und entsprechende Verhaltensmuster können erklärt und bearbeitet werden. Für die Weiterentwicklung hin zu solchen lernenden Organisationen macht Senge (2008) den wesentlichen Aspekt von Systemdenken deutlich: Dieser liegt darin, dass „wir erkennen, […]wie wir selbst durch unser Handeln zu unseren Problemen beitragen. Eine lernende Organisation ist ein Ort, an dem Menschen kontinuierlich entdecken, dass sie ihre Realität selbst erschaffen." (Senge 2008, S. 22) [17].

Diese Erkenntnis führt zum nächsten wichtigen Aspekt der systemischen Perspektive: In Organisationen ist der Standpunkt des Beobachters zentral. Demzufolge gibt es keine absoluten, objektiven Wahrheiten, sondern die Systembeziehungen werden stets aus der Sichtweise des jeweiligen Beobachters wahrgenommen. Dies unterstreicht die Konstruktionsleistung einzelner Personen, welche die Realität in der Organisation durch ihre jeweilige „Brille" sehen. Da es damit viele kontextabhängige „Wirklichkeiten" gibt, werden Lösungen und Veränderungsprozesse nicht nach ihrer vermeintlichen objektiven Richtigkeit bewertet, sondern inwieweit sie in Bezug auf gewählte (z. B. Beratungs-) Ziele als gangbar, nützlich und hilfreich wahrgenommen werden.

Die selektive Wahrnehmung der Wirklichkeit steht in enger Verbindung zu den Bedürfnissen, Werten, Fähigkeiten und letztlich der Haltung von einzelnen Personen. Grundsätzlich gibt die „Haltung" einer Person die Sicherheit, sich in der Umwelt zu orientieren. Haltung schließt auch immer eine Bewertung ein, was einer Person als „richtig" und „falsch" bzw. „gut" und „böse" erscheint. Die Haltung einer Person setzt sich somit aus der Gesamtheit ihrer einzelnen, individuellen Wertvorstellungen in gebündelter Form zusammen. Durch diese Positionierung entscheidet eine Person darüber, wie sich diese zu sich selbst und zu anderen Personen oder Objekten im System in Beziehung setzt. Die Entwicklung der Haltung ist also ein Prozess der Grenzziehung in der Auseinandersetzung mit der Umwelt bzw. anderen Personen im System, die im Selbstverständnis und der Identität mündet (vgl. Königswieser/Hillebrandt 2009) [9].

Die Bewusstmachung der eigenen Haltung, der damit verbundenen Gefühle sowie deren transparente Kommunikation sind daher für die eindeutige Klärung von Rollen und Zuständigkeiten in Organisationen bedeutend. Demzufolge muss zwischen den einzelnen Mitarbeiter/innen und allen weiteren relevanten Akteuren ein gemeinsam geteiltes Verständnis über die Wahrnehmung und Verteilung von Aufgabenbereichen und Kompetenzen vorliegen, um das übergeordnete Ziel der Organisation optimal umzusetzen. Ist diese Transparenz nicht vorhanden, so wirkt sich dies entsprechend negativ auf das vorherrschende Arbeitsklima und die persönliche Zufriedenheit im Beruf aus: Typischerweise entstehen Frust, Unsicherheit oder Schuldzuweisungen bei den Mitarbeiter/innen. Der Prozess der Rollenklärung beginnt bei der Reflexion und Festlegung des eigenen professionellen Selbstverständnisses jedes Mitarbeiters, insbesondere von Führungskräften. Im Projektverlauf von LEA wurde diese Entwicklung bei Führungskräften durch kontinuierliche Übungsformate und entsprechende Reflexionssequenzen im Rahmen der Benchmarking-Kreise gestärkt.

Die systemische Perspektive macht deutlich, dass es darauf ankommt, sensibel auf die Komplexität der sozialen Beziehungen im Zusammenhang zwischen Dienstleister (bspw. frühpädagogische Fachkraft, Altenpfleger/in, Personalverantwortliche der Organisation), Klienten (bspw. Kindern, Pflegebedürftigen) und der sozialen Infrastruktur (bspw. Eltern, Fachdiensten, Angehörigen) einzugehen. Ein solcher Erkenntnisprozess geht über eine rein kognitive Informationsaufnahme der Akteure hinaus, indem in erster Linie auf die Entwicklung von Fähigkeiten durch selbstreflexives Erkennen der eigenen Rolle im System und der damit in Verbindung stehenden Haltung der jeweils situativen Handlungsmöglichkeiten gesetzt wird.

Konsequenzen für strategische Interventionen

Die Annahmen des systemischen Aspekts verdeutlichen, dass Interventionen für Veränderungsprozesse sensibel auf die Organisationskultur und damit auf das vorherrschende Werteprofil abgestimmt sein müssen, um tiefenwirksame Entwicklungen anzustoßen (vgl. Schein 2010) [13]. Diese Momentaufnahme erfolgte im Projekt LEA durch ein einrichtungsbezogenes Werteprofiling in Form einer quantitativen Leitungs- und Mitarbeiterbefragung. Darin wurde die Werte-Haltung der einzelnen Leitungskraft zu ihrem Führungsverhalten erhoben[2]. Im nächsten Schritt wurde die Selbsteinschätzung der Leitung durch die Fremdwahrnehmung der Mitarbeiter/innen der Einrichtung gespiegelt. Durch diese Gegenüberstellung lassen sich die unterschiedlichen Wahrnehmungs- und Verarbeitungsmechanismen hinter den Arbeitsprozessen aufdecken, um daraus gezielte Klärungs- und Entwicklungsbedarfe abzuleiten.

Der Auszug eines einrichtungsbezogenen Werteprofilings, welcher in **Abbildung 33.3** dargestellt ist, verdeutlicht die unterschiedlichen Wahrnehmungen auf den Führungsstil aus Leitungs- bzw. Mitarbeiter/innensicht.

Für das Instrument des Werteprofilings stellt die Graves-Value-Systematik (vgl. Beck/Cowan 2007) [2] die theoretische Grundlage dar, um Werte-Haltungen zu operationalisieren. Hierzu wird zwischen sechs Werte-Ebenen differenziert, mit denen charakteristische individuelle Wahrnehmungsmuster und Handlungsoptionen verknüpft sind. Diese Kategorien bauen als idealtypische Entwicklungsstufen systematisch aufeinander auf.

Die einzelnen Aussagen zum Führungsverhalten (a-f) repräsentieren die verschiedenen Werte-Ebenen, die sich aus der Graves-Value-Systematik ableiten und durch die Kategorien auf der x-Achse abgebildet werden (*Stammesmensch, Einzelkämpfer, Loyalist, Erfolgssucher,*

---

[2] Der Bereich „Führung" ist eines der neun Kriterien, die sich aus dem EFQM-Modell für Excellence der European Foundation for Quality Management ableiten (vgl. Abschnitt 33.4.3). Für das Instrument des Werteprofilings dient das EFQM-Modell neben der Graves-Value-Systematik als strukturierende Basis, um Veränderungen der Organisation auf den Ebenen der Struktur-, Prozess- und Ergebnisqualität differenziert zu analysieren.

Teammensch, Möglichkeitensucher). Die Angaben erfolgten auf einer Skala von -3 („stimme gar nicht zu") bis +3 („stimme voll zu"): Im Beispiel zeigt sich, dass die Selbsteinschätzung der Leitungskraft völlig konträr zur Fremdwahrnehmung ihrer Mitarbeiter/innen steht. Über die Ebene der Werte werden damit die tieferliegenden Wurzeln für problematische Arbeitsabläufe oder Spannungen zwischen dem Team und der Leitungskraft im Arbeitsalltag der Einrichtung aufgedeckt.

Abbildung 33.3 Werteprofiling – unterschiedliche Wahrnehmungen der Werte-Haltung am Beispiel des Führungsstils

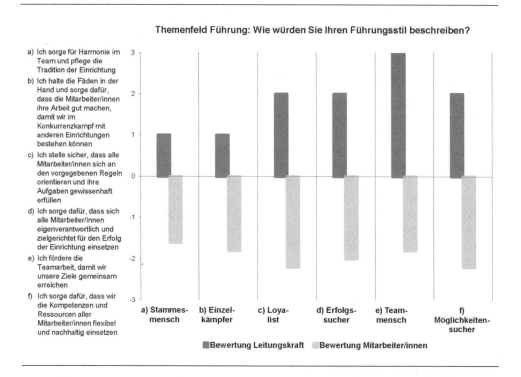

Dies bildet den Ausgangspunkt für die weitere Vorgehensweise in der Personal- und Organisationsentwicklung. Im Gesamtprozess stellt die Analyse der Werte-Haltungen die erste Phase dar, um eine Positionsbestimmung der relevanten Akteure (wie im Bsp. Führungskraft und Einrichtungsteam) im Ist-Zustand der Organisation vorzunehmen. Quantitative Instrumente wie das Werteprofiling können dabei optimal mit qualitativen Methoden kombiniert werden, um ein vollständiges Bild zur Tiefendimension der Werte-Haltungen unterschiedlicher Interaktionspartner zu aktuellen Themen- und Entwicklungsfelder der Organisation zu erfassen. Dazu lassen sich bspw. Tiefeninterviews mit Personalverantwortlichen und ausgewählten Mitarbeiter/innen/n oder -gruppen einsetzen. Im LEA-Projekt wurden hierzu systemisch-wertschätzende Interventions- und Analysewerkzeuge zusammengestellt, die in den Benchmarking-Kreisen erprobt wurden. Diese stellen konkrete Maßnahmen der Personalentwicklung dar, die auf Annahmen der zweiten Komponente des SWOP-Konzepts basieren: Der wertschätzenden Perspektive.

33.4.2 Die wertschätzende Perspektive

Haltung und Wertschätzung

In der fachlichen Diskussion ist unbestritten, dass die Haltung von Mitarbeiter/inne/n einen zentralen Einflussfaktor für das Gelingen in der Zusammenarbeit mit den Klienten darstellt. Was dabei konkret mit dem Begriff „Haltung" gemeint ist und wie diese wirkt, wird meistens nicht ausreichend erfasst. In ersten weitergehenden Definitionen wird der Versuch unternommen, den Begriff zu differenzieren und damit verbundene Qualitäten zu formulieren. Allerdings gestaltet sich die Konkretisierung als schwierig. So wird „Haltung" häufig im gleichen Atemzug mit der Eigenschaft „wertschätzend" genannt – eine Eigenschaft, die scheinbar ein universelles „Wundermittel" gegen jegliche Herausforderungen in der Alltagspraxis darstellt. Aus diesen Diskussionslinien geht jedoch weiterhin nicht hervor, was sich hinter diesen Begriffen verbirgt bzw. wie die konkrete Entwicklung einer solchen „wertschätzenden Haltung" realistisch messbar gemacht oder in der Organisationsentwicklung umgesetzt werden kann.

Wertschätzung zwischen den Mitarbeiter/inne/n, Vorgesetzen und Kunden ist nach unserer Definition die Voraussetzung für eine gelungene systemische Organisationsentwicklung. „Wertschätzung" verstehen wir hierzu wörtlich – im Sinne des „Schätzens" von „Werten". Wenn wir von „Werten" sprechen, dann differenzieren wir häufig zwischen materiellen Werten, wie bspw. Geld, Immobilien usw. und ideellen Werten, wie Harmonie, Solidarität, Liebe usw. Die Trennung zwischen materiellen und ideellen Werten erscheint zwar auf den ersten Blick logisch. Letztlich stellen materielle und ideelle Werte allerdings zwei Seiten ein und derselben Medaille dar. Unsere wichtigsten ideellen Werte – über die wir uns selten im Klaren sind – entscheiden über die Investition und die Nutzung der materiellen Werte und sind damit der Ausdruck dafür, was uns im Leben als „wertvoll" erscheint. Ideelle Werte sind daher die Triebkraft für unser Handeln und drücken sich in äußeren Werten aus. Eine Führungskraft, die bspw. dem ideellen Wert „Solidarität" eine hohe Bedeutung beimisst, wird über die zur Verfügung stehenden „äußeren" Ressourcen andere Investitionsentscheidungen treffen, als eine Führungskraft, die dem Wert „Durchsetzungsfähigkeit" einen hohen Stellenwert beimisst. Hinzu kommt, wie die Führungskraft ihre individuellen Werte innerlich „verarbeitet"[3]. Die Kenntnis über die eigene Werte-Haltung ist daher von hohem Nutzen, wenn es um die Zielklarheit, Lebens- und Unternehmensführung geht. Was und wie kann dies konkret in der Dienstleistungsarbeit eingesetzt werden?

In einem ersten Schritt geht es darum, Wertschätzung sich selbst gegenüber zu entwickeln und damit den eigenen „Selbst-Wert" bewusst zu stärken. Hierzu ist es notwendig, sich der Priorität seiner Werte im Klaren zu sein, da wir nicht in der Lage sind unsere Energie in alle

---

[3] Im Rahmen des Projekts LEA wurden zu Analyse der Werteverarbeitungsmechanismen die Graves-Value Systematik eingesetzt (vgl. Abschnitt 33.4.1).

Werte gleichzeitig zu investieren. Dies impliziert die Bewusstmachung, Priorisierung und Akzeptanz der eigenen Werte und der sich daraus konstituierenden Haltung, wodurch die Basis für kongruentes und authentisches Handeln gelegt wird. Wertschätzung kann in diesen Zusammenhängen einerseits bedeuten, klare Position zu beziehen und sich von den Werten und der Haltung des Gegenübers abzugrenzen und im Zweifel zu distanzieren. Andererseits kann die Bewusstwerdung und die Transparenz über die eigenen Werte ebenso die Akzeptanz von anderen, unterschiedlichen Werten und Haltungen ermöglichen. Von dieser Basis aus geht es um das „Loslassen-Können" von fixen Vorstellungen und starren Urteilen und dem „Zulassen-Können" von Neuem (vgl. Scharmer 2009) [12]. In diesem Sinne meint Wertschätzung, die subjektive Wahrnehmung der Umwelt zu hinterfragen und das eigene Handeln von einer anderen Perspektive aus zu betrachten, mit der Bewusstheit über die eigenen Werte. Die unterschiedlichen Werte und daraus resultierenden Verhaltensweisen von Interaktionspartnern können damit als zusätzliches Potenzial für alternative Handlungsoptionen verstanden werden, die den eigenen Blickwinkel erweitern. Je nachdem kann diese Erkenntnis dann bewusst in das Handeln integriert werden oder aber auch abgelehnt werden. Wertschätzung bedeutet dann, seine eigenen Werte und die von anderen relevanten Personen im System zu erkennen, um sie gewinnbringend mit Bezug auf den jeweiligen Zweck einbringen zu können.

Als Rahmen für dieses Verständnis dient das Modell des Werte-Quadrates nach Helwig (1967) [5] und Schulz von Thun (2010) [15], das von uns zum Spannungsfeld professioneller Wertschätzung (SSPW) weiter entwickelt wurde. Das SSPW zeigt die Ambivalenzen zwischen den Extrempolen von Selbst-Wert, Geltungssucht, Wertschätzung und Anbiederung in einer dynamischen Balance und dient als Reflexionsfolie zur Verortung der eigenen Haltung. Das Haltungsrepertoire von Menschen schlägt sich demnach sich zwischen diesen Polen in unterschiedlichen Nuancen (bspw. Selbstbehauptung, Überheblichkeit, Unterordnung) nieder. Das folgende Schaubild fasst dies zusammen:

Abbildung 33.4 Das systemische Spannungsfeld professioneller Wertschätzung (SSPW)

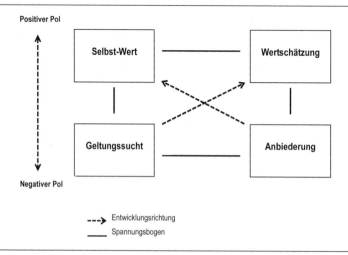

Für die Entwicklung einer wertschätzenden Haltung ist die Fähigkeit notwendig, seinen Selbst-Wert durch die „Wert"-Schätzung der eigenen Wertedynamik zu gewinnen, um hierdurch seinen individuellen professionellen Stil zu schärfen und diesen authentisch nach außen vertreten zu können. Der Selbst-Wert bestimmt die subjektive Einschätzung über die Fähigkeit, mit konfrontativen Anforderungen umgehen zu können. Ein hoher Selbst-Wert drückt sich darin aus, wenn vorausschauend eingeschätzt werden kann, dass die Situation gut zu bewerkstelligen ist. Die eigene Leistungsfähigkeit wird insofern unabhängig von der bestätigenden Anerkennung des Gegenübers getroffen (vgl. Bandura 1997; Branden 2011) [1], [3], so dass die eigene Position selbstwirksam zum Ausdruck gebracht werden kann. Erst wenn das damit verbundene positive Selbstwertgefühl vorliegt, kann gegenüber anderen Personen Wertschätzung – im Sinne des „Schätzens von Werten" anderer Menschen – erwiesen werden. Daher kann durch die Transparenz der eigenen Werten und dem bewussten Umgang damit eine wahrhaftige, gegenseitige Anerkennung von möglicherweise unterschiedlichen Werten und daraus resultierenden Haltungen gelingen. Professionelle Wertschätzung ist insofern auch die gesunde Abgrenzung der eigenen Werte zu denen des Gegenübers, die sich im Kontext der Zusammenarbeit mit Kollegen oder Kunden konsequenterweise aus den unterschiedlichen Rollen heraus ergeben können.

Die positiven Pole des Selbst-Wertes und der Wertschätzung entfalten sich im Spannungsbogen zu den negativen Polen der Anbiederung und der Geltungssucht. Gelingt es der Person nicht, ihren Selbst-Wert gegenüber Kollegen oder Kunden zum Ausdruck zu bringen, so ist ein wertschätzend gemeintes Beziehungsangebot als schwächliche Anbiederung aufzufassen (vgl. Schulz von Thun 2010, S. 140) [15]. Martina Schmidt-Tanger (2010, S. 85) [14] fasst das Verhalten einer anbiedernden Haltung sehr anschaulich und treffend in dem so genannten „B.R.A.V. - Reflex" zusammen. Das Akronym „B.R.A.V." steht dabei für folgende Verhaltensweisen:

- B = bescheiden, bemüht, beschwichtigend
- R = rechtfertigen, rausreden, reinwaschen
- A = angepasst, aktionistisch, ängstlich
- V = vermeiden von Verantwortung

Andererseits kann das Verhalten auch in das entgegengesetzte Extrem umschlagen: in fachliche Arroganz, die letztlich einschüchternd, degradierend oder belehrend wirkt und in der Geltungssucht mündet. Im Gegensatz zur Anbiederung kommt es hier zu einer übertriebenen Einschätzung der eigenen Wichtigkeit und dem Wunsch nach Bewunderung. Geltungssucht und Anbiederung sind insofern Haltungen, die zwei Seiten ein und derselben Medaille abbilden und deren Quelle der Angst entspringt, nicht genügend Aufmerksamkeit zu bekommen, wenn das eigene „Selbst" zum Ausdruck gebracht wird. Eine anbiedernde und geltungssüchtige Haltung kostet ungemein viel Kraft und bindet psychische Energie, weil hier „Fassaden" aufrechterhalten werden müssen, die dem eigenen Sein nicht entsprechen. Häufig ist es so, dass insbesondere das Anhaften an diesen Extrempolen unbewusst geschieht und ohne entsprechende Reflexion und Begleitung durch Coaching, Supervision nur schwer in eine positive Entwicklungsrichtung aufgelöst werden kann.

Grundgefühle: Ein wichtiger Indikator von Werten

Im Zusammenhang mit Werten und der Haltung spielt der Ausdruck von Gefühlen eine wichtige Rolle: Gefühle wie beispielsweise Wut, Angst oder Trauer entstehen dann, wenn sich andere relevante Personen gegen die eigene Haltung stellen bzw. bestimmte Werte in ihrer Ausprägung im Handeln nicht anerkennen und damit verletzt werden. Denn damit wird, neben den persönlichen Werten und der damit verbundenen Haltung, auch die eigene Identität in Frage gestellt. Für interaktionsintensive Dienstleistungsberufe wie bspw. der frühkindlichen Bildung, Erziehung und Betreuung ist dieser Aspekt besonders relevant, da der Ausdruck von Emotionen einen hohen Stellenwert in der Alltagspraxis mit Kindern einnimmt. Diese Emotionsarbeit nach „außen" ist im Spannungsverhältnis zum eigenen emotionalen Zustand „im Inneren" der Fachkraft zu betrachten (vgl. Hochschild 1983) [6]. Gefühle sind demnach wichtige Indikatoren für die Wirkungsweise von Werten und bilden damit gleichzeitig einen geeigneten Zugang, um professionell mit Werten in der Personal- und Organisationsentwicklung zu arbeiten. Negative Gefühle, die nicht aufgelöst werden, führen zweifelsohne zu Konflikten: Entweder mit anderen Menschen oder aber mit sich selbst (vgl. Virani 2007; LeDoux 2001) [22], [10].

Eine Herausforderung zur gesunden Integration von unterschiedlichen Werten in die Organisation ist daher die Fähigkeit der emotionalen Selbstregulation (vgl. Siegel 2009) [18]. Dies bedeutet, ein Selbst- und Fremdverständnis für Haltungen und damit verbundene negative und positive Gefühle zu entwickeln, um diese konstruktiv in den Dienstleistungsprozess zu integrieren. Um diesen Entwicklungsprozess zu realisieren, gilt es zunächst, eine grundsätzliche Sensibilität gegenüber eigenen Gefühlen in der Interaktion mit Kunden oder Mitarbeiter/inne/n herzustellen. Ist dieses Bewusstsein vorhanden, geht es im nächsten Schritt darum, die eigenen auftretenden Gefühle zu analysieren und ein individuelles Selbstverständnis für diese zu entwickeln. Dies bezieht sich insbesondere auf negative Gefühle, die aus der Verletzung der eigenen Haltung resultieren und im Extremfall in arrogantem oder anbiederndem Verhalten münden. Der Kern liegt schließlich in der Anerkennung und Nutzung der negativen Gefühle als positive Ressource, um einen Entwicklungsprozess in Richtung Selbst-Wert anzustoßen. Dadurch gelingt es, die eigene professionelle Selbstwirksamkeit im Beruf zu erfahren und von dieser Basis aus wahrhaftige Wertschätzung zu realisieren. Arrogantes oder anbiederndes Verhalten sind demnach menschliche Schutzmechanismen, die durch negative Erfahrungen entstanden sind und danach streben, aufgelöst bzw. transformiert zu werden.[4] In der Regel haben wir es in unserer eigenen Sozialisation jedoch nur unzureichend gelernt, mit – insbesondere negativen – Gefühlen konstruktiv umzugehen. Wie negative Grundgefühle als Ressource genutzt werden können, wird in der folgenden Tabelle verdeutlicht:

---

[4] Die Neurobiologie spricht hier von der so genannten „Neuroplastizität". Darunter versteht man die Eigenschaft von Synapsen, Nervenzellen oder auch ganzen Hirnarealen, sich in Abhängigkeit von der Verwendung in ihren Eigenschaften zu verändern. Vergleiche vertiefend Hüther (2009; 2010) [7], [8]; Spitzer (2008) [20].

Tabelle 33.1 Negative Grundgefühle positiv nutzen

Grundgefühl	Wut	Angst	Trauer	Scham/Schuld
Interpretation der Situation	Das ist falsch!	Das ist furchtbar!	Das ist schade!	Ich bin schuld/falsch!
Situation	Ich bin überzeugt, Recht zu haben.	Ich bin überzeugt, dass eine Situation unveränderbar ist.	Ich nehme eine Situation als unveränderbar an.	Ich glaube, etwas falsch gemacht zu haben.
Positive Kraft	Klare Positionierung/Abgrenzung	Kreativität entwickeln	Demut	Selbstreflexion/Abgrenzung
Negative Kraft	Zerstörung	Lähmung	Starre	Selbstzerstörung/-schädigung
Funktion	Handlung/Aktivität	Innovation/Dynamik	Weisheit	Selbsterkenntnis

Quelle: Virani 2007 [22]

In der bisherigen Personal- und Organisationsentwicklung wurde die Arbeit mit Emotionen weitgehend ausgeblendet. Insbesondere in der Dienstleistungsbranche stellt der Umgang mit Gefühlen eine wichtige Ressource dar, die bisher zu wenig in den Fokus genommen wurde, um Wertschöpfungsprozesse zu optimieren.

33.4.3 Die strukturelle Perspektive

Die dritte Säule im SWOP-Konzept konzentriert sich auf die Bedeutung von Strukturen im Rahmen einer wertebasierten Organisationsentwicklung. Hier geht es um die Einbettung von individuellen Entwicklungsprozessen in die Steuerungs- und Regelungssysteme von Organisationen. Im Vordergrund steht dabei die Herausforderung, wie sich die einzelnen Elemente einer Organisation in eine tragfähige Struktur integrieren lassen, um den übergeordneten Zweck der Organisation optimal realisieren zu können. Ziel ist die Verknüpfung von „weichen" Aspekten der Personalentwicklung (der Aspekt der Wertschätzung), die sich „unter der Haut" von Mitarbeiter/inne/n im Inneren der Organisation abspielen, mit „harten" Faktoren für Prozessabläufe und Qualitätsstandards „auf der Oberfläche" der Organisation.

Die beschriebene systemische Perspektive des SWOP-Konzepts bildet hierbei den Ansatzpunkt, um die Handlungen zwischen Personen in Organisationen zu systematisieren. Dazu wurde verdeutlicht, dass die Basis eine transparente Rollenverteilung darstellt, in der die Zuständigkeiten und Erwartungen verschiedener Akteure der Organisation offen kommuniziert werden. Allerdings gilt es im nächsten Schritt einen verbindlichen Rahmen herzustellen, mit dem sich Handlungen und Prozessabläufe analysieren und steuern lassen (vgl. Simon 2011) [19].

Um die Handlungsmuster der Personen in einer Organisation umfassend zu verstehen, zu koordinieren und letztlich die erbrachten Dienstleistungen sicherzustellen und zu verbessern, ist es notwendig, die Struktur-, Prozess- und Ergebnisqualität in der einzelnen Organisation zu betrachten. Im Projekt LEA wurde dazu das EFQM-Modell für Excellence der European Foundation for Quality Management[5] als strukturierender Rahmen genutzt. Das Modell hat sich als aussagekräftig erwiesen, da es in der Lage ist, die wichtigsten Bewertungskennziffern und „Stellschrauben" für die drei genannten Qualitätsdimensionen in insgesamt neun Kriterien zu übersetzen, die in der nachfolgenden Abbildung illustriert werden:

Abbildung 33.5 Das EFQM-Modell für Excellence

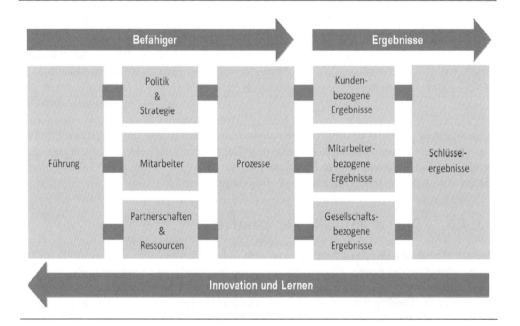

Die neun Kriterien werden in fünf Befähiger-Kriterien und vier Ergebnis-Kriterien gegliedert. Die Befähiger-Kriterien bilden ab, *wie* die Organisation in der Leistungserbringung vorgeht. Die Ergebnis-Kriterien beschreiben das, *was* die Organisation erzielt. Die beiden Kriterien-Bereiche stehen dabei in einem Wechselverhältnis.

Bei den einzelnen Kriterien handelt es sich um Größen, die sowohl qualitativ als auch quantitativ beschrieben werden können. Dadurch ist es möglich, unterschiedliche Situationen und Kontexte zu analysieren, um daraus entsprechende Interventionsmaßnahmen zur Personal- bzw. Organisationsentwicklung abzuleiten. Vor diesem Hintergrund war für das Projekt LEA die Fragestellung zentral, wie sich unterschiedliche Werte, die auf der Seite der

---

[5] Weitere Informationen unter: www.efqm.org

Befähiger-Kriterien wirken, auf die erzielten Leistungen der Organisation von Kindertageseinrichtungen auswirken. Diese Fragestellung wurde neben dem in Abschnitt 33.4.1 beschriebenen Werteprofiling durch eine repräsentative Befragung von ca. 1800 Leitungskräften in den am Projekt beteiligten Bundesländern aufgenommen. Die Ergebnisse verweisen dabei auf den signifikanten Einfluss der Werte und Haltungen von Leitungskräften auf die Qualität der Leistungsangebote.[6]

Dennoch bleibt an dieser Stelle darauf hinzuweisen, dass das EFQM-Modell einen möglichen Zugang zur Strukturierung, Analyse und Steuerung von Veränderungsprozessen darstellt. Damit wird keinesfalls der Anspruch auf universelle Gültigkeit erhoben. Je nach Dienstleistungsart und Organisationsform lassen sich durchaus auch alternative Instrumente zur Qualitätsentwicklung und -sicherung mit dem SWOP-Ansatz kombinieren. Im Vordergrund sollten dabei stets die sinnhafte und bewusste Anwendung des Instruments durch Personen in Organisationen stehen. Denn nur wenn Mitarbeiter/innen den konkreten Nutzen von standardisierten Verfahren als Struktur zur Qualitätssicherung und -entwicklung erkennen, können etwaige Widerstände aufgelöst werden. In diesem Fall sind passgenaue Systematisierungsstrukturen von Prozessabläufen zieldienlich für die Realisierung des Gesamtergebnisses einer Organisation. Dabei ist es ebenso wichtig, dass ein solches Instrument eine geeignete Folie zur Reflexion der Persönlichkeitsentwicklung und damit für individuelles und organisationales Lernen darstellt. Für die Entwicklung entsprechender Regelsysteme, welche die Aspekte der Persönlichkeitsentwicklung gezielt integrieren und damit individuelles und organisationales Lernen (vgl. Senge 2008) [17] systematisieren, besteht jedoch noch erheblicher Forschungsbedarf. Mit dem SWOP-Konzept und den weiteren Ergebnissen[7] aus dem Projekt LEA wurde der Weg in diese Richtung eingeschlagen, und es konnten darauf bereits erste Schritte zurück gelegt werden.

33.5 Fazit

Die Tragkraft des SWOP-Konzepts liegt in der Erweiterung von etablierten Ansätzen der Personal- und Organisationsentwicklung in Dienstleistungsorganisationen um die Tiefenebene von Werten. Dadurch wird eine ganzheitliche Perspektive auf Veränderungsprozesse eingenommen, die einen neuen Blickwinkel auf das Verhältnis zwischen den Dimensionen von Individuen, Teams, Organisationen sowie übergreifender gesellschaftlicher und globaler Entwicklungen eröffnet.

Im Kern steht dabei die Selbstverantwortung des Individuums. Es geht darum, die eigenen Wahrnehmungsmuster zu reflektieren und das Bewusstsein über die eigene Rolle als Mitarbeiter/in im System der Organisation zu schärfen, um das Potenzial der individuellen Kompetenzen optimal im Beruf entfalten zu können. Die individuellen Werte bilden den

---

6   Detaillierte Ergebnisse zur repräsentativen Leitungsbefragung sind verfügbar unter www.l-e-a.de
7   Die aussagekräftigen Ergebnisse der Abschlussevaluation sowie die positiven Rückmeldungen der Teilnehmer/innen belegen hierzu die Wirksamkeit und den Nutzen des Ansatzes.

Zugang für diesen Prozess – die Reflexion der persönlichen Stärken, Schwächen und Ziele schafft eine eindeutige Zweckbindung zum beruflichen Handeln. Dadurch wird es für Mitarbeiter/innen möglich, die für sie optimale Position im System der Organisation einzunehmen. Wenn damit die individuellen Werte im Beruf gelebt werden können, wird das eigene Handeln als authentisch erlebt und Selbstwirksamkeit wird erfahrbar. Dadurch wird ein Mehrwert für alle am Dienstleistungsprozess beteiligten Akteure freigesetzt: Die Haltung des Einzelnen bestimmt hierbei die Gestaltung der Beziehung zu anderen Mitarbeiter/innen im Team, was sich auf die Entwicklung der Organisation, der Klienten und letztlich der Gesellschaft auswirkt. Dies unterstreicht die Tatsache, dass Personalentwicklung die den Fokus auf die Persönlichkeit des Mitarbeiters/der Mitarbeiterin legt, zur Keimzelle einer nachhaltigen Organisationsentwicklung wird.

Insbesondere Führungskräfte sind in der Schlüsselposition als Gestalter von Organisationen dazu aufgerufen, ein tiefgreifendes Bewusstsein und klare Zielvorstellungen über ihr eigenes berufliches Handeln und den Sinn der Organisation zu entwickeln. In Zeiten globaler Krisen gilt es dabei, das gesellschaftliche Umfeld viel stärker zu berücksichtigen und das Handeln sowie die Leistung der Organisation auf den übergeordneten gesellschaftlichen Kontext zu beziehen (vgl. Scharmer 2011) [11]. Diese Herausforderung deutet auf das Spannungsverhältnis zwischen der Öffnung für vielfältige Perspektiven und globale Zusammenhänge einerseits und die Behauptung der eigenen Position und der persönlichen Werte auf der anderen Seite.

Übertragen auf die Dimension von Teams ist damit die Anforderung verbunden, die unterschiedlichen Wahrnehmungsmuster, kulturellen Orientierungen und Lebenswelten von verschiedenen Personen im System zu integrieren. Strategien zur Personal- und Organisationsentwicklung müssen daher zukünftig verstärkt den Fokus darauf setzen, die Beziehungen in Organisationen so zu gestalten, dass negative Effekte, die auf unterschiedlichen Wahrnehmungsmustern basieren, eingegrenzt werden. Ziel ist es, die individuellen Wertehaltungen von Personen so zu integrieren, dass sie sich gegenseitig ergänzen. Die konzeptionellen Säulen einer systemisch-wertschätzenden Personal- und Organisationsentwicklung eröffnen strategische Ansatzpunkte zur Verbindung zwischen der Persönlichkeitsebene, als nur schwierig greifbare „Software" einer Organisation (wie z. B. Werte, Kultur, Emotionen) mit der Ebene der konkreten „Hardware" (Strukturen, Standards, Regelsysteme). Damit wird das Ziel verfolgt diesen Prozess in Organisationen zu unterstützen und zu systematisieren. Wird dies erreicht, ermöglicht ein systematischer Perspektivenwechsel übergreifendes Handeln und die Organisation profitiert von den vielfältigen Potenzialen ihrer Mitarbeiter/innen: Dann entsteht Wertschöpfung durch Wertschätzung.

Literatur

[1] Bandura, A. (1997): Self-efficacy: The exercise of control, 1. Aufl., New York.
[2] Beck, D. E./Cowan, C. C. (2007): Spiral Dynamics – Leadership, Werte und Wandel: Eine Landkarte für das Business, Politik und Gesellschaft im 21. Jahrhundert, 1. Aufl., Bielefeld.
[3] Branden, N. (2011): Die 6 Säulen des Selbstwertgefühls, 11. Aufl., München.
[4] Dilts, R. B. (2010): Die Veränderung von Glaubenssystemen, 1. Aufl., Paderborn.
[5] Helwig, P. (1967): Charakterologie, 1. Aufl., Freiburg im Breisgau.
[6] Hochschild, A. R. (1983): The managed heart: The commercialization of human feeling, 1. Aufl., Berkeley.
[7] Hüther, G. (2009): Biologie der Angst. Wie aus Streß Gefühle werden, 9. Aufl., Göttingen.
[8] Hüther, G. (2010): Bedienungsanleitung für ein menschliches Gehirn, 10. Aufl., Göttingen.
[9] Königswieser, R./Hillebrandt, M. (2009): Einführung in die systemische Organisationsberatung, 5. Aufl., Heidelberg.
[10] LeDoux, J. (2001): Das Netz der Gefühle: Wie Emotionen entstehen, 1. Aufl., München.
[11] Scharmer, O. (2011): Change Management Morgen. 13 Thesen, in: OrganisationsEntwicklung, Vol. 4, die Jubiläumsausgabe, S. 36-39.
[12] Scharmer, O. C. (2009): Theory U. Leading from the Future as It Emerges. The Social Technology of Presencing, 1. Aufl., San Francisco.
[13] Schein, E. H. (2010): Organisationskultur. The corporate culture survival guide, 3. Aufl., Bergisch Gladbach.
[14] Schmidt-Tanger, M. (2010): Charisma-Coaching. Von der Ausstrahlungskraft zur Anziehungskraft. Präsenz für Wesentliches, 1. Aufl., Paderborn.
[15] Schulz von Thun, F. (2010): Miteinander Reden. Differentielle Psychologie der Kommunikation, Band 2, Stile, Werte und Persönlichkeitsentwicklung, 31. Aufl., Reinbek bei Hamburg.
[16] Senge, P. M./Smith, B./Kruschwitz, N./Laur, J./Schley, S./Klostermann, M. (2011): Die notwendige Revolution. Wie Individuen und Organisationen zusammenarbeiten, um eine nachhaltige Welt zu schaffen, 1. Aufl., Heidelberg.
[17] Senge, P. M. (2008): Die fünfte Disziplin. Kunst und Praxis der lernenden Organisation, 10. Aufl., Stuttgart.
[18] Siegel, D. J./Fosha, D./Solomon, M. F. (2009): The Healing Power of Emotion: Affective Neuroscience, Development & Clinical Practice, 1. Aufl., New York.
[19] Simon, F. B. (2011): Einführung in die systemische Organisationstheorie, 3. Aufl., Heidelberg.
[20] Spitzer, M. (2008): Selbstbestimmen. Gehirnforschung und die Frage: Was sollen wir tun? 1. Aufl., Heidelberg.
[21] Vargo, S. L./Lusch, R. F. (2004): Evolving to a New Dominant Logic for Marketing, in: Journal of Marketing, Vol. 68, 1, S. 1-17.
[22] Virani, A. (2007): Gefühle. Eine Gebrauchsanweisung, 1. Aufl., München.
[23] Zimmermann, M. E. (2009): New Public Rituals, 1. Aufl., Heidelberg.

Mehr wissen – weiter kommen
↗

Gemeinsame System- und Problemlösungskompetenz zwischen Kunden und Unternehmen

Kunden sind heute nicht nur passive Empfänger und Konsumenten einer vom Hersteller dominierten Wertschöpfung. Vielmehr gestalten viele Kunden Produkte und Dienstleistungen aktiv mit und übernehmen dabei sogar teilweise deren Entwicklung und Herstellung.

Zur Organisation arbeitsteiliger Wertschöpfung gibt es bislang zwei wesentliche Alternativen: die hierarchische Koordination im Unternehmen oder die Nutzung des Marktmechanismus über Angebot und Nachfrage. Eine Zwischenform bilden die verschiedenen Varianten von Unternehmensnetzwerken. Die interaktive Wertschöpfung bildet eine dritte Alternative: die Arbeitsteilung zwischen Herstellerunternehmen und Kunden, die zum Wertschöpfungspartner werden.

Reichwald/Piller behandeln Entwicklungen wie Peer-Production, Kundeninnovation, Open-Source-Software-Entwicklung, Kunden-Communities oder Web 2.0. Anhand vieler Beispiele und Fallstudien diskutieren sie die wesentlichen Prinzipien und Ansatzpunkte, aber auch die Grenzen der interaktiven Wertschöpfung. Open Innovation und Produktindividualisierung (Mass Customization) werden als konkrete Umsetzungsformen einer interaktiven Wertschöpfung anhand von Praxisbeispielen vorgestellt.

Die Autoren haben in der 2. Auflage die Struktur des Buches überarbeitet und dabei das umfangreiche Feedback der Leser und neueste Forschungsergebnisse integriert. Neue Fallbeispiele zeigen aktuelle Anwendungen der Interaktiven Wertschöpfung.

Ralf Reichwald / Frank Piller
Interaktive Wertschöpfung
Open Innovation, Individualisierung und neue Formen der Arbeitsteilung
2., vollst. überarb. u. erw. Aufl.
2009. XX, 356 S. mit 61 Abb. Br.
€ (D) 36,95
ISBN 978-3-8349-0972-5

Stand: April 2012. Änderungen vorbehalten.
Erhältlich im Buchhandel oder beim Verlag.

Abraham-Lincoln-Straße 46. D-65189 Wiesbaden
Tel. +49 (0)6221 / 3 45 - 4301 . springer-gabler.de

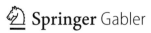